U0940947

# 2013
# 天津社會科學年鑑

王学仲题

天津市社会科学界联合会　编著

天津出版传媒集团
天津人民出版社

**图书在版编目(CIP)数据**

天津社会科学年鉴. 2013 / 天津市社会科学界联合会编著. —天津：天津人民出版社，2013.11
ISBN 978-7-201-08449-7

Ⅰ.①天… Ⅱ.①天… Ⅲ.①社会科学—天津市—2013—年鉴
Ⅳ.①C122.1-54

中国版本图书馆 CIP 数据核字（2013）第 262495 号

天津出版传媒集团
天津人民出版社出版、发行
出版人：黄 沛
（天津市西康路 35 号 邮政编码：300051）
邮购部电话：(022)23332469
网址：http://www.tjrmcbs.com
电子信箱：tjrmcbs@126.com
天津午阳印刷有限公司印刷

*

2013 年 11 月第 1 版 2013 年 11 月第 1 次印刷
880×1230 毫米 16 开本 45.25 印张 17 插页
字数：1000 千字

定 价：206.00 元

# 党和国家领导人视察天津

2012年9月18日，中共中央总书记、国家主席、中央军委主席胡锦涛在中共中央政治局委员、国务委员刘延东和中共中央政治局委员、天津市委书记张高丽等陪同下考察曙光信息产业股份有限公司。

2012年9月11日，中共中央政治局常委、国务院总理温家宝出席世界经济论坛2012年新领军者年会(第六届夏季达沃斯论坛)开幕式并致辞。

2012年1月19日，中共中央政治局委员、天津市委书记张高丽看望中国科学院院士、天津大学教授张春霆。

2012年11月28日，中共中央政治局委员、天津市委书记孙春兰会见海峡两岸经贸文化交流协会参访团。

2012年12月3日，中共天津市委副书记、市长黄兴国会见来津出席“基层创造力与创新国际会议”的印度国家创新基金会执行副主席阿尼尔·古普塔教授。

2012年10月23日，中共天津市委常委、市纪委书记臧献甫到天津理工大学视察工作。校党委书记孟庆松、校长马建标陪同。

2012年10月20日，中共天津市委常委、市委宣传部部长成其圣看望参加第十届社会科学普及周现场咨询活动的专家学者。

2012年12月5日，中共天津市委宣传部、光明日报社主办、市社联承办“高举中国特色社会主义伟大旗帜，深入学习宣传贯彻党的十八大精神理论研讨会”召开。中共天津市委常委、市委宣传部部长成其圣出席。

2012年4月1日，中共天津市委常委、市委教育工委书记苟利军到天津商业大学调研。校党委书记陈学奇、校长刘书瀚陪同。

2012年6月14日，中共天津市委常委、市委教育工委书记朱丽萍到南开大学调研。校党委书记薛进文、校长龚克陪同。

2012年8月22日，国家教育部副部长郝平、天津市副市长张俊芳到天津工业大学调研。

# 学术活动

2

3

4

1 2012年4月10日，市社联和天津师范大学联合举办第42次理论创新论坛活动。

2 2012年5月10日，“中国金融体制改革暨滨海新区金融创新博士后论坛”在南开大学举行。

3 2012年5月15日，教育部社科司司长张冬刚在南开大学解读“2011计划”。

4 2012年5月30日，“天津市功能食品及食品安全战略发展”研讨会在天津科技大学举行。

1　2012年9月25日，“中国滨海金融协同创新中心”成立大会暨揭牌仪式在天津财经大学举行。

2　2012年10月13日，天津社会科学院《道德与文明》编辑部举办“道德治理与道德文化建设暨纪念《道德与文明》杂志创刊30周年学术研讨会”。

3　2012年11月8日，部分省市第二届社会科学年鉴工作交流会在广州召开。

4　2012年11月10日，由天津市社联、天津市哲学社会科学规划领导小组办公室、天津滨海综合发展研究院主办第42次滨海新区开发开放研讨会改为滨海新区开发开放专题研讨会。

1

2

3

1　2012年11月26日，由天津市社联承办的全国社科联协作会议在天津举行。

2　2012年12月8日，“迈向新时期中国社会学与社会发展学术论坛”在南开大学举行。

3　2012年12月16日，天津市社联第44次理论创新论坛“科学发展观开辟马克思主义中国化新境界”在天津职业技术师范大学举办。

1

2

3

1　2012年12月18日，天津市社联、天津市科协主办，滨海新区北塘经济区管委会协办的“学习贯彻党的十八大精神，科技创新推动文化产业发展专题论坛”召开。

2　2012年12月20日，天津市党建研究会等主办的市社科界第八届学术年会分会在中共天津市委党校举行。

3　2012年12月20日，由市社联、市科协、市社科院共同主办的第26届两届联盟研究课题结题汇报会在市社联召开。

# 国际学术交流

1　2012年3月7日，由南开大学、日本富山大学主办的“灾害应对与东亚合作”国际学术研讨会在南开大学召开。

2　2012年4月17日，由天津大学设计总院和建筑学院联合举办的“天津文化遗产保护与发展国际学术研讨会”在天津大学召开。

3　2012年6月16日，“世界古代史国际学术研讨会”在南开大学召开。

2012年9月22日，由中国地理学会历史地理专业委员会主办、天津师范大学等承办“华北历史地理与中国社会变迁”国际学术研讨会在天津师范大学召开。

1　2012年9月25日，由天津社会科学院与韩国圆光大学、群山大学共同主办的“国际环黄海研究论坛”在韩国群山大学举行。

2　2012年10月16日，德国锡根大学格哈特·布林克曼教授应邀来天津行政学院开展学术交流活动。

3　2012年11月16日，第九届中国(天津)模拟联合国大会在天津外国语大学召开。

2012年12月3日，天津财经大学和印度可持续技术与机制研究会主办“基层创造力与创新国际会议”在天津财经大学召开。

# 学会活动

2012年2月25日，天津市社会心理学学会举办2012年度学术年会。

2012年3月13日，天津市学习型党组织建设研究会在南开大学成立。

2012年3月27日，由天津市财政局、市证监局、市国资委、市会计学会联合中国会计报举办的“内控中国行”在天津召开。

2012年5月14日，天津市第十二次统计科学讨论会召开。

2012年7月13日，由市社联、清华大学新经济产业研究中心主办，天津市创意策划研究会承办的“全国文化创意产业园区标准化评价研讨会”在天津召开。

2012年8月28日，由天津市社联和市保监局主办、市保险学会承办“信守承诺 保护保险消费者权益”研讨会召开。

2012年9月14日，天津市延安精神研究会举行“学习贯彻胡锦涛同志重要讲话精神 纪念延安整风70周年 加强党的建设”座谈会。

2012年10月18日，中国监察学会华北地区学联组年会暨理论研讨会在天津召开。

2012年11月17日，天津市美学学会召开“美学与高校文化建设”研讨会。

2012年12月8日，天津市国学研究会召开“国学与当代中国文化学术研讨会”。

2012年12月21日，天津市教育学会主办的“天津市第四届青年校长学术论坛”召开。

# 学术年会

2012年12月25日，天津市社会科学界第八届(2012)学术年会主会场会议召开。

中共天津市委宣传部副部长李毅出席第八届学术年会并讲话。

天津市社联主席罗远鹏讲话。

天津市社联党组书记李家祥主持会议。

天津市社联专职副主席张博颖宣读表彰决定。

获优秀论文奖作者领奖。

获组织工作奖单位领奖。

南开大学原副校长逄锦聚教授发言。

天津市教育科学研究院党委书记荣长海教授发言。

天津社会科学院社会学研究所潘允康研究员发言。

天津财经大学丛屹教授发言。

天津大学詹启生副教授发言。

天津大学孙兰英教授点评。

天津体育学院杨珍副教授发言。

天津财经大学李炜光教授点评。

# 学术年会分会场

天津大学分会场。

天津财经大学分会场。

天津市教育科学研究院分会场。

天津社会科学院分会场。

天津科技大学分会场。

天津工业大学分会场。

天津中医药大学分会场。

天津职业技术师范大学分会场。

天津商业大学分会场。

天津理工大学分会场。

天津师范大学分会场。

天津市环渤海经济研究会分会场。

# 社会科学普及周

2012年10月20日，中共天津市委常委、市委宣传部部长成其圣，市社联主席罗远鹏，市委宣传部副部长李毅，市社联党组书记李家祥等领导同志出席第十届社会科学普及周活动。

社会科学专家为市民签名赠书。

2012年9月26日，第十届社会科学普及周文化养老论坛在市社联举行。

第十届社会科学普及周有奖竞答抽奖仪式。

第十届社会科学普及周期间天津商业大学举办讲座。

天津市民踊跃参加第十届社会科学普及周咨询活动。

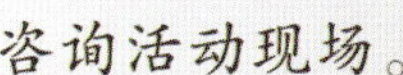

咨询活动现场。

世界语爱好者向市世界语协会专家咨询相关知识。

市民向伦理学会专家咨询社会道德问题。

摄影爱好者向市摄影协会专家咨询摄影知识。

咨询活动现场剪影。

# 日常科普活动

2012年4月24日，天津市儿童心理研究中心主任王虹翔在民族小学作心理健康教育知识讲座。

2012年5月24日，第26届天津科技周系列活动——“渤海名家大讲堂”科普讲座暨社科普及赠书活动在天津市社联举行。

2012年7月18日，天津社会科学院专家汪洁在向阳楼街作“陪伴孩子一起成长”的专题讲座。

2012年7月20日，天津市人大教科文卫委举办市人大代表专题培训班进行社科普及专题讲座。

2012年9月20日，天津市科委主任赵海山到市社联交流科普工作。

2012年12月3日，天津市社联科普工作在全国第十四次社会科学普及工作经验交流会上受表彰。

# 《天津社会科学年鉴》编辑委员会

# 编 辑 说 明

《天津社会科学年鉴》是在中共天津市委宣传部领导下，由天津市社会科学界联合会编纂出版的大型资料工具书。自2003年出版第一部始，每年出版一部。本年鉴真实记录了天津市社会科学发展进程，反映了天津市社会科学在年度内的整体发展现状、研究动态和地方特色，为广大社会科学工作者提供了丰富的资料、翔实的学术信息，是了解天津社会科学发展状况必备的参考书、工具书。《天津社会科学年鉴》入选《中国年鉴资料全文数据库》，2005年被评为“中国年鉴全文数据库核心年鉴”；在“天津市第四届年鉴编纂出版质量评比”活动中，2011年卷被评为市级一等奖；在“第七届全国年鉴编校质量检查评比”活动中，2012年卷荣获国家级一等奖。

《天津社会科学年鉴》(2013年卷)以2012年为时限，设有特载、发展报告、学科综述、学术专论、对策研究、滨海新区开发开放研究、学术活动、学术年会、宣传普及、科研课题、机构、研究基地、学术团体、学术期刊、大事记、统计资料、附录等18个篇目。其中，“特载”收集了党和国家领导人发表的有关繁荣发展哲学社会科学的重要讲话和重要文章；“发展报告”对天津市社会科学整体发展、文化发展、高等院校社会科学研究和学术论文及其引用等重要科研指标进行了科学分析和评价，重点反映了哲学社会科学的学科发展、队伍建设、成果转化、基地平台建设及年度创新体系发展情况；“学科综述”系统概述了本市社会科学各学科重要研究成果及重大学术观点创新成果；“学术专论”汇集了全市专家学者发表的有影响的理论文章，并对部分文章的重要学术观点进行了摘编；“对策研究”和“滨海新区开发开放研究”从理论和实践相结合的角度，较全面地记录了年度内经济建设、政治建设、社会建设、文化建设、党的建设、生态文明和推进滨海新区开发开放中，天津社科工作者所形成的对策研究成果，以及由本市社会科学界和自然科学界联合开展“两界联盟课题研究”所形成的重要成果；“宣传普及”、“学术年会”记录了社科专家普及社科知识、开展学术交流的活动情况；“学术团体”撰写了年度综述，发布了最新团体增减信息；“附录”收集整理了全市社会科学工作者在本年度发表和出版的主要学术成果。

本卷《天津社会科学年鉴》所采用的稿件，由本市高等院校、科研机构、相关部门和学术团体提供。其中，综述性、专论性和部分对策性文章特邀有关专家学者撰写。

《天津社会科学年鉴》(2013 年卷)主要面向本市各高等院校、科研院所、党干校、实际部门和社会科学学术团体发行，同时面向国内外公开发行。

在本卷编纂过程中，得到了上级领导的热情关怀和肯定，社会科学界各有关单位及学术团体的领导和专家学者给予了大力支持和帮助，特别是天津人民出版社的编辑做了大量细致的工作，在此一并表示衷心的感谢！

《天津社会科学年鉴》编辑部

2013 年 10 月 28 日

# 目　　录

## 特　　载



## 发展报告



## 学科综述

## 学术专论



## 对策研究

**两界联盟课题研究**



## 滨海新区开发开放研究

## 学术活动

**天津市学术活动**

**理论创新论坛**



## 学术年会

## 宣传普及



## 科研课题

## 获奖成果



## 机　构

## 研究基地

## 学术团体

## 学术期刊

## 大事记



## 统计资料



## 附　　录

# 特 载

## 坚持实事求是的思想路线

习近平

同志们出入中央党校大门时，都会看到花岗岩上镌刻的“实事求是”四个大字。这四个字，是毛泽东同志为中央党校题写的校训。大家在学习和工作中，要注意深刻理解实事求是的科学含义和精神实质，正确掌握实事求是这个马克思主义的精髓和灵魂，始终按实事求是的要求办事。

**一、充分认识坚持实事求是的重大意义**

马克思、恩格斯没有直接用过“实事求是”这个词汇，但他们创立的辩证唯物主义和历史唯物主义，突出强调的就是实事求是。实事求是，是毛泽东同志用中国成语对辩证唯物主义和历史唯物主义世界观和方法论所作的高度概括。坚持实事求是，就是坚持一切从实际出发来研究和解决问题，坚持理论联系实际来制定和形成指导实践发展的正确路线方针政策，坚持在实践中检验真理和发展真理。

我们党是靠实事求是起家和兴旺发展起来的。正如邓小平同志指出的：“过去我们搞革命所取得的一切胜利，是靠实事求是；现在我们要实现四个现代化，同样要靠实事求是。”实事求是作为党的思想路线，它始终是马克思主义中国化理论成果的精髓和灵魂，即是毛泽东思想的精髓和灵魂，是包括邓小平理论、“三个代表”重要思想以及科学发展观在内的中国特色社会主义理论体系的精髓和灵魂；它始终是中国共产党人认识世界和改造世界的根本要求，是我们党的基本思想方法、工作方法和领导方法，是党带领人民推动中国革命、建设、改革事业不断取得胜利的重要法宝。回顾我们党 90 多年的历史可以清楚地看到，什么时候坚持实事求是，党就能够形成符合客观实际、体现发展规律、顺应人民意愿的正确路线方针政策，党和人民的事业就能够不断取得胜利；反之，离开了实事求是，党和人民事业就会受到损失甚至严重挫折。胡锦涛同志在庆祝中国共产党成立 90 周年大会上的讲话中对坚持实事求是的重要性作了精辟论述。他说：“在历史上的一些时期，我们曾经犯过错误甚至遇到严重挫折，根本原因就在于当时的指导思想脱离了中国实际。我们党能够依靠自己和人民的力量纠正错误，在挫折中奋起，继续胜利前进，根本原因就在于重新恢复和坚持贯彻了实事求是。”实践反复证明，坚持实事求是，就能兴党兴国；违背实事求是，就会误党误国。

坚持实事求是，就必须坚持一切从实际出发。为什么想问题、作决策、办事情必须从实际出发，而不能从本本出发呢？因为实际事物是具体的，而本本是对实际事物研究、抽象的结果，不能成为研究问题和作决策的出发点，出发点只能是客观实际。要了解客观实际，就必须深入群众、深入实践进行调查研究，把客观存在的事实搞清楚，把事物的内部和外部联系弄明白，从中找出能够解决问题、符合群众要求的办法来。所以，调查研究是从实际出发的中心一环。没有调查就没有发言权，没有调查也没有决策权。

坚持实事求是，就必须坚持理论联系实际。为什么理论与实际必须联系而不能互相脱离呢？因为理论是从实践中产生的，理论是否正确还要接受实践检验并要在实践中得到丰富和发展；同时，理论只有与实际紧密联系，才能发挥对实践的指导作用，实现自身的价值和意义。理论如果脱离了实际，就会成为僵化的教条，就会失去其活力与生命力。理论家如果脱离了社会实践,只是从书本上来到书本上去,就会成为空洞的理论家,而不可能成为党和人民所要求的实际的理论家。党和人民希望我们的理论工作者,能够对当今中国和世界的经济、政治、文化、社会等领域的重大问题给予科学的理论说明,能够提供解决问题的正确方案,真正成为理论联系实际的理论家。对待马克思主义经典著作和世界社会主义运动的历史经验,要坚持学习和运用,但绝不能脱离中国具体实际而盲目照抄照搬。在这方面,我们党的历史上是有过沉痛教训的。对待西方经济学、政治学等方面的理论著作和资本主义经济发展的经验,要注意分析、研究并借鉴其中于我们有益的成分,但绝不能离开中国具体实际而盲目照搬照套。

现在,在我们党内,贯彻执行实事求是思想路线的状况总体是好的。各级党组织自觉坚持以实事求是的思想路线指导工作,积累了不少新的经验。广大党员和干部解放思想、实事求是、与时俱进、开拓创新,展示了共产党人追求进步、追求真理的科学态度和良好形象。同时也要清醒地看到,一些党员和干部在坚持实事求是的思想路线方面还存在一些必须引起注意的问题。比如,有的常年坐在办公室,很少下基层,很少接触群众,对下情若明若暗,接“地气”不够;有的一切从本本出发,唯上、唯书、不唯实;有的固步自封、因循守旧,思想和工作落后于客观形势的要求;有的不按客观规律办事,急功近利,急于求成以致蛮干、瞎干;有的为了迎合或满足某种需要,说假话、大话、空话,甚至弄虚造假;有的怕担风险,明哲保身,明知是错的,却听之任之,不批评制止;有的不喜欢听真话、实话,不愿意修正错误、择善而从。凡此种种,都违背了实事求是的要求,虽然不是主流,但如果不重视、不警惕、不纠正,其消极影响和后果不可低估。

我国已进入全面建设小康社会的关键时期和深化改革开放、加快转变经济发展方式的攻坚时期,我们面临的国内外形势更加复杂多变,新情况新问题新矛盾层出不穷。这些都对我们坚持和更好地贯彻实事求是的思想路线提出了新的要求。各级党员干部特别是领导干部要更加清醒地认识所面临的形势和任务,自觉坚持实事求是,不断提高自己的思想水平、工作水平和领导水平。

**二、真正把握坚持实事求是的基本要求**

毛泽东同志曾对“实事求是”作过精辟的概括,他指出:“‘实事’就是客观存在着的一切事物,‘是’就是客观事物的内部联系,即规律性,‘求’就是我们去研究。”这一论断,深刻揭示了实事求是的科学内涵和基本要求。

坚持实事求是,最基础的工作在于搞清楚“实事”,就是了解实际、掌握实情。这就要求我们必须不断对实际情况作深入系统而不是粗枝大叶的调查研究,使思想、行动、决策符合客观实际。去年11月16日,我在中央党校秋季学期第二批入学学员开学典礼上,曾专门讲了调查研究问题。只有通过调查研究,努力掌握全面、真实、丰富、生动的第一手材料,真正搞清楚本地区本部门本单位的实际情况,真正搞清楚影响改革发展稳定的突出问题,真正及时了解人民群众的所思所盼,我们才能真正掌握客观实际中的“实事”,做到耳聪目明、心中有数。而这始终是我们进行一切科学决策所必需的也是唯一可靠的前提和基础。

这里我要着重强调一点,就是我们了解实际、掌握实情,最重要的是要清醒认识和准确把握我国社会主义初级阶段的基本国情。我们现在的基本国情,主要是人口多,底子薄,发展很不平衡。经过新中国60多年的发展,现在人口总量已达到13亿多。要解决这么多人口的小康和富裕问题,是非常艰巨复杂的历史任务。“底子薄”,就是旧中国留给我们的基础非常落后。新中国成立以来特别是改革开放以来,我国社会主义事业取得举世瞩目的伟大成就,但底子薄的状况还未得到根本改变,要达到发达国家的经济文化发展水平,将是一个相当长的奋斗历程。始终牢记和准确把握这个基本国情非常重要。比如,我们在考虑和解决城镇化问题的时候,对国外城镇化的经验应该研究和借鉴,但必须看到我国有13亿多人口,而且半数人口在农村,因而就不能拿外国的城镇化经验来简单对比和套用。又比如,我们是社会主义发展中大国,同西方资本主义发达国家相比,社会制度不同,经济文化发展水平也不同。因此,我们在改革和发展两方面,既要借鉴和利用西方资本主义发达国家那些对我们有益的东西,又要鉴别和摒弃那些不符合中国特色社会主义道路和不适合我国现阶段生产力发展要求的东西。总之,我们想问题、作决策、办事情,都不能忘记、忽视我国社会主义初级阶段的基本国情和基本特点。

我们还应该看到,改革开放30多年来,我国的经济社会发展已经出现了不少新情况新变化。我国经济总量已跃居世界第二,但人均国内生产总值仍排在世界100位左右;经济持续快速增长,但发展中不平衡、不协调、不可持续的问题突出;人力资源丰富,但高层次创新型人才匮乏,人口老龄化进程加速,劳动力低成本优势减弱;工业化、城镇化、农业现代化步伐加快,但工业大而不强,农业基础仍然薄弱、农村发展相对滞后、农民增收困难的问题依然不少;全国人民生活总体达到小康水平,但城乡、区域和居民收入分配差距仍然较大,部分群众生活仍然困难;社会创造活力普遍增强,但影响社会和谐稳定的各种矛盾还不少,等等。对这些新情况新变化,要全面地看,辩证地分析。既要充分看到这些年来我国发展成绩巨大,有利条件不断增多,这是我们继续前进的坚实基础;又要清醒看到发展中的困难、问题和不利因素,继续前进还面临不少制约和障碍。列宁说过,辩证地全面地看问题,这种全面性的要求是唯物辩证法的第一要求。因而,它也是实事求是的科学态度的最基本要求。增强忧患意识,充分看到发展中的困难、问题和不利因素,不是消极泄气,而是要避免犯脱离实际、超越阶段而急于求成、急躁冒进的错误,真正做到既尽力而为又量力而行,推动经济社会又好又快发展。这是我们在社会主义初级阶段处理发展问题要始终注意的一个重大问题。

坚持实事求是,关键在于“求是”,就是探求和掌握事物发展的规律。对事物客观规律的认识,只能在实践中完成。勇于实践、善于实践,在实践中积累经验、进行理论升华,再用以指导实践、推动实践,在实践中使认识得到检验、修正、丰富和发展,这是认识客观规律的根本途径,也是把握客观规律的必由之路。我们作决策、办事情、谋发展,都要认识规律、遵循规律。从这个意义上说,能否坚持实事求是,能否按客观规律办事,这是决定我们的工作特别是领导工作有无主动权和得失成败的关键所在。

坚持实事求是,必须始终坚持一切为了群众、一切依靠群众,从群众中来、到群众中去的群众路线。群众路线是我们党的根本工作路线,它同党的实事求是的思想路线是相辅相成、在本质要求上完全统一的。正如江泽民同志指出的,真正掌握和实践了群众观点、群众路线,也就能真正掌握和实践历史唯物主义和党的实事求是的思想路线。从马克思主义认识论来看,坚持群众路线是坚持实事求是的认识和实践基础。一方面,实事求是是在实践基础上认识世界的过程,这一过程要通过“从群众中来”才能实现。人民的伟大实践是认识的真正源泉。只有切实尊重人民首创精神,倾听人民呼声,反映人民意愿,及时发现、总结、概括人民创造的新鲜经验,才能获得正确反映客观规律的真理性认识,才能制定出符合客观规律的科学决策。另一方面,实事求是又是在实践基础上改造世界的过程,这一过程只有通过“到群众中去”才能实现。人民是历史的创造者,是改造世界的主体和力量源泉。党的奋斗目标与人民的根本利益、经济社会发展规律是根本一致的。马克思主义政党只有充分调动和发挥人民的积极性和创造性,才能实现自己的历史使命。这就必须把从群众中集中起来的意见、办法,拿到群众中去实践和验证,使正确的意见和真理性认识为群众所掌握,成为群众实践的思想武器,转化为改造世界的实际行动。所有这些说明,只有坚持群众路线,才能真正做到实事求是。我们要把坚持实事求是的思想路线与坚持从群众中来、到群众中去的根本工作路线紧密结合和统一起来,把对上级负责与对群众负责紧密结合和统一起来,坚持一切从人民根本利益出发,深入基层了解情况,深入群众听取意见,使各项决策和各方面工作符合实际情况、符合客观规律、符合人民意愿。这样,我们的工作,党和人民的事业,就会无往而不胜。

### 三、领导干部要努力做坚持实事求是的表率

领导干部对党和人民事业肩负着光荣而重大的领导责任,始终贯彻执行党的实事求是的思想路线,对于推动科学发展、促进社会和谐至关重要。各级领导干部要把实事求是贯彻到领导工作全过程,自觉做坚持实事求是的表率。

领导干部一定要打牢马克思主义理论功底,这是坚持实事求是的理论基础。道理很清楚,没有科学理论功底,不掌握科学的世界观和方法论,就不能透过事物的现象看本质,就不能把握事物的内在联系,就容易陷于盲目性、片面性、被动性,也就很难做到实事求是。因此,领导干部必须努力学习马克思主义理论,在学习中国特色社会主义理论体系特别是在学习实践科学发展观上下工夫,牢牢掌握认识世界、认识客观规律的思想武器。要弘扬理论联系实际的学风,善于运用马克思主义立场、观点、

方法分析和解决面临的实际问题，借鉴历史经验和总结新鲜经验，不断增强工作的原则性、系统性、预见性、创造性。

领导干部一定要加强党性修养，坚持一切以人民利益和党的事业为重，这是坚持实事求是的思想基础。敢不敢坚持实事求是，考验着我们的政治立场，考验着我们的道德品质，始终是领导干部党性纯不纯、强不强的一个重要体现。要做到实事求是，不仅要有正确的思想方法和工作方法，还必须有公而忘私和不计个人得失的品格。所以，领导干部必须带头加强党性修养，带头践行全心全意为人民服务的根本宗旨，为了人民利益敢于坚持真理、修正错误，自觉为党分忧、为国尽责、为民奉献，以坚强的党性来保证做到实事求是。

领导干部一定要求真务实，大力弘扬我们党优良的思想作风和工作作风，讲老实话、办老实事、做老实人，这是坚持实事求是的作风保证。坚持求真务实，既要在"求真"上下工夫，更要在"务实"上做文章，尤其要做到讲实情、出实招、办实事、求实效。讲实情，就是讲事物的本来面貌，讲真话、讲真理。讲真话是一个领导干部真理在身、正义在手和有公心、有正气的重要体现。讲真话，前提是要听真话。听真话是一种智慧。英国哲学家培根曾讲过：能够听到别人给自己讲实话，使自己少走或不走弯路，少犯错误或不犯大的错误，这实在是福气和造化。《古文辑要》上记载了这样一个故事：初唐名臣裴矩在隋朝做官时，曾经阿谀逢迎，溜须拍马，想方设法满足隋炀帝的要求；可到了唐朝，他却一反故态，敢于当面跟唐太宗争论，成了忠直敢谏的诤臣。司马光就此评论说："裴矩佞于隋而诤于唐，非其性之有变也。君恶闻其过，则诤化为佞；君乐闻其过，则佞化为诤。"这个故事告诉我们，人们只有在那些愿意听真话、能够听真话的人面前，才敢于讲真话，愿意讲真话，乐于讲真话。我们的领导干部一定要本着"言者无罪，闻者足戒"的原则，欢迎和鼓励别人讲真话。出实招，就是要求按照实际情况决定工作方针，不提不切实际的口号，不提超越阶段的目标，不做不切实际的事情。办实事，就是要求从点滴入手、从具体事做起，力戒形式主义、官僚主义，力戒空谈。求实效，就是要求雷厉风行、狠抓落实，不抓则已、抓则必成，作出实实在在的业绩，不好大喜功、不做表面文章、不搞花架子。如果我们的各级领导干部在各自的工作岗位上，时时处处都坚持讲实情、出实招、办实事、求实效，实事求是的要求就会在各个地方、各个部门、各个单位变成实实在在的行动！

领导干部一定要坚持解放思想，开拓进取，这是坚持实事求是的内在要求。解放思想与实事求是是辩证统一的，就是要求我们的思想认识符合客观实际，冲破落后的传统观念和主观偏见的束缚，改变因循守旧、不接受新事物的精神状态，与时俱进地把我们的事业和各项工作不断推向前进。只有解放思想，才能真正做到实事求是；只有实事求是，才是真正解放思想。改革开放30多年来的伟大实践充分证明，只有把二者有机地统一起来，不唯书、不唯上、只唯实，才能冲破教条主义和经验主义的禁锢，才能纠正僵化的形而上学的思维方式，正确认识和把握客观事物的内在联系、本质和规律，也才能制定正确的政策，作出正确的决策。客观实际是不断发展变化的，我们对客观事物及其规律的认识是不断深化的，实事求是永无止境，解放思想也永无止境。当前，世情、国情、党情继续发生深刻变化，前进中还会遇到各种可以预见和难以预见的矛盾和问题。各级领导干部要继续解放思想、坚持实事求是，以科学态度对待马克思主义，用发展着的马克思主义指导新的实践，始终坚持真理、修正错误，勇于变革、勇于创新，永不僵化、永不停滞，不为任何风险所惧，不被任何干扰所惑，在深入研究新情况、不断解决新问题的实践中努力开创各项工作新局面。

（这是习近平同志2012年5月16日在中央党校春季学期第二批入学学员开学典礼上的讲话）

（本文来源：《学习时报》2012年5月28日）

# 建设一个生态文明的现代化中国

## ——在中国环境与发展国际合作委员会2012年年会开幕式上的讲话

李克强

各位副主席、各位委员、各位专家，女士们、先生们：

很高兴同大家见面。我多次参加中国环境与发展国际合作委员会年会，每次都能见到老朋友、结识新朋友。刚才，各位委员一致通过本次年会议程和新一届国合会章程，表明大家对加强国际合作、推进中国和世界环境与发展事业的意愿是一致的。前不久闭幕的中共十八大，勾画了中国未来发展的宏伟蓝图，把生态文明建设放在国家现代化建设更加突出的位置。这次年会以“区域平衡与绿色发展”为主题，围绕中国生态文明建设的重要领域进行探讨，很有意义。借此机会，我谈一些看法。

生态文明源于对发展的反思，也是对发展的提升。人类发展史就是一部文明进步史，也是一部人与自然的关系史。历史上，一些古代文明因生态良好而兴盛，也有的文明因生态恶化而衰败。近300年来，人类在工业化中创造了巨大的物质财富，但也付出了沉重的资源环境代价。20世纪下半叶后，国际社会开始思考“增长的极限”、“只有一个地球”等问题，提出了循环经济、绿色发展、生态文明等理念。联合国先后召开四次环境与发展大会，达成了促进可持续发展、应对气候变化等共识，并逐步转化为各国的行动。可以说，生态文明是对农业文明、工业文明的继承和创新，符合人类文明发展的方向。

中国自古以来就有“道法自然”、“天人合一”等生态思想，这些智慧对今天的发展仍有启示。从20世纪70年代起，中国就注重加强污染防治，并积极参与世界环境与发展事业。改革开放30多年来，中国推进现代化建设，实行节约资源、保护环境的基本国策，采取了一系列有效措施，使生态环境恶化的趋势有所减缓。但我们清醒地看到，中国面临的生态环境形势依然严峻。资源相对不足、环境容量有限，已经成为新的基本国情，成为发展的“短板”。我们大力推进生态文明建设，正是要打破这一瓶颈制约。

朝着生态文明的现代化中国迈进，是摆在我们面前的一项全新课题，是全面建成小康社会的应有之义。我们既要继续发展工业文明，又要大力弘扬生态文明。在中国这样一个13亿多人口的大国实现现代化，人类历史上没有先例可循。在广阔的国土上保护生态环境，也是世界性难题。我们面临前所未有的发展机遇和风险挑战，既要有“走钢丝”的忧患意识，也要有“登高峰”的必胜信心。发达国家几百年里逐步实现的工业化、城镇化，在我国正加快推进；发达国家上百年间逐步出现的资源环境矛盾，在我国也集中显现。借鉴国际上的成功经验，汲取一些失败的教训，发挥新兴国家的后发优势，可以避免重复“先污染、后治理”的老路，探索出一条新的发展路径。中国将进一步树立尊重自然、顺应自然、保护自然的生态文明理念，把生态文明建设融入整个现代化建设之中，加快转变经济发展方式，在发展中保护、在保护中发展，通过转型发展，实现发展经济、改善民生、保护生态共赢。

建设生态文明的现代化中国，重点需要从以下几个方面加大努力。

一是转型发展。中国作为世界上最大的发展中国家，推动经济社会发展是第一要务。环境问题说到底是在发展中产生的，也应在发展中加以解决。同时，发展应是可持续发展、科学发展，要走生态文明的现代化道路。良好的生态环境是买不来、借不到的财富。山清水秀但贫穷落后不行，殷实小康但环境退化也不行。我们将优化国土空间开发格局，形成合理的生产空间、生活空间、生态空间。我们将推进重大生态工程、环保工程、节能工程建设，“十二五”期间中国生态环保投入将达到3.4万亿元。我们将以节能减排作为结构调整和创新转型的重要突破口，到2015年使单位国内生产总值二氧化碳排放比2010年降低17%。只有把发展建立在资源可接续、环境可承载的基础之上，才能过好今天、不忧明天，在转型中实现国家的永续发展。

二是惠及民生。无论是推进现代化，还是建设生态文明，都是为了人、为了人的全面发展。随着生活水平的提高，人们对良好生态环境的需求更加迫切。环境问题已成为重要的民生问题。人民希望安居、乐业、增收，也希望天蓝、地绿、水净。作为政府，有责任调动各方面力量加大污染防治力度，不欠新账、多还旧账，在充分提供物质产品、文化产品的同时，更多地提供生态产品。从今年开始，中国在京津冀、长三角、珠三角区域及直辖市、省会城市开展PM2.5监测并公布信息，同时采取针对性措施加强治理，力争经过一段时期的努力，逐步使空气质量有所改善。保护生态环境，有利于民族和社会，也有利于个人和子孙后代。生态环境美好的家园是人民共同的家园，也需要人民共同来建设。全社会都要增强生态意识、营造良好氛围，每个人从自己做起、从身边事做起，点点滴滴的保护行动就可以汇成蓬蓬勃勃的生态文明建设力量。

三是拓展市场。扩大国内需求是中国发展的战略基点，同步推进工业化、城镇化、信息化、农业现代化，蕴藏着巨大的内需潜能。我们要实现的新型工业化、城镇化，必然是生态文明的工业化、城镇化。它孕育着前景无限的市场空间，催生着规模庞大的生态产业。无论是可再生能源应用，还是建筑节能改造，或是污水垃圾处理，都会形成新的经济增长点。以光伏电池为例，目前国内安装总量不到年产量的10%，开拓国内市场的潜力很大。我们将结合城镇化建设，采取鼓励太阳能发电设备应用、支持分布式发电并网等措施，在国内开拓更大市场，促进光伏产业持续健康发展。预计2020年，中国太阳能发电装机将达到5000万千瓦。如果说绿色环境是难以估值的宝地，生态产业就是挖掘不尽的宝藏。我们需要巩固农业、做强制造业、做大服务业，形成发展新优势；也需要大力发展循环经济、节能环保产业、绿色低碳产业，抢占经济新高地。

四是深化改革。改革开放是发展特别是转型发展的必由之路，是现代化的强大动力。推进生态文明建设，需要物质支撑、精神驱动，更需要改革和制度创新。节能环保是生产生活方式的深刻变革，涉及理念的更新和利益的调整，必须发挥体制机制这一杠杆的撬动作用，摆脱对传统发展路径的依赖。这就需要加快价格、财税、金融、行政管理以及企业等改革，完善资源有偿使用、环境损害赔偿、生态补偿等制度，健全评价考核、行为奖惩、责任追究等机制，加强资源环境领域法制建设，以体制激励和约束企业，用法律调节和规范行为，使改革这个最大"红利"更多地体现在生态文明建设上，体现在科学发展、转型发展上。

五是加强合作。环境与发展问题是全球面临的共同挑战，促进绿色发展是各国利益汇合点。中国作为一个幅员辽阔的经济大国，解决好这方面问题，是对全人类的一大贡献。我们将把生态环保作为对外开放的重要领域，继续加强同其他国家、国际组织的环境合作，引进并吸收先进理念、治理技术、管理模式和有益经验。我们的市场是开放的市场、公平竞争的市场，欢迎国外企业来华发展生态产业。中国是一个负责任的国家，我们将深入推进国际环境公约的履约工作，按照共同但有区别的责任原则、公平原则、各自能力原则，承担自己应尽的国际义务，共同应对全球气候变化，共同推动人类环境与发展事业。

环境保护是生态文明建设的主阵地。希望环境保护、发展改革等有关部门同各地方密切协作，促进区域协调发展，做生态文明建设的引领者、推动者、实践者，抓紧制定生态文明建设的目标体系和推进办法，完善体制机制和政策措施，为国家发展和民生改善作出新贡献。

各位委员、各位专家！

国合会已经走过20年历程，参与并见证了中国环发事业的发展进步，针对中国环境与发展中的现实问题进行了大量研究，在生态补偿、循环经济、清洁发展、低碳发展等方面提出了许多好的政策建议，促进了中国相关工作的开展，取得了积极成效。

今天的会议，标志着新一届国合会扬帆起航。希望各位委员、专家进一步发挥环境国际合作的桥梁与纽带作用，不断拓展研究领域，更加注重成果分享，造福中国和全世界的可持续发展事业。

最后，祝国合会2012年年会圆满成功！祝各位委员、各位专家工作顺利、身体健康、家庭幸福！

谢谢大家！

（本文系中华人民共和国国务院副总理、中国环境与发展国际合作委员会主席李克强2012年12月12日在中国环境与发展国际合作委员会2012年年会开幕式上的讲话。）

（本文来源：《人民日报》2012年12月13日）

# 以崇高文化理想和艺术追求推动我国文艺繁荣发展

## ——在第十二届精神文明建设“五个一工程”表彰座谈会上的讲话

刘云山

精神文明建设“五个一工程”是推动我国文化繁荣发展的综合性示范工程。这项工程从1991年启动以来，在党中央亲切关怀和地方各级党委政府大力支持下，宣传文化部门和单位精心组织实施，广大文艺工作者热情参与，文化产品创作取得丰硕成果。20年来，“五个一工程”以其独特吸引力和巨大影响力，推动着我国文化的繁荣发展与进步，成为党领导文艺工作、凝聚文艺队伍的重要平台，成为引导创作生产、催生优秀作品的有效途径，成为弘扬社会主义先进文化、建设社会主义精神文明的响亮品牌。

近年来，伴随着中国特色社会主义事业深入推进，我国文化建设在加快改革发展中实现了新的历史性跨越，文艺创作生产呈现出蓬勃发展的生动景象。第十二届“五个一工程”的评选表彰，就是对这些年我国文艺工作成效的一次全面检阅，是对创作成果的一次集中展示。从这届“五个一工程”入选作品情况看，具有这样几个特点：一是富有时代感、高扬主旋律。讴歌当代中国的发展进步，构筑团结奋进的精神力量，越来越成为文艺创作的鲜明主题。围绕推动科学发展、促进社会和谐的生动实践，围绕纪念新中国成立六十周年、中国共产党成立九十周年、迎接党的十八大等重大活动，广大文艺工作者精心策划选题、倾心投入创作，推出了一大批反映党和人民奋斗历程、弘扬民族精神和时代精神的优秀作品。这次入选的作品，都具有鲜明的时代感和厚重的历史感，弘扬了主旋律和社会主流价值。二是艺术水准高、作品质量好。近年来，一批精品工程和重点项目的实施，带动了文艺作品质量的整体提升。在创作过程中，无论是宏大主题的叙事，还是百姓情感的表达；无论是历史进程的展示，还是现实生活的描绘；无论是传统的艺术门类，还是新生的表现形式，都努力在艺术上不断超越，在感染力上不断升华。本届入选的176部作品，囊括了近年来各文艺门类中的优秀作品，体现了思想性、艺术性、观赏性的有机统一，都是优中选优的好作品。三是群众普遍认可、社会影响广泛。注重群众评价，认真听取群众意见，是这届“五个一工程”的一个重要原则。评选工作中，在确保正确导向的前提下，把演出场次、票房收入、收视收听率、发行量作为重要依据。同时，每个艺术门类都吸收群众评委参加，评选结果也都在各大媒体进行公示，广泛听取社会各方面意见。许多获奖作品都是热播剧、畅销书，市场反响好、群众口碑好，实现了社会效益和经济效益双丰收。四是彰显改革成果、展示发展活力。文化体制改革深入推进，极大地增强了文化单位的发展活力，极大地激发了文艺工作者创作热情，为优秀作品的创作生产注入了新的动力。这些年来，我国文化产品之丰富、文化市场之繁荣，都充分反映了文化体制改革的巨大成效。从这次评选看，获奖多的地区大多是改革走在前列的地区，获奖作品多的单位都是改革焕发了生机活力的。实践充分证明，只有深化改革，才能多出优秀作品、多出优秀人才，才能推动文化的大发展大繁荣。

党的十七届六中全会从坚持和发展中国特色社会主义、实现民族伟大复兴的高度，对推动文化大发展大繁荣作出全面部署，吹响了文化进军的新号角，开启了建设社会主义文化强国的新征程。现在，全党全社会重视文化的氛围更加浓厚，加快文化改革发展、推进文化创新创造的良好局面正在形成，一个文化建设的新高潮正在蓬勃兴起。要树立高度的文化自觉和文化自信，以邓小平理论、“三个代表”重要思想为指导，深入贯彻落实科学发展观，坚持中国特色社会主义文化发展道路，坚持为人民服务、为社会主义服务的方向和百花齐放、百家争鸣的方针，保持崇高的文化理想和艺术追求，在顺应时代潮流中实现文艺的历史进步，在改革创新中增强文艺的发展活力，在多出优秀作品中促进文艺的更大繁荣。

**一、自觉践行社会主义核心价值体系，在推进中国特色社会主义伟大实践中进行艺术创造。**一切进步的文艺都是时代精神的生动写照，一切优秀的作品都是对崇高理想的深情礼赞。我国历来有“文以载道”的优良传统，许多传世之作都传递着真善美的价值追求，都是心灵与生活的教科书。社会主义文艺作为民族精神的火炬、时代前进的号角，最鲜明的特征就是以美的形式、美的力量，揭示社会进步的本质，传颂先进的思想文化，激励人们奋发前行。社会主义核心价值体系是兴国之魂，集中反映着当代中国各族人民的价值理想，为文艺的繁荣发展提供了基本遵循。只有坚持文以载道、以文化人，把弘扬社会主义核心价值体系作为根本任务，贯穿到文艺创作生产的各个方面，才能更好地发挥文化引领风尚、教育人民、服务社会、推动发展的重要作用。要坚持用马克思主义立场观点方法观察社会生活，把握历史发展主流，讲述伟大时代的动人故事，描绘改革发展的光明前景，弘扬民族精神和时代精神，更好地凝聚共同理想、唱响奋进凯歌，坚定人们走中国特色社会主义道路的信念信心。要坚持不懈地用优秀作品弘扬真善美、贬斥假恶丑，充分反映和传播正确的世界观、人生观和价值观，用关爱的情怀和发现的眼光，刻画“最美人物”、颂扬“最美精神”，着力展现大情大义、传递温暖温馨，让美好的道德情感成为人们的精神营养。越是闪光的思想、崇高的精神，越需要艺术化的描绘、形象化的表达。要努力实现内容与形式的契合，实现无形之魂与有形之体的统一，把深刻的思想内涵融入艺术创造之中，寓理于情、寓教于乐，用生动的笔触、优美的旋律、感人的形象来打动读者、感染受众，让人们在艺术享受中受到教育、得到提高。

**二、始终秉持以人民为中心的创作导向，把更好更多的精神食粮奉献给人民。**我们的文艺源于人民、为了人民、属于人民，只有扎根人民群众生产生活，与人民群众同心同行，文艺创作之源才永不干涸，文学艺术之树才能永葆常青。“人民”两个大字写在社会主义文艺旗帜上，意义非同寻常、分量重于泰山。人民文艺就要服务人民，对人民的态度、对人民的情感，决定着文艺工作的立场、方向，决定着文艺创作的得失成败。那些有作为的作家艺术家，那些经久不衰的精品佳作，无不保持着与人民同呼吸、共命运的深厚情怀，无不体现着为人民立言、为人民放歌的精神境界。“为了谁、依靠谁、我是谁”，始终是文艺工作者和我们的文艺创作必须回答好的一个根本性问题。在文艺创作的实践中，要把人民放在最高位置，秉持人民至上的价值理念，树立以人民为中心的创作导向，坚持贴近实际、贴近生活、贴近群众，牢记人民群众是我们的根、我们的本，带着对人民群众的深厚感情进行文艺创作。要坚持以人民群众为表现主体和服务对象，关注群众需求、回应大众关切，踏着各族人民的奋斗足迹，生动记录人民群众创造美好生活的心路历程，热忱歌颂各行各业劳动者的感人事迹，积极扶持面向基层群众的文艺作品创作生产，推出更多普通百姓买得起、用得上的文化产品和文化服务。“走基层、转作风、改文风”，是新形势下宣传思想文化战线贯彻党的群众路线的重大举措，是人民文艺更好服务人民的重要途径。“走转改”，贵在走、难在转、重在改。希望广大文艺工作者继续发扬好老一辈作家艺术家的光荣传统，多到基层学习采风，多到群众中感受生活，以人民为师、与群众为伴，体察民生冷暖、万家忧乐，从中汲取题材主题、情节语言、诗情画意，在与人民群众紧密联系中增长艺术才干，努力成为人民欢迎的作家艺术家。

**三、坚持不懈地深化和推进改革，进一步解放和发展文化生产力。**改革是动力之源、活力之源，是文化繁荣发展的必由之路。党的十六大以来，宣传思想文化战线高举改革的旗帜，不断深化对文化发展规律的认识，推动文化体制改革由点到面、由浅入深，在重点领域和关键环节取得新的突破、新的进展，基本完成了既定的阶段性改革任务。实践证明，改革极大地解放和发展了文化生产力，激发了文化创新创造的活力，使我国文化的整体面貌和发展格局焕然一新。这些年，我国文化的繁荣根本上得益于改革，哪里有改革，哪里的文化事业文化产业就生机盎然，哪里改革步伐快，哪里的文化发展就硕果累累。时代在发展、事业在推进，在新的历史起点上实现文化更大繁荣，必须运用好近年来的成功经验，坚持不懈地推进改革、深化改革，用改革的办法解决前进中的问题、破解发展中的难题。要进一步增强改革意识，解放思想、更新观念，牢固树立与时代发展相适应的文化理念，积极探索推动文化繁荣发展的新思路新办法，不断以思想的新解放开辟文化发展的新局面。要适应改革开放和发展市场经济的新要求，积极创新宏观管理体制、加快政府职能转变、健全文化市场体系，正确处理政府和市场、政府和社会之间的关系，促进文化要素合理流动，提高文化资源配置效率，形成有利于文化科学发展的体制机制。要加强分类指导，结合文艺院团、影视机构、出版单位的实际，继续深化改革，不断完善管理模式、运行机制和发展方式，特别是经营性文化单位要在转企改制的基础上，完善法人治理结构，建立现代企业制度，进一步增强自我更新、自我发展的内在动力。

**四、牢固树立高标准高品位的艺术追求，努力打造经得起历史和实践检验的文化精品。**一个国家文艺的发展水平、一个文艺家的艺术造诣，最终体现在文艺作品的水准上，体现在文艺精品的数量上。不懈追求卓越、攀登高峰，永远是成就艺术抱负、铸造艺术辉煌的必由之路。应当看到，这些年我国文艺作品的总体数量和质量都有了很大提升，推出了不少优秀作品，但与时代发展的要求相比、与人民群众的期待相比，称得上经典的文化精品还不够多。推动文艺繁荣、建设文化强国，迫切需要我们向经典看齐、以名家为范，鼓励创新和超越，强化精品意识，正确处理数量与质量的关系，把提高作品质量作为中心环节，打造更多思想性、艺术性、观赏性相统一的精品力作。要坚持不忘本来、吸收外来、着眼将来，以礼敬自豪的态度对待民族文化，以开放包容的心态对待外来文化，大力推动创新创造，倡导不同题材体裁、风格样式的竞相发展，推出更多具有原创价值的文艺产品和文化品牌。要积极推动科技与文化的融合，用科技手段强化艺术表现，用技术含量提升艺术魅力，拓展艺术表现空间，丰富艺术表现形式。当然也要注意，技术不能代替艺术。文艺作品作用于人们的思想和灵魂，往往成为人们的生活伴侣、精神支撑，文艺创作必须重品位、讲格调。要始终把社会效益放在首位，把社会责任贯注在文艺创作实践之中，恪守艺术良知，保持思想品格和艺术品位，精益求精、用心用功地打磨作品，严肃认真地考虑作品的社会效果，把最好的精神食粮奉献给人民、奉献给社会。

**五、切实加强对文艺创作生产的引导，形成有利于文艺事业健康发展的良好环境。**加强对文艺创作生产的引导，是保障文艺事业健康发展的内在要求，是提高创作质量、多出精品力作的重要途径。现在，社会思想文化十分活跃，文艺创作生产的组织方式、投入方式、队伍结构日趋多样。这就要求我们切实加强和改进引导工作，积极探索科学有效的引导方式，着力营造有利于出精品、出人才的良好环境。要改进组织工作方式，加强创作规划，抓好选题论证，健全符合文艺特点、适应社会主义市场经济规律的精品创作生产机制，完善文化产品评价体系和激励机制，把更多的优势资源集中到带动性强、影响力大的重点项目，切实发挥好精神文明建设“五个一工程”等文化精品工程的示范导向作用。文艺评论与文艺创作相生相伴、相辅相成，积极健康的文艺批评是文艺创作的一面镜子，是提升文艺创作水平的一剂良药。要重视加强文艺评论工作，倡导客观公正、实事求是的风气，倡导与人为善、以理服人的风气，倡导讲真话、建诤言的风气，加强对文艺现象的科学分析，增强文艺评论的说服力、影响力、公信力，更好地发挥文艺评论在引领创作方向、提升鉴赏水平等方面的重要作用。要高度重视人才队伍建设，坚持尊重劳动、尊重知识、尊重人才、尊重创造，遵循文艺发展规律和人才成长规律，加大政策扶持力度，拓宽人才培养渠道，深入实施“四个一批”宣传文化人才培养工程，通过研修培训、项目资助、实践锻炼等途径，造就更多年轻文艺人才和文化名家，让文艺工作者才华有施展空间、抱负有实现途径、贡献得到社会尊重。当代中国正在以崭新的姿态创造着新的辉煌，文化事业正在迎来一个繁荣发展的新时期。广大文艺工作者要清醒认识肩负的历史责任，奋发有为、开拓进取，努力为时代放歌、为人民抒情，共同谱写我国文艺事业的壮丽篇章，为建设社会主义文化强国作出新的更大贡献。

（本文系中共中央政治局委员、中央书记处书记、中宣部部长刘云山2012年9月25日在第十二届精神文明建设“五个一工程”表彰座谈会上的讲话，发表时有删节。）

（本文来源：《求是》2012年第20期）

# 在中共天津市委十届二次全体会议上的讲话

孙春兰

同志们：

这次全会的主要任务是深入学习、全面贯彻党的十八大和中央经济工作会议精神，总结今年工作，部署明年任务。现在，我代表市委常委会讲几点意见。

**一、深入学习贯彻党的十八大精神，为实现中央对天津的定位接续奋斗**

党的十八大描绘了全面建成小康社会、夺取中国特色社会主义新胜利的宏伟蓝图，对新的时代条件下推进中国特色社会主义事业作出了重大战略部署，为党和国家事业进一步发展指明了方向。

党的十八大闭幕后，全市各级各部门迅速兴起了学习贯彻的热潮，在统一思想、振奋精神，指导实践、推动工作上取得了积极成效。当前和今后一个时期，要继续把学习贯彻党的十八大精神作为首要的政治任务，在前一阶段学习贯彻的基础上不断引向深入，切实把广大党员干部群众的思想和行动统一到党的十八大精神上来，把智慧和力量凝聚到党的十八大确定的目标任务上来，始终同以习近平同志为总书记的党中央保持高度一致。

要继续深入学习党的十八大报告，全面理解把握精神实质，深刻领会中国特色社会主义是党和人民长期实践取得的根本成就，深刻领会中国特色社会主义是由道路、理论体系、制度三位一体构成的，深刻领会建设中国特色社会主义的总依据、总布局、总任务，深刻领会夺取中国特色社会主义新胜利的基本要求，深刻领会确保党始终成为中国特色社会主义事业的坚强领导核心，努力做到学深学透，真懂真信真用。

学习党的十八大精神要在贯彻落实上下工夫，密切联系天津发展实际，把党的十八大精神落实到全面建成小康社会的具体实践中，体现在改革发展稳定的各项工作中。党中央、国务院对天津发展高度重视、十分关心，明确提出到2020年将天津市逐步建设成为经济繁荣、社会文明、科教发达、设施完善、环境优美的国际港口城市、北方经济中心和生态城市。这个定位突出了天津的发展特色和比较优势，指明了今后的发展方向和战略重点。去年9月，习近平同志考察天津时，要求我们“进一步加快转变经济发展方式，进一步统筹城乡一体化发展，进一步加强和创新社会管理，进一步加强和改进党的建设”，这“四个进一步”使天津发展的思路更加清晰，是我们做好各项工作的重要遵循。

多年来，历届市委、市政府为天津经济社会发展打下了坚实基础。以张高丽同志为班长的市领导班子团结带领全市人民砥砺奋进、拼搏进取，天津发展速度快、势头好，经济、政治、文化、社会、生态文明建设和党的建设都取得了显著成绩，朝着实现中央对天津的定位迈出了坚实步伐。我们完全有基础、有条件、有能力，在新的起点上实现更大发展，再创一个黄金发展期。对此，我们要始终充满信心，坚定不移。同时也要清醒地看到，对照党的十八大提出的全面建成小康社会新要求和“两个翻番”的目标，对照中央对天津的定位和寄予的期望，对照人民群众过上更好生活的热切期待，我们还需要继续埋头苦干、艰苦奋斗，丝毫不能懈怠。把党的十八大精神落到实处，最重要的是与全面落实中央对天津工作的重要要求紧密结合起来，与落实市第十次党代会决策部署紧密结合起来，进一步强化机遇意识、责任意识、忧患意识，在坚持既定发展思路、工作部署的基础上，根据党的十八大提出的新目标、新任务、新要求，与时俱进，乘势而为，凝心聚力，接续奋斗，努力把宏伟蓝图变为美好现实。

**二、清醒把握当前形势，明确做好明年工作的总体要求**

明年是全面贯彻落实党的十八大精神的开局之年，是实施“十二五”规划承前启后的关键一年。做好明年工作，意义十分重大。一分为二地分析我们面临的形势，具备许多有利条件和积极因素，同时也面临严峻的困难和挑战。

一方面，从国际环境看，经济全球化深入发展，新一轮科技和产业革命正在孕育兴起，世界经济格局持续调整，国际形势总体上有利于我们发展。从国内情况看，经济社会发展基本面长期向好，国内市场潜力巨大，生产要素综合优势明显，我国仍处于可以大有作为的重要战略机遇期。近年来，天津抢抓机遇，发展速度明显加快、经济总量迅速扩大，今年全市生产总值预计达到1.28万亿元，综合实力迈上了大台阶；随着工业化、信息化、城镇化和农业现代化的深入推进，将为本市发展注入新的动力，特别是在提高城镇化质量方面还有很大的空间和潜力；当前天津正处在开发建设的高峰期，有一大批项目在建和待建，将陆续形成新的经济增长点，为全市经济发展积蓄后劲；明年国家继续坚持稳中求进的工作总基调，实施有利于稳增长、调结构、惠民生的宏观政策，本市滨海新区、高新技术产业、港口基础设施建设等都符合国家政策导向，有利于我们继续争取中央政策支持。

另一方面，本市经济社会发展仍然面临许多困难，各种难以预料的风险挑战不可低估。明年世界经济走势明显放缓，经济低迷已成为全球经济新常态，市场需求成为全球竞争最稀缺的资源；本市经济外向度较高，受国际市场的冲击较为严重；产业结构偏重，资源环境的制约日益加大；受当前市场需求不足的影响，部分企业生产经营困难，我们面临的挑战可能要比想象中的更为严峻。

对此，我们必须保持清醒头脑，坚持“两点论”，善于运用“底线思维”分析看待问题，既要看到发展的有利条件和积极因素，进一步坚定信心和决心；也要充分认识各种不利因素和薄弱环节，做好迎接更大困难的准备，努力争取最好的结果，牢牢把握发展的主动权。

根据中央精神，结合天津实际，明年全市工作的总体要求是：高举中国特色社会主义伟大旗帜，以邓小平理论、“三个代表”重要思想、科学发展观为指导，全面贯彻落实党的十八大和中央经济工作会议精神，按照中央对天津工作的一系列重要要求，加快实施市第十次党代会的战略部署，紧紧围绕主题主线，稳中求进，开拓创新，扎实开局，切实推动经济建设、政治建设、文化建设、社会建设、生态文明建设和党的建设取得新进展，改革开放取得新突破，保障和改善民生取得新成效，社会和谐稳定取得新成果，为实现党的十八大确定的目标任务开好局、起好步。

根据这一总体要求，我们要科学确定明年发展的预期目标。一是要保持合理的经济增长速度。这些年天津发展很快，要继续保持这样的好势头，在经济增速下滑的形势下有所作为，为扩大就业、改善民生打好物质基础。这符合中央提出的经济持续健康发展的目标，符合稳中求进的要求，也有利于把各方面注意力引导到转方式、调结构上来。工作中，我们要力争取得好于预期的实际结果，努力实现有质量、有效益的增长。二是要把提高群众收入水平作为工作重点，力争实现城乡居民收入实际增长与经济增长同步。

完成明年各项目标任务，要进一步解放思想。实践反复证明，解放思想是个“总开关”，哪个地方的干部群众思想解放，哪个地方就能抓住机遇，赢得发展。解放思想必须紧密联系实际，真正落实到更新不符合科学发展观的思想观念上，落实到解决影响发展的实际问题上。要看到在激烈的区域竞争中，不进则退，慢进亦退。与兄弟直辖市北京、上海相比，虽然我们追赶的步伐较快，但无论是经济总量、人均水平还是产业层次，都有很大差距。所以我们不能满足于已有的成绩，不能满足于自己与自己比。要密切关注国内外经济形势的发展变化，视野更开阔一些，办法更多一些，勇于探索、敢于超越。

## 三、把握全局，突出重点，切实推动改革发展稳定各项工作开好局、起好步

### （一）加快推进滨海新区开发开放

加快滨海新区开发开放是国家重大发展战略。党中央、国务院高度重视，并给予一系列政策支持。习近平同志去年在津考察时强调指出，“滨海新区是天津又好又快发展的重要引擎。”新世纪看滨海。滨海新区不但要带动天津的发展，而且要成为区域发展的增长极，成为全国最具潜力、最具活力、最为开放的现代化新区之一。可以说滨海新区担负的使命光荣，责任重大。我们要坚定不移地把加快滨海新区开发开放作为全市工作的重中之重，继续举全市之力加快推进。

滨海新区开发开放的重大意义，不仅仅是建设一个高新技术产业集聚区，更重要的是在制度创新上先行先试。要深化行政管理体制改革，提高行政效能和办事效率。深化金融改革创新，搞好股权交易平台和创新型交易市场，加快建设全国金融改革创新基地。深化涉外经济体制改革，推进东疆保税港区向自由贸易港区转型。深化社会领域改革，积极探索收入分配、户籍制度改革新思路，推进构建和谐劳动关系综合试验区建设。

要按照各功能区产业规划发展方向，加大招商引资力度，大力引进龙头企业，培育壮大一批具有明显竞争优势的产业群和产业基地。要加大基础设施建设，加快建设生态宜居的现代化新城区，建立健全服务配套体系，加快发展教育、医疗、文化等社会事业，聚集人气，吸引人才，让更多人流、物流、资金流留在新区，发展在新区。

### （二）千方百计扩大内需

扩大内需是转方式、调结构的首要任务。从天津的实际看，我们必须把投资和消费放在更加突出的位置，推动经济持续健康发展。

一要切实发挥投资对经济增长的关键作用。现阶段实现稳增长的目标，客观上需要保持一定的投资规模。本市在产业项目、基础设施、城镇化建设、公共服务等领域投资的需求还很大，我们要积极实施项目带动战略，推动在建项目加快进度，早竣工投产，早发挥效益。同时，进一步加大重大项目前期工作力度，源源不断地筹划和推出一批影响力大、市场竞争力强的大项目好项目。要更加注重优化投资结构，使扩大投资与调整优化产业结构、增加最终需求有机结合起来，坚决杜绝重复建设和

形成产能过剩。要多渠道扩大投资资金来源,切实发挥好政府投资的导向作用,进一步放宽民间资本准入门槛,支持民营企业以独资、参股、控股、特许经营等多种方式,进入基础产业和基础设施、市政公用事业和保障性住房建设等领域。要及时发布项目合作、招商引资等信息,引导扩大民间投资行为,改变投资过度依赖政府主导的模式,使民间资本真正成为投资增长的主体。

二要切实增强消费对经济增长的基础作用。扩大消费需求大有潜力,要在稳定消费预期、增强消费能力、优化消费环境、推动消费升级、拓宽消费领域上下工夫。多渠道提高城乡居民收入水平,特别是要努力增加中低收入群体收入,真正让居民有钱可花。进一步完善社会保障体系、加强社会救助、扩大公共服务供给,切实解除广大居民的后顾之忧,稳定消费预期,让大家放心消费。加快培育文化、旅游、健身、养老和节能环保产品等新的消费热点,大力发展网络购物等新型业态,充分挖掘消费潜力。加快推进城乡消费流通体系建设,拓宽流通渠道,减少流通环节,降低商贸物流成本,进一步改善城乡消费环境。

天津外向型经济比重大,必须同时做好扩大内需和稳定外需两篇文章。明年外贸形势将比今年更加严峻,我们要进一步完善出口政策,加大政策支持力度,继续深入实施主体多元化和市场多元化战略,加快培育一批新的外贸增长点,巩固发展传统市场,积极开拓新兴市场,优化进出口结构,提高贸易便利化水平,努力推动外贸健康发展。

**(三)加快推进产业转型升级**

区域经济竞争,说到底是产业水平的竞争。要瞄准新一轮产业革命的发展方向和国家产业政策导向,加大产业结构战略性调整力度,努力构筑富有竞争力和天津特色的现代产业新体系。

要做大做强先进制造业。围绕八大优势支柱产业和重点发展的战略性新兴产业,充分发挥本市航空航天、装备制造等重大项目产业链条长、带动作用强的优势,引导更多关联企业进行技术、产品和产业配套,加快形成一大批在国内外具有明显竞争优势的产业集群,既有“顶天立地”也有“铺天盖地”,不断提升天津产业发展和实体经济水平。要继续发展壮大海洋石油、海洋化工、海洋装备制造等优势支柱产业,加快发展海水利用等海洋新兴产业,不断壮大海洋经济规模和实力。

要大力发展现代服务业。先进制造业和生产性服务业融合发展是当今产业发展的新趋势。近年来,天津工业的快速发展为生产性服务业加快发展提供了广阔空间。我们要把发展生产性服务业作为现代服务业的突破口,做大做强现代金融、现代物流、技术研发、工业设计、信息咨询、文化创意等产业,尽快形成与经济中心地位相适应的服务经济体系。楼宇经济和总部经济是一个城市聚集和辐射能力的集中体现,是生产性服务业发展程度的重要标志。与北京、上海、深圳等城市相比较,本市楼宇经济还有很大发展空间,企业总部还较少。要尽快建成一批设施完备、功能齐全、管理先进、与国际接轨的中心商务区和中心商贸区,健全楼宇基础设施,完善办公和生活环境配套,吸引更多跨国公司和国内大型企业集团来本市设立综合型、功能型总部及结算中心、采购中心、研发中心等,加快打造一批新的亿元楼宇。要提升消费性服务业发展水平,减少行政审批项目,创造公平竞争的市场环境,鼓励消费性服务业发展。旅游业是“老百姓”经济,对于扩大就业、增加收入、提高群众生活水平有着重要的作用。天津旅游资源丰富,既有自然资源,也有五大道、意式风情区、杨柳青年画等人文历史景观和文化遗产。要进一步挖掘和整合这些宝贵资源,利用好中国旅游产业博览会这一平台,加快建设中国旅游产业园,重点抓好“近代中国看天津”、红色旅游、都市博览游、海河风光游、滨海休闲游、山野名胜游,加大对天津城市形象的宣传力度,提高城市知名度,打造在国内外叫得响的旅游品牌。

天津科技资源丰富,科技人才众多,具有明显的科技创新优势。要继续深化科技体制改革,大力实施科技小巨人发展三年行动计划,加强公共服务平台建设,加大对小微企业的扶持力度,帮助企业解决钱从哪里来的问题,落实小额贷款,完善征信体系,健全抵押贷款和金融担保制度,建立风险投资基金,同时也要切实防范区域性金融风险。

本市农业在三次产业中的比重很小,但农业作为基础产业,仍然在全局中具有极为重要的地位和作用。要认真贯彻中央农村工作会议部署,围绕“保供增收惠民生、改革创新添活力”的目标任务,扎实抓好农业农村工作,促进农民增收产业增效。要重点发展都市型现代农业,大力发展高附加值的设施农业、生态农业、休闲观光农业,构建集约化、专业化、组织化、社会化相结合的新型农业经营体系，提高农业综合生产能力，确保农民收入增长势头不减弱，进一步增强农村发展活力。

**(四)努力建设国际港口城市**

港口资源是天津的核心战略资源和最大优势。近年来，天津港得到长足发展，已经跻身世界级大港行列，但与国际先进港口相比还有一定的差距，这个差距不仅是货物吞吐量，主要还体现在港口通关、金融、保险、法律等服务体系水平上。我们要以建设国际港口城市为目标，深入做好港口这篇文章，真正做到以港兴市，港城共荣。一要加快完善港口集疏运体系。目前，天津港还是公路运输占比高，货物运输成本也较高。要加快与港口连通的铁路建设，提高铁路直通港口码头的能力，加强与主要腹地和西部能源基地的铁路连接，完善以天津港为核心的物流网络。二要进一步完善港口功能。逐步形成商业港、工业港、渔港、邮轮母港和休闲娱乐港等功能完备的综合性海港。加快“无水港”建设，最大程度发挥广阔腹地对港口的支撑作用。吸引更多物流企业和航运、公路、铁路企业进驻，吸引金融、保险、信息、咨询等要素聚集，大力发展租赁、航运、仓储、贸易结算等，促进港口经济多元化、集群化发展。三要不断优化口岸服务环境。学习国际通行做法，借鉴先进地区经验，认真落实“大通关”制度，进一步简化通关环节，提高通关效率，探索改进海关特殊监管模式，不断提高港口国际化管理水平。

**(五)着力提高城镇化质量**

城镇化是扩大消费、拉动内需、实现未来经济增长的新引擎。工业创造供给，而城镇化制造需求，会带来大量的投资机会，对市场有着巨大的刺激作用。近年来，天津探索了一条符合实际的城镇化发展路子。我们要认真总结和推广有益经验，重点围绕提高城镇化质量，坚持建设管理并举，硬件软件并重，加大制度创新力度，积极稳妥推进城镇化健康发展。

提高城镇化质量，要坚持走集约、智能、绿色、低碳的发展道路。在建设上，要坚持经济发展和产业布局紧密衔接、城镇规模与资源环境承载能力相适应，宜大则大、宜小则小，宜镇则镇、宜村则村，协调推进新城、中心镇、一般镇规划建设。加快水、电、路等基础设施建设，提高城镇的承载能力。在管理上，要围绕实现“人口城镇化”要求，不断探索解决农民进城后就业、入学、社会保障、住房等方面的问题，完善公共服务体系，逐步实现基本公共服务全覆盖，加快消除城乡二元差别。要使进城农民真正转变为“市民”，还要加强教育培训，提高他们适应城市生活的能力和综合素质。各郊区县要从资源禀赋和自身条件出发，大力发展特色经济，因地制宜发展劳动、资金、技术等多种要素密集型产业，不断壮大区县综合经济实力，使城镇化真正成为促进产业结构、就业方式转变的动力。

**(六)加强民生保障工作**

改善民生既是党和政府工作的目的，也是人民群众自身奋斗的目标。要按照“守住底线、突出重点、完善制度、引导舆论”的原则抓好民生工作，处理好当前可承受和未来可持续的关系，兼顾民生需求和财力可能，既要尽力而为，抓紧解决当前必须做、能够做的民生问题，又要量力而行、循序渐进，把实事办好，把好事办实。

一要千方百计增加城乡居民尤其是中低收入者收入。进一步调整财政支出结构，宁可少上一些生产性项目，集中更多财力，办好有利于群众直接增收的民生项目，认真落实职工工资正常增长机制，不断提高企业最低工资标准。要加强职业教育和技能培训，完善就业服务体系，多渠道创造就业岗位。要引导广大群众转变观念，强化创业意识，通过自己的创业创造，勤劳致富、增加收入、改善生活。明年本市将有11万名高校毕业生，就业形势仍然严峻。各级政府要制定完善的相关政策，支持大学生自主创业，解决他们的后顾之忧。

二要着力提高公共服务水平。坚持全覆盖、保基本、多层次、可持续，稳步提高社会保障统筹层次和保障水平，提高最低生活保障、特困救助、优抚对象抚恤补助标准，重点保障低收入群众基本生活。明年本市计划建成8万套保障性住房，要完善设施配套，注重建设质量，确保分配公平。要健全全民医疗保障体系，全面启动县级公立医院改革试点，促进城乡医疗卫生资源均衡分布，不断满足群众基本医疗卫生服务需求。加快完善社会化养老服务体系，加强社区服务和公共体育设施建设。继续实施重点文化惠民工程，扩大基层公共文化设施覆盖面。

三要加强社会管理创新。创新管理理念和模式，坚持以人为本、服务为先，健全基层社会管理和服务体系，推进网格化管理，增强城乡社区服务功能，实现由“管理管控”向“寓管理于服务”的转变。

要认真落实重大决策社会稳定风险评估机制，出台涉及社会稳定的政策举措时要充分考虑社会风险，预防影响稳定问题发生。深入排查引发矛盾纠纷的苗头隐患，立足抓早抓小，做到防患未然，坚决防止发生影响全局的信访突出问题和群体性事件。

**四、切实提高党的建设科学化水平，确保明年各项任务落到实处**

党的十八大对全面提高党的建设科学化水平提出了明确要求，我们要牢牢把握加强党的执政能力建设、先进性和纯洁性建设这条主线，坚持党要管党、从严治党，全面加强思想、组织、作风、反腐倡廉和制度建设，为实现经济持续健康发展和社会和谐稳定提供坚强保障。

一要加强领导班子和干部队伍建设。市委已于今年完成了换届，明年年初，市人大、市政府、市政协也将换届。新班子要有新形象、新风貌。要紧紧抓住思想政治建设这个根本，深入学习中国特色社会主义理论体系，建设学习型、服务型、创新型党组织。要进一步加强制度建设，认真贯彻民主集中制原则，制定完善各项规章制度，严格按程序办事、按规则办事。要着眼于建设高素质执政骨干队伍，加强各级领导干部的能力建设，树立世界眼光，开拓决策视野，切实提高把握和运用市场经济规律、社会发展规律的能力，提高战略思维、创新思维和辩证思维能力。

二要加强基层党的建设。探索完善基层党组织设置形式，强化农村、城市社区党组织建设，加大非公有制经济组织、社会组织党建工作力度，扩大党组织和党的工作覆盖面。加强城乡基层党建资源整合，普遍开展部门包村、干部驻村、“城乡支部一帮一”等活动。抓好党群共建，以党的基层组织建设带工建、带团建、带妇建。加强基层党组织带头人队伍建设和党员的教育管理，巩固和扩大创先争优活动成果，充分发挥党员先锋模范作用。

三要切实改进工作作风。以为民务实清廉为主要内容，认真解决群众反映强烈的突出问题。各级领导干部要认真贯彻执行关于改进工作作风、密切联系群众的有关规定，以身作则，率先垂范。以开展“促发展、惠民生、上水平”活动为载体，深入企业、基层，帮助解决实际困难。继续开展互看互比互学活动。积极推进效能建设，加大绩效考核力度。要牢记“空谈误国，实干兴邦”，牢固树立正确的政绩观，多做打基础、利长远、惠民生的实事，保持工作的连续性，不反复，不折腾。要艰苦奋斗，厉行节约，深入推进惩治和预防腐败体系建设，严格落实党风廉政建设责任制，自觉遵守廉政准则。

做好明年工作，完成各项目标任务，必须最大限度地调动各方面的积极性，凝聚各方面的智慧和力量。要支持人大及其常委会依法行使职权，更好发挥人民政协作为协商民主重要渠道的作用，充分发挥各民主党派、工商联凝聚人心、汇聚力量的积极作用。要进一步加强党对工青妇等人民团体的领导，支持他们把切实维护各自所代表群体的合法权益作为基本职责。进一步巩固和发展军政军民团结的大好局面，同心同德，团结奋斗。

明年改革发展稳定的任务十分繁重。让我们紧密团结在以习近平同志为总书记的党中央周围，解放思想，开拓创新，攻坚克难，为把天津建设成为国际港口城市、北方经济中心和生态城市而奋斗！

（本文来源：《天津日报》2012年12月31日）

# 推进天津滨海新区综合配套改革

## ——天津市市长黄兴国答《学习时报》记者问

记者　李玉梅

国家确定天津滨海新区为全国综合配套改革试验区，先行先试一些重大的改革开放措施，为全国发展改革提供经验示范。围绕这一话题本报记者采访了天津市市长黄兴国。

### 加快金融改革创新金融业平稳较快发展

**记者**：在综合配套改革中，金融改革创新一直是天津的重头戏。如何评价天津的金融创新？

**黄兴国**：我们围绕建设与北方经济中心相适应的现代金融服务体系和全国金融改革创新基地的目标定位，按照国家批准的滨海新区金融创新专项方案，加快推进40项重点工作，金融改革创新取得了丰硕成果。“十一五”期间，银行存款余额增长170%，贷款余额增长191%，金融机构由95家增加到757家，银行业金融机构资产总额增长218%，银行不良贷款率由6.2%下降到0.97%，金融业增加值年均增长17.2%。在金融创新方面：一是股权投资基金快速发展。2006年，设立了中国第一只产业投资基金——渤海产业投资基金，总规模200亿元。2009年，设立了总规模200亿元的船舶产业投资基金。目前，天津股权投资基金及管理机构超过了2400家，基金企业认缴额和管理机构注册资本金超过4600亿元，成为全国股权基金相对集中的城市。二是“融洽会”影响力不断提升。2007年以来，我们联合全国工商联、科技部、美国企业成长协会，连续举办了五届中国企业国际融资洽谈会，简称“融洽会”，创造了“快速约会、资本交易、中介服务”的融资模式，为国内外企业搭建直接融资对接平台，功能不断拓展，品牌知名度和影响力大幅提升，被喻为“资本的盛宴”。三是融资租赁业集聚效应开始显现。到去年底，全市融资租赁合同余额超过2200亿元，约占全国的1/4。全市融资租赁法人机构达到56家，累计完成176架飞机和301艘船舶租赁业务。四是创新型交易市场规范发展。相继建立了渤海商品交易所、金融资产交易所、排放权交易所等11家资本及要素市场，去年的交易额达到2.6万亿元。在规范管理的基础上，实现了资源的合理配置、有效流转。五是金融生态环境进一步优化。坚持金融创新与防范风险并举并重，扎实推进金融监管和法制建设。从2008年开始，对政府性融资平台进行规范治理，建立了财务监管制度体系，加快推进项目整合、资源整合、公司整合，全面建立了“借用管还”良性机制。

### 推进涉外经济体制改革对外开放“门户”功能不断提升

**记者**：滨海新区作为国家的“新特区”，在提升国际竞争力方面取得哪些进展？

**黄兴国**：我们以建设北方国际航运中心为目标，以东疆保税港区为重点，积极探索与国际通行做法相衔接的涉外管理体制和运行机制，在增强区域服务辐射功能、提升国际竞争力方面取得重要进展。一是东疆保税港区建设迈出新步伐。东疆港岛31.9平方公里造陆工程已全部完成，保税港区一期4平方公里封关运作良好，二期6平方公里具备封关条件，国际中转、国际配送、国际采购、国际转口贸易、进出口加工等功能不断提升。北方国际航运中心核心功能区建设方案获国务院批复，国际船舶登记制度、国际航运税收、航运金融业务和租赁业务等试点启动实施。二是口岸大通关体系不断完善。建成了国际贸易与航运服务中心，为进出口业务提供“一站式”服务，实行“属地申报、口岸验放”的区域通关模式和“集中审单、集中查验、集中转验”的“三集中”检验检疫制度，通关效率明显提高，物流成本大大降低。三是无水港建设成效明显。在内陆11个省区市建设了21个无水港，口岸功能、保税功能向腹地进一步延伸。兄弟省市在天津口岸进出口值中所占的比重达到60%以上。

### 深化科技管理体制改革科技融入经济建设主战场

**记者**：在今年天津人代会上，您把依靠科技进步促进经济结构调整放到了重要位置。具体实施内容是什么？

**黄兴国**：我们全面实施科教兴市、人才强市战略，把分散的科技资源组织起来，闲置的科技要素挖掘出来，分散的资金整合起来，急需的人才引进过来，科技人员创新创业积极性激发出来，推动科技融入经济建设的主战场。一是大项目承担。近几年共推出工业、自主创新产业化等重大项目1440项，总投资2.2万亿元，形成了航空航天、装备制造、电子信息等八大优势支柱产业。通过大项目好项目建设，有效聚集了科技资源，提高了全市科技整体水平。二是小巨人应用。2010年9月，市委、市政府部署在全市大力发展科技型中小企业，制定了科技小巨人成长计划，实施政策聚焦，至今已新增科技型中小企业近万家，累计达到2.23万家，工业总产值占全市近30%，申请专利占全市70%以上，涌现出1000多家科技小巨人企业，使企业的创新主体地位明显提升，更多更快地把科技成果转化为现实生产力。三是科技平台整合。建设了全市科研仪器设备共享共用信息网，降低了企业技术创新的成本。与科技部共建了国家生物医药国际创新园、天津国际生物医药联合研究院等，构建了科技创新和科技服务的大平台。四是要素分配激活。积极探索高层次人才、高技能人才协议工资、项目工资等制度，制定了激励科技成果转化、支持创业、吸引外省市高新技术企业来津落户等政策，出台了股权、期权等中长期激励办法，让科技人才真正从打工者变成股东。在科技管理方面，初步构建了统一高效的科技管理体制和开放共享、协同创新的科技服务体系。五是科技金融助推。成立了全国第一家科技小额贷款公司，第一家中资和外资保理商，成为全国首批科技保险试点城市，创造了中小企业无抵押、无担保贷款的“打包贷款”模式，推出了知识产权质押、科技租赁、科技型中小企业集合债务直接融资等业务。六是扩大开放做强。建立完善了与科技部等国家部委的合作会商制度，加强了与中科院、中国航天科技集团等的合作共建，21家国家大院大所、50多家央企的100个大项目落户天津，滨海新区成为国家863计划首个产业化伙伴城区试点。目前，世界500强企业已有150个在天津落户，聚集了100多家外资研发机构，推动了天津技术进步和自主创新能力的快速提升。

### 行政管理体制改革取得新突破 政府服务效能明显提高

**记者**：从全国来讲，经济功能区与既有的行政区之间面临着越来越多的调整命题。天津在这方面有哪些考虑？

**黄兴国**：按照建设服务政府、责任政府、法治政府和廉洁政府的要求，着力转变职能、理顺关系、优化结构、提高效能，推进行政管理体制改革向纵深发展。一是滨海新区行政管理体制改革取得突破。撤销了滨海新区工委、管委会和塘沽、汉沽、大港区行政建制，建立了滨海新区区委、区人大、区政府、区政协，形成了新区统一的行政体制架构，为滨海新区开发开放提供了强有力的体制机制保障。二是全市行政审批服务效能进一步提高。建立了市和区县两级行政许可服务中心和两级政府行政审批管理机构，实现了行政审批管理与勤政廉洁监督一体化运行。利用全市统一的行政审批与效能监察电子网络系统，实行集中审批、现场审批、联合审批和网上申报办理新办法。市级审批事项由1033项减少到495项，立等可取事项达到155项，网上申报事项达到231项，平均承诺办结时限压缩到6.9天，实际办结只用4.6天，现场审批率达到96.5%，综合审批效率提高80%。“8890”家庭服务网络累计为群众办理求助事项逾千万件。建成交易监管平台，以要素配置为基础，实现工程建设、土地交易、产权交易、政府采购、药品采购五个市场运行公开透明。三是社区管理迈出新步伐。积极推进社区建设，加快构建居民自治、管理有序、服务完善、治安良好、环境优美、文明和谐的新型社区，形成了具有天津特色的和谐社会创建模式。滨海新区实施数字社区管理系统，试行社区行政服务和居委会自治相分离，组建专业社工队伍，基层社会服务管理体系不断完善。

### 深化城市管理体制改革城乡面貌发生重大变化

**记者**：在推进城市管理体制改革方面有哪些进展？

**黄兴国**：我们坚持高起点规划、高水平建设、高效能管理，把加强城市管理与实现城市定位相结合，与保障和改善民生相结合，与提升城市形象相结合，在体制机制创新上取得了新成效。一是城市管理体制日益完善。按照“市控区统，重心下移”的总体思路，建立了“两级政府、三级管理”的城市管理体制，扩大了中心城区管理自主权，市区街管理职能进一步理顺，条块分工更加合理，职责任务更加清晰，初步形成了“市控区统、条块互动、强化基层、管理规范”的格局。二是城市综合治理水平明显提升。借鉴国内外城市管理的先进经验，颁布实施了《天津市城市管理规定》，为城市管理工作提供了法制保障。推进环卫、园林、市政等常态化管理，实行以奖代补制度，形成了考核、执法、监督“三位一体”的管理模式。充分发挥市区两级数字化管理平台作用，大力推行网格化、数字化管理，形成了规范化、智能化、精细化的长效管理机制。2008年以来，连续四年在全市实施大规模市容环境综合整治，标准一年比一年高，规模一年比一年大，效果一年比一年好，城市绿化净化美化水平明显提升。

### 积极推动城乡统筹发展城镇化进程明显加快

**记者**：这几年，天津在统筹城乡发展方面做得很不错，请您介绍一下这方面的情况。

**黄兴国**：我们认真落实统筹城乡发展战略，在不增加农民负担、不减少耕地面积、充分尊重农民意愿的前提下，大力推进农村示范工业园区、农业产业园区、农民居住社区“三区”联动建设，使农民实现安居乐业有保障。一是“三区”联动发展成效显著。运用宅基地换房办法，累计实施了四批共43个示范小城镇试点，已有40万农民迁入新居。大力发展设施农业,建成20个现代农业示范园区、155个养殖示范园区,设施农业达到60万亩。整合建设了31个示范工业园区,一大批高水平项目竣工投产,成为郊区县经济发展新的增长点。通过“三区”联动,很多农民成为拥有薪金、股金、租金、保障金的“四金”农民。二是“三改一化”改革扎实推进。在“三区”联动基础上,深入实施集体经济改股份制经济、农业户口改非农户口、村委会改居委会、促进城乡一体化的“三改一化”改革。“农民待遇”加“市民待遇”,推动农民变市民,彻底破除城乡二元结构,实现真正意义上的城乡统筹。目前,全市首批“三改一化”试点任务基本完成,涉及华明镇等3个街镇、43个村,农民群众得到了真正实惠。今年,将继续扩大试点范围,在全市100多个村推广开展。

(本文来源:《学习时报》2012年4月30日)

# 建设社会主义文化强国的思想指南(摘要)

——在《论文化建设——重要论述摘编》出版座谈会上的发言

成其圣

在全党全国上下深入贯彻落实党的十七届六中全会精神,兴起文化建设新高潮之际,中宣部和中央文献研究室组织选编出版了《论文化建设——重要论述摘编》,非常及时,意义重大,为贯彻落实六中全会精神提供了重要的指导,是建设社会主义文化强国的思想指南。《摘编》内容丰富、思想深刻、条分缕析、经典精辟,易读、易懂、易记,是我们党关于文化建设的重要文献。

**一、《摘编》是党的文化理论和实践发展的重要思想结晶**

《摘编》集中体现了我们党以高度的文化自觉不断推进文化理论和实践创新的重要成果,揭示了其一脉相承又与时俱进的科学内涵和意义,是马克思主义中国化成果的重要组成部分。

一是集中反映了党关于文化建设的理论成果。《摘编》辑录了毛泽东、邓小平、江泽民和胡锦涛同志关于文化建设的一系列重要论述,体现了90多年来我们党在领导文化建设实践中取得的伟大成就和积累的宝贵经验,涵盖了文化建设的各个领域和方方面面。全书的8个专题相互联系、有机统一,形成了一个科学的思想体系,标志着我们党在文化建设理论和实践上的更加成熟、更加自信。

二是集中体现了党的文化建设理论的基本精神。《摘编》从大量的文献中选取其精华内容,是对文化建设最经典、最深刻的论述,充分体现了党关于文化建设的理论精髓,体现了贯穿始终的马克思主义的立场、观点和方法。即要始终坚持马克思主义为指导,坚持社会主义先进文化前进方向,坚持以人为本,坚持把社会效益放在首位,坚持改革开放。

三是集中揭示了党的文化建设理论的发展脉络。我们党从走上中国历史舞台的那天起,就始终高扬自己的文化理想,自觉承担发展先进文化的历史使命。在革命、建设和改革历史进程中,始终结合时代条件,围绕中心任务,提出自己的文化纲领、目标、政策。《摘编》记录的重要论述,充分展示了我们党的文化建设理论一脉相承又与时俱进的思想脉络,深刻揭示了中国特色社会主义文化发展道路的理论渊源和深厚基础。

**二、《摘编》为推动文化改革发展提供了重要的理论指导**

深入学习《摘编》,能够使我们进一步深化对文化建设及其规律的认识,不断增强推动文化改革发展的理论自觉和自信。

1. 更加深化对文化建设地位的认识。“一定的文化(当作观念形态的文化)是一定社会的政治经济的反映,又给予伟大影响和作用于一定社会的政治和经济。”欧洲走出黑暗的中世纪,首先靠的是文艺复兴和启蒙运动。中国人民争取独立和解放的斗争,是以“五四”新文化运动为开端,马克思主义让中国人在精神上由被动转入了主动。作为用科学理论武装起来的马克思主义政党,我们党从建立之时起就不仅是政治的先锋队,也是文化的先锋队。我们党执政60多年特别是改革开放30多年来,综合国力显著增强,人民生活日益丰富,贯穿其中的是强大的凝聚力、向心力、生命力、战斗力,是我们的制度优势,是中国特色社会主义实践中铸造的思想文化力量。当前,中国特色社会主义的伟大实践正在波澜壮阔地推进,为文化的繁荣发展提供了有力保障。与此同时,火热的实践也更加呼唤着文化建设的高潮,以文化的繁荣兴盛支撑国家的发展、民族的振兴。充分认识这一点,将进一步深化我们对六中全会提出的坚持中国特色社会主义文化发展道路,努力建设社会主义文化强国重大战略思想和战略举措的理解,在中国特色社会主义文化发展道路上越走越有信心、越走越踏实、越走越宽广。

2. 更加深化对文化建设目的的认识。人民群众是社会物质财富的创造者,也是社会精神财富的创造者。"为了谁"、"依靠谁"是文化建设的根本问题,决定着社会主义文化的性质和方向。文化的根基在人民,文化的源泉在人民,文化的创造靠人民,文化的目的为人民。离开了人民大众这块沃土,文化就会枝枯叶黄,失去生命力。中国特色社会主义文化发展道路,是人民大众共建共享文化的道路。深入认识这一点,将进一步增强我们以科学发展观为统领,始终坚持以人为本,以服务人民为根本宗旨,保障人民文化权益,促进人的全面发展的神圣责任感、使命感。

3. 更加深化对文化建设规律的认识。在文化建设的过程中,我们党坚持科学理论为指导,不断深化对文化建设规律的认识。坚持以社会主义先进文化为引领,坚持"二为"方向和"双百"方针,正确处理弘扬主旋律和提倡多样化的关系,教育人民和满足人民多样化需求的关系,把社会效益放在首位和提高经济效益的关系,普及与提高、继承与创新、学习与借鉴的关系,繁荣发展与加强管理的关系。坚持以人为本、尊重人才和以人民为中心的创作导向,把最好的精神食粮奉献给人民。改革开放特别是党的十六大以来,我们把文化区分为文化事业和文化产业,实现了文化建设认识上的一个重大突破。深刻认识这一点,将进一步提高我们坚持以科学发展为主题、以建设社会主义核心价值体系为根本任务、以满足人民群众精神文化需求为出发点和落脚点、以改革创新为动力的自觉性、主动性,坚定不移地走建设社会主义文化强国之路。

**三、学好用好《摘编》,完成好党的十七届六中全会的各项任务**

《摘编》作为党关于文化建设的经典著作,是指导实践、推动工作的强大思想武器。我们要把学习《摘编》作为深入推进学习型党组织建设和创先争优活动的重要内容,纳入各级党委中心组学习专题计划,列为各级党校和高校思想政治教育的重要教材。发挥理论工作者优势,加大理论阐释和宣传力度,充分利用市民学校、农家书屋等宣传阵地,广泛开展基层宣讲,引导广大党员干部深入学习领会党的文化建设理论的深刻内涵,不断增强文化自觉和文化自信,凝聚起推动文化大繁荣大发展的强大合力。

天津要在全市宣传思想文化战线组织开展专题学习教育活动,与正在开展的作风纪律教育和"走基层、转作风、改文风"活动紧密结合,努力把学习的成效转化为推动文化改革发展的思路、能力和措施,完成好六中全会交给的各项任务,为建设社会主义文化强国作出更大贡献。

(本文系中共天津市委常委、宣传部部长成其圣在《论文化建设——重要论述摘编》出版座谈会上的发言摘要)

(本文来源:《人民日报》2012 年 2 月 17 日)

责任编辑:丁大同

# 发展报告

## 天津市社会科学发展报告

《天津社会科学年鉴》课题组

2012年是实施"十二五"规划承前启后的重要一年，是推动文化强市建设、实现天津科学发展、和谐发展、率先发展的关键一年。全市社会科学发展以邓小平理论和"三个代表"重要思想为指导，深入贯彻落实科学发展观，紧紧围绕主题主线主攻方向，高举旗帜、围绕大局、服务人民、改革创新，坚持贴近实际、贴近生活、贴近群众，着力推进社会主义核心价值体系建设，着力巩固健康向上的主流思想舆论，着力打好文化大发展大繁荣攻坚战。在哲学社会科学领域，开展中国特色社会主义理论体系宣传教育，实施哲学社会科学创新工程，规划建设哲学社会科学研究基地和重点实验，扎实推进公民道德建设工程，实施新市民教育工程、职工素质建设创新工程和农民素质提高工程。加强对重点文化产品创作生产的引导，推出更多思想性艺术性观赏性相统一的优秀文化产品，办好特色品牌文化活动，扩大对外文化交流，提高天津文化的影响力。

**一、发展概况**

2012年，天津市高等院校社会科学研究硕果累累，南开大学、天津大学、天津师范大学、天津财经大学、天津商业大学、天津外国语大学、天津工业大学、天津科技大学、天津理工大学、天津职业技术师范大学、天津城市建设学院等结合高校特点，扎实推进哲学社会科学研究。本年度天津市高等院校内设教学、科研机构340个，比去年增加10余个，主要有南开大学世界经济发展研究中心、天津大学张太雷研究中心、天津师范大学天津近代史研究中心、天津市绿色消费教育研究基地等。国家重点人文社会科学研究基地9个，天津市人文社会科学重点研究基地30个。

中共天津市委研究室、天津市政府研究室、中共天津市委党史研究室、天津社会科学院、天津市教育科学研究院、中共天津市委党校、天津市行政学院、天津市地方志编修委员会办公室、天津市经济发展研究所、天津市科学学研究所、天津滨海综合发展研究院、天津市艺术研究所、天津市财政研究所、天津市哲学社会科学规划办公室、天津市教育科学规划办公室以及有关委办局内设研究机构结合工作特点，紧紧围绕经济社会发展重点、难点问题进行了卓有成效的研究，形成了一批高质量的对策建议。本年度天津市社会科学类市级学会研究会119个，民办社会科学研究机构10个。新成立学会3个，分别是市学习型党组织建设研究会、市企业文化研究会和方放秘书学与公文写作学研究基金会。全市会员达10万余人，涉及哲学、文学、历史学、经济学、法学、政治学、社会学、教育学、管理学及有关新兴学科等不同研究方向。

本年度从事社会科学工作者195641人。其中，高校人文社科和社会科学研究机构正高级人才1400余人，副高级人才3000余人。长江学者3人，人事部新世纪百千万人才工程入选者6人，教育部跨世纪人才入选者10人，全国宣传文化系统"四个一批"社科理论人才3人，教育部新世纪优秀人才支持计划入选者54人，天津市131创新人才48人，天津市"五个一批"理论人才39人。

2012年，天津市高校投入人文社科研究活动经费26074.59万元。其中，政府资金投入16706.29万元，占总拨入经费的64.07%，其中投入科研活动经费达到11295.76万元；非政府资金投入9368.3万元，企事业单位委托项目经费达到7428.13万元，占总经费的28.49%。天津社会科学研究与发展经费拨入比2011年的23077.02万元增加了12.99%，经费拨入中政府资金拨入比2011年的20710.56万元增加了22.04%；企事业单位委托经费比2011年的7652.23万元略有减少。

2012年，本市获国家社会科学基金项目79项，立项率为17%，获得资助1245万元。其中，重点项目6项、一般项目46项、青年项目27项，分别由南开大学、天津师范大学、天津财经大学、天津外国语大学、天津理工大学、天津商业大学、中共天津市委党校、天津社会科学院、天津体育学院、天津大学、天津农学院、天津工业大学以及中国民航大学13所高校和科研单位获得。立项课题涉及马列·科社、党史·党建、哲学、理论经济、应用经济、政治学、法学、社会学、民族问题研究、中国历史、世界历史、考古学、中国文学、外国文学、语言学、新闻学、图书馆情报与文献学、体育学和管理学19个学科。本市获得国家自然科学基金管理科学资助项目66项，其中南开大学25项，天津大学27项，天津财经大学6项，天津理工大学4项，天津商业大学2项，天津师范大学、天津医科大学各1项。获教育部人文社会科学研究规划立项115项，国家软科学研究计划立项1项。

本市的优势学科、特色学科如政治学、历史学、经济学、管理学、统计学、国际问题研究等和青年学者的研究立项较往年更加突出，选题角度和研究领域具有一定的创新性、前瞻性、针对性和国际视野，符合社会科学创新发展的总体要求，体现了天津社会科学青年人才加快成长和学科建设取得的丰硕成果。本年度天津市共有国家在研项目推出阶段性成果317项，其中论文295篇，专著16部，研究报告6篇；被转载论文18篇，被引用近200余次。阶段性成果中，被CSSCI收录论文139篇，被CSCD收录6篇，被EI收录2篇。这些阶段性成果具有较好的理论性和实践性，在为党和政府科学决策服务，促进学科创新发展，研究队伍人才培育方面上发挥了重要作用，产生了较为广泛的社会反响和学术影响。

2012年，天津市哲学社会科学规划项目312项，其中重点项目19项，资助总额为627.1万元。本年度立项课题中，关系党和国家事业发展全局的重大理论和现实问题以及与天津经济社会发展密切相关的课题研究各占三分之一。天津市科技发展战略研究计划项目立项107项。

2012年，本市社会科学界共出版著作601部，其中专著288部。在CSSCI刊物上发表论文3006篇，全国共被CSSCI收录论文89053篇，天津占3.4%，与2011年相比略有上升，在全国排名第11位，比2011年上升1位。南开大学、天津大学、天津师范大学和天津财经大学录入2115篇，约占本年度天津社会科学论文总录入量的70.4%。南开大学收录1313篇，占全市的43.7%。管理学、哲学、文学、历史学、经济学、政治学、法学、图书馆、情报与文献学、教育学的科研论文收录均在100篇（含跨学科论文）以上。经济学收录903篇，占总数的30%，充分体现了该学科的优势以及当前经济社会发展的现实需要。

本年度全市学者在国内著名刊物发表和转载学术论文情况是：《中国社会科学》2篇、《新华文摘》15篇，《中国社会科学文摘》34篇，《高等学校文科学术文摘》62篇，合计为113篇，较往年有了很大的提高，体现了本市科研工作者学术影响力的提高。

本年度，全市各社会科学单位特别是高等院校，更加注重学科建设与经济社会发展中的理论和实际问题紧密结合，继续加大资金投入，加强基地建设，开展高水平的交流活动。全市重点建设84个市级重点学科、150个品牌专业和59个与战略性新兴产业相关专业，进一步凝炼学科方向，培育专业特色，汇聚学科队伍，构筑学科基地。实施教学科研创新平台建设项目，加强高校重点实验室、工程（技术）中心、重点研究基地等科技创新平台建设，全市省部级以上创新平台总数实现新的增长。南开大学、天津大学、天津财经大学、天津理工大学等成立金融改革、区域经济、循环经济、和谐社会等领域的研究机构并取得了一批标志性成果。南开大学、天津师范大学、天津财经大学等高校的滨海新区开发开放研究机构，继续承担滨海新区发展的重点难点问题研究工作，取得了一批高水平的研究成果。

全面落实高校支持科技型中小企业发展的各项政策措施，继续大力实施30项重大科技成果转化对接项目，进一步增强支撑战略性新兴产业发展能力。全面推进卓越人才教育培养计划，着力建设一批工程实践教育中心，进一步完善校企互动应用型人才培养机制。深化研究生培养模式改革，鼓励和支持跨学科联合、产学研联合和国内外联合培养研究生。

本年度，天津市社联直属社团党委被天津市社会组织党工委评为党建工作先进单位。全年共资助学会重点学术活动16项，资助金额8万元，学会学术质量进一步提高。举办了11次滨海新区开发开放专题研讨会。承办了第26届两界联盟活动。参与了京津冀晋蒙区域协作论坛活动。承办了全国社会科学界联合会联席会议。举办了主题为"科学发展·惠及民生"社会科学界第八届学术年会，编辑出版《2012年天津学术文库》。举办"科技创新推动文化产业发展"专题论坛。编辑《社科界咨政要报》、《学术文库》和《天津社会科学年鉴》，组织天津市社会科学优秀成果评奖和"五个一批"理论人才评选。按照市社会组织党工委"三年任务两年完，提前实现全覆盖"的党建工作目标任务，直属社团党委清理休眠社会组织2个，建立党组织的直属社团达到49个。其中，独立建党支部43个，占全部直属社团的88%，党组织应建能建率达100%。

2012年，天津市哲学社会科学界专家学者对传统学科、重点学科发展与学科建设进行了研究和探讨，对学科的建设与发展提出了新的观点。在哲学学科建设上，王南湜教授认为，近年来中国马克思主义哲学研究范式正在从包含实体性哲学范式和主体性哲学范式的理论哲学回归实践哲学，进而转向回归历史唯物主义，这些转变形成了一些具有重大意义的核心问题。① 在伦理学学科建设上，赵士辉教授认为，伦理学学科只有更多关注现实道德问题，尤其是更多关注道德手段的研究，才能更加富有生命力。如对食品安全的社会治理，不仅需要行业自律，还需要运用食品行业伦理与道德制裁等手段。平章起教授等认为，在思想政治教育学科建设上，目的与规律的统一是思想政治教育学科建设科学化的前提，继承与创新的统一是思想政治教育学科建设科学化的基础，交叉与独立的统一是思想政治教育学科建设科学化的关键，理论与实践的统一是思想政治教育学科建设科学化的保证。②

在文学学科建设上，宁宗一教授认为，中国古代小说研究必须要面向世界，开辟中外学术对话的通道，借鉴、汲取新观念、新方法，在继承前贤往哲一丝不苟严谨治学精神的同时，随时代的前进而不断更新和拓展。③ 就女性文学学科建设问题，乔以钢教授认为，女性文学的学科建设在取得成绩的同时，面临问题与挑战：一是如何理解女性文学学科建设与当下社会文化建设之间的关系，并在实践中使二者得到有效的沟通；二是如何改变重复性研究较多的状况，加强女性文学研究的学风建设和学术创新能力；三是在文学文化研究中，如何处理好性别分析与文学的审美性二者之间的关系。今后，女性文学的学科建设在联系实际、端正学风、注重审美以及学术创新等方面，还有待于付出更大的努力。④

在历史学学科建设上，陈志强通过雷海宗先生在1928年发表的对韦尔斯《世界史纲》一书的书评分析了雷海宗先生在世界史方面的治学思想，他对《世界史纲》一书中体现出的"西方中心论"倾向进行批评，表明了受过良好西式教育和史学专业训练的民国时代学者已经开始以独立的视角来进行世界史研究。⑤

乔治忠对史学史学科的任务与内容进行了探析，认为中国史学史学科体系的建设具有不同的构成层次，界定其学术任务和研究内容，展现学科性质的板块式逻辑结构，明晰学术研究的切入点，是独立学科地位能够成立的基础；探研中国传统史学发展的主导线索，划分中国史学的发展阶段，是在深入研究条件下的整体性把握。⑥

对于中国经济学学科发展方向和方法，逄锦聚认为，建设中国特色、中国风格、中国气派的经济学，是时代和实践赋予的神圣使命和责任。中国经济学的基本方向，要继承和发展马克思主义政治经济学的基本原理，借鉴和吸收世界人类一切文明成果，要能够反映和解释我国生动活泼的现代化建设实践，为现代化建设提供理论支持和服务，这样才能创造出有利于中国经济学繁荣发展的良好机制

①王南湜：《现今中国马克思主义哲学研究中的三个核心问题——一种基于回归马克思实践哲学范式的考察》，《哲学研究》2012年第3期。
②平章起：《思想政治教育学科建设科学化论析》，《理论学刊》2012年第3期。
③宁宗一：《古代小说研究方法论刍议——以〈金瓶梅〉为例证》，《文史哲》2012年第2期。
④乔以钢：《问题与挑战：女性文学学科建设之思》，《天津师范大学学报》2012年第5期。
⑤陈志强：《雷海宗批评欧洲中心论——评汉译韦尔斯著〈世界史纲〉为例》，《史学理论研究》2012年第3期。
⑥乔治忠：《中国史学史学科体系的思考》，《学术月刊》2012年第1期。

和环境。①

在学科建设与高校教育体制改革问题上，孙钰教授等认为，综合考察天津高校目前学科建设中存在的问题，要实现天津高校学科建设对滨海新区开发开放的支撑作用，要从全局出发，做好学科建设的战略规划和战略选择；其次要从策略的层面理顺学科建设中的可操作性机制，进一步完善投入、人才配置、科研成果转化、供需对接和产出等方面的机制创新。② 在学科建设上，受教育者的学术道德与规范问题也是一项重要的内容。龚克认为，无论学哪个学科，都应该有基本的自觉，要扪心自问，我们究竟是追求学问还是追求学位，我们是要靠学问本事、允公允能地过一生，还是打算靠学位文凭混一生？学术道德与规范可以讲很多，可以出大部头的书，但我认为它的真谛是真实与责任。"真实"和"责任"这两个关键词是学术道德规范的核心。一要真实，这是学术的自然属性，是对研究者的本然要求。二要担起责任，责任是研究的社会属性，是对研究者的应然要求。③

**二、文化强市建设**

2012 年，天津市文化产业继续保持快速发展，推出第三批重点文化产业项目 40 项，总投资达 213.5 亿元。实施一系列促进文化产业发展的政策措施。制定并出台支持民营文化企业发展政策。全市文化产业发展专项资金总额已达 7.3 亿元，其中市级专项资金 5000 万元。天津市 7 家企业被认定为国家文化出口重点企业，获得科技部专项资金 2700 万元，获得财政部专项资金 2525 万元。11 家金融机构支持天津文化产业发展的授信额度达 260 亿元。国家开发银行天津市分行提供 22 亿元贷款，支持天津市历史风貌建筑示范点及五大道历史文化街区项目。聚集了一批国内外知名动漫企业，国家动漫产业综合示范园二期基本建成动漫与影视超级渲染云计算平台，天津国家数字出版基地建成计算中心实验开发平台，国家影视网络动漫实验园及研究院完成部分影视动漫公共网络支撑平台建设。举办了中国国际广告节、中国国际新闻出版技术装备博览会、全国非物质文化遗产展示会、第三届中国（天津滨海）国际文化创意展交会。天津市国家级文化产业园区达到 9 个，入驻企业已达 2000 多家，实现产值 300 亿元，区县文化产业园区 26 个。

**三、国家重点学科建设**

1. 发展概况

2012 年，天津市哲学社会科学国家级重点学科延续了去年的发展态势。南开大学拥有理论经济学、应用经济学、历史学 3 个国家一级重点学科（覆盖 25 个二级学科）；另有马克思主义哲学、政治学理论、中国古代文学、企业管理 4 个国家二级重点学科，在哲学社会科学领域继续保持传统优势。天津大学拥有管理科学与工程 1 个一级国家重点学科，天津市重点学科 4 个。天津大学在管理科学与工程上拥有较强的研究和教学力量，近年来，该学科取得了大量高水平的科研成果，获得国家部委和省市科技进步奖数 10 项，在国内同领域中占据重要学术地位。天津师范大学有发展与教育心理学和政治学理论 2 个国家二级重点学科，天津财经大学有统计学 1 个国家二级重点学科。

2. 国家传统重点学科

南开大学历史学是国家一级重点学科，拥有中国古代史、中国近现代史和世界史 3 个重点学科。在教育部 2012 年学科评估中，南开大学考古学、中国史和世界史 3 个一级学科均名列前茅，其中世界史位列第二。中国古代史研究在诸多领域取得了新进展，从先秦到明清，每个时期都有比较出色的研究成果。中国近现代史研究主要集中在乡村史、政治史和学术史三个方面，呈现出以下特点：乡村史研究向纵深发展、政治史研究取得新的突破、学术史文化史研究异彩纷呈。世界史研究主要集中在地区和国别史和国际关系史两个方面，其中地区和国别史包括欧洲史、拉丁美洲史、日本史。南开大学世界史研究学者申请到 7 个科研项目，出版专著 7 部，发表 CSSCI 论文 20 余篇，其中杨栋梁教授的《中日两国古代关系的性质与特征》被《新华文摘》2012 年第 1 期全文转载。

在经济学领域，南开大学有理论经济学和应用经济学两个国家一级重点学科，经济学门类 16 个二级学科。政治经济学、世界经济、经济史、金融学（含保险学）、区域经济学、国际贸易学 6 个二级学科被评为国家重点学科。2012 年，南开大学政治经

①逄锦聚：《论中国经济学的方向和方法》，《政治经济学评论》2012 年第 3 卷第 4 期。
②孙钰、张玉佩：《天津高校学科建设支撑滨海新区开发开放存在的问题及战略对策》，《天津经济》2012 年第 9 期。
③龚克：《学术道德与规范的真谛是真实与责任》，《中国研究生》，2012 年第 7 期。

济学学科在稳步推进基础理论研究的同时，紧密结合我国改革开放过程中所面临的重大理论和现实问题，在欧债危机及其影响、京津冀地区经济、收入分配等研究领域，取得了丰硕的研究成果。成功举办主题为“中国发展模式与中国化经济学”的2012年全国政治经济学博士生论坛。南开大学区域经济学研究主要包括区域经济理论研究、区域经济增长和区域协调发展研究、滨海新区发展研究、城市问题研究、城市土地和房地产研究、交通物流研究等。南开大学金融学是应用经济学科的重要支柱之一，在比较金融制度、国际货币制度、国际资本流动、虚拟经济、精算等方面的研究均在国内同学科中处于领先地位，在货币政策、通货膨胀、汇率制度、商业银行发展、资本市场以及实体经济发展研究等方面取得了诸多成果，成功举办“2012年全国博士后金融论坛”。2012年南开大学世界经济研究中心的成立，以南开大学为依托，联合天津市其他高校和相关研究机构，形成多学科、宽领域的综合性研究实体，对与世界经济论坛相关的现实与理论问题进行深入研究，为天津市夏季达沃斯论坛筹备工作小组提交研究报告和决策支持。本年度，在国别地区经济研究方面，主要关注美国、欧盟和亚太地区的经济发展；在国际贸易理论、政策及实践发展研究方面，贸易壁垒是探讨重点；在国际金融研究方面，重点探讨有关金融发展产生的影响问题。随着中国经济的快速崛起和实力增强，中国经济与世界经济的关系发生了历史性变化：中国的发展离不开世界，世界的繁荣稳定也离不开中国。由于中国在世界经济发展中的地位和作用日益凸显，因此，近年来学者们对世界经济问题的研究更多地是落脚于对中国对外开放问题的研究上，主要集中在中国对外开放影响效应的研究、中国对外开放影响因素的研究、人民币汇率问题的研究以及中国对外直接投资的研究等方面。南开大学经济史研究，主要围绕天津及其周边的华北区域，内容涵盖农村经济和农村社会变迁、交通、城市化进程与区域经济发展、有价证券、银行、银企关系、商业文化、企业史、城乡关系等领域。企业史、农村经济和城乡关系是研究关注的热点。

天津大学管理科学与工程是传统的国家重点学科，在教育部2012年学科评估中位列第二。本年度研究成果显著，发表论文410篇，著有专著24本，课题数量总计138项。在工业工程与管理、物流与供应链管理、工程管理等方面取得了一批高水平的科研成果。

3. 优势重点学科

2012年，南开大学马克思主义哲学学科的发展和研究主要呈现出以下几个方面的特点：继续保持马克思主义哲学基础理论整体优势，进一步凸显马克思主义政治哲学的研究特色，充分展示国外马克思主义哲学研究的后发潜力。在马克思主义哲学基础理论研究方面，主要关注马克思的相关思想研究、马克思主义哲学研究的核心问题以及马克思主义哲学中国化；在马克思主义政治哲学方面，主要关注对基础问题的思考和对于具体问题的研究；在国外马克思主义哲学研究方面，主要关注西方马克思主义研究和当代国外马克思主义研究。发表论文61篇，其中在《中国社会科学》和《哲学研究》等权威刊物发表论文6篇；出版著作5部；承担国家社科基金5项，教育部社科基金10项，其他部委、省区市社科基金项目7项。

南开大学政治学理论在教育部2012年学科评估中位列第二，本年度在政府理论研究方面，主要关注政府体制、服务型政府、地方政府等几个方面，同时也关注国外政府制度的发展及其对我国的借鉴意义；在民主理论方面，主要关注西方民主理论、协商民主理论。由朱光磊教授领衔的“当代中国政府与政策教学团队”，是南开大学5支国家级教学团队之一，本年度在公共服务型政府研究、政府过程研究、政府与政治要素间作用的研究、公共治理研究、行政改革研究以及滨海新区行政管理体制改革研究等方面取得了较大进展。2012年出版专著9部，获国家社科基金3项，天津市社科基金重大项目1项，天津市教委人文社会科学重大项目立项1项，天津市政府决策咨询重点课题1项。

南开大学中国古代文学研究本年度取得了较为丰硕的成果，主要表现为在延续已有研究领域的基础上，新的研究领域不断拓展，成果质量明显提高，成果数量大为增加。在先秦两汉魏晋南北朝文学研究、唐宋文学研究和元明清文学研究方面，从多学科多角度对中国古代文学开展多元化研究，取得了一批跨学科、综合性研究成果。

2012年，南开大学企业管理研究在创业管理、公司治理、营销管理、财务管理、组织与战略管理、人力资源管理、服务管理、技术经济与管理以及旅游管理等多个专业领域都取得了丰硕研究成果。

在CSSCI来源期刊发表论文200余篇，出版各类论著10余部。

本年度，天津师范大学政治学理论研究进一步发展，在学科建设、项目研究、学术成果、学术交流等多个方面取得重要成就，成功举办"第三届全国西方政治思想史暑期研讨班"。在全国核心期刊发表论文40余篇，其中徐大同的《中国人民拒绝自由主义接受共产主义的文化基因》被《新华文摘》2012年第19期转载。

天津师范大学发展与教育心理学学术研究取得了长足的进步，在教育部2012年学科评估中位列第七，参与教育部社会科学委员会心理学部组织编写的我国心理学"十二五"发展规划纲要和国务院学位办组织的对我国《心理学科一级学科》的修订工作。沈德立获教育部"全国教育科学研究突出贡献奖"。本年度在眼动与阅读心理学研究、情绪心理研究、脑科学与自上而下加工研究、意图心理研究、记忆心理学等方面开展了研究，取得了优异的研究成果。

天津财经大学统计学在国内经济统计学科领域一直处于前列，2012年统计专业被天津市批准为综合改革试点专业。本年度在统计学理论、方法与应用研究和政府统计工作等方面取得了丰硕的研究成果，发表论文23篇，其中CSSCI12篇，SSCI3篇，SCI2篇；获批各类科研项目10项。

**四、市重点学科建设**

天津市大力推进重点学科均衡、持续、科学发展，走出了一条学科发展之路：以评估为手段，以制度建设作保证，以投入为基础，推动学科建设迈上了新台阶。重点学科数量、质量、结构、层次得到较大的提高和优化，有力提升了天津市高等教育发展质量水平，对天津市经济社会发展、科技进步作出了重要贡献。为深入贯彻落实国家及天津市中长期教育改革和发展规划纲要，2012年4月9日，天津市教委公布了天津市高等学校第四期重点学科名单，南开大学的"哲学"等150个学科入选，建设期为2011—2015年，以期进一步建立、健全重点学科建设和管理机制，努力改善教学、科研条件，加强师资队伍建设，凝练学科优势和办学特色，不断提高学科建设水平，为建设创新型城市作出应有的贡献。

本市马克思主义理论研究以南开大学、天津大学和天津师范大学为长。本年度在对以往热点问题进行深层次研究探讨的同时，更加注重与当代热点问题相结合，努力探寻克服马克思主义话语表达缺位的途径和方法，进一步增强马克思主义的理论说服力，形成基础扎实、热点突出的良好研究局面。对马克思主义理论研究在广度上进一步拓展，对诸多热点问题的研究进一步深化，例如关于马克思主义中国化的问题仍然是研究者关注的一大热点，更加注重从中国共产党的发展进程中分析马克思主义中国化的特点和规律；关于马克思主义理论学科建设问题的研究有新的探讨；关于马克思主义大众化问题的研究，学界不断寻求新的视角进行持续关注和深入挖掘；关于马克思主义"三化"的整体性问题研究，完成了多项新的科研成果。

南开大学、天津大学和天津师范大学思想政治教育学科积极推进学科建设，围绕思想政治教育基础理论、大学生思想政治教育、网络思想政治教育以及思想政治理论课教学等问题进行了广泛探讨，在各类期刊、报纸上发表论文100余篇，获批教育部课题5项。

南开大学社会学自1981年在全国第一个开办社会学专业班以来，经过30年的发展，形成了社会学、社会工作与社会政策、社会心理学三足鼎立的格局。2012年，在民生问题、社会管理和社会政策、社会思想史、科学社会学等方面展开研究，同时还拓展了一些新的领域。本年度获批国家社科基金重大项目（第四批）和教育部哲学社会科学研究重大课题攻关项目各1项，国家社会科学基金项目3项，国家自然科学基金项目1项，教育部人文社会科学研究一般项目1项，天津市社科规划项目2项，其他重要项目1项。出版著作4部，发表重要论文50余篇。

南开大学中国哲学秉承"同情的理解、客观地分析、创造性转化"的学术原则，坚持"综合创新"的学术方法，本年度，一方面保持了以往哲学史研究厚重扎实的特色，在准确理解史料文献的基础上注重挖掘传统思想资源的现代价值；另一方面把握新的时代精神，促进中西方思想资源的融会贯通，展望中国哲学的现代走向。学者们围绕古典哲学精神的现代阐释、先秦思想、宋明理学、近现代哲学思想等方面展开研究，取得了丰硕的研究成果。

南开大学法学整体学术水平和研究能力在国内处于领先水平，国际法和法律史的研究水平居于国内前列，一些研究领域处于领先地位。2012年度围绕法学理论、法律史、宪法学与行政法学、刑法学、国际法学、民商法学、知识产权法学、经济法学和诉讼法学9个方面展开研究。出版各类著作6部，获批省部级及以上课题5项。

天津大学公共管理依托天津市人文社会科学重点研究基地“公共资源管理研究中心”，围绕天津及国家经济社会发展重大论题，如社会管理体制创新和社区管理、政府行政体制改革、新农村建设问题和教育、科技、医疗与卫生事业等方面展开研究。发表中文学术论文40余篇，SSCI、SCI论文8篇；出版学术专著2部。本年度成功举办“公共管理系列高端讲座”等学术会议。

天津师范大学比较文学与世界文学依托天津市比较文学学会与天津市外国文学学会，出版了一系列专著、教材和相当数量的论文。继原有的比较文学与东方文学、域外汉学、《圣经》文学、俄罗斯文学研究等传统优势之外，越来越呈现出研究方向的多元化趋势。本年度学者们在比较文学和国别文学两方面，围绕比较文学理论、比较文学实践、欧美文学文化、东方与俄日文学文化等展开研究，著述颇丰。

天津商业大学产业经济学依托校WTO研究中心和现代日本研究所，2012年度研究主要集中在产业集聚、产业结构、产业政策、产业技术创新与产业转型以及具体的产业发展等方面。从发表研究成果的数量和内容来看，与往年相比，呈现出一个特点，就是紧紧地抓住经济发展方式转变这一主线，更加注重经济发展与资源、环境的协调和适应问题的研究。

天津财经大学金融学借滨海新区开发开放，天津构建与北方经济中心相适应的金融服务体系这一契机，不断开拓创新，在学科建设、人才培养、科学研究等方面取得了显著的成就。本年度针对当前复杂的国内外经济形势，在宏观经济、资本市场、实体经济等领域作出了积极深入的探讨。本年度获批省部级及以上科研项目8项，获天津财经大学2012年科研表彰著作4部。本年度，学术带头人撰写的一批有实际价值的研究成果，得到市委市政府多位领导的批示和有关部门的采纳。

2012年度，天津财经大学会计学研究在会计基本理论、财务管理、审计研究等领域取得了卓有成效的研究成果。获天津财经大学2012年科研表彰著作4部，代表性的成果有《税务会计理论》、《基于审计免疫系统对审计本质的认识》等。

**五、交叉学科、新兴学科建设**

教育部《关于全面提高高等教育质量的若干意见》指出，要优化学科专业和人才培养结构，支持优势特色专业、战略性新兴产业相关专业的建设。要积极推进哲学社会科学与自然科学、哲学社会科学不同学科之间的交叉渗透，增强哲学社会科学研究的前瞻性，努力创建中国特色、中国风格、中国气派的哲学社会科学。

本年度紧密结合天津经济社会发展大局的重大理论和现实问题，在自然科学和哲学社会科学各领域进行多方面合作、交叉研究。在教育部人文社会科学研究规划项目“交叉学科/综合研究”学科门类下获批9项，在全国第六届高等学校人文社会科学科学研究优秀成果奖评选中，本市有1项成果获得交叉学科领域唯一的一等奖。

天津市社联、市科协、市社科院、市哲学社会科学规划办共同主办的社会科学界和自然科学界“两界联盟”。本年度以“推进天津文化强市战略”为主题，下设13个子课题，来自高等院校、科研机构和学会研究会的30余名学者、教授和社会科学工作者，围绕城乡文化公共服务体系评价、工业遗产保护及其开发利用、动漫产业创新发展等方面展开研究。应用不同的学科理论，以理论与实际，宏观与微观、历史与现实、定性与定量、实证与逻辑相结合的研究方法，站在自然科学与社会科学交叉融合的视角，发挥多学科、交叉学科和综合学科的优势，对天津文化事业和文化产业发展进行了深度研究，提出了一些具有创新意义的学术理论观点和应用价值的对策建议。

2012年，天津市舆情研究学界秉承舆情研究服务决策、服务大局的主旨，在舆情基础理论、以微博为载体的网络舆情、网络谣言、舆情信息工作、舆情与政策关系、舆情调查方法群体性、突发性事件等方面展开研究，总结了天津本地舆情实务中的特点、经验。发表舆情研究相关成果70余项，其中1篇发表在《光明日报》，2篇分别被《新华文摘》全文转载和《中国社会科学文摘》论点摘编。天津社科院舆情研究所本年度成功主办“舆情与新媒体”高级论坛，承担的若干咨询研究成果得到天津市政府有关领导批示和委托方好评。

本年度，天津市循环经济相关研究以绿色经济、低碳发展与循环经济的融合研究为重点。在天津市众多科研院所、相关政府部门以及企事业单位专家学者的共同努力下，研究视角更加宽泛，研究内容更加深入。依托南开大学循环经济与低碳发展研究中心和天津理工大学循环经济与企业可持续发展研究中心两个市教委重点研究基地，在循环经济、绿色经济、低碳发展与循环经济相融合、海洋循环经济、循环经济政策体系等方面展开研究，取得了一批研究成果。

此外，天津市东北亚区域经济、电子商务、公共安全、无形资产等新兴学科立足现实，组织团队，立项课题，开展了不同形式的探讨，取得了一批有分量的学术成果。

## 六、研究基地建设

### （一）基础概述

2012 年，本市哲学社会科学研究基地坚持以马列主义为指导，认真贯彻落实科学发展观，紧密结合改革开放和现代化建设的实际，结合加快转变经济发展方式和滨海新区开发开放的实际，以当前经济社会发展中出现的重大理论和现实问题为着眼点，以创新基地和研究中心为平台，开展多学科和跨学科研究，培育了多个新的学术增长点。

本年度，本市拥有教育部国家重点人文社会科学研究基地 8 个，国家体育总局首批体育哲学社会科学重点研究基地 1 个，与去年相比没有变化。在 2012 年度教育部人文社会科学重点研究基地重大项目评审中，本市共有 13 项入选。见表 1。

表 1　2012 年度教育部人文社会科学重点研究基地重大项目评审结果一览表

| 序号 | 所在高校 | 重点研究基地名称 | 课题名称 | 负责人 | 负责人所在单位 |
|---|---|---|---|---|---|
| 1 | 南开大学 | 世界近现代史研究中心 | 西欧文明的基础：9 至 20 世纪农民土地产权的历史 | 侯建新 | 天津师范大学 |
| 2 | 南开大学 | 跨国公司研究中心 | 后危机时代的跨国公司投资、国际资本流动趋势与我国外资政策 | 周申 | 南开大学 |
| 3 | 南开大学 | 世界近现代史研究中心 | 东亚三国早期西学演化路径研究 | 赵德宇 | 南开大学 |
| 4 | 南开大学 | 中国社会史研究中心 | 隋唐五代日常生活 | 王力平 | 南开大学 |
| 5 | 南开大学 | APEC 研究中心 | 中国参与 2013 年印度尼西亚 APEC 会议咨询研究 | 宫占奎 | 南开大学 |
| 6 | 南开大学 | 公司治理研究中心 | 中国情境下供应链协作与关系治理研究 | 李勇建 | 南开大学 |
| 7 | 南开大学 | 政治经济学研究中心 | 经济结构升级与经济体制转型中我国行业收入差距问题研究 | 周云波 | 南开大学 |
| 8 | 南开大学 | 跨国公司研究中心 | 对外直接投资支持体系：国际比较研究 | 谢娟娟 | 南开大学 |
| 9 | 南开大学 | APEC 研究中心 | 中国的 FTA 战略研究 | 宋玉华 | 南开大学 |
| 10 | 南开大学 | 中国社会史研究中心 | 秦汉日常生活 | 闫爱民 | 南开大学 |
| 11 | 南开大学 | 政治经济学研究中心 | 中国模式的政治经济学分析 | 何自力 | 南开大学 |
| 12 | 天津师范大学 | 心理与行为研究院 | 心理健康素质测评系统的研制 | 梁宝勇 | 天津师范大学 |
| 13 | 天津师范大学 | 心理与行为研究院 | 人际互动对国民心理健康素质的影响机制 | 王益文 | 天津师范大学 |

2012 年，天津市人文社会科学重点研究基地 30 个。瞄准国家、区域发展战略的重大理论和现实问题，天津市构筑研究高地，以人文社会科学重点研究基地为依托，凝练研究方向，汇聚学术队伍，促进理论创新和学术繁荣，持续产生了一批高水平的研究成果。

### （二）国家重点研究基地

2012 年，本市国家重点研究基地服务国家需求和天津经济社会发展的需要，引领学术发展，努力为经济社会发展和繁荣发展哲学社会科学事业作出了新的贡献。

1. 科研工作。各重点研究基地通过创新组织模式，加强开放合作，组合集成优势，激发科研活力，形成了能够满足高水平项目需求的开放、联合、竞争的研究队伍和“产学研”一体化的运行机制，从我国特别是本市经济社会发展中的重大理论和现实问题着手，承担高层次、高水平的研究课题，开展多学科、跨学科和综合学科研究，取得了一大批高质量的成果。本年度国家重点研究基地承担各类科研课题近百项，发表学术论文300余篇，出版各类著作20余部。其中，政治经济学研究中心主任逄锦聚的论文《论中国经济学的方向和方法》(发表于《政治经济学评论》)在人民网全文转发，世界近现代史研究中心杨栋梁教授的《中日两国古代关系的性质与特征》被《新华文摘》2012年第1期全文转载。中国社会史研究中心年刊《中国社会历史评论》第13卷由天津古籍出版社出版，并进入CSSCI(2012—2013)收录集刊名单。

2. 人才培养。本市国家重点研究基地主动适应国家和经济社会发展需要，促进科学研究与教育教学、社会实践相结合，创新人才培养模式，提高人才培养质量，形成一批拔尖创新人才培养平台。心理与行为研究院院长沈德立教授获得教育部全国教育科学研究突出贡献奖。

3. 社会服务。本年度各重点研究基地，加强应用对策研究，大力提高决策咨询水平，为行业、区域和地方经济社会发展提供智力支持。人权研究中心常健教授和赵正群教授参加了国务院新闻办公室《国家人权行动计划(2012—2015年)》的起草工作。APEC研究中心组织年度APEC咨询研究报告"中国参与2012年俄罗斯APEC会议咨询研究"与"中国的FTA战略研究"，编撰《亚太区域经济合作发展报告2012》学术年刊。跨国公司研究中心连续出版《跨国公司论丛》，该年刊研究和分析跨国公司的投资、经营、贸易和管理，关注和探索跨国公司对经济社会的深远影响和近期、中远期走势变化，刊登有关跨国公司各层面的理论研究论文和跨国公司投资管理政策的研究论文。公司治理研究院参与《中国式企业管理科学基础研究》课题中公司治理专题研究、云天化案例调研、用友案例调研等3项子课题任务，出版《中国公司治理：转型与完善之路》等专著。心理与行为研究院研制的第三代JGW—E型心理实验台通过天津市教委组织的专家鉴定，并投入批量生产。

4. 学术交流。2012年，本市国家重点研究基地扩大学术交流，进一步增强国内国际影响力。举办多次国际研讨会，包括政治经济学研究中心、南开大学经济研究所与美国伯德学院列维经济研究所共同主办"全球金融危机与资本主义经济和制度的新变化"国际学术研讨会，中国社会史研究中心举办"日常生活史视野下中国的生命与健康"国际学术研讨会，世界近现代史研究中心与教育部社会科学委员会共同主办"国际世界史研究前沿与中国世界史学科建设"学术研讨会等。召开不同层次的全国会议和区域会议，如APEC研究中心的"2012年APEC俄罗斯会议咨询研究专题研讨会"，政治经济学研究中心举办"科学发展评价指标体系暨科学发展指数研讨会"，体育人文社会科学研究中心举办"首届环渤海体育法学论坛"等。

5. 模式创新。本年度本市国家重点研究基地按照《高等学校人文社会科学重点研究基地建设计划实施办法》的要求，进一步优化结构，完善整体布局，形成适应哲学社会科学繁荣发展的创新平台体系。心理与行为研究院与天津市老龄工作委员会联合成立"天津市老龄事业研究与发展中心"，构建老龄事业协同创新平台；香港中文大学黄德尊教授莅临公司治理研究院商讨国际化合作发展。

### (三)市重点研究基地

2012年，本市普通高等院校人文社会科学重点研究基地围绕国家发展战略，针对学科前沿和重大理论与实践问题，组织高水平的科研项目，形成一批创新性成果。

南开大学创业与中小企业管理研究中心本年度获批3项国家自然科学基金面上项目，由张玉利教授主持的国家自然科学基金重点项目"新企业创业机理与成长模式研究"顺利通过结题验收。在为期4年的项目研究期间，研究团队在国际顶级学术期刊发表英文论文13篇；在《管理世界》、《管理科学》等国家自然科学基金委指定的A、B类期刊发表论文42篇，CSSCI检索期刊发表论文46篇，20篇论文被中国人民大学报刊复印资料、《高等学校文科学术文摘》等转载。后续延伸国家自然科学基金、教育部人文社会科学基金课题近20项。另有2项国家自然科学基金青年项目结项，并承担完成了夏季达沃斯论坛议题之一"市场需求转型与企业创新"的研究报告。本中心加强青年教师交流学习，与浙江大学、中山大学合作召开青年学者论坛，进一步促进学科和区域优势互补，借助人才建设和合作研究推动学科建设。南开大学现代物流研究中心本年度获批纵向课题29项，其中国家级19项，省部级10项。完成全国首部代表中央政府发布的中国物流产业发展年度报告《中国现代物流发展报告

[2012]》,并出版英文版在国外发行。中心科研人员出版专著5部,学术论文107篇;向有关政府和企事业单位提交咨询报告18份。南开大学性别文化与社会发展研究基地继续深化中国文学文化的性别研究、妇女/性别与社会发展的社会学研究、性别与近代中国史研究等,不断拓展新的研究视角与方向。本年度承担课题7项,参与天津市妇联组织的"天津市第三期妇女社会地位调查"的数据开发,在CSSCI期刊上发表论文10余篇。南开大学中国政府与政策联合研究中心研究人员本年度共发表CSSCI论文56篇,其中SCI/SSCI论文5篇,《政治学研究》、《人民日报》等重要报刊8篇;《新华文摘》转载2篇;出版专著8部;承担国家社科基金项目4项,教育部及天津市社科项目7项。举办"央地关系与地方政府发展"暑期学校;召开"农村城镇化的中外比较与天津的实践"、"政治学与行政学国家特色专业学科建设"学术研讨会等。南开大学政治哲学与和谐社会建构研究中心研究人员本年度承担国家社科基金5项,教育部社科基金10项,其他部委、省区市社科基金项目7项。研究人员在学术期刊上发表论文61篇,其中在《中国社会科学》和《哲学研究》等权威刊物发表论文6篇;出版著作5部,代表性的有:《从意识形态到历史科学》、《分析的马克思主义方法论研究》、《罗尔斯政治哲学中的理性观念研究》、《剩余价值、全球化与资本主义》等。南开大学马克思主义研究中心在原有研究方向基础上,着重围绕马克思主义中国化研究、思想政治教育展开了一系列的学术及应用性研究。承担了包括国家社会科学基金、省部级项目在内的科研项目共16项。科研人员共发表论文96篇,其中发表于《人民日报》、《光明日报》5篇,发表于一级学术刊物《马克思主义研究》、《思想理论教育导刊》5篇,其他CSSCI核心期刊26篇。2012年共出版著作19部,提交研究报告8份。南开大学循环经济和低碳发展研究中心本年度围绕循环经济与低碳发展理论与方法、规划与政策、技术与标准等研究内容,积极开展了跨学科综合研究和联合攻关。承担重要课题国家级4项,省部级8项,国际合作1项。另外,本中心还先后承担了欧盟SWITCHASIA项目等国际合作研究课题10余项。中心科研人员发表SCI、CSSCI期刊论文共30多篇,研究成果先后荣获天津市科技进步二等奖等省部级奖项2项。

天津大学科学技术与社会研究中心获省部级课题立项1项;在CSSCI发表论文3篇;出版专著3部,其中哲学2部、管理学1部;参编管理学译著1部;获天津市各部门优秀调研成果奖2项。天津大学公共资源管理研究中心研究人员本年度发表中文学术论文40余篇,SSCI、SCI论文8篇,出版学术专著2部;获批国家自然科学基金项目5项,科技部科技支撑计划项目等9个纵向科研项目;举办"公共管理系列高端讲座"。天津大学教育科学研究中心承担国家级、省部级研究课题31项,参与天津大学"本科教学综合改革立项"项目申报,8项成功立项;科研人员在核心期刊发表论文共58篇,出版专著7部;举办"教育中心博士生学术论坛"。天津大学中国文化遗产保护国际研究中心以徐苏斌教授为首席专家的《我国工业遗产保护与活化再生利用研究》(2013—2015)获批2012年度国家社会科学基金重大项目;中心核心成员发表各类专业期刊论文17篇,会议论文14篇,其中徐苏斌、青木信夫的论文《天津工业遗产普查以及相关问题思考》获2012年中国建筑学会年会优秀论文奖。徐苏斌的《中国的城市建筑与日本——"主体受容"的近代史》荣获教育部第六届高等学校科学研究优秀成果著作奖一等奖。青木信夫荣获天津市政府颁发的海河友谊奖。天津大学中国社会计算研究中心本年度获批国家级资助项目10余项,另有在研、完成的国家级项目共计32项。中心成员在高水平英文期刊及《系统工程理论与实践》、《管理科学学报》等国内高水平期刊发表学术论文62篇,其中SCI、SSCI检索论文37篇,EI检索论文4篇。

天津师范大学政治文化与政治文明建设研究院2012年获批国家社科基金项目3项(含重点项目1项),获批教育部项目1项、天津市社科项目3项,取得(横向)国家级一般项目1项、委局级项目1项。科研人员在全国核心期刊发表论文40余篇,其中《新华文摘》、《中国社会科学文摘》、《高等学校文科学术文摘》、《人大复印资料》转载8篇;出版专著3部、教材2部,译著2部。由研究院编辑出版的《政治思想史》杂志出刊4期。天津师范大学欧洲经济—社会发展研究中心获批国家社科基金重大招标项目1项、国家社科基金重大子课题1项、国家级一般项目1项、省部级一般项目1项。本年度已结项目3项,其中侯建新教授主持完成的国家社科基金项目“15 至 19 世纪西欧社会过渡问题研究”,成果鉴定获“优秀”等级。中心科研人员在全国核心期刊发表学术论文近20余篇,其中2篇论文被《新华文摘》全文转载;出版专著1部,译著2部;中心所办刊物《经济—社会史评论》第六辑出版。天津财经大学金融与保险研究中心本年度以建设国家级人文社科重点研究基地为目标,以服务滨海新区金融业发展及天津市经济社会发展为主要内容,不断改革创新,各项工作成绩显著。出版《滨海金融专报》六期,第1期刊登的高正平教授和赵建强博士的《关于天津市建立地方债流动性管理基金的建议》、任碧云教授领衔的课题组撰写的研究报告《天津市政府投融资平台金融风险防范研究》、《社科界咨政要报》第11期刊登的任碧云的《构建本市政策性科技型中小企业金融支持体系》均获市委市政府多位领导的批示,其建议被有关部门采纳。天津理工大学公共投资与工程造价研究中心本年度承担科研项目6项,包括国家科技支撑计划1项,国家自然科学基金项目1项,省部级科研项目3项,横向项目1项;中心教师和科研人员在核心刊物上发表论文共50余篇,3篇文章被EI检索,CSSCI引用论文数为20余篇;获天津市科技进步三等奖2项;出版学术专著及教材1部。天津理工大学循环经济与企业可持续发展研究中心以天津理工大学管理科学与工程和工商管理两个一级学科为依托,并以校内相关学科为支撑设立3个研究机构:天津市循环经济促进中心(天津市发改委挂靠单位)、生态系统工程研究所、企业可持续发展研究所。本年度举办了2次国际引智项目交流会,就“大型工业城市低碳发展的途径、模式与对策研究”、“全球低碳发展”、“生态工业园区建设”、“先进制造与低碳经济之间的关系”等主题进行了深入研讨,并交流了研究成果。天津财经大学法律经济分析与政策评价中心本年度获批省部级以上科研立项6项,其中国家自然科学基金面上项目2项、教育部规划基金项目1项、教育部青年基金项目1项等。科研人员发表论文2篇,专著1部,其他研究报告3辑。天津商业大学管理创新与评价研究中心2012年获批教育部人文社会科学项目1项,天津市哲学社会科学研究规划委托项目1项。目前所承担的3项教育部人文社会科学研究项目、10余项天津市级项目均按照项目计划与周期开展研究工作。中心1人入选天津市高校“中青年骨干创新人才培养计划”第二层次人选,2人入选天津市高校“优秀青年教师资助计划”。2012年,天津外国语大学外国语言文学文化研究中心专职研究员共在《天津外国语大学学报》、《英语研究》等国内期刊发表学术论文5篇,国外学术期刊发表论文2篇,诗歌6篇,诗歌译文19篇。赵彦春教授出版译著《雨中百灵》一部,该译著为格律新诗第一部双语诗集。专职研究员王佳音文集《剧领天下——中外电视剧产业发展报告》(法国卷)出版,该文集由国家广播电影电视总局,中国广播电视协会等多家国内外科研单位推出的国内第一本全面解读全球电视剧产业最新现状与发展趋势的综合研究报告。天津外国语大学语言符号应用传播研究中心张良林教授以符号学学科申请获得国家级社会科学研究项目《莫里斯美学符号学思想研究》1项;专职研究员张智庭出版专著《符号学论集》;中心专职研究人员在全国重要刊物上发表论文10篇。天津科技大学食品安全战略与管理研究中心王硕教授主持的“我国食品安全风险防控研究”获得2012度教育部哲学社会科学研究重大课题攻关项目资助,实现了此类项目零的突破。获得教育部人文社会科学研究规划基金项目1项;天津市高校聘请外专特色项目1项,天津市教育科学规划课题1项,天津市哲学社会科学规划项目1项。出版食品安全教育培训教材3部、“科学与文化”系列科普图书《食品安全》1册、《食品安全伦理、法律与技术》1部。向天津市有关部门提交了咨询建议报告5份,得到张俊芳、李文喜副市长等批示。中国民航大学航空法律与政策研究中心本年度获省部级课题立项5项,其中天津市教委社科重大项目1项,天津市社科基金重点项目1项,中国法学会2项,民航软科学1项。完成了海峡两岸航空直航的法律问题研究等5项课题。中心研究人员发表航空法律方面的论文共8篇,其中CSSCI5篇。出版著作4部、基地刊物《航空法学评论》(第二辑)。天津工业大学现代纺织产业创新研究中心承担了国家和省部级课题以及国家有关部委、中国纺织工业联合会、天津市有关委办局和企事业单位委托项目多项,到位科研经费百余万元。发表论文30余篇。主持编辑了本年度的“中国纺织工业发展报告”。多人获得中国纺织工业联合会颁发的“中国纺织工业科技进步奖”和“中国纺织经济论文奖”。天津职业技术师范大学师范能力与职业能力研究中心获批社科项目9项，有9项科研项目结项；出版《中国高等教育本土化研究：以20世纪二三十年代为背景的分析》、《教育政策的理论与实践》学术专著2部；发表学术论文18篇，其中国际会议提交论文3篇、CSSCI论文8篇。天津城市建设学院城镇化与新农村建设研究中心本年度获批教育部课题立项5项，天津社科规划课题13项，横向课题20余项，课题总经费达280万元。本年度科研人员发表论文60余篇，出版著作10部。天津音乐学院艺术创作与表演研究中心2012年获天津市科技计划项目1项、天津市艺术科学规划项目3项、天津市高校人文社会科学项目2项。完成2012年天津市科委科学信息研究所科技基础条件资源调查工作、填报完成教育部人文社会科学研究项目评审专家信息库工作。中心科研人员发表论文76篇。河北工业大学企业信息化与管理创新研究中心获批国家社会科学基金项目1项；省部级项目28项，横向科研合同项目17项。中心科研人员提交会议论文49篇，核心期刊发表论文49篇。出版学术专著5部，获软件著作权5项。本年度中心新增工商管理博士后科研流动站。

（四）天津社会科学院

天津社会科学院是天津市政府所属高级人文与哲学社会科学综合研究机构，拥有天津市社会科学重点学科2个，分别是：中华民国史和城市社会学；院级重点（扶持）学科8个，分别是：中国特色社会主义研究、天津文学、华北区域城市史、天津经济、城市社会学、当代日本研究、舆情研究和经济社会发展预测研究。本年度出台并实施了《关于鼓励科研专业人员承担并高质量完成国家级课题的若干规定》和《关于在科研人员中严格执行请（销）假制度的规定》。在科研管理制度不断完善的条件下，全院科研工作扎实稳步推进，在学科建设与创新、科研成果数量与质量、承担各类研究课题、智库建设等方面，都取得了新的突破与进展。承担国家级课题2项，市级课题13项，院级课题35项（其中委托重点课题7项，重点课题13项，青年课题15项）。在天津市第十二届优秀调研成果评奖中，共有15项成果获奖。其中二等奖3项，三等奖12项。在全市同级单位中获奖总数再次名列第一。在中国人民大学公布的“2011年度《复印报刊资料》转载学术论文指数排名”中，继续保持了上一年的成绩，在全国地方社科院总排名中全文转载量排名第二。申报调研报告50项、对策研究20项、咨询研究35项，共计105项，占申报成果总数的16.13%。在105项国家级报刊成果中，对策和咨询研究成果有28项，占26.67%，其中4项成果得到张高丽、黄兴国等市领导的批示，有13项成果得到其他市领导的批示。全年编发《论点·建议》38期，其中12期得到张高丽等市领导的批示。与韩国圆光大学、群山大学共同主办的“第七届中韩环黄渤海合作·天津论坛”，就绿色增长、能源效率、中韩合作等议题展开讨论，成果丰富。

（本文作者：《天津社会科学年鉴》课题组）

# 2012年天津市文化产业发展报告

李文利

2012年,天津市围绕建设文化强市目标,全力打好文化大发展大繁荣攻坚战,推出第三批重点文化项目,加大协调推动力度,加快建设步伐,文化产业继续保持快速发展,天津市再次被评为全国文化体制改革工作先进地区。2012年,天津市文化产业增加值为503亿,占GDP比重为3.9%,比2011年有所上升。

**一、政策扶持力度进一步加大**

推出第三批重点文化产业项目40项,总投资达213.5亿元。实施一系列促进文化产业发展的政策措施。加快制定支持民营文化企业发展的政策。全市文化产业发展专项资金总额已达7.3亿元,其中市级专项资金5000万元。通过评审委员会的严格评审,对符合要求的项目给以总计3.77亿元的资金支持,发挥了重要的引领和撬动作用。与市有关部门共同向财政部、科技部、商务部等国家部委申报重点企业和重点项目,2012年,天津市7家企业被认定为国家文化出口重点企业,获得科技部专项资金2700万元,获得财政部专项资金2525万元。与财税部门共同下发天津市第二批转制文化企业名单,进入名单企业享受税收优惠政策。积极协调税务部门,将文化娱乐业营业税税率由20%下调至5%,减轻了文化企业的负担。围绕营业税改征增值税后,部分文化企业税负不降反增情况进行调研,撰写专题报告,协调税务部门研究制定扶持措施和办法。加强文化产业统计工作,落实年报和季报制度,为科学决策提供依据。

**二、搭建金融服务平台**

积极协调金融机构参与文化产业发展,11家金融机构支持天津文化产业发展的授信额度已达260亿元。国家开发银行天津市分行提供22亿元贷款,支持天津市历史风貌建筑示范点及五大道历史文化街区项目,创造了本市文化产业项目获得贷款支持单体融资额度最大的记录。充分发挥天津文化产业股权投资基金的作用,筹建天津市文化企业小额贷款公司,设立文化产业集合信托资金,推广担保换期权、票据贴现等业务,引导文化企业参与融资租赁、发行中小企业私募债,采取多种方式解决中小文化企业的融资问题。天津文化产权交易所、天津数字版权交易市场投入运营,进一步活跃了文化市场。

**三、产业聚集度不断提高**

滨海新区被命名为国家级文化和科技融合示范基地,天津市国家级文化产业园区达到9个,形成以高新技术为特色的数字内容创意产业群。卡梅隆·佩斯集团中国总部落户滨海高新区,在国内外产生广泛影响,一批知名动漫企业向天津市聚集。国家动漫产业综合示范园二期基本建成动漫与影视超级渲染云计算平台,天津国家数字出版基地建成计算中心实验开发平台,国家影视网络动漫实验园及研究院完成部分影视动漫公共网络支撑平台建设,这些平台为企业的发展提供了技术支撑。滨海广告产业园完成前两期6万平方米建设,将建成中国广告传媒及创意产业总部基地。各区县加快建设文化产业园区,促进企业聚集,建成绿领低碳创意产业园、巷肆创意产业园、武清凯旋王国文化主题公园、津南小站古镇文化区,杨柳青大院文化区、北塘古镇等园区,中国3D影视创意园一期、凌奥创意产业园三期、天津当代艺术产业基地、中国艺术家聚集区二期、七里海文化产业示范园、盘山中国画院等项目主体工程基本完工。在大项目、好项目的带动下,天津市文化产业继续保持高速增长。

**四、宣传推介渠道更加广泛**

举办中国国际广告节、中国国际新闻出版技术装备博览会、全国非物质文化遗产展示会、第三届中国(天津滨海)国际文化创意展交会,进一步丰富天津特色的文化产品展示展销平台。召开银企对接会、项目推介会,组织天津市文化企业参加中国(深圳)国际文化产业博览交易会等国家级会展,向国内外展示推介天津市文化企业和文化项目,打造天津文化品牌,推动天津文化走出去。充分发挥天津文化产业网作用,宣传天津市文化产业扶持政策,良好的发展环境,迅猛的发展态势,同时开通网上项目申报功能,为文化企业申报市级重点项目和文化产业发展专项资金提供便利条件。

**五、重点文化产业园区建设进展情况**

2012年,天津市国家级文化产业园区达到9个,入驻企业已达2000多家,实现产值300亿元,区县文化产业园区26个,其聚集效应带来了显著的社会效益和市场效益。

1. 天津滨海新区国家级文化和科技融合示范基地。2012年5月10日，科技部与中宣部会同文化部、广电总局、新闻出版总署认定了首批16家国家级文化和科技融合示范基地，滨海新区成为首批基地之一。该基地走“文化+创意+科技”的融合发展道路，高水平打造原创动漫、渲染技术、新影视、新媒体、智能手机平台游戏、演艺装备六大文化科技产业集群。搭建展示交易、技术咨询、创业孵化、融资信贷和文化交流等五大公共服务平台。

2. 国家动漫产业综合示范园。园区坐落于天津滨海新区中新生态城起步区北部，规划占地100万平方米，建设面积77万平方米，总投资45亿元，是文化部与天津市政府共同建设的国家级重大文化产业项目，也是文化部确认的第一个国家级动漫产业园，由中新天津生态城投资建设。园区2009年7月开工，2011年5月开园，一期工程总投资25亿元，建筑面积30万平方米。园区规划建设门户区、研发与孵化区、创意编剧策划区、智能衍生品区、商务接待区、大学教育区和生活配套区等七大功能区，主要产业类别涉及动漫类、互联网类、图书出版类、影视演艺类、广告类等。目前，包括读者集团、优扬传媒、天视卫星、盛大文学、北方动漫、博纳影业、华谊兄弟、酷6网等在内的280家文化企业已入驻园区。公共技术服务平台达到国际一流水平，为动漫企业提供了最优质的服务。

3. 天津国家数字出版基地。根据国家新闻出版总署对我国出版产业发展的整体规划，天津国家数字出版基地于2010年12月正式获批设立。该基地位于空港经济区，由新闻出版总署授牌，由天津滨海新区空港经济区投资与天津出版传媒集团共同建设，总投资25亿元，用地面积20万平方米，总建筑面积41万平方米。2010年9月开工建设，2011年8月正式投入使用。基地由产业园区和产业发展区组成。其中，产业园区位于空港经济区主入口东侧，一期总建筑面积10万平方米，其中产业园孵化载体面积3万平方米。基地发展定位为：依托京津两地文化、出版产业基础，聚焦自主创新，重点发展网络交易、网络出版、服务外包、研发制造等业态，形成新兴数字文化和出版产业的聚集，带动中国北方数字出版产业的发展。基地将重点发展数字系统的研发与制造、数字内容的制作与服务等十二大产业方向，推动原创内容的制作及新型出版业态的发展，形成新的产业集聚群。主要产业类别包括：数字出版、数字终端设备制造、广告传媒、网络游戏开发、网络运营、数字内容软件外包服务等。基地将通过资源整合，开展三大产业平台建设，力争发展成为国内一流的集原创、研发、生产、孵化、培训、交易、运营于一体的综合性数字出版产业基地。目前该基地已经建成创新体验中心、云计算中心、版权交易所等公共平台，聚集了华旗资讯、大唐电信、中兴通讯、龙源期刊、极光互动、中国移动天津公司、中国联通天津公司、兆讯传媒、美国CSC、未来电视、启云科技、汉柏科技、正源数字版权交易所、软通动力、东软、中天联科、科大讯飞、易博士、翰方烽火、盛大网络、七三文化传媒、书生电子等30余家领先的数字出版终端、内容企业。

4. 国家影视网络动漫实验园、国家影视网络动漫研究院。2010年3月，国家广电总局授予天津滨海高新区“国家影视网络动漫实验园”、“国家影视网络动漫研究院”两个国家级品牌。实验园、研究院位于滨海高新区软件园内，占地13.6万平方米，建筑面积28万平方米，总投资10.8亿元。园区2008年5月开工建设，2011年5月已全部建设完成，目前已吸引近100家文化创意企业入驻，年产原创动画片达4000分钟，从业人员达5000余人。园区运营采用“政府主导、企业化运作”的模式，将建设成为以科技、文化、创意产业为核心，以培育新型商业模式为目标，围绕科技型内容产业（含影视传媒、数字内容、动漫游戏）与高端休闲娱乐产业（含体育休闲、演艺休闲等），配套发展教育培训、文化体育、文化旅游、文化用品产销和其他文化服务业的全产业链园区。园区重点定位在广播影视业、数字内容与动漫业、新媒体、文化创意业，从产业规划、环境建设、招商引资、政策扶持等4个方面入手，形成涵盖创意、设计、研发、制作、展示、交易、孵化、文化休闲、知识产权保护、资质认证、培训评估及公共服务的一站式数字化服务园区，打造高科技引领下的创新型国家级文化创意产业基地。

5. 中国天津3D影视创意园区。园区位于中新天津生态城，由国家广电总局授牌，引进深圳华强科技集团投资建设。园区用地面积约62.75万平方米，总建筑面积约24万平方米，总投资30亿元人民币。园区将以3D立体影视技术为主导，建设国际一流的文化科技主题公园组团，打造一个拥有自主知识产权，具有国际影响力和竞争力，集创意、研究、生产、销售于一体的3D立体影视产业基地。建设内容主要包括3D影视创意基地、3D影视技术研究院、3D影视生产基地、3D影视主题公园，以及为上述项目提供配套服务的相关设施。项目建成后，将形成以天津为中心、带动华中各省、辐射东北亚地区的文化科技产业发展格局。园区于2011年9月开工建设，2012年建筑主体基本完成，预计2013年全部建成。入驻企业主要从事动漫软件设计，计算机软硬件设计、开发，动漫设计，文化产业投资，园林设计，工程信息咨询，文化用品销售等业务。

6. 天津滨海广告产业园。天津滨海广告产业园位于滨海高新区智慧山科技文化创意产业基地，总建筑面积20万平方米，固定资产总投资超过20亿元人民币，将建成中国广告传媒及创意产业总部基地、广告创意培训基地和广告传播展示基地。该园区于2010年1月开工建设，2012年已完成前两期6万平方米建设，吸引40余家文化创意企业入驻，预计2014年全部完工。

7. 天津市绿领创意产业园。天津市绿领创意产业园始建于2010年4月，2012年10月建成，是河北区在中心城区产业外迁的背景下，探索综合利用闲置产业建筑、快速建设经济发展载体的试点项目。园区用地面积9.2万平方米，建筑面积5万平方米，总投资6000万元。园区采取"政府主导、企业主体、市场化运营"的开发模式整体改造，重点围绕清洁能源、建筑节能、绿色照明、工业减排、生态家居等行业领域，集聚企业及产品、服务和技术，构建适合中国国情的低碳经济发展集成商务平台，成为代表都市产业发展方向的科技型中小企业的孵化基地、创意产业的聚集地、亿元楼宇的示范区。海澜潮文化传播、瀚艺峰汇文化传播、梦工场（天津）、丽莎黛尔文化传媒、北斗星动画、尚铭科技、伍德文化传播等30余家创意文化企业入驻园区。

8. 天津市意库创意产业园。建成于2007年10月，用地面积3万平方米，建筑面积2.5万平方米，建设总投资3200万元。园区把文化与科技的结合作为产业发展方向，以城市空间设计为主导产业，形成了以文化为内容、以科技为载体、以创意为核心的创意产业发展模式，集中发展文化传媒、影视制作、城市空间设计等产业。目前共入驻文化企业81家，聚集了杨议影视、明斯特提琴等一批在行业内具有引导地位的企业。意库先后被授予"天津市文化产业示范基地"、"中国文化产业特色园区"、"天津市工业旅游示范点"、"中国十强最宜创业园区"、"国家级科技企业孵化器"、"天津市青年就业见习基地"、"天津市创业实训基地"和"天津市小企业创业基地"等称号，荣获"中国十大中小企业杰出贡献奖"。

9. 天津凌奥创意产业园。园区位于奥运水滴体育馆南侧600米，地理位置优越，总投资15亿元，整体占地面积20万平方米，总建筑面积45万平方米，2006年1月开始建设，2007年6月建成。园区由天津凌奥创意产业园集团有限公司运营管理，注册资本3000万元人民币，总资产超过10亿元。园区被划分为青果苗圃、孵化器、转化基地、产业化基地四大板块并辅以五大公共服务平台，吸引大、中、小、微企业入驻，为企业提供贯穿创业—孵化—壮大—产业化各环节的全程服务，减少企业发展中承担的风险，加快企业发展速度，孵化培育创意创新类企业，形成可持续、可循环的发展模式。现已入驻天津市招商网、蓝思摄影、天艺泽文化、华锦饰佳广告、汇美文化传媒、天砚建筑设计咨询等138家创意企业。

10. 天津音乐艺术街。天津音乐艺术街从十四经路起至十五经路止，沿街500余米，纵深3—5米，占地面积2400平方米，建筑面积4300平方米。街区自2009年4月开始建设，2009年7月建成开街，建设总投资1200万元。园区建有欧式风格商业门店136间，分为A、B、C、D四个区，现有商户50家。已吸引了爱乐之家、刘诗昆钢琴艺术、金色文化传播等文化企业入驻。

11. 6号院创意产业园。因位于天津市和平区台儿庄路6号而得名。园区创意业态起步于2000年，是天津市首家文化创意产业园区。园区用地面积3790平方米，建筑面积10700平方米，总投资3000万元。2007年以来，6号院通过提升基础配套设施和争取政策支持，实现了从传统批发业态向创意产业的转型，一批创新能力强、发展前景好的项目落户园区，动漫、设计、艺术产业成为园区的三大业态。园区定期举办各类创意展览和文化交流等活动，成功为入驻企业搭建了展示、交流和交易的平台。6号院先后被评定为"天津市动漫人才实训基地"、"2008年中国最具投资价值创意基地"、"2009年中国最佳创意产业园"，2009年成为天津市第一批由市政府授牌的创意产业园，被市旅游局命名为"天津工业旅游示范点"。园区围绕打造文化产业高地，通过开展艺术品展览、文化交流等方式,致力于为天津的文化企业搭建发展平台,为广大文化爱好者搭建品味文化、丰富精神生活的场所。福丰达影视科技、三绅广告、点时光合广告传媒(天津)等32家文化企业入驻园区。

12. 天津创意街。天津创意街作为天津市规划建设的40条特色商业街区之一,位于红桥区湘潭道,街区全长544米,沿街设有近100个大小不同的商业店铺,是以创意产品展示、展卖、创意休闲、创意消费为主导业态的创意特色街区。已有冠锜鼎晟文化传媒、爱乐之家、玖久安文化传播、北京九歌天成、汉儒等15家文化企业入驻街区。从2009年7月改造至今,街区通过创意性、国际性、联想性与图腾性的设计,推动街区氛围不断提升。街区用地面积2.1万平方米,建筑面积1.3万平方米,总投资1200万元。创意街紧邻新西站商务区,集车站文化、工业文化、创意文化于一身,其发展目标是成为天津市最好"玩"的互动体验式特色街区。街区建设将努力实现四个主要功能,即创意产品的交易平台、创意文化的整合平台、创意人才的培育平台、创意城市的展示平台。天津创意街将按照以氛围聚人群、以人群构文化、以文化带旅游、以旅游促经济的发展模式,引领天津的特色街区发展,打造天津创意地标。

13. 北方石林园。位于海河中游南岸,由宝成博物苑、宝成博文苑、木化石林、宝成民俗博物馆、传统文化宗教建筑林和世界名犬园、奇石园等7个部分组成,形成"古石、古树、古建筑、古艺术"四古合一的文化特色。园区2010年12月开工建设,一期建设(华盛寺)预计2014年6月建成,二期建设(渤海观音塔)预计2015年12月建成,三期建设(北石林)预计2018年12月建成,总占地面积229.3万平方米,建筑面积200.9万平方米,总投资70亿元。目前已有天津华藏投资发展有限公司、天津市宝成博物苑等文化企业入驻。园区被国家旅游局评定为AAAA级旅游景区,灵璧石园、中华石文化长廊、木化石林、灵璧石展厅、树化玉、名人签章石等6项记录载入上海大世界基尼斯之最。

14. 七里海文化产业示范园。2012年12月建成,占地面积4216万平方米,建筑面积5万平方米,总投资22.5亿元。园区配套设施完备,主要以七里海独特生态资源为依托,突出湿地文化项目、古地质科教项目、人文景观项目和影视文化旅游项目,是集保护性、观赏性、休闲性、教育性、产业性于一体的新兴创意产业、优势特色产业和民间传统产业集聚示范区。目前,入驻园区的文化企业达20余家,涉及七里海文化旅游、包装装潢印刷、网络服务等多种业态,建有马文化产业城,湿地文化旅游产业园,七里海地质公园,编织、剪纸、皮影、芦苇画等手工艺制品创研基地。

15. 小站文化产业园。坐落于历史名镇小站镇繁华地带,总占地面积530万平方米,建筑面积400万平方米,总投资达20亿元,于2010年6月开工建设,预计将于2014年6月建成。园区主要包括练兵园、红山文化博物馆、小站古街、天山米立方、名洋湖生态园五个景区,以旅游、会展、创意为中心开拓园区的整体旅游项目,大力宣传小站历史文化,提升小站整体人文景观、人文精神,促进小站旅游经济发展。

16. 天津陈塘科技商务区。位于河西区东南部,总占地面积278万平方米,总规划建筑规模281万平方米。2008年4月开工建设,预计建设总投资将达140亿元。现有办公楼宇两座,规模3.4万平方米,入驻142家企业,吸引就业人数约2000人。园区坚持国际化、绿色、科技的发展理念,重点发展数码中心、规划设计、广告、休闲娱乐、都市工业旅游、广电服务等文化创意业态,致力于成为符合天津城市副中心定位的创意产业聚集地。

17. 天津华津3526创意产业园。位于天津市河北区,2008年4月由河北区政府牵头,以促进天津城市经济发展为宗旨,利用原天津华津制药厂地上部分建筑物及配套基础设施改造而成。园区组建伊始便定位于培育、吸引以促进生产和消费增值的技术和智力密集型企业为主的文化创意、工业设计、现代动漫学院、电子网络信息技术、教育培训等产业,2010年6月组建完成,投资约2.7亿元。园区占地面积6.4万平方米,建筑面积3.1万平方米,各式建筑76栋,绿地面积1.5万平方米。

18. 天津滨海航母文化产业园。为国家AAAA级旅游景区,是以"基辅"号航母这一独特旅游资源为主体,集航母观光、武备展示、主题演出、会务会展、娱乐休闲、国防教育、拓展训练、影视拍摄八大板块于一体的大型综合性军事文化主题园区。2006年4月开工建设,总投资6.7亿元,用地面积23万平方米。2011年,天津市委宣传部、天津市文化广播影视局联合授予滨海航母"天津市文化产业示范基地"称号。滨海航母通过深度挖掘海洋文化和军事文化,充分发挥“航母”资源特色,并将其与旅游相结合,利用特色表演项目丰富旅游文化内涵,创造特色旅游亮点,形成产业规模和集聚效应。

(本文作者:李文利,天津市文化体制改革办公室副主任)

# 2012年天津市高等院校社会科学研究统计分析报告

王瑞文　李英霞

**内容提要**:本文依据天津市高校人文社会科学统计数据对2012年天津市高校人文社会科学研究状况进行分析,从科研人员、经费、课题、成果四个方面分别分析了天津市高校近五年整体发展状况和2012年度各高校社会科学研究状况。分析数据显示:社科人员发展状况基本维持良好,经费投入比较充足,科研课题人员投入稳定,科研成果产出率有所下降。

**关键词**:天津市　高校　社科研究　统计分析

本报告依据天津市高校社科统计工作的数据资料对天津市高校2012年度人文社会科学研究情况进行研究。社科统计内容主要包括了高校人文社会科学研究人员、研究经费、研究机构、研究项目、研究成果以及学术交流情况。统计数据和资料是制定社科研究政策、编制科研发展规划,实现科研管理科学化、规范化的基础。本报告从科研人员、经费、项目、成果四个方面分析了天津市高校社会科学研究2012年度整体状况及各高校情况,本报告的研究旨在为全市高校社科研究发展规划提供数据支撑。

2012年天津市共有19所普通高等学校含人文、社会科学类学科。其中国家教育部所属院校2所,中央其他各部、委所属院校1所,天津市地方所属院校16所。

## 一、人文社会科学研究人员情况

### 1.人文社会科学研究人员总体发展状况

2012年天津市高校人文社会科学类教学与科研人员共9614人,其中教授1399人,副教授2625人,占总人员41.86%;具有博士学位2315人,具有硕士学位人员3975人,占总人员65.43%;按照年龄划分,35岁以下3348人,35岁至50岁4519人,50岁以上1747人,年龄结构比较合理;教学与科研人员中科技活动人员为7381人①,占教学与科研人员总数的76.77%;其中研究与发展非全时人员折合全时人员与全时人员总和2153人年②,占科技活动人员的29.17%。

2012年天津市高校人文社科教学与科研人员9614人,比2011年的9301人增加了3.37%,高校社科教学与科研人员队伍呈增长势头。2012年教学与科研人员中从事科技活动人员7381人,比2011年的6421人增加了14.95%,增长幅度较大。2012年研究与发展人员全时与折合全时人员总数2153人年,比2011年的1906人年增加了12.98%。从下表1和图1分析天津市高校人文社科研究人员近5年的发展情况,教学与科研人员总数稳步增长,参加科技活动人员涨幅较大,研究与发展全时人员有所增长,但相比科技活动人员的增长幅度不大,人员总体科研精力的投入没有显著提高。

表1　2008—2012年天津市高校人文社科研究人员投入发展状况

| 年度 | 教学与科研人员(人) | 其中:高级 | 科技活动人员(人) | 研究与发展全时人员(人年) |
|---|---|---|---|---|
| 2008年 | 8558 | 3602 | 4850 | 1706 |
| 2009年 | 8731 | 3702 | 4942 | 1625 |
| 2010年 | 8998 | 3834 | 6115③ | 1712④ |
| 2011年 | 9301 | 3899 | 6421 | 1906 |
| 2012年 | 9614 | 4024 | 7381 | 2153 |

①根据2012年天津市社科统计年报数据显示,该数据为9901人。由于2012年将各高校参加科技活动的研究生统计在内,因此出现某些高校科技活动人员大于教学科研人员的情况,为便于本报告进行年度数据的发展比较,在此将这一数据进行了剔除研究生的计算。

②根据2012年天津市社科统计年报数据显示,该数据为2783.6人年,理由同上进行了剔除研究生的计算。

③根据2010年天津市社科统计年报数据显示,该数据为8182人,在此进行了剔除研究生的计算。

④根据2010年天津市社科统计年报数据显示,该数据为2260人,在此进行了剔除研究生的计算。

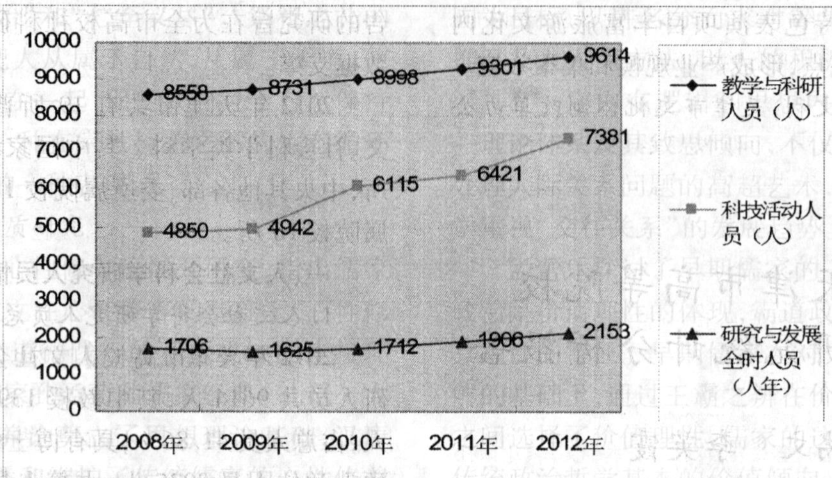


**图1　2008—2012年天津市高校人文社科研究人员投入发展状况**

2. 人文社会科学研究人员分高校情况

表2所示为天津市参加高校社科统计的19所高校教育与科研人员和科技活动人员情况。天津市含有社会科学研究的高校中南开大学、天津师范大学的教学与科研人员数量超过千人，之后依次为天津财经大学、天津外国语大学、天津商业大学、天津工业大学、天津理工大学等。选取了高级职称及其所占本校人员比例进行分析，全市高级人员数量占人员总数的41.9%，南开大学达到69.9%，超出全市平均数的还有天津大学、天津工业大学、天津职业技术师范大学。在统计年报显示的数据中，科技活动人员数量的统计由于包含了参加科研活动的在校研究生，而教学与科研人员的统计指标不包含在校研究生，出现某些高校科技活动人员数量大于教学与科研人员的情况，在此不做剔除研究生的计算，因此两个指标不具备可比性。分析科技活动人员中折合全时人员数量及其所占比例，全市折合全时人员所占科技活动人员比例为28.1%，说明折合全时后的科研投入人员超出全部科技活动人员的四分之一，其中天津美术学院、天津农学院、天津大学、天津城建大学、天津工业大学的折合全时科研投入人员比例超出全部科技活动人员的三分之一，这些高校的科研人员投入相对较大。

**表2　2012年天津市各高校人文社科研究人员投入情况**

| 学校名称 | 教学与科研人员 | | | 科技活动人员 | | |
|---|---|---|---|---|---|---|
| | 合计 | 其中：高级人数及所占比例 | | 合计 | 折合全时（人年）及所占比例 | |
| 合计 | 9614 | 4024 | 41.9% | 9901 | 2783.6 | 28.1% |
| 南开大学 | 1280 | 895 | 69.9% | 2889 | 911.6 | 31.6% |
| 天津大学 | 460 | 219 | 47.6% | 430 | 151.1 | 35.1% |
| 天津科技大学 | 403 | 153 | 38.0% | 193 | 60.9 | 31.6% |
| 天津工业大学 | 623 | 277 | 44.5% | 554 | 185.6 | 33.5% |
| 中国民航大学 | 334 | 96 | 28.7% | 272 | 72.1 | 26.5% |
| 天津理工大学 | 505 | 177 | 35.0% | 248 | 77.7 | 31.3% |
| 天津农学院 | 274 | 95 | 34.7% | 198 | 76.9 | 38.8% |
| 天津医科大学 | 186 | 52 | 28.0% | 125 | 33.8 | 27.0% |
| 天津中医药大学 | 166 | 37 | 22.3% | 160 | 39.6 | 24.8% |
| 天津师范大学 | 1023 | 397 | 38.8% | 1365 | 289.3 | 21.2% |
| 天津职业技术师范大学 | 309 | 135 | 43.7% | 157 | 44.9 | 28.6% |

续表

| 学校名称 | 教学与科研人员 | | | 科技活动人员 | | |
|---|---|---|---|---|---|---|
| | 合计 | 其中:高级人数及所占比例 | | 合计 | 折合全时(人年)及所占比例 | |
| 天津外国语大学 | 818 | 278 | 34.0% | 249 | 48.2 | 19.4% |
| 天津商业大学 | 721 | 296 | 41.1% | 560 | 146.8 | 26.2% |
| 天津财经大学 | 825 | 319 | 38.7% | 1081 | 259.6 | 24.0% |
| 天津体育学院 | 403 | 144 | 35.7% | 616 | 143.2 | 23.2% |
| 天津音乐学院 | 329 | 100 | 30.4% | 38 | 9.5 | 25.0% |
| 天津美术学院 | 330 | 131 | 39.7% | 225 | 97.7 | 43.4% |
| 天津城市建设学院 | 294 | 120 | 40.8% | 237 | 81.6 | 34.4% |
| 天津职业大学 | 331 | 103 | 31.1% | 304 | 53.5 | 17.6% |

## 二、人文社会科学研究经费情况

### 1. 人文社会科学研究经费总体发展状况

高校人文社科研究与发展经费主要来源有两个方面:一是政府资金拨入,主要包括科研活动经费、科研活动人员工资以及科研基建费;二是非政府资金拨入,主要以企事业单位委托项目经费为主。2012 年天津市高校投入人文社科研究活动经费 26074.59 万元,其中政府资金投入 16706.29 万元,占总拨入经费的 64.07%,其中科研活动经费达到 11295.76 万元;非政府资金投入 9368.3 万元,其中企事业单位委托项目经费达到 7428.13 万元,占总经费的 28.49%;研究与发展经费共支出 25275.32 万元,其中内部经费支出 25208.01 万元。

2012 年社科研究与发展经费拨入比 2011 年的 23077.02 万元增加了 12.99%;经费支出比 2011 年的 20710.56 万元增长了 22.04%,增幅较大。经费拨入中 2012 年政府资金拨入比 2011 年的13915.34 万元增加了 20.06%;2012 年企事业单位委托经费比 2011 年的 7652.23 万元有所减少;非政府资金拨入中其他经费来源数额有明显增加,涨幅达到 28.54%。2012 年天津市高校社科活动经费增长保持了连年大幅增长的良好势头,但其中企事业单位委托经费在本年度没有增长,经费投入的提高主要源于政府投入的增加。总体来说近 5 年间天津市高校人文社科科研活动总经费呈明显递增趋势,尤其是政府拨入资金稳步大幅提升,企事业单位委托经费也有明显增长;经费支出与拨入总体上保持平衡。2008—2012 年 5 年间社科研究与发展活动经费情况见表 3,各类经费拨入来源情况,见图 2。

表 3　2008—2012 年天津市高校人文社科研究活动经费情况

单位:万元

| 年度 | 经费拨入合计 | 其中:政府拨入资金 | 其中:企事业单位委托项目经费 | 支出经费 |
|---|---|---|---|---|
| 2008 年 | 12247.5 | 6504.0 | 3732.8 | 12400.5 |
| 2009 年 | 16001.0 | 9832.2 | 5030.5 | 14310.4 |
| 2010 年 | 19273.3 | 11923.6 | 5781.9 | 15320.9 |
| 2011 年 | 23077.0 | 13915.3 | 7652.2 | 20710.6 |
| 2012 年 | 26074.6 | 16706.3 | 7428.1 | 25275.3 |

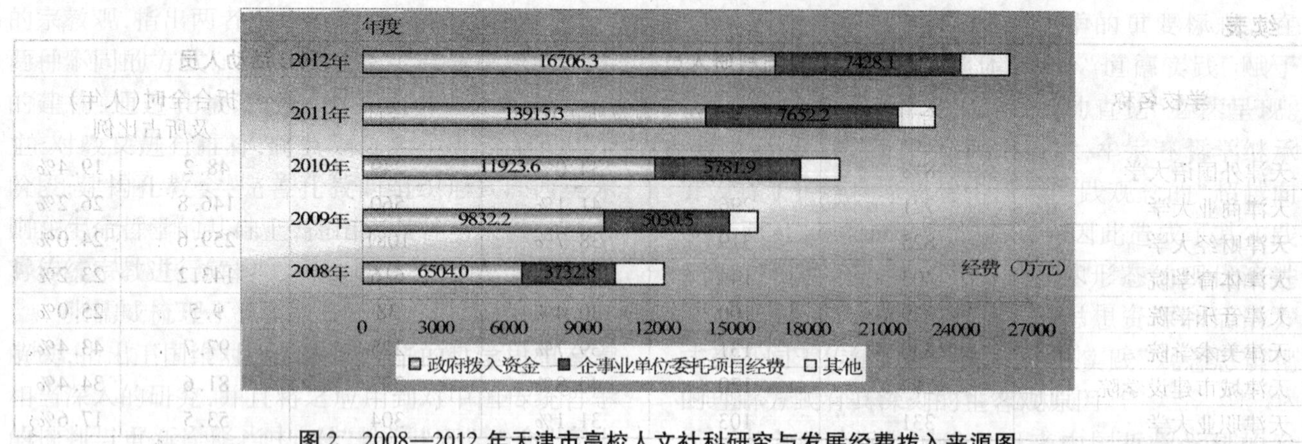


图 2　2008—2012 年天津市高校人文社科研究与发展经费拨入来源图

2. 人文社会科学研究经费分高校情况

天津市各高校 2012 年人文社科研究的经费投入和支出基本保持平衡。拨入经费总额最高的为南开大学，达到 10896.30 万元，其政府拨入资金近八千万元，企事业单位委托项目经费近三千万元，在科研经费的投入上有明显优势。其他高校拨入经费总额超过一千五百万元的依次是天津财经大学、天津工业大学、天津体育学院、天津师范大学，这几所高校中除天津工业大学外，其他高校的政府拨入资金均超过一千万元。经费拨入总额超过一千万元的高校依次是中国民航大学、天津商业大学、天津理工大学、天津大学，其中民航大学、天津理工大学的主要经费来源是企事业单位委托项目经费，远高于获得的政府经费拨入。总体来说天津市各高校的企事业单位委托项目经费较少，各高校应积极争取横向合作项目，开展交叉学科、综合学科的研究提供社会服务，得到社会的认可和支持。各高校人文社会科学研究与发展经费情况，见表 4。

表 4　2012 年天津市各高校人文社会科学研究与发展经费情况

单位：万元

| 学　　校 | 拨入经费合计 | 其中：政府拨入资金 | 其中：企事业单位委托项目经费 | 经费支出 |
|---|---|---|---|---|
| 合计 | 26074.59 | 16706.29 | 7428.13 | 25275.32 |
| 南开大学 | 10896.30 | 7813.58 | 2878.63 | 9937.65 |
| 天津大学 | 1059.52 | 615.02 | 444.50 | 837.12 |
| 天津科技大学 | 202.39 | 155.79 | 42.00 | 201.34 |
| 天津工业大学 | 1753.65 | 584.09 | 1135.96 | 1748.98 |
| 中国民航大学 | 1438.72 | 438.93 | 994.30 | 1750.13 |
| 天津理工大学 | 1090.37 | 346.05 | 735.72 | 1091.67 |
| 天津农学院 | 238.60 | 228.60 | 10.00 | 216.78 |
| 天津医科大学 | 124.83 | 121.98 | 0.00 | 96.97 |
| 天津中医学院 | 163.70 | 163.70 | 0.00 | 140.10 |
| 天津师范大学 | 1594.18 | 1075.68 | 384.62 | 1667.04 |
| 天津职业技术师范大学 | 229.55 | 213.13 | 11.32 | 212.46 |
| 天津外国语大学 | 651.03 | 235.03 | 33.00 | 649.29 |
| 天津商业大学 | 1207.90 | 722.00 | 140.45 | 1167.80 |
| 天津财经大学 | 2564.29 | 1918.02 | 316.38 | 2597.82 |
| 天津体育学院 | 1610.23 | 1219.12 | 21.53 | 1693.35 |
| 天津音乐学院 | 216.50 | 35.50 | 145.00 | 240.92 |
| 天津美术学院 | 390.10 | 316.80 | 0.00 | 416.50 |
| 天津城市建设学院 | 444.25 | 313.72 | 128.53 | 442.36 |
| 天津职业大学 | 198.48 | 189.56 | 6.20 | 167.04 |

## 三、人文社会科学研究课题情况

1. 人文社会科学研究课题总体发展状况

2012年天津市高校共承担人文社科研究课题7124项，当年投入人员折合全时2767人，当年投入经费15611.89万元，当年支出经费14307.82万元。按课题活动类型分类，其中基础研究经费投入4774.3万元，占全部课题经费的30.58%，应用理论研究经费投入10685.76万元，占68.45%，应用研究经费投入151.83万元，占0.97%。2012年天津市高校承担的人文社会科学研究项目总数比2011年增加了226项，课题投入总人数比2011年增长296人，投入经费比2011年增加了951.35万元。总体上天津市高校承担的人文社会科学课题总数逐年增加，经费投入保持逐年大幅增长，但研究课题投入总人数增加比例不大，2012年平均每项课题投入全时人数0.39人，平均每项课题拨入经费2.19万元，平均每全时人员占有课题经费5.64万元，与2011年相比基本持平。天津市高校2008—2012年人文社会科学研究课题情况，见表5。

表5　2008—2012年天津市高校人文社会科学研究课题情况

| 年度 | 课题数（项） | 课题当年投入人数（人年） | 研究课题当年拨入经费合计（万元） | 平均每项课题投入全时人员（人年/项） | 平均每项课题拨入经费（万元/项） | 平均每全时人员占有课题经费（万元/人） |
|---|---|---|---|---|---|---|
| 2008年 | 5299 | 2375 | 6932.96 | 0.45 | 1.31 | 2.92 |
| 2009年 | 5524 | 2183 | 9854.62 | 0.40 | 1.78 | 4.51 |
| 2010年 | 6413 | 2250 | 11772.06 | 0.35 | 1.84 | 5.23 |
| 2011年 | 6898 | 2470 | 14660.54 | 0.36 | 2.13 | 5.93 |
| 2012年 | 7124 | 2767 | 15611.89 | 0.39 | 2.19 | 5.64 |

2. 人文社会科学研究课题分高校情况

2012年南开大学承担2347项课题，当年课题拨入经费达到7083.5万元，约占天津市的一半，当年投入课题全时人数为906.5人年，其投入人数约占全天津市的三分之一；另外天津师范大学的课题数也超过千项，其他高校中承担课题较多的依次是天津财经大学、天津商业大学、天津理工大学、天津工业大学等；课题当年投入经费超过一千万元的高校依次是天津工业大学、中国民航大学、天津财经大学、天津师范大学。各高校人文社会科学研究课题情况见下表6。

表6　2012年天津市各高校人文社会科学研究课题情况

| 学校名称 | 课题数 | 其中当年新开课题 | 当年投入人数（人年） | 当年拨入经费（万元） | 当年支出经费（万元） |
|---|---|---|---|---|---|
| 合计 | 7124 | 1825 | 2766.7 | 15611.89 | 14307.82 |
| 南开大学 | 2347 | 535 | 906.5 | 7083.50 | 6875.03 |
| 天津大学 | 187 | 72 | 150.7 | 888.98 | 666.58 |
| 天津科技大学 | 282 | 62 | 60.9 | 120.61 | 119.56 |
| 天津工业大学 | 330 | 151 | 185.4 | 1337.58 | 1320.91 |
| 中国民航大学 | 226 | 85 | 72.1 | 1323.52 | 1631.17 |
| 天津理工大学 | 387 | 146 | 77.7 | 911.77 | 911.77 |
| 天津农学院 | 107 | 18 | 76.2 | 69.42 | 49.15 |
| 天津医科大学 | 74 | 5 | 33.7 | 70.75 | 42.89 |
| 天津中医药大学 | 72 | 39 | 39.6 | 33.70 | 10.10 |
| 天津师范大学 | 1136 | 249 | 289.3 | 1036.08 | 1108.94 |
| 天津职业技术师范大学 | 174 | 57 | 37.8 | 94.85 | 77.76 |
| 天津外国语大学 | 113 | 21 | 48.2 | 133.52 | 90.19 |
| 天津商业大学 | 430 | 72 | 146.7 | 360.44 | 320.34 |
| 天津财经大学 | 561 | 124 | 258.6 | 1283.58 | 365.87 |

续表

| 学校名称 | 课题数 | 其中当年新开课题 | 当年投入人数（人年） | 当年拨入经费（万元） | 当年支出经费（万元） |
|---|---|---|---|---|---|
| 天津体育学院 | 254 | 49 | 141.5 | 326.79 | 182.07 |
| 天津音乐学院 | 60 | 10 | 9.5 | 186.90 | 211.32 |
| 天津美术学院 | 98 | 38 | 97.5 | 16.20 | 23.80 |
| 天津城市建设学院 | 117 | 49 | 81.4 | 279.67 | 277.78 |
| 天津职业大学 | 169 | 43 | 53.4 | 54.03 | 22.59 |

3. 人文社会科学研究课题来源情况

2012年天津市高校承担的课题按照课题来源进行统计分析见下表7，高校所承担的国家社会科学基金项目374项，单列学科项目30项，国家自然科学基金项目138项，国家级项目占项目总数的7.61%；教育部人文社科研究项目837项，占项目总数11.75%；省、市、自治区社科项目1434项，占项目总数20.13%；各学校校级社科研究项目1350项，占项目总数18.95%；企事业单位委托项目1810项，占项目总数25.41%。在项目来源类别中，国际合作项目、与港澳台合作研究项目、外资项目共42项，比例较低，需要扩大对外科学研究的交流和合作，增强天津市高校社科研究在国际上的学术影响力。

表7　2012年天津市高校人文社会科学研究课题来源情况

| 课题来源 | 课题数（项） | 当年投入人数（人年） | 当年拨入经费（万元） | 当年支出经费（万元） |
|---|---|---|---|---|
| 合计 | 7124 | 2766.7 | 15611.89 | 14307.82 |
| 国家社会科学基金项目 | 374 | 239.8 | 2233.78 | 1467.51 |
| 国家社会科学基金单列学科项目 | 30 | 15.7 | 61.00 | 43.56 |
| 教育部人文、社会科学研究项目 | 837 | 500.4 | 1722.15 | 1486.81 |
| 高校古籍整理研究项目 | 9 | 2.3 | 22.44 | 21.67 |
| 国家自然科学基金项目 | 138 | 153.1 | 1472.76 | 954.65 |
| 中央其他部门社科专门项目 | 275 | 101.4 | 727.81 | 1114.96 |
| 省、市、自治区社科项目 | 1434 | 686.2 | 617.42 | 510.51 |
| 省教育厅社科项目 | 418 | 187.2 | 197.69 | 173.19 |
| 地、市、厅、局等政府部门项目 | 354 | 118.3 | 502.76 | 549.05 |
| 国际合作项目 | 10 | 4.6 | 5.00 | 66.00 |
| 与港、澳、台合作研究项目 | 4 | 0.3 | 13.88 | 9.88 |
| 企、事业单位委托项目 | 1810 | 339.3 | 7428.13 | 7384.60 |
| 学校社科研究项目 | 1350 | 403.1 | 276.67 | 348.74 |
| 外资项目 | 28 | 3.7 | 189.80 | 135.40 |
| 其他项目 | 53 | 11.3 | 140.60 | 41.30 |

## 四、人文社会科学研究成果情况

1. 人文社会科学研究成果总体发展状况

2012年天津市高校共出版人文社会科学研究著作544部，比2011年减少135部；其中出版专著283部，比2010年减少10部；著作中的教材出版249部，比2011年减少116部。2012年共发表人文社科类学术论文6233篇，比2011年减少了294篇；其中发表的国内学术刊物6101篇，比2011年减少了271篇；其中发表国外刊物126篇，也比2011年减少10篇。总体来说，近3年天津市人文社会科学研究成果产出出现了明显的下降趋势，出版著作、发表论文及成果应用数量都明显减少，虽然数据显示成果减少量较多的是教材数量、发表国内学术刊物论文等，但与天津市整体社科人员、经费投入的大幅增加并不一致，因此需要重视天津市社会科学成果的产出，数量上提高、质量上保证。2008—2012年天津市高校人文社科研究成果情况见表8。

表8　2008—2012 年天津市高校人文社科研究成果情况

| 年度 | 出版著作（部） | | | | | 古籍整理（部） | 译著（部） | 发表译文（篇） | 电子出版物（件） | 发表论文（篇） | | | | 获奖成果数（项） | | | | 成果应用 | |
|---|---|---|---|---|---|---|---|---|---|---|---|---|---|---|---|---|---|---|---|
| | 合计 | 专著 | | 编著教材 | 工具书参考书 | | | | | 合计 | 国内学术刊物 | 国外学术刊物 | 港澳台刊物 | 合计 | 国家级奖 | 部级奖 | 省级奖 | 提交有关部门数 | 其中：被采纳数 |
| | | | 被译成外文 | | | | | | | | | | | | | | | | |
| 2008 | 662 | 244 | 11 | 372 | 46 | 2 | 42 | 40 | 25 | 5674 | 5535 | 133 | 8 | 187 | 0 | 7 | 180 | 249 | 155 |
| 2009 | 707 | 277 | 15 | 389 | 41 | 3 | 45 | 38 | 11 | 6374 | 6256 | 113 | 5 | 37 | 0 | 37 | 0 | 157 | 137 |
| 2010 | 703 | 274 | 13 | 404 | 25 | 2 | 97 | 58 | 24 | 6806 | 6649 | 149 | 8 | 178 | 0 | 6 | 172 | 190 | 164 |
| 2011 | 679 | 293 | 30 | 365 | 21 | 6 | 74 | 57 | 9 | 6527 | 6372 | 136 | 19 | 13 | 0 | 11 | 2 | 173 | 153 |
| 2012 | 544 | 283 | 19 | 249 | 12 | 6 | 59 | 29 | 4 | 6233 | 6101 | 126 | 6 | 1 | 0 | 1 | 0 | 134 | 124 |

2. 人文社会科学研究成果分高校情况

2012 年天津市高校中研究成果最多的仍然是南开大学，其出版专著约占天津市总数的近一半，发表论文数约占天津市总数的三分之一。著作出版数量较多的高校依次是天津商业大学、天津师范大学、天津财经大学、天津大学等；发表论文数量超过三百篇的高校依次是天津商业大学、天津理工大学、天津大学、天津师范大学、天津财经大学、天津体育学院。由于 2012 年总体研究成果比 2011 年大幅下降，因此比较各高校近两年成果产出情况非常必要。下表 9 所示 2011 年、2012 年天津市各高校人文社会科学研究成果对比情况，天津师范大学、天津财经大学、天津商业大学在出版著作和发表论文数量上都有不同程度的减少，应该说这与各高校科研管理制度的改革有关，今后应加大高水平科研产出的数量。总体来说天津市各高校社科研究成果的产出与其在人员、经费、科研项目的投入上基本平衡。

表 9　2011—2012 年天津市各高校人文社会科学研究成果对比情况表

| 学校名称 | 2011 年 | | | | 2012 年 | | | |
|---|---|---|---|---|---|---|---|---|
| | 出版著作（部） | | 发表论文（篇） | | 出版著作（部） | | 发表论文（篇） | |
| | 合计 | 其中：专著 | 合计 | 其中：国外学术刊物 | 合计 | 其中：专著 | 合计 | 其中：国外学术刊物 |
| 合计 | 679 | 293 | 6527 | 136 | 544 | 283 | 6233 | 126 |
| 南开大学 | 175 | 100 | 2043 | 59 | 182 | 128 | 2017 | 64 |
| 天津大学 | 55 | 38 | 387 | 10 | 39 | 22 | 386 | 0 |
| 天津科技大学 | 5 | 2 | 183 | 0 | 8 | 0 | 173 | 0 |
| 天津工业大学 | 43 | 4 | 246 | 0 | 36 | 0 | 257 | 0 |
| 中国民航大学 | 8 | 4 | 267 | 8 | 8 | 2 | 299 | 3 |
| 天津理工大学 | 21 | 12 | 315 | 0 | 12 | 5 | 416 | 11 |
| 天津农学院 | 11 | 0 | 178 | 0 | 11 | 0 | 141 | 2 |
| 天津医科大学 | 7 | 5 | 132 | 0 | 5 | 4 | 92 | 2 |
| 天津中医药大学 | 12 | 3 | 29 | 0 | 1 | 0 | 28 | 0 |
| 天津师范大学 | 90 | 38 | 712 | 13 | 43 | 20 | 377 | 9 |
| 天津职业技术师范大学 | 6 | 1 | 139 | 5 | 3 | 2 | 126 | 0 |
| 天津外国语大学 | 15 | 4 | 208 | 7 | 25 | 13 | 231 | 5 |
| 天津商业大学 | 60 | 11 | 669 | 15 | 47 | 17 | 497 | 12 |
| 天津财经大学 | 65 | 28 | 353 | 7 | 39 | 27 | 374 | 10 |
| 天津体育学院 | 27 | 10 | 196 | 1 | 24 | 5 | 321 | 8 |
| 天津音乐学院 | 2 | 1 | 53 | 0 | 1 | 1 | 75 | 0 |
| 天津美术学院 | 32 | 32 | 132 | 0 | 34 | 32 | 152 | 0 |
| 天津城市建设学院 | 5 | 0 | 103 | 11 | 11 | 5 | 107 | 0 |
| 天津职业大学 | 40 | 0 | 182 | 0 | 15 | 0 | 164 | 0 |

综合以上对天津市高校社会科学研究情况的分析,可以比较直观地了解天津市高校社科研究的总体发展变动情况以及各高校科研能力,为高校社科研究和管理人员提供基本的数据参考,为科研管理的政策制定、规划设计等提供数据借鉴。

(本文作者:王瑞文,天津商业大学社科处副处长、天津商业大学公共管理学院副教授;李英霞,天津市教育委员会科技处副处长)

# 2012年天津市CSSCI来源期刊论文产出定量分析

于叶青　陈大辉

**内容提要**:本文结合中文社会科学引文索引(CSSCI)和《2012年CSSCI来源期刊天津作者发表论文总览》,对2012年天津市社科领域论文产出量进行统计分析。文章统计了天津市和全国30省、市的论文绝对量,运用相对优势指数,分析出天津社科领域在本年度表现突出的学科。并进一步分析出贡献突出的科研机构,以及高产作者的机构与学科分布,从而明确了天津市2012年社科研究的总体状况,清晰地了解了学术研究层面的优势与不足。

**关键词**:天津市　CSSCI　论文产出　定量分析

本文借助中文社会科学引文索引(CSSCI),并根据《2012年CSSCI来源期刊天津作者发表论文总览》,对天津市2012年社科类论文产出进行了统计分析。论文产出量是评价学术能力的一个重要指标。不过,仅以一年的产出量来评价某地区、或某个学者的学术能力是不科学的。因此,本文进行的客观分析也只能代表被比较主体(地区、科研单位、作者、学科等)在2012年度的成绩。

**一、2012年全国30省市被CSSCI来源期刊收录论文的数量比较**

论文产出量在一定程度上反映了某地区某领域的学术活跃程度。通过比较2012年全国30个省市社科论文被CSSCI来源期刊收录的绝对量,从而得到天津市的排名。以下数据通过中文社会科学引文索引中"作者地区"检索点得出。共有30个省、市、自治区被列入统计范围,其中未包括港澳台地区,四川省数据包括重庆市。

**表1　全国各省、市、自治区社科论文被2012年CSSCI来源期刊收录情况(篇)**

| 地区 | 录入量 | 排名 | 地区 | 录入量 | 排名 | 地区 | 录入量 | 排名 |
|---|---|---|---|---|---|---|---|---|
| 北京 | 22149 | 1 | 天津 | 3006 | 11 | 云南 | 922 | 21 |
| 江苏 | 8657 | 2 | 吉林 | 2990 | 12 | 广西 | 889 | 22 |
| 上海 | 8241 | 3 | 河南 | 2768 | 13 | 山西 | 879 | 23 |
| 湖北 | 6185 | 4 | 辽宁 | 2369 | 14 | 新疆 | 626 | 24 |
| 广东 | 5756 | 5 | 福建 | 2332 | 15 | 贵州 | 552 | 25 |
| 浙江 | 4329 | 6 | 安徽 | 2205 | 16 | 内蒙古 | 365 | 26 |
| 山东 | 3979 | 7 | 甘肃 | 1477 | 17 | 海南 | 258 | 27 |
| 湖南 | 3880 | 8 | 江西 | 1468 | 18 | 宁夏 | 211 | 28 |
| 四川 | 3705 | 9 | 黑龙江 | 1214 | 19 | 青海 | 170 | 29 |
| 陕西 | 3587 | 10 | 河北 | 1178 | 20 | 西藏 | 35 | 30 |

表1显示,2012年北京、江苏、上海、湖北、广东这5个省市的论文产出量排在前5位,天津市排名第十一位。笔者去年统计了2009—2011年各省市的论文产出,较之而言,前5名的省市位次基本保持不变,说明这5个省市在社科领域保持了稳定的研究水平。天津市的排名也基本保持原来的位次。

**二、2012年天津市社科类各学科论文被CSSCI收录的情况分析**

要了解天津市社科领域哪些学科在全国范围内表现突出,仅作绝对数量上的比较还不够。对这一问题进行量化,可采用"相对优势指数"(RCA)。它的定义是,某省区某学科领域论文在该省区全部社会科学领域发文总数的份额,与该学科领域全国的发文总数在全国全部社会科学领域发文总数的份额的比较。运用CSSCI检索系统统计出29个一级学科的天津市和全国论文产出量,并进行相对优势比较。将表2和表3的数据用"相对优势指数"公式计算,得出表4各学科相对优势指数。

表2　2012年天津社会科学各学科论文被CSSCI收录量(篇)

| 学　科 | 数量 | 学科 | 数量 | 学科 | 数量 |
|---|---|---|---|---|---|
| 应用经济学 | 686 | 法学 | 96 | 艺术学 | 2 |
| 图书、情报与档案管理 | 253 | 公共管理 | 90 | 军事后勤学与军事装备学 | 1 |
| 工商管理 | 251 | 管理科学与工程 | 75 | 战略学 | 0 |
| 历史学 | 206 | 心理学 | 68 | 战术学 | 0 |
| 理论经济学 | 178 | 新闻传播学 | 67 | 战役学 | 0 |
| 中国语言文学 | 172 | 社会学 | 42 | 军事思想及军事历史 | 0 |
| 体育学 | 167 | 外国语言文学 | 33 | 军队指挥学 | 0 |
| 教育学 | 167 | 环境科学与工程 | 13 | 军制学 | 0 |
| 政治学 | 157 | 农林经济管理 | 7 | 军队政治工作学 | 0 |
| 哲学 | 120 | 民族学 | 2 | 其他 | 153 |
| 以上共计3006篇 | | | | | |

表3　2012年全国社会科学各学科论文被CSSCI收录量(篇)

| 学　科 | 数量 | 学科 | 数量 | 学科 | 数量 |
|---|---|---|---|---|---|
| 应用经济学 | 14346 | 理论经济学 | 3637 | 民族学 | 119 |
| 教育学 | 8419 | 公共管理 | 2594 | 军事思想及军事历史 | 56 |
| 中国语言文学 | 7630 | 体育学 | 2123 | 军队政治工作学 | 7 |
| 哲学 | 5548 | 社会学 | 1814 | 战略学 | 4 |
| 法学 | 5459 | 管理科学与工程 | 1773 | 军队指挥学 | 2 |
| 政治学 | 5278 | 外国语言文学 | 1497 | 军事后勤学与军事装备学 | 2 |
| 历史学 | 5076 | 心理学 | 1227 | 战术学 | 1 |
| 工商管理 | 4814 | 环境科学与工程 | 674 | 战役学 | 0 |
| 新闻传播学 | 4793 | 农林经济管理 | 494 | 军制学 | 0 |
| 图书、情报与档案管理 | 4307 | 艺术学 | 351 | 其他 | 7008 |
| 以上共计89053篇 | | | | | |

表4　天津社会科学各学科相对优势指数

| 学　科 | 优势指数 | 学科 | 优势指数 | 学科 | 优势指数 |
|---|---|---|---|---|---|
| 军事后勤学与军事装备学 | 16.5000 | 政治学 | 0.8813 | 新闻传播学 | 0.4074 |
| 体育学 | 2.3333 | 哲学 | 0.7331 | 艺术学 | 0.1795 |
| 图书、情报与档案管理 | 1.7500 | 社会学 | 0.7000 | 军事思想及军事历史 | 0.0000 |
| 心理学 | 1.6429 | 中国语言文学 | 0.6682 | 军队指挥学 | 0.0000 |
| 工商管理 | 1.5370 | 外国语言文学 | 0.6471 | 战役学 | 0.0000 |
| 理论经济学 | 1.4390 | 教育学 | 0.5789 | 军制学 | 0.0000 |
| 应用经济学 | 1.4161 | 环境科学与工程 | 0.5657 | 战略学 | 0.0000 |
| 管理科学与工程 | 1.2500 | 民族学 | 0.5385 | 军队政治工作学 | 0.0000 |
| 历史学 | 1.2105 | 法学 | 0.5245 | 战术学 | 0.0000 |
| 公共管理 | 1.0345 | 农林经济管理 | 0.4182 | 其他 | 0.6467 |

从表4可以看出,军事后勤学与军事装备学,体育学,图书、情报与档案管理,心理学,工商管理学这5个学科是本年度天津社科领域表现最突出的专业。虽然天津的军事后勤学与军事装备学的发文量绝对数仅为1篇,但全国范围内的这个领域也仅有2篇论文,所以天津在这个领域作出了重要

贡献。因此,可以得出这样的结论:绝对发文量并不能完全说明某学科是否有优势,而相对优势指数才能更科学的表示出各个学科的实力。

**三、2012 年天津市各研究机构社科论文被 CSSCI 收录的情况分析**

明确了天津市在全国的总体情况之后,进一步研究天津市各研究机构论文产出情况。以第一作者属地为天津的论文为统计范围。表 5 列出了论文被 CSSCI 来源期刊收录超过 30 篇的机构,共 12 个。这 12 个机构的论文总数为 2488 篇,约占全天津市各机构论文总数(3006 篇)的 82.77%。

**表 5 2012 年天津各机构被 CSSCI 收录的数量(篇)**

| 第一作者机构 | 论文数 | 作者机构 | 论文数 |
|---|---|---|---|
| 南开大学 | 1313 | 天津商业大学 | 51 |
| 天津大学 | 332 | 天津音乐学院 | 49 |
| 天津师范大学 | 253 | 天津社会科学院 | 46 |
| 天津财经大学 | 217 | 天津体育学院 | 37 |
| 天津理工大学 | 63 | 天津外国语大学 | 35 |
| 天津工业大学 | 60 | 天津科技大学 | 32 |

由表 5 可知,论文被收录百篇以上的共有 4 个机构,分别是:南开大学、天津大学、天津师范大学、天津财经大学。这 4 个机构的论文总数为 2115 篇,约占全天津市各机构论文总数(3006 篇)的 70.36%。结合前 3 年的统计结果,这 4 所高校一直位居天津市社科领域的前 4 名,它们是天津市社会科学发展的主力军。其中南开大学一直位列首位,说明南开大学在天津市社科领域占据举足轻重的地位。

前 4 所高校的优势学科是哪些?表 6 列出了这 4 所高校论文产出量大于 10 篇的学科,从中可以发现其在该领域的研究侧重点。南开大学、天津大学、天津财经大学的共同的优势学科是应用经济学;历史学和图书馆、情报与档案管理的主要研究机构是南开大学;天津师范大学的心理学是该校的特色专业。

**表 6 2012 年天津主要研究机构优势学科概览**

| | |
|---|---|
| 南开大学 | 应用经济学 291 篇 历史学 160 篇 理论经济学 104 篇 中国语言文学 102 篇 工商管理 97 篇 图书馆、情报与档案管理 96 篇 政治学 85 篇 哲学 73 篇 教育 43 篇 法学 39 篇 公共管理 38 篇 管理科学与工程 32 篇 社会学 25 篇 新闻传播学 23 篇 外国语言文学 10 篇 |
| 天津大学 | 应用经济学 117 篇 工商管理 52 篇 教育学 36 篇 理论经济学 17 篇 公共管理 16 篇 管理科学与工程 16 篇 图书馆、情报与档案管理 10 篇 |
| 天津师范大学 | 心理学 45 篇 政治学 33 篇 中国语言文学 32 篇 图书馆、情报与档案管理 23 篇 历史学 21 篇 教育学 15 篇 新闻传播学 15 篇 法学 12 篇 |
| 天津财经大学 | 应用经济学 116 篇 工商管理 37 篇 理论经济学 17 篇 |

**四、作者的机构与学科分布**

上述研究明确了天津市在社会科学领域中贡献最多的机构以及各机构的优势学科。各学科又有一些高产作者在不断推动该领域的发展。表 7 列出了本年度发表的论文被 CSSCI 收录数量为 5 篇及以上的第一作者,共有 15 位。这些作者所属学科较为集中,主要分布在图书馆、情报与档案管理、经济学、管理学、历史学、社会学、哲学、政治学,这 7 个学科。南开大学的高产作者最多,在 15 位作者中占 10 位。另外要说明的是,该统计选取的是第一机构作为作者机构。有的作者多篇论文归类为多个学科,以多数论文的学科为准,若 2 门学科论文数目并列第一,则一并列出。

表7　2012年天津市社会科学高产作者(共16位)

| 姓名 | 论文篇数 | 学科名称 | 作者机构(第一机构) |
|---|---|---|---|
| 王知津 | 16 | 图书馆、情报与文献学 | 南开大学 |
| 王家庭 | 9 | 经济学 | 南开大学 |
| 李朝阳 | 9 | 政治学 | 天津师范大学 |
| 徐振伟 | 7 | 政治学 | 南开大学 |
| 王南湜 | 7 | 哲学 | 南开大学 |
| 魏宏运 | 7 | 历史学 | 南开大学 |
| 李健 | 6 | 管理学 | 天津理工大学 |
| 赵黎明 | 6 | 管理学 | 天津大学 |
| 万国威 | 6 | 社会学 | 南开大学 |
| 李金铮 | 5 | 历史学 | 南开大学 |
| 李腊生 | 5 | 经济学 | 天津财经大学 |
| 王芳 | 5 | 经济学 | 南开大学 |
| 常建华 | 5 | 历史学 | 南开大学 |
| 赵息 | 5 | 经济学 | 天津大学 |
| 周申 | 5 | 经济学 | 南开大学 |

## 五、各类期刊收录量比较

《2012年CSSCI来源期刊天津作者发表论文总览》将社科期刊分成了26类,每类的多种期刊在本年度刊登了天津作者的论文。表8统计出各类期刊中收录量最高的期刊名和收录篇数。该统计在一定程度上说明,收录量较高的期刊在该学科期刊中被天津学者所青睐。

表8　各学科收录论文量最多的期刊

| 学　科 | 期刊名 | 收录篇数 |
|---|---|---|
| 管理学 | 《华东经济管理》 | 19 |
| 马克思主义 | 《高校理论战线》 | 7 |
| 哲学 | 《道德与文明》 | 9 |
| 宗教学 | 《中国宗教》 | 2 |
| 语言学(中文类) | 《语言研究》 | 7 |
| 语言学(中国少数民族语言文字类) | 《民族语文》 | 2 |
| 语言学(外语类) | 《中国翻译》 | 8 |
| 外国文学 | 《外国文学研究》 | 4 |
| 中国文学 | 《文学遗产》 | 7 |
| 艺术学 | 《天津音乐学院学报:天籁》 | 15 |
| 历史学 | 《历史教学》 | 37 |
| 考古学 | 《中原文物》 | 3 |
| 经济学 | 《现代财经(天津财经大学学报)》 | 40 |
| 政治学 | 《理论探索》 | 15 |
| 法学 | 《法学杂志》 | 10 |
| 社会学 | 《人口研究》 | 5 |
| 民族学与文化学 | 《民俗研究》 | 3 |
| 新闻学与传播学 | 《科技与出版》 | 5 |
| 图书馆、情报与文献学 | 《图书馆工作与研究》 | 115 |
| 教育学 | 《中国大学教学》 | 8 |
| 体育学 | 《天津体育学院学报》 | 9 |
| 统计学 | 《统计与决策》 | 30 |
| 心理学 | 《心理科学》 | 11 |

续表

| 学　科 | 期刊名 | 收录篇数 |
|---|---|---|
| 综合性社科期刊 | 《山东社会科学》 | 18 |
| 人文、经济地理 | 《经济地理》 | 10 |
| 环境科学 | 《中国人口·资源与环境》 | 9 |

**结语**

本文通过收录总量、优势学科分布、优势机构分布、高产作者及其学科分布等多个角度的分析，明确了天津市2012年社会科学研究的优势与不足。希望能为全面推进天津市社科发展提供一点有效的科学依据。

注：本文数据来自《中文社会科学引文索引》(http://cssci.nju.edu.cn，访问时间：2013年8月)

(本文作者：于叶青，天津科技大学图书馆助理馆员；陈大辉，天津科技大学图书馆研究馆员)

# 2012年天津市社会科学引文情况分析

梁淑玲

现代科学论文的一个重要特征是在“参考文献”标志下依序列出所援引文献或者产生重要影响文献的著录事项，即我们所说的引用文献。参考文献(被引用文献)与正文(引用文献)文献之间的引证关系可以比较深刻地反映文献之间的内在联系，包括“归誉和起源、提供证据和说明、将目前的工作与以前的工作联系起来、批评或否定过去的著作”①，通过引文分析不仅可以溯根求源，而且可以探寻学术嬗变的轨迹，可以从一个侧面反映学术影响情况。

目前应用广泛的引文检索系统主要有SCI(科学引文索引)、SSCI(社会科学引文索引)、EI(工程索引)(其本身不提供引用情况，但由于与Scopus数据库集成在一个平台上，可以通过Scopus反映EI的被引用情况)、CPCI—S(会议录索引)、CPCI—SSH(社会科学与人文会议录索引)、以及CNKI(清华同方中国学术期刊数据库)、CSSCI(南京大学中文社会科学引文索引数据库)、Vip(维普中文科技期刊数据库)、万方等。各检索系统难以平分秋色，各有千秋。本文以CSSCI数据库为依托，于2013年7月10—15日期间，采集了该数据库2012年收录的论文中引用天津作者发表的文献论著情况，以从CSSCI引文的角度来考察学术影响力以及文献间的联系。

## 一、引用期刊论文情况

2012年CSSCI收录了天津作者发表的论文2029篇，443种，覆盖《中文社会科学引文索引(2012—2013)来源期刊目录(共535种)》83%的期刊(详见表1—1)。其中，刘伟(天津市渤海城市规划设计研究院规划一所)的“基于GIS网络分析的老城区教育设施服务区划分及规模核定——以天津滨海新区塘沽老城区小学为例”(《规划师》2012.28[1])和吴爱东(天津商业大学经济学院)的“基于物联网的金融服务业创新动力机制国际比较”(《现代财经——天津财经大学学报》2012.[1])被当年引用，说明这2篇论文的质量和传播力是显而易见的。

表1—1　天津作者2012年发表论文期刊覆盖情况

| | 来源期刊目录(种) | 天津作者发文(种/篇) | | 来源期刊目录(种) | 天津作者发文(种/篇) | | 来源期刊目录(种) | 天津作者发文(种/篇) |
|---|---|---|---|---|---|---|---|---|
| 管理学 | 29 | 28/181 | 考古学 | 7 | 3/5 | 教育学 | 37 | 30/86 |
| 马克思主义 | 12 | 10/33 | 经济学 | 73 | 69/428 | 体育学 | 10 | 10/33 |
| 哲学 | 12 | 11/30 | 政治学 | 39 | 31/105 | 统计学 | 4 | 4/45 |
| 宗教学 | 3 | 2/3 | 法学 | 21 | 15/31 | 心理学 | 7 | 7/39 |

①严怡民：《情报学概论》(修订版)，武汉大学出版社，1994年版。

续表

| | 来源期刊目录(种) | 天津作者发文(种/篇) | | 来源期刊目录(种) | 天津作者发文(种/篇) | | 来源期刊目录(种) | 天津作者发文(种/篇) |
|---|---|---|---|---|---|---|---|---|
| 语言学 | 23 | 17/48 | 社会学 | 9 | 9/22 | 综合性社科期刊 | 50 | 44/237 |
| 文学 | 22 | 16/38 | 民族学与文化学 | 14 | 11/21 | 人文、经济地理 | 7 | 6/28 |
| 艺术学 | 20 | 17/45 | 新闻学与传播学 | 15 | 10/25 | 环境科学 | 5 | 3/18 |
| 历史学 | 26 | 21/104 | 图书馆、情报与文献学 | 20 | 20/212 | 高校综合性学报 | 70 | 49/212 |

2012 年 CSSCI 所收录的论文中引用天津作者发表的文献近 800 篇(各类型文献中均有个别篇目难以考证作者身份此不在统计之内)。其中,期刊论文 309 篇,总被引 336 次;图书 245 部;学位论文 154 篇;汇编文献资料计 42 件;会议文献、法律法规、报告等 27 件。那么,从表 1—2 至表 1—5,将高被引期刊论文作者(被引用 3 篇及以上)情况、论文高被引(被引用 3 次及以上)情况、高被引机构(前 5 名)情况、高被引学科情况用表格的形式彰显出来,从而将学术带头人、学术影响力大的论文、学术研究强势机构、强势学科一一呈现出来。表 1—6 描述了被引文献的年代情况。可以看到,与去年不同的是,期刊的引用集中在 21 世纪以后发表的文献,说明期刊论文的时效性进一步显著。

表 1—2　期刊高被引论文作者(被引用 3 篇及以上)情况

| 作　者 | 作者所在单位 | 题　名 | 来　源 | | 总被引篇数 |
|---|---|---|---|---|---|
| | | | 出版物名称 | 年卷期 | |
| 陈宗胜 | 南开大学经济学院 | 城镇居民收入差别及制约其变动的某些因素——就天津市城镇居民家户特征的影响进行的一些讨论 | 经济学(季刊) | 2002.(2) | 6 |
| | | 基本建成社会主义市场经济体制 | 天津社会科学 | 2009.(2) | |
| | | 加速市场化进程,推进经济体制转型 | 天津社会科学 | 2001.(3) | |
| | | 体制改革对城镇居民收入差别的影响——天津市城镇居民收入分配差别再研究 | 中国社会科学 | 2001.(6) | |
| | | 影响农村三种非农就业途径的主要因素研究——对天津市农村社会的实证分析 | 财经研究 | 2006.(5) | |
| | | 中国城市居民收入分配差别现状、趋势及影响因素——以天津市为案例 | 经济研究 | 1997.(3) | |
| 于善旭 | 天津体育学院社会体育系 | 保护公民体育权利:全民健身计划的法制透视 | 天津体育学院学报 | 1995.10(4) | 6 |
| | | 变革与协调:我国体育法制发展路径的战略选择 | 天津体育学院学报 | 2006.(6) | |
| | | 论《全民健身条例》对公共体育服务的制度推进 | 天津体育学院学报 | 2010.(4) | |
| | | 论我国《体育法》对人权的保护 | 天津体育学院学报 | 1996.11(3) | |
| | | 新中国 60 年:体育法治在探索中加快前行 | 天津体育学院学报 | 2009.(5) | |
| | | 营造奥运法治环境推进我国竞技体育法制发展 | 天津体育学院学报 | 2002.17(1) | |
| 石　锋 | 南开大学 | 试论天津话声调及其变化 | 中国语文 | 1988.(5) | 3 |
| | | 天津方言双字组声调分析 | 语言研究 | 1986.(1) | |
| | | 再论天津话声调及其变化 | 语言研究 | 1990.(2) | |
| 宋国生 | 天津音乐学院民乐系 | 二胡基本功教学用语中的几个关键词 | 天津音乐学院学报 | 2008.(3) | 3 |
| | | 论二胡教学中的三个辩证关系 | 天津音乐学院学报 | 2011.(1) | |
| | | 试论二胡演奏中的体态动律和气息运用 | 天津音乐学院学报 | 1989.(2) | |

续表

| 作者 | 作者所在单位 | 题名 | 来源 | | 总被引篇数 |
|---|---|---|---|---|---|
| | | | 出版物名称 | 年卷期 | |
| 王晓平 | 天津师范大学文学院 | 《诗经》日藏古本的文献学价值 | 天津师范大学学报 | 2006.(5) | 3 |
| | | 京都市藏唐抄本《毛诗正义秦风残卷》研究 | 天津师范大学学报 | 2005.(5) | |
| | | 论日本古代的"诗经现象" | 天津师范大学学报 | 2007.(5) | |
| 肖林鹏 | 天津体育学院 | 我国公共体育服务体系概念开发及其结构探讨 | 天津体育学院学报 | 2007.22(6) | 3 |
| | | 公共体育服务概念及其理论分析 | 天津体育学院学报 | 2007.(2) | |
| | | 我国青少年体质健康服务体系构建的理论分析 | 天津体育学院学报 | 2009.24(4) | |

表1—3　期刊论文高被引(被引用3次及以上)情况

| 题名 | 作者 | 作者所在单位 | 来源 | | 总被引次数 |
|---|---|---|---|---|---|
| | | | 出版物名称 | 年卷期 | |
| 天津农村居民的社会网 | 张文宏 | 天津社会科学院社会学研究所 | 社会学研究 | 1999.(2) | 4 |
| 城镇居民收入差别及制约其变动的某些因素——就天津市城镇居民家户特征的影响进行的一些讨论 | 陈宗胜 | 南开大学经济学院 | 经济学(季刊) | 2002.(2) | 3 |
| 从学科建设角度优化馆藏文献信息资源配置研究——以天津科技大学为例 | 李凌杰 | 天津科技大学图书馆 | 图书馆工作与研究 | 2009.(6) | 3 |
| "天津话连读变调之谜"的优选论解释 | 马秋武 | 南开大学外国语学院 | 中国语文 | 2005.(6) | 3 |
| 关于提高工学博士研究生培养质量的探讨——基于工学门类全国优秀博士学位论文产出分析 | 天津医科大学课题组 | 天津医科大学课题组 | 高等工程教育研究 | 2009.(6) | 3 |
| 中国地区文化产业竞争力评价模型的构建 | 王岚 | 天津大学管理学院 | 天津大学学报(社会科学版) | 2009.(1) | 3 |

表1-4　期刊高被引机构(前5名)及引用文献年代跨度情况

| 机构 | 被引总次数 | 被引论文发表年代 |
|---|---|---|
| 南开大学 | 68 | 1986-2011 |
| 天津大学 | 45 | 1988-2011 |
| 天津体育学院 | 45 | 1987-2010 |
| 天津师范大学 | 30 | 1986-2011 |
| 天津社会科学院 | 16 | 1982-2010 |

表1-5　高被引学科情况

| 学科 | 总被引篇数 | | 总被引次数 | |
|---|---|---|---|---|
| | 篇数 | 占百分比 | 次数 | 占百分比 |
| 高校综合性学报 | 83 | 26.9% | 89 | 26.5% |
| 体育学 | 53 | 17.2% | 56 | 16.7% |
| 经济学 | 52 | 16.8% | 56 | 16.7% |
| 综合性社科期刊 | 34 | 11.0% | 35 | 10.4% |
| 图书馆、情报与文献 | 18 | 5.8% | 20 | 6.0% |

表1－6　高被引文献年代情况

<table>
<tr><th rowspan="2">年代</th><th rowspan="2">被引篇数（篇次）</th><th colspan="2">该年代中高被引文献</th></tr>
<tr><th>被引文献</th><th>来源文献</th></tr>
<tr><td>1960年代</td><td>1/1</td><td>孙培基.天津南郊巨葛庄战国遗址和墓葬.考古.1965.(1)</td><td>程刚.缴射新证.考古与文物.2012,(2):56－59</td></tr>
<tr><td>1980年代</td><td>13/13</td><td>(每篇均被引用1次,略)</td><td></td></tr>
<tr><td rowspan="4">1990年代</td><td rowspan="4">34/37</td><td rowspan="4">张文宏.天津农村居民的社会网.社会学研究.1999.(2)</td><td>1 耿羽.非常规家庭的常规化:从意义世界的维度考察农村家庭变迁.中国青年研究.2012,(5):73－78</td></tr>
<tr><td>2 刘亚.农民社会网络及其对信息交流的影响.图书情报工作.2012,56(8):47－55</td></tr>
<tr><td>3 段海艳.连锁董事、组织冗余与企业创新绩效关系研究.科学学研究.2012,30(4):631－640</td></tr>
<tr><td>4 唐灿/陈午晴.中国城市家庭的亲属关系——基于五城市家庭结构与家庭关系调查.江苏社会科学.2012,(2):92－103</td></tr>
<tr><td rowspan="15">2000年代</td><td rowspan="15">183/204</td><td rowspan="3">陈宗胜.城镇居民收入差别及制约其变动的某些因素——就天津市城镇居民家户特征的影响进行的一些讨论.经济学(季刊).2002.(2)</td><td>1 陈宗胜/高玉伟.关于公有经济收入差别倒U理论的讨论与验证(上).经济社会体制比较.2012,(2):18－28</td></tr>
<tr><td>2 陈宗胜/高玉伟.关于公有经济收入差别倒U理论的讨论与验证(下).经济社会体制比较.2012,(3):181－193</td></tr>
<tr><td>3 陈宗胜/马草原.城镇居民收入差别"阶梯型"变动的理论解释与实证检验.财经研究.2012,38(6):4－15</td></tr>
<tr><td rowspan="3">马秋武."天津话连读变调之谜"的优选论解释.中国语文.2005.(6)</td><td>1 马秋武/吴力菡.三论"天津话连读变调之谜".当代语言学.2012,14(1):12－23</td></tr>
<tr><td>2 王临惠.天津方言阴平调值的演变过程——兼论天津方言的源流关系.中国语文.2012,(1):68－76</td></tr>
<tr><td>3 马秋武.候选项链理论:问题与对策.山西大学学报(哲学社会科学版).2012,35(1):30－37</td></tr>
<tr><td rowspan="3">王岚.中国地区文化产业竞争力评价模型的构建.天津大学学报(社会科学版).2009.(1)</td><td>1 蓝庆新/郑学党/韩晶.我国文化产业国际竞争力比较及提升策略——基于2011年横截面数据的分析.财贸经济.2012,(8):80－87</td></tr>
<tr><td>2 蓝庆新/郑学党.中国文化产业国际竞争力评价及策略研究——基于2010年横截面数据的分析.财经问题研究.2012,(3):32－39</td></tr>
<tr><td>3 梁君/黄慧芳.中国省级区域文化产业竞争力分析.统计与决策(理论版).2012,(11):91－94</td></tr>
<tr><td rowspan="3">李凌杰.从学科建设角度优化馆藏文献信息资源配置研究——以天津科技大学为例.图书馆工作与研究.2009.(6)</td><td>1 简琳.综合性高校弱势学科文献资源保障体系建设.图书馆工作与研究.2012,(2):68－70,85</td></tr>
<tr><td>2 唐野琛/邓银花.基于重点学科的东盟文献信息资源建设研究.图书馆工作与研究.2012,(2):71－73</td></tr>
<tr><td>3 高晋.基于边际效用思想的高校数字资源建设思考.图书馆工作与研究.2012,(3):57－60</td></tr>
<tr><td rowspan="3">天津医科大学课题组.关于提高工学博士研究生培养质量的探讨——基于工学门类全国优秀博士学位论文产出分析.高等工程教育研究.2009.(6)</td><td>1 孔令夷.基于解释结构模型的博士学位论文质量关键影响因素分析.中国高教研究.2012,(4):51－55</td></tr>
<tr><td>2 吴根洲.工学门类全国优秀博士学位论文的分布概况.高等工程教育研究.2012,(1):97－100</td></tr>
<tr><td>3 孔令夷.大样本条件下博士论文质量模型研究.情报杂志.2012,31(6):79－84,102</td></tr>
</table>

续表

<table>
<tr><th rowspan="2">年代</th><th rowspan="2">被引篇数（篇次）</th><th colspan="2">该年代中高被引文献</th></tr>
<tr><th>被引文献</th><th>来源文献</th></tr>
<tr><td rowspan="6">2010 年代</td><td rowspan="6">78/81</td><td rowspan="2">薛立强. 府际合作：滨海新区管理体制改革的重要方面. 天津商业大学学报. 2010.（2）</td><td>1 王佳宁/罗重谱. 国家级新区管理体制与功能区实态及其战略取向. 改革. 2012,（3）:21 –36</td></tr>
<tr><td>2 范巧/郭爱君. 中国新城新区建设中的体制机制改革模式研究——基于对重庆市九龙坡区西部新城体制机制改革的应用性设计. 经济体制改革. 2012,（3）:37 –41</td></tr>
<tr><td rowspan="2">张菲菲. 天津滨海新区再生资源产业发展对策. 再生资源与循环经济. 2010. 3（1）</td><td>1 李健/唐燕/张吉辉. 中国再生资源产业聚集度变动趋势及影响因素研究. 中国人口・资源与环境. 2012,22（5）:94 –100</td></tr>
<tr><td>2 唐燕/李健. 工业城市资源再生产业与装备制造业经济协同度——以天津市为例. 经济地理. 2012,32（4）:90 –95,102</td></tr>
<tr><td rowspan="2">赵涛. 天津市低碳经济发展路径研究与分析. 西安电子科技大学学报（社会科学版）. 2011. 21（2）</td><td>1 胡剑锋/马诗慧. 区域低碳经济发展目标及实施方案——以长三角地区为例. 财经研究. 2012,38（3）:81 –92</td></tr>
<tr><td>2 路超君/秦耀辰/罗宏/张丽君/张艳/鲁丰先. 中国低碳城市发展影响因素分析. 中国人口・资源与环境. 2012,22（6）:57 –62</td></tr>
</table>

## 二、引用图书情况

表 2—1 和表 2—2 显示的是图书作者高被引和论著高被引情况。可以看到，高被引的作者既有团体也有单一个人，但高被引的文献，从内容上看，以史料、学科基础为主，这从一个侧面反映出科研离不开创新但更离不开传承。

表 2—1　图书作者高被引（被引用 3 部及以上）情况

<table>
<tr><th rowspan="2">作者</th><th rowspan="2">作者所在单位</th><th rowspan="2">书　名</th><th colspan="2">出版信息</th><th rowspan="2">被引著作总数</th></tr>
<tr><th>出版社</th><th>出版年</th></tr>
<tr><td rowspan="5">天津市档案馆</td><td rowspan="5">天津市档案馆</td><td>天津商会档案（1903 –1911）（上）</td><td>南开大学出版社</td><td>1986</td><td rowspan="5">5</td></tr>
<tr><td>天津商会档案汇编（1912 –1928）</td><td>南开大学出版社</td><td>1989</td></tr>
<tr><td>天津商会档案汇编（1912 –1928）（第 2 册）</td><td>天津社会科学院出版社</td><td>1992</td></tr>
<tr><td>天津商会档案汇编（1912 –1928）（第 3 卷）</td><td>天津社会科学院出版社</td><td>2002</td></tr>
<tr><td>袁世凯天津档案史料选编</td><td>南开大学出版社</td><td>2010</td></tr>
<tr><td rowspan="4">廖一中</td><td rowspan="4">天津社会科学院</td><td>袁世凯奏议（下）</td><td>天津古籍出版社</td><td>2008</td><td rowspan="4">4</td></tr>
<tr><td>袁世凯奏议（上）</td><td>南开大学出版社</td><td>2003</td></tr>
<tr><td>袁世凯奏议（上、中、下）</td><td>南开大学出版社</td><td>2009</td></tr>
<tr><td>袁世凯奏议（中）</td><td>南开大学社会经济研究委员会</td><td>1930</td></tr>
<tr><td rowspan="4">天津市地方志编修委员会</td><td rowspan="4">天津市地方志编修委员会</td><td>天津府志（乾隆）</td><td>天津教育出版社</td><td>1996</td><td rowspan="4">4</td></tr>
<tr><td>天津通志・大事记</td><td>南开大学出版社</td><td>2011</td></tr>
<tr><td>天津通志・附志・租界</td><td>天津教育出版社</td><td>2005</td></tr>
<tr><td>天津通志・旧志点校卷（上）</td><td>天津人民出版社</td><td>1996</td></tr>
<tr><td rowspan="4">天津图书馆</td><td rowspan="4">天津图书馆</td><td>袁世凯奏议（下册）</td><td>天津人民出版社</td><td>2001</td><td rowspan="4">4</td></tr>
<tr><td>天津图书馆古籍善本书目</td><td>天津人民出版社</td><td>2000</td></tr>
<tr><td>袁世凯奏议</td><td>天津人民出版社</td><td>1992</td></tr>
<tr><td>袁世凯奏议（下）</td><td>天津人民出版社</td><td>1992</td></tr>
</table>

续表

| 作者 | 作者所在单位 | 书名 | 出版信息 | | 被引著作总数 |
|---|---|---|---|---|---|
| | | | 出版社 | 出版年 | |
| 徐大同 | 天津师范大学 | 西方政治思想史 | 南开大学出版社 | 2007 | 4 |
| | | 当代西方政治思潮(20世纪70年代以来) | 天津大学出版社 | 2003 | |
| | | 西方政治思想史(16－18世纪)(第3卷) | 南开大学出版社 | 2001 | |
| | | 西方政治思想史(第1卷) | 南开大学出版社 | 1984 | |
| 张晓峒 | 南开大学 | 计量经济学分析 | 南开大学出版社 | 2010 | 4 |
| | | 计量经济学基础 | 天津人民出版社 | 2000 | |
| | | STATA在统计与计量分析中的应用 | 天津人民出版社 | 1986 | |
| | | 计量经济学基础 | 南开大学出版社 | 2003 | |
| 朱一玄 | | 儒林外史资料汇编 | 天津人民出版社 | 2009 | 4 |
| | | 《水浒传》资料汇编 | 天津人民出版社 | 2007 | |
| | | 儒林外史材料汇编 | 南开大学出版社 | 1988 | |
| | | 水浒传资料汇编 | 南开大学出版社 | 2002 | |
| 李剑国 | 南开大学 | 唐前志怪小说史 | 天津人民出版社 | 1993 | 3 |
| | | 唐五代志怪传奇叙录 | 南开大学出版社 | 2008 | |
| | | 唐五代志怪传奇续录 | 南开大学出版社 | 1995 | |
| 朱光磊 | 南开大学 | 当代中国政府过程 | 天津古籍出版社 | 1988 | 3 |
| | | 当代中国社会各阶层分析 | 天津古籍出版社 | 2008 | |
| | | 政治学概要 | 天津教育出版社 | 1992 | |

表2—2 论著高被引(被引用4次及以上)情况

| 书名 | 作者 | 作者所在单位 | 出版信息 | | 来源文献 |
|---|---|---|---|---|---|
| | | | 出版社 | 出版年 | |
| 当代中国政府过程 | 朱光磊 | 南开大学 | 天津人民出版社 | 2008 | 1 施雪华/崔恒.论中国人民政治协商会议功能重心的调整.中国特色社会主义研究.2012,(1):36－46 |
| | | | | | 2 赖茂生/樊振佳.政治利益对政府信息资源共享的影响分析:基于理性选择制度主义的视角.图书情报工作.2012,56(7):112－116 |
| | | | | | 3 才华/董兴杰.我国意识形态机构建设研究的回顾与反思.河北大学学报(哲学社会科学版).2012,37(1):147－149 |
| | | | | | 4 张云昊.我国社会科学研究向政策转化的组织结构体系创新.大连理工大学学报(社会科学版).2012,33(2):81－86 |
| | | | | | 5 马丽/李惠民/齐晔.中央－地方互动与"十一五"节能目标责任考核政策的制定过程分析.公共管理学报.2012,9(1):1－8 |
| | | | | | 6 周振超.统治集中下的管理分散:对集权与分权之争的一个解答.理论探讨.2012,(3):15－19 |
| | | | | | 7 陈水生.动机、资源与策略:政策过程中利益集团的行动逻辑.南京社会科学.2012,(5):64－71 |
| | | | | | 8 周振超.行政主导下的简约治理——省级人大预算监督权悬空的政治逻辑.江苏行政学院学报.2012,(1):82－88 |
| | | | | | 9 潘祥辉.从传播失灵看经典社会主义体制的治理困境.浙江社会科学.2012,(2):58－66 |
| | | | | | 10 姬亚平.行政决策程序中的公众参与研究.浙江学刊.2012,(3):164－171 |

续表

| 书　名 | 作　者 | 作者所在单位 | 出版信息 | | 来源文献 |
|---|---|---|---|---|---|
| | | | 出版社 | 出版年 | |
| | | | | | 11 刘华涛. 服务型政府建设对党政领导干部的能力需求. 求实. 2012,(1):22－26 |
| | | | | | 12 田先红/焦长权. 社会中心范式下的农民上访研究及其拓展. 华中科技大学学报(社会科学版). 2012,26(3):54－61 |
| | | | | | 13 李鹏博. 当代中国政府信息传输:模式与挑战. 天府新论. 2012,(2):13－17 |
| | | | | | 14 王雪丽. "以级别定权力":地方政府"升级锦标赛"原因探析. 云南社会科学. 2012,(3):59－62,66 |
| 面板数据的计量经济分析 | 白仲林 | 天津财经大学 | 南开大学出版社 | 2008 | 1 周华林/李雪松. Tobit 模型估计方法与应用. 经济学动态. 2012,(5):105－119 |
| | | | | | 2 李佛关/郭守亭. 世界品牌的分布与国家经济实力关联研究——基于 2000－2009 年美日德法英五国的面板数据. 经济与管理研究. 2012,(6):13－20 |
| | | | | | 3 谢杰. 工业化、城镇化在农业现代化进程中的门槛效应研究. 农业经济问题. 2012,(4):84－90 |
| | | | | | 4 王首元/孔淑红. 中国农村居民效用测算研究——基于综合比例效用恒等式的检验及应用. 财经研究. 2012,38(9):4－15 |
| | | | | | 5 李兴江/张玉洁. 品牌价值建设与区域经济增长差异的实证研究. 审计与经济研究. 2012,27(1):99－105 |
| | | | | | 6 秦海林. FDI 影响贸易顺差:基于两缺口模型的理论分析和实证检验. 浙江社会科学. 2012,(1):14－22 |
| | | | | | 7 唐文进/许桂华/徐晓伟. 农业自然灾害对通货膨胀的影响——基于动态面板的实证分析. 财经理论与实践. 2012,33(2):2－7 |
| | | | | | 8 夏妮亚/蒲勇健. 基于多国面板数据的电影产业经济特征分析与国内电影票房影响因素研究. 经济问题探索. 2012,(6):136－144 |
| 西方政治思想史 | 徐大同 | 天津师范大学 | 天津教育出版社 | 2000 | 1 张宝成. 公民教育:国家视阈下的少数民族身份认同. 内蒙古社会科学. 2012,33(2):146－151 |
| | | | | | 2 张方华. 公共利益观念:一个思想史的考察. 社会科学. 2012,(5):4－12 |
| | | | | | 3 张书铭. 制约与监督辨析——以刑事诉讼为视角. 河南社会科学. 2012,20(1):41－48 |
| | | | | | 4 赵跃先. 政治认同:大学生政治心理的关键环节. 探索. 2012,(2):127－132 |
| | | | | | 5 马凌. 漏译与误读——再议新闻传播思想史中的弥尔顿问题. 当代传播. 2012,(2):30－33 |

续表

| 书　名 | 作　者 | 作者所在单位 | 出版信息 | | 来源文献 |
|---|---|---|---|---|---|
| | | | 出版社 | 出版年 | |
| 编余杂俎——历史课程研究 | 任世江 | 天津古籍出版社 | 天津古籍出版社 | 2010 | 1 陈卫华/胡绍炯. "中国古代社会形态"的教学分析与对策研究. 历史教学. 2012,(3):9－14 |
| | | | | | 2 向勇. 历史想象实现之我见. 历史教学. 2012,(5):39－41,25 |
| | | | | | 3 刘克明. 新课改背景下历史教学素养的提高——以2011年江苏省初中历史教学基本功大赛为例. 历史教学. 2012,(7):32－36 |
| | | | | | 4 袁从秀.《义务教育历史课程标准》"2011年版"与"实验稿"的比较分析——关于中国古代史内容. 历史教学. 2012,(9):26－30 |
| 层次分析法原理 | 许树柏 | 天津大学 | 天津大学出版社 | 1988 | 1 尚进云/薛兴利. 新型农村社会养老保险运行评价研究. 人口与经济. 2012,(1):91－96 |
| | | | | | 2 李奇/李洵之/王楠. 高等教育教材发展与建设调查分析. 中国大学教学. 2012,(4):88－91 |
| | | | | | 3 冯娟/吴建伟. 商圈成长质量指标体系构建与优化. 华东经济管理. 2012,26(5):95－98 |
| | | | | | 4 曹端/傅世均/任玉珑. 一种电能－环境协调监管中的政府偏好测度方法. 统计与决策(理论版). 2012,(11):77－80 |

**三、引用学位论文情况**

在2012年CSSCI收录的论文中,引用天津作者发表的学位论文154篇,其中,天津大学的83篇,天津师范大学的26篇,天津财经大学的17篇,南开大学的15篇,天津商业大学的5篇,天津工业大学的4篇,天津理工大学的2篇,天津工程大学的1篇,天津音乐学院的1篇。这154篇学位论文,除了邓娇娇(天津理工大学)的《政府投资项目代建人的激励机制研究》(2007)被引用2次外,其余均被引用1次。这些被引学位论文最早的是1998年的周清华所撰写的《城市形成与发展的分工机理研究》(南开大学),是由邵晖(北京师范大学经济与资源管理研究院)在"从联系成本角度解读企业的区位选择"(《华东经济管理》. 2012,26(5):91—94,108)一文中被引用的。2011年(去年)天津的作者发表的学位论文有4篇被引用,分别是陈昊琳的《公共图书馆战略制定影响因素研究》(南开大学)、范芳妮的《科技型企业知识产权质押融资模式研究》(天津财经大学)、潘金双的《建筑企业安全文化评价指标体系研究》(天津理工大学)、董翔的《改革开放以来青年政治价值观变迁研究》(天津商业大学)。反映出,学位论文这种文献的引用,文献年代不像图书或者期刊那样久远,新出版的学位论文更被用户注意,这也从另一个侧面反映出学位论文的价值更在于其创新性和时效性。

**四、引用汇编情况**

在2012年CSSCI收录的论文中,有不少引用了天津作者编撰的汇编文献资料,计42件,不过都是被引用过1次。这些被引用的汇编文献很多涉及人物传记、历史年表等,而且,2012年引用的这些汇编文献资料很多与南开大学和南开人有关,如表4—1所示,说明南开和南开人较受关注,而且基本上都是在宋秋蓉撰写的"1929年私立南开大学教授流入国立清华大学的分析"(《现代大学教育》2012,(3):44—49)一文中被引用的。此外,这些被引用的汇编资料涉及的年代范围较广,而最早的引用是天津人、清雍正十三年(1735)拔贡生卜周焯所撰写的"砚山房后集"(《天津诗人小集十二种(第4册)》,天津,1936),引用该汇编的是叶修成的"英廉在津创作及其与水西庄查氏家族的交往"(《民族文学研究》2012,(3):140—1500)一文。此外,被引用的汇编资料最多的天津作者有3位,详见表4—2。

表4-1　与南开大学和南开人有关的汇编资料引用

| 被引文献 | | | | | 来源文献 |
|---|---|---|---|---|---|
| 被引作者 | 被引作者单位 | 被引文献篇名 | 被引期刊 | 被引文献出处 | |
| 范群 | 南开大学 | 中国现代物理学奠基人饶毓泰 | 南开人物志 | 天津:南开大学出版社,1994 | 宋秋蓉.1929年私立南开大学教授流入国立清华大学的分析.现代大学教育.2012,(3):44—49 |
| 黄钰生 | 原天津图书馆长 | 大学教育与南大的意义 | 南开大学校史资料选(一九一九——九四九) | 天津:南开大学出版社,1989 | 宋秋蓉.1929年私立南开大学教授流入国立清华大学的分析.现代大学教育.2012,(3):44—49 |
| | | 读《南开大学校史》(稿)随笔 | 黄钰生同志纪念集 | 天津:南开大学出版社,1991 | 宋秋蓉.1929年私立南开大学教授流入国立清华大学的分析.现代大学教育.2012,(3):44—49 |
| | | 怀念喻传鉴先生 | 黄钰生同志纪念集 | 天津:南开大学出版社,1991 | 宋秋蓉.1929年私立南开大学教授流入国立清华大学的分析.现代大学教育.2012,(3):44—49 |
| 林惠华 | 南开大学 | 一代经济学大师何廉 | 南开人物志 | 天津:南开大学出版社,1994 | 宋秋蓉.1929年私立南开大学教授流入国立清华大学的分析.现代大学教育.2012,(3):44—49 |
| 南炳文 | 南开大学 | 我的治学经历 | 南开学人自述(第2卷) | 天津:南开大学出版社,2004 | 张婷婷.明史专家南炳文教授的治学经历.社会科学战线.2012,(5):218—223 |
| 南开大学校史研究室 | 南开大学 | 陶云逵致冯文潜函(1942年8月) | 联大岁月与边疆人文 | 天津:南开大学出版社,2004 | 杨清媚.16世纪车里宣慰使的婚礼——对西南边疆联姻与土司制度的历史人类学考察.云南师范大学学报(哲学社会科学).2012,44(2):88—99 |
| 宋秋蓉 | 南开大学 | 中国近代史拓荒者蒋廷黻 | 南开人物志 | 天津:南开大学出版社,1994 | 宋秋蓉.1929年私立南开大学教授流入国立清华大学的分析.现代大学教育.2012,(3):44—49 |
| 王淑贵 | 南开大学 | 经济学家方显廷 | 南开人物志 | 天津:南开大学出版社,1994 | 宋秋蓉.1929年私立南开大学教授流入国立清华大学的分析.现代大学教育.2012,(3):44—49 |
| 阎家本 | 南开大学 | 李继侗 | 南开人物志 | 天津:南开大学出版社,1994 | 宋秋蓉.1929年私立南开大学教授流入国立清华大学的分析.现代大学教育.2012,(3):44—49 |
| 郑致光 | 南开大学 | 张伯苓大事年表 | 张伯苓传 | 天津:天津人民出版社,1989 | 宋秋蓉.1929年私立南开大学教授流入国立清华大学的分析.现代大学教育.2012,(3):44—49 |

表 4－2　汇编资料作者高被引(被引用 3 部及以上)情况

| 作者 | 作者单位 | 被引文献篇名 | 被引期刊 | 被引文献出处 | 被引著作总数 |
|---|---|---|---|---|---|
| 常建华 | 南开大学 | 简涛《立春风俗考》 | 中国社会历史评论(第 2 卷) | 天津古籍出版社,2000 | 3 |
| | | 跨世纪的中国社会研究 | 中国社会历史评论(第 8 卷) | 天津古籍出版社,2007 | |
| | | 试论宋代以降的宗族之学 | 中国社会历史评论(第 1 卷) | 天津古籍出版社,1999 | |
| 黄钰生 | 原天津图书馆长、天津政协副主席 | 大学教育与南大的意义 | 南开大学校史资料选(一九一九——九四九) | 天津:南开大学出版社,1989 | 3 |
| | | 读《南开大学校史》(稿)随笔 | 黄钰生同志纪念集 | 天津:南开大学出版社,1991 | |
| | | 怀念喻传鉴先生 | 黄钰生同志纪念集 | 天津:南开大学出版社,1991 | |
| 英敛之 | 1902 年在天津创办《大公报》,兼任总理和编撰工作 | 安蹇诗存・久病吟 | 也是集 | 天津大公报馆,1907 | 3 |
| | | 金锡侯君年谱叙 | 也是集续编 | 天津大公报馆,1910 | |
| | | 自序 | 也是集 | 天津大公报馆,1907 | |

## 五、引用会议文献、法律法规、报告等情况

从表 5—1 至表 5—4,属于特种文献。这些特种文献信息比较及时,内容新颖,专业性和针对性强,但同时由于其出版数量有限,获得也十分不易。引用天津作者的特种文献,一方面说明这些文献价值高;另一方面也说明这些来源文献的作者善于挖掘和利用特种文献,文献搜集能力很强,特别是北京大学城市与环境学院的朱力尤显突出。

表 5－1　会议文献被引情况

| 被引文献 | 来源文献 |
|---|---|
| 柯平(南开大学). 知识服务与专业服务——图书馆服务创新趋势(PPT). 天津市图书馆公开讲座 2007 | 谭丹丹/刘金涛(上海财经大学图书馆). 对学科化服务背景下嵌入式图书馆服务的思考:定位、关键步骤及挑战. 图书馆杂志. 2012,(2):51—55 |
| 王永华(天津图书馆). 古籍书目四角号码索引的版面制作. 全国图书馆古籍工作会议论文集(2008 年・天津). 北京:国家图书馆出版社,2009 | 王永华(天津图书馆).《三十三种清代传记综合引得》再造方法简述. 图书馆工作与研究. 2012,(6):92—94 |
| 王宇枫(天津大学). 莫语的性质及其形成机制. 国际中国语言学学会第 19 届年会天津,2011 | 曾晓渝(南开大学). 语言接触的类型差距及语言质变现象的理论探讨——以中国境内几种特殊语言为例. 语言科学. 2012,11(1):1—8 |

表 5－2　法律法规文献被引情况

| 被引文献 | 来源文献 |
|---|---|
| 天津海事法院(1992)津海法事判字第 4 号《民事判决书》 | 廖云海(武汉大学国际法研究所). 船舶碰撞损害赔偿法律适用问题之研究. 求索. 2012,(5):238—240 |
| 天津市城市管理规定・第 45 条 | 王星(南开大学社会工作与社会政策系). 利益分化与居民参与——转型期中国城市基层社会管理的困境及其理论转向. 社会学研究. 2012,27(2):20—34 |
| 天津市城市建设拆迁安置办法・第 17 条. . 1981 | 唐杰英(上海市长宁区人民法院). "司法强拆"可否走出征收困局. 法学. 2012,(4):66—75 |
| 天津市高级人民法院判决((2006)津高民四终字第 148 号) | 宣增益/王延妍(中国政法大学国际法学院). 我国法院对《联合国国际货物销售合同公约》的适用. 法学杂志. 2012,33(5):125—131 |

续表

| 被引文献 | 来源文献 |
|---|---|
| 天津市塘沽区人民法院(1999)塘民初字第1342号民事判决书(CLI. C. 41115) | 戴孟勇(中国政法大学民商经济法学院). 劳动成年制的理论与实证分析. 中外法学. 2012,24(3):503—520 |
| 天津市行政规范性文件管理规定(天津市人民政府第125号令)·第14条. . 2009 | 陈书全(中国海洋大学法政学院). 论我国立法后评估启动的常态化. 法学论坛. 2012,27(3):135—141 |
| 天津市行政规范性文件管理规定(天津市人民政府第125号令发布)·第14条 | 陈书全(中国海洋大学法政学院). 论立法后评估常态化启动机制的构建. 现代法学. 2012,34(2):35—41 |
| 中俄天津条约·第7款 | 陈开科(中国社会科学院近代史研究所). 俄总领事与清津海关道——从刻本史料看同治年间地方层面的中俄交涉. 中国社会科学. 2012,(4):161—182 |

表5-3 报告文献被引情况

| 被引文献 | 来源文献 |
|---|---|
| 滨海高校区科技型中小企业融资情况调查报告. . 天津:天津市科学学研究所,2011 | 马虎兆(天津大学管理与经济学部)/栾明/陈兵. 科技型中小企业战略管理能力的调查与对策研究——以天津市为例. 管理现代化. 2012,(3):32—34 |
| 梁思达. 中国合作事业考察报告. . 天津南开大学经济研究所,1936 | 许永峰(大同大学文史学院). 20世纪二三十年代"商资归农"活动运作的特点. 中国经济史研究. 2012,(2):107—116 |
| 齐欣. 高新技术改造提升传统产业的对策研究(天津市工业和信息化发展"十二五"规划重点研究课题研究报告,合同编号:2010—KT—011(2)). . 2010 | 齐欣天津财经大学经济学院 /刘欣. 政府补贴与研究型合资企业的投资模式. 河北学刊. 2012,32(1):167—170 |
| 天津电大. 天津电大2005年高级财务管理课程采用半开卷考试试验报告. . 2005 | 张宇光(中央广播电视大学外国语学院). 远程开放教育系统中半开卷考试模式的形成与发展. 开放教育研究. 2012,18(3):67—75 |
| 天津市人民政府. 天津市十届人大三次会议政府工作报告. . 1985 | 朱力(北京大学城市与环境学院) /荀春兵. 双城互动:天津迈向北方经济中心的空间重构. 城市发展研究. 2012,19(2):66—71 |
| 天津市知识产权局. 天津市知识产权十一五发展报告. . 天津:天津市科学学研究所,2011 | 马虎兆(天津大学管理与经济学部)/栾明/陈兵. 科技型中小企业战略管理能力的调查与对策研究——以天津市为例. 管理现代化. 2012,(3):32—34 |

表5-4 其他文献被引情况

| 被引文献 | 来源文献 |
|---|---|
| 天津自行车产业发展之路(天津自行车行业协会资料). . 2004 | 孟韬(东北财经大学萨里国际学院). 从国有企业到产业集群:老工业基地集群创新的演化分析. 经济管理. 2012,34(5):19-27 |
| 政府公报. 大总统令(第627号). . 天津:1914. 南开大学图书馆藏 | 张启耀(运城学院政法系). 一个区域社会的田赋负担问题成因分析——以1927-1937年的山西乡村为中心考察. 西北农林科技大学学报(社会科学版). 2012,12(3):117-124 |
| 天津市高级人民法院. 关于农村集体经济组织成员资格确认问题的意见·第1条 | 王利明(中国人民大学法学院)/周友军. 论我国农村土地权利制度的完善. 中国法学. 2012,(1):45-54 |
| 天津市人民政府. 天津市城市总体规划(1996-2010年). 1999 | 朱力(北京大学城市与环境学院) /荀春兵. 双城互动:天津迈向北方经济中心的空间重构. 城市发展研究. 2012,19(2):66-71 |
| 天津市人民政府. 天津市城市总体规划(2005-2020年). 2006 | 朱力(北京大学城市与环境学院)/荀春兵. 双城互动:天津迈向北方经济中心的空间重构. 城市发展研究. 2012,19(2):66-71 |
| 天津市人民政府. 天津市城市总体规划方案(1986-2000). 1986 | 朱力(北京大学城市与环境学院)/荀春兵. 双城互动:天津迈向北方经济中心的空间重构. 城市发展研究. 2012,19(2):66-71 |
| 天津市人民政府城市建设委员会. 城市规划设计参考文件. . 1952 | 左广兵(北京大学政府管理学院). "隐蔽的公理":城市社区地域空间的性质及其塑造. 北京行政学院学报. 2012,(3):54-59 |

续表

| 被引文献 | 来源文献 |
| --- | --- |
| 天津市人民政府. 天津市海洋经济和海洋事业发展"十二五"规划. . 2011 | 王双(天津社会科学院城市经济研究所). 我国海洋经济的区域特征分析及其发展对策. 经济地理. 2012,32(6):80 - 84 |
| 政协天津市河北区委员会. 孙中山与天津. . 1996 | 侯杰(南开大学历史系)/谢晓晨. 黎元洪与近代中国社会(笔谈):黎元洪与辛亥革命初探. 郑州大学学报(哲学社会科学版). 2012,45(1):88 - 90 |
| 中国城市规划设计研究院. 天津市城市空间发展战略规划. . 2009 | 朱力(北京大学城市与环境学院)/荀春兵. 双城互动:天津迈向北方经济中心的空间重构. 城市发展研究. 2012,19(2):66 - 71 |

## 六、结语

文献引证是文献动态过程的一种重要形态。文献以及彼此的引证关系构成了文献引证网络,从而从文献之间的引证关系上,揭示文献之间的内在联系,从一个重要侧面揭示学科研究与发展的基本走向,继承发展和创新之趋势。

综上所述,2012 天津社会科学引文情况基本上有以下几个特点:

一是被引作者群广泛。近两年被引用的天津作者有教师、研究者、一线工作人员,如图书馆馆员、公司员工等等,说明天津的研究基础比较雄厚。

二是被引文献学科涉猎广泛。CSSCI 所收录的 23 大类,包括管理学、马克思主义、哲学、宗教学、语言学、中国文学、外国文学、艺术学、历史学、考古学、经济学、政治学、法学、社会学、民族学、新闻学与传播学、图书馆、情报与文献学、教育学、体育学、统计学、心理学、综合性社科期刊、高校综合性社科学报、人文、经济地理、环境科学等都有引用。

三是被引文献作者多样。既有课题组这样的团体作者,更有众多的个人作者,说明天津的团队意识比较浓厚。

四是强势比较突出。特别是南开大学、天津大学、天津社会科学院的强势地位凸显无疑。

五是近年研究动态集中。从上面的按年代划分的引用情况来看,2010—2012 年,来源文献集中在天津滨海新区的构建和天津生态经济的研究上。这也从一个侧面反映出天津作为环渤海地区经济中心、中国北方国际航运中心、中国北方国际物流中心、国际港口城市和生态城市、国际航运融资中心、中国中医药研发中心、亚太区域海洋仪器检测评价中心,特别是其作为北方重要经济中心地位进一步增强。

需要强调的,CSSCI 论文被引频次仅仅是评价科研能力与学术水平的一项指标,不应成为评价学术研究的唯一指标。

(本文作者:梁淑玲,南开大学图书馆副研究馆员)

责任编辑:丁大同

# 学科综述

## 马克思主义

**【马列主义毛泽东思想研究综述】** 2012年中国共产党隆重召开第十八次全国代表大会，中共中央总书记胡锦涛代表第十七届中央委员会向大会作了重要报告，系统总结党的十七大以来五年的工作和十六大以来十年取得的新的历史性成就，提出要扎实推进社会主义文化强国建设，大力推进生态文明建设，全面提高党的建设科学化水平，为全面建成小康社会而奋斗。在这样振奋人心的国内形势背景下，学术界秉持高度的理论自觉和严谨的科学态度，针对马列主义毛泽东思想的研究，开展了宽领域、深层次、多角度的研究，取得了可喜的成就。其中，天津社会科学界也以党的十八大为契机，不断刻苦钻研，开拓创新，再次掀起了研究马列主义毛泽东思想的新高潮，在对已往热点问题进行更深层次研究的同时，不断加大对新形势和新问题的探讨力度，取得了一系列丰硕成果。

**一、马列主义毛泽东思想研究概况**

2012年，天津市学术界对马列主义毛泽东思想进行了深层次、多角度的研究，研究的重点和热点比较突出，涌现了一批颇有创见的科研成果。以迎接和庆祝中国共产党第十八次全国代表大会为契机，天津市学术界在学术刊物上公开发表的有关马列主义毛泽东思想的文章有近百篇。整体而言，仍然是从中国特色社会主义建设中的实践问题出发来研究马列主义和毛泽东思想，主要探讨马列主义、毛泽东思想在解决当前新的社会问题的意义，彰显了马克思主义与时俱进的理论品质，积极回应了社会发展要求，具有浓厚的时代气息和鲜明的中国特色。

天津学术界在对以往热点问题进行更深层次探讨的同时，更加注重与当今时代热点问题进行结合性研究，努力探寻克服马克思主义话语表达缺位的途径和方法，不断增强马克思主义的理论说服力，形成了基础扎实、热点突出的良好研究局面。而且，对马克思主义毛泽东思想的研究在深度和广度上都有进一步的拓展。对诸多热点问题的研究进一步深化，例如关于马克思主义中国化的问题仍然是研究者关注的一大热点，更加注重从中国共产党的发展进程中分析马克思主义中国化的特点和规律；关于马克思主义理论学科建设问题的研究又有一些新的探讨；关于马克思主义大众化问题的研究，学界不断寻求新的视角进行持续关注和深入挖掘；关于马克思主义“三化”的整体性问题研究，又涌现了许多新的科研成果。

**二、主要问题研究上的新进展**

1. 关于马克思主义理论学科建设的研究

马克思主义理论学科建设的研究是当前思想理论界关注的一个热点。推进马克思主义中国化、时代化和大众化是思想政治教育学科建设的根本任务。针对怎样加强、改进和创新马克思主义理论学科建设的问题，学术界进行了有益探索。

平章起、李伟基于推进马克思主义“三化”的视角，提出思想政治教育学科建设的思考。结合访谈材料和调查问卷的数据统计，本着求真务实的态度，依据第一手材料，以推进马克思主义“三化”为目标，从解决实际问题为切入点，为思想政治教育学科建设提出对策建议：(1)推进马克思主义中国化，确立思想政治教育学科建设目标；(2)推进马克思主义时代化，创新思想政治教育学科建设内容；(3)推进马克思主义大众化，改进思想政治教育学科建设方式。[①]

逄锦聚认为，目前马克思主义理论发展面临着前所未有的大好机遇。一是党的十七届六中全会第一次提出了文化大发展大繁荣的任务，较之于以前提出的经济建设、政治建设、文化建设、社会建设、精神文明建设来说，意义更为深远。全会决议提出要繁荣和发展哲学社会科学，尤其是强调马克思主义理论的指导地位，无论是从意识形态角度还是从学科发展角度，都为马克思主义理论的发展提出了更高的要求。二是教育部围绕《国家中长期教育改革和发展规划纲要（2010—2020年）》出台了一系列具体落实政策，将会给马克思主义理论发展提供更高的平台。三是胡锦涛总书记在清华大学百年校庆讲话中专门就马克思主义理论教育进行了深入的阐述，并提出高校要在人才培养、科学研究、社会服务、文化传承与创新四个方面作出积极贡献。这四个方面都和马克思主义理论发展紧密相关。四是马克思主义理论体系虽然直接由一个一级学科和六个二级学科构成，但是从2004年中央实施的马克思主义理论研究和建设工程来看，实际上把哲学社会科学的主要学科都纳入马克思主义理论体系中来。这一做法极大地拓展了马克思主义理论的发展视域，为马克思主义理论发展提供了更为广阔的空间。

就新形势下如何建设好马克思主义理论学科的主要着力点，逄锦聚认为，有以下6个方面：要着力凝练学科建设方向、要着力关注人才培养、要着力搞好科学研究、要着力服务社会、要着力文化传承与创新、要着力师资队伍建设。②

梁树发指出，马克思主义理论学科建设关键在于提高其科学化水平。马克思主义理论学科建设科学化关涉的主要问题有八个方面：一是马克思主义理论学科本身的科学发展问题，这是该学科最为基本的科学化的问题。二是马克思主义理论学科建设与自然科学，尤其是与其他人文社会科学之间的关系问题，如何以马克思主义理论为指导来开展历史学、新闻学、社会学、艺术学、文学、政护合学、法学等学科的研究的问题。三是马克思主义理论学科与马克思主义的传统学科，即马克思主义哲学、马克思主义政治经济学、科学社会主义之间的关系问题。四是马克思主义理论学科内的各二级学科之间的关系问题。五是马克思主义理论学科建设与思想政治理论课之间的关系问题。六是马克思主义理论学科建设与科学研究、课程建设、教材建设之间的关系，也就是科研与教学之间的关系问题。七是马克思主义理论学科建设与理论队伍建设的关系问题。八是马克思主义理论学科建设与马克思主义中国化、时代化、大众化的实践之间的关系问题。提高马克思主义理论学科建设的科学化水平必须落实到上述每个方面中来。③

2. 关于马克思主义中国化问题研究

杨谦指出，现代解释学的“视域融合”理论对于我们理解马克思主义中国化的历史性质和方法具有十分重要的启发意义。马克思主义中国化过程中的视域融合是发生在异质文化互动中的。异质文化互动中的视域融合使历史文本的作者与读者之间不仅存在着时间差距，而且存在着空间意义上的文化差距。对于实现这种视域融合来说，最为重要的是必须在实践中把握视域融合过程的问题逻辑。只有深入把握中国社会发展过程所面临的现实问题，才能真正通过视域融合推进马克思主义的中国化。④

余金成指出，马克思主义中国化的当下成果是中国特色社会主义，它体现着复兴中华民族和振兴社会主义两大历史诉求；实现二者必须创新人类发展模式，这意味着中国特色社会主义需要全面继承马克思主义、西方文化和中华文化的优秀成果，建构资源配置方面市场基础作用与政府主导作用相统一的社会主义市场经济。马克思主义中国化进程之所以集中了民族诉求和人类诉求，是时代条件演变造成的。把握这种演变的性质和规律，形成创新人类发展方式的文化自觉，是时代赋予中国特色社会主义的历史任务。⑤

3. 关于马克思主义大众化问题研究

党的十七大提出了推动当代中国马克思主义大众化的重要任务。利用马克思主义中国化的最新成果，不断提升马克思主义在人民群众中的影响力、渗透力，为社会主义和谐社会和中国特色社会主义的顺利建设赢得广泛的群众基础和政治支持，是马克思主义大众化的重要任务。

赵铁锁、朱孝红提出，推进中国马克思主义大众化，应着重构建适度的大众化动力运行机制。他们认为：推动当代中国马克思主义大众化是一个复杂的系统工程，而建立健全科学完善的动力机制是其生命之所在。就当代马克思主义大众化动力机制的基本构成而言，不断推进理论创新是大众化的内在动力，不断满足人民群众的理论需求是大众化的根本动力,实现和谐是大众化的社会动力。这些动力系统体现出不同的运行路径,也发挥着各自不同的推动作用,并通过相互动态协调以构成适度的大众化动力运行机制。⑥

付金梅、徐强、刘超认为,毛泽东思想中蕴含着丰富的推进马克思主义大众化的宝贵思想火花,主要涉及推进马克思主义大众化的先决条件,即"给人民以看得见的物质福利"、重要环节,即"要看对象"、基本原则,即"为中国老百姓所喜闻乐见"、根本目标,即"变为群众手中的锐利武器"、根本方法,即"实地跟老百姓去学" 等。重新梳理和汲取这些宝贵思想,对于推进当代中国马克思主义大众化具有重要启示。⑦

于伟峰、李文桥指出,经济民生是胡锦涛推动马克思主义大众化的基础,政治民生是胡锦涛推动马克思主义大众化的前提,文化民生是胡锦涛推动马克思主义大众化的软实力,社会民生是胡锦涛推动马克思主义大众化的有力保障。实现当代中国马克思主义大众化,就需要解决广大人民群众所关心的实际问题。关注民生,是胡锦涛的重要思想,也是连结民众与中国特色社会主义理论体系之间相互沟通的纽带,是实现和推动当代中国马克思主义大众化的内在动力。⑧

张春秀指出,马克思主义大众化是一项复杂的系统工程,需要通过多层次路径实现。思想政治教育是实现马克思主义大众化的优势路径,已成为马克思主义大众化实践的主要渠道。当代中国马克思主义大众化给思想政治教育提出了新要求,强调思想政治教育必须做到科学性与价值性的统一、内容唯实性与手段唯美性的统一、评价中社会本位与个体本位的统一。⑨

4. 关于马克思主义"三化"的整体性问题研究

平章起、李伟基于推进马克思主义"三化"的视角,对思想政治教育的学科建设进行了思考。认为推进马克思主义中国化、大众化、时代化是思想政治教育学科建设的根本任务。推进马克思主义中国化,要确立思想政治教育学科建设目标;推进马克思主义时代化,要创新思想政治教育学科建设内容;推进马克思主义大众化,要改进思想政治教育学科建设方式。⑩在推进马克思主义中国化、大众化和时代化的基础上,提出进行思想政治教育学科建设的具体措施。

李少斐指出,"三化"中的马克思主义仍然是具有宽广世界眼光和全人类性价值诉求的世界性共享理论学说。在当前运用发展马克思主义推进其"三化"过程中,某种程度上还缺乏保持马克思主义世界性学说形态的理论自觉。具体表现为:理论现代性转换不够、理论原创性不足以及对已进入实践领域的全球性新问题的解释力不够有力等。为此,有必要进一步廓清马克思主义"三化"中的"世界化"形态诉求,揭示其作为世界化学说形态的理论发展路向所在。即"三化"中的马克思主义本质上仍然是具有宽广世界眼光和全人类性价值诉求的世界共享理论学说,应该把有效解决已进入当代实践领域的重大问题作为理论发展路向,必须充分吸收、借鉴和利用人类优秀文明成果,始终将其作为世界化新形态培育的文化沃土。⑪

5. 关于毛泽东思想研究

付金梅、徐强、刘超认为,毛泽东思想中蕴含着丰富的马克思主义大众化的思想,对于现今推动马克思主义大众化是极其重要和宝贵的经验。在推进马克思主义大众化的过程中,毛泽东思想中"给人民以看得见的物质福利"是先决条件。毛泽东认为,向人民群众宣传革命理论、进行政治教育,必须首先关注他们的现实利益。"要看对象"是重要环节。做好马克思主义的宣传工作,要认清对谁宣传,即宣传的对象问题。当代中国马克思主义大众化要想取得好的成果,不仅要认清对象,而且要把对象细分类,具体对象具体分析。"为中国老百姓所喜闻乐见"是基本原则。毛泽东在对马克思主义理论宣传和推广的时候,主要看这些理论是否为老百姓接受,是否为老百姓所喜闻乐见。"变为群众手中的锐利武器"是根本目标。不论是在毛泽东时代还是在今天,马克思主义理论都应为群众所掌握和利用,武装他们的头脑,实现他们的利益。"实地跟老百姓去学"是根本方法。一种理论要想普及,最根本的方法就是融入到老百姓中去,马克思主义的理论是要大众化的理论,如果学不会老百姓的语言和方式,就不能感化群众。⑫

伍邵勤研究了毛泽东统一战线思想与"三个世界"划分的理论渊源,指出毛泽东统一战线思想,是在继承和发展马克思主义统一战线思想的基础上,把马列主义的普遍真理同中国革命具体实践相结合的产物。"三个世界"的划分理论,是毛泽东将统一战线思想与20世纪六七十年代具体国内国际环境相结合的生动运用,目的在于通过依靠第三世界力量,联合第二世界力量,争取第一世界的美国,将苏联社会帝国主义最大限度地孤立起来。毛泽东统一战线思想与三个世界的划分有着密切的内在联系,即统一战线为"三个世界"划分理论的形成和应用提供了方法论指导,"三个世界"划分理论为在统一战线的应用提供了当时历史环境具体的世界观基础。⑬

李丽指出,毛泽东历来十分重视党的廉政建设。新中国成立前后,为了使新生政权能够抵御资产阶级糖衣炮弹、拒腐防变,毛泽东提出了一系列加强党的廉政建设的思想,包括:提出"两个务必",向全党敲响拒腐防变的警钟;在民主新路上,为防治腐败进行了理论与实践探索;"三反"运动开启了大规模的反腐行动;严格自律,率先垂范,廉洁奉公,为全党树立了光辉的榜样。⑭毛泽东对党风廉政建设的贡献不仅提高了党拒腐防变的能力,而且巩固了新生政权。

(本文作者:李毅,中共天津市委宣传部副部长、南开大学马克思主义教育学院教授、博士生导师;寇清杰,南开大学马克思主义教育学院教授、博士生导师)

**注释:**

①平章起、李伟:《关于思想政治教育学科建设的思考——基于推进马克思主义"三化"的视角》,《科学发展·惠及民生——天津市社会科学界第八届学术年会优秀论文集》(上),天津人民出版社2012年版。

②逄锦聚:《马克思主义理论发展要把握好新的机遇,提升学科建设的质量和水平》,《思想理论教育》2012年第15期。

③梁树发:《马克思主义理论学科建设关键在于提高其科学化水平》,《思想理论教育》2012年第15期。

④杨谦:《异质文化互动中的"视域融合"与马克思主义的中国化》,《西南大学学报》2012年第6期。

⑤余金成:《马克思主义中国化的民族诉求与人类诉求》,《理论探讨》2012年第3期。

⑥赵铁锁、朱孝红:《当代中国马克思主义大众化的动力机制探析》,《理论学刊》2012年第3期。

⑦付金梅等:《马克思主义中国化的理论与实践》,《理论导刊》2012年第8期。

⑧于伟峰、李文桥:《胡锦涛民生思想对推进马克思主义大众化的意义》,《探索》2012年第2期。

⑨张春秀:《马克思主义大众化中的思想政治教育定位及启示》,《中北大学学报》2012年第3期。

⑩平章起、李伟:《关于思想政治教育学科建设的思考——基于推进马克思主义"三化"的视角》,《科学发展·惠及民生——天津市社会科学界第八届学术年会优秀论文集》(上),天津人民出版社2012年版。

⑪李少斐:《马克思主义"三化"中的世界化形态诉求》,《理论视野》2012年第4期。

⑫付金梅、徐强、刘超:《毛泽东的马克思主义大众化思想及其大众意蕴》,《理论导刊》2012年第8期。

⑬伍邵勤:《毛泽东统一战线思想与"三个世界"划分的理论渊源》,《新疆社会科学》2012年第1期。

⑭李丽:《新中国成立前后毛泽东廉政建设思想初探》,《湖南第一师范学院学报》2012年第3期。

**【中国特色社会主义理论研究综述】** 2012年,天津市学者围绕中国特色社会主义这个主题,公开发表学术文章百余篇,内容涉及中国特色社会主义基础理论、经济、政治、文化、社会、马克思主义中国化时代化大众化以及世界社会主义等,出版学术专著2部。这些学术成果和学术活动对推进天津市中国特色社会主义理论研究发挥了较大的作用。

**一、关于社会主义基础理论**

余金成探讨了社会规律形态理论,指出,"规律形态"是指社会运动诸要素的构成方式、表现形式及其演变的必然性关系的总和。社会运动是人类发展过程,一受自然界制约,二取决于自身意识成果积累;与其他物质运动既趋同又趋异,其规律呈现结构内容、表现形式互补互动的形态学特征。社会规律形态可区分为价值法则内容和社会法则形式,前者体现与自然界关系,由人类整体生成的价值理念和部分生成的价值原则构成;后者体现自身关系,由人类整体发展的社会形式和部分发展的社会制度构成。社会规律形态的价值法则集中体现在人类追求生命自由目标上,而其社会法则是生命自由的社会实现。中国社会主义的历史必然性可从社会规律形态得以解释。中国特色社会主义将最终体现为对马克思主义文化、西方文化、中华文化三种文化资源的综合创新。就此而言,它一旦化解了资本主义所面对的矛盾,不仅复兴了中华民族,也表达了人类向社会主义发展的诉求。①

**二、关于马克思主义中国化、时代化、大众化**

董四代探讨了马克思主义中国化、三民主义、新民主主义的关系,指出在马克思主义中国化的过程中,共产党人从政治、经济、文化上对三民主义进行认识,阐述了它在中国现代化中的作用和意义,并且在此基础上形成了新民主主义理论。如果说新民主主义理论是马克思主义中国化过程中的第一个伟大成果,那么就可以说孙中山的新三民主义是它的一个重要思想来源。这一成果的取得在客观上是与现代化讨论和文化讨论密切相关的,也可以说现代化讨论中对现实的批判和对现代化道路的选择,文化讨论中沿“西化”、“本位文化”论题向“中国化”的逐步深入,都对马克思主义中国化以及评价三民主义、提出新民主主义创造了条件。②余金成探讨了马克思主义中国化的民族诉求和人类诉求,指出,中国特色社会主义是马克思主义中国化的晚近成果。就其具有“中国特色”而言,其主体是中华民族,中国特色社会主义肩负了复兴中华民族的历史责任;就其是“社会主义”而言,其方向是理想社会,中国特色社会主义肩负了振兴社会主义的时代责任。两种诉求寓于同一实践过程:一方面,中华民族复兴依赖社会主义道路;另一方面,社会主义振兴倚重中华民族。两种诉求的完成是连续过程,中间并不存在明显界限。目前,中国改革应该说处在以民族诉求为主向以人类诉求为主的转变时期。③

余金成指出,马克思主义时代化的首要任务是推进其历史规律理论在现代条件下的不断深化,对这一过程可从宏观文化视角予以认识,后者在内容上可分为应然与实然,在形式上可分为动态与静态。人类发展中形成以人口生产力为主和人口生产关系为主两种文化形态,包括俄罗斯在内的西方文化与中华文化分属双方;马克思主义是西方文化的自我扬弃,其价值原则与中华文化互通。苏联改革缺乏坚守社会主义价值的政治谋略和文化定力,导致方向失误而解体。中国改革将通过实现社会主义和复兴中华民族的统一,为人类展示新的文化选择。④

张博颖研究了马克思主义的大众化普及问题,指出,马克思主义大众化要以服务人民为责任,围绕人民群众的理论和实践需求、利益诉求等进行马克思主义的普及。为人民群众的需求和利益服务,既是马克思主义理论的根本目的,也是马克思主义大众化的根本目的。马克思主义的基本立场、观点、方法,中国特色社会主义理论体系的普及,是当代中国马克思主义大众化的重点内容,要用这些内容武装党员,教育人民。努力使马克思主义大众化服务人民,不仅体现在内容方面,也体现在形式方面。要重视“适宜的内容”与“适宜的形式”的结合、统一。马克思主义大众化服务人民,也体现在使人民群众不断获得主体传播力量,而不仅仅是“被动的”受教育者、被普及者。⑤

李少斐指出,当前在运用发展马克思主义,推进其“三化”过程中,某种程度上还缺乏保持马克思主义世界性学说形态的理论自觉。“三化”中的马克思主义本质上仍然是具有宽广世界眼光和全人类性价值诉求的世界共享理论学说,应该把有效解决已进入当代实践领域的重大问题作为理论发展路向,充分吸收、借鉴和利用人类优秀文明成果,始终将其作为世界化新形态培育的文化沃土,让当代马克思主义的“三化”始终立足于新的人类优秀文明成果基础之上,在保持民族特色的同时,永葆当代马克思主义的世界化形态。⑥

**三、关于中国特色社会主义理论体系的基本原理**

荣长海指出,中国特色社会主义理论体系内容十分丰富,从思想武装和加强研究的角度,有必要在其基础上概括出中国特色社会主义理论体系的基本原理。这样,全部中国特色社会主义理论体系的内容就可划分为三个层次:基本原理、战略理论和策略思想。基本原理需要从现有理论、思想、观点、策略中去概括,它是高于这些内容的带有规律性的东西。可以把中国特色社会主义理论体系的基本原理界定为:中国特色社会主义发展规律的理论概括。它包括中国特色社会主义发展规律、中国特色社会主义现代化发展模式、中国特色社会主义核心价值体系、中国特色社会主义理论的发展规律四个方面。⑦

**四、关于中国特色社会主义道路、理论体系、制度的关系**

王勇指出,中国特色社会主义道路是中国特色社会主义的实践形态,是建设和发展中国特色社会主义的基本途径。中国特色社会主义理论体系是中国特色社会主义的理论形态,是建设和发展中国特色社会主义的指导思想。中国特色社会主义制度是中国特色社会主义的制度形态,是建设和发展中国特色社会主义的根本制度保障。中国特色社会主义道路、理论体系、制度具有共同的历史起点、共同的主题、共同的时代背景、共同的价值指向,它们相互联系、相互促进、不可分割,共同构成中国特色社会主义旗帜的实质内容。在当代中国,高举中国特色社会主义伟大旗帜,就要坚持和拓展中国特色社会主义道路,坚持和丰富中国特色社会主义理论体系,坚持和完善中国特色社会主义制度。⑧

**五、关于科学发展观**

荣长海研究了党的十八大对科学发展观的新定位新阐述新要求，指出，在党的十八大上，科学发展观“同马克思列宁主义、毛泽东思想、邓小平理论、‘三个代表’重要思想一道”，成为“党必须长期坚持的指导思想”。这一新的界定，鲜明地指出了科学发展观的重要历史地位。从党的十八大报告的有关论述来看，科学发展观的具体内容对中国特色社会主义实践的指导作用更加具有针对性。具体表现在四个方面：深入贯彻落实科学发展观，第一要义是更加自觉地“推动经济社会发展”；要更加自觉地把以人为本作为“核心立场”；要更加自觉地把全面协调可持续作为基本要求；要更加自觉地把统筹兼顾作为根本方法。⑨

荣长海在研究党的十七大以来我国科学发展情况的基础上指出，自科学发展观作为全党全国的指导思想以来，科学发展理念已深入人心，但体现科学发展观要求的经济社会运行机制尚未完全形成。为此，必须始终坚持科学发展理念，充实和丰富科学发展观，并突出科学发展观在中国特色社会主义理论体系中的地位；必须将政治建设的科学发展作为当前的重要工作并使之发挥调配资源的有效作用，从而促进全社会各个领域的相互协调发展；必须以科学发展观为统领，实现经济、政治、文化、社会等各个领域的科学发展。⑩

张景荣研究了科学发展观的贯彻落实问题，指出，八年多来，在党中央的坚强领导下，经过全党全社会的努力，科学发展观的贯彻落实取得了历史性的成就：以人为本的理念正在内化为全党和全社会的价值理念，贯彻落实于党的建设和经济社会发展中；总体布局的变化极大地促进了经济社会的全面协调可持续发展；统筹兼顾，若干重大战略关系得到了有效调整。贯彻落实科学发展观在取得巨大历史性成就的同时，也存在不容忽视的问题。这种问题可以归结为两个方面：一是实现科学发展所必需的条件还不完全具备，二是科学发展的目标还远未实现。对贯彻落实科学发展观的长期性、艰巨性，要有充分的认识，增强贯彻落实科学发展观的自觉性和坚定性，着力转变不适应、不符合科学发展观的思想观念，着力解决影响和制约科学发展的突出问题，把科学发展观贯彻落实到经济社会发展的各个方面。⑪

## 六、关于中国特色社会主义政治建设

阎孟伟运用历史唯物主义的基本理论和方法探讨了中国特色社会主义政治发展道路，指出，历史唯物主义能为中国特色社会主义政治发展道路提供坚实可靠的思想原则和基本理念，应当完整准确地理解历史唯物主义关于社会发展客观规律的学说和人的解放的学说，使我国的政治文明建设既符合社会主义市场经济发展的客观要求，又充分体现社会主义社会的基本性质。社会主义政治发展道路以人类解放为终极目标，这决定了社会主义民主政治不仅在实质上而且在形式上不同于资本主义的民主政治。“坚持党的领导、人民当家作主、依法治国有机统一”，是中国特色社会主义民主政治的基本框架。⑫

## 七、关于中国特色社会主义文化建设

张景荣对中国共产党成立以来各个历史时期的文化建设进行了探讨，并重点探讨了党的十五大以来中国特色社会主义文化建设的特点：一是中国特色社会主义总体布局由三位一体到四位一体，再到五位一体，极大地拓展了文化的使命和任务。二是中国共产党以宽广的世界眼光，愈益重视文化在综合国力竞争中的重要地位和作用，提出了增强国家文化软实力、建设社会主义文化强国的战略任务。三是提出了建设社会主义核心价值体系的任务，并将其作为文化建设的根本。四是根据发展社会主义市场经济、进一步解放和发展生产力的需要，在大力发展文化事业的同时，大力发展文化产业。五是根据构建社会主义和谐社会的要求，提出了建设和谐文化的任务。六是进一步深化文化体制改革。七是坚持对外开放，发展多层次、宽领域的对外文化交流格局。⑬

李翔、杨义芹对党的十六大以来的文化建设进行了追踪和总结，指出，发展社会主义先进文化，建设和谐文化，构建社会主义核心价值体系，推动社会主义文化大发展大繁荣，深化文化体制改革、部署“文化兴国”战略等是十六大以来中国文化建设的战略构想，体现了当代中国的文化自觉：高度重视文化建设是对中国特色社会主义建设规律的自觉把握，是对文化自身发展规律的自觉把握，也是对复杂的国际局势的自觉把握。⑭孙兰英总结了中国共产党在长期的社会主义先进文化建设中积累的丰富经验：一是在准确把握国情和时代特征基础上推动社会主义先进文化的创新；二是建设社会主义先进文化要坚持合规律性与合目的性的统一；三是重视社会主义先进文化的调控功能和阵地建设。[15]

对于网络文化问题，杨永志指出，网络文化虽然产生时间不长，但由于影响广泛，在文化建设中具有举足轻重的地位。按照党的十七届六中全会《决定》精神，发展健康向上的网络文化，须把握三个着力点：树立网络阵地意识；强化网络文化管理；积极进行价值观引导。[16]张达指出，在新媒体时代，邓小平文化建设思想为先进文化发展提供了启示。这主要体现在，文化建设要有利于人民群众享有丰富的文化生活，要坚持正确发展方向，要完善法律法规，充分发挥各方面的积极性，重视人才队伍建设，加强党对相关工作的领导。[17]

苗伟针对我国当前的"文化热"指出，文化是一个需要持续关注、高度重视、积极探索的领域，对文化忽冷忽热的态度不利于文化发展。要想让文化长期保持合理的热度，就要在文化工作中遵循以下原则和尺度：一要确立文化强国的战略高度；二要立足国家和地区的文化实情；三要符合人民大众的文化需要。[18]

王勇探讨了提炼社会主义核心价值观的问题，指出，如果说社会主义核心价值体系是社会主义先进文化的精髓，社会主义核心价值观则是社会主义核心价值体系的精髓。提炼出能够得到广泛认同的中国特色社会主义核心价值观绝非易事，需要在实践中不断探索，在提炼的过程中应坚持以下基本原则：一是普遍性原则，二是时代性原则，三是民族性原则，四是大众性原则。在此基础上，应把握好价值与价值观的关系、社会主义核心价值观与社会主义核心价值体系的关系、社会主义核心价值观与中国特色社会主义核心价值观的关系。[19][20]

杨义芹研究了当前中国社会道德治理问题，指出，当今中国的道德问题其直接诱因是在向市场经济转变的过程中，把经济利益的思维模式用到道德判断和社会行动能力上。目前，应着重从以下几个方面入手探索和解决中国社会的道德治理问题：一是树立信心和决心，二是提升信念和信仰，三是倡行共建和共享，四是坚持"守""为"并行、以"守"为先的工作重点。[21]

## 八、关于中国特色社会主义社会管理

阎孟伟认为，应当把依法维护公民的基本权利作为我国社会管理工作的基本原则。公民的基本权利是市场经济存在和发展的基本前提和内在要素，维护公民的基本权利就是维护市场经济的稳定和发展，也是政治合法性的基本依据，我们要切实明确权利义务关系，培育理性公民意识。以此为社会管理的基本原则将有助于缓和乃至解决现有的社会矛盾和冲突，因而有助于维护社会秩序的稳定与和谐，并大大降低社会管理的成本。从长远的角度看，也将有助于社会主义市场经济体制的不断完善和发展，使公民对社会主义制度的优越性充满信心，从而达到国家的长治久安。[22]刘琼莲指出，社会管理体制与机制创新是社会管理创新的关键，其运行机理基于信任、宽容、参与和法治的思想理念。社会管理体制与机制受制于非良性路径依赖、不断增加的社会风险以及不可避免的利益冲突等因素，因而要在利益协调中进行创新，且要着眼于社会管理的动力机制、整合机制、激励机制、调控机制、抗风险机制以及利益相关方的供需关系。从不同的角度看，社会管理体制与机制创新的侧重点各异：从政治学的角度看要关注法治化与宪政化，从管理学的角度看要主张服务化与制度化，从哲学的角度看要强调自主性，从社会学的角度看要突出公众参与权。[23]

## 九、关于中国特色社会主义生态文明建设

杨义芹、何爱国指出，生态环境的持续恶化，生态文明与生态现代化观念的长期缺失，发展方式转变的艰难曲折以及全球生态环境恶化的影响，使中国走生态现代化之路面临着严峻的挑战，但也具有良好机遇。如生态现代化理论和生态文明战略的提出与发展，为我国生态现代化的启动提供了支持；国际环境保护与生态现代化的经验教训，为我国生态现代化的推进提供了借鉴；我国现代化的良好基础及其生态文明转型，为生态现代化的推进奠定了坚实的、具有可持续性的基础。新的道路选择是：牢固树立生态文明与生态现代化理念，迅速转变发展方式与现代化路径，重建以地球生命共同体为中心的资源与生态保护系统，尽力减少生态足迹，立即行动起来，自觉走生态文明之路。[24]

## 十、关于世界社会主义

薛新国指出，欧洲共产主义的产生具有历史必然性，欧洲共产主义的国家理论、阶级理论、革命理论和政党理论集中反映了欧洲共产党人的理论探索，既具有合理性又具有局限性。欧洲共产主义不是世界社会主义运动的中心，也不是地区性的中心。同时，欧洲共产主义也不是一种意识形态或共同的政治路线。作为一种思潮，欧洲共产主义仍处

在发展变化的过程之中；作为一种政治力量，它也在不断地进行调整和重新组合。它的前途究竟如何，只能由欧洲共产主义政党今后的实践来回答。欧洲共产党与社会党既有相同之处，又存在分歧。在欧洲的政治光谱上，社会党强、共产党弱的政治格局在短期内不会改变。[25]

（本文作者：荣长海，天津市教育科学研究院党委书记、天津师范大学政治与行政学院教授、博士生导师；王勇，天津社会科学院马克思主义研究所副研究员）

**注释：**

①余金成：《论社会规律形态》，《天津师范大学学报》（社会科学版）2012 年第 3 期。

②董四代：《马克思主义中国化初始论题中的三民主义评价》，《江西师范大学学报》（哲学社会科学版）2012 年第 6 期。

③余金成：《马克思主义中国化的民族诉求与人类诉求》，《理论探讨》2012 年第 3 期。

④余金成：《马克思主义时代化的文化视角及其运用——解读苏联解体与中国改革》，《理论学刊》2012 年第 6 期。

⑤张博颖：《马克思主义的大众化普及》，《光明日报》2012 年 7 月 16 日。

⑥李少斐：《马克思主义"三化"中的世界化形态诉求》，《理论视野》2012 年第 4 期。

⑦荣长海：《中国特色社会主义理论体系的基本原理研究》，《天津师范大学学报》（社会科学版）2012 年第 1 期。

⑧王勇：《中国特色社会主义道路是实现社会主义现代化的必由之路》，人民出版社 2012 年版。

⑨荣长海：《科学发展观的新定位新阐述新要求》，《天津日报》2012 年 12 月 31 日。

⑩荣长海：《始终坚持科学发展理念不断完善科学发展机制》，《学习论坛》2012 年第 9 期。

⑪张景荣：《试谈科学发展观的贯彻落实》，《毛泽东邓小平理论研究》2012 年第 8 期。

⑫阎孟伟：《历史唯物主义与中国特色社会主义政治发展道路》，《高校理论战线》2012 年第 1 期。

⑬张景荣：《中国共产党对中国先进文化的倡导与发展》，《毛泽东邓小平理论研究》2012 年第 2 期。

⑭李翔、杨义芹：《十六大以来党的文化发展战略述要》，《吉首大学学报》（社会科学版）2012 年第 2 期。

⑮孙兰英：《坚持社会主义先进文化前进方向——学习党的十七届六中全会精神》，《中共天津市委党校学报》2012 年第 1 期。

⑯杨永志：《发展健康向上网络文化的三个着力点》，《人民日报》2012 年 2 月 6 日。

⑰张达：《新媒体时代邓小平文化建设思想的启示》，《前沿》2012 年第 17 期。

⑱苗伟：《用文化哲学引领"文化热"》，《中国社会科学报》2012 年 12 月 24 日。

⑲王勇：《提炼中国特色社会主义核心价值观的基本原则》，《中国社会科学报》2012 年 8 月 29 日。

⑳王勇：《凝练兴国之魂的核心价值观》，《中国社会科学报》2012 年 9 月 26 日。

㉑杨义芹：《当前中国社会道德治理论析》，《齐鲁学刊》2012 年第 5 期。

㉒阎孟伟：《公民权利问题已成为当前我国社会矛盾的聚合点》，《科学社会主义》2012 年第 4 期。

㉓刘琼莲：《试论中国社会管理体制与机制改革和创新》，《天津行政学院学报》2012 年第 4 期。

㉔杨义芹、何爱国：《挑战与机遇：中国生态现代化之路》，《理论与现代化》2012 年第 5 期。

㉕薛新国：《欧洲共产主义新议》，《天津师范大学学报》（社会科学版）2012 年第 6 期。

**【中共党史党建研究综述】** 2012 年，天津市学者对中共党史党建的研究表现出两个突出特点：一是获得 3 项中共党史党建类国家社科基金项目，是近年来获得年度项目较多的一年；二是围绕党的纯洁性建设等重点问题展开了深入探讨。现将研究成果综述如下。

**一、中共党史研究**

林绪武指出，中国共产党成立后，非常重视开展对马克思、恩格斯、列宁的纪念活动。民主革命时期，中国共产党通过翻译、出版著作，发布决议或宣言，发表社论或文章，召开纪念大会或晚会，成立研究机构或党校，放映电影或刊登广告，加入红军或设立节日等形式，开展了一系列纪念活动。中共纪念马克思、恩格斯、列宁的主要意图有三：传播马克思列宁主义，扩大社会影响，建立群众基础；寻求共识，缓和国共两党关系，促进双方合作；加强党的建设，统一党内思想，推进马克思主义的中国化。中共对马克思、恩格斯、列宁的纪念活动，体现了自身的政治、社会诉求，具有相当重要的历史意义和价值。[①]

李金铮对农民何以支持与参加中共革命这一问题展开了深入分析。指出农民的支持与参加是中共革命胜利的主要保证，问题是如何解释农民的这一行为。学术界的解释与争论主要涉及四个方面：一是土地集中、家庭贫困与农民革命的关系，二是社会经济改革与农民革命的关系，三是民族主义与农民革命的关系，四是中共动员与农民革命的关系。以上说法都揭示了问题的一个主要方面，而且多是从自上而下的视角进行分析，缺乏农民自身的声音，尤其是缺乏对农民个体或群体感受的关怀。事实上，农民支持与参加革命的动机十分复杂，很难用一条或几条理论概括。在农民支持或参加中共革命的行动中,土地分配、家庭贫困、社会经济改革以及民族主义在动员农民中究竟起了什么作用,仍需要做大量的农民个体与群体的实证研究。只有在此基础上,方可还原农民的革命动机,也才有利于中共革命胜利原因的解释。[2]

杨东探讨了土地革命时期的乡村权力改造问题。认为在近代以来乡村权力结构的演变中,土地革命时期的乡村权力改造无疑是一次革命性的改造。中国共产党以农会为组织基础,通过阶级划分和苏维埃选举等形式,不仅实现了对乡村社会权力的彻底改造,而且也是亘古未有的一次社会革命。尽管中央苏区通过一系列制度法令和政策措施,确立了乡村社会的权力主体,但是鉴于战时紧张的局势和生存压力,在很大程度上又使得民众对这一权力表现出一定程度的淡漠。如果从更为宽广的视野来看,这种漠视与其说是乡村民众社会心理的外在表现,毋宁说是延续数千年的传统社会文化使然。[3]

豆庆升关注的是党领导的陕甘宁边区社会建设问题,指出党执政初期的陕甘宁边区,政治保守,经济落后,人民生活困苦,社会问题严重。党在致力政权建设、发展经济的基础上,领导边区人民进行全面的社会建设,使边区社会面貌和人民生活发生了翻天覆地的变化,边区政治清明,经济自足,文化进步,社会和谐。豆庆升认为,党领导边区社会建设的基本经验主要有:全心全意为人民服务是社会建设的基本理念;一切从实际出发是社会建设的基本原则;统筹兼顾是社会建设的基本方法;党委领导、政府负责、群众参与是社会建设的基本格局。[4]高慧研究了新中国成立初期党和政府对乞丐问题的治理问题,认为当时一个庞大的乞丐群体的存在不仅扰乱了社会秩序,还严重影响了人民生活的安定和新生政权的巩固,成为当时限制中国社会发展的严重障碍。党和政府凭借着强大的政权力量和优越的社会制度,在恢复和发展国民经济的同时,依靠人民群众的支持,采取了一系列针对乞丐收容和改造的新措施,并取得了良好的效果。这些成功的历史经验主要有:注重人文关怀,强调感化与教育并重;制定法规章程,各部门协调配合;努力发动群众,重视社会力量;建立长效机制,关注后续生活。[5]

《南开学报》在2012年第1期开设"中共党史上的两个历史决议"专栏,发表了两篇研究成果。张健、任春峰以两个《历史决议》的起草为例,说明了中国共产党对待自身历史的科学态度,指出中国共产党在不同历史时期形成的两个《历史决议》,不仅为党和人民的事业发展指明了前进方向,而且也成为正确对待历史问题的典范。在起草两个《历史决议》过程中,中国共产党对待自身历史的科学态度,主要体现在四个方面:一是充分发扬民主,以对党和人民高度负责的态度郑重对待党的历史;二是坚持实事求是,运用马克思主义的唯物辩证法科学评价党的历史;三是抛开个人恩怨,站在党和人民的立场上客观分析党犯错误的原因;四是着眼事业长远,以发展的眼光全面总结正反两个方面的历史经验。[6]肖广文研究了中国共产党对《关于新中国成立以来党的若干历史问题的决议》的若干新认识这一问题。指出中共十一届六中全会以来,《关于新中国成立以来党的若干历史问题的决议》的基本思想和基本结论可以说经受住了历史的考验,被证明是正确的。伴随着历史的发展,中国共产党对《历史决议》中一些论断的认识也在逐步深化。这主要体现在对十一届三中全会历史地位、新中国成立后29年历史总体评价、社会主义市场经济理论、社会主义初级阶段理论等方面的新认识。肖广文对如何坚持《历史决议》和对其不断与时俱进问题做了阐释,指出坚持《历史决议》的基本结论和对《历史决议》认识的与时俱进不是完全对立的,应当在研究和宣传党史和国史的过程中将两者统一起来。[7]

徐行梳理和回顾了新中国成立以来领导干部的大是大非观,认为其变迁过程大致可分为三个阶段。第一个阶段是从新中国建立到"文革"结束。第二阶段是从中共十一届三中全会到上世纪末。第三个阶段是迈向新世纪的阶段。进入新世纪十余年来,社会转型的加速和社会矛盾的复杂化,对领导干部坚持什么立场、高举什么旗帜、如何把握方向、怎样转变观念等大是大非观念提出了更高、更迫切的要求。[8]

祖金玉探讨了党的十六大以来党内民主的创新发展及其启示,指出党的十六大以来,党内民主的创新发展是全方位的,取得了显著成就,带给我们有益的启示:第一,要以制度建设为核心,全面协调地推进党内民主建设;第二,既要以改革创新的精神积极推进党内民主建设,又要把握好党内民主建设应有的边界;第三,要围绕规范党内权力、保障党员民主权利两大要素来推进党内民主建设。[9]

李磊梳理了中共第一代中央领导集体认识和

使用“执政党”概念问题，指出，从现已公开的文献资料看，在中共第一代中央领导集体的主要成员中，任弼时最早使用“执政党”概念，并将之作为革命胜利后中国共产党的定位；周恩来在新中国成立后最先明确使用“执政的党”概念；邓小平对“执政党”概念的阐述最为集中也比较深刻；刘少奇在1962年全党反思“大跃进”错误的关键时刻两次使用“执政党”概念，有着特殊的历史意义；朱德、陈云虽未直接使用“执政党”概念，但都有着明确的执政党意识；毛泽东虽然没有明确使用“执政党”概念，但对此采取了既不明确肯定也不否定的默许态度。他还指出，对“执政党”概念的认识和使用，本质上是如何看待“革命党”和“执政党”的关系问题。建设一个永葆革命本色的马克思主义执政党，应当成为党的建设的重要目标。[10]

对毛泽东及毛泽东思想的研究是一个热点问题。汤锐对学界关于毛泽东撰写《体育之研究》原因的分析提出，一战期间北洋政府“对德宣战”一事以及《日俄协约》的秘密签订，才是《体育之研究》成文的初衷。毛泽东《致黎锦熙一书》则为具体阐述《体育之研究》做了先行铺垫。[11]田晓指出，毛泽东的学习观是毛泽东思想的重要组成部分，其主要和基本的内容包括：学习之意义、学习之内涵和学风建设。其中，学风问题是毛泽东学习观的核心部分。[12]付金梅等认为，毛泽东思想中蕴含着丰富的推进马克思主义大众化的宝贵思想，主要涉及推进马克思主义大众化的先决条件（“给人民以看得见的物质福利”）、重要环节（“要看对象”）、基本原则（“为中国老百姓所喜闻乐见”）、根本目标（“变为群众手中的锐利武器”）、根本方法（“实地跟老百姓去学”）等。[13]张健研究了毛泽东“凡事有经有权”的思想方法，指出“经”和“权”是我国儒家思想体系中的一对组合命题，强调既要遵守原则性，也要注意灵活性。对于既深谙中国传统文化又精通马克思主义的毛泽东来说，传统文化“有经有权”的处世原则和政治思维，与马克思主义“原则性和灵活性相统一”的政策策略原理之间，有着高度的内在一致性，都强调要把原则问题上的坚定性和策略问题上的灵活性有机结合起来。正因如此，毛泽东不仅对“凡事有经有权”这句话大为赞赏，而且将其融会到马克思主义的政策策略原理之中，在讲话中反复强调把坚持原则性和灵活性相统一作为一种马克思主义的思想方法，并大力倡导。[14]

**二、党的建设研究**

自2012年初胡锦涛提出保持党的纯洁性以来，特别是党的十八大将纯洁性建设纳入党的建设主线以来，学界发表了大量关于该问题的研究成果。李朝阳以“中国共产党的纯洁性建设研究”为题，获得一项国家社科基金项目。他主要从历史的角度入手，研究了湘赣边界党的二大、《古田会议决议》、新中国成立初期的整风整党、党的八大对关注纯洁性建设的原因及主要贡献，得出了一些推进党的纯洁性建设的启示。这些启示主要有：越是长期执政，越要加强党的纯洁性建设；从严治党是保持党的纯洁性的重要一环；加强思想建设，确保思想纯洁；严格党员标准，树立党员质量的重要性高于数量增长的观念，防止投机分子混入党内等。[15]时绍祥、赵晓呼提出了“坚持无神论是保持党的思想纯洁的重要保证”的命题，指出，作为马克思主义政党，要保持党的纯洁性，必须坚持以马克思主义为指导思想，坚持辩证唯物主义和历史唯物主义。共产党员必须树立科学的世界观，坚持无神论，不信仰任何宗教、不迷信、不信任何伪科学的东西。[16]张亚勇提出了“加强党政领导干部道德修养是保持党的纯洁性的基础性工程”的命题，认为注重加强党政领导干部道德修养，是我党在不同历史时期保持队伍纯洁的重要经验，是我党对党政领导干部道德现状的实际把握，是我党保持纯洁、预防腐败的重要举措。[17]

倪明胜基于现代政治有效性，探讨了中国共产党社会整合功能的调适与优化问题，指出，政党社会整合是现代政治有效性的关键。尤其对于政党主导的现代化国家建设而言，其政治有效性的建构主要有赖于政党的有效性领导和制度体系的不断创设和完备，但根本的着力点在于不断推进政党社会整合功能的有效性发挥。随着中国社会的快速转型，中国共产党计划经济时期和革命时期的社会整合系统和运作机制的局限性日益明显，整合型政党体系正面临严峻挑战。面对日益开放和分化加剧的现实中国，我们必须在政治有效性的建构过程中不断增进执政合法性。执政党自身必须进行社会整合功能的转换和调适，政党社会整合将会日益注重制度整合功能的发挥、利益整合功能的发挥、执政有效性资源的聚合与再生以及执政的包容性与公共性的培育。[18]

肖广文探讨了社会主义核心价值体系融入党

的建设全过程的问题，指出，将社会主义核心价值体系融入党的建设全过程命题的提出，既是建设社会主义核心价值体系的需要，又是推进党的建设新的伟大工程的需要，更是繁荣社会主义先进文化，坚持走中国特色社会主义道路的必然要求。社会主义核心价值体系与党的建设具有高度统一性，实现两者的互融共进，还需要坚持科学性、创新性、制度化和有效性等原则。坚持把社会主义核心价值体系的精神实质和基本要求贯彻到党的思想建设、组织建设、作风建设、制度建设和反腐倡廉建设中，旨在保持党的先进性，提高党的执政能力。[19]

刘中研究了党的廉政文化建设问题，指出，廉政文化是有关反腐倡廉的价值理念、道德、制度以及行为方式、价值评价等的历史积淀，加强廉政文化建设是推进反腐倡廉建设的重要手段之一。他指出，廉政文化建设还存在被动化、形式主义、过度产业化三个方面的主要问题。产生问题的原因主要有：对廉政文化的理解还比较狭隘，廉政文化建设缺乏系统性，廉政文化建设体制机制不健全。要推进廉政文化建设，需要明确构建廉政价值体系是廉政文化建设的核心，加强廉政道德建设是廉政文化建设的基础，丰富表现形式是廉政文化建设的有效抓手，健全长效机制是廉政文化建设的重要保障。[20]

张立杰研究了基层党组织建设问题，指出，中国共产党能够成为历史和人民的选择，与其牢固的基层党建是分不开的。目前，基层党组织存在着软弱涣散、党内民主发扬不力、党员主体地位被忽视、组织活动方式陈旧、作风飘浮等问题。要加强基层组织建设，必须明确其定位，加强党的理论学习，创新工作方法，优化组织设置，强化党员队伍建设，开发和整合党的组织资源，使其不断完善提高。[21]

周多刚研究了新农村建设视阈下的部分村级党组织功能弱化问题，指出，村级党组织是建设社会主义新农村的组织者、领导者、具体实施者。在新农村建设中，部分村级党组织功能弱化是不争的事实，表现在党组织班子的结构难优化，整体效应难发挥，成员的思想难稳定，素质难提高，党组织班子运转的物质基础难保证。加强村级党组织建设，进一步完善农村党组织班子建设的运行机制，实现农村党组织班子建设的经常化和科学化，是推进社会主义新农村建设的关键。当前加强村级党组织建设要重点解决四个问题：拓宽视野，选贤任能，增强党组织班子的活力；强化培训，提高党组织班子的素质；优化环境，进一步完善农村党组织班子建设的运行机制；加强领导，实现农村党组织班子建设的经常化和科学化。[22]周多刚还探讨了新农村背景下村级党组织领导能力弱化的问题，提出要改变当前农村基层党组织领导能力弱化的状况，必须以提高干部素质为重点，在干部管理机制上进行改革、创新；以"三级联创"活动为载体，在运行机制上有所突破；加强廉政建设和党员教育管理，以提升村级党组织领导能力，发挥党在农村的战斗堡垒作用。[23]

初明利、贾元昌探讨了党的建设在非公企业公司治理中的作用与途径问题，指出，非公有制经济是发展社会主义市场经济的重要力量，中国共产党在非公有制企业中要发挥企业发展中的政治引领作用和企业员工中的政治核心作用，关键在于把党的建设合理融入到企业经济活动中，使党的政治资源、组织资源等转化为促进企业发展的资本。分析不同类型非公有制企业党建工作的特点，探索党建在公司治理结构中的位置与工作方式，是切实发挥党在非公有制企业中两个作用的理论前提。中国共产党作为执政党，在非公企业内部治理机制中，基层党组织可以在决策咨询、激励监督和开展职工思想教育等环节中发挥重要作用。在非公企业外部治理机制中可以发挥宏观指导作用，通过相关渠道、依照法律程序为非公企业发展提供更好的制度安排和公共产品。[24]

夏静雷、赵美玲论述了加强党内权力制约和监督科学化建设的实现路径问题，指出，加强党内权力制约和监督是马克思主义建党学说的重要内容，是党执政经验的科学总结，是总结世界政党经验教训得出的深刻启示。目前，中国共产党党内权力制约和监督科学化建设面临着一些问题，如党内权力过分集中，党员干部滥用权力存在较大空间；党务政务公开不够，程序性监督机制没有真正建立；监督职能弱化不清，监督机构不能独立行使监督权；监督权的关口置后，下级对上级监督有名无实。二位学者认为，要加强党内权力制约和监督科学化建设，第一，要调整党内权力架构和配置，以科学的权力配置制约党内权力；第二，以发展党内民主为主线，以科学的权利保障制约党内权力；第三，制定权力标准和运作规范，以科学的制度制约党内权力；第四，把党内监督与党外监督结合起来，以科学的监督网络制约党内权力。[25]

（本文作者：刘景泉，南开大学马克思主义教育

学院教授、博士生导师；李朝阳，天津师范大学马克思主义学院教授）

注释：

①林绪武：《论民主革命时期中共对马克思、恩格斯、列宁的纪念》，《马克思主义研究》2012 年第 11 期。

②李金铮：《农民何以支持与参加中共革命?》，《近代史研究》2012 年第 4 期。

③杨东：《土地革命时期的乡村权力改造》，《中国井冈山干部学院学报》2012 年第 6 期。

④豆庆升：《党领导陕甘宁边区社会建设经验探析》，《中共南昌市委党校学报》2012 年第 10 期。

⑤高慧：《新中国成立初期党和政府对乞丐问题的治理及其历史经验》，《华中师范大学研究生学报》2012 年第 3 期。

⑥张健、任春峰：《中国共产党对待自身历史的科学态度——以两个〈历史决议〉的起草为例》，《南开学报》2012 年第 1 期。

⑦肖广文：《中国共产党对第二个〈历史决议〉的若干新认识》，《南开学报》2012 年第 1 期。

⑧徐行：《60 年来领导干部大是大非观变迁》，《人民论坛》2012 年第 5 期。

⑨祖金玉：《十六大以来党内民主的创新发展及其启示》，《人民论坛》2012 年第 11 期。

⑩李磊：《中共第一代中央领导集体认识和使用"执政党"概念论析》，《党的文献》2012 年第 2 期。

⑪汤锐：《毛泽东撰写〈体育之研究〉的原因探析》，《湖南第一师范学院学报》2012 年第 5 期。

⑫田晓：《重温毛泽东的学习观——基于建设马克思主义学习型政党的思考》，《理论与现代化》2012 年第 1 期。

⑬付金梅：《毛泽东的马克思主义大众化思想及其当代意蕴》，《理论导刊》2012 年第 8 期。

⑭张健：《毛泽东"凡事有经有权"的思想方法》，《理论学刊》2012 年第 9 期。

⑮李朝阳：《新中国成立初期中共保持自身纯洁性的探索》，《安徽师范大学学报》2012 年第 4 期；李朝阳：《古田会议决议对党的纯洁性建设的探索及启示》，《学习论坛》2012 年第 7 期；李朝阳：《党的八大对党的纯洁性教育的启示》，《理论探索》2012 年第 2 期；李朝阳：《二大前后湘赣边界各县党的改造——兼论对党保持纯洁性的启示》，《天津市委党校学报》2012 年第 6 期；李朝阳：《保持党的纯洁性的警示——一些大党、老党失去长期执政地位的教训》，《探索》2012 年第 3 期。

⑯时绍祥、赵晓呼：《坚持无神论是保持党的思想纯洁的重要保证》，《福建省委党校学报》2012 年第 7 期。

⑰张亚勇：《加强党政领导干部道德修养是保持党的纯洁性的基础性工程》，《领导之友》2012 年第 5 期。

⑱倪明胜：《中国共产党社会整合功能的调适与优化——基于现代政治有效性的思考》，《社会主义研究》2012 年第 3 期。

⑲肖广文：《关于社会主义核心价值体系融入党的建设全过程的若干思考》，《学习论坛》2012 年第 11 期。

⑳刘中：《试论我国廉政文化的建设路径》，《天津市委党校学报》2012 年第 6 期。

㉑张立杰：《基层党组织建设的历史地位及其现状思考》，《中国青年政治学院学报》2012 年第 3 期。

㉒周多刚：《新农村建设视阈下的部分村级党组织功能弱化问题》，《天津市委党校学报》2012 年第 3 期。

㉓周多刚：《新农村背景下村级党组织领导能力弱化的问题及治理对策》，《唯识》2012 年第 7 期。

㉔初明利、贾元昌：《党的建设在非公企业公司治理中的作用与途径》，《中州学刊》2012 年第 5 期。

㉕夏静雷、赵美玲：《试论加强党内权力制约和监督科学化建设的实现路径》，《新疆社会科学》2012 年第 2 期。

**【思想政治教育研究综述】** 天津市思想政治教育学界理论同仁喜迎十八大，积极推进学科建设，努力创新，取得丰硕成果。一年来，学科研究的主要问题、热点问题集中在以下四个方面：

**一、关于思想政治教育基础理论的研究**

关于思想政治教育本质。褚凤英认为，长期以来，人们一般是从思想政治教育属性或本质属性的视角来认识思想政治教育本质。研究思想政治教育本质应该从思想政治教育的普遍联系出发，厘清思想政治教育内外部关系及其统一的基础，即思想政治教育的特殊矛盾，这是认识思想政治教育本质的基本思维路径。从思想政治教育特殊矛盾的视角可以把思想政治教育的本质界定为：思想政治教育是调节个人与社会的思想政治关系，促进个人思想品德与社会意识形态同质发展，实现个人与社会良性互动的价值引导活动。[①]李月玲、王秀阁认为，既然本质是一事物区别于其他事物的根据，是一事物固有的、稳定的、根本的性质，所以人们对事物本质的认识应该具有共识。但由于人们认识的偏差，造成了对思想政治教育的定位混乱。科学实践观视域下思想政治教育的根本矛盾是"一定社会发展所要求的思想观念、政治观点、道德规范"与"人们的思想观念、政治观点、道德品质"之间的差距，而思想、观点和道德规范在实践中生成。科学实践观视域下思想政治教育既传递"一定社会发展所要求的思想观念、政治观点、道德规范"，使其社会成员认同，也使人们先进的、合理的思想观点和道德品质得到社会认可，以实现个人和社会在意识形态领域的双向互动。[②]

关于思想政治教育方法。王玮认为，在马克思主义实践观视域中，思想政治教育的使命就是以个人的进步促进社会的进步，以社会的和谐滋养人的发展，塑造与社会相统一的个人。思想政治教育方法的最终目标就是要将促进个人的良性发展与社会进步统一起来，保证思想政治教育内容的实现。

科学实践观视域下思想政治教育方法的创新在于确立以人为本、个人与社会相统一、浸润儒化的理念;对现有的疏导教育、显隐教育、知行教育、差异施教等方法要进行完善;进而提出环境渗透、对话沟通、人文关怀、心理调节、网络引领等方法。[③]

关于思想政治教育评价。张春秀认为:思想政治教育评价客体问题,学界似乎已有定论,但是却停留在经验层面,缺乏统一和规范。究其根源在于思维方式上停留于本原论的两极对立和静止的思维定势。科学实践观是马克思主义实现的思维方式革命,这种思维方式下坚持关系性、动态性和全面性原则审视思想政治教育评价客体,强调思想政治教育评价客体是实践中产生的多层次价值关系系统,系统的核心是价值事实。[④]

关于思想政治教育的人性基础。张广森认为,传统思想政治教育理论是以“政治人”作为人性基础,而随着社会建设的深入推进,现代思想政治教育理论基础也发生了从“政治人”向“社会人”的转向。实现这一转向的根据在于人的社会性能够把人性的其他内容统一起来,包含公民社会的基本价值结构,消除公民教育与思想政治教育的错位。事实上,“社会人”能够为现代思想政治教育理论的建构提供人性基础。[⑤]

**二、关于大学生思想政治教育的研究**

关于增强大学生思想政治教育的人文关怀。孙颖认为,思想政治教育主要作用于人的心灵,大学生的心灵更需要爱意的柔性抚慰。刚性规范中人文关怀的缺失导致刚性垄断的指标至上。构建大学生思想政治教育柔性化创新体系是时代的需要,是大学生可持续发展的源泉。大学生思想政治教育柔性化创新体系要注重大学生的基本需要,要调整大学生接受思想政治教育的逆反心理,要具有大学生思想政治教育柔性化创新体系的创新思维,引航大学生的心理幸福感。思想政治教育柔性化的活力体现在关注大学生的心理幸福感,其实现表现在教育与幸福的双轨并行制。[⑥]郭小学认为,在高校思想政治教育中突出人文精神,以人文关怀和心理疏导作为切入点和落脚点,才能使思想政治教育贴近实际、贴近生活、贴近学生,使思想政治教育回归到为人的生命扩展、丰富和提升而存在的本意之上。人文关怀理念在思想政治教育中体现为尊重大学生思想与身心发展特点与规律;做好教育、管理、服务的有机结合;注重隐蔽性、渗透性、实践性的有机结合。在思想政治教育中强化人文关怀的机制建设,要注重人格成长与心理解困相结合,建立全面育人的长效机制;要注重精神传承与环境营造相结合,铸就和谐校园文化机制;要注重预防和治疗相结合,建立心理危机干预机制;把“以情感人”融入教学育人、实践育人、环境育人中去。[⑦]

关于大学生核心价值观的凝练和社会主义核心价值体系的培育。于俊如、许岩认为,“国家至上,诚信为本,科学理性,追求卓越、自律修身、宽容和谐”可以作为当代大学生的核心价值观,核心价值观的传播将经历一个从大学生普遍认同的核心价值观,到生成党和国家所倡导的主导价值观,进而儒化为大学生普遍践行的主流价值观的过程。[⑧]王振生认为,社会主义核心价值体系要渗透于高校体育认知教育、示范教育、管理教育的教学过程中,社会主义核心价值体系的培育能有效帮助大学生“立向”、“立志”、“立势”、“立人”。[⑨]

关于大学生生命教育。宋德新等对天津师范大学、南开大学等[⑩]高校进行调查发现,不少学生对死亡与自杀的态度、对生命价值的看法存在严重问题。在高校中已经开设的生命教育课程不少,但现有的心理健康教育和思想政治教育不能满足大学生对生命教育的需求,学生们急需生命教育,各高校应加强该课程建设。[⑩]

关于大学生就业教育。刘洪银认为,每年约有1/3大学生毕业后半年内实现就业。职业定位模糊、劳动力市场竞争和试错心理等延长了大学生就业搜寻期。高校应该为未就业毕业生提供半年跟踪就业服务,政府应建立社会补偿机制,制定创业补偿政策,促进弱势群体大学生就业和自主创业。[⑪]蒋瑞格、田立法认为,在就业形势日趋严峻的今天,大学生有必要了解企业的战略人力资源管理思想,从战略的视角,通过审视自我,搞清楚自己是否是企业所需的人才,在找出优势与不足后,力争为实现有效就业提前做好充分准备。[⑫]徐饶认为,随着就业压力增大,部分高校毕业生在就业中出现了不诚信的行为,因此,要加强大学生就业择业观念教育、注重大学生职业生涯规划教育、开展多种诚信教育活动、健全诚信监督和管理体制等。[⑬]刘静、李桂山认为,当前阻碍大学生就业能力提高的障碍主要有两个:一是缺乏符合中国国情的职业生涯发展阶段理论,二是在大学生职业生涯自我管理中缺失诸多环节,即个人、家庭、学校、企业、政府等五个环节间的一个或多个要素存在某些问题并缺乏内在联系。[14]

关于大学生道德教育。王良青认为,大学生道德教育是推进马克思主义大众化的重要途径。在道德教育过程中推进马克思主义大众化就是要重塑大学生的道德信仰,纠正道德教育游离于学校中心工作的位置,改变道德教育内容的"泛政治化"现象,使道德教育从"符号化"向"生活化"回归。[15]

关于培育大学生创新思维。丁嫣等认为,创新思维是大学生综合素质培养的重要组成部分,高校的思想政治教育与创新思维的培养具有内在的一致性和独特的资源优势。思想政治教育不仅为大学生创新思维的形成提供了世界观和方法论基础,而且可以为其价值观的形成提供正确的导向以及良好的氛围和环境。要根据高校思想政治教育实际,积极探索在思想政治教育中注重和培养学生创新思维的路径。[16]

**三、关于网络思想政治教育的研究**

孙兰英认为,十六大以来中国共产党的网络文化建设和管理思想主要包括:网络时代深刻变革论、网络文化建设管理论、网络文化资源共享论和网络文化主旋律论四个方面。高校必须强化校园网络文化建设,加强社会主义核心价值体系的引领作用,构建中国特色社会主义校园网络思想政治教育的特征及原则。[17]

李军松、王冬认为,在全新的信息时代,大学生信仰教育处于多元意识形态和社会思潮激荡的信息汪洋之中,不可避免地遭受着"信息污染"的侵扰,弱化消解了信仰教育的作用。当务之急在于要尽可能地从信息优控、教育者优化传播和受教育者科学认知入手强化大学生信仰教育的作用。[18]

刘媛等认为,传统思想政治教育存在弊端,博客用于大学生思想政治教育具有可行性,但也会给思想政治教育带来挑战,要正确利用博客开展大学生思想政治教育。[19]

**四、关于思想政治理论课教学的研究**

王秀阁等认为,建立和完善实践教学保障机制,是思想政治理论课建设中亟待破解的问题。天津师范大学探索的实践教学与理论教学同进互补的思想政治理论课实践教学模式,实现了实践教学与理论教学的"五同",即同对象、同目标、同内容、同进度、同考核,使思想政治理论课实践教学名副其实,取得了较好的效果。[20]

张小兰、何金祥认为,要想使思想政治理论课程成为大学生真心喜爱、终身受益的课程,教师必须不断改进教学模式与方法,提高课程吸引力。以"毛泽东思想和中国特色社会主义理论体系概论课"为例,指出要提高吸引力,一是要明确教师职责和定位,增强教师的德才素质和个人魅力;二是要创新课堂教学模式,探索教学方法和艺术,营造良好学习氛围,注重团队精神和综合素质,帮助大学生成长成才。[21]

孙兰英指出,思想政治理论课的教学改革应重点体现以人为本,就是以学生为本。研究型互动式教学的理念旨在唤醒学生自我教育的意识,研究型互动式教学实施过程中需要把握好:一是从教材体系向教学体系转化时要结合热点设置问题;二是将课堂向社会延伸时要联系实际,加深理解;三是精心组织课堂讨论,研究问题,获得认知。[22]

秦立海认为,"中国近代史纲要"课程蕴含着极为丰富的爱国主义教育内容,是对大学生进行爱国主义教育的生动教材。任课教师必须充分认识自己所肩负的光荣使命,深入研究、挖掘教材的爱国内容,正确认识和处理各种思想误区,切实改进教学方法和手段,进一步增强课程吸引力、感染力和说服力,真正唱响爱国主义教育主旋律。[23]

(本文作者:王秀阁,天津师范大学图书馆馆长、马克思主义学院教授、博士生导师;刘娜,天津师范大学马克思主义学院副教授、中国社会科学院博士后)

**注释:**

①褚风英:《思想政治教育本质新论》,《学校党建与思想教育》2012年第1期。

②李月玲、王秀阁:《科学实践观视域下思想政治教育本质论析》,《学校党建与思想教育》2012年第11期。

③王玮:《科学实践观视阈中的思想政治教育方法研究》,天津人民出版社2012年版。

④张春秀:《实践思维方式下思想政治教育评价客体的澄明》,《湖北社会科学》2012年第7期。

⑤张广森:《思想政治教育人性基础的转向:从政治人到社会人》,《贵州社会科学》2012年第3期。

⑥孙颖:《思想政治教育柔性化与大学生心理幸福感》,中国社会科学出版社2012年版。

⑦郭小学:《高校思想政治教育人文关怀的思考与对策》,《文教资料》2012年第11期。

⑧于俊如、许岩:《论当代大学生核心价值观的凝练》,《思想理论教育》2012年第6期。

⑨王振生:《略析社会主义核心价值体系在高校体育课教学中的导向作用》,《学校党建与思想教育》2012年第8期。

⑩宋德新、李鑫、张家玥、钱森华、陈洁、潘红岩、张家玮:《大学生生命教育调查研究——以天津市部分高校为例》,《天津师范大学学报》(社会科学版)2012年第2期。

⑪刘洪银:《大学后就业与就业教育延伸》,《江苏高教》2012年第2期。

⑫蒋瑞格、田立法:《大学生解决就业问题的自身途径研究》,《华中师范大学学报》(人文社科版)2012年第5期。

⑬徐饶:《加强思想政治教育促进大学生诚信就业》,《长春师范学院学报》(人文社科版)2012年第2期。

⑭刘静、李桂山:《中国大学生职业生涯自我管理框架及就业促进机制的本土化研究》,《生产力研究》2012年第5期。

⑮王良青:《马克思主义大众化视野下的大学生道德教育研究》,《思想教育研究》2012年第6期。

⑯丁嫣、程靖、张瑞容:《切实发挥高校思想政治教育在培养大学生创新思维中的作用》,《思想理论教育导刊》2012年第9期。

⑰孙兰英:《网络文化建设和管理思想与高校思想政治教育的创新》,《思想理论教育导刊》2012年第2期。

⑱李军松、王冬:《"信息污染"对大学生信仰教育作用的"消解"及其遏制》,《理论导刊》2012年第10期。

⑲刘媛、王金月、李鑫:《论大学生博客与思想政治教育》,《学术交流》2012年第6期。

⑳王秀阁、王玮:《构建思想政治理论课实践教学与理论教学同进互补新模式》,《思想理论教育导刊》2012年第8期。

㉑张小兰、何金祥:《提高思想政治理论课吸引力的探索和思考》,《学校党建与思想教育》2012年第8期。

㉒孙兰英:《研究型互动式教学与自我教育的理念及方法》,《思想教育研究》2012年第1期。

㉓秦立海:《"中国近代史纲要"教学中的爱国主义教育探析》,《思想政治教育研究》2012年第8期。

# 哲　　学

**【马克思主义哲学研究综述】** 2012年,马克思主义哲学学科的发展和研究主要呈现出以下几个方面的特点:继续保持马克思主义哲学基础理论的整体优势,全面凸显马克思主义政治哲学的研究特色,充分展示国外马克思主义哲学的后发潜力。

## 一、马克思主义哲学基础理论

### 1. 马克思的相关思想研究

李淑梅分析了马克思对施蒂纳"独自性"观点的批判,认为马克思揭露了施蒂纳自由和独自性区分的虚伪性,建立了历史唯物主义的自由观。强调了自由是人的权力、力量的思想,并在物质生产实践基础上补充和发展了这种自由思想,把人的需要的满足和能力的发展作为自由的重要内容。①

陈尚伟认为,马克思实践解释学涵盖了解释的主体性、社会性和真理性三大原则。其主体性原则蕴含解释的对象性、互主体性和视域性思想,与现代解释学所彰显的理论维度相吻合;解释的社会性原则关涉解释的社会基础、社会功能及社会评价,是马克思的独特贡献;在解释的真理性原则中,马克思将真理性与实践性相结合。②

王时中重新思考唯物辩证法与黑格尔辩证法的对立,指出马克思的唯物辩证法是从"生产一般"的抽象出发,在"生产力"与"生产关系"的矛盾运动中去把握"资本"这个特殊对象的特殊逻辑。这不仅体现了唯物辩证法作为马克思历史科学方法论的实践特征,也为马克思主义政治哲学的研究提供了方法论前提。③

王南湜认为,由于人们对马克思的剩余价值实现条件理解上的欠缺和对马克思辩证法的误解,在援引马克思的资本主义理论进行全球化问题研究时,往往停留于马克思关于"世界历史"或"世界市场"的现象性描述,而未能从剩余价值实现方式的理论原理上来看全球化对资本主义的意义。其实,马克思所强调的世界市场是资本主义的存在条件,全球化则意味着资本主义殖民化的全面完成,以及全球资本主义获取剩余价值的国家地区间差别性优势的逐步减弱。全球化既是资本主义发展的新阶段,也是其终局。④

### 2. 马克思主义哲学研究的核心问题

王南湜认为,近年来中国马克思主义哲学研究范式正在从包含实体性哲学范式和主体性哲学范式的理论哲学回归实践哲学,进而转向回归历史唯物主义。这些转变形成了一些具有重大意义的核心问题:一是历史唯物主义的定位问题,主要表现为历史唯物主义是一种历史哲学还是历史科学;二是历史决定论问题,主要表现为人的活动与历史规律的关系问题;三是市民社会问题,主要表现为如何理解市民社会概念,以及能否依据这种理解为当代中国马克思主义政治哲学的建构奠定基础。⑤

王南湜指出,对于强调理论与实践相一致的马克思主义来说,人的能动性与历史决定论之间的矛盾无疑是根本性的大问题,因而也就成了每一种马克思主义哲学理论所不可避免地关注的核心问题。迄今为止,关于马克思思想中改变世界的历史行动何以可能这一根本性的哲学问题,人们还只是提供了一些并不成功的解决方案。⑥他基于行动者与旁观者双重理论视角,将理论与实践的关系理解为旁观者与行动者的关系，即决定论是旁观者的理论世界中的存在状态，而能动论则是行动者的实践世界中的存在状态。由于决定论与能动论分别存在于旁观者的理论世界与行动者的实践世界这两个不同的世界之中，因而关于世界的决定论描述与能动描述能够并存而不自相矛盾。[⑦]

阎孟伟认为，把马克思主义哲学理解为一种实践哲学，这是30年来中国马克思主义哲学研究领域最重要的理论贡献之一。从理论上论证马克思主义哲学是一种实践哲学，这还仅仅是重新认识和把握马克思主义哲学的理论特质的开端，更进一步的问题还没有得到真正的解决。这些问题包括，怎样理解马克思实践哲学的形成过程以及它的本体论内涵；这一本体论内涵使马克思实践哲学采取了怎样一种理论形态；这种理论形态对于我们思考马克思主义哲学中国化意味着什么。[⑧]

谢永康指出，关于马克思哲学的历史形成，不同时期有不同的解释模式，而这些解释模式又直接关系到对马克思哲学特质的理解。在以往的解释模式中，马克思关于人、人的感性活动以及人的解放的论述，始终找不到适当的位置。原因在于这几种解释模式均将人的问题归属于某个形而上学的立场，均坚持形而上学问题对人的问题的优先性。在马克思那里，人的问题不是从另一个问题导出的，它始终在逻辑上占据优先性。如果意识到这种优先性，我们便有必要从另一个角度重新思考马克思与近代思想的关系，并据此修正以往对马克思哲学的定位。[⑨]

3. 马克思主义哲学中国化

王南湜认为，李大钊对于历史唯物主义的阐释，作为中国马克思主义的起源或开端之作所具有的本源性，在于他清楚地认识到了马克思主义哲学内在包含的理论与实践之间的张力。这一起源方式的效应至今并未消失，仍然规定着中国马克思主义发展所可能遭遇到的各种问题，这也意味着，未来之发展必须从最本源的地方再次开始，即不仅要返回开端所面临的本源性问题，而且还要有开端者在面对这一问题时所持的开放心态。[⑩]

王南湜基于实践哲学的研究构想探讨马克思主义哲学中国化，重点研究了马克思主义哲学中国化的方法论前提，马克思主义哲学中国化过程中的主要代表人物李大钊、瞿秋白、李达、艾思奇、毛泽东等人的哲学思想，当代中国马克思主义哲学在实践中的推进以及马克思主义哲学中国化未来的发展等重要理论问题。[⑪]他同时基于中西方思维方式差异的研究，认为中国本源性思维方式为马克思主义哲学中国化提供了一种可能性。[⑫]

郝贵生指出马克思主义区别于人类其他文化的一个重要特征就是其批判性和革命性。因为辩证法的本性是批判的、革命的，无产阶级的阶级本性是批判的、革命的，马克思主义哲学的根本功能是“改变世界”，马克思主义的发展史本身就是批判的、革命的历史。[⑬]

**二、马克思主义政治哲学**

1. 基础问题的思考

王南湜从“行动者”与“旁观者”对比的视角考察能切中现实生活的政治哲学之可能性，为构建一种能够直面并切中现实政治生活的政治哲学奠定前提。指出，政治哲学虽为一种规范性理论，但它并非纯然不顾及现实可能性的价值原则，相反它总是与事实性密切相关，是对于现实生活的一种应对，因而离不开对于事实性的把握。政治哲学应当是一种现实关怀，而不是不食人间烟火的天国思辨。政治哲学作为一种规范性理论，它所要规范的是现实政治生活，它的价值目标是达成政治生活的健康发展，实现政治生活的良好状态，避免不良状态，而将理想状态作为一种范导性的参照系。因此，它必须知道所要规范的政治实际。[⑭]

王新生提出，当代中国马克思主义正义理论的建构问题，认为马克思主义兼具对市场经济制度下的社会生活进行规范和对资本的逻辑进行批判的双重功能，是与社会主义市场经济这一创造性的制度实验相一致的当代中国正义理论建构的基础和核心。构建当代马克思主义正义理论需要对两个问题作出回答：第一，马克思主义作为一种从其产生之初就以否定市场经济制度和批判资本的逻辑为目标的理论，是否可能包含关于市场经济制度之正义性的正义理论？第二，如果将马克思主义哲学理解为以科学认知的方式揭示社会历史之本质与规律的科学，其中是否可能包含作为规范理论的正义理论。[⑮]

2. 具体问题的研究

李淑梅认为，马克思批判了施蒂纳反对自由主义的观点，揭露了施蒂纳对自由主义划分和理解的狭隘性和扭曲性，从现实的个人出发说明现存国家、社会和思想观念，把根本变革资本主义社会结构作为实现人的自由的途径。马克思实现了对自由的历史唯物主义的理解,指明了实现无产阶级自由解放的必由之路。[16]她还探讨了全球化背景下中国自主发展道路问题,认为在经济和社会建设上要减少对西方国家的依附,提高规避国际金融风险的能力,解决贫富分化等社会问题,警惕拉美陷阱。政治体制改革要推进适合中国国情的民主政治,做到注重执政党权力与责任的统一,尊重和维护公民的各项基本权利,通过宏观调控加强收入分配体制改革等。努力研究中国人民争取独立自主的历史及其在思想文化上的反映,围绕探讨中国问题推进马克思主义中国化,立足中国实际加强对现代性的研究。[17]

阎孟伟认为,历史唯物主义能为中国特色社会主义政治发展道路提供坚实可靠的思想原则和基本理念。应当完整准确地理解历史唯物主义关于社会发展客观规律的学说和人的解放的学说,使我国的政治文明建设既符合社会主义市场经济发展的客观要求,又充分体现社会主义社会的基本性质。社会主义政治发展道路以人类解放为终极目标,这决定了社会主义民主政治不仅在实质上而且在形式上不同于资本主义的民主政治。[18]

阎孟伟指出,现时期我国围绕公民权利问题所发生的矛盾和冲突依然严重。公民权利问题造成的经济政治文化和社会后果有多方面的复杂原因。公民的基本权利是市场经济存在和发展的基本前提和内在要素,维护公民的基本权利就是维护市场经济的稳定和发展,也是政治合法性的基本依据,我们要切实明确权利义务关系,培育理性公民意识。[19]他还提到黑格尔在他的法哲学理论中对贫富分化问题作出了深入的分析,并对如何解决贫富分化问题提出了自己的见解。黑格尔的这一理论对我们从理论上认识和把握我国现时期社会生活中的贫富分化问题有着重要的启示意义。[20]

## 三、国外马克思主义哲学

### 1.西方马克思主义研究

王南湜通过对卢卡奇思想的长期思索,指出卢卡奇的思想是当今中国马克思主义哲学研究中一个令人纠结的存在。这不仅体现在迄今为止仍有一些人对他的严厉批判与另一些人对他的辩护上,更体现在关于马克思哲学思想中康德哲学与黑格尔哲学的比重及其关系的争论上。后一个方面的争论无疑体现着当今中国马克思主义哲学发展的最新趋向,但"如何进展"似乎仍未获得清楚的共识,这其中又涉及以卢卡奇为典范的对马克思的黑格尔主义阐释的评价是否公正的问题。[21]

谢永康一直对法兰克福学派代表人物阿多诺的思想颇有研究,指出阿多诺与达伦多夫1968年关于当代社会性质的争论,是德国战后社会理论发展中的一个重要事件,对我们今天的理论探讨仍富有启发意义。按照阿多诺的辩证的社会理论,当代社会仍然处于马克思诊断的有效范围之内,仍是资本主义社会。但由于生产力的发展,资本主义表现出了诸多新的特征,如技术向生产关系领域的渗透、需求被操控、阶级关系的国际化等。[22]

王时中长期致力于研究阿尔都塞的哲学思想,集中阐释了他的《保卫马克思》、《阅读〈资本论〉》等主要著作,并以"从意识形态到历史科学"来评价阿尔都塞对马克思哲学的阐释,系统展现了其与马克思之间的关系以及阿尔都塞的阐释对我们理解和继承马克思主义哲学的一系列启发性意义。[23]他还对意大利马克思主义哲学家克罗齐的辩证法思想展开全面研究,认为克罗齐通过"相异的辩证法"与"相反的辩证法"的区分,将"对立面的统一"与"度的连结"有机地融合在一起,不仅批判了黑格尔对"相反的辩证法"的滥用与误置,而且还将黑格尔的辩证法纳入其精神哲学中,使之重获生机与活力。[24]

### 2.当代国外马克思主义研究

齐艳红对分析马克思主义的方法论进行了专门研究,指出分析马克思主义方法论的三个层次在最初的意义上,围绕着历史唯物主义重建这一主题,作为工具性的方法是具体的分析哲学的方法;而作为理论形态层面的方法则包括功能解释和方法论的个人主义;不仅如此,在分析思维下对辩证法和整体主义的拒斥以及对功能解释和方法论的个人主义的推崇,构成分析马克思主义重建马克思主义理论的致思路径,这三者相互区别又结合在统一的理论之中。[25]

莫雷深入探讨后马克思主义代表人物齐泽克的意识形态理论,指出齐泽克针对"意识形态终结"的断言,结合拉康的精神分析理论和马克思主义,揭示了无所不在的幽灵般的意识形态,揭露了资本主义左右公众想象的方式,开辟了意识形态理论研究的新方向。[26]她还从总体上对后马克思主义的意识形态理论进行研究,指出后马克思主义主要是从普遍性和特殊性的关系入手来重新理解意识形态。

拉克劳、墨菲将意识形态看做围绕普遍性与特殊性的落差所展开的霸权的斗争,齐泽克则以普遍性的内在的颠覆性因素,即征兆为基础展开了他的意识形态理论。㉗

(本文作者:赵亚琼,南开大学哲学院讲师)

**注释:**

①李淑梅:《马克思对施蒂纳"独自性"观点的批判》,《西南大学学报》2012年第5期。

②陈尚伟:《在现代解释学语境中对马克思解释原则的探析》,《天津师范大学学报》2012年第4期。

③王时中:《从精神科学到历史科学——重评唯物辩证法与黑格尔辩证法的对立》,《天津社会科学》2012年第2期。

④王南湜:《剩余价值实现方式、全球化与资本主义》,《中国社会科学》2012年第12期。

⑤王南湜:《现今中国马克思主义哲学研究中的三个核心问题——一种基于回归马克思实践哲学范式的考察》,《哲学研究》2012年第3期。

⑥王南湜:《改变世界的哲学何以可能(上)——从马克思到后马克思主义》,《学术月刊》2012年第1期。

⑦王南湜:《改变世界的哲学何以可能(下)——一个基于行动者与旁观者双重视角的构想》,《学术月刊》2012年第2期。

⑧阎孟伟:《马克思的实践哲学及其理论形态》,《哲学研究》2012年第3期。

⑨谢永康:《人类学作为第一哲学——马克思与近代哲学精神》,《学习与探索》2012年第2期。

⑩王南湜:《李大钊对马克思主义内在张力的意识及其意蕴》,《南京大学学报》2012年第6期。

⑪王南湜:《中国哲学精神重建之路——马克思主义哲学中国化探讨》,北京师范大学出版社2012年版。

⑫王南湜:《中西思维方式的差异及其意蕴析论》,《新华文摘》2012年第3期。

⑬郝贵生:《论马克思主义的批判性和革命性》,《马克思主义研究》2012年第1期。

⑭王南湜:《能切进现实生活的政治哲学何以可能——一项基于行动者与旁观者对比视角的考察》,《学习与探索》2012年第3期。

⑮王新生:《当代中国马克思主义正义理论的建构》,《中国人民大学学报》2012年第1期。

⑯李淑梅:《马克思对施蒂纳反对"自由主义"观点的批判》,《社会科学》2012年第6期。

⑰李淑梅:《全球化背景下中国自主发展道路的探讨》,《江海学刊》2012年第3期。

⑱阎孟伟:《历史唯物主义与中国特色社会主义政治发展道路》,《高校理论战线》2012年第1期。

⑲阎孟伟:《公民权利问题已成为当前我国社会矛盾的聚合点》,《科学社会主义》2012年第4期。

⑳阎孟伟:《黑格尔论贫富分化》,《南开学报》2012年第3期。

㉑王南湜:《我们心中的纠结:走近还是超离卢卡奇》,《哲学动态》2012年第12期。

㉒谢永康:《晚期资本主义还是工业社会?——阿多诺与达伦多夫关于当代社会本质的争论》,《南京社会科学》2012年第3期。

㉓王时中:《从意识形态到历史科学——阿尔都塞对马克思哲学的阐释》,中国社会科学出版社2012年版。

㉔王时中:《从相反的辩证法到相异的辩证法——克罗齐对黑格尔辩证法的继承与批判》,《江苏社会科学》2012年第3期。

㉕齐艳红:《分析马克思主义方法论研究》,中国社会科学出版社2012年版。

㉖莫雷:《穿越意识形态的幻想——齐泽克意识形态理论研究》,中国社会科学出版社2012年版。

㉗莫雷:《霸权与征兆——后马克思主义视域下的马克思意识形态理论研究》,《黑龙江社会科学》2012年第6期。

**【中国哲学研究综述】** 2012年天津市学界在中国哲学领域的研究取得了丰硕成果。本年度中国哲学的研究重点,一方面保持了以往哲学史研究厚重扎实的特色,在准确理解史料文献的基础上注重挖掘传统思想资源的现代价值;另一方面把握新的时代精神,促进中西方思想资源的融会贯通,展望中国哲学的现代走向。现将研究成果综述如下。

**一、古典哲学精神的现代阐释**

1. 中国传统生态哲学研究

乔清举撰写了多篇论文对儒家生态哲学予以了考察。他探讨了儒家自然哲学的"通"的思想及其生态意义,指出"通"是儒家自然哲学所特有的重要概念,指两个或更多对象之间物质、能量、信息、情感、精神的相互交换、吸收和影响。他进一步分析了"通"的四方面内容:自然现象之间的通气、人与自然之间的通气、人自身的通气、人和人之间情感和精神的相通。其中,人和自然的通是二者间的一种交互性关系:人是自然的一个环节,这是天人合一的物理基础;人又是自然的恻隐慈爱者、欣赏者、赞美者,二者融为一体、情景交融,从而能够对于自然有感有应,道德地对待自然,为天地立心。这种关系超出了物理意义而进入了精神的和审美的领域,是人与自然相通的本质含义,表明了儒家哲学的生态本性。①

乔教授还探讨了儒家价值观中"是"与"应当"的关系问题,首先将"价值"区分为"劳动附加价值"、"存在论价值"和"道德引导价值"三类,其中"存在论价值"是自然物的内在价值,是它作为天道运行的一部分和它对于其他自然物的意义;而"道德引导价值"是实然与应然、事实与价值、是与应该的统一。他通过研究指出,从生态哲学的角度审视,事实和价值是统一的。而在儒家自然哲学中,自然和价值是统一的,天道和人道是一致的。②

乔教授考察了儒家祭祀文化的生态意义,指出儒家文化通过祭祀表达对于自然的敬畏和报答，这被称之为“报本反始”和“仁至义尽”。祭祀之礼的生态意义在于它把人从属于自然，从属于天道，使人和天地万物联系在一起，促使人们对于自然保持敬畏的情感，这是一种在宗教掩盖之下的生态循环观念，是天人合一的一种表现。③

2. 儒家思想特质研究

温克勤对儒家心性修养论展开研究，指出儒家将人的道德行为建立在心性修养的基础上，心性修养是由道德认知到道德践行的不可或缺的连接环节或桥梁。先秦儒家孔孟荀和儒家经典《礼记·大学》为儒家心性修养论奠立了思想理论基础，汉唐儒家学者继承、传播和维护了传统儒家的心性修养论，宋明儒家学者将儒家心性修养论发展得更为理论化、精致化。④

温先生还探讨了传统士人的“士德”和“士大夫精神”，指出所谓“士德”指读书人应具备的道德品质，士德在实现善治中的重要地位和作用在于：一方面可作为从政治国的后备贤才，即所谓“学而优则仕”；一方面士为四民之首，他们的言教、身教直接影响着百姓的道德教化。而“士大夫精神”集中反映了从政者应具备的道德信念、道德良知和道德责任感，其积极思想内涵为：一是“以道事君”；二是忧国忧民、以天下为己任；三是穷则独善其身，达则兼善天下；四是刚直不阿、清正廉洁。⑤

孙琳琼讨论了中国传统文化关于人的基本立场，指出从整体性思维方式出发，中国传统文化始终将“人的现代性”视为人的全面整体的发展，表现为人对自然取之有度、人对社会的奉献付出、人与他人的协调统一、人自身的克己自律。论文指出，在中国现代化的进程中，不能单纯模仿西方模式，必须立足中国传统文化的大背景来思考人的现代化问题，审视西方社会现代化进程中的得失，进而确立前进的方向。⑥

3. 台湾儒学研究

陈宏志通过考察台湾地区社会的一般生活，揭示了儒家传统对台湾社会的影响，具体从台湾家庭的宗教信仰、社会的教育和法律规范、民间的生命关怀和社会服务以及人际互动的利他行为等方面具体展开，展现台湾儒学的传播和影响。⑦

**二、先秦思想研究**

1. 先秦儒家思想研究

张秋生、李会富对早期儒家人际关系论展开研究，指出其具有特定的致思倾向：以致和谐而存不同为目标、以讲名分而求对等为原则、以正自我而推己及人人为方法、以人的积极真情为基础，形成了具有一定内在逻辑和思想内涵的理论体系。这一理论体系及其致思倾向，不仅反映了中国先哲们处理人际关系问题的高超艺术，而且暗合了现代哲学重视“交往关系”的发展趋势。⑧

孟蕾乐探讨了早期儒家的王霸之辩，指出王道政治是价值理性的体现，霸道政治则具有鲜明的工具理性的特征。早期儒家在对天道、历史和人性理解的基础上，通过王霸之辨在价值理性和工具理性之间选择了价值理性，儒家的这种选择决定了中国传统政治哲学基本的价值倾向，形成了独特的政治文化。⑨

薛富兴对孔子的“仁义”观进行了研究，指出在《论语》中孔子所提出的“义”是规范伦理学的核心概念，而“仁”是美德伦理学的核心概念，从“义”到“仁”，孔子奠定了伦理学的逻辑基础。文章进一步指出，立足当代语境，需要对孔子的“义”与“仁”做必要补充：用“个体生命权利”观念补充“义”，用“同命意识”补充“仁”，如此方可使孔子伦理学符合当代现实语境，具有更坚实的逻辑基础。⑩

宋斌、原琪从西方现象学的视角对“孔颜之乐”进行了阐释，选取了《论语·先进》中“曾点之乐”的文本，参考海德格尔旨在通达人类实际生活经验的“形式显示”的现象学方法，在对儒家文本相互勾连印证之下，将“孔颜之乐”显示为基于“天人感通”机制的“一以贯之”之乐。⑪

石洪波考察了荀子的人性论的历史性，指出一方面，从人类社会整体的角度，荀子认为人性是不变的，这种认识与他的“古今一也”的历史观相一致；另一方面，从人类个体的角度，他又承认人性包含着常与变的双重因素，人人皆有善恶两端，这是人性之常；在后天的发展过程中这善恶两端却是此消彼长的，这又是人性之变。荀子提出了人性改恶向善的约己模式，主张“化性起伪”。⑫

2. 先秦道家思想研究

赵建永探讨了道家的自然主义精神取向，指出道家以“自然的和谐”为基础，继而推展为“人与自然的和谐”，进而有“人与人的和谐”，以达成“自我身心的和谐”，这四个层面具有一种历时性递进式层次关系。儒家的人文主义价值取向则与之相反，是基于个体道德人格的完善，以求“自我身心的和谐”,由此出发而有“人与人之间的和谐”,进而有“人与自然的和谐”,再推至“自然的和谐”。儒道两种不同路向相反相成、互补互促、环环相扣,构成了作为传统和谐社会观集中体现的“普遍和谐观念”。[13]

严正在中西比较的视野中探讨了老子关于认识的正确性问题,指出西方哲学传统基于主客体的对立分析,产生了认识有限性、正确性的问题;老子则以“道法自然”的宇宙观揭示世界和人生实践本为透明、完美的有序状态,自然大道是敞开的、正确的,因而人生与大道是合一的,只要能做到虚静无为,就能自觉道法自然的完美状态,从而达到人生的自觉与自我实现。[14]

王伟凯探讨了老子的“柔”思想,辩证地考察了学界对其赞扬和批评两方面意见,指出这两种观点各有其依据和合理性,但我们若用发展的理念来进行观照,就会发现,老子的“尚柔”教给人们更多的是一种生活方式、一种思想智慧和一种修身法则。[15]

郭世魁探讨了庄子以“无为”为核心的人际心理和谐思想,指出庄子对人类人际心理和谐的伟大贡献在于:从不知不觉的原始无为,到有为的人际行为,再上升到自觉的无为,这是一种回归中的飞跃。[16]

**三、宋明理学研究**

1. 朱子哲学研究

乔清举对学界所讨论的朱熹关于“理气动静”问题进行了新的讨论,文章将朱子对“动静”概念之使用析分为形上(理或太极的动静)与形下(气的动静)两个层次。在朱子那里,“理无动静”是说理无形而下的动静,非谓其无形而上的动静。从现代哲学来看,朱子之所以区别两种动静,意在表明形上之动静是本体性的、永恒的、价值性的,是理实现于外部世界和规范事物样态的本体性力量,此种形上性使得理一定会实现于外部世界,成为世界之规范,这就是理的动,也是它的本体性力量的表现。[17]

乔教授还探讨了朱熹的境界论,文章打破西方近代以来主客分离的研究模式,运用冯友兰的境界论思想来研究朱子哲学,指出朱子关于道体流行、仁、孔颜乐处的论述,以及人在功夫纯熟后达到的心纯是理、发即中节的超自律道德思想,都是“天地境界”的内容,进而论定“天地境界”在朱子哲学中是人与自然的审美性统一,显示了朱子哲学高超的一面。[18]

2. 明代思想研究

严正、蔡长春考察了宋濂治心之学的功能,指出宋濂提出了“吾心为天下最大”的命题,着重探讨了“人心”与“天地之心”,指出人们通过治心工夫的涵养便可以体认天道,使个体人生境界向更高层次精进。治心之学的功能还表现在:心既然是万物的主宰,决定着一个人的本质,那么透过对人心的观察,便能够帮助我们识人;通过治心工夫的涵养,或是通过圣贤文章,体认天地之心,存诚于心,可以成就一代文章大家。[19]

陈寒鸣对高拱的思想进行了研究,指出他并非如有的论者所说那样,是服膺法家学说者,他不仅以“君子儒”自期,对孔圣和儒学有着真诚信仰,还基于儒学原则提出与宋明道学传统相异趣的儒学思想。他秉承儒学固有传统,言实学行实政,其独具特色的儒学思想,充溢着强烈而深沉的忧患意识。[20]

贾乾初、陈寒鸣对泰州学派平民学者王栋(一庵)的思想进行研究。指出,他继承了王艮之学,并在诚意慎独方面有自己的新发展,他的诚意慎独之学是他平民儒学思想的理论依托,“自强”“法天”观念彰显了其平民儒学思想的主体意识,“随分而成功业”体现了他平民儒学思想的事功观。王栋以讲学集会为实现其平民政治理想的主要手段,这种手段表明在当时的历史条件下,“觉民行道”的“外王”取向,始终徘徊于“内圣”内涵的边缘上,难以真正向外拓展。[21]

3. 朝鲜儒学研究

乔清举采用德国哲学家马丁·海德格尔的诗学思想来研究朝鲜大儒李退溪的诗作,同时又利用李退溪诗作和儒家思想来理解和诠释海德格尔的哲学,由二者的双向互释来理解李退溪诗作中的士的精神。指出海德格尔的“存在”乃是儒家的“生生”、“天地之心”。李退溪以其自觉的归隐实现了本真的存在状态,他的诗作表明,他把握了这个“生生”,从而通达了“存在”,获得一种与物同体的快乐。这种快乐也包含兼济天下的情怀。由通达存在,士获得了一种影响世人的存在的力量;而海德格尔的通达存在则谈不上是一种快乐,甚至是一种枯寂。[22]

**四、近现代哲学思想研究**

1. 近代哲学研究

王世良比较了康有为与德国社会学家西美尔

的宗教观，指出两者对宗教问题采取了建构与解构两种不同的方式。康有为从三个层面进行孔教论的建构：通过孔教复原的方式提升孔子为创教之主；对教义进行推补，将其划分为小康和大同两个阶段；建构孔教会，完善孔教的组织形式。西美尔则在生命哲学的基础上，提出宗教性与宗教的区分对传统宗教进行解构。[23]

张儒威梳理了王国维对传统哲学概念的重新解读，指出王国维对康德和叔本华的哲学思想有着相当深入的研究，并且将之应用到对中国传统哲学的批判与重新诠释当中，对“性”、“理”、“命”等中国哲学核心概念重新进行了解读，提出了新的见解。[24]

2. 现代哲学研究

赵建永发表了一系列论文对汤用彤的学术思想展开多方面的研究。他从生活史与学术史相交融的视角，重新考订汤用彤毕生的治学经历和思想分期，揭示了其治学态度、研究方法和教育理念对我国哲学、宗教学学科的形成发展以及文化建设的深远影响。[25]他探讨了汤用彤的玄学研究，指出汤用彤首创从本末之辨的角度来解释三教之争，总结出玄学是以“由末返本”的方式融合儒道释，从而开创了现代意义上玄学与三教关系的研究。[26]他还从清华大学图书馆发现了长期以来罕为人知的汤用彤的早期作品《论成周学礼》，展现了这位大师对礼学现代价值的专题研究。文章通过史料分析，揭示了汤用彤之所以折服于周礼，是因为它以君子理想道德人格教育为核心而建立，既是仁政的体现，又是修身的法则，深刻影响着中国文化的发展方向。[27]

吴倩对现代新儒家第一代代表人物梁漱溟和冯友兰的人生哲学展开比较研究，指出梁漱溟以柏格森生命哲学思想阐发传统形而上学，认为个体的生命本性与宇宙生命本体直接合一，倡导一条“直觉”之路，重在体认、契悟、“发明本心”；冯友兰则借用西方的逻辑分析方法构建出一个客观自在的理世界，主张“觉解”之路，重在向外格物穷理而使“心之理”与天理相互印证。两者的区别源自宋明理学内部心学与理学的差异，在具体方法上又表现出重直觉与重理智的不同。[28]

卢兴对现代新儒家第二代代表人物牟宗三的“实践”观念进行了研究，指出其将“实践”观念作为其对传统儒学诠释和阐发的核心内容，不仅着重揭示了“实践”在儒家哲学体系中的基础地位，而且将这一观念作为儒学超越康德哲学的重要标志。在牟氏自身所建构的哲学体系中，“道德实践”赋予“本心”活动性内涵，确证了“智的直觉”必然呈现。从儒家思想发展的内在理路来看，牟宗三哲学继承并发挥了传统儒家思想中道德实践观念的“超越向度”，而对“现实向度”重视不足，因此造成了其实践观念的思辨化倾向。从儒学学术形态的现代演进来看，牟宗三哲学的理论旨趣、思想资源和话语方式都不同于传统儒学，这种对于“实践”观念思辨化的理解方式有其深刻的主客观原因。[29]

李会富对新中国成立以来中国哲学学科的发展历程进行了宏观梳理，指出其是一个不断推进范式创新的过程，这一过程包括传统马克思主义支配下的中国哲学研究、范畴研究法与中国哲学逻辑结构论的探索、新世纪的学科范式转换等三个阶段。[30]

（本文作者：吴倩，天津外国语大学涉外法政学院讲师；审定：周德丰，南开大学哲学院教授、博士生导师）

注释：

①乔清举：《论儒家自然哲学的“通”的思想及其生态意义》，《社会科学》2012年第7期。

②乔清举：《价值学中“是与应该”的统一及儒家价值观》，《哈尔滨工业大学学报》(社会科学版)2012年第6期。

③乔清举：《论儒家的祭祀文化及其生态意义》，《现代哲学》2012年第4期。

④温克勤：《略论儒家心性修养论》，《道德与文明》2012年第5期。

⑤温克勤：《略谈士德和士大夫精神》，《伦理学研究》2012年第1期。

⑥孙琳琼：《论中国传统文化关于人的现代性问题》，《求索》2012年第3期。

⑦陈宏志：《台湾社会儒家思维的体现》，《南方论刊》2012年第2期。

⑧张秋升、李会富：《早期儒家人际关系论的致思倾向及其现代解读》，《理论与现代化》2012年第6期。

⑨孟蕾乐：《论早期儒家王霸之辨——在价值理性与工具理性之间》，《三峡大学学报》(人文社会科学版)2012年第5期。

⑩薛富兴：《孔子“仁义”观的内在结构、普遍价值及现代补充》，《孔子研究》2012年第1期。

⑪宋斌、原琦：《天人感通、一以贯之——现象学视域下的“孔颜之乐”》，《管子学刊》2012年第3期。

⑫石洪波：《荀子人性论的历史性》，《邯郸学院学报》2012年第2期。

⑬赵建永：《从价值系统看道家自然主义的现代意义——兼论儒道互补的普遍和谐观》，《学术交流》2012年第4期。

⑭严正：《正确认识如何可能——读〈老子〉有感》，《商丘师范学院学报》2012年第11期。

⑮王伟凯：《〈老子〉中“柔”字释义及其思想价值分析》，《商丘

师范学院学报》2012 年第 11 期。

⑯郭世魁:《无为:庄子的人际心理和谐思想》,《中国宗教》2012 年第 11 期。

⑰乔清举:《论朱子的理气动静问题》,《哲学动态》2012 年第 7 期。

⑱乔清举:《朱子的境界论思想简论》,《湖南大学学报》(社会科学版)2012 年第 6 期。

⑲严正、蔡长春:《试论宋濂治心之学的功能》,《理论与现代化》2012 年第 3 期。

⑳陈寒鸣:《高拱儒学思想漫议》,《燕山大学学报》(哲学社会科学版)2012 年第 1 期。

㉑贾乾初、陈寒鸣:《王一庵平民儒学思想析论》,《湖南大学学报》(社会科学版)2012 年第 2 期。

㉒乔清举:《士的"诗意栖居"——李退溪诗中的士精神》,《南昌大学学报》(人文社会科学版)2012 年第 2 期。

㉓王士良:《建构与解构:康有为与西美尔宗教理路比较》,《东方论坛》2012 年第 4 期。

㉔张儒威:《王国维对传统哲学概念的重新解读》,《商丘师范学院学报》2012 年第 10 期。

㉕赵建永:《汤用彤学术历程考论——基于生活史与学术史相交融的审察》,《天府新论》2012 年第 2 期。

㉖赵建永:《从汤用彤论玄学"反本"问题看三教会通——以理学发生史为中心》,《中国哲学史》2012 年第 3 期。

㉗赵建永:《学衡派与新文化派共生关系新证——从汤用彤清华遗文〈论成周学礼〉看文化启蒙》,《哲学动态》2012 年第 4 期。

㉘吴倩:《梁漱溟与冯友兰人生哲学比较》,《思想战线》2012 年第 2 期。

㉙卢兴:《论牟宗三哲学中的"实践"观念》,《中国哲学史》2012 年第 3 期。

㉚李会富:《新中国成立以来中国哲学学科范式的探索历程及其启示》,《理论界》2012 年第 1 期。

**【外国哲学研究综述】** 2012 年天津市外国哲学研究者在学术研究方面取得了显著的成果,主要表现在分析哲学、德国古典哲学、政治哲学、现象学、法国哲学等领域。以下对本年度研究成果进行综述。

**一、古希腊哲学**

陈建洪对柏拉图的《会饮篇》进行深入研究,认为理解《会饮篇》的关键在于对爱若斯和阿佛洛狄忒关系的理解。历代研究这部作品主要集中在对爱若斯的赞颂。爱若斯是年轻的;爱若斯是爱美的;爱若斯催生友谊与和平的。爱若斯对阿佛洛狄忒的取代,意味着一种宁静节欲的灵魂之爱对一种难以抑制的肉体之爱的取代。这一观念通常被指认为柏拉图式的爱。不过,陈建洪认为,柏拉图并没有忽略阿佛洛狄忒。毕竟,阿佛洛狄忒出生在先,爱若斯孕育在后。《会饮篇》文本的一个基调是:没有阿佛洛狄忒,就没有爱若斯。要想理解爱若斯的重要性,还得从阿佛洛狄忒开始。福柯在《性经验史》指出:"对于柏拉图来说,真正爱情的本质特征并不是排斥肉体,而是透过对象的各种表象,与真理发生关系。"福柯认为,这种由真理取向构建而成的新的爱观念,提出了"否弃'性活动'的原则"。陈建洪认为,福柯虽然指出了苏格拉底—柏拉图以一种新的方式提出了什么是真正意义上的爱的问题,但在结合《会饮篇》讨论柏拉图的爱欲观念时,福柯似乎没有意识到,正是通过爱若斯对阿佛洛狄忒的取代,柏拉图才得以确立其以灵魂和真理为导向的爱欲观念。只有把握了爱若斯和阿佛洛狄忒之间的联系和对立,才能真正理解《会饮篇》的意图及其所倡导的爱欲观念。①

**二、近代哲学**

贾江鸿在著名哲学家梅洛-庞蒂对笛卡尔哲学的自然哲学的研究的基础上,深入辨析了笛卡尔"nature"的概念。梅洛-庞蒂把笛卡尔的自然哲学区分为两种,即纯粹知性的自然观和具有感性色彩的自然观的研究。贾江鸿在此基础上进一步的分析和梳理认为,笛卡尔在一定程度上沿用了亚里士多德的"physis"(自然)的定义,认为"nature"就是一事物所具有的本性或本质,或者说具有某种本性或本质的事物都是某种自然事物。由此,笛卡尔"nature"概念有三重含义,第一重是一种纯粹思维或知性的"nature"内涵概念,一种纯粹精神性的思维,这种东西可以完全不依赖物体而独立被思考和领会,因而是最纯粹和简单的,是完全不容置疑的。第二重含义是一种相关于物体性事物的"nature"概念物体性自然物以及由物体性自然物组成的自然界,它意味着一种物体的性质———广延,这种广延是物体本身具有的根本属性。第三重含义是一种相关于身体和心灵的统一体的"nature"概念人实际上是一种心灵和身体的统一体。在此基础上笛卡尔树立了两种不同的存在论标准下的自然物体观,进而形成了自己独特的机械论自然哲学。②

刘晋祎对休谟的因果性进行了深入的探索,主张休谟的因果推断是一种可然性推断,这不仅对因果推断进行了界定,同时还使认知主体的认知过程始终保持一种内在张力。罗素对休谟的人性哲学思想进行了整体评价:"休谟的哲学对也好、错也好,代表着 18 世纪重理精神的破产。"刘晋祎认为,这是不全面的。由于休谟从人性和经验的角度将因果推断定性为可然性，这实际上是在为人的认知限度划定范围，并由此指明通过我们的推断获取知识的过程并非是绝对的。但是，这并不是要否定知识的意义和价值，更不是要否定认知规律，而是从认知主体的内在情感和心理来分析获取知识的过程。所以，我们"要清醒地意识到理性的限度，自觉抵制理性的狂妄"。③

刘晋祎基于休谟的感性情感分析来研究习惯本性，认为习惯作为人的一种自然本性呈现出感性特性，并且在因果推断中发挥主导作用，从而使因果推断具有可然性而非绝对必然性，这就将感性情感推到了首要地位，凸显了一条感性经验推断路线。首先从习惯的形成和类型两个方面来探索，揭示出了习惯的感性心理本性，习惯在因果推断发挥了主导作用，这就使因果推断充满了主观性，使感性情感在推断中获得了首席地位。其次从方法论的意义上分析，休谟将习惯作为人性原则，并不是要获取确切的真理和规则，而是要探求人类认识能力的限度，来描述一副新思维的画面情景，这也正使休谟的精神哲学思想具有了温和折中的灵动特质。最后，从学科的建立和转向方面指出，休谟把注意力从对终极原始原则的传统的形而上学的研究上移开以求集中精力来描述我们通过经验和观察能发现的人性的"原始的原则"，即形而上学的消除和经验的、实验性的人性科学的建立。④

**三、德国古典哲学**

王建军独树一帜的提出，人权概念也是康德政治哲学的一个核心概念。国外学者豪沃特·威廉姆斯认为康德的政治哲学中包含着三个核心概念，即自由、平等和独立。国内也有个别学者重复了类似的观点。但王建军认为这种观点并不全面，因为康德政治哲学中还有一个核心概念就是"人权"。他从两个层次上分析了原因。首先，人权是纯粹理性外在的东西。人权必定要与经验性的对象发生关系，但它们又必定要以人的自由、平等、独立为基础的。王建军认为与内在的东西相比，外在的人权并非不重要，它是康德整个政治哲学架构的主线，因为人权概念不仅是公民宪政得以建立起来的根据，而且也是康德政治哲学所追求的最大的外在目标的根本保证，这个目标就是人类的"永久和平"。第二个原因是，从外延方面看，人权概念不仅涉及"国家公民权"，而且还涉及"世界公民权"。康德认为，人权得到保障的一个先决条件就是人类必须结束单纯的自然状态而进入到公民法治状态或公民宪政状态。康德在这一问题上的空想倾向是显然的。然而，他毕竟依据其"合目的性"理论对其永久和平的理想和信念作出了哲学的论证。⑤

王建军在对康德的直观概念研究时，发现"直观"概念是康德整个认识论的基础，也是其全部批判哲学的真正起点。但人们在提及康德的直观概念时，往往将它与"感性直观"对应、甚至等同起来，这显然是一种误解，因为康德的直观概念还包括想像力的直观与理智的直观。王建军主张，这三种直观分别构成了康德直观理论的三个环节。感性直观是以想象力的直观为基础的，因为如果没有先验想象力的综合，如果没有先验想象力对空间和时间表象的建构，感性直观本身也就不可能进行。这样，我们便勾画出康德直观理论的三个层次：感性直观——想象力直观——理智直观，它们之间具有一种层层深入的递进关系。空间与时间作为我们认识方式的主观属性，并不是知性思维的形式，而只是感性直观的形式。⑥

王建军对康德的普世主义进行了归纳。与传统的普世主义相比，康德更重视其先验的基础。合目的性、永久和平、善分别是康德为这三种普世主义奠基的理念。理念使得康德的普世主义具有纯粹性、整体性、范导性的特征。康德对于普世主义的贡献，可能主要反映在方法论的方面，从而使得普世主义摆脱了经验的羁绊而具有普遍的科学方法论的意义。首先，康德主张一种政治的普世主义。这种普世主义体现在他的人权学说中，更确切地说，体现在他的"世界公民权"的概念中。其次，康德的普世主义并不仅仅是一种主观的态度或倾向，而是某种奠基于理性概念之上的学说。当然，谈到康德的理念，并不局限于《纯粹理性批判》中的"灵魂、自由和上帝"三个理念。普世主义作为一种社会层面的共同体，它所奠立于其上的理念往往是一些与经验世界结合的更为紧密的理念。康德的普世主义的特征主要表现在三个方面。首先，康德的普世主义具有纯粹性或非经验性的特征。其次，康德的普世主义具有整体性或普遍性的特征。最后，康德的普世主义具有范导性或非建构性的特征。⑦

苏国凤从直观、判断、逻辑三个层面对康德关于数学的形而上学基础问题进行了深入的分析，对于弗雷格、阿多诺在"直观"概念上的误解，对于弗雷格、卡尔纳普、蒯因关于康德"先天综合判断"的批判,对于蒯因立足于意义理论与形式逻辑而对康德"分析"概念的质疑,分别予以辨析与澄清。[8]

四、分析哲学

李国山和代海强对维特根斯坦《逻辑哲学论》中的神秘主义进行了研究。首先,梳理了学术界对这一问题的争论。神秘主义引起了许多学术争论,受关注最多的是:如何看待神秘主义与语言分析、逻辑研究之间的关系,即是否可以从后者必然推论出前者?评论者们对于这一问题给出了不同的回答。有人认为维特根斯坦的神秘主义与《逻辑哲学论》的此前部分不存在必然联系,格劳克就坚持一种"嫁接"的观点,他认为维特根斯坦是将神秘主义"嫁接"到了逻辑的主题之上,神秘主义与逻辑之间的关系不是契合一致的;哈克也持类似的观点,反对《逻辑哲学论》看做是一个统一的整体。但是安斯考姆认为神秘主义与图像论之间存在着某些紧密的联系,她坚持的是"图像论"解释路线。还有评论者主张将《逻辑哲学论》中的各部分当做一个整体,其中最突出的是泽马克,坚持"上帝"概念论证路线;麦克吉尼斯也持有与此相近的立场。其次,评论这场争论并提出了独到的见解。西方学者对神秘主义的具体内容以及它同《逻辑哲学论》中其他思想之间的关系评价不一,而且这些评价都有自身的局限性。事实上,如果从全局的视域来考察《逻辑哲学论》就会发现,通往神秘主义有两条路径:一条是语言哲学的路径;另一条是逻辑哲学的路径。神秘主义是维特根斯坦对有意义的科学命题和缺少意义的逻辑命题进行分析所推导出的一个逻辑结论,它与《逻辑哲学论》中的图像论和逻辑哲学是一个不可分割的整体,这种整体性表明维特根斯坦力图实现经验的自然科学、先验的逻辑学和超验的伦理学的统一。[9]

李国山用库恩的范式理论来检视人的发展经济学这门学科。人的发展经济学是一个新兴的经济学分支。它作为一门社会科学可以从科学哲学的角度来看它何以能够成长为一个托马斯·库恩意义上的研究范式。李国山主要从三个方面考察这个问题,首先,从"人的发展经济学"已有的三个定义来看,已经具有丰富的哲学含义,负载着库恩所称的范式的本体论假定。综合这些定义,我们可以分辨出这样一些被承诺存在、进而被当做人的发展经济学研究对象的东西。这些被承诺下来的本体都是社会性的存在,不同于自然科学所假定的自然存在物。其次,一个研究范式的成熟还必须具备一些条件:一个相当规模的、稳定的科学共同体,一个定期举办的专门论坛,一本专业的学术期刊,一批标志性的研究成果,一本权威的教科书,一门广泛开设的专业课程,一个专业研究方向。人的经济发展学已经初步都符合了一些条件。最后,人的发展经济学的独特之处,它的特色就是将经济学哲学所探讨的主题纳入进来了。一定程度上也代表着经济学的未来发展方向,因为物质财富的增长只不过是经济活动的直接目标,而不是其根本目的。其根本目的是,以物质财富的增长为手段促进人的自由全面发展。[10]

五、现象学

郑辟瑞对胡塞尔的"自我"进行了剖析,提出了一种意向因果观的新思路。在《逻辑研究》时期,胡塞尔持有一种类似于休谟的"无我"立场,而在《观念Ⅰ》时期,胡塞尔转而严厉地批评了自己早期的"无我"立场,并且坚定地转向一种类似于康德的"有我"立场。胡塞尔经历了从拒斥到接受"纯粹自我"概念的转变过程。在对这一转变的合法性论辩中,有批评者也有试图辩护者,其中仍然引发争议的批评是萨特首先提出并由古尔维奇承续并且明确命名的"非自我学的"意识理论,萨特—古尔维奇模式,根据这种模式,胡塞尔的这一转变是其思想上的倒退。郑辟瑞试图以萨特对胡塞尔思想转变的批评作为问题的引出,然后引入几种有影响力的对胡塞尔"纯粹自我"概念的阐释,分析其利弊,并且结合胡塞尔手稿中的相关论述,尝试从形而上学与先验现象学的区分出发,开辟一条新的道路,澄清胡塞尔接受"纯粹自我"概念的真正意图,并且回应萨特—古尔维奇模式。郑辟瑞认为,塞尔的意向因果关系理论确实为意向性与因果性之间架起了一座桥梁,它说明意向解释也可以是因果解释,心灵与世界之间能够同时发生既是因果的,又是意向性的相互作用。然而本文结合汤普森对这一理论的批评,指出塞尔理论所存在的主要困境,并特别针对其关键性困难,即意向因果观的因果理论基础,通过结合干预主义因果理论,尝试提出一种新的意向因果观,这种尝试是对意向性以及因果性概念的研究的一条新的思路。[11]

六、政治哲学

陈建洪综合考察了阿伦特关于霍布斯的两种

解读。阿伦特的第一种霍布斯解释立足于对霍布斯的人性论的理解,也就是将人理解为孤独无情、无依无靠、自私自利的纯粹个体。但是,陈建洪认为,阿伦特的这一解读在一定程度上明显是对霍布斯的有意误读,因为阿伦特依据仅依据霍布斯所描述的自然状态来展开她对霍布斯的分析和批判。阿伦特对霍布斯的第二种解释立足于将人的理性理解为“依据结果的计算”。阿伦特所解释的两种霍布斯形象,其背后所体现的分析视角不尽相同。前一种形象的着眼点在于霍布斯的政治史意义,将人理解为一个始终未能满足的欲望人。后一种形象的着眼点在于霍布斯的思想史位置,将人理解为依据结果计算的理性人。阿伦特的两种霍布斯形象之间似乎存在着一种断裂。这个断裂之间有没有一座桥梁?陈建洪研究发现,如果有这么一座桥梁的话,根据阿伦特的思路,个人利益才能将那个欲望人和这个理性人连接在一起。欲望人追逐个人利益,理性人计算个人利益。不过,阿伦特并没有明确这一点,以使其解释的两种霍布斯形象具有一定的融贯性。⑫

陈建洪对霍布斯的恐惧的概念进行了全面的分析,认为近年来,随着霍布斯研究的重新复兴,国内的霍布斯研究也开始讨论霍布斯的恐惧概念及其对于其政治哲学思想的重要性,尽管理解不尽相同。目前中文文献中已有关于霍布斯恐惧概念的若干讨论和质疑,其实基本上在L.施特劳斯的讨论中已经都得到了解决,尽管解决方案未必完美。陈建洪试图以较为清晰的方式重新梳理霍布斯的恐惧概念,并引入施特劳斯的已有解释以求澄清相关问题。在研究霍布斯的大家中,施特劳斯可能在最大程度上强调了恐惧在霍布斯政治哲学体系中的奠基意义。在早年专论霍布斯的著作中,施特劳斯便将“对于暴死的恐惧”解释为霍布斯建构“全部正义以及随之而来的全部道德的根源”,并指出霍布斯这一建立在恐惧基础之上的新道德奠立了资产阶级道德,有别于过去建立在虚荣基础之上的贵族道德。在《自然权利与历史》中,他依然坚持对暴死的恐惧对于霍布斯建立新政治理论之无可替代的压倒性作用,并且分析了霍布斯认为对于暴死的恐惧具有压倒性力量的观点面临的两个问题及其解决方式:政府权利与自然权利的矛盾以及对公共权力的恐惧和对不可见力量的恐惧孰强孰弱的矛盾。但是,恰恰在这些关键的问题上,我们国内的学者还没有充分消化施特劳斯所提供的解释,也就还谈不上对其思路的合理性展开真正批判性的反思。⑬

(本文作者:吕雪梅,南开大学哲学院博士生)

注释:

①陈建洪:《论〈会饮〉中的爱若斯和阿佛洛狄忒》,《天津师范大学学报》(社会科学版)2012年第5期。

②贾江鸿:《笛卡尔“nature”概念辨析》,《江汉论坛》2012年第3期。

③刘晋祎:《界限与张力:因果推断的可然性——基于休谟的人性理论分析》,《西南农业大学学报》(社会科学版)2012年第12期。

④刘晋祎:《休谟论习惯的本性与作用——基于感性情感分析》,《重庆工商大学学报》(社会科学版)2012年第4期。

⑤王建军:《论康德的人权概念》,《陕西师范大学学报》(哲学社会科学版)2012年第4期。

⑥王建军:《论康德直观理论的三个层次》,《天津社会科学》2012年第2期。

⑦王建军:《论康德对普世主义的理性奠基》,《广东社会科学》2012年第4期。

⑧苏国凤:《康德与数学的形而上学基础》,《云南大学学报》(社会科学版)2012年第4期。

⑨李国山、代海强:《通向〈逻辑哲学论〉神秘主义的双重路径》,《社会科学》2012年第3期。

⑩李国山:《人的发展经济学:一个成长中的研究范式》,《改革与战略》2012年第10期。

⑪郑辟瑞:《自我的形而上学与剩余》,《现代哲学》2012年第5期。

⑫陈建洪:《论阿伦特的霍布斯》,《云南大学学报》(社会科学版)2012年第3期。

⑬陈建洪:《论霍布斯的恐惧概念》,《世界哲学》2012年第5期。

**【逻辑学研究综述】** 2012年,在天津市逻辑学者的不懈努力下,逻辑学研究在质和量上都取得了进步。据CNKI系列全文数据库统计,全市逻辑学研究者公开发表学术论文约40篇,出版逻辑专著1部。逻辑学研究涉及逻辑哲学、哲学逻辑、归纳逻辑、中国逻辑史、数理逻辑、语言逻辑以及逻辑学的应用等领域。现简述如下。

**一、逻辑哲学研究**

任晓明、桂起权指出,逻辑哲学中存在一个中心问题,那就是形式系统内的推理有效性是否恰当地符合非形式原型的问题,亦即恰当性问题。整个逻辑哲学都是围绕着逻辑系统内有效的形式推理如何与系统外的非形式原型恰当相符这个问题展开的,其他问题都是由此派生出来的。①

任晓明、李蒙指出,逻辑学家和认知科学家通常只关心自己视野内的问题,无暇顾及其他相关学科。这样一来,双方的研究都受到自身视野的局限而难以深入。作者试图突破这一视域局限,探讨支持理论对经典概率的修正和变异,考察支持理论从逻辑到认知的视角转换,并就支持理论的困难与出路提出相应的看法。[②]

任晓明、桂起权指出,逻辑系统发生学的中心任务是探究逻辑系统的产生和发展的奥秘。非经典逻辑产生的内在动力是经典逻辑的形式系统与非形式原型之间具有某种程度上的不恰当性。当经典逻辑在形式化过程中出现一些“怪论”和“疑难”时,为了解释或消解这些疑难,就需要运用种种不同的调整和修改策略,去“修正”原有的经典逻辑系统,从而产生新的逻辑系统,这种新系统要么是对经典逻辑的扩展,要么是对经典逻辑的变异,这就是非经典逻辑产生和发展的奥秘。而逻辑系统发生学则是探索非经典逻辑产生奥秘的金钥匙。[③]

程献礼、牛翠波指出,贝叶斯归纳是通过贝叶斯定理从相关先验分布出发,以获得新信息的运算。它以在两个“估计”过程中对贝叶斯归纳的成功运用,回应了所谓“主观性”不能在标榜“客观性”的科学过程中出现的质疑。平稳估计也称稳健性估计,可以保证贝叶斯估计相对于先验分布的相对独立性,无需为了做一个既准确又精确的贝叶斯估计付出巨大的准确度和精度方面的代价。通过对证据的刻画、对抽样的分析以及对因果假设的检验等分析,作者认为:该研究避免了经典方法中对结局空间及停止规则等的依赖,是一种与直观相吻合的、科学的推理方法。[④]

**二、哲学逻辑研究**

李章吕指出,麦加拉学派和斯多葛学派是古希腊罗马时期的两个重要哲学派别,他们十分重视条件命题的讨论和研究,形成了费罗蕴涵、第奥多鲁蕴涵、联结蕴涵和包含蕴涵等具有重大意义和深远影响的蕴涵理论,他们的蕴涵理论是条件句逻辑的起源,现代条件句逻辑的许多思想都源于此。[⑤]

聂海军、王左立指出,存在图是继欧拉图、文恩图和皮尔士—文恩图之后的又一种逻辑图。然而由于存在图之前的逻辑图在表达能力上的缺陷以及现代数理逻辑的成功,长期以来存在图并未引起人们的关注。直到近来计算机表示的图示推理发展起来以后人们才认识到它的重要性,并把它作为一种图式逻辑纳入了哲学逻辑的范畴。人们对存在图逻辑地位的认可经历了一个复杂的过程。存在图在被认可道路上遇到了逻辑系统身份、推理效率和阐述的精确性三个问题,随着这三个问题的解决,人们逐渐认可了存在图的逻辑地位。[⑥]

**三、归纳逻辑研究**

任晓明、黄闪闪认为,贝叶斯主义的复兴出现在统计推理领域,贝叶斯方法成功避免了经典统计推理中的主观因素问题以及先验回避问题,凸显了自身的归纳特性,因而是推理方法的革命。尽管目前贝叶斯主义风行,但它仍存在主观性、简单性与旧证据问题等难题,这为其进一步发展留下了宽广空间。认知心理学近来对贝叶斯推理研究的发展,为贝叶斯推理研究的认知转向提供了契机,同时为这种方法的发展提供了可能的进路:探索频率主义与贝叶斯主义整合的可能性;在外延性归纳逻辑中引入内涵因素,尝试外延性与非外延性因素的融合。[⑦]

程献礼指出,作为当代发展最为迅猛的一种科学研究方法——贝叶斯主义方法,尽管已经深入到了科学研究的方方面面,但其先天的“先验”、“主观性”等标签使其陷入不必要的纷争之中。作者通过对贝叶斯无差别原则和不变性原理的考察,发现先验概率的无约束即主观性,是贝叶斯主义的一个优点,更重要的是该主观性的产生是由严格的“推理机”——归纳逻辑所定义出的。[⑧]他还从概率的产生开始,简要地介绍了统计理论的发展历程,并分别对这两种方法的实用的可操作标准给予分析,认为两种方法各有利弊,对两种方法的选择应结合实际情况选择。[⑨]另外,程献礼、牛翠波介绍了 Jaynes 对无信息原则进行的阐述和技术性解读,以及无信息性在实践中的两个应用——贝特朗难题和酒—水疑难。[⑩]

刘晋祎指出,休谟对因果推断的过程进行了揭示,并指出因果推断是人们在“物象恒常会合”基础上的习惯性联想。而对于因果关系的必然性问题,休谟给予了解释,即必然性观念是人心中的一种主观信念。因此,休谟认为因果推断实质上是一种可然性推断,这也正是人的认知限度和认知过程的张力所在。[⑪]

**四、中国逻辑史研究**

吴保平、张晓芒认为,在管仲提出较为系统的“以法治国”概念的基础上,商鞅更加强调“法”的重要性及“法”的应用。在论述法的起源、特征、作用的过程中,商鞅之“法”折射出刑名逻辑思想的光芒。此外,韩非对商鞅之"法"及其刑名逻辑思想继承和发展也正在于此。[12]

吴保平、张晓芒指出,"矛盾之说"作为韩非逻辑思想的重要组成部分,在中国逻辑史上有着举足轻重的地位。它的产生有其社会渊源、思想渊源和辩学渊源。同时还认为,韩非"矛盾之说"有着深刻的内容并产生了深远的影响,但也带有其产生时代的局限性。[13]

翟锦程、王加良指出,"类"是中国古代逻辑思想的一个核心范畴。20世纪初,借助西方传统逻辑的理论与方法,近代学者开始系统研究以墨家为代表的中国古代逻辑思想中的类范畴。一个世纪以来,关于中国古代逻辑思想的研究日趋全面和深入,出现了一大批颇具新意的研究成果,其中有专门成果从不同的视角解释了墨家"类"范畴。作者从"类"范畴研究的基础、方法、内容等方面入手,分为四个方面来探讨近现代时期关于"类"范畴研究的成就与不足。[14]

王左立指出,古汉语中没有系词,是中国古代未能产生类似于传统词项逻辑推理理论的重要原因。程仲棠先生对该观点提出了批评,认为它的错误在于把逻辑载体当作逻辑本体;逻辑本体是客观的、唯一的,语言是逻辑的载体,不同的语言可以承载相同的逻辑本体。作者认为,程先生的论证有失偏颇。第一,某种语言可以表述一种逻辑并不意味着使用这种语言就可以发明出该逻辑。第二,"逻辑本体"是一个形而上学的概念,对于逻辑学来说,它是一个不必要的假设。第三,传统逻辑的规则产生于自然语言的用法,古汉语的特点使得中国古代先贤未能发明出类似于三段论那样的逻辑理论。[15]

崔清田运用归纳列举的方法,分析儒家、名家和墨家名与辩的思想。孔子的"正名"说开启并推动了先秦时期的名实关系大讨论,其开创意义不容忽视;公孙龙的"白马非马"和"唯谓"之说,已经使名实问题的讨论从服务于政治需求的"正名"说中分离出来,走向了"专决于名"的抽象研究,其学术思想不失为中国思想史上的一朵奇葩;荀子重"辩",但荀子的辩并不是争胜的论辩,而是教化礼义的谈说之术;墨子倡导并研究"谈辩",后期墨家形成了墨家独到之辩学,对"辩"进行了首次界定及功用的全面概括。名学与辩学具有表述和论证方法方面的内容。对此了解,既有助于我们对传统文化中重智一面的继承与弘扬,也对今日生活中论说、交际与求知的成功有积极的借鉴意义。[16]

**五、数理逻辑研究**

李继东指出,现代中国是中国逻辑科学发展大开大合的时代,我国逻辑科学的研究与发展从此进入了一个崭新的阶段。其中,在传统逻辑的基础上发展起来的、作为传统逻辑现代形态的数理逻辑的传入与传播,开辟了我国现代逻辑的新方向。

李娜、刘大为对公理化真理论的研究,对国外主要的、有重大影响力的公理化真理论做了梳理和述评。[17]

**六、语言逻辑研究**

李章吕指出,基于对"语词的意义是什么?"的探讨,形成了众多的意义理论。但是,普特南认为,这些传统意义理论有两个错误的假定,即把意义等同于心理实体("内涵"),以及把意义等同于外延,这就使得它们无法把"意义"这个概念搞清楚,甚至它们所谈论的那些所谓的"意义"根本就不是真正的"意义"。因此我们必须放弃意义就是心理实体的教条,把外延作为意义的一部分,然后来重新建构"意义"这个概念。[18]还指出,哲学家们基于对"语词的意义是什么?"的探讨,发展和构建了意义的指称论、观念论、成真条件论、证实理论等众多的意义理论。但是,在普特南看来,他们都没有很好地说明意义是什么,从而使得语义学理论长期以来一直处于"黑暗"之中。[19]

关兴丽指出,语言在中国先秦时期是各家共同关注的焦点,在诸家之中,墨家表现出极端重言的特点,其积极成果就是墨家语言哲学思想的研究:指称论思想、言语行为思想、语境思想和隐喻思想。但墨家与儒家、道家和名家的语言哲学研究相比明显逊色,墨家的语言哲学思想至今并未得到专门的、深入的和系统的研究。[20]

**七、比较逻辑研究**

王东浩认为,应该从本体论的角度上升到方法论的研究层面,阐述比较逻辑学的理论体系建构。比较逻辑学研究应该以哲学认识论为基本原则,坚持比较的研究方法。[21]还指出,在不同文化的影响下,逻辑的共同性和特殊性更加明显,学科之间的交叉性、可比性增强,这些特性的深入促使比较逻辑学的构建渐趋合理。[22]另外,他通过科学分析比较逻辑研究的现状,指出比较逻辑研究主体是形式方面的研究。它集中在对不同逻辑体系的比较中,这也凸显了它的问题。近年来比较逻辑研究有所突破，开始着重体制的研究和创建。[23]

## 八、逻辑学的应用研究

瞿麦生以哲学角度的理性探赜为逻辑起点，详细论述了时代呼唤经济逻辑理性的规约，深入探索了经济理性向逻辑理性的转向，提升了经济逻辑学社会理性功能。具体阐述了经济逻辑学社会理性功能的理性预测、理性辩护、理性制导三大特征。[24]

关兴丽指出，“素质教育”是《国家中长期教育改革和发展规划纲要》（2010—2020年）的战略主题。思维素质是人的各项素质的基础。要培养思维素质和提高全民逻辑思维能力，必须加强逻辑教育。为此，对逻辑学功能的定位、对逻辑教学内容的调整和教学方法的改进，成为当前迫切研究的主要课题。通过阐述逻辑观及逻辑学的功用，阐明在复合型人才培养中逻辑教学的主要内容——论证及其方法，凸显素质教育中的逻辑教学问题。[25]

张晓芒、关兴丽指出，和谐社会的建设是全球化浪潮中多元共存的历史使然，在和谐社会的建设中，我们不但需要向世界传播孔子及儒家的“和”的理念，同时也需要向世界传播墨家治世的精神与手段。这种涉及和谐社会建设的不同元素问题，不仅是世界文化多元化的问题，同时也是中国文化传播内容多元化的问题。[26]

周正指出，在新一轮产业革命中，“中国设计”将为“中国创造”转型升级提供强大助力。而设计的关键在于设计人才。因此，需要提升设计人才心理素养、内在创新思维能力，找出最为恰当激发思维潜能的发展路径。作者给出了四种实现潜能的路径。[27]

张晓芒、莫日根巴图指出，逻辑与文化有着相互影响、相互制约的互动关系。从逻辑与文化的关系或以逻辑视角审视不同民族思维方式或不同文化群体的说理方式具有重要的理论意义和现实意义。[28]

## 九、逻辑学著作

田立刚著《先秦逻辑范畴研究》一书分为上编和下编。上编主要介绍一些基本的先秦逻辑范畴理论：故、理、类；名、辞、说、辩等。下编主要介绍先秦逻辑范畴对传统文化的影响。主要包括：先秦逻辑范畴对传统思维方式、传统哲学、传统道德伦理观、古代历史研究、古代文学理论与创作的影响。该书的推出是对中国逻辑史研究的一个重要贡献。[29]

（本文作者：叶发扬，南开大学哲学院硕士研究生；审定：任晓明，南开大学哲学院教授，博士生导师）

**注释：**

①任晓明、桂起权：《试论逻辑哲学的中心问题》，《自然辩证法研究》2012年第3期。

②任晓明、李蒙：《从逻辑到认知：支持理论的视角转换》，《哲学动态》2012年第4期。

③任晓明、桂起权：《逻辑系统发生学：探索非经典逻辑产生奥秘的金钥匙》，《科学技术哲学研究》2012年第1期。

④程献礼、牛翠波：《论统计推理中贝叶斯归纳的哲学研究》，《毕节学院学报》2012年第5期。

⑤李章吕：《论麦加拉－斯多葛学派的条件句逻辑思想——简论条件句逻辑的起源和发展》，《毕节学院学报》2012年第6期。

⑥聂海军、王左立：《存在图的逻辑地位——批评与回应》，《逻辑学研究》2012年第4期。

⑦任晓明、黄闪闪：《贝叶斯推理的逻辑与认知问题》，《浙江大学学报》（人文社会科学版）2012年第4期。

⑧程献礼、牛翠波：《贝叶斯推理主观性探析——对无差别原则和不变性的考察》，《太原理工大学学报》（社会科学版）2012年第5期。

⑨程献礼、牛翠波：《贝叶斯方法和频率方法比较研究》，《山西高等学校社会科学学报》2012年第6期。

⑩牛翠波、程献礼：《无信息性的贝叶斯主义解决方案：从Jaynes的观点看》，《重庆理工大学学报》（社会科学）2012年第10期。

⑪刘晋祎：《界限与张力：因果推断的可然性——基于休谟的人性理论分析》，《西南农业大学学报》（社会科学版）2012年第12期。

⑫吴保平、张晓芒：《商鞅之“法”及其刑名逻辑》，《武汉大学学报》（哲学社会科学版）2012年第6期。

⑬吴保平、张晓芒：《韩非“矛盾之说”的历史渊源》，《江汉论坛》2012年第9期。

⑭翟锦程、王加良：《论近现代时期关于墨家“类”范畴的研究》，《云南师范大学学报》（哲学社会科学版）2012年第3期。

⑮王左立：《再谈无“是”即无逻辑——答程仲棠先生》，《河南大学学报》（社会科学版）2012年第3期。

⑯崔清田：《名辩举隅》，《毕节学院学报》2012年第3期。

⑰李娜、刘大为：《公理化真理论研究述评》，《哲学动态》2012年第8期。

⑱李章吕：《普特南论传统意义理论的困境及改造方案》，《理论月刊》2012年第11期。

⑲李章吕：《普特南对传统意义理论的批评》，《唐山学院学报》2012年第5期。

⑳关兴丽：《墨家语言哲学思想概论》，《毕节学院学报》2012年第7期。

㉑王东浩：《比较逻辑学理论体系建构的原则和方法》，《淮阴师范学院学报》（哲学社会科学版）2012年第2期。

㉒王东浩：《不同文化背景下比较逻辑学理论体系的建构》，《晋中学院学报》2012年第2期。

㉓王东浩：《科学分析比较逻辑研究的现状和基本问题》，《中国城市经济》2012年第2期。

㉔瞿麦生：《论经济逻辑学的社会理性功能》，《天津商业大学学报》2012年第2期。

㉕关兴丽：《素质教育中的逻辑学教学——基于〈国家中长期教

育改革和发展规划纲要〉(2010—2020年)的思考》,《毕节学院学报》2012年第3期。

㉖张晓芒、关兴丽:《理念与方法——和谐社会建设中的墨学资源》,《职大学报》2012年第2期。

㉗周正:《设计思维潜能培养》,《设计》2012年第2期。

㉘张晓芒、莫日根巴图:《试论逻辑文化与民族思维方式》,《内蒙古民族大学学报》(社会科学版)2012年第6期。

㉙田立刚:《先秦逻辑范畴研究》,中国社会科学出版社2012年版。

**【伦理学研究综述】** 2012年,天津学者积极开展关于伦理学理论与社会主义道德建设等问题的研究,在重要刊物上发表伦理学论文数十篇,出版应用伦理学方面的著作多部,内容涉及伦理学基本理论与道德建设、中国传统伦理思想、西方伦理思想以及应用伦理学等研究领域,显示出天津伦理学界的重要学术力量。

**一、伦理学基本理论与道德建设研究**

本年度关于伦理学基本理论的研究,其深度和视野均有很大扩展,并紧密地与当代社会的道德建设问题结合起来。

年末在津召开了全国性的"道德治理与道德文化建设"研讨会,许多学者对此展开了深入的研究。杨义芹认为,当前中国的道德问题是社会转型期的问题,其直接诱因是在向市场经济转变的过程中,把经济利益的思维模式用到道德判断和社会行动能力上。目前在道德建设方面,一要树立信心和决心,二要提升信念和信仰,三要倡行共建和共享,四要坚持"守"与"为"并行,以"守"为先的工作重点。①

张鹏从对社会转型、经济转轨和文化冲突带来"现代性问题"这个直接后果入手,对德性培育与人生观教育两者间的关系进行了分析。认为"现代性问题"的核心是道德危机,而道德危机最核心的又是人生观的危机。德性的复兴有助于缓解人生观教育危机,德性从潜在到自在的过程是人生观教育的过程,德性的自我就是人生观教育的最终形态。②

郭卫华从道德焦虑的自身特性、其产生的现代根源以及化解的途径等角度,对道德焦虑问题进行了探讨。认为从伦理的角度看道德焦虑,它体现了人类对于善的渴望和追求,是人类对自身所处的道德困境进行反思时作出的心理反应,在维持伦理秩序和人性提升方面具有重要的作用。焦虑作为一种精神困扰在当今时代凸现出来,意味着我们陷入现代性道德困境之中。从道德困境的伦理本性以及产生的现代性根源来看,需要有效地化解因道德困境引发的精神困扰,把道德焦虑转化为走出现代性道德困境的精神动力,为此我们还需要做出一系列的伦理建设方面的努力。③

道德距离表示的是道德上冷漠态度的一种程度,现代社会中人们之间的空间距离缩小,但是道德距离并没有相应地缩小,从而使它成为当代人在道德生活中受关注的一个问题。刘曙辉从道德距离的本质和表现形式、空间距离与援救义务、时间距离与对后代人的责任等方面,对有关道德距离现象及其相关理论进行了梳理和分析,认为道德距离问题上的争论,特别是空间的道德距离问题上的争论,在很大程度上反映了伦理学领域的偏颇性与公正性之争,这些为进一步研究道德距离问题开拓了一定的理论视野。④

牛桂振对"爱"范畴进行了道德哲学的解析以及实践意义的探讨。认为"爱"是伦理价值的根本所在,其伦理的特质是对个体内在生命的身心分离、个体与整体、人类与自然相分离的扬弃。"爱"作为人类无法忽视和抛弃的强大的整合与协调力量,其功能是使人类通过爱的伦理整合力量重新聚合在一起,并最终实现人与人之间的协调和个体与群体、人类与自然的融为一体,对于我国构建和谐社会具有重要的时代意义。⑤

道德的本质是什么?理性的本质是什么?道德与理性之间是何种关系?道德借助于人类的理性又能解决哪些问题?姬海涛通过对这些基本问题的研究和思考,认为现今道德建设的诸多困境与理性和道德的非法结合有直接关系,道德的本质与现行理性的本质既有一致的一面,又有相异的一面,因此必须在人类现实的生活与实践中规约和改善我们现今的理性,才能实现理性与道德的有机结合。⑥

**二、中国传统伦理思想研究**

本年度中国传统伦理思想研究集中在儒家伦理思想的梳理分析与当代价值的探讨方面,也有学者探讨了明朝中后期民间日常生活伦理的内容以及对儒家伦理思想在生活中的应用。

心性修养是由道德认知到道德践行之间不可或缺的连接环节或桥梁。温克勤在对儒家的心性修养学说的形成与发展阶段进行梳理,并与道、佛两家进行深入比较的基础上,认为儒家心性修养论中固然有夸大精神作用的倾向,但不应以此忽视它其中的合理因素。长期以来人们视儒家心性修养论为空谈心性,这是有失公允的。注重心性修养,注重内在良知的培养,并以此导引人的善行义举,是符合人类道德发生发展规律的。从道德修养和道德教育的实践来看,只讲道德知识灌输、道德规范约束,不注重切实的心性修养,也是难以达到知行统一的实际效果的。[7]

士德作为读书人的道德,由于古代社会士阶层在社会生活中所发挥的作用日益重要,其道德品质也为人们所关注。士大夫精神是从政者的风貌,更具有着重要的意义。温克勤对我国传统的士德和士大夫精神进行了深入分析,认为士德和士大夫精神是我国民族传统文化中的重要内容,其中一些有价值的因素是任何时代都需要重视和发扬的。以道事君;忧国忧民,以天下为己任;穷则独善其身,达则兼善天下;刚直不阿,清正廉洁的士大夫精神,集中反映了从政者应具备的道德信念、道德良知和道德责任感,当今我们建设高水准的公民道德和公务员道德,也需要利用好这一历史文化资源。[8]

薛富兴撰文提出孔子的“仁”与“义”具有普遍的伦理学价值。“义”是规范伦理学的核心概念;“仁”是美德伦理学的核心概念。从“义”到“仁”,孔子奠定了伦理学的逻辑基础。立足当代语境,需要对孔子的“义”与“仁”做必要的补充,即用“个体生命权利”的观念补充“义”,用“同命意识”补充“仁”。这样可以使得孔子的伦理学思想符合当代现实语境,具有更坚实的逻辑基础。[9]

刘玮玮则具体地对道学与儒家的女性伦理观进行了分析和比较研究,认为由于思想主旨的不同,道学与儒家在女性伦理上存在对立,表现为对女性的地位和价值定位,儒家强调“男尊女卑”,道学主张“阴阳并重”;对女性的人格,儒家持“女人祸水论”,道学持“女性崇高论”;对女性的贞节及两性交往,儒家过于强调女性贞节的畸形伦理观而实行“男女之大防”,道学较为宽容而倡导自然健康的两性关系;对女性所循人伦礼节,儒家重文轻质,道学重质轻文;对女性的道德监督机制,儒家诉诸人的作用,道学主张人神并用。但是道学为扩大其影响力又不断吸取儒家思想,使得道学与儒家在女性伦理上存在融合,它们都奉行尊卑等级观念、倡导“贞顺”之德、重视“孝亲”思想及推行“五常”之道。[10]

古代日用类书起源于南宋末年,兴盛于明清时期,是民间书坊所刊刻的记载民众日常生活实用知识,并在民间社会得到广泛传播的通俗读物。魏志远通过对日用类书中所反映的明朝中后期的民间伦理思想的研究,认为明朝中后期刊的日用类书中记载了大量关于个人品性修养、家庭伦理和为人处世方面的民间伦理思想。它与官方和儒家士人提倡的教化伦理思想强调个人修身不同,民间伦理思想是普通民众日常生活经验的总结,因此其更强调伦理规范的实用性。通过日用类书来研究民间伦理思想,可以使我们认识到当时的普通民众是如何理解儒家的伦理思想,并将之运用于日常生活。[11]

道德上的耻感是人经过一定道德教化而形成对于耻辱的一种基本的道德认知和心理感悟,是道德觉悟在良心层面的一种道德意识。此种教育即知耻教育,简称为耻教。赵士辉通过梳理和提炼周秦伦理文化中的耻教思想,认为周秦伦理文化高度重视耻教,其关于耻的具体标准、耻感的道德评价、耻教的重要功能等耻教思想,体现着中国伦理教育智慧,为中国传统耻教思想确立了方向,经过后世思想家的强调和发展而形成比较完整的耻教思想体系,使我国成为一个传统文化中耻感文化倾向很强的国家。梳理和分析周秦伦理文化中的耻教思想,揭示其现代的思想价值,对道德建设和国家治理具有积极的思想启迪和借鉴意义。[12]

**三、西方伦理思想研究**

冯书生通过对《康德道德形而上学原理》的倒序解读,认为如同人类历史上任何一位有系统理论体系的道德哲学家一样,关于人的基本看法是康德责任论伦理学的基本出发点,其理论的合理性,很大程度上就取决于康德关于人的基本看法的合理性。康德通过强调人是有理性的,从类的角度深刻合理地揭示了人有自主能动性这一本质属性。基于这一判断,康德将人的自主能动性,也即人的意志自由作为责任论伦理学的基础。[13]

王伟凯认为,作为世界著名的经济学大师和伦理学家,亚当·斯密在《道德情操论》中系统阐发了对良心的认识。良心的影响相当大,人之所以会做出某种行为,在一定程度上受到良心的影响,而同情心、责任感和道德自律则是良心的重要体现,由此表现出诸多道德行为的实施,所以对人进行良心教化也就成为实现社会和谐发展的不容忽视的手段。良心是由人所接受的观念、知识和生活方式决定的一种道德意识,是社会规范作用于人而形成的一种心理机制，其形成受客观条件的影响，处于不同生活阶层的人，良心的反应也是不同的，斯密将“良心”问题完全归结于同情心的引导和形成，不符合良心的社会属性。但其对“良心”作用的阐述建立在对人类本性分析的基础上，在当时对人们的思想影响还是有一定积极意义的。[14]

韩晓捷认为，霍布斯的契约理论从自然状态的预设出发，人类经过激情欲求与理性选择，为了在不可避免的战争状态下得以自我保存，彼此订立契约并让渡权利建立国家。自然法则的道德性和利维坦的正义与善，是霍布斯契约理论的核心伦理价值，对我国的现代化建设具有一定的参考意义。[15]

韩立红具体分析了“正直”思想在日本伦理思想中具有的重要意义，以及它如何渗透于日本人的日常生活，成为日本人日常生活的行为规范之一。作者认为日本儒学思想虽自中国引进，但在发展过程中却表现出强烈的日本特色，具有明显的非合理主义倾向；其思维和性格则表现出强烈的现世主义特色。日本伦理思想肯定人的自然欲望与感情，不压抑感情的自然流露，主张任何时候都要率真。自中世纪以来，“正直”的伦理思想受到日本人的重视，成为日本社会伦理道德思想的基础。“正直”一词在中国强调的是“公正、正气”，而在日本强调的是“实事求是，表里如一”，体现在日本人生活道德的各个方面，如在性爱观方面，对一切发自内心坦率的“爱情”给予肯定；在饮酒观方面，认为醉酒表达人真实的内心世界，故而不加克制，饮酒必醉，醉多失态。可以说“正直”是日本伦理思想的重要概念之一。[16]

**四、应用伦理学研究**

在生态伦理学方面，杨义芹认为生态现代化是中国现代化的战略选择，为中国走向生态现代化提供了良好机遇。但是生态环境的持续恶化，生态文明与生态现代化观念的长期缺失，发展方式转变的艰难曲折以及全球生态环境恶化的影响，又使中国走生态现代化之路面临着严峻的挑战。新的道路选择是牢固树立生态文明与生态现代化理念，迅速转变发展方式与现代化路径，重建以地球生命共同体为中心的资源与生态保护系统，尽力减少生态足迹，立即行动起来，自觉走生态文明之路。[17]

在科技伦理学方面，柳兰芳从生态文明的要求与科技伦理的紧密结合的关系进行探讨，认为自然价值的存在和由此产生的人对自然的道德义务使科技伦理范围内的伦理范式转变成为一种必然。从当代生态文明视阈出发，在伦理范式转变的过程中必须有配套的科技伦理机制作保证，这不仅要求科技与生态伦理进行良性互动，还必须在科技共同体中树立科学的职业伦理和科学研究的伦理原则。[18]

在生命伦理学的研究方面，曹钦对代孕所涉及的伦理问题进行了分析。代孕是随着科技进步而出现的一种事物。与传统的生育方式不同，代孕的妇女在产下孩子后，对后者不拥有父母通常对子女所拥有的权利，这引发了极大的伦理争议。许多代孕的批评者或者认为这种行为本身就是不道德的，或者认为这种行为在当代社会性别不平等的背景下是不道德的。曹钦提出前一种批评仅适用于代孕者在产后改变自己心意的情形，而后一种批评则不能说明代孕本身是不道德的。在公平的背景下，基于自愿基础的代孕应该得到伦理层面上的认可。[19]刘月树则对生命伦理学的思想渊源进行了梳理分析。生命伦理学是上个世纪中叶兴起的一门应用伦理学学科，主要研究现代医学及生物科学技术所带来的一系列伦理问题。由于其实践性和应用性的学科建构方式，使得生命伦理学具有多重的思想渊源，主要包括基督教伦理神学、医学科学哲学、西方自由主义的政治哲学和西方道德哲学等。上述理论交织在一起，构成了一个繁复的思想网络，既相互联系又存在着矛盾和冲突，共同为生命伦理学提供了理论上的支持。今天生命伦理学的基础理论还处在不断丰富和演变的过程之中。[20]

在传媒伦理学研究方面，黄闪闪、任晓明提出“无意识”不道德是现阶段网络不道德行为的新特点。随着网民人数的增加、上网工具的简单化以及上网软件的多样化，加之信息传播的内容更加丰富，速度更加迅猛，更有可能导致“无意识”不道德行为。“无意识”不道德行为产生的原因有监督机制的缺失、一致同意的预设、批评情绪的泛滥、现实实在与虚拟实在的混淆。其对策是制定相关伦理规范、设立网络不道德行为监督机构、倡导文明上网、理性上网、推广网络主体的实名制。[21]

食品安全伦理是近几年来社会和学界共同关注的问题，在食品安全伦理问题的研究方面，本年度出版了赵士辉主编《食品行业伦理与道德建设》（中国政法大学出版社出版）、赵士辉、侯丽华等主编《食品安全伦理、法律与技术》（南开大学出版社出版）等著作。赵士辉提出维护食品安全的社会治理，需要行政管理、行业自律、媒体监督、消费者的监督与积极维权等多元的社会监管参加，还需要通过运用食品安全技术、法律法规、食品行业伦理与道德、经济制裁等手段。食品行业道德在其所调整的利益关系方面，对职业行为具有规范、他律、引导和自律等功能。食品行业道德与食品安全的法律法规作用范围、要求层次、运行方式以及作用效果等方面均有不同，使食品行业道德以自己特有的方式为食品安全提供有力的道德支撑，构成食品安全法的基础。正确认识食品行业道德与食品安全法律法规的关系，才能自觉地发挥法与道德各自的功能来维护食品安全。[22]

（本文作者：赵士辉，天津科技大学法政学院教授；李振江，天津理工大学继续教育学院院长、副教授）

注释：

①杨义芹：《当前中国社会道德治理论析》，《齐鲁学刊》2012年第5期。

②张鹏：《论德性与人生观教育的互动》，《教育评论》2012年第2期。

③郭卫华：《"道德困境"的现代性反思》，《道德与文明》2012年第2期。

④刘曙辉：《论道德距离》，《哲学动态》2012年第1期。

⑤牛桂振：《"爱"的伦理整合力与构建和谐社会》，《唐山师范学院学报》2012年第1期。

⑥姬海涛：《理性道德论的困境与出路》，《云南社会科学》2012年第5期。

⑦温克勤：《略论儒家心性修养论》，《道德与文明》2012年第5期。

⑧温克勤：《略谈士德和士大夫精神》，《伦理学研究》2012年第1期。

⑨薛富兴：《孔子"仁义"观的内在结构、普遍价值及现代补充》，《孔子研究》2012年第1期。

⑩刘玮玮：《道学女性伦理观与儒家女性伦理观的对立及融合》，《天府新论》2012年第4期。

⑪魏志远：《道德与实用：从日用类书看明朝中后期的民间伦理思想》，《广西大学学报》（哲学社会科学版）2012年第6期。

⑫赵士辉：《周秦伦理文化中耻教思想的基本内容和历史价值》，载《第二届周秦伦理文化与现代道德价值国家学术研讨会论文集》陕西人民出版社2012年版。

⑬冯书生：《康德责任论伦理学的基本问题：关于〈道德形而上学原理〉的倒序解读》，《唐都学刊》2012年第4期。

⑭王伟凯：《论亚当·斯密的良心观》，《社科纵横》2012年第10期。

⑮韩晓捷：《霍布斯契约理论的核心伦理价值及其现代意义》，《道德与文明》2012年第1期。

⑯韩立红：《日本人伦理思想中的"正直"观》，《南开学报》2012年第3期。

⑰杨义芹、何爱国：《机遇与挑战：中国生态现代化之路》，《理论与现代化》2012年第5期。

⑱柳兰芳：《当代生态文明视阈下的科技伦理探析》，《湖北经济学院学报》（人文社会科学版）2012年第1期。

⑲曹钦：《代孕的伦理争议》，《道德与文明》2012年第6期。

⑳刘月树：《生命伦理学思想渊源探析》，《道德与文明》2012年第6期。

㉑黄闪闪、任晓明：《网络空间道德无意识问题及相关对策》，《淮阴师范学院学报》2012年第4期。

㉒赵士辉：《食品行业道德的功能及其与食品安全法的关系》，载《天津市社会科学界第八届学术年会优秀论文集》天津人民出版社2012年版。

**【美学研究综述】** 据不完全统计，本市学者2012年共发表美学相关论文60余篇，出版专著、译著及论文集5部。若逐一述之，非但不大可能，而且也无此必要。撮要述之，一则可增添可读性，二则可以突出重点。至于挂一漏万，在所难免，敬请见谅。

**一、中国美学研究**

诗歌吟诵，本与中国古典诗词之传播接受密不可分。然而五四新文化运动以来，因古典诗词之式微，诗歌吟诵几成绝学。其表征之一就是，诗歌越来越成为阅读对象。事实上，离开吟诵，古诗之魅力丧失殆尽。

加拿大皇家学会院士、南开大学文学院终身教授、知名汉学家叶嘉莹教授，以年近九十之身，扶大厦于将倾。2012年，她将近年之演讲稿整理成长文《谈中国旧诗之美感特质与吟诵之传统》。文章指出，吟诵乃中国古典诗歌的独有特质。欧美之朗诵，日本吟诗，均与中国古代之"吟诵"决然不同。这是因为汉字乃"独体单音"，容易形成对仗与节奏。日本和欧美在诵诗时虽然有轻重之别，但却产生不了汉语言文字那样鲜明的节奏与对仗。文章以诗歌吟诵为中心，不仅深入浅出地探讨了诗言志、赋比兴等古典美学论题，而且结合吟诵体证中国古典诗歌的美感特质。意在证明，离开了诗歌吟诵，非但古典诗歌美质令人体会不到，而且也难以体会重要古典美学论题之深衷。[①]跟叶先生此文一同发表的《中华古典诗词吟诵研究的回顾与展望》一文，将中华古典诗词吟诵研究分为五个阶段：从先秦到晚清是研究之雏形期，20世纪20年代至40年代为过渡期，50年代至70年代为低谷期，70年代末至80年代为复苏期，而90年代迄今则为繁荣期。

如何在现有基础上将古典诗词吟诵研究向前推进，提出五点建议。[②]

叶先生所撰《中国古典诗歌之美感特质》一文，则从中西比较角度，探讨了吟诵与中国古典诗歌美感特质的内在关联。文章指出，古今中外，诗歌都注重形象与情意的结合。西方文学理论更注重表达的技巧，把形象与情意的关系分别得非常仔细，像明喻(Simile)、隐喻(Metaphor)、转喻(Metonymy)、象征(Symbol)等。而中国古典诗歌的美感特质在于兴发感动的作用，赋比兴就很好地概括了中国诗歌形象与情意之间的这种关系。中华古典诗歌最基本、最重要的特质就是诗歌的感发生命，这是世界上其他国家都没有的宝贵特质，也是中国诗歌最美妙的地方。吟诵是得以窥见中国古典诗歌之美的重要法门。[③]至于叶先生的《从几首诗词谈我回国教学的动机与愿望》，以自己所赋若干诗词为例，借诗言志，说自己之所以不远千里，往来奔走于加拿大和南开大学之间，只是因为情系中国只是企图传布斯文："只因为我对于我们的文化，对于我们的诗词，有一种感情，有一种热爱，我愿意把我对于诗词的这种感情，这一点点体会，传递给年轻人。"[④]

**二、比较美学研究**

我们知道，中国古典美学研究之一大理障就是，将中国美学的民族特质当成了研究的终极归宿。片面张扬中国美学的民族特殊性，会无形中将中国美学视为中国人的特殊学问，而不是人类的普遍学问。换言之，过于看重中国美学四字中的"中国"二字，会消解"美学"二字的分量。薛富兴的《文与质：一对具有普遍意义的美学范畴》一文则为推动中国古典美学范畴的人类普遍化做出了可贵努力。薛文即有感于此研究误区而作。文章指出，文与质是中国古典美学的重要概念，有普遍、持久之影响。它不只体现了中华古典审美之独特个性，更在美学基础理论研究层面具有普遍性阐释价值，有必要将它提升为美学范畴。作为美学史范畴，它揭示了人类美学史之基本内涵与审美意识演变史之规律；作为审美风格范畴，它据审美对象内在结构类型论审美风格，为传统美学提供了新的审美风格类型，弥补现有美学范畴之未足；作为审美文化范畴，它为我们宏观把握审美与人类文化系统之关系，完善呈现人类审美活动之现实背景与命运，提供了基本框架。[⑤]邓军海的《走出中西对立：对中西文化比较的几点思考》一文指出，学界许多关于中国文化、中国哲学或中国美学等等的探讨，都是建立在中西对立这样一个理论预设上的。所谓中西对立，意味着：(1)中西比较是比较研究的主流，甚或全部；(2)中国文化和西方文化的性质必然相反；(3)中国的、甚至世界的出路就在于中西融合创新。中西对立这样的思维框架只是近代历史的特定产物，其背后有强烈的功利主义色彩和民族主义情绪，并不能作为不可质询的理论前提。中西比较美学研究要走向深入，回归比较美学本身，必须先解构中西对立这一现代建构，进而审查这一现代建构背后的种种迷误。[⑥]

李逸津近二十年来致力于中俄美学、文学交流研究。其《跨越时空的心灵沟通》一文指出，俄罗斯汉学大师B. M. 阿列克谢耶夫在苏维埃时代翻译和研究《聊斋志异》，就其研究动机而言，略可分为四个层次：(1)向俄罗斯和苏联人民介绍他心目中真正的中国语言艺术精品并展示自己翻译才华的需要；(2)适应俄罗斯民族的历史文化与审美心理、满足俄罗斯民众文化需求；(3)顺应19和20世纪之交俄罗斯人文知识分子引进东方智慧的需要；(4)与在人生遭际、社会理想方面有共通之处的中国古代作家蒲松龄作心灵沟通、抒发内心感悟与共鸣的需要。在这些需要之中，其中阿列克谢耶夫与蒲松龄之间的心灵沟通，最为根本，是他倾毕生精力研究《聊斋志异》的根本动力，也是他的"聊斋学"取得巨大成功的奥秘所在。[⑦]其《冯骥才在俄罗斯》一文，则介绍了自上世纪70年代末到现今，当代作家冯骥才的作品被译介到俄罗斯文学界的情况。[⑧]赵利民的《关于中国文学与世界文化对话交流的几个问题》一文则指出，比较文学研究的方法应在以文学研究为中心的基础上走综合研究之路。在关注文学交流过程中的文学思想、文学形式等方面的相互影响的基础上，要透过文学文本的解读，综合其他学科的方法揭示出其中所蕴含的相关信息，如社会信息、文化信息等等。[⑨]

**三、环境美学研究与美学基本理论研究**

自2009年以来，本市环境美学研究成为国内美学界之重镇，尤其是对环境美学之领军人物艾伦·卡尔松(Allen Carlson)的研究，近年来一直处于国内学界领先水平。薛富兴2012年发表4篇文章，专论艾伦·卡尔松的环境美学理论。其《艾伦·卡尔松论建筑美学的生态学方法》一文，介绍了卡尔松所提出的"建筑美学的生态学方法"。这一方法之要旨在于，批判现代建筑美学将建筑视为艺术品的审美观念，提倡将所有人造的、成功地服务于人类生活价值的建筑与非建筑物均列为建筑审美欣赏的合法对象，并且将建筑要素、建筑物之间、建筑与环境，以及建筑与人类文化间的功能适应关系确定为建筑审美欣赏的核心内容。这一方法为建筑美学带来一场全方位的革命，并为建筑美学向人类环境美学与日常生活美学的转化铺平道路。[10]其《艾伦·卡尔松论人文环境的功能之美》一文指出，卡尔松重提功能之美（functional beauty），不仅将之应用于对建筑和工艺品的审美欣赏，而且还用功能观念重新阐释艺术价值。这是对整个现代西方美学艺术中心论之反动。功能之美的观念，不仅是卡尔松环境美学新成果，同时也代表了20世纪中期以来西方当代美学之新趋势。[11]其《艾伦·卡尔松论人类影响环境的审美欣赏》一文则重在申述卡尔松对人类影响环境（human – influenced environments）的启示。文章指出，人类影响环境应当是综合了天人二端，而且应当是以自然为主导而不是以艺术为主导的环境类型，应当为人类正确处理天人关系提供借鉴。[12]

在系统研究卡尔松和蔡仪的自然美学的基础上，薛富兴自觉从事客观主义的自然美学建构。他提出，自然审美欣赏应当是对于自然对象、现象自身特性的欣赏。自然对象特性系统应当由以下四个方面构成：一曰物相，即自然对象及现象的外在感性表象；二曰物性，即特定对象的内在本质特性；三曰物功，即特定对象诸要素、特性相互合作，共同服务于该对象之正常生存和发展的内在机理和功能；四曰物史，即特定物种自然对象在地球生命史上的产生、持存和进化史，或独特命运史。物相、物性、物功、物史四者既符合卡尔松及蔡仪所坚持的自然审美客观性原则，也由浅入深由外到内地说明了自然审美欣赏的具体内容。[13]

邓军海的《审美人生，何以可能?》一文对美学界流布深广审美主义（aestheticism），从学理上展开批评。文章指出，声言以审美或艺术境界来拯救生命之沉沦，既可以说是现代中国美学的一个传统，也可以说是其中的一个“神话”。持这类救赎神话的学者，非但没有顾及审美经验的瞬间性，也没有顾及人生世相的复杂性。审美经验的瞬间性与生命救赎的永恒性之间的矛盾，决定了审美人生这一提法本身就充满逻辑矛盾。人类历史的残酷事实及其悲怆色彩，则决定了审美对于救赎，总是锦上添花，而非雪中送炭。置这些事实于不顾，奉审美境界为人生最高境界，只能说明我们对审美经验缺乏自识，对美学学科自恋过重。生命救赎是一个复杂而又沉重的永恒课题，对此课题，审美人生这一药方显得过于轻巧。[14]其《两极张力中的美》一文则就美学史上哲人对“美”褒贬不一这一事实，从美学理论角度作了阐解。文章中说，古今大哲之所以为美而忧心忡忡以至于褒贬不一，是因为美有着双重本性（twofold nature）：既永恒又脆弱，既令人欣悦又令人感伤，既属于轻逸之灵魂又属于沉重之肉身，既引人出尘又引人恋世。美就存在于两极张力之中。美之双重本性，来自于人之双重本性。对于人这一“形而上的动物”而言，美在爱之中。爱美之“爱”与爱钱之爱及萝卜白菜各有所爱之“爱”的根本区别在于，爱美之爱有神性之维。[15]

潘道正近年来一直致力于审丑研究，其研究成果《丑的象征：从古典到现代》[16]一书，以“人神关系”为主线，对西方美学史上源远流长的审丑传统做了历史梳理。在历时叙述的基础上，阐述了与审丑相关范畴和基本理论。该著的理论贡献在于，对“丑”和“审丑”作出了明确区别。在作者看来，“丑”在本质上是对生命的否定，在感知上是痛苦的情感。“审丑”并不是对丑的欣赏，而是经由“审”的过程，在外在因素的参与下，实现了心理上的转换后，对丑的对象物的艺术欣赏。[17]

**四、文化研究**

世纪之交，文化研究（cultural studies）理论引入中国，并迅速占据美学研究之核心。这标志着美学研究走出封闭的学术象牙塔，开始关注蓬勃发展的大众文化。2012年，本市学者在文化研究领域发表论文近20篇，文化研究颇成规模。

周志强针对当前社会中消费者狂热追捧奢侈品的消费现象，从文化内涵、消费心理、经济结构的转变等方面，对奢侈品消费的动因作了剖析。在《奢侈的爱与恨》这篇访谈录中，周志强指出，奢侈品消费的逻辑放大了资本主义商品生产逻辑的悖谬。从生产逻辑上看，奢侈品与消费品本质上并无区别。但消费者购买奢侈品时，并不把奢侈品视为一般商品，买来使用；而是作为高品质生活的标志，买来满足自身对某种社会地位和社会角色的自我想象。国人对奢侈品的态度与自身品味无关，仅仅停留在炫耀阶段，根本不了解其文化、美学价值等等。关于“奢侈品消费是否推到了社会前进”这个问题,周志强认为,奢侈品是作坊式生产的标志性产品,而作坊式生产正是发达国家极力甩掉的经济发展包袱。奢侈品消费和生产向中国的转移,是欧美转移社会矛盾的一种方式。奢侈品不是社会发展动力,反而是阻力,因为它还加剧了阶层之间的怨恨、对立和矛盾。[18]

在《奢侈品·性·自由:当前中国大众财富价值观的另类观察》[19]和《奢侈品里的中国》[20]这两篇文章中,周志强把奢侈品消费与革命、性和自由这三个概念联系起来考察,意在揭开奢侈品消费现象背后的深层心理和文化动因。他指出,在“通奸”与“革命”带给人的快感中,都包含了对规则的重写,是对凌驾于普通人生活之上的那种自由感的迷恋。在激情革命时代早已结束的今天,这种对于凌驾于他人生活之上的自由欲望,被财富欲望所替代。对奢侈品的执着与迷恋的背后,正是凌驾于普通生活之上的冲动;而对奢侈品的占有,则表达了如同通奸一样的意义——一种一般人不能获得的违禁的快乐。奢侈品消费的逻辑就在于一种“性”的逻辑:所有性的快感都来自性的禁忌。越是禁忌,就越是令人充满欲望。因此,奢侈品不仅以一种“物神”的面孔让人崇敬,也以肉身的魅力撩拨“通奸”的快慰。周志强把奢侈品的历史内涵归结为“罪与美一体共生”:“没有比奢侈品更能说明,现代社会的价值伦理天然隐藏着对专制极权政治的漠视和藐视的情形,吊诡的是,也没有比奢侈品消费更能暴露出资本与权力结合的龌龊和腐朽。”[21]

李进超对“伪娘”现象从性别身份角度进行文化解读。她指出,伪娘混淆了自身性别,他们的性别身份不能单纯按照通常的生理性别与社会性别的区分来界定。这种现象的出现,可以从社会对男性与女性的要求,以及传统的教育模式中来寻求原因。在教育中,女性的乖巧勤奋是黄金法则,社会竞争中的女性特质也被广为认可。伪娘用身体来表演自己性别身份,体现出了异乎传统性别规范的文化意义。[22]

**五、审美美育与文学教育**

重视美育,是天津美学界的一个优良传统。如何让美学研究服务教育服务社会,始终是本市美学学者关注的一个不变论题。2012 年 11 月 17 日,天津市美学学会在天津财经大学召开了以“美学与高校文化建设”为题的学术年会,年会上集中讨论了如何阅读、消费主义时代青年的消逝以及高校教师学术德性之培育等与校园文化密切相关的论题。

张大为《教育学视野中的当下文学理论困局》一文对当下大学中文系文学理论教育表示担忧。文章指出,文学理论课程是塑造和传播文学研究观念、方法及公共性文学知识的重要策源地,而不仅仅是“文学理论”的专家、学者的研究对象和研究领域,更不只是一些具体的研究论著、乃至一本本的文学理论教材。当下文学理论教育的问题主要有三个方面:(1)文学理论教育学性质的归属与认同混乱;(2)文学理论的价值理念与教育目标的缺失;(3)文学理论作为理论思维培育体系的破碎。[23]他所撰写的《文艺理论与公民教育》一文,则呼吁文艺理论研究的公共品格。文章指出,文艺理论不同于专门性很强的自然科学和工程技术,它是一个在公民教育和提升公民素质等方面大有可为的领域。因为人们每天都自觉不自觉地接触数量可观的文艺作品,故而,如何引导广大公众、尤其成长当中的青少年,从一些平庸乃至庸俗的大众娱乐项目中走出,去接近那些包含着人生教育意义和价值启迪作用的不朽经典,这在任何时代都不能算是“过时”的话题。文艺理论完全具备引导公共性文学知识、文学思维和文化实践的功能。但文艺理论要为公民教育做贡献,必须调整自身:第一,要开放文艺理论作为知识和理论体系的公共性;第二,要重建和贯彻文艺理论的价值立场。[24]

高红樱与张立环联合撰文指出,在新的高等教育形势下,重新提出讨论式教学方法具有重要意义。讨论式教学是培养创新型与复合型人才的基础,是一种负责任的教学模式,它对高等教育人才的培养具有积极作用。讨论式教学方法的教学原则主要体现在其论题的设计上,这是讨论式教学的关键,论题既要有适度的挑战性又不至于不能胜任。讨论式教学的目标设置必须能激发学生兴趣,培养学生学习主动性并能提高学生的初步科研能力。[25]

(本文作者:邓军海,天津师范大学文学院副教授;普亦欣,天津师范大学文学院硕士研究生)

**注释:**

①叶嘉莹:《谈中国旧诗之美感特质与吟诵之传统》,《文学与文化》2012 年第 2 期。

②孙克强、邓妙慈:《中华古典诗词吟诵研究的回顾与展望》,《文学与文化》2012 年第 2 期。

③叶嘉莹:《中国古典诗歌之美感特质》,《河南大学学报》(社会科学版)2012年第5期。

④叶嘉莹:《从几首诗词谈我回国教学的动机与愿望》,《文学与文化》2012年第1期。

⑤薛富兴:《文与质:一对具有普遍意义的美学范畴》,《学术研究》2012年第7期。

⑥邓军海:《走出中西对立:对中西文化比较的几点思考》,《邵阳学院学报》2012年第4期。

⑦李逸津:《跨越时空的心灵沟通:B. M. 阿列克谢耶夫"聊斋学"成功奥秘探论》,《山东社会科学》2012年第4期。

⑧李逸津:《冯骥才在俄罗斯》,《中国艺术报》(文艺评论版)2012年8月10日。

⑨赵利民:《关于中国文学与世界文化对话交流的几个问题》,《湖南社会科学》2012年第2期

⑩薛富兴:《艾伦·卡尔松论建筑美学的生态学方法》,《南开学报》(哲学社会科学版)2012年第1期。

⑪薛富兴:《艾伦·卡尔松论人文环境的功能之美》,《西北师大学报》2012年第3期。

⑫薛富兴:《艾伦·卡尔松论人类影响环境的审美欣赏》,《中山大学学报》2012年第5期。

⑬薛富兴:《自然美特性系统》,《美育学刊》2012年第1期。

⑭邓军海:《审美人生,何以可能?》,《南开学报》2012年第1期。

⑮邓军海:《两极张力中的美》,《美育学刊》2012年第3期。

⑯潘道正:《丑的象征:从古典到现代》,广西师范大学出版社2012年版。

⑰李进超:《审丑的美学:评〈丑的象征:从古典到现代〉》,《金融时报》2012年12月28日。

⑱周志强:《奢侈的爱与恨》,《英才》2012年第2期。

⑲周志强:《奢侈品·性·自由:当前中国大众财富价值观的另类观察》,《探索与争鸣》2012年第5期

⑳周志强:《奢侈品里的中国》,《中国图书评论》2012年第10期。

㉑周志强:《奢侈品·性·自由:当前中国大众财富价值观的另类观察》,《探索与争鸣》2012年第5期。

㉒李进超:《身体表演的性别身份:"伪娘"现象的文化解读》,《兰州学刊》2012年第3期。

㉓张大为:《教育学视野中的当下文学理论困局》,《天津大学学报》2012年第3期。

㉔张大为:《文艺理论与公民教育》,《中国社会科学报》2012年8月31日。

㉕高红樱、张立环:《大学讨论式教学的论题设计和目标设置》,《黑河学院学报》2012年第4期。

**【科学技术哲学研究综述】** 2012年,天津市的科学技术哲学研究将学科理论前沿热点问题的探索与当代社会发展实际问题的解决结合起来,做了大量的工作,取得了一批较有影响的学术研究成果,主要有下几个方面:(1)关于科学认识论与方法论的研究,(2)关于科技创新及其管理的研究,(3)关于科技创新与产业发展的研究,(4)关于科技风险等问题的研究。

**一、关于科学认识论与方法论的研究**

随着一些学者关注科学的个别、初始条件、关系,以及偶然性,各种"地方性知识观"开始形成,科学原理不再是"放之四海而皆准"。谭小琴认为,无论是以人类学和阐释学为主的地方性知识概念,还是科学实践哲学中的地方性知识概念都提示我们:需要对科学知识的标准观点加以讨论。谭小琴指出,对该前提合理性的充分考察有助于塑造真实的科学形象,从而进一步揭示科学知识的本质。但是,学者们对其合理性的分析并不充分。其实,普遍性并非科学知识区别于非科学知识的本质特征。科学知识的普遍性是地方性在时空维度的拓展,是一种动态的绝对普遍性,它介于绝对普遍与相对普遍之间。①

构建主义者从发生学的进路对知识进行研究,郭燕霞和赵万里从建构主义视角对国外医学知识社会学的内容进行评析,认为建构主义医学知识社会学着重关注作为正统知识体系的"医学",强调医学的认知维度。建构主义医学知识社会学将医学知识界定为社会产品,揭示了现实的一种医学解释,重申并在一定程度上拓展了医学知识和实践的社会学方法,促进了人们对于医疗体制、医学知识和医疗实践的深入理解。②

贝叶斯主义是目前最具优势的研究纲领之一。任晓明和黄闪闪认为,尽管目前贝叶斯主义风行,但它仍存在主观性、简单性与旧证据问题等难题,这也为其进一步发展留下了宽广空间。任晓明和黄闪闪指出,认知心理学近来对贝叶斯推理研究的发展,为贝叶斯推理研究的认知转向提供了契机,同时为这种方法的发展提供了可能的进路:探索频率主义与贝叶斯主义整合的可能性;在外延性归纳逻辑中引入内涵因素,尝试外延性与非外延性因素的融合。③

现代逻辑发展的一个重要特征,是非经典逻辑系统如雨后春笋般纷纷涌现。李蒙和任晓明考察了支持理论从逻辑理论到认知理论的发展历程。通过审视支持理论从逻辑到认知的视角转换,他们认为,尽管主观概率的支持理论得到了大量心理实验的支持,但是它并没有如它的创立者所声称的那样为人文社会科学提供了统一的分析和解释框架,它仍然具有很强的描述性特征,缺乏较强的规范性;但是借鉴内涵逻辑和超内涵逻辑等相对成熟的

逻辑理论，吸收认知科学的研究成果，支持理论将会有更广阔的前景。④

任晓明和桂起权认为，逻辑哲学研究的中心任务，就是去研究各种逻辑系统是如何产生和发展起来的。换言之，逻辑哲学研究应该是一种逻辑系统发生学研究。逻辑系统发生学的中心任务是探究逻辑系统的产生和发展的奥秘。非经典逻辑产生的内在动力是经典逻辑的形式系统与非形式原型之间具有某种程度上的不恰当性。当经典逻辑在形式化过程中出现一些“怪论”和“疑难”时，为了解释或消解这些疑难，就需要运用种种不同的调整和修改策略，去“修正”原有的经典逻辑系统，从而产生新的逻辑系统，这种新系统要么是对经典逻辑的扩展，要么是对经典逻辑的变异，这就是非经典逻辑产生和发展的奥秘。而逻辑系统发生学则是探索非经典逻辑产生奥秘的金钥匙。⑤

任晓明和桂起权还认为，非经典归纳逻辑的产生实际上是逻辑学家不断追求恰当性的必然结果。他们指出，正如科学哲学有一个科学知识增长的中心问题一样，逻辑哲学也有一个中心问题，那就是形式系统内的推理有效性是否恰当地符合非形式原型的问题，亦即恰当性问题。为什么说逻辑哲学的中心问题是关于逻辑系统内有效的形式论证与系统外的非形式原型的恰当相符问题呢？任晓明和桂起权提出了以下几个方面的理由：第一，这个问题对于逻辑学的发展至关重要；第二，与其他问题相比，这个问题在逻辑哲学研究中具有首要的地位；第三，整个逻辑哲学研究都是围绕这一问题展开的，其他问题都是派生的。⑥

赵万里和赵超，通过对布迪厄的知识社会学的研究思考，指出布迪厄一方面借鉴现象学认识论，将人类的思维原则述作“生成图式”或“信念”，用二重性表述替代了认知范畴与社会范畴的二元对立；另一方面，通过对“实践知识”与“科学（含社会学）知识”遵循的相异逻辑进行说明，探讨了客观真知的生成所倚赖的具体社会条件。这样既坚持了对一切知识形式进行社会学的考察，又保证了科学知识的独特地位，避免知识社会学滑向相对主义的逻辑陷阱。⑦

赵万里和穆滢潭分析了福柯的话语分析对知识社会学转向的重大影响。他们指出，20 世纪 60 年代开始，语言分析逐渐进入社会理论的主流范式。批判解释学、沟通行动理论、常人方法论、反思性社会学以及后结构主义社会理论等，都可视为语言学转向的社会理论成果。福柯的思想始终以知识—权力为主线，以知识为核心。正是在这些语言学转向的源流中，福柯提出了一套颇具社会学色彩的话语分析模式。与知识社会学中其他语言学转向进路相比，福柯的话语分析最明显的特征在于拒斥一切内在性，着眼于知识的外部空间。福柯式话语分析极大地拓展了知识社会学的分析范围，并且创新了研究方法；但是，由于话语既有外在性又有内在性，福柯片面强调话语的外在性并把外在性和权力联系起来，忽视了话语中的情境性和行动者的能动性。⑧

长期以来，质性、量化两种研究方法的优劣长短一直是方法论争论的焦点之一。赵万里和范宏雅研究了常人方法论的谈话分析。他们认为谈话分析源于社会学对社会成员日常实践的常人方法论研究，是 20 世纪 60 年代认知科学、语言学和社会科学革命的重要组成部分。谈话分析旨在发现自然发生的互动谈话的话语规则、程序和常规，从而揭示话语秩序与社会结构之间的共建关系。谈话分析尽管具有语言学的表象，但其核心兴趣仍然是发展一种自然主义的社会理论。赵万里和范宏雅通过对谈话分析的理论旨趣和研究取向的解读，阐释谈话分析的思想基础、理论成就和研究方法，并在此基础上指出：谈话分析关注谈话的“形式”而非“内容”，但是，人们在谈话过程中不仅仅是在进行话轮转换，而是在实践生活、完成角色任务并且展示文化；在这个意义上，谈话分析未来的发展方向或许应该将民族志和谈话分析结合起来，开展所谓的“文化语境下的谈话分析研究”。⑨

复杂性研究兴起后，简单性原则能否具有普适性，成为一个有争议的主题。王阳从方法论、世界观、美学和认识论等四个层面分析简单性原则的内涵，阐明复杂性研究兴起前后，简单性原则的前三层含义发生了改变，第四层——认识论简单性原则始终具有普适性，它始终是引导科学家走向真理的灯塔。⑩

## 二、关于科技创新及其管理的研究

企业是技术创新的主体。原继东和王树恩借助复杂性科学的思想，以出版企业为例，分析了企业系统内部构成要素和外部环境因素，并运用复杂性科学的非线性、动态和系统的方法，深入分析企业系统在“系统—环境”、“要素—结构”、“结构—

功能”、“功能—行为”四个方面的复杂性。强调要特别关注企业系统的整体涌现性，即结构涌现和功能涌现，更要特别注意提高企业系统适应性学习的能力，即增强适应性学习的有序性，提高适应性学习的运行效率。[11]他们基于多主体建模思想和Swarm仿真平台，以出版企业为例，通过对企业主体描述、行为规则设定、市场环境模拟和选择遗传算法等方式，构建了不完全竞争市场环境下多企业主体竞争博弈的成长路径选择仿真模型。根据仿真结果，提出企业成长的3种路径选择：自主发展型、动态模仿型和创新涌现型，并据此提出了各路径的战略选择；但无论那种路径，寻求自主创新的机会仍是其可持续成长的关键所在。[12]

针对我国“985工程”高校发展中的问题，为了对我国“985工程”高校的科研投入产出水平给出一个合理的评价，符银丹、陈士俊和陈卫东等人结合我国“985工程”建设高校科技创新投入产出的特点，构建了评价高校科技投入产出效率的DEA模型，分析了高校科技投入产出效率；并结合分析结果，给出进一步提高高校投入产出水平的政策建议。[13]

产学研合作有利于加快科技成果产业化的进程，并推动知识资本化。谭小琴提出，知识资本化共同体所应遵守的“虔诚规范(PIETY)”，并分析了学术型企业家的人性假设和多元价值追求，提出学术型企业家的价值追求应当从知本回到人本。[14]随着知识资本化问题日益受到关注，人们也越来越重视设计和构建基于知识创新的激励体系。基于知识创新，王明荣和王树恩分析了大型园林企业激励体系构建的目的及其应遵循的基本原则，探讨了基于知识创新的大型园林企业激励体系的具体构成与总体结构。[15]

基于行动者网络和知识网络理论，柳洲构建了“物质网—知识网—文化网(M－C－K)”耦合的行动者网络模型和跨学科创新团队“M－C－K”群体行动者网络模型。据此，提出跨学科创新团队的知识生产机制就是以知识网拓展为核心的“M－C－K”三网协同进化机制。他还论述了跨学科创新团队知识生产的过程、形式和动力。[16]

## 三、关于科技创新与产业发展的研究

在当代，科学技术创新为生产力水平、产业和经济增长方式的转变开辟广阔前景。郭明泉和王树恩认为，在当代，改变我国纺织产相对落后的被动局面，就需要深入、系统地研究和探讨我国纺织产业集群化发展的八种具体路径，即依靠科技创新开发新的纺织材料和纺织产品、依靠科技创新开发新的纺织设备和纺织工艺、依靠科技创新打造民族品牌和国际品牌、依靠科技创新实现纺织产业集群的信息化和加速纺织物流的现代化、依靠科技创新促进纺织产业链的整合和转变纺织人力资源管理的方式、依靠科技创新拓展纺织产业集群发展的绿色化前景等。[17]他们从六个方面阐述了产业集群对于促进我国纺织产业发展的重要作用，并对于不同的纺织产业集群进行了分类；[18]还根据广泛调查、搜集和整理大量相关数据，从集群理念、公共服务平台建设等十个方面剖析我国纺织产业集群发展的微观战略环境，旨在为制定我国纺织产业集群发展的战略重点或战略选择提供依据。[19]从技术创新战略、创新人才战略、区域品牌战略、第三方物流战略、绿色战略、龙头企业战略、信息化战略等方面，分析了日益兴起的山东纺织产业集群创新发展的态势。[20]

高速铁路是运输市场竞争的重要结果和科学技术进步的重要标志。张书明、王晓文和王树恩等人认为，高速铁路以其快捷高效的服务，满足了交通市场日益快速增长的需求，促进了包括劳动力、资本等在内的生产要素的自由流动，促进了区域之间的文化交流、知识集聚、扩散与创新，加速了区域产业间的土地竞租，改变了企业的生产成本与费用的数量与结构，扩大了市场范围、增进了更区域间的竞争。交通运输部分在国民经济和区域经济中具有基础性重要地位与作用，高速铁路的建设能够带动土木建筑、原材料、机械制造等相关产业的发展，可以提升发达区域和全国产业结构水平。因此，高速铁路对制造业区位选择与产业结构具有显著重要的影响作用。他们一方面在理论上从实物与虚拟资源流动、生产成本与费用、市场与竞争等不同角度，阐述了高速铁路对制造业区位选择的影响机制；另一方面从实证角度，以日本高速铁路案例为基础，分析、综述了高速铁路对区域产业结构的影响。[21]

设施农业是通过采用现代农业工程技术。王健和王树恩总结了发展设施农业的意义，介绍了发展设施农业的主要途径，分析了天津市设施农业发展的特点与现状，最后结合天津市设施农业发展过程中存在的主要问题，提出了大力发展设施农业的对策:主打特色设施农业产品,提高生产效益和效率;强化配套服务,提高技术支撑能力;多方筹集资金,加大对设施农业的投资力度;制定并推行标准化的技术体系,不断提高农产品的质量;加强市场引导,走"合作化"的设施农业发展道路。㉒王艺华和王树恩还从我国的国情和农情出发,具体分析我国农村流通的现状及存在的主要问题,并据此探讨改进和加强我国农村流通的对策性建议,其中包括加大农村流通设施建设力度。㉓

**四、关于科技风险等问题的研究**

关于科技的风险认知被普遍化,科学技术遭遇了各种批判。赵万里和王红昌从"自反性"角度,研究了现代性社会结构变迁与信任结构转变的关系,并从科学认知和政治制度维度分析专家系统信任困境的形成和出路。认为自反性既是威胁科学认知的合法性以及制度基础稳定性的力量,加剧了信任危机;又是科学扩张以及建构主动信任的重要能力。"正"与"反"的张力建构了公众对专家系统的信任关系,公众已经成为科学发展的科学化与民主化的主要力量之一。通过公共批判和公共实践发展相互促进,在制度和组织等层面来促进科学领域的开放和公众的民主参与,有利于建立良性循环的信任关系。㉔

干细胞移植技术是20世纪人类取得的重要科技成果。任晓明、黄闪闪、高炜认为,干细胞移植对再生医学的发展有重要意义,围绕该研究的伦理道德、法律争议也相继出现。涉及胚胎干细胞来源的伦理争议主要包括胚胎有无生命、道德地位等。干细胞实际应用中的伦理问题,主要包括会不会损害提供者的隐私权等。我国迫切需要制定更为完善的法律,来限制和监管干细胞移植的临床治疗,对医院和医生的手术资格和能力进行审查,成立专门委员会对医疗事故进行责任鉴定等。㉕

网络伦理(赛博空间伦理)研究人们在网络世界(赛博空间)中的行为应遵守的道德准则和规范。任晓明、董云峰分析了哈姆林克关于赛博空间道德性的思想,指出哈姆林克从"人性"出发,用现实生活中的"平等"概念来建构赛博空间的道德性,他的基本假设是人有理性对自己的信念进行批判,从而有能力在赛博空间中展开"伦理对话"寻找符合共同利益的道德;但是这个假设在应用上是有局限的,还需要考虑赛博空间内外行为的差异这个现状,为此需要对其进行修改。认为行为者的信念在一个由其他人设定的现实中受到其他信念的限制,赛博空间中某种交往的条件限制着需要形成这些潜在信念条件的证据的可用性。㉖

网络世界本身的特性决定了网络世界不道德行为的新特点。黄闪闪和任晓明指出,"无意识"不道德是现阶段网络不道德行为的一个新特点。随着网民人数的增加、上网工具的简单化以及上网软件的多样化,加之信息传播的内容更加丰富,速度更加迅猛,更有可能导致"无意识"不道德行为。"无意识"不道德行为产生的原因有:监督机制的缺失、一致同意的预设、批评情绪的泛滥、现实实在与虚拟实在的混淆,其对策是:制定相关伦理规范、设立网络不道德行为监督机构、倡导文明上网、理性上网、推广网络主体的实名制。㉗

(本文作者:王树恩,天津大学科技与社会研究中心教授、博士生导师;柳洲,天津大学科技与社会研究中心副教授)

注释:

①谭小琴:《绝对普遍抑或相对普遍:科学知识普遍性探究》,《青岛大学师范学院学报》2012年第3期。

②郭燕霞、赵万里:《绝对普遍抑或相对普遍:科学知识普遍性探究》,《自然辩证法研究》2012年第10期。

③任晓明、黄闪闪:《贝叶斯推理的逻辑与认知问题》,《浙江大学学报》(人文社会科学版)2012年第4期。

④李蒙、任晓明:《从逻辑到认知:支持理论的视角转换》,《哲学动态》2012年第4期。

⑤任晓明、桂起权:《逻辑系统发生学:探索非经典逻辑产生奥秘的金钥匙》,《科学技术哲学研究》2012年第1期。

⑥任晓明、桂起权:《试论逻辑哲学的中心问题》,《自然辩证法研究》2012年第3期。

⑦赵万里、赵超:《生成图式与反思理性:解析布迪厄的知识社会学理论》,《社会》2012年第2期。

⑧赵万里、穆滢潭:《福柯与知识社会学的话语分析转向》,《天津社会科学》2012年第5期。

⑨赵万里、范宏雅:《常人方法论的谈话分析:理论旨趣与研究取向》,《广东社会科学》2012年第4期。

⑩王阳:《复杂性研究与简单性原则》,《系统科学学报》2012年第4期。

⑪原继东、王树恩:《我国出版企业系统的复杂性分析》,《天津师范大学学报》(社会科学版)2012年第1期。

⑫原继东、王树恩:《基于CAS理论的出版企业成长路径的选择与仿真》,《工业工程》2012年第4期。

⑬符银丹、陈士俊、陈卫东:《基于DEA的我国"985"高校科技投入产出效率分析》,《天津大学学报》(社会科学版)2012年第2期。

⑭谭小琴:《公益性—经济性:大学知识资本化的规范与价值追求》,《中国科技论坛》2012年第6期。

⑮王明荣、王树恩:《基于知识创新的大型园林企业激励体系研

究》,《中国园林》2012年第4期。

⑯柳州:《"M-C-K"群体行动者网络模型与跨学科创新团队知识生产机制》,《科学学与科学技术管理》2012年第3期。

⑰郭明泉、王树恩:《基于科技创新的我国纺织产业集群化发展路径研究》,《科学管理研究》2012年第2期。

⑱郭明泉、王树恩:《论产业集群效应对我国纺织产业发展的作用及基本类型》,《山东纺织经济》2012年第3期。

⑲郭明泉、王树恩:《我国纺织产业集群发展的微观战略环境剖析》,《山东纺织科技》2012年第1期。

⑳郭明泉、王树恩:《山东省纺织产业集群创新发展态势分析》,《理论学刊》2012年第9期。

㉑张书明、王晓文、王树恩:《高速铁路对制造业区位选择及产业结构的影响——以日本高速铁路为例》,《山东建筑大学学报》2012年第6期。

㉒王健、王树恩:《关于大力发展设施农业的对策研究——以天津市为例》,《中国农机化》2012年第1期。

㉓王艺华、王树恩:《我国农村流通的现状分析与对策建议》,《中国农机化》2012年第1期。

㉔赵万里、王红昌:《自反性、专家系统与信任》,《黑龙江社会科学》2012年第2期。

㉕《干细胞移植引发的伦理思考暨解决之道》,《重庆理工大学学报》(社会科学版)2012年第7期。

㉖任晓明、黄云峰:《赛博空间的道德性根基》,《毕节学院学报》2012年第7期。

㉗黄闪闪、任晓明:《网络空间道德无意识问题及相关对策》,《淮阴师范学院学报》(哲学社会科学版)2012年第4期。

# 文　学

**【语言学研究综述】** 2012年,天津市研究取得了丰厚的科研成果。在本体语言学研究和应用语言学研究诸多课题上取得优异成绩。现综述如下。

**一、本体语言学研究**

1.语音、音韵、方言和民族语文研究

石锋概述说明对于普通话审音工作的初步研究结果,并提出在审音工作中需要处理好的十种关系,为今后的审音工作提供了基本材料和参考意见。①

冉启斌统计了北京话拟声词带边音音节的比重,认为拟声词中带边音音节的性质为柔音摹声附缀,并为边音作为高[柔和]色彩辅音提供了较为丰富的证据。②

于辉以英语塞音的借入为例研究汉语借词音系学的相关问题。作者主要探讨了不同音系位置区别性特征和音系范畴在词汇借入过程中的作用和表现,并考察了借词音系各模式在汉语借词研究中的适用性。③

施向东通过考察两晋南北朝时代的梵汉对音材料,揭示出两晋南北朝的声母、介音、韵尾已形成了《切韵》所反映的中古语音系统的格局。研究发现,主元音除了数量逐步增加外,也显示了汉语元音音位系统的链式变化,从而与隋唐音衔接起来。④

王临惠认为天津方言今阴平调值与周围方言不同是山东方言影响下所发生的变化,其原调值应是现在被认为变调的213,而现在的31调则是变调替本调的结果。由此,作者指出天津方言的底层是早期通行在这一区域的冀鲁官话,而不是移民方言。⑤

王国栓、马庆株研究天津话中的分音词,主要讨论了其结构特点,认为有些分音词两个音节都无意义,属于特殊连绵词,有些分音词则两个音节都有意义,第一个音节具有词汇意义,第二个音节具有语法意义,属于派生构词的类型。⑥

曾晓渝通过分析研究中国境内的倒话、诶话、莫语、回辉话等特殊语言,发现深度接触语言间的类型差距大小及其语言质变的不同结构模式存在一定内在的关联,进而探讨语言质变的充要条件、语言质变结果的预测等理论问题。⑦

王宇枫指出莫话和水语同属于侗水语支语言,莫语和壮傣语支的布依语又有深刻的语言接触关系,这种接触通过语音、词汇、语法各方面表现出来。现代莫语是从早期水语中逐步分化出来的一种具有壮傣语言特征的侗水语。⑧

2.语法研究

杨彩梅通过分析英语和汉语事实,发现空宾语的分布实际上是由语言个性和词汇特征决定的,而不是一个纯句法操作的结果。动词应该区分"强及物"、"弱及物"、"弱不及物"、"强不及物"四个次类,这四个次类的特点可以反映空宾语的分布特点。⑨

王红旗指出,实体首次在话语中出现且没有识别线索是大部分不定指成分出现的典型语境,但同时不定指成分也在一些特殊语境中出现,作者详细描写了这些语境条件以及在这些语境中出现的不定指成分的语用功能。尽管不定指成分出现的语境多样,但它指称受话人不可识别的实体的语用功能没有变化。⑩

温锁林运用焦点理论对"有+数量结构"中的"有"的句法语义特点进行解释,认为"有"具有凸显自然焦点的功能。作者还指出了"有＋数量结构"在表意方面的倾向特征,并解释了"有"凸显数量信息焦点功能形成的原因。⑪

郭昭军认为"同时"有名词和连词两种用法,分别表示时间相同和逻辑上并列,它们在形式上是有区别的。"同时"从表时间相同到表逻辑上并列是一个从时间域到逻辑域的隐喻过程。⑫

谷峰通过考察"一(壹)"的分布特征反推其来源和语法化轨迹,认为上古汉语中"一(壹)"的意义经历了一个"一(个)〉一(类)〉同样〉一概〉完全〉肯定〉竟然"的变化过程。⑬

邱闯仙描写分析了平遥方言中可以作表时间意义的助词"动",同时提出"嗓"是由时间助词演变为表示假设的语气助词,并进一步演化为话题标记。平遥方言中"动唠"和"嗓"的语义演变具有类型学意义,可以印证"时间义→假设义→话题标记"这一具有共性意义的语义演变路径。⑭

3.词汇、语义、训诂、文字研究

朴爱华、孔祥卿探讨了汉字语素"假"在中、韩、日三国语言的相互影响下,在构成韩国独有汉字词时发生的词缀化现象。⑮

王用源通过比较研究,发现汉语和藏语以词根反义词为主,而英语兼有词根反义词和派生反义词。汉语和藏语语素的单音节性使汉藏语的反义词体现出比较工整的对应关系,英语中大多数反义词之间有明显的形态关联。⑯

冉启斌指出,望文生义和意义近似词语的负面影响是造成语言使用者错误理解,进而造成词义变化的主要原因。⑰

杨琳指出,"东西"最初泛指任何事情和物品,多用于指称物品是后来发生的演变,其指称任何事物的用法在唐代初见端倪,至五代两宋真正确立,元代以后盛行。"东西"一词的研究历程对语言研究方法有启示意义,即考察词汇语义演变的规律和动因时需通过深入调查该词在历史上的使用情况来进行研究。⑱

李玉平指出,流行的《礼记》注译本或选文对"由此其选也"一句的注释理解存在问题,这一句实为倒文,正常的句式表达当是"其选由此也"。⑲

孔祥卿对汉字和彝文从起源、类型、构造方式、系统性、历史发展五个方面进行全面系统的比较研究,并在此基础上对两种同型文字所走过的不同发展道路进行了解释。⑳

陈燕采用内证法,通过分析归纳《说文解字》全部"同意"字组的字得出"同意"的含义。《说文解字》"同意"指字形(偏旁或结构)相同,意义(偏旁或整字意义)相同或相关。

蒋玉斌将甲骨文中的两个未释字分别释读为"任"和"荛"。还附带讨论了金文与楚简中的有关文字现象。㉑

冯华指出,包山楚简中有五套"成套卜筮辞"。五套"成套卜筮辞"中,一事或三卜、或四卜、或五卜。"四卜者"包括"习卜","习卜"一方的意见通常被选择执行。"习卜"以"三卜制"为基础,是人为控制改变占卜结果的一种手段。㉒

刘传宾在肯定修订《殷周全文集成》(修订增补本)工作成绩的前提下,从铭拓、释文等方面,针对修订增补本存在的问题逐一进行了讨论。㉓

**二、应用语言学研究**

易斌通过对不同水平组的泰国学习者进行汉语声调的感知和声学实验,发现泰国学习者习得汉语声调的主要特点是泰国学习者受母语声调的影响,采用自上而下的加工模式,对汉语声调的感知具有明显优势,但受母语声调特征的干扰,发音中汉语声调近似系统持续时间较长,较难建立真正的汉语声调系统,并针对这一问题提出相应的教学建议。㉔

石林、温宝莹通过实验分析考察了美国学生韵律词内部单字调的调形和调阶、字调域在词调域内部的相对位置,以及各个词调域在句调域中的盈缩起伏等不同层次上的表现。由于学习者和母语者的各个声调负担量不同,引起调域的差异。㉕

冯志英指出,对外汉语教学中应该重视词组格式、句型、插入语等格式的交际性和操作性教学,建立对外汉语教学的格式体系有十分重要的意义。㉖

解晓楠通过对比汉韩俗语中高频修辞方式的运用,考察发掘其中的文化差异,可更好地指导对外汉语教学实践。㉗

(本文作者:王红旗,南开大学文学院中国语言文学系教授、博士生导师;贾泽林,南开大学文学院博士研究生)

注释:

①石锋:《普通话审音工作的初步研究和体会》,《南开语言学刊》2012年第1期。

②冉启斌:《论汉语拟声词中的边音》,《当代语言学》2012年第4期。

③于辉:《汉语借词音系学中的区别性特征与音系范畴——以英源借词中塞音的借入为例》,《汉语学习》2012年第1期。

④施向东:《梵汉对音和两晋南北朝语音》,《语言研究》2012年第3期。

⑤王临惠:《天津方言阴平调值的演变过程——兼论天津方言的源流关系》,《中国语文》2012年第1期。

⑥王国栓、马庆株:《天津方言的分音词》,《语文研究》2012年第2期。

⑦曾晓渝:《语言接触的类型差距及语言质变现象的理论探讨——以中国境内几种特殊语言为例》,《语言科学》2012年第1期。

⑧王宇枫:《莫语音系和词汇语义系统中的异质特征》,《民族语文》2012年第4期。

⑨杨彩梅:《空宾语的分布与动词及物性研究》,《当代语言学》2012年第2期。

⑩王红旗:《不定指成分出现的语境条件》,《世界汉语教学》2012年第1期。

⑪温锁林:《"有+数量结构"中"有"的自然焦点凸显功能》,《中国语文》2012年第1期。

⑫郭昭军:《说"同时"》,《汉语学报》2012年第1期。

⑬谷峰:《上古汉语语气副词"一(壹)"偏离预期功能的形成》,《语文研究》2012年第4期。

⑭邱闯仙:《平遥方言的助词"动"和"嗓"》,《语文研究》2012年第2期。

⑮朴爱华、孔祥卿:《韩国独有汉字词初探——以汉字语素"假"为例》,《南开语言学刊》2012年第1期。

⑯王用源:《汉藏英反义词比较研究》,《天津大学学报》(社会科学版)2012年第5期。

⑰冉启斌:《"对簿公堂"意义变化的个案考察》,《文化学刊》2012年第1期。

⑱杨琳:《物品称"东西"探源》,《长江学术》2012年第1期。

⑲李玉平:《"由此其选也"倒文说》,《励耘学刊(语言卷)》2012年第1期。

⑳孔祥卿:《两种同型文字的不同发展》,《文字学论丛》2012年第6辑。

㉑蒋玉斌:《甲骨文释读札记两篇》,《中国文字研究》2012年第16辑。

㉒冯华:《包山楚简成套卜筮辞中的"习卜"研究》,《中国史研究》2012年第1期。

㉓刘传宾:《〈殷周金文集成(修订增补本)〉存在的几个问题》,《中国国家博物馆馆刊》2012年第5期。

㉔易斌:《泰国学习者汉语单字调习得过程及特点的实验研究》,《语言教学与研究》2012年第6期。

㉕石林、温宝莹:《"洋腔洋调"初探——美国学生汉语语调习得》,《南开语言学刊》2012年第1期。

㉖冯志英:《对外汉语教学中的固定格式》,《内蒙古师范大学学报》(社会科学版)2012年第2期。

㉗解晓楠:《汉韩俗语修辞比较及其在对外汉语教学中的应用》,《语文建设》2012年第3期。

**【中国古代文学研究综述】** 2012年,天津市的中国古代文学研究取得了较为丰硕的成果,主要表现为在延续已有研究领域的基础上,新的研究领域不断拓展,成果质量明显提高,成果数量大为增加。综述如下。

**一、先秦两汉魏晋南北朝文学研究**

《诗经》是中国最早的诗歌总集,收入自西周初年至春秋中叶大约五百多年间的作品,多方面展示了中国周代时期的社会生活与时代风尚。白路以《诗经》为史料,考察了周代服饰文化的审美风尚。先秦时代已经进入了审美自觉的时代,在《诗经》中有丰富的史料,反映出周代服饰文化的审美风尚。其中,服饰仪表体现出彬彬有礼的等级秩序,着装仪态传达出阳刚阴柔的性别审美倾向。审美观念上的"男女有别"与社会性别制度的"男女有别"则是融为一体、互为因果。社会性别制度深化了社会性别审美观念,而社会性别审美观念也进一步顺应了社会性别制度。周代服饰文化风尚是周代礼制文化与性别文化的表达方式之一。①

作为《诗经》中的一个重要门类,田猎诗对后世文学的内容蕴含及艺术形态发生了重要影响。陈鹏程指出,自世纪之交以来,田猎诗才开始作为《诗经》一个独立的门类引起学术界的关注,先后有多位学者对之进行了比较深入系统的研究。有些学者已开始自觉地从周代田猎文化的角度考察《诗经》田猎诗。但是研究者们似乎普遍缺乏在尝试整体"还原"周人田猎文化的基础上考察《诗经》田猎诗的意识。因此,《诗经》田猎诗的研究要紧紧置于周代的田猎文化背景下来进行。田猎与周人的经济生活、政治文化、审美心理有着深切的内在联系。《诗经》田猎诗对后世文学有着重要的影响。②

写本在《诗经》东渐和学术传承过程中发挥了十分重要的作用。王晓平指出,日本现存多种《诗经》古写本,与敦煌所藏《毛诗》写本可以相互对照考校。现代诗经学继承了传统的民族文化精神,而又必须面对世界文化前所未有的交流、交融和交锋的崭新局面,也就不能不承担与世界对话的使命。知己知彼,对话方能奏效。将民族化的《诗经》研究推向"民族化兼容国际化"的诗经学,首先就要对保存在各国的历代文献资料进行基础性考察,并对各国学者的研究成果给予充分的理解和尊重,由此构建平等对话和深入交流的平台。③

汉赋的生态环境,一是《诗》、《骚》、诸子等文本传统,二是经籍阐释的当下背景。加之汉赋作家一般均具有较为深厚的经学修养,汉人往往将经与赋相提并论,故而大赋的创作风貌与经籍注疏(阐释)有密切关系。张峰屹、张文亭从《春秋》笔法的阐释空间与汉大赋的铺排夸饰、天人合一的阐释义法与汉大赋的比物连类思维、经解的"谨于名伦"与汉大赋的写实风貌三个方面对汉赋作了初步探讨。[④]

刘勰与齐梁文坛主流究竟合拍还是异趣,他倾向于新变派还是复古派,目前学界仍有异议,今后还会争论下去。刘畅指出,唯务折衷,是贯穿《文心雕龙》通篇的一种原则。近年来,不断有学者提出从"唯务折衷"的角度重新认识《文心雕龙》。现实社会是观念形态的土壤。"唯务折衷",作为一种思想观念,其形成与刘勰所处的社会地位有着密切联系。因此,探讨"唯务折衷"问题,不仅要寻绎概念、范畴之间的联系,也要注意社会地位、社会距离等因素的影响。刘勰与当时领袖文坛之"时流"的距离,处于一种若即若离的边缘性微妙状态。即者,入乎其内也;离者,出乎其外也;不即不离者,既入乎其内,又出乎其外也。入乎其内,故能写之;出乎其外,故能观之。如能对这种边缘性状态把握准确,分析透彻,无疑就找到了剖解"唯务折衷"思想形成的另一把钥匙。[⑤]

郭璞之死是一个涉及魏晋文学史、道教史和文化史研究的生动个案,正确认识其性质,具有多方面的意义。赵沛霖指出,东晋时期,郭璞因为卷入上层统治集团内部斗争而被叛将王敦杀害。他虽然是因政治斗争而慷慨赴死,但是支撑他临危不惧、视死如归的精神力量却不是杀身成仁、舍生取义的儒家政治理念和道德精神,而是摆脱人间苦难,成为快乐神仙的宗教信仰和宗教理想。正是在宗教动机的支配下,郭璞不仅做出了一系列荒诞、乖谬的举动,而且面对屠刀从容自若、视死如归。郭璞的被杀,既是统治阶级内部矛盾斗争发展的必然,也是他在宗教理想鼓舞下主动追求的结果;他既是东晋上层统治集团内部斗争的牺牲品,也是神仙道教的虔诚殉道者。郭璞之死是一个生动的个案,正确认识其性质,无论是对郭璞和魏晋文学史研究,还是对道教史和文化史研究,都有一定的意义。[⑥]

孙昌武对道教经典里包含众多诗颂韵语进行了研究。他指出:其中有一部分讲究词采,富于情趣,如诗如歌,被称为"仙歌",可视为典型的"道教文学"作品。它们体例多样:有的夹杂在经典里,有的独自成篇;有仙真降临的诰语,有对于神仙和仙界的赞颂,也有羡仙、求仙热情的抒发和游仙、成仙的幻想,等等。就整体写作水准说,作为宣教手段,它们大多数具有教条化、程式化局限,表达往往深晦幽奇,故作艰深,但其中也不乏富于情韵的精美篇章。更重要的是,尽管它们总体看来艺术水平不高,但由于它们特有的神秘诡异的内容、高度悬想的构思方式,又多用隐喻、象征表现手法,使用一套特殊语汇、事典,等等,从而对中国诗歌的发展作出一定贡献,对世俗诗人创作也造成积极的影响。这些艺术上的创新,吸引历代作者,许多人从中汲取借鉴,取精用弘,推陈出新,从事创作,典型的如唐代的"三李":李白、李贺、李商隐,他们都是"仙歌"传统的继承者。[⑦]

在北齐文坛上,活跃着一批由南至北的文人,其中以萧氏家族显得颇为独特。白云娇指出,萧梁年间,部分兰陵萧氏文人以各种原因北迁入齐。他们出身皇族,文化素养较高,入北后政治上受礼遇,文化上获信赖,生活优游安宁,文学活动频繁。通过与本土文人的持续交流和相互影响,形成了既保有南朝精巧工致特征而又兼收北方清新之气的独特文风。由于萧氏及其作品的出现,在北齐文坛上引起一些文学讨论,推动了南北文风融合,为文学发展作出了独特贡献。[⑧]

**二、唐宋文学研究**

《文笔式》作为初唐一部重要的声病说著作,在唐代诗论占有重要的地位。卢盛江通过考证指出,《文镜秘府论》西卷《文笔十病得失》的前半可能典出《文笔式》。《文二十八种病》前八病首段从其文体风格和论蜂腰等情况看,基本出典也应是《文笔式》。典出和可能典出《文笔式》的这些内容,很多能看出杂编的痕迹。《文笔式》有些内容可能保留了隋以前乃至齐梁遗说甚至沈约遗说。《文笔式》的这些材料论声病有着丰富的思想。[⑨]

李唐王朝宣称老子为本宗,在强大的王权的扶植之下,道教进入了前所未有的黄金时期。唐代无疑是宗教文学研究成果最为丰硕的一段。吴真指出,唐代道教文学研究在"宗教与文学相互关系"方面成果最为丰硕,在吸收20世纪70年代以来道教学研究成果方面仍待加强。唐代首次形成遍布全国的道观网络,多部道经在国家制度的支持下成为全民熟读的典籍。唐代形成了一套融合所有道教传统的科仪经系以及相应的道经位阶体系,这决定了唐代道教文学独特的知识谱系。六朝时期不同经派背景的仙真被整编到唐代道教仙山地理系统之内,仙山地理的相关道教文献是唐代道教文学尚待开拓的领域。[⑩]

与作为“吏官末事”的小说及散文相比,唐代诗歌在语言观念上更为开放。孟昭连考察了唐诗的口语化倾向。他指出。汉魏时期书面语中已现古白话的萌芽,经过隋唐的发展,至唐末五代首先在佛教领域出现了基本以白话叙事的变文作品,并为宋代白话书面语的发展奠定了基础。其实,在世俗文体中,白话的发展同样值得注目。唐代古文运动以复古相号召,“三代以下书不读”,语体的文言化超越魏晋。但在诗歌领域则完全不同,唐诗的口语化十分明显,宋词的语言正是唐诗口语化的延续与发展。[⑪]

孟姜女的故事影响深远。吴真指出,在敦煌变文、曲子词等俗文学写本中,孟姜女不仅是杞梁之妻,同时也是众多无祀亡魂的司祭者。敦煌伯希和5039号残卷变文中,长城下众髑髅与孟姜女的对话,既承接了自庄子以来的髑髅文学传统,也反映了唐代招魂祭祀、安抚孤魂的信仰习俗;变文末尾,孟姜女宣读了一篇具有通用文书性质的祭文,以酒食祭飨孤魂。“丈夫远征不归的悲哀”固然是孟姜女故事在唐代突变的时代背景,杞梁之类的孤魂救度也是推动故事传播变异的原动力之一。敦煌孟姜女变文是从招魂仪式向祭祀演剧进化的一种中间形态。孟姜女的祭司身份在乡村祭祀演剧中至今尚有遗存。[⑫]

白居易笔下不乏吟咏乐器之作,从传世的作品来看,古琴是他常咏的对象之一。肖占鹏、邓婷指出,白居易是文学与音乐兼善的唐代士大夫,他的古琴诗不仅展现了当时音乐的发展状况,还反映了中唐时期作者先进的文艺思想和复杂的情感流变。由于古琴音乐性与人文性的双重属性,白居易的古琴诗折射了他的文学思想与音乐思想,反映了他的文学观念,体现了他从携琴以入世的功利主义思想到抱琴以退隐的超功利主义思想的转变,而这一点也是中唐时期文人思想转变的总体特征。[⑬]

王昌龄的诗学著作,有传本《诗格》和《诗中密旨》,另外,《文镜秘府论》保存不少王昌龄《诗格》的内容。根据这些内容,我们可以知道王昌龄诗学有着丰富的内容。卢盛江指出,王昌龄论文学“南北宗”,以北宗指北方汉魏风骨,以南宗指南朝文风,实际承继了魏征、李延寿等关于南北文风不同的说法。王昌龄论“意”提出很多重要思想,他所论之“意”,有着丰富的内涵,既指诗中主旨,又指作品主旨体现出的思想境界,还指构思之意和感兴之意,指诗歌创造的丰厚意蕴。王昌龄“格高”说,是提出一个层次比较高的艺术审美境界。关于声律,王昌龄也提出很多看法。王昌龄论格律调,提出一种理想的审美境界,是一个完整的思想。[⑭]

唐太宗与长孙无忌等十人唱和诸诗《春日望海》见存于《翰林学士集》,亦散见《畿辅通志》、《山东通志》、《永平府志》、《全唐诗》等典籍。这组诗作于何时何地,学界颇有异议。卢燕新经过考辨,认为这组诗乃贞观十九年三月壬辰日稍前作于定州。题为“望海”,但诸人并未至海滨。[⑮]

“一唱三叹”说在宋人诗论中频繁出现。徐利华通过考证指出,“一唱三叹”本是周代清庙祭祀时乐歌的演唱方式,宋人将之用于诗歌批评中,形容诗歌的平和雅正、淡而有味的特征,既与作品的表现手法、抒情方式、章法结构、语言表达等因素有关,又和作家的个性气质、学识修养紧密相连。“一唱三叹”还常被用于描绘读者欣赏诗歌时的情绪感受,有时也指一种不拘泥于诗歌字面之意而能通过反复涵咏、吟唱来体会其内在风神韵味的接受方式。[⑯]

古希腊神话中复仇之神是由女性代表的,这就决定了西方文学传统中女性复仇主题偏多的倾向。中国神话系统中缺失复仇神,即使在先秦以来的复仇故事中,也是以男性复仇为主。在儒家文化系统中,女性基本上不占有地位,不是红颜祸水如妲己、褒姒,就是政治工具如西施、貂蝉,女性很少能以具有主体意识的面目来行动,复仇这种壮烈的行为便很少赋予她们。中国古典小说中的复仇女性,始于唐传奇,《谢小娥传》可为代表,之后的宋传奇也出现了一批复仇女性,展示了封建女性传统品质的另外一面,其主体意识也得到一定程度的发扬。智宇晖指出,宋传奇中塑造的复仇女性形象,感情执着浓烈,复仇行为果决有力,此种精神一定程度上偏离了宋代理性精神的轨道。然而,偏离是有限度的,女性的复仇,无论是为着爱情、家庭,还是压迫,都没有脱离时代文化意识的束缚,更没有形成与现存制度的对抗。宋传奇作家把她们的行为纳入封建伦理的框架之中进行评价,极力地突出女性复仇的现实合理性。[⑰]

**三、元明清文学研究**

明代是一个文学思想非常活跃的时期。政权运作与文学思想的变化关系密切;哲学思想影响文学思潮至为深广,程朱理学、阳明心学、庄、禅、净土、道教以不同方式影响着士人和文学创作倾向;市民趣味进入文学思想中;文体多样发展与交融,文体研究的展开,同一思潮中不同文体的表现形态都十分丰富;新的文学理论范畴的提出,反映着文学思想新的展开,等等,都反映出明代文学思想在我国的文学思想发展史上的独特面貌。罗宗强指出,明代文学思想的发展,大致可分为七个互相交错的段落。发展过程中有如下的三个理论问题值得探讨:一是关于文学复古思潮的起因、性质与评价,二是明代文学抒情命题的性质,三是文学思潮发展与政局的关系。[18]明代后期文学思想有崇尚浅俗的倾向。真诗在民间的观念逐渐被接受,创作趋向浅俗,在李开先和徐渭诗中已有所反映;而更多反映此一倾向的,是华善述。他的一千四百多首《杂诗》,似有意探索诗的浅俗化。接着是袁宏道们,诗歌创作信口信手,间杂俚语。此一种世俗化倾向在戏曲中的反映是主张以俗语为南戏,越俗越家常,使奴、童、妇、女易晓,乃为得体。此一思想倾向最突出地反映在小说创作中。市井小说《金瓶梅》的出现,从题材、人物、语言到它所蕴含的观念及其读者群,都反映了文学思想向着市井世俗的巨大转变。文学思想之此种倾向,与其时之商业环境,与其时之思想多元化,与求真反伪之思潮,与部分士人人生旨趣之世俗化都有关系。求真,故信真诗在民间;反伪,故讲求在心灵中自然流出。讲本色,讲性灵,讲用家常语。诗歌的此种世俗化浅尝辄止,戏曲与小说这方面的成就高些。[19]

人类学问的推进和方法之推进是联系在一起的。古代单元化的方法论必然向着现代多元化的方法论发展。我们应自觉地对文学研究中的传统方法和现代方法,不分新与旧,作实事求是的多元化的分析和研究。宁宗一指出,回顾与前瞻小说研究,反思规范与挑战规范,是我们不可推卸的责任。中国古代小说研究必须要面向世界,开辟中外学术对话的通道,借鉴、汲取新观念、新方法,在继承前贤往哲一丝不苟严谨治学精神的同时,随时代的前进而不断更新和拓展。古代小说研究的方法应回归文学本位,即对文本进行细读,从而强化小说的审美研究,并以此为基础关注作家心态史,以心会心,将心比心,对文本进行真切的内心体验和纯真的审美体验。此外,回归文学本位作为一种本体性的思考,从其逻辑关系来看,还要充分考虑到文学本体的核心,即文体。[20]

明人谢肇淛有史传体小说《江妃传》,久不为研究者所重视,仅《稀见珍本明清传奇小说集》中略有文本介绍。李春燕指出,《江妃传》是继《梅妃传》后演绎唐明皇后妃争宠故事的重要文本。江妃是作者在李杨情缘和梅妃故事的基础上,捏合"江妃二女"神话塑造出的一个全新形象,她与梅妃形象有着共生性,又是一种高洁的象征,寄予着作者的人格理想。从江妃形象的生成角度来考察《江妃传》,对于剖析作品的文学美感和文化内涵,梳理唐明皇故事的历史走势,有着深刻的意义。[21]

学界论臧懋循,一向注重其纂辑出版《元曲选》之功绩,多谈其戏曲成就,近世以来,诸多文学史自谢无量《中国大文学史》、曾毅《中国文学史》直至当代袁行霈主编之高教社版,章培恒、骆玉明主编之复旦版文学史于臧懋循《元曲选》以外之文学活动、文化影响皆忽略不谈。陶慕宁指出,实则,臧氏在万历一朝,交友、结社、干谒、游历、赋诗、撰文、衡曲、编书,行为十分活跃,影响亦遍及荆郢、南京、杭州一带。其家世、学殖、品行、为人于晚明江南士风之形成亦不无推波助澜之功。[22]

文学文体作为作品语言的存在体,不仅仅是一个单纯的体裁归类问题,它更多的涵义是包括以"体"来表述作家的个性风格、流派或作品的时代风格特征等。盛志梅指出,清代弹词的"文体分化"是指代言体弹词在书场和书斋两个不同的生存领域里,从叙事体弹词中逐渐分化出来,成长为书场弹词主要的讲唱、创作方式的过程。在这个过程中,不仅仅考察弹词体裁的变化,还包涵了对弹词作者的创作风格、作品叙事体制、演出市场、时代风尚等诸因素的综合考量。总之,清代弹词的文体分化趋势,是文体随着整体文化的成熟而不断向精致化的方向发展的必然结果。[23]

清代的唐诗接受与各种诗论联系紧密。张毅指出,沈德潜《唐诗别裁集》的选评,先审是否符合诗教宗旨,然后论体裁、音节和神韵,既推崇雄健浑成的风格,亦欣赏冲淡清远的情韵,一归之于温柔敦厚的中正平和。这是一种能反映中国诗歌抒情传统与儒家正统思想关系的新"格调"论。袁枚在当时属于制度外的作家,论诗主张表现作者的真性情和个性,反对分唐界宋、标榜门户,批评一味模仿古人的“描诗”行为，强调作诗要不拘格套。这种“性灵”说主要是针对沈德潜的“格调”论而发的，对“神韵”论和“肌理”说也有针砭作用，可廓清诗坛的复古摹拟流弊。其个性解放意识的摧枯拉朽作用，拉开了中国古典正统诗学终结的序幕。[24]选本批评与诗学理论相结合是清代唐诗接受的新方式，清初的金圣叹和王夫之在这方面进行批评实践而卓有贡献。张毅指出，金圣叹将文章评点的文法分析用于解读唐诗，把唐人律诗分为前解和后解两部分，揭示其起、承、转、合的章法和节律；又将这种分解法应用到古体诗的解说上，结合杜诗的句法和字法，探讨诗人传情达意的笔法。王夫之的唐诗选评理论意识很强，他对李、杜两位大家的褒贬，对王维和韦应物的表扬，他的情景相入的“神理”论、心目相取的“现量”说，都具有某种“孤明先发”的作用，蕴含着其抒情诗学思想的片面深刻。[25]

唐宋词已成为后世创作的典范，对唐宋词史的关注和论析一直是词学史上的重要论题。况周颐对唐五代两宋词的特点有深刻的认识，对前辈词学家南北宋之争的得失以及对南北宋的取法等问题皆有自己的认识。孙克强指出，况周颐对唐宋词史有过系统的研究，对唐宋词史有许多十分精彩的见解。其唐五代词观主要比较了晚唐诗与词的特点，指出二者共同之处是“丽而不流”，其原因乃“风会所趋”。其两宋词观主要为，北宋词的主导风格为清空婉丽，自然天成，词境甚高；南宋词的风格特点是意境沉着、寄托遥深，思想价值最高。况周颐的唐宋词史观有三点值得注意：第一，他对唐五代词特点的阐述是对常州词派词学理论偏颇的矫正；第二，况周颐对南宋词人的一些认识受王鹏运、朱祖谋的影响又有发明创见，不乏独特之见也有深文周纳之病；第三，况周颐的唐宋词史观是其重、拙、大理论的重要体现，由此可以更准确地理解其重、拙、大理论的内涵。[26]

《红楼梦》作者及“原始作者”问题的考索是近年来红学研究中的一个“热点”，简单地将这部作品视为曹雪芹一个人草创完成，《红楼梦》文本内部的很多矛盾现象则难以得到合理的解释，但探索“原始作者”如果诠释过度则有可能走向误区，并有剥夺曹雪芹“著作权”之嫌。赵建忠从《红楼梦》文本内部分析入手，结合脂批等清代文献提供的丰富信息尤其是这部作品成书过程长期性的实际提出《红楼梦》作者“家族累积说”的新命题，试图对作者问题上的种种偏颇加以节制，从而更恰切地把握《红楼梦》诞生过程中的文化语境并对作品文本的复杂构成状况加以阐释。“家族累积说”的提法还可以与红学界已取得的“曹学”成果挂钩，启示人们去探索曹氏家族的遗传基因特别是曹寅的文化素养对曹雪芹直接或间接的可能影响。这个新命题是在综合“世代累积”与“文人独创”两种写作类型的基础上提出的，与所谓否定曹雪芹“著作权”完全是两个不同的概念。[27]中国古典小说名著《红楼梦》和比较文学主题研究有着“剪不断，理还乱”的诸多关系。孟昭毅从比较文学的角度入手，将《红楼梦》与其他世界一流作品进行了主题学的纵深分析，认为《红楼梦》虽有反封建主题说，爱情主题说，政治主题说，也有二女（黛玉和宝钗）同一男（宝玉）说，都不及“失乐园”主题说更深刻，更具有普遍性。[28]

（本文作者：时世平，天津社会科学院副编审、文学博士）

**注释：**

①白路：《周代服饰文化审美风尚——以〈诗经〉为中心的考察》，《服饰导刊》2012 年第 2 期。

②陈鹏程：《周人田猎文化与诗经中的田猎诗》，《新余学院学报》2012 年第 5 期，

③王晓平：《日本现存诗经古写本与当代诗经学》，《社会科学战线》2012 年第 3 期。

④张峰屹、张文亭：《经籍注疏与汉大赋的铺排、求实风貌》，《文学与文化》2012 年第 1 期。

⑤刘畅：《从刘勰与“时流”的距离观其文学思想的形成》，《文学与文化》2012 年第 2 期。

⑥赵沛霖：《驾鹤仙去：郭璞之死解读》，《北京师范大学学报》2012 年第 1 期。

⑦孙昌武：《道教的仙歌及其文学价值》，《文学遗产》2012 年第 6 期。

⑧白云娇：《兰陵萧氏文人在北齐的际遇和创作》，《齐鲁学刊》2012 年第 3 期。

⑨卢盛江：《〈文笔式〉——初唐一部重要的声病说著作》，《文学遗产》2012 年第 4 期。

⑩吴真：《唐代道教文学史刍议》，《哈尔滨工业大学学报》2012 年第 3 期。

⑪孟昭连：《唐诗的口语化倾向》，《徐州工程学院学报》2012 年第 6 期。

⑫吴真：《敦煌孟姜女变文与招魂祭祀》，《北京大学学报》2012 年第 1 期。

⑬肖占鹏、邓婷：《白居易古琴诗研究》，《天津师范大学学报》2012 年第 5 期。

⑭卢盛江：《王昌龄诗学几个问题新析》，《徐州工程学院学报》2012 年第 2 期。

⑮卢燕新：《唐太宗等唱和诗〈春日望海〉写作时地考》，《海南师范大学学报》2012 年第 5 期。

⑯徐利华:《论宋代诗论中的"一唱三叹"说》,《中国韵文学刊》2012 年第 2 期。

⑰智宇晖:《宋传奇中的复仇女性形象论》,《成都理工大学学报》2012 年第 5 期。

⑱罗宗强:《明代文学思想发展中的几个理论问题》,《文学遗产》2012 年第 5 期。

⑲罗宗强:《试析明代后期文学思想的世俗化倾向》,《天津社会科学》2012 年第 6 期。

⑳宁宗一:《古代小说研究方法论刍议——以〈金瓶梅〉为例证》,《文史哲》2012 年第 2 期。

㉑李春燕:《试论〈江妃传〉与江妃形象的生成——唐明皇故事的一个重要个案》,《明清小说研究》2012 年第 2 期。

㉒陶慕宁:《从〈负苞堂集〉看臧懋循》,《南开学报》2012 年第 1 期。

㉓盛志梅:《试论清代弹词的文体分化过程及其特点》,《上海大学学报》2012 年第 4 期。

㉔张毅:《唐诗"格调"论与诗人"性灵"说》,《文学与文化》2012 年第 2 期。

㉕张毅:《关于唐诗的分解与选评——金圣叹、王夫之唐诗接受方式刍议》,《南开学报》2012 年第 3 期。

㉖孙克强:《况周颐的唐宋词史观》,《江海学刊》2012 年第 1 期。

㉗赵建忠:《"家族累积说:〈红楼梦〉作者的新命题》,《河北学刊》2012 年第 6 期。

㉘孟昭毅:《〈红楼梦〉研究的主题学视角》,《红楼梦学刊》2012 年第 2 辑。

**【中国现当代文学研究综述】** 2012 年,天津市中国现当代文学研究保持了强劲的发展势头,在学术研究、理论探讨、课题立项、教材建设、会议承办等多方面均取得优异成绩。一年来,本专业学术研究成绩斐然,特别是针对现代中国文学研究中的一些热门话题(如鲁迅及周作人研究、性别研究、新诗研究以及近现代文学思潮研究等),形成了一批在全国范围内颇有影响的学术成果,现分述如下。

**一、鲁迅及周作人研究**

作为新文化运动的先驱,鲁迅和周作人有着基本相同的历史起点、思想主题和文化贡献,如何客观而科学地评价他们的历史功绩,探讨其不同选择对于当今文化建设及文学创作的启示作用,是近年来研究界的热门课题。耿传明(南开大学文学院)认为:五四新文学是以鲁迅《狂人日记》这样的非常态人物和非常态叙事为开端的。这种现代"狂人"的出现,成为新文学呈现其自身文学文化特性的突出标志。《狂人日记》的重要性,在于它于文化鼎革之际通过传统自然人性论与西方浪漫主义文学的结缘,重新激活了疯癫与文明这一古老命题。五四"现代性"在很大程度上即意味着立足于自然人性论的这种道德浪漫主义态度的复兴。五四新文学以唯我论和唯理论的文学形态出现,将为协同性文化所压抑的人的主观性和客观性追求解放出来,为中国文学的发展提供了别开生面的价值和意义。[①] 张铁荣(南开大学文学院)将关注的视点聚焦至域外鲁迅研究界,尤其关注日本学界的研究状况和最新成果。他翻译了松冈俊裕的论文《鲁迅〈自题小像〉诗生成考》,该论文从鲁迅生活史和创作史角度入手,将鲁迅写作《自题小像》一诗的相关史料进行了系统整理和理性概括,为读者还原出一个真实的鲁迅形象。[②] 在细致梳理学术史的前提下,鲍国华(天津师范大学文学院)从"研究者身份"的角度切入鲁迅研究,认为与文学家和思想家的身份相同,"学者"也是鲁迅重要的精神生存方式。尽管鲁迅从不以学者自居,但其学术研究开一代风气,在中国现代学术史上具有奠基意义。其中尤以文学史研究的成就最为卓著,也最得同时代及后世学人推崇。专著《中国小说史略》、《汉文学史纲要》,论文《宋民间之所谓小说及其后来》、讲演记录整理稿《魏晋风度及文章与药及酒之关系》,以及如吉光片羽一般散见于其杂文和书信中的若干文学史论断,不仅代表着当时的最高成就,也为后世提供了富于开创性和启发性的学术思路,成为文学史写作的精彩范例。[③]

自 1936 年鲁迅逝世后,"如果鲁迅活着……"这个带有虚拟性的话题便不时地为人们提起,而且在不同历史阶段呈现出各自的特点,特别是新世纪初年,周海婴《鲁迅与我七十年》中披露"毛罗对话"引发反响,《假如鲁迅还活着》(陈明远主编)一书推动了这一话题的深入。商昌宝(天津师范大学文学院)以其所著《"如果鲁迅活着……"——一个常青的历史话题》为中心,试图在当下鲁迅不断被质疑、批判、贬低、移除的大潮下,系统而深入地对这一命题的产生、发展进行相关梳理,并在这种学术综合的过程中窥一斑而见全豹地对鲁迅评价问题的变迁进行论说,颇具思想价值。[④]

在周作人研究中,高恒文(天津师范大学文学院)揭示了作为周作人四大弟子之一的沈启无与导师之间的关系,认为沈启无始终没有取得同门俞平伯、废名等人的文学和学术成就,而他与周作人关系的分水岭,应推"破门"事件和"反动老作家"事件。沈的作为,当然对周作人并无善意。而周作人大题小做,痛打落水狗,其实是颇有深意存焉。通过扩大这一事件,周作人试图塑造其“下水”却未“亲日”、“附逆”并不“附日”的形象,以便为自己留一后路。沈启无则不过是周作人声东击西式的自我辩白的牺牲品而已,是被他利用的工具。⑤

**二、性别研究**

2012年,教育部哲学社会科学研究重大课题攻关项目“性别视角下的中国文学与文化”继续取得阶段性成果。由乔以钢(南开大学文学院)主编的“性别视角下的中国文学与文化”丛书出版了第四部著作《中国现代文学文化现象与性别》。该书从性别视角出发,考察文学现代性生成过程中性别因素的多种表现。论者或是在性别视野中分析近现代文学及当代创作中的现象,或是对20世纪80年代以来的女性文学/性别文化批评进行探讨。通过这一努力,丰富了性别批评的视角,推动了文学理论特别是具有中国本土特色的性别诗学的建设。⑥陈千里(南开大学文学院)就该丛书先期出版的《中国古代文学与文化的性别审视》(陈洪、乔以钢等著)一书做了评论,认为从性别视角出发,审视中国文学及文化传统,为全面认识中华民族的传统文化打开了新的思路,同时也昭示了女性主义理论本土化的实践意义。⑦

在对这一重大课题进行研究的过程中,乔以钢结合近期本土实践的进展发表看法,认为女性文学的学科建设在取得成绩的同时也面临问题与挑战:一是如何理解女性文学学科建设与当下社会文化建设之间的关系,并在实践中使二者得到有效的沟通;二是如何改变重复性研究较多的状况,加强女性文学研究的学风建设和学术创新能力;三是在文学文化研究中,如何处理好性别分析与文学的审美性二者之间的关系。她指出,今后,女性文学的学科建设在联系实际、端正学风、注重审美以及学术创新等方面,还有待于付出更大的努力。⑧

对当下文坛出现的新现象予以敏锐关注和积极探索,张莉(天津师范大学文学院)发表《非虚构女性写作:一种新的女性叙事范式的生成》一文,指出“非虚构文体”的开放性为女性写作如何摆脱“自传式”“个人化”的写作习惯提供了发展方向。当强调关注社会现实的非虚构文体与强调个人化叙事的女性写作相遇,个人经验与集体经验出现“交叠”,非虚构文体本身具有的对“真实性”“亲身经验”的强调与女性写作中对个体经验及细节的重视使非虚构和女性写作的结合产生某种奇妙的化学反应,非虚构女性写作文本的大量涌现使“非虚构”写作具有了中国特色,也意味着中国当代文学及女性文学都藉此重新返回了当代社会的公共言说空间。这些文本中独属于女性叙事美学的部分需要被重新认知。⑨

2012年11月3至4日,南开大学文学院主办了“性别视角与文学文化研究”学术论坛。来自厦门大学、北京师范大学、陕西师范大学、北京语言大学、上海大学、中国现代文学馆和南开大学等高校和研究机构的30多位专家、学者参加了研讨会。与会专家围绕性别研究理论建构发展的新动向、现当代文学中的女性创作、性别视角下的文化现象、少数民族文学中的女性书写等议题进行深入讨论。南开大学乔以钢在会上介绍了教育部重大课题攻关项目“性别视角下的中国文学与文化”研究进展情况和代表性科研成果。这次论坛从性别角度对“文学/文化”研究进行了一次创新性的扩容,它对于进一步深化现有学科研究成果,加强学科的理论建设具有重要意义。

**三、新诗研究**

新诗研究是天津现当代文学研究的特色和优势之一。罗振亚(南开大学文学院)考量20世纪70年代台湾现代主义诗歌的发展,特别指出20世纪70年代的重要意义。认为这个年代是台湾现代诗的一个转折点。前行代诗人戮力开拓,继而新世代诗人以“团体”姿态崛起;同时外省诗人与本省诗人交相辉映,并行互动,精彩纷呈。他们的创作既承续了20世纪五六十年代现代主义诗歌的艺术精神,又促成了20世纪80年代现代诗多元化的展开;不仅融会了现代与传统、西方与本土的诗歌理念,还扭转了现代诗晦涩冷僻的诗风,实现了对传统重铸与再造的精神转向。⑩李润霞(南开大学文学院)从文本细读的角度进入现代经典诗歌,对辛笛的《风景》进行了再解读,认为该诗取名“风景”其实是一种整体的象征,但诗中又把写实和象征巧妙地结合起来,在自然风景里看取社会人生的诸种风景,既写现实风景,也写社会风景。全诗新鲜的比喻、象征、对比与反讽等各种修辞手法的运用造成了一种审美错位,而社会优患感和现代批判意识的融合又使诗情更加饱满,更富有情感张力。⑪

都市文化与中国新诗的关系是近期学界关注的一个热点问题,通过对戴望舒的解读,张林杰(天津师范大学文学院）指出：生活在都市环境中，戴望舒却与这一环境有着某种龃龉，他以对田园的企慕，来逃避都市对人生的侵扰，坚守精神家园，但他也在以自己的方式传达着都市体验。其诗歌所构筑的自我形象和虚构世界，从一个特定的角度反映了他的都市境遇和与都市的矛盾。作为游子，他在都市里找不到归宿，在田园中也丧失了乡愁，只能在怀旧中追寻失落的天国。但都市生活也为戴望舒诗艺带来了现代因素。他的许多诗歌都运用了现代观物方式和日常生活意象去表现在都市中的复杂感受，从而突破了传统的“静观”和“典雅”的格调。⑫卢桢（南开大学文学院）运用“城市抒写”的概念解析新诗，认为20世纪中国城市发展对文学特别是诗歌创作产生了深刻的影响。其中，“现代”转换是最重要的影响之一。除了诗人精神状态发生“现代”转换之外，中国新诗自身同样离不开物质状态的“现代”转换。在这种转换过程中，城市文化对其产生举足轻重的影响，并为新诗打上浓重的底色。在现代派诗人和九叶派诗人笔下，新诗的城市抒写第一次得到集中的呈现；新时期以来，这种抒写模式不断向文化、生存以及语言敞开，呈现出更为开放的对话姿态。⑬

2012年，学界围绕诗歌史的研究呈现出两种路径，一是注重对个体诗人进行深入挖掘，以呈现其丰富性，如李润霞、张林杰的研究；二是尽力拓展研究的宏观性与历史性，如王士强（天津社会科学院文学研究所）对“前朦胧诗”的寻踪，他按照由近及远的顺序依次观照“前朦胧诗”在不同历史时期的几种存在形式，如20世纪70年代后期的《今天》杂志；70年代前期的“白洋淀诗群”；60年代末、70年代初已经产生较大影响，有重要关联作用和“过渡特征”的诗人食指（郭路生）；60年代前、中期的“太阳纵队”；60年代前期的“X小组”。由此，我们可以发现一条似断实连、若无还有的“前朦胧诗”发展线索。⑭这种研究思路，对诗歌史的历史还原和理论建构颇具意义。

**四、文学思潮与小说研究**

自20世纪80年代开始，学界对中国文学“现代性”发生的探讨集中在由“晚清”到“五四”的文学现场，诸多学者为此展开探索与言说，这也是很多本地研究者关注的学术焦点。时世平（天津社会科学院）深入探讨了清末民初的翻译实践，指出从严复等人到周氏兄弟的翻译实践，将文言对于现代思想的涵纳能力做了最大限度的发挥，他们的失败，预示着在中西文化交流中，文言对于西方文化翻译的失败。在某种意义上说，这些翻译实践促使了“文言的终结”。⑮

在《论延安文学的话语转换》一文中，李新宇（南开大学文学院）、王金双（南开大学文学院）认为：延安文学有一个发展变化过程，1942年之前，延安文化人生活在一个比较宽松的环境中，文学也表现出自由活泼的发展状态，启蒙话语与革命话语共存；1942年之后，以《在延安文艺座谈会上的讲话》为标志，开始了由启蒙话语到革命政治话语的大转换。考察当时当地的政治需要和革命领袖对文学的期待，这种转换有其必然性，是战争年代特殊环境下的选择；但是在进入和平建设年代之后，过分强调文艺的政治工具职能，强调作家接受工农兵的教育和改造，则制约了文艺生产力的发展和作品的艺术水平。⑯

沈从文与“战国策派”的关系问题一直困扰着现代文学研究界，1949年，他因“战国策派”的身份而受到不公正对待；1980年后，却又被诸多研究者排除在该流派之外。李锡龙（南开大学文学院）认为：虽然沈从文与“战国策派”成员在“文化形态史观”、“英雄崇拜”和“五四运动”的评价诸问题上存在着明显的分歧，但在思想、创作层面又有着很多相通的地方。他不但是《战国策》的一个比较活跃的编者和作者，同时在“国家至上”、“文化反思”与“生命崇拜”等问题上，也与这一流派成员的核心理念有着诸多内在一致之处。在这个意义上讲，沈从文应该被看作是“战国策派”的一员。⑰

在小说研究中，林霆（天津师范大学文学院）选取了“十七年小说”进行论述，认为十七年农业合作化题材小说与现实之间存在着深刻的裂隙，如果简单地以“不真实”概而括之，将对十七年文学的生态环境，以及作家、读者等群体的精神状况造成深度的遮蔽；深入探查，可以见出其有三种层面的真实性表现形态，即话语建构层面的真实、未经教化的真实和被教化的真实。⑱卢翎（天津师范大学文学院）从宏观的角度展开对2011年微型小说的评论，认为连俊超的《土地测量员》、韩昌元的《雷区》、立夏的《镜子》等充满了现代意味和实验与探索精神的作品形成了一种“力量”。微型小说需要这种力量的引领，也需要这种精神的滋养，唯此，才能真正融入文学发展的潮流之中。⑲

## 五、本土文学研究及其他

2012年天津现当代文学研究界表现出的一个突出特点是对天津地域文学的关注持续增强。理解和阅读城市，需要从文学的创作和阅读开始。文学作为城市文化的重要载体，不仅记录了城市的社会风俗人文信息及其发展变化，而且也是传承和发掘城市优秀文化、塑造和展示城市文化形象、提升城市软实力与增强市民认同感、促进城市文化繁荣发展和建设文化强市的重要手段。当前，天津文学创作及研究蓬勃发展，特别是《天津文学史》的出版，首次绘制了天津文学发展流变的全貌，为天津文学研究水平的整体提升提供了条件。在此基础上，天津社会科学院文学研究所的闫立飞等学者围绕文学与城市文化形象塑造、津味文学与城市民俗文化，地域文学的文化精神等方面展开研讨，以期在文学与城市的视野中探索天津文学与城市文化研究的新路径，并引起学界的关注和进一步讨论。[24]

在地域文学整体性研究中，罗振亚对新时期天津诗歌的创作概况，整体风格，美学流向进行了概说与估衡，认为天津是新诗的沃土，拥有过辉煌的传统，当下又正值腾飞之际，只要诗人们能够戮力同心，敢于担当，坚守艺术品位，取长补短，天津诗坛就会无愧于时代与读者的期待。[21]而李锡龙和杨爱芹（天津师范大学文学院）则分别从“文化立场与曹禺的创作转向”和“报刊中的曹禺早期演员形象”角度拓展了曹禺研究的向度。[22][23]此外，一些学者还对新世纪以来的文学进行了特别关注，如罗振亚的《新世纪诗歌：在坚守中突破》，论者认为新世纪诗歌尽管存在着不少缺憾，却始终能够在边缘化的文化语境中顽韧地坚守，非但没像有些学者预言的那样走向“死亡”，反倒以一系列的创作实绩不断传递着突破的信息，昭示出了种种生长的可能和希望。[24]周志强（南开大学文学院）的《伦理巨变与21世纪都市新伦理小说》认为新世纪以来中国社会中的伦理巨变现实，造就了一批都市新伦理小说，它们呈现出合理性、合情性和合法性三种认同焦虑内涵，伦理巨变的背后则是资本体制造成的文化的精神分裂症。[25]施津菊（天津师范大学文学院）的《新世纪文学的语言流变》认为新世纪十年的中国文学语言，是在20世纪文学语言由文言到白话演进的基础上，继续沿着语言的民间口语化、优美典雅化和流行时尚化这三个方向发生着流变。[26]刘卫东（天津师范大学文学院）的《论新世纪长篇小说中“大学叙事”的不足与缺失》，指出“大学叙事”是新世纪文学对大学的“想象”，20世纪90年代“人文精神”讨论的流风余韵，部分体现在“大学叙事”中。出于对“人文精神”的不同理解，新世纪“大学叙事”产生了对知识分子定位的混乱和评价的无序。[27]张大为（天津社会科学院文学研究所）则从教育学的视野出发考察当下文学理论的种种问题和困境，探讨其可能的解决途径和方案，认为文学理论作为大学文学教育的重要课程和文学研究观念、方法和公共性文学知识的策源地，必然具有一种作为教育理论和教育实践程序的维度。[28]这些探索和发现，为进一步认识新世纪文学开拓了理论视野。

（卢桢，南开大学文学院教师）

**注释：**

①耿传明：《“狂人”形象的文化源流与五四新文学的文化气质》，《南京师大学报》（社会科学版）2012年第1期。

②张铁荣等译：《鲁迅〈自题小像〉诗生成考》，《鲁迅研究月刊》2012年第5期，第7期。

③鲍国华：《从学术史视角看鲁迅的中国文学史研究》，《东岳论丛》2012年第12期。

④商昌宝：《〈“如果鲁迅活着……”——一个常青的历史话题〉概论》，《鲁迅研究月刊》2012年第5期。

⑤高恒文：《谢本师：“你也须要安静”——沈启无与周作人》，《现代中文学刊》2012年第3期。

⑥乔以钢等著：《中国现代文学文化现象与性别》，南开大学出版社2012年6月版。

⑦陈千里：《评〈中国古代文学与文化的性别审视〉兼论女性主义理论的本土化问题》，《妇女研究论丛》2012年第4期。

⑧乔以钢：《问题与挑战：女性文学学科建设之思》，《天津师范大学学报》2012年第5期；《新华文摘》2012年第24期。

⑨张莉：《非虚构女性写作：一种新的女性叙事范式的生成》，《南方文坛》2012年第5期。

⑩罗振亚、柴高洁：《传统的重铸与再造——台湾1970年代现代诗诗潮的精神走向》，《东岳论丛》2012年第11期。

⑪李润霞：《解析辛笛〈风景〉》，《看一支芦苇——辛笛诗歌研究文集》，学苑出版社2012年版。

⑫张林杰：《戴望舒：“田园”趣味与都市人生》，《南京师范大学文学院学报》2012年第1期。

⑬卢桢：《20世纪中国诗歌的城市抒写》，《中州学刊》2012年第2期。

⑭王士强：《“前朦胧诗”寻踪：从〈今天〉到“太阳纵队”、“X小组”》，《扬子江评论》2012年第3期。

⑮时世平：《清末民初的翻译实践与“文言的终结”》，《华中师范大学学报》（人文社会科学版）2012年第5期。

⑯王金双、李新宇：《论延安文学的话语转换》，《文学与文化》2012年第3期。

⑰李锡龙：《沈从文与战国策派关系考辨》，《北京师范大学学报》2012年第5期。

⑱林霆：《论十七年农业合作化题材小说的真实性》，《文史哲》2012年第1期。

⑲卢翎:《温情的关注与诗性的追求——2011 年微型小说漫评》,《小说评论》2012 年第 2 期。

⑳阎立飞:《文学的城市文化视野——天津文学与城市文化笔谈》,《理论与现代化》2012 年第 5 期。

㉑罗振亚:《新时期天津诗歌概观》,《新文学评论》2012 年第 3 期。

㉒李锡龙:《文化立场与曹禺的创作转向》,《伟大的人文主义戏剧家》,中国传媒大学出版社 2012 年版。

㉓杨爱芹:《从天津报刊看曹禺早期的演员形象》,《兰台世界》2012 年第 1 期。

㉔罗振亚:《新世纪诗歌:在坚守中突破》,《艺术评论》2012 年第 6 期。

㉕周志强:《伦理巨变与 21 世纪都市新伦理小说》,《天津师范大学学报》(社会科学版)2012 年第 4 期。

㉖施津菊:《新世纪文学的语言流变》,《天津师范大学学报》(社会科学版)2012 年第 1 期。

㉗刘卫东:《论新世纪长篇小说中"大学叙事"的不足与缺失》,《天津师范大学学报》(社会科学版)2012 年第 6 期。

㉘张大为:《教育学视野中的当下文学理论困局》,《天津大学学报》(社会科学版)2012 年第 3 期。

**【天津文学研究综述】** 2012 年天津文学研究与学术活动很丰富、很活跃、很有特色。据不完全统计,本年度内公开出版相关学术著作 3 部,印刷内部文学研究资料 7 册,编辑民国通俗小说研究电子杂志 6 期,发表学术论文和学术资料文章 150 余篇。

**一、近现代文学研究**

1. 关于民国北派通俗小说

2012 年 7 月,民国通俗小说研究专家倪斯霆的新著《旧文旧史旧版本》由上海远东出版社出版。它是 2010 年出版的《旧人旧事旧小说》的续集,该书"更偏重于事迹考证、作品考辨和历史寻根的研究"。[①]书中收录的《民国天津通俗小说勃兴原因与出版特征》、《培养民国北派通俗小说人才的三报馆》、《从〈北洋画报〉、〈东方时报〉与〈商报〉走出的"津味"作家群》、《天津书局:出版销售北派通俗小说的大本营》、《宫白羽被张恨水招聘后的创作转型》、《武侠小说大师白羽成名前的记者生涯》、《从二贤里甩出的"金钱镖"》、《对武侠小说大师白羽故居的寻觅》以及《白羽武侠小说知多少》等篇什,都显示出对民国通俗小说作家研究的深化。

此外,2012 年,张元卿、王振良等学者以"民国通俗小说研究馆"名义,撰著、编辑、发行电子杂志《品报》共 6 期。他们以《品报》为平台,积极汇聚研究成果,促进了民国南、北两派通俗小说研究的交流与合作。如《品报》第 18 期,刊出了张元卿编著的《刘云若小说年表初稿》,突破了历来被认为刘云若小说"不超过五十部"的定论,确认刘云若"没有争议的作品已达六十部",摸清了刘云若研究的基本家底,为现代文学研究拓展了空间。

2. 关于天津文学期刊

2012 年 1 月,鲍国华的《二十世纪天津文学期刊史论》由山东画报出版社出版,它是本市"十一五"哲学社会科学研究规划资助项目的结项成果。此前天津学者出版的《打开历史的尘封——民国报纸文艺副刊研究》[②]和《益世报与中国现代文学》[③]均限于民国报纸文艺副刊研究,而鲍著则是囊括了清末、民国和新中国成立后的近百年来天津文学期刊的史论,时间跨度长,涵盖的内容更全面、更丰富。该书对 20 世纪天津文学期刊进行了系统梳理和比较全面的研究,运用文学史、文化史、思想史和出版史的相关理论,考察了文学期刊对天津文学发展的重要意义和价值,以及 20 世纪天津文学期刊独特的地域文化品格。尤其是对清末《大公报》文学研究、天津左翼文学期刊研究、《天津日报》文艺副刊研究和《新港》文学月刊研究,实现了对天津文学期刊研究的突破与创新。

3. 关于孙犁

2012 年 3 月,著名学者、文学评论家滕云历时 11 年撰著完成的 92 万字的大型综合性课题的研究成果《孙犁十四章》,作为"国家哲学社会科学成果文库"中"代表当前相关领域学术研究的前沿水平,体现我国哲学社会科学界的学术创造力"的一部力作,由人民文学出版社出版。全书从乡土孙犁、山水孙犁、战士孙犁、性情孙犁、小说孙犁、散文孙犁、诗歌孙犁、文论孙犁、编辑(兼及记者、教师)孙犁、国初孙犁、"文革"孙犁、变法孙犁、曲终孙犁、哲人孙犁等十四个方面,对孙犁的人生经历、文学创作、情感世界、文学观念等做了综合、系统的研究,并用鲜活的文字立体地呈现了孙犁及其艺术世界。"有些章每章阐述孙犁及其文学的一个横剖面,而横剖面中有纵剖面;有些章每章阐述孙犁生平及其文学道路的一个段落,而纵切面中有横切面。总体以纵横交织为构思。内容有生平考述,有作品评析,有综合论议,有对孙犁研究时论的辩难,有开合旁出之文。"[④]作者"是怀着既写素描也写画卷的奢望,怀着写作家精神传记、灵魂传记的奢望"完成大作的。该书"是迄今为止国内所见到的有关孙犁专论的一部学术巨著,是近70年来孙犁研究的集大成者”,该书的出版将有力推动孙犁研究事业的拓展。

2012年,因为“纪念孙犁逝世十周年”而使孙犁研究再度成为热门话题。张铁荣独辟蹊径,从文化保守主义解读孙犁的小说,认为孙犁的文化保守主义在小说中的表现“是对中华民族习俗、传统和历史文化的守护”,“是对激进主义的厌恶、对政治斗争毫无人性的抵触与反感”。他认为文化保守主义“是一种对于本民族文化的坚定自信和坚守,传承和保持本民族文化的固有心态,不断向往高贵生活品质的精神追求,这也是一种充满高雅、大度、节制、从容的精神特质。一个优秀的作家无论从为人还是为文,都能体现出这种保守主义的气质,我以为孙犁身上的文化保守主义很值得研究”。⑤刘宗武则详细论述了孙犁在历史发展的关键时刻做出的三次重大选择,对他一生的文学事业产生了重要影响,因此才成就了作家孙犁的一生。⑥同时,本市报刊也发表了许多研究文章。如《天津日报》连载了文彦群的《孙犁与名著》研究文章10篇,⑦角度新颖,钩沉深入,很有特色。此外,在知网上看到各地学者研究孙犁的论文也有数十篇,不再赘述。

4. 关于穆旦

对于诗人、翻译家穆旦的研究仍然是热点话题。在知网上看到各地学者研究穆旦的论文有数十篇,主要研究穆旦的诗歌和译诗的贡献,也有对穆旦社会文化身份的考察和对文化事件的追溯,如《“小职员”:穆旦1940年代社会文化身份的考察》、《穆旦与“外文系事件”风潮》等。随着研究的深入,又衍生出对研究成果的评论,如《穆旦形象塑造与研究的重要推进——评易彬所著“穆旦系列研究著作”》等。因为这些研究没有天津学者的声音,所以,只作简介,不再细述。

**二、当代文学研究**

1. 津门作家创作

2012年12月4日,闫立飞在《光明日报》发表了《在“津味”的基础上开创生机——津门作家群创作综论》,指出:“进入新时期,津门作家先得风气,异军突起,在引领改革文学潮流的同时,以其强烈的现实关怀精神、浓厚的底层情节、开放的思想意识和市井化的语言风格出现在新时期中国文坛,并获得了自我身份的认同”。他根据不同时期的不同创作特色,认为津门作家“呈现出四代同堂的局面。不同代际的作家表现出各自的创作个性,使得整个群落充满了勃发的生机”。津味小说是津门作家群的一支主流。天津作家致力于发掘地方文化资源进行津味文学创作的事实,表明了这一群体地域意识的自觉和文化的自信。不过,津味文学兴盛的背后也显露出一些创作上的问题,如,创新意识的缺乏和文化积淀的不足,导致了题材的扎堆重复与叙事的模式化,又如为“津味”而“津味”的舍本求末之举,影响到津味文学的艺术品质与思想深度。“津味”不应该被消费,应该在“津味”的基础上开创生机。

2. 关于杨显惠

天津作家杨显惠近些年的文学创作引起了文坛的广泛关注。《小说评论》2012年第1期和《扬子江评论》2012年第2期分别为杨显惠开辟了专辑。前者刊发了《主持人的话》(於可训)、《为时代立心,为民生立命——杨显惠访谈录》(吕东亮、杨显惠)、《回答两个问题——自述》(杨显惠)、《在历史边缘沉思存在——杨显惠论》(吕东亮)以及《杨显惠主要作品目录》。后者刊发了杨显惠的创作谈《〈甘南纪事〉的写作》,同时发表了黄桂元的《杨显惠作品的“另类”观感》和杨光祖的《杨显惠论》。《中国现代文学研究丛刊》2012年第9期还发表了哈建军的《论杨显惠的“纪事”系列小说》。天津《文学自由谈》杂志副主编、评论家黄桂元对杨显惠30余年的文学创作进行了追溯与盘点,指出他“不属于多产作家,却每每以其沉郁的人道激情,剑走偏锋却不及时弊的叙事策略、貌似憨直拙笨而内功深厚的文字个性独步文坛”。“他的写作避开公共经验,纯属‘个案’”,“其书写姿态在文坛身单影只,寂寞独行”,“其影响多集中在新闻界、读书界,而寡闻主流评论家的喝彩,更鲜见同行者的关注,所以‘另类’。”黄桂元认为杨显惠的《夹边沟纪事》、《定西孤儿院纪事》以及《甘南纪事》等作品,不仅是“创伤记忆书写”,而且是“见证文学”书写,他“点点滴滴做着还原历史现场,打捞真相,修复记忆的艰辛工作”,这些作品的社会学意义远远大于文学意义。黄文还探讨了杨显惠“具有了文学史意义”的“另类”作品艰辛的创作过程。

3. 关于秦岭

杨显惠对天津年轻作家秦岭关注三农题材的创作一直很看重。通过分析秦岭的短篇小说《摸蛋的男孩》,他看到了“秦岭参与并反思历史的自觉、机敏、独行和锐利”,称“小说对历史的反思,无疑是别开生面而又内蕴丰饶的,其强烈的现实批判意味,看似不留痕迹,实则刀刀见血”。作品“不动声色而又恰到好处地在历史与教化、政治与传统、权力与民意的交织、联动、冲撞中勾勒、皴染出了中国农民有意味的抗争中的沉默、醒悟中的妥协、冲动中的麻木”。他指出:“《摸蛋的男孩》不仅是作者善于反思历史的优势的再现,而且为小说如何实现参与历史的当下性,提供了可贵的探索和思路”。[⑧]

随着时代的发展,青年作者网络文学创作日益受到关注。2012年,天津市作家协会组织陈吉蓉、藏策、吕舒怀、罗振亚、王道生、闫立飞、余小惠、张莉、左芳、宋曙光等知名作家、评论家对青年作者网络文学作品进行点评,[⑨]充分肯定了作品的长处,有针对性地提出了希望与建议,有力促进了网络文学创作队伍的成长与壮大,促进了网络文学创作的进步与繁荣。

(本文作者:孙玉蓉,天津社会科学院文学研究所研究员;闫立飞,天津社会科学院文学研究所所长、研究员)

**注释:**

①张铁荣:《〈旧文旧史旧版本〉序言》,《品报》2012年第20期。

②郭武群:《打开历史的尘封——民国报纸文艺副刊研究》,百花文艺出版社2007年版。

③杨爱芹:《益世报与中国现代文学》,中国文史出版社2009年版。

④滕云:《孙犁十四章·后记》,人民文学出版社2012年版。

⑤张铁荣:《民族文化的自信与坚守——以文化保守主义解读孙犁的小说》,《名作欣赏》2012年第10期。

⑥刘宗武:《孙犁一生的三次选择》,《新文学史料》2012年第4期。

⑦文彦群:《孙犁与〈鲁迅全集〉》、《孙犁与〈红楼梦〉》、《孙犁与〈聊斋志异〉》、《孙犁与〈韩非子〉》、《孙犁与〈孽海花〉》、《孙犁与〈金瓶梅〉》、《孙犁与〈海上述林〉》、《孙犁与〈世说新语〉》、《孙犁与〈子夜〉》以及《孙犁与〈太平广记〉》,《天津日报》2012年6月18日至7月17日连载。

⑧杨显惠:《小说如何实现参与历史的当下性》,《文艺报》2012年5月21日。

⑨《天津作家》2012年12月总第30期。

**【比较文学与世界文学研究综述】** 2012年,天津市各高校、科研单位的专家学者在比较文学与世界文学研究上,依托天津市比较文学学会与天津市外国文学学会,著述颇丰,出版了一系列专著、教材和相当数量的论文。天津市继原有的比较文学与东方文学、域外汉学、《圣经》文学、俄罗斯文学研究等传统优势之外,越来越呈现出研究方向的多元化趋势。现综述之。

一、比较文学研究

1.比较文学理论

2012年,本市多位比较文学专家发表文章从本体论角度探讨比较文学的学科发展,普遍倾向于依托当今全球化语境重新审视比较文学的基础学科概念与发展历史。

王立新、王旭峰提出,比较文学研究有两个方向:“所谓纵向发展,是指文学所表达的主题和观念会随着时代的发展而变化;文学自身的理念和形式也会随表现内容和审美观念的演变而变化。所谓横向发展,是指不同国家的文学相互影响、彼此借鉴并逐渐汇聚为世界文学大潮的发展过程。文学的纵向发展和横向发展之间存在辩证关系,认识其中的规律可以帮助我们确认经典作家及其文学史地位”[①]。这从本体论的层面将文学研究的两个维度——内部研究和外部研究与比较文学的可比性进行整合,形成了一套崭新的学科话语体系。

孟昭毅以“文学作为文化的表征,作为心理的外化,必然更加注重民族文学、国家文学的当代建构与历史动向,对‘越族’、‘去国’的世界文学也更加憧憬与向往”[②]为理论依据,梳理和重构了比较文学学科中几个比较重要的定义,尤其是对“民族文学“与“世界文学”有着充分的再认识。

黎跃进专门清理了文化研究与比较文学研究之间的关系。众所周知,东方比较文学崛起、理论热潮与文化研究崛起成为了20世纪后半叶以来比较文学研究的三大转向,而文化研究对传统文学研究方法则形成了强烈的冲击与挑战。黎跃进教授的文章则以“影响与渗透”、“挑战与危机”以及“互补与契合”三部分论述,将文化研究与文学研究定位为“一种对话和互动的关系”。将“和而不同”、“求同存异”的思想嵌入比较文学本体内部,为谈论多年的“比较文学的危机”找到了一条合理的出路。

郝岚教授则撰文从传播媒介发展的三个阶段论述了口头传播、印刷传播及电子传播对比较文学学科的影响,特别是电子传播对比较文学的冲击。文章从正反两面看问题,先从历史的角度阐述了电子传播是如何逐渐深刻影响比较文学学科的,后又从反面提出电子传播给比较文学发展带来的新机遇。这种新机遇——新的世界文学概念的提出,是依托“电子传播——全球化”背景之下的。文章援引西方学界前沿对世界文学的看法，并认为“传播方式的变迁为比较文学研究和文学本身都带来了危机，但同时也为重新审视这一学科带来了新的可能和活力”。[3]

2. 比较文学实践

深入到具体比较文学实践中，本市学者研究成果都呈现出“立足民族，放眼世界”的特点。选题虽多方位、多角度，但都具有民族文化这一共同的根基。从类型上看，大体分为以下几种：比较文学视野下的民族文学；中外文化间的影响与交流；翻译理论与文本译介。

从比较文学的角度对民族文学进行再阐释，孟昭毅教授发表于《红楼梦学刊》的文章《〈红楼梦〉研究的主题学视角》是典型。主题学研究是孟昭毅教授几年关注的焦点问题，2012 年又撰文从主题学的角度剖析《红楼梦》，提出了红楼梦的“失乐园”主题。这篇文章从《红楼梦》主题的多重释义空间与对世界文学“失乐园”主题的梳理切入，将《红楼梦》视为世界文学交响中的一个声部，打通了民族文学间的界域。在比较文学视野下的《红楼梦》研究突破了以往囿于中国古典文学主题的局限，从而发现更具有普遍性与永恒性的观点：一方面族群或个体，没有永远的乐园；另一个角度指出了中国农耕文明作为“亚细亚生产方式”的典型症结。联系该作者本年度的《从民族文学走向世界文学》一文可以看出作者从理论到实践的连贯性：只有将民族文学置于世界文学的背景中，才能发现人类文化的心理同构；也只有在世界文化的融合与冲撞中，民族文化才会自现其短长，从而得到新的发展。

《赵氏孤儿》与《中国孤儿》是比较文学研究中的经典案例，也是中外文化影响交流的经典案例。2012 年本市有两位专家学者不谋而合针对这一案例发表文章，完全从不同出发点得出不同结论，可以看作本市学者具有开阔学术视野和深厚学术能力的典型。

吕世生撰文《元剧〈赵氏孤儿〉翻译与改写的文化调适》，从正面“趋同”的角度分析了《赵氏孤儿》如何通过译作者间的流传和改写以“文化他者”的形象通过文化调适导向的翻译与改写实现了与目的语文化的交流与融合；吕超则以《论伏尔泰对〈赵氏孤儿〉的借用与衍化》从反面“辨异”的角度论述伏尔泰笔下的《中国孤儿》是如何借用异域文化的“超越影响”作用阐发自己的审美取向。由于审视问题的视角不同，两位专家学者的文章在观点上不免争鸣：站在民族文化走向世界的视角，吕世生评价《赵氏孤儿》传至西方后“源语文本的中国传统价值观得到升华”[4]。站在维护民族文化思想精髓的视角，吕超则认为“伏尔泰的直接动机是为了批驳卢梭的野蛮人高尚论，为此不惜歪曲历史事实；根本动机则是借宣扬中国高尚的道德精神来传达自己的启蒙思想，为此则不惜多方面向大众的审美趣味妥协”[5]。

译介学是一直是近年来比较研究领域前沿热点之一。目前学术界的一种主流观点便是“没有翻译文学，就没有世界文学”。立足民族传统文化与语言，本市专家学者在译介方面的研究也呈现出多元姿态。翻译理论方面，南开大学李晶以全球化为背景，从二元对立的角度探讨了翻译中的“边缘与中心”、“通俗与高雅”、“本土与全球化”、“科学与艺术”、“机器与人工”，对新时代的翻译工作者提出了更高的要求。

具体翻译实践研究上，学者更多集中关心“走进来”与“走出去”的问题。南开大学王宏印教授的《京华往事，译坛烟云——MomentinPeking 的异语创作与无根回译》一文，从 MomentinPeking 的献辞与主题、分卷与引文，以及章节划分与叙事结构入手，探讨林语堂用英文撰写这部以抗战为主题、旨在弘扬中国文化的现代小说的创作意图和叙事特点。分析挖掘其三个汉语译本的体现情况，尤其讨论了张振玉译本章回体翻译的复古现象，并探讨了该书外洋内中的双重性质和在中国翻译文学史上的地位。运用异语创作、无根回译和原文复现等新颖概念分析译作，对于同类文学创作和翻译现象研究有极大的参考价值。除此之外，王宏印教授还撰写了一系列文章，赏析戴乃迭、夏济安等翻译名家的作品，为翻译实践提供了深刻的剖析样本。

天津外国语大学曾琼发表于《外语教学》的《世界文学中的泰戈尔：〈吉檀迦利〉译介与研究》一文，对这部诗集的汉译情况和我国对此书的研究概况进行了总结和分析，认为我国的《吉檀迦利》研究尚待深入。此外，文章探讨并介绍了《吉檀迦利》在世界文学背景下的译介和研究情况，希望以此为我国的泰戈尔研究提供学术参考。曾琼的另一篇文章《国民文化心态与汉文经典翻译的缺失——近百年印度的汉文学译介》则讨论了印度汉文学译介的缺失，对中国文学如何真正走出去进行了思考。

## 二、国别文学研究

### 1. 欧美文学文化研究

在欧美国别文学研究领域，本市学者在一年的研究中注重研究对象文本与其他文本或文化的阐发，研究体现了语境性与时代性。以美国文学研究为例，美国文学研究是本市学一年来集中关注的焦点之一。南开大学徐清2012年发表了两篇有关赛珍珠的文章。《中国文化场域中〈大地〉的经典化问题》以《大地》与中国文化与社会之间的关系，以及赛珍珠小说创作的中国元素为依据，详尽探讨了《大地》在中国文化场域中经典化的可能。《当代美国女权主义运动的先驱——赛珍珠》一文则将小说《男与女》置于美国女权运动的大环境中进行分析，将赛珍珠定位为美国当代女权运动的先驱和预言者。天津师范大学任媛多年专注于美国文学研究，文章《欧茨笔下人物的疏离与孤独感剖析》梳理了美国当代小说家欧茨的几部重要作品，注重阐发作品中反映的20世纪普遍问题以及与20世纪经典作品间的互文性阐发。

能够熟练将当代主流理论应用于国别文学研究实践中，是本市专家学者专业素质的综合体现。天津商业大学朱立华发表于《外国文学研究》的《劳伦斯小说的自然生态批评主义解读》一文则是运用当代主流西方理论进行研究的例证。文章首先对自然生态批评进行了述评和反思，然后尝试解读劳伦斯的“恋自然情结”，探微“自然的恶化”、“人性的异化”和“性爱的美化”根源，对劳伦斯作品的传统评论提出了批评，并重新审视劳伦斯小说的自然生态批评视角。

图像理论亦是目前学界的前沿理论之一，理论核心是要论述语言与图像的关联性、语言转化为图像的可能性，从图像的角度发掘语言新的审美性。天津财经大学高红樱教授在《艾特玛托夫小说“语言图像”的审美特征》一文中提出“把握好语言与图像关系的关键，在于从文本语象与图像画面的张力之间找到一套化解‘形式’与‘内容’冲突的良方，让语言与图像的矛盾对立得以统一，同时厘清‘语言’与‘语境’生成的渐次过程和复杂关系，从而能够更理性、更深入地展现文学作品的永恒品质极其魅力”⑥。文章借“语象”的概念分析了艾尔玛托夫小说的独特魅力，发现小说成为各民族共同认可的审美价值，将落脚点放到民族文学走向世界文学的宏观蓝图上。

曾艳兵教授关于卡夫卡研究的持续写作是本市外国文学研究的另一大特色。2012年，他的《新中国60年卡夫卡小说研究之考察与分析》从研究队伍、理论与方法的角度，为60年来中国的卡夫卡研究总结。该作者的《卡夫卡与机器时代——〈在流放地〉解析》一文，“机器”成为了文章立论的核心，以一套自成体系的观点审视了“机器与人”、“机器与法”、“机器与神”，从而展示了工业革命以来的机器时代从人的肉身、社会制度到宗教意识形态各个层面无孔不入的异化，还原了一个被颠倒的世界的荒诞性。

### 2. 东方与俄日文学文化研究

黎跃进《多重对话：比较文学专题研究》一书由中国社会科学出版社出版。他立足于多元对话的文化立场，对中外文学大量彼此交流互动的文学现象进行清理和研究，探讨异质文化的文学影响——接受背后的文化动因和文学交流规律；对中外文学史上具有价值联系的类同现象做出平行的考察和分析，在同和异的辩证考察中探寻人类文学发展演变的共同本质和民族文学特色；对不同文化体系的文学加以审美层面的深层思考，得出具有启发性的认识和结论。在作者看来，“一些具有相似性的文学现象不一定具有可比性，而一些看上去风马牛不相及的现象，在一个特定的视域里却具备了可比性。因此，准确把握可比性，是决定比较文学研究的科学性和价值的关键”⑦。

孟昭毅、黎跃进等编著《简明东方文学史（修订版）》由北京大学出版社出版。相较于前版，本次修订有以下几点特色：一是在前作的基础上争取更加简明扼要、线索清晰，并且尽可能地总结出普遍规律，为教材的使用提供更多便利。二是突出章节的重点，但又做到点面结合，并且强化文化分析与艺术分析。三是尽可能拓宽视野，关注东方文学的横向交流，并且吸取了最新的研究成果。

黎跃进的《东方文学史论》与《简明东方文学史（修订版）》相得益彰。相较后者以合著形式出版，前者更多体现的是著者本人对于东方文学的研究和思考，个人色彩较浓，在思想上也更加连贯。其中第一章“东方文学纵向发展论”与第六章“综论与比较研究”是本教材的亮点，体现了著者的独特学术眼光。

曾艳兵主编《西方现代主义文学概论（第二版）》从内容上增加了里尔克一节；从结构上更加注

重思想深度与知识普及的平衡,2012 年由北京大学出版社再版,本书不仅在学界获得好评,而且效果证明这一本经得起检验的成熟的教材。曾艳兵还出版了有关卡夫卡的学术随笔《卡夫卡的眼睛》。该书集合了数十篇有关卡夫卡的散文,以个人化的方式从各个侧面观察卡夫卡——在作者的观点中,便是观察生活本身。文章或深邃沉稳,或幽默诙谐,体现了研究者将日常生活与学术研究相融相乐的志趣。

王晓平是亚洲汉文学专家,尤其以日本汉文学研究见长,其研究打破了国家、民族的界限,以“汉文化圈”作为整体的文化背景,以文学文化研究为本位。他提出了“现代诗经学继承了传统的民族文化精神,而又必须面对世界文化前所未有的交流、交融和交锋的崭新局面,也就不能不承担与世界对话的使命。知己知彼,对话方能奏效。将民族化的《诗经》研究推向‘民族化兼容国际化’的诗经学,首先就要对保存在各国的历代文献资料进行基础性考察,并对各国学者的研究成果给予充分的理解和尊重,由此构建平等对话和深入交流的平台”⑧。论文举证了日本现存 14 种《诗经》写本,又以此为背景论述了写本在《诗经》东渐历史中的地位以及当代国际诗经学研究的现状和发展途径。

王晓平《日本诗经学文献考释》由中华书局出版。在诗经学研究、域外汉学研究及中日文学文化交流研究领域都有着巨大的价值。他认为,中日学风不同,中国自唐至清学风多变,而每次变化都会使很多典籍散佚失传;日本汉籍研究多是家学,世袭为学、关门授经且一根独传。在日本珍藏古代《诗经》抄本的心理深层,除了有汉字文化圈长期文化交流形成的文化认同感作为有力支撑之外,就是传承世袭以学名世的家风学风的夙愿。因此研究日本流传的《诗经》写本,以及与这些写本相关的印本,都会成为窥察中国古诗经学的一面镜子:今存静嘉堂本《毛诗郑笺》、大念佛寺本《毛诗》等,皆多据俗本校勘的文字。孔颖达《毛诗正义》杂采众说而定为一尊,固可一去众说纷纭、无所是从之弊,而一尊之外,亦有多言而从此不得其传。而日本保存的古本,恰好可以在某种程度上有助于恢复我们对唐宋时代,特别是宋代经学的记忆。

俄苏文学文化研究是本市较有特色的国别文学研究。闫国栋研究剖析了 18 世纪俄国文化精英借用理想化的中国形象表达自己的政治诉求的特点,并总结为“在女皇严密监视下,他们大多无法直抒胸臆,只能将真实意图隐藏在自己赞颂中国思想、道德和帝王的字里行间。在俄国文化精英那里,理想化的中国被当成了一种反观俄国社会现实的镜子”⑨。

王志耕主要关注的是俄苏文学经典的再诠释,从宏观的角度审视了俄罗斯文学经典的一种特殊品格“圣愚文化”,认为它“是对世俗伦理的超越,以达到终极的精神自由。其表现形态有:多余性,即远离社会,逃脱束缚,成为精神上的放逐者;破坏性,即以疯癫的形式挑战所有世俗伦常,以极限的体验方式追寻生命意义;流浪性,即在摆脱所有世俗条件的境况下,守护自己内心的神圣,以流浪的方式走向牺牲的十字架”⑩。他还从解构“大历史”的角度再议了《静静的顿河》中蕴含的对人类精神完整性追求的主题。在另一篇论文中转向微观的文本分析,探求弥赛亚观念在现实社会的革命叙事中的转化。从宏观到微观,王志耕教授的研究体现了本市学者对经典文本的再挖掘深度。

曾思艺研究了以普希金与拜伦之间的文学关系为侧面,从新的角度映衬了“南方叙事诗”的思想、内容到艺术是如何从模范走向超越的。以拜伦为参照系,探索了普希金创作的变化,使得静止的文学研究呈现出动态的趋势,从异同的比较中发现普希金独有的气质,无论从研究方法到结论上都有一定的突破性。曾思艺的专著《丘特切夫诗歌研究》修订后由人民出版社再版。作者全面而系统地介绍了俄国丘特切夫的生活史和创作史,对丘特切夫的诗作进行了全方位“解读”探索,并力图把诗人放在俄罗斯和世界文化和文学背景中去观察,特别探讨了丘特切夫与中国的关系,回顾了这位诗人在中国被译介的历程,并把他与我国著名的山水诗人王维放在一起进行了饶有兴味的比较研究,这样的比较从一个侧面显示和印证了丘特切夫的“东方式”的哲学观和审美观。

(本文作者:李春晖,天津师范大学文学院硕士研究生;郝岚,天津师范大学文学院副院长、教授)

**注释:**

①王立新、王旭峰:《论比较文学中的纵向发展研究与横向发展研究》,《黑龙江社会科学》2012 年第 4 期。

②孟昭毅:《从民族文学走向世界文学》,《中国比较文学》2012 年第 4 期。

③郝岚:《比较文学发展与传播媒介变化的三个阶段》,《黑龙江

社会科学》2012 年第 4 期。

④吕世生:《元剧〈赵氏孤儿〉翻译与改写的文化调适》,《中国翻译》2012 年第 4 期。

⑤吕超:《论伏尔泰对〈赵氏孤儿〉的借用与衍化》,《甘肃社会科学》2012 年第 6 期。

⑥高红樱:《艾特玛托夫小说“语言图像”的审美特征》,《天津师范大学学报》(社会科学版)2012 年第 3 期。

⑦黎跃进:《多重对话:比较文学专题研究》,中国社会科学出版社 2012 年,第 12 页。

⑧王晓平:《日本现存诗经古写本与当代诗经学》,《社会科学战线》2012 年第 3 期。

⑨闫国栋:《18 世纪俄国文化精英理想化的中国观》,《天津社会科学》2012 年第 3 期。

⑩王志耕:《以圣愚的名义超越世俗伦理——俄罗斯文学经典品格一论》,《文学与文化》2012 年第 1 期。

**【新闻传播学研究综述】** 2012 年,以南开大学、天津师范大学等高校为主体,新闻传播学研究取得了较为丰硕的成果,主要表现为研究领域不断拓展,成果质量明显提高,中青年教师作为学术研究的骨干,成果数量大为增加。现就研究成果略加分类,综述如下。

**一、新闻传播学基本理论研究**

荣荣以媒介融合的趋势为背景,考察了大学生的媒介使用情况并探究了相关影响因素。研究发现,使用与满足理论和创新扩散理论影响受众使用媒介的各种因素,在媒介融合的新形势下对大学生群体既有适用性,也有不适应的现象。因此在学理层面,相关理论还有很大的发展空间;在业务层面,媒介融合并非万能。融合媒介产品的创新和推广都应该扬长避短、针对不同的人群采取有的放矢的政策,本研究也由此提出了相关对策。①

每年两会,记者们“围追堵截”式的采访已经成为一道风景线。被围追的代表委员们也大多表情尴尬,疲于应付。记者的行为虽然有为了满足公众知情权的良好初衷,但行为过度者确实有失记者的职业道德规范,严重的还会构成新闻侵权。高扬从新闻道德和新闻侵权两方面对这一现象进行分析,以规范两会记者的采访行为。并提出建议:记者不扎堆,不围观,不追星,以理性的心态倾听真实的表达和诉求,并及时客观地把这些诉求传播出去,才是两会采访的应有之义。②

**二、编辑出版学研究**

梁小建提出,出版融合是中国出版业转型发展的必由之路,是新闻出版体制改革和媒介融合背景下出版业发展的必然趋势,出版融合为新闻出版产业格局的调整与升级,为新闻出版业深化改革提供了发展方向。③

刘运峰从鲁迅先生的遗愿、异邦的捷足先登、与“商务”合作的夭折、“孤岛”上的转机、里程碑式的巨著等方面,论述了 1938 年版《鲁迅全集》编辑出版的曲折过程。④同时,刘运峰还研究了《鲁迅全集》版本变迁、孙犁、郭沫若等作品的出版以及编辑出版界的史料、掌故等。⑤

陈宁侧重于研究出版与性别之间的关系问题,指出近年来以男性为明确服务受众的男性杂志正面临着前所未有的商业和文化机遇。在性别观照的广度和深度上此类杂志表现出快速生长期特有的两重性。杂志突破了传统文化对两性特质的规约,多样的生活方式和审美取向得到了尊重和肯定,充满个性色彩的男性媒介形象日益丰富;但是,性别窠臼仍表现出强大的现实干预力量,模式化的性别形象塑造正成为男性杂志创新性发展的瓶颈。⑥陈宁还认为,近年来我国儿童绘本出版发展迅速,其中世界经典绘本的引进带来了性别教育理念的突破,在性别气质、两性关系、两性生活方式和父母角色等方面表现出不同于我国传统教育的特色。这些绘本为孩子提供多元、自由的想象空间和成长可能,为我国原创绘本真正做到“以儿童为本”提供了借鉴,更为中国童书“走出去”的发展战略提供了国际交流的话语平台。⑦

马瑞洁认为,针对不同类型的著作权侵权指控,网络经营者可以提出不同的抗辩事由。对于直接侵权的指控,网络经营者可以证明自己的行为不构成侵权,而对于间接侵权的指控,网络经营者可以主张自己符合法律规定的五项条件,从而适用“避风港规则”。⑧还从版权的本质入手,指出取消版权无法扭转大型文化企业对文化市场的垄断,亦不会消除“明星”与众多普通艺术家的收入差距,甚至还有可能使上述问题更加严重。针对数字时代版权保护“法不责众”的窘境,提出了兼顾权利主体个人利益与社会公益的版权维护新模型。⑨

梁小建认为,科普期刊具有内容、品牌、专家、读者等多种优势资源,能够在科普资源共建共享中发挥重要作用。但科普期刊参与科普资源共建共享的现状不尽如人意,必须探索新的机制,包括科普期刊参与科普资源共建共享的动力机制、科普事业与科普产业协同发展的版权协作模式和刊网融合的科普资源共建共享工作机制。除此之外,还要为科普期刊参与科普资源共建共享提供政策、组织和人才方面的保障。[10]梁小建认为,学术期刊作为既有学术传播体系的核心,在应对媒介融合时代知识碎片化呈现方面存在失语和整合功能缺失。学术期刊应增强知识整合能力,提高服务读者水平。具体措施包括推广学术期刊资源共建共享,为读者提供专业化服务;重视发表学科综述性文章,为读者提供知识导航;缩短刊期,加强采访报道,增加信息量;提倡职业精神,提高内容质量。[11]梁小建认为,文化强国建设中,出版融合成为新闻出版业改革和发展的方向。传统新闻出版业要通过出版传媒融合、与数字出版融合、与文化娱乐业融合,提高产业集中度和国际话语权,提升网络传播领域的文化品位,培育新的经济增长点,促进文化大发展、大繁荣。[12]梁小建还研究了社科类学报的职能问题,认为社科学报与学术和社会发展的不适应主要表现为:学报内容与我国经济社会发展需求脱节、出版能力与高校哲学社会科学教学科研事业不相适应、传播能力与增强国际学术话语权的要求不相适应。社科学报应发挥品牌和资源优势,创新体制机制,增强学报出版传播能力;向信息服务商转型,为哲学社会科学教学科研服务;加强国内外学科综述,增强自身权威性和国际话语权;抓住传播数字化契机,促进学术信息的共建共享,为文化大发展大繁荣服务。[13]

**三、电影电视理论及实践研究**

陈鹏从世界电影特效发展格局和当下国产电影面临的困境、问题出发,通过中西对比,在电影艺术、内容市场、受众符号体验与审美、技术革新等层面探讨了我国电影特效发展的四个机遇和五项对策。提出了充分利用特效实现电影品质提升,通过建构完整、健康的特效产业链,为电影语言的优化及表达合理性的提高提供支撑和保障的转型模式。还运用一些理论工具以及数据案例分析探讨了电影特效发展与影视品质、影视产业等方面的内在关系,从艺术、审美、市场、技术的角度分析了当下电影观众的审美取向与内容建构方向,并重点基于社会心理与美学价值探索了特效对于电影工业变革的意义。[14]

刘忠波近年来致力于电视纪录片的研究,他从交流的伦理价值、伦理控制的方式和不伤害原则的悖论几个维度来梳理关于纪录片的道德困境和伦理风险。认为道德问题实质上关系着纪录片的现代价值取向这一核心内容。纪录片的拍摄对象有一种利他的基本精神。拍摄者往往试图更加接近拍摄对象,双方的关系直接决定影片的成败,但拍摄者常常又面临一种由于拍摄者与被拍摄者建立了情感关系引起的道德困境。[15]刘忠波尝试重新认识拍摄对象的属性问题,认为欧文·戈夫曼的“拟剧理论”给拍摄双方的关系尤其对于拍摄对象的行为属性,带来了具有参考价值的理论体系。一方面,拍摄对象不应当是可以塑造虚构角色的演员。另一方面,又不得不承认摄影机拓展拍摄对象原有的生活,给了拍摄对象重新塑造一个角色的机会。相对于故事片的权力关系,纪录片拍摄者和拍摄对象关系的核心是一种情感关系。[16]刘忠波还梳理了纪录片命名过程中各种称谓之间的内在逻辑和连贯性,认为“纪录片”是文化政治中的重要词汇之一,它的命名涉及一种社会话语策略。20 世纪 80 年代纪录片的各种称谓都具有很强的阶段性,大都可以起到满足区隔社会阶段和政治时期的需要,从 80 年代社会语境的角度分析了几种新称谓的来源和意义。认为对于纪录片多种称谓的情况,并不能简单地看作是由纪录片形态的多样性导致了称谓的丰富性,各个称谓之间的相互关系以及涉及的社会、政治和文化深层次原因更是值得思考的。[17]

王艳玲认为,“穿越”一词,最早是作为小说的分类率先兴起于网络文学中,是穿越时间和空间的简称,也称谓架空历史题材剧。即在网络平台上,一批穿越写手的诞生,为影视剧提供了全新的模式,穿越剧甚至可能成为下一个影视流行趋势。[18]她还认为,当年的电视征婚节目华丽转身为电视相亲交友节目之后,不只是带来新一轮的收视狂潮,也引发了人们的再度思考:它为何在国家广电总局三令五申要求整改的情况下,发展势头依然如火如荼。电视相亲交友节目究竟“秀”出了怎样的风采?它又存在哪些致命的症结以及如何突破自身的瓶颈?它的出路应该朝着什么方向发展?这些正是需要探讨和思考的问题。[19]

高珊指出,电影译制片剧本翻译与一般的文学电影剧本翻译不同,它的特殊性在于电影中人物对话的翻译不仅仅是供读者去慢慢阅读、品味的,而是要转化为配音演员的声音。所以译本中人物台词要口语化,要结合原片人物的动作、讲话的口型、时间长短来调整语言形态,以中国观众能够接受并理解的语言表达方式来翻译。文章从翻译的二度编码、创造性叛逆、归化异化的角度分析其特殊性，并提出电影译制片剧本翻译的原则和标准。[20]

**四、网络传播研究**

刘卫东、荣荣认为，网络文明推进下的当代中国，其主流意识形态核心地位的巩固与社会主义核心价值体系的建立与完善，呈现出空前复杂的局面。网络社会使社会权力主体发生了重大变化：传统意义上社会权力，从政府的行政权力、市场的资本权力和传统媒体的信息权力，向公众普遍拥有的网络传播权力转移。面对意识形态格局与社会利益变迁的新趋向，完善主流媒介主导并建构意识形态话语新体系的工作，具有重要的现实意义和理论价值。[21]

刘畅近年来致力微博问题的研究，认为中国"网坛"的微博崛起，是由特殊国情所决定的。问政、议政甚至"参政"成为中国微博的一种主要功能。微博问政恰与中国所处的微观转型期相吻合，这就是"治理转型"，二者有着高度的对应重合性。微博问政所要破解的是一个个具体的、"技术性"的问题，而"治理转型"的任务也是一个个具体的、"零碎的"社会问题，而"零碎社会工程"则是从思想高度对这种"微观转型"或"治理转型"给予了理论上的概括、指导和总结，有着较强的针对性和启发意义。微博问政，正在改变中国政治生态，推进信息社会背景下的政府和社会治理。[22]微博问政关注的是一个个关乎网民切身利益的实际问题，治理转型所针对的是一个个具体的社会漏洞，二者有着高度的重合性。微博问政，节约了某些潜在社会利益集团的"组织成本"，从而构成一种新的压力集团，以舆论的形式影响着社会政策和行政决策；微博问政，从技术路径上解决了行政权力监督中"一对多"的老大难问题，变"一对多"为"多对多"；在微博问政的"倒逼"之下，局部促进了政府行为的转变。"微博问政"借助技术之力，已成为当下中国社会一种名副其实的"潜在压力集团"。考察和分析"潜在压力集团"的形成和作用，无疑为研究"微博问政"提供了一种新的视角。[23]

随着网络技术的日益更新和飞速发展，网络媒体的各种功能不断地凸显出来。王艳玲仅从网络媒体的主要职能入手，结合各种网络事件对网络媒体的负效应进行剖析，旨在强调进一步加大社会控制力度的必要性及现实意义。[24]她认为微博作为当今时代一个重要的公共舆论平台，在政治参与的模式上，有基于其技术平台特征的独特性。这就使得微博的公共讨论在整体上呈现出相对理性、节制、自律的特点。[25]

**五、中国新闻史研究**

李秀云长期致力于中国新闻史的研究，认为辛亥革命前后十年间，舆论观是梁启超新闻思想的核心。1902年，梁启超提出豪杰为"舆论之仆"的著名论断，并提出报馆具有监督政府、向导国民两大天职；1912年，梁启超却主张，"善为政者"表面自居"舆论之仆"，而暗中为"舆论之主"。梁启超舆论观的这一重大变化，有诸多原因：在"反袁"与"拥袁"的二难抉择中，他以归国为目的；在新闻与政治的职业纠结中，他以政治为终极目标；在研究舆论的过程中，他以立宪政治为出发点与归宿。强烈的政治功用目的，令他对舆论的认识产生了偏差。[26]李秀云还认为，20世纪30年代，范长江的《中国的西北角》获得成功的原因诸多，其中一个重要原因是，范长江积极响应时代的呼唤，以新闻记者特有的视角，投身"西北开发"。20世纪30年代的民族危机与国内阶级矛盾，引发了"西北开发"热潮，而范长江洞悉"西北开发"的要义，并积极主动地融入到以"西北开发"为宣传主旨的《大公报》的报道实践中。《中国的西北角》与《大公报》有关"西北开发"的宣传策略全面契合，成为《大公报》"西北开发"宣传报道的有机组成部分。这正是范长江西北采访能够顺利成行以及《中国的西北角》取得重大成功的一个不可或缺的要素。[27]

**六、广告学研究**

胡振宇认为，户外媒体在新媒体和新技术发展的影响下，朝着智能化方向发展。智能户外媒体受到整体传媒格局变化、传播受众需求和城市环境发展的影响；其自身集合了传统户外媒体的优势，又有诸多特色的核心竞争优势；智能户外媒体广告的发展应注重分时策略、本地化策略，增强规避政策风险意识和提高新媒体的融合能力。[28]

（本文作者：刘运锋，南开大学文学院教授、传播学系主任）

**注释：**

①荣荣：《大学生对融合新闻媒介的"使用与满足"——以天津市两所高校为例》，《新闻界》2012年第20期。

②高扬：《游走在新闻道德失范与新闻侵权的边缘——从两会记者的"围追堵截"说开去》，《新闻传播》2012年第10期。

③梁小建:《探路出版融合》,中国大百科全书出版社2012年版。

④刘运峰:《1938年版〈鲁迅全集〉编辑出版述略》,《出版博物馆》2012年第4期。

⑤刘运峰:《藏书——因鲁迅而展开》,上海远东出版社2012年版。

⑥陈宁:《中国男性杂志中的性别关怀意识》,《南开学报》2012年第2期。

⑦陈宁:《儿童绘本中性别教育理念的突破——兼论对中国童书出版的启示》,《出版发行研究》2012年第5期。

⑧马瑞洁:《试论网络经营者的"避风港规则"》,《出版科学》2012年第1期。

⑨马瑞洁:《数字时代,抛弃版权?》,《编辑学刊》2012年第2期。

⑩梁小建:《试论科普期刊参与科普资源共建共享的新机制》,《中国科技期刊研究》2012年第1期。

⑪梁小建:《媒介融合中学术期刊的功能缺失及应对》,《编辑之友》2012年第2期。

⑫梁小建:《文化强国建设的出版融合路径》,《出版发行研究》2012年第9期。

⑬梁小建:《社科学报服务文化强国建设的问题与对策》,《中国出版》2012年第11期。

⑭陈鹏:《中国电影特效发展的环境、矛盾与对策》,《当代电影》2012年第8期。

⑮刘忠波:《纪录片的道德困境和伦理风险》,《中国电视》2012年第8期。

⑯刘忠波:《纪录片拍摄对象的属性问题》,《北京电影学院学报》2012年第4期。

⑰刘忠波:《中国纪录片的命名过程和称谓变化》,《中国电视》2012年第1期。

⑱王艳玲:《当下电视穿越剧的隐忧与反思》,《短篇小说》2012年第2期。

⑲王艳玲:《对当下电视相亲交友节目的冷思考》,《戏剧之家》2012年第3期。

⑳高珊:《电影译制片剧本翻译的特殊性》,《电影文学》2012年第8期。

㉑刘卫东、荣荣:《网络时代的媒介权力结构与社会利益变迁——以当代中国社会意识形态为视角》,《新闻与传播研究》2012年第2期。

㉒刘畅:《微博问政、治理转型与"零碎社会工程"》,《南京社会科学》2012年第4期。

㉓刘畅:《微博问政的多元学理角度观照》,《当代传播》2012年第3期。

㉔王艳玲:《网络媒体的规范与控制》,《青年记者》2012年第7期。

㉕王艳玲:《微博的公共表达与文化意义》,《中国广播电视学刊》2012年第11期。

㉖李秀云:《梁启超舆论观之演变及其成因》,《国际新闻界》2012年第3期。

㉗李秀云:《时代的呼唤:〈中国的西北角〉成功要因分析》,《浙江传媒学院学报》2012年第2期。

㉘胡振宇:《智能户外媒体广告发展初探》,《青年记者》2012年第9期。

# 历 史 学

**【中国古代史研究综述】** 2012年度,天津地区的中国古代史研究在诸多领域都取得了新进展。从先秦到明清,每个时期都有比较出色的研究成果。现将这些研究成果做一综述。

## 一、先秦时期

夏商周三代在政治地理上表现为夷夏东西对立两个系统的观点,在学术界有长期而广泛的影响。但近年来,有学者经过详细考证指出,夏朝的夷夏关系单用东西对立是不能完全概括的。杜勇从夏朝的国家机构着眼,探讨了当时夷夏关系的真相。夷夏起初的对立冲突是为了争夺国家联合体的最高权力,而到中后期,夷人的俯首称臣则是对夏侯氏掌握国家联合体最高权力的认同与服从,这两种情况,都是一个统一贵族国家内部发生的事。① 这一从新角度对问题的再次探究,是对传统观点的补充与完善,颇有意义。

在先秦史研究中,《周礼》的成书时代与国别问题,历来争议较大。近来,有学者对其中的"《周礼》秦国说"提出质疑。李晶选取了一个微观角度,即以马政官的命名为切入点。《周礼》中的掌马类官没有与春秋战国时期的秦、楚二国相似的名称,就是说"以厩名官"这种现象只存在秦、楚二国,不见于中原,也不见于《周礼》。《周礼》中马政官的资料来源,从地域上说,不会出自秦楚二国,从时间上说也不可能晚至秦汉。所以关于"《周礼》与秦文化有密切关系"的论断有待推敲。② 作者对有关"厩"的职官问题所做的探讨,有利于从一个侧面考察《周礼》的成书时代与国别问题。

此外,学界对代戎族属与渊源的认识历来比较模糊,因而对其加以考证很有必要。雷鹄宇在综合考察诸说的基础上,指出代戎是白狄的一个别种,是一些白狄族由山陕北部东迁到代地后,经过他们相互之间及与当地土著人的融合而形成的一个新部族。③

## 二、秦汉时期

在西汉政治史研究中,火德问题是难点之一。以往学界惯用历史学的方法对文献加以爬梳,但由于材料不充分,所以研究结果不尽如人意。近年来,有学者独辟蹊径,从文化学的角度对这一问题进行了审视与探究。陈启云、李培建指出,西汉火德说或水德说的推论所依据的都不是纯粹的五行生克论,而是掺杂了很多民粹和政治文化的影响。所谓的火德疑案,并不是《史记》自身及《史记》与《汉书》记载中存在的矛盾而造成的,而是人们没有看清两种不同文化传统——趋于理性和先进的精英文化与通俗实用而较原始的大众文化小传统——的分合交融。④

风俗观念、服饰礼仪、民间信仰等内容都是两汉社会生活史研究的重要内容。党超对两汉风俗观念的政治文化特性做了初步探析,对政治文化和风俗观念的密切关系给予关注,这在两汉风俗的研究中难得一见。作者指出,两汉风俗观念表现出两大鲜明的政治文化特性:一方面就是风俗概念不断发展变化的内涵与始终保持永恒的主题之间的统一,两汉时期,人们探索风俗变化规律的过程随着统治思想的变迁而变化发展,但在变化过程中,"广教化,美风俗"的主题却一直没发生动摇,这体现出两汉风俗观念在社会政治变迁中变与不变的和谐;另一方面就是两汉诸子及统治者在对待风俗问题上,随着社会政治思想的发展变化,采取的移风易俗方式多种多样,或因循、或宣化、或齐整、或批判、或整顿等,这体现出两汉风俗观念与社会政治之间一直保持着独立与顺从的互动。⑤

此外,关于汉代服饰制度的研究也取得了新进展,研究者更关注的是服饰中所蕴含的礼制思想对后世的影响。⑥在儒家礼制思想的指导下,汉代服饰礼仪制度进一步完善,不论是规格、数量、图案色彩等方面都有明确规定。这套华丽的外衣下,掩盖了日益分明的等级秩序,更加巩固了王朝统治,所以被以后各朝代纷纷效仿。除服饰制度研究外,民间信仰研究层面也有新突破。有学者就汉政权对民间信仰所采取的政策进行了分析,这种政策是多重的。⑦但无论怎样,我们不可否认的是,民间信仰作为一种强大的社会力量,在以自己特有的方式参与社会生活,以自己强大的生命力存在与发展着。

**三、魏晋南北朝时期**

一代枭雄曹操历来是学者研究的热点人物,关注点大都集中于其军事行为、用人思想等方面,近来有学者对其政治秩序观做了深入探讨。在乱世之中维持一定的政治秩序有其必然性与重要性,曹操将维持政权的政治秩序而非权力运作,作为最高的政治理念。他对孔融、杨修、崔琰等人的赐死,缘于他对许昌政治集团中维持政治秩序的要求,而这种政治秩序观贯穿其一生的政治作为。他的政治志向在于有步骤、有秩序地实现政治蓝图。⑧

历史研究与社会现实紧密相连,社会的发展与进步需要历史的借鉴。有学者紧跟时代脉搏,在挖掘历史内涵的基础上,注重分析其对现实社会的影响。比如孙立群在对西晋王朝覆灭的原因分析中,得出启示,正是骄奢之气泛滥成风,拜金庸腐,清谈误国加速了西晋王朝的覆灭。以史为鉴,我们应居安思危,戒奢以俭。⑨

另外,赵沛霖对东晋名士郭璞之死进行了全新解读。以往学界对郭璞之死性质的认识与评价大体有两种观点,一是"得兵解之道"说,认为他死后升为神仙;一是"烈士殉义"说,认为郭璞之死是实现了儒家"舍生取义"、"杀身成仁"的价值取向。而作者在分析郭璞所处时代的政治背景及他的宗教信仰的基础上,得出支撑他慷慨赴死、临危不惧的精神力量是其摆脱人间苦难、成为快乐神仙的宗教信仰与理想。正是在宗教动机的驱动下,他才做到从容不迫。⑩对郭璞之死性质的这一认识,无论是对郭璞还是魏晋文学史研究,及道教和文化史研究都有一定意义。

**四、隋唐时期**

史籍的研究与校注是史学研究中的一项重要内容,有学者在《隋书》校对中发现校勘与标点方面的问题,对其进行了考订。⑪这些翔实具体的考订工作,对《隋书》及隋史的研究不无裨益。

唐史研究近年来更加细化,张葳以唐代小月氏后裔支讷家族为研究对象,考察了该家族迁葬洛阳的前因后果。研究指出,在该家族发展史中,迁葬是其迈向中央化、官僚化历程的重要一环。"该家族自吴郡嘉禾至扬州,再至洛阳的迁移过程,表达出他们迫切想要离开吴郡的愿望,以及随着其家族官僚化程度的加深而一步步靠近国家政治中心的努力"。同时,作者还将支讷家族与唐代其他支氏家族进行比较研究,可以看出,南北政治文化的差异对南北支氏家族造成了一定影响,北方支氏保留了更多胡人特性,而南方支氏汉化更深一些。⑫

此外,在隋唐史研究领域,对人物的分析研究也出现了新的视角。比如对唐朝名将韦皋的研究,以往学者大多集中于对其政治、军事功绩的探讨,而何孝荣转换角度,从其崇奉与提倡佛教入手,对韦皋其人做了详细介绍。作者主要考察了韦皋在蜀地任职期间,崇奉及提倡佛教的诸多表现,例如为自己编造初生时的佛僧因缘、归心禅道、结交名僧、修建佛寺等等。同时,这一切崇佛措施的实行也产生了重要影响,一方面促进了中国佛教诸宗派的发展,并推动了佛教在四川的传播和兴盛,另一方面,也有利于四川地区的社会稳定与经济发展。[13]

**五、宋元时期**

宋史研究方面,人们长期以来更多关注的是经济与文化层面,近年来,军事研究也提上日程。刁培俊、贾铁成对北宋弓箭手的军事作用进行了深入分析,对于这个相对微观的课题,以前学者稍有涉及,但都立足于经济角度,分析弓箭手的营田与屯田之制。近来,有学者从军事层面着手,考察了北宋弓箭手的发展轨迹,王朝政策性安排和转变,及其所体现出的军事价值、对后世的影响等等。[14]这一成果填补了前人研究缺漏之处的空白,也为人们进一步了解北宋弓箭手提供了详细资料。

有关辽朝历史研究,也出现了一定成果。何孝荣对辽朝皇室的佛教信仰做了专门论述,主要是对辽朝陪都之一燕京地区的佛教兴盛状况进行了描述。[15]辽朝统治者大力崇奉和提倡佛教,在燕京幸寺饭僧,刻印佛经、修建寺塔等,对燕京佛教加以扶持。同时,在这一时期,各宗名僧也纷纷集聚燕京,弘传佛教,形成了北京佛教史上的第一次繁盛局面。不过作者提到,尽管燕京佛教兴盛,但与中原地区比较,仍有落后,我们对其要有全面客观的认识。

元史研究方面,既有专著又有论文出现。《元代东北统治研究》[16]一书,是国内外学术界深入系统研究元代辽阳行省与东北统治的第一部专著。作者用翔实的史料考察了辽阳行省等机构的建置,着重勾勒了元帝国在东北地区经营策略演变的轨迹。史料广泛,分析严谨,所得结论比较客观和公允,对于填补、充实蒙元史及东北边疆历史的研究多有裨益。

在元史研究方面,随着2007年由韩国学中央研究院整理的残本《至正条格》的出版问世,围绕着该书所做的研究成为元史领域研究的热点。李治安以《至正条格》为重点,对元后期怯薛内外频繁使用与混存的“爱马”、“各枝儿”等词进行了考证。“爱马”、“各枝儿”在怯薛内部的局部使用和时而指谓昔宝赤等怯薛分支,是该词汇在元后期发生的第二次较大变化。[17]这一翔实的考证,正是以《至正条格》所提供的新史料为参考依据的。此外,王晓欣围绕《至正条格》所载军事方面的资料做了研究。据研究者初步统计,《至正条格》条格部分新增涉及军事方面的资料大约36条,断例部分新增的约有71条,总共约107条。这些新增材料有一些反映了元中后期军事的局部变化,也为以往研究中有争议或不太清楚的元代军种、军府情况及驿传交通情况提供了澄清和补充。[18]

有学者对元朝中日关系做了探讨,分析了忽必烈两次东征日本及其失败的原因。[19]作者对这次东征的动机、战争状况及失败原因的深入阐述与分析,为总结思考这一历史事件的经验教训提供了参考。

**六、明清时期**

有关明清两朝的研究成果数量颇多,涉及层面也较宽泛。政治、经济、文化、社会生活史、民族关系、对外关系等无所不包。

明清史研究中以《南明史》[20]的再次出版为代表。该书记述了南明凡历时四十年的历史。该书被收入《明清史学术文库》,重新修订再版,为学者们深入研究南明历史提供了平台。

对政治人物的研究历来是明清史研究的常青树。关于人物及人物传记,冯尔康从总体上予以概述。作者指出,进行人的历史的研究,首先要弄清个人、群体与社会、与历史的关系问题,而后才能进一步明了史书中人物传记的社会作用。[21]除了上述理论性的研究外,关于人物个案,学者们也有探究。对流芳千古的一代清官海瑞的研究就是一例。以往人们对海瑞的关注点更多是在他为官清廉、敢于直谏等方面。近来,南炳文对其出任官员以前及罢官居家期间对家乡所作的贡献进行了分析。[22]这使我们对这一代清官有了更全面深入的了解。此外还有关于清代官员梁肯堂的考证,[23]虽贵为朝廷命官,但其出生年月及任职情况史料记载却含糊不清,对此加以考证与辨析非常必要。

明清经济史研究中尤以漕运河务与盐政涉及最多,此外还有矿业与粮食问题等。黄河河患以清嘉道时期较为严重,曹志敏对河患频仍的原因及朝廷的整顿措施作了论述。[24]盐政方面,有对清顺治朝长芦盐政的论述,还有乾嘉时期长芦盐商群体衰落现象的分析。[25]矿业方面则有对康熙年间允许开矿政策的探析,[26]从禁矿到任民开采,再到禁矿以及后来的缓禁，矿业政策一直处于不断的调控状态。关于粮价研究一直是清代经济史研究的热门话题，但研究区域多集中于长江及珠江流域，北方则涉及很少。近来有学者选取清道光至宣统时期的河南省粮价数据，对其粮价变化进行了历史地理学解释。[27]

明清史研究中，尤以思想文化方面的成果最为显著。有学者对明代书商、图书出版等做了详细研究。到明代中后期，商业性出版空前发达，书商的市场竞争意识大大增强。作者分析道明代书商的一些经营策略与现代市场营销学的很多理论观点相契合。[28]研究者还对明代南京的商业出版进行了论述，主要是对坊刻这一形式加以探讨。介绍了明代中后期南京的主要书坊，书坊出书的种类，并分析了商业出版的特点和图书宣传策略等。[29]此外，有关明代宗教史的研究也出现了不少成果。有对明朝皇帝宗教信仰的分析，还有对明朝佛教名僧的考证。其中论述明宣宗对密教的崇奉一文，分析了明宣宗崇奉密教的表现，并对这一表现背后的原因和它造成的影响予以解析。[30]有关明代佛教名僧的论述，主要有对名僧来复和宗泐的考证。这两位都是元末明初临济宗名僧，出家学佛后名声远扬，并日渐成为佛教界领袖，受到明太祖宠信，名噪一时，但最后却都因牵连胡惟庸谋反案而被杀。[31]尤其是对来复的考证，消除了以前的讹传，去伪存真，对其平生事迹进行了全面考察，有助于推进明史及中国佛教史的研究。

社会生活史方面也出现了不少新成果。包括宗族研究、理论探讨等。其中《宗族史话》一书注重学术性与通俗性的结合，以简练的笔法和典型的事例，概括地展示宗族丰富的历史、古老的传统及多变的适应性等特点。[32]另外，《凝聚之道：古代的家族与社会群体》一书讨论了中国古代的会聚之道，内容涉及家庭结构、宗族、祭祖观念、族谱、家训、宗法思想及士人、灾民等群体及其生活。[33]在宗族史研究中，学者们不断探索宗族组织与族谱纂修普及的内在机制，不过大多数的研究成果集中于南方地区。近来，常建华对北方地区予以关注，以明万历年间山东青州《重修邢氏宗谱》为切入点，对晚明时期整个华北地区的宗族与族谱形态进行了研究。作者指出晚明不仅再造宗族，也再造了族谱，完成了中国近世宗族与族谱的基本形式。同以邢玠家族为例，研究者还分析了该宗族对于改良社会风气、稳定社会秩序所发挥的作用。[34]社会史研究中，疾病医疗史是一个相对新颖的领域，也取得了不少成绩。余新忠对晚清检疫机制引进后所引起的社会反应进行了分析，不同的社会阶层有着不同的反应状况。[35]同时，常建华指出，文化史、社会史、历史人类学都关心人的生活，生活史在很大程度上也是以社会文化史的面目出现，所以日常生活应该成为社会文化史研究的基本内容。[36]尤其是在西方新文化史观照下进行反思，我们应该对此予以更清楚地认知。

明史研究中，史籍考订也是一项重要内容。《校正泰昌天启起居注》[37]一书对泰昌与天启年间的起居注予以校注，是史籍整理中的一项较大工程。另有《〈明史·地理志〉疑误考证》[38]一书，广泛征引前代史书、明清方志等原始文献，对《明史·地理志》中的一千四百多处讹误详加考证。所有这些考证校正工作都是力图正本清源，避免以讹传讹，为后人的深入研究奠定基础。

民族关系和对外关系也是明史研究中的一大热点。尤其是明王朝与蒙古族的关系研究，涉及诸多军事问题。大同镇内五堡的建立就是为了防御蒙古，保障镇城安全。李海林、马志强对这五堡进行了专门研究，包括它们的设置过程、发展变化及其历史地位等。[39]此外，明代中朝关系也是人们的关注点。张献忠就高丽辛禑王朝对明和北元的外交政策进行了分析，称其为“骑墙”外交，两面外交。[40]此外还有明代文化及信仰方面对朝鲜的影响等也有涉及，有学者就明代关王庙在朝鲜的传入及发展演变做了探析。[41]所有这些都是不同层面对中朝关系史研究的扩展与深化。除中朝关系外，中西关系史研究也有所进展。比如庞乃明就晚明时期的中葡关系做了探讨，分析了晚明世人的“佛郎机”情结，并且“随着中西交流的日益深入，佛郎机（即葡萄牙）由明人恐惧排斥的对象，逐渐演变成明人可以调控、利用的力量，于是，中葡、中欧关系乃至中西文化交流也得以在曲折中迂回前行”。[42]

**七、史学史与文献学**

史学史理论方面的研究成果有对史学史这一学科的任务与内容、主导线索及其发展阶段的探析，是对史学史这一学科体系的总体思考。[43]还有对中国传统史学的双轨发展格局，即官方史学与私家史学的双向发展所做的分析，主要是考察了这种双轨发展格局的形成过程和运行机制。[44]还有对清代史籍《鉴撮》的析论。该书是清代一部普及性史籍，作者对其编纂流传、体式内容、历史观念等做了论述。[45]另外,结合别国所藏史料研究中国问题也是史学史研究的一大趋向。如明代兵部尚书石星,明清史料中对此人的记载语焉不详,孙卫国依据朝鲜史料中所载的资料,对此人进行了系统的研究,力图还原石星的基本事实。[46]有关中外史学的比较研究近年来也有不少成果。乔治忠就中国史学史学科的发展及中外史学比较的整体布局进行了分析。作者从中国史学史研究的角度出发,提出中外史学比较应当树立的两项理念。[47]

文献学方面的研究成果有杜勇依据清华大学所藏新出土的战国竹简《金縢》,并结合相关历史文献对周武王在位年数、周公居东三年的历史真相以及竹书内容的真实性问题做了探讨。[48]还有对西周金文中"佃人"身份的考证。陈絜分析到"西周铜器铭刻资料中习见的'佃人'一词,是指隶属于王朝或依附于贵族家族的农业人口,属于庶民阶层,而非传世文献中所记载的'甸师'、'甸人'与'田畯'之类的官师"。[49]这一考证,有助于人们对"佃人"这一词语的正确认识。

## 八、考古与博物馆

研究专著有袁胜文《中国古代玉器》,[50]该书时间上自新石器下迄清代,空间囊括中国所有地区。以考古出土品为基本资料,结合文献,按时代先后,揭示各时代玉器种类、造型、材质、纹饰、工艺特征和文化内涵,展现了中国古代玉器的发展脉络。此外,还有刘尊志《汉代诸侯王墓研究》[51]一书,在全面收集和系统梳理已发现、发掘两汉诸侯王墓葬资料的基础上,运用考古学、历史学等研究理论与方法,对两汉诸侯王墓的墓葬分布、合葬形式与相对位置、王墓体现的丧葬制度及其特征等进行了全面细致的研究。

对墓葬的研究上,有刘毅对帝王陵墓所用册、宝、志的探析,这些都是标识墓主身份的重要物品。作者对它们的形式、内容及使用制度进行了分析。[52]还有刘毅对帝王陵墓碑制,所反映的丧葬思想的讨论。[53]此外,还有刘尊志对诸侯王墓的研究。比如对西汉诸侯王墓棺椁及所用工具的探析,还有对诸侯王墓封护问题的研究等,[54]都在一定程度上折射出汉代诸侯王墓的发展与演变。还有学者对单个墓地的调查与研究,如刘毅对甘肃榆中明肃庄王陵墓的调查,陈畅对内蒙古崞县窑子墓地的考察研究等。[55]

除了墓葬外,还有对古代建筑的研究。贾洪波专门论述了中国古代建筑中减柱、移柱的做法。并对这种做法进行实例分析,还对其历史作用进行了评介。[56]

博物馆所藏文物的研究也是一大热点。袁胜文、李钰对陶瓷扁壶这一器物进行了研究。这是一种造型较为特殊的器形,研究者就其类型与分期及各期特征进行了探讨。[57]与此同时,墓葬出土的堆塑瓶(罐)类明器的功用,学者们也有探究。除了储存随葬物品外,这些明器还有引魂升天、保佑后人、镇墓护魂等多元功用,这体现出当时社会丧葬习俗与民间信仰紧密结合的趋势。[58]

(本文作者:何孝荣,南开大学历史学院教授、博士生导师;李翠翠,南开大学历史学院硕士研究生)

注释:

①杜勇:《夷夏关系新说》,《西华师范大学学报》(哲学社会科学版)2012年第2期。

②李晶:《从"以厩名官"看〈周礼〉的国别与时代》,《南开学报》(哲学社会科学版)2012年第4期。

③雷鹄宇:《代戎族源考》,《西华师范大学学报》(哲学社会科学版)2012年第1期。

④陈启云、李培建:《西汉火德疑案新解》,《理论学刊》2012年第10期。

⑤党超:《论两汉风俗观念的政治文化特性》,《史学月刊》2012年第5期。

⑥林永莲:《汉代服饰制度中礼制思想对后世的影响》,《大众文艺》2012年第2期。

⑦贾艳红:《论汉代政权对民间信仰的多重政策》,《齐鲁学刊》2012年第4期。

⑧陈启云、祝捷:《曹操的政治秩序观》,《历史教学》2012年第4期。

⑨孙立群:《拜金王朝西晋覆灭启示》,《决策与信息》2012年第2期。

⑩赵沛霖:《驾鹤仙去:郭璞之死解读》,《北京师范大学学报》(社会科学版)2012年第1期。

⑪唐华全:《中华书局点校本〈隋书〉质疑二十九则》,《河北师范大学学报》(哲学社会科学版)2012年第1期;唐华全:《〈隋书〉勘误18则》,《南昌航空大学学报》(社会科学版)2012年第2期。

⑫张葳:《唐支讷家族迁葬洛阳事考——一个小月氏胡人家族的官僚化历程》,《民族研究》2012年第5期。

⑬何孝荣:《论韦皋与佛教》,《西南大学学报》(社会科学版)2012年第5期。

⑭刁培俊、贾铁成:《北宋弓箭手的军事作用》,《四川师范大学学报》(社会科学版)2012年第2期。

⑮何孝荣:《辽朝燕京佛教述论》,《北京联合大学学报》(人文社会科学版)2012年第1期。

⑯薛磊:《元代东北统治研究》,社会科学文献出版社2012年版。

⑰李治安:《元后期怯薛内外"爱马"、"各枝儿"考——以〈至正条格〉为重点》,《云南师范大学学报》(哲学社会科学版)2012年第6期。

⑱王晓欣:《〈至正条格〉中关于军事方面的资料初探》,《元史及民族与边疆研究集刊》2012年版。

⑲王金林:《元朝忽必烈两次东征日本及其失败原因》,《历史文化》2012年第4期。

⑳南炳文:《南明史》,故宫出版社2012年版。

㉑冯尔康:《简论人物与人物传记》,《历史教学》2012年第4期。

㉒南炳文:《关爱乡梓的海刚峰》,《社会科学战线》2012年第5期。

㉓何孝荣:《梁青堂出生年月及任职考》,《明清论丛》(第十二辑)2012年第6期。

㉔曹志敏:《嘉道时期黄河河患频仍的人为因素探析》,《农业考古》2012年第1期;曹志敏:《试论道光帝对河工积弊的实力整顿》,《兰台世界》2012年第1期。

㉕常建华:《清顺治朝的长芦盐政》,《盐业史研究》2012年第3期;高鹏:《乾嘉时期长芦盐商群体衰落现象分析》,《盐业史研究》2012年第3期。

㉖常建华:《康熙朝开矿问题新探》,《史学月刊》2012年第6期。

㉗邓玉娜:《清代中后期河南省粮价变化的历史地理学解释》,《陕西师范大学学报》(哲学社会科学版)2012年第6期。

㉘张献忠:《明中后期书商的市场意识和竞争策略》,《江汉论坛》2012年第8期。

㉙张献忠:《明代南京商业出版述略》,《明史研究论丛》(第十辑)2012年第3期。

㉚何孝荣:《论明宣宗崇奉密教》,《社会科学战线》2012年第7期。

㉛何孝荣:《元末明初名僧来复事迹考》,《历史教学》2012年第24期;何孝荣:《元末明初名僧宗泐事迹考》,《江西社会科学》2012年第12期。

㉜冯尔康、阎爱民:《宗族史话》,社会科学文献出版社2012年版。

㉝阎爱民:《凝聚之道:古代的家族与社会群体》,天津古籍出版社2012年版。

㉞常建华:《晚明华北宗族与族谱的再造——以山东青州〈重修邢氏宗谱〉为例》,《安徽史学》2012年第1期;常建华:《明后期社会风气与士大夫家族移风易俗——以山东青州邢玠家族为例》,《安徽大学学报》(哲学社会科学版)2012年第4期。

㉟余新忠:《复杂性与现代性——晚清检疫机制引进中的社会反应》,《近代史研究》2012年第2期。

㊱常建华:《日常生活与社会文化史——"新文化史"观照下的中国社会文化史研究》,《史学理论研究》2012年第1期。

㊲南炳文:《校正泰昌天启起居注》,天津古籍出版社2012年版。

㊳庞乃明:《〈明史·地理志〉疑误考证》,社会科学文献出版社2012年版。

㊴李海林、马志强:《明大同镇五堡探讨》,《晋阳学刊》2012年第1期。

㊵张献忠:《试论高丽辛禑王朝对明和北元的"骑墙"外交》,《南开学报》(哲学社会科学版)2012年第3期。

㊶孙卫国:《朝鲜王朝关王庙创建本末与关王崇拜之演变》,《韩国研究论丛》2012年第24辑。

㊷庞乃明:《试论晚明外交中的"佛郎机情结"》,《社会科学辑刊》2012年第3期。

㊸乔治忠:《中国史学史学科体系的思考》,《学术月刊》2012年第1期。

㊹乔治忠、孔永红:《论中国传统史学双轨发展格局的形成》,《苏州大学学报》2012年第3期。

㊺乔治忠:《清代普及性史籍〈鉴撮〉析论》,《史学史研究》2012年第4期。

㊻孙卫国:《朝鲜史料视野下的石星及其后人事迹略考》,《古代文明》2012年第4期。

㊼乔治忠:《中国史学史学科发展与中外史学比较》,《史学月刊》2012年第8期。

㊽杜勇:《清华简〈金縢〉有关历史问题考论》,《古籍整理研究学刊》2012年第2期。

㊾陈絜:《西周金文"佃人"身份考》,《华夏考古》2012年第1期。

㊿袁胜文:《中国古代玉器》,南开大学出版社2012年版。

51刘尊志:《汉代诸侯王墓研究》,社会科学文献出版社2012年版。

52刘毅:《帝王陵墓之册、宝、志探析》,《东南文化》2012年第5期。

53刘毅:《中国古代帝王陵墓碑制探析》,《南开学报》(哲学社会科学版)2012年第5期;刘尊志:《两汉帝王陵墓反映的丧葬思想浅论》,《南开学报》(哲学社会科学版)2012年第5期。

54刘尊志:《西汉诸侯王墓棺椁及置椁窆棺工具浅论》,《考古与文物》2012年第2期;刘尊志《西汉诸侯王墓封护及相关问题浅析》,《中原文物》2012年第5期。

55刘毅:《甘肃榆中明肃庄王陵墓调查》,《中原文物》2012年第3期;陈畅:《崞县窑子墓地研究》,《中原文物》2012年第3期。

56贾洪波:《也论中国古代建筑的减柱、移柱做法》,《华夏考古》2012年第4期。

57袁胜文、李钰:《陶瓷扁壶的类型与分期》,《南方文物》2012年第3期。

58臧天杰:《墓葬出土堆塑瓶(罐)类明器功用研究》,《南方文物》2012年第1期。

**【中国近现代史研究综述】** 2012年,天津学者在中国近现代史领域的研究,取得如下进展:乡村史研究向纵深发展、政治史研究取得新的突破、学术史文化史研究异彩纷呈。现就主要研究成果述评如下。

**一、乡村史研究**

改革开放以来,中国近代乡村社会经济史研究取得了令人瞩目的成就。在诸多问题上,学者对先前的主流观点提出了挑战,发表了新的见解,促进了学术对话与争鸣。李金铮认为,如果将学术史不是仅仅限于新中国成立以后,而是扩大视野,拉长时段,往回追溯,就会发现许多所谓的"新"观点,早在20世纪二三十年代就已有学者提出乃至进行论证了。即便是新中国成立至“文革”之前的五六十年代，虽然政治意识形态无孔不入，但严肃或比较严肃的学术研究也并未间断，仍有一些学者提出了与主流意见不同的观点，而这些观点与新时期以来的“新”观点亦极为相似。如果没有自觉的学术史意识，不了解这一学术源头，而动辄自称为“原创”性研究，就是一种缺乏清醒的自大了。在近代乡村社会经济史研究过程中，不妨放慢脚步，在前行的同时适当回顾，反思之后再往前走。只有如此，学术之路才能脚踏实地，才能实现真正的学术创新。①

20世纪以来，中国社会结构与社会分层的二元特征与趋势，更为深刻地诠释着近代城乡分离的基本格局和社会冲突的时代特征。王先明认为，持续不绝的乡村社会矛盾和冲突，并不是一个孤立的现象，它表征着社会生活失序问题的普遍性和严重性。它既是20世纪二三十年代中国乡村危机到来的前兆，也是乡村危机爆发的历史推助力。20世纪以来的乡村危机的生成原因已超越了传统时代“因土地集中而两极分化、因政治贪腐而民怨四起”的循环规则，形成了生存危机与发展危机的双重特征。②该作者还认为，借助于社会流动的分析路径，或可以进一步揭示特定历史时期富农阶层的动态特征和一般情状。富农阶层的总流动率和上向流动率呈下降趋势，上向流动率与下向流动率之比也是逐代下降。富农的代内流动过程在一定意义上揭示着时代进程的历史特征。革命主导下以变革社会结构和权力结构为目标的社会改造运动巨浪迭起，富农阶层由此发生结构性流动。富农的生成及其存在，对于乡村社会乃至整个社会而言，始终是既具有内驱力也有着引领性的社会力量。在大的制度变迁和社会变革的背景下，通过富农阶层流动的个案分析，或许有助于对这一问题的再思考。③

传统观点所谓地权日益集中、地主富农占有土地的百分之七八十以上，李金铮认为，近代定县土地分配关系，为中国近代乡村土地分配的解释提供了重要例证。首先，自有田产者占绝大多数，自耕农比例居优势，中农、贫农阶层占地比例较大。不仅如此，土地分配的演变趋势也处于分散或稳定状态。可见，在此缺乏充分的依据。地权分配之所以没有如此恶化，主要是因为存在着地权分散的推动力，如分家析产、惜卖土地、土地购买力不大和家庭手工业经营等。④

换工是一种农家之间相互交换役畜和劳力的农耕结合的习惯，广泛流行于近代华北农村。那些土地不多、经营能力不强的农家依靠换工习惯，解决了农耕生产上的劳力与畜力不足的问题。张思认为，换工可细分为农家间的劳动力与劳动力交换、劳动力与畜力交换、畜力与畜力交换等多种形式。考察20世纪华北农村的换工习惯，可以窥见该时期乡村社会的变迁和时代动向。随着社会生活节奏的加快以及农民生活日见窘迫，换工习惯以其合理性、对等性及灵便性特点而被农民们普遍接受。华北的农民为了适应时代变化，乐于采用那些即战即决、少受束缚的农耕结合方式。⑤

熊亚平认为，铁路所具有的近代企业和交通工具这一双重属性既为乡村地区带来了大规模的近代企业，又为农矿产品的大规模流动创造了条件，由此促进了沿线乡村地区工商业的发展，提供了众多的就业机会，推动了铁路沿线乡村地区人口的地理空间流动和职业变动。同时，乡村人口的社会流动也影响着乡村地区的产业结构变迁和社会结构变动。产业结构变迁、社会结构变动和人口社会流动的相互作用，进而又推动了铁路沿线地区工商业市镇的兴起和发展。在此过程中，部分乡村地区居民逐渐向近代产业工人或工商业者转变，由村庄居民转变为市镇居民以至城市居民，一步一步地实现着自身的现代化。铁路由此成为影响沿线地区乡村社会变迁的重要力量之一。⑥

**二、政治史研究**

张利民在重申近代以来环渤海地区经济中心重组的基础上，分析促使经济中心重组的政治因素。其一，西方列强胁迫清廷在北方开埠通商，其主要目的是出于政治军事因素的考虑，即试图建立军事基地，扩大在华政治势力范围。其二，中国政府自开商埠，是维护主权、开展商战和扩大财源的重要措施，客观上增强了城市经济实力。其三，政府、军阀官僚和华商出于抵制外侮或扩大自身势力的意图，在省会城市投资兴办工商业和金融业，促使其经济地位提升为一定范围的经济中心。⑦该作者在对近代中国的殖民城市进行深入研究之后，指出，近代中国一度出现了几座殖民城市。它们是列强根据不平等条约占领和建立的，在称谓、行政管理、经济等方面都有诸多共同性。外国统治者在这些城市强制实行的殖民统治，体现了列强对华侵略的不断深化，而其中的一些制度和措施，在促使地方自治的开展、朝野内外对城市地域空间的认同和城市行政管理机构的出现有一定程度的影响，也为中国创建城市行政管理机制和中国行政管理制度的改革提供了可资借鉴的模式。[8]

李学智认为，从现代化的视角考察，辛亥革命与此前的戊戌变法、立宪运动有着重要的内在联系，是自戊戌变法开始的近代中国政治变革进程演进的结果。甲午战争之后，国人认识到进行制度变革的迫切，维新变法之呼声高涨，由此才有1898年的维新变法之举。戊戌变法虽遭守旧势力的镇压而失败，但经过庚子之变，清王朝已无法照旧统治下去，于是"清末新政"及"预备立宪"相继上演。但清王朝对将会危及其统治特权的"预备立宪"敷衍、拖延。辛亥革命推翻清王朝，建立中华民国，自戊戌变法开始的近代中国的政治变革进程向前推进了一大步。[9]在围绕南京临时参议院与袁世凯的关系的讨论中，李学智认为，南京临时参议院选举袁世凯为中华民国第二任临时大总统后，二者之间即建立了重要的政治关系。随之，围绕袁世凯就职、组织新内阁等事件，二者之间发生了诸多往来。临时参议院对于袁世凯抱有充分的信任和过高的期望，在袁世凯的就职安排上做了很多迁就，提供了十分宽松的条件和便捷的方式。由作为临时大总统的袁世凯选定拟任阁员，本不符合《临时约法》所规定的责任内阁制的精神，而参议院对此欣然接受，反映的是法律屈服于现实的无奈。袁世凯对临时参议院言辞恭谨，且不无笼络之嫌，但其不愿受法律之约的强权本色实已有所显露。梳理南京临时参议院与袁世凯的政治往来，或可为全面、准确地认识民初政局提供一个有意义的侧面。[10]

李永胜认为，1902年至1903年清政府与英国、美国、日本等国进行了修改通商条约的谈判，并分别签订了新的通商条约，其中都包含有对外国在华商标进行保护的条款。按照这些条款的规定，清政府要设立机构、制定章程对外国商标进行保护。为此，清政府于1904年颁行《商标注册试办章程》。主要由于该章程否认列强各国在商标保护方面享有领事裁判权，引起各国不满，清政府被迫几次对章程进行修改。在中外商约有关商标保护条款谈判和商标注册章程制定及修改过程中，清政府竭力维护中国国家主权和经济利益，与列强进行了艰难的交涉。清末中外关于商标保护的交涉产生了深远的历史影响。[11]

**三、学术史文化史研究**

任金帅、王先明认为，西方经济学在清末民初的历史演进是近代学术转型的重要一环。近代以来，寻觅富强之道以实现民族国家救亡图存的重任，使经济学学科的重要性为学人所共识，并在国内得到传播。同样，基于"救时"心态的影响，经济学知识传播与学科制度建构并非西学的简单"移植"，也不是学科自身发展的逻辑要求，而是受制于"寻求富强"的时代主题及由此形成的学科社会认同。考察经济学在国内的发展历程，分析其中的制约因素和演进特点，将有助于加深对近代学术转型的理解。[12]

王先明、李尹蒂认为，中国以农立国，农政向为国家政要之一。甲午战后，西方的"农学"知识大规模传入，"农学"一词成为19世纪末开始流行、20世纪初风行的一个概念。从《皇朝经世文编》到《皇朝经世文续编》再到《皇朝经世文三编》，鲜明地昭示了农事内容由"传统农政"到"近代农学"的变化。从"农政"走向"农学"的时代意义，彰显两千年来传统的"经史子集"四部之学的架构已到了最后的自立阶段，至19世纪中叶起向"经世之学"转变，至19世纪末20世纪初开始了"分科之学"的知识建构。[13]王先明、熊亚平认为，在近代中国思潮的起伏波动中，重商主义的倡导与中国传统重农思想的冲突在所难免，由此引发了一场持续数十年的"工商立国"与"农业立国"之争。自1901年初《自强说》发表至1911年，见诸报刊的讨论日渐增多，其观点大致可分为工商为本论、农工商并重论、农业为本论三大类。1920年《农业立国意见书》的发表，标志着"农业立国论"在未来的历史选择中开始拥有了独特的时代意义和价值。[14]

在文化史研究方面，中外文化交流史依旧是天津学者研究的重要内容。元青、马良玉认为，20世纪上半期，中国留美学生在中外跨文化交流中扮演着重要角色，在引进吸收西学的同时，也为对外传播中国文化做了许多具体而有益的工作，传播形式灵活多样，传播内容丰富多彩，由衣食住行的器物层面逐步深入到文化的精神层面，对外彰显的中国标志、中国元素更加丰富，为打破中美文化的隔膜、促进中国文化走向世界做出不懈努力。其对外传播中国文化的工作，已构成20世纪上半期中外跨文化交流中一个值得注意的文化现象，说明即使在国势积贫积弱、文化交流有逆差的背景下，中国文化也没有中断走向世界的步伐,而且在充分吸收西方先进文化后生命力更加旺盛了。这一现象的出现,既是20世纪上半期留美教育大发展的产物,也体现了留美生的文化自觉、文化责任及对外传播中国文化的独特优势条件。⑮

除了上述三个领域外,天津学者在社会史、经济制度史等方面发表了高水平的论文。丁芮认为,济良所是近代出现的一种新型慈善机构,其主要职能是救助娼妓等社会弱势女子。京师济良所设立于1906年初,由当时的警察机构外城巡警总厅督同绅士共同创办,带有"官督绅办"的色彩,民国以后由官方办理,归京师警察厅全权负责管理,成了警察厅的一个附属单位。作者据有关档案、报刊等史料,对清末民初京师济良所的设立、管理、运营、经费及社会影响等方面进行考察和梳理,以期从一个微观的角度来反映近代慈善组织的发展和演变。⑯任吉东认为,科举废除后,近代地方社会精英群体结构发生了很大变化。传统士绅凭借旧时功名,新式精英依靠学堂学历,跻身于地方政权建设中。地方精英养成机制呈现出多元化、过渡化的特征,并伴生劣质化的特征。⑰熊亚平、安宝认为,国内铁路联运制度创立于1913年,是应中国早期铁路运营之需,由铁路中央管理机关(交通部、铁道部)和各铁路管理局共同推动创立、完善及实施的一项特殊制度。到1933年,这一制度已推行于华北、江南、东北等地区的多条铁路,并与运输负责制度相结合,对铁路运输业的发展产生了一定影响:一方面推进了铁路运输秩序和设施的改善、加快了联运业务自身的发展、改变和扩大了铁路货物运输的流向和范围,促进了铁路货运量和营业收入的总体增长,推动了整个铁路运输业的发展;另一方面又因制度环境的制约及相关制度安排的缺失,对铁路营业收入的贡献并不突出。因此,实现制度安排、制度环境与铁路运输之间的良性互动,将是促使先进技术发挥更大作用的有效方式之一。⑱

(本文作者:陈振江,南开大学历史学院教授,博士生导师;张博,天津社会科学院历史研究所副研究员)

**注释:**

①李金铮:《追溯先辈之识见:中国近代乡村社会经济史研究的"新"与"旧"》,《史学集刊》2012年第5期。

②王先明:《20世纪前期乡村社会冲突的演变及其对策》,《华中师范大学学报》2012年第4期。

③王先明:《试析富农阶层的社会流动——以20世纪三四十年代的华北乡村为例》,《近代史研究》2012年第4期。

④李金铮:《相对分散与较为集中:从冀中定县看近代华北平原乡村土地分配关系的本相》,《中国经济史研究》2012年第3期。

⑤张思:《近代华北农村社会的变迁与换工——以劳动力、畜力间的对等交换为中心》,《河北广播电视大学学报》2012年第5期。

⑥熊亚平:《近代华北铁路沿线乡村地区人口的社会流动(1905—1937)》,《学术研究》2012年第7期。

⑦张利民:《简析近代环渤海地区经济中心重组的政治因素》,《天津社会科学》2012年第5期。

⑧张利民:《近代中国的殖民城市》,《江西社会科学》2012年第10期。

⑨李学智:《辛亥革命与近代中国的政治变革:现代化视角下的考察》,《理论与现代化》2012年第4期。

⑩李学智:《南京临时参议院与袁世凯》,《史学月刊》2012年第11期。

⑪李永胜:《清末中外商标保护交涉述论》,《安徽史学》2012年第6期。

⑫任金帅、王先明:《从"生计"到"经济"——西方经济学在清末民初的历史演进》,《历史教学》2012年第3期。

⑬王先明、李尹蒂:《从"农政"到"农学"——以晚清"经世文编"为中心的历史考察》,《福建论坛》2012年第6期。

⑭王先明、熊亚平:《乡村建设思想的历史起点——20世纪之初"以农立国"论的孕生(1901—1920)》,《天津社会科学》2012年第3期。

⑮元青、马良玉:《20世纪上半期留美学生与中国文化的对外传播》,《南开学报》(哲学社会科学版)2012年第4期。

⑯丁芮:《近代妓女救助机构"京师济良所"考察》,《历史档案》2012年第4期。

⑰任吉东:《近代地方精英群体的养成机制初探——以直隶省获鹿县为例》,《史学集刊》2012年第2期。

⑱熊亚平、安宝:《民国铁路联运制度与铁路运输业的发展——以1913—1933年间的华北各铁路为中心》,《史学月刊》2012年第7期。

**【世界史学科综述】** 2012年,天津市世界史学科完成和发表了多项优秀的科研成果,为天津世界史学科的发展作出了积极的贡献。现将这些成果综述如下。

**一、欧洲史研究**

杨巨平简要介绍了公元前3000年到公元前2000年间古希腊文明的发展,以及米诺斯文明、基克拉迪文明和迈锡尼文明的各自特征和彼此之间的传承关系。①

在拜占庭史研究领域,陈志强出版了《拜占庭史研究入门》一书,为对拜占庭历史发展和文化传统感兴趣的人们提供了入门指导,该书对拜占庭帝国历史发展的主要脉络和重点问题进行介绍和梳理的同时,还向读者介绍了进一步学习和研究拜占庭史所需要的的很多学术资源及需要阅读的学术著作。[②]除了对拜占庭研究上的总结外，陈志强对中国世界史学科的发展和理论建设也提出了很多看法，他通过雷海宗先生在1928年发表的对韦尔斯《世界史纲》一书的书评分析了雷海宗先生在世界史方面的治学思想，他对《世界史纲》一书中体现出的“西方中心论”倾向进行批评，表明了受过良好西式教育和史学专业训练的民国时代学者已经开始以独立的视角来进行世界史研究。[③]陈志强提出，世界史学者在学习吸纳西方史学思想和知识经验的同时，要注意吸收全球史观等宏观的史学思想，避免完全从西方人的角度去观察和理解世界历史的发展。[④]他回顾了已故的著名历史学家吴于廑教授的史学思想，认为前资本主义时代游牧世界对农耕世界的三次大冲击是吴于廑先生提出的“世界史发展纵横”理论，这个理论不仅反驳了长期流行于西方的“欧洲中心论”，还弥补了马克思关于前资本主义时代人类历史横向联系的内容，是具有中国特色的世界史理论。[⑤]

在世界近现代史研究方面，马世力考察了近代早期欧洲社会中的经济思想和实践，对这一时期欧洲国家的经济制度、经济政策、价值观念及经济道德等问题进行了简要的分析，对读者了解欧洲社会如何实现走向近代的社会转型和经济发展有着积极的帮助。[⑥]

在英国中世纪和近代早期史研究方面，侯建新强调近代早期英国的农业现代化对后来英国率先走上现代化道路起到了重要作用；[⑦]刘景华介绍了美国学者德·弗雷斯提出的“勤勉革命”概念，认为这一概念的提出强调了劳动的关键作用，比将英国消费社会看成工业革命动力的理论前进了一大步。[⑧]刘景华认为，英格兰东盎格利亚地区与前行的封建农业区有一些不同的经济社会特点，走了一条传统农业—原工业化—商业化的曲折道路，反映了英国崛起过程的复杂性，也体现出了农业社会向工业社会转型道路的多样性。[⑨]他指出，中世纪城市孕育的近代文明因素至少包括新的经济理念、新的经济方式、新的社会力量和新的文化教育、自由平等观念和新的政治形式等方面。在某种意义上，西欧现代化是这些因素的直接后果；[⑩]龙秀清认为，托马斯主义是一种调和理性与信仰的综合体系，对缓和天主教面临的危机起到了重要作用，但当现代世界科学理性不断张扬之时，托马斯主义便走到了尽头。[⑪]徐滨考察了英国历史上著名的南海金融危机，认为政府的腐败和公司的金融欺诈行为是造成这场危机的主要原因。[⑫]

**二、拉丁美洲史研究**

杨生茂、张友伦等学者开启南开北美史研究。韩铁指出，20世纪后期美国在刑法领域出现了一场以维护“法律与秩序”为名义的“严厉革命”，具体表现为，不定期判决的主导地位终结，在事实上已经停止的死刑判决被恢复，美国刑法领域“权利革命”带来的犯人权利扩大和监狱改革的进展发生逆转，“严厉革命”让美国监狱犯人在人口中的比例很快攀升到世界第一，但对犯罪率的遏制程度却相当有限。[⑬]杨令侠探讨了加拿大政府在20世纪五六十年代实施的社会政策是为了及时应对加拿大社会成员构成日益多元化的社会现实，对当时加拿大社会面临种族矛盾、族裔矛盾和贫富分化等社会问题起到了缓和作用。[⑭]张聚国揭示了1848年欧洲革命中匈牙利独立革命的领袖路易斯·科苏特于1851—1852年访美期间为了争取美国对匈牙利革命的援助而对美国的“自由”极尽溢美之词，却对美国黑人奴隶制这一有违自由主义思想的社会问题视而不见，引起很多自由主义者和非裔美国人的不满。这一事件凸显了南北战争前美国社会围绕奴隶制问题的不同视角和南北方的尖锐斗争。[⑮]

付成双从北美人西进的自然观念入手，考察了在征服自然的观念为指导的机械主义自然观，美国和加拿大在西部开发过程中遭遇的环境破坏和资源浪费等问题，以及此后美国人与加拿大人环境观念的变化和环境保护主义思想的兴起等问题。[⑯]付成双介绍了在19世纪后期，美国人的环境观念由原来的“征服自然”到强调生态平衡、注重环境保护的巨大转变。他认为美国人环保意识的兴起不但与美国人在西进运动中浪费资源、破坏环境的行为引起很多严重的恶果有关，早期环保主义者对环保事业的宣传与推动也起到了重要的作用。[⑰]他提出，美国西进运动中的环境恶化现象与当时美国人错误的环境观念密切相关，在美国早期，大西洋沿岸的美国人普遍认为西部是环境恶劣的“美洲大沙漠”，对西部广袤的腹地视若畏途，而西进运动期间，美国人又陷入了“雨随犁至”的盲目乐观情绪之中。这两种假说对美国的西部开发、政府决策和美国国内的地区关系都产生了重要的影响。[⑱]

丁见民考察了19世纪30年代安德鲁·杰克逊

政府将印第安人整体迁移到密西西比河以西的政策，认为南部各州要求维护州权和白人利益的压力，最终促使联邦政府做出了整体迁移印第安人的决定。杰克逊高贵的言辞并不能掩盖这一事件的强制性，杰克逊时期所强调的美国民主完全是白人的民主。[19]丁见民回顾了20世纪50年代以来在族裔政治和多元文化思潮冲击下美国学界的印第安人史研究在研究视角、路径和范式等方面出现的重大变化，认为这一变化对克服美国学界长期存在的白人至上为特征的学界傲慢，纠正白人社会对印第安人的偏见起到了积极作用，但也存在着过于强调印第安人的作用，忽视其他族裔群体对美国发展的作用等局限性。[20]

拉丁美洲史研究长期在国内的世界史学界中独树一帜，历史积淀深厚。洪国起考察了20世纪以来墨西哥政治文化经历的两次重大性战略选择，对墨西哥革命制度党由崇尚“革命民族主义”到推崇“社会自由主义”这一转变的历史原因进行了分析，认为作为意识形态的政治文化同国家现代化之间关系密切，而执政的墨西哥革命制度党主要领导人的思维方式、世界观和价值观以及他们对文化与民族性、时代性关联的看法和处理方式，对国家的改革和现代化路径选择起着重要的作用。[21]

韩琦考察了智利大庄园制度的历史根源，认为这一制度起源于西属美洲殖民地时期国王赐给殖民者土地的恩赐地制度，庄园主在进行各种形式的土地兼并之后，通过官方对土地权利的审定，最终形成了合法的私人大地产。但与西属美洲殖民地中心区相比，智利的大庄园制度形成较晚，是在18世纪小麦出口的推动下完成的，是智利殖民时代对后世影响深远的历史遗产。[22]王萍探讨了第二次世界大战后哥伦比亚的政党政治变革，她认为哥伦比亚保守党和自由党的激烈斗争给政党政治带来了巨大的伤害，导致了第二次世界大战后的“暴力时期”和军人政权出现。为扭转局势，两大政党通过协议建立了“民族阵线”，对国家进行了政治重建，力图将社会中的主要力量纳入两党政治精英主导的政治框架内，以巩固两党政治。“民族阵线”的建立对哥伦比亚结束“暴力时期”和军人政权，促进经济快速发展和政党政治的巩固起到了积极作用，但也带来很多问题，最终导致传统两党制的衰落。[23]

**三、日本史研究**

杨栋梁著书展现了明治维新以后日本社会各界中国观的变迁，让读者更深刻地理解日本发动侵华战争以及中日交往屡经曲折的社会原因。[24]他的《日本首相评传》介绍了日本的历任首相，对读者增强对近代以来的日本的政治认知，了解日本的政治文化提供了积极的帮助。[25]杨栋梁提出，甲午战争是中日关系史上的第一个大拐点。而随着近年来中国经济的快速增长，中日关系正面临着第二个大“拐点”，中日关系将由以前的一强一弱的关系变为“强强”相向的关系，安全地度过拐点时期，和平重构中日关系是两国面临的共同使命。[26]中日两国要度过敏感的“拐点期”，就要摒弃过去那种“一山不容二虎”的陈旧观念，寻求彼此竞争当中的合作之道，建立政府间的应急联络机制。[27]杨栋梁考察了辛亥革命前后日本大陆浪人对中国革命团体的帮助和参与，认为日本大陆浪人对孙中山等革命派人士的支持动机各不相同，宫崎滔天是无私援助中国革命的国际主义者，内田良平和北一辉是国权主义者和机会主义者，他们是怀着借机扩大日本在华权益或将中国拉入以日本为主导的泛欧美阵营的战略构想去支持革命党人的，这种想法在参与援助中国革命的日本大陆浪人团体中有着相当的代表性。[28]杨栋梁对20世纪初日本“支那学”的代表人物内藤湖南在辛亥革命前后发表的涉华言论进行了介绍和分析，认为内藤的“民族分裂”、“国际管理”、“放弃国防”、“异族刺激”、“文化中心移动”、“经济开发”等论点支撑起了“日本对华使命论”，构成了他的“支那论”核心框架。内藤湖南的这一系列言论充满了对中国人的蔑视，完全是为日本的对华侵略政策进行宣传和辩护，这是内藤“支那论”的致命缺陷。

李卓提出，日本历史上对中华制度文明的吸收是极其短暂的，它在创造了奈良时代的繁荣后，于平安时代即走向衰落。因此，中日两国社会结构和社会矛盾上的明显差异实际上很早就已经出现，因此两国在古代就已走上了完全不同的发展道路。[29]李卓指出，日本是有深刻的贵族传统的国家，以藤原氏为代表的律令贵族的成长瓦解了皇权与文官联合治理的中央集权制度，最终形成了幕府军事贵族的统治。[30]李卓、张冬冬考察了日本近代女子教育的发展，认为明治维新后日本的女子教育经历了一个从模仿欧美到根据本国国情扎实发展的过程，公私并举的双轨制教育体系与男女双轨制学校体系促进了私立学校的发展，民间办学是近代女子学校

发展的动力，培养贤妻良母的目标让日本女子教育得以立足，女子教育的发展对日本的现代化起到了积极的推动作用。㉛

刘岳兵对日本学者松浦玲在《明治的海舟与亚细亚》一书中提出胜海舟反对“征韩论”和日本政府发动甲午战争一说提出了质疑，认为胜海舟当时有反对日本政府侵略朝鲜和中国的言论是因为他觉得日本内部问题严重，发动战争时机不成熟，战争开始后他也帮助日本政府出谋划策和总结经验，因此松浦玲对胜海舟的认识很大程度上是受到自己理论预设的影响，与历史事实不符。㉜刘岳兵介绍了中国日本哲学思想研究的开创者和奠基人朱谦之的学术思想，认为朱先生的学术思想对于整理学术史和推动现在对日本哲学思想的研究都有着积极的意义。㉝

**四、国际关系史研究**

在国际关系史研究上，王黎考察了在国际关系学科建立初期(1929—1939)，国际法学家对国际关系学科的建立和发展作出的重要理论贡献。其中包括诺尔·贝克的集体安全机制思想、曼宁的关于界定国际关系研究对象与研究方法的论说和劳特派特对国际法与国际秩序的强调，都对国际关系学科日后的发展和理论体系的形成起到了重要的作用。㉞刘合波、王黎分析了1973年的第四次中东战争期间的第一次石油危机，认为这次石油危机在当时分裂了西方阵营，孤立了美国，但并没有改变美国的外交政策，美国利用中东和平作为反制筹码，最终促成了石油危机的解决。㉟严少华、王黎提出，阿登纳政府的“哈尔斯坦主义”外交方针缺乏实践性，未能实现西德政府的外交目标，它反映出的是德国政府传统的外交风格，即对现实政治目标的追求中带有焦躁与鲁莽的心态。㊱

(本文作者：刘英奇，南开大学历史学院博士研究生)

**注释：**

①杨巨平：《古希腊青铜时代的历史和文化》，《中国社会科学报》2012年8月10日。

②陈志强：《拜占庭史研究入门》，北京大学出版社2012年版。

③陈志强：《雷海宗批评欧洲中心论——评汉译韦尔斯著〈世界史纲〉为例》，《史学理论研究》2012年第3期。

④陈志强：《为什么还要重读〈白银资本〉——重视经济全球化中的东方》，《史学集刊》2012年第5期。

⑤陈志强：《有中国特色的世界史理论——以“三次大冲击”理论为例》，《历史教学》2012年第10期。

⑥马世力、滕海键：《欧洲近代经济文化史论》，天津人民出版社2012年版。

⑦侯建新、邹兆晨：《深入研究中西社会转型期的社会变迁》，《历史教学问题》2012年第4期。

⑧刘景华、张松韬：《用“勤勉革命”替代“工业革命”？——西方研究工业革命的一个新动向》，《史学理论研究》2012年第2期。

⑨刘景华、崔洪健：《东盎格利亚道路：英国传统农业区的曲折转型》，《历史研究》2012年第3期。

⑩刘景华：《中世纪城市对近代文明因素的孕育》，《贵州社会科学》2012年第6期。

⑪龙秀清：《信仰危机与托马斯主义》，《史学集刊》2012年第1期。

⑫徐滨：《英国南海金融危机及其政治经济因果》，《史林》2012年第1期。

⑬韩铁：《二十世纪后期美国刑罚领域的“严厉革命”》，《历史研究》2012年第6期。

⑭杨令侠：《试论20世纪50—60年代加拿大社会政策产生的政治文化背景》，《世界近现代史研究》2012年8月。

⑮张聚国：《从科苏特访美看美国自由与奴役的悖论》，《南开学报》2012年第6期。

⑯付成双：《自然的边疆：北美西部开发中人与环境的变迁》，社会科学文献出版社2012年版。

⑰付成双：《19世纪后期美国人环境观念转变的原因探析》，《史学集刊》2012年第4期。

⑱付成双：《从“美洲大沙漠”到“雨随犁至”》，《史学月刊》2012年第11期

⑲丁见民：《安德鲁·杰克逊政府迁移印第安人的动因分析》，《世界历史》2012年第3期。

⑳丁见民：《二十世纪中期以来美国早期印第安人史研究》，《历史研究》2012年第6期。

㉑洪国起：《墨西哥社会转型中文化方位的战略选择》，《历史教学》2012年第24期。

㉒韩琦、曹龙兴：《论智利大庄园制度的起源》，《史学集刊》2012年第6期。

㉓王萍、任克佳：《论“民族阵线”时期哥伦比亚的政治重建》，《南开学报》(哲学社会科学版)2012年第6期。

㉔杨栋梁：《近代以来的日本中国观》，江苏人民出版社2012年版。

㉕杨栋梁：《日本首相评传》，天津古籍出版社2012年版。

㉖杨栋梁：《直面拐点：历史视野下中日关系的演进与现实思考》，《日本学刊》2012年第6期。

㉗杨栋梁：《中日关系的结构性变化与对策》，《东北亚学刊》2012年第4期。

㉘杨栋梁：《辛亥革命时期日本大陆浪人的对华认知与行动》，《历史教学》2012年第6期。

㉙李卓：《古代中华制度文明在日本的结局——中国文化对日本影响的再认识》，《东北亚学刊》2012年第3期。

㉚李卓：《日本古代贵族刍议》，《古代文明》2012年第3期

㉛李卓、张冬冬：《近现代日本女子教育发展原因探析》，《南开学报》2012年第2期。

㉜刘岳兵：《胜海舟的中国认识——兼与松浦玲先生商榷》，《南开学报》2012年第1期

㉝刘岳兵：《朱谦之的日本哲学思想研究》，《日本学刊》2012年第1期。

㉞王黎:《论国际法学家对国际关系学科的理论贡献》,《当代法学》2012 年第 3 期。

㉟刘合波、王黎:《生存资源与国际危机:第一次石油危机辨析》,《国际论坛》2012 年第 4 期。

㊱严少华、王黎:《"哈尔斯坦主义"与西德外交》,《德国研究》2012 年第 3 期。

**【天津史研究综述】** 2012 年,天津史研究出现一些新的动向和视角,有利于助推领域的扩展和专业的深入,资料汇编的问世进一步夯实了研究的基础。现就天津史研究做一简要综述。

**一、研究概况**

近年来,天津社会经济的迅速发展为天津史研究带来一些新的气象,在专题探讨方面对以往研究有所突破。李俊丽和张毅的《天津漕运研究(1368—1840)》、《明清天津盐业研究(1368—1840)》就是在博士论文基础上形成的专著。前书就明清时期天津运河的管理,经由天津的漕粮、漕运对天津的商业和文化等方面的影响进行了详尽论述。后一本书就明清时期长芦盐的管理机构、生产技术条件和生产者、盐商与运销、私盐,以及对天津发展的贡献等都做了详尽的研究。[①]关于天津的博士论文还有:冯剑《近代天津民间借贷研究》、付燕鸿的《近代城市贫民研究——以天津为中心的考察(1860—1937)》[②]、陈静《近代天津警察研究》[③],二文均具有开拓性,是前人尚未系统深入研究的问题,有助于推动近代天津金融市场、贫民阶层和警察制度的研究。另外,还有利用《大公报》考察清末社会改良活动,研究英租界市政管理、民国时期京津地区童子军教育、1932 年天津电车加价风潮、天津妈祖文化等硕士论文。[④]

有境外学者专文介绍了 20 世纪末以来英美等国研究天津史的状况。有专家认为,主要是受到近代天津在政治、经济与文化方面特殊性的吸引,英美关于近代天津的博士论文、专著等逐渐增多,不仅涵括政治、经济、性别、社会等议题,更纳入殖民、跨国文化比较、现代性、国家认同等理论的分析,以概析近代天津的历史情境、城市特点。在政权与社会部分,主要介绍了麦金诺对清末袁世凯在京津地区的政治活动、关文斌对长芦盐商社会角色、史瀚波对民国时期信任机制与银行家的分析,贺萧的近代天津工人和关文斌对天津混混儿的研究;以及李侃如和易乔夫分别针对 1940 年代中、晚期共产党如何能在天津市组织革命并成功的动员策略的研究。在多元现代性部分,介绍了麦迪逊的法国天主教所创设天津工商学院的论文、罗芙芸通过探讨卫生一词的历史语境与体制设置的演变过程,来揭示近代天津社会、政治与文化观如何走向现代化的专著,以及许慧文针对天津广仁堂的研究。并且,介绍了关文斌意从经济方面重构华北城市的城市网络的主要观点,即天津在 20 世纪初就已经走出北京阴影,成为华北大系统的城市中心,这个城市网络有两大特点:其一是纵向联系超过横向联系,是由点与点所形成的一种树状网络,其二是华北长途贸易范围远超出了施坚雅所划的华北大区。作者进而认为,近代天津所呈现的特殊城市网络反映出近代中国经济区域发展模式的异质性,表现出不一样的现代化模式。关于异质的租界部分,介绍了马乔里以天津日本租界为例来重新检视帝国与其海外公民的关系;史瀚波从媒体报载方式来探讨 20 世纪 30 年代前后天津租界下的中日冲突;以及马利楚从意大利租界的空间功能、建筑形式,以及当时殖民地精英对租界环境的评论看法,来分析意租界是如何通过空间塑造出国家认同与其他历史情感,并诠释这些空间又呈现出何种殖民符号与情感意识。[⑤]

随着天津文化的大发展大繁荣趋势,本年度编辑出版了几部大型资料汇编,以及为数不少的具有普及型和可视性的著作。如《明实录天津史料汇编》以编年体的形式,较为全面地摘录了该实录有关天津的史料,在地域范围、原书版本上有所突破,标示和地名人名等检索也便于读者的利用;《天津英租界工部局史料选编》汇集 1929 至 1941 年的工部局各年度报告,涵盖了董事会议记录、预算、财政报告和统计、房产租等,是研究租界管理等方面的基础性资料。[⑥]孙书祥的《天津社会科学院图书馆珍贵馆藏图书目录》(满铁卷),将其最有特色的外文图书整理编目,[⑦]《天津邮工运动史料》(第 2 辑)是抗战时期以后邮政工人各种活动的资料汇编,[⑧]《民国二十五年天津市街道详图》,重现了当年的地图,[⑨]《天津小站练兵图集》以照片展现清末编练新军的实景,[⑩]《天津地区馆藏珍贵古籍图录》珍选了天津典藏古籍珍品,供古籍整理和版本学爱好者欣赏与参考。[⑪]关于知识性和普及型的著作有:冬月的《五大道才子佳人》和《五大道风云人物》,分别介绍了袁克文、吕碧城、梅贻琦、蒋廷黻、罗隆基、张伯驹、叶公超、杨宪益,以及在天津历史上有一定影响力的德璀琳、汉纳根、传教士、买办和一些寓公等。[12]贾长华的《洋楼遗韵:天津历史风貌建筑概览》,介绍了150余座各具风格的洋楼,可以纵览一些重大的天津史事。[13]谭汝为的《天津地名故事》记载了有关历史地名的传说故事。[14]

**二、专题研究**

当前的城镇化建设激发了学者研究城市与周边的联系。学者以天津、保定、唐山、石家庄为例,从城市化的角度探索华北城乡新的变局;也有学者从交通方式演变入手研究近代天津城市与周边集市的物流。[15]

有关政治方面的论文,分别对外国人眼中的天津教案和当时政府对社会舆论的引导与控制、1935年海河中日轮船相撞案与中方商人的交涉,以及抗战胜利后中共意图采用武力与和平两种方式先后两次尝试夺取平津等问题开展研究。[16]

关于经济方面的论文有较高的学术水准。如吴景平以抗战期间国民政府为避免天津租界的存银被日本窃夺为视角,主要是研究当时的中英关系;有的学者从近代西北羊毛贸易探讨天津口岸羊毛贸易组织的运行机制,也有的论文分析清至民国时期的华北茶叶市场、抗战胜利后天津等四市银行公会和钱业公会等如何筹建华北有价证券交易所,[17]冯剑对近代天津民间合伙债务问题的探索,以往也是无人问津。2012年8月在天津召开的"长芦盐业历史文化研讨会",开启了支撑天津城市早期发展的主要产业——长芦盐的研究,来自北京、河北、天津和澳大利亚的60余名学者参加,围绕着长芦盐发展历程、长芦盐与天津的发展、盐商和盐化工业的崛起等领域进行了较为充分的讨论,一批与会论文也在专业期刊发表。[18]另外,关于明清时期天津水次仓、天津炉房、北洋银元局和天津官银号、北四行早期发展和近代广告经营等方面的论文,都从不同的侧面扩展了经济发展的研究。[19]

关于天津社会的研究,主要从行政管理、社团、群体和医疗慈善等多角度开展。有文章论述社会转型中商会作为经济社团的仲裁、分析航业同业公会的作用;[20]有的文章通过在津山东商人对一次污名事件的冲突,研究移民进入主流文化圈的认同与排斥,还有针对在天津的山西商人和俄国商人的研究论文。[21]前述的付燕鸿的博士论文与文章,揭示天津城市贫民的时代特征,以及社会变迁与社会结构变动之间的关联性。余新忠等从马根济来考论近代天津的医疗事业,认为他创设的施医院是一个性质未明、中外合作的慈善机构,医学堂是中国最早的官办医学教育机构;其事业成功与医治李鸿章夫人之病的偶然事件相关,也是其传教需要与中国慈善传统、西医影响日增等多重因素共同作用的结果。[22]章用秀的《老天津善人善事》,运用资料探讨天津的善人善事和慈善组织;[23]还有文章阐述天津育黎堂、瘟疫流行与慈善机构的医疗救济、商会与天津慈善救济关系、天津红卍字会的慈善事业等。[24]各国租界的研究,除了前述的硕士论文外,还有专门研究侨民的译文。[25]

关于天津文化的研究,有论文从租界、乡土与都市多元视角论述了转型中的天津文学。[26]宗教和民俗也是反映天津文化的一个方面,有论文以《津门保甲图说》为中心论述了天津庙宇的空间分布,有论文以天津《益世报》为中心研究天主教贞洁观在华的处境;[27]青年会当时较为活跃,也吸引了一些学者的关注,有论文评述其在中外文化交流的作用,有论文认为促进了近代社会习俗的改良,有论文总结它在儿童事业的贡献;[28]还有从天后宫论述民俗文化的文章。[29]有关教育的论文较多,但多流于一般化,主要涉及平民教育、职业教育和近代教育的出现等。[30]受新史学思潮的影响,利用报刊画报开展研究的现象也出现在天津史研究中。如通过报纸研究晚清新思想的传播、看早期曹禺的演员形象、从《北洋画报》联系到北伐后的天津形象,以及从英敛之日记探究近代天津娱乐消费模式变动及影响。[31]有论文研究华商赛马会,认为该会历经民族主义、赌博、慈善等几个历史节点后赋予了城市现代性的表征;还有探讨天津体育文化遗产和武术的论文。[32]

有关天津历史人物的成果,除了前文涉及的严修、周学熙、袁世凯等人外,有论文探析孙中山在天津张园的活动,有论述盛宣怀如何创办中西学堂的,有分析严修如何学习欧美的先进思想和经验创办南开大学的,有研究周学熙如何创办工业的,有介绍天津的河北梆子演员的,也有考证川岛芳子之毙命的。[33]另外,还有一些考证和介绍资料的文章。[34]

(本文作者:张利民,天津社会科院历史研究所研究员,南开大学历史学院兼职博士生导师;汤锐,南开大学历史学院博士生)

注释：

①天津人民出版社2012年版；另作者本年度撰写论文：《明清时期漕船在天津的冻阻》，《邯郸学院学报》2012年第2期；《明清时期天津截留漕粮之原因》，《衡水学院学报》2012年第5期。

②南开大学历史学院2012年博士论文；该作者本年度还发表《艰难的转变：近代天津民间合伙债务问题初探》、《近代城市贫民阶层的形成与时代特征——以近代天津为中心的考察》，《城市史研究》2012年第28辑。

③天津师范大学历史文化学院2012年博士论文，该作者本年度还发表《以天津海河裁弯取直为例考察民国时期拆迁工作》，《兰台世界》2012年第6期。

④赖海平：《清末社会改良活动——以〈大公报〉为中心考察(1902—1911)》，天津师范大学2012年硕士论文；韩占领：《1929—1941年天津英租界市政管理研究》，天津师范大学2012年硕士论文；池维强：《民国时期京津地区童子军教育研究》，天津师范大学2012年硕士论文；高圆圆：《1932年天津电车加价风潮研究》，华中师范大学2012年硕士论文；陈洁：《天津妈祖文化研究》，天津师范大学2012年硕士论文。

⑤林姿呈：《英美近代天津城市研究综述》，《史林》2012年第1期。

⑥万新平：《明实录天津史料汇编》，天津人民出版社2012年版；周利成：《天津英租界工部局史料选编》，天津古籍出版社2012年版。

⑦孙书祥：《天津社会科学院图书馆珍贵馆藏图书目录》(满铁卷)，天津社会科学院出版社2012年版。

⑧天津邮政公司编：《天津邮工运动史料》(第2辑)，天津社会科学院出版社2012年版。

⑨中国地图出版社编：《民国二十五年天津市街道详图》，中国地图出版社2012年版。

⑩陈淑香：《天津小站练兵图集》，天津古籍出版社2012年版。

⑪天津图书馆等整理：《天津地区馆藏珍贵古籍图录》，国家图书馆出版社2012年版。

⑫冬月：《五大道才子佳人》，天津人民出版社2012年版；冬月：《五大道风云人物》，天津百花出版社2012年版。

⑬贾长华：《洋楼遗韵：天津历史风貌建筑概览》，天津古籍出版社2012年版。

⑭谭汝为：《天津地名故事》，天津人民出版社2012年版。

⑮任吉东：《近代城市化进程下的华北城乡变局——以天津、保定、唐山、石家庄为例》，《兰州学刊》2012年第3期；熊亚平、任金帅：《略论近代天津城市与周边集市(镇)之间交通方式的演变(1860—1937)》，《城市史研究》2012年第28辑。

⑯岳红廷：《外国人眼中的天津教案》，《兰台世界》2012年第22期；卢勇：《论天津教案中晚清政府对社会舆论的引导与控制》，《长春理工大学学报》2012年第9期；王静：《1935年海河中日轮船相撞案与中方商人的交涉》，《东北亚学刊》2012年第3期；段炼：《试论抗战胜利后中共夺取北平、天津的两次尝试》，《河南师范大学学报》2012年第4期。

⑰吴景平：《抗战时期天津租界中国存银问题——以中英交涉为中心》，《历史研究》2012年第3期；李晓英：《天津洋行、货栈与近代西北羊毛贸易——以满铁调查的〈支那羊毛〉为中心》，《西北师范大学学报》2012年第5期；陶觉逊：《清至民国时期的华北茶叶市场》，《农业考古》2012年第2期；林榕杰：《1945—1946年的华北有价证券交易所》，《中国社会经济史研究》2012年第3期。

⑱任吉东：《近代天津盐商文化特色析论》，《史林》2012年第6期；张利民：《长芦盐业与天津的政治地位提升和经济发展》、陈克：《长芦盐业与天津城市早期商业网络的形成》、高鹏：《乾、嘉时期长芦盐商群体衰落现象分析》、胡诗雯：《长芦盐商与天津右文风尚的兴起》、张绍组：《长芦盐商对天津教育之贡献》、任云兰：《天津盐商与慈善事业》，以上均刊登在《盐业史研究》2012年第3期；张利民：《“长芦盐业历史文化研讨会”会议综述》，《城市史研究》2012年第28辑。

⑲郑民德：《天津运河水次仓研究》，《中国名城》2012年第6期；刘燕武：《津门炉房考》，《天津文史资料选辑》2012年第115辑；李楠夫：《两个地方性金融机构所起的“超地方”影响——周学熙在清末创办北洋银元局和天津官银号述论》，《历史教学》2012年第4期；宣益涓：《“北四行”前期发展》，《天津文史资料选辑》2012年第115辑；韩红星：《民国时期画报的广告经营——基于天津〈北洋画报〉史料》，《中国出版》2012年第5期。

⑳王彬、张晓萍：《社会转型中的商会裁判——以清末民初的天津商会为分析的对象》，《甘肃政法学院学报》2012年第5期；王静：《略论民国时期天津航业同业公会》，《兰州学刊》2012年第4期。

㉑王静：《近代城市发展中的族群认同与排斥》，《城市史研究》2012年第28辑；刘续亨：《在天津的山西商人》，《天津文史资料选辑》2012年第115辑；刘仲直：《天津的俄国商人》，《天津文史资料选辑》2012年第115辑。

㉒余新忠、杨璐玮：《马根济与近代天津医疗事业考论——兼谈“马大夫”与李中堂“兴医”的诉求歧异与相处之道》，《社会科学辑刊》2012年第3期。

㉓章用秀：《老天津善人善事》，天津人民出版社2012年版。

㉔张璐：《近代医疗慈善机构研究——以天津育黎堂为个案》，《北方学院学报》2012年第3期；任云兰：《近代天津的瘟疫流行与慈善机构的医疗救济》，《社会工作》2012年第11期；张佳佳：《近代商会与天津慈善救济事业》，《湖北经济学院学报》(人文社会科学版)2012年第6期；侯亚伟：《救人、救己与救世：天津红卍字会慈善事业探析》，《世界宗教文化》2012年第3期。

㉕希萨穆季诺夫著，米镇波译：《1900—1939年在天津的俄国侨民》，《天津文史资料选辑》2012年第115辑；拉·爱·格拉特费尔特著，鄂玉荣译：《天津的白俄：侨居白俄的国籍界定》，《俄罗斯文艺》2012年第1期；小林元裕著，万鲁建译：《天津事件再思考——以天津总领事馆、中国驻屯军、日本侨民为视角》，《城市史研究》2012年第28辑。

㉖闫立飞：《租界、乡土与都市——文学与天津城市的现代转型》，《天津社会科学》2012年第5期。

㉗侯亚伟、侯杰：《鸦片战争前后天津庙宇的空间分布——以〈津门保甲图说〉为中心》，《世界宗教研究》2012年第5期；赵秀丽：《冲突与融合：天主教贞洁观在华处境研究——以天津〈益世报〉为中心(1915—1937)》，《宗教学研究》2012年第3期。

㉘王建明：《天津青年会与近代中外文化交流研究述评》，《兰州学刊》2012年第7期；张博：《非政府组织与近代社会习俗的改良——以天津青年会为例》，《社会工作》2012年第6期；侯杰、谢晓晨：《天津青年会的儿童事业——以〈大公报〉为中心》，《华南师范大学学报》(社会科学版)2012年第5期。

㉙钱建华：《民俗文化中的天津天后宫》，《福建师范大学学报》(哲学社会科学版)2012年第3期。

㉚岳婷婷：《近代天津的平民教育运动——以20世纪20年代为中心的考察》，《中国城市经济》2012年第1期；张博：《非政府组织与近代中国职业教育研究——以天津青年会为个案的考察》，《兰

州学刊》2012 年第 1 期；司霖霞、梁茂信：《严修与天津南开私立学校的设立》，《贵州社会科学》2012 年第 11 期；刘国有等：《北洋法政学堂创办的历史考辨——为北洋法政学堂成立 105 周年而作》，《天津法学》2012 年第 2 期。

㉛陈其泰：《天津〈国闻报〉与晚清新思想的传播》，《河北广播电视大学学报》2012 年第 3 期；杨芹：《从天津报刊看曹禺早期的演员形象》，《兰台世界》2012 年第 1 期；陈艳：《〈北洋画报〉与北伐后的"天津"想象》，《东岳论丛》2012 年第 10 期；郭立珍：《近代天津娱乐消费模式变动及影响探究——基于英敛之日记考察》，《历史教学》2012 年第 8 期。

㉜汤锐：《赌博与慈善：近代天津华商赛马会》，《福建论坛》2012 年第 10 期；杨祥全：《天津体育文化遗产探析》，《搏击》（体育论坛）2012 年第 9 期；杨祥全：《津门武术：独立的武术文化区》，《天津体育学院学报》2012 年第 5 期；江平等：《天津中华武士会之研究》，《搏击》（武术科学）2012 年第 5 期。

㉝王文锋：《天津张园中的孙中山》，《社会科学战线》2012 年第 4 期；王丽娟：《盛宣怀与中西学堂的创办》，《兰台世界》2012 年第 6 期；贾熟村：《严修集团与欧美的友谊》，《邵阳学院学报》2012 年第 1 期；程莉：《皖籍实业家周学熙与近代华北社会》，《安庆师院学报》2012 年第 5 期；甄光俊：《天津早期河北梆子女演员小传》，《天津文史资料选辑》2012 年第 115 辑；《川岛芳子在津伤重毙命》，《文史博览》2012 年第 7 期。

㉞刘翔：《近代天津的洋行——一份有关美孚洋行的文献考释》，《中国国家博物馆馆刊》2012 年第 1 期；孙连青：《天津图书馆馆藏抄本〈北海集〉考述》，《图书馆工作与研究》2012 年第 3 期；张石：《天津早期的两家外文报纸》，《中国档案》2012 年第 6 期；刘佐亮：《揭秘冀察政务委员会——天津博物馆藏刘绍禹致程克信函解析》，《文物春秋》2012 年第 1 期。

**【经济—社会史研究综述】** 2012 年，天津市专家学者继续以辛勤的劳动丰富着经济—社会史的研究，涌现出大量的研究成果。特别使用"经济—社会史"的研究理念和方法对中西文明进行比较研究，取得了突出成绩。现综述如下。

**一、英国工业革命研究**

在理论研究上，刘景华、崔洪健将东盎格利亚作为一个相对独立的经济区域，完整勾勒其纵向发展路径并从英国经济全局来认识该地区的发展模式，使人们对农业社会向工业社会转变道路的多样化以及英国崛起过程的复杂性有了新的认识。[①] 刘景华、张松韬探讨了西方研究工业革命的一个新动向，即"勤勉革命"的问题。"勤勉革命"最初由日本学者提出，之后美国学者德·弗雷斯对这个概念进行改造，称 1650 至 1850 年间英国出现了家庭劳动资源的再分配过程，为取得更多的新式消费品，家庭中劳动投入日益增多，包括男子劳动时间加长和妇女儿童参加劳动，从而引起经济增长和发展。通过一系列论著，德·弗雷斯试图证明"勤勉革命"不仅出现在英国，而且出现在西北欧与北美，通过构建这种普遍性，他力图使用"勤勉革命"的理论取代原来工业革命的概念和解释范式。刘景华、张松韬通过详述"勤勉革命"理论的发展沿革以及学界通过实证研究对该理论所做的质疑与批判，明确指出：尽管"勤勉革命"论强调劳动关键作用的做法值得肯定，但它在理论上有漏洞，实证亦不充分，因此用"勤勉革命"提法替代"工业革命"绝不可能。这为国内学界准确把握国际研究动态作出了有益贡献。[②]

刘景华等学者在探究英国工业革命及社会转型中，都采用了"经济—社会史"的研究方法，从大局观、长时段探究具体的历史问题，这体现出目前国内"经济—社会史"研究的特点。孙继静通过对乡村工商业在中世纪西欧进行长时段考察，论证了乡村工商业的发展在冲破封建制度、瓦解庄园制方面的积极作用；[③] 姚远的博士论文《英国学术体制演进研究（12—19 世纪）》则以英国学术体制为研究对象，通过分析其在 8 个世纪中的演进过程，揭示出"自治权利"、"共同体"在英国学术体制形成与发展过程中所发挥的作用。[④]

**二、中西经济—社会史研究**

通过经济与社会的互动从整体上把握世界历史，研究世界的同时落脚中国，研究中国的同时心怀世界，一直是我国"经济—社会史"研究的特点和指导原则，它既体现在对外国历史的研究中，也体现在对中国历史的研究中。谢丰斋以中国学者的眼光和关照、从长时段的历史进程中重新审视了中西经济差距何时拉开的宏观问题。通过分析安格斯·麦迪森《世界经济千年史》与《世界经济千年统计》的研究数据，对比其他国内外知名学者对相关问题的研究成果，指出西欧的人均 GDP 水平在 1300 年前后已经超过中国，否定了传统的旧观点。虑及中国与西欧文明的地域范围、人口数量、社会安定程度等因素，提出这一结论本身就足以促使国人思考中西文明之间的差异究竟存在于何处。[⑤]

李学智论述辛亥革命的两篇文章也体现着这一特点和指导原则。李文指出，19 世纪中期以来，在西方资本主义刺激下，中国的社会结构发生改变，新的社会阶层和新型知识分子群体得以出现，西方政治思想也开始深入人心，最终汇聚到辛亥革命的纲领之中，而辛亥革命推翻帝制后的行动，正是在努力实践近代西方的政治理念和原则。与此同时,不能把辛亥革命与之前的洋务运动、戊戌变法以及预备立宪等活动对立起来,辛亥革命本质上是自戊戌变法开始的中国社会政治体制变革过程的一部分,是这一变革过程演进的结果,其中贯穿着国人对于西方认识的思想变化与同此相关的实践历程。⑥

农民、农业、农村问题既是我国现实中的大问题,也是我国"经济—社会史"研究关注的核心问题。就这个问题,2012 年度亦有数篇论文成果。李金铮撰文总结了 20 世纪二三十年代至今学界对中国乡村经济研究的学术争论。相关的争论被归纳为 10 个专题,分别是人地关系失调与适度的争论、土地分配集中与分散的争论、租佃关系紧张与和谐的争论、关于农场经营方式的争论、关于家庭手工业变化趋势的争论、关于金融高利贷的争论、关于农产品商品化动力与影响的争论、关于农民经济行为性质的争论、关于中国近代乡村经济演变趋势的争论以及关于中国近代以来乡村经济社会性质的争论。⑦王先明撰文剖析了 20 世纪前期中国乡村社会利益的分化、矛盾与冲突,指出 20 世纪以来的中国乡村危机已经超越了因土地集中而两极分化、因政治贪腐而民怨四起的传统循环,出现的是生存与发展的双重危机,仅仅依靠"平均土地"的政策绝非长久之计,真正的治本之计在于将农民导入自主发展的轨道,发掘农民本身所具有的巨大创造力,发动他们改造现存状态和发展自身生活的能力和诉求,建立健全的乡村社会机体。⑧王倩通过具体的实证研究,认为清代至民国时期,山西货币地租总体上并不发达,实物地租仍占主要地位;与此同时,她还归纳了这段历史时期山西货币地租的特点和发展趋势,指出相关时期山西货币地租有明显的地域分布,作为特定环境下的特定产物,货币地租存在着脆弱性和不稳定性,有时会出现将货币租改为实物租的现象。⑨

### 三、欧洲文明进程研究

本年度,由侯建新任首席专家的"欧洲文明进程研究"课题获批国家社会科学基金重大招标项目立项。"欧洲文明进程研究"是针对欧洲文明形成、演化和基本特征的一项综合性研究。重大招标项目定位于国家高层宏观决策和战略需求,着力推出有分量、有深度、有价值的研究成果和一流研究团队,这也标志着本市"经济—社会史"研究迈上了一个新的台阶。另外,王亚平的"宗教改革前后德意志社会结构演变研究"获批 2012 年度国家社会科学基金项目立项;肖立军的"明代中后期军屯处所与基层社会秩序"获批 2012 年度教育部人文社会科学研究规划基金项目立项;刘雪飞的"游牧民族形象在西方古典世界中的形成与变迁:以斯基泰人为例"获批 2012 年度教育部人文社会科学研究青年基金项目立项。

### 四、方法论研究

从大局观、长时段探究具体的历史问题上,常建华指出,日常生活应当成为文化史、社会史、历史人类学研究的基础,历史学研究应更加明确与自觉地把日常生活作为社会文化史研究的基本内容。⑩李金铮探究了史学"碎片化"与整体史关系的问题,指出"当历史研究陷于琐碎、微观,缺乏整体史观念时,就是碎片化;反之,如果具有整体史关怀,碎片研究就不是碎片化"的辩证观点,强调整体史关怀下的具体研究是历史研究的应有之义。⑪

(本文作者:郑阳,天津师范大学历史文化学院讲师;侯建新,天津师范大学历史文化学院院长、教授、博士生导师)

**注释:**

①刘景华、崔洪健:《东盎格利亚道路:英国传统农业区的曲折转型》,《历史研究》2012 年第 3 期。

②刘景华、张松韬:《用'勤勉革命'代替'工业革命'?——西方研究工业革命的一个新动向》,《史学理论研究》2012 年第 2 期。

③孙继静:《从乡村工商业看西欧庄园制的瓦解》,《学术交流》2012 年第 2 期。

④姚远:《英国近代知识产权制度与出版制度的流变》,《出版广角》2012 年第 5 期。

⑤谢丰斋:《中西方的经济差距何时拉开?——谈安格斯·麦迪逊的'千年统计'》,《史学理论研究》2012 年第 4 期。

⑥李学智:《辛亥革命中的西方因素》,《天津师范大学学报》(社会科学版)2012 年第 3 期;李学智:《辛亥革命与近代中国的政治变革:现代化视角下的考察》,《理论与现代化》2012 年第 4 期。

⑦李金铮:《中国近代乡村经济史研究的十大论争》,《历史研究》2012 年第 1 期。

⑧王先明:《20 世纪前期乡村社会冲突的演变及其对策》,《华中师范大学学报》(人文社会科学版)2012 年第 4 期。

⑨王倩:《清代至民国时期山西货币地租》,《晋阳学刊》2012 年第 6 期。

⑩常建华:《日常生活与社会文化史——'新文化史'观照下的中国社会文化史研究》,《史学理论研究》2012 年第 1 期。

⑪李金铮:《整体史:历史研究的'三位一体'》,《近代史研究》2012 年第 5 期。

# 经　济　学

【政治经济学学科综述】 2012年,天津市的政治经济学学科在稳步推进基础理论研究的同时,紧密结合我国改革开放过程中所面临的重大理论和现实问题,取得了较为丰硕的研究成果。综述如下。

**一、关于学科建设**

崔学东认为,从新古典主流经济学的渊源和发展演变来看,新古典主流经济学把完全竞争最有效率这样一种价值判断寓于理性——个体主义——均衡框架之中,而没有考虑到市场经济模式的多样性和结构的演进性,以及市场经济中复杂的利益关系的协调,因而变得日益自我、封闭和狭隘。新古典主流经济学将数学化等同于科学化,用数理逻辑代替对现实经济的历史和辩证分析,使其服务于诠释完全竞争的市场经济最有效率这个基本内核,理论上看似精妙实则无用,政策上则是对市场经济运行隐患的洞察失灵和误导。①

对于中国经济学的方向和方法,逄锦聚认为,一个国家在经济理论多元化的同时,要有适合本国国情的占主导地位的根本经济理论和根本经济思想,没有根本理论和根本思想的国家,只能跟在别国后面走,不可能自立于世界强国之林。建设中国特色、中国风格、中国气派的经济学,是时代和实践赋予的神圣使命和责任。中国经济学的基本方向,一是要继承和发展马克思主义政治经济学的基本原理,并把这些原理与中国的具体实际相结合;二是要借鉴和吸收世界人类一切文明成果,包括西方经济学中的科学成分;三是要能够反映和解释我国生动活泼的现代化建设实践,为现代化建设提供理论支持和服务。建设和发展中国经济学要坚持历史唯物主义和辩证唯物主义的根本方法,同时吸收现代科学的方法;要克服目前盛行的把数学的方法极端化和以数学的方法代替甚至否定历史唯物主义和辩证唯物主义根本方法的倾向。建设和发展中国经济学,要坚持为广大民众根本利益服务的出发点和立足点,要创造有利于中国经济学的繁荣发展的良好机制和环境。②

**二、关于基本理论问题**

对理论界经常使用且容易产生歧义的基本概念的辨析是学者们关注的一个重点。高峰指出,"生产方式"是马克思主义经济学著作中出现频率最高的词语之一,但在讨论《资本论》研究对象时对其的理解争论极大。事实上马克思对"生产方式"一词的基本用法有两种:一是指社会生产的类型或形式,一是指社会生产的劳动方式。根据马克思"生产力—生产方式—生产关系"的一贯分析原理并结合《资本论》第一卷的实际内容,"资本主义生产方式"似应理解为"资本主义劳动方式"。"劳动方式"是生产力与生产关系矛盾运动的中介体。特定的劳动方式以一定的生产力为基础,同时受到特定生产关系的制约,具有显著的社会历史特征。马克思在《资本论》研究对象中首先强调"资本主义生产方式",意味着他在研究资本主义经济时将直接生产过程中经济关系的考察放在了基础位置,把对资本主义生产方式的批判置于首位。我们应以《资本论》为范例,把劳动过程和劳动方式纳入政治经济学的研究对象。③

在当前关于收入分配问题的讨论中,"财产性收入"常被当成改变收入分配格局的一个途径。张俊山基于马克思主义分配理论,对"财产性收入"的本质、来源、依据等问题进行了深入的分析。他认为,财产并不创造收入,只是在特定的社会关系下把一定的社会财富吸引到自身来的手段,这些收入的源泉最终还是来自于生产领域的剩余劳动产品。因此,财产性收入只能是社会上一小部分依附于生产经营的人员的收入,不可能成为广大群众获取收入的形式。作为财产性收入依据的财产必须具备所有权、数量基础、价值等内涵。财产性收入的主要形式有金融资产、房屋的利息或租金收入和资产本身的溢价收入。职工持股这一形式给职工带来财产性收入,这一形式有助于把工人的利益与企业的发展结合起来,调动工人的劳动积极性,但就收入的源泉来说不过是使工人以参股的形式取回自己创造的一部分剩余产品。财产性收入的源泉、形成条件等决定了它只能是当前调整收入分配的一个辅助手段。④

高嵩比较了马克思与斯密关于投机行为的不同看法。她指出,马克思与斯密对投机的理解存在明显区别,马克思明确承认,资本家可以购买资产投入生产经营活动从中获得收益,也可以依靠买入卖出资产从中赚取差价。前者被称为是投资，后者被称为是投机。与马克思不同，斯密对资本市场上普遍存在的投机行为视而不见，他不愿承认投机影响资产价格水平进而对日常生活和生产经营活动造成冲击，竭力否认现实生活中人们为制约谷物商的投机行为所付出的努力，这暴露出他的学说与经济现实之间存在的巨大差距。马克思与斯密对投机认识的分歧可以追溯到他们秉持的不同的个人观念。斯密对个人进行抽象时只强调了自立性和理性，马克思则把相互依赖、相互制约也看作个人的行为特征。[5]

## 三、关于欧债危机及其影响

王璐、李梦洁认为，表面看欧债危机是由2008年美国次贷危机引发全球金融危机后，希腊等欧元区国家为防止经济衰退而出台一系列宽松政策导致政府大规模举债所引发的，但其根本原因是欧洲一体化制度设计缺陷、欧洲经济发展模式失败及高福利政策与经济发展不协调等因素综合作用的结果。虽然短期内可通过欧洲央行等金融机构资金援助来缓解危机紧张局势，但长期看只有削减财政赤字和推动本国经济增长才是摆脱危机的有效途径。[6]

何自力、马锦生认为，2009年底发端于希腊的西方国家主权债务危机是首次爆发于发达国家的主权债务危机，其发生是资本主义基本矛盾加深的结果。资本主义国家实体经济的利润率从20世纪70年代以来一直处于停滞和下降的趋势，资本主义国家采取的金融化积累策略使资本为谋求更高的利润，从生产领域转移到金融领域，利润主要通过金融渠道而非贸易和商品生产渠道产生。另外，新自由主义经济体制主张经济金融化和金融全球化，国家形式实现了从凯恩斯主义福利国家向熊彼特主义竞争国家的转变。金融化的积累策略以及与此相对应的政治策略的改变，使个人、企业和政府负债不断扩大。因此，西方国家主权债务危机并不是偶然发生的现象，而是资本主义发展到金融资本主义阶段资本主义社会各种矛盾积累和深化的集中表现，是资本主义基本矛盾不断深化的必然结果。[7]

景维民、杨恒分析了欧债危机对中国经济转型与发展的影响。他们认为，欧洲实体经济空心化与虚拟经济过度膨胀、高福利高消费和制度缺陷是导致危机爆发的根本原因。欧债危机使欧元严重贬值并对我国出口造成严重冲击。因此，我国的经济发展应将出口拉动型转变为以消费为主导的经济增长方式，实行实体经济与虚拟经济协调发展和福利制度与经济发展水平相适应的政策措施，正确认识政府在市场中的作用，积极预防地方债务风险。[8]

## 四、关于经济发展

科学发展观是我国进入到21世纪以来提出的具有全局性战略性的理论创新。张海鹏、逄锦聚按照科学发展观“第一要义是发展，核心是以人为本、基本要求是全面协调可持续，根本方法是统筹兼顾”的本质规定性，建立了一套由4个一级测度要素（以人为本指数、全面发展指数、协调发展指数和可持续发展指数）、17个二级测度子要素、40个更次一级的具体测度指标组成的评价指标体系，构建了科学发展指数，用来评价2005—2010年全国科学发展观的状况和水平。他们发现，我国的科学发展从总体上呈现向好的趋势，其中可持续发展指数增速最快，但以人为本指数仍低于全国科学发展总指数，这说明注重改善民生、继续提升人民的生活水平仍是今后经济社会发展的重要任务。[9]

工业化是推动中国经济增长的关键因素。刘刚、张长令发现，随着重化工业化进程的加速，中国重化工业的空间组织形态呈现出越来越明显的沿海集中趋势，即重化工业的空间分布由20世纪90年代前依托矿产地和传统工业城市布局转变为向沿海新兴城市的聚集。降低原材料的交通运输成本和突破大规模工工业用地行政审批制约，是20世纪90年代中后期以来中国重化工业空间组织形态向沿海布局的主要驱动因素。中国重化工业空间组织形态的演化，是中国经济市场化和国际化程度不断加深的结果。虽然中国重化工业的沿海布局是合理的，但是如何从总体上进行统筹规划，避免重化工业在沿海地区加快发展所导致的产能过剩，是中央政府亟待解决的问题，而如何应对重化工业沿海布局所产生的环境污染和填海造地引起的生态破坏，对地方政府来说是一项刻不容缓的任务。[10]

经济市场化是当代中国的一个主要特征。孙景宇、张璐在交易执行的视角下探讨了中国经济市场化经验的本质及其普适意义。他们认为，虽然制度变革的核心是法律规则的改变，但事实上法治建设与经济市场化并不是同步的。由于转型初期的经济发展水平较低，而所建立起来的法律体系又很难在短时间内达到很高的质量，这会影响到社会个体对于法治的需求，因而通过加强法治建设来推进经济市场化很难在转型的初期取得成功。与法治相比，关系型治理得益于其自我实施性，在经济发展水平低、法治建设不完善的情况下更符合社会个体的需求，更容易在体制转型的早期发挥作用。因此，中国的市场经济发育之所以优于俄罗斯，就在于从农业领域取得突破的改革更有利于关系型治理发挥作用，进而启动了经济市场化进程，而社会关系的开发利用和逐渐推进的对外开放则为经济市场化的深入进行插上了双翼。在转型的深化与完善阶段，关系型治理机制发挥作用的环境发生了较大的变化，需要使市场交易的规约从主要依靠关系等非正式制度，向主要依靠程序化、规范化的正式制度转变。但法治建设的重点不仅仅是完善法律文本、执法机构等法律基础设施等法律供给，更符合社会需求的法治建设路径，是通过发展行业协会等非政府组织，经由私人外部治理发展正式法律制度，最终形成法治、私人外部治理和关系型治理三者协调共生的治理结构。⑪

我国已经于2001年进入中等收入国家行列，2010年又进一步达到了上中等收入。因此，在未来发展中能否跨越“中等收入陷阱”，就成为人们所普遍关注的一个问题。乔晓楠等遴选了15个国家（地区）作为样本，比较了它们跨越中等收入陷阱的经验与教训，发现成功跨越国家和尚未跨越国家在收入分配、产业结构、储蓄、对外贸易、技术研发与物价水平等方面表现出明显的差异。针对中国经济的发展现状，他们建议：第一，缩小收入分配差距，避免过度城市化；第二，减少对出口的依赖，扩大内需，避免过度消费挤压储蓄；第三，以自主创新和人力资本累积推动产业结构调整；第四，控制货币供应量，保持物价水平稳定。⑫

**五、关于收入分配**

陈宗胜、高玉伟通过回顾学术界多年来关于“公有经济收入差别倒U理论”的检验和分析，发现在经济发展初期阶段，由劳动差别、劳动供求、公有经济积累等经济发展因素，以及农业部门内部、非农业部门内部、两部门之间的收入差别以及两部门之间的人口转换等因素，对我国居民收入差别变动的影响，都呈现出促使收入差别上升的趋势。他们还分析和考察了有关资本积累、经济政策、体制改革与收入差别之间的关系，表明当进一步考虑经济体制改革的影响时，收入差别的变动轨迹将会呈现出“阶梯型”变异。分析表明，我国居民收入差别的扩大，是经济发展因素和体制改革因素共同作用的结果，但上升的趋势已经开始减弱，并且由个别因素导致的收入差别比如城市化导致的收入差别已经开始进入下降期。⑬

对于我国当前劳动收入份额下降的原因，当前的研究大多是基于新古典要素收入分配理论。姜磊、郭玉清认为，新古典经济学的要素分配理论是以劳动力稀缺为前提的，这与我国的二元经济结构存在较大差距，因而在分析我国劳动收入份额下降时解释力不足。他们修正了新古典经济学的劳动力稀缺要素假定，基于劳动力无限供给假定的二元经济模型和中国数据表现出的异质性特征，建立了一个分析二元经济中劳动收入份额影响因素的理论框架。研究认为，城市工业部门沉重的就业压力严重降低了我国劳动力在谈判中的地位，从而造成收入增长缓慢，这是我国劳动收入份额下降的根本原因。对此，他们提出的对策建议是，促进劳动密集型技术进步、提高人力资本禀赋并审慎干预劳动市场。⑭

如何增加农村居民收入，是中国收入分配改革所必须解决的一个重要问题。宁光杰、尹迪基于中国多省份农村居民入户调查数据，分析了培训对农村居民工资性收入的影响。研究发现：第一，参加培训能够使农村居民的工资性收入显著增加；第二，考虑到选择性偏差后，参加培训对农村居民工资性收入提高的效果更明显；第三，参加培训时长、培训费用由谁支付等因素对农村居民工资性收入的影响都比较显著，尤其是培训费用由农村居民个人支付的效果较好。因此，一方面应该鼓励更多的农村居民参加培训，让他们看到培训的效果，另一方面则要增强农民的培训成本意识，提高其培训费用的个人支付比例以激励他们认真参加培训并积极寻找工作，从而获得更好的培训效果。⑮

**六、关于建设创新型经济**

周立群、刘根节在比较封闭式创新和开放式创新模式的内涵、基本原则及绩效的基础上，分析了中国产业发展所面临的创新模式封闭、自主创新能力不足的问题。他们认为，封闭式创新是指企业依靠内部持续的高强度的技术研发获得强大的竞争优势，该模式依据的背景是技术外溢困难、员工流动性低、知识传播不快、消费者和供应商缺乏足够的专业知识、风险投资不发达、企业对高校及科研机构的作用重视不够等。在全球化、信息化、知识飞速发展和广泛传播的背景下,传统的封闭式创新模式已无法适应当前我国产业发展的需要。为了促进我国产业的快速发展,实现由“中国制造”向“中国智造”的转型,需要逐步建立开放式创新模式。开放式创新是指企业利用和整合外部知识资源进行创新和商业化过程,以及将内部有价值的创意、知识、技术输出到组织外部,由其他组织来进行商业化过程。为此,首先要摒弃封闭保守的旧观念,树立开放式创新理念;其次要建立产学研联盟,以开放式创新带动自主创新;第三要探索和推进商业模式创新,加快创新风险投资市场培育;最后要构建网络平台,促进创新成果交流和转化。⑯

刘刚、李强治分析了创业活动与区域经济增长绩效之间的关系,为深入思考如何构建创新和创业环境促进新的创业活动涌现以驱动中国经济的可持续发展,提供了一个新的理论视角。他们发现,创业活动活跃程度与中国经济增长绩效之间存在显著的正相关,其中东部地区创业活动活跃程度较高,经济增长明显高于中西部地区,从东、中、西部地区内部看,各省市之间创业活动活跃程度同样表现出差异,并与地区经济增长绩效总体相关。这说明,创业活动的区域集聚是中国区域之间经济增长绩效差异的重要原因。在后危机时期,通过构建创新和创业环境有效地促进新的创业活动的涌现,抑制非生产性活动的泛滥和加快区域经济的发展,是决定中国未来区域经济增长和发展格局演变的关键因素。⑰

**七、关于京津冀地区经济**

马红瀚、周立群在对世界城市内涵特征进行概括的基础上,分析了北京建立世界城市的机遇与挑战,并进一步指出北京建立世界城市对河北的影响在于:第一,京津城市定位的明确为河北的发展拓展了空间;第二,京津冀一体化发展将加快推进,但河北有被边缘化的危险;第三,承接来自北京的产业转移加速,但是经济发展方式转变难度提高。他们提出借力北京建设世界城市,加速河北发展的对策建议是:第一,加快资本集聚、全力推进环首都经济圈建设;第二,科学选择产业,以产业承接促进产业集聚;第三,创新补偿方式,以生态建设促进经济社会发展。⑱

张炜、景维民指出,国家对天津滨海新区的战略定位为滨海经济提供了更加广阔的发展空间,同时也为我国与东北亚区域合作打开了窗口。滨海新区以其地理、港口物流、政策和经济资源优势成为我国与东北亚区域合作的驱动力。近两年来,滨海新区带动了日韩两国与华经贸合作规模大幅攀升。展望未来,东北亚地区有巨大的潜力成为世界贸易集聚地,滨海新区在与东北亚各国区域合作的过程中,也将进一步发展新区经济,并带动周边腹地相关产业的发展。为此,滨海新区应进一步深化与日韩的经济协作,同时大力拓展与其他东北亚国家的贸易关系,积极融入到东北亚经济圈之中。⑲

李峰、谢思全总结了天津农村城镇化的制度创新,指出天津农村城镇化是从“宅基地换房”引爆,到“三区联动”过渡转型,再到“三改一化”的深化改革的过程,表现为一个动态、分阶段、系统推进的过程。他们总结了每个阶段所蕴含的制度创新,认为天津市以大城市城乡结合部为突破口的农村城镇化进程具有特定的历史背景与客观条件,各地在借鉴和推广须因地制宜、循序渐进,尤其要考虑到地方客观条件和农民意愿,避免盲目复制照搬。展望天津农村城镇化的未来,“三区联动”的实质是应对城镇化后农民生产方式的转变,是实现“去农民化”的重要途径,是衔接“宅基地换房”到“三化一改”的重要环节。因此,“三区联动”的可持续是保障未来天津市农村向城镇成功转型的关键环节。⑳

(本文作者:景维民,南开大学经济学系教授、博士生导师;孙景宇,南开大学经济学系副教授)

**注释:**

①崔学东:《新古典主流经济学范式的演变及其危机》,《学习与实践》2012 年第 6 期。

②逄锦聚:《论中国经济学的方向和方法》,《政治经济学评论》2012 年第 3 卷第 4 期。

③高峰:《论“生产方式”》,《当代经济研究》2012 年第 3 期。

④张俊山:《关于“财产性收入”的思考——基于马克思主义分配理论》,《华南师范大学学报》(社会科学版)2012 年第 4 期。

⑤高嵩:《马克思与斯密:关于投机行为的不同看法》,《经济评论》2012 年第 3 期。

⑥王璐、李梦洁:《欧债危机的起因、解决途径及对中国的启示》,《中共天津市委党校学报》2012 年第 4 期。

⑦何自力、马锦生:《西方国家主权债务危机的成因探析》,《当代经济研究》2012 年第 8 期。

⑧景维民、杨恒:《欧债危机对中国经济转型与发展的影响及启示》,《河北经贸大学学报》2012 年第 4 期。

⑨张海鹏、逄锦聚:《科学发展评价指标体系的构建与测度》,《南开学报》(哲学社会科学版)2012 年第 5 期。

⑩刘刚、张长令:《中国重化工业发展的空间组织形态演化》,

《经济问题》20112 年第 4 期。

⑪孙景宇、张璐:《经济市场化的治理逻辑——兼论转型深化与完善阶段的治理机制优化》,《天津社会科学》2012 年第 3 期。

⑫乔晓楠、王鹏程、王家远:《跨越"中等收入陷阱":经验与对策——一个基于马克思主义经济学的视角》,《政治经济学评论》2012 年第 3 期。

⑬陈宗胜、高玉伟:《关于公有经济收入差别倒 U 理论的讨论与验证(上)》,《经济社会体制比较》2012 年第 2 期;陈宗胜、高玉伟:《关于公有经济收入差别倒 U 理论的讨论与验证(下)》,《经济社会体制比较》2012 年第 3 期。

⑭姜磊、郭玉清:《中国的劳动收入份额为什么趋于下降?——基于二元经济模型的观察与解释》,《经济社会体制比较》2012 年第 1 期。

⑮宁光杰、尹迪:《自选择、培训与农村居民工资性收入提高》,《中国农村经济》2012 年第 10 期。

⑯周立群、刘根节:《由封闭式创新向开放式创新的转变》,《经济学家》2012 年第 6 期。

⑰刘刚、李强治:《创业活动与中国经济增长的区域差异分析》,《中共天津市委党校学报》2012 年第 1 期。

⑱马红瀚、周立群:《北京世界城市建设对河北的影响研究》,《现代管理科学》2012 年第 10 期。

⑲张炜、景维民:《滨海新区:面向东北亚区域合作的窗口》,《现代管理科学》2012 年第 7 期。

⑳李峰、谢思全:《天津市农村城镇化的制度创新与发展前瞻》,《天津经济》2012 年第 2 期。

**【经济史研究综述】** 2012 年度的天津经济史研究,从地域上讲,围绕天津及其周边的华北区域,内容涵盖农村经济和农村社会变迁、区域经济发展、有价证券、银行、银企关系、商业文化、企业史、城乡关系等领域。企业史、农村经济和城乡关系是研究关注的热点,研究更加深入、细致。

**一、农村经济与社会变迁**

三农问题,是中国有史以来的经济和社会发展的重要问题,也是学术界关注的重要领域。李金铮对大量关于近代农村经济的论著进行系统梳理,概括出中国近代乡村经济史研究的十大论争,即失调还是适度,人地关系论争;集中还是分散,土地分配关系论争;紧张还是和谐,租佃关系论争;大农场与小农场的效率比较,经营方式论争;解体还是延续,家庭手工业论争;如何评价高利贷,金融论争;商品化的动力,市场论争;追求利润还是谋生第一,经济行为论争;发展还是衰弱,经济演变趋势论争;资本主义成分还是封建势力占优势,经济性质论争。[①]

李金铮通过研究河北定县的土地分配关系,为中国近代乡村土地分配的解释提供了重要例证。研究表明,近代华北乡村土地分散并非如传统观点所说的那样恶性集中,因为长期存在地权分散的推动力。在相对分散的同时,土地仍是比较集中的,地主富农占有较多土地。分散与集中两股力量,在土地交易过程中同时存在,使得土地分配格局基本上维持比较稳定的状态。[②]

王先明借助社会流动的分析路径,以河北省磁县档案为参考资料,结合其他乡村社会调查,分析了三四十年代富农阶层社会流动的动态特征和一般情况。他认为,富农阶层的总流动率和上向流动率呈下降趋势,上向流动率与下向流动率之比也是逐代下降的。富农的代内流动过程在一定意义上揭示了时代进程的历史特征。革命主导下以变革社会结构和权力结构为目标的社会改造运动巨浪迭起,富农阶层由此发生结构性流动。富农的生成及其存在,对于乡村社会乃至整个社会而言,始终是既具有内驱力也有着引领性的社会力量。在大的制度变迁和社会变革的背景下,通过富农阶层流动的个案分析,或许有助于对这一问题的再思考。[③]

谢亮对近代华北市场商品价格结构变动与市场自身商品结构形态的关系进行实证分析,结果表明商品价格结构变动更易受自身以"粮棉"为核心的商品结构形态的影响,农产品的价格主导能力强于工业品,农业部门积累剩余能力的增强,是工业品市场得以扩展的真正基础,因此,若仅就商品市场变动中的价格结构变动而言,华北市场已经开始了其近代化转型,至少是近代化市场的早期阶段。[④]

长久以来,地主与农民的阶级对立是主流学术分析的重点,然而这种分析却不能全面地呈现乡土社会中的地主与农民之间的关系。安宝以地主阶级内部的构成要素城居地主为视角,考虑其在整个租佃过程和日常生活中与农民间的关系。他发现,两者是一种身份平等的关系,没有人身依附关系和等级地位差别。因此,虽然两个阶级间存在矛盾,但是不能不加区分地视为整体性的阶层之间的冲突。[⑤]

**二、交通、城市化进程与区域经济发展**

近年来,天津经济史学界对于铁路与沿线地区社会变迁之间关系的研究日益受到学界重视,2012年,这一领域的研究继续深入,研究的视角和内容更加多元化,研究的内容涉及铁路联运制度、市镇变迁、铁路运输技术等。

熊亚平运用大量档案史料和统计资料,从人口的地理空间流动和职业变动两个方面,考察了

1905—1937年间华北铁路沿线乡村地区人口的社会流动，研究结果表明：铁路沿线地区人口社会流动的速度和规模以及产业结构和社会结构的变动速度，特别是市镇的人口规模和商业规模的变动，普遍较非铁路沿线地区明显，说明铁路是影响近代华北铁路沿线地区乡村变迁的重要力量之一。[⑥]此外，熊亚平、安宝通过对1904—1937年间华北地区铁路沿线城镇运转业发展过程、影响因素及对城镇形态演变的影响这三个方面的考察，揭示了运转业、铁路货运负责制度、铁路联运制度与城镇形态演变之间的关联性，认为由铁路货运负责制度、联运制度等各项制度组成的铁路运营管理制度是铁路藉以影响沿线地区社会变迁的重要中介之一。[⑦]

熊亚平、张玮从商会会员这一角度对市镇社会变迁进行了研究，以华北铁路沿线市镇商会档案为中心，通过对1904—1937年间华北铁路沿线市镇商会会员数量与行业、来源与身份、商会会员与市镇社会变迁之间可能存在的关系等多项内容的考察，试图为更深入微观地从市场个体身份以及组织构建来把握区域市场网络和乡村社会变迁这项研究奠定一个初步基础。[⑧]熊亚平、安宝以1913—1933年间的华北各铁路为中心，通过考察国内铁路联运制度的创立、完善、实施以及对铁路运输业发展的影响，从一个方面揭示了制度创新与技术发展之间的关系，认为实现制度安排、制度环境与铁路运输之间的良性互动，将是促使先进技术发挥更大作用的有效方式之一。[⑨]

了解环渤海地区经济中心重组的政治因素，可以更全面地把握该地区经济发展的进程，认清不同地区的特点，有助于准确地分析区域经济发展的不平衡。张利民在重申近代以来环渤海地区经济中心重组的基础上，分析了促使经济中心重组的三个政治因素：其一，西方列强出于政治军事因素的考虑，强迫清政府在北方开埠通商，试图扩大在华政治势力范围；其二，中国政府自主开埠，是维护主权、开展商战和扩大财源的主要措施，客观上增强了城市经济实力；其三，政府、军阀官僚和华商出于抵制外侮或扩大自身势力的意图，在省会城市投资兴办工商业和金融业，促使其经济地位提升为一定范围的经济中心。[⑩]

作为近代中国城市史研究的一个不可或缺的领域，城乡关系的研究取得了长足进展。任吉东梳理了不同学者对上海、重庆、四川、广西、山东及京津等地区的城乡研究，认为近代中国城乡关系研究已经形成了具有本地域特色，具有一定规模的学术积累。但是，不同地域学者缺乏必要的交流对话、对比整合，无法形成合力，且研究范式过于僵化，研究对象过于集中，理论体系缺失，研究深度匮乏。总体言之，近代城乡关系的研究尚未成熟。[⑪]

伴随着近代城市化进程的加快，华北城乡体系由此发生了剧烈的嬗变。任吉东以天津、保定等传统城市和唐山、石家庄等新兴城市为例，探讨了城市化进程中的几种不同类型的城乡体系演进模式。他认为，在近代中国半殖民地半封建社会的特殊背景之下，中国的城市发展动力机制出现明显的不同，城市化道路也随之产生了差别，这导致了近代中国城市在城乡体系上的区域差异。然而，华北地区近代城乡体系尚未定型，无论是天津、保定这种原生型，还是唐山、石家庄这种突变性，都未出现城乡工农业分工格局，都处在从传统形态向近代形态发展演变的过渡期。[⑫]

**三、银行与金融研究**

天津作为近代中国北方的金融中心，金融史研究一直是天津经济史学界关注的重要领域。林榕杰对华北有价证券交易所短暂的历史进行了研究，分析了该证券交易所开业期间的股市行情、证券行市影响因素等。虽然该所开业时间不长就停业，但它是天津成为华北证券交易中心的明确标志之一，对该所的研究，有助于对天津近代证券史、金融史及整个中国近代证券史有更全面、深入的认识。[⑬]

银行资产与产业资本相互融合是中国近代经济发展的阶段性特征，别曼通过分析金城银行与永久黄集团的资产业务，从微观视角阐述了金城银行的银企合作模式，并且关注金城银行的风险管理思想与策略。她认为银企合作模式的选择要适应客观经济条件，虽然市场性银企关系制度是未来银企合作模式的发展趋势，但是并不是完美的，商业银行应当加强风险管理意识，提高风险管理水平。[⑭]

在对金城银行的分析中，别曼打破以往以发展历程或是业务类别为脉络的研究模式，以金城银行的资产业务和风险管理为切入点，通过比较分析的方法，深入挖掘金城银行的经营特色，总结出金城银行特殊的经营模式，并在研究企业发展的过程中引入了企业家的经营理念，特别考虑了金城银行总经理周作民的经营思想对金城银行发展路径的影响，同时在金融史的研究中，强调社会责任，将商业银行的盈利性与其服务社会的公益性结合起来。[15]

**四、企业史、商业史研究**

天津是一个工商业城市，是近代工业的发祥地之一，"永久黄"企业集团更是中国化工企业的先驱。赵津、韩冬从企业社会责任的角度，考察了抗战时期的"永久黄"集团。从抗战初期的"宁举丧，不受奠仪"，到抗战中期的实现企业战时常态化管理，以及战后的谋划复兴大计，在抗日战争民族危亡的时代背景下，"永久黄"团体以肩负民族责任为核心，以战争进程为节点，适时调整企业行为，肩负社会责任。作为大企业在特殊时期的典型范例，"永久黄"集团为当代企业摆脱困境、履行社会责任，实现企业社会的可持续发展提供了良好的历史证明。[16]

赵津、李健英以永利化学工业公司为例，阐述了重化工业时代政府功能的重新定位。重化工业的发展离不开政府的介入和扶持，南京政府制定了规模宏大的发展计划，然而缺乏技术。以永利为代表的新生力量，只要获得足够的发展资金，就有机会创造辉煌。永利利用外资因未获得政府的长期免税权而取消，加入公股的计划因政府财政困难而搁浅，种种尝试未改变永利资金困难的局面。但加入公股的举措使永利带有明显的官商合办色彩，由此而迂回地获得政府的政策扶持和保护。南京政府与永利的合作，对永利的扶持，是由政府主导的体系向大企业为中心的体系转变的征兆，并促使政府重新审视与大企业之间的关系，努力实现政府的重新定位。[17]李健英、李娟将善后大借款与长芦区盐碱工业的发展联系起来，范旭东以长芦盐为原料，创办盐碱产业，而正是善后大借款，让近代重化工业的奠基人范旭东接触到盐碱工业的发展命题，善后大借款与赴欧考察的机会给了范旭东一个历史性的机遇和近20年的实业发展空间。[18]

作为中国近代新型商业文化的一部分，天津的盐商文化有着自身迥异的特色。任吉东分析了天津盐商文化中尚侈好奢的消费文化、附宦好仕的政治文化、崇教好文的士人文化，以及急公好义的道德文化。他认为这些文化中，既具有商人群体自身的商业属性，也具有官营垄断行业的固有特色，更具有传统士人与现代精英的内在涵养，其中所凸显的多元化与复杂性恰恰是天津盐商集体行为模式与心理结构特征的映射写照。[19]

张利民从城市史和经济史的角度论述了长芦盐业对天津政治地位提升和经济发展的作用，简单概括了长芦盐业与天津城市性格的关系，认为盐业管理者、盐商与中央政府的这种相互利用和相互依赖的关系，从一个侧面体现了天津城市性格中代表国家的中央政权影响力和控制力等不可忽视的政治因素。[20]

**五、经济史料评价与方法探讨**

李金铮撰文对经济史的研究方法进行了探讨，指出研究题目琐碎、微观，杂乱无章；缺乏整体史关怀，缺乏全面联系和贯通；疏离宏大叙事，轻视理论思考，缺乏共识的"碎片化问题"等缺陷。他认为，把碎片研究与整体史完全对立起来，把碎片和整体绝对化是不恰当的。碎片研究是整体史形成的基础，要不断扩大历史研究内容的全面史、普通史；要在整体关怀下进行碎片研究，以整体史观为指导进行具体的碎片研究；宏观史学是整体史的最高追求。在此基础上，将碎片研究和整体史研究统摄起来，这样既能避免碎片化，也缓解和解决了两者之间的矛盾。[21]

罗畅抽样对比了大陆已经出版的《清代道光至宣统间粮价表》和台湾"中研院"近代史研究所推出的王业键编制的"清代粮价资料库"这两套粮价数据。他认为，这两套粮价资料存在数据来源不同、覆盖范围不同、数据形式不同等问题，同时在整理资料库的过程中，还发现了资料库的优势和瑕疵，并且提出了这两套粮价数据的使用方法和尚待深入研究的课题。他指出，粮价表数据全，但是在使用时需要检验数据的可靠性，同时，这两套数据存在约5%的不吻合。[22]

（本文作者：王玉茹，南开大学经济史研究中心主任、经济学院教授、博士生导师；李桂鸽，南开大学经济学院经济史专业博士研究生；龚宁，南开大学经济学院经济史专业博士研究生）

注释：

①李金铮：《中国近代乡村经济史研究的十大论争》，《历史研究》2012年第1期。

②李金铮：《相对分散与较为集中：从冀中定县看近代华北平原乡村土地分配关系的本相》，《中国经济史研究》2012年第3期。

③王先明：《试析富农阶层的社会流动——以20世纪三四十年代的华北农村为中心》，《近代史研究》2012年第4期。

④谢亮：《试论近代中国的商品价格结构变动及其市场发展之近代化命题——以华北市场"粮棉"价格为例》，《中国经济史研究》2012年第2期。

⑤安宝：《地主与农民关系新论——华北地区的城居地主为视

角》,《吉林省教育学院学报》2012年第10期。

⑥熊亚平:《近代华北铁路沿线乡村地区人口的社会流动(1905—1937)》,《学术研究》2012年第7期。

⑦熊亚平、安宝:《近代华北铁路沿线城镇转运业的发展(1904—1937)》,《社会科学家》2012年第8期。

⑧熊亚平、张玮:《市镇社会变迁研究的一个新视角——华北铁路沿线市镇商会会员初探(1904—1937)》,《兰州学刊》2012年第3期。

⑨熊亚平、安宝:《民国铁路联运制度与铁路运输业的发展——以1913—1933年间的华北各铁路为中心》,《史学月刊》2012年第7期。

⑩张利民:《简析近代环渤海地区经济中心重组的政治因素》,《天津社会科学》2012年第5期。

⑪任吉东:《城市史视阈下的中国近代城乡关系研究述评》,《理论与现代化》2012年第5期。

⑫任吉东:《近代城市化进程下的华北城乡变局——以天津、保定、唐山、石家庄为例》,《兰州学刊》2012年第7期。

⑬林榕杰:《1945—1946年的华北有价证券交易所》,《中国社会经济史研究》2012年第3期。

⑭别曼:《近代中国银企合租模式与风险管理——以金城银行与永久黄集团的历史实践为考据》,《求索》2012年第5期。

⑮别曼:《金城银行资产业务与经营管理研究》,《中国经济史研究》2012年第3期。

⑯赵津、韩冬:《抗战时期企业社会责任的历史考察——以"永久黄"团体为例》,《历史教学》(下半月刊)2012年第6期。

⑰赵津、李健英:《重化工业时代政府功能的重新定位》,《南开学报》(哲学社会科学版)2012年第2期。

⑱李健英、李娟:《善后大借款与长芦盐区盐碱工业的发展》,《盐业史研究》2012年第3期。

⑲任吉东:《近代天津盐商文化特色析论》,《史林》2012年第6期。

⑳张利民:《长芦盐业与天津的政治地位提升和经济发展》,《盐业史研究》2012年第3期。

㉑李金铮:《整体史:历史研究的"三位一体"》,《近代史研究》2012年第5期。

㉒罗畅:《两套清代粮价数据资料的比较与使用》,《近代史研究》2012年第5期。

**【世界经济研究综述】** 2012年,天津市世界经济学科的研究中的主要学术问题和观点,主要包括以下几个方面。

**一、世界经济理论研究**

在世界经济理论研究方面,学者们重点探讨了垂直专业化分工的决定因素、影响效应,特别是中国在垂直专业化分工中的地位。彭支伟等在新开放经济宏观经济学框架下,研究了垂直专业化的决定因素及其经济波动效应,认为垂直专业化的均衡程度与一国制成品部门的相对技术效率以及汇率管制程度正相关,而与该国中间品部门的相对技术效率负相关;当技术冲击来自制成品时,贸易成本和汇率管制会抑制本国经济的波动幅度,当技术冲击来自中间品部门时,二者不再单一地压制本国经济波动幅度;汇率管制压低了比较优势冲击下垂直专业化与GDP等变量的协动程度,贸易成本则影响垂直专业化与GDP等变量的协动方向。[①]周昕、牛蕊从产品内分工理论出发,研究了地理距离对中间产品贸易的影响,提出来自高收入国家的零部件进口受距离影响较小,而来自低收入国家的零部件进口受距离影响较大,距离因素对于生产网络中各个环节存在不对称的影响。[②]

胡昭玲、张咏华利用非竞争型投入产出表,在细分中间投入产品进口来源和最终产品出口方向的基础上,对中国制造业的垂直专业化水平进行了度量,并通过分析前后向的分工联系,认为中国融入全球生产网络的程度在加深,但主要角色仍是加工制造垂直分工链条的中转枢纽。[③]孟猛通过比较发现,中国出口最终品的国内技术含量低于全部技术含量,尽管中国出口最终品所含的全部技术含量与国内技术含量不断增加,但国内技术含量的增长速度低于全部技术含量;中国出口最终品的国内技术含量增长速度慢于其他国家和地区,尽管中国正在出口更多的高技术产品,但中国出口的高技术最终品的国内技术含量相对于世界先进水平并没有提高。[④]张咏华也发现,中国制造业在国际垂直专业化生产体系中,低技术、中低技术制造业占有主导地位,中高技术制造业经历了从缺乏地位到占据主导地位的转变,高技术制造业仍处于附属地位。[⑤]李宏艳建立了从投入产出系数矩阵中分离跨国公司生产和进口的中间投入品的方法,测算认为中国在跨国公司价值链上所处的分工地位是为其提供附加值较低的中间投入品和最终品的中低端垂直专业化地位,FDI对中国参与由跨国公司主导的垂直专业化的影响十分显著。[⑥]华广敏则指出,通过参与全球价值链分工,中国和美国出口品技术含量明显提高,但中国产业结构仍处于价值链分工的低端,而美国处于价值链分工的高端,且上升趋势明显。[⑦]贾根良、刘书瀚指出,依托巨大的国内市场,以生产性服务业为龙头,构建独立自主的制造业国家价值链,是中国制造业转型升级的根本措施。[⑧]王硕、郭晓旭认为,制造业集聚与生产性服务业集聚之间存在很强的协同关系和互动关系,应充分运用二者的互动机理促进中国产业结构升级。[⑨]

**二、国别地区经济研究**

在国别地区经济研究方面，美国、欧盟和亚太地区的经济发展是学者们研究的重点。

孟夏、宋丽丽认为，美国在TPP中试图主导亚太区域经济一体化进程，谋求宽领域、深层次、高标准和前瞻性的经济利益，巩固并保持其竞争优势，维护在世界经济中的“领袖”地位。[10]在竞争性自由化的格局中，FTA已成为美国贸易与外交政策的重要工具，折射出其独有的“领导”理念与“大国”意识。[11]刘重力、杨宏指出，美国主导下的TPP对东亚区域经济合作机制的发展产生了重要影响，也给中国的整体和局部FTA战略带来了诸多的不确定性和挑战。[12]万志宏、曾刚认为，后危机时代美国中央银行过高的流动性供给和私人部门中长期信贷需求不足，以及银行监管要求导致流动性囤积，阻碍了货币政策的信贷渠道、利率渠道和汇率渠道传导，导致美国货币政策效果甚微。[13]秦洪军、邢成指出，金融危机暴露出美国场外金融衍生品市场监管体制的缺陷，金融危机后美国加强了场外金融衍生品市场的立法和监管体制改革。[14]张兵认为，美国经济中主要存在长度为5—6年的周期波动，因子分析和交叉谱分析的结果表明，美国经济周期的波动与需求因素和供给因素的关系都非常密切，但美国5—6年经济周期的波动主要受到供给因素的引领和影响。[15]

周燕、佟家栋指出，欧盟经济一体化的形成具有深刻的历史背景，然而其经济一体化进程本身的缺陷也成为欧洲主权债务危机产生并持续的重要原因，进一步加深欧盟一体化进程是解决当前欧洲主权债务危机困境的关键环节和促进欧洲经济未来发展的必经之路。[16]邱立成等使用面板数据模型对欧盟及相关国家的新能源产业集聚效应影响因素进行了实证检验，发现政策系数、能源依赖度和能源价格对新能源产业集聚的影响显著，新能源产业激励政策对新能源产业集聚有重要作用。[17]

佟家栋、刘竹青基于2000—2006年东亚地区主要经济体间的双边贸易数据，研究并检验了该地区制造业部门双边贸易的本地市场效应，发现东亚地区制造业部门的双边贸易整体上并不存在本地市场效应，只有个别行业表现出了显著的本地市场效应；由相对要素禀赋条件和人均GDP所决定的传统比较优势因素对该地区制造业贸易模式的决定和影响仍然非常重要。[18]王小雪从加入联盟的自动调节机制、通胀—失业的国别差异以及财政金融体系差异等角度分别探讨了单一国家加入货币联盟的成本，分析了东亚构建货币联盟的现实困境及应采取的策略。[19]张素芹在理论分析基础上对亚洲地区区域货币金融合作的可行性进行考察，通过进一步研究亚洲各经济体面临冲击的对称性以及对冲击的不同反应，分析了亚洲开展区域性货币合作的经济基础。[20]文东伟认为，通过参加亚洲三角贸易模式，日本、韩国以及中国台湾等通过直接投资和产业转移，在中国建立生产和出口加工基地，从而将其对欧美的贸易顺差转移为中国对欧美的贸易顺差，扩大了中国与欧美的贸易摩擦，恶化了中国的国际贸易环境。[21]

刘晨阳指出，2011年底日本正式做出了加入TPP谈判的官方决定，这是日本实施其FTA战略的重要举措，但日本在政治、经济和社会等方面仍然面临着一系列困难和制约因素，能否最终加入TPP还存在不确定性。[22]张兵利用交叉谱分析研究认为，日本经济周期的波动与内需和外需的关系都非常密切，但受外需引领和影响的程度更为显著，日本经济呈现出了典型的“外需主导型”发展特征。[23]李文韬认为，面对美国高调推进的“TPP轨道”合作，东盟的区域经济一体化战略也必须随之进行全面调整，[24]这也将对未来的APEC发展产生重要影响。[25]于晓燕分析认为，澳大利亚推进TPP谈判既出于追求经济福利、深化与亚太国家经贸关系的目的，更是基于推行其长期奉行的亚太经济合作战略的需要，未来澳大利亚对TPP的态度将受制于其国内利益集团的立场以及谈判能否尽快达成高质量的成果。[26]

**三、国际贸易理论、政策及实践发展研究**

贸易壁垒是学者们探讨的重点。佟家栋指出，原产地规则已经对一个国家或一个区域的贸易结构、资源配置的方式和政治激励都产生了重大的影响，甚至超越了贸易政策的静态效应，产生了对贸易结构的动态效果，成为潜在贸易壁垒。[27]李秀芳基于引力模型研究发现，中国出口价格低于德国，数量高于德国；中国是以低价高量取胜，而德国是以高价低量取胜，这是两国遭受贸易壁垒差异性的根源。[28]单君兰、周苹根据全球竞争力报告等多种商业调查数据，对多个国家的贸易便利化水平进行了测算和排序，运用引力模型定量分析了贸易便利化水平对我国贸易出口量的影响，认为我国贸易便利化水平为一般便利，贸易的便利化比关税减让更能促进一国出口量的增长。[29]

王岚、罗小明通过对比厘清区际贸易理论和新经济地理学两大理论体系之间的继承发展关系，在剖析区位与贸易之间相互影响机制的基础上，揭示出贸易的本质是区位问题，是供给和需求空间分布的均衡结果。[30]盛斌总结了过去10年中国贸易自由化的历程，认为中国的贸易政策演变总体来说经历了三个主要阶段并呈现出六大特点，提出了一个包含企业、产业、区域和国际生产体系四个维度在内的贸易竞争力决定因素的“钻石模型”及中国贸易政策的改革议程。[31]

**四、国际直接投资研究**

包群、陈媛媛考察了外资进入对东道国环境质量与污染排放的影响，研究表明，外资进入的环境影响取决于东道国的环境管理政策类型、外资企业的部门流向与产业分布，以及东道国本土企业的治污技术学习能力。[32]乔晓楠、张欣讨论了在市场机制下外资企业的低碳技术转让问题，并重点分析东道国的环境税政策及补贴政策在其中的影响，认为市场机制发挥作用需要东道国宽松的环境政策加以配合，发达国家回避技术支持问题来要求发展中国家执行严格的环境政策实际上是将发展中国家置于两难境地。[33]任永菊指出，在当前新形势下，跨国公司技术转让特别强调以全球领先技术为基础创造技术转让条件、以全球研发网络为基础展开技术转让活动、以内部化为基础实施技术转让战略、以生命周期为基础选择技术转让时机、以扩张国际生产为基础彰显技术转让效果，中国企业特别是中小企业应该紧紧抓住跨国公司国际生产网络进一步扩大的趋势，积极融入其中，寻求新的发展路径。[34]

刘晶、朱彩虹研究认为，重视关系网络、利用制度缺陷是南方国家跨国公司区别于北方国家跨国公司所有权优势的一个重要特点，南方国家在经济转型过程中存在的各种制度缺陷是南方国家跨国公司可以发挥其特有优势的重要来源，南方国家跨国公司在进入国际市场时并未遵循“先易后难”式渐进策略。[35]

**五、国际金融研究**

有关金融发展产生的影响问题是学者们探讨的重点。李坤望、刘健考察了金融发展对双边股权资本流动的影响，指出金融发展对各经济体的股权投资决策和投资规模均具有显著的促进作用，但母国和东道国的金融发展所起的作用是不同的：母国的金融发展对投资决策起主导作用，而当投资决策发生之后，投资的规模则是由东道国的金融发展水平决定的。[36]武力超等研究了金融发展对可再生能源消费的影响在发达国家和发展中国家的差异，认为债券市场规模对两组国家可再生能源消费都有显著的负向影响，金融中介规模则对两组国家可再生能源消费都具有显著的正向促进作用，而衡量金融全球化、金融中介效率及非寿险保险部门规模的指标在两组国家的回归中结果不同。[37]孙浦阳、张蕊研究发现，在考虑金融创新在经济增长模型中存在内生性的情况下，与金融发展不同，金融创新单独对经济增长的作用方向是不确定的，甚至可能存在显著的抑制作用；而金融创新通过技术进步对经济增长的促进作用是显著的，并且这种作用更多地通过企业的技术进步来体现。[38]

金融危机是学者们研究的另一个重点。马君潞等指出，在美国危机向亚洲新兴市场传染的过程中，中国香港和日本市场是形成多米诺效应的重要媒介，它们对美国金融事件做出的剧烈反应，最终导致了亚洲新兴市场“自促成”形式的危机传染。[39]曾伟鹏分析认为美国金融危机爆发的主要原因是其经济结构不合理，如经常项目与政府财政的长期“双逆差”、虚拟经济的泡沫化以及过度消费等。[40]刘澜飚、张靖佳指出，中国外汇储备投资与美国风险资产的规模将影响外汇储备间接转化为美国对中国FDI的比例，中国央行外汇储备规模及投资策略对危机时期的反应不足，改变外汇储备投资收益的主要方法包括降低居民的相对风险回避系数，通过政策引导促进居民消费，以及大力发展中国金融市场，降低对美国金融市场的依赖程度。[41]

也有一些学者重点探讨了国际货币体系改革问题。盛斌、张一平指出，2008年金融危机爆发后，国际社会重新燃起了对改革布雷顿森林体系瓦解后的国际货币体系的探索与争论，其焦点是减少对美元本位的依赖，中国需厘清各代表性方案的本质，透视各种方案所隐含的政治与经济利益，从而策略性地推进符合中国长远利益的国际货币体系改革，并有效加快人民币的区域化与国际化进程。[42]熊爱宗、戴金平认为，欧债危机对欧元形成重挫，欧元在目前的国际货币体系格局中将迎来暂时的发展停滞期，而欧债危机的发展为人民币国际化提供了新的空间与机遇，为国际货币体系走向多元化开辟了新的道路。[43]

（本文作者：薛敬孝，南开大学国际经济贸易系教授、博士生导师；张兵，南开大学国际经济贸易系副教授、硕士生导师）

**注释：**

①彭支伟、佟家栋、刘竹青：《垂直专业化、技术变动与经济波动》，《世界经济》2012 年第 7 期。

②周昕、牛蕊：《产品内分工、距离与生产网络区位优势——基于 2000—2009 年中国零部件进口的实证研究》，《世界经济研究》2012 年第 7 期。

③胡昭玲、张咏华：《中国制造业国际垂直专业化分工链条分析——基于非竞争型投入产出表的测算》，《财经科学》2012 年第 9 期。

④孟猛：《中国在国际分工中的地位：基于出口最终品全部技术含量与国内技术含量的跨国比较》，《世界经济研究》2012 年第 3 期。

⑤张咏华：《中国制造业在国际垂直专业化体系中的地位——基于价值增值角度的分析》，《上海财经大学学报》2012 年第 5 期。

⑥李宏艳：《中国参与跨国公司垂直专业化的地位测算》，《南方经济》2012 年第 4 期。

⑦华广敏：《全球价值链下中美两国出口品技术含量的动态研究》，《国际贸易问题》2012 年第 6 期。

⑧贾根良、刘书瀚：《生产性服务业：构建中国制造业国家价值链的关键》，《学术月刊》2012 年第 12 期。

⑨王硕、郭晓旭：《垂直关联、产业互动与双重集聚效应研究》，《财经科学》2012 年第 9 期。

⑩孟夏、宋丽丽：《美国 TPP 战略解析：经济视角的分析》，《亚太经济》2012 年第 6 期。

⑪孟夏、宋丽丽：《竞争性自由化格局中的大国经济利益——美国视角的分析》，《南开学报》（哲学社会科学版）2012 年第 4 期。

⑫刘重力、杨宏：《美国重返亚洲对中国东亚地区 FTA 战略的影响——基于 TPP 合作视角的分析》，《东北亚论坛》2012 年第 5 期。

⑬万志宏、曾刚：《后危机时代美国银行体系的流动性囤积与货币政策传导》，《国际金融研究》2012 年第 10 期。

⑭秦洪军、邢成：《美国场外金融衍生品市场监管的实践与启示》，《海南金融》2012 年第 12 期。

⑮张兵：《供给、需求因素对美国经济周期影响的比较——基于因子分析和交叉谱分析的实证检验》，《南开经济研究》2012 年第 4 期。

⑯周燕、佟家栋：《欧洲主权债务危机与欧盟经济一体化进程深化》，《南开学报》（哲学社会科学版）2012 年第 4 期。

⑰邱立成、曹知修、王自锋：《欧盟新能源产业集聚的影响因素：1998—2009 年面板数据模型的实证分析》，《世界经济研究》2012 年第 9 期。

⑱佟家栋、刘竹青：《双边贸易的本地市场效应——基于东亚地区制造业部门的实证研究》，《国际贸易问题》2012 年第 7 期。

⑲王小雪：《东亚货币联盟构建成本的经济学分析及其前景》，《中央财经大学学报》2012 年第 3 期。

⑳张素芹：《亚洲货币合作的经济基础——基于冲击来源的分析》，《现代管理科学》2012 年第 7 期。

㉑文东伟：《亚洲三角贸易模式与中国的贸易增长》，《国际经贸探索》2012 年第 7 期。

㉒刘晨阳：《日本参与 TPP 的政治经济分析》，《亚太经济》2012 年第 4 期。

㉓张兵：《日本经济周期波动影响因素的交叉谱分析》，《现代日本经济》2012 年第 6 期。

㉔李文韬：《东盟参与“TPP 轨道”合作面临的机遇、挑战及战略选择》，《亚太经济》2012 年第 4 期。

㉕李文韬：《东盟区域经济一体化战略及其对 APEC 合作影响》，《南开学报》（哲学社会科学版）2012 年第 4 期。

㉖于晓燕：《澳大利亚推进 TPP 谈判的政治经济分析》，《亚太经济》2012 年第 6 期。

㉗佟家栋：《原产地规则是潜在贸易壁垒》，《经济日报》2012 年 4 月 13 日。

㉘李秀芳：《中德遭受贸易壁垒差异性的原因分析——基于出口价格与数量的对比》《财经问题研究》2012 年第 10 期。

㉙单君兰、周苹：《基于 APEC 的贸易便利化测评及对我国出口影响的实证分析》，《国际商务研究》2012 年第 1 期。

㉚王岚、罗小明：《从俄林到克鲁格曼：区位对贸易意味着什么？——区际贸易理论和新经济地理学的比较》，《当代财经》2012 年第 12 期。

㉛盛斌：《中国贸易自由化与未来贸易改革的议程》，《中国市场》2012 年第 37 期。

㉜包群、陈媛媛：《外商投资、污染产业转移与东道国环境质量》，《产业经济研究》2012 年第 6 期。

㉝乔晓楠、张欣：《东道国的环境税与低碳技术跨国转让》，《经济学》（季刊）2012 年第 3 期。

㉞任永菊：《新形势下跨国公司技术转让特点及其启示》，《科技与经济》2012 年第 4 期。

㉟刘晶、朱彩虹：《制度距离与南方国家对外直接投资区位选择——跨国实证分析》，《投资研究》2012 年第 10 期。

㊱李坤望、刘健：《金融发展如何影响双边股权资本流动》，《世界经济》2012 年第 8 期。

㊲武力超、孙浦阳、许启钦：《金融发展是否影响了地区可再生能源的消费？——基于发达国家和发展中国家的比较分析》，《投资研究》2012 年第 11 期。

㊳孙浦阳、张蕊：《金融创新是促进还是阻碍了经济增长——基于技术进步视角的面板分析》，《当代经济科学》2012 年第 3 期。

㊴马君潞、吴蕾、靳晓婷：《美国危机向亚洲新兴市场传染过程中的多米诺效应研究》，《世界经济》2012 年第 6 期。

㊵曾伟鹏：《全球失衡与金融危机的成因——基于美国经济结构的研究视角》，《信息系统工程》2012 年第 3 期。

㊶刘澜飚、张靖佳：《中国外汇储备投资组合选择——基于外汇储备循环路径的内生性分析》，《经济研究》2012 年第 4 期。

㊷盛斌、张一平：《全球治理中的国际货币体系改革：历史与现实》，《南开学报》（哲学社会科学版）2012 年第 1 期。

㊸熊爱宗、戴金平：《欧债危机与国际货币体系多元化》，《广东社会科学》2012 年第 6 期。

**【中国对外开放研究综述】** 随着中国经济的快速崛起和实力增强，中国经济与世界经济的关系发生了历史性变化：中国的发展离不开世界，世界的繁荣稳定也离不开中国。由于中国在世界经济发展中的地位和作用日益凸显，因此近年来学者们对世界经济问题的研究更多地是落脚于对中国对外开放问题的研究上。

## 一、有关中国对外开放影响效应的研究

有关对外开放对中国环境的影响问题是学者们研究的重点。盛斌、吕越将外国直接投资(FDI)对东道国的环境影响分解为规模效应、结构效应和技术效应三种机制,发现FDI无论是在总体上还是分行业上都有利于减少我国工业的污染排放,其主要原因在于FDI通过技术引进与扩散带来的正向技术效应超过了负向的规模效应与结构效应;在中国当前的外资进入程度与以环保为目标的最优水平之间还有一段距离,因此应积极鼓励具有环保技术优势的外资企业的进入,实现节能减排和可持续发展的战略目标。[①]陆建明、王文治在动态一般均衡(DGE)框架下研究了开放经济中资源使用效率提高和污染排放系数下降两类技术进步的环境效果,认为在存在资源贸易的情况下,污染排放系数下降和资源使用效率提高都会降低稳态污染排放水平,但资源使用效率提高导致的产出损失较大,且在短期内具有提高污染排放水平的反向效果,因此政府应着力促进污染排放系数的下降,通过合理控制政策支持力度实现产出增长和环境改善的跨期平滑。[②]钱晓雨、孙浦阳分析认为,开放度和环境重视度都对环境的质量和经济发展之间的关系产生重要的影响,但是在不同的地区、发展水平不同的基础上,各个影响因素的程度不一样,为了在经济发展与环境污染之间寻求平衡点,可以从开放度和环境重视度入手,因地制宜地制定区域可持续发展战略。[③]王文治、陆建明则认为伴随FDI大量流入中国制造业,其通过产业关联间接引起制造业污染排放增加,污染天堂假说在中国是成立的,因此中国制造业要实现高增长和低排放,关键需从产业关联的角度控制FDI流入对中国制造业的间接污染排放,并鼓励外资企业转移先进的减排技术降低污染密集型行业的排污量。[④]

有关对外开放对中国工资、收入水平以及劳动力市场和就业的影响效应是学者们研究的另一重点。盛斌、魏方研究认为,FDI在整体上有助于抑制中国城乡收入差距的扩大,这种效应在东部沿海地区尤为明显。[⑤]朱彤等指出,外资进入在提高中国居民总体收入水平的同时,也在拉大居民间的收入差距。[⑥]邵敏、包群研究发现,中国"工资和劳动条件向下竞争"式的引资竞争普遍存在,由此加大了国内工资向下扭曲程度。[⑦]郭玉清、姜磊发现,FDI对中国劳动收入份额的影响路径呈稳健的倒U型非线性曲线,经历了就业效应和技术效应的交替主导,东中西三大区域及增长极、直辖市空间范围内的影响路径表现出典型的地域性差异,适宜技术研发、市场整合及相应的政策激励有助于抑制FDI技术效应对劳动收入份额的负面冲击,缓解严峻的收入分配差距。[⑧]李贵茜则以山东省为例探讨了外商直接投资与城乡收入差距的关系,提出山东省城乡间收入差距在今后相当长的时期内随人均GDP水平上升继续呈上升态势,城乡收入差距有可能在未来达到某个最高点后转向下降,而外商直接投资对山东地区收入差距起到了缩小作用。[⑨]韩军等研究了贸易自由化对中国工资收入不平等的影响,认为加入世贸组织显著加剧了中国工资收入的不平等,贸易自由化通过提高教育回报率而加剧了地区内部的不平等。[⑩]李坤望、冯冰探讨了对外贸易开放程度提高在我国工业劳动收入占比下降中所起的作用并区分进口贸易和出口贸易的影响,发现进口贸易的作用显著为负,出口贸易则表现出弱负向作用。[⑪]周申等分析认为,国际贸易具有扩大中国工业部门熟练劳动对非熟练劳动工资溢价的效应,技术进步具有拉大熟练劳动对非熟练劳动工资溢价的作用,而就业保护则降低了熟练劳动对非熟练劳动的工资溢价。[⑫]刘斌、李磊认为,贸易开放在总体上拉大了中国性别工资差距,贸易开放缩小了高技能劳动力的性别工资差距,拉大了低技能劳动力的性别工资差距。[⑬]王舒鸿则指出,垂直专业化对中国劳动收入份额的变化有着积极的促进作用,外商投资、资本密集度、劳动生产率等则通过垂直专业化对劳动收入份额产生间接影响。[⑭]杨志群、余玲铮研究发现,进出口贸易加剧了中国收入不平等程度,而金融发展对贸易扩张的收入分配效应则起到负向作用,即地区金融发展水平的提高有助于贸易缩小收入差距。[⑮]周燕、佟家栋指出,外部冲击、城镇化和工业化不匹配等现象的存在,是造成中国剩余劳动力与"民工荒"现象并存的主要原因。[⑯]周申等研究认为,偏向资本技术密集型产品的贸易结构变动不利于就业,并导致我国的就业结构偏向熟练劳动。[⑰]牛蕊则使用投入产出分析方法检验了贸易结构变化对中国国内就业的影响,认为劳动密集型产业的进出口结构变化为贸易就业影响的主要部分,资本和技术密集型产业贸易结构的变化对就业的影响逐

年增强，中国贸易结构的变化整体而言对就业产生了负面影响。[18]

在有关对外开放对我国技术创新、技术进步和国际竞争力影响的研究方面，佟家栋、刘竹青研究发现，内需增长会显著促进中国工业部门全要素生产率以及技术效率的提高，但出口增长却与它们呈现出显著的负相关性；内需增长有利于内资企业生产效率的提高，但却不能改善外资企业的生产效率，而出口增长不利于内资企业生产效率的改善，但会对外资企业有一定的积极影响。[19]邵敏认为，我国企业的出口行为能在出口后的1年或2年内显著提高其劳动生产率增长率，但此后该影响作用并不显著，出口贸易未能促进我国劳动生产率的持续增长。[20]文东伟指出，中国制造业出口的技术结构已经由低技术制造业转向了高技术制造业，但由于中国高技术产品的出口贸易主要依靠外资企业和加工贸易，中国出口贸易的技术结构分布和贸易竞争力可能被夸大了。[21]李磊等研究认为，地区专业化对中端出口贸易技术复杂度比低端和高端影响大，地区专业化和出口贸易技术复杂度之间成倒“U”型曲线关系。[22]毛其淋研究发现，出口数量的扩张对中国经济增长质量的作用不明显，而出口质量的提高显著地促进了经济增长质量的提高；区际开放对中国经济增长质量的提高具有显著的促进作用；出口开放与区际开放之间在影响经济增长质量上存在显著的互补效应，即区际开放强化了出口开放对经济增长质量的促进作用。[23]周申、杨红彦指出，国际贸易对我国内资企业生产率的影响不明显，但是伴随着国际贸易的技术外溢促进了地区劳动生产率的提高；FDI具有较为显著地提高我国工业部门劳动生产率的效应，劳动力市场灵活性可通过FDI间接作用和本身的直接作用促进内资企业的劳动生产率提高。[24]华广敏认为，高技术服务业FDI对中国制造业效率均有正的直接效应，但中介效应不同：信息传输、计算机服务和软件业FDI通过降低交易成本提高制造业效率；科学研究、技术服务和地质勘查业FDI则通过提高创新能力提高制造业效率。[25]张诚、蒙大斌研究发现，引进技术与自主创新是中国制造业全要素生产率进步的源泉，国有经济比重、市场结构、隐性知识含量等行业特征因素显著影响全要素生产率增长。[26]张诚、张瑜在分析跨国企业创新影响东道国企业创新机制和渠道的基础上，具体度量了示范联系效应、人力资本流动效应和竞争效应对我国企业创新的长期和短期作用，提出只有人力资本效应在长期可以对我国企业的产品创新产生正面的溢出效应，跨国企业在华研究开发活动具有较明显的市场冲击效应，给本土企业的技术创新带来了负面作用。[27]文东伟则指出，中国在政治体制和经济制度不发生根本改变的情况下，通过利用跨国公司的直接投资为中国社会创造巨大的物质财富，这种模式在很大程度上克服了中国社会物质贫乏的困境，扩大了中国的经济规模，但却不能增强中国的财富创造能力，从而不能从根本上增强中国的国际竞争力。[28]

在有关中国参与区域经济一体化产生的影响效应的研究方面，彭支伟、张伯伟在SMART模型框架下模拟分析了中日韩三国间不同的阶段性双边关税减让方案和长期内关税的全部减让对三国经济的影响，认为中日韩自由贸易区谈判首先要克服来自当前高度保护部门的阻力，而在机电产品领域应重点促进区域内投资和技术贸易的便利化，运用发达的地区分工网络提升各国在后危机时代的全球竞争力。[29]李荣林、赵滨元研究认为，中国参与FTA产生的贸易创造效应明显，而贸易转移效应较少，中国应选择经济互补性强、资源丰富、市场潜力大的国家缔结FTA，逐步扩大区域经济合作的地域范围，建立更广泛的区域经济合作伙伴关系。[30]陈磊、曲文俏借助引力模型估计了中国—东盟自由贸易区建立对机电行业所带来的贸易创造效应和贸易转移效应，发现尽管CAFTA的建立也具有一定的贸易转移效应，但是贸易自由化协定的实施和逐步深化有力地促进了双边机电产品贸易增长，具有明显的贸易创造效应。[31]周苹、姜雅飞则概括了中国—东盟经贸关系的发展特点并提出了进一步深化双边经贸关系的思路。[32]

在有关对外开放对我国经济产生的其他影响效应的研究方面，刘恩专、刘立军考察了中国与主要贸易伙伴国间的出口贸易三元边际对其经济周期协同性的影响，研究结果表明，双边广度边际对中国与主要贸易伙伴间的经济周期协同性产生显著的正效应，而双边数量边际、双边价格边际对经济周期协同性产生的效应不显著，出口广度边际是中国与主要贸易伙伴国经济周期协动性的主要传导渠道。[33]周申等应用一个建立在超越对数GDP函数基础上的指数方法，将名义GDP的增长分解为非贸易价格变动效应、贸易条件效应、要素投入效应和全要素生产率等因素，考察了中国1993—2003年间的名义经济增长的来源为：非贸易价格效应的贡献份额为34.13%，贸易条件效应的贡献份额为-4.50%，资本投入的贡献份额为31.54%，劳动投入的贡献份额为4.40%，全要素生产率的贡献份额为34.39%。[34]孙灵燕、崔喜君研究发现，在产品市场，外商直接投资通过产业集聚效应缓解了民营企业的融资约束，其融资效应由合资企业、处于产业集聚区的非合资企业和未处于产业集聚区的非合资企业依次递减；而在信贷市场上，FDI对不同类型民营企业却起到截然相反的融资效应，对于合资民营企业起到明显的融资缓解效应，却加剧了非合资企业原本的融资困境。[35]齐欣、刘欣研究认为，中国企业投资普遍存在融资约束，私营企业、新企业、中高技术行业的融资约束更为明显；FDI主要通过行业垂直关联缓解融资约束，缓解作用对私营合资企业、新企业、中高技术企业更为明显；FDI通过缓解融资约束，促进了中国企业投资和经济增长。[36]马亚明、赵慧分析认为，热钱流动与中国股票市场和房地产市场有着长期均衡关系，热钱流入显著推动了股票价格指数上涨；股票收益率波动的30%是由热钱异动所致，但热钱对房屋价格指数影响相对较小，表现在房价变动中20%与热钱流动有关；股价上涨同时对房地产市场价格有着正向影响，被抬高的房价会进一步吸引热钱的流入。[37]

## 二、有关中国对外开放影响因素的研究

有关金融发展和融资约束对中国对外开放产生的影响问题是学者们研究的重点。孟夏、陈磊研究认为，融资约束是影响中国企业出口决策的重要因素，而金融发展有助于企业缓解融资约束，使其能够在最优状态下生产，不仅有利其进入出口市场，还扩大了其出口份额，从而对贸易的扩展边际和集约边际都有积极的影响；FDI缓解了我国出口企业面临的信贷约束，促进融资依赖性行业出口的二元边际，一定程度上发挥了与金融发展同样的作用。[38]盛丹、王永进指出，在基础设施水平较高的地区，融资依赖度较高的行业出口较多，这一结论不受控制变量、不同样本及内生性的影响。[39]阳佳余研究表明，企业融资状况的改善不仅能提高企业出口的概率，而且对其出口规模也有重要影响；融资状况改善对外资企业出口影响最显著；与国有企业相比，民营企业虽受到更严重的融资约束，但其出口表现并未更差；融资状况改善对那些高外源融资依赖度行业的企业出口具有更明显的促进作用。[40]郭慧敏研究认为，外需冲击是欧债危机影响我国出口贸易的最主要因素，汇率和融资成本因素在本轮欧债危机中对我国出口贸易的影响则相对较小。[41]杨珍增认为，东道国金融发展落后将导致供应商的融资成本上升和中间产品投入的不足，从而降低外包条件下跨国公司的利润，因此跨国公司倾向于通过垂直一体化而不是外包的形式获取中间产品，且这种影响随着中间产品复杂度的上升而加强，因此提升我国的金融发展水平、缓解企业融资约束有助于减少从事低端加工贸易的外国直接投资流入，改善外资产业结构。[42]张亮、周申指出，金融扭曲差异对外商投资流入的影响呈U型关系，现阶段我国总体上还处于U型曲线左侧区域，即金融扭曲差异显著地促进了外资流入，[43]但地区金融扭曲差异不会一直显著地促进FDI流入。[44]

施炳展、冼国明指出，中国出口技术复杂度提升与国外消费者的技术复杂度偏好共同促成了中国出口增长，进一步提升出口产品技术复杂度、满足国外消费者不断提升的技术复杂度偏好是实现中国出口可持续增长的可行选择。[45]施炳展等分析认为，地理距离主要通过数量途径减少中国贸易量，因此提升中国的贸易广度和价格是重要的政策导向。[46]黄玖立、徐旻鸿研究发现，中国境内运输成本显著地制约着地区出口贸易流量，这种制约作用主要是通过对扩展边际尤其是产品数目的变化实现的，对集约边际的影响并不明显，减免公路通行费用等降低境内运输成本的措施有助于改善内陆地区的出口模式，从而改善中国整体上的出口结构。[47]施炳展、冼国明指出，中国工业企业要素价格存在严重负向扭曲并有增加趋势，总体上看要素价格负向扭曲促进了中国企业出口，但中国在贸易规模扩大、贸易结构优化的同时，更应注意贸易利益分配。[48]施炳展分析了补贴对企业是否出口及出口规模的影响，认为补贴显著提升了企业的出口可能性和出口规模，但补贴对出口的影响可能存在门槛效应，尽管政府可以通过补贴等政策手段帮助企业走出国门，但要在国际市场实现持续增长仍要靠企业自身的核心竞争力。[49]盛丹、王永进认为，我国出口企业加成率低于非出口企业的现象普遍存在于不同地区、不同行业和不同所有制企业中，长期的出口退税、补贴政策，以及出口企业行业内部的过度竞争是导致中国出口企业加成率过低的重要原

因。[50]李秀芳、施炳展指出，出口企业竞争强度以及中国自身行业特征并非中国低价出口的主因，获得"出口定价权"是解决中国低价出口的根本途径。[51]刘喜和分析认为，国外产出缺口、国际大宗商品价格和人民币升值是影响我国价格贸易条件异常波动的主要原因。[52]

周申、杨红彦研究认为，中国劳动力市场灵活性总体上提高了地区 FDI 流入，并且劳动力市场灵活性通过提高生产率和降低成本促进了 FDI 流入。[53]孙浦阳等研究发现，城市服务业集聚有利于吸引 FDI，而制造业集聚和外资集聚则不利于吸引 FDI，其中生产性和公共性服务业集聚对 FDI 流入的促进作用较为明显，相邻城市之间的产业集聚在吸引 FDI 方面存在竞争关系。[54]

李宏、何穆彬利用贸易竞争力指数对中国及主要发达国家教育服务贸易竞争力进行测算，在此基础上利用灰色关联度的分析方法探究了影响中国教育服务贸易竞争力的主要因素，并提出了提高我国教育服务贸易竞争力的相关建议。[55]李宏艳、蒋冬英则分析了近年来我国加工贸易发展呈现出的新特点，提出我国应采取措施加快转变贸易增长方式和调整贸易结构。[56]

## 三、有关人民币汇率问题的研究

李宏等选取不同产业分析人民币实际汇率波动的影响发现，在影响中国对外贸易的各项因素中，人民币汇率变动对不同需求弹性的产业贸易收支具有不同的影响。[57]杨红彦、周申指出，汇率贬值通过出口渠道增加就业和降低工资，通过进口渠道降低就业和提高工资，通过效率渠道促进就业和降低工资；高贸易依存度行业的就业汇率弹性大于低贸易依存度行业，低加成比例行业的就业汇率弹性大于高加成比例行业，劳动力技术结构是影响就业汇率弹性的重要因素。[58]刘喜和分析认为，人民币升值对我国一般贸易的负向总体影响高于对加工贸易的总体影响；东、西部地区的一般贸易受其负向影响最大，对东、中、西部地区的加工贸易的负向影响基本相同；人民币升值对贸易结构的影响程度显著高于各省外商直接投资、国际大宗商品价格和世界需求等因素的影响。[59]林楠从全球失衡美元汇率动态出发，结合人民币汇率的经验事实与相关观点辨析，提出了后危机时代人民币汇率形成机制改革的政策建议。[60]冯跃指出，人民币持续升值并未缓解中美贸易不平衡和减少美国的贸易逆差，中国应建立健全"参考一篮子货币进行调节，以市场供求为基础的、有管理的浮动汇率"机制，保持人民币汇率相对稳定，减轻人民币升值对中国经济增长的影响。[61]

## 四、有关中国对外直接投资的研究

蒋冠宏、蒋殿春基于投资引力模型考察了中国对外投资（OFDI）的区位选择，发现中国 OFDI 有市场、资源和战略资产寻求动机，距离对中国 OFDI 有负面影响，东道国制度对中国资源寻求型 OFDI 有显著影响，中国 OFDI 的"制度风险规避"和"制度接近"不明显；中国投资进入发展中国家和发达国家的动机有差异：对于发展中国家，中国投资有市场和资源寻求动机，其中技术输出动机明显，而对于发达国家，中国投资有战略资产寻求动机，市场和资源寻求动机不明显。[62]邱立成、赵成真重点研究了不同发展水平东道国的制度环境差异如何影响我国企业海外直接投资以及我国企业如何防范各种潜在的东道国制度风险，发现我国对高收入国家直接投资极易遭受潜在的法律制度风险和环保制度风险；对中等收入国家直接投资遭受的潜在法律制度风险和环保制度风险明显低于高收入国家，此外还需关注潜在的政治制度风险和规制制度风险；对中低等及低等收入国家的直接投资中政治制度风险较为突出，规制制度风险和法律制度风险影响较小，而中低等及低等收入国家较弱的环保制度要求对我国直接投资流入的影响显著为正。[63]李磊、郑昭阳分析认为，中国对外直接投资具有较强的资源寻求特质，其在发展中国家表现得更明显；中国对外直接投资的资源寻求性在美洲和亚洲发展中国家表现得比较明显，在非洲不明显；中国对矿产的渴求要大于对石油的渴求，这是由中国国内能源消费结构以及国际上石油与矿产定价机制差异决定的。[64]张兵对中国资源能源产业、制造业、服务业（非金融类）和金融业四大产业对外直接投资的区位选择、进入方式和股权比例选择战略进行了研究，认为中国在进行对外直接投资的产业战略选择时，首先应该结合中国经济发展需要确定产业战略选择的基本原则和各产业对外直接投资的基本动因，然后根据相关基本原则和基本动因，合理选择各产业对外直接投资的区位，进而在考虑各产业基本投资动因和东道国具体情况的前提下分区位地为各产业选择对外直接投资的进入方式和股权比例，最后加大对企业对外直接投资的扶持力度，在财政税收政策方面予以大力支持。[65]

胡昭玲、宋平研究发现,我国对外直接投资与出口及进口之间均存在双向格兰杰因果关系,对外直接投资是贸易创造型的,但这种创造效应还较为有限。[66]周昕、牛蕊认为,中国对外直接投资与贸易既存在互补关系,也存在替代关系,且对外直接投资对零部件贸易的影响非常明显,这体现出中国企业正在以更加积极主动的方式融入基于产品内分工的全球生产网络,并在其中发挥更大的作用。[67]朱彤、崔昊研究了逆向技术溢出对中国技术水平的影响,发现整体而言东道国逆向研发资金溢出和逆向人力资本溢出对中国技术水平没有显著的影响。[68]阎大颖、葛顺奇结合中国引资开放的现状和当前以技术为核心的国际竞争格局,指出中国企业实施以获取技术为目标的国际化发展战略的必要性和紧迫性,然后从技术获取型国际化的主要驱动力、相应模式和实现机制三个角度深入探讨了中国企业跨国发展战略转型的可能性和必然性,最后针对中国企业实践国际化战略可能面临的各种风险和阻力,从宏观政府和微观企业两个层面,为确保中国企业技术获取型国际化发展战略的有效性和可持续性提出若干对策建议。[69]

梁将分析了中国企业海外资源投资现状,[70]认为资源国政局变动、资源无法落实、投资成本严重超预期和项目执行延期是导致资源型项目投资损失的四项主要因素,企业应从注重项目动态评估、主动对资产实施组合管理、加快制定国际工程造价定额等七方面制定应对策略,同时国家应尽快完成海外投资配套法律建设、注重鼓励提高海外投资绩效。[71]葛顺奇、阎大颖探讨了中国对美国直接投资的发展现状、动因及趋势。[72]李秀芳、张楠楠指出,欧债危机的爆发恰逢中国处于实施"走出去"战略的关键时期,这为中国企业提供了绝好机遇,中国企业必须从欧债危机发展的新趋势和国内经济运行的新要求出发,发挥资金相对丰裕的优势,逐步扩大对欧直接投资规模。[73]王璐瑶、葛顺奇指出,中国应在其签订的双边投资协议中明确主权财富基金(SWFs)的性质与权限,在提高自身SWFs透明性的同时,积极参与国际社会制定SWFs对外投资的各项准则,呼吁国际组织并与他国一道制定详细的SWFs综合评价体系,确保SWFs对外投资的"非政治性"。[74]

(本文作者:薛敬孝,南开大学国际经济贸易系教授、博士生导师;张兵,南开大学国际经济贸易系副教授、硕士生导师)

注释:

①盛斌、吕越:《外国直接投资对中国环境的影响——来自工业行业面板数据的实证研究》,《中国社会科学》2012年第5期。

②陆建明、王文治:《资源贸易与环境改善的政策选择:基于DGE模型的研究》,《世界经济》2012年第8期。

③钱晓雨、孙浦阳:《开放度和环境重视度对污染的影响:基于中国地级城市的分析》,《上海经济研究》2012年第12期。

④王文治、陆建明:《要素禀赋、污染转移与中国制造业的贸易竞争力——对污染天堂与要素禀赋假说的检验》,《中国人口·资源与环境》2012年第12期。

⑤盛斌、魏方:《外国直接投资对中国城乡收入差距的影响:中国省际面板数据的经验检验》,《当代财经》2012年第5期。

⑥朱彤、刘斌、李磊:《外资进入对城镇居民收入的影响及差异——基于中国城镇家庭住户收入调查数据(CHIP)的经验研究》,《南开经济研究》2012年第2期。

⑦邵敏、包群:《外资进入是否加剧中国国内工资扭曲:以国有工业企业为例》,《世界经济》2012年第10期。

⑧郭玉清、姜磊:《FDI对劳动收入份额的影响:理论与中国的实证研究》,《经济评论》2012年第5期。

⑨李贵茜:《FDI与我国城乡收入差距——以山东省为例》,《东岳论丛》2012年第4期。

⑩Han Jun, Liu Runjuan, Zhang Junsen: "Globalization and Wage Iinequality: Evidence from urban China", Journal of International Economics, vol. 87(2), 2012.

⑪李坤望、冯冰:《对外贸易与劳动收入占比:基于省际工业面板数据的研究》,《国际贸易问题》2012年第1期。

⑫周申、杨红彦、李可爱:《贸易、技术、制度与中国工业部门工资溢价》,《中国经济问题》2012年第1期。

⑬刘斌、李磊:《贸易开放与性别工资差距》,《经济学》(季刊)2012年第2期。

⑭王舒鸿:《垂直专业化对我国制造业劳动收入份额变化的影响研究》,《世界经济文汇》2012年第2期。

⑮杨志群、余玲铮:《贸易扩张与收入不平等:基于金融发展视角的理论与经验分析》,《投资研究》2012年第8期。

⑯周燕、佟家栋:《"刘易斯拐点"、开放经济与中国二元经济转型》,《南开经济研究》2012年第5期。

⑰周申、李可爱、鞠然:《贸易结构与就业结构:基于中国工业部门的分析》,《数量经济技术经济研究》2012年第3期。

⑱牛蕊:《贸易结构调整与劳动力就业:中国工业部门的研究》,《财经论丛》2012年第2期。

⑲佟家栋、刘竹青:《国内需求、出口需求与中国全要素生产率的变动及分解》,《学术研究》2012年第2期。

⑳邵敏:《出口贸易是否促进了我国劳动生产率的持续增长——基于工业企业微观数据的实证检验》,《数量经济技术经济研究》2012年第2期。

㉑文东伟:《中国制造业出口贸易的技术结构分布及其国际比较》,《世界经济研究》2012年第10期。

㉒李磊、刘斌、郑昭阳、朱彤:《地区专业化能否提高我国的出口贸易技术复杂度?》,《世界经济研究》2012年第6期。

㉓毛其淋:《二重经济开放与中国经济增长质量的演进》,《经济

科学》2012 年第 2 期。

㉔周申、杨红彦:《经济开放条件下劳动力市场灵活性与内资企业劳动生产率——基于中国省市和行业数据的经验研究》,《国际贸易问题》2012 年第 3 期。

㉕华广敏:《高技术服务业 FDI 对东道国制造业效率影响的研究——基于中介效应分析》,《世界经济研究》2012 年第 12 期。

㉖张诚、蒙大斌:《技术创新、行业特征与生产率绩效——基于中国工业行业的实证分析》,《当代经济科学》2012 年第 4 期。

㉗张诚、张瑜:《跨国企业在华研发活动对我国高科技行业创新的影响——基于面板 VAR 的分析》,《世界经济研究》2012 年第 2 期。

㉘文东伟:《中国利用外资的政治经济分析》,《南方论丛》2012 年第 1 期。

㉙彭支伟、张伯伟:《中日韩自由贸易区的经济效应及推进路径——基于 SMART 的模拟分析》,《世界经济研究》2012 年第 12 期。

㉚李荣林、赵滨元:《中国当前 FTA 贸易效应分析与比较》,《亚太经济》2012 年第 3 期。

㉛陈磊、曲文俏:《中国—东盟自由贸易区贸易效应评析——基于 Heckman 选择模型的研究》,《经济与管理评论》2012 年第 2 期。

㉜周苹、姜雅飞:《中国—东盟经贸关系的发展与深化》,《广西财经学院学报》2012 年第 1 期。

㉝刘恩专、刘立军:《贸易边际与经济周期协同性——基于中国双边贸易数据的实证研究》,《南开经济研究》2012 年第 3 期。

㉞周申、曾罡、庄子罐:《开放经济下的中国经济增长核算——考虑贸易条件变动因素的分解》,《世界经济文汇》2012 年第 2 期。

㉟孙灵燕、崔喜君:《外商直接投资如何影响了民营企业的融资约束?——来自中国企业层面的证据》,《南方经济》2012 年第 1 期。

㊱齐欣、刘欣:《FDI、融资约束与中国企业投资》,《山西财经大学学报》2012 年第 4 期。

㊲马亚明、赵慧:《热钱流动对资产价格波动和金融脆弱性的影响——基于 SVAR 模型的实证分析》,《现代财经》2012 年第 6 期。

㊳孟夏、陈磊:《金融发展、FDI 与中国制造业出口绩效——基于新新贸易理论的实证分析》,《经济评论》2012 年第 1 期。

㊴盛丹、王永进:《基础设施、融资依赖与地区出口比较优势》,《金融研究》2012 年第 5 期。

㊵阳佳余:《融资约束与企业出口行为:基于工业企业数据的经验研究》,《经济学》(季刊)2012 年第 4 期。

㊶郭慧敏:《欧债危机与中国出口贸易的动态变化——基于细分贸易方式和商品类别的经验研究》,《产经评论》2012 年第 5 期。

㊷杨珍增:《外包还是垂直一体化:供应商融资约束对跨国公司在华采购形式的影响》,《世界经济研究》2012 年第 8 期。

㊸张亮、周申:《金融扭曲差异与外商投资:存在 U 型曲线关系吗?》,《产业经济研究》2012 年第 1 期。

㊹张亮、周申:《区域金融扭曲差异真的会一直促进 FDI 流入吗?》,《浙江社会科学》2012 年第 3 期。

㊺施炳展、冼国明:《技术复杂度偏好与中国出口增长——基于扩展引力模型的分析》,《南方经济》2012 年第 8 期。

㊻施炳展、冼国明、逯建:《地理距离通过何种途径减少了贸易流量》,《世界经济》2012 年第 7 期。

㊼黄玖立、徐旻鸿:《境内运输成本与中国的地区出口模式》,《世界经济》2012 年第 1 期。

㊽施炳展、冼国明:《要素价格扭曲与中国工业企业出口行为》,《中国工业经济》2012 年第 2 期。

㊾施炳展:《补贴对中国企业出口行为的影响——基于配对倍差法的经验分析》,《财经研究》2012 年第 5 期。

㊿盛丹、王永进:《中国企业低价出口之谜——基于企业加成率的视角》,《管理世界》2012 年第 5 期。

51李秀芳、施炳展:《出口企业竞争强度是中国出口低价格的主要因素吗?》,《世界经济研究》2012 年第 2 期。

52刘喜和:《我国贸易条件异常波动的内外冲击因素》,《财经科学》2012 年第 6 期。

53周申、杨红彦:《劳动力市场灵活性对 FDI 区位分布的影响——基于中国 31 省市数据的实证经验》,《经济与管理研究》2012 年第 1 期。

54孙浦阳、韩帅、靳舒晶:《产业集聚对外商直接投资的影响分析——基于服务业与制造业的比较研究》,《数量经济技术经济研究》2012 年第 9 期。

55李宏、何穆彬:《中国教育服务贸易的现状及其国际竞争力》,《财经科学》2012 年第 1 期。

56李宏艳、蒋冬英:《我国加工贸易发展的新特点及对策》,《经济纵横》2012 年第 6 期。

57李宏、何穆彬、钱利:《人民币汇率变动对我国贸易平衡的影响》,《天津师范大学学报》(社会科学版)2012 年第 1 期。

58杨红彦、周申:《汇率冲击与劳动力市场调整——中国行业数据的经验研究》,《财经研究》2012 年第 1 期。

59刘喜和:《人民币升值对区际贸易结构变动的影响——基于省际面板数据模型的实证分析》,《现代财经》2012 年第 9 期。

60林楠:《全球失衡美元汇率动态下人民币汇率改革研究》,《现代财经》2012 年第 9 期。

61冯跃:《固定汇率、浮动汇率下中国经济政策——人民币升值对我国进出口贸易的影响分析》,《经济问题》2012 年第 9 期。

62蒋冠宏、蒋殿春:《中国对外投资的区位选择:基于投资引力模型的面板数据检验》,《世界经济》2012 年第 9 期。

63邱立成、赵成真:《制度环境差异、对外直接投资与风险防范:中国例证》,《国际贸易问题》2012 年第 12 期。

64李磊、郑昭阳:《议中国对外直接投资是否为资源寻求型》,《国际贸易问题》2012 年第 2 期。

65张兵:《中国对外直接投资的产业战略选择》,《财政研究》2012 年第 12 期。

66胡昭玲、宋平:《中国对外直接投资对进出口贸易的影响分析》,《经济经纬》2012 年第 3 期。

67周昕、牛蕊:《中国企业对外直接投资及其贸易效应——基于面板引力模型的实证研究》,《国际经贸探索》2012 年第 5 期。

68朱彤、崔昊:《对外直接投资、逆向技术溢出与中国技术进步》,《世界经济研究》2012 年第 10 期。

69阎大颖、葛顺奇:《中国企业技术获取型国际化发展战略》,《国际经济合作》2012 年第 9 期。

70梁将:《中国企业海外资源投资现状、原因及应对策略》,《对外经贸实务》2012 年第 2 期。

71梁将:《中国企业海外资源性投资损失原因探析及对策》,《亚太经济》2012 年第 1 期。

72葛顺奇、阎大颖:《中国对美国直接投资现状、动因及趋势》,《国际经济合作》2012 年第 1 期。

73李秀芳、张楠楠:《欧债危机背景下中国对欧盟直接投资的机遇》,《中央财经大学学报》2012 年第 9 期。

74王璐瑶、葛顺奇:《国际投资规制与中国主权财富基金对外投资》,《世界经济研究》2012 年第 5 期。

【区域经济学研究综述】2012年，天津市区域经济学对区域经济理论、区域经济增长和区域协调发展研究、滨海新区发展研究、城市问题研究、城市土地和房地产研究、交通物流研究等的进行了研究。现综述如下。

一、区域经济理论研究

周密等认为，以区域差距的三种基本形态为纵轴、以竞争与互补的互动关系为横轴，构建了以区域差异为主的结构分析和以空间互补为主的关系分析相统一的理论分析框架，运用变异系数变形及考虑空间横向和纵向联系的 Dendrinos - Sonis 模型相结合的方法，对我国1978—2008年八大区域差距与空间互动的关系进行了实证分析，并得出了我国八大经济区域中的经济差距包括良性、中性与恶性三种基本类型；非均质空间特征下，我国仍以计划空间为主导，根据纵向联系作用于横向联系带来的互动方式不同，多层次空间互动模式存在差异；恶性区域差距向良性区域差距的协调发展需要形成互补与竞争的适配性的结论。①

赵放、刘秉镰把反映行业间生产率联动的购买距离矩阵和销售距离矩阵引入空间自回归模型，采用空间 GMM 法进行模型估计，研究了行业间生产率联动对我国工业生产率增长的影响。结果表明，行业生产率联动对我国工业生产率增长具有显著的正影响，并且在资源密集型、劳动密集型和资本密集型工业行业中，行业间生产率联动对工业生产率增长的影响相对于其他因素影响更为稳健。②郝寿义、范晓莉将企业异质性因素引入到了自由企业家模型，在考虑企业区位选择的过程中同时还考察了不同类型企业的区位选择。他们提出初始经济封闭的大国，随着贸易自由度的提高，产品种类的增加，所占份额较大的低生产率企业更易形成空间集聚，产生本地市场放大效应，从而利于该国经济增长的经验假说，并提出了降低贸易自由化门槛、积极引导产业多元化和鼓励产品差异化等政策建议。③

二、区域经济增长和区域协调发展研究

2012年，区域经济协调发展以及区域经济增长仍然是研究热点。安虎森、何文指出，在非均衡力与经济一体化作用下，由于循环累积因果机制的存在，可流动要素的聚集和分散决定了区域发展差距，形成了区域发展差距的核心机制。他们由此得出打破不断累积区域发展差距的机制是促成区域经济协调发展的重要途径的结论。而打破不断累积区域发展差距的机制的途径则主要有两种，即减弱区际非均衡力和尽可能提高区域之间政策上的差异性。④郝寿义、李嫒对集聚的影响因素以及集聚和增长的关系进行了微观分析。分析表明，要素区际流动自由度提高和地区间收入差距扩大是引起集聚的重要因素。实证检验的结果显示：我国地区间资源分布呈现中心—边缘格局，并具有极化趋势；地区间分行业要素配置集中度总体趋同，但是90年代中后期以来制造业快速集聚的趋势值得关注；同时，我国目前的资源过度集聚反而降低了效率，因此，目前空间分布的计划趋势和制造业的过度集聚不可持续。⑤王家庭利用2004—2008年中国24个省区的面板数据，研究了城市首位度与区域经济增长的关系，发现目前无论是全国范围以及分成东部、中部、西部分析，都存在着城市首位度对区域经济增长的反向影响——也就是周边其他城市的发展不足导致了与第一城市的资源的双向流动不充分，使得整个省域的发展受到了限制。⑥

安虎森等通过构建两地区三要素模型，从理论上探讨了技术创新对阻止资源型城市衰亡的重要作用，并利用中国235座城市1999—2010年的面板数据进行计量检验，检验结果表明，我国城市层面不存在显著的资源诅咒现象，但资源诅咒的潜在威胁依然存在。在此基础上，他们进一步剖析了资源型城市潜在资源诅咒威胁的主要传导路径，认为资源对基础设施与人力资本的挤出效应是潜在资源诅咒威胁最重要的传导路径，而且基础设施与人力资本水平主要与是否是资源型地区相关，而与成为资源地区后具体的资源丰裕度则无关。⑦薄文广、谭鑫通过对浦东新区和滨海新区的发展背景，特别是获批战略的差异性进行深入研究，对两区促进各自产业发展的路径和做法进行详细对比，探究了后金融危机时期国家区域发展战略的演进及其背后隐含的发展逻辑，提出了潘阳湖生态经济区发展的借鉴思路：在发展思路上，采取地方主动，积极利用各种外部资源；在发展原则上，坚持“有所为有所不为”，重视利用规划来优化、促进和协调产业发展；在发展模式上，创新体制机制，充分借鉴滨海新区的“十大战役”方式。⑧丁明磊、刘秉镰基于功能和过程视角，构建了产业技术体系结构模型。在对我国产业技术体系发展历史、国家经济社会发展对产业技术体系的战略需求进行总结和归纳的基础上，结合模型从主体异化、集成性、耦合性与匹配性不足四个方面分析了我国产业技术体系面临的问题,通过进一步调研分析得出我国产业技术体系转型发展的主要对策:以培育战略技术的自主创新能力为核心,加强国家战略导向的产业共性技术平台建设;构建自主与对外合作相结合的开放式创新机制,深度融入全球价值链的产业优化升级;推进集成化产学研合作机制,正确处理政府与市场两种力量,积极培育开放型创新网络与产业创新型集群;形成资源环境约束与生态补偿的长效创新机制,注重与技术创新相配套的制度安排与商业模式创新。⑨王家庭运用空间计量方法研究了技术创新的空间溢出对我国区域工业经济增长的影响以及研发经费投入、研发人力投入和政府区域优惠政策的空间溢出在区域技术创新中的作用。研究表明:技术创新对区域内工业企业产值的影响作用不如固定资本投资与人力投资的影响作用明显,区域间工业企业产出的空间相关性主要是由于技术创新的空间溢出效应所引起;区域技术创新活动不仅与研发经费投入和研发人员投入有关,而且也与区域优惠政策,特别是经济技术开发区的建设有关;研发经费和研发人力投入存在空间溢出效应,但却对区域的技术创新产生了一些负面影响。⑩王家庭建立了区域科技创新溢出测度模型和区域经济溢出测度模型,并根据2004—2008年我国30个省区的面板数据进行了回归分析。结果发现:研发资金投入对于区域创新能力的影响显著,但影响力增速逐渐放缓,而人力资本量和城市化率对区域创新能力的影响不显著,区域间的科技创新溢出受到抑制;各省科技创新投入转化率及科技创新溢出的经济效益有着明显的不同,科技创新在经济各要素的溢出活动中的作用并不突出。⑪

在市场经济条件下,区际产业转移已成为推动区域之间经济互动、实现区域产业结构优化升级的客观要求。杜传忠、刘英基指出,积极推进从东部发达地区向中西部地区的产业梯度转移是实现中西部和东部沿海地区经济协同发展的重要途径。区际产业转移不仅有利于加快中西部地区城镇化进程,还有利于提高中西部地区劳动力就业水平,并且为东部地区产业转型升级拓展新的空间。就我国目前区际产业转移存在的进程缓慢、规模不足等问题,作者提出了推动区际产业转移需要政府产业政策支持;中西部地区作为产业转移的承接地,要积极完善和优化承接产业转移的软环境和硬环境;在区际产业转移过程中,东部发达地区要积极采取措施提升自主创新能力和推动产业结构优化升级的建议。⑫杜传忠等认为,我国区际产业转移既存在一定的动力因素,也具有一定的粘性。前者主要包括东部企业利用中西部地区低成本生产要素和这些地区潜在的市场需求的动机、中西部地区政府通过承接产业转移加速本地经济发展和提高就业水平的动机等;后者主要包括东部地区产业集群式发展模式、企业沉没成本和资产专用性、东部与中西部地区投资软环境的差异等因素。为强化区域产业转移的动力,抑制、消除其粘性,应加快形成东部地区产业转移的倒逼机制;制定有利于产业转移的政策;强化中西部地区产业配套能力,提高承接产业转移的能力;优化中西部地区经济发展的硬环境和软环境等。⑬

**三、滨海新区发展研究**

马红瀚、周立群认为,滨海新区已经成为我国高新技术产业发展的现实高地和战略策源地,而高新技术产业已经成为滨海新区加快转变经济发展方式的主导力量。双轮驱动兼顾现实优势与战略空间、复合模式助力产业协调发展、"看不见"的项目为"看得见"的项目提供支撑和先行先试优化产业发展环境,则是滨海新区发展的成功经验。在总结进一步发展面临的机遇与挑战的基础上,作者提出了凝练发展重点方向、实施融合的发展战略、大力培养本土人才的对策建议。⑭朴银哲、安虎森通过对滨海新区与浦东新区开发模式进行比较发现,两区在投融资体制、功能区设置及开发手段上存在诸多类似,而在开发主体、管理体制、招商引资、发展定位及所面临的困境等方面凸显不同。浦东新区的开发模式可以总结为:一是政府管理模式,二是土地空转模式,三是国资国企运作模式;而滨海新区的开发模式所具有的重要内容主要表现为:一是按照经济区来架构滨海新区的行政管理模式,二是做大做强功能区,三是努力在政府的管理体制和机制上进行改革。⑮安虎森、薄文广从产业发展背景、发展现状、发展路径三个角度对滨海新区自下而上与浦东新区自上而下的发展战略进行分析比较,在借鉴浦东新区发展经验的基础上,指出滨海新区未来产业发展应加快建立自生型产业发展模式,坚持"二三一"产业发展顺序,顺应国家产业发展战略转变,坚持以制造业为主导,以电子通讯、石油开采及石化、海洋化工、汽车制造、现代冶金等优势产业为重点，全力发展航空航天、新能源、生物医药等战略性新兴产业。[16]安虎森等认为，相对浦东新区而言，滨海新区工业企业具有较高的吸引力，而第三产业存在规模小、层次低、人才吸引力弱等现实问题，因此在发展路径上，滨海新区应加强与京津冀其他区域产业协调与协作，通过发展生产性服务业强化第三产业优势地位，促进第三产业跨越式发展，走一条工业主导产业与生产性服务业相融合的产业集群发展模式。[17]

天津与我国许多大城市一样，面临着城市转型的问题，而其中滨海新区又是空间布局上天津城市转型的重点。王明浩等从加快城市经济结构转型、优化城市空间结构和提高城市化质量等三个方面对天津的城市转型提出了建议。今后天津城市的发展，在一定程度上取决于滨海新区开发开放的进展。因此，天津市在继续优化产业结构和促进发展战略型新兴产业的同时，也要深化滨海新区的开发开放，实现滨海新区对西北、华北地区的经济辐射。[18]

**四、城市问题研究**

近年来，我国人口总量低速平稳增长，人口生育继续稳定在低水平，人口文化素质不断改善，城市化水平逐步提高，2011 年中国城市化率已达51.27%。城市化是当今社会发展的必然趋势，是推动经济增长的重要指标。郝寿义、范晓莉以引入城市化水平及技术创新能力因素的内生增长模型为基础，对物质资本存量、人力资本存量、技术创新和城市化水平与城市经济增长之间的关系进行了实证研究。研究表明，城市化水平和物质资本投资对城市经济增长的促进效应较高，而技术创新对城市经济增长的促进效应并不明显。究其原因，可能是城市创新体系尚不成熟、科技成果转化市场发育不良、市场化程度不足、缺乏有效的转化机制以及缺乏创新人才等。[19]王家庭提出了“低成本、集约型”的新型城市化模式，并基于社会成本的视角分析了该城市化模式中的城市化成本，基于集约的视角研究了我国“低成本、集约型”城市化模式中的城市化收益以及我国推动“低成本、集约型”城市化模式低碳发展的主要路径，提出了提高自然资源的利用率、建设资源集约型城市以及改善城市生态环境质量、建设环境友好型城市等建议。[20]

江曼琦、席强敏分析了世界大都市制造业发展的现状，探究了世界大都市重视发展制造业的原因和世界大都市中具有生命力的制造业类型，并得出了如下结论：城市产业结构在总体上与国家产业结构的演化趋势一致，受现代交通信息技术发展影响，城市产业结构的演化在很大程度上表现为制造业在空间竞争中逐渐被更有竞争力的服务业所排挤；城市制造业与服务业有协调互动的特点；大城市制造业的发展，不是“高端制造业”对“低端制造业”的简单替代，不能一味追求高新技术而忽略传统制造业的发展，要努力利用大都市产业聚集和人口聚集所形成的的聚集效应，发展受服务业影响大和劳动力素质高级化程度相对较高的制造业，促进第二产业与第三产业、传统制造业与先进制造业协调发展；城市空间竞争力是制造业能否在大都市发展的关键，因此在促进制造业的发展中，应把提高制造业竞争力的环境培养重点放在空间保障上。[21]

近年来，城市发展中的环境问题日益凸显。王家庭等结合 2002—2009 年 30 省区的面板数据，采用固定效应模型研究了我国环境规制与区域创新之间的关系，发现我国环境规制对区域创新具有显著的促进作用，工业污染治理完成投资提高 1%，创新的数量可增加 0.005%。因此，政府适度提高环境规制强度，可以促进企业增加创新投入，从而促进区域创新。[22]王家庭等针对城市化进程中凸显的资源问题，建立了土地、水资源及其他自然资源对城市化进程的约束模型，并利用面板数据分析了土地资源对中国的城市化进程的约束问题，测算了我国东中西部地区土地对城市化的约束系数。结果显示：东部地区的约束系数相比中西部地区较大，而中部和西部地区则相差较小。[23]

**五、城市土地和房地产研究**

王家庭等结合 2000—2010 年中国 35 个大中城市的面板数据，从产业集聚和政府作用两个角度分析了影响中国城市工业用地地价的主要因素。研究发现：产业集聚对工业用地价格有显著的影响，且在东部地区的影响大于中西部地区；政府土地总供给在 2006 年工业用地出让方式改革之前对工业地价影响不显著，在改革之后影响很显著；经济发展水平、交通条件、人口密度对工业用地价格有显著影响；外资对工业用地价格无显著影响。产业集聚和政府作用是影响中国城市工业地价变化的重要因素。[24]郝寿义、王旺平从月度数据的角度分析了房价和地价的动态关系。研究表明，我国房价与地价之间存在着长期稳定的均衡关系,且房价对地价的弹性大于地价对房价的弹性;我国房价和地价间的关系为双向因果关系,这说明地价确实对房价有较强的推动作用,但同时房价的高涨也促进了地价的上升;地价波动对房价波动也有短期影响,但房价波动对地价波动的影响明显大于地价波动对房价波动的影响;我国的地价与房价具有较长的同向影响,即不论是房价对地价还是地价对房价,两者的增长率都出现同向反应的情况。在我国当前的状况下,地价的上涨在虽然在一定程度上推高了房价,但是房价在推动地价上涨方面明显大于地价对房价上涨的推动作用。因此,宏观调控应从控制房价入手,以地价调控为辅。㉕

部分学者结合天津市城市发展现状,对天津房地产市场进行了研究。王家庭指出,住房市场有效性水平是反映住房市场均衡状态的重要指标,并根据资本市场有效性理论,测度了天津市各区住房市场(包括新建商品房市场和二手房市场)的时间有效性和空间有效性,得出了天津市各区住房市场均未达到时间弱有效性和空间弱有效性的结论。㉖聂鹏、周立群认为,作为调整优化经济结构、加快转变发展方式的重要战略,天津楼宇经济已进入全面发展阶段。在发展楼宇经济的过程中还存在着需要注意和破解的问题:一是处理好楼宇经济与现代服务业的关系;二是建立反映楼宇经济发展的统计和评价指标体系;三是促进楼宇经济和楼宇文化、城市文化的协调发展。㉗

**六、交通物流研究**

陈伟博等将物流企业的发展划分为起步期、成长期、成熟期、再生期四个阶段,通过问卷调研、统计分析等方式对供应链型物流企业竞争力的构成要素进行分析,探讨了企业在不同发展阶段能力、资源和匹配机制的重要性排序,进而提出了物流企业竞争力各个要素在不同阶段的演化模式。㉘刘秉镰等利用具有完全可乘性的非参数 Hicks - Moorsteen 生产率指数,对中国铁路运输业在 1997—2010 年期间的全要素生产率进行测算和分解,并对区域铁路运输业生产率进行绝对收敛检验。研究发现,平稳快速的技术进步是样本期间内中国铁路运输业全要素生产率快速增长的主要原因,而投入产出混合效率的下降则是各时段某些地区综合效率下降的重要因素;全国及三大地区的铁路运输业生产率在统计上均存在着显著的绝对收敛。㉙刘秉镰等利用产出导向的 SBM - DEA 模型,对中国铁路运输业在 1997—2009 年期间的经济效率进行了测算,并得出纯效率低下是中国铁路运输业经济效率较低的主要原因的结论。作者还采用受限随机效应面板 Tobit 模型检验了各种外部环境因素对于铁路运输业经济效率的影响,检验结果表明,行业性行政垄断对铁路运输业经济效率呈现出显著的负向影响,而替代竞争因素则呈现出显著的正相关关系。㉚冷链物流是现代物流业的重要组成部分,更是一个新兴产业。王侃运用大量的统计数据,运用供应链的基本理论对冷链体系和冷链流程进行了系统解析,从冷库供给、运营模式、冷链市场、服务水准及存在问题等方面深入分析了天津市的冷链物流现状,研究了天津市在冷链产业发展中存在的冷链服务浪费大、冷库营运耗能高、冷藏运输比率低、冷链流程品质差和官产学研结合弱等主要问题。㉛刘焕庆、刘秉镰通过对中国、日本和韩国邮轮旅游产业政策进行比较分析,指出了我国邮轮旅游产业链不健全、港口基础设施建设成本较高、产品同质性高、宣传力度不够四个方面的问题,并进一步提出了促进我国邮轮旅游产业发展的政策性建议。㉜

(本文作者:安虎森,南开大学经研究所教授;敬柯岑,南开大学经济研究所硕士研究生;张洪霞,南开大学经济研究所硕士硕士生)

**注释:**

①周密、盛玉雪、刘秉镰:《非均质后发大国中区域差距、空间互动与协调发展的关系研究》,《财经研究》2012 年第 4 期。

②赵放、刘秉镰:《行业间生产率联动对中国工业生产率增长的影响——引入经济距离矩阵的空间 GMM 估计》,《数量经济技术经济研究》2012 年第 3 期。

③郝寿义、范晓莉:《贸易自由化、企业异质性与空间集聚——探寻中国经济增长影响因素的经验研究》,《西南民族大学学报》(人文社会科学版)2012 年第 7 期。

④安虎森、何文:《区域差距内生机制与区域协调发展总体思路》,《探索与争鸣》2012 年第 7 期。

⑤郝寿义、李嫒:《集聚、增长与可持续性探讨——基于中国空间分布和行业配置的经验检验》,《现代财经——天津财经大学学报》2012 年第 12 期。

⑥王家庭:《城市首位度与区域经济增长——基于 24 个省区面板数据的实证研究》,《经济问题探索》2012 年第 5 期。

⑦安虎森、周亚雄、薄文广:《技术创新与特定要素约束视域的"资源诅咒"假说探析》,《南开经济研究》2012 年第 6 期。

⑧薄文广、谭鑫:《后危机时期我国产业发展的区域布局——浦东新区与滨海新区的对比及对潘阳湖生态经济区的借鉴意义》,《江西社会科学》2012 年第 5 期。

⑨丁明磊、刘秉镰:《我国产业技术体系建设的主要问题与对策研究》,《科研管理》2012 年第 7 期。

⑩王家庭:《技术创新、空间溢出与区域工业经济增长的实证研究》,《中国科技论坛》2012 年第 1 期。

⑪王家庭:《科技创新、空间溢出与区域经济增长:基于 30 省区数据的实证研究》,《当代经济管理》2012 年第 11 期。

⑫杜传忠、刘英基:《推进产业转移促进区域经济协调发展》,《理论学习》2012 年第 7 期。

⑬杜传忠、韩元军、张宪国:《我国区际产业转移的动力及粘性分析》,《江西社会科学》2012 年第 5 期。

⑭马红瀚、周立群:《滨海新区高新技术产业发展研究》,《现代管理科学》2012 年第 11 期。

⑮朴银哲、安虎森:《我国综合功能开发区创新性发展模式探索——浦东新区与滨海新区开发模式比较分析》,《求索》2012 年第 8 期

⑯安虎森、薄文广:《滨海新区与浦东新区产业发展比较分析》,载《科学发展·惠及民生——天津市社会科学界第八届学术年会优秀论文集》(下),天津人民出版社 2012 年版。

⑰安虎森、周亚雄、刘军辉:《滨海新区产业发展路径分析——与浦东新区的对比》,《经济与管理评论》2012 年第 3 期。

⑱王明浩、江曼琦、赵黎明:《关于天津城市转型思路的研究》,《城市》2012 年第 1 期。

⑲郝寿义、范晓莉:《城市化水平、技术创新与城市经济增长——基于我国 25 个城市面板数据的实证研究》,《现代管理科学》2012 年第 1 期。

⑳王家庭:《低成本、集约型城市化模式的理论分析及低碳发展路径研究》,《当代经济管理》2012 年第 1 期。

㉑江曼琦、席强敏:《制造业在世界大都市发展中的地位、作用与生命力》,《南开学报》(哲学社会科学版)2012 年第 2 期。

㉒王家庭、桑志刚、王巧云:《环境规制与区域创新的研究现状和政策建议——基于中国 30 省区面板数据的实证研究》,《上海城市管理》2012 年第 2 期。

㉓王家庭、曹清峰、赵晶晶:《自然资源对中国城市化的约束:基于 31 省区面板数据的实证研究》,《现代城市研究》2012 年第 7 期。

㉔王家庭、曹清峰、田时嫣:《产业集聚、政府作用与工业地价:基于 35 个大中城市的经验研究》,《中国土地科学》2012 年第 9 期。

㉕郝寿义、王旺平:《我国房价与地价关系的动态研究》,《经济问题》2012 年第 9 期。

㉖王家庭:《天津市住房市场的有效性测度研究》,《经济地理》2012 年第 1 期。

㉗聂鹏、周立群:《天津发展楼宇经济需要关注的三大问题》,《城市》2012 年第 2 期。

㉘陈伟博、刘秉镰、刘伟华、王海鹏:《本土物流企业竞争力构成要素及其演化分析——基于供应链型物流企业的分析视角》,《物流技术》2012 年第 4 期。

㉙刘秉镰、刘玉海、张建波:《技术进步、结构变迁与中国铁路运输业生产率增长——基于 Hicks - Moorsteen 生产率指数的实证分析》,《当代财经》2012 年第 3 期。

㉚刘秉镰、刘玉海、穆秀珍:《行政垄断、替代竞争与中国铁路运输业经济效率——基于 SBM - DEA 模型和面板 Tobit 的两阶段分析》,《工业经济研究》2012 年第 2 期。

㉛王侃:《天津市冷链物流现状与对策》,《天津商业大学学报》2012 年第 3 期。

㉜刘焕庆、刘秉镰:《中日韩邮轮旅游产业发展研究》,《经济纵横》2012 年第 9 期。

**【金融学研究综述】** 2012 年,世界经济有所增长,但持续低位运行,复苏明显放缓。我国的经济形势也同样不容乐观,主要存在实体经济增速减缓、经济结构失衡、通胀压力大等问题。天津市金融工作者针对当前复杂的国内外经济形势,在宏观经济、资本市场、实体经济等领域做出了积极深入的探讨。

**一、宏观经济研究**

1. 货币政策研究

自全球金融危机以来,资产价格和货币政策又一次成为国内外研究的热点问题。周爱民等认为我国中央银行在制定货币政策时应该关注资产价格的影响:股票价格对货币政策变量的反应比较显著,其中货币供应量对股票价格波动的影响比利率更大。①货币政策的制定需要考虑诸多经济变量的影响,同样地,不同的货币政策调控手段对各经济变量影响效果也有所不同。周爱民等人认为代表价格型的货币政策调控手段比代表数量型的货币政策调控手段对利率期限结构的影响作用会更大,而利率期限结构对代表价格型调节工具的银行间同业拆借利率的影响也会更大。建议促进债券市场的进一步发展和完善价格型货币政策调控手段。②

当前我国货币有效性及本外币政策存在不协调的问题。王爱俭建议,要以保持币值稳定作为本外币政策协调的基点,进一步稳步推进利率市场化,完善宏观审慎框架;加强开放经济货币总量调节,应对超发货币的问题。③姚莉、姚晓东认为,不论从贸易渠道、跨境投资还是金融市场联动分析,中华经济圈(中国内地与港澳台地区)的货币合作具有很强的经济基础,构建中华经济圈货币联盟,应该是中华经济圈合作的目标。所以,现阶段,需要推进内地与台湾的两岸金融合作,如建立两岸货币金融监管合作框架、建立两岸货币清算机制及试行两岸人民币贸易计价结算。④

2. 通货膨胀研究

金融危机后,多数人认为中国已步入“高通胀”时代,或者“结构性通胀”时代。马龙、刘澜飚研究了我国流通货币变化对广义通胀的短期影响。研究发现,流通货币变化短期内并不能解释广义通胀的变化,并提出进口依赖度提升带来输入性通胀和资产市场快速扩张等可能的解释。建议从供给角度应对通货膨胀,通过扩大供给来应对通胀预期造

成的囤积和炒作，作为传统货币政策的补充。[⑤]周爱民等也对影响通货膨胀的因素进行了详尽的分析，认为固定资产投资是影响通货膨胀长期走高的最主要因素，而影响通货膨胀短期波动的最主要原因是大宗商品价格的波动。建议转变经济增长方式，促进经济增长方式由"投资驱动型"向"消费驱动型"的转变，并采取措施获得大宗商品价格的定价权，从而避免外国供应商对大宗商品价格的操纵。[⑥]

任碧云等人从商品价格、商品供求、贸易收支和国际资本流动四个方面对我国输入型通货膨胀传导途径做了实证分析，并得出我国的输入型通货膨胀因素主要集中在贸易收支和商品价格传导途径两个方面的结论。为此，应从促进产业结构升级、增强我国对大宗商品定价的话语权、增加外汇储备的多样性和改革外汇管理体制四个方面来应对输入型因素造成的通货膨胀。[⑦]

**二、汇率制度研究**

人民币汇率问题成为世界关注的议题。王博、刘澜飚在传统国际宏观经济学框架内引入增长账户，通过增加对供给方面的考察，认为如果当前我国经济面临的主要冲击是来自实体经济部门的实际冲击，则人民币汇率制度应该把握好时机加快改革，向更富有灵活性的浮动汇率制度演进；如果经济面临的主要冲击来自于货币部门，则应该继续维持钉住"一篮子"参考货币（或美元）的有弹性的盯住汇率制度。这对于指导目前所进行的人民币汇率制度选择与完善人民币的汇率形成机制的改革意义重大。[⑧]

马君潞等人比较研究了2005年及2010年两次汇改前后中国汇率、利率和股票价格之间的联动关系，发现在第一次汇改之前，中国的外汇市场与货币市场之间存在长期稳定的双向因果关系，但这种关系在汇改之后不复存在。在汇率和股价之间，人民币汇率波动始终是造成中国股市巨幅波动的单向格兰杰原因，而股票价格对人民币汇率的影响较小，并且这种效应在二次汇改之后表现得更为明显。[⑨]

**三、商业银行发展与金融监管研究**

1. 商业银行发展研究

翟光宇等人基于我国银行间相互持有次级债的现实背景，用数理模型和数值计算方式研究了银行间相互持有次级债可能引致的潜在后果，发现银行间持有次级债尽管能提高其资本充足比率，但在某种程度上却削弱了次级债的市场约束功能，有可能加剧银行业的系统性风险。[⑩]除了次级债问题，学界与业界大多认为我国银行业利差较大。孙森等人研究发现，中国银行业的利差其实是低于国际同业的。由于历史遗留问题的妥善处理和解决、银行业风险管理水平的提高、经验的增强、体制机制的不断细化和审批制度的日臻完善，银行业提升了其应对和抵御风险的能力，所以贷款风险水平的降低一定程度上成为利差收窄的直接动因。[⑪]平滑盈余行为是银行公司治理结构存在缺陷的又一表现。近年来，银行积极引进境外战略投资者以改善其公司治理结构，那么境外战略投资者能否抑制银行平滑盈余行为？梁琪等采用境外战略投资者持股比例、派驻董事成员和制衡银行第一大股东作为公司治理的衡量变量，发现股份制商业银行不存在平滑盈余行为，但国有控股商业银行和城市商业银行存在平滑盈余行为，建议通过引进境外战略投资者来规范银行控制权和法人治理结构，提高银行公司治理水平，进一步推进银行业改革。[⑫]

全球性金融危机对银行体系的重创引发人们对银行资本缓冲周期性行为的广泛探讨。党宇峰等发现，在研究样本期内，我国上市银行的资本缓冲具有逆周期性，而且资本缓冲对经济周期的敏感性是非对称的。银行资本和信贷资产都是银行资本缓冲逆周期行为的驱动因素。因此，对于资本缓冲较低、尤其是接近最低资本要求的银行，银行监管部门需建立一定的预警机制，如逆周期资本缓冲机制，引导商业银行在经济景气时积累资本缓冲，以备在经济萧条期弥补亏损。[⑬]自加入世界贸易组织以来，我国金融业的对外开放获得了长足发展，但是金融业对内开放略显滞后，国内金融压抑扭曲了资源配置。王爱俭认为需要逐步放开金融业资本准入范围，大力发展我国微型金融，加快发展我国的民营金融机构，实现金融包容性发展。[⑭]

2. 金融监管研究

2007年美国"次贷危机"引发的全球金融危机暴露出国际金融监管体系存在很多问题。周爱民就危机后学者关于危机的背景、原因及对未来监管启示的相关文献进行梳理。[⑮]

范小云、王道平从阐述推动新一轮全球金融监管改革的理论基础出发，深入剖析了巴塞尔Ⅲ在微观审慎监管和宏观审慎监管上改进的原因与具体进展，同时还探讨了巴塞尔Ⅲ可能对中国银行业的影响,提出中国银行业要进一步提高银行的资本质量,加强对大型国有商业银行的监管。[16]李志辉认为逆周期金融监管政策将监管的切入点放到整个金融系统上,克服了顺周期性放大金融风险的缺点。所以,要积极构建我国的逆周期金融监管体系,在金融体系中使用逆周期资本缓冲工具,并且要建立前瞻性动态拨备制度,实行差别存款准备金率,实现货币政策与逆周期金融监管的平衡。[17]

金融风险可以在国际之间传播,也可以在金融市场之间传染。李志辉、王颖选择中国债券市场、外汇市场和股票市场数据进行分析,认为中国金融市场之间有着明显的风险传染效应,且不同金融市场的传染效应和贡献度不尽相同。建议在金融市场监管上,要加强风险监管的力度,对于债券市场可以吸收部分来自于股票市场的风险,但是不能忽视结构性债券的巨大风险;对于外汇市场,应稳步推进汇率市场化的进程。[18]

**四、资本市场发展研究**

资本市场是反映经济运行状况的晴雨表,股市价格泡沫不仅会影响到经济的发展,同时也会伤及股民的利益。周爱民、吴明华认为,宏观上,除了2007年10月的股市峰值月之外,其余大部分时间中国股市的市值基本都没有达到可能会造成经济泡沫的临界点;但从微观角度看,中国股市价格中的泡沫成分已经多次显现。他们借助股市价格指数的对数正态分布假设,结果证明了分布经验法用于度量股市价格泡沫是比较有效的。[19]高蓉、周爱民等通过采用广义谱方法,对沪、深两市的大盘指数进行检验。发现股市自建立初期经历重大动荡后,市场有效性的显著性逐渐增加;金融危机前,市场有效性的显著性降低,金融危机后,市场有效性又开始上升。[20]

IPO一直是我国十分重视的问题,邹高峰等研究发现2005年之前中国新股发行价格存在与成熟资本市场相反的显著下边界特征;实施询价发行后中国IPO定价开始出现与海外成熟资本市场相类似的显著上边界特征;与成熟市场不同,尽管中国新股发行抑价也与一级市场发行价格因素有关,但更主要受到二级市场投资者情绪和市场状况因素的影响。[21]周芳等还对中国股票市场的风险因素如公司规模、账面市值比和流动性之间的相关性进行了分析。研究结果表明,在考虑了流动性的滞后影响后,公司规模与其股票流动性之间存在显著的正相关关系,而账面市值比与股票流动性之间存在显著的负相关关系,进而揭示了流动性溢价理论可以解释股票市场中的规模效应和价值效应的原因。[22]

在我国资本项目尚未开放的背景下,国际资本的流动在很大程度上表现为热钱在我国的流进与流出。马亚明等在对热钱流动导致资产价格波动进而影响金融脆弱性进行系统论述的基础上,实证研究了热钱对我国股票市场和房地产市场价格的影响。结果表明,股票收益率波动的30%是由热钱异动所致,但热钱对房屋价格指数影响相对较小,表现在房价变动中20%与热钱流动有关;股价上涨同时对房地产市场价格有着正向影响,被抬高的房价会进一步吸引热钱的流入。[23]

**五、实体经济发展研究**

区域企业自生能力是区域实体经济发展的基石。高正平、张兴巍将区域企业自生能力划分为高位调整型、积极赶超型、快速追赶型和双重拖累型等四种类型,认为区域基期的企业自生能力指数对该区域下一期的经济发展水平具有显著的解释力和影响力。因此,优质实体经济项目源培育应成为发展政策的主要内容,应用区域企业自生能力指数考核区域经济发展质量可以有效地解决当前中国GDP考核的难题。[24]

王硕从产业集聚的视角,分析了外国直接投资对于服务业发展的影响。认为对于生产性服务业,FDI流入量越多,其集聚程度越高;而对于消费性服务业与公共性服务业,FDI对其集聚的影响并不显著。在此基础上,提出集聚发展战略与引资战略相结合的政策建议以促进我国服务业整体结构的升级。[25]张元萍、刘泽东从金融发展的视角,分析了金融发展对技术创新的影响。认为通过风险管理、信息收集处理和传递、激励监督和约束、动员储蓄和信用创造、便利交易和推动专业化等五项功能的完善可以促进技术创新。[26]

盛斌、吕越在Copeland－taylor模型的基础上引入技术因素,将FDI国的环境影响分解为规模效应、结构效应和技术效应三种机制,分析了FDI对中国环境的影响,得出不存在中国已经成为跨国公司和外国资本转移相关产业的“污染天堂”的论点,并认为技术效应的积极作用超过了其他两个效应的副作用,是FDI改善我国环境质量的根本原因。[27]

融资难问题一直是困扰中小企业发展的瓶颈。我国中小企业外部融资方式中,主要通过银行贷款进行融资。但是银行往往不愿意向中小企业发放贷款。任碧云、程茁伦通过不完全信息动态博弈模型,分析了产生我国中小企业银行融资困境的原因,并建议,通过建立商业银行与PE/VC之间的合作关系、与中小企业建立债券及股权业务关系,缓解中小企业融资的困境。㉘然而部分商业银行,比如民生银行"商贷通",通过独具特色的信息搜寻、生产和验证技术,大大降低了信息成本,同时又通过利率上浮和结算、理财等中间业务收入提高了综合收益,进而平衡了成本收益,促进了其小企业信贷业务的超常规发展。民生银行的"商贷通"的成功主要在于借行业规划、批量开发实现同质信息的低成本生产,并基于社区的信息生产和交叉验证技术,防范道德风险的低成本担保方式。㉙近年来,为缓解中小企业"融资难"而推出的创业板市场备受争议,创业板市场与中小企业发展之间的相互关系成为重新认识创业板市场功能的关键。根据金融功能观理论,孟昊等研究发现我国创业板市场在成立初期与中小企业发展之间具有一定的互动效应。㉚

(本文作者:任碧云,天津财经大学金融与保险研究中心教授、博士生导师;张彤进,天津财经大学金融学硕士研究生)

**注释:**

①周爱民、张萍、高蓉:《货币政策是否应关注股票价格的变动》,《中国物价》2012年第5期。

②周爱民、高蓉、张萍:《货币政策与利率期限结构的关系分析》,《中国物价》2012年第8期。

③王爱俭:《加强本外币政策协调》,《中国金融》2012年第7期。

④姚莉、姚晓东:《"中华经济圈"货币合作的基础及发展设想》,《华北金融》2012年第3期。

⑤马龙、刘澜飚:《我国货币供应对通货膨胀解释能力的实证研究》,《经济学动态》2012年第4期。

⑥周爱民、张萍、赵懿:《通货膨胀成因的一个新视角》,《现代管理科学》2012年第3期。

⑦任碧云、林晨、刘洪伟:《中国通货膨胀的国际传导途径及应对之策》,《中央财经大学学报》2012年第12期。

⑧王博、刘澜飚:《经济冲击与汇率制度选择:基于中国的理论和经验研究》,《南开经济研究》2012年第3期。

⑨王博、廖慧、马君潞:《人民币汇率、利率与资产价格的联动关系研究》,《广东金融学院学报》2012年第7期。

⑩翟光宇、唐溦、陈剑:《加强我国商业银行次级债风险约束作用的思考》,《金融研究》2012年第2期。

⑪孙森、张翼、邢尧:《中国银行业存贷利差偏低抑或过高之辨》,《现代财经》2012年第4期。

⑫梁琪、石宁、陈文哲:《境外战略投资者是否改变了银行平滑盈余行为——基于我国不同所有权银行的分析》,《当代经济科学》2012年第6期。

⑬党宇峰、梁琪、陈文哲:《我国上市银行资本缓冲周期性及其影响因素研究》,《国际金融研究》2012年第11期。

⑭王爱俭:《大力发展微型金融》,《中国金融》2013年第2期。

⑮周爱民:《次贷危机后金融危机理论的最新研究进展》,《现代管理科学》2012年第5期。

⑯范小云、王道平:《巴塞尔在监管理论与框架上的改进——微观与宏观审慎有机结合》,《国际金融研究》2012年第1期。

⑰李志辉:《构建逆周期金融监管体系与维护我国金融安全》,《高校理论战线》2012年第6期。

⑱李志辉、王颖:《中国金融市场间风险传染效应分析——基于VEC模型分析的视角》,《现代财经》2012年第7期。

⑲周爱民、吴明华:《分布检验法检验沪、深、港、美的股市价格泡沫》,《南开大学学报》2012年第4期。

⑳高蓉、周爱民、向兵:《股市动态弱式有效性研究——基于滚动广义谱方法》,《投资研究》2012年第12期。

㉑邹高峰、张维、徐晓婉:《中国IPO抑价的构成及影响因素研究》,《管理科学学报》2012年第4期。

㉒周芳、张维、张小涛:《中国股票市场风险因素相关性研究》,《管理学报》2012年第7期。

㉓马亚明、赵慧:《热钱流动对资产价格波动和金融脆弱性的影响——基于SVAR模型的实证分析》,《现代财经》2012年第6期。

㉔高正平、张兴巍:《区域企业自生能力评价指数与区域经济发展实证——基于中国各地区的研究》,《财贸研究》2012年第4期。

㉕王硕:《FDI与中国服务业集聚的发展——基于行业层面数据的分析》,《国际经济合作》2012年第5期。

㉖张元萍、刘泽东:《金融发展与技术创新的良性互动:理论与实证》,《中南财经政法大学学报》2012年第2期。

㉗盛斌、吕越:《外国直接投资对中国环境的影响——来自工业行业面板数据的实证研究》,《中国社会科学》2012年第5期。

㉘任碧云、程茁伦:《缓解我国中小企业银行融资困境的路径选择——基于对银行与中小企业不完全信息动态博弈模型的研究》,《华北金融》2012年第9期。

㉙高正平、赵建强:《竞争深化、信息成本与小企业信贷技术创新》,《金融论坛》2012年第7期。

㉚孟昊、刘懿:《我国创业板市场与中小企业互动性研究——基于金融功能观及VAR模型的思考》,《开发研究》2012年第2期。

**【国际贸易研究综述】** 2012年,天津市国际贸易研究成果丰硕,研究视角更趋多元化,研究水平明显提升。同时,天津国际贸易学会在推动和活跃天津市国际贸易研究方面发挥着非常重要的作用。

**一、国际贸易研究**

2012年的国际贸易研究主要集中在贸易与经济增长、垂直专业化与产业内贸易、比较优势与贸易结构、贸易与就业和收入分配、贸易与金融发展和资源环境等研究视角。

在贸易与经济增长方面,刘恩专等利用Hummels、Klenow(2005)的贸易三元边际分解框架,构建了衡量贸易伙伴国之间双边贸易边际程度的贸易边际强度指数，剖析了中国与主要贸易伙伴国的双边贸易广度边际、价格边际和数量边际对经济周期协同性的影响程度及差异性。[①]毛其淋采用主成分分析法测算了经济增长质量指数，并进一步从理论上分析了二重经济开放影响经济增长质量的作用机理。研究发现：出口数量的扩张对经济增长质量的作用不明显，而出口质量的提高显著地促进了经济增长质量的提高；区际开放对中国经济增长质量的提高具有显著的促进作用。[②]陈维涛等利用中国工业31个行业组成的面板数据分析了出口对中国经济增长的影响，研究表明：出口没有显著促进中国工业各行业全要素生产率和技术进步的可持续提升，出口拉动型增长是不可持续的，出口不能促进中国经济的可持续增长。[③]

在垂直专业化与产业内贸易方面，胡昭玲、张咏华利用非竞争型投入产出表，在细分中间投入产品进口来源和最终产品出口方向的基础上，对中国制造业的垂直专业化水平进行了度量，勾勒出中国加入的国际垂直专业化链条。[④]彭支伟等在新开放经济宏观经济学框架下，研究垂直专业化的决定因素及经济波动效应。发现垂直专业化的均衡程度与一国制成品部门的相对技术效率以及汇率管制程度正相关，而与该国中间品部门的相对技术效率负相关。[⑤]周昕、牛蕊从产品内分工理论出发，在“华盛顿苹果效应”的贸易成本假设下，研究地理距离对中间产品贸易的影响。研究表明，来自高收入国家的零部件进口受距离影响较小，而来自低收入国家的零部件进口受距离影响较大。[⑥]

在比较优势与贸易结构问题上，佟家栋、刘竹青基于2000—2006年东亚地区主要经济体间的双边贸易数据，研究并检验了该地区制造业部门双边贸易的本地市场效应。结果发现：东亚地区制造业部门的双边贸易整体上并不存在本地市场效应，只有个别行业表现出了显著的本地市场效应；而由相对要素禀赋条件和人均GDP所决定的传统比较优势因素对该地区制造业贸易模式的决定和影响仍是非常重要。[⑦]文东伟借鉴Lall(2000)及OECD(2008)的方法，分析了中国制造业出口贸易的技术结构分布，并与世界主要国家和地区进行了比较。研究发现：中国制造业出口的技术结构已经由低技术制造业转向了高技术制造业。与日本、美国和德国等世界主要发达国家以汽车、化工和机械等中技术制成品出口为主不同，中国的出口主要集中在低技术制成品和高技术制成品，其中低技术制成品以纺织、皮革和鞋类为主，而高技术制成品则以信息和通信技术产品为主。[⑧]

王文治、陆建明通过建立SITC五位数分类商品与制造业28个行业的对照表，利用微观贸易数据对中国制造业28个行业的贸易竞争指数和价格贸易条件进行测算，结果显示，劳动密集型行业的贸易竞争指数较高，但其价格贸易条件持续恶化；相反，资本密集型行业的贸易竞争指数较低，但其价格贸易条件不断改善。[⑨]牛蕊使用投入产出分析方法检验了贸易结构变化对中国国内就业的影响。研究表明，劳动密集型产业的进出口结构变化为贸易就业影响的主要部分，资本和技术密集型产业贸易结构的变化对就业的影响逐年增强，贸易结构的变化整体而言对就业产生了负面影响。[⑩]李宏、何穆彬利用贸易竞争力指数对中国及主要发达国家教育服务贸易竞争力进行测算，在此基础上利用灰色关联度分析方法，深入探究了影响中国教育服务贸易竞争力的主要因素。[⑪]

在贸易与就业和收入方面，周申等系统研究了我国工业制成品贸易结构变动的就业效应。研究表明，偏向资本技术密集型产品的贸易结构变动不利于就业，并导致我国的就业结构偏向熟练劳动。[⑫]李坤望、冯冰分析了进口贸易与出口贸易在影响机制上的差异性，重点探讨对外贸易开放程度增加在我国工业劳动收入占比下降中所起的作用并区分进口贸易和出口贸易的影响。在控制了劳动收入占比与贸易的联立关系之后，发现进口贸易的作用显著为负，出口贸易则表现出弱负向作用。[⑬]

在贸易和金融发展方面，盛丹、王永进在异质性厂商的理论框架下，探讨了基础设施对地区出口比较优势的作用机制。理论与实证结果同时表明：融资依赖度较高的行业会在基础设施较为发达的地区出口较多，具有出口比较优势。[⑭]孟夏、陈磊将中国80余万条制造业出口数据归类到我国国民经济分类制造业，分别使用Probit模型和Heckman选择模型检验了金融发展中国制造业出口二元边际的影响。研究表明，融资约束是影响企业出口决策的重要因素，而金融发展有助于企业缓解融资约束，使其能够在最优状态下生产，不仅有利其进入出口市场，还扩大了其出口份额，从而对贸易的扩展边际和集约边际都有积极的影响。[⑮]

余玲铮、魏下海系统梳理了国内外研究文献，总结金融发展影响收入不平等的传导机制，并利用中国1996—2009年省际面板数据和Hansen(1999)的门槛模型，对金融发展的收入分配效应进行了估计。[16]杨志群、余玲铮将金融发展因素纳入到贸易与收入不平等的分析框架，并基于省际面板数据检验贸易扩张对收入不平等的影响。研究发现，进出口贸易确实加剧了中国收入不平等程度，而金融发展对贸易扩张的收入分配效应则起到负向作用，即地区金融发展水平的提高有助于贸易缩小收入差距。[17]刘斌等发现一国金融发展程度会影响该国出口商品的技术结构，金融发展水平越高，企业创新动力越大，出口商品的技术含量就越高。[18]

在贸易与环境方面，陆建明、王文治将资源贸易和环境污染引入新古典经济增长模型，在动态一般均衡(DGE)框架下研究了开放经济中资源使用效率提高和污染排放系数下降两类技术进步的环境效果。研究表明，在存在资源贸易的情况下，污染排放系数下降和资源使用效率提高都会降低稳态污染排放水平，但资源使用效率提高导致的产出损失较大，且在短期内具有提高污染排放水平的反向效果。[19]

**二、国际贸易政策研究**

在中国对外贸易发展与政策转型战略调整方面，施炳展利用配对倍差法控制内生性后，以1999—2007年中国工业企业微观数据分析了补贴对企业出口行为的影响，发现补贴对出口的影响可能存在门槛效应，虽然政府可以通过补贴等政策手段帮助企业走出国门，但要在国际市场实现持续增长仍要靠企业自身的核心竞争力。[20]阎大颖、葛顺奇结合中国引资开放的现状和当前以技术为核心的国际竞争格局，从技术获取型国际化的主要驱动力、相应模式和实现机制三个角度，指出中国企业实施以获取技术为目标的国际化发展战略的必要性和紧迫性。[21]李宏艳、蒋冬英总结我国加工贸易发展呈现出的一些新特点，主要表现为加工贸易总额占货物贸易总额比重下降，外商投资企业的主体地位缓慢下降，加工贸易增值率下降；并分析以上特点形成的原因，提出我国加快转变贸易增长方式和调整贸易结构应采取的各种措施。[22]

有关贸易摩擦的原因分析，文延东、张君发现我国出口产品屡遭反倾销，原因是欧美等国采取贸易保护，把我国视为“非市场经济”国家，我国出口市场混乱，许多企业为快出口、多出口，对外低价竞争，抢占国际市场造成产品浪费，外商坐收渔利。我国企业应积极应诉，调整出口产品价格，采取“走出去”战略规避反倾销。[23]李秀芳从出口价格与数量对比视角，利用HS六分位数据，基于引力模型研究发现：中国出口价格低于德国，数量高于德国；中国出口价格对地理距离回归为负，德国为正；中国出口数量对地理距离反映弹性小于德国；中国是以低价高量取胜，德国是以高价低量取胜；这是两国遭受贸易壁垒差异性的根源。[24]

**三、区域经济一体化与贸易投资关系研究**

陈维涛等学者通过选取1998—2008年11年间中国与50大贸易伙伴组成的面板数据建立引力模型，研究表明，以中国为代表的东亚“FDI—贸易关联”性很强，反映了在东亚区域生产网络分工下，以中国为代表的东亚FDI多为出口导向型和效率追赶型。[25]彭支伟、张伯伟在SMART模型框架下建立了一个局部均衡模型，基于HS六分位数据模拟中日韩三国间不同的阶段性双边关税减让方案和长期内关税的全部减让对三国经济的影响。研究表明，中日韩自由贸易协定启动后，三国的农业部门、日本和韩国的纺织品部门以及中国的汽车部门将受到来自其他两国较为明显的冲击，机电产品及其零部件的区域内贸易增长潜力有限，但三国在该领域的垂直专业化分工尚具备进一步拓展的潜力。[26]

李文韬认为，当前全球经济复苏的不确定性仍然存在，而WTO多边自由贸易谈判却举步维艰，亚太地区各经济体应转为更加积极地参与到区域经济一体化合作进程之中。[27]李荣林、赵滨元根据2002—2010年中国进出口数据，利用混合效应面板数据模型，考察中国当前FTA的贸易创造效应和贸易转移效应，认为中国参与FTA产生的贸易创造效应明显，而贸易转移效应较少。[28]

**四、跨国公司及FDI研究**

在FDI技术外溢作用上，翟伟峰等认为获取技术溢出是技术寻求型FDI的主要目的，企业生产效率的有效提升是其成功的关键，并进一步利用寡头竞争模型论证了一个技术寻求型FDI企业成功进行对外直接投资的条件：只有当获得技术溢出后整体生产效率高于发达国家企业时，以获取先进技术为目的的FDI才能成功。[29]朱彤、崔昊在国际技术溢出理论的基础上，基于逆向技术溢出的视角，研究了FDI与技术进步的关系。结论表明：对于逆向研发资金溢出而言，中国的人力资本可以形成一定的吸收能力，使得逆向研发资金溢出对国内技术有正向的影响，存在国内人力资本的“门槛效应”。[30]

在FDI的影响因素上，杨仁发、刘纯彬采用动态面板数据分析方法，利用我国20个省市2004—2010年的面板数据，分析我国生产性服务业FDI的影响因素。研究显示，熟练工人、基础设施系统、政府干预和对外开放程度均与生产性服务业FDI有显著关系，是影响生产性服务业FDI的主要因素。[31]张炜、景维民在Helpman、Elhanan模型的基础上引入制度因素，将制度积累划分为强制型制度变迁积累与诱致型制度变迁积累两种机制。结合中国1997—2009年30个省份的多个制度因素指标及经济发展面板数据，通过引入一阶序列相关系统广义矩阵，对FDI流入影响进行了估计分析。研究表明，制度对FDI的流入具有正向效应。[32]

在FDI对东道国的影响上，盛斌、吕越在Copeland—Taylor模型的基础上引入技术因素，将FDI对东道国的环境影响分解为规模效应、结构效应和技术效应三种机制，研究发现：FDI无论是在总体上还是分行业上都有利于减少我国工业的污染排放。[33]盛斌、魏方采用二元劳动力市场模型的分析表明：FDI对城乡收入差距的影响取决于高技能和低技能劳动力的供给弹性以及FDI对其的需求影响。同时，利用1998—2010年中国29个省市的面板数据的实证研究也表明，FDI在整体上有助于抑制城乡收入差距的扩大，这种效应在东部沿海地区尤为明显。[34]

马述忠、吕淼基于国内外的研究成果，提出一种研究外商直接投资对我国农业产业安全影响的新思路。他们选用1997—2009年的相关时间序列数据，构造了联立方程模型，估计了农业引入外商直接投资对国内投资和就业所产生的挤出效应。[35]王文治、陆建明认为FDI主要流入制造业中相对清洁的部门，从直接效应来看，FDI流入并未引起制造业污染排放的增加，反而减少了制造业的污染排放；而FDI的间接效应只引起制造业中二氧化硫排放的上升，而对工业废水和工业烟尘的排放影响不显著。[36]

在投资与贸易关系上，周昕、牛蕊利用2003—2009年中国对40个国家的投资面板数据，通过引力模型对投资与贸易的关系进行研究。结论表明，中国对外直接投资与贸易既存在互补关系，也存在替代关系。[37]胡昭玲、宋平在分析对外直接投资对进出口贸易影响机制的基础上，使用1993—2009年中国对105个国家（地区）直接投资和进出口贸易的面板数据，应用动态VAR模型和面板格兰杰因果检验方法对我国的情况进行实证研究。研究结果表明：对外直接投资是贸易创造型的，但这种创造效应还较为有限。[38]

（本文作者：刘恩专，天津财经大学经济学院国际经济贸易系教授、博士生导师；王伟，天津财经大学经济学院国际经济贸易系博士生）

注释：

①刘恩专、刘立军：《贸易边际与经济周期协同性——基于中国双边贸易数据的实证研究》，《南开经济研究》2012年第3期。

②毛其淋：《二重经济开放与中国经济增长质量的演进》，《经济科学》2012年第2期。

③欧定余、陈维涛：《出口拉动型增长方式是可持续的吗?》，《世界经济研究》2012年第3期。

④胡昭玲、张咏华：《中国制造业国际垂直专业化分工链条分析——基于非竞争型投入产出表的测算》，《财经科学》2012年第9期。

⑤彭支伟、佟家栋、刘竹青：《垂直专业化、技术变动与经济波动》，《世界经济》2012年第7期。

⑥周昕、牛蕊：《产品内分工、距离与生产网络区位优势——基于2000—2009年中国零部件进口的实证研究》，《世界经济研究》2012年第7期。

⑦佟家栋、刘竹青：《双边贸易的本地市场效应——基于东亚地区制造业部门的实证研究》，《国际贸易问题》2012年第7期。

⑧文东伟：《中国制造业出口贸易的技术结构分布及其国际比较》，《世界经济研究》2012年第10期。

⑨王文治、陆建明：《中国制造业的贸易竞争力与价格贸易条件——基于微观贸易数据的测算》，《当代财经》2012年第9期。

⑩牛蕊：《贸易结构调整与劳动力就业：中国工业部门的研究》，《财经论丛》2012年第2期。

⑪李宏、何穆彬：《中国教育服务贸易的现状及其国际竞争力》，《财经科学》2012年第1期。

⑫周申、李可爱、鞠然：《贸易结构与就业结构：基于中国工业部门的分析》，《经济研究》2012年第2期。

⑬李坤望、冯冰：《对外贸易与劳动收入占比：基于省际工业面板数据的研究》，《国际贸易问题》2012年第1期。

⑭盛丹、王永进：《基础设施、融资依赖与地区出口比较优势》，《金融研究》2012年第5期。

⑮孟夏、陈磊：《金融发展、FDI与中国制造业出口绩效——基于新新贸易理论的实证分析》，《经济评论》2012年第1期。

⑯余玲铮、魏下海：《金融发展加剧了中国收入不平等吗？——基于门槛回归模型的证据》，《财经研究》2012年第3期。

⑰杨志群、余玲铮：《贸易扩张与收入不平等：基于金融发展视角的理论与经验分析》，《投资研究》2012年第8期。

⑱刘斌、李磊、郑昭阳：《金融发展与中国出口贸易技术复杂度提升》，《当代经济研究》2012年第6期。

⑲陆建明、王文治：《资源贸易与环境改善的政策选择：基于

DGE 模型的研究》,《世界经济》2012 年第 8 期。

⑳施炳展:《补贴对中国企业出口行为的影响——基于配对倍差法的经验分析》,《财经研究》2012 年第 5 期。

㉑阎大颖、葛顺奇:《中国企业技术获取型国际化发展战略》,《国际经济合作》2012 年第 9 期。

㉒李宏艳、蒋冬英:《我国加工贸易发展的新特点及对策》,《经济纵横》2012 年第 6 期。

㉓文延东、张君:《如何应对欧美等国反倾销的措施策略》,《特区经济》2012 年第 8 期。

㉔李秀芳:《中德遭受贸易壁垒差异性的原因分析——基于出口价格与数量的对比》,《财经问题研究》2012 年第 10 期。

㉕欧定余、陈维涛:《东亚区域生产网络分工下的"FDI—贸易关联"——基于中国数据的引力模型实证分析》,《财经问题研究》2012 年第 1 期。

㉖彭支伟、张伯伟:《中日韩自由贸易区的经济效应及推进路径——基于 SMART 的模拟分析》,《世界经济研究》2012 年第 12 期。

㉗李文韬:《东盟区域经济一体化战略及其对 APEC 合作影响》,《南开学报》2012 年第 4 期。

㉘李荣林、赵滨元:《中国当前 FTA 贸易效应分析与比较》,《亚太经济》2012 年第 3 期。

㉙翟伟峰、李启航、冯玫:《技术溢出、效率提升与技术寻求型 FDI 研究》,《经济问题》2012 年第 4 期。

㉚朱彤、崔昊:《对外直接投资、逆向技术溢出与中国技术进步》,《世界经济研究》2012 年第 10 期。

㉛杨仁发、刘纯彬:《中国生产性服务业 FDI 影响因素实证研究》,《国际贸易问题》2012 年第 11 期。

㉜张炜、景维民:《中国制度因素对 FDI 的影响分析》,《经济问题》2012 年第 9 期。

㉝盛斌、吕越:《外国直接投资对中国环境的影响——来自工业行业面板数据的实证研究》,《中国社会科学》2012 年第 5 期。

㉞盛斌、魏方:《外国直接投资对中国城乡收入差距的影响:中国省际面板数据的经验检验》,《当代财经》2012 年第 5 期。

㉟马述忠、吕淼:《外商直接投资与农业产业安全——基于国内投资与就业挤出效应视角的实证研究》,《国际贸易问题》2012 年第 4 期。

㊱王文治、陆建明:《FDI 对中国制造业污染排放影响的经验分析》,《经济经纬》2012 年第 1 期。

㊲周昕、牛蕊:《中国企业对外直接投资及其贸易效应——基于面板引力模型的实证研究》,《国际经贸探索》2012 年第 5 期。

㊳胡昭玲、宋平:《中国对外直接投资对进出口贸易的影响分析》,《经济经纬》2012 年第 3 期。

**【产业经济学研究综述】** 2012 年,天津市学者在产业经济学研究方面成果颇丰,对产业经济学的研究主要集中在产业集聚、产业结构、产业政策、产业技术创新与产业转型以及具体的产业发展等方面。从发表研究成果的数量和内容来看,与往年相比,今年的研究呈现出一个重要特点,就是紧紧地抓住经济发展方式转变这一主线,更加注重经济发展与资源、环境的协调和适应问题的研究。

**一、关于产业集聚的研究**

关于产业集聚的研究,是本市学者比较重视的热点领域。李健等引入了产业集群弹性脱钩因子,建立新的弹性脱钩因果关系链,分析了因果链中各因子关系。[①]代文彬等以管理协同理论为基础构建了一个产业集群实现跨越式升级的理论框架,提出了集群龙头企业通过双链(全球价值链和国家价值链)协同促进集群跨越式升级的具体模式。[②]韩帅等发现服务业集聚对教育回报无显著影响,但是却显著提高了该行业的工资水平,体现了马歇尔集聚中的技术外溢效应;而制造业集聚会压低该行业工资水平,但却显著提高了该行业教育回报,体现了劳动力市场共享效应,中西部地区的产业集聚对工资的提高作用更加明显。[③]孙浦阳等发现城市服务业集聚有利于吸引 FDI,而制造业集聚和外资集聚则不利于吸引 FDI,其中生产性和公共性服务业集聚对 FDI 流入的促进作用较为明显,相邻城市之间的产业集聚在吸引 FDI 方面存在竞争关系。[④]孙浦阳等发现服务业的专业化和多样化集聚与城市经济增长都存在显著的 U 形关系,说明这两种集聚带来的拥塞效应快于对经济的促进作用,而工业集聚中无显著的非线性关系,城市经济规模变量与经济增长之间一直存在着稳定的倒 U 形关系。[⑤]王家庭等指出产业集聚对工业地价有显著影响,且其作用在东部地区大于中西部地区;2006 年工业用地出让制度改革之后,政府土地总供给才对工业地价有显著影响。[⑥]王雪青、张克发现 2005—2009 年,产业发展水平和本地市场效应是影响建筑产业集聚程度的主要因素,经济基础与建筑产业集聚程度呈负相关关系,区位因素和人力资本对集聚影响较小,运输成本的作用不明显。[⑦]蒋石梅等探讨了中国科技产业集群的产学研协同创新过程及其机理,分析了保定新能源与输变电产业集群通过产学研协同创新取得显著成效的原因。[⑧]王家庭指出近年来我国生物医药产业的区域内集聚呈现出专业化趋弱、规模化渐强的趋势,区域间的集聚较为显著,鲁江浙一带呈现出明显的区域间集聚。[⑨]王硕、郭晓旭发现制造业集聚与生产性服务业集聚之间存在很强的协同关系和互动关系,应充分运用二者的互动机理确立产业结构的转型战略,重点培育产业集群发展,调整和优化制造业与生产性服务业的内部结构,促使我国产业结构升级。[⑩]李健等发现我国再生资源产业聚集度从 2004 年开始就处于较高水平,由极高寡占转变为中度寡占市场，趋向合理化发展态势，并指出新古典经济、新经济地理和政策制度三方面因素对其的显著影响。[11]邱立成等指出政策系数、能源依赖度和能源价格对新能源产业集聚的影响显著，新能源产业激励政策对新能源产业集聚有重要作用。[12]郭明泉、王树恩从集群理念、公共服务平台建设等十个方面剖析了我国纺织产业集群发展的微观战略环境。[13]王家庭认为我国医疗设备及仪器仪表制造业在空间存在着高度的产业集聚水平，并且集中度水平在高位波动；医疗设备及仪器仪表制造业主要集中在东部沿海省份，其中长江三角洲地区是最主要的集中地；医疗设备及仪器仪表制造业的分布呈现出显著的正向空间相关，在全局和局部都表现出较高的空间依赖性，表现为发展水平高的省份在地域上集聚在一起。[14]郝寿义、李嫒指出20世纪90年代以来地区集聚、制造业集聚与经济增长负相关，证实了目前资源过度集聚降低了效率，因此目前我国空间分布的极化趋势和制造业的过度集聚不可持续。[15]任永菊指出卫星平台型产业集群形成跨国公司地区总部集聚（RHQ集聚）的可能性最大，是RHQ集聚的最佳产业集群基础，马歇尔产业集群形成RHQ的可能性最小，是RHQ集聚的最弱产业集群基础，轮轴型产业集群和国家力量依赖型产业区的可能性位于前两种产业集群之间。[16]高雪莲、张丹静提出大部分城市呈现明显的工业聚集经济效应，工业城市的聚集效应整体较好，综合型城市的h值较为稳定，资源型城市的h值具有先增至顶峰而后衰减趋势，其他城市的聚集效应还有待增强。[17]王燕、徐妍发现产业空间集聚主要促进体现型技术进步，对技术效率的影响较弱；产业空间集聚的影响存在门限效应，其影响力随集聚水平的提高而逐步减弱，集聚规模存在最佳边界；产业空间集聚对全要素生产率及技术进步的影响在不同门限区间的行业技术梯度特征较明显，资源性和中低技术行业的集聚水平较低但集聚效应较高。[18]

**二、关于产业技术创新、产业结构、产业政策及产业转型的研究**

在产业技术创新研究方面，丁明磊、刘秉镰构建了产业技术体系结构模型，归纳出制约我国产业技术体系发展的症结及成因，提出促进我国产业技术体系转型发展的对策建议。[19]王家庭发现当前技术创新的空间溢出对我国区域工业经济增长具有明显的推动效应，研发经费、研发人员和政府区域优惠政策都对区域技术创新起到了积极的作用，但研发经费和研发人员投入的空间溢出却对区域技术创新产生微弱的负面影响。[20]胡小渝、王家庭认为我国房地产业的发展必须在保持当前高纯技术效率的同时提升房地产业的规模效率，发挥出规模效应，以保证其健康持续发展。[21]

在产业结构研究方面，秦传滨提出产业结构将由过去的刚性结构逐步向软化结构和柔性结构转化，现代农业、现代服务业以及高加工度、高附加值的新型工业将越来越处于经济结构的主导地位。[22]李健等分析了三次产业、生活消费碳排放量与碳排放总量的关联度，从而揭示产业结构变动对碳排放的影响，指出产业结构优化升级的方向。[23]史云鹏等指出第二、三产业总体及第二产业与城乡收入差距间关系符合库兹涅茨假说；第二产业发展阶段处于拐点之前，比重较小时拉大城乡收入差距，较大时将缩小差距；第三产业与城乡收入差距之间关系呈线性，其发展有助于缩小城乡收入差距。[24]李健、周慧提出第二产业是影响地区碳排放强度的主要因素，第三产业对地区碳排放强度的降低效应并不明显，而第一产业对碳排放强度的影响最小。[25]张书明等从实物与虚拟资源流动、生产成本与费用、市场与竞争等不同角度，阐述了高速铁路对制造业区位选择的影响机制。[26]赵嘉、唐家龙对1947—2009年美国的经济数据分析表明，美国实际GDP年均增长率保持在3.4%左右，美国的产业体系中产业结构和就业结构、收入结构保持了较好的协调性，产业增长具有较好的稳定性。[27]

在产业政策研究方面，胡彪、康在龙分析了现阶段循环经济产业园区发展所存在的问题，提出对产业园区内的各大产业进行产业循环、产业关联分析的思路，寻找循环经济产业园区新的经济增长点，提高产业园区的经济收益。[28]曹钦、陈通提出新能源产业发展对策是完善政策和创新体系，开拓新能源市场和拓宽投融资渠道，加强新能源人才和载体建设等。[29]

在产业转型研究方面，刘大勇等提出产业转型是中心、外围国家分别解决就业问题的根本途径，发达国家进行再工业化，发展中国家从依靠要素投入向依靠生产效率提高转变。[30]马云泽、崔丽丽从产业产值、成长方式以及发展进程三个方面分析了当前我国产业转型现状，指出了当前转型过程中面临的主要问题，最后提出相应的对策建议。[31]刘洪银指出人才资源是产业转型与农民就业转型的纽带，体能稀缺性、时效性和新兴产业发展壮大要求农民实现以人力资本投资为主导的就业转型。[32]杜传忠等提出强化区域产业转移的动力，抑制、消除其粘性，应加快形成东部地区产业转移的倒逼机制，制定有利于产业转移的政策，强化中西部地区产业配套能力，提高承接产业转移的能力，优化中西部地区经济发展的硬环境和软环境等。[33]周呈奇提出知识型产业关系着大陆“十二五”时期产业结构的升级转型和生产性服务业的发展，积极利用ECFA框架和MOU协议开展两岸知识型产业的合作是新时代两岸经贸整合的一大重点。[34]

**三、关于产业发展研究**

1. 关于服务业发展研究

关于服务业发展研究，本市学者关注较多的是生产性服务业、知识密集型服务业和旅游文化产业等。朱伟波探讨了生产性服务业与经济发展方式转变的关系，进而分析生产性服务业促进经济发展方式转变的内在机理、模式和路径。[35]王硕认为FDI与生产性服务业集聚之间具有明显的相关关系，FDI流入量越多，其集聚程度越高，而对于消费性服务业与公共性服务业而言，FDI对其集聚的影响并不显著。[36]左阳、王硕认为我国生产性服务业呈现出明显的地区集聚现象，但其空间集聚并不均衡，具有明显的地域和资源特色。[37]杨仁发、刘纯彬指出生产性服务业FDI与市场规模和市场增长潜力呈正向关系，劳动力工资水平与生产性服务业FDI流入呈正相关，而熟练工人、基础设施系统、政府干预和对外开放程度均与生产性服务业FDI有显著关系。[38]

尹彦等构建了知识密集型服务业集群知识创新演化博弈的数理模型，提出集群知识创新发展的动力和推进集群知识创新的策略以促进集群的良性循环发展。[39]赵明霏指出21世纪以后整个服务业中知识化、专业化趋势不断加强，全球范围内的服务业发展又出现了一次新的转型，即从传统型服务经济向知识密集型服务经济转型。[40]

罗永泰、王连成指出基于泛资源观的文化产业资源整合要以大型文化企业为龙头，以文化产业园区为产业集群载体，在挖掘顾客隐性需求的基础上，整合产业内外资源，形成较为完整的文化产业链，并以业务流程为核心，整合泛资源。[41]黄永兴、徐鹏发现2004年和2008年，中国文化产业使用64.53%和60.53%的投入就可以创造出1.55和1.65倍于分位数前沿的产出。[42]黄晶、何君发现四川省旅游产业创汇效应对该地区GDP作用显著而且该省旅游产业创汇效应易受外部环境影响，创汇效应并不理想，并对此提出相关建议。[43]

2. 关于工业发展研究

王文治、陆建明发现FDI对中国制造业污染排放的间接拉动效应存在行业差异性，且FDI的间接效应只引起制造业中二氧化硫排放的上升，而对工业废水和工业烟尘的排放影响不显著。[44]谢里、曹清峰指出当FDI渗透率超过门限值时，FDI渗透率的提高对中低、中高和高技术行业集聚有显著的促进作用；当行业规模超过门限值时，FDI渗透率的提高对中低技术和高技术行业集聚有负向作用，但促进了中高技术行业的集聚；当劳动力成本超过门限值时，FDI渗透率的提高对不同技术水平的行业集聚在一定程度上都有促进作用。[45]朱建民、魏大鹏指出我国装备制造产业的产业安全程度处于“临界状态”，国家需要采取相应政策和措施，维护我国装备制造业产业安全，保持产业可持续健康发展。[46]张咏华认为中国制造业在国际垂直专业化生产体系中，低技术、中低技术制造业占有主导地位，中高技术制造业经历了从缺乏地位到占据主导地位的转变，高技术制造业仍处于附属地位。[47]吴文清、赵黎明认为中国国家软件产业基地生产经营效率呈现上升趋势，但投入资源的运用效率仍有很大的改善空间，国家软件产业基地技术进步变动总体差异并不悬殊，制约国家软件产业基地生产率进步的关键因素是技术进步，国家软件产业基地经营效率不存在地理区域上的差异，且与批准成立时间无显著性差异。[48]

3. 关于农业发展研究

廖青虎、陈通认为在农业产业上下游皆为双占的复合链模型中垂直合作模式稳定性更好，并提出应推进农业产业垂直合作模式的形成。[49]张淑荣指出生产方式水平低下、市场调控能力弱、政策目标指派错位是导致“入世”以来我国棉花产业安全表现较差的根本原因。[50]

4. 关于战略新兴产业、高新技术产业发展研究

逄晓霞、方晓琳提出了完善战略性新兴产业税收优惠政策的具体路径及形成普惠性激励社会资源发展战略性新兴产业的税收政策体系。[51]张洁运用层次分析法设计了针对战略性新兴产业的科研

项目评价指标体系，提出了科研项目的模糊优选模型。[52]姜达洋围绕战略性新兴产业是否仅代表新兴制造业，战略性新兴产业是否是一成不变的，在确定战略性新兴产业后是关注产业本身还是更应关注新兴环节，应该如何扶持战略性新兴产业，各地的战略性新兴产业发展是否只是一个地方的事等五个问题展开分析，并指出通过海洋产业与战略性新兴产业的结合，发展海洋新能源产业、海洋高端制造业、海洋生物材料产业以及海洋经济与战略性新兴产业相结合的其他战略性新兴海洋产业，利用科技进步与科技创新引领我国未来海洋经济的发展，必将成为我国未来海洋经济发展的重要方向。[53]李健、滕欣以天津滨海新区为例，运用层次分析—熵值组合赋权法对其海洋战略性主导产业进行了选择，最终确定了以海水综合利用为核心，海洋化工和石油天然气协同发展的海洋战略性主导产业循环经济产业链。[54]

支燕、白雪洁指出现阶段技术外取仍然是我国高技术产业的短期有效的创新方式，也显示了自主创新在资金和人力投入之外对外部环境有较高的依赖。[55]余永泽、王妍认为东部、中部的高技术产业生产率高于西部，且生产效率有明显的上升趋势，而西部地区处于相对平稳状态；市场化程度、创新能力投入与企业规模对高技术产业生产效率有正影响，而政府的政策支持的影响具有不确定性；高技术产业 TFP 呈现震荡略有下降的特点，技术进步率的普遍下降严重阻碍了 TFP 的增长势头；影响全要素生产率的增长率变化的主要因素是技术进步率和生产效率变化率；东部地区的平均技术进步速度低于中西部，而东部地区生产效率的变化率则明显高于西部地区。[56]

5. 关于低碳生态产业发展研究

李健、唐燕认为2003—2009年环渤海地区再生资源产业发展水平存在明显的差异，以发展强度的高低排序，依次为天津、辽宁、北京、河北、山东。其中，天津为该产业发展的核心区域。[57]胡雷、王军锋利用生态经济理论方法，遵循环境—经济大系统的复合结构和运行规律，从区域经济可持续发展的角度，探索不同主体功能区的产业发展模式。[58]李虹、亚琨提出短期内工业、建筑业、交通运输业碳排放对经济增长的冲击呈先增后减趋势，长期逐渐趋于平稳；工业碳排放对经济增长的预测方差贡献度较大，并呈先增后降的趋势，表明粗放型经济增长方式在短期内促进经济发展但不利于经济的长期发展，不利于中国碳排放与经济增长的逐步脱钩；而建筑业、交通运输业碳排放对经济增长的预测方差贡献度，受结构调整影响呈先降后升趋势。[59]谢蕊蕊、王燕采用仿生学模拟的研究方法，建立了区域产业竞争力树模型，并从土壤、树根、树干、树冠和果实之间的联系和结构规律描述了区域产业竞争环境、区域产业潜在竞争力、现实竞争力和市场竞争力的形成过程和机理。[60]

（本文作者：张宏武，天津商业大学经济学院教授；兰梓睿，天津商业大学经济学院硕士研究生）

注释：

①李健、王庆山、张吉辉：《区域产业集群碳排放弹性分析与路径研究》，《软科学》2012 年第 7 期。

②代文彬、慕静、易训华：《产业集群跨越式升级：基于集群龙头企业双链协同的研究》，《经济经纬》2012 年第 6 期。

③韩帅、孙浦阳、张诚：《产业集聚对教育回报与工资水平的影响——基于我国服务业与制造业集聚的比较分析》，《现代财经》2012 年第 9 期。

④孙浦阳、韩帅、靳舒晶：《产业集聚对外商直接投资的影响分析》，《数量经济技术经济研究》2012 年第 9 期。

⑤孙浦阳、韩帅、张诚：《产业集聚结构与城市经济增长的非线性关系》，《财经科学》2012 年第 8 期。

⑥王家庭、曹清峰、田时嫣：《产业集聚、政府作用与工业地价：基于 35 个大中城市的经验研究》，《中国土地科学》2012 年第 9 期。

⑦王雪青、张克：《建筑产业集聚影响因素的实证分析》，《山东建筑大学学报》2012 年第 5 期。

⑧蒋石梅、张爱国、孟宪礼等：《产业集群产学研协同创新机制——基于保定市新能源及输变电产业集群的案例研究》，《科学学研究》2012 年第 2 期。

⑨王家庭：《产业区域集聚测度：基于我国生物医药产业的实证研究》，《创新》202 年第 5 期。

⑩王硕、郭晓旭：《垂直关联、产业互动与双重集聚效应研究》，《财经科学》2012 年第 9 期。

⑪李健、唐燕、张吉辉：《中国再生资源产业聚集度变动趋势及影响因素研究》，《中国人口、资源与环境》2012 年第 5 期。

⑫邱立成、曹知修、王自锋：《欧盟新能源产业集聚的影响因素：1998—2009 年面板数据模型的实证分析》，《世界经济研究》2012 年第 9 期。

⑬郭明泉、王树恩：《我国纺织产业集群发展的微观战略环境剖析》，《山东纺织经济》2012 年第 2 期。

⑭王家庭：《我国医疗设备及仪器仪表制造业的空间集聚的实证研究》，《岭南学刊》2012 年第 6 期。

⑮郝寿义、李嫒：《集聚、增长与可持续性探讨—基于中国空间分布和行业配置的经验检验》，《现代财经》2012 年第 12 期。

⑯任永菊：《跨国公司地区总部集聚的产业集群基础研究》，《工业技术经济》2012 年第 1 期。

⑰高雪莲、张丹静：《中原经济区城市工业聚集经济效应分析》，《嘉兴学院学报》2012 年第 5 期。

⑱王燕、徐妍：《中国制造业空间集聚对全要素生产率的影响机

理研究——基于双门限回归模型的实证分析》,《财经研究》2012年第3期。

⑲丁明磊、刘秉镰:《我国产业技术体系建设的主要问题与对策研究》,《科研管理》2012年第7期。

⑳王家庭:《技术创新、空间溢出与区域工业经济增长的实证研究》,《中国科技论坛》2012年第1期。

㉑胡小渝、王家庭:《我国35个大中城市房地产业技术效率研究——基于三阶段DEA模型的实证分析》,《特区经济》2012年第1期。

㉒秦传滨:《"转方式"背景下的产业结构升级路径研究——以山东省聊城市为例》,《东岳论丛》2012年第2期。

㉓李健、吴成霞、张吉辉:《产业结构和效率份额对碳排放的影响及关联分析》,《中国科技论坛》2012年第6期。

㉔史云鹏、赵黎明、贺颖:《产业结构与城乡收入差距关系研究——基于东北三省的面板数据》,《西北农林科技大学学报》(社会科学版)2012年第6期。

㉕李健、周慧:《中国碳排放强度与产业结构的关联分析》,《中国人口资源与环境》2012年第1期。

㉖张书明、王晓文、王树恩:《高速铁路对制造业区位选择及产业结构的影响——以日本高速铁路为例》,《山东建筑大学学报》2012年第6期。

㉗赵嘉、唐家龙:《美国产业结构演进与现代产业体系发展及其对中国的启示——基于美国1947—2009年经济数据的考察》,《科学学与科学技术管理》2012年第1期。

㉘胡彪、康在龙:《循环经济产业园区的产业战略探讨》,《商业时代》2012年第36期。

㉙曹钦、陈通:《我国新能源产业发展对策研究》,《山东社会科学》2012年第5期。

㉚刘大勇、余泳泽、陆晓召:《产业转型中的就业困境》,《财经科学》2012年第12期。

㉛马云泽、崔丽丽:《后危机时期我国产业转型升级现状、问题及对策》,《环渤海经济瞭望》2012年第7期。

㉜刘洪银:《从中国"刘易斯转折点"看产业转型与农民就业转型》,《云南财经大学学报》2012年第4期。

㉝杜传忠、韩元军、张宪国:《我国区际产业转移的动力及粘性分析》,《江西社会科学》2012年第5期。

㉞周呈奇:《台湾知识型产业向外布局趋势与两岸经贸整合》,《改革与战略》2012年第9期。

㉟朱伟波:《生产性服务业与经济发展方式转变的关系研究》,《对外经贸》2012年第7期。

㊱王硕:《FDI与中国服务业集聚的发展——基于行业层面数据的分析》,《国际经济合作》2012年第5期。

㊲左阳、王硕:《我国生产性服务业地区集聚度的测算及其特征分析——基于省际面板数据的区位熵研究》,《现代管理科学》2012年第8期。

㊳杨仁发、刘纯彬:《中国生产性服务业FDI影响因素实证研究》,《国际贸易问题》2012年第11期。

㊴尹彦、赵涛、齐莉丽:《知识密集型服务业集群知识创新机制的演化博弈分析》,《中国农机化》2012年第1期。

㊵赵明霏:《知识经济时代服务业发展的新趋势》,《未来与发展》2012年第9期。

㊶罗永泰、王连成:《基于泛资源观的文化产业资源整合研究》,《河北经贸大学学报》2012年第3期。

㊷黄永兴、徐鹏:《基于非条件分位数估计法的中国文化产业效率研究》,《统计信息与论坛》2012年第11期。

㊸黄晶、何君:《四川省旅游产业创汇效应研究》,《北京第二外国语学院学报》2012年第9期。

㊹王文治、陆建明:《FDI对中国制造业污染排放影响的经验分析》,《经济经纬》2012年第1期。

㊺谢里、曹清峰:《FDI渗透与产业集聚——中国制造业行业差异研究》,《山西财经大学学报》2012年第4期。

㊻朱建民、魏大鹏:《我国装备制造业产业安全评价体系构建与实证研究》,《亚太经济》2012年第2期。

㊼张咏华:《中国制造业在国际垂直专业化体系中的地位——基于价值增值角度的分析》,《上海财经大学学报》2012年第5期。

㊽吴文清、赵黎明:《中国国家软件产业基地动态效率评价》,《工业工程》2012年第6期。

㊾廖青虎、陈通:《农业产业复合链规模稳定性分析——以双占结构为例》,《系统工程》2012年第8期。

㊿张淑荣:《我国棉花产业安全的表现、原因及传导机制》,《国际贸易问题》2012年第7期。

(51)逄晓霞、方晓琳:《我国战略性新兴产业税收政策的完善研究》,《现代经济探讨》2012年第3期。

(52)张洁:《战略性新兴产业科研项目的评价与选择》,《河北大学学报》(哲学社会科学版)2012年第5期。

(53)姜达洋:《五问战略性新兴产业发展战略——从概念提出与思想来源说起》,《产经评论》2012年第5期。《战略性新兴产业发展新领域:与海洋产业的结合》,《重庆工商大学学报》(社会科学版)2012年第1期。

(54)李健、滕欣:《区域海洋战略性主导产业选择研究——以天津滨海新区为例》,《天津大学学报》(社会科学版)2012年第4期。

(55)支燕、白雪洁:《我国高技术产业创新绩效提升路径研究——自主创新还是技术外取?》,《南开经济研究》2012年第5期。

(56)余永泽、王妍:《我国高技术产业地区效率差异与全要素生产率增长率分解——基于三投入随机前沿生产函数分析》,《产业经济研究》2012年第1期。

(57)李健、唐燕:《环渤海地区再生资源产业时空差异分析》,《天津大学学报》(社会科学版)2012年第2期。

(58)胡雷、王军锋:《主体功能区划视角下的产业生态化研究》,《未来与发展》2012年第9期。

(59)李虹、亚琨:《我国产业碳排放与经济发展的关系研究——基于工业、建筑业、交通运输业面板数据的实证研究》,《宏观经济研究》2012年第11期。

(60)谢蕊蕊、王燕:《基于仿生学的区域产业竞争力形成机理》,《现代管理科学》2012年第3期。

**【统计学研究综述】** 2012年,天津统计学科保持良好发展态势。学科建设、学术研究、政府统计工作取得以下进展。

### 一、统计学科学术活动和获奖情况

*1. 学术活动*

2012年5月,天津市统计局和天津市统计学会召开第十二次统计科学讨论会。近200名代表参加会议。百余篇入选论文,涉及统计制度方法研究、统计理论探讨、统计应用研究、计量经济分析、统计学科建设等领域，充分展示了本市统计科研的整体水平。10月，第四届中国统计学年会在云南财经大学举行。在210篇投稿论文中录用116篇，其中天津财经大学入选论文9篇，在各参会单位中位居前列。天津财经大学统计学首席专家肖红叶教授和特聘教授吴尚武博士应邀做主题报告。

2. 获奖情况

2012年12月，第十一届全国统计科研优秀成果奖评选结果揭晓，天津学者和统计工作者共获9项奖励。一等奖3项："中国宏观经济序列季节调整方法研究与季节调整软件NBS-SA研发"（马建堂、张晓峒；南开大学与国家统计局合作）获课题论文一等奖，"试验设计与建模"（刘民千）获统计教学一等奖，"自适应和非参数控制图的研究"（李忠华）获博士论文一等奖："中国产品种类统计测度及内生增长检验"（肖红叶）、"A modified Lee-Carter Model for Analyzing Short-Base-Period Data"（赵博娟）、"统计调查方法体系及调查方式转变研究"（董顺荣）、"公共事业产品价格变动对城镇低收入家庭生活影响的研究"（杨维）、"中国省级财政支出与经济增长关系的空间计量分析"（曹景林）获课题论文奖三等奖；"概率统计及其应用"（于义良）获统计教学三等奖。

## 二、统计学理论、方法与应用研究

1. 理论与方法研究

聂斌等以多维空间的数据离心程度作为判定变点规则的标准，通过概率密度轮廓将单一观测值序列转化为多维空间中的数据点，并运用数据深度技术构造特征变量，建立变点定位规则。[①]杨贵军等撰文将相关分析和有向聚类分析结合，提出有向相关聚类方法。[②]李磊等将参数方法引入DEA评价模型，以考虑外部环境因素对生产系统的影响，并构建了一个三阶段半参数效率评价模型。[③]

张凌翔等讨论了局部随机游走STAR模型、局部随机趋势STAR模型的线性性检验问题，构造了Wald类检验统计量，推导出该统计量的极限分布，并分析了其有限样本统计性质。[④]白仲林等提出了具有个体固定效应的面板数据马尔可夫体制转换回归模型及EM算法，并利用蒙特卡罗模拟方法讨论了EM算法的准确性。[⑤]吴学锋等提出一个构造近单位根自回归过程脉冲响应函数的置信区间方法，以修正自回归系数估计偏误，并利用标准自举方法构造脉冲响应函数的置信区间。[⑥]

2. 统计在经济领域的应用研究

姜磊等基于劳动力无限供给假定的二元经济模型，结合我国数据表现出的异质性特征，建立了一个分析二元经济中劳动收入份额影响因素的理论框架。[⑦]郝枫基于国际与历史比较视角，挖掘工业革命以来主要发达国家要素分配数据，发现劳动份额具有"根号型"演进规律，"水平型"和"U型"规律均可视为其阶段性特例。[⑧]陈宗胜等指出，中国居民收入差别仍处于公有经济收入差别倒U曲线的前半段，但其"阶梯型"上升势头已经放缓，城市化等因素导致的特定收入差别已经初现下降趋势。[⑨]范晓莉根据1978—2009年的时序数据考察财政分权与城乡收入差距的动态关系，发现财政分权在长期内可以显著缩小城乡收入差距，但短期内对城乡收入差距会造成较大冲击。[⑩]

李学林等基于中国经济增长的基本假设条件探讨我国生产函数选择问题，并设定一种扩展的Leontief生产函数。[⑪]赵放等将反映行业间生产率联动的购买距离矩阵和销售距离矩阵引入空间自回归模型，以考察行业间生产率联动对我国工业生产率增长的影响。[⑫]王舒鸿采用模糊聚类方法测算了我国第二产业中各行业的劳动高技能性，推算了高低劳动技能行业的工资比率。[⑬]白仲林等基于中国30个省级面板数据，建立一种面板数据平滑转移回归模型，对中国人口红利问题进行量化分析。[⑭]林文浩等利用自回归分布滞后模型，定量分析了2005年7月汇改前后，人民币名义有效汇率升值对居民消费价格水平的影响。[⑮]周国富等使用LMDI分解方法，对全国能源消费总量影响因素展开分析。[⑯]

魏学辉等利用全国28个省区的相关数据，以索洛增长方程为基础，采用Bayesian SUR模型及Gibbs-Importance抽样算法估算资本产出弹性，进而给出一种测度地区全要素生产率的新方法。[⑰]王燕等建立了以产业空间集聚水平为门限变量的双门限回归模型，以考察产业空间集聚对全要素生产率的影响机理及强度。[⑱]周国富等在马斯科莱尔-拉赞劳动力转移模型基础上，研究了二元经济背景下农业劳动力产业间重新配置对区域经济收敛的影响。[⑲]

刘喜和针对2007年第二季度至2012年期间我国价格贸易条件异常波动的现象，利用可变参数状态空间模型，比较分析了相关要素的影响方向和力度。[20]邵敏利用倍差法的Kernel倾向评分匹配估计，实证分析了我国企业出口行为对其劳动生产率增长率的作用。[21]胡昭玲等使用1993—2009年中国对105个国家和地区的投资与贸易面板数据，应用动态VAR模型和面板格兰杰因果检验方法，对我国对外直接投资和进出口贸易的关系做了实证研究。[22]

李腊生等考虑收益率分布时变性特征，利用正态性转换处理样本数据的思想，细化和改善我国证券市场不同运行阶段的VaR估计与测度。[23]黄晓彬等应用隐马尔科夫模型对不可观测的股票信息状态建模，利用贝叶斯推断与马尔科夫链蒙特卡洛模拟(MCMC)方法估计了上证指数、上证50样本股2010年8月的信息状态与信息强度。[24]李志辉等选择中国债券市场、外汇市场和股票市场数据，利用HP滤波方法得出各市场的风险指数，构建VEC模型分析金融市场之间的传染效应。[25]张初兵等研究了仿射利率模型下，确定缴费型养老金的最优投资问题。[26]王丽珍等考察政策约束下经过风险调整的报酬率，并构建了有VaR限额的保险投资决策模型。[27]

李作志等以大连滨海旅游资源为例，采用二分选择模型条件评价法，评价海水和沙滩质量改善的经济价值，探索滨海旅游资源生态补偿的价值。[28]周京奎基于一个非住宅耐用品消费决策的随机最优控制模型，运用动态面板数据技术，考察了家庭住宅权属差异对耐用品消费的影响。[29]李向前等采用月度数据，基于SVAR模型的估计研究我国房地产价格上涨问题。[30]

## 三、政府统计工作

### 1.统计生产方式

按照国家统计局统一部署，大力推行统计“四大工程”。经过精心组织、周密实施，企业一套表改革圆满完成，实现1.2万多家三上企业和房地产开发企业联网直报，比全国规定时间提前三个月率先并轨。

### 2.统计制度方法改革创新

自2012年年报和2013年定报起，所有纳入一套表范围的单位开始按照新模式报送数据，标志着在地统计全面实现。住户调查方式突破二元结构，城乡住户调查一体化正式实施。服务业统计取得重大进展，各项专业统计改革全面推进。

### 3.统计数据科学性

2012年，完善全过程数据质量控制体系，建立健全工业、商业、投资、保障房等专业数据质量控制办法，加强数据匹配性协调性评估，基本单位名录库更加真实完整，数据质量持续提高。

### 4.在应对严峻复杂环境中发挥统计特有的作用

一是服务决策发挥积极作用。面对经济下行压力不断加大的严峻形势，各级统计部门加大对宏观经济运行和各地区、各行业统计监测力度，加强经济形势调研和报告撰写工作，为各级领导和部门准确把握经济动态、预调微调宏观政策、推动天津经济稳中求进发挥了积极作用。二是统计为民收到积极成效。各级统计部门充分利用媒体，完善统计舆情监测及危机应对机制，及时发布数据、解读数据，开展各具特色的统计咨询和服务，引导公众正确使用数据，统计公信力不断提高。

### 5.各项基础建设迈上新水平

各级统计部门全面落实四级统计工作规范化要求，大力加强统计基层基础建设，统计法制建设迈上新台阶，信息化建设取得新成果，队伍建设实现新发展。

（本文作者：郝枫，天津财经大学统计学院副教授、国民经济学教研室主任；李晓欣，天津财经大学统计学院助教、科研秘书）

注释：

①聂斌、杜梦莹、廖丹：《基于马氏深度的变点识别方法研究》，《统计研究》2012年第9期。

②杨贵军、陈玮晓：《列联资料的有向相关聚类分析》，《统计与信息论坛》2012年第1期。

③李磊、李明月、吴春林：《考虑环境因素的三阶段半参数效率评价模型与实证研究》，《中国管理科学》2012年第2期。

④张凌翔、张晓峒：《局部平稳性未知条件下STAR模型的线性性检验》，《数量经济技术经济研究》2012年第1期。

⑤白仲林、赵亮：《面板数据马尔可夫体制转换回归模型估计的EM算法及其应用》，《数量经济技术经济研究》2012年第5期。

⑥吴学锋、张晓峒：《近单位根过程脉冲响应函数的置信区间》，《统计研究》2012年第1期。

⑦姜磊、郭玉清：《中国的劳动收入份额为什么趋于下降？——基于二元经济模型的观察与解释》，《经济社会体制比较》2012年第1期。

⑧郝枫：《劳动份额“根号型”演进规律》，《统计研究》2012年第6期。

⑨陈宗胜、高玉伟：《关于公有经济收入差别倒U理论的讨论与验证》，《经济社会体制比较》2012年第2期。

⑩范晓莉：《城市化、财政分权与中国城乡收入差距相互作用的计量分析》，《现代财经》2012年第3期。

⑪李学林、李晶：《经济增长理论中的生产函数设定及其在我国

的应用》,《经济经纬》2012 年第 3 期。

⑫赵放、刘秉镰:《行业间生产率联动对中国工业生产率增长的影响——引入经济距离矩阵的空间 GMM 估计》,《数量经济技术经济研究》2012 年第 3 期。

⑬王舒鸿:《FDI、劳动异质性与我国劳动收入份额》,《财经研究》2012 年第 4 期。

⑭白仲林、宋涛、刘建民:《中国经济持续增长的人口红利效应是否依然存在》,《现代财经》2012 年第 5 期。

⑮林文浩、孙薇:《后危机时代我国汇率政策对通货膨胀的影响》,《现代财经》2012 年第 7 期。

⑯周国富、赵慧卿:《能源消费影响因素分析——基于行业分解与地区分解之方法》,《现代财经》2012 年第 10 期。

⑰魏学辉、白仲林:《中国地区全要素生产率的 Bayesian 分析》,《数理统计与管理》2012 年第 4 期。

⑱王燕、徐妍:《中国制造业空间集聚对全要素生产率的影响机理研究——基于双门限回归模型的实证分析》,《财经研究》2012 年第 3 期。

⑲周国富、李静:《农业劳动力再配置对区域经济收敛的影响——马斯科莱尔 - 拉费模型的扩展研究和中国经验实证》,《经济经纬》2012 年第 6 期。

⑳刘喜和:《我国贸易条件异常波动的内外冲击因素》,《财经科学》2012 年第 6 期。

㉑邵敏:《出口贸易是否促进了我国劳动生产率的持续增长——基于工业企业微观数据的实证检验》,《数量经济技术经济研究》2012 年第 2 期。

㉒胡昭玲、宋平:《中国对外直接投资对进出口贸易的影响分析》,《经济经纬》2012 年第 3 期。

㉓李腊生、孙春花:《样本数据正态性转换时变 VaR》,《统计研究》2012 年第 5 期。

㉔黄晓彬、王春峰、房振明、熊春连:《基于隐马尔科夫模型的中国股票信息探测》,《系统工程理论与实践》2012 年第 4 期。

㉕李志辉、王颖:《中国金融市场间风险传染效应分析——基于 VEC 模型分析的视角》,《现代财经》2012 年第 7 期。

㉖张初兵、荣喜民:《仿射利率模型下确定缴费型养老金的最优投资》,《系统工程理论与实践》2012 年第 5 期。

㉗王丽珍、李静:《政策约束下基于风险调整报酬率的保险投资策略研究》,《中国管理科学》2012 年第 1 期。

㉘李作志、王尔大、苏敬勤:《二分选择模型在滨海旅游经济价值评价中的应用》,《数理统计与管理》2012 年第 4 期。

㉙周京奎:《再议因患寡而患不均:中国家庭住宅权属差异及其对内需增长的影响》,《南开经济研究》2012 年第 1 期。

㉚李向前、谭小芬、郭强:《我国房地产价格对消费的影响》,《现代财经》2012 年第 2 期。

**【循环经济研究综述】** 2012 年,天津市循环经济相关研究呈现出了新的趋势——绿色经济、低碳经济与循环经济的融合逐渐成为研究的重点。在天津市众多科研院所、相关政府部门以及企事业单位中专家学者的共同努力下,研究视角更加宽泛,研究内容更加深入。

**一、循环经济研究**

1. 企业层面

郝琦卉、张思以天津市重点建设项目天津大道绿化为例,探讨了循环经济技术体系在滨海盐碱地绿化中的实际应用和效果,以期为类似的绿化项目提供借鉴。①李从志通过分析统计数据,阐明了我国由于资源匮乏,进口可再生利用废塑料的必要性和迫切性,并简述了我国政府对废塑料进口的监管措施。②

2. 园区层面

胡彪、康在龙针对产业发展不平衡问题,提出寻找循环经济产业园区新的经济增长点,解决循环经济产业园区的产业战略的发展问题。③闫小洁等基于包头市正在建设的循环经济产业园区集约化发展模式及园区功能的分析,充分论证了园区解决实际问题的能力,并对保障循环经济产业园区健康发展提出建议。④

3. 区域层面

王颖纯等确定了循环经济的评价指标,用层次分析法对长三角地区循环经济发展进行分析,对于其中的问题给出合理对策。⑤李健、康懿针对天津滨海新区产业生态系统健康的影响因素,提出了建立以循环经济为导向的产业集群、构建现代服务体系等对策建议。⑥李慧明指出了天津市生态城市推进过程中产业层面亟待解决的问题,并给出推进天津市产业生态化的对策建议。⑦

4. 社会层面

杨思家指出我国循环经济实现的途径:首先,相关法律法规的建立;其次,通过行政管制、技术支持、基础设施建设、设立监督机构等措施进行必要的政府干预;再次,通过使用污染收费、补贴、保证金及产权等激励手段进行市场调节;最后,循环经济的发展离不开社会中介组织的积极参与。⑧

**二、绿色经济、低碳经济与循环经济相融合**

1. 低碳经济发展模式及途径研究

梁燕君对低碳经济进行研究,指出发展低碳经济是我国未来经济发展的唯一选择。⑨冯蛟杰从以下三个方面解释了国家为什么要致力于发展“低碳经济”:积极地应对“全球气候变暖”的形势;国家“节能降耗”严峻形势的需要;抢占“低碳经济”高新技术前沿,是国家“高科技发展”的战略需要。⑩张道健阐述了我国发展低碳经济的重要意义及发展途径。⑪以上主要是研究为什么要发展低碳。

李娟通过对我国碳排放量的影响因素,以及低碳经济发展必要性的分析，得出了推动我国低碳经济健康持续发展的具体对策。[12]张君通过分析国际经验，得出要发展我国低碳经济，应该完善能源立法，加紧制定相关法律法规，调整产业结构，开发清洁能源，加快低碳城市建设，构建“低碳经济实验区”。[13]庞超详细分析了如何从高碳经济向低碳经济转变，从而促进经济的可持续发展。[14]张桂枝等通过对技术、政策、金融、立法等支撑体系构建的介绍，以及天津低碳发展三个平台、六个中心、若干园区和低碳研究及中介机构等载体建设的介绍，建立了天津市低碳发展评价指标体系。[15]孙杨从立法角度指出相关法律的问题与不足，并给出完善措施。[16]孙钰等通过低碳经济效率和 HDI 来综合评价各地区的低碳经济发展水平，并针对各个地区的低碳经济发展现状，提出中国未来实现低碳目标的分区域减排对策。[17]

2. 低碳经济实践研究

冯锐重点分析了低碳经济对我国出口企业环境创新带来的机遇与挑战，提出新形势下对出口企业环境创新的相关宏观引导政策。[18]梁浩认为，积极倡导低碳高效的城市景观建设，显得尤为迫切和重要，并针对当下城市景观设计存在的问题，对如何开展低碳、高效的城市景观建设提出了一些设想，以此为推进城市低碳经济的快速发展提供参考。[19]曹鸿雁提出，建立“公共交通 + 慢行交通”为主体的交通方式结构体系、城市空间布局和城市交通协调发展的低碳型城市交通规划理念，进而从城市交通方式结构的优化、城市空间结构的调整、保障政策的制定等方面，详细探讨了实现城市交通低碳转型的策略。[20]郭鹏、孟洵论述了低碳消费、低碳消费方式及低碳经济对消费方式的影响，提出了低碳经济背景下的低碳消费对策。[21]刘应宗、贾凤伶从可再生能源利用途径出发，根据我国农村和城市规划，把可再生能源利用模式分为农村、农业园区、城市、工业园区等四类。[22]张宏武、兰梓睿针对天津滨海新区在低碳经济下转变经济发展方式的问题，提出了优化产业结构、引入市场机制、提高技术创新等一系列对策，使滨海新区以低碳经济为方向更好地发展。[23]刘雅璐通过对我国制造业能源消耗和生产效率现状分析，探究我国制造业的发展模式和出路；指出通过转变发展模式、提升管理和技术水平来改变生产效率低下、能耗严重的问题，走一条低消耗、低成本的发展之路。[24]宋瑶、赵道致探讨了基于碳排放权交易和政府分配初始碳配额的复合排放权交易机制，提出了基于该机制的制造商三维交易模式，建立了基于三维交易模式的制造商产品组合优化的模型，分别讨论了减排的价格敏感因子、政府分配和减排的技术效率对企业最优产量的影响。[25]韩薇薇等在低碳经济与食品包装安全相关性研究的理论基础上，分析了影响中国食品包装低碳化发展的因素，包括理念因素、法律制度因素、包装设计因素等。并针对这些问题提出了针对中国食品包装安全的低碳化优化体系构建，包括设计理念优化、包装材料选择优化、包装法律及监管优化及以智能包装系统为主的包装系统选择优化。[26]

3. 绿色经济相关研究

朱婧媛、华桂英分析了绿色经济、低碳经济以及循环经济的内涵、特点、来源以及它们的适用性。[27]孙凌阐述了绿色经济与提升我国纺织产业国际竞争力之间的关系，指出以清洁生产为主的环境保护投资对产业国际竞争力的影响是积极的，发展绿色经济给提升传统纺织产业国际竞争力带来机遇。[28]

## 三、海洋循环经济研究

李健、滕欣针对区域海洋产业结构相近的问题，对区域海洋战略性主导产业的选择进行了研究，界定了海洋战略性主导产业的概念与范围，分析了其演变规律，并以天津滨海新区为例确定了以海水综合利用为核心，海洋化工和石油天然气协同发展的海洋战略性主导产业循环经济产业链，旨在推动滨海新区海洋产业结构优化和产业层次的提升，促进天津海洋经济的发展，为同类型区域海洋产业的发展提供借鉴。[29]姜达洋认为，通过海洋产业与战略性新兴产业的结合，发展海洋新能源产业、海洋高端制造业、海洋生物材料产业以及海洋经济与其他战略性新兴产业相结合的其他战略性新兴海洋产业，利用科技进步与科技创新引领我国未来海洋经济的发展，必将成为我国未来海洋经济发展的重要方向。[30]胡晓莉等认为，天津市作为渤海湾重点发展海洋产业的城市之一，需要根据各海洋产业现状及发展前景选择出主导产业，从而更好地优化产业结构，发展天津海洋经济。[31]张文亮从发展海洋低碳经济的背景入手，分析了在海洋经济发展中引入低碳模式的必要性，并结合海洋经济发展现状，讨论了发展海洋低碳经济的主要方式，在此基础上归纳出天津市发展海洋低碳经济的对策建议。[32]

## 四、循环经济政策体系研究

梁燕君从税收政策方面入手，指出现行财税政策在支持循环经济方面存在的问题，并给出了对策建议。[33]刘超从国家财政政策入手，通过实证分析证实了在我国循环经济发展的初始阶段，财政政策相对于其他各种方式的投入，对促进环境改善，发展循环经济有更为积极、明显的作用。[34]

## 五、未来研究展望

2012 年，天津市各高校、科研院所的专家学者和相关政府部门、企事业单位不断探索循环经济在各领域的应用实践。但是，依然有一些方面需要深入研究：(1)循环经济、低碳经济、绿色经济如何进一步融合；(2)推进循环经济、低碳经济、绿色经济深入发展的政策体系仍有待深入研究；(3)海洋循环经济及海陆产业耦合的大循环经济模式的实现途径。

（本文作者：李健，天津理工大学管理学院教授、循环经济研究院院长、天津大学博士生导师；张伟正，天津理工大学管理学院硕士研究生；吴成霞，天津理工大学管理学院硕士研究生）

注释：

①郝琦卉、张思：《循环经济技术体系在天津滨海盐碱地绿化中的应用——以天津大道绿化为例》，《绿色科技》2012 年第 8 期。

②李丛志：《我国进口可再生利用废塑料的现状与发展》，《再生资源与循环经济》2012 年第 12 期。

③胡彪、康在龙：《循环经济产业园区的产业战略探讨》，《商业时代》2012 年第 36 期。

④闫晓洁、魏立刚、路阳、王言：《包头市循环经济产业园区集约化发展模式探讨》，《环境卫生工程》2012 年第 1 期。

⑤王颖纯、岳磊、康在龙：《长三角地区循环经济发展的不平衡性探讨》，《商业时代》2012 年 26 期。

⑥李健、康懿：《区域产业生态系统健康的模糊物元贴近度评价研究——以天津滨海新区为例》，《地域研究与开发》2012 年第 3 期。

⑦李慧明：《关于推进天津市产业生态化的建议》，《决策咨询通讯》2012 年第 2 期。

⑧杨思家：《我国循环经济实现的途径研究》，《现代管理科学》2012 年第 12 期。

⑨梁燕君：《关于发展低碳经济的若干思考》，《市场经济与价格》2012 年第 6 期。

⑩冯蛟杰：《国家当前致力于发展“低碳经济”的原因》，《商品与质量》2012 年第 5 期。

⑪张道健：《浅谈我国发展低碳经济的重要意义及途径》，《对外经贸》2012 年第 11 期。

⑫李娟：《我国低碳经济发展问题研究》，《天津科技》2012 年第 10 期。

⑬文延东、张君：《试述我国发展低碳经济的趋势与途径》，《特区经济》2012 年第 10 期。

⑭庞超：《如何从高碳经济向低碳经济转变探讨》，《现代经济信息》2012 年第 15 期。

⑮张桂枝、王天伟、王泽敏：《天津低碳经济发展支撑体系及载体建设的研究》，载《科学发展·惠及民生——天津市社会科学界第八届学术年会优秀论文集》（下），天津人民出版社 2012 年版。

⑯孙杨：《中国低碳经济的相关法律与完善》，《商场现代化》2012 年第 29 期。

⑰孙钰、李泽涛、姚晓东：《中国省际低碳经济发展水平的评价研究及对策分析》，《天津大学学报》（社会科学版）2012 年第 4 期。

⑱冯锐：《低碳经济对我国出口企业环境创新的影响探析》，《商业会计》2012 年第 6 期。

⑲梁浩：《低碳经济社会下的低碳高效城市景观设计研究》，《中国轻工教育》2012 年第 3 期。

⑳曹鸿雁：《低碳经济时代城市交通规划应对策略探索》，《东岳丛论》2012 年第 6 期。

㉑郭鹏、孟洵：《低碳经济视角下的低碳消费探讨》，《中国轻工教育》2012 年第 6 期。

㉒贾凤伶、刘应宗：《低碳经济下可再生能源利用模式研究》，《中国农机化》2012 年第 1 期。

㉓张宏武、兰梓睿：《低碳经济下天津滨海新区经济发展方式转变对策研究》，载《中国环境科学学会学术年会论文集》（2012 年第一卷），中国农业大学出版社 2012 年版。

㉔刘雅璐：《低碳经济下我国制造业发展现状及对策研究》，《改革与战略》2012 年第 2 期。

㉕宋瑶、赵道致：《基于低碳经济的制造商产品组合优化》，《系统工程》2012 年第 9 期。

㉖韩薇薇、孙超、王殿华：《低碳经济环境下中国食品包装安全与优化体系构建》，《经济问题探索》2012 年第 7 期。

㉗朱婧媛、华桂英：《循环经济、绿色经济、低碳经济与天津滨海新区低碳经济战略思考》，《天津科技》2012 年第 5 期。

㉘孙凌：《绿色经济与我国纺织产业国际竞争力的提升》，《棉纺织技术》2012 年第 3 期。

㉙李健、滕欣：《区域海洋战略性主导产业选择研究——以天津滨海新区为例》，《天津大学学报》（社会科学版）2012 年第 4 期。

㉚姜达洋：《战略性新兴产业发展新领域：与海洋产业的结合》，《重庆工商大学学报》（社会科学版）2012 年第 1 期。

㉛胡晓莉、张炜熙、阎辛夷：《天津市海洋产业主导产业选择研究》，《海洋经济》2012 年第 1 期。

㉜张文亮：《天津市海洋低碳经济发展道路初探》，《海洋开发与管理》2012 年第 11 期。

㉝梁燕君：《财税政策：如何有效促进循环经济的发展》，《西部财会》2012 年第 2 期。

㉞刘超：《推动循环经济发展的财政政策分析》，《现代商贸工业》2012 年第 9 期。

**【东北亚区域经济研究综述】** 2012 年，天津学者对东北亚区域经济研究主要集中在区域合作理论和应用研究以及天津与东北亚合作等方面。现综述如下。

## 一、东北亚区域合作理论研究

### 1. 东北亚合作政治因素研究

金东日指出，由于历史和现实原因，后发国家的近代化或现代化与国家构建成为同一个过程。日本是重建国家,而且是亚洲唯一比较成功地从传统社会实现近代化的国家。但日本的近代化一开始就存在建国理念和体制两个方面的严重缺陷,这是后来日本走上军国主义道路的主要原因。[①]张鹤丽认为,因为日本多党林立,派系斗争加剧,无法形成稳定的利益共同体,所以造成政府更迭频繁,服务于公共利益或有利于维护国家利益的法令无法得到连续的贯彻执行。[②]

在日韩关系研究方面,曹中屏提出,日韩关系始终受到美国因素的影响。由于两国纳入了以美国为中心的国际体系,韩国在处理对日关系上,处于同美国结盟的反共政策与同日本具有复杂历史关系相联系反日情结的"两难境地"。日韩关系的基本特点是始终跳不出时好时坏的怪圈,是"近而远"的邻国。由于存在朝鲜核问题,日韩间已于上世纪末建立安全合作,并进行了韩日美"三国同盟"的布局。李明博政府和野田佳彦政府实际上已经推动韩日间建立起战略同盟。《韩日军事情报保护条约》的搁浅,是韩国民众反抗的结果。[③]

在中日钓鱼岛问题方面,周桐、宋晶认为,钓鱼岛领土之争有其背后的深层政治、经济动因。日本觊觎钓鱼岛潜在经济、政治及军事利益;美国干涉钓鱼岛问题是出于维护其世界霸权体系。东海海域潜在的经济价值是日本频繁动作的首要因素,而夺取钓鱼岛则是日本企图对我国东海海洋资源进行争夺的重要而关键的步骤。基于复杂的政治困境,日本视钓鱼岛为解决其国内和国际政治压力的契机。日本政府期望借中日钓鱼岛问题煽动民族情绪,将日本民众的政治关注焦点转移到国际争端上来,以重获国民支持。[④]

在朝韩问题研究方面,刘兴华指出,中国有必要在未来东北亚战略框架构建中,一方面强化中朝传统关系,另一方面确保地区安全局面和维护良好的周边环境。第一,通过次区域合作提高东北亚地区的融合度,并推动朝鲜参与国际合作。第二,中日韩领导人会议最有可能发展成制度化程度较高的东北亚地区合作机制,中国应推动这一机制在内容上拓展,形成阶梯式的合作进步。第三,公共外交在朝鲜半岛问题上的延伸应得到关注。第四,在既有经济关系中不断探索发展稳健的中朝政治关系的途径。[⑤]

在俄罗斯政治研究方面,杨雷提出,俄罗斯主张建立和完善全球治理的各项机制,在全球问题上提出自己的政策主张,再塑自己的大国地位;反对美国的单边主义;反对西方国家利用非政府组织对他国事务的干预。[⑥]由于俄罗斯现行对朝鲜半岛政策存在定位不清的问题,导致俄罗斯与半岛关系发展空间有限。因此,俄罗斯在朝鲜半岛事务中面临着被边缘化的危险。[⑦]中俄对朝鲜半岛的政策同大于异,在政策目标和基本内容上,中俄具有很多一致性;在政策的演变过程与限制因素方面,两国又存在差别。[⑧]

2. 东北亚区域合作模式研究

吴志成、杨娜指出,东亚地区治理机制的不完善使东亚跨国合作起点较低;资源缺乏阻碍东亚治理机制发展;复杂的国际关系导致多边合作动力不足;地区与全球层面暴露的问题影响治理效果;经济实力增长与全球治理影响力不同步。为此,东亚国家可以突破传统主权观念,协调区域内各国多样化治理理念;提高区域多边机制的效率、效力和合法性;探索在次国家层面开展全球治理合作;推动全球治理机制的改革和建设;借鉴世界其他地区治理机制建设的经验。[⑨]

彭支伟、刘钧霆提出,深入推进东亚区域一体化应当更加务实,可以重点推进以下方面:设立专门项目或者专业机构为企业提供有关 FTA 的信息服务和培训;强化区域内贸易与投资便利化,提高货物通关效率,促进区域内部投资和人员往来;加强地区基础设施整合,构建地区基础设施网,规划和建设区域陆海空交通网络,对现有的基础设施进行联网,力求实现交通网络的无缝对接;加速推进东北亚经济合作,建立中日韩自由贸易区,为建立更大范围的东亚自由贸易区打下基础。[⑩]

欧定余、陈维涛认为,以中国为代表的东亚 FDI(对外直接投资)多为出口导向型和效率追赶型。这表明中国作为东亚区域生产网络分工中的一员,正在积极参与全球价值链分工体系下的分工与合作。东亚生产分工与中国经济平衡、稳定和可持续发展相关性越来越强。但中国还处于生产价值链条的低端。随着经济发展水平的提高,中国在东亚生产分工体系中的作用将越来越大。[⑪]

**二、东北亚区域合作应用研究**

1. 中日韩合作研究

王立国、田香兰指出,21 世纪东北亚区域经济发展的主要特征是:东北亚各国战略互动增强;东北亚各国经济依存度提高；东北亚地区合作水平提高。环黄渤海地区经济合作发展应着重拓展合作思路；逐步推进构建统一开放的区域性共同市场；加强商品、资本、劳动力等三大要素的流动；加强海、空港物流领域交流与合作；促进造船、机械、汽车等产业交流与合作；加强高新技术领域交流与合作；发展产业集群、扩大区域合作；扩大教育、医疗、休闲、购物、旅游等领域交流与合作。产业合作将加快环黄渤海地区的经济发展。⑫

田香兰提出，绿色增长是中韩两国可持续发展的必然选择。绿色增长既是中韩两国保持经济平稳较快增长，实现可持续发展的必然要求，也是顺应全球低碳发展趋势的战略举措。中韩两国高速发展都以大量消耗能源为代价，因此不可能再通过无节制的排放来谋求经济高速增长。中韩两国政府都意识到未来经济发展只能走节能、绿色、低碳、持续的发展之路。因此，两国都强调政府、企业、非政府组织以及高校和研究机构共同行动起来促进绿色增长，也强调围绕绿色增长加强国际合作与交流。绿色产业无疑是环黄渤海地区新经济合作的最佳选择。⑬

曹标认为，中日韩三国服务贸易都存在结构调整的问题，可以分为三个阶段。中国三阶段呈步步走高的特点，每一阶段服务贸易结构相对稳定。日本在1986年之前和1991年之后服务贸易结构相对稳定，1986至1991年为调整期，1991年之后生产性服务贸易比重比1986年之前有大幅提高。日本服务贸易结构在较短时间内明显优化。韩国也面临贸易结构调整的问题，这种调整使韩国在1990年以前生产性服务贸易比重不断下降，1989年达到最低，之后较长时间维持在低水平，直到2006年才有明显提高并保持至今。⑭

2. 东北亚国家经济研究

(1)日本经济发展研究

在日本经济周期性研究方面，张兵指出，日本经济存在长度为15.2个季度(3.8年)的短周期波动，这与内需和外需的关系都非常密切，但受外需的影响更为显著。日本经济短期内难以走出萧条，只有真正确立“内需主导型”经济发展模式，才会有所好转。⑮

在日本与TPP研究方面，程永明提出，日本在TPP问题上政治意图大于经济意图，主要是配合美国的亚洲战略，试图与其共同主导TPP。TPP对日本经济来说是把“双刃剑”，一方面提供海外出口空间，提振经济，另一方面会冲击日本农业及渔业。⑯刘晨阳认为，日本参与TPP面临的制约因素主要包括：各党派和政府各部门之间争议很大，存在诸多难以调和的矛盾；虽然日本寄希望通过加入TPP推进农业改革，但实施难度非常大；日本在TPP某些议题的谈判中将面临一定压力。⑰

在日本文化产业研究方面，平力群指出，随着新兴经济体实力的增强，日本已无法继续依赖成本与质量优势在国际竞争中取胜。日本政府提出“文化产业”立国战略，希望通过支持文化产业的发展保持其国际地位。日本在文化产业立国目标下推进“魅力日本”战略。⑱

在日本高速铁路对经济影响研究方面，张书明等认为，日本新干线为日本经济及产业发展带来了重大影响，带动了沿线区域的经济发展，提升了发达中心城市以及日本全国的产业结构水平。⑲

在低碳技术研究方面，赵嘉、唐家龙指出，2006年3月日本提出开发国产飞机，重点推进环保动力技术，研制“清洁引擎”。日本防务省、文部科学省、经济产业省、国土交通省联合组织力量推进静音超音速飞机开发项目。⑳

在日本企业研究方面，平力群提出，天使投资税制也称“风险企业投资促进税制”，是激励投资行为的有效政策手段之一。日本天使投资税制改革内容与天使投资行为特征之间有高度相关性。天使投资税制改革激励天使投资，成为构筑资金筹集体系的重要制度。㉑尚艾认为，家训与社训、和合观、忠顺观、守成观对企业的传承与发展颇具影响力，是日本企业“长寿”之道。从家训到社训，作为企业内部自律方式，从伦理道德方面规范了企业的经营行为，并伴随企业成长不断完善，充分发挥自律作用，保证了企业的传承与发展。㉒

(2)俄罗斯经济发展研究

孙景宇提出，制度移植是转型方式的一种类型。当代，对制度移植的深入研究主要来自于对俄罗斯等转型国家所实行的“休克疗法”的观察，因而主要是在狭义转型，即传统社会主义国家向市场经济转型意义上进行的。狭义转型视角下的制度移植研究仅仅把俄罗斯等转型国家案例视为研究对象，相关研究总是基于下述两个原因裹足不前：第一，由于缺乏丰富的研究对象，对制度移植的研究更多的是在与中国式的渐进改革的比较中得以深化的，这使得对制度移植的认识有绝对化的倾向，认为制度移植从普遍的意义上来说必然导致失败。第二，由于俄罗斯等转型国家制度变迁的长期效果尚未充分显现，对制度移植的讨论往往缺乏充分的经验事实作为支撑，没有足够的说服力，容易引发争议。俄罗斯休克疗法没有成功实现制度移植的主要问题在于忽视了对慢动制度的诱导。因此，俄罗斯的转型并没有终结，而是处在制度变迁的起点。㉓

3. 东北亚能源问题研究

程永明提出，战后以来，日本能源利用结构一直存在诸多不稳定因素：一是能源进口依存度较高；二是电力能源市场发展空间有限；三是除石油、天然气和煤炭等化石能源外，可再生能源在电力结构中所占比率较低。从目前看，日本能源利用面临以下问题：一是能源进口依存度大，尤其是石油、天然气和煤炭等化石能源严重依赖进口，石油等资源严重依赖中东地区；二是能源利用多元化问题一时难以解决；三是核电站问题的出现。未来日本在能源利用方面将有如下发展趋势：一是在确保安全的前提下仍将逐步发展核电；二是大力发展新能源，提高其发电比重；三是提高能源利用率，促进节能技术研发；四是进行电力体制改革，加快智能电网发展。㉔

尹晓亮指出，日本能源外交决策体制由"行政中枢系统"、"智库咨询系统"和"情报提供系统"三个要件组成。日本借助能源外交政策及其实践，渐次构建完成了由"八大能源向度"组成的全球化能源供应体系，实现了全球化能源配置。日本在能源外交领域决策主体的模糊性、推进主体的"官民并举"、具体策略的综合性、外交立场的独立性、国际合作的广泛性等特点，在规避、弱化、稀释、分散、对冲和舒缓"流量约束"及其"六大风险因素"中发挥了关键作用，不仅未使"能源约束"成为其经济发展的瓶颈，而且在应对能源危机中表现出了很强的适应性、免疫力和恢复能力。㉕

## 三、天津与东北亚的合作研究

1. 天津滨海新区与东北亚区域合作研究

张炜、景维民指出，未来东北亚地区将以巨人的潜力成为世界重要的贸易中心。天津滨海新区作为我国参与东北亚区域合作的窗口，在今后的发展中不但应深化与日韩的经济协作，更应大力拓展与其他东北亚国家的贸易往来，并积极融入到东北亚经济圈中，以便进一步提高新区经济水平，带动周边腹地相关产业的发展。为此，滨海新区可以加大招商引资力度，加快外资、合资企业本土化进程，促进新区与俄罗斯的贸易合作。㉖

2. 天津借鉴东北亚经验发展服务业研究

周桂荣、倪鹤提出，天津服务业无论是与国际大都市相比，还是与国内大城市相比，起步比较晚，总量低、规模小。因此，总结并借鉴不同国家服务业发展的思路，调整定位，具有重要的现实意义。日本大阪服务业演进特点主要包括：制造业的发展直接带动生产者服务业发展，由服务业衍生服务业，服务业的聚集倾向明显，与东京服务业区别发展。对天津的借鉴体现在：挖掘传统产业发展空间，打造产业园区品牌，加大政策支持力度，加强地区间交流合作。㉗

（本文作者：李冰，天津社会科学院东北亚研究所助理研究员、《东北亚学刊》编辑部主任）

注释：

①金东日：《国家构建的要件：以日本近代化过程为例》，《广东社会科学》2012年第3期。

②张鹤丽：《国家利益与政府行为——日本的政党政治对国家利益的影响》，《辽宁行政学院学报》2012年第2期。

③曹中屏：《近年来韩日关系状况及其评估》，《东北亚学刊》2012年第5期。

④周桐、宋晶：《钓鱼岛争端原因分析及中国的出路探索》，《学理论》2012年第30期。

⑤刘兴华：《朝鲜政局与中国的东北亚战略》，《现代国际关系》2012年第1期。

⑥杨雷：《俄罗斯的全球治理战略》，《南开学报》（哲学社会科学版）2012年第6期。

⑦杨雷：《论俄罗斯与朝鲜半岛的关系》，《俄罗斯学刊》2012年第5期。

⑧杨雷：《中俄在朝鲜半岛问题上的战略协作》，《太平洋学报》2012年第7期。

⑨吴志成、杨娜：《全球治理的东亚视角》，《国外理论动态》2012年第10期。

⑩彭支伟、刘钧霆：《东亚经济合作的现状、趋势与展望》，《经济问题探索》2012年第3期。

⑪欧定余、陈维涛：《东亚区域生产网络分工下的"FDI贸易关联"——基于中国数据的引力模型实证分析》，《财经问题研究》2012年第1期。

⑫王立国、田香兰：《环黄渤海地区经济发展与合作的战略构想》，《天津大学学报》（社会科学版）2012年第1期。

⑬田香兰：《促进环黄渤海地区绿色增长与新经济合作——"第七届中韩环黄渤海合作·群山论坛"综述》，《东北亚学刊》2012年第5期。

⑭曹标：《中日韩服务贸易结构比较研究》，《亚太经济》2012年第4期。

⑮张兵:《日本经济周期波动影响因素的交叉谱分析》,《现代日本经济》2012 年第 6 期。

⑯程永明:《日本利益团体在加入 TPP 谈判中的博弈》,《东北亚学刊》2012 年第 2 期。

⑰刘晨阳:《日本参与 TPP 的政治经济分析》,《亚太经济》2012 年第 4 期。

⑱平力群:《从振兴内容产业看日本国家软实力资源建设》,《日本学刊》2012 年第 2 期。

⑲张书明、王晓文、王树恩:《高速铁路对制造业区位选择及产业结构的影响——以日本高速铁路为例》,《山东建筑大学学报》2012 年第 6 期。

⑳赵嘉、唐家龙:《欧美日低碳航空科技研发趋势及政策启示》,《科学管理研究》2012 年第 4 期。

㉑平力群:《浅谈日本天使投资税制改革及其影响》,《东北亚学刊》2012 年第 3 期。

㉒尚艾:《日本企业长寿之道的文化解读》,《日本问题研究》2012 年第 1 期。

㉓孙景宇:《广义转型视角下的制度移植——日本明治维新与俄罗斯休克疗法的比较研究》,《经济社会体制比较》2012 年第 2 期。

㉔程永明:《野田内阁的能源对策及日本能源利用展望》,《现代日本经济》2012 年第 2 期。

㉕尹晓亮:《日本能源外交与能源安全评析》,《外交评论》(外交学院学报)2012 年第 6 期。

㉖张炜、景维民:《滨海新区:面向东北亚区域合作的窗口》,《现代管理科学》2012 年第 7 期。

㉗周桂荣、倪鹤:《班加罗尔、大阪服务业发展思路对天津的借鉴》,《经济界》2012 年第 1 期。

**【无形资产研究综述】** 2012 年,天津市无形资产研究取得了较丰硕成果。

**一、无形资产会计与管理问题研究**

张瑶、白耀正认为,新会计准则在内部开发无形资产的确认、初始计量和摊销三个方面还存在一定的不足,应当通过出台会计准则解释明确研究阶段与开发阶段划分标准和摊销方法,并采用公允价值作为计量属性。①

杨菁宜从财务会计与税务会计两个角度入手,通过分析无形资产减值的会计核算,以期在某种程度上加深企业对无形资产所得税扣除规定理解的同时了解两类会计的不同之处。②

韩春苗等利用修正的 Jones 模型衡量盈余水平,建立无形资产减值准备的计提比例与盈余管理水平的多元线性模型,回归结果发现:现行资产减值制度下还存在相当部分上市公司利用无形资产减值准备来操纵盈余的现象,且无形资产减值准备的计提比例与盈余管理水平呈显著正相关。③

孙凤莲从自创无形资产的特点入手,以会计准则和审计准则为标准,分析了自创无形资产审计在各阶段中出现的问题并提出解决对策,旨在为我国自创无形资产审计实务提供一些参考。④

苑泽明等依据技术创新理论、核心竞争力理论和资源基础理论对无形资产指数的影响因子进行分析,构建了无形资产指数,以评价企业技术创新能力、市场竞争能力和企业发展潜力。⑤

梁宏阐述了当前高校无形资产的分类,对高校无形资产管理存在的问题进行了剖析,并借鉴企业无形资产的开发策略,提出了当今高校无形资产"有形化"管理的方法和策略,包括无形资产清查登记、培养专业管理人员、加强与校外企业合作等。⑥

杨彦柱、谭文对无形资产的运营效率进行了评价,提出从定量和定性两个方面构建无形资产运营指标体系,同时修改和补充现存并不完善的财务指标,设计定量分析的非财务指标的建议。⑦

**二、知识产权融资问题研究**

姚王信、张晓艳在理论和政策分析的基础上,运用因子分析法,对知识产权融资能力的影响因素进行了筛选和重分类,构建出知识产权融资能力评价模型,并据以计算知识产权融资指数(EIPFI);同时作为应用示例,构建了业绩评价总指标(MPI),利用 2009 年度 101 家信息技术类上市公司的相关数据,考察了 EIPFI 和 MPI 之间的关系,揭示了知识产权融资目标与公司业绩管理目标之间的内在一致性,为公司加强以融资为目的的知识产权管理提供了依据。⑧

苑泽明、马涛从知识产权投资入股、知识产权抵押贷款、知识产权证券化、知识产权回收、知识产权信托等方面为科技型中小企业提供了创新的融资模式,最后针对知识产权的特征、知识产权融资的独特性及其融资瓶颈和影响因素,从宏观、中观、微观三个层面提出对策建议。⑨

丁晓玥等针对我国医药企业知识产权质押融资贷款企业数量少,知识产权抵押贷款额度低,知识产权质押还款期限短等问题,从融资模式确定、知识产权价值评估、知识产权管理等方面为我国医药企业进行知识产权质押融资提供策略。⑩

齐盼盼等提出了知识产权质押融资风险因素理论体系,剖析了知识产权质押融资风险因素并据此构建了风险影响因素指标模型。⑪

章洁倩通过调查分析、专家访谈等方法确定了知识产权质押融资风险评价的具体指标,并运用层次分析法,确定各指标的权重,构建了知识产权质押融资风险评价指标体系。[12]

唐骁认为,信用评级的复杂性、风险变现的困难性以及不健全的法律制度都影响了中小企业知识产权质押融资的发展,主张建立完善的信用评级机制,填补立法的空白,改革现有的知识产权的交易平台。[13]

**三、知识产权估价问题研究**

赵雅玲、华欣认为,科学的估价方法可以得到合理的估价结果,以降低企业知识产权融资风险。作者研究了竞争利益估价法的特征和操作过程,以期通过该方法促进国内知识产权估价和融资的发展。[14]

张颖颢认为,企业知识产权战略的两大支柱是技术创新和品牌建设,当品牌与创新结合起来的时候,企业的能量才能发挥到最大。我国实施知识产权战略是小微企业增强市场竞争力和综合实力的重要手段,因而其在小微企业发展壮大的过程中起着决定性的作用。[15]

姚远认为,由于缺乏国家的支持,英国的知识创新体制发展过程十分曲折。但英国知识创新体制发展的民间性特点却有利于最大限度地激发民间力量,增强知识创造者对自身事业的认知能力和管理能力。而学术优先权观念及其保障制度的产生和版权概念的变革是英国知识产权保障制度发展的主要特点。[16]

姚王信等认为,知识产权担保形式的财产权质押说已经为我国的法律所固定下来,但在理论上仍存在争议;争论的经济后果之一,是作为担保物的知识产权容易遭受歧视,从而降低了知识产权的实际融资能力,不利于知识产权的全面利用;解决知识产权担保物歧视问题的关键是恢复人们对知识产权担保价值的信心。[17]

姚王信、苑泽明认为抵押和质押是财产权担保的两种形式,学界对知识产权担保采用质押说有支持和反对两种观点。理论分析和融资实务均表明,采用质押说助长了知识产权担保歧视现象。知识产权价值是知识产权能够实现担保功能的基础,借助法律经济学分析框架,能够从法律和经济学两个角度分别阐释知识产权融资担保歧视问题,进而构建以知识产权担保价值为核心的、解决知识产权担保歧视问题的四大对策体系。[18]

陈洁认为,知识产权质押价值评估的前提是需要对其评估价值类型及其评估假设进行深入分析,通过研究得出知识产权质押评估的价值类型是质押(市场)价值;其假设条件包括交易假设、公开市场假设、持续使用假设等一般性假设,还包括借款企业的经营状况、经营环境等一系列具体假设。[19]

苑泽明等以知识产权的市场价值作为质押价值标准,在市场调查的基础上,通过因子分析法构建专家打分表,确定知识产权质押价值评估收益分成率的影响因素体系及其权重。[20]

**四、知识产权法律保护问题研究**

郭宁在对部分服务外包企业进行大量调研的基础上,结合区域经济的特点,分析了当前滨海新区服务外包企业知识产权保护的现状,并针对存在问题进行探索。[21]

史玲、王英军认为,我国现行知识产权法中的损害赔偿制度缺乏可操作性,难以打击知识产权侵权、保护受害人权益;而惩罚性赔偿具有补偿功能、制裁功能、遏制功能;并且我国目前已具有适用惩罚性赔偿的现行立法经验和理论研究成果,因而在该领域内引入惩罚性赔偿制度不仅必要而且可行,因此,对构建我国现行知识产权侵权惩罚性赔偿制度提出了建议。[22]

谢静认为,利益平衡论作为法理上的一个重要理论,对于解决法益之间的冲突与协调问题发挥着十分重要的作用。知识产权法与反垄断法对于协调私人利益与社会公益,促进经济的发展都起着十分重要的作用,但二者在诸多方面也存在着冲突,如何利用利益平衡论更好地解决这个问题,更好地实现不同法益之间的和谐尤为重要。[23]

徐大为等认为,知识产权工作存在知识产权保护及转化意识薄弱,知识产权管理制度缺乏系统性,缺乏配套经费资助,缺乏对植物新品种保护的认识等问题,因此进一步加强知识产权工作,如提高知识产权保护意识、建立系统的知识产权管理制度、加大资金扶持力度和加强植物新品种保护的研究等。[24]

蔡晓东认为,在 WTO 时代,正确地认识到知识产权保护发展的两个方面很重要,即:当多边知识产权保护协议的谈判陷入僵局时,就将知识产权问题与双边贸易协议挂钩,双边自由贸易协定(即 FTAS)的大量出现就是例证;当多边贸易协议的谈判陷入僵局时就将知识产权问题的与贸易协议脱钩,签订了最新的反假冒贸易协议(即 ACTA)。[25]

王宏军通过中美两国的对比发现知识产权扩张在美国首先表现为"从民到官",进而"从国内到国际",而在我国却首先表现为"从国际到国内",进而"从官到民";并且,知识产权在我国的扩张,受到美国等西方国家的深刻影响。知识产权扩张在中美两国所产生的主要后果呈现出明显的"双重性"。㉖

**五、商标权和专利权研究**

王宇飞等以中、美、欧法院的相关案件为研究对象,探讨"关键词检索"商标侵权案件中的一些焦点问题,并以此延伸到商标侵权责任构成中的一些重要理论方面。㉗

俞风雷、张瑞琳综合分析我国国情及驰名商标认定的现状及《商标法》的宗旨与国家知识产权战略要求,认为目前引入淡化理论还为时过早,不会起到相应的积极作用;建议此次修改中完善驰名商标特殊保护的重点工作还应是进一步加强混淆保护制度,并在此基础上为今后的淡化理论植入做铺垫。㉘

蔡晓东以美国司法实践为视角,探讨了互联网关键词检索和网络广告商标侵权。㉙

温明等基于以往对专利评价指标及评价体系的探索,利用模糊数学方法构建了一种专利价值综合评价模型:首先通过层次分析法确定各评价指标的权重值;然后计算出各评价指标的隶属度,最终根据最大隶属度原则确定出被评专利价值的等级。㉚

**六、品牌研究**

汪波、张琳利用系统理论,从品牌的市场表现、品牌的管理能力、品牌的基础能力和宏观环境要素四方面建立了品牌竞争力综合评价指标体系,通过Dirichlet 模型和专家打分方法计算部分指标,以提高结果的客观性和准确性;同时以2010 年中国糖果市场为例,计算出该市场三大生产商的品牌竞争力指标值,结果有较强的解释能力与预测能力。㉛

齐亚芬以无形资产品牌的内涵及作用为出发点,从个性突出、特色鲜明,出版资源优先独占,图书质量取胜,强化服务意识形成品牌四个方面阐述了出版企业无形资产品牌的培育,并进一步阐述了出版企业无形资产品牌的融资及延伸,最后提出了对出版品牌的保护措施。㉜

王熹阐述了品牌价值的内涵,通过品牌价值评估指标的选择,确定了评估的指标,重点阐述了客户导向、财务导向以及客户与财务导向相结合的三种品牌价值评估方法,以期为企业进行品牌价值评估与管理提供参考。㉝

李珂珂、马大力分析了休闲装品牌同质化的必然性,并指出其危害,建议休闲装品牌深入挖掘其本质,提高品牌价值,进行差异化定位;强化品牌传播,以提高企业的知名度和品牌价值。㉞

梁宏从高校品牌含义入手,分析了目前高校在品牌塑造中的问题所在,有针对性地对高校品牌塑造过程中可以采取的策略进行了理论分析。㉟

毕小青、郭芳从品牌定位、品牌元素、营销方案、营销传播、次级品牌杠杆、提升和维系品牌资产六个方面对老字号品牌战略管理进行了总结,指出了老字号品牌管理中存在的问题,并提出了相应对策。㊱

**七、著作权和版权研究**

王秋利通过对美国 Napster 案、全球首例 BT 侵权案及大陆首例 P2P 侵权案等案例的分析,探讨了现有法律下 P2P 软件最终用户和 P2P 软件提供者的法律责任,通过对可能的解决方法的比较分析,指出著作权补偿金制度是解决 P2P 软件法律难题的最佳方法。㊲

曹真、天则认为不少版权人诉讼得到的结果却是"赢了官司赔了钱"的根本原因是我国至今没有一个切实可行的"在没有协议情况下由主管当局规定"的合理报酬标准,并分析了制定作品使用政府指导价的必要性。㊳

黄璟分析了我国文学作品被网络侵权的现状;对网络著作权和传统著作权做出比较研究,总结了文学作品网络侵权行为具有侵权地域广、侵权损失后果更加严重、侵权行为具有隐蔽性等特征,提出了解决文学作品网络侵权问题的对策。㊴

徐璐、王福蕊认为网络音乐作品的传播和下载引发的侵权问题,成为网络时代音乐著作权法律保护所面临的全新课题。㊵

蔡晓东认为数字千年版权法把知识产权当做私有财产,其中规定的接触控制技术不仅有碍于消费者欣赏作品,而且给他人利用已出版的版权材料创造新作带来不便;版权保护措施反规避条款,特别是其禁止规避技术交易的规定,减少了传统版权法所允许的他人使用版权作品的机会;另外,区分版权接触控制技术和版权权利保护措施有利于作品的合理使用。㊶

陈景海、李祥莹认为我国对网络著作权的立法相对滞后，不能满足现实生活中保护网络著作权的需要，因此对网络著作权法律保护及合理使用等提出了相关的建议，以便达到网络环境下作者与使用者之间的新的利益平衡，使我国网络著作权保护的法律体系逐步走向成熟。[42]

袁巍结合当前国际上著作权资产证券化的成功经验，总结了著作权资产证券化的基本原理；对我国实施著作权资产证券化的可行性进行了分析，并对我国宜采用的交易结构进行了具体设计。[43]

（本文作者：王红，天津财经大学现代无形资产研究所研究实习员；苑泽明，天津财经大学教授、博士生导师、天津现代无形资产研究所所长）

**注释：**

①张瑶、白耀正：《内部开发无形资产会计处理问题研究》，《会计之友》2012 年第 5 期。

②杨菁宜：《谈现代企业无形资产减值的会计核算》，《会计之友》2012 年第 9 期。

③韩春苗、李秀凤、苑泽明：《新准则下上市公司盈余管理研究——针对无形资产减值的盈余管理实证研究》，《改革与战略》2012 年第 6 期。

④孙凤莲：《自创无形资产审计的探讨》，《商业会计》2012 年第 23 期。

⑤苑泽明、宫成芳、张悦、邓伟丽：《无形资产指数——理论模型构建》，《理论研究》2012 年第 4 期。

⑥梁宏：《对地方高校无形资产管理若干问题的思考》，《长春师范学院学报》2012 年第 7 期。

⑦杨彦柱、谭文：《关于无形资产运营评价体系改进的思考》，《商业时代》2012 年第 10 期。

⑧姚王信、张晓艳：《基于因子分析法的知识产权融资能力评价》，《科技进步与对策》2012 年第 9 期。

⑨苑泽明、马涛：《科技型中小企业融资模式创新研究》，《会计之友》2012 年第 17 期。

⑩丁晓玥、潘勤、孙琳、梁毅：《我国医药企业知识产权质押融资现状及融资策略研究》，《中国执业药师》2012 年第 8 期。

⑪齐盼盼、杨晓晔、牛诺楠：《知识产权质押融资风险评价模型研究》，《会计之友》2012 年第 9 期。

⑫章洁倩：《知识产权质押融资风险评价指标体系构建》，《Proceedings of International Conference on Engineering and Business Management》（EBM2012）2012 年 3 月 26 日。

⑬唐骁：《知识产权融资担保的法律障碍和问题》，《法制与社会》2012 年第 8 期。

⑭赵雅玲、华欣：《CAV 估价方法在知识产权融资中的应用研究》，《会计之友》2012 年第 2 期。

⑮张颖颢：《小微企业实施知识产权战略的重要意义》，《商业文化》2012 年第 4 期。

⑯姚远：《英国近代知识产权制度与出版制度的流变》，《出版广角》2012 年第 5 期。

⑰姚王信、王红、苑泽明：《知识产权担保融资及其经济后果研究》，《知识产权》2012 年第 1 期。

⑱姚王信、苑泽明：《知识产权融资中的担保歧视问题研究》，《西南财经大学学报》2012 年第 2 期。

⑲陈洁：《知识产权质押评估价值类型及其评估假设研究》，《商业会计》2012 年第 17 期。

⑳苑泽明、李海英、孙浩亮、王红：《知识产权质押融资价值评估——收益分成率研究》，《科学学研究》2012 年第 6 期。

㉑郭宁：《滨海新区服务外包知识产权保护现状与对策》，《区域经济》2012 年第 3 期。

㉒史玲、王英军：《惩罚性赔偿制度在我国知识产权法领域的适用》，《法学研究》2012 年第 1 期。

㉓谢静：《从利益平衡论谈反垄断法与知识产权法的冲突与协调》，《法学研究》2012 年第 6 期。

㉔徐大为、邢克智、崔晶、郭永军：《关于增强农业高校知识产权创新能力的研究》，《农业科技管理》2012 年第 2 期。

㉕蔡晓东：《后 TRIPS 协议时代的贸易协定与知识产权条款》，《西南政法大学学报》2012 年第 1 期。

㉖王宏军：《中美两国知识产权扩张的立法路径差异分析》，《天津商业大学学报》2012 年第 3 期。

㉗王宇飞、雷艳珍、曹新明：《“关键词检索”中的商标侵权问题》，《天津师范大学学报》2012 年第 4 期。

㉘俞风雷、张瑞琳：《对我国商标法植入淡化理论的再思考》，《天津大学学报》2012 年第 4 期。

㉙蔡晓东：《互联网关键词检索和网络广告商标侵权探微——以美国司法实践为视角》，《辽宁师范大学学报》2012 年第 3 期。

㉚温明、孙鹤、涂洪谊：《专利价值的模糊综合评价模型》，《统计与决策》2012 年第 17 期。

㉛汪波、张琳：《基于 Dirichlet 模型的品牌竞争力综合评价指标体系研究》，《天津大学学报》2012 年第 5 期。

㉜齐亚芬：《基于出版品牌视角的无形资产管理》，《环渤海经济瞭望》2012 年第 10 期。

㉝王熹：《品牌价值评估体系及其方法选择》，《价格理论与实践》2012 年 03 期。

㉞李珂珂、马大力：《我国休闲装品牌的同质化现象解析》，《纺织科技进展》2012 年第 5 期。

㉟梁宏：《影响高校品牌价值的因素分析》，《长春理工大学学报》2012 年第 9 期。

㊱毕小青、郭芳：《谈老字号品牌战略管理》，《中国经贸导刊》2012 年第 35 期。

㊲王秋利：《P2P 技术下著作权侵权行为的法律保护》，《山西省政法干部管理学院学报》2012 年第 3 期。

㊳曹真、天则：《隆起版权保护的“牛鼻子”》，《科技与出版》2012 年第 2 期。

㊴黄璟：《浅谈文学作品的网络侵权》，《法制与经济》2012 年第 4 期。

㊵徐璐、王福蕊：《浅析网络音乐作品著作权的保护问题》，《法制与经济》2012 年第 7 期。

㊶蔡晓东：《数字化作品版权保护技术措施与法律规制》，《编辑之友》2012 年第 3 期。

㊷陈景海、李祥莹：《我国网络著作权的法律保护及完善》，《世纪桥》2012 年第 7 期。

㊸袁巍：《以著作权资产证券化促进我国文化产业发展》，《前沿》2012 年第 12 期。

【电子商务研究综述】 2012年,天津市学者对电子商务理论、技术、营销模式多元化、电子商务在经济发展中的作用等问题进行了研究,出版和发表了许多成果。综述如下。

**一、电子商务算法研究**

卢志刚、张晓旭针对电子商务声誉联盟的声誉能力、声誉风险和声誉成本三个主要分配因素存在模糊性和随机性的缺点而难以得到量化,以及Shapley值法本身存在的局限性,利用云重心评判法对Shapley值法进行修正。云理论主要体现定性与定量之间的不确定性转换,有效地解决概念的模糊性和随机性。修正后的Shapley分配法有效地提高了联盟分配的准确性,并通过算例证实了此方法的合理性和适用性。①

杨静着眼于研究用户和商品数据的急剧增加所造成的电子商务推荐系统推荐质量下降的问题,选择抽样算法结合前瞻算法进行数据过滤,进而据此构建系统结构框架,使系统推荐结果的质量和系统的性能有较大提高。②

薛福亮、张慧颖针对协同过滤推荐算法面临数据稀疏特征时推荐效果较差,存在冷启动、稀疏性、可扩展性等问题,提出应用径向基函数神经网络(RBFN)去解决传统协同过滤的缺点,有效地对稀疏性数据进行平滑处理,得到消除稀疏性后的完全评价矩阵。并提出通过模糊自适应共振神经网络对用户相似性聚类进行改进,进行实时推荐。实验评价结果表明,该方法与传统协同过滤推荐方法相比,无论在推荐精度还是推荐相关性上都更为有效。③

卢志刚针对电子商务声誉具有模糊、主观、动态的特性,提出一个对电子商务声誉进行综合评价的多层次模糊评判模型。对电子商务声誉进行模糊逻辑描述,建立论域以及论域上的模糊集,通过隶属度函数对各个阶段电子商务交易进行多级模糊评判;针对如何整合群体意见,提出一种模糊灰色关联层次分析法计算因素重要性程度的方法。④

宋贺针对C2C电子商务物流企业选择的问题,提出一种结合信息熵、AHP以及TOPSIS的改进算法,将定性和定量两方面的分析方法相结合,既包含了物流企业的既往表现数据,又结合了用户的个性化需求,并通过实验数据证明了该改进算法的可行性。⑤

**二、电子商务安全研究**

王璐、亢保元对秦艳琳、周立章等提出的代理盲多重签名方案的安全性进行分析,提出了代理签名私钥伪造攻击和代理签名伪造攻击。在秦艳琳等人方案的基础上,提出一个改进的代理盲多重签名方案,并分析了新方案的安全性,证明了该方案克服了上述两个伪造攻击,满足不可伪造性和其他安全特性。⑥

穆怀全为了减轻密钥泄露给信息安全带来的严重后果,提出了一种同时具有前向和后向安全性的数字签名方案。基本思想是将一对公钥和私钥的有效期分为若干个时间段,验证签名用的公钥一直保持不变,而私钥却是利用单向函数和前一时间段的私钥产生的。这样,每一时间段的签名私钥都互不相同,使得攻击者即使窃取当前时间段的私钥也无法伪造过去时间段的签名。而且不管哪一时间段的签名都用同一个公钥进行签名验证。同时在密钥更新后的每个时间段内又增加了密钥不定时的更新,该更新使得只要总部和签名者不被同时攻破就能保证密钥的安全,即使被同时攻破,密钥更新也能保证签名体系的前向安全性。⑦

随着我国电子商务的蓬勃发展,因电子签名产生的纠纷也随之而来。认证机构性质的不同,导致认证机构与签名人、电子签名依赖方的法律关系也不同,从而导致认证机构的责任性质及责任承担的区别。李士萍、吴博健对自建CA、许可CA的责任进行了明确,并对电子签名认证机构的责任了进行完善。⑧

刘蓓在阐述电子商务项目的含义及电子商务项目的含义及特点的基础上,分析了电子商务项目风险的类型,研究了电子商务项目风险管理的流程。⑨

**三、电子商务经济学研究**

电子货币发展带来的风险越来越引起重视,必须对电子货币加以约束和规范。董蕴琳从电子货币支付模式出发,从电子货币发行机构、消费者和商家、传输机制三个层面探讨我国在电子货币发展中存在的问题,针对性地提出了实施有效监管、完善支付清算体系、防范电子货币洗钱等一些建议。⑩

张斯琪以目前网络社交网站上流通的主要虚拟通货为研究对象,运用规范研究的分析方法,从虚拟通货的产生、界定及现状入手,将虚拟通货在实际流通中的已有和潜在的风险进行了阐述,并就其风险产生的原因、性质进行了细致剖析,进而对其存在的风险提出了相关防范对策，得出政府需逐步加强监管和引导的结论。[11]

陆程程从经济学的角度分析电子商务对经济增长的宏观及微观层面的作用。在微观经济分析中，认为电子商务对经济增长的影响主要取决于农业产品在总产品中所占比重。在宏观经济分析中，认为电子商务产业中消费市场的增长、投资范围的扩大以及政府购买和政策导向的支持均对我国经济增长产生重要的影响。随着网民数量的规模性增长与国民经济的稳步提升，以 B2B 和网购为主要代表的电子商务产业将为我国经济发展作出更大的贡献。[12]

**四、电子商务实证研究**

赵科翔、陆程程在数据整理的基础上，采用主成分分析的方法探究 C2C 过程中影响供需双方行为的各类指标以及在 C2C 过程中消费者的网购偏好。在消费者购买商品的偏好因素上，得出了三个主成分，其中，起决定性作用的是商品的可信度。而消费者能够得到的直接信息与辅助信息也是很重要的评价指标。[13]

胡倩对淘宝网某特定豆浆机市场进行实证研究，结果验证了电子商务中羊群效应的存在。研究发现，历史销量排名越高的产品，在未来更容易占领更大的市场。[14]

胡海清等从网络信息对消费者购物行为刺激的角度，研究信息丰富度、声誉、采购成本、线上渠道模式以及产品类型对购买行为的影响。通过淘宝网实际交易数据，利用 SmartPLS 验证模型，结果发现信息丰富度、采购成本和产品类型对消费者购买行为影响显著，渠道模式可以调节采购成本对购买行为的影响，并且相对于特殊品而言，日用品对购买行为的影响更高。[15]

张援越从运力供给、行业利润、发展模式和不可抗因素等几个方面分析了快递爆仓的成因，在此基础上，从增加运力供给、制定合理价格、转变经营模式、构建应急预案等角度提出了针对性的措施。[16]

严建援等针对商家营销策略对消费者选择商品时所表现出的折中效应的影响进行研究，分类探讨了不同类型营销策略对不同类型商品折中效应的影响。结果显示，消费者在购买便利品或购物品时都表现出折中效应；且价格策略和促销策略都会弱化消费者选择便利品或购物品时所表现出的折中效应；相对购物品，消费者在购买便利品时，两类营销策略对折中效应的影响程度更大；当消费者购买便利品时，与促销策略相比，价格策略会在更大程度上影响折中效应。基于以上分析，B2C 商家应加大对便利品销售采取价格策略的频率和力度；提高提示性、比较性信息的可信度。[17]

高宏、姚娟研究了电子商务中信誉的起源和形成机制，形成了一套可以用于实验和预测消费者在线购买行为的理论框架。作者构建了综合性多维模型，分析了每个因素的作用和重要程度，讨论了消费者信誉和购买欲望之间的交互作用，并提出了电子商务中提高信誉的解决方案。[18]

席亚辉对国内产品评论中的垃圾评论进行了分类，然后使用机器学习的方式将评论分级。实验显示，在手机、数码摄像机、笔记本电脑的产品评论中，综合使用三种特征进行分级能达到最高的准确度。[19]

**五、电子商务营销模式研究**

许文萍、陈通以“有形产品电子商务平台”（PECPTP）的建设和发展为研究的核心目标，论述了在我国发展有形产品完全电子商务平台的现实契机，提出了建设 PECPTP 的初步构想。PECPTP 将信息流、资金流、物流三流统一于平台业务系统，完全理想模型环境下，“平台经济”有助于实现社会资源的全面、优化配置与个体最优选择，也将有效促进劳动生产率发展，提高消费者剩余和产品质量。[20]

郭健等阐述了电子商务中个性化定价的定义及其特点，提出个性化定价实际上是与个性化促销紧密相连的，它不仅能够有助于商家提高利润，同时也能够使得消费者享受到个性化的服务，提高客户满意度。商家在个性化价格的制定过程中，应当为支付不同价格的顾客提供不同的服务，而不是简单地根据客户支付意愿索取不同价格，这样才能够起到良好的促销效果。[21]

团购模式既填补了传统网络购物中美容、餐饮、娱乐等服务性消费较少的空白，也以其价格低廉的特点吸引了更多买家的加入。但由于缺少行业标准，缺乏规范管理，团购过程中出现了许多损害消费者利益的问题。对此，陈滢建议通过建立团购市场行业标准、信用评价体系、保障金制度等方式，规范化管理网络团购市场。[22]

易物随着互联网的发展迅速崛起，但在不断发展中易物的主要盈利仍以广告为主，袁建宇通过从高度细分客户、企业间密切合作、信息平台中介和增值服务等几个方面论述易物的多角化盈利模式,帮助易物解决单一盈利模式带来的发展困境。㉓

廖岚岚针对目前我国没有水果零售电商面向大众的情况,描述了我国目前水果销售电商的现状,预测了水果零售电商大众化的发展特点;分析了我国水果零售电商大众化的优势,并以水果零售电商为核心企业对水果零售供应链进行了重构和整合,提出水果零售电商大众化的策略。㉔

2012年电子商务市场O2O模式悄然兴起,赵春兰以客户关系管理的视角对电子商务O2O模式的发展现状进行分析,提出了两点思考,从客户需求和数据挖掘方面发掘商机。㉕

孙蕾使用SWOT分析法研究当前第三方支付行业的内外环境,提出第三方支付具有支付便捷、扩展性强等优势,也面临制度不完善、行业发展不平衡等问题。针对电子商务的发展,作者提出构建产业环境,进行产业链整合、促进企业内部电子商务与ERP、CRM的融合等对策。㉖

(本文作者:高宏,天津大学信息管理与管理科学系主任,副教授;杨一非,天津大学管理与经济学部硕士研究生)

**注释:**

①卢志刚、张晓旭:《基于云重心Shapley值法的电子商务声誉联盟利益分配策略》,《计算机应用》2012年第10期。

②杨静:《电子商务推荐系统的数据过滤》,《科技和产业》2012年第6期。

③薛福亮、张慧颖:《一种基于径向基函数与模糊自适应共振的电子商务推荐方法》,《计算机应用研究》2012年第4期。

④卢志刚:《主观电子商务声誉双模糊综合评价模型》,《计算机工程与应用》2012年第29期。

⑤宋贺:《C2C电子商务物流企业选择的TOPSIS改进算法》,《中国经贸导刊》2012年第14期。

⑥王璐、亢保元:《对两个代理盲多重签名的分析和改进》,《计算机与数字工程》2012年第10期。

⑦穆怀全:《浅析基于数字证书的数字签名及其应用》,《天津职业院校联合学报》2012年第8期。

⑧李士萍、吴博健:《试论我国电子签名认证机构的民事责任》,《法制与社会》2012年第13期。

⑨刘蓓:《浅谈电子商务项目的风险管理》,《中国电子商务》2012年第17期。

⑩董蕴琳:《我国电子货币存在的问题及对策研究》,《华北金融》2012年第4期。

⑪张斯琪:《虚拟通货风险及其对策初探》,《中国行政管理》2012年第11期。

⑫陆程程:《电子商务对经济增长作用的经济学分析》,《中国市场》2012年第19期。

⑬赵科翔、陆程程:《C2C网络购物偏好影响因素实证分析》,《企业活力》2012年第12期。

⑭胡倩:《C2C电子商务中羊群效应的研究》,《价值工程》2012年第2期。

⑮胡海清、严建援、许垒:《信息丰富度、采购成本、线上渠道模式对购买行为的影响研究》,《管理评论》2012年第5期。

⑯张援越:《电子商务环境下快递爆仓成因及对策研究》,《物流技术》2012年第7期。

⑰严建援、郭海玲、戢妍:《基于B2C电子商务平台的营销策略对折中效应的影响研究》,《管理评论》2012年第11期。

⑱Hong Gao&Jan Yao,"A Multi - Dimensional Trust Model in E - commerce", Computer Science and Automation Engineering (CSAE),2012 IEEE International Conference on May 2012.

⑲Yahui Xi,"Chinese Review Spam Classification Using Machine Learning Method",2012 International Conference on Control Engineering and Communication Technology.

⑳许文萍、陈通:《"有形产品完全电子商务平台"应用构想及实现契机》,《天津大学学报》(社会科学版)2012年第1期。

㉑郭健、郭华、张仲:《电子商务的个性化定价研究》,《价格理论与实践》2012年第10期。

㉒陈滢:《浅析网络团购市场的规范化管理》,《江苏商论》2012年第6期

㉓袁建宇:《网络易物的发展及盈利模式创新探析》,《商业经济》2012年第9期。

㉔廖岚岚:《我国水果零售电子商务的大众化研究》,《广东农业科学》2012年第21期。

㉕赵春兰:《以CRM的视角看电子商务O2O模式的兴起》,《中国商贸》2012年第34期。

㉖孙蕾:《第三方支付行业SWOT分析及发展对策研究》,《中国商贸》2012年第5期。

# 法　学

**【法学研究综述(一)】** 2012年,天津的法学研究取得了较丰硕的成果。从《中国期刊全文数据库》进行法学检索域中搜索2012年天津作者的文章,总共搜索到926篇,其中CSSCI期刊论文87篇。本综述大致按法学二级学科,分别选取重要的问题,综述不同的学术观点,以展现本年天津法学研究的状况。

## 一、法学理论研究

针对判例标题的结构与功能,刘风景指出,我国最高法院公报登载的民事判例标题的结构是:原告当事人+诉(与)+被告当事人+案由+案。为了进一步完善判例制度,我国判例标题的设置应在要素齐全情况下尽量简明;根据案件类型,准确选

择连接词；加强判例标题设置的规范化程度；将判例标题设置的要求普遍适用于所有的裁判文书。①

刘风景对法律移植进行隐喻学阐释，认为法律移植一词属于隐喻，在思维结构上，器官移植是喻体，法律移植是本体，基于它们之间的相似性，需要根据器官移植的语意，来理解、界定法律移植的含义。但也需要明了其与器官移植的差异之处，防止张冠李戴式的误用。法律移植一词有着特定的历史背景，也意味着一种观察视角的选择，具有某种片面性，还需要其他的法律隐喻对其补充、校正或替代。②

周博文、杜山泽针对调解进行法哲学思维解析，提出法律是情理的固化与强化，情理是法律的优化与进化。从古至今，中国的法文化历来都是天理、国法、人情三位一体的多元文化。调解中情理法的冲突与调适不仅积淀出中国“准情酌理”、“处断平允”的传统法文化精髓，而且也是回应和谐社会与探寻发展路径的外在要求。调解工作需要尊重文化的整体性，尊重传统行为模式的合理性和现代社会正义观。因此，深入探究情理法融入调解的传统文化和历史变迁，并以此为基础审视情理法之间的相互关系及其在调解中的价值功能，对于全面提升调解工作具有重大的现实意义。③

针对法律原则的效力标准，马驰指出，法律的效力是法律存在的标志，因此法律原则的效力标准就是法律原则在本体论意义上的存在条件。德沃金主要借由法律原则在个案适用时相对于法律规则的特点，认定法律原则与规则之间的逻辑差异。然而，并不能由此简单地说法律原则的效力标准只是基于内容或道德论证的。实际上，同样存在基于系谱或来源的法律原则。同时，如果将法律原则的存在与其在个案中的适用剥离开来，则法律原则的存在即便需要借助道德论证，这种论证的过程本身也有可能是基于来源或系谱的。因此，法律原则与法律规则在本体论上的差异不应该被夸大。④

针对民俗习惯的司法适用，张殿军、于语和指出，民俗习惯的司法适用有利于实现定分止争，促进社会和谐。司法适用的民俗习惯必须是善良风俗，其有效运作的范围主要是诉讼调解过程。应发挥司法能动性，充分运用法律方法，从制定法中为其寻找可能的空间，重视案例指导制度对民俗习惯司法适用的参考作用。在现行法律框架内，民俗习惯的司法适用存在着无法逾越的制度瓶颈，要真正发挥民俗习惯在司法中的价值，需要理论上的突破和制度上的创新。⑤

**二、法律史研究**

针对洪武年间《大明律》编纂与适用，柏桦、卢红妍指出，明代在“常经”之法与“权宜”措置并用的情况下，法律出现多种形式，较之前代法律多有创新和发展，既强化了君主专制中央集权制度，也适应了当时社会经济发展的需要。有关《大明律》编纂，以前多以《明史·刑法志》所讲吴元年、洪武六年、洪武二十二年、洪武三十年为编纂经过，而实际上还有洪武九年、洪武十八、九年律存在。考证《大明律》的编纂经过，探寻其发展变化，对《大明律》的形成就会有比较明确的认识，而探讨《明律》制定与当时适用的情况，更是了解洪武一代法制情况的必由之路。⑥

针对唐五代法律中的十恶与五逆，岳纯之指出，北齐重罪十条的设立是十恶罪名形成史上极为关键的一步，没有重罪十条，也许就没有后来的十恶。唐代十恶罪具有三个特点，一是强调犯罪者的主观恶性，二是强调对尊长利益的维护，三是强调对基本人性的维护。对十恶犯罪，唐律采取了严惩的态度，这主要表现在十恶犯人不得或限制适用议、请、减、赎等刑罚优待办法。唐五代恩赦诏书中经常出现“五逆”一词，从各方面情况推断，“五逆”应为表示十恶中谋反、大逆的“反逆”一词的讹误，是后人误将恩赦诏书中的“十恶反逆”当成佛教中的“十恶五逆”所致。⑦

针对明清女性再婚的动因及其法律规制，任晓兰指出，明清朝廷倡导女性守节，但民间女性再婚的现象并不鲜见，既有女性迫于贫困而改嫁，也有其夫家、母家因贪图财礼或觊觎财产而逼迫改嫁。传统礼俗教化虽然要求女性守节，但社会上却存在为了防止出现可能有伤风化的情况而促使州县官准许女性改嫁的情况。明清律例对女性再婚问题的法律规范呈现出亲属强嫁之罪愈改愈严、娶主帮抢之罪愈改愈宽的趋势。在强大的家长制权力面前，女性不管是安心守节还是渴望改嫁，其对再婚的自主能力都相当有限。⑧

针对明代文官犯罪检举路径，张宜指出，明代文官犯罪行为可由自己检举，也可通过法定机关监察御史、巡抚、按察司官员、给事中举劾。文官系统中任何官员只要发现他人有犯罪行为都可以检举，皇权控制之下的特务机关东厂、锦衣卫、西厂、内行厂也负责监督官员不法行为，普通百姓也有成功告发官员不法行为的案例。法定机关在监督官员不法行为中如果能发挥主要作用，那么此时期必定吏治清明，社会安定，反之，则会导致贪腐盛行、政治秩序失衡。⑨

针对英国税收法律主义的历史，李建人通过梳理和剖析1066年“诺曼征服”到1689年“光荣革命”时期英国课税权的历史变动轨迹，认为英国税收法律主义原则演变的中心线索，是税收封建契约主义向议会课税权的转变。在议会课税权的形成过程中有两条斗争线索：主线是国王和议会对课税权的争夺，1689年《权利法案》树立了议会课税权的法律地位；辅线则是议会上院和下院对课税权的竞争，1949年《议会法》确立了议会下院对课税权的独占权威。⑩

**三、宪法学与行政法学研究**

针对人类基因信息权益的本权配置，郭明龙指出，人类基因蕴含着人格利益和财产利益，其利益关系涉及主体众多，就谁应享有人类基因信息权益的本权问题，各国理论观点纷呈，尚未求得一致。“人体组织提供者本权说”较好地克服了其他学说存在的不足，通过“告知后同意机制”和“利益分享机制”实现了利益平衡：在给予人体组织提供者本权保护的同时，认可研发者对基因技术成果的权益；在承认人体组织提供者直接分享利益的同时，认可其他主体通过对技术成果的国家税收、强制许可、合理使用等实现的间接分享，鼓励非金钱形式的直接分享。⑪

宋华琳梳理我国食品安全地方标准的制度演进，研究食品安全地方标准的范围，指出食品安全地方标准功能在于保障公众健康权、规范产业发展及有利于食品安全监管。我国食品安全地方标准内容的形成，应以食品安全风险评估结果、国家标准、国际标准和国外先进标准、其他省市的地方标准、专业文献和试验数据为基础；应健全与完善标准评审委员会制度，改进委员遴选机制，完善会议制度；并注重以多种方式征求食品生产经营者、消费者对地方标准的意见。⑫

闫尔宝通过分析《国有土地上房屋征收与补偿条例》第25条的规定，指出《国有土地上房屋征收与补偿条例》的颁行改变了《城市房屋拆迁管理条例》实施期间的法律关系主体结构，政府作为征收一方直接与被征收人发生法律联系。该条例第25条所规定的房屋征收补偿协议宜认定为行政合同，该条第2款有关规定，实质上设立了一种新的行政合同履行纠纷的解决方式。不过，该条规定的实施受到了现行《行政诉讼法》的限制。新的行政合同履行纠纷解决方式是否真正建立，有待进一步论证。⑬

针对具体行政行为的立法策略问题，闫尔宝指出，在先后两个系统的司法解释中，最高人民法院采用了完全不同的解释策略，对具体行政行为先给出了明确界定，后又基于各种考虑而放弃。司法解释先后态度的不同，对我国的行政行为法理论和行政诉讼制度的理解与完善构成了一定影响。当前，我国行政诉讼法进入修改阶段，通过借鉴其他国家或地区的经验教训，重新认识和评估具体行政行为定义的价值，可以为发展我国的行政行为法理论、重新认识行政诉讼制度并更好地做好立法修订工作提供另外一种参照视角。⑭

针对风险共同体兴起对行政法的挑战，伊丽莎白·菲舍尔、马原通过规制干预、刑事司法、国家安全、公共部门管理与财政领域的案例，论证了风险概念在英国公共行政中递增的重要性，着重强调风险应对能力被内阁与财政部赋予的核心地位，揭示了风险规制领域的发展对行政法的挑战。通过引用美国法官在环境保护与公共健康背景下对技术行政决定的司法审查判决，说明风险共同体对行政法律人的实践意义。⑮

**四、刑法学研究**

针对刑法中的行为理论，刘士心按照“前构成要件行为——构成要件中的行为——具体行为形态”的体系结构，研究了刑法中前构成要件行为的概念、本质与功能，犯罪构成要件中危害行为的法律本质、构成要素与表现形态。在此基础上对我国刑法中的常见行为类型进行了系统的梳理和归纳，并对归纳出的各种具体形态进行了细致的研究，其中特别突出了对司法中难以把握的过失行为、原因自由行为、间接实行行为、持有行为、复合行为、对合行为的一般原理与司法适用等的论述。⑯

针对死刑案件裁判中的非刑法规范因素，张心向指出，非刑法规范因素作为一种法源形式，在死刑案件的裁判过程中，通过反映案件社会结构的价值判断与表现案件法律结构的逻辑推理，进入裁判规范范畴。但基于现代刑事法治的基本要求，非刑法规范因素在死刑案件裁判过程中，不具有独立的裁判功能，其裁判价值只有依附于刑法规范才能彰显。同时，非刑法规范因素介入死刑案件的裁判只有给予一定的制度性规制，才能在加强死刑司法控制的同时，又能使死刑案件的裁判更加理性、规范、安全。[17]

张晶、舒洪水介绍了预防罪责理论，指出罪责原则具有限制刑罚权发动的机能，因此被视为刑法的基石而不容动摇。但是，刑法中的罪责概念并非一成不变，它随着时代的发展历经了概念的演变。从预防角度解读罪责的实质内涵是晚近德国学界发展出来的重要思潮，其中以雅科布斯提出的功能罪责论和以罗克辛提出的答责性理论为代表。[18]

针对危险驾驶罪，王强军指出，刑法修正案(八)将追逐竞驶和醉酒驾驶行为进行犯罪化处理后，最高司法机关将两种行为的罪名规定为危险驾驶罪。罪名和罪状之间出现“头大身子小”的名不副实现象。[19]张心向、王强军认为，从犯罪形态上讲，二者尽管都属于危险犯，但追逐竞驶型危险驾驶罪，需要行为达到情节恶劣的程度，故此属于具体危险犯；醉酒驾驶型危险驾驶罪，理论上是一旦实施醉酒驾驶犯罪即告既遂，故此属于抽象危险犯。基于风险控制的需要，我们可以将没有造成任何危害结果的危险驾驶行为定罪处罚，但基于人权保障的安全，我们也需要对这种危险犯的构成做出必要的限定，以防止刑罚权的肆意发动。[20]王强军指出，现行刑法在交通安全的规制上形成了危险驾驶罪、交通肇事罪和以危险方法危害公共安全罪“三罪共舞”的局面。针对危险驾驶罪和危险犯形态的以危险方法危害公共安全罪之间形成的竞合，应当按照特别法优于一般法的原则选择适用危险驾驶罪；针对以危险方法危害公共安全罪和交通肇事罪之间的竞合，应当选择适用实害犯形态的以危险方法危害公共安全罪。[21]

针对诈骗罪、故意伤害罪、抢劫罪等具体犯罪的构成，郑泽善强调，诈骗罪的本质在于行为人使用诈骗方法陷对方于认识错误，对方因此处分财产，造成自己或第三人财产损失。诉讼诈骗是典型的三角诈骗行为，被骗人是法院，被害者是民事案件中的被告人。[22]实施暴力行为，导致被害人重伤或死亡的，应当属于故意伤害罪的结果加重形态。在故意伤害的情况下，即便有被害者的承诺，不能阻却构成要件的符合性。阻却违法性的判断，应当根据被害者处分自己身体的安全这一法益，是否具有社会相当性而进行。针对同时伤害的情况，不应认定为共同伤害。[23]是否压制反抗是抢劫罪的一个十分重要的构成要件，通过暴力、胁迫压制对方反抗的“对象”包括财物或财产性利益的所有者、占有者或对之处于保护地位的人。行为人取得财物时实施的暴力、胁迫是否达到了足以压制对方反抗的程度，是区分抢劫罪与敲诈勒索罪的关键。[24]

**五、国际法学研究**

针对美国对华贸易政策的法律实施，左海聪提出，1980 年至 2010 年的美国对华贸易政策可分为四个阶段：第一阶段是以制定新的国会立法而实现的；第二阶段是通过威胁制定针对人民币汇率的贸易法案而实现的；第三阶段以积极实施作为美国外贸法一部分的 WTO 协定、修改美国反补贴法的内容而实现的；第四阶段则是通过加大外贸法的实施力度而实现的。美国对华贸易政策原则已基本定型，该原则在扩大出口、限制进口方面的具体体现以及美国总统和国会在实施贸易法律和政策上的相互配合，使得对华出口的“矛”的功能与限制中国出口保护贸易的“盾”的功能都发挥得比较充分，从而对中美贸易产生影响。[25]

针对我国国际私法法律适用，孙健指出，客观认识并正确把握我国国际私法法律适用的确定性与灵活性目标，是正确适用我国国际私法与有效发挥其效用的重要基础。近年来我国理论界对我国国际私法法律适用的确定性与灵活性，在理论和实践中存在的问题，对晚近国际私法法律适用的确定性与灵活性的结合及其启示，对我国国际私法法律适用确定性与灵活性的价值选择等问题的研究尚不够深入。深入研究上述问题，将有益于我国在理论和实践中正确把握我国国际私法法律适用的确定性与灵活性，有益于促进我国国际民商事关系的健康发展。[26]

针对国际海商事公约的效力基础，胡绪雨指出，国际海商事公约的制定，实质上是功利主义的合目的理性需求而脱离了法律的价值，即采用实证主义，实际是把法律效力来源寄予主权者的命令，而由于不存在这种类似国家的主权者，因此，最终最大多数国家的最大利益成为公约效力的来源，即通过对利益最大化的计算或者投票，采用多数人投票同意的方式进行决定。功利主义与人们对社会正义所做的思考难以协调起来。一个真正的国际航运秩序和最高程度的自决是不相容的。[27]

（本文作者：傅士成，南开大学法学院党委书记、教授、法学博士、博士生导师；蒋冰晶，河北工业大学人文与法律学院讲师）

注释：

①刘风景：《判例标题的结构与功能——以最高法院公报的民事判例为主要素材》，《理论探索》2012 年第 1 期。

②刘风景：《法律移植的隐喻学阐释》，《求是学刊》2012 年第 3 期。

③周博文、杜山泽：《情理法：调解的法哲学思维解析》，《湖北社会科学》2012 年第 11 期。

④马驰：《法律原则的效力标准——基于系谱抑或内容》，《浙江社会科学》2012 年第 3 期。

⑤张殿军、于语和：《民俗习惯的司法适用：路径及其走向》，《重庆大学学报》（社会科学版）2012 年第 2 期。

⑥柏桦、卢红妍：《洪武年间〈大明律〉编纂与适用》，《现代法学》2012 年第 2 期。

⑦岳纯之：《论唐五代法律中的十恶与五逆》，《史学月刊》2012 年第 10 期。

⑧任晓兰：《论明清女性再婚的动因及其法律规制》，《妇女研究论丛》2012 年第 2 期。

⑨张宜：《明代文官犯罪检举路径初探》，《法学杂志》2012 年第 6 期。

⑩李建人：《英国税收法律主义的历史源流》，法律出版社 2012 年版。

⑪郭明龙：《人类基因信息权益的本权配置》，《法学》2012 年第 2 期。

⑫宋华琳：《中国食品安全地方标准法律制度研究》，《北京行政学院学报》2012 年第 6 期。

⑬闫尔宝：《〈国有土地上房屋征收与补偿条例〉第 25 条分析》，《行政法学研究》2012 年第 1 期。

⑭闫尔宝：《司法解释放弃定义具体行政行为的策略检讨》，《法制与社会发展》2012 年第 4 期。

⑮伊丽莎白·菲舍尔、马原：《风险共同体之兴起及其对行政法的挑战》，《华东政法大学学报》2012 年第 4 期。

⑯刘士心：《刑法中的行为理论研究》，人民出版社 2012 年版。

⑰张心向：《死刑案件裁判中非刑法规范因素考量》，《中外法学》2012 年第 5 期。

⑱张晶、舒洪水：《预防罪责理论介评——以德国刑法学说为主线的展开》，《河北法学》2012 年第 11 期。

⑲王强军：《对危险驾驶罪罪名的一点质疑——兼论罪名确定的原则》，《河北法学》2012 年第 2 期。

⑳张心向、王强军：《社会风险控制视域下的危险驾驶罪研究》，《南开学报》（哲学社会科学版）2012 年第 2 期。

㉑王强军：《交通安全刑法规制竞合之处理》，《湖南师范大学社会科学学报》2012 年第 1 期。

㉒郑泽善：《以诈骗罪追究恶意诉讼行为研究》，《政治与法律》2012 年第 11 期。

㉓郑泽善：《故意伤害罪新论》，《法学论坛》2012 年第 1 期。

㉔郑泽善：《抢劫罪基本构造的若干问题研究》，《中州学刊》2012 年第 3 期。

㉕左海聪：《美国对华贸易政策的法律实施》，《法学》2012 年第 5 期。

㉖孙建：《论我国国际私法法律适用的确定性与灵活性》，《法学评论》2012 年第 2 期。

㉗胡绪雨：《国际海商事公约的效力基础》，《政法论坛》2012 年第 2 期。

## 【法学研究综述（二）】

### 一、民商法学研究

针对民法适用解释，齐恩平提出，民事政策是国家对民事领域的民事活动进行导引和规范的法政策，在具体的民事法律关系利益衡量中，民事政策自觉或不自觉地通过各种因素起着重要的作用。民事政策是民法适用解释的辅助依据，也是民事法律法意解释适当性衡量的重要标准。法官引民事政策适用民法解释，能有效规范司法审判自由裁量权的适用，从而弥补社会有机体法律之治的欠缺。[①]

针对绝对商行为，张志坡指出，商行为是商法概念体系的基石之一，而绝对商行为又是最典型的商行为，具有绝对性、客观性、法定性和列举性的特点。绝对商行为营利性突出，构成商人概念的基础，属于基本商行为。日本商法典第 501 条列举了四种绝对商行为，这有利于商法在司法实践中得到明确适用，但交易所内的交易与绝对商行为的理论并非完全一致，有关票据或商业证券的行为亦不具备营利性特征，其被纳入商行为是基于沿革和传统以及其金融性之本质的考虑。折中主义的商行为规制模式存在诸多优点，因此，在立法论上，可考虑在将来《商事通则》的立法中予以借鉴。[②]

针对社会养老保险基金中的公民财产权，刘木林、杜虎指出，我国社会养老保险基金包括个人账户基金和社会统筹基金两部分。公民在社会养老保险基金中的财产性权利主要有三种：个人账户基金的所有权，统筹账户基金的共有权，养老金领取权。通过重塑社会养老保险基金中的公民财产权观念、加强社会养老保险行政程序中的公民参与、运用财产权诉讼等方式，可以更好地保护公民在社会养老保险基金中的财产权。[③]

针对农村土地入股养老合同性质，张春普、王鹏鹏指出，农村土地入股养老合同的性质是民事合同、无名合同和互易合同。农村土地入股养老合同的主体包括农民、入股企业和村民委员会。入股企业不限于原集体经济组织内的成员，可以是自然人、法人及其他组织。合同标的是限于农业生产的入股土地。合同期限一般不超过原土地承包经营权的剩余期限为宜,以周到保护农民的利益。[4]

针对精神性人格权,郭明龙指出,根据传统民法,人格权属于专属权,具有绝对性、不可转让性和不可继承性,该认识遭遇了现代"人格权商品化"的挑战。司法解释通过确立精神损害赔偿并实现对"侵权人获利"因素的考量间接承认对精神性人格权中财产利益之保护。《侵权责任法》第二十条规定承认了某些"精神性人格权"中精神性和财产性双重利益之构成,实现了对其的直接保护,同时极大推进了正在进行的人格权法立法工作。[5]

**二、知识产权法学研究**

针对专利侵权赔偿损失的归责原则,张玲指出,专利授权公告不应具有使公众应知的法律效力。专利侵权赔偿适用一般过错推定说对行为人显失公平,专利侵权纠纷中也不存在特殊过错推定说的法定事由。因此,过错推定责任原则不能作为专利侵权赔偿损失的一般归责原则。专利侵权属于一种特殊侵权,在归责上不应适用过错责任原则。我国应基于无过错责任原则的宗旨、专利权的排他性及专利侵权判定的复杂性,并借鉴国际公约和国外立法例,区分专利侵权产品首次销售前后的不同侵权行为,分别适用无过错责任原则或过错推定责任原则。[6]

张玲介绍了日本知识产权司法改革经验,为了加强知识产权的司法保护,在充分论证的基础上,日本进行了一系列重大的知识产权司法改革,提升了日本知识产权司法保护的专业化、高效化。我国应在借鉴日本经验的同时,结合国情,设立知识产权上诉法院,推广知识产权庭三审合一,加强专家辅助人制度。通过优化知识产权审判资源配置,实现知识产权审判专业化,提高诉讼效率,保证司法统一。[7]

针对"关键词检索"中的商标侵权,王宇飞等指出,"关键词检索"引发的商标侵权案件因广告主选定他人商标标识作为关键词而产生。针对中、美、欧近年来出现的"关键词检索"案件及相关判决,应坚持"商标性使用"在商标直接侵权责任构成中的前置性地位。同时,网络搜索服务提供者对广告主选定的关键词须负有一定的事前主动审核义务。这不仅有助于完善网络时代的商标侵权责任理论,而且对"关键词检索"中广告主及网络搜索服务提供者商标侵权责任的判定具有重要意义。[8]

针对数字图书馆与作品的合理使用,蔡晓东指出,版权法没有合理使用的明确标准,有关合理使用的问题是依照个案事实裁判。现有版权立法也没有规制数字图书馆版权侵权问题,面对信息技术和网络技术对版权合理使用的挑战,传统版权法认定合理使用的四要件显然不利于公众利益和技术创新,数字图书馆的出现为扩大合理使用适用范围提供了良好的机会。[9]

针对美国专利侵权永久禁令制度,张玲、金松指出,永久禁令是在案件经过审理后做出判决时给予胜诉方的一种救济,不同于初步禁令、临时限制令。在司法实践中,美国最高法院通过 eBay 案,强调永久禁令的衡平法救济性质,应适用"四要素检验标准"。我国专利侵权诉讼中的停止侵权民事责任不同于美国永久禁令制度。但是,我们可以借鉴后者的有益之处,突破"当然适用论",构建停止侵权责任的灵活适用规则,遏制"专利渔翁",破解"反公地悲剧"。[10]

针对知识产权担保融资,姚王信等指出,知识产权担保形式的财产权质押说已经为我国的法律所固定下来,但在理论上仍存在争议。争论的经济后果之一,是作为担保物的知识产权容易遭受歧视,从而降低了知识产权的实际融资能力,不利于知识产权的全面利用。对知识产权担保物的歧视问题可以在理论上得到解释,但要解决这个问题,首先是要恢复人们对知识产权担保价值的信心。这样,基于估价政策的解决歧视问题的思路由此产生。[11]

**三、经济法学研究**

针对核心卡特尔宽恕制度,倪娜指出,核心卡特尔采取的限制竞争行为给市场的健康发展带来极大危害,但因其隐蔽性较强,一般的调查方式具有很大的局限性。宽恕制度以囚徒困境理论为原理,通过豁免卡特尔成员的方式,以鼓励成员间的相互揭发和对卡特尔协议的披露,成为现代市场经济国家打击卡特尔的重要武器。我国《反垄断法》虽对宽恕制度做了规定,但仍有不足,需要从宽恕的待遇、条件、程序、配套设施及与其他法律制度的衔接等方面进行完善。[12]

针对合伙制私募股权基金公司治理,万国华指出,有限合伙制私募股权基金同公司一样存在着"委托—代理"问题,为此,必须构建公司治理的法律机制,以降低其代理风险及成本。构建有限合伙制私募股权基金公司治理法律机制,决策机制是最重要的一环;在决策执行方面,应以有限合伙人与普通合伙人为共同执行主体;在监督方面,应构建内外监督并重的机制。⑬

针对金融消费者权益保护,杜斌指出,金融消费者权益保护,最根本的要靠顶层设计,确保在制度、信息、调解、教育等方面,从"行业本位"转向"客户本位"。金融消费者是消费者概念在金融领域的延伸,保护金融消费者的合法权益,对维护社会公平正义、促进社会和谐、保持金融稳定、推动金融行业健康发展至关重要。⑭冯博指出,2010 年,美国《多德——弗兰克华尔街改革与消费者保护法》中设立金融消费者保护局,赋予了金融消费者保护局在机构设置、资金保障、人员任免和问责制度等方面的强大独立性,预示着金融消费者保护与审慎监管"双峰"监管模式,将成为继统合监管与分散监管、功能监管与机构监管等不同模式之后的监管新体制。我国的分业监管模式使金融消费者保护存在很多制度上的空白和实践中的盲点,应在借鉴美国金融消费者保护法律制度的基础上,尽快设置独立的金融消费者保护机构,确保金融消费的公平性和透明性。⑮

针对金融消费安全,焦洪宝指出,网络金融蓬勃发展的背后存在着威胁金融消费安全的诸多隐患,为保护金融消费安全,要不断创新法律制度。自然人、法人或其他组织均可成为金融消费者,专业投资机构也可被视为专业金融消费者。在科学界定金融消费安全所涉及的权利内容的基础上,应从强化金融监管、落实向金融消费者倾斜的司法救济政策及加强对消费者安全教育等方面加强金融消费安全保护。⑯

针对金融衍生产品交易,栗明辉指出,美国《2010 华尔街改革与消费者保护法案》可视为对华尔街金融危机的制度性总结与呼应,在内容上专门针对金融衍生产品交易的具体法律规制提出了变革。为防范过度信息自治情境下信息失衡酿成的系统性金融风险的传导,有必要倡导格式化的金融衍生合约通过统一的中央交易平台在统一的交易对手之间开展交易,并在制度建设上完善关系合约性质金融衍生产品交易的有效的法律规制体系。⑰

崔金珍介绍了韩国信用卡业法律监管的特色,指出韩国在亚洲金融危机爆发之后,仅用几年的时间就把信用卡市场发展得从无到有、从幼稚状态到全面普及,这些发展不仅要归功于韩国政府将"信用卡热"逐渐推向高潮,更重要的是《韩国信贷金融业法》的出台为信用卡的发展提供了坚实的法律保障。这部法律充分体现了韩国信用卡业法律监管的特色,即加强监管力度,明确信用卡交易当事人之间的权利、义务以及信用卡风险责任主体。⑱

针对产品召回制度,刘哲指出,目前对缺陷产品召回制度存在一些颇具代表性的认识误区,如认为召回的发生是由于生产者不负责任才造成的。实际中,鉴于召回成本高,可用产品责任保险和产品质量保证保险来转嫁这种风险等。客观而言,在现代化大生产条件下,系统性缺陷产品的产生是不可避免的。基于社会公共利益的考量,召回制度是有效消除该缺陷的唯一选择。显然,三包制度的局限性决定了它不可能替代召回制度。为化解召回风险,保险公司应加强对召回保险的研究、开发和应用。⑲

**四、诉讼法学研究**

针对刑事鉴定人保护,吴春雷、吴常青指出,我国修改后的《刑事诉讼法》所确立的鉴定人保护制度,在"实体构成性规则"和"程序实施性规则"上均存在诸多问题。鉴定人保护制度的完善应推进专门立法、扩大作证保护案件范围和保护权益范围、设立专门保护机构以及建立合理的程序实施性规则。⑳

针对口供与沉默权,杨文革指出,口供之必取是支撑我国"符合说"之证明标准理论成立的关键。在赋予被追诉者沉默权之后,我国的证明标准必将面临转型。对于那些被追诉者不予供述的案件,应当实行内心确信的证明标准;对于那些被追诉者自愿供述的案件,可实行高度盖然性的证明标准。㉑白冬指出,口供与案件真相的直接印证关系,通过暴力获得的供词,乃是加之肉体上的权力的制造物。惩罚犯罪的集体安全意识,尽管能够使刑讯逼供从道德上、政治上获得某种认同,但是有悖于保障自由的法治精神。唯有通过法律,将本应属于个人的沉默自由划归个人,才是消除刑讯逼供之根本。法律回归其保障自由的本性,追究犯罪的国家权力才能具有正当性与合法性。㉒白冬指出,如实回答与沉默权作为一项具体的法律制度属于"人造之物",具有特定的功能。从功能主义出发,梳理如实回答与沉默权在各自不同诉讼结构中的功能性作用,说明其影响诉讼结构之机理。如实回答与沉默权亦是"文化之物"。㉓

针对诉讼监督工作的评价模式和标准，齐冠军指出，建立适应诉讼监督工作特点的科学评价模式和标准，把结果性评价与过程性评价、静态评价与动态评价、个案监督评价与综合监督评价、内部评价与外部评价有机统一起来，综合构建体现诉讼监督数量、质量、效率与效果相统一的考核评价体系，合理设定各项诉讼监督工作在数量、质量、效率和效果上的评价权重，形成良好的诉讼监督工作激励机制，对检察整体面貌的改进、加强和创新社会管理具有现实意义。㉔

（本文作者：傅士成，南开大学法学院党委书记、教授、法学博士、博士生导师；蒋冰晶，河北工业大学人文与法律学院讲师）

**注释：**

①齐恩平：《民法适用解释的政策检视》，《南开学报》（哲学社会科学版）2012 年第 5 期。

②张志坡：《日本法上的绝对商行为及其启示》，《安徽大学学报》（哲学社会科学版）2012 年第 3 期。

③刘木林、杜虎：《社会养老保险基金中的公民财产权及其保护》，《江西社会科学》2012 年第 11 期。

④张春普、王鹏鹏：《对农村土地入股养老合同性质及其条款的探究》，《农业经济》2012 年第 2 期。

⑤郭明龙：《精神性人格权之定性——兼论〈侵权责任法〉第二十条对人格权法立法之推进》，《人民论坛》2012 年第 23 期。

⑥张玲：《论专利侵权赔偿损失的归责原则》，《中国法学》2012 年第 2 期。

⑦张玲：《日本知识产权司法改革及其借鉴》，《南开学报》（哲学社会科学版）2012 年第 5 期。

⑧王宇飞、雷艳珍、曹新明：《"关键词检索"中的商标侵权问题》，《天津师范大学学报》（社会科学版）2012 年第 4 期。

⑨蔡晓东：《数字图书馆与作品的合理使用》，《图书与情报》2012 年第 3 期。

⑩张玲、金松：《美国专利侵权永久禁令制度及其启示》，《知识产权》2012 年第 11 期。

⑪姚王信、王红、苑泽明：《知识产权担保融资及其经济后果研究》，《知识产权》2012 年第 1 期。

⑫倪娜：《论核心卡特尔宽恕制度及我国相关制度的完善》，《广东社会科学》2012 年第 6 期。

⑬万国华：《有限合伙制私募股权基金公司治理的法律机制构建——基于中小投资者利益保护的视角》，《理论探索》2012 年第 2 期。

⑭杜斌：《金融消费者权益保护需要顶层设计》，《中国金融》2012 年第 22 期。

⑮冯博：《美国金融消费者保护机构的独立性及对中国的启示》，《河南大学学报》（社会科学版）2012 年第 4 期。

⑯焦洪宝：《论网络金融背景下金融消费安全的法律保护》，《特区经济》2012 年第 6 期。

⑰栗明辉：《金融衍生产品交易法律规制研究》，《商业研究》2012 年第 8 期。

⑱崔金珍：《论韩国信用卡业法律监管的特色——兼评〈韩国信贷金融业法〉的最新修正》，《华东政法大学学报》2012 年第 1 期。

⑲刘哲：《走出缺陷产品召回制度的认识误区》，《技术经济与管理研究》2012 年第 10 期。

⑳吴春雷、吴常青：《刑事鉴定人保护制度反思与完善》，《广西社会科学》2012 年第 8 期。

㉑杨文革：《沉默权之赋予与证明标准之转型》，《法学杂志》2012 年第 1 期。

㉒白冬：《口供的政治学解释：暴力与同意》，《南开学报》（哲学社会科学版）2012 年第 3 期。

㉓白冬：《如实回答与沉默权的功能主义分析与文化解释》，《法学杂志》2012 年第 2 期。

㉔齐冠军：《诉讼监督工作的评价模式和标准研究》，《中国刑事法杂志》2012 年第 10 期。

# 政 治 学

**【政治学理论研究综述】** 2012 年本市政治学理论研究进一步发展。在学科建设、项目研究、学术成果、学术交流等多个方面取得重要成就。比如，南开大学取得天津市社科基金重大项目 1 项，国家社科基金 3 项，天津师范大学取得国家社科基金项目 3 项。在学术交流方面，进一步加强。由天津市政治学会主办，天津市委党校承办的第三届天津市青年政治学论坛成功举行，一批青年学者，包括研究生在会上就政治学研究的主题做了交流。与会者就"社会主义核心价值体系建构与政治发展"的主题，围绕"社会主义核心价值体系的理论内涵及其现实意义"、"社会公正与社会发展"、"社会管理创新与公共服务型政府建设"等问题展开讨论并将优秀论文集结成册，公开出版发行。由天津师范大学主办的"第三届全国西方政治思想史暑期研讨班"在本市召开，本届研讨班以"当代西方政治思潮与政治哲学前沿"为主题，邀请多名政治思想史研究的著名学者，学员反映收获很大。

就政治学理论研究的内容来看，2012 年全市政治学理论的研究者在政府理论、民主理论、民族政治等多个领域取得了一系列的成果。随着对社会新出现的各种新现象、新形势、新变化的关注，理论研究的深度、广度都有深刻变化，在政府理论方面加强了对政府体制的研究，在执政能力方面偏重于对新形势下政府如何更好的适应信息技术手段的发展，实现与公民的互动从而提高管理效能达到善治的效果，民主理论方面对民主基本理念以及民主与经济、政治的关系的研究进一步加强,民族国家构建的问题继续得到关注。本文就2012年本市政治学理论研究观点加以综述。

**一、政府理论研究**

在政府理论方面,本市的研究重点主要集中在政府体制、服务型政府、地方政府等几个方面,同时也关注国外政府制度的发展及其对我国的借鉴意义。

政府职能是政府理论研究的重中之重,在中国政府研究当中有着经久不衰的影响。由朱光磊主编的《地方政府职能转变问题研究:基于杭州市的实践》[①]于2012年10月出版。这部著作以杭州市的情况为个案,对地方政府职能转变做出了研究,跳出了以往政府职能转变研究的窠臼,将理论与实践,甚至是地方个案结合起来,为政府职能研究提供了一个新鲜的视角。

府际关系的研究一直是政府研究的重要内容。赵永茂、朱光磊、江大树等主编的《府际关系:新兴研究议题与治理策略》于2012年3月出版。基于对一个政治体系内行政层级之间政府关系的研究,提出"府际关系"的概念与分析,整合海峡两岸学者的观点,探究这个领域内的新兴议题及相关的治理策略。[②]在府际关系当中,中央政府和地方政府的关系是一个重点。在《环境治理中府际合作的逻辑》一文中,杨龙,刘建军从环境治理的主题入手,对中央和地方的府际关系进行了研究。他们认为,为了适应竞争的需要,地方政府庇护辖区企业环境行为,机会主义地执行环境管理制度,使环境问题积累成为影响安全价值的显著因素。在国内外政治压力下,中央政府最终做出了战略调整,地方政府在中央政府制度调控下,自发地合作治理环境问题。[③]在《变革与调整:多元治理中的府际关系》中,杨龙指出,中国社会的多元化发展,要求社会治理在内容和手段上的多样化调整。尽管目前中国的政治制度和行政体制集权程度仍然较高,但政治领导和行政管理方式已呈现多元化趋势,中央与地方的关系以及地方之间的关系在多元社会的治理中也在向多样化发展。中央政府的区域发展战略、规划、政策,地方政府的发展规划和政策等在内容和形式上的变化,反映了府际关系适应社会发展的适时调整。[④]

在加强政府能力建设方面,本市学者的研究更多强调了政府管理过程中的专业化和运用信息通讯技术的能力。沈亚平、董向芸在《微博问政对于政府管理的价值与功能分析》中指出,在信息技术时代,微博问政的兴起具有必然性和自身优势,亦有其作为政府和民众间公共事务沟通的局限性,正因为微博问政的优势与局限并存,微博时代的公共空间建构与完善、公众舆论引导及社会价值观整合等问题才显得更为重要,这将是民主政治真正实现所必须迎接的挑战。因此,利用和引导微博这一载体更好地实现信息时代政府管理的改革与完善,将是政府的重要行为取向和方式选择。[⑤]在《善用专家资源完善公共决策》一文中,朱旭峰则指出了科学政策对政府的作用,认为其往往来源于各方之间的持续互动,更来源于政府的宏观把握,为了保障公共决策的科学性,找准专家定位尤为重要,而这需要决策者、专家和社会的共同努力。[⑥]

对于诚信问题的研究逐渐成为本市政治学研究的一个重要问题。在《征地拆迁过程中的政府公信力建设》中,常健、刘芳认为,在由政府主导的征地拆迁过程中,当事双方的关系具有显著的不平衡性,拆迁工作的顺利进行,高度依赖于政府所具有的公信力。但在现实的征地拆迁过程中,政府公信力的维护却面临着诸多两难困境,包括农民保地需要与政府开发压力、拆迁补偿需要与地方财政压力、政策统一性与实际情境多样性、平等协商程序与拆迁效率、保持稳定与维护公平、短期政绩考核与政策连续性等。加强政府公信力建设,需要严格制度约束,强化社会约束,调整行政约束导向。[⑦]在《诚信社会建设中的政府责任及其局限性》一文中,金东日、朱光喜对中国社会诚信缺失的原因以及在诚信社会建设中政府所应承担的责任作了分析。作者认为,诚信社会的建设是一项系统工程,除了政府之外,还需要全社会的共同努力。一方面,需要社会的有效参与和监督来促进政府自身责任的充分履行;另一方面,社会自身还需要发挥政府根本无法发挥的功能。这就需要政府给这种主体群提供可发展的空间,而且拓宽与维护这一空间本身就是建设诚信政府的重要社会条件。[⑧]

另外,本市政府研究还有很多其他主题的成果。比如,在《服务型政府建设对转型期中国政治发展的推动作用》一文中,郭道久认为,服务型政府建设本身就是政治发展的重要内容。这种包含关系决定了服务型政府建设与政治发展将是同一个进程,对政治发展具有内在的推动作用,具体体现为服务型政府建设可以扩大公民和社会的政治参与,提高政治制度化水平,提升政治系统能力,促进民主化进程,维护政治稳定。[9]

**二、民主理论研究**

民主理论研究,一直是本市政治学理论研究的重点主题。在这个主题上,本市学者今年仍然取得了重要的进步。西方民主理论的研究、协商民主理论、中国人新民主观的研究、经济、社会及其与民主关系、互联网与民主等多个主题上,本市学者取得了系列成果。

对西方民主理论的研究,一直是本市民主政治研究的一个重点。程同顺、张国军在《民主的回归——从选举民主到过程民主》中对民主的观念的演变进行了分析。作者认为,民主观念在西方经历了三个阶段的演变,贯穿其中的线索是民主的价值内核及目的性的丧失,民主最终成为选举民主所理解的一种空洞化的规则或手段。选举民主使民主陷入无意义,并使新兴民主化国家面临一系列困境。作为对选举民主观的批判,过程民主观复兴了民主的价值内涵。过程民主观认为民主本身是价值与规则、目的与手段、理想与现实的综合体,并且永远是一个正在进行中的过程。[10]在《利普哈特的结盟民主理论》一文中,佟德志对利普哈特的结盟民主理论做了介绍。作者认为,利普哈特的民主理论有一个从结盟民主到共识民主转换的分析模式,早期的结盟民主强调了大联合、互相否决、比例代表制、地方自治等四个部分的内容,而后期的共识民主则强调了则扩大了应用范围,能够适应更多的国家,激进色彩也有所减轻。[11]

协商民主理论的研究在我国民主理论研究当中取得了越来越重要的地位,本市学者亦有相应的成果发表。徐行、崔翔在《试论人民政协民主监督的实现形式和运作机制》中对于人民政协的实现形式和运作机制做了研究。作者认为,人民政协的民主监督主要是通过政协委员的各种提案、深入基层视察和调查、对政府官员的民主评议以及反映社情民意等形式实现的。欲强化人民政协民主监督的运作机制,必须强化民主党派、无党派人士特别是界别在政协民主监督机制运转中的作用,健全人民政协和民主党派对执政党监督的保障机制,拓宽政协委员的民主监督渠道,加强各级政协机关自身的建设。[12]在《优化政协界别发扬社会主义民主》中,佟德志、杨若琳对优化界别,发扬社会主义民主政治进行了理论思考。文章认为,合理设置界别、建立健全界别组织,加强制度建设、创新政协界别活动的平台、发挥政协界别在履行政协职能中的作用、充分发挥政协委员的作用是优化界别的总体思路。同时,在具体的界别优化中,还要注意界别与民主政治建设、参政党界别问题、界别与民意反映等问题。[13]

在中国人现代民主等观念的传播领域内,本市学者有系列的成果。在《中国人政治观的创造性重构》一文中,佟德志指出,无论是新中国成立以来政治学话语由“老五论”向“新五论”的转换,还是近代以来革命、权利、民主、个人等观念的新旧转换,都充分地表现了近以来200年间中国政治观念的急剧变化过程。在这一急剧变化的过程中,马克思主义政治观念、中国传统政治观念以及西方现代政治观念以中国近代以来的政治发展为背景,不断地碰撞、融合,成为近代以来中国政治观念新旧转换的思想来源。[14]从新旧政治观的转变角度,在作者的另一论文中,认为新政治观不是凭空产生的,也不会是谁的创造,它既是中国政治实践的总结,同时又会适当超越政治实践的一般性规定。新政治观的主体是政党政治观,而其内容则是民主政治观,这构成了新政治观的一体两翼。对于政党政治和民主政治的这两个方面,如何才能更好地协调,成为一体,这就需要执政党采取开放的态度,构建一种复合型的新政治观。[15]

对于民主政治与其他领域的互动研究,本市学者也取得了研究成果。在《经济、社会领域的民主VS政治民主》中,乔贵平认为,社会主义与自由主义关于民主统治的适当范围问题存在严重的分歧。自由主义意义上的民主强调的是在国家的领域范围内实行政治民主,严格限制民主的范围。社会主义者自批判自由主义民主理论的局限性的基础上提出把民主扩展到经济与社会领域,提出经济民主与社会民主等思想,对民主的范围作出了更深入的思考。[16]在《经济发展、政治文化与民主转型——社会结构视野中的民主化探析》中,高春芽认为,政治过程拥有与之对应的经济或文化结构,在建立工业社会和后物质主义价值观的基础上,发展中国家将实现民主转型。但社会结构分析借助关键变量的特征论述政治发展的动力,难以保持事实与逻辑的一致性。推进民主转型研究,需要将以结构为中心的宏观分析与以行动者为中心的微观分析相结合,通过方法论创新建构民主化的过程理论。[17]

互联网的发展推动着人类社会的不断进步。在互联网与民主关系的主题上，本市学者取得了一些成果。朱健在《论互联网在我国民主政治建设中的积极作用》指出，随着网络的发展与普及，互联网正改变着社会生活的方方面面，并逐步成为我国民主政治建设须臾不能离开的条件。以互联网为载体而兴起的电子政务、网络问政、网络民意表达和网络舆情监督，更是在保障公民知情权、参与权、表达权、监督权等方面发挥了巨大的推动作用，广泛而真实地保证人民当家作主，从而为我国民主政治建设提供新的契机。[18]杨永志、朱健在《电子政务新时代与我国民主政治发展新趋势》中，认为电子政府是互联网时代信息技术与政府政务信息公开相结合的重要成果，科学运用电子政务的特殊技术平台，能极大提升政务公开程度和政务服务水平。电子政务在我国突飞猛进的发展，日益成为政府顺应民意、提高政治自觉的有效工具；也越来越成为公民知情，以及政治参与和民主监督的重要渠道。中国特色社会主义民主政治的改革在不断制度化、规范化、程序化发展过程中，也呈现出信息化的新趋势。电子政务在我国民主政治信息化的新趋势中发挥了至关重要的作用。[19]

另外，本市学者还有很多在民主研究领域的重要成果。如在《政治学视域中的社团民主价值探析》一文中，双艳珍指出，社团是体现民主的重要形式。公民通过参与社团实现了参与民主，弥补了代议民主制的选举不足；社团保障了少数的权利，解决了多数与少数之间的矛盾；社团是公民制约国家权力的社会性机制之一，弥补了以前仅仅以宪法制约国家的不足。[20]

**三、民族政治研究**

民族与国家的关系构建，是当前政治学与民族学等学科共同关注的重要话题。本市学者从政治学与民族学的跨学科角度出发，就多民族国家的理论建构与实际策略等问题展开了研究。

由常士訚、高春芽、吕建明等主编的《多元文化与国家建设》是同名学术研讨会的成果。在该书当中，收集了多篇重要论文，从不同侧面研究了多元文化与国家建设的问题，主要介绍了多元文化主义主张差异政治和积极国家，倡导“和而不同，多元并存”的族群——国家关系，多元文化并没有否定法律制度、排斥政治能动性的含义，它所伸张的民族平等、承认差异、尊重多元集团合法权利的要求具有普遍意义。[21]

在全球化日益深入的今天，随着经济关系和政治关系的变革，随着信息流动和技术流动的发展，民族认同与国家认同及其彼此的调适面临着许多新的挑战。在《市场经济与民族融合进程》中，常士訚指出民族融合是人类社会发展的必然趋势。然而，并非是一个简单容易的无矛盾的过程。对此，作者在分析市场经济对各民族之间交往关系带来积极作用的同时，也深入分析了市场经济对族群分化、族际关系以及族群冲突带来的消极影响。民族融合虽然是大势所趋，但并不等于其进程会一帆风顺。市场经济促进了民族融合，但民族融合是一个复杂和曲折的过程；民族融合不仅仅是国内族际政治问题，也是一个国际政治问题。[22]

在《国家认同、爱国主义与民族主义——国外近期实证研究综述》一文中，马得勇指出，国家认同、爱国主义与民族主义是当代国家建构过程不可回避的重大现实问题，也是学界持续探讨的重要理论问题。文章对国外有关国家认同、爱国主义和民族主义的最新实证研究成果进行梳理，勾勒出目前国外相关领域的研究现状、关注的问题以及理论视角，并对中国国家认同问题研究不足之处做了简要分析。[23]

在《文化民族与政治民族：理论、应用及反思》一文中，郝亚明从民族构建的基本纽带入手，对文化民族与政治民族概念体系的理论形成、应用领域和局限反思等问题进行了初步探究，指出在民族本质属性问题上历来存在着文化与政治的二元对立，由此对民族理论和民族实践带来诸多困扰。文化民族与政治民族的概念体系对此具有一定的消解作用，并有望为现实民族问题的解决提供新的理论视角和分析工具。[24]

在国家理论反面，在《国家构建的要件：以日本近代化过程为例》中，金冬日以对日本近代国家的构建经验分析指出，在国家构建上重要的是能够使国家走上正确道路的理念和体制，建立一套能够接受反映人类普世价值的先进理念的机制，同时有一种能够维护合法性源泉和法律制度权威的机制。而能够保持维护合法性源泉和法律制度权威的机制，就是宪政体制下的法治和民间力量能够制约政治权力的状态。因为只有在这种状态同理性批判体制结合在一起，才能杜绝凭借力量来践踏社会正义和程序合理性的行为，从而保障国家构建活动走上正轨。同时，有必要仔细甄别有利于和有碍于国家构建的文化传统。由于国家构建上所选择的路径对其国的影响极其深远，因此必须选择艰难却正确的道路，而不是容易却错误的捷径。[25]

（本文作者：佟德志，天津师范大学政治与行政学院教授；李浩，天津师范大学政治与行政学院博士研究生）

注释：

①朱光磊：《地方政府职能转变问题研究：基于杭州市的实践》，南开大学出版社2012年版。

②赵永茂、朱光磊、江大树：《府际关系：新兴研究议题与治理策略》，社会科学文献出版社2012年版。

③杨龙、刘建军：《环境治理中府际合作的逻辑》，《中国环境管理》2012年第3期。

④杨龙：《变革与调整：多元治理中的府际关系》，《学术前沿》2012年第6期。

⑤沈亚平、董向芸：《微博问政对于政府管理的价值与功能分析》，《南开学报》（哲学社会科学版）2012年第3期。

⑥朱旭峰：《善用专家资源完善公共决策》，《决策》2012年第11期。

⑦常健、刘芳：《征地拆迁过程中的政府公信力建设》，《学习论坛》2012年第7期。

⑧金东日、朱光喜：《诚信社会建设中的政府责任及其局限性》，《学习与探索》2012年第10期。

⑨郭道久：《服务型政府建设对转型期中国政治发展的推动作用》，《广东行政学院学报》2012年第2期。

⑩程同顺、张国军：《民主的回归——从选举民主到过程民主》，《探索》2012年第1期。

⑪佟德志：《利普哈特的结盟民主理论》，《中国社会科学报》2012年10月18日。

⑫徐行、崔翔：《试论人民政协民主监督的实现形式和运作机制》，《理论研究》2012年第2期。

⑬佟德志、杨若琳：《优化政协界别发扬社会主义民主》，《中共福建省委党校学报》2012年第7期。

⑭佟德志：《中国人政治观的创造性重构》，《人民论坛》2012年第10期。

⑮佟德志：《新政治观的一体两翼》，《人民论坛》2012年第11期。

⑯乔贵平：《经济、社会领域的民主VS政治民主——20世纪社会主义与自由主义关于民主范围的争论》，《法政探索》2012年第8期。

⑰高春芽：《经济发展、政治文化与民主转型——社会结构视野中的民主化探析》，《湖北行政学院学报》2012年第1期。

⑱朱健：《论互联网在我国民主政治建设中的积极作用》，《理论探讨》2012年第1期。

⑲杨永志、朱健：《电子政务新时代与我国民主政治发展新趋势》，《理论与现代化》2012年第1期。

⑳双艳珍：《政治学视域中的社团民主价值探析》，《中共天津市委党校学报》2012年第4期。

㉑常士訚：《多元文化与国家建设》，天津人民出版社2012年版。

㉒常士訚：《市场经济与民族融合进程》，《马克思主义与现实》2012年第4期。

㉓马得勇：《国家认同、爱国主义与民族主义——国外近期实证研究综述》，《世界民族》2012年第3期。

㉔郝亚明：《文化民族与政治民族：理论、应用及反思》，《广西民族研究》2012年第2期。

㉕金东日：《国家构建的要件：以日本近代化过程为例》，《广东社会科学》2012年第3期。

**【中国政府与政治研究综述】** 2012年天津地区的中国政府与政治研究，取得了较大进展，在原有研究课题取得推进的基础上，拓展了新的研究领域，呈现出了新的发展趋势和研究特色。其主要学术观点综述如下。

**一、公共服务型政府研究**

以朱光磊教授领衔的南开大学“中国政府与政策”教学团队，承担着教育部哲学社会科学研究重大课题攻关项目“公共服务型政府构建研究”的研究任务。长期以来，该团队为了提高研究的科学性、适用性，组织开展了系列的实地调研、学术研讨等活动，推出了一系列学术成果。朱光磊教授主编的《地方政府职能转变问题研究——基于杭州市的实践》由南开大学出版社出版。该书选择现代化阶段中国的一个代表性城市“杭州”作为研究对象，探讨了其在城市化发展模式以及经济和政治发展各个方面的特点和发展规律。该书基于对政府职能转变的初步研究，以及对杭州的初步调研成果，提出了对于地方政府职能转变问题的一系列观点。朱光磊教授主编的《高级公共管理知识精要》由电子工业出版社出版。该书紧密结合人力资源社会保障部“十二五”规划纲要中的公务员队伍能力建设计划，立足政府管理创新和公务员知识更新的实际需要，系统地论述了政治学、行政学基础理论以及服务型政府建设、政府管理相关理论与操作性知识等，该书涵盖了公共管理、公共政策、政府经济学、公共部门人力资源管理、现代组织理论、行政法学、政府项目管理等多方面内容。

南开大学周恩来政府管理学院课题组承担的杭州市发展研究中心委托研究课题“全球视野下的杭州社会治理经验与启示”以及中共三亚市委委托研究课题“三亚市服务型政府建设与社会管理创新”，朱光磊主持的“龙岗区编办财政供养人员规模研究项目”、“农村城镇化的中外比较研究”课题，通过实地调研，课题组收集了第一手的资料和情报，并通过与政府相关方面工作人员和研究人员的有效交流，更好把握了课题研究的实践难点和可能的解决途径。

## 二、政府过程研究

由朱光磊教授领衔的“当代中国政府与政策教学团队”，是南开大学5支国家级教学团队之一。重视运用政府过程的研究方法是该团队的主要研究特色。政府过程研究方法，是现代政治科学中一种重要的研究方法——功能和行为研究方法长期发展的产物，其特征是对政治活动特别是政府活动的行为、运转、程序以及各构成要素，特别是各政治利益团体（群体）之间，以及它们与政府之间的交互关系进行实证性的分析、研究和阐述。政府过程研究，注重经验性研究，注重政府与社会各政治因素的互动及其后果的研究，对于传统的政府体制研究、要素分析和法理说明作了极为重要的补充和丰富。该团队对中国政府与政治研究的基本立足点在于，以“过程”的特殊性来解读“体制”的特殊性，通过分析“过程”去发现“体制”问题，并在此基础上寻求体制创新基础上的过程优化。

郭道久提出，“服务型政府建设不仅仅是一个技术操作问题，更是一个中国特色政治发展的过程”，“它从管理和服务入手，却是以管理和服务促进统治的过程；它在党的领导下实施，是党在转型期实现自身的历史性转变的过程；它本身就是政治发展的内容，从内部推动中国政治发展的进程。”①

## 三、政府与政治要素间作用的研究

朱光磊教授参与主编的《府际关系：新兴研究议题与治理策略》一书，于2012年3月由社会科学文献出版社出版。该书基于政府间关系的既有研究，提出“府际关系”的概念与分析，整合海峡两岸学者的观点，探究这个领域内的新兴议题及相关的治理策略。该书指出，当代治理模式不仅强调各级政府间的协力合作，对公共事务的管理也不再局限于政府，而是扩展到公私伙伴关系，强调公民组织发展且积极参与，形成政府、公民、私部门及非营利组织所共同组成的治理平台，在多元行为者的共同参与下，形成平行发展、互动多样的社会网络组织。朱旭峰、王海渊通过辨析超国家组织的“超国家性”和国际组织的“国际性”，提出了国际组织在跨国政策转移过程中的特殊作用。通过研究联合国发展计划署（UNDP）在中国小额信贷政策制定中的作用，作者指出，UNDP在最近十多年间有策略地向中国政府推介小额信贷扶贫政策的过程中扮演着信息传播者、政策试验室和政策顾问三方面角色。另外，国际组织对发展中国家的政策转移的消极影响主要表现为对发展中国家的政策主权和政策价值的冲击。②

## 四、公共治理研究

常健主编的《公共冲突管理》一书，于2012年3月由中国人民大学出版社出版。该书是国内第一本以“公共冲突管理”为题的教材，系统地介绍了公共冲突的概念、功能、原因、条件、类型、扩散和升级过程，公共冲突管理的应对策略、沟通方式、情绪管理、谈判、第三方干预、搅局者、暴力和强制行动，以及公共冲突管理的制度建设。沈亚平、李娜指出，随着政府自身提高管理和服务能力、降低行政成本需求的增强，经济全球化和信息化时代公民参与意识的提高以及层级政府间压力的加大，政府政务外包日渐成为一种新型政府治理工具，其领域和范围也不断拓展。据此，作者对当前我国政府政务外包的发展状况和动因进行了分析，进而探讨了政府政务外包的公共性、效率和合法性三个限度，并提出了明确政务外包中的政府职责、提高政府政务外包管理能力、坚持依法推行政务外包等三条外包实现路径。③

曹海军提出，在战后经济发展引发的社会政治转型中，后发展国家普遍面临着“格申克龙集体困境”和“卡尔多集体困境”。围绕这一双重困境展开的社会运动和政治冲突，形成了各自国家独特的抗争政治、社会联盟、国家构建的发展轨迹和历史道路。面对抗争政治，成功实现由社会联盟到国家构建的国家获得了国家政权的稳定，而失败的国家则陷入了经济落后、国家政权崩溃和社会失序的境地。作者指出，研究和探讨后发展视阈下的抗争政治，发现社会经济转型期群体性事件以及由此产生的抗争政治到国家构建的演变逻辑，对中国特色社会主义社会管理具有重要的借鉴意义。④刘训练、佟德志翻译的《大众的反叛》一书由广东人民出版社出版。该书是西班牙学者加塞特于20世纪30年代所著，描述了在“大众民主”正在成为欧洲政治生活主导的特殊时期，一方面，公众逐渐取代传统的社会精英而成为欧洲社会文化各个领域的支配力量，其话语也逐渐具有强势话语的特征；另一方面，当时的公众缺乏必要的政治训练和理性涵养，表现出诸如易受短视的功利心驱动、轻信政治投机家的承诺、对公共利益的冷漠等特征。

**五、行政改革研究**

赵聚军所著《中国行政区划改革研究:政府发展模式转型与研究范式转换》一书,于2012年9月由天津人民出版社出版。该书系统阐述了新中国成立以来的行政区划调整以及当代西方典型国家的行政区划调整,分析了行政区划调整的内在规律性,即行政区划服从于政府职能重心定位,提出了新时期中国行政区划改革具有“控制—服务”导向的研究结论。该书有助于学界更加全面地认识行政区划改革的政治和政策意义。赵聚军撰文指出,面对“现代化”与“后现代化”的双重压力,中国地方机构改革实际上承载着双重使命:既要继续通过“管理补课”提高政府管理水平,也应适时借鉴典型国家的经验,逐步实现加强管理与提升服务的统一。在加快转变政府职能、构建服务型政府的宏观政策背景下,机构改革的双重使命以及主导逻辑的变化,即由“组织逻辑”向“职能逻辑”的跨越,对地方政府无疑是一种挑战,但在客观上也为其发挥自身积极性,进行因地制宜的创新提供了更大的可能性和有利的外部环境。⑤

佟德志、李欣指出,在现代西方实行了民主政治的国家中,并不存在地域回避的相关制度规定。不同的社会基础造就了不同的地方政府制度,并与地方政府的职能联系在一起,共同构成了中西方地方政府官员在地域回避问题上的制度差异。而地方政府职能的差异恰恰又是决定中西方对于地域回避制不同态度的一个重要原因。⑥曹海军、邱兆亮提出,推进机构编制管理法制化进程,需要克服统一法典化、片面法律化、绝对法定化三种倾向。应在当前分层次分领域进行立法、法律手段与行政手段并用的调控模式基础上,以解决现实问题为目标指向,在多方的共同参与、开放动态的决策过程和制度的不断创新中,实现机构编制管理法制化水平的提升。⑦

**六、基层政治研究**

马得勇、王正绪从“候选人的竞争性”和“投票人的参与性”两个角度,分析了十余年来乡镇基层民主发展的趋势和特征,指出乡镇基层民主发展总体上呈现“迂回前进”的趋势,同时显示出“党内民主”优先于“人民民主”、“竞争”优先于“参与”两个基本特征;而现有的乡镇民主发展和乡镇领导干部任用制度面临在竞争和参与之间保持平衡的困境。⑧程同顺指出,在基层治理中,“中国地方和基层政府的发展,不能只靠基层干部的个人能力和地方政府的基层创新,而应该首先要从国家政府体制和干部制度的宏观层面进行顶层设计”。市县两级的基层设计固然重要,但更关键的还是顶层设计。换言之,即使是基层政府的治道变革,还需要更合理的顶层设计来支撑。作者具体分析了我国在政府体制和干部制度方面存在的以下几个核心问题,即:各级政府职能高度重叠;权力和资源向上高度集中;考核评价机制和标准不合理。⑨

佟德志、杨若琳对优化界别、发扬社会主义民主政治进行了理论思考。作者提出,应“合理设置界别、建立健全界别组织”,“加强制度建设、创新政协界别活动的平台、发挥政协界别在履行政协职能中的作用、充分发挥政协委员的作用是优化界别的总体思路”。同时,在具体的界别优化中,还要注意界别与民主政治建设、参政党界别问题、界别与民意反映等问题。⑩

**七、滨海新区行政管理体制改革研究**

在滨海新区行政管理体制改革的进程中,天津学界积极响应,为政府决策提供了重要的智力支持。孙涛主持“探索发挥高校优势服务滨海新区开发开放的体制机制”课题,获天津市教委人文社会科学重大项目立项;杨龙主持的“滨海新区体制改革后管理体制创新研究”,获2012年天津市政府决策咨询重点课题立项,该项目分析了滨海新区的特点、管理体系现状以及管理体制存在的问题,提出了滨海新区行政管理体制改革的具体对策建议。

(本文作者:盛林,南开大学马克思主义教育学院副教授)

注释:

①郭道久:《论服务型政府建设是一个政治过程》,《探索与争鸣》2012年第9期。

②朱旭峰、王海渊:《国际组织在政策转移中的作用研究——以UNDP参与中国小额信贷政策为例》,《中国行政管理》2012年第2期。

③沈亚平、李娜:《政府政务外包及其实现路径研究》,《中国行政管理》2012年第1期。

④曹海军:《后发展视阈下的社会管理——抗争政治与国家构建的视角》,《中共天津市委党校学报》2012年第4期。

⑤赵聚军:《双重压力下地方政府机构改革的挑战与契机》,《南京社会科学》2012年第3期。

⑥佟德志、李欣:《中国地域回避与西方本地任职之比较》,《人民论坛》2012年第11期。

⑦曹海军、邱兆亮:《机构编制管理法制化路径辨析》,《长白学刊》,2012年第3期。

⑧马得勇、王正绪:《竞争与参与:中国乡镇民主发展评估》,《政治学研究》2012年第4期。

⑨程同顺:《基层治理也需要顶层设计》,《人民日报》2012年12月28日。

⑩佟德志、杨若琳:《优化政协界别、发扬社会主义民主》,《中共福建省委党校学报》2012年第7期。

# 社会学

**【社会学研究综述】** 2012年,天津的社会学研究和教学围绕民生问题、社会管理和社会政策、社会思想史、科学社会学、城市社会学等方面展开,同时还拓展了一些新的领域。

**一、民生问题研究**

民生问题是当前全国人民关注的热点问题。潘允康领衔承担的国家重点课题"中国民生问题中的结构性矛盾和社会事业的发展",对当前中国6大民生问题(收入分配、就业、教育、医疗卫生、住房和养老保障)集中力量攻关,继续取得阶段性成果。潘允康从民生问题的政治解读、民生问题中的结构性矛盾、研究和制定解决民生问题的政策和政策体系、民生问题的解决和幸福指标的建立等4个方面阐述了民生问题。①张宝义通过对天津市中心城区600名小学生家长的调查发现,由于优质义务教育资源分布的不平衡,小学生跨学片就读现象十分严重,已经成为重要的民生问题。主要表现为:家长的入学"公关"增加了社会生活成本;学生接送"私车化"增加了城市交通的拥堵;学生上下学路途占用时间过长,推动了学区房价的不断攀升等。张宝义建议加快推进义务教育资源的均衡化发展,减轻学生及家长的教育负担。②

张品指出,解决民生问题是服务型政府工作的重中之重。在此基础上,详细探讨了服务型政府的建设,包括政府需树立服务意识,加快职能的转变,改变决策机制和考核机制,以及推进法制建设。服务型政府对民生问题的解决,主要通过:第一,政府统筹规划民生问题;第二,政府引导、培育社会力量参与民生问题的解决;第三,政府监管民生事业;第四,政府扩大对民生的投入。③

秘舒对劳动就业问题进行了调查研究,指出我国劳动力市场的变迁经历了再分配经济、双轨制经济、快速转型和全面市场化四个时期。这一变迁在宏观上表现为劳动力市场基本动态特征的变化,在微观上表现为个体求职过程中求职渠道的变化。基于对八座城市社会网络与职业经历调查数据的分析发现,随着市场改革的深化,劳动力市场的体制不确定性下降,市场竞争程度和劳动力管理的规范性不断上升,市场渠道替代科层渠道成为个体求职的主导渠道,但是,关系主义规范的作用空间并未因此受到压制,网络渠道作为市场与科层渠道的补充仍被普遍使用。同时,求职者因职业阶层、体制类型、入职时期的不同,其求职渠道和所面对的劳动力市场特征也会发生分化。④

**二、社会管理和社会政策研究**

2012年,围绕社会管理和社会政策研究有新的重要课题立项和一些新的重要成果发表。经过招标评审,关信平领导的课题组获得了教育部哲学社会科学研究重大课题攻关项目"流动人口管理和服务对策研究"(12JZD022)。该项目主要的研究问题是针对当前我国流动人口的管理和服务中存在的各种问题,从政策制定、实施和相关管理服务体系的建构入手,重点研究解决流动人口管理和服务的法规和政策制定问题,并对流动人口的管理和服务纳入城市经济与社会发展规划问题、相关的资源调动问题以及相关体制机制建构问题进行研究。

关信平、王星与香港中文大学魏雁滨、倪锡钦联合主编《华人社会政策与服务:问题与机遇》一书,该书汇集了来自中国内地、台湾、香港特别行政区、澳门特别行政区及其他华人社会的社会福利政策专家、学者的政策研究论文,展现了当前不同华人社会最新的社会政策的学术研究成果。文章着重于"转变经济发展方式下的社会政策发展方向"和"社会福利政策的比较",主题包括"社会保障"、"儿童、青少年与家庭"和"社会融合"三部分,介绍并分析了各地华人社会在经济转型中出现的社会发展不平衡现象,以及如何平衡经济和社会发展冲突的相关应对策略。⑤

王星将目前中国城市基层社会的参与者分为生计型参与者和权责型参与者两类。在基层社会管理实践中,代表国家的权责型参与者与代表社会的生计型参与者内部均存在着利益分化。权责型参与者处于强势地位,可以在部门利益与公共利益之间自由切换;生计型参与者处于弱势地位,相互间的利益冲突却使"社区自治"陷入需要权责型参与者重新介入才能达成的尴尬境地。中国城市基层社会秩序建构中的"悖论事实"要求社会管理理论创新必须转向——从规范理论走向实证理论。[⑥]

李璐指出,全能政府向有限政府的转化和市场经济的发展,使社会组织获得了生长的契机,在社会建设中发挥着不可替代的作用。社会转型带来的全面变革使传统社会组织管理中的问题日益凸显。北京市以"枢纽型"社会组织建设为契机,对传统社会组织管理体制进行了分类负责模式的探索。[⑦]

**三、中国社会思想史研究**

中国社会思想史研究一直是天津社会学界成果较多,在全国比较有影响的领域。宣朝庆认为,如何进行社会价值重建是当前学术界关心的重大问题。宣朝庆通过对春秋战国至汉初的长时段历史研究,给予社会价值重建以历史的、实证的关照。研究认为,价值重建过程表现为价值创新和选择,受到知识分子群体崛起与参与、平民社会运动蓬勃发展、国家利益介入等多种因素的影响,是多元社会力量在公共领域中博弈的结果。这一时期的价值创新主要表现在民本、贵公、无为等价值的重新挖掘和发展,而社会运动所构成的价值推介过程始终与国家的价值选择过程相伴行,只有社会价值与国家利益相契合,并得到国家文化建设的有力支持时,社会价值重建的工作才最终得以完成。[⑧]

刘集林探讨了20世纪30年代知识精英的社会群体问题。20世纪30年代以《独立评论》作者为代表的知识精英,对农民、青年学生、知识阶级、劳工、妇女、军人等社会群体作了多方探讨,其中重点关注了农民与青年学生两大群体,强调了知识阶级的社会重心角色。这种群体观的倾向从侧面揭示了30年代的主要社会问题。而群体观探讨本身也体现了30年代体制内知识精英的一些基本特征,如社会现实关怀与责任意识、独立精神与务实态度、改良立场与功利主义倾向等。[⑨]

**四、科学社会学和知识社会学研究**

重视和进行科学社会学教学和研究也是南开大学社会学传统之一。赵万里指出,福柯的思想始终以知识—权力为主线,以知识为核心。福柯对知识社会学的贡献在于提出了一套颇具社会学色彩的话语分析模式。与知识社会学中其他语言学转向进路相比,福柯的话语分析最明显的特征在于拒斥一切内在性,着眼于知识的外部空间。福柯式话语分析极大地拓展了知识社会学的分析范围,并且创新了研究方法;但是,由于话语既有外在性又有内在性,福柯片面强调话语的外在性并把外在性和权力联系起来,忽视了话语中的情境性和行动者的能动性。[⑩]

袁同凯对和谐教育进行了概述,以部分西方学者为例,探讨教育人类学领域里关于"公平"与"平等"概念的理解与阐释以及正确理解这两个概念的必要性,并从教育人类学的角度讨论当今教育领域里公平与平等概念之间的差异与关联。和谐教育是和谐社会建设的重要组成部分,而公平与平等则是其中的关键概念。[⑪]

**五、城市社会学研究**

城市社会学方面的研究成果,主要围绕农民工问题研究和城市交通等社会问题研究。段学芬、王瑞娟认为,农民工能否自觉形成对城市的心理认同,并完成从社会生活到社会心理的市民化,不仅与制度、政策和农民工的城市物质生活状况有关,也与农民工对城市及城市居民的认识与评价有关。农民工对城市生活的满意程度也在一定程度上决定着他们对城市的认识,并影响着他们对城市的心理认同。[⑫]张九海认为,近几年,中国兴起了一场不大不小的"城市精神热"。城市精神培育有力促进了社会主义文化和核心价值体系的建设,但是,在各地城市精神的征集、表述、建设过程中也出现了诸多问题。为了防止出现文化浮躁与冒进,消除城市精神的虚热,我们应该理性思考城市精神提炼和培育过程中出现的问题和建构原则:其理论的抽象性与层次性;其天下情怀与地域特色;其历史性、现实性与前瞻性;其践行性与草根性;其人本原则与社会经济发展。作为社会主义文化建设的重要组成部分,城市精神建构的良性发展对社会主义核心价值体系建设,对提升文化品位、抵制低俗文化、挺立主流意识形态具有重大的意义。[⑬]

零碳交通是指在交通过程中基本不产生碳排放的交通方式,包括自行车、步行等。王光荣认为,零碳交通是城市低碳交通体系的必要组成部分,又有建设快、见效快的特点。发展零碳交通既可以短期内有效降低交通碳排放,也符合低碳交通长远发展方向。国外城市以发展零碳交通来降低碳排放效果显著。发展零碳交通的主要措施是:(1)制定支持和鼓励零碳交通的政策。政府要采取发放补贴、降低税收和设置奖励等方式,鼓励步行、骑自行车上下班。(2)重新规划零碳交通的道路系统,保证充足的设施。(3)发展公共自行车系统,方便居民使用。(4)全面改善自行车停车系统。(5)大力开发零碳交通技术。(6)塑造自觉零碳交通的观念。⑭

(本文作者:潘允康,天津社会科学院研究员)

注释:

①潘允康:《民生问题的理性思考》,《城市杂志》2012 年第 1 期。

②张宝义:《天津中心城区小学"跨片生"现象的调查及其民生问题探究》,《城市杂志》2012 年第 1 期。

③张品:《简论建设服务型政府与改善民生》,《社会工作》2012 年第 8 期。

④秘舒:《劳动力市场的结构变迁与动态特征——求职过程的宏观分析》,《南开学报》2012 年第 6 期。

⑤关信平、王星、魏雁滨、倪锡钦:《华人社会政策与服务:问题与机遇》,社会科学文献出版社 2012 年版。

⑥王星:《利益分化与居民参与:转型期城市基层社会管理困境及其理论转向》,《社会学研究》2012 年第 2 期。

⑦李璐:《分类负责模式:社会组织管理体制的创新探索——以北京市"枢纽型"社会组织管理为例》,《北京社会科学》2012 年第 3 期。

⑧宣朝庆:《春秋战国至汉初的社会价值重建》,《人文杂志》2012 年第 3 期。

⑨刘集林:《20 世纪 30 年代知识精英的社会群体观》,《天津师范大学学报》2012 年第 5 期。

⑩赵万里:《福柯与知识社会学的话语分析转向》,《天津社会科学》2012 年第 5 期。

⑪袁同凯:《和谐教育研究概述:以部分西方学者为例》,《广西民族大学学报》2012 年第 3 期。

⑫段学芬、王瑞娟:《农民工的城市感受与市民化》,《学术界》2012 年第 11 期。

⑬张九海:《"城市精神热"的理性思考》,《新疆社会科学》2012 年第 3 期。

⑭王光荣:《发展零碳交通促进城市低碳交通建设》,《未来与发展》2012 年第 9 期。

**【社会心理学研究综述】** 2012 年,天津市的社会心理学工作者在基本理论研究和应用研究上取得丰硕成果。

**一、社会心理学理论研究进展**

1. 基本理论研究

集体行动现象一直备受社会科学共同体关注。20 世纪早期,社会心理学曾是集体行动研究界的主导视角,后逐渐转至社会学与政治学视角。最近 20 多年,社会心理学视角下集体行为研究又开始兴起。陈浩等指出,社会心理学家提出的工具理性、社会认同和群体愤怒是影响个体参与集体行动的主要前因变量。此外,包含工具理性和群体愤怒路径、包含工具理性和社会认同路径,以及包含社会认同、工具理性和群体愤怒路径是集体行动三种重要的参与模型。未来的集体行动社会心理学研究应重视行动情境类型、个体心理特征和除愤怒之外的群体情绪在集体行动参与中的作用,考察理想信念等潜在新前因变量的可能地位,加强与群际关系、歧视动机等其他经典研究领域的联系。①

2. 文化心理学理论研究

中国病人的心理问题躯体化主诉现象,容易引发医患纠纷,吕小康、汪新建等认为,从医学社会学的历史视角来看,正是医患话语的分殊,导致了躯体化这一现象的彰显。②从本土文化心理视角考察躯体化现象,不得不提及中华民族特有的"意象思维"模式。意象思维是中国人的传统思维模式,它通过观物取象和取象比类的方式认知世界、推演联系。这种思维模式塑造了中国人特有的身心不分而非两分的身体观、疾病观和治疗观。这也使得疾病不仅是一种医学现象,也是一种文化现象;医学不仅需要生理知识,也需要人文知识。③此外,潜规则的产生与存在是任何社会都难以避免的现象,它在当下中国的"爆发"有其特定的社会结构性动力,并反映出当下中国的特定社会事实。对社会发展的压倒性追求和发展机会之间的分布不均,使得潜规则的产生获得了结构性的动力;制度建设过程中行政权力的扩张与既得利益群体的形成,又为潜规则的存续提供了合法化的空间和强有力的利益支撑。只有建立起公正的制度体系,才能最终缩减潜规则的生存空间。④

吕小康独著的《社会转型与规则变迁:潜规则盛行的社会学阐释》,由南开大学出版社出版。该书首先对潜规则进行了语义探源与文献回顾(第一章),界定了潜规则概念及三种研究视角的引入(第二章),进而探讨了中国传统社会的秩序观和秩序形态必然导致名实分离的结果(第三章),通过梳理近现代以来的秩序变革揭示潜规则显化与隐匿的转换特点(第四章),认为社会转型以及秩序重建中的各种未解决问题,成为潜规则爆发的现代性动力和结构动力(第五章),最后总结出应对潜规则背后的公正诉求是现代秩序建设的新课题。⑤

## 二、社会心理学应用研究

### 1. 群体心理研究

社会主义市场经济体制的确立，唤醒了中国人的财富意识，金钱在人们生活中的价值和地位越来越凸显出来。杜林致等以923名大学生为对象，调查分析当代大学生的金钱心理，认为与金钱冷漠型、金钱崇拜型和金钱排斥型相比，金钱不满型的大学生更容易在职务便利、外部机会的情境下发生不道德工作行为。[6]此外，杜林致也调查分析了罪犯的金钱心理，发现在中国价值观总分以及人际和谐因素，以及成功性、知识性、娱乐性等家庭环境关系变量上，金钱不满者显著低于其他金钱类型的人。[7]

中国大学生的就业问题，一直是政府、高校、各社会机构以及大学生自身关注的重要问题。乐国安等对全国30所高校5000多名大学生进行了问卷调查，对影响大学生创业意向的诸多因素进行了分析。在大学生认知中，影响创业成功的因素主要由客观背景资源、主观能力经验和外部宏观环境3个因子组成，其中主观能力经验的作用排在首位。[8]陈浩等通过对当代大学生的职业价值观研究调查，发现当代大学生的职业价值观结构由才能发挥、自我实现、社会地位与声望、工作环境与福利保障4个因子组成。大学生将个人的自我实现排在首位，仍偏向去南方及沿海开放城市，北京、上海等一线城市，也更倾向去国有企业、政府机关单位和外资合资机构。[9]

管健独著的《身份污名与认同融合：城市代际移民的社会表征研究》，由社会科学文献出版社出版。该书首先澄清了污名的理论研究发展（第一章），以社会表征为研究视角（第二章），探究了城市代际移民身份污名认知与体验（第三章），并寻找其相应的心理机制（第四、五章、六章），最后讨论了城市代际移民的认同融合与应对策略选择（第七章）。[10]

对于老年人来说，抑郁是经常发生的心理失调和精神障碍，对其身心健康具有重要影响。张阔等使用EPQ、SDS和积极心理资源的相关量表对天津市270名社区老年人进行了调查，认为神经质和精神质人格是老年人抑郁的重要风险因素，乐观、韧性、自我效能感等积极心理资源是老年人抑郁的重要保护因素并在易感人格和抑郁症状之间起中介作用。[11]

图书管理员是公众文化生活中必不可少的一类群体，李强等从公众对图书馆员刻板印象方面对图书管员职业群体进行了研究，发现公众对图书馆员总体印象较好，且愿意接近图书馆员，同时认为图书馆工作不简单却比较舒适。[12]

### 2. 组织行为研究

组织信任已成为组织行为领域的热点研究议题，马华维、姚琦以上级信任为切入点，将信任视为一种行动意愿，基于信任行为理论框架和开放性问卷结果，开发了包含6个题目、“依赖”和“表露”两个维度的《企业员工对直接上级信任问卷》。同时，以553名企业员工为被试，通过潜变量路径分析考察了不同形态信任之间的关系。发现信任（意愿）受认知和情绪因素的共同影响；可信度在信任基础和信任（意愿）间起部分中介作用；信任（意愿）在可信度和工作满意的关系中起完全中介作用；作为意愿的信任，相对于信任基础（认知和情感信任）和可信度，与信任结果变量（工作满意）关系最近，能更直接、有效地测量信任水平。[13]马华维等以天津市10所学校的168名教师为研究对象，通过问卷调查探讨教师对直接上级的信任、知识分享及教师工作绩效之间的关系。路径分析结果显示：教师上级信任和知识分享的不同维度对教师工作绩效的影响存在差异；教师知识分享的质量在教师上级信任的依赖维度与工作绩效的关系中起部分中介作用。[14]

信任被破坏后如何修复是当前信任研究中未解的问题之一。有效的信任修复应关注整个关系，包括信任、消极情感和消极行为三方面的内容；修复结果可能出现矛盾状态，且在某些情况下无法被彻底修复。乐国安等梳理了现有关于信任修复的理论过程，主要有归因、社会平衡和结构，认为研究视角经历了从单方向交互作用的转换，当前研究更关注修复策略与修复效果之间的调节变量，今后研究应重视归因、人际和结构过程的整合，尝试结合现场跟踪研究和个案研究以提高结果的外部效度，以及考虑时间、社会情景和情绪对信任修复的影响等。[15]姚琦等用修复机制划分修复策略，以408名企业员工为被试，通过情景模拟法操作违背类型和修复策略。发现组织信任的正直违背比善心违背破快性更大，更难修复，约束策略对善心违背的修复效果高于正直违背的修复效果，对正直违背来说，展示策略相对更加有效。[16]

为了探究中国人的传统性在组织自尊和组织公民行为关系中所起的作用，杜林致、黄艳丽使用

《组织自尊量表》、《中国人个体传统性量表》以及《组织公民行为量表》，对533名企业员工进行了调查研究，结果发现组织自尊与组织公民行为显著正相关，传统性对组织自尊和组织公民行为效应具有负性调节作用，这个研究证明组织自尊对组织公民行为的影响与文化环境有紧密的相关。⑰

李霞认为，现代职场环境复杂，对员工的职场适应提出了较大的挑战，职业弹性在个体应对不利因素的消极影响时，凸显了一种积极视角。为提高员工职业弹性，个体和组织可以从专业技术技能、职业规划技能、工作策略技能和韧性人格四部分入手。⑱

3. 临床与咨询研究

心理咨询与治疗等专业心理健康服务能有效帮助人们应对心理疾病，降低伤害，但是专业心理健康服务的使用率在世界范围内都严重偏低，我国尤其如此。李强等从消费心理分析入手，对天津地区555名在校大学生和全国13个省区的557名社区居民调查影响人们消费决策的感知风险，认为专业心理健康服务感知风险包括四个维度，分别为心理风险、服务质量风险、功能价值风险和社会风险，其中，人们对服务质量风险和功能价值风险的感知最强。专业心理健康服务现阶段的发展可着重于规范服务体系和宣传功能价值。⑲

心理学对疼痛的研究已经进行了几十年，成果颇丰。马华维等梳理了疼痛与基本心理过程之间的相互关系，包括注意、情绪、动机和记忆以及社会因素对疼痛的调节作用，如社会排斥、信仰、音乐、虚拟情境、金钱和权利等。认为已有疼痛研究中的疼痛测量方法过于主观，并且疼痛调节因素在临床中缺乏实践价值，未来应重视发掘疼痛调节因素的临床实践价值。⑳

社会赞许性是影响调查与测量数据效度的最主要来源之一，李强等参考已有社会赞许性同类量表，通过小组讨论、专家访谈等方法，经过两次预测、项目分析确定量表题目，再进行第三次测试以检验量表的心理测量学特征。中国成年人多维社会赞许性量表具有可接受的内部一致性、分半和重测信度以及结构效度、内容效度、同质效度和聚合效度，具有可接受的心理测量学特征，可被用来测量和评估现代中国成年人的社会赞许性。㉑

**三、展望**

1. 从研究类型来看，理论性以及综述类的文章或著作与应用性研究相比较来说较少。但是，理论性文章所研究的内容涉及中国现代社会热点问题，如集体行动、潜规则、城市代际移民、信任修复等，同时关于心理问题躯体化的研究为心理学本土化做出较大的贡献。这些对于建设有中国特色的社会心理学学科体系具有重要意义，从而为中国社会发展做出贡献，在以后的研究中应继续加强这方面的研究。

2. 从研究方法来看，主要以量表问卷的调查实证为主。量表的使用主要通过修订或者编制为主，增加了研究的科学性，同时也繁荣了我国心理测量学的研究。对问卷、量表的数据处理中，较多地使用了结构方程等高级统计方法，较往年有较大幅度提升。当然实证主义的研究方法包括现场观察法、深入访谈法、现场实验法、实验室实验法等，因此在以后的研究中，应加强用各种方法组合弥补使用某一种方法所带来的局限。

3. 从研究对象来看，群体心理与组织行为心理领域的研究成果相对较多。由于强调群体生活，注重集体主义精神，群体问题就成为了我国社会心理学中一个具有独特性的问题，受到国家的重视。目前群体心理的研究主要集中在大学生、农民工和老年人群体方面，今后的学科发展应将可研究的群体范围扩大。

（本文作者：李强，南开大学周恩来政府管理学院教授、博士生导师；苏慧丽，南开大学社会心理学系博士研究生）

**注释：**

①陈浩、薛婷、乐国安：《工具理性、社会认同与群体愤怒——集体行动的社会心理学研究》，《心理科学进展》2012年第1期。

②吕小康、汪新建：《何为"疾病"：医患话语的分殊与躯体化的彰显——一个医学社会学的视角》，《广东社会科学》2012年第6期。

③吕小康、汪新建：《意象思维与躯体化症状：疾病表达的文化心理学途径》，《心理学报》2012年第2期。

④吕小康、汪新建：《社会转型与规则变迁：潜规则盛行的结构性动力及其治理方向》，《天津社会科学》2012年第5期。

⑤吕小康：《社会转型与规则变迁：潜规则盛行的社会学阐释》，南开大学出版社2012年版。

⑥杜林致、韩威、刘鹤妍：《大学生金钱心理特征与不道德工作行为可能性关系研究》，《西南民族大学学报》（人文社会科学版）2012年第11期。

⑦杜林致：《罪犯金钱心理特征及其价值观、家庭环境关系研究》，《西北师大学报》（社会科学版）2012年第2期。

⑧乐国安、张艺、陈浩：《当代大学生创业意向影响因素研究》，《心理学探新》2012年第2期。

⑨陈浩、李天然、马华维:《当代大学生职业价值观现状的研究》,《心理学探新》2012年第6期。

⑩管健:《身份污名与认同融合:城市代际移民的社会表征研究》,社会科学文献出版社2012年版。

⑪张阔、李萌、张赛:《老年人人格、积极心理资源与抑郁的路径模型》,《中华行为医学与脑科学杂志》2012年第21期。

⑫李强、徐晟、俞碧飏:《社会公众对图书馆员刻板印象研究》,《图书馆理论与实践》2012年第12期。

⑬马华维、姚琦:《企业中的上级信任:作为一种行动意愿》,《心理学报》2012年第6期。

⑭马华维、陈鹏、姚琦:《教师上级信任、知识分享与工作绩效的关系》,《心理科学》2012年第2期。

⑮乐国安、赖凯声、张涔、薛婷:《信任修复:研究现状及挑战》,《心理科学进展》2012年第6期。

⑯姚琦、马华维、乐国安、杨柳:《组织信任修复的有效性:兼顾违背类型与修复策略的影响》,《应用心理学》,2012年第2期。

⑰Linzhi Du and Yanli Huang," The Impact of Organization - Based Self - esteem on Organization Citizenship Behavior: Traditionality as Moderator", Journal of Communication and Computer, 2012(9).

⑱李霞:《职业开发亟须关注员工职业弹性》,《中国社会科学报》2012年3月7日。

⑲李强、高文珺、李凌、秦萍:《专业心理健康服务感知风险结构研究》,《中国临床心理学杂志》2012年第4期。

⑳马华维、郑妍、姚琦:《疼痛的心理学研究》,《心理学探新》2012年第4期。

㉑李强、徐晟、李凌、黄艳、徐旻:《心理健康素质测评系统·中国成年人多维社会赞许性量表的编制》,《心理与行为研究》2012年第4期。

**【舆情研究综述】** 2012年,天津学者秉承舆情研究服务决策、服务大局的主旨,顺应时代要求不断开拓,在舆情研究学科建设方面继续向前发展。

**一、舆情基础理论研究**

针对各类舆情热点频发现象,舆情范畴的研究愈加受到重视,而深入和正确认识舆情概念仍然有其必要性。学者们认为,中国传统语境下的舆情概念主要包含了民本的思想,其"要诀"是关注百姓的疾苦,而现代舆情概念则增加了民主政治的内容,包含着来自民众对社会政治体制和机制等方面的认同、批评和参与等现代性内容,与传统的舆情内涵有一定差异。此外,在一些研究中舆情概念与舆论、民意等概念混淆的现象一直没有得到很好解决,学者们从舆论主体、学科视角差异等方面,继续探讨了如何合理"切割"这些不同概念的问题。①

毕宏音阐释了舆情支持的内涵,即民众的积极、健康、理性的社会态度,认为舆情支持具有刺激和示范、维稳和疏导、指示和预测、推动和建构等四大现实功能。②张丽红认为,舆情危机是民众对公共问题和社会管理者产生和持有负面或怀疑的政治态度、信念和价值观的一种状态。③

**二、以微博为载体的网络舆情研究**

微博舆情主要具有三方面特点。一是短时间积聚关注度。王来华、毕宏音认为,与以往任何一种网络表达载体相比,微博显示出在最短时间内形成最大社会关注度和舆论浪潮的能力,让更多的民生和民意诉求引起社会各界高度关注。④二是放大扩音效用,张淑华、徐艳认为,微博传播过程涉及的是关系,是发生在多人之间的互动关系,微博存在信息爆炸式、病毒式传播特征。⑤三是与其他舆情表达渠道相比,微博舆情所具有的"鱼龙混杂"现象更为突出。微博舆情既能反映真实舆情,也存在炮制假新闻、造谣传谣问题。姜胜洪认为,"微博是传播谣言和不良言论的放大器",⑥其中,意见领袖的影响力不容忽视。少数网络意见领袖有意或无意发布不实信息,放大现实中的社会矛盾和偏激心态,引发网络舆论动荡,甚至危及社会稳定。⑦

在微博舆情功能研究上,主要突出了其监督、问政功能。微博是"一种有力的舆论监督工具",⑧而这种网络政治参与方式"强化了社会监督的效力"。⑨刘畅认为,微博问政恰与中国所处的"治理转型"期相吻合,两者是现象层面的呈现,而英国思想家波普尔的"零碎社会工程"理论,则是从思想高度对其给予理论概括。⑩沈亚平、董夏芸认为,微博问政有助于政治民主制度建设和政府公共服务及社会管理职能顺利实现;但微博问政并不意味着效率提高,有效回应微博问政的重点在于政府人、财、物的调配运作系统和政府反应机制的灵活与透明。⑪

微博具有问政功能,政务微博如何积极面对这一新趋势是必须要解决的问题。政务微博是政府综合政治沟通和政治参与体系建设中的一个环节,是一种辅助问政形式,开通政务微博的主要目的是更好地服务民众。⑫同时,政务微博的效用问题和风险控制也不容忽视。齐冬梅认为,将政务微博与政府网站有机结合起来是解决政务微博问题的重要途径,而政府实体体制机制改革的协同配合是关键。⑬

**三、网络谣言研究**

学者认为,网络谣言具有一定的独特性。一是"光速"传播、快速弥散性:具有将信息传输从"点对点"变成非线性的多点交互,兼具将知识传播、事件直播、提问互动、无限转发等因素在极短时间内结合起来的超强功能。[14]二是电子文本性:前网络时代的谣言一般是口头传播,但网络时代的谣言一般是以电子文本的方式进行传播,包括文字、图片或视频,有迹可循。[15]三是极难分辨的伪装性:大量运用高新技术手段合成的虚假图像,因其逼真度高、真伪难辨。[16]

网络谣言能够大行其道,是由各种因素造成的。从信息来源的角度,一是信息缺位。当政府职能部门不能及时披露信息,正常的信息获知渠道被阻隔,民众的知情权得不到满足时,受众就会将对事件信息和细节的需求转向网络,期待在网络中获取更多的信息。二是主流信息渠道公信力缺失。一些信息发布者存在的失范问题,导致公众对信息权威发布机关不信任、对具有专门知识的专家不信任、对传统主流媒体不信任。从信谣传谣心理动机的角度,"知识局限导致盲目型信谣传谣、定势偏见导致执拗型信谣传谣、集体心理造成从众型信谣传谣、社会焦虑导致质疑型信谣传谣"。[17]

在网络谣言传导机制方面,姜胜洪认为,网络谣言的发展并非单一渠道传播,许多谣言都是多渠道传播,通常以人际多向顺延的模式传播。他提出了四种传播模式:链状模式、树状传播、放射状传播、"漩涡"型复式传播;其早期呈链状结构,继而呈现树状结构。[18]针对已经出现的谣言,要及时辟谣,并建立完善的依法查实和惩处机制,媒体应自觉承担清除网络谣言的责任与义务。为预防谣言产生,要坚持信息透明原则,第一时间发布准确信息,提高政府的公信度;要加快培养认同国家主流意识形态的"意见领袖";加大法制宣传力度,提高民众的谣言免疫力;最根本的则是保障民生需求,维护群众利益。

**四、舆情信息工作研究**

张丽红针对反腐倡廉网络舆情信息工作所具有的高政治性、强时效性、超复杂性和高技术性等特点,提出做好舆情信息工作必须坚持四项基本原则:关注大事、把握大势;真实准确、全面客观;灵敏高效、快捷畅通;把握规律、与时俱进。[19]

刘毅运用三角模糊数的模糊德尔菲法和模糊层次分析法,设立了面向于某一具体公共事务或热点话题的网络舆情预警指标体系。[20]这套指标体系包括网络舆情广度、网络舆情热度、网络舆情的态度倾向和行为倾向4个二级指标,以及19个三级指标。同时,他认为,该指标体系还具有一定的局限性,无法完全确定网络警兆指标体系的全部指标。在今后的研究中,还需要运用基于白化函数的多指标灰色评价方法,作为构建网络舆情指标体系后进行网络舆情预警的评价方法,以完善网络舆情预警研究。

夏炎以史为鉴,评价了唐代舆情收集工作及制度。唐代地方舆情主要是通过县收集,进而上报至州,再由州上报中央或藩镇。但为了避免这种舆情搜集方式的局限性,唐代赋予州级行政长官刺史一项重要职责:"每岁一巡属县",即每年对所辖各县至少进行一次巡查,体察民情。刺史巡查内容是"观风俗,问百姓,录囚徒,恤鳏寡,阅丁口,务知百姓之疾苦",以此体现地方长官的亲民性质。这一制度在一定程度上有利于准确把握社会舆情。但由于时间间隔太长,同时州级长官下县之前,各个属县都要进行周密准备,经常会掩恶扬善,容易造成巡查信息的虚假,因此这种巡行属县的制度,也往往流于形式。[21]

**五、舆情与政策关系、舆情调查方法研究**

在舆情与政策关系研究方面,于家琦探讨了舆情调查与公共政策的关系,从好政策评价标准角度,提出了舆情调查能够完善公共政策的合意性、公平性、回应性,而不能够提高公共政策的技术可行性、效率和符合法律规范的要求。在提出"舆情调查对公共政策适用性"基本观点后,分析了中国政府运用舆情调查的现实状况,针对当前政府运用舆情调查中出现的问题及深层次原因,需要从科学认识和尊重舆情、科学合理运用舆情调查、有效实施舆情调查三个层面加以调整和改善。[22]

在舆情调查方法研究上,林竹详细分析了舆情调查中可能出现的误差和偏差情况,涉及样本选择、问卷设计、受访者反应、访谈等方面的误差和偏差,因此调查过程中要特别注意,以避免具体环节发生偏差而使数据失真。[23]于家琦结合2012年为全球大选年的背景,探讨了美国选举民意调查的不同方式及作用,其主要差别体现在调查目的上。基点民调和追踪民调是竞选过程中的个人工具,一般受到候选人与政党的赞助;出口民调大多由媒体进行,调查结果常常成为公开争议的话题;压迫式民调打着科学民调的旗号,目的却是误导选民、为候选人拉票而污蔑对手。[24]

在舆情调查的一个重要类型"满意度"研究上,李莹基于"居民生活满意度调查",分析了青年和离退休人员的生活满意度。该研究建构了一个由20项指标组成的生活满意度，涵盖经济、社会、政治和文化生活等领域。调查显示，在青年群体中，不同年龄、职业和收入者城市生活满意度差异显著；社会治安、社会保障、收入分配和商业服务4项指标对自评总体生活满意度影响显著。[25]在离退休人员中，不同居住区的居民社区满意度差异显著，在社区满意度6项具体指标中，社区治安、居民自治和邻里关系对自评总体生活满意度影响最为显著。[26]

**六、群体性、突发性事件研究**

在群体性、突发性事件特点研究上，学者们有比较一致的观点。第一，有些事件中，利益诉求往往伴随着情绪发泄，表现为合理性与非理性交织并相互强化。这些冲突的“无直接利益”特性明显，随着事态演变，逐渐变成不良人士借机滋事。[27]第二，政府由管理者演变为事件冲突一方，或者本来矛盾焦点就是政府行为。前者被学者们称为“二阶冲突”，是在政府部门出面管理和处置冲突的过程中，引发了冲突相关方与政府之间的冲突。后者指的是政府的工作方向和处理方式事实上不能顺应民意的合理诉求，以致矛盾严重激化。[28]第三，现实世界的事件被网络舆情助推，二者形成共振，甚至“在很大程度上改变了群体性冲突的形成发展机理”。[29]

常健、李婷婷分析了目前中国公共冲突[30]治理中存在的问题：过于关注维持表层平静，客观上损害深层稳定；高度重视公共冲突的应急管理，缺乏常规管理机制的建设；高度关注短期的冲突处置，长期的冲突化解不足；偏重层级命令式，平权对话式冲突化解方式实践不足；高度强调政府在冲突治理中的职能，社会组织的作用没有得到充分发挥；利益表达渠道急增，互动平台不足。[31]

在如何有效应对群体性、突发性事件上，学者们的一些观点有一定新意。第一徐行、杨鹏飞认为，要经常保持危机意识，对突发性事件苗头及早察觉和防范；[32]建立网络舆情监控预警机制，增强对群体性事件的防范能力。第二，在更加平权化的社会中，管理冲突应当注重使用协商对话的方式，“提高政府与民众和意见领袖的沟通能力”。[33]第三，充分发挥社会组织利益表达和协调作用，“发展社会组织以抵御社会风险”。[34]

**七、天津市重视舆情的经验研究**

在舆情指标体系研究中，徐敬总结了“互联网舆情信息评价监测指标体系”的特色。该指标体系依据网络舆情信息产生、发展、变化和消亡的生命周期设置9个预警指标，形成4个级别的舆情信息预警等级。信息关注度指标×40%＋观点倾向性指标×30%＋发展及处理结果指标×30%＝信息总体评价得分。3分以下是轻级（蓝色预警）；4分到6分是中级（黄色预警）；7分或8分为重级（橙色预警）；9分或10分为特级（红色预警）。[35]

傅恩来在对天津市群体性突发事件的现状和成因进行调查的基础上，提出天津市如何在新形势下预防群体性突发事件的对策，要建立健全民意表达机制、利益纠纷调处机制、司法独立机制、社会预警机制、社会矛盾排查机制、形成网络监控机制、完善综合治理机制、提高领导者应对能力机制。[36]

陈月生研究了天津市河东区唐口街建立的“群众诉求调处机制”，进行了社区居委会主任和社情民意接待员的饱和抽样、社区居民的5%比例抽样的问卷调查，调查显示该机制符合大多数居民意愿，得到大多数居民认可和好评。这一案例也说明，为居民群众解决困难和问题是创新基层社会管理的根本，群众自治组织及其延伸是创新基层社会管理的基础，政府与群众自治组织合作协同是创新基层社会管理的有效途径。[37]

（本文作者：于家琦，天津社会科学院舆情研究所副研究员；毕宏音，天津社会科学院舆情研究所研究员；审定：王来华，天津社会科学院舆情研究所研究员）

**注释：**

①王来华、冯希莹：《舆情概念认识中的两个基本问题》，《天津社会科学》2012年第6期。

②毕宏音：《舆情支持的概念、特点与现实功能》，《社科纵横》2012年第7期。

③张丽红：《试析不良网络信息传播对舆情危机的影响》，《社科纵横》2012年第12期。

④王来华、毕宏音：《微博改变了什么》，《光明日报》2012年3月22日。

⑤张淑华、徐艳：《微博在突发事件中的“扩音效用”的理论探析》，《今传媒》2012年第6期。

⑥姜胜洪：《微博时代突发事件网络舆情研究》，《理论与现代化》2012年第3期。

⑦姜胜洪：《怎样认识网络意见领袖的作用?》，《红旗文稿》2012年第1期。

⑧姜胜洪：《当前中国微博监督的特点、问题及对策思考》，《社科纵横》2012年第4期。

⑨温淑春：《论网络政治参与对中国民主政治建设的影响》，《社科纵横》2012年第8期。

⑩刘畅：《微博问政、治理转型与“零碎社会工程”》，《南京社会

科学》2012 年第 4 期。

⑪沈亚平、董向芸:《微博问政对于政府管理的价值与功能分析》,《南开学报》(哲学社会科学版)2012 年第 3 期。

⑫张丽红:《试析新媒介环境下的网络问政》,《社会工作》2012 年第 7 期。

⑬齐冬梅:《论政务微博的效用发挥与风险控制》,《领导科学》2012 年 4 月下。

⑭毕宏音:《把握网络谣言特征、遏制其危害》,《中国社会科学报》2012 年 2 月 20 日。

⑮尹良润、阮璋琼:《微博谣言与交往理性》,《东南传播》2012 年第 2 期。

⑯姜胜洪:《当前政治谣言七大"惑众"特征》,《人民论坛》2012 年 6 月下。

⑰毕宏音:《"关公战秦琼"何以可能:新媒体时代的谣言传播解读》,《社科纵横》2012 年第 6 期。

⑱姜胜洪:《网络谣言的形成、传导与舆情引导机制》,《重庆社会科学》2012 年第 6 期。

⑲张丽红:《试析反腐倡廉网络舆情信息工作的特点及原则》,《社科纵横》2012 年第 4 期。

⑳刘毅:《基于三角模糊数的网络舆情预警指标体系构建》,《统计与决策》2012 年第 2 期。

㉑夏炎:《唐代执政者如何把握社会舆情》,《决策与信息》2012 年第 5 期。

㉒于家琦:《舆情调查与公共政策——评价、过程和议题》,天津社会科学院出版社 2012 年。

㉓林竹:《调查中的误差与偏差》,《中国统计》2012 年第 7 期。

㉔于家琦:《美国选举民意调查的多种方式及作用》,《中国统计》2012 年第 9 期。

㉕李莹:《青年城市生活满意度调查分析》,《社科纵横》2012 年第 8 期。

㉖李莹:《离退休人员社区生活满意度调查分析》,《社会工作》2012 年第 6 期。

㉗姜胜洪:《广东潮州、增城事件的特点、原因及应对策略》,《社科纵横》2012 年第 1 期。

㉘姜胜洪:《广东"乌坎事件"深层次分析与对策研究》,《社科纵横》2012 年第 5 期。

㉙叶国平:《从网络舆情的影响看群体性事件的疏导与化解》,《理论与现代化》2012 年第 4 期。

㉚注:公共冲突是指事关公共利益的冲突,其引发事项既可以是公共事项,也可以是影响到公共秩序、公共安全、公共福利等公共利益的事项,与群体性、突发性事件类似。参见常健《公共冲突管理》,中国人民大学出版社 2012 年。

㉛常健、李婷婷:《我国现阶段的公共冲突及其治理》,《理论探索》2012 年第 6 期。

㉜徐行、杨鹏飞:《周恩来处置突发性事件留给我们的启示——以周恩来应对皖南事变为例》,《中国浦东干部学院学报》2012 年第 3 期。

㉝姜胜洪:《环保维权群体性诉求应对》,《人民论坛》2012 年 7 月下。

㉞张文英:《探索社会转型期冲突的化解——基于法团主义的视角》,《社科纵横》2012 年第 9 期。

㉟徐敬:《互联网舆情信息监测、预测、预警评价指标体系的研究——以天津市信息中心为例》,《信息系统工程》2012 年第 4 期。

㊱傅恩来:《加强公共危机管理预防群体性突发事件——以天津市为例》,《天津行政学院学报》2012 年第 4 期。

㊲陈月生:《解决群众诉求是基层社会管理创新的重要内容——天津市河东区唐口街建立"群众诉求调处机制"问卷调查》,《理论与现代化》2012 年第 5 期。

# 教育学

**【教育学研究综述】** 2012 年在全市教育发展和改革中具有重要意义,全市教育理论工作者认真学习贯彻党的十八大和市十次党代会精神,围绕国家和全市教育规划纲要,加强教育理论创新,回应百姓关切,对全市教育改革与发展中的诸多问题进行了理论探索,为办好人民满意的教育提供了有力的智力支持。

## 一、教育基本理论研究

### 1. 城乡教育一体化研究

城乡教育一体化是缩小城乡差距、促进城乡一体化的关键环节。义务教育均衡发展是推进城乡教育一体化的重要途径。有学者指出,义务教育均衡发展是一个相对的、渐进的过程。本市义务教育均衡正处在由基本均衡向高位均衡过渡的关键阶段,在教育资源配置上存在着明显的城乡差异,应加快城乡教育一体化,完善城乡一体化体制机制。[①]有学者调查发现,本市义务教育实现高位均衡发展重点在于解决影响义务教育优质均衡发展的根源问题,创新以优质教育资源均衡配置为龙头机制,培植城乡一体、区域创新、学校特色的内生发展机制,形成以一带三、全面提升的持续发展。[②]义务教育高位均衡是一种优质标准的均衡、县域内部的均衡、相对意义的均衡与造峰填谷式均衡。应引领各区县走向义务教育高位均衡、办好每一所学校、选好用好每一位校长、提升全体教师质量等。[③]

布局调整是我国农村义务教育学校改革的重要举措,有学者认为,农村义务教育学校布局调整存在正负两方面功能,从正向功能来看,使更多的学生享受到了优质教育,在一定程度上实现了农村学生的教育公平,有利于促进学生的社会性发展。从负向功能来看,导致部分学生丧失入学机会,加重了学生的生活压力,助长了学生的"离农"倾向。[④]

### 2. 人才培养模式创新研究

深化教育体制改革需要在人才培养模式上进

行创新。有学者认为,学校文化是学校在历史发展中所产生的具有一般文化特点的文化成果和具有特殊内涵的文化成果的总和。它具有历史性与现实性的统一、全面性与特色性的统一、主体性与客体性的统一、指导性与陶冶性的统一等特点。学校文化的多样性、创新性和包容性有助于学生创造力的开发。[⑤]张武升研究员主持的国家社科基金“十一五”规划项目教育学一般课题“学校文化创新与学生创造力开发研究”研究成果《学校文化创新与学生创造力开发研究》一书出版,该书对学校文化的本质与特点、学校文化的类型与创造力开发功能、学校文化的形成与创新进行了全面系统研究,并从物质文化、精神文化、制度文化、主体文化、学科文化、课堂教学文化对学生创造力的开发等多方面进行了深入细致的研究,并通过个案研究对天津历史名校培养学生创造力的经验和规律进行了总结梳理,必将对创新人才培养及人才培养模式变革起到积极的推动作用。[⑥]

3. 中小学生德育研究

育人为本,德育为先,立德树人是教育的根本任务。有学者认为,我国学校德育体系建设研究经历了确立“整体规划学校德育体系”理念的开创阶段、提高“理论一体化”水平的建构阶段和反思学校德育体系建设实践困境的全面推进阶段。未来学校德育体系建设将更加关注社会主义核心价值体系与学校德育体系的融合,加强学校文化诊断,重视学校德育制度建设,增强德育主体的合力,实现类主体生存意义的自我建构。[⑦]

有学者认为,面对多元文化碰撞中的价值抉择,德育也要进行创新。加强私德教育是德育创新的突破口。私德教育是德育的基础,是社会主义现代化建设的迫切需要,是整个德育理论与实践的薄弱环节。加强私德教育,必须更新观念,重新认识公与私及二者之间的关系,重新认识私德教育与公德教育之间的关系。积极鼓励、支持和保护合理合法发展私的内容,正确处理公与私的关系内容,继承传统经典的个人私德修养内容,并对私德教育内容、途径和方法进行创新。[⑧]

学生的德育现状是本市学者关注的重要问题。有学者通过对当前我国中小学生基本道德品质的调查发现,当前全国中小学生传统美德有弱化倾向,现代意识有待培育,道德认知与道德行为相互脱节。中小学急需构建凸显民族性和时代性的学校德育内容,实行“知行统一”导向的学生道德能力培育模式,建立一体化的“德育网络”。[⑨]有学者针对中学生德育环境状况,认为应进一步加强家庭德育,在学校教育中提高教师的育德能力,重视社会媒体的影响和作用,关注青少年的生活质量,加强对青少年课外、校外生活的引导和指导。[⑩]

4. 教育学学科建设研究

在教育学的发展中,如何合理借鉴国外先进文化是学者们关注的重要问题。有学者认为,在教育理论中国化的过程中,存在着以学习先进为价值取向的激进态度和以注重继承传统为价值取向的发展态度这两种文化态度。走出教育理论中国化的文化困境,需要加强传统文化的学习与研究,改变先进和传统二元对立的思想观念,构建根植于传统的新视角。[⑪]有学者对教学论研究者存在的问题进行了梳理,认为教学论研究中存在学与术、专业与学科、理论与实践、职业与事业、体制与机制的争论。[⑫]

5. 对学生的身份认同研究

有学者对学生的身份认同进行了研究,认为学生是以学习为业的人,学习作为是学生身份与学生角色的核心特征。国家、社会、学校和家庭以及学生自己对“学生”这一身份的认同并不一致。“好学生”和“差生”是学生群体中被普遍认同的两种身份。在学校层面的话语体系中,“学习的好与差”和“是否听话”成为衡量学生身份的基本标准。学生自我身份认同的建构主要发生在学校这一时空场域之中并依赖于学校。为了帮助学生形成积极的身份认同,使其建立正确的学生观,学校必须成为一个令学生喜欢和向往的学习之地。[⑬]

**二、学校教育改革与发展**

“办好每一所学校”需要对学校和学校教育进行改革。有学者认为,转型与变革的社会时代需要学校教育自主创新,我国中小学自主创新有“技术—改造”形态、“实践—生成”形态和“解放—文化”形态,中小学应依据自身实际探索独有的创新发展路径。[⑭]“人民满意的学校”是“人民满意的教育”在学校领域的重要体现和基本要求,它具有以下基本特征:学生素质得到全面健康发展;教师专业化发展水平比较高;办学理念清晰、办学特色鲜明,同时拥有较高办学水平和良好办学效果;内外部关系良好的学校。[⑮]

有学者认为,学校变革就是践行一种更有价值的教育。要形成学校核心价值观,培养具有优良的基本价值品质的学生,探索既有效又有价值的课堂教学,开展具有价值意蕴的教师培训,校长自觉担当价值领导的责任。[16]学校改革应坚持内涵发展与外塑形象相结合、秉承传统与自主创新相结合、尊重人性与科学管理相结合、走向校本与自主开发相结合、关注生本与自主发展相结合。[17]学校变革需要一定的动力,学校变革动力的形成需要具备学校内外部环境的变化、学校组织自身的缺陷以及组织成员利益的受损、缺失或对利益的向往等三方面基础。学校变革动力由主体动力(校长、教师、学生和政府)、组织动力(学校组织结构、学校规章制度和学校文化)和环境动力(政治、经济、文化和科技)等三维动力构成。[18]学校变革中存在公共利益和个人利益之间以及不同主体的个人利益之间的冲突。化解利益冲突就要实现良性的利益冲突管理,关注学校变革的公共利益,实现利益共享。后者需从建立"经济人"和"道德人"相契合的人性观、实现异质合作以及激发主体的道德使命感三方面为着重点,真正实现学校变革中的利益共享。[19]政府主导型学校变革是当前学校变革的一种主要样态。通过恰当定位政府角色、让渡学校变革权实现政府转型成为提高学校变革绩效之亟需。[20]

有学者认为学校层面的改革主动规范教学行为是改革的前提;树立符合时代需要的"基础观"是关键;实施符合教育规律的改革举措:学习与运用教育教学规律、整体谋划学校层面的教学改革、进行有特色的课堂教学改革。[21]学校教育改革需要通过反思来纠正方向性错误、过程管理不足或配套评判标准缺失的问题。学校的反思能力包括鉴别能力、评议能力和评判能力三个维度。在当前的学校改革情境中,反思能力建设应以理论学习和具体观察培养鉴别能力;以多元对话和研修制度建设培养评议能力;以有效反馈和标准建设培养评判能力。[22]学校可以通过自传研究促进学校教育改革。自传研究为教育提供了一种描绘无法量化的复杂经验并进而寻找经验之意义与解放途径的方法。[23]

有学者认为,英国中小学校改革体现简政放权特点,表现在:倡导中小学转变成为学园,鼓励创建"自由学校",取消或关闭一些无助于学校提高教育质量的机构和组织等措施,力图消除学校管理中的官僚主义,赋予学校和教师更大的管理学校和课程的权力,让家长和学生有更大选择优质学校的权利,政府还设立政府补助金帮助处境不利学生,以改变英国中小学教育中的不平等和不均衡现象。[24]相对独立的教育督导评估是促进学校教育改革与发展的重要途径。[25]有学者认为借鉴英国教育督导机构的设置经验,我国应该探索建立具有相对独立性的教育督导机构,完善督导人员的选拔与培训机制,改革督导机构的具体职能,形成具有独立行使督导职能的教育督导体系。[26]

## 三、基础教育研究

### 1. 基础教育课程改革的回顾与反思

本市基础教育课程改革已经进行了十几年,学者们从多方面进行了反思。有学者认为,我国当前课程的心理学基础研究,应该以多维的整体观把握心理学的理论,在作用机制层面促进心理学理论的课程论转化,切实关注课程改革实践,有意识开展系统化整合研究,不断推进域外理论的本体化建设。[27]课程内容的变革中价值取向偏颇,内容选择倾向有偏差,内容组织的连贯性,整合性,严密性不够,结构的综合性随意,教材资源观体现还不够充分。应夯实理论基础,展开具体学科内容的研究,精选课程内容,合理建构课程内容框架,完善教材的编制、评价体系,完善三级管理体制。[28]在课程决策方面,国外中小学积累了丰富的实践经验,包括适当赋予学校一定的课程决策自主权,充分发挥学校课程决策中校长、教师、学生、家长等各参与主体在决策中的重要作用,建立基于学生生活经验的个性化学习决策理念,注重实践性课程策略,创建决策团体,发挥集体优势,建立一定的保障措施。[29]学校课程制度建设是我国基础教育课程改革的迫切要求,有学者从学校课程制度建设、学校课程规划与学校课程制度建设、学校课程实施制度、校本教研制度、学校课程资源开发制度、学校课程评价制度进行了研究,并对以课程管理制度变革为基础的校本课程开发进行了研究。[30]

关于基础教育课程结构,有学者通过对新中国成立以来我国基础教育课程结构经历的不同阶段研究,认为课程结构变革的价值取向从关注知识和分数向关注人的发展、人的生命和生活意义转变;课程结构模式从关注整齐划一向关注多元个体和群体共同发展的选择性转变;课程结构的权力从国家集中转向三级管理体制共享;课程结构类别从单一走向多样。[31]中小学课程结构改革的深化和推进,理论视野上需要从工具论向发展论转型。在发展方向上构建符合学校情境的课程体系而为每一个学生提供适合的课程。在探索问题域上需要从本体、价值和技术三个层次出发，明确学校课程结构实质是什么、学校课程结构追求什么、学校课程结构运作怎么样等问题。[32]课程结构研究需要实现方法论上的转型：理论视野从工具论逐渐转向发展论；研究问题域从关注技术问题扩展到关注价值问题，研究方法需走出经验描述和理论思辨范式而关注变革性实践。[33]

学校的课程改革离不开校长的课程领导。有学者认为，新课程改革在学校层面反映出来的问题主要是由于学校缺乏课程领导，校长的课程领导力欠缺。校长要历练自身的课程素养和课程领导能力，统领和规划多层次、多类型的学校课程，提升教师的课程领导意识和课程开发能力。教师要树立科学的现代课程观念，不断实现课程创生。校长要着眼于学生、教师、学校共同发展，与教师、学生、家长、社区形成共同体，着力科学、合理研制和开发校本课程，建构立体化学校课程体系。[34]

2. 课堂教学改革研究

缩小班级规模，实行小班化教育是实施素质教育的重要途径。它有利于促进学生全面发展，学生身心健康成长，减轻学生过重的课业负担。核心在于实现以人为本的理念，有效促进教育公平，是实现“教好每一个学生”的重要途径。今后应思考如何提供更加坚实的制度保障，如何解决好教育观念的更新，如何开发更多的优质教育资源。[35]有学者提出了“基于文本的建构学习”课堂教学模式，它包括明确任务、文本对话、协作会话、概念整合、评价反馈五个环节。主要特点是：“围绕对话人物展开学习；强调“文本对话”是建构的基础；注重“协作对话”和过程评价对意义建构的作用；教师成为学生学习的帮助者和引导者。[36]

**四、职业技术教育研究**

1. “双师型”教师的内涵及专业标准

“双师型”教师队伍建设是职业教育改革与发展的重要内容。有学者认为，“双师型”教师是具备基本的教育和职业工作素质，精通特定专业工艺原理并具备专业实践能力，胜任教育和培训职业教育学习者任务的职业教育结构的教育者。[37]在专业标准的建构上应遵循强调优质教学、关注教师专业发展、促进学生发展的基本理念，在内容上包括专业伦理与专业信念、专业知识、专业能力以及专业实践四个方面。[38]从现状来看，“双师型”教师的数量和质量得到了提高、结构得到优化，但院校之间不均衡；职业院校形成了各具特色的“双师型”教师管理机制，但在管理机制的落实及实现科学管理规范方面仍需改进；职业院校开展了多层级的“双师型”教师培训项目，进一步创新了“双师型”教师培养模式，但师资培养培训质量仍待提高，仍需社会理论的有效介入；一批具有开创性意义的“双师型”教师队伍建设政策已经出台，但存在执行偏差现象，仍亟需统一的、具体可操作的“双师型”教师队伍建设政策，需要从政策层面、制度层面、实践层面进行完善。[39]校企协作培养“双师型”职教师资是实施职业教育教师素质提高计划的重要举措。要打造良性发展的校企公共平台；探索校企协作培养的有效教学模式，提高培训质量；精细化管理，建立健全质量评价体系；加强职教师资培养培训基地建设；建立有效的师资培训管理、经费投入等保障机制。[40]

2. 职业教育校企合作

校企合作是职业教育发展的重要模式，有学者认为，为促进校企合作深度融合，政府应完善动力机制、法律机制、人力资本投资收益保障及补偿机制；高等职业院校应创新办学体制，构建可持续发展格局；国家应建立企业实训指导教师资格证书体系，培养高技能型人才。[41]职业教育校企合作合作需要进行体制机制创新，有学者从我国职业教育校企合作体制机制的历史演进与现状、国外职业教育校企合作体制机制的经验与启示、职业教育校企合作体制机制研究的理论基础、职业教育校企合作体制机制创新等方面进行了系统全面的研究，提出了要树立职业教育校企合作新理念、加强职业教育校企合作顶层设计、完善职业教育校企合作国家制度、建立职业教育与产业行业的协作协商机制、进一步完善以政府投入为主的多渠道经费保障机制、健全职业教育校企合作科研服务机制等具体可行的政策建议。[42]

高职院校需要和企业以及相关的行业结构及政府充分互动，以促进其接近市场、充分就业办学目标的实现。高职院校可以利用人力资源服务机构的特点为学生提供就业机会，提升职业技能培训，最终实现充分就业。[43]集体化办学是我国职业教育发展的重要战略举措，目的在于提高人才培养的计划性，职教集团的性质是横跨职业教育与产业间的互益性中介组织，集团化办学的功能在于行使职业教育互益性中介组织职能,难点在于谁为集团运行买单,在价值取向上是发展公立公益性法人组织。[44]

3.现代职业教育体系建设

构建现代职业教育体系是我国未来十年职业教育工作的重要战略任务。这就要树立现代职业教育体系研究的中国意识,关注现代职业教育课程体系研究,通过顶层设计和行业职业技能等级及标准的完善,制定统一的课程标准,强调现代职业教育体系课程内容的一体化研究。[45]职业教育体系要实现可持续发展,可以从体系构建的层次和关系两个维度出发,以学分制和职业资格证书制度为载体,通过建立国家资格框架(NQF)、探索发展应用性本科、探索"双证书"衔接机制、建立学分制沟通机制、完善职业资格证书制度、建立以高中后非学历教育为基础的高中阶段教育与高等教育衔接机制、在基础教育中实施职业指导和规划教育等政策措施,构建教育层次完备、与其他教育相互沟通、学历教育与职业培训并举、体现终身教育理念的现代职业教育体系。[46]

4.职业技术师范教育研究

职业技术师范教育是国家在20世纪中等教育结构调整中发展起来的。技术性、师范性和学术性是职业技术师范教育的办学特色。[47]目前在发展中存在一些问题,需以建立现代职业教育体系为契机,加快发展转型期的职业技术师范教育:严格资质标准,建立职业技术师范教育的准入机制;进一步发展职业技术师范教育;加大投入,奠定职业技术师范教育的基础能力;完善相关政策,为职业技术师范教育提供良好制度保障;制定职业学校新进教师招考指导意见,严格"双师型"教师入口关;加大教育教学改革的力度。[48]

## 五、高等教育研究

1.学校治理结构研究

完善的治理结构是现代大学制度建设的重要内容。有学者认为,大学治理结构的核心是多元化权力的合理配置与有效运行。重构现代大学制度下的大学治理结构关键在于明确大学治理结构中政府与大学的权力界限,可以通过建设大学章程、规范权力运作程序、开放民主参与等途径平衡大学内部治理结构中政治领导权、行政权、学术权、以及民主参与权的合理运行。[49]有学者从法理的角度,以学校为载体对学校所涉及的不同法律问题进行了全面系统研究,主要包括学校的法律地位研究、学校治理结构中的权力构成、学校治理中的学术权利构成、学校与学生之间的法律关系、大学治理中的权力冲突与平衡、学校治理的法治运行、多元化教育法律救济体系的构建等内容。[50]

2.创新人才培养

改革人才培养体制,培养创新人才是教育改革的重要使命。有学者认为,应该加快体制机制创新,营造拔尖创新人才成长的环境:导师制是培养拔尖创新人才的有效方式;个性化教育是实施拔尖创新人才培养的必由之路;将本科生科学研究引入教学过程是培养拔尖创新人才的重要途径;建设高水平高质量的教师队伍是培养拔尖创新人才的核心;尊贤纳才的校园文化是培养拔尖创新人才的途径。[51]美国研究型大学培养拔尖创新人才的成功经验值得我们借鉴:一是重视教学的学术性,确立高成就感的教学目标,实施"核心课程"计划,确保教学为学生提供广博而精深的知识,强调严谨的教风与学风;二是把科学研究与人才培养相结合,强调学生参与学术实践。通过教学和科研,养成学生良好的学术意识、学术精神、学术能力。[52]

3.提高高等教育质量

提高质量是教育改革发展的核心任务,高等教育内涵发展必须把提高质量放在首位。有学者认为构建质量保障体系内部机制有质量决策、质量管理和质量监控等三个基本制度要素,它们构成了完整的计划、执行、检查、行动的"PDCA循环",健全质量监控体系反映了大众化高等教育协调竞争与合作内在关系和各方利益关系的制度需求。[53]提高高等教育质量与优化资源配置有着密切的联系,高质、公平和效益为资源配置变革提供多种发展目标和迫切需求,优化资源配置成为实现高质、公平、高效的高等教育的重要途径,变革资源配置的传统方式成为时代的需求。[54]影响高等教育质量提升的外部因素包括立法、政策、财政、公共舆论、学生及家长期望,内部因素包括影响教师、学生、课程、资源的质量评价和管理过程等因素。提高高等教育质量的途径包括:政府立法与财政诱导、订立大学章程、关键影响因素的分类以及分类标准与关键因素的影响分析。[55]

## 六、教师教育研究

1.教师专业发展研究

高素质的教师队伍是教育改革与发展的重要

保障。有学者认为,作为个体的教师关注教师专业发展,要把形成教学风格作为自己专业成长的标尺,追求在教学中有自己的教学思想、有自己运用熟练的教学方法、有富有成效的教学过程设计、有独具个人特色的教学语言、有良好的教学作风,从而形成自己的教学风格,实现专业发展。[56]当前将教师发展的根本问题定位在教师专业化发展的主流认识,忽视了对教师作为人的文化生成与发展。从生成论立场和生成教育观点出发,应该树立教师生命的文化生成的基本理念,坚持教师专业化、职业化、生命化发展辩证运动的核心取向,依循“多层耦合,多维一体”的发展机制,帮助教师实现可持续的生涯发展。[57]

2. 教育家办学与教育家成长研究

教育改革发展呼唤教育家的涌现和自觉办学,有学者从本体的角度对教育家进行研究,认为教育家本体涉及为什么需要教育家办学、教育家为什么能够办好学、教育家是什么样的、教育家是怎么成长和培养起来的等问题。教育家办学是教育改革发展的时代要求,是解决教育改革发展问题的必选方略,是古今中外成功经验证明的规律。教育家懂得、尊重、敬畏和坚守教育规律。教育家是教育改革发展的先锋和大仁大爱者,具有独立的、系统的教育教学思想。教育家是自主发展与国家、社会培养相结合而造就出来的,是经历从学者到教者、研者再到专家、名师而发展起来的,是学而教、教而思、做而述成长起来的。[58]

2012 年本市“未来教育家奠基工程”取得了显著效果。5 月 28 日,工程一期学员在完成自主研修、深度培养、典型提高三个阶段的培训任务后,在天津大礼堂举行结业活动。结业活动包括学员成果集中展示、典型学员成果报告和结业典礼。时任副市长张俊芳在结业典礼上讲话,并为学员颁发结业证书。7 月 1 日举行了“刘浩、陈立萍办学思想与实践成果展示、研讨、交流会”,刘浩、陈立萍分别围绕“精致教育”“绿色生态文化教育”进行了办学成果汇报和展示。12 月 2—3 日在津隆重召开了第四届全国基础教育“未来教育家论坛”,论坛主题为“区域教育家流派与未来教育家成长”,十多个省市自治区的优秀校长、教师和“工程”一期、二期学员共计 450 多位代表围绕主题从“区域文化与区域教育家流派的形成”、“区域教育家流派的特点、现状及发展趋势”、“区域教育家流派对未来教育家成长的影响”、“形成不同风格的区域教育家流派的路径”四个专题进行了研讨。12 月 4 日“梁栋、张菁、董彦旭教学思想与实践成果展示、研讨、交流会”举行,通过自我介绍、专家点评、课堂教学实践等多种形式对三位学员的典型成果进行了研究与探讨。

(本文作者:张武升,天津市教育科学研究院院长、研究员、博士生导师;肖庆顺,天津市教育科学研究院副研究员)

注释:

①杨彬、杨春芳、王慧霞、王颖:《推进义务教育均衡发展完善城乡一体化体制机制》,《天津市教科院学报》2012 年第 1 期。

②杨春芳:《天津义务教育均衡发展现状分析及机制创新》,《天津市教科院学报》2012 年第 2 期。

③王毓珣、张军凤、王颖:《义务教育高位均衡:理性思索与行动建议》,《天津市教科院学报》2012 年第 5 期。

④胡振京、杨昌勇:《农村义务教育学校布局调整的功能探析》,《中国教育学刊》2012 年第 12 期。

⑤张武升:《试论学校文化与学生创造力开发》,《中国教育学刊》2012 年第 2 期。

⑥张武升:《学校文化创新与学生创造力开发研究》,天津人民出版社 2012 年版。

⑦肖凤翔、薛栋:《我国学校德育体系建设研究的历程及其思考》,《思想政治教育研究》2012 年第 3 期。

⑧秦虹、张武升:《加强私德教育:德育创新的突破口》,《中国德育》2012 年第 22 期。

⑨赵丽霞:《当前我国中小学生基本道德品质调查研究》,《中国教育学刊》2012 年第 7 期。

⑩曹瑞、孟四清、麦清:《中学生德育环境状况的基本判断与建议——基于 2011 年全国中学生德育环境状况的调查与分析》,《思想理论教育》2012 年第 22 期。

⑪和学新、田尊道:《教育理论中国化的文化困境与出路》,《高等教育研究》2012 年第 8 期。

⑫纪德奎、赵恕敏:《教学论研究中的问题清思——兼谈学术文化机制的创新》,《课程·教材·教法》2012 年第 9 期。

⑬张军凤:《学生的身份认同》,《中国教育学刊》2012 年第 8 期。

⑭赵文平:《论学校教育自主创新的三种形态》,《中国教育学刊》2012 年第 8 期。

⑮肖庆顺、和学新:《“人民满意的学校”的基本特征》,《中国教育报》2012 年 1 月 31 日第 4 版。

⑯杨骞:《学校变革:践行一种更有价值的教育》,《中小学管理》2012 年第 5 期。

⑰杨骞:《学校改革的原则与践行》,《天津教育》2012 年第 5 期。

⑱孙翠香、王振刚:《学校变革动力:概念、形成基础及系统构建》,《教育科学研究》2012 年第 1 期。

⑲孙翠香:《学校变革中的“利益冲突”:表现、成因及其化解》,《教育发展研究》2012 年第 4 期。

⑳孙翠香:《政府主导型学校变革:问题、成因及策略》,《教育科学研究》2012 年第 9 期。

㉑陈雨亭:《学校层面改革要关注三个关键问题》,《人民教育》

2012年第17期。

㉒陈雨亭:《学校教育改革中的反思能力建设》,《教育研究》2012年第8期。

㉓陈雨亭:《以自传研究促进学校教育改革》,《当代教育科学》2012年第2期。

㉔郑彩华、马开剑:《简政放权:英国中小学校改革及其启示》,《外国中小学教育》2012年第7期。

㉕方芳:《比较视野下我国教育督导机构的相对独立性探讨-基于中英教育督导体制的对比》,《教育测量与评价》2012年第6期。

㉖方芳:《我国教育督导机构改革的现实诉求与发展趋向》,《基础教育》2012年第1期。

㉗和学新、张丹丹:《课程的心理学基础研究的问题反思与走向》,《全球教育展望》2012年第5期。

㉘和学新、马苏静:《新世纪我国基础教育课程内容变革反思》,《当代教育与文化》2012年第1期。

㉙和学新、蔡寅亮:《国外中小学学校课程决策的经验与启示》,《全球教育展望》2012年第9期。

㉚和学新:《学校课程制度建设研究》,天津教育出版社2012年版。

㉛赵文平:《新中国基础教育课程结构变革历程的审视》,《课程教学研究》2012年第11期。

㉜赵文平:《中小学课程结构改革的三个基本问题》,《天津市教科院学报》2012年第3期。

㉝赵文平:《中小学学校课程结构研究的方法论思考》,《教育学术月刊》2012年第9期。

㉞杨骞:《校长作为课程领导者的认识与尝试》,《中国教育学刊》2012年第11期。

㉟黄永刚:《基于素质教育理念的小班化教育探索——天津市的实践与思考》,《中国教育学刊》2012年第1期。

㊱李金龙:《基于文本的建构学习——课堂教学模式设计》,《课程·教材·教法》2012年第5期。

㊲肖凤翔、张弛:《"双师型"教师的内涵解读》,《中国职业技术教育》2012年第15期。

㊳孙翠香:《"双师型"教师专业标准建设:背景、理念及内容架构》,《国家教育行政学院学报》2012年第8期。

㊴孙翠香、吴炳岳、张元:《职业院校"双师型"教师队伍建设的问题及策略——基于天津市41所中、高职院校的调查》,《教育理论与实践》2012年第33期。

㊵杨延:《校企协作培养"双师型"职教师资的研究》,《天津市教科院学报》2012年第6期。

㊶陈鑫:《企业参与高等职业教育的对策研究》,《教育理论与实践》2012年第33期。

㊷耿洁:《职业教育校企合作体制机制研究》,天津教育出版社2012年版。

㊸赵越、韦鹏:《高职院校与人力资源服务机构互动合作机制初探》,《教育理论与实践》2012年第15期。

㊹曹晔:《关于我国职业教育集团化办学基本问题的思考》,《教育发展研究》2012年第3期。

㊺肖凤翔、薛栋:《我国现代职业教育体系的现状与思考》,《中国职业技术教育》2012年第24期。

㊻耿洁:《我国职业教育体系可持续发展的思考》,《天津市教科院学报》2012年第2期。

㊼曹晔:《职业技术师范教育"三性"办学特色辨析》,《职业技术教育》2012年第25期。

㊽孟庆国:《职业技术师范教育的现实、困境与发展路径》,《中国职业技术教育》2012年第30期。

㊾方芳:《大学治理结构变迁中的权力冲突与平衡》,《当代教育科学》,2012年第3期。

㊿方芳:《法治视野下的学校治理与学生权利保护》,天津教育出版社2012年版。

51张华、易金生、薄云:《加快机制体制创新,营造比较拔尖创新人才成长的环境》,《天津职业院校联合学报》2012年第5期。

52王世斌、肖凤翔:《对教学学术性与学生学术实践的追求——美国研究型大学培养拔尖创新人才的基本策略》,《天津大学学报》(社会科学版)2012年第3期。

53张丽:《构建高等教育保障内部机制的研究》,《江苏高教》2012年第5期。

54张丽:《试论提高高等教育质量与优化资源配置的互动影响》,《当代教育科学》2012年第5期。

55张丽:《提高高等教育质量的途径研究》,《临沂大学学报》2012年第5期。

56陈志科:《教学风格追求与教师专业发展》,《教育学术月刊》2012年第8期。

57孙琳、张广君:《教师生涯发展:专业化、职业化、生命化的辩证运动》,《当代教育科学》2012年第11期。

58秦虹、张武升:《教育家的本体研究》,《中国教育学刊》2012年第10期。

**【职业技术教育研究综述】** 2012年,天津市职业技术教育理论研究主要集中在,职业院校师资队伍建设、校企合作与产学结合、职业教育资源配置及其与地区经济增长的关系等方面。现综述如下。

**一、关于职业院校师资队伍建设的研究**

为培养高素质产业大军,天津市加强职业院校师资队伍建设,实行能工巧匠进校园,引进知名企业技能高手到职业院校兼职任教,改变本市职业院校师资队伍相对缺乏"双师型"骨干教师和专业带头人的局面。市政府投入专项资金,实施"144工程"(每年推选100名青年骨干教师攻读专业硕士,重点培养400名骨干教师,40名高水平高技能"双师型"专业带头人),实行在职专业课教师评聘第二专业技术职务,教师到企业实习一年等措施,拓展了高职院校"双师型"教师队伍建设的渠道。"双师型"教师是具备基本的教育和职业工作素质,精通特定专业工艺原理和专业实践能力,胜任承担对职业教育学习者的教育和培训任务的职业教育机构的教育者。①"学校与企业、工作与学习、理论与实践"等跨界性的学习方式是培养职业院校"双师型"教师的基本途径。②高职院校对于"双师型"教师的评定及其管理成了天津市各高职院校推进职业教育工作的重中之重。

职业倦怠是用来描述行业工作者由于工作时间过长、工作量过大、工作强度过高所经历的一种疲惫不堪的状态,是个体在长期压力体验下产生的情感态度和行为衰竭状态。我国职业院校教师普遍存在职业倦怠现象。情绪衰竭、人格解体和成就感低是职业倦怠的具体表现。职业韧性是克服教师职业倦怠的必要条件。职业韧性是中职学校教师个人在教育逆境中形成、发展和表现出来的克服工作压力和挫折、解决教育障碍的心理特征。职业韧性能为中职学校教师管理和教育学生提供有力支持。依据职业韧性形成的过程,中职学校应将职业韧性培训与教师自身工作和发展实践紧密结合,做好教师职业韧性的培训工作。[3]社会、职业院校及教师应采取切实可行的措施,预防和走出职业倦怠,体验工作成就感,保持工作积极性,促使高职教师积极创造事业的成功,进一步提高职业院校教育教学质量。

**二、关于校企合作、产学结合的研究**

校企合作是职业教育发展的必由之路。校企合作是现代职业教育的国家制度及其运行的基本组织形式。依据学校和企业的角色和地位不同,校企合作可以划分为三种基本模式:学校主体式、企业主体式、共同主体式。学校和企业融合为承担现代职业教育的机构,形成共同主体式模式,才能达到校企合作的理想境界,高质量履行现代职业教育的使命。[4]行业组织作为举办职业教育的重要力量,在促进产教结合,密切教育与产业的联系等方面,发挥着不可替代的作用。加强校企合作,推进职业教育创新发展逐渐成为促进产业升级调整,加速转变经济增长方式,企业获得竞争力的关键所在,对行业组织参与职业教育校企合作提出了新的要求。[5]天津的职业教育发展要坚持创新体制机制,积极推进校企联合办学,职业教育课程设置、教学内容必须紧贴产业需求,企业需求、岗位需求,注重发挥学校和企业两个优势,鼓励企业出资办学。[6]

产学合作是企业和高校通过资源共享,优势互补,共同培养人才的一种职业教育人才培养模式,是实现职业教育高素质技术技能型人才培养目标的必由途径。学者对其的研究主要有:天津高校是培育和发展区域战略性新兴产业的技术源泉、人才基地,也是联系产业与机构的重要纽带。郭浩基于产学研合作机制,采取个案研究的方法,在提出产学研合作机制模式后,对天津市高校科技成果转化策略提出建议,即天津高校要通过合理定位科研目标,整合科研资源,优化科技成果评价机制,加速积聚创新人才等多条路径来增强创新能力,以提升天津高校服务战略性新兴产业发展的意义和价值。[7]近年来我国高职院校产学研合作的发展趋势应是产学研三者基于企业实践的有机结合和融为一体——产学研一体化,且应将产学研一体化构建成一种稳定完善校企生三方共赢的合作机制,整合和搭建现代技术、技能教育的平台。[8]

天津海河教育园区的建设为天津高等职业教育发展带来难得的机遇,教育园区具有无界文化和功能结构差异的新特征,应通过建立职教同盟、深化教学改革、建设服务性经济型专业化实体和建设教育研究中心等途径实现天津职业教育事业的创新发展。[9]天津滨海新区职业教育改革试验区在规划过程中已经成功应用了精益思想,这是因为精益思想的核心就是以越来越少的投入——较少的人力、较少的设备、较短的时间和较小的场地创造出尽可能多的价值;同时也越来越接近用户,提供他们确实需要的东西。天津滨海新区发展实践证明了精益思想在滨海新区技能型紧缺人才培养基地建设与人才培养中的重大作用。精益思想在职业教育创新型人才培养上体现在"拉动"方式和柔性教育两个方面。[10]

**三、关于职业教育资源配置及其与地区经济增长的关系研究**

高职教育园区是在政府、市场、高校及社会等多种力量的参与下,使若干所高职院校和科研机构通过空间上的集中、竞争协作、资源共享等途径实现集聚效益。根据天津市"十二五"期间职业教育的总体安排,按照"强强联合,优势互补,资源共享"的原则,以专业建设为核心,从专业课程、公共基础课程、公共学修课程三个层面,开发、建设和利用园区优质教育资源。发挥各校优势,以点带面,逐渐推进学校资源共享工作,保证园区优质教学资源建设可持续、协调发展。[11]自此,天津市海河教育园区作为职业教育聚集发展的大平台,积聚了全市中高职院校和主要职业教育资源,成为集学历教育、技术培训、技能鉴定、职业指导、技能大赛为一体的职业教育标志区。

职业教育及其资源配置自始至终镶嵌于经济发展与产业结构调整升级过程中,对地区经济增长起着举足轻重的作用。职业教育与地区经济的联系最为直接、最为密切，根植于地方经济的发展进程中。黄兴国指出，天津正在构建高端化、高质化、高新化产业体系，迫切需要一大批高技能人才作支撑。伴随天津滨海新区经济社会的快速发展和国际国内大型项目的引进、国有大型企业的进驻以及国内优秀研发资源的迁入，滨海新区产业结构已发生根本性变化，高技能人才需求的迅速增长成为制约滨海新区企业发展和产业升级的瓶颈。深入研究滨海新区经济发展对高技能人才的需求现状与趋势，不仅是天津市率先成为创新型城市，推进天津经济社会发展与产业结构升级的必然要求，也是实现经济发展方式根本性转变，推动天津又好又快发展的迫切需要。[12]

**四、关于中高职衔接的研究**

中高职衔接是职教发展的产物，它不但是职教发展的一个阶段，而且是更好连接企业的终身教育的起点。中高职衔接实质是以终身教育为指导思想，适应当今世界的工业化革命，同时还要适应学生主体发展的需求。[13]推进中高职教育系统衔接是构建现代职业教育体系的重要内涵。中高职教育系统衔接包括纵向上中高职衔接、横向与产业企业人才规格标准的对接以及现代职教体系内的协调对接等构成要素。探索专业口径的衔接、加强课程的有效衔接、密切教学组织的衔接、尝试多元化的招考途径等是实现中高职教育系统衔接的重要途径。[14]"中高职课程进阶式衔接"内涵是"知识与技能"双螺旋相互缠绕的衔接，即是知识层次和人生阅历成熟度的上升，也是技能从新手到高端人才的上升，是两个螺旋线按照各自的运行轨迹，盘旋上移，又不相交的运动过程。[15]

从现代系统科学的角度来看，教育是向人传递特定文化信息的社会系统，无论是中等职业教育还是高等职业教育，均是教育系统的子系统，因此中高职衔接的问题就是这两个复杂的人工系统之间的相互交流和沟通的问题。因此，中高职可以在物理层、表现层和规则层等多个层面进行衔接，但是从实践中来看，建设国家职业资格体系以及依据国家职业资格体系建立职业教育的质量管理体系才是中高职衔接改革的根本出路。[16]职业教育中高职衔接在人才培养模式创新、课程体系建立、教师培训与进修等方面会出现一些问题，探索中职与高职衔接的新内容需要做好以下几方面的内容：坚持"校企合作、工学结合、订单培养"的人才培养模式；构建典型产品或工作任务为载体的课程体系；建立一套符合职业教育特点的评估体系；加强教师的培训和进修工作等。[17]

**五、职业教育教学改革与职业技能大赛品牌影响力**

为使人才培养适应企业需求，高职院校需要加强通识教育，建立"联合共建、统筹管理、内外开放、充分共享"的实践教学管理体制，推行为期两年的宽口径专业基础段教育与为期一年的有职业针对性的就业段教育。[18]加强教学改革力度要注意：其一，高职院校根据市场导向，通过整合、交叉渗透等方式对传统专业进行提升和改造；其二，在教学过程中融入职业资格证书和岗位技能的相关要求；其三，优化整合教学内容，增加与企业接轨的新知识新技术新内容。[19]另外，天津市还鼓励各中职学校积极开展"两个三段式"的教学改革试验，即本地学生实行一年学基础，一年在校实训，一年企业顶岗实习；外地合作办学学生实行一年当地学基础，一年学专业，一年企业顶岗实习，极大地提高了学生的实际操作能力和岗位适应能力。

为推动教产合作，持续提高职业教育服务国家经济方式转变和产业结构调整的能力，教育部联合天津市人民政府、工业和信息化部、财政部、人力资源和社会保障部等二十多个部门共同举办"2012年全国职业院校技能大赛"。永久落户天津的全国职业院校技能大赛，已成为我国职业教育规模最大、项目最多、覆盖面最广、规格最高的技能大赛，对全国职业院校的教学理念、教学内容和教学方式都产生了深远的影响。[20]职业院校技能大赛作为现代职业教育体系系统工程的项目之一，是我国职业教育制度改革创新的一个重要顶层设计，是推进职业教育校企合作和人才培养模式改革的重要抓手，也是提升职业教育品牌影响力和国际化水平的重要平台。

**六、关于职业教育专业建设与课程改革的研究**

职业教育的职业性要求职业教育的专业设置具有针对性和应用性的特点，专业结构的合理与否和专业建设的管理是否合理恰当直接影响着职业教育的人才培养质量。天津高职专业设置存在着专业结构与三次产业结构的比例失调、专业设置与优势支柱产业和战略性新兴产业的相关度低和重复设置的专业供求失衡三个主要问题，为此，为优化天津职业教育专业结构，应做好以适应需求为导向，把质量与特色建设放在首位、提高政府对高职专业设置的宏观调控与服务能力等。[21]通过对天津市32所高职高专专业设置的招生专业、开设学校、专业（方向）点数和覆盖专业类以及专业设置数量四方面的调查统计，掌握天津市高职高专院校专业设置整体情况，分析出天津市高职高专在专业设置方面已有的成绩及存在的包括专业设置原则贯彻不彻底；专业设置调研不足；专业结构与职业分类结构及职业发展衔接有差距等不足，并据此提出了依据国家政策，完善高职高专专业体系建设；规范专业设置程序；注重专业、行业与职业的科学衔接等建议。[22]为适应天津职业教育发展的需要，天津高职教育在专业结构调整方面应立足产业结构的实际需要，积极推进“二产”类专业的建设；顺应产业结构调整的需求，多元化地开发“三产”类专业；以优势产业为主导，进一步优化专业结构。[23]

课程改革是职业教育改革的核心，职业教育课程改革的实践状况是关系到职业教育整体发展的重要方面。就此，学者们根据职业教育课程建设现状做出一些研究：专业课程设置的合理性是影响职业教育发展的重要因素。从天津职业教育发展的经验可以得出，职业教育课程建设的目的是以解决问题为焦点、以人的发展为核心、促进地区经济发展。目前职业院校课程建设中存在着教师综合能力不高、硬件条件不行等问题，需要加强课程群建，通过彰显课程针对性、实践性和指导性强的特征、建立全方位的课程支持系统和要求职业辅导人员和教师具有较高的综合素质等途径来解决。[24]以天津职业技术师范大学为例，在分析该校劳动与社会保障专业毕业生的就业状况以及课程设置现状的基础上，张学英、李薇基于实践能力培养的课程设置原则，得出专业理论课强调任务驱动、校内实践课程进行仿真任务模拟、社会实践课程落实专业能力和职业素养、专业选修课程力求多元化四个角度是课程设置改革的重点方向。[25]

（本文作者：肖凤翔，天津大学职业技术教育研究所所长、教授；肖艳婷，天津大学教育学院职业技术教育学硕士研究生；史可可，天津大学教育学院职业技术教育学硕士研究生）

**注释：**

①肖凤翔、张弛：《“双师型”教师的内涵解读》，《中国职业技术教育》（理论版）2012年第15期。

②赵文平：《职业院校“双师型”教师知识结构探讨》，《职业技术教育》2012年第25期。

③刘伟洋、赵会芝、曹晔：《中职学校教师职业韧性价值及提升策略》，《职业技术教育》2012年第5期。

④肖凤翔、雷珊珊：《浅析现代职业教育校企合作的基本类型》，《职教论坛》2012年第3期。

⑤王世斌、潘海生：《行业组织参与职业教育校企合作的现状、经验及其启示》，《中国职业技术教育》（理论版）2012年第33期。

⑥黄国兴：《天津职业教育发展和实践》，《中国职业技术教育》（理论版）2012年第16期。

⑦郭浩：《完善产学研机制对天津市高校科技成果转化的启示——以天津工业大学为例》，《中国—东盟博览》2012年第11期。

⑧于静、杜庆、王文杰：《搭建“三口”对接式校企互动科研平台推进高职院校产学研一体化》，《天津职业院校联合学报》2012年第12期。

⑨李宁、孟娜：《和谐共赢·聚合人力推动天津高职教育创新发展》，《才智》2012年第3期。

⑩张聪慧：《职业教育引入精益思想的探析——以天津滨海新区为例》，《职业教育研究》2012年第3期。

⑪吕艺：《浅谈天津海河职教园的资源共享》，《科技资讯》2012年第27期。

⑫邓恩远：《天津滨海新区高技能人才需求分析与对策研究》，《天津职业大学学报》2012年第4期。

⑬李国桢：《论中高职衔接的意义》，《天津职业院校联合学报》2012年第11期。

⑭杨理连：《基于高职引领视角下中高职教育系统衔接研究》，《教育与职业》2012年第6期。

⑮王丽雅：《高职课程进阶式衔接的探索与研究》，《天津职业院校联合学报》2012年第5期。

⑯武金陵、闫智勇：《中高职衔接的系统模型研究》，《教育学术月刊》2012年第10期。

⑰孙惠芹：《应用电子专业中高职课程体系衔接模式探索》，《天津职业大学学报》2012年第6期。

⑱郭国侠：《天津国家职业教育改革试验区建设给我们的启示》，《职教研究》2012年第9期。

⑲黄盈、武春平：《企业需求视角下高职人才培养存在的问题与对策》，《职业技术教育》2012年第8期。

⑳郭国侠：《天津国家职业教育改革试验区建设给我们的启示》，《职教研究》2012年第9期。

㉑孙淳：《基于天津产业发展优化高职专业结构的研究》，《生产力研究》2012年第11期。

㉒张梦君：《天津市高职高专专业设置的调查与思考》，《厦门城市职业学院学报》2012年第9期。

㉓王全旺、赵兵川：《天津高职专业结构现状分析》，《继续教育研究》2012年第7期。

㉔孙德忠：《从天津职业教育发展看专业课程建设》，《天津电大学报》2012年第6期。

㉕张学英、李薇：《基于专业实践能力培养的劳动与社会保障专业课程设置研究———以天津职业技术师范大学为例》，《职教论坛》2012年第9期。

【心理学研究综述】 2012年，在天津市心理学研究者的共同努力下，学术研究取得了长足的进步，在多个领域取得了优异的研究成果。现将这些研究成果综述如下。

**一、重要获奖与科研项目**

2012年7月20日，教育部公布“全国教育科学研究突出贡献奖”名单，天津师范大学心理与行为研究院沈德立教授榜上有名。全国获得此奖的专家是顾明远、黄济、郝克明、鲁洁、吕型伟、南国农、潘懋元、瞿葆奎、沈德立、汪永铨、张厚璨。

沈德立教授主持天津市科技支撑计划项目“天津市民心理健康素质监测系统开发”，获得200万元资助。该项目的主要研究目的是在全面调查天津市民心理健康水平的基础上，对市民心理健康素质进行测量与评估，建立天津市民心理健康素质监测网，研发适用于市民心理调适和提高的系列仪器，促进天津市民心理健康水平和社会和谐稳定。

李馨博士成功申请国家社会基金青年项目“词边界信息对汉、英双语阅读影响的实证研究”，获得资助12万。

**二、眼动与阅读心理学研究**

早在19世纪末，西方就有人通过眼动来探讨人的心理，心理学的眼动研究一直是心理学家趋之若鹜的研究方向，同时也是国外心理学研究中的热门领域。但是，眼动研究在我国起步较晚。天津师范大学心理与行为研究院是教育部人文社会科学重点研究基地，也是我国的眼动研究的中心。闫国利、白学军编著的《眼动研究心理学导论》一书由科学出版社出版，该书对眼动分析法在心理学研究中的基础研究和应用研究进行了详细而又系统的介绍，主要内容包括：眼动的基本模式，眼睛运动的记录方法，阅读的眼动过程，眼动控制中的眼跳，阅读理解过程的眼动研究，中文阅读的眼动研究，图画观看、视觉搜索和模式识别的眼动研究，真实情景知觉的眼动研究，眼动与其他心理活动以及眼动在广告、交通、航空心理学研究中的应用。①

1. 空格对阅读的影响研究

在人们使用的语言文字中，有些语言（如汉语）的书写系统中词与词之间没有词切分的标记，有些语言（如英语）的书写系统中词与词之间有词切分的标记。白学军等选择具有两种官方语言的印度在华留学生25名（均为印－英双语者）为被试，使用EyeLink2000眼动仪，探讨不同词切分方式下，印－英双语者阅读印地语和英语眼动模式是否相同。实验一要求被试阅读印地语句子，实验二要求被试阅读英语句子，词切分方式有三种：正常条件、无空格隔词加灰条件和无空格条件。结果发现：(1)对印－英双语者阅读自己的两种官方语言来说，空格因素在其阅读中发挥着积极作用，删除空格会明显影响他们的阅读；(2)在无空格隔词加灰条件和无空格条件下，印－英双语者的英语阅读速度的下降明显大于印地语阅读速度的下降，这表明空格因素的作用会受语言特点的制约。②

白学军等使用EyeLink1000眼动仪，选取韩、美、日、泰四国留学生各20名，在正常无空格和词间空格两种呈现方式下阅读中文语句，探讨二语学习者在阅读中文时词边界信息在眼跳目标选择中的作用。结果发现，二语学习者在中文阅读中存在着一致的眼动模式，即在单次注视事件中，倾向于注视词的中间部分；在多次注视事件中，倾向于注视其开端部分，然后再计划一次词内再注视。词边界信息能够有效地引导中文二语学习者的眼动行为和眼跳计划，更多地将首次注视位置落在词的中间部分。最后，词边界信息在眼跳目标选择中的促进作用没有受到母语文本呈现方式熟悉性的调节。中文二语学习者在阅读中的眼跳目标选择可能采用的是战略—战术策略。③

2. 汉语阅读的眼动效应研究

臧传丽等通过眼动仪记录读者阅读过程中的眼动特征，发现了一些重要的效应，这些效应有助于深化人们对阅读过程的认识。中文词汇加工过程中的效应主要包括以下几个方面。(1)与阅读材料空间信息的相关效应，包括词空格效应、排版方式效应。(2)词汇特性的相关效应，包括笔画数效应和正字法邻近词效应。(3)与语言因素的相关效应，包括：词频效应、熟悉度效应、预测性效应和语义透明度效应。(4)与词结构相关的效应，包括偏向注视位置效应，最佳注视位置效应和反向最佳注视位置效应。④

**三、情绪心理研究**

有意遗忘强调遗忘的有意性和指向性，对负性情绪的有意遗忘有利于个体的身心健康。白学军等采用单字范式，实验以正性、负性和中性情绪词为材料，探讨了情绪材料对有意遗忘的影响。结果发现：三类词均表现出了显著的有意遗忘效应；实验二在实验一的基础上增加了个体的情绪状态，探讨情绪状态和情绪材料对有意遗忘的影响。结果发现，在积极情绪状态下，被试更多地遗忘负性情绪词；在消极情绪状态下，被试更多地遗忘了中性情绪词。表明个体对情绪信息的有意遗忘，既受信息的情绪性影响，又受个体情绪状态的影响。⑤

王芹等利用心理生理实验法，以 40 名大学生为被试，采用 2(组别：情绪抑制组、自然观看组)×2(性别：男、女)×2(博弈对手：人、计算机)×4(分配方案：¥5/¥5、¥7/¥3、¥8/¥2、¥9/¥1)的混合设计，其中组别和性别为被试间因素，博弈对手和分配方案为被试内因素。使用 MP150 型 16 导生理记录仪记录皮肤电反应和心率，通过将情绪抑制操作引入最后通牒博弈实验范式，探讨负性情绪抑制的主观情绪体验、生理反应及其对社会决策行为的影响。结果发现：(1)对负性情绪进行抑制没有减少被试相应的主观体验，情绪抑制使皮肤电反应性增强；(2)负性情绪抑制的主观体验和生理反应不存在性别差异；(3)在面对不公平的分配方案时，情绪抑制组被试比自然观看组更倾向于拒绝接受。结果表明，在最后通牒博弈中，情绪抑制影响回应者的行为反应，使他们更倾向于做出不理智的决策。⑥

**四、脑科学与自上而下加工研究**

近几十年以来，伴随无创检测脑结构与脑功能技术的迅速进步与普及，人类对脑的认识进一步深化，在许多领域都取得了丰硕的成果。探索如何将脑科学取得的成就应用于教育领域，帮助人们实现高效率的学习，是摆在广大脑科学工作者和教育工作者面前的新任务。目前教育科学的主要理论基础之一是认知心理学，促进脑科学与教育科学的融合对于改造关于教与学的旧观点，创立新的教学体系无疑具有十分重大的意义。为了探讨脑科学的最新成就在教育事件中的应用，吕勇等人编著了《脑科学时代的教与学》一书。该书约 20 万字，分为七章，分别对注意、记忆、情绪情感、语言加工等研究领域脑科学取得的最新成果进行了梳理总结，特别重点探讨了这些成果对于教师教学和学生学习的指导意义和启发价值，力图在脑科学与学习科学之间架起桥梁。⑦

宋娟、吕勇采用 ERP 技术，以中文词汇为刺激，利用掩蔽启动范式，采用反应时和 N400 为指标，探讨自上而下的因素对自动加工的影响。结果发现先前完成的任务形成的任务定势会对随后的自动语义激活过程产生调节作用：在词汇分类判断任务后，掩蔽启动刺激对靶刺激产生启动效应。在词汇结构判断任务后，掩蔽启动刺激对靶刺激没产生显著的启动效应。⑧

宋娟、吕勇的另一项研究选择 45—65 岁中老年人群为被试，采用掩蔽启动范式，选取字母和数字作为刺激，任务因素为与当前任务无关的处于预备状态的刺激—反应联结，探讨自动的反应激活在中老年人群中是否受到了自上而下的任务因素的调节。结果发现与以往对青年人研究结果不同，中老年阶段人群的自动反应激活过程不受自上而下的当前无关的、处于预备状态的刺激—反应联结作用的影响，自动加工是完全自动化的。⑨

**五、意图心理研究**

王益文等为了探查大脑对交际意图加工(相对于私人意图和与物体有关的物理意图)的动态时间加工过程，记录了 16 名健康被试理解三种不同意图任务时的脑电。三种意图分别为：私人意图、交际意图、物理意图。结果表明：在大脑顶区，私人意图的 N250 峰值显著大于交际意图和物理意图；在晚期阶段(300～600ms)，交际意图的晚期正成分(LPC)的平均波幅要显著大于私人意图和物理意图；在 400～600ms 时，私人意图的 LPC 的平均波幅要显著大于物理意图。这些结果为理解私人意图和交际意图的动态加工过程提供了神经电生理学的初步证据。⑩

王益文等的另一项研究记录了 16 名健康被试理解三种不同意图任务时的脑电成分，以探查大脑对交际意图加工(相对于私人意图)的动态时间和空间特征。结果，在刺激呈现后 400ms 内发现私人意图和交际意图的分离；对私人意图和交际意图条件下的差异波进行脑溯源分析发现一个位于中部扣带皮层附近的偶极子，进一步证实了扣带皮层在预测交际意图中的作用。⑪

**六、记忆心理学**

1. 部分线索效应

唐卫海等通过三个实验探讨了不同任务难度的部分线索效应。结果表明：(1)在中文词表记忆中存在部分线索效应；(2)随着学习材料难度的提高由部分线索造成的提取成绩的削减量降低。这一研究结果支持了部分线索效应的策略破坏假说。⑫

2. 面孔识别中同龄效应

刘希平等采用混合设计，考察不同年龄被试对面孔再认及学习程度判断中的同龄效应及其发展规律。结果显示，青年和老年人对同龄面孔的再认显著好于异龄面孔，儿童对同龄与异龄面孔的再认成绩差异不显著；各组被试对不同年龄的面孔学习程度判断准确性之间的差异没有区别。这表明：青年和老年人在面孔再认中出现了同龄效应，儿童没有表现出同龄效应；个体学习程度判断中不存在同龄效应，且这种特点与年龄无关。⑬

**七、心理健康的研究**

张秀阁过三个调查，探讨初中生完美主义人格类型及其学校适应。调查一，用中文近乎完美量表修订版和考试焦虑量表对616名初中生集体施测；调查二，用中文近乎完美量表修订版和Beck抑郁问卷对679名初中生集体施测；调查三，用中文近乎完美量表修订版和青少年生活满意度评定量表对626名初中生集体施测。结果表明，近乎完美量表标准因子得分较高同时差异因子得分也较高的个体，抑郁得分较高、生活满意度水平较低，表现出适应不良的特征；近乎完美量表标准因子得分较高同时差异因子得分较低的个体，抑郁水平较低、生活满意度较高、考试焦虑水平较低，表现出适应良好的特征。⑭

张秀阁的另一项研究探讨了应对方式对完美主义与择业焦虑关系的中介效应。采用近乎完美量表修订版、高校毕业生择业焦虑问卷和应对方式问卷，对天津市3所423名高校毕业生的完美主义与择业焦虑的关系进行研究，并分析应对方式对二者关系的中介效应。结果表明：通过缩小择业目标与实际就业环境的差距以及降低不成熟应对方式的使用频率，可以降低学生的择业焦虑水平。⑮

张秀阁、梁宝勇通过搜集整理已有相关文献，并考虑"心理健康素质测评系统"的整体结构，确定了该量表的合理性和可控性两维度的理论构想。通过参考国外同类量表项目以及在心理学专家中征集项目的方式形成初始量表，并通过预测筛选确定量表的最终项目。测试结果表明，生活信念量表具有较高的重测信度、内部一致性信度和较高的结构效度、内容效度、聚合效度以及同时效度。⑯

**八、老年心理研究**

白学军等采用线索—靶子范式，比较了单线索和双线索条件下年轻人和老年人返回抑制时间进程的发展趋势。实验1采用单线索化程序和觉察任务，SOA分为9种水平；实验2采用双线索化程序和觉察任务，SOA分为10种水平。结果显示：线索化阶段的注意分配和年龄对返回抑制的时程发展产生影响。(1)在单线索条件下，老年人返回抑制的出现时间比年轻人晚约200ms，消失的时间比年轻人早约1000ms。(2)在双线索条件下，老年人返回抑制的出现时间比年轻人晚约100ms，消失的时间比年轻人早约500ms。结果表明，老年人这种整体上更弱的抑制功能使他们返回抑制效应持续的时间短于年轻人。⑰

白学军等以18名老年人为被试者，使用Eye-Link2000眼动仪，考查词切分对老年人阅读有无空格文本的影响。实验分四种词切分方式：正常条件、词间空格条件、非词空格条件和字间空格条件。结果发现：(1)词间空格条件下平均注视时间显著少于正常条件；非词空格和字间空格条件下的阅读时间显著少于正常条件。(2)总句子阅读时间和总注视次数在正常条件和词间空格条件差异不显著。这表明老年人在阅读词间空格的文本和正常文本一样容易，插入词空格可促进老年人阅读中的词汇识别。⑱

返回抑制是指对先前注意过的位置或客体再次注意时反应变慢的一种抑制现象，是一种重要的注意定向抑制能力。认知老化研究表明，老年人存在抑制能力的下降，这种下降也体现在利用内源性线索形成自上而下的注意定势调节其他加工过程的能力上。另一项研究考察内源性注意定向对返回抑制的调节作用。运用线索比例范式和线索—靶子范式对30名健康老年人和30名年轻人(健康大学生)进行考察。结果发现，在提示比例为20%的条件下，两组被试都出现了返回抑制效应，年轻组的效应量显著大于老年组；在提示比例为50%的条件下，老年组与年轻组被试出现返回抑制，且效应量不存在年龄差异；在提示比例上升至80%后，年轻人的返回抑制消失，而老年人的返回抑制效应量保持不变。这表明，与年轻人相比，受执行功能老化的影响，老年人利用内源性注意定向对返回抑制调整的能力下降。⑲

**九、大学生职业决策的研究**

陈世平等通过两个实验考察决策者心理特征(内隐自尊与风险偏好)和职业方案特征(框架效应与风险水平)对大学生职业决策行为的影响。结果发现:内隐自尊和风险偏好显著影响大学生择业倾向性;大学生对风险水平不同的职业方案的选择倾向由低到高依次为冒险、折中、保守方案;职业决策存在明显的框架效应。这表明,多数大学生倾向于选择保守职业方案;高风险偏好大学生倾向于选择冒险职业方案;高内隐自尊大学生倾向于主动择业;积极表述的职业方案更受大学生青睐。[20]

(本文作者:阴国恩,天津师范大学心理与行为研究院教授、博士生导师)

注释:

①闫国利、白学军:《眼动研究心理学导论》,科学出版社2012年版。

②白学军、郭志英、曹玉肖、顾俊娟、闫国利、臧传丽:《词切分对印—英双语者阅读影响的眼动研究》,《心理科学》2012年第3期。

③白学军、梁菲菲、闫国利、田瑾、臧传丽、孟红霞:《词边界信息在中文阅读眼跳目标选择中的作用:来自中文二语学习者的证据》,《心理学报》2012年第7期。

④臧传丽、张慢慢、郭晓峰、刘娟、闫国利、白学军:《中文词汇加工的若干效应:基于眼动研究的证据》,《心理科学进展》2012年第9期。

⑤白学军、王嫒嫒、杨海波:《情绪一致性对有意遗忘的影响》,《心理科学》2012年第1期。

⑥王芹、白学军、郭龙健、沈德立:《负性情绪抑制对社会决策行为的影响》,《心理学报》2012年第5期。

⑦吕勇等:《脑科学时代的教与学》,天津教育出版社2012年版。

⑧宋娟、吕勇:《任务定势对自动语义激活过程调节作用的ERP研究》,《心理科学》2012年第1期。

⑨宋娟、吕勇:《与任务无关的刺激—反应联结对中老年人自动加工的影响》,《心理与行为研究》2012年第2期。

⑩王益文、黄亮、徐晟、袁博、徐艳娇、李洪玉:《理解私人和交际意图的ERP证据》,《心理学报》2012年第12期。

⑪Wang, Y. W., Huang, L., Lin, C. D., Zhang, Z., Liang, F. C. & Shen, D. L., "Spatio-temporal Brain Dynamics of Understanding Social Versus Private Intentions: An Electrical Neuroimaging Study.", Neuroquantology, 10(4), 733-743.

⑫唐卫海、谢思源、刘湍丽、刘希平:《任务难度与部分线索效应》,《心理科学》2012年第3期。

⑬刘希平、唐乐、唐卫海:《面孔再认及学习程度判断中的同龄效应》,《心理发展与教育》2012年第3期。

⑭张秀阁:《初中生完美主义人格的类型及其学校适应》,《心理与行为研究》2012年第6期。

⑮张秀阁:《高校毕业生应对方式对完美主义与择业焦虑关系的中介效应》,《中国学校卫生》2012年第7期。

⑯张秀阁、梁宝勇:《心理健康素质测评系统·中国成年人生活信念量表的编制》,《心理与行为研究》2012年第5期。

⑰白学军、陈衍:《不同线索化条件下返回抑制时程年老化研究》,《心理与行为研究》2012年第6期。

⑱白学军、郭志英、曹玉肖、顾俊娟、闫国利:《词切分对老年人阅读效率促进作用的眼动心理》,《中国老年学杂志》2012年第6期。

⑲陈衍、白学军:《内源性注意定向对老年人返回抑制的调节作用》,《中国老年学杂志》2012年第17期。

⑳陈世平、张艳、王晓庄:《内隐自尊和风险偏好对大学生职业决策的影响》,《心理科学》2012年第1期。

**【体育人文社会学研究综述】** 2012年,天津市体育人文社会学研究取得了可喜的进展,学术交流广泛深入,扩大了体育人文社会科学研究在学术研究领域的影响。

## 一、体育人文社会科学基本理论研究

对于体育概念的研究始终是体育基础理论研究中的一个难点问题,特别是近年来随着电子竞技等新兴运动项目的出现与发展,对于体育概念的分析与讨论又逐渐成为一个热点问题。有学者运用逻辑分析法和系统分析法,在开发体育学元概念的基础上,对体育与非体育进行比较研究和辨析,提出人们以身体运动为手段,达到身体运动这一目的的实践活动都是体育,体育是人类文明的标志,理所当然应该与教育一样同属于文化范畴,体育是人类文化大系统中的一个子系统,而不是仅仅属于教育的一个部分。这一论断是对于当前我国体育概念的理论研究具有重要创新意义。[1]

与体育概念相关的武术概念,在中国是个动态演化的概念。在古代中国其基本意蕴是军事冷兵器技术。宋代以后,随着火器逐渐配备部队,“武术”开始大面积地向民间转移。这种转移与武举制实施的共同作用,促使了民间习武热情的高涨。义和团运动爆发、武举制废除以及体育救国思潮兴起后,下移民间的军事冷兵器技术,即武术得到了大多数人的认同。而随着武术运动、竞技武术等“新编武术”的出现以及对民间武术的强力挤压,武术界对“新编武术”的批判声音日趋强烈。在这一过程中,又出现了“传统武术”。杨祥全认为,武术应当包括军事武术、传统武术和武术运动三个有机组成部分。其中军事武术主要指的是在军队中流行的冷兵器技术,传统武术主要指的是在民间流行的冷兵器技术、尤其是火器配备部队后逐渐下移民间的类似军事冷兵器技术,而武术运动主要指的是在传统武术的基础上积极吸收西方体育思想而产生的“新编武术”,它主要包括健身武术、竞技武术、艺术武术等运动样式。[2]

## 二、体育史学

体育史的研究是天津市体育人文社会学研究

的特色之一,从“史”与“论”两方面都有较大的研究进展。薛新刚、林飞飞等通过对樗蒲这一种古老的棋戏进行全方位的考证,分析认为,樗蒲在六朝时期得到了极大的发展,并因与钱物相涉而充当了赌博的重要手段,樗蒲在某种程度上变成了一部分人获取钱财的重要手段,甚至颇有因之废事者,这受到了当时贤明统治者和正统士大夫的谴责,某种程度上成为学识浅薄、没有操行乃至不务正业之代言词。以此为鉴,当今休闲体育之发展,必须有相应法律、法规予以规范,避免体育活动走入赌博的恶性循环中。③

天津武术的发展在近代中国具有重要地位,但是关于津门武术的研究相对滞后。长期以来,津门武术被当作燕赵武术文化的一个亚区来研究和对待,实际上这是由于天津武术文化的辐射性太弱而引起的一个误会。天津文化呈现出明显的“文化孤岛”现象。杨祥全认为,津门武术具有独有的特点,联系到学术语境中的燕赵文化所指以及天津武术文化演化的历史实际,津门武术是独立的武术文化区而不是燕赵武术文化一个亚区。④

**三、体育教育**

进入21世纪,中小学武术教育本应有长足的发展。但是,实际情况却是:目前的中小学武术教育存在严重的问题。主要表现为:应试教育导致中小学武术课程形同虚设;中小学武术过度体操化、竞技化、表演化,导致武术技击性缺失;过分注重武术套路的技术训练,而忽视武德、民族精神等人文素养的培养等。康德强认为,作为中国文化的有机组成部分,武术是一个具有民族特色的人体技艺文化体系。中小学武术教育处于武术人才培养系统工程的基础阶段,应对学生进行完整而系统的武术教育,并通过体现武术文化价值的课程目标、反映武术人文内涵的教材内容、注重武术人文精神培养的教学活动,培养德艺双馨的武术文化人,从而完成其传承和发展武术文化的使命。⑤

青少年健康教育是学校教育的重要内容,有学者研究发现,在校青少年体质健康教育课程没有得到应有的重视,青少年课余体育活动开展与体质检测实施情况不尽如人意,但青少年进行自主体质健康教育的态度良好、意愿强烈、能力较强。据此,必须要树立并强化“健康第一”的教育观念;加强专业化体质健康教育教师队伍建设;开设独立的健康教育课程;建立青少年体质健康教育法律法规的实施保障机制。⑥

**四、体育政策**

政策工具作为实现公共政策预期目标的途径,是政策分析的有效手段,刘春华等按照构建政策分析框架、界定分析单元、编码归类、统计分析等步骤对我国《体育法》从基本政策工具和体育强国价值判断两个维度进行计量与分析后认为:环境型政策工具使用过于频繁,其中,环境型政策工具中的策略性措施和法规管理尤为凸显,而需求型政策工具和供给型政策工具应用上明显处于弱势地位;从体育强国价值判断维度而言,政府的体育职能发挥较为充分,体现了政府在公共育服务上的主导性。⑦

随着工业化、城镇化、人口老龄化和生活方式的变化,慢性疾病已经成为我国人民健康的最大威胁。“十二五”期间是我国全面建设小康社会的关键时期,为更好地发挥体育在国民健康促进中的作用,满足百姓日益增长的健身和健康需求,需要建立长效化全民健身服务体系。王旭光等认为,首先要创新基层社区体育组织发展模式,探索建立以社区为核心的公共体育服务体系和机制;其次是要完善社会体育指导员、高校人才培养、体育志愿者队伍的建设与服务模式;最后是要加强对公共体育投入及其绩效的评估,完善体育场地设施、经费投入等保障制度。⑧

群众体育作为社会系统中的一个子系统,孙荣会认为,作为群众体育发展重要导向的群众体育公共政策必须面对这种背景作出适时的调整与变化,才能有效引领和促进群众体育的发展。⑨

我国城乡群众体育发展中存在的巨大差距,是决定我国群众体育政策选择的基本依据。郇昌店认为,我国城乡群众体育发展受城乡二元结构、政府财权事权配置和官员政绩考核等多元要素的约束。基于此,推动我国城乡群众体育统筹发展应确立宏观政策、中观动力与微观操作层面的整体思路,即宏观层面实现城乡关系、政绩导向的转型,确立城乡群众体育发展的政治合法性基础;中观动力层面实现利益格局转向与财政投入体制的转型,明确城乡群众体育发展的机制问题;微观层面确立决策方式、供给主体和发展方式的转变,最终实现城乡群众体育的统筹发展。⑩

**五、体育传播**

目前,我国社会主义新农村建设正如火如荼地向前推进,农村体育作为新农村文化建设的重要组成部分受到了党和政府的高度重视,但众多研究表明:农民的体育意识淡薄已经成为阻碍农村体育发展的主要因素。因此,农村居民只有提高体育意识,才能从本质上实现由被动参与到主动参与的转变,从而推进农村体育的开展。黄艳梅认为,闲暇时间看电视对于提高农村居民的体育意识具有重要作用。体育电视节目对农村居民的体育认知、体育情感、体育意向有着积极的影响。[11]

随着我国举办和参与的国际赛事逐渐增多,运动员与媒体打交道的机会越来越多。通过媒体树立良好的形象对于运动员自身的发展和国家形象的建构都有着积极的作用,因而媒介应对成为当今职业运动员的必修课。但是近年来中国体坛屡屡传出的不和谐声音,一再提醒我们关注运动员文化素养教育中的诸多缺失,这些深层次问题仅仅依靠媒介应对的培训很难有效解决。岳游松认为,当务之急就是要将简单的媒介应对拓展到更为广泛的运动员媒介素养的教育,建设性地共享大众传播的接近权,充分利用媒介资源参与到社会发展中来,使得运动员不仅能够从容面对媒体,而且成为国家和地区的文化形象的传播者。[12]

**六、体育法学**

从文化向度对体育法治发展进行研究是个全新的研究视角,有学者认为,在体育法治化进程中,由经济、政治发展所决定的从传统法制、人治向现代法治变迁的深刻文化发展动因是体育的基本精神;基于社会与体育发展的根本取向,体育法治为促进和保障公民体育权利及身心和谐发展提升了文化意蕴。[13]在我国公共体育服务日益重视和积极推进中,不断加快的法治政府建设与其形成了紧密的呼应,于善旭认为,在推进公共体育服务的进程中,除了要加强其自身的建设外,还必须紧跟国家和社会的改革发展步伐,特别是要有作为政府建设与改革的制度安排为保证。由于公共体育服务是服务型政府基本职能的重要体现,这就使其必然地与当前不断加快的法治政府建设形成了紧密的呼应,因而需要为推进公共体育服务增添法治的视角。[14]

(本文作者:叶加宝,天津体育学院教授)

**注释:**

①李宗浩:《体育学元概念开发及其辨析》,《天津体育学院学报》2012 年第 5 期。

②杨祥全:《中国武术:一个观念的历史形成》,《天津体育学院学报》2012 年第 2 期。

③薛新刚、林飞飞:《中国古代休闲体育及社会之对待》,《体育科学》2012 年第 10 期。

④杨祥全:《津门武术:独立的武术文化区》,《山东体育学院学报》2012 年第 5 期。

⑤康德强:《当代中小学武术教育的文化使命》,《教学与管理》2012 年第 9 期。

⑥宋秀丽:《我国学生体质健康教育现状分析》,《体育文化导刊》2012 年第 5 期。

⑦刘春华、李祥飞、张再生:《基于政策工具视角下的中国体育政策分析》,《体育科学》2012 年第 12 期。

⑧王旭光、王洋、潘志国:《对加强我国长效化全民健身服务体系建设的思考》,《河北体育学院学报》2012 年第 5 期。

⑨孙荣会:《基于社会结构调整的群众体育公共政策取向》,《武汉体育学院学报》2012 年第 4 期。

⑩郇昌店:《基于外部约束视角的我国城乡群众体育统筹发展整体思路探讨》,《天津体育学院学报》2012 年第 6 期。

⑪黄艳梅:《电视对天津市郊区农村居民体育意识的影响》,《体育文化导刊》2012 年第 2 期。

⑫岳游松:《从媒体应对到媒介素养》,《新闻界》2012 年第 4 期。

⑬于善旭:《体育法治发展的文化向度探究》,《上海体育学院学报》2012 年第 2 期。

⑭于善旭:《公共体育服务对法治政府建设的必然诉求》,《北京体育学院学报》2012 第 1 期。

# 管 理 学

**【管理科学研究综述】** 2012 年是天津发展进程中非常重要的历史阶段。天津市社会、经济与科技的全面发展对科学管理产生了巨大的需求,全市管理科学学科建设日趋完善,在工业工程与管理、物流与供应链管理、工程管理等方面取得了显著的科研成果。

**一、工业工程与管理研究**

1. 现代工业工程

现代工业工程是面向企业经营管理的全过程,降低成本,提高效率,将技术与管理有机结合,实现经营管理的整体目标,可以应用于各个行业。齐二石等通过分析传统销售商与改进设计销售商之间的非对称竞争,以及销售商和战略顾客间的博弈,改进设计对销售商库存和利润的影响。[1]蔺宇等以某线缆自动生产线为研究对象,针对生产线不均衡、在制品库存量大、生产效率不能满足客户需求等问题,提出了基于生产准时化(JIT)的改善方案[2]。在施工过程中,何桢等采用六西格玛方法提出复合结构的改进质量的实际解决方案,有助于克服和减少混凝土开裂及建筑施工中滑移问题。[3]

2. 低碳和可持续发展

天津市是一个大型工业城市,是北方的制造业中心。天津市主要支柱工业如石油化工、装备机械和冶金制造等行业都需要消耗大量的资源和能源,所以降低工业碳排放对天津市的低碳城市建设与产业的可持续发展至关重要。刘广为等以1980—2009年国内各项相关数据为基础,对影响因素的稳定性及其对碳排放或碳排放强度变化的动态冲击效应方面进行了相应的深入研究。[4]柴宁等分析了我国农业、工业、建筑业等其他行业及生活消费(2000—2009年)的能源消耗与其所产生的碳排放的灰色关联度,并给出相应的政策建议,为我国各行业的低碳经济发展提供了参考。[5]赵涛等建立了内蒙古生态环境可持续发展评价的指标体系,对内蒙古生态环境可持续发展质量进行综合评价和分析。[6]

3. 管理创新

2012年,天津市把增加自主创新能力贯彻到各个方面,使经济发展实现从资源依赖型向创新驱动型转变,先后实施了"天津市科技型企业管理创新数据库与智库开发","天津市科技创新创业环境评价与优化研究"以及"天津滨海新区企业精益管理创新路径与方法研究"等管理创新项目。在研究成果上,石学刚等从专业优势、顾客的参与和体验以及网络化协作三方面对制造业服务化提升我国制造型企业创新能力进行了探讨。[7]尹彦等运用演化博弈理论,构建知识密集型服务业集群知识创新演化博弈的数理模型,探讨集群知识创新发展的动力并提出集群知识创新的策略。[8]霍艳芳等对国内外大量关于区域创新能力评估的指标体系进行分析,筛选和构建了一整套可操作较强的用于评估区域创新能力的指标体系。[9]

## 二、物流与供应链管理

1. 理论研究

在物流与供应链管理理论研究方面,赵道致等回顾了近几十年内国内外重要的研究文献,论述其理论发展过程,从而指出其中存在的缺陷和不足,提出本领域未来研究的发展方向;[10]在交易效率原理的基础上,分析了物流产业集群在地域空间范围的集聚过程,又基于范围经济原理提出了物流企业集聚的内在动因。[11]林强等研究了当前企业需要探讨和解决的基于供应链企业合作博弈过程的供应链企业合作信任问题。[12]

2. 方法研究

关于研究物流供应链协调及建模仿真应用的方法较多。李昊等从供应链低碳化出发,采用Repast Simphony实验仿真平台和Groovy开发语言,建立了引入碳交易因素以后的供应链模型。[13]刘伟华等建立了物流服务供应链协同运作流程对接评价指标体系,综合考虑ANP和模糊评价法的优点进行了算例分析,定量地评价物流服务供应链流程对接绩效,具有一定的推广价值。[14]针对具有一定生产期和存储期的快速消费品,王运发等建立了多周期环境下生产—库存—配送协同计划问题的混合整数规划模型,以协同优化各工厂的生产计划、库存计划与配送计划。[15]

3. 实践应用

在物流与供应链实践应用研究方面,高举红等在传统逆向物流网络框架的基础上,建立由供应商、制造商、分销商、零售商和回收商构成的汽车闭环供应链超网络模型,为提高汽车行业整个供应链网络的利益均衡与长期稳定发展提供了科学的分析依据。[16]高晶等根据某配送中心的Excel订单数据,求得中心将该批货物分拣完毕所需最短时间,并确定最佳入库车辆到库顺序,为企业实践提供指导。[17]李玉兰等在对军地一体化应急管理概念初步界定的基础上,建立了军地一体化应急物资采购的供应商评价指标体系。[18]

## 三、工程项目管理

1. 工程项目评价

工程项目评估是工程建设中不可缺少的一个环节,可以优化工程建设方案,促进投资管理加强和效益提高。在建筑领域,王雪青等为了更好地解决区域建筑产业竞争力评价过程中的不确定性问题,借鉴DEA交叉评价的思想,建立了不确定环境下基于交叉评价的模糊综合评价模型,[19]之后又分别利用云模型[20]和综合偏最小二乘法(PLS)路径模型、逼近理想解排序法(TOPSIS)模型与聚类模型三者的优势的组合模型,[21]探讨了一些新的竞争力评价方法。孙慧等在综合考虑PPP项目中的独立监管机构、私营机构、政府部门和社会公众等利益目标的基础上,并构建了分析PPP项目绩效影响因素的结构方程模型;[22]并采用基于Malmquist指数方法的 DEA 模型，以我国 31 个省份为决策单元，对中国建筑业 2000—2009 年投入产出数据进行综合效率评价。[23]张连营等基于可持续发展观，采取社会时间偏好率与资本的边际社会机会成本加权平均的方法，分阶段递减法确定社会折现率，保证评价的科学性和社会的可持续发展。[24]

2. 工程项目风险管理

工程项目风险管理一直是工程项目研究中的热门话题。工程项目建设过程中，大量不确定因素易造成影响工程项目的风险，合理分担风险有利于建设—移交（BT）项目的有效实施并产生效益，查京民等总结了风险分配的原则，利用效用理论建立了 BT 项目承办方和主办方风险分担的数学模型。[25]刘俊颖等提出将成熟度理论引入建筑企业的全面风险管理中，运用专家调查法构建了建筑企业全面风险管理成熟度模型（ERM3）及其评价指标体系和模型。[26]

3. 其他

除了上述研究外，学者们还从项目招标机制、工程谈判、绿色建筑等方面进行了研究。查京民等探讨了业主和承包商之间的不完全信息动态博弈模型的建立，提出了业主、承包商以及相关政府部门三方共同参与的约束保障机制；[27]查京民[28]、吕文学[29]等分别考虑争端谈判和索赔谈判的影响因素，并建立了其谈判模型。张连营等提出基于网络系统可靠度的质量模型，改进了工程项目工期—成本—质量三者的均衡优化模型。[30]刘俊颖等研究了目前我国绿色建筑工程的驱动和阻碍因素，提出"政府的支持和激励"为绿色建筑产业的最大驱动力。[31]

## 四、基础学科对管理科学的促进

1. 系统工程学

系统工程学是以系统为研究对象的基础理论和应用开发的学科群，它着重考察各类系统的关系和属性，揭示其活动规律，探讨有关理论和方法。贾宁等针对提高搜索速度和关键参数的优化设置两个问题，提出使用 KD 树作为模式库的存储结构，使用遗传算法对非参数回归中的重要参数进行优化，为实时的交通流短时预测系统提供了一种较好的预测方法。[32]南国芳等从网络覆盖和能量消耗两个方面，采用多目标优化对节点部署问题建模，并从集中式角度给出了节点部署问题的遗传算法求解过程；[33]为了提高预测准确性，基于模糊 C 均值聚类算法，提出了多属性模糊时间序列问题的启发式双变量模型[34]。唐万生等针对不确定的内在耦合结构的一类复杂的同步动态网络延迟问题，进行了二次保成本控制。[35]

2. 信息学

杜纲等通过对混序组织原理的分析和混序组织成员协作关系的分析，构建混序组织成员之间信息沟通与资源共享管理模型。[36]何曙光等先后研究了用于监测零膨胀泊松过程和双变量零膨胀泊松过程的累积和控制图，提出合并的累积和控制图在参数 p 增加时监测效果较好，而仅有参数 λ 增加或两个参数均增加时应用单一的累积和控制图监测效果更佳。[37]

（本文作者：齐二石，天津大学管理与经济学部教授；宝斯琴塔娜，天津大学管理与经济学部博士研究生，内蒙古财经大学商务学院讲师；朱明珠，天津大学管理与经济学部博士研究生）

注释：

①齐二石、曹国昭：《基于顾客战略行为与改进设计的销售商竞争》，《计算机集成制造系统》2012 年第 12 期。

②蔺宇、郭洁：《基于 JIT 的流水线生产效率提升方法研究》，《工业工程与管理》2012 年第 3 期。

③Zhen He、Megan Florent Tchidi、Yan Bo Li：《Process and Quality Improvement Using Six Sigma in Construction Industry》，《Journal of Civil and Management》2012 年第 2 期。

④刘广为、赵涛：《中国碳排放强度影响因素的动态效应分析》，《资源科学》2012 年第 11 期。

⑤柴宁、赵涛、林涛：《我国各行业能源消耗与碳排放的灰色关联度分析》，《生态经济》2012 年第 9 期。

⑥赵涛、米国芳：《内蒙古生态环境可持续发展评价模型研究》，《北京理工大学学报》（社会科学版）2012 年第 1 期。

⑦石学刚、齐二石、姜宏：《制造业服务化对提升制造型企业创新能力的作用研究》，《天津大学学报》（社会科学版）2012 年第 4 期。

⑧尹彦、赵涛、齐莉丽：《知识密集型服务业集群知识创新机制的演化博弈分析》，《中国农机化》2012 年第 1 期。

⑨霍艳芳、朱序波：《区域创新能力评估与动态优化》，《统计与决策》2012 年第 2 期。

⑩赵道致、吕昕：《供应链管理库存理论发展综述与评价》，《北京交通大学学报》（社会科学版）2012 年第 1 期。

⑪赵道致、张春琴、孙德奎：《物流产业集群形成机理研究》，《北京理工大学学报》（社会科学版）2012 年第 6 期。

⑫林强、那仁高娃、许文婷：《面向过程的供应链企业合作信任机制研究》，《天津大学学报》（社会科学版）2012 年第 3 期。

⑬李昊、赵道致：《基于 Agent 行为的供应链低碳化建模与仿真》，《计算机应用研究》2012 年第 8 期。

⑭刘伟华、葛美莹、谢冬、刘春玲：《基于 ANP－Fuzzy 方法的物流服务供应链流程对接绩效评价》，《武汉理工大学学报》（交通科

学与工程版)2012 年第 6 期。

⑮王运发、李波:《基于禁忌搜索的生产—库存—配送协同计划问题研究》,《信息与控制》2012 年第 3 期。

⑯高举红、李晓君:《汽车行业闭环供应链网络均衡研究》,《计算机集成制造系统》2012 年第 1 期。

⑰高晶、高举红:《服务连锁零售企业的配送中心内越库车辆调度研究》,《物流技术》2012 年第 9 期。

⑱李玉兰、李波、刘永军:《军地一体化应急物流及其物资采购研究》,《电子科技大学学报》(社会科学版)2012 年第 2 期。

⑲郭清娥、王雪青、位珍:《不确定环境下基于交叉评价的模糊综合评价方法》,《模糊系统与数学》2012 年第 2 期。

⑳王雪青、潘辉、刘炳胜:《基于云模型的中国区域建筑产业竞争力评价研究》,《山西财经大学学报》2012 年第 7 期。

㉑刘炳胜、申映华、王雪青、周蜀国:《基于组合模型的中国区域建筑产业竞争力系统评价》,《《同济大学学报》(自然科学版)2012 年第 5 期。

㉒孙慧、申宽宽、范志清:《基于 SEM 方法的 PPP 项目绩效影响因素分析》,《天津大学学报》(社会科学版)2012 年第 6 期。

㉓孙慧、付辰、范志清:《基于 Malmquist 指数方法建筑业效率动态评价》,《建筑经济》2012 年第 3 期。

㉔孙燕芳、张连营:《基于可持续发展观的公共项目投资社会折现率的确定》,《经济体制改革》2012 年第 3 期。

㉕查京民、林金明、姜敬波:《基于效用理论的建设—移交项目风险分担研究》,《城市轨道交通研究》2012 年第 10 期。

㉖刘俊颖、何溪:《建筑企业全面风险管理成熟度模型研究》,《科技进步与对策》2012 年第 18 期。

㉗李俊、查京民:《基于信息经济学和贝叶斯法则的最低价中标合理性分析》,《项目管理技术》2012 年第 10 期。

㉘查京民、董冰冰:《考虑资金时间价值的水运工程索赔谈判》,《中国港湾建设》2012 年第 6 期。

㉙严谦、吕文学:《基于 SEM 的工程项目争端谈判力研究》,《项目管理技术》2012 年第 4 期。

㉚张连营、栾燕、邹旭青:《工程项目工期—成本—质量均衡优化》,《系统工程》2012 年第 3 期。

㉛JungYing Liu, Sui Pheng Low, Xi He:《Green Practices in the Chinese Building Industry: Drivers and Impediments》,《Journal of Technology Management in China》2012 年第 7 卷。

㉜贾宁、马寿峰、钟石泉:《基于遗传算法优化和 KD 树的交通流非参数回归预测方法》,《控制与决策》2012 年第 7 期。

㉝南国芳、陈忠楠:《基于进化优化的移动感知节点部署算法》,《电子学报》2012 年第 5 期。

㉞GuoFang Nan, ShuaiYin Zhou, JiSong Kou, MinQiang Li:《Heuristic Bivariate Forecasting Model of Multi - attribute Fuzzy Time Series Based on Fuzzy Clustering》,《International Journal of Information Technology & Decision Making》2012 年第 1 期。

㉟Li Shukai, Tang Wansheng, Zhang Jianxiong:《Guaranteed Cost Control of Synchronisation for Uncertain Complex Delayed Networks》,《International Journal of Systems Science》2012 年第 43 卷。

㊱苏莉文、杜纲:《基于混序组织的信息管理模型》,《计算机应用》2012 年第 4 期。

㊲He, S. He, Z. Wang, G. A.:《CUSUM Charts for Monitoring Bivariate Zero - Inflated Poisson Processes With an Application in the LED Packaging Industry》,《Components, Packaging and Manufacturing Technology, IEEE Transactions on》2012 年第 2 卷。

**【工商管理研究综述】** 2012 年,天津市工商管理学科在理论研究和学科建设方面都取得了较快的发展和进步,研究者在创业管理、公司治理、营销管理、财务管理、组织与战略管理、人力资源管理、服务管理、技术经济与管理以及旅游管理等多个专业领域都取得了丰硕研究成果。据统计,天津工商管理学界本年度共在 CSSCI 来源期刊发表论文 300 余篇,出版各类论著 20 余部。现对研究成果综述如下。

## 一、创业管理研究

### 1. 创业者个体要素及其影响作用机制

探索创业者个体要素及其影响作用机制,是近年来创业管理研究的重要方向。张玉利、杨俊等以 CPSED 数据为基础验证了创业者先前经验与社会阶层对"商业计划—创业绩效"作用关系的调节作用。依制度视角和战略计划视角,商业计划区分为正式商业计划与非正式商业计划两种类型,不同计划类型在先前经验与社会阶层的调节作用下,改善创业绩效的作用机理。研究发现,创业过程中计划的价值不仅取决于创业者做什么样的计划,而且取决于计划制订者本身的社会阶层。这在理论上提升了对商业计划本质及其绩效作用机制的理性认识,也更深入阐述了中国情境下创业者社会阶层位置的内涵及其影响商业计划—创业绩效作用关系的机制。这对于深入剖析和揭示中国情境下的创业行为独特性规律具有突出的借鉴意义。①

鉴于以往关于创业者人力资本与新创企业绩效之间关系的实证研究一直没有得到一致性的结论,导致创业领域的学者们质疑创业者人力资本是否对新创企业绩效产生影响;然而在创业实践中风险投资家评估项目时却十分重视创业者的人力资本的情况。王晓文等基于能力视角,尝试揭示人力资本与新创企业绩效的作用机制,论证了创业能力在创业者人力资本和新创企业绩效关系中的中介作用,采用因子分析、多元回归分析等方法,通过对 173 家新创企业进行问卷调查,对理论假设进行了检验。研究发现:(1)创业者人力资本对新创企业绩效的影响是通过创业能力的中间传导促成的,即创业能力发挥了中介作用;(2)不同类型的人力资本对不同的创业能力发挥作用。②

坚持或者放弃创业是新生创业者面临的重要且艰难的抉择。已有研究主要基于理性决策的假设分析个体特征、创业活动以及创业环境对坚持或者放弃创业的影响。与已有研究不同，牛芳等提出，新生创业者的坚持不是完全理性的决策，其中存在承诺升级现象。研究基于前景理论（框架效应和反射效应）分析了坚持创业中的承诺升级，识别了可能的影响因素：前期投入时间、前期投入资金、创业计划的规范性、技术创业和心理预算，并利用面向中国新生创业者的动态跟踪调查数据进行了实证检验。针对两类样本（所有273个样本、没有盈利的182个样本）的实证研究取得了一致的结论：前期投入的时间越多，新生创业者越倾向于坚持创业；前期是否投入资金以及创业计划的规范性对是否坚持创业的影响不显著；存在心理预算负向影响新生创业者的坚持；与非技术创业者相比较，技术创业者更倾向于坚持创业。③

2.挖掘创业过程行动中绩效的成因

为深入挖掘创业过程行动中绩效的形成原因，田莉以团队创业企业为研究对象，基于演化理论、战略选择理论、社会认知理论及创业过程学派等知识，考察在新企业创建之初，面对有限资源禀赋和既定环境条件，创业团队如何选择初始战略，团队结构及其先前经验发挥了怎样的作用；采用不同初始战略的新企业初期成长绩效存在怎样的差异；初始战略如何在组织烙印力量及变革驱动力量的交互影响下发生演化，并在多长时间、何种条件下持续发挥影响等问题。④

杜运周、张玉利就新企业如何克服组织合法性门槛、实现成长问题提出，信息技术的快速发展为新企业响应顾客日益个性化的需求和获得组织合法性提供了新的手段。整合互动导向视角和组织合法性视角，分析信息技术背景下新企业的互动导向对组织合法性和新企业绩效的作用机制，尤其是组织合法性的中介作用，研究选取中国情境下209个新企业作为调查样本，采用多元回归方法对研究假设进行检验。研究表明，新企业互动导向正向影响新企业绩效和组织合法性水平，互动导向通过组织合法性的部分中介作用影响新企业绩效。这表明在信息技术日益发达的今天，中国新企业可以利用信息技术平台提升互动导向水平，促进组织合法性，从而克服新企业组织合法性门槛，实现成长。⑤

3.探索新企业生成与成长的内在机理

为探索新企业生成与成长的内在机理，杜运周等基于中国情境下新企业的大样本调查数据，结合竞争者导向与组织合法性视角提出并验证了竞争者导向分别与组织合法性和新企业绩效间的U型曲线关系，以及竞争者导向通过合法性的中介传导作用影响新企业绩效的假设。研究结论说明了新企业为实现稳健成长，需要选择展现高竞争者导向或隐藏竞争者导向策略，而避免陷入“中等竞争者导向陷阱”，并需要将竞争者导向行为合法化来实现绩效的提升。作者还比较了采用Edwards和Lambert（2007）调节路径分析方法与采用Baron和Kenny（1986）的基本中介模型的检验结果，说明了运用后种方法可能产生的分析偏误，证明了基于Edwards和Lambert（2007）调节路径分析方法的研究结论更加可靠。该结论对于从市场导向与制度合法性两个视角更加完整地理解新企业成长具有积极的理论与实践意义。⑥

李华晶、张玉利等基于CPSED项目的调查结果，通过对创业活动影响因素方面文献的梳理和研究，发现创业风险、创业资本、创业环境三个因素对创业活动具有影响。在此基础上构建了感知的创业风险、创业资本的可获得性、创业环境的支持性对创业活动具有影响的结构方程模型，并对之进行了检验。检验结果表明创业风险对创业活动具有负向影响，创业资本的可获得性、创业环境的支持性对创业活动具有正向影响。⑦

田莉、张玉利基于社会认知和战略选择等理论知识，探讨创业团队先前经验构成特征与进入战略创新性的逻辑关系，并探索技术独享性和环境宽松性对团队决策的影响。研究结果表明，新技术企业初始战略来源于创业团队基于先前经验而达成的集体认知决策，技术导向型团队倾向于通过产品或服务的创新进入市场，而市场导向型的团队则会竭力从交易结构的创新入手，兼顾技术和市场导向的团队，虽然拥有多元化的认知模式，却未能迸发出应有的创造力。技术独享性在创业团队经验构成与进入战略创新性之间发挥正向调节作用，但没有改变团队成员固有认知模式；环境宽松性改变了创业团队在选择市场进入战略时的关注点，当环境较为宽松时，技术导向型和市场导向型的创业团队都呈现出对产品或服务创新的忽视，而加大了在交易结构上谋求创新的力度。⑧

4.关注中国情境下的创业与管理实践

在识别中国情境下创业与管理研究的独特性问题上，张玉利、李静薇提出，中国经济持续三十多年的快速增长与管理实践的改革创新是分不开的，在这样的背景下，伴随着改革与开放，我国管理实践创新丰富，管理研究与教育工作也取得了长足的发展，关注中国管理实践，总结提炼中国管理实践中的理论创新，增强我国管理研究在世界上的影响力和话语权，是我国管理学者的责任。对中国管理模式的总结可能需要把基于中国传统文化的智慧与管理理论创新结合起来。目前更务实的策略是重视中国管理的研究，从中国管理实践中挖掘科学问题，针对问题而非数据开展规范的研究，寻求方法和成果的创新。从中国管理实践研究现状、学术和科学问题提炼、中国管理模式总结3个方面进行分析，突出了基于管理实践的学术研究，并强调指出在提升研究规范性和研究能力的基础上，丰富和创新管理理论，增强国内学术研究在国际上的影响力和话语权。⑨

二、组织与战略管理研究

竞争优势是战略管理研究领域的核心概念，但现有文献对竞争优势的理解与分析视角存在着诸多差异，导致竞争优势的分析单位也不尽相同。为推动竞争优势理论的整合，张敬伟、王迎军从双重视角审视竞争优势的概念及代表性研究，并提出把产品作为竞争优势基本分析单位的分析逻辑与重要意义，为竞争优势理论的整合和发展提供了一个新的思路。⑩

对C2C电子商务卖家而言，如何在激烈竞争的市场中获得竞争优势是至关重要的问题。针对这一问题，薛有志、郭勇峰首先分析了C2C电子商务卖家面对的竞争环境，指出他们面临着两种形式的竞争。C2C电子商务卖家可以采用五种具体战略，即产品优选战略、聚类战略、成本领先战略、信誉领先战略和集中一点——单品制胜战略，并论述了这五种具体战略能够给C2C卖家带来的优势。最后，结合从淘宝网收集到的数据对成本领先和信誉领先两种重要战略做了实证分析，实证结果表明，C2C电子商务卖家实施成本领先战略和信誉领先战略的确可以获得竞争优势。⑪

王庆娟、张金成以儒家思想为理论基础，分析和界定了“工作场所儒家传统价值观”（CTVW）的内涵与维度，并通过三项实证研究对CTVW量表的信度与效度进行了实证检验。研究一的测量结果表明，工作场所的儒家传统价值观本质上是一种以关系和谐为核心的儒家关系导向，其下包括尊从权威、接受权威、宽忍利他和面子原则四个维度，CTVW量表具有良好的信度与建构效度。研究二的效用分析表明，CTVW能够较好地预测员工的公平敏感性与组织公民行为，CTVW量表具有较好的效标效度。研究三的差异分析表明，具有不同社会历练的员工具有不同的儒家传统价值观，CTVW量表的效度得到进一步验证。⑫

三、财务管理研究

黄福广等以中小板上市公司为对象，基于2003—2009年数据，利用修正Jones模型对IPO盈余管理程度及VC持股的影响进行检验，发现IPO盈余管理现象不显著，也就是中小企业没有明显利用盈余管理提高上市可能性；作为中小企业上市前的重要投资者，VC的参股并没有明显改变中小企业IPO盈余管理，即VC参股没有明显改变中小企业IPO逆向选择成本。⑬

陆宇建、蒋玥将会计制度变迁、配股政策的变革和股权分置改革作为资本市场制度变革的典型代表引入Ohlson剩余收益模型，结合盈余持续性分析了其对市场定价行为的影响。研究发现，随着我国证券市场的发展，营业利润在市场定价中发挥着主导作用，线下项目的定价作用减弱；随着配股政策和会计制度等的改革，线下项目对配股权在市场定价中的作用下降；会计制度改革和股权分置改革增强了持续性盈余的定价作用。这说明，制度变革提高了市场效率。⑭

覃家琦等以中国1993—2009年间的1158家IPO（其中A+H公司36家）为样本，实证检验了A+H双重上市与公司IPO行为之间的关系。研究发现，A+H双重上市与单位权益发行价、IPO定价效率、融资规模效率均显著负相关，表明A+H双重上市非但没有给公司带来IPO溢价，反而导致更高的IPO抑价。进一步分析表明，A+H公司的更高IPO抑价与其大规模的股票发行数量显著正相关，正是A+H公司的大规模股票发行迫使发行人和承销商采取低价策略以保证成功IPO，并导致A+H公司具有偏好在热市期上市的择时行为。⑮

四、营销管理研究

企业的国际扩张与国际化绩效一直是国际商务研究关注的重要问题。然而，中国企业与西方企业在国际化扩张中最大差异之一则在于其所有制形式。许晖、纪春礼从中国企业所有制独特特性出发，实证检验了中国企业所有制形式对企业在国际扩张中行业环境风险感知、进入模式选择的影响，并进一步分析不同进入模式的绩效差异。研究发现,中国企业在国际化扩张进程中:(1)行业环境风险感知对国际进入模式选择具有显著负向影响;(2)所有制形式对企业的行业环境风险感知与国际进入模式产生重要的调节作用;(3)不同进入模式对企业的国际化绩效也会产生重要影响。[16]

任星耀等将机会主义区分为积极的和消极的,将合同细分成包容性和约束力两维度,研究合同的双维度与关系规范在治理不同渠道机会主义时各自及其交互的作用。实证研究表明:(1)合同的包容性会同时增加渠道成员积极和消极机会主义;合同的约束力会减少渠道成员的积极机会主义。(2)关系规范可降低积极和消极机会主义。(3)关系规范可强化合同的约束力在降低积极机会主义、弱化合同的包容性在增加消极机会主义方面的作用,但在弱化合同的包容性,增加积极机会主义方面并无显著效果。[17]

**五、服务管理**

吴晓云、张峰以服务企业为研究对象,基于决策制定和执行的视角探讨了不同类型的服务营销活动在国际市场的配置策略(集中、协调)对竞争优势的影响关系,并借助获取的220家服务企业样本做了结构方程模型检验。研究发现:(1)非产品相关营销决策的集中化显著负向影响企业的竞争优势,而产品相关营销决策的集中化对竞争优势不存在显著影响;(2)产品相关营销活动的协调程度显著正向影响竞争优势,而非产品相关营销活动的协调程度与竞争优势之间的关系不显著。[18]

杜建刚、范秀成基于中国文化中特有的面子理论对消费者在服务失败中的心理反应机制进行了详尽的探讨,提出了以顾客损失、面子丢失和情绪为核心的顾客抱怨倾向模型。[19]

鉴于一线服务员工在企业的品牌建设过程中发挥着重要的作用,张辉等通过引入品牌心理所有权的概念,探讨其对员工品牌公民行为的影响,以酒店企业和旅行社的一线服务员工作为调研对象,共收回有效问卷375份,运用SPSS11.5和AMOS17.0软件对数据进行分析。研究结果表明,问卷具有很好的信度和效度,证实品牌公民行为是一个三维度的构念。结构方程模型分析结果表明,品牌心理所有权不仅对员工品牌公民行为的3个维度有直接影响,而且会通过品牌承诺对品牌公民行为的3个维度产生间接影响,并且对品牌热情的影响最大。研究结论提醒,服务企业培育和提高员工的品牌公民行为时可以从培育员工的品牌心理所有权入手,还要注意提高员工对品牌的承诺。[20]

**六、人力资源管理研究**

崔勋等从组织行为层次探讨劳动关系氛围与员工态度之间的关系。研究发现,劳资双赢氛围显著地提升员工的内在和外在满意度,劳资对立氛围显著地降低员工的内在和外在满意度,员工参与氛围仅能显著提升员工的内在工作满意度。同时,员工组织承诺中的情感承诺能显著增强劳资双赢氛围对内在和外在工作满意度的积极影响,但仅能显著降低劳资对立氛围对内在工作满意度的消极影响,而对员工参与氛围的影响不具有调节作用。此外,研究还发现交易承诺不存在调节效果。[21]

鉴于现有战略人力资源管理研究的逻辑前提不清,忽视了对战略形成过程的探讨,丛龙峰、杨斌在界定了战略人力资源管理逻辑前提的基础上,研究了战略形成与演化的过程,对变异—选择—保留模型中的组织过程及人的因素进行了分析,由此引出了战略人力资源管理影响战略形成的成因。然后,将战略人力资源管理活动分为信息管理流程与工作管理流程,提出了战略人力资源管理的最终成果是提交面向战略形成的组织能力的观点。[22]

**七、旅游管理研究**

由于一线服务员工处于组织的边界位置而表现出的服务提供、外部代表和内部影响3类跨边界行为能够显著提高组织绩效。心理所有权是一种重要的心理状态,以往的研究证实组织心理所有权与员工角色外行为存在积极的关系。然而,跨边界行为不仅包括角色外行为,而且包括角色内行为,并且非常适合于服务组织背景,对此,张辉等提出研究员工组织心理所有权对跨边界行为的影响具有重要的理论和现实意义。组织心理所有权对外部代表行为和内部影响行为有直接和间接影响,组织心理所有权对服务提供行为有间接影响。这一结论提醒旅游饭店业要培育和提高一线服务员工的组织心理所有权,促使其表现出跨边界行为进而提高组织竞争力。[23]

高交互性是服务行业的重要特征之一,服务过程中,服务人员会与顾客高频率接触,并通过与顾客的互动传递服务价值。在服务传递过程中通常会伴随出现一些情感事件,多为服务失败等负面情感事件,影响服务人员的情绪和满意。杜建刚等在文献回顾的基础上，构建了高交互服务行业中情感事件对一线服务员情绪影响的模型，并以餐饮业为例对模型进行了实证检验，研究表明，管理者关怀导向和雇员的事件归因会对员工负面情绪产生影响，并将影响其内部补救后的满意和情感承诺；同时服务人员的情绪智力差异对模型起到调节作用。[24]

**八、技术经济与管理研究**

严建援等以B2C电子商务平台为依托，着重针对商家营销策略对消费者选择商品时所表现出的折中效应的影响进行研究。在对消费者网络购物中选择不同类型商品时是否存在折中效应进行检验的基础上，分类探讨了不同类型营销策略对不同类型商品折中效应的影响。结果显示，消费者在购买便利品或购物品时都表现出折中效应；且价格策略和促销策略都会弱化消费者选择便利品或购物品时所表现出的折中效应；相对购物品，消费者在购买便利品时，两类营销策略对折中效应的影响程度更大；当消费者购买便利品时，与促销策略相比，价格策略会在更大程度上影响折中效应。基于上述分析，B2C商家应加大对便利品销售采取价格策略的频率和力度；提高提示性、比较性信息的可信度。[25]

申成霖等研究由一个供应商和一个零售商及一组顾客组成的单周期供应链系统。供应商向零售商提供两次订货机会，零售商根据第一阶段的订货情况及市场信号，对需求信息进行更新预测，确定第二阶段是否需要补货。首先，通过分析顾客购买与退货决策，确定产品的最优零售价格与退货价格。其次，对零售商的订货策略进行研究，以两阶段利润之和最大化为目标函数，引入服务水平约束，确定了零售商第一阶段和第二阶段的最优订货量，并探讨了市场信号和服务水平约束对零售商最优订货策略及期望利润的影响。结果表明，当目标服务水平设定较低时，零售商的订货策略与不设定服务水平约束时的情形相同；但是无论是高目标服务水平还是低目标服务水平，若二次订货时点上的市场信号为低值时，零售商无需二次订货，而若此时点的市场信号为高值时，零售商需要进行二次订货，目标服务水平的高低将对第二次的订货量产生影响。最后，证明了基于差别定价的回购契约能够实现上述供应链系统的协调。[26]

（本文作者：张玉利，南开大学商学院院长、博士生导师；宋正刚，南开大学商学院创业管理研究中心博士研究生）

**注释：**

①Yuli Zhang, Yang, Au and Xue, "Prior Experiences and Social Class as Moderators on Planning－Performance Relationship in China's New Business Ventures," Strategic Entrepreneurship Journal, Special Issue, 2013.

②王晓文、张玉利、杨俊：《基于能力视角的创业者人力资本与新创企业绩效作用机制研究》，《管理评论》2012年第4期。

③牛芳、张玉利、杨俊：《坚持还是放弃？基于前景理论的新生创业者承诺升级研究》，《南开管理评论》2012年第1期。

④田莉：《基于初始条件的新创企业组织烙印机制研究》，《管理学报》2012年第12期。

⑤杜运周、张玉利：《互动导向与新企业绩效：组织合法性中介作用》，《管理科学》2012年第4期。

⑥杜运周、张玉利、任兵：《展现还是隐藏竞争优势：新企业竞争者导向与绩效U型关系及组织合法性的中介作用》，《管理世界》2012年第7期。

⑦李华晶、张玉利、王秀峰、姚琴：《基于CPSED的创业活动影响因素实证研究》，《科学学研究》2012年第3期。

⑧田莉、张玉利：《基于创业团队先前经验的新技术企业市场进入战略选择研究》，《管理科学》2012年第1期。

⑨张玉利、李静薇：《基于实践的学术问题提炼与中国管理模式总结》，《管理学报》2012年第2期。

⑩张敬伟、王迎军：《双重视角下的竞争优势：内涵、代表性研究与基本分析单位》，《管理评论》2012年第2期。

⑪薛有志、郭勇峰：《C2C电子商务卖家的竞争战略研究：基于淘宝网的分析》，《南开管理评论》2012年第5期。

⑫王庆娟、张金成：《工作场所的儒家传统价值观：理论、测量与效度检验》，《南开管理评论》2012年第4期。

⑬黄福广、李西文、张开军：《风险资本持股对中小板上市公司IPO盈余管理的影响》，《管理评论》2012年第8期。

⑭陆宇建、蒋玥：《制度变革、盈余持续性与市场定价行为研究》，《会计研究》2012年第1期。

⑮覃家琦、邵新建、赵映雪：《双重上市、IPO抑价与大规模融资行为》，《金融研究》2012年第3期。

⑯许晖、纪春礼：《基于行业环境风险感知维度的中国企业国际扩张与绩效关系研究：兼论企业所有制形式的调节作用》，《管理评论》2012年第6期。

⑰任星耀、朱建宇、钱丽萍、王鹏：《渠道中不同机会主义的管理：合同的双维度与关系规范的作用研究》，《南开管理评论》2012年第3期。

⑱吴晓云、张峰：《服务企业跨国营销活动的集中和协调策略：基于产品相关和非产品相关营销活动的划分研究》，《管理评论》2012年第8期。

⑲杜建刚、范秀成：《服务失败情境下面子丢失对顾客抱怨倾向的影响》，《管理评论》2012年第3期。

⑳张辉、白长虹、牛振邦：《品牌心理所有权、品牌承诺与品牌公民行为关系研究》，《管理科学》2012年第4期。

㉑崔勋、张义明、瞿皎姣：《劳动关系氛围和员工工作满意度：组织承诺的调节作用》，《南开管理评论》2012年第2期。

㉒丛龙峰、杨斌:《论战略人力资源管理对战略形成的影响》,《管理学报》2012 年第 11 期。

㉓张辉、白长虹、陈晔:《饭店员工心理所有权与跨界行为关系研究》,《旅游学刊》2012 年第 4 期。

㉔杜建刚、马婧、王鹏:《负面情感事件对一线服务人员情绪、满意及承诺的影响:以高交互服务行业为例》,《旅游学刊》2012 年第 8 期。

㉕严建援、郭海玲、战妍:《基于 B2C 电子商务平台的营销策略对折中效应的影响研究》,《管理评论》2012 年第 11 期。

㉖申成霖、侯文华、张新鑫、卿志琼:《基于信息更新与服务水平约束的供应链订货及协调决策》,《中国管理科学》2012 年第 5 期。

**【公共管理学科研究综述】** 2012 年,天津市公共管理理论界围绕天津及国家经济社会发展重大论题展开研究,取得了丰硕成果。现综述如下。

**一、社会管理创新研究**

*1. 关于社会管理体制创新和社区管理研究*

张再生、吴云青阐述了公民参与社会管理创新的含义,探讨了公民参与社会管理创新的动力机制、利益诉求表达机制、政府回应机制、监督机制及存在的问题,提出了强化服务型政府意识,创新社会管理理念;明确政府角色定位,构建社会管理的多元化主体;加强宣传教育,强化公民参与意识,提高公民参与能力;加强公民参与社会管理创新的制度化建设等建立健全公民参与社会管理创新的对策建议。[①]朱孝红、赵铁锁指出,随着我国社会转型的不断深入,社会内部正在发生深刻变革,对传统社会管理不断提出新的挑战,成为社会管理创新的内在和主要动力。其中,社会分化与社会的再组织化及其协调不断推进社会管理现代化;公民社会兴起与社会自主性增强推进社会管理民主化;和谐社会对"治理"理念的不断认同推进社会管理科学化。这些内在动力要素之间有不同的运行路径,但又相互协调、相互促进,并形成一个总的"合力",不断推动社会管理创新与发展。

韩志明认为,在当前社会转型时期的利益冲突中,"闹大"已经成为公民抗争的重要逻辑。从理论上归纳了闹大的发展过程,概括了闹大的逻辑,并在公民与政府关系的框架下,从利益表达、资源动员和议程设置三个方面对闹大的功能性作用进行了深入的描述性分析。[②]闹大是透视公共治理状况的一面镜子。对闹大的描述性分析有助于深入把握和理解当前我国公共治理的规律和逻辑。叶国平认为,随着互联网的迅猛发展和日益普及,网络舆情空前高涨,群体性事件的网络特征日渐凸显。网络舆情的影响在很大程度上改变了群体性冲突的形成发展机理,从某种意义上说,网络背景下群体性事件的演化过程就是一种从网络民意到网络民怨再到网络民愤的过程。因此,如何针对网络舆情与群体性冲突的相互作用机理,建立和完善网络舆情的预警、监控、引导和回应机制,提高群体性事件的情绪疏导和矛盾化解能力,成为做好预防和处置群体性事件工作的重要环节。[③]刘琼莲指出,社会管理体制与机制创新是社会管理创新的关键,其运行机理基于信任、宽容、参与和法治的思想理念。社会管理体制与机制受制于非良性路径依赖、不断增加的社会风险以及不可避免的利益冲突等因素,因而要在利益协调中进行创新,且要着眼于社会管理的动力机制、整合机制、激励机制、调控机制、抗风险机制以及利益相关方的供需关系。[④]

*2. 关于政府行政体制改革研究*

深化行政体制改革,推进政府职能转变和管理创新一直是政府和学术界关注的焦点。赵聚军指出,完善大都市区管治体系的关键之一,就在于通过统筹跨区域公共产品和服务,来发挥服务供给的规模经济效益。通过对西方国家相关研究和实践的归纳可以发现,大都市区内的地方政府设置状况,特别是辖域和人口规模,与公共产品和服务供给的效率、质量和均等化程度,都存在紧密的联系。中国目前已进入城市化的加速阶段,大都市区化的趋势已经展露无疑,各种"大都市区病"随之纷纷出现。在此背景下,如果能够适时、适度运用行政区划手段改造地方政府体系,将会对构建完善的大都市区管治体系发挥积极的推动作用。[⑤]张翔指出,在改革实践的过程中,"大部门体制"的深入推进时常面临着部际冲突内部化等问题的阻碍。造成这些问题的根本原因在于,"大部门体制"过分关注"体制改革",导致"机制调整"的滞后。在政府施政实践中,执行机制缺位、部际协调机制缺失、监督机制不健全等都是"机制调整"滞后的主要表现。因此,需要将"机制调整"作为"大部门体制"改革的战略重点,促进部际整合由"职能整合"转向"流程再造",推动政务公开,加强社会监督,积极建构部门间的"伙伴关系"。[⑥]于志勇指出,服务型政府的建设,要求在政策问题构建过程中坚守价值取向的公共性,政府的主动性,提升政策问题搜寻能力,健全公民意见、利益输入渠道,完善各种意见、利益的综合过程。针对中国传统单一主体问题构建模式的缺陷,多主体互动型的政策问题构建模式,能够促使政府主动强化服务意识和提升服务能力,使具有多元利益需求的公众能够与政府进行互动,从而促进政策过程良性循环。[⑦]温淑春指出,政府公共决策回应机制是现代政府公共决策科学化、民主化的最重要表现,也是当前政府行政改革、政治民主建设的一个重要内容。通过对我国公共政策制定中的政府回应机制的现状及其存在的主要问题进行分析,提出加强政府回应机制建设和提高政府决策回应能力的对策思路。[⑧]张再生指出,对我国的公共部门来说,功绩制导向的公务员绩效考核体系基本上还停留在理论的层次,如何深刻地理解功绩制并提供切实可行的可操作化方法,是未来公共部门人力资源管理研究的重要内容之一。[⑨]沈亚平指出,微博作为一种网络技术构造下的信息平台,为政府与民众间就社会管理与服务的相关问题进行交流和互动提供了可能,因而微博问政遂成为推动政府适应网络时代所提供的信息环境的沟通手段。在信息技术时代,微博问政的兴起具有必然性和自身优势,亦有其作为政府和民众间公共事务沟通的局限性,因此,利用和引导微博这一载体更好地实现信息时代政府管理的改革与完善,将是政府的重要行为取向和方式选择。[⑩]王雪丽指出,目前"省直管县"体制改革仍然处在一个"摸着石头过河"的试验状态。需要对"省直管县"体制改革可能遭遇的困境进行全面预测,并从建立地级市的利益补偿机制、完善地方政府间利益协调机制、理顺"条块关系"、构建公共服务跨域治理体系、摒弃"以级别定规模"的错误观念、合理划分纵向政府间事权关系、构建有限责任的地方政府体系、重建行署制度等方面提前做好应对准备,以此保证"省直管县"体制改革的顺利推进。[⑪]

3. 关于新农村建设问题研究

党的十八大报告明确指出:解决好农业农村农民问题是全党工作重中之重,城乡发展一体化是解决"三农"问题的根本途径。党的十八大报告提出了我们党对解决"三农"问题思路的新认识,概括了新发展方略。加快推进社会主义新农村建设,对开创中国特色社会主义事业新局面具有重大而深远的影响。本市公管专家、学者一直把研究"三农"问题当作重中之重,2012 年对我国农村土地制度、农村公共品供给、农村教育医疗、农村养老保障等领域进行了深入研究,力图使我国当前的农村公共服务体系更加完善。许文苹、陈通基于经济学和管理学视角,对我国已申报注册的地理标志(GI)农产品进行全面统计分析,并选了中国 32 个省市自治区的 52 种 GI 农产品进行了问卷调查,就我国 GI 品牌化过程中出现的一系列问题进行深入剖析,提炼概括出制约我国 GI 农产品品牌化发展的主要制约因素及实现品牌治理应关注的核心问题,为后续相关研究提供理论和实证支持。[⑫]许恒周、石淑芹指出,农地流转市场的发展,有利于基于市场机制配置土地资源,但由于土地生产、社会保障功能的双重作用,农地流转市场的发展、农民阶层分化必然会对农民养老保障方式选择产生重要影响。农民所从事职业越偏离纯农业,该阶层农民越倾向于选择社会化养老方式。[⑬]陈通、陈奎明指出,文化建设在发展社会主义市场经济、全面建设小康社会中具有重要作用。作者结合海南省农村信用社联合社的实践经验,强调要始终把文化建设贯穿于农户小额信贷推广的全过程,结合自身实际,形成了独具特色的以诚信、服务、廉政和人本为要义的小额信贷金融文化,对解决农民贷款难、农村信用环境改善难、农村基层干部培养难等诸多问题进行了有益的探索和实践,走出了一条通过文化建设提高农村金融服务水平的新路。[⑭]杜胜利指出,随着农村社会的发展,农村组织分化现象日益明显,农村组织分化对村庄治理与和谐村庄建设既有积极影响,又有消极影响,必须通过加强农村基层党组织建设,鼓励、规范和引导农村组织充分合理分化,打击各种非法组织等对策,发挥农村组织分化对村庄治理与和谐村庄建设的积极影响,抑制其消极影响。[⑮]王静、赵淑杰在界定沿海都市现代型农业概念的基础上,应用熵权法从粮食安全水平、产业化经营水平、现代化生产水平、可持续发展水平和绩效水平 5 个领域评价了天津都市型现代农业的发展水平。研究结果表明,现代化生产水平对天津都市型现代农业发展影响最大,而可持续发展水平和产业化经营水平影响较小,人均耕地面积、土壤质量、水资源等因素严重制约了天津现代农业的发展,应大力发展科技型、节水型、生态型农业。[⑯]吴佩芬指出,与城市"空巢"老人相比,农村"空巢"老人面临着更为严峻的养老困境。为此,加强孝德文化教育,营造关爱"空巢"老人的良好氛围;扩大招商引资规模并加大农民自主创业的政策扶持力度,实现劳动力就地转移就业，为家庭养老创造人力条件；鼓励“空巢”老人将土地使用权返还村集体，由村集体对土地进行适度规模经营，将土地收益进行分红；建立健全农村社区养老新模式；加大社会养老机构建设力度等，是应对这一困境的主要策略。⑰

4. 关于教育、科技、医疗与卫生事业研究

2012年天津市公共管理界在教育、科技、医疗与卫生事业领域的研究问题主要包括有：职业教育发展、高等教育发展质量、基本公共教育服务均等化、医疗资源配置、科技政策等内容。李名梁指出，职业教育是我国教育系统的四大类型之一，其利益相关者之间的关系成为其吸引力提升的突出因素。不同利益相关者的利益诉求不同，其价值预期、利益偏好和行为方式直接影响职业教育可持续发展。从政府的政策支持机制、企业的价值诱导机制、师生的学习成长机制、院校的质量保障机制、媒体的舆论引导机制以及第三方机构的社会参与机制等，驱动职业教育吸引力的提升，以推动我国职业教育的稳定与健康发。⑱李素敏指出，在经历了新中国成立初期的起步发展、改革开放后的稳步发展和大众化时期的飞跃发展三个阶段之后，我国高等教育招生规模不断扩大，高等教育入学率显著提升。然而，在新形势下，高等教育亟须进一步深化改革，更新人才培养模式，提高办学效益。因此，需要注重培养高素质的创新型人才，高效利用资源，发展多元办学形式。⑲王晓霞指出，实现基本公共卫生服务均等化的关键点在农村。2009年国务院出台新医改方案，提出促进基本公共卫生服务逐步均等化，逐步缩小城乡居民基本公共卫生服务差距。新医改政策实施已两年，如何进一步落实与完善国家政策，使均等化真正落到实处，是理论与实践亟需探讨的问题。⑳马蔚姝指出，医疗保险机构通过费用补偿对医疗服务供需双方的利益及行为进行着调节和制约。通过对医疗保险机构与医疗服务提供方、参保患者之间博弈行为的分析，将有助于寻求医疗保险机构对二者的制衡策略，对医疗资源进行引导和重新分配，既保障人们获得基本的医疗服务，又实现费用的有效控制。㉑陈颉指出，高科技企业员工离职后在同一行业内创业已成为普遍现象。从现有企业衍生出新企业有双重效应，一方面创业活动促进了产业创新和地区经济发展，提高了人力资源配置效率，但同时也影响着现有企业的创新动力，损害社会福利。㉒

（本文作者：陈通，天津大学公共管理学院教授、博士生导师；许恒周，天津大学公共管理学院副教授）

注释：

①张再生、吴云青：《公民参与社会管理创新的机制与对策研究》，《理论探讨》2012年第5期。

②韩志明：《利益表达、资源动员与议程设置》，《公共管理学报》2012年第2期。

③叶国平：《从网络舆情的影响看群体性事件的疏导与化解》，《理论与现代化》2012年第4期。

④刘琼莲：《试论中国社会管理体制与机制改革和创新》，《天津行政学院学报》2012年第4期。

⑤赵聚军：《略论行政区划调整对于完善大都市区管治体系的推动作用》，《人文杂志》2012年第2期。

⑥张翔：《从体制改革到机制调整："大部门体制"深度推进的应然逻辑》，《上海行政学院学报》2012年第2期。

⑦于志勇：《服务型政府背景下政策问题构建模式的探究》，《行政论坛》2012年第1期。

⑧温淑春：《公共政策制定中的政府回应机制探讨》，《社科纵横》2012年第4期。

⑨张再生：《公共部门人力资源管理的理论与实践前沿问题探讨》，《中国行政管理》2012年第9期。

⑩沈亚平：《微博问政对于政府管理的价值与功能分析》，《南开学报》（哲学社会科学版）2012年第3期。

⑪王雪丽：《"困境"与"脱困"："省直管县"体制改革探析》，《理论与改革》2012年第3期。

⑫许文苹、陈通：《中国GI农产品品牌化制约因素分析》，《电子科技大学学报》（社会科学版）2012年第1期。

⑬许恒周、石淑芹：《农地流转市场发育、农民阶层分化与农民养老保障模式选择》，《资源科学》2012年第1期。

⑭陈通、陈奎明：《通过文化建设提高农村金融服务水平——海南省农村信用社小额信贷文化建设的调查与思考》，《人民日报》（理论版）2012年5月2日。

⑮杜胜利：《农村组织分化背景下的村庄治理与和谐村庄建设》，《农村经济》2012年第8期。

⑯王静、赵淑杰：《天津都市型现代农业发展水平评价》，《科技与经济》2012年第5期。

⑰吴佩芬：《人口老龄化趋势下我国农村"空巢老人"养老困境及化解》，《社会工作》2012年第6期。

⑱李名梁：《职业教育吸引力的驱动机制研究：一个利益相关者视角》，《河北师范大学学报》（社会科学版）2012年第3期。

⑲李素敏：《新中国成立以来中国高等教育发展的历史回溯与思考》，《天津师范大学学报》（社会科学版）2012年第2期。

⑳王晓霞：《农村基本公共卫生服务均等化政策实施中的瓶颈问题》，《行政管理改革》2012年第1期。

㉑马蔚姝：《医疗保险机构与医疗服务供需双方的博弈分析及制衡策略》，《西安电子科技大学学报》（社会科学版）2012年第5期。

㉒陈颉：《科技企业员工离职创业的效应分析及政策选择》，《科技管理研究》2012年第22期。

【公共安全问题研究综述】 2012年,天津的学者在深入研究公共安全理论的基础上,将理论与公共安全的实际领域相结合,为进一步加强和完善社会公共安全体系做出了积极贡献。现综述如下。

**一、公共安全理论问题的研究**

1. 关于危机管理

温志强认为,公共危机、公共风险的预警与事前控制体系在中国公共危机管理中还未完全发挥应有的作用。公共危机管理应分为"应急型公共危机管理"和"预警型公共危机管理"两大类。预警型公共危机管理是指在危机发生前,政府通过对可能引发公共危机的社会风险进行预测、预见、预报、预防、预备、预案和预演,来消除危机隐患,避免危机发生,或降低危机风险,减少损失,缩小影响,或者为不可避免的公共危机的管理提供有效管理机制和物资保障以预防和准备为主要特征的公共危机管理模式。[①]冯希莹认为,公共危机事件的突发性、紧急性、扩散性、易变性、危害性和破坏性等特征及社会的脆弱性使公共危机管理成为世界性难题。由于我国正处于社会转型期,社会结构的深刻变化、中国社会生活网络化、经济全球化的负面效应及道德文化建设都给中国的公共危机管理带来了前所未有的挑战。[②]蒋冠对国内外关于公共危机管理中政府面向公众的信息沟通的代表性研究进行综述,梳理其研究脉络,总结其研究特点,找出其存在的问题与不足,并对该领域研究的发展方向提出建议,以期为我国公共危机管理中政府面向公众信息沟通的后续研究提供参考与启示。[③]傅恩来指出,当前我国正处于工业化和城镇化加快推进的特殊历史阶段,经济基础和社会结构剧烈变动,利益关系和利益格局深刻调整,影响社会稳定的不确定因素明显增多,由人民内部矛盾引发的群体性突发事件已经成为影响社会稳定的突出问题。[④]阎耀军认为,预警和应急之间既有联系又有区别,在公共危机管理中二者互为依托,缺一不可。社会预测和预警的困难性、危机预报的自风险性、危机事件的长周期性以及政绩考核制度不完善,构成社会预警进入公共危机管理体制的四重障碍。现阶段,社会预警主要面临评估工具不科学、评估组织体制不健全、评估集成化创新不够三个瓶颈。实现社会预警科学化,应借鉴发达国家建立"政策模拟器"的做法,着力开发社会风险模拟器。[⑤]

2. 关于突发事件应对

王鑫、杨春江指出,由于先前制定的一系列与口岸突发公共卫生事件的预防和控制运作相适应的制度体系的停滞不前,导致口岸公共卫生管理出现瓶颈。对于口岸突发公共卫生事件预防和控制,应该把握以下核心原则:居安思危,使口岸突发疫情的预防工作成为口岸检疫部门的常态工作;危在旦夕,建立预报警戒信息平台,发现疫情后迅速加以控制;临危不惧,按计划、有步骤地组织人员进行应急处理;转危为安,突发事件经过处理平息后,一切应急处理措施再恢复到常态之中。[⑥]李从东等认为,在突发事件的处置过程中,每个阶段对情景的确定决定了突发事件应急管理的工作方式和决策制定的指向性,从而影响整体应急管理工作的总体决策判断。应针对突发事件应急情景选取问题,由粗到细地采用具有语义接近范围的情景适应度方式和情景属性云匹配方式进行,从而能够相对精确的确定应急处置过程中的情景,为系统决策提供支持。[⑦]龚玉霞、王殿华指出,食品安全突发事件爆发时间短、影响大,应用案例推理方法建立食品安全突发事件风险预警系统,规范化描述食品安全突发事件,及时发出预警警告,有效降低食品安全突发事件发生频率和影响范围。[⑧]姜胜洪指出,随着微博的异军突起,在突发事件的传播中,微博成为推动突发事件的重要力量。然而,也应该看到,一些地方政府缺乏对新兴媒体传播规律的了解,导致在应对突发事件和敏感问题上出现缺位。同时,微博也成了谣言滋生、扩散的重灾区,"网络水军"、"网络推手"恶意炒作和左右网络舆论、操纵网络民意,形成"网络暴力",将公共事件进一步变成社会行动,直接危及社会稳定。为此,应从刚性维稳向韧性维稳转变,重视政府微博在突发事件中的作用;建立更加科学的干部复出机制;推进传统媒体与微博的互动;加快培养微博意见领袖。[⑨]

3. 关于应急管理体系建设

强恩芳运用利益相关者理论构建海上溢油的有效应对框架。通过比较韩国泰安石油泄漏和中国大连石油泄漏的案例,分析了海上溢油过程中的主要利益相关者的优势和劣势;对中央政府、地方政府、军队和警察、非政府组织、社区、私营部门、灾民、媒体和自然环境等9个主要利益相关者的检讨,有助于理解中韩两国海上溢油管理系统的相同点和不同点,并有助于加强和完善中国的应急管理体系。[⑩]郑春东等通过对现有生态宜居城市研究的综述,提出城建小型突发事件是影响生态宜居城市建设的一个重要但被忽视的因素。依据城建小型突发事件的特点,借鉴城市应急管理的处理机制,提出包含准备、响应、监督三个步骤的城建小型突发事件应急管理体系以完善生态宜居城市建设。[11]闫章荟选取了1998年特大洪水灾害、2008年南方低温雨雪冰冻灾害、2008年汶川地震灾害与2010年玉树地震灾害的应急管理过程作为分析对象,遵循理论探讨、现状考察、问题发现和策略建议的逻辑展开,具体研究以下四个问题:第一,自然灾害应急管理自适应性的内涵;第二,中国现有自然灾害应急管理体制设计原则;第三,中国自然灾害应急管理系统运行现状;第四,构建中国自然灾害应急管理自适应系统的策略选择。文章研究的核心问题即如何建立中国的自然灾害应急管理自适应系统,以适应中国日渐复杂的自然灾害情势。[12]

## 二、公共安全实践问题研究

### 1. 关于食品安全

2012年在食品安全领域论文有40余篇,涉及的问题有食品安全风险防范、食品安全技术壁垒、食品安全监管机构改革、食品安全违法行为分析、食品安全应急管理创新、事故中政府责任和基层工商部门的食品安全监管等。其中以王殿华为首的天津科技大学团队在食品安全问题研究成果显著,共发表论文20余篇,深入分析食品安全领域的一些重要问题,为我国食品安全体系的构建做出了贡献。王殿华等基于对食品安全风险分析框架的研究,对欧盟和日本的风险交流体制和模式进行了分析,通过对欧盟和日本处理疯牛病、食用色素“红色2G”等案例的重点剖析,对其风险交流工作的得失进行评价。在此基础上,针对我国目前面临的食品安全现状,从政府、社会与公众、媒体和风险交流学科等四个方面提出了对策建议。[13]于丽艳、王殿华在分析食品安全违法成本构成的基础上,从经济学的视角,利用外部性理论分析了食品安全违法存在着外部不经济,即食品安全违法的边际社会成本高于其边际私人成本;食品安全违法具有信息不对称性,同时,利用博弈论的方法分析了对食品安全违法的监管问题;提出加强政府监管,完善政府立法,以及突出食品行业协会的作用,加强食品企业社会责任意识等保障食品安全的措施。[14]狄琳娜用全新视角从信息不对称、外部成本内部化、道德风险和逆向选择等方面查找我国食品安全违法行为产生的原因,结合对食品安全违法成本进行量化分析,借鉴发达国家的经验,提出提高食品安全违法行为的预期违法成本;建立信用等级制度;建立第三方评分机制;加强信息收集,完善可追溯体系;食品生产企业签署食品安全责任书等建议,为健全我国食品安全法律体系和监管体制提出制度建议。[15]代文彬等探讨了运用制度变迁理论理解重大食品安全应急管理创新问题的适宜性,根据制度创新的需求与供给的可能,分析了目前我国重大食品安全应急管理创新的制度变迁空间,对我国重大食品安全应急管理创新的策略做了初步探索。[16]朱沛智、王奕文指出,作为政府,应对食品安全负有监管的职责,发生食品安全事故时,政府应承担因疏于管理造成的替代责任,政府对行政机关的行为所造成的损害应承担赔偿责任。[17]陈启德提出,基层工商部门如何适应新形势、新任务的要求,构建和深化“大监管体系”,积极推动“企业自律、行政监管、社会监督”三位一体的食品安全监管模式。[18]信丽媛等以天津市325名消费者为调查对象,采用社会学的理论与方法,考察他们在食品安全方面的意识与行为,以期从风险社会理论与风险控制理论方面,提出解决食品安全问题的对策与建议。[19]

### 2. 关于医药安全

陈蕾伊、东振彩阐述了强化医疗质量管理、有效保障医疗安全在医院全面建设中的重要性,通过一系列强化医疗质量管理的举措,有效减少医疗纠纷的发生,提升内涵质量,保障医疗安全。[20]刘逸指出,安全文化其实指的就是利用文化的内涵来实现以安全为目的的一种高度统一的组织行为。随着我国医疗卫生体制改革不断推进,为了能够有效保障医院卫生事业的健康有序发展,我们需要针对医院实际情况以及社会大安全文化背景,积极地开展医院的安全文化建设,提高医院工作人员的安全意识,同时对进一步维护医院安全运营也会起到积极的作用。[21]郑雅静指出,明晰药品安全法律关系中各方的权利义务关系是完善药品安全法律制度的首要问题。在药品安全法律关系中,生产者承担的更多的是义务与责任,与之相对应的,法律赋予了消费者更多的权利,在药品的生产过程中国家权力机构依据相关法律规定进行监督,在主体之间形成了包括民事法律关系、经济法律关系在内的错综复杂的法律关系。[22]

### 3. 关于生态环境安全

张骥等通过对天津滨海新区环境监测现状进行客观分析，并结合国内外先进的环境监测体系运行体制和监测技术，以及滨海新区发展规划、经济与环境发展的新需求，提出了构建天津滨海新区环境监测预警体系的基本框架，全面提升滨海新区环境监测综合能力和水平，最终建立天津滨海新区环境监测预警体系。[23]秦静等以天津沿海都市现代农业为切入点，针对农业发展转型时期的现状和特点，从农业与生态环境协调发展的角度出发，选取指标对天津农业生态环境进行预警研究。预警指标体系包括农业自然资源环境、面源污染、人口、社会经济条件、农业发展、科技发展等内容，利用层次分析法确定各指标权重；并在专家咨询的基础上划分预警区间，预警天津农业生态环境状态。[24]

4. 关于网络安全

段宝粮对网络环境条件下新闻传媒行业的网络安全进行初步探讨。新闻传媒行业在信息系统安全建设方面与其他行业相比，具有特殊性。作者结合在天津日报社新闻采编业务网安全管理的实际经验，讨论报社新闻媒体网络应采用的安全策略：集团局域网内保证网络设备的物理安全；采用防护设备和安全策略加强安全保护。[25]苑金勇探讨了网络信息安全的内涵，分析了网络信息安全的主要威胁，并给出了网络信息安全的实现技术和防范措施，以保障计算机网络的信息安全，从而充分发挥计算机网络的作用。[26]马晓明指出，在信息技术、计算机技术等应用到公共卫生平台的建设过程中，计算机网络的安全性变得越来越重要。计算机网络的技术发展相当迅速，攻击手段层出不穷。而计算机网络攻击一旦成功，就会使网络上成千上万的计算机处于瘫痪状态，从而给计算机用户造成巨大的损失。因此，研究公共卫生网络平台的安全保障及维护管理尤为重要。[27]刘盛指出，网络安全问题在今天已经成为网络世界里最为人关注的问题之一。危害网络安全的因素很多，它们主要依附于各种恶意软件，其中病毒和木马最为一般网民所熟悉。针对这些危害因素，网络安全技术得以快速发展，这也大大提高了网络的安全性。总的来说，网络安全不仅仅是技术问题，同时也是一个安全管理问题。作者分析了计算机网络存在的一些安全隐患和常见的网络入侵方法，并探讨了计算机网络安全的几种防范策略。[28]

5. 关于城市公共安全

王雪丽指出，城市公共安全治理问题研究普遍倾向于将政府视为一个整体，而对城市政府内部治理结构及各政府行为主体间的关系问题重视不够，这在很大程度上影响了城市公共安全治理的绩效。基于此，有必要厘清城市公共安全治理中的“府际关系”（市、区两级政府间的纵向“府际关系”；城市政府内部各职能部门间的横向“府际关系”；区域内平行政府间的横向“府际关系”），分析城市公共安全治理中阻碍“府际合作”的客观因素，进而建构一套行之有效的伙伴型“府际合作”新机制。[29]胡志良、高相铎指出，城市公共安全基础设施是城市健康持续发展的最基本的物质保障。但无论是公共安全管理，还是公共安全规划编制中，都面临着公共安全基础设施整合度不高这一根本问题。从综合防灾的理念出发，横向上构建城市公共安全的防护设施、救助设施和重建设施体系的时间序列，纵向上构建避难空间、防救灾通道、隔离系统、指挥系统等城市公共安全空间体系。作者期望通过公共安全基础设施体系的建构，推动转型时期我国城市公共安全基础设施的发展建设和城市公共安全规划的编制。[30]王雪丽指出，功能完备的城市公共安全体系是关乎城市公共安全的关键要素。当前，在中国城市公共安全体系中普遍存在诸如“应急性有余，制度化不足”、“亡羊补牢多，超前规划少”、“条块分割严重，整体联动缺乏”、“政府单兵作战为主，社会有效参与不足”等问题。因此，有必要建构一套“双维度、多线性”的协同治理型城市公共安全体系。[31]姜珊珊等指出，城市公共场所作为经济文化的主要载体承担着各种商业活动、娱乐活动、文化活动、交通运输活动、体育活动、宗教活动等。城市公共场所的数量迅速发展，规模越来越大，人群聚集活动越来越多地出现在各种公共场所中，聚集人群的安全问题已经引起人们的高度重视。大型公共场所人群高度密集，一旦发生灾害，将造成严重的人员伤亡，因此大型公共场所的人群聚集风险已经成为人们关注的焦点。深入了解聚集人群的心理及行为，有助于管理者在聚集人群灾害发生时采取有效的措施。[32]田玉国从科学管理的角度，总结分析了英国城市道路交通安全管理工作的经验：科学的道路规划网络，清晰的道路语言，完善的道路交通设施，前瞻的事故预防体系，健全的机动车管理制度，高效的停车管理措施，畅通的公路交通动脉，严格的执勤执法。在调查的基础上，结合我国道路交通状况及交通管理部门的工作实际，提出了加强我国城市道路交通科学管理的对策措施，为我国城市特别是中等以上城市治理交通拥堵、提高道路交通利用率提供了借鉴经验。[33]王震刚指出，随着我国经济社会的发展，新建居住小区快速增加，伴随着机动车保有量的增长，居住小区道路交通日趋复杂，道路交通安全问题日益突出，已逐渐成为影响群众居住水平和生活质量的一大障碍。要切实改善这种状况，必须重视居住小区交通安全建设，完善法规和管理体系，科学规划小区道路，加强交通管理，并做好安全宣传工作。[34]

（本文作者：吴春华，天津师范大学公共管理研究所所长、MPA教育中心主任、教授、博士生导师；齐文杰，天津师范大学行政管理专业硕士研究生）

**注释：**

①温志强：《预警型公共危机管理体系构建》，《前沿》2012年第15期。

②冯希莹：《当前我国公共危机管理面临的挑战及应对》，《福建论坛》（人文社会科学版）2012年第1期。

③蒋冠：《公共危机管理中政府面向公众的信息沟通研究综述》，《图书情报工作》2012年第7期。

④傅恩来：《加强公共危机管理，预防群体性突发事件——以天津市为例》，《天津行政学院学报》2012年第4期。

⑤阎耀军：《社会预警体系建设的困境及其摆脱》，《重庆社会科学》2012年第7期。

⑥王鑫、杨春江：《浅析口岸突发公共卫生事件预防控制现状与对策》，《口岸卫生控制》2012年第2期。

⑦李从东、高杨、赵映红：《突发事件应急管理中的情景适应度研究》，《西安电子科技大学学报》（社会科学版）2012年第3期。

⑧龚玉霞、王殿华：《基于案例推理的食品安全突发事件风险预警系统探索》，《食品科技》2012年第7期。

⑨姜胜洪：《微博时代突发事件网络舆情研究》，《理论与现代化》2012年第3期。

⑩强恩芳：《中国与韩国海上溢油应对比较研究——利益相关者框架的视角》，《科技管理研究》2012年第23期。

⑪郑春东、张帅帅、李晓亮、蔺宇：《生态宜居城市城建小型突发事件应急管理研究》，《价值工程》2012年第10期。

⑫闫章荟：《中国自然灾害应急管理自适应系统研究》，《公共行政评论》2012年第4期。

⑬王殿华、苏毅清、钟凯、赵雅玲：《风险交流：食品安全风险防范新途径——国外的经验及对我国的借鉴》，《中国应急管理》2012年第7期。

⑭于丽艳、王殿华：《食品安全违法成本的经济学分析》，《生态经济》2012年第7期。

⑮狄琳娜：《食品安全违法行为的经济学分析与制度建议——基于违法成本视角》，《经济问题探索》2012年第12期。

⑯代文彬、慕静、王伟：《基于制度变迁理论的重大食品安全应急管理创新初探》，载《科学发展？惠及民生——天津市社会科学界第八届学术年会优秀论文集》（下），天津人民出版社2012年版。

⑰朱沛智、王奕文：《论食品安全事故中的政府责任》，《天津法学》2012年第4期。

⑱陈启德：《浅析基层工商部门的食品安全监管》，《中国工商管理研究》2012年第1期。

⑲信丽媛、王丽娟、贾宝红、王晓蓉：《食品安全意识与行为的社会学思考——以天津市325名消费者为样本的分析》，《中国食物与营养》2012年第7期。

⑳陈蕾伊、东振彩：《强化医疗质量管理保障医疗安全》，《经营管理者》2012年第12期。

㉑刘逸：《探讨如何全面构建医院安全文化体系》，《中国卫生产业》2012年第28期。

㉒郑雅静：《药品安全法律关系明晰——以药用胶囊铬超标事件为视角》，《法制与社会》2012年第28期。

㉓张骥、郭胜华、李文君、易晓娟：《天津滨海新区环境监测预警体系研究》，《安全与环境工程》2012年第6期。

㉔秦静、李瑾、牛高华、贾凤伶：《现代农业生态环境安全预警体系研究——以天津市为例》，《广东农业科学》2012年第17期。

㉕段宝粮：《新闻传媒行业的网络安全探讨》，《科技创新导报》2012年16期。

㉖苑金勇：《网络信息安全面临的问题和防范策略》，《计算机光盘软件与应用》2012年第23期。

㉗马晓明：《公共卫生网络平台的安全保障探讨》，《信息与电脑》（理论版）2012年第4期。

㉘刘盛：《计算机网络应用安全探析》，《价值工程》2012年第36期。

㉙王雪丽：《城市公共安全政府内部治理结构问题探究——伙伴关系的视角》，《理论导刊》2012年第9期。

㉚胡志良、高相铎：《综合防灾理念下城市公共安全设施体系及规划应用》，《地域研究与开发》2012年第2期。

㉛王雪丽：《城市公共安全体系存在的问题及其解决方略》，《城市问题》2012年第7期。

㉜姜珊珊、王振、刘茂：《聚集人群的心理学因素及典型行为分析》，《中国公共安全》（学术版）2012年第2期。

㉝田玉国：《英国城市交通安全管理的调查与思考》，《中国安全生产科学技术》2012年第5期。

㉞王震刚：《居住小区道路交通安全建设初探》，《山西警官高等专科学校学报》2012年第1期。

**【图书情报与档案管理学研究综述】** 2012年天津市学者在图书情报与档案管理领域的研究中取得了颇为丰硕的研究成果，其研究内容除了继续体现出研究成果的接续性、前沿性、地域性和时代特色之外，也足以再次说明天津市在我国图书情报与档案管理研究领域的重要地位。

**一、图书情报基础理论研究**

2012年天津市图书情报基础理论研究涉及网络知识组织、网络信息服务、国外情报学理论、以图书馆为切入点的公共文化服务及知识网络应用等研究内容。

付凯丽从Web2.0环境下网络信息呈现的新特

征入手,就目前关于 Web2.0 时代网络信息资源的组织方式与方法、标准和技术、信息的检索模式和服务,以及网络信息组织未来的发展方向等方面,对网络信息资源组织研究的成果进行了概括和总结。[①]

屈宝强在对各个省市科技文献共享平台的网站内容调查分析基础上,从门户建设、服务量、服务内容、服务费用等方面分析平台服务情况,提出地方科技文献共享平台的发展应重视服务项目开发,加强服务深度,拓展服务范围,注重服务宣传。[②]

于新国从开放存取及其发展、我国开放存取信息资源的发展、信息资源开放存储及其意义、信息资源开放存储的方式,包括利用原始资源网站、文档资源网站、网络硬盘、同步盘、电子邮箱开放存储,以及信息资源开放存储的容量、速度、保密性和时效性条件等方面,对数字信息资源的开放存储进行了研究。[③]

张洪艳阐述了俄罗斯情报学界的情报过程观,概括了情报过程角度的俄罗斯情报学研究框架,并从如下几个方面进行了探讨:情报系统中的情报过程;生物界、人类社会和技术领域的情报过程;人类生活中的情报过程;管理过程就是纯粹的情报过程。[④]

张晓丽、牟永泉指出:公共文化服务体系在保障公民的基本文化生活权利方面发挥着不可替代的作用。近年来,我们在公共文化服务体系建设中成效显著,但也遇到了一些问题,这就要求我们本着以人为本的价值理念,对如何完善和加强公共文化服务体系建设做进一步分析和探索,以推动社会主义文化大发展大繁荣。如文化馆(站)、图书馆、博物馆、美术馆、文化广场等,是公共文化服务的物质保障。[⑤]

牟达分析了当前图书馆期刊服务的现状,简要介绍了一些网络新技术(云计算、无线网络、微博)的含义及对图书馆的应用,并提出图书馆可以引进这些技术创新期刊服务的网络化模式和方法。[⑥]

文怡指出,随着信息环境的变化,信息素养教育的教学目标、内容、方法等不断更新。Living Library 的出现为用户信息素养教育带来新的形式。在构建用户情境模型数据库的基础上,结合 Living Library 资源库的开发,利用"全媒体"平台,对用户开展灵活、实时、动态的信息素养教育,可满足用户不断增长的个性化需求,实现对信息资源高效、合理的开发利用。[⑦]

高晶利首先介绍了社会网络分析方法,并采用该方法分别从"中心性分析"、"凝聚子群分析"以及"核心—边缘结构分析"3 个角度,对 CNKI 上的知识图谱领域的合著网络进行了实证研究。通过分析,指出了合著网络中的高产核心作者,发现了合著网络中的联系凝聚子群,评价了学者在合著网络中的地位。[⑧]

孙静静指出,信息化和工业化的融合是经济全球化发展的必然趋势,因而研究两化融合程度测度的指标体系和方法具有重要理论和现实意义。他构建了两化融合程度的指标体系,从而为两化融合程度的测度研究提供了依据;采用主、客观相结合的组合权重方法来确定指标体系中的各指标,运用 TOPSIS 方法来研究两化融合的测度模型。最后,以天津市企业作为研究对象,分析了天津市九大行业的两化融合的程度,得出电子信息的两化融合程度最高,物流业的融合程度最低。[⑨]

网络环境中,随着信息用户角色与地位的变化,对信息质量的理解与认知也发生了较大变化。刘冰基于信息交互中的用户体验分析,从用户体验视角对信息概念与内涵进行重新阐释与分析,并构建形成基于用户体验视角的信息质量概述模型。[⑩]

## 二、高校(含高职)图书情报工作

阮伟娟结合天津高职院校图书馆基于"馆藏揭示 + 开放获取"的专业性特色资源数据库建设实践,就如何分析、梳理、提炼、整合、存储基于学校专业建设的馆藏信息资源以及如何挖掘、整合和利用具有专业特色的开放获取文献信息资源进行了探讨,旨在探索一条适合高职院校的专业性特色资源建设之路。[⑪]

洪彤针对普通高校图书馆外文阅览室多年来利用率低的现状,以天津商业大学图书馆为例研究非语言类高校中读者的阅读取向与需求对外文阅览室的馆藏结构调整、读者导读与馆员基本素质培训的意义。指出在外文阅览室中开展针对性服务的必要性,并提出在普通高校图书馆外文阅览室开展相关服务的具体举措。[⑫]

李慧通过对天津广播电视大学图书馆数字资源建设现状、读者利用图书馆数字资源需求情况进行调研,分析图书馆数字资源建设与读者需求一致性问题,提出满足读者需求的图书馆服务策略,以实现提高图书馆数字资源利用效率和增强服务功能的目标。[13]

张小珊以 PZB 服务质量差距模型的形成原因及过程作为切入点，对高校图书馆服务工作进行剖析，为高校图书馆开展用户满意度调查工作提供一些思路和建议。[14]

知识经济时代，高校图书馆面临着变化莫测的技术环境和读者需求日新月异的新形势，适应这样的环境，需要一种和谐的管理模式。于叶青将经典的和谐管理理论运用到高校图书馆管理中并提出了和谐管理的新模式，以达到技术和谐与精神和谐、内部和谐与外部和谐相统一的目标，使高校图书馆在复杂多变的环境中得到长足的发展。[15]

高校图书馆主页是图书馆营销的主要平台，王笑辉、张海游通过对天津市 19 所高校图书馆网站主页进行调查，总结各图书馆通过主页对馆藏和服务进行营销的现状，分析结果并提出建议，为高校图书馆主页内容的建设提供参考。[16]

朱丽华、顾晓岩文从深化高校图书馆面向需求服务的用户教育的角度，论述了指导图书馆用户建立个人知识管理系统和运用个人知识管理的重要性和方法。[17]

近年来，高校图书馆纷纷开始关注特色资源数据库的建设，国家和地方相关部门也提供了多项专题资助。如何建立特色数据库并使其真正体现广泛的学术和实践价值，是建库过程中经常商榷的问题。曾娜等指出，高校图书馆应依托本校特有学科优势，以“学科服务”为根本出发点，结合图书馆的资源及图情专业优势，致力于建设重点学科专题数据库，明确建设目标、理念、内容、方案等，打造具有显明学科特色的数字资源保障体系。[18]

王晓红以天津农学院为例，介绍了不同类型资源的资金分配状况，从采购目的、采购文献类型、采购模式 3 个角度，分析了高校图书馆采购工作中存在的问题，并提出协调采购文献多样性与专业性，协调电子文献采购与纸质文献采购，协调招标采购与灵活采购的对策。[19]

冯晶指出，随着我国高职图书馆事业的发展，联机编目、编目工作标准化、规范化的推进，图书流通市场和书商服务的日渐成熟及自动化、网络技术的飞速发展，采编业务外包这一管理、运行模式越来越多地被高职图书馆所运用。采编业务外包具有降低运作成本、提高工作效率、增强图书馆整体竞争力、促进编目工作标准化进程等优点。[20]

李慧通过电子调查问卷形式，就全国电大读者需求、读者特征、数字资源应用、服务项目开展及读者对数字图书馆服务工作满意度等情况进行了调研。由于全国电大图书馆资金投入相对较少和重视程度不足，致使全国电大图书馆数字资源建设步伐较慢、整体发展不均衡，数字图书馆利用效率也较低，并且服务方式较为单一，其读者对资源的需求也较普通高校读者呈现层次多的特点。她探讨了全国电大数字图书馆云服务的具体应用模式，为解决当前全国电大数字图书馆服务与应用工作中的问题与症结，提供了具有参考价值的借鉴意义。[21]

**三、专门图书情报工作(含公共图书馆工作)**

专门图书情报工作主要涉及医疗机构、少儿部门以及公共图书馆等文化部门工作。2012 年，天津市在此领域的研究成果数量较多，专业性较强，突出地方经济建设的定位较为明显。王滢指出，随着我国城市化和经济建设的快速发展，一座座高楼大厦鳞次栉比拔地而起，塑造了高密度的新城市景观。但是，由于土地资源本身固有属性的限制，土地供需矛盾，尤其是高密度地区用地供需矛盾日益尖锐。图书馆建筑也出现低层向多层纵向发展的态势，其周边绿地表现出新的空间特征。在这种背景下如何做好绿地规划与建设，作者提出一些原则和方法，以期图书馆空间环境质量得到不断提高。[22]

王春奕指出，典藏文献工作是图书馆业务流程中不可或缺的必备环节。该项工作开展的好与坏，直接影响到“藏”与“用”的关系，直致影响整个图书馆的服务质量。提高典藏文献利用率，可最大限度地满足读者的文献需求，发挥公共图书馆的职能作用。[23]

在市场竞争越来越激烈的情况下，左妍阐述了科技信息服务机构应该进行品牌建设，不断提高自身的市场竞争力和服务水平，并为此提出了若干品牌形象推广的方法和维护品牌形象的保障措施。[24]朱德秀简述了总分馆模式的背景，探讨了天津市传染病医院图书馆实施总分馆模式的必要性和过程，并针对存在的问题提出了相应的对策。[25]

**四、竞争情报理论与实践**

竞争情报研究领域一直是情报学研究中相对较为重要的研究内容，突出量化且具有一定的实战性。天津市在该方向上的高层次(博士、硕士)教育也潜在地提升了这一研究方向的研究质量。

邵青介绍了竞争情报与消费者隐性需求的含

义,分析消费者隐性需求产生的内在原因,提出利用竞争情报挖掘消费者隐性需求的方法。㉖

增强高校学科的核心竞争力成为各高校最为关注的问题。孙海翔对基于竞争情报的高校学科建设的现状进行分析,从中发现我国高校学科发展与建设中存在的不足,提出构建高校学科发展核心竞争力的基本观点,为高校学科发展提供帮助。㉗

裘孝芬等对百所高职示范校作者自2006—2010年发表的期刊论文进行了文献计量分析,分别从作者期刊发表论文总体水平、地域分布和高产省市、机构分布、核心作者等方面论述了2006—2010年百所高职作者学术研究的进展和趋势。㉘

徐可、张慧颖以Webof Science收录的国外文献作为数据采集的样本,运用分析工具Cite Space,采用最新可视化技术与科学计量学方法,绘制知识管理与创新关系研究的文献共被引知识图谱和关键词共现与时区知识图谱。图谱明晰了两者之间关系研究的脉络轨迹进程和演化趋势走向。首先,创新理论和知识管理理论为知识管理与创新关系研究提供了理论支撑;其次,知识管理理论为创新领域研究搭建了崭新的切入平台;第三,企业绩效和技术创新是研究领域中的热点;最后,知识创新在相关研究中的作用备受关注。㉙

**五、档案学基础理论与实践**

独特的历史文化使得天津市的档案搜集与保护工作在全国颇具特色。李健、李福君认为,在信息技术影响下,档案学思维方式从逻辑思维方式向系统和数理思维方式的发展,以及后现代主义影响下档案学思维方式的特点,并由此引出关于其所引发的档案学研究角度扩展的论述,即在新的技术环境中,档案学逐渐超越历史学视角的局限,从信息,特别是公共信息的视角去重新审视自身的发展。㉚

高鹏、陈聃指出,档案的文化属性是档案馆文化功能的源泉。在文化作用日益凸显的今天,人们对档案的文化属性认识还不是很清晰,这直接影响到档案馆文化功能的发挥。作者从档案的属性、档案是不是文化的积累和积淀、档案实用价值与文化价值的纠葛等几个问题切入,分析了制约档案馆文化功能发挥的几个重要因素,并针对档案馆参与地方文化事业规划和档案文化产品开发两个问题提出思考。㉛

马帅章、桑毓域从荷兰、加拿大、澳大利亚三国的档案鉴定实践出发,通过依次论述各国宏观鉴定理论下档案鉴定工作环节具体划分、不同鉴定主体的职能范畴,进而分析各国宏观鉴定理论下档案鉴定主体的组织与实践特点。希望能给我国的档案鉴定工作带来一些借鉴和启示。㉜

目前,各企业都非常关注如何通过加强档案管理来促进企业的发展。档案管理是对企业在生产、服务中产生的重要信息的记录,以便日后为企业的发展提供可参考的数据。王莹将针对企业档案管理工作中面临的问题进行分析,并相应的提出改善的建议。㉝

慧琴报道了天津市档案局局长荣华率领工作人员赴境外征集租界档案,以使"近代中国看天津"获取更加宝贵的租界档案的支撑。㉞

(本文作者:刘春茂,天津师范大学信息资源管理学系主任、教授)

注释:

①付凯丽:《Web2.0环境下网络信息组织研究综述》,《情报探索》2012年第8期。

②屈宝强:《地方科技文献共享平台服务研究》,《国家图书馆学刊》2012年第1期。

③于新国:《对数字信息资源开放存储的研究》,《价值工程》2012年第3期。

④张洪艳:《俄罗斯情报学研究中的情报过程观》,《情报科学》2012年第8期。

⑤张晓丽、牟永泉:《公共文化服务体系建设的实践分析——以天津市为例》,《经济师》2012年第1期。

⑥牟达:《关于网络新环境下图书馆期刊服务的探索》,《图书馆工作与研究》2012年第5期。

⑦文怡:《基于Living Library的用户信息素养教育研究》,《江西图书馆学刊》2012年第3期。

⑧高晶利:《基于SNA国内知识图谱领域科研合作关系研究》,《现代情报》2012年第1期。

⑨孙静静:《基于TOPSIS方法的天津信息化与工业化融合程度的测度研究》,《天津理工大学学报》2012年第3期。

⑩刘冰:《基于用户体验视角的信息质量反思与阐释》,《图书情报工作》2012年第3期。

⑪阮伟娟:《"馆藏揭示+开放获取"模式下的专业性特色资源建设探究》,《情报资料工作》2012年第4期。

⑫洪彤:《基于读者分析的高校图书馆外文阅览室优化构建研——以天津商业大学图书馆为例》,《农业图书馆学刊》2012年第5期。

⑬李慧:《基于读者需求的图书馆数字资源增效利用研究——以天津广播电视大学图书馆为例》,《现代情报》2012年第7期。

⑭张小珊:《基于服务质量差距模型谈高校图书馆用户满意度》,《图书馆工作与研究》2012年第10期。

⑮于叶青:《基于和谐管理理论的高校图书馆管理创新》,《产业与科技论坛》2012年第8期。

⑯王笑辉、张海游:《基于营销的高校图书馆主页内容建设研究——以天津市高校图书馆为例》,《江西图书馆学刊》2012年第

1 期。

⑰朱丽华、顾晓岩:《简论高校图书馆对用户个人知识管理的指导》,《图书馆工作与研究》2012 年第 7 期。

⑱曾娜、陈巍、李文兰:《面向学科服务的高校图书馆重点学科特色资源数据库建设探析》,《现代情报》2012 年第 6 期。

⑲王晓红:《农业高校图书馆不同类型资源资金分配与对策研究——以天津农学院图书馆为例》,《农业图书情报学刊》2012 年第 10 期。

⑳冯晶:《浅谈高职图书馆采编业务外包》,《中国校外教育》2012 年第 13 期。

㉑李慧:《全国广播电视大学数字图书馆服务的现状与思考》,《天津市财贸管理干部学院学报》2012 年第 3 期。

㉒王滢:《高密度背景下城市图书馆周边绿地规划与建设》,《图书馆工作与研究》2012 年第 5 期。

㉓王春奕:《加强和改进公共图书馆典藏文献利用率的几点思考——以天津图书馆典藏阅览室文献利用率为例》,《图书馆工作与研究》2012 年第 7 期。

㉔左妍:《科技信息机构信息服务的品牌建设》,《广东科技》2012 年第 13 期。

㉕朱德秀:《天津市传染病医院图书馆总分馆模式的实践及思考》,《中华医学图书情报杂志》2012 年第 8 期。

㉖邵青:《基于竞争情报的消费者隐性需求分析》,《情报探索》2012 年第 10 期。

㉗孙海翔:《浅析竞争情报对高校学科发展与建设的重要作用》,《商品与质量》2012 年第 7 期。

㉘裘孝芬、董乃全、李志涛:《我国百所高职示范院校发表期刊论文的文献计量学研究》,《科技情报开发与经济》2012 年第 19 期。

㉙徐可、张慧颖:《知识管理与创新的关系研究及其演进趋势探索》,《情报杂志》2012 年第 9 期。

㉚李健、李福君:《信息技术因素影响下档案学思维方式和研究视角的转变》,《档案学研究》2012 年第 2 期。

㉛高鹏、陈聃:《档案的文化之"殇"——兼论档案馆的文化功能》,《档案学通讯》2012 年第 3 期。

㉜马帅章、桑毓域:《宏观鉴定下档案鉴定主体的组织与职能探析——以荷兰、加拿大、澳大利亚为例》,《档案管理》2012 年第 6 期。

㉝王莹:《企业档案工作面临的问题与对策》,《科技创新导报》2012 年第 19 期。

㉞慧琴:《为了不能忘却的一段城市记忆——天津市档案馆赴境外征集租界档案》,《中国档案》2012 年第 1 期。

**【会计学研究综述】** 2012 年,天津市学者通过积极努力,在会计基本理论、财务管理、审计研究等领域取得了卓有成效的研究成果。主要内容综述如下。

**一、会计基本理论研究**

1. 会计交叉学科建设研究

于玉林指出,进入 21 世纪,科学交叉发展趋势将更为明显,会计交叉学科的发展是会计学发展的重要标志。会计交叉学科具有跨越性、单一性、复杂性、融合性、具体性、针对性、创新性、探索性、前沿性、相对性等特点。会计交叉学科的发展是会计学建设的新增长点。随着经济、政治、文化和科技的发展,在科学发展观的指导下,要解放思想、实事求是、与时俱进、敢于创新、善于创新,开拓创新更多的会计交叉学科。会计交叉学科发展趋势是对未来会计交叉学科发展状况的预测,指明会计交叉学科发展的方向,揭示其交叉的内容,对其提出需要达到的目标和要求;同时,需要与之相适应制定有助于反映发展趋势的法规、政策、战略、规划、策略等,据以指导会计交叉学科的发展。发展趋势成为现实的关键在于"敢于创新",一是要求创新者要树立"敢于创新"的良好创新心态,二是要求创新者要把握时机,及时地组织会计交叉学科的创新研究。①

2. 会计准则研究

盖地、杜静然在演化博弈论的基础上,构建了会计准则变迁的最优反映动态模型和复制动态模型,为会计准则变迁分析提供了新的视角。会计准则变迁与博弈参与方获益结构密切相关,博弈方获益结构的改变,引起会计准则变迁。变迁的具体力量来自于会计准则系统内部子系统及其各要素和外部政府监管者等全部遵循现行会计准则的收益,或者部分遵循现行会计准则的收益,及其全部不遵循现行会计准则的成本,或者部分不遵循现行会计准则的成本。收益和成本的具体水平和相对水平是会计准则变迁的趋势和具体路径选择的依据。学习和模仿是会计系统内部利益相关人之间交互作用的形式,在会计准则变迁过程中具有重要作用。会计准则初始条件和当前状态的会计准则对会计准则变迁方向有着重要影响,有可能在"锁定"效应和"正反锁机制"的作用下具有"路径依赖"特征。在一定情况下,可能打破"锁定"状态,重新获得公平有效会计准则的可施性。在我国会计准则建设中,既要考虑到自组织力量的获益结构,也必须兼顾外建构力量对会计准则变迁的影响。学习和模仿在会计准则变迁中的重要作用,使得我国会计准则变迁具有"路径依赖"特征,从这个意义上来讲,我国会计准则的制定及其与国际趋同应该是一个渐进的主迁过程,既不能停滞不前,也不可一步到位。②

盖地认为,会计确认是会计处理的首要程序,但对其研究和关注,却远远不及会计计量、会计报告，尤其是在刚刚经历的金融危机中，会计计量属性中的公允价值计量得到政界、业界和学术界的高度关注。会计确认似乎不是一个独立的会计处理程序，成为会计计量的“附庸”。他从会计确认的定义出发，对会计确认的意义、作用、过程、前提、标准和基础等基本问题进行了探讨，旨在规范对会计确认的研究。③

3. 信息披露问题研究

周晓苏、吴锡皓以中性会计为参照基础，从多种角度对会计稳健性的概念内涵进行回顾和辨析，并重新界定会计稳健性的概念内涵。认为会计稳健性是一种内源于会计制度的财务报告机制，是对不确定性的谨慎反应。在会计确认上，它将导致对未实现收益和损失确认的非对称性；在会计计量上，它会造成系统性低估净资产。④

韩传模、杨世鉴认为，目前我国的业绩预告作为一种自愿披露和强制披露相结合的披露制度，自愿披露更能够提高预告的信息质量。同时，自愿披露也越来越成为高质量信息披露的标志，吸引了包括分析师在内的更多市场参与者的关注，增加了上市公司信息披露的有用性。⑤

张云等认为，在我国目前的资本市场环境下，新会计准则的颁布与实施并不能显著地提高会计信息质量。同时，我国现有的资本市场监管机制虽然在一定程度上能够对违规信息披露公司起到一定威慑作用，但是还需要不断地完善。⑥

王春峰等认为，上市公司的会计信息质量与股票流动性水平呈显著正相关关系，且受到会计信息质量内生性问题的微弱影响；前后年度会计信息质量的变化也会引起股票流动性的相应改变，具有同向的变动关系。⑦

盛常艳验证了披露内部控制缺陷信息与公司业绩的关系，即披露内部控制缺陷信息的公司比没有披露内部控制缺陷信息的公司业绩好。在披露内控缺陷信息的公司中，披露得越充分，业绩越好。⑧

4. 公司治理会计研究

李维安等认为，公司治理水平的提高有利于降低投资者信念的异质程度和股票的投资风险；投资者信念异质程度的降低有利于减小股票的投资风险；投资者异质信念是公司治理影响股票投资风险的完全中介变量。⑨

袁根根、田昆儒认为，我国上市公司的高管薪酬制度具有整体有效性，但是管理者的人力资本价值在高管激励薪酬中的表现还不够充分；国有企业金字塔式的控制结构使其存在着管理者权力降低薪酬绩效敏感度的问题，而非国有公司的大股东能够通过股权集中度的适当控制来强化高管监督，以替代薪酬业绩敏感度。⑩

蒋艳、田昆儒认为，政府补助对国有控股上市公司会计政策的选择有着重大的影响。政府参与市场的行为不利于国有控股上市公司选择谨慎的会计政策。政府补助对业绩较好、股权集中度较高的国有控股上市公司稳健性水平的影响下降，使得公司稳健性水平相对提高。⑪

程新生等认为，薪酬差距的合理设定需兼顾竞争性和公平性。薪酬差距的公平性是激发雇员创造性活动的前提条件，竞争性则为发动雇员的创造性活动提供动力支持。现存的薪酬差距竞争性和公平性可能并没有被合理兼顾，竞争性强而公平性较弱。⑫

毕晓芳、韩传模认为，在那些会计数据不能充分反映价值相关信息的企业，会计信息的治理作用会受到限制，信息使用者会采取其他的较高成本的治理机制来补偿会计信息的这一局限。同时，管理者股权激励报酬契约的实施，会引发管理者进行获得报酬最大化的盈余管理行为，导致公司盈余可靠性下降。⑬

赵息、李粮认为，当国有企业高管薪酬结构中短期货币性报酬的比例较高时，高管会在业务量下降时迅速调整企业资源，从而导致较低水平的费用粘性；相反，当高管薪酬结构中短期货币性报酬的比例较低时，面临业务量的下降，高管将会延迟企业资源的调整，以待业务量回升，从而导致较高水平的费用粘性。⑭

袁根根、田昆儒通过非均衡蛛网模型的演化分析发现，在对机会主义行为调节参数选取适当的条件下，可使企业内部治理系统很快从不稳定状态过渡到稳定状态，这表明相比于事件治理模式，能够对经营者机会主义行为进行调控的相机治理更符合实际，更有效率。⑮

5. 无形资产会计研究

姚王信、苑泽明认为，采用质押说助长了知识产权担保歧视现象。知识产权价值是知识产权能够实现担保功能的基础，借助法律经济学分析框架，能够从法律和经济学两个角度分别阐释知识产权融资担保歧视问题，进而构建以知识产权担保价值为核心的、解决知识产权担保歧视问题的四大对策体系。[16]

6. 税务会计研究

盖地认为，税务筹划理论研究明显滞后于税务筹划实务，致使税务筹划实务存在较大风险。税务筹划目标、原则和原理是税务筹划理论的基本内容；将税务筹划目标分为基本目标与具体目标，可以避免单一化的顾此失彼；遵循守法、成本效益、风险收益均衡等七项税务筹划原则，从收益效应、筹划着力点两方面阐明税务筹划原理，有助于推动税务筹划理论建设，指导税务筹划实务。[17]

盖地、胡国强认为，有减税预期的公司存在将减税之前期间的利润推迟确认到未来低所得税率期间的盈余管理行为，且为避免这一行为过于明显而遭致惩罚，利润跨期转移的期间宽度较长。但有着高财务报告成本的公司明显降低了这一跨期利润转移的动机。[18]

7. 社会责任会计研究

李姝、肖秋萍认为，上市公司履行社会责任对投资者的行为是有影响的，上市公司社会责任履行度越高，该公司的股票流动性越好，越易受到投资者的青睐。同时也间接地证明了企业追求股东利益最大化与履行社会责任是互相促进而不是相互矛盾的。[19]

## 二、财务管理探讨

1. 资本结构理论研究

刘树海、韩传模从代理成本的视角，研究了股权结构对资本结构调整速度的影响。资本结构调整速度不仅会受到交易成本的制约，也会受到代理成本的影响，而股权结构正是代理成本的治理基础。股权结构变量对代理成本进而对资本结构调整速度具有影响。通过股权结构的合理安排能够有效降低代理成本，并由此提高资本结构的调整速度。[20]

2. 企业投资行为研究

刘志远等在投资者情绪影响企业投资的基础上，进一步检验了企业截面特征差异对投资者情绪与投资二者关系的影响。研究发现，换手率越高、规模越小、成长性越高、收益波动程度越大、现金持有越多以及资产负债率越低的上市公司，其投资行为对投资者情绪越敏感。[21]

刘志远等认为，控股股东存在情形下，投资者情绪依然与公司资本支出正相关，但是相关程度受到股东持股比例的影响。在两权发生分离的公司中，两权分离程度越高，控股股东迎合程度越强，不过民营控股股东的迎合程度并没有显著高于国有控股股东。[22]

李建标、李朝阳认为，预算软约束提高了投资者的风险偏好程度，持续经营则削弱了投资者的风险偏好程度，风险偏好漂移女性比男性更明显；持续经营实验中投资者资产较高或较低时冒险、资产中等时相对风险规避，投资者的前期收益情况会影响其当期投资选择，投资者存在短视行为。[23]

3. IPO（首次公开募股）研究

黄福广等研究发现，中小企业没有明显利用盈余管理提高上市可能性；同时，作为中小企业上市前的重要投资者，VC 的参股并没有明显改变中小企业 IPO 盈余管理，即 VC 参股没有明显改变中小企业 IPO 逆向选择成本。[24]

邹高峰等认为，2005 年之前中国新股发行价格存在显著下边界特征；实施询价发行后中国 IPO 定价开始出现显著上边界特征；尽管中国新股发行抑价也与一级市场发行价格因素有关，但更主要受到二级市场投资者情绪和市场状况因素的影响。[25]

## 三、审计研究

于玉林基于审计免疫系统探讨了审计的本质。审计本质是审计的本质属性，是审计所固有的普遍的、相对稳定的内部联系，是审计内部包含的本身特殊矛盾。审计的本质是多样性的统一，而审计的本质是由本质属性所决定的，本质属性体现审计的基本特性。审计具有监督职能，体现了审计的本质属性。他强调，审计本质上是一个国家经济社会运行的“免疫系统”，在国家治理中，国家审计实质上是依法用权力监督制约权力的行为，其本质是国家治理这个大系统中的一个内生的具有预防、揭示和抵御功能的“免疫系统”，是国家治理的重要组成部分。[26]

李建标、任雪认为，上市公司的公司治理情况是影响审计师恰当识别审计风险的关键因素；被审计上市公司为国有控股不利于审计师揭露舞弊、客观地发表审计意见；同时考虑审计主、客体两方面的因素，会强化公司治理因素在会计信息质量、管理层舞弊及审计双方关系方面对审计行为的作用效果。[27]

吕志明认为，制度安排、监督机制和审计成本是制约国家审计质量的重要变量。为了提高国家审计质量，应当在国家审计层面引入恰当的激励机制、惩罚机制、岗位责任制；完善国家审计内外监督机制和审计结果公告制度；通过建设高质量的国家审计准则及指南体系等多种途径，来降低国家审计成本。[28]

（本文作者：田昆儒，天津财经大学商学院会计学系教授、博士生导师）

**注释：**

①于玉林：《会计持续发展的路径：会计交叉学科研究》，《会计之友》2012 年第 1 期。

②盖地、杜静然：《演化博弈视角的会计准则变迁诠释》，《经济与管理研究》2012 年第 2 期。

③盖地：《论会计确认》，《会计之友》2012 年第 1 期。

④周晓苏、吴锡皓：《会计稳健性的概念内涵：回顾、辨析及重新界定》，《现代管理科学》2012 年第 1 期。

⑤韩传模、杨世鉴：《自愿披露能提高上市公司信息披露质量吗——基于我国上市公司业绩预告的分析》，《山西财经大学学报》2012 年第 7 期。

⑥张云、王智利、刘擎：《建立会计准则执行机制：提高会计信息质量之良策——来自中国 A 股市场的经验证据》，《现代财经》2012 年第 8 期。

⑦王春峰、孙金帅、房振明、梅世强：《上市公司会计信息质量对市场流动性的影响》，《证券市场导报》2012 年第 12 期。

⑧盛常艳：《内部控制缺陷信息披露与公司业绩的关系——来自中国 A 股上市公司的数据》，《现代财经》2012 年第 6 期。

⑨李维安、张立党、张苏：《公司治理、投资者异质信念与股票投资风险——基于中国上市公司的实证研究》，《南开管理评论》2012 年第 6 期。

⑩袁根根、田昆儒：《管理者才能、公司控制力与高管薪酬——来自中国 A 股上市公司的证据》，《中南财经政法大学学报》2012 年第 5 期。

⑪蒋艳、田昆儒：《国有控股上市公司内部特征、政府补助与会计稳健性》，《审计与经济研究》2012 年第 1 期。

⑫程新生、宋文洋、程菲：《高管员工薪酬差距、董事长成熟度与创造性产出研究》，《南京大学学报》2012 年第 4 期。

⑬毕晓芳、韩传模：《股权激励报酬契约与盈余质量的关系研究》，《审计与经济研究》2012 年第 6 期。

⑭赵息、李粮：《国有企业高管薪酬结构对费用粘性的影响研究》，《中南财经政法大学学报》2012 年第 4 期。

⑮袁根根、田昆儒：《后契约机会主义与企业治理效率研究》，《北京工商大学学报》2012 年第 3 期。

⑯姚玉信、苑泽明：《知识产权融资中的担保歧视问题研究》，《江西财经大学学报》2012 年第 2 期。

⑰盖地：《税务筹划：目标、原则与原理》，《北京工商大学学报》2012 年第 5 期。

⑱盖地、胡国强：《税收规避与财务报告成本的权衡研究——来自中国 2008 年所得税改革的证据》，《会计研究》2012 年第 3 期。

⑲李姝、肖秋萍：《企业社会责任、投资者行为与股票流动性》，《财经问题研究》2012 年第 3 期。

⑳刘树海、韩传模：《代理成本视角的股权结构与资本结构调整》，《现代财经》2012 年第 11 期。

㉑刘志远、靳光辉、王勇：《截面特征差异、投资者情绪与企业投资》，《经济与管理研究》2012 年第 5 期。

㉒刘志远、靳光辉、黄宏斌：《投资者情绪与控股股东迎合——基于公司投资决策的实证研究》，《系统工程》2012 年第 10 期。

㉓李建标、李朝阳：《预算软约束、持续经营与投资者风险偏好漂移——实验室实验的证据》，《系统工程》2012 年第 10 期。

㉔黄福广、李西文、张开军：《风险资本持股对中小板上市公司 IPO 盈余管理的影响》，《管理评论》2012 第 8 期。

㉕邹高峰、张维、徐晓婉：《中国 IPO 抑价的构成及影响因素研究》，《管理科学学报》2012 年第 4 期。

㉖于玉林：《基于审计免疫系统对审计本质的认识》，《财会学习》2012 年第 4 期。

㉗李建标、任雪：《财务舞弊公司的审计风险能识别吗——会计师事务所和上市公司治理的双重因素》，《山西财经大学学报》2012 年第 2 期。

㉘吕志明：《国家审计质量控制多阶段的三方博弈分析》，《审计与经济研究》2012 年第 4 期。

责任编辑：沈丽妹

# 学术专论

## 中国特色社会主义建设实践的内在逻辑与发展趋向①

韩庆祥　张　健

**内容提要**：就全球视野来看，中国特色社会主义建设实践是在全球进入金融资本集权的境遇中和后工业社会的语境下展开的。就结构分析来看，一方面，30多年来中国特色社会主义的实践内含了“功能思维→政府主导→理论引领→混合结构→人民主体”五个结构要素和相应的五个演进梯次，形成了以“中国特色社会主义建设实践的内在逻辑”为特征的哲学分析框架；另一方面，中国共产党人的重要责任和使命（执政为民）与人民群众的新期待（实践创新），决定了中国特色社会主义建设实践的不断发展，应是在“深层结构→核心体制→运行方式”三个层级上进行改革，力争实现重大突破，并体现为“调整结构→改革体制→转变方式→建构秩序”，从而形成了以“中国特色社会主义建设实践的发展趋向”为导引的创新发展逻辑。

**关键词**：中国特色社会主义　历史语境　全球视野　实践逻辑

理论有三种产生方式：论从“经”出，从经典文本中来；论从“史”出，从社会历史和思想历史中来；论从“实”出，从客观实际和实践生活中来。中国特色社会主义建设实践已走过了30多年的历程，总结中国特色社会主义建设实践，既要从经验表象揭示背后的内在逻辑，也要从中提升出引领当代中国实践发展的有价值的理念，从而使中国特色社会主义建设实践更好地走向未来。因此，基于“全球视野—结构分析”的逻辑框架，阐释中国特色社会主义建设实践，无疑具有重要意义。

中国特色社会主义正处在发展的路途中，它在今后发展过程中需要解决的根本问题是什么？发展趋向是什么？中国共产党人在其中的责任与使命是什么？人民群众有什么新期待？在中国特色社会主义进一步发展的进程中，中国共产党人的重要责任和使命，是要进一步补充、丰富和完善中国特色社会主义道路和中国特色社会主义理论体系，是通过实践创新来真正深入贯彻落实中国特色社会主义建设所取得的理论成果；人民群众的新期待，就是由理论创新进一步走向实践创新，真正把中国特色社会主义理论体系的最新成果切实付诸实践行动。要言之，就是更加注重执政为民方面的实践创新。基于这种实践创新，中国特色社会主义进一步发展的趋向就是：调整结构→改革体制→转变方式→建构秩序。

### 一、整体结构的战略性调整

所谓“调整结构”，指的是整体结构的战略性调整，既包括权力结构调整，也包括经济结构、政治结构、文化结构和社会结构的调整。

所谓结构调整（改革）具有两个层面的内容：一是权力结构；二是经济结构、政治结构、文化结构和社会结构。就权力结构来说，就是从市场经济、公民社会、公共服务型政府三方面同步进行调整，并按照相互制约、相互协调、相辅相成的目标要求进行调整；经济体制改革的目标是建立社会主义市场经济体制，市场经济主要解决财富问题，市场经济体制建设，既为公民社会培育和公共服务型政府建设提出适合自身发展的要求，也为培育公民社会和

①本文摘自《《中国社会科学》2012年第3期。

建设公共服务型政府提供物质基础;社会建设的目标是培育成熟的公民社会,公民社会主要解决公民的民主参与问题,培育公民社会,既向市场经济体制建设和公共服务型政府建设提出有利于自身发展的要求,避免权力霸权和资本霸权,也为市场经济体制建设和公共服务型政府建设提供健全的人格基础;政府自身改革的目标是建立公共服务型政府,公共服务型政府主要解决如何公正运用公共权力为市场经济体制建设和公民社会培育提供公共服务的问题。建设公共服务型政府,既向市场经济体制建设和公民社会建设提出有利于自身发展的要求,也为市场经济体制建设和公民社会建设提供良好的政治环境。显然,在今天,仅单方面进行经济体制改革、政治体制改革、文化体制改革和社会管理体制改革等体制性改革是不够的,应将体制改革进一步深入到结构性改革,既要改造传统的社会层级结构及其权力运作体制,又要从市场经济、公民社会和公共服务型政府三维制约、互相协调、相辅相成的视野来推进结构性改革。结构性改革不进行,单方面的改革难以深入,也难以取得实效。就经济结构、政治结构、文化结构和社会结构的调整而言,经济结构调整主要包括经济增长的要素结构、产业结构、投资结构、分配结构的调整;政治结构调整主要包括权力结构的调整;文化结构调整主要指调整好主旋律与多样化的关系结构;社会结构调整主要指对政府组织与社会组织之关系结构的调整。

## 二、推进政府行政体制改革

中国共产党人一贯倡导执政为民,问题的关键是执政为民的体制保障、尤其是政府行政体制保障不到位。为此,必须推进政府行政体制改革。

应根据我国社会结构变化的新趋势,着重在市场经济、公民社会、公共服务型政府相互制约、相互作用的框架内,逐步推进政府行政体制改革。其完整思路及逻辑是:(1)通过推进领域分开,解决政府的定位问题。在什么位谋什么政。要通过“政企分开”、“政社分开”,来避免政府的越位、缺位、错位。(2)解决政府应干什么的问题,这就要转变政府职能。应在政府与市场经济、公民社会的互动关系中确定政府职能,由管制型政府逐渐转向公共服务型政府,政府为市场提供公平竞争环境并加强市场监管,为社会提供公共服务并加强社会管理,为自身配置和调节公共资源(产品)制定规则并教育群众。(3)解决政府自身怎样干的问题,这就要创新管理方式。就是由行政审批和行政命令走向依法行政、靠制度行政和凭能力行政。(4)因社会结构的变化,公民参与日趋增强,所以还要解决在政府与公民的关系中政府怎样干的问题,这就要鼓励公民参与。就是扩大公民有序政治参与,政府与民众协商合作共同管理国家事务和社会事务,民众通过社会组织等渠道向政府合理合法表达诉求,参与监督。(5)解决如何保证政府顺利有效履行职责的问题,就是要加强行政问责,健全决策失误纠错机制和责任追究制度。政府责任是弥补制度缺位的最好良方。显然,这种行政体制既注重政府主导与民众参与相结合、政府权力管制与政府凭能力为民众提供公共服务相结合、自上而下与自下而上相结合,又注重政府与经济、社会的相互协调、相互推动。

## 三、加快经济发展方式转变

加快经济发展方式转变是当今中国经济社会进一步升级发展的必然要求。改革开放初期,由于必须解决物质财富积累、物质生活水平提高的问题,所以不少地方主要通过“物”的路径来拉动经济增长:消耗自然资源;开办一些高投入、高消耗、高污染的生产性企业;注重物质资本投资;依靠廉价的劳动力“成本”。历史地看,这种路径功不可没,为我国今后经济社会升级发展提供了较为雄厚的“物质积累”和“物质基础”。但这种路径使我们面临两方面困局。在国内方面,从经济的角度可概括为“四高四低”:投入高产出低;产值高科技低;排放高循环低;代价高效益低。在国际方面,我国在世界产业分工链条化新格局中处于不利地位:当今世界产业分为研发、制造和营销三大链条,世界经济发展呈现如下趋势,即“去工业化主导工业化”、“金融经济主导”、“美元杠杆性和霸权化”,在上述三大趋势中,我们大多数现有路径都不占优势甚至处于绝对劣势。这就意味着,这种路径已经使我们的发展空间越来越小,付出的代价越来越大。由此,我们要利用全球都在进行产业调整的机遇,主动“加快”经济发展方式的根本转变,由“以增长促发展”走向“在转变中谋发展”。

从实践来看,转变经济发展方式具有很大难度。1995年“九五”规划就提出转变我国经济增长方式的问题,但在今天,传统的经济增长方式依然没有从根本上转变过来。由此,党的十七届五中全会明确提出加快经济发展方式转变的“五大论断”:

“十二五”时期是加快转变经济发展方式的攻坚期；制定“十二五”规划，必须以加快转变经济发展方式为主线；加快转变经济发展方式是我国经济社会领域的一场深刻变革；必须把加快转变经济发展方式贯穿经济社会发展全过程和各领域；要在转变中谋发展。转变经济发展方式艰难的根本原因，在于从总体上我国还缺乏自主创新能力；而缺乏自主创新能力的深层原因，从哲学来看，就是我国传统社会总体上属于权力社会，而不是能力社会。权力社会过于注重对人的控制，使人们愿意做官，抑制人的自主创新能力的充分发挥；而能力社会注重解放人，鼓励人们学习知识、发明科学技术，有利于使民众各尽其能、社会焕发活力。

**四、良性改革和发展新秩序**

经过30多年的改革和发展，我国呈现出良好发展态势，但要形成一种良性的改革和发展新秩序还有很长的路要走。形成一种良性的改革和发展新秩序，是中国特色社会主义建设的一种根本趋向。要形成改革新秩序，这就是要在注重研究人类社会历史发展的一般规律、社会主义发展规律、党的执政规律和当代中国发展规律的前提下，基于公正的理念、规则和制度，有组织地、整体有序地推进各项改革：

1. 首先在经济领域，使经济体制改革先行，建立社会主义市场经济体制，并且强调提高自主创新能力，使民众各尽其能、各得其所，聚精会神搞建设，一心一意谋发展，共同为创造社会财富做贡献，以解决社会活力（解放和发展生产力，解决好财富与效率问题）问题，使民众富裕起来且从中受益，进而为政治体制改革以及其他改革提供物质基础和群众基础。当今，要注重对不合理的经济结构进行战略性调整。

2. 然后在文化领域进行文化体制改革，形成一种既解放思想又凝聚人心的共同思想基础与文化环境，形成价值取向上的“一和多”的合理关系结构，用解放思想以解决思想僵化问题，用共同价值观来凝聚人心以解决思想分化问题，进而力求为我国经济体制和政治体制改革提供团结奋斗的共同思想基础。

3. 接着在社会领域进行社会管理体制改革，注重公民社会建设，加强公民意识教育，特别要注重民主参与和民众素质的统一，注重社会管理与公共服务的统一，注重形成一种政府与公民的良好关系结构，力求为我国政治体制建设提供人格基础。

4. 当市场力量、文化力量和社会力量三者逐渐强大并形成合力的时候，我们就具有了改革传统政治体制的基础、动力和态势，也就会从外部逐步推动政治体制改革；而当我们的经济建设、文化建设和社会建设为政治体制改革提供强有力的物质基础、思想基础和人格基础的时候，我们就具备了政治体制改革的基础；在这种情况下，我们的政府便不断觉悟，主动地逐步进行自我改革以达到自我完善，即更加有力地推进以权力结构调整和健全权力运行机制为核心内容的政治体制改革；在这种自我改革和自我完善中，我们的政府注重制度建设，转变职能，提高自己的执政能力，完善执政方式和领导方式，保持先进性，进而去领导好经济、文化和社会建设；并且在政治体制改革中，我们的政府靠控制与解放两手，来领导经济、文化和社会领域的改革，而对自身，它既防范改革中出现的风险，也注重自身的思想解放。

要形成发展新秩序，这里有一个前提，即对民众的需求进行理性分析，且针对民众的需求，确定我国实践发展变化的新要求和人民群众的新期待。当今我国民众的“生存性需求”即温饱问题已基本解决，今后面临的是更高层次的“发展性需求”。“发展性需求”是一种多样化需求，涉及经济、政治、文化、社会（狭义）等各个领域。“发展性需求”的多样化，要求当下社会的供给不能再是前一阶段的“生产性”模式，而应转向新的“分配性”模式；相应地，当前我国实践发展变化的新要求与人民群众的新期待也就体现为：从“生产性努力”转向“分配性急需”。“发展性需求”是一种高层次需求，关涉到人的政治性、社会性、精神性内容。“发展性需求”还是一种共时性需求，同时指向人本身发展的不同方面。中国共产党基于上述“发展性需求”，进而对当代中国发展新秩序进行理性建构并积极实践，直接关乎到中国特色社会主义建设的成败。

（本文作者：韩庆祥，中共中央党校马克思主义理论教研部教授；张健，中共天津市委党校哲学教研部教授）

# 用核心价值体系引领社会思潮是执政党的政治责任[①]

李 毅 李清华

社会主义核心价值体系是兴国之魂，是社会主义先进文化的精髓。在纪念中国共产党成立91周年之际，回顾总结党领导意识形态建设的宝贵经验，我们更加深切地感受到：中国共产党是中华民族优秀传统价值观的传承者和弘扬者，也是社会主义核心价值体系的引领者和践行者。始终不渝地坚持以社会主义核心价值体系引领社会思潮、凝聚民族精神、主导时代风尚，不断提高领导和驾驭意识形态的能力，是党执政的重要经验，也是我们党肩负的政治责任。

价值引领体现了我们党遵循社会发展规律的高度自觉。差异性是社会存在的客观现实，多样化是社会发展的必然趋势。社会异质性越是增强，社会思潮越是多样，思想文化越是多变，越需要主流价值观的引导，越需要主流意识形态的统领，这是社会发展的规律，也是社会文明向上的要求。引领社会思潮、凝聚社会共识、维系社会团结、促进社会进步，是执政党的执政目标，更是政治责任。正如马克思、恩格斯所说："统治阶级的思想在每一时代都是占统治地位的思想。这就是说，一个阶级是社会上占统治地位的物质力量，同时也是社会上占统治地位的精神力量。"执政党历来都是阶级利益和国家利益的代表者，同时又是全社会精神力量的化身和支柱。如果没有精神力量支撑，主导价值缺失，一个国家便失去了强国兴邦的主心骨，一个社会便失去了凝心聚力的灵魂，一个民族便失去了共有共享的精神家园。一旦精神无所归依、灵魂无处安附，人们就会无家可归。大量事实证明，西方价值个体主义、相对主义、自然主义、虚无主义、怀疑主义等是导致社会有机团结断裂、社会周期性或持续性动荡的重要原因。西方自然主义所持守的"什么都行"的观点，表面上似乎是公正的，实际上毫无原则、不分良莠地对待一切文化现象和观念，是对落后、庸俗、有害文化现象和观念的放纵，也是对先进、高雅、健康文化现象和观念的侵害。道德相对主义认为价值是相对的、主观的、个人的，每个人的价值观都同样正当，都可以遵循各自不同的道德规范和道德标准。各行其是，必然导致信仰危机、价值混乱和无政府主义。所谓"非意识形态化"、"价值中立"、"去政治化"，不过是掩耳盗铃之举。他们口头上否认"一元价值主导"的普遍规律，而行动上却企图以"普世价值"主导整个世界；表面上攻击别国是"文化专制"，实际上却竭力在世界范围推行价值专制；对己无视和粉饰本国人权劣迹，对人却充当人权法官、推行他们所谓"民主、自由、人权"的制度和标准。事实上，资本主义社会在指导思想一元化的问题上一刻也未放松过。披上自由主义外衣并不会改变资本主义社会指导思想一元化的本质，这是资本主义意识形态的虚伪和特质。社会主义不同于资本主义社会的基本特征，就是旗帜鲜明地坚持马克思主义指导思想一元化原则，坚定不移地维护马克思主义在意识形态中的指导地位。这是规律，也是任务和责任。

价值引领是我们党永葆先进、执政兴国的重要途径和政治优势。思想理论、价值观念和精神境界上的先进是党的先进性的根本体现。"掌握思想领导是掌握一切领导的第一位"，价值整合是治国安邦的固本之策，提高价值引领能力是提高党的执政能力的重要途径。回望中国共产党91年的伟大历程，党之所以带领亿万人民团结奋斗、众志成城、攻坚克难，开创了中国革命、建设和改革前所未有的伟业，推进了综合国力前所未有的增强，谋求了人民群众前所未有的幸福，成就了社会主义中国前所未有的辉煌，就在于一代又一代中国共产党人对科学理论的坚定信仰、对共同理想的坚定信念、对精神家园的执著坚守、对意识形态的坚强领导。党执政60多年来，尤其是改革开放30多年来，我们党既开辟和拓展了中国特色社会主义道路，形成和发展了中国特色社会主义理论体系，确立和完善了中国特色社会主义制度，同时又积极探索社会主义道路、理论体系和制度的内在价值取向和精神之魂，提出建设社会主义核心价值体系的重大战略任务，积极探索用核心价值引领多样化社会思潮的有效途径，在尊重差异、包容多样中立主导、把方向、谋共识、强支柱，巩固了全党全国各族人民团结奋斗的共同思想道德基础。这是我国经济社会发展取

①本文摘自《光明日报》2012年6月9日。

得举世瞩目成就的重要原因，彰显了社会主义核心价值体系的无比优越和无穷魅力，体现了党的领导和社会主义制度的强大政治优势。当前，我们正处在一个大发展、大变革、大调整的时代，各种思想文化交流交融交锋、各种社会思潮多元多样多变的发展趋势日益凸显，如何打赢没有硝烟的文化战争，抵御西方意识形态渗透，扩大主流意识形态影响，以社会主义核心价值体系引领多样化社会思潮，关系人民根本利益，关系党的执政安全，关系国家前途命运。因而，政治优势只能加强，不能削弱。

价值引领要旗帜鲜明、划清界限。在社会主义社会里，是非、善恶、美丑的界限绝对不能混淆，坚持什么、反对什么，倡导什么、抵制什么，褒扬什么、贬斥什么，都必须旗帜鲜明、理直气壮、毫不含糊。改革开放以来的实践证明，越是社会思潮多元、多样、多变，越要旗帜鲜明地坚持社会主义核心价值体系的主导地位，旗帜鲜明地捍卫马克思主义在意识形态领域的指导地位，旗帜鲜明地抵制错误思潮的影响、渗透和侵蚀。要敢于和善于做一个马克思主义者，敢于和善于拿起批判的武器，划清社会主义核心价值体系与各种错误思潮的思想界限。当前，尤其要划清“四个重大界限”，即马克思主义同反马克思主义的界限，社会主义公有制为主体、多种所有制经济共同发展的基本经济制度同私有化和单一公有制的界限，中国特色社会主义民主同西方资本主义民主的界限，社会主义思想文化同封建主义、资本主义腐朽思想文化的界限。此外，还要努力分清科学社会主义与民主社会主义的界限，历史反思与历史虚无主义的界限，向西方学习与全盘西化的界限，文化交流对话与文化殖民主义、文化帝国主义、文化霸权主义的界限，继承中华民族优秀思想文化成果与文化保守主义、文化民族主义的界限，寻求人类价值共识与“普世价值”的界限，社会主义市场经济体制与新自由主义的界限，完善宏观调控体系与新国家干预主义的界限，尊重个人价值选择与道德相对主义的界限，尊重劳动价值、满足正当物质利益与拜金主义的界限，提高人民生活水平与消费主义、享乐主义的界限等等。通过划清界限，提高抵御各种错误思潮、腐朽思想文化影响和侵蚀的自觉性，更好地凝魂聚气、强基固本。

价值引领要遵循规律、讲究科学。引领不是命令、不是压服，而是要遵循人类认识事物的客观规律，运用马克思主义辩证唯物主义和历史唯物主义的立场、观点和方法，认真研究社会思潮的社会基础、生成机理、传播规律，预测社会思潮的发展趋势，增强引领的针对性和有效性，提高引领的科学化水平。要正确处理以下几个方面的关系：一是主导性与包容性的关系。主导不是强求一律、抹杀差异，包容也不是放弃原则、一味放纵，而是要在多元中立主导、多样中谋共识、多变中求认同。二是社会价值与个人价值的关系。把社会发展与人的发展、建设共有精神家园与提升个人精神境界、解决思想认识问题与解决实际利益问题有机结合起来，让人们在自我价值实现的过程中理解和认同社会主义核心价值体系。三是先进性与广泛性的关系。把价值理想的先进性与价值实践的务实性、社会大众的思想道德水平与精英群体的价值追求、对社会的广泛性要求与对部分群体的先进性要求统一起来，讲究价值要求和实践的层次性，注意价值体系建设的渐进性，加强价值规范的明示性。四是思想教育与加强管理的关系。一方面在全社会广泛开展社会主义核心价值体系的宣传教育活动，在贯穿、融入、渗透上下工夫。另一方面，又要加强制度建设和日常管理，使社会主义核心价值体系体现到制度设计、政策法规制定和社会管理之中，真正使核心价值体系成为人们日常工作生活的基本遵循。强化阵地意识，突出加强传播媒体、文化市场、讲座论坛等管理，加强舆情监控、分析和研判，加强社会热点难点问题引导，坚决抵制错误思潮的渗透和蔓延。五是管理引导与发扬民主的关系。科学把握加强管理与发扬学术民主、艺术民主的关系，大力营造既稳定有序又生动活泼，既积极健康又宽松和谐的氛围，不断提高以社会主义核心价值体系引领社会思潮的科学化水平。

（本文作者：李毅，中共天津市委宣传部副部长；李清华，中共天津市委宣传部理论研究室主任）

# 从机制建设入手深化政府自身改革[①]

朱光磊

**内容提要:**体制改革是重要的,但并不是万能的,很多重要的体制改革最后还是要通过政府自身建设的逐步完善来实现。关于政府自身建设,目前有四个方面的课题需要特别予以重视,包括:体制改革应与机制调整平衡推进,强调对政府过程、政府运行程序进行调整,公务员要有"政府意识",最后是两个倾向性问题,即在改革和调整结构的问题上,我们要积极,但也不要"太急";不宜简单地讲或是简单地问:"政府最主要的职责是什么?"

**关键词:**行政体制改革 机制建设 政府自身改革 政府职能转变 政府过程 机构改革

体制改革是重要的,但并不是万能的,很多重要的体制改革最后还是要通过政府自身建设的逐步完善来实现。关于政府自身建设,目前有四个方面的课题需要特别予以重视:

## 一、体制改革应与机制调整平衡推进

体制改革与机制调整平衡推进,既要充分认识体制改革的重要性,又要清醒地认识体制改革的局限性,包括行政体制改革在内的重要改革工作,都需要在体制改革和改革对象的自身建设、自我完善之间的相互补充、相互平衡中来实现。包括机构改革在内的体制改革的重要性无需证明,但是体制改革往往是阶段性的,人们不可能随时随地对体制、机构进行改革,假如那样的话,一个社会机体就无法正常运转。严肃的、认真的体制与机构改革,只能是在充分酝酿的基础上对"问题"做阶段性处理。也就是说,体制改革不应是无时不在的,我们在工作中遇到问题不能全部都推到机构和体制方面,更不能把"体制改革"作为"体制不改革"的借口。正确的做法应当是在有重点、分阶段进行体制改革的同时,善于相机进行机制建设。中国确实有较多问题出在了体制方面,但是更多的问题,特别是经常性的问题,还是出在了机制方面,或者说是把许多机制性问题当作了体制性问题,甚至还有人把自己的工作失误说成是"体制性问题"。例如,对有些城市,在没有经过深入分析的情况下就匆忙进行市辖区合并,或是把规划权下放给市辖区,这些做法是否符合城市管理的规律性,是值得商榷的。我想,在现有的市区管理体制和机构设置不能满足事业发展需要时,能不能先从机制(比如"府际关系"调整)方面做些探讨?轻易"伤筋动骨",一旦路子错了,就很难再调整回来。总之,我们一方面要坚定抓体制改革;另一方面也要把机制建设放到突出的位置上来,强化"机制意识",避免滥用"体制"概念,以机制调整来补充和丰富体制改革,从而更好地推动改革。最近一个阶段,我们更加注重政府职能转变与政府自身建设,就具有这方面的意义。

## 二、强调对政府过程、政府运行程序进行调整

强调对政府过程、政府运行程序进行调整,要注意使用一些新的有特色的概念。作为多年来对机制完善问题重视不够的一个具体表现是,我们还较少从政府过程的角度分析政府现象。政府,不但是一个体制,而且是一个过程。从"过程"的角度讲,中国政府过程的特点是意见表达环节偏乱、意见综合环节偏弱、决策环节线路不清、施政环节太强。这种对环节的分析,显然是对板块结构分析的重要补充。在政府运行程序方面应进行细化,要进一步规范政府运作流程,力图规范、细化、清晰。应切实加强研究政府机构之间纵向和横向的"伙伴关系"的可能性问题,至少是需要在领导被领导关系、竞争关系的基础上再逐步引导形成一种建立"伙伴关系"的意识。

## 三、公务员要有"政府意识"

公务员要有"政府意识",也即谨慎、勤勉的意识。近些年来,国内外公众对我国出入境管理局、地方派出所、街道办事处等机构都有较高评价,在改善服务态度,细化、理顺政府办事程序上,我国政府机关已取得很大的进步,但还有一些深层次问题需要解决,至少是仍然有很多不够谨慎的地方。比如,个别高层机关和单位的所谓"特供酒"、"冠名酒"之类的问题,就没有理由出现,简直让人不可理解!

## 四、两个重点倾向性的问题

两个倾向性问题:一是在改革和调整结构的问题上,我们要积极,但也不要"太急"。大凡结构调

①本文摘自《行政管理改革》2012 第 8 期。

整的问题,都不大可能会很快见到成效。比如,消费结构方面存在的问题,是近30年来,甚至是新中国成立以来逐步积累起来的,而且有着深层次的文化和社会心理背景,不可能很快改变,改变了也可能会反复。二是不宜简单地讲或是简单地问:"政府最主要的职责是什么?"政府是分层次的,不同层次政府的主要职责是不同的。要解决问题,就必须细化问题,不细化,笼统地说"转变政府职能"是很难到位的。只有我们搞清楚了,哪一级政府该重点承担哪几项职责,这个政府职能转变的重要任务就快要到位了。

(本文作者:朱光磊,南开大学副校长,中国机构编制管理研究会副会长)

# 加强本外币政策协调①

王爱俭

**内容提要**:随着人民币的国际地位不断提升,客观上中国货币政策外溢性加大;在全球汇率博弈下,我国货币政策的外部影响及内外互动机制更为复杂,完善开放经济货币政策调控体系的重要性进一步凸显。当前我国货币有效性及本外币政策存在不协调的问题,主要表现为:央行资产负债表资产。

**关键词**:本外币政策协调　中国货币政策　利率市场化　名义汇率　国家外汇储备

随着人民币的国际地位不断提升,客观上中国货币政策外溢性加大;在全球汇率博弈下,我国货币政策的外部影响及内外互动机制更为复杂,完善开放经济货币政策调控体系的重要性进一步凸显。当前我国货币有效性及本外币政策存在不协调的问题,主要表现为:央行资产负债表资产方外汇储备超过80%;央行冲销"被动发钞"外汇政策成本巨大且不可持续;在利率、汇率和资本回报率三因素相互作用下,货币政策陷入不断的"自我循环",灵活性和有效性受到制约,这种状况急需改善。为此,建议:

以保持币值稳定作为本外币政策协调的基点。对国内通胀的压力和对国际上输入性的通胀风险,仍然要保持高度的敏感,应根据经济发展情况相机而动,实现短期调控政策和长期发展政策有机结合。以保持币值稳定作为开放经济货币政策协调的基本出发点,通过执行稳健货币政策,实现中国物价水平的有效调控,提高政策灵活性、针对性和前瞻性,为最终中国实体经济的转型提供必要的时间和稳定的金融环境。

进一步稳步推进利率市场化,完善宏观审慎框架。在发展完善市场利率体系,建立以SHIBOR为代表的短期市场基准利率和以国债收益率曲线为代表的中长期基准利率体系基础上,放松利率管制,推动金融机构自主定价,加大贷款利率下浮幅度,提高利率的灵活性。根据我国国情,建立宏观审慎管理和微观审慎监管协调配合、互为补充的机制,健全正确反映金融体系健康与稳定程度的金融风险预警机制和风险防范长效机制。

保持人民币汇率动态稳定,加快汇率机制平衡转轨。人民币逐渐国际化后,中国资本项目逐步开放,"三元悖论"问题将更加突出。实现汇率的动态稳定,将减少政策成本,并能建立外部冲击与国内经济间的缓冲带,有利于中国开放条件下的金融稳定,较好地保持货币政策的独立性。具体而言,这种汇率的动态稳定,应将汇率的短期小幅波动与长期动态稳定结合起来。在确保货币政策自主性的条件下,实现人民币汇率制度由有管理的浮动汇率制向更加灵活的浮动汇率制转换。

强化央行对货币币值预期管理,树立政策调整的规则形象。应积极发挥汇率与利率的经济杠杆调控功能,以名义汇率和名义利率作为控制变量,使名义利率逐渐靠近市场中的自然利率,以减少名义利率调整对实际利率的扭曲,使名义汇率向均衡汇率收敛,以调整汇率错位所导致的偏离。通过提高名义控制变量变化的可预测性,促进市场一致预期的形成,为中央银行在货币市场与外汇市场的后续调控创造政策空间。

妥善处理好利率市场化、汇率市场化和资本项目开放之间的次序安排。本外币政策协调过程中需要把握好资本项目自由化推进节点,要与利率市场化和汇率形成机制改革相匹配,与人民币国际化相适应。应在加快推进国内利率市场化改革的基

①本文摘自《中国金融》2012年第7期。

础上，加快人民币汇率形成机制改革、外汇储备管理体系改革、资本流出管理改革和推进对外直接投资，进而加快推进人民币国际化和资本流入管理。

加强开放经济货币总量调节，应对超发货币问题。建议区分国家外汇储备与央行外汇储备：国家外汇储备指一国政府所持有的国际储备资产中的外汇部分（即一国政府保有的以外币表示的债权）；央行外汇储备本质上是一种货币发行储备物，是流通中货币的抵押物或担保品。为了确保货币政策的独立性，明确财政政策和货币政策的职责范围，有必要由国家财政出资设立专门的国家外汇储备，打破央行"被动发钞"的困境。要处理好实体经济和虚拟经济的关系问题。虚拟经济必须与实体经济相协调。要防止虚拟经济和实体经济的发展失衡，防范资产价格泡沫化以及虚拟经济累积的系统性风险集中爆发。应进一步加强对我国资本市场的正确引导，灵活审慎地采取有效措施，维护资本市场稳定，坚定投资者的信心，切实防范金融风险。

（本文作者：王爱俭，天津财经大学副校长）

# 完善地方官员治理 促进城商行健康发展①

李维安　钱先航

在我国的银行体系中，城市商业银行（以下简称"城商行"）是一个特殊的群体。自1995年第一家城市商业银行成立以来，城商行取得了跨越式发展。截至2011年末，我国共有城商行144家，总资产近10万亿元。城商行在促进银行业竞争、支持中小企业融资等方面，起到了至关重要的作用。

## 一、城商行贷款行为与地方官员息息相关

尽管城商行的作用如此巨大，其经营却一直受困于地方政府的干预，导致大量不良贷款累积。

根据人民银行的调查，我国国有商业银行的不良贷款中，由于内部管理原因造成的只占20%，其他大多是由于政策要求或地方干预等造成的。然而，在国家大力改革国有大型银行和农村金融体系之时，城商行似乎被有意无意地忽视了，大量不良贷款通常只能由地方政府自身处置，由此导致了"地方政府干预——不良贷款累积——地方政府处置"的恶性循环。

基于以上认识，理论界的学者和实务界的从业者都强调，若要实现城商行的健康、稳定发展，弱化地方政府干预将是重中之重。然而地方政府只是一个整体的、抽象的概念，泛泛地强调减少地方政府干预，缺乏实际的落脚点。我们认为，政府是由一个个具体的官员组成的，政府的各种行为实质上是作为实体的官员动机的体现，从这个意义上讲，从官员身上找寻政府干预的根源更具本质意义。

具体到官员与城商行的关系，我国的地方官员有能力也有动力来干预城商行的贷款。一方面，城商行的第一大股东通常为地方财政或政府投资公司，并且地方政府掌控着城商行的人事任免权，城商行的董事长、行长大多由地方组织部门任命，在行政性治理模式下，地方官员能够将自身动机很好地融入到作为股东的政府之中。另一方面，自20世纪80年代以来，我国地方官员之间围绕GDP进行的"晋升锦标赛"，使得政治激励成为重要的激励方式。作为推动投资的关键因素，银行信贷无疑是官员拉动经济增长、实现政治晋升的有效资源。而随着一系列银行体制的改革，国有大型银行的独立性大大提高，地方政府对其的干预能力逐步减弱，地方债务融资又受制于《预算法》，此时，地方官员必然有强烈的动机来利用城商行这一地方金融平台，以支持地方投资。因而自成立起，地方政府特别是官员就利用自身的控制地位，将城商行视为"第二财政"，将其作为干预地方经济的重要手段，其中最重要的就是基于政治考虑所引导的信贷资金配置。根据国务院发展研究中心2004年的调查，城商行的经营活动受到地方政府的大量干预，各地城商行都为地方政府预留了很大份额的授信额度，用于支持地方基础设施建设。

那么，地方官员的治理会如何影响城商行贷款呢？我们的研究结果表明，地方官员的晋升压力会影响包括贷款量、期限结构、行业分布及贷款风险等在内的贷款行为。在晋升压力大的地区，城商行会减少贷款投放，且减少的都是短期贷款，却会增加中长期贷款；从行业分布来看，城商行会减少批发零售业贷款，而增加建筑、房地产业贷款，同时会

①本文摘自《中国社会科学报》2012年10月17日。

有较高的集中度、关联贷款及不良贷款率。我们还进一步考察了晋升压力引致城商行不良贷款的路径,结果表明,前者主要是通过增加中长期贷款、增加房地产业贷款、提高贷款集中度,最终形成不良贷款。

此外,基于官员的异质性,我们也发现,不同来源、任期、去向的市委书记辖内城商行的信贷投放存在较大差异,同时地方官员的更替会导致城商行的贷款增长,且这种效应会因官员和城市特征而有所区别。我们也考察了银行官员董事对官员治理与贷款关系的影响,官员董事往往会强化官员治理特征与贷款的关系,且官员董事的行政级别越高,这种影响就越大。

以上研究结论意味着,城商行贷款行为与地方官员的治理特征息息相关,且官员的晋升压力是引致不良贷款累积的重要因素。要实现城商行的健康发展,如何进一步完善地方官员治理将是关键所在。

**二、增加官员干预难度弱化官员干预动力**

城商行的改革应主要从增加官员干预难度和弱化官员干预动力两个方面着手。

对于前者,首先要推进由传统的“行政型治理”向“经济型治理”模式的转变。地方官员能够直接干预银行经营所依赖的重要方面就是,在行政性治理下,城商行的高管人员主要由地方组织部门“自上而下”地任命,因此实现董事会“自下而上”地真正任免、监督高管人员的经济型治理,将有助于增加官员直接干预银行的难度。这方面的改革可以有两种途径:民营资本入股和公开上市。目前,中央和监管部门已经意识到了这一点,在民间资本进入银行业及城商行上市问题上,都实施了较为积极的改革措施,这对于城商行未来的发展具有战略意义。其次,弱化政府直接干预的关键是减少对官员董事的派出,因为正是通过官员董事这一途径,地方政府才能更好地实现对银行的直接控制。即使是同样的政府控股情况,派出专业的、非官员董事也将有助于城商行的稳健经营,这也符合中央多次强调的“减少政府对微观经济活动干预”的精神。再次,要加强银行内部治理机制,构建较为完备的贷款审核发放、风险控制等机制,进一步避免或弱化地方政府特别是官员的直接干预能力。当然,银行治理机制的完善还离不开监管部门的努力。如何强化对城商行公司治理的监管,将是监管部门需要研究的课题。

在弱化地方官员的干预动力方面,很重要的一点就是,要拓宽地方政府的资金渠道。正是由于融资受限,地方官员才需要加大对城商行的直接干预。为此,应支持地方政府发展非信贷金融工具,如信托投资、市政债券、融资租赁等,以支持地方经济建设,减少地方政府对城商行信贷的依赖。此外,正如我们强调的那样完善官员的晋升考核机制将是实现城商行健康发展的核心所在,因此需要践行科学发展观,修正单纯关注经济增长的官员考核机制,代之以综合性的经济发展、环境保护、民众生活等指标实现从“为增长而竞争”到“为和谐而竞争”的转变。我们的研究表明,在官员考核中增加环境,民生指标的比重,的确能够抑制城商行的不良贷款。显然,弱化地方官员的干预动力,能够从源头上解决政府的过度干预问题。完善地方官员的晋升考核等治理机制,将是实现城商行可持续发展的根本之策。

(本文作者:李维安,南开大学中国公司治理研究院院长、东北财经大学校长;钱先航,南开大学公司治理研究中心)

# 我国医疗卫生资源配置现状与标准的研究

王贺胜

**内容提要**:我国卫生资源配置现状,一是中西部地区高水平医疗机构、基层医疗机构发展滞后,二是医疗床位资源区域规模差异大、医疗设备分布不均衡,三是卫生人才总量不足、增速缓慢、基层卫生队伍依然薄弱,四是政府卫生投入总量偏低。对于我国卫生资源配置的政策建议,主要有:打破省域规划思路,制定面向全国的区域卫生整体规划;大力推动农村卫生服务体系建设;完善社区医疗卫生服务体系建设;建立多元化的卫生投入模式;重点加强各地卫生服务能力建设。

**关键词**:医疗　卫生资源　资源配置　卫生资源标准

## 一、我国卫生资源配置现状及存在问题

我国卫生资源配置的现状,一是中西部地区高

水平医疗机构、基层医疗机构发展滞后。研究发现,中、西部的二级医院比重较高,但是高水平的三级医院和保障基层的一级医院所占比例较小。在我国东部地区,三级医院所占比例高于全国平均水平,而中西部地区三级医院所占比重则相对较小,优质卫生资源大多集中于东部发达地区,中、西部高水平的医疗机构发展相对滞后。

二是医疗床位资源区域规模差异大,医疗设备分布不均衡。其中,表现在:(1)我国床位资源在规模和地域分布方面需要调整优化。床位资源在东中西部地区的分布上存在较大的差距,就全国情况而言,床位资源按地理面积分布的基尼系数0.6564,大于0.5的高度不均衡状态;与东部地区相比,床位资源在中、西部地区分布的公平性较差,其中中部地区的基尼系数为0.5007,西部地区基尼系数为0.6370,此外中、西部地区床位资源明显投入不足,每千人口床位数分别为3.02、3.12,低于全国平均水平。(2)部分地区及医疗机构的床位利用率不高。全国医院病床使用率为86.7%,较2005年的70.3%有明显提升。通过对全国不同类型医疗机构卫生资源利用效率分析,儿科医院、肿瘤医院、胸科医院、精神病医院的病床利用率最高,同时儿童医院医师日均诊疗人次数达到14.4,负担重,病床工作日达380天,病床严重超负荷运转。(3)医疗设备分布过于集中,对基层医疗机构配置不足。经过投入产出效率分析发现,我国大部分地区设备资源有效性系数较低。在DEA模型中,产出不足主要是由于门诊患者检查治疗费用过多导致,超过半数的地区反应费用过高,降低费用可大大增加DEA的有效性系数。也可以说明,部分设备的规模超过了实际需求和利用。与床位相反,全国设备规模效率基本为递减的状态,继续加大设备规模或者投入,不能带来效率的增加,应注重调整资源的结构,优化配置。

三是卫生人才总量不足,增速缓慢,基层卫生队伍依然薄弱。其中,表现在:(1)医药卫生人才总量增速较慢,基层医疗卫生机构人才短缺严重。近年来,我国卫生人员总量始终保持逐年增长的趋势,各类卫生技术人员数量也不断增加,2010年我国医护比例为1:0.8,同WHO推荐标准相比还有一定距离,同时还远远落后于世界发达国家①—②。通过对比城乡每千人口拥有卫生技术人员数发现,目前卫生技术人员在城乡分布的差异依然明显,城市每千口卫生技术人员是农村的2.16倍,而每千口注册护理人员,城市约为农村的3.47倍,基层医疗卫生队伍发展严重滞后。(2)卫生人力资源区域及机构分布不均衡。研究结果显示,全国卫生技术人员大部分集中于东部发达地区,人员分布的地域性差异明显,就区域分布来看,中、西部地区按地理面积分布的基尼系数分别为0.5158和0.6318,处于高度不均衡状态。同时,对比分析全国及东、中、西部的卫生技术人员在医院和基层分布的情况来看,卫生技术人员在医院所占比例均在70%以上,而在社区卫生服务机构和乡镇卫生院,这一比例仅占不到30%,经研究表明,社区卫生服务中心医师日均负担诊疗人次达13.6,负担较重,也反应了基层医疗机构需求旺盛但医师不足的现象。(3)基层卫生人才队伍结构不尽合理。经对比发现医院中执业(助理)医师主要以本科为主,占61.6%,而在社区卫生机构和乡镇卫生院中,医师主要以大、中专学历为主,分别占比64.4%和85.3%,护理人员学历中专学历占比达到63.4%,基层卫生机构中医护人员的整体学历水平较低。

四是政府卫生投入总量偏低。我国卫生总费用相对于GDP比值从2003年的4.85%上升到2010年的5.01%,但是政府卫生支出占卫生总费用比重为26.8%,个人占35.5%,个人负担仍然较重,相较欧洲发达国家以及古巴等国,政府卫生支出的比重相对较低。

**二、我国卫生资源配置的思路与建议**

在我国卫生资源配置的指导思想上,主要是,合理增量、优化存量、提高质量。继续深化调整现有医疗资源结构,突出基层医疗机构作用,加强医疗机构能力建设,积极推动社会资本办医,卫生资源配置水平不断优化。

在我国卫生资源配置的配置思路上,其中:

1.东部地区卫生资源配置的主要思路是:按照公平、高效、可及、适度的原则合理增加卫生资源总量。严格控制公立医院的建设规模和中心城区内医院的新建扩建规模,探索大型医疗设备资源共建共享机制,新增医疗机构床位优先考虑社会资本举办的医疗机构;大力发展农村医疗卫生服务体系,重点加强县级医院建设;完善社区卫生服务功能,提高社区卫生资源服务水平和利用效率。

2.中部地区卫生资源配置的主要思路是:各地可以根据本区域的主要卫生问题和需求设置医疗

卫生机构,但要适当控制规模,改变医疗机构过于集中城市的状况。同时要重点提高现有基层医疗机构的基础设施和技术装备水平,提高服务质量和效率。

3. 西部地区卫生资源配置的主要思路是:加强综合医院建设,同时注重基层医疗卫生服务。充分利用中医药(民族医药)在疾病预防控制、应对突发公共卫生事件、医疗服务中的作用,大力推广中医药适宜技术。

对于我国卫生资源配置的政策建议,主要有:(1)打破省域规划思路,制定面向全国的区域卫生整体规划。在综合考虑医疗水平和辐射范围的基础上,按照区域覆盖、合理布局、方便就医、资源共享、高效利用的原则,打破行政区划界限,统筹规划全国医疗卫生资源,建立以北京、上海、广州为龙头的全国性医学中心城市、若干个区域医疗中心城市为主,一批重点专科型医院为结合的大型公立医院体系。全国性医学中心作为临床、教学、科研基地面向全国服务,突出发挥其对全国医疗卫生事业的带动和示范作用;区域医疗中心主要以解决区域内重大疾病,同时兼顾教学、科研任务,指导并提高区域内其他医疗服务机构业务水平的提高。

(2)大力推动农村卫生服务体系建设。大力加强农村医疗卫生服务体系建设,按照新医改的精神及近期下发的《关于县级公立医院综合改革试点的意见》要求,积极推动农村县级公立医院改革,逐步形成以县医院为龙头,县、乡、村三级医疗卫生机构组成的农村医疗预防保健网络。以提升农村医疗机构房屋、设备、配套设施等建设为抓手,开展农村乡镇卫生院、村卫生室标准化建设,积极推动城市医疗机构对口支援及巡回医疗活动,形成长效机制,共同促进医疗卫生资源城乡一体化发展。

(3)完善社区医疗卫生服务体系建设。社区卫生服务网络作为医疗服务体系和公共卫生体系的双重社区卫生网底,其功能适应居民需求,发挥社区特色。在全国范围内推动社区卫生服务中心(站)实行开放式服务和无假日服务,提供从医院到社区家庭、从技术服务到社会化服务、从单纯治疗到六位一体综合延伸服务。推进家庭医生团队服务模式,对社区慢性病人和弱势人群进行重点服务,不断扩大居民健康档案建档率,形成对慢病有效管理。

(4)建立多元化的卫生投入模式。形成以政府投入为主,多种投入方式相结合的多元化卫生投入模式。明确政府投入是卫生筹资主要来源,特别是基层医疗卫生的最重要来源,同时鼓励和支持社会和民间资本以独资或合资形式兴办民营医疗机构,以及社会和民间资本(包括外资)以合资、合作、参股、兼并及收购等多种形式参与国有医院体制改革、改组和改造,形成卫生投资主体多样化和办医格局多元化的新格局。

(5)重点加强各地卫生服务能力建设。目前,我国除少数地区外,现有卫生机构拥有卫生资源供给量已基本能满足当前卫生服务需要及需求,因此相当长的时期内,医疗卫生机构建设不在于规模的扩大加强卫生服务机构能力建设,提高现有人力、设备等资源利用效率,有效提升卫生资源配置效率。建议一方面在各省市大力推动医学专业化培训基地建设,完善培训机构设施及装备建设,为各级医疗机构人才培训提供科学化、规范化、系统化、专业化的医学培训服务。另一方面,在一定区域内,开展大型医疗检验设备“共建共享”管理模式,统一规划配置大型医疗设备,探索机构间分摊资金、合理共享资源的方式,提高医疗资源利用率,减少重复投资,避免医疗资源浪费⑧。同时,开展医学检验标准化建设,推行大型医疗设备检验检查结果互认制度,减少不合理的重复检查,有效降低患者医疗负担。

(本文作者:王贺胜,天津市卫生局党委书记、局长,法学博士)

**参考文献**

[1]WHO:《世界卫生统计年鉴 2010》,http://www.who.int/gho/publications/world_health_statistics/2010/zh/index.html

[2]中国卫生统计信息中心:《2010 中国卫生统计年鉴》,http://www.moh.gov.cn/htmlfiles/zwgkzt/ptjnj/year2011/index2011.html

[3]扬荣跃:《区域内中等卫生人力供求调查研究》,《卫生职业教育》2006 年第 6 期。

[4]保海旭:《区域卫生人力资源分配公平性研究——以甘肃为例》,《知识经济》2010 年第 13 期。

[5]詹引、张辉玲、杨文秀等:《天津市病床资源总量预测及分析》,《中国卫生事业管理》2012 年第 4 期。

[6]和晋予、许树强:《.我国卫生资源区域配置理论初探》,《中国卫生经济》2004 年第 12 期。

[7]张愈:《开展区域卫生规划进行卫生资源调整积极探索社区卫生服务发展新思路》,《中华医院管理杂志》2005 年第 5 期。

[8]陈建平:《对实施区域卫生规划的探讨》,《中华医院管理杂志》2005 年第 1 期。

# 网络文化建设和管理思想与高校思想政治教育的创新[①]

孙兰英

**内容提要:**十六大以来中国共产党的网络文化建设和管理思想主要包括:网络时代深刻变革论、网络文化建设管理论、网络文化资源共享论和网络文化主旋律论等四个方面。高校思想政治教育面对网络文化的特点及挑战,必须强化校园网络文化的建设;加强社会主义核心价值体系的引领作用;科学把握网络文化语境下构建中国特色社会主义校园网络思想政治教育的特性及原则。

**关键词:**网络文化建设和管理思想　网络文化语境　思想政治教育　创新

党的十七届六中全会指出:"发展健康向上的网络文化。加强网上思想文化阵地建设,是社会主义文化建设的迫切任务。"这充分体现了党高度的文化自觉和对信息化条件下思想政治教育发展趋势的准确把握和新要求。随着互联网的飞速发展,网络已经成为意识形态渗透与反渗透、各种社会思潮交流交融交锋的重要阵地。在我国网民中大学生占居多数,网络活动已经成为他们生活方式的主要组成部分,如何使他们在网络环境下养成良好的思想道德和综合素养,关系到能否培养出合格的社会主义建设者和接班人。这不仅是十六大以来中国共产党网络文化建设和管理的重要战略思想,也是网络文化语境下高校思想政治教育从建设和管理的结合上创新网络思想政治教育的重要问题。

## 一、网络文化语境对思想政治工作的新挑战

### 1. 网络文化语境的特点

网络文化是在网络环境中,以网络为介质而产生的一种新型文化形态,是文化在网络语境下的延伸和发展,具有以下特征,即:虚拟性和"真实"性,互动性和即时性,丰富性和直观性,开放性和多样性。网络技术的广泛应用促进了人类精神文化活动向互联网的延伸,孕育了具有信息时代特征的网络文化,形成了网络语境下思想政治教育的新环境。正如麦克卢汉所说:"一切技术都具有点金术的性质",都倾向于创造出一个新的人类环境。互联网已经成为重要的文化创作生产平台、文化产品传播平台和文化消费平台,网络文化成为人们生活世界不可或缺的重要组成部分,给思想政治工作带来了巨大影响和挑战。

### 2. 网络文化语境对思想政治工作的影响和挑战

首先,网络是意识形态交锋的重要平台。随着互联网的普及,网络已成为各种意识形态争夺的主阵地,谁能让自己的信息最大限度地进入网民的头脑,谁就容易掌握话语主导权并引导网民的价值取向。互联网的发展一方面加速了政治社会信息的流通和传递,扩大了社会参政议政的渠道,增强了社会成员政治诉求的愿望和参政意识。但是,网络在增强人类收集和利用信息能力的同时,也使不受任何约束规范的非理性参与和失范行为给现有的社会政治秩序带来一定的破坏。网络化在拓展人们的组织和整合能力的同时,也颠覆了传统的关于主权与安全的观念,意识形态的较量和维护国家文化主权的行为从有形的现实世界扩展到无形的虚拟电子空间。

其次,网络是形成社会"群体极化"现象的重要工具。所谓"群体极化"现象,是团体成员一开始即有某些偏向,在商议后,人们朝偏向的方向继续移动,最后形成极端的观点。网络是有别于传统的报纸、广播、电视等三大媒体而兴起的"第四媒体"。在传统时代,群体性事件由于受时间、空间和场域的限制而影响范围有限。网络时代的文化产业借助网络的复制不仅极大地提高了文化生产力,而且还极大地提高了文化产品的传播能力,使得空间和时间不再成为阻隔人类文化交流的障碍。在网络时代,社交网站、微博、智能手机等现代信息通信工具在缩短了人与人之间距离的同时,由于通过这些工具传播信息的匿名性和免责性强,海量信息的流动往往真伪难辨,极易形成"群体极化"现象。如发生在2011年年初的西亚北非社会动荡和伦敦骚乱、"占领华尔街"等事件,社交网站、手机等通信工具在情绪性发泄、谣言和煽动言论对事件的扩大起到了推波助澜的作用。

再次,网络是社会各种情绪发散的泄流口。随

①本文摘自《思想理论教育导刊》2012年第2期。

着我国经济社会急剧转型，在社会人群中，由于许多人处于一种不确定性状态，他们在为眼前的生计忙碌、为以后的前途着想的同时，也会有焦虑、烦躁和压抑以及非理性冲动等心理。网络空间的多维性和开放性，网络信息的复杂性和共享性，给社会群体在信息选择上带来了极大的自由。在许多情况下，面对突发事件或热点问题，社会管理部门如果处置不当或引导迟滞，容易使一些人产生非理性情绪，并通过网络成为社会各种情绪发散的泄流口。

最后，网络是校园获取各种信息文化的资源库。网络的超时空性和互动性对大学生的生活方式和社会互动产生了积极的影响，有利于其社会化的进程；互联网信息的丰富性和快捷性开阔了大学生的视野，拓宽了他们的求知途径，愉悦了他们的身心，有利于培养他们的科学文化素质。但是，它对大学生的成长也带来了一定的负面影响，考验着他们的自我调控能力和规范能力。

因此，要根据大学生接受信息途径发生的新变化，“全面加强校园网建设，善于运用互联网等现代传媒，把思想政治教育的内容有机融入其中，开展生动活泼的网络思想政治教育活动，增强网络思想政治教育的吸引力和感染力，形成网络思想政治教育工作体系，牢牢把握网络思想政治教育的主动权”。

## 二、网络文化语境下高校思想政治教育的创新

《中共中央国务院关于进一步加强和改进大学生思想政治教育的意见》指出：要全面加强校园网的建设，使网络成为弘扬主旋律、开展思想政治教育的重要手段。要根据大学生接受信息途径发生的新变化，全面加强校园网建设，善于运用互联网等现代传媒，把思想政治教育的内容有机地融入其中，开展生动活泼的网络思想政治教育活动，增强网络思想政治教育的吸引力和感染力，形成网络思想政治教育工作体系，牢牢把握网络思想政治教育的主动权。

1. 强化校园网络文化的建设，使校园网成为传播先进文化的新渠道、加强思想政治教育的新阵地、全面服务学生的新平台。校园网络文化是校园文化和网络文化相结合的产物，以网络为介质而产生的一种新型文化形态，是校园文化在网络时代的延伸和发展。新时期，要根据校园网络文化的特点，建设一批融思想性、知识性、趣味性、服务性于一体的主流网站。调查显示，青少年的网络应用结构存在一定程度的问题，主要表现在青少年对网络游戏等互联网娱乐功能的使用率较高，而对网络新闻、网络学习、电子图书等工具类应用的使用相对不足。因此，要加强校园主题网站建设，努力建设一批特色突出、影响力强、覆盖广泛的重点网站，“使校园网成为传播先进文化的新渠道、加强思想政治教育的新阵地、全面服务学生的新平台”。

2. 加强社会主义核心价值体系的引领作用，使校园网络成为立德树人的新阵地，师生精神文化活动的新空间，校园文化和服务的新平台。用社会主义核心价值体系引领校园网络文化建设是党的思想理论建设全新的时代课题。社会主义核心价值体系的先进性和科学性决定了对校园网络文化建设具有很强的指导性。以马克思主义为指导思想，以中国特色社会主义共同理想为主题，以中华民族精神和时代精神为精髓、以社会主义荣辱观为基础的社会主义核心价值体系，具有深厚的科学内涵、严密的逻辑体系、强大的实践指导和广泛的社会认同基础。作为一种新的校园文化，网络文化的发展必然要有核心价值体系指引、规定其发展的基本方向，这样才能澄清观念，更好地服务于培养社会主义事业合格建设者和接班人的总体目标，立足于中国特色社会主义建设的伟大实践，有效地赋予网络文化以社会主义精神价值、道德支撑与思想内涵。

3. 把握网络文化语境下构建中国特色社会主义校园网络思想政治教育的特性及原则。我国的校园网络思想政治教育既具有一般思想政治教育的特点，同时又是现代思想政治教育的典型应用领域。随着网络文化的兴起和育人环境的变化，网上虚拟社会与网下现实社会相互勾连纠结，它内在地要求思想政治教育必须适应时代变化并与社会实践相结合，在深化理论传播的过程中，要科学把握网络文化背景下构建中国特色社会主义校园网络思想政治教育的特性及原则。

网络文化的虚拟性和“真实”性、互动性和即时性、丰富性和直观性、开放性和多元性，使“校园网已深入到教学、科研、社会服务等各个领域，成为高校师生获取信息、丰富知识、学习交流的重要渠道，在推动教育改革发展、促进思想文化交流、丰富师生精神生活等方面起到了积极作用。校园网络技术的发展和普及，拓展了思想政治教育工作的新途径，为加强大学生思想政治教育带来了新的机遇。”

因此,根据网络文化的特点,思想政治教育必须坚持四个原则:

一是要坚持方向引导性原则。"要把德育融入学校课堂教学、学生管理、学生生活的全过程,加强爱国主义教育,深入开展理想信念教育,引导学生树立正确的世界观、人生观、价值观、荣辱观,增强学生热爱祖国、服务人民的使命感和责任感。"增强学生民族自豪感和自信心,不断增强中国特色社会主义网络文化的吸引力和影响力。

二是要坚持平等互动原则。网络思想政治教育作为一种网络化生存方式下的价值教育形态,它与传统意义上思想政治教育有着重大的差异,网络文化的开放性和民主性打破了传统教育中教师与学生的主次格局,使教师和学生都成为网络文化背景下的主体,具有平等的话语权。思想政治教育要增强针对性和有效性,就必须自觉主动适应网络载体的运作模式和手段,与学生在平等交流互动中寓教于乐,寓乐于学。

三是要坚持创新性原则。创新是一个民族进步的灵魂,创新也是提高思想政治教育有效性的推进器。正确把握网络社会成员虚拟性、私密性、信息完全性等特点,从学生的信息获取、思想引导和沟通交流等方面创新网络思想政治教育方法途径,正确引导青年学生树立正确的世界观、人生观和价值观,增强其政治敏锐性和鉴别力。正确引导青年学生树立正确的网络观念,要善于吸收有益的科技信息,使网络文化在青年学生健康成长中发挥积极的作用。

四是要坚持自律与监管原则。《公民道德建设实施纲要》指出:计算机互联网作为开放式信息传播和交流工具,是思想道德建设的新阵地。要加大网上正面宣传和管理工作的力度,要引导网络机构和广大网民增强网络道德意识共同建设网络文明。江泽民同志指出:"我们的党建工作、思想政治工作、组织工作、宣传工作、群众工作,都应该适应信息网络化的特点,否则是很难做好的。"要营造一个良好的网络环境,一方面要培养学生的网络道德自律意识,自觉抵御网络不良信息的诱惑;另一方面,政府、学校、社会和家庭齐抓共管,维护和促进网络的健康发展。

要充分利用网络技术的教育手段,发挥网络思想政治教育工作的主动性、实时性和服务性作用。一方面,能够在思想政治工作网站上进行动态教育,与学生进行互动式的交流,为学生解疑释惑;另一方面,及时获取和发布思想政治教育信息,对网上不良信息进行过滤或清除,在信息大潮中起到"引导者"和"把关人"的作用。

(本文作者:孙兰英,天津大学马克思主义学院院长、教授)

# 信任修复:研究现状及挑战[①]

姚 琦 乐国安 赖凯声
张 洚 薛 婷

**内容提要**:信任被破坏后如何修复是当前信任研究中未解的问题之一。有效的信任修复应关注整个关系,包括信任、消极情感和消极行为三方面的内容;修复结果可能出现矛盾状态,且在某些情况下无法被彻底修复。现有关于信任修复的理论过程主要有归因、社会平衡和结构,其研究视角经历了从单方向交互作用的转换,当前研究更关注修复策略与修复效果之间的调节变量。今后研究应重视归因、人际和结构过程的整合,尝试结合现场跟踪研究和个案研究以提高结果的外部效度,以及考虑时间、社会情景和情绪对信任修复的影响等。

**关键词**:信任 信任修复 归因 社会平衡 结构

信任对个人、团队和组织的积极作用已得到实证研究的广泛证实。然而,信任一旦被破坏,这种积极作用就会消失。在当代社会,信任破坏或违背现象频繁发生,从安然事件到默多克窃听丑闻,从三鹿奶粉到"楼脆脆"、"楼歪歪"再到地沟油事件等,商业领导者的不当行为引发了人们对领导者诚实和能力的质疑。相应的,如何修复信任逐渐得到研究者关注,并成为信任研究中"未解而最重要的问题之一"。

## 一、信任修复的内容

修复信任意味着什么?现有研究给出了各种

①本文摘自《心理科学进展》2012年第6期。

答案。例如,Kim 及其同事基于 Rousseau 等研究者对信任的经典定义,认为信任包含两个要素——信任意愿(即自己愿意处于易受对方影响的风险状态)和信任信念(即对对方可信度的判断),由此将信任修复定义为在违背发生后、旨在使信任方的信任信念和意愿更加积极的活动;Schweitzer 等研究者的看法与此类似,但在信任修复的内容中加入了信任行为(特别是冒险行为)这一要素;Bottom 等研究者(2002)的观点稍有不同,他们考察违背后合作和积极情感的恢复。信任受认知和情感的共同影响,且信任行为会通过信任方的自我知觉过程影响信任。因此,本文认为,信任违背会破坏整体关系,信任修复的核心内容虽然是信任(包括信任信念和意愿),但关系中的消极情感(如对违背方的不喜欢以及违背导致的生气、愤怒和不公平感等)和消极行为(如不合作等)也会影响信任修复效果。即有效的信任修复应关注整个关系的修复,包括信任、消极情感和消极行为三方面的内容。

## 二、信任修复的结果

与上述修复内容相对应,本研究认为,信任修复的直接结果是建立积极的信任信念和意愿,除此之外,还需塑造积极的情感和行为。对信任修复结果的界定涉及两个关键问题。其一,信任能否被彻底修复?已有研究者很少对信任做多时点测量,这也就无法将违背前和修复后的信任水平作比较,因此并没有就该问题给出明确的答案,“修复”和“恢复”在研究中经常混用。实际上,Slovic 曾明确提出,失去的信任将花费很长时间来修复,并且在某些情况下,可能永远无法恢复。Schweitzer 等通过信任游戏考察了信任随时间的变化,结果发现:由不可信行为和欺骗共同导致的信任违背,无法得到彻底恢复。Dirks,Lewicki 和 Zaheer 提出,与“恢复”的关系相比,“修复”的关系更脆弱,也更易被再次破坏,因为之前违背所产生的创伤依然存在,以至于关系很难与之前一样。因此,本文认为,信任作为关系的深层特点及“组织原则”,至少在某些情况下,很难被彻底修复。

其二,修复后的信任是否存在矛盾状态?至今还没有研究直接涉及该问题,但研究者普遍认为信任和不信任是相互独立的构念。随着关系的发展,关系双方的互动和依赖会表现在多个层面或不同内容领域,个体能够分离不同层面或领域的关系,因此,本文认为,在信任修复结果中,信任和不信任可以共存。其中,影响修复结果矛盾状态的一个可能因素是信任违背是否产生了溢出效应。当某一方面的信任违背影响了信任方对违背方其他方面的信任时,即产生违背的溢出效应。对于有溢出效应的信任违背,修复的结果很难出现矛盾状态。例如,由诸如技术等可控的能力导致的信任违背(如会计在某笔业务中退税不当),会引发信任方对违背方善心、正直等品质的质疑,进而出现溢出效应,此时信任修复结果不太可能出现矛盾状态;但对于由诸如一般认知能力等不可控的能力导致的信任违背,矛盾状态模型可能更适用。

## 三、信任修复的研究视角

早期的信任修复研究多从违背方角度分析信任修复努力与修复效果的关系。近 10 年来,研究者更关注从信任方角度分析对违背方修复努力的归因与修复结果之间的关系,代表性研究成果见下文有关“归因”的介绍。实际上,信任的修复效果不光取决于被信任方的修复努力,还受信任方自己采取的行动的影响。Kim,Dirks 和 Cooper 等研究者基于归因理论和身份谈判理论提出的双向信任修复模型,充分体现了这种双向研究视角。根据该模型,信任双方在被信任方是否值得信任方面存在分歧,修复过程可以视为双方努力解决这一分歧的过程;该分歧可以在多个水平上得以解决:被信任方是否有责任?如果有责任,是归因于情景还是自身?如果至少部分归因为自身,这种个人不足是可以改变的还是持久的?信任修复结果有赖于分歧在哪个水平上得到解决及双方的力量对比。该视角重视信任方的主动性,并关注双方的交互作用,可能成为未来信任修复研究的主导视角。

## 四、信任修复的过程

已有关于信任修复过程的研究主要从两个途径展开:理论探讨和实证分析。解释信任修复过程的理论主要有三种——归因、社会平衡和结构;对信任修复过程的实证分析主要集中在中介变量检验方面。

归因过程在解释信任修复时的潜在假设是:个体的可信度决定其可信行为。信任方会根据违背行为对违背方的可信度作出消极推断(即认为违背方是不可信的),进而不愿意接受随后交往中的风险;因此,信任修复可以通过管理归因过程来实现。根据特质归因的图式模型,人们评估有关能力和正直的信息的方式存在差异。在其他条件相同的情况下，积极信息对能力来说更具诊断价值，而消极信息对于正直更具诊断价值。因此，对于能力型信任违背，通过提供积极信息来抵消消极信息影响的修复努力会更有效；而对于正直型信任违背，管理消极信息的修复努力将更有效。Kim 及其团队成员开展的一系列研究支持了上述观点。例如，他们比较了道歉和否认的信任修复效果，结果发现：道歉，即承认责任并表达忏悔，对于能力型信任违背的修复效果更好；而否认，即不承认责任也不表达忏悔，对于修复正直型信任违背更有效。随后，该研究团队还通过引入道歉类型以及比较沉默与道歉、否认的信任修复效果，更细致地验证了上述观点。

社会平衡过程对减少消极情感及恢复积极交换尤其有效。Hareli 和 Eisikovits 对道歉的社会情绪表达功能的分析体现了这一思想。他们认为，关系违背使受害者处于相对弱势的位置，道歉通过承担责任和表达忏悔，表明违背方意识到自己的行为破坏了社会规范，因此道歉有降低违背方地位、恢复社会关系平衡的作用。有关道歉能够增进修复效果的研究为该过程提供了间接的实证证据。例如，Okimoto 和 Tyler 通过四个实验得出一致性结论：违背方通过道歉可以向受害者恰当表达自己关心、在意双方间关系；相对于单纯的经济补偿，当补偿与道歉同时存在时，关系修复效果更好。Desmet 进一步发现，当违背方是群体而非个人时，受害方对道歉更敏感，研究者的解释是，人们在与一个群体交往时，更关注对方是否作出了在意双方间关系的表达。

结构过程更强调信任违背和修复所涉及的情景因素，认为违背后建立的正式组织和制度等，在修复关系中起重要作用。部分有关修复策略的研究体现了结构过程的思想。例如，严格遵循法律的修复，即通过各种控制措施，如政策、程序、契约、监督等，增加未来行为的可信度，进而修复信任、不信任的约束机制、抵押等。实际上，有时个体倾向于将基于结构过程产生的修复结果（如合作行为）归因为外部情景因素，而非个体内部因素，因此，结构过程更强调恢复积极交换而不是修复信任或降低消极情感。

（本文作者：姚琦，南开大学社会心理学系副教授；乐国安，南开大学社会心理学系教授；赖凯声，南开大学社会心理学系博士研究生；张涔，南开大学社会心理学系硕士研究生；薛婷，天津中医药大学人文管理学院讲师）

# 略谈士德和士大夫精神[①]

温克勤

**内容提要：**“士”在商、西周、春秋时指低级的贵族阶层，春秋末士阶层崛起，逐渐成为读书人的总称。士德一般指读书人应具备的道德品质，士大夫精神一般指从政者应有的道德操守。关于士大夫精神的积极思想内涵有：一是“以道事君”。二是忧国忧民、以天下为己任。三是穷则独善其身，达则兼善天下。四是刚直不阿、清正廉洁。

**关键词：**士德　士大夫精神　士阶层　道德

士德一般指读书人应具备的道德品质，士大夫精神一般指从政者应有的道德操守。此二者是相通的，说士大夫精神泛指读书人和从政者应具备的道德品质，亦无不可。由于士德和士大夫精神是在前资本主义社会形成发展起来的，具有其时代的和阶级的局限性，又由于士和士大夫阶层自身良莠混杂的复杂性，故近现代以来，人们对士德特别是士大夫精神或避而不谈，或作过度批判，而对其中包含的有价值的因素则缺乏应有的关注和探讨。

## 一、“士”阶层的崛起和士德

“士”在商、西周、春秋时指低级的贵族阶层，春秋末士阶层崛起，逐渐成为读书人的总称。在士人中，有一部分入仕做官，未入仕作官的则归入庶民，其地位居四民之首（士农工商）。由于士阶层在社会生活中所发挥的作用日益重要，其道德品质也越来越为人们所关注。据《论语》载，孔子及弟子曾参、子张等曾论述过士的道德品质。孔子讲：“士志于道而耻恶衣恶食者，未足与议也。”（《里仁》）又讲：“士而怀居，不足以为士矣。”（《宪问》）杨伯峻译曰：“读书人而留恋安逸，便不配做读书人了。”曾子讲：“士不可以不弘毅，任重而道远。仁以为己任，不亦重乎？死而后已，不亦远乎？”（《泰伯》）子张讲：“士见危致命，见得思义。”（《子张》）他们强

①本文摘自《伦理学研究》2012 年第 1 期。

调士人应具有勇于承担、勇于牺牲和重义轻利的道德精神。另外,孔子在回答弟子子贡、子路问“何为士”时,曾讲:“行己有耻,使于四方,不辱君命,可谓士矣。”(《子路》)“切切偲(si)偲(互相责善的样子),怡怡(和顺的样子)如也。”(《子路》)杨伯峻《论语译注》解释说:“互相批评,和谐共处,可以叫做士了。”从上述孔子及其弟子对士的论说看,所谓“士德”主要包括志道乐道、仁以为己任,见危授命、见利思义、行己有耻、勤奋治学、相互勉励、和睦团结等等。孟子和荀子对士德的论说,突出强调士人的节操、骨气。如孟子讲:“士穷不失义,达不离道……得志,泽加于民;不得志,修身见于世。穷则独善其身,达则兼善天下。”(《孟子·尽心上》)荀子也讲:“士君子不为贫穷怠乎道。”(《荀子·修身》)“儒者(读书人)在本朝则美政,在下位则美俗。”(《荀子·儒效》)秦汉以降,人们对士德、士节、士风、士操等多有论说。

古人之所以关注和强调士德,是因为士德在实现善治中的重要地位和作用。儒家认为士人有良好的道德品质,一方面可作为从政治国的后备贤才,即所谓“学而优则仕”;一方面士为四民之首,他们的言教、身教直接影响着百姓的道德教化。

**二、富有思想内涵的士大夫精神**

士大夫精神集中反映了从政者应具备的道德信念、道德良知和道德责任感。因为士大夫肩负着“治国、平天下”的重任,所以古人对其非常重视。明代吕坤讲:“世教不明,风俗不美,只是策励士大夫。”(《呻吟语·治道》)明清之际顾炎武更指出:“士大夫无耻,是谓国耻。”(《日知录》卷十三《廉耻》)关于士大夫精神的积极思想内涵,古人有许多论述。概括起来,大致有如下几点:

一是“以道事君”。所谓“道”,指的是儒家崇尚的“尧舜之道”。孟子说:“尧舜之道,孝悌而已矣。”(《孟子·告子下》)他认为,孝悌是仁义道德的实质,“仁之实,事亲是也,义之实,从兄是也。”(《孟子·离娄上》)在孟子看来,人具备了仁义道德,“入以事其父兄,出以事其长上”(《孟子·梁惠王上》),“仁政”的实施便有了人伦政治基础。

“以道事君”在传统社会也就是“事君以忠”,但这不是盲目的愚忠。孔子讲:“勿欺之,而犯之。”(《论语·宪问》)“勿欺之”是谓“忠”,“犯之”即君有不义则直言诤谏,不使其陷于不义。孟子和荀子也很强调“犯之”。孟子讲:“惟大人(大德之人)为能格君心之非。”(《孟子·离娄上》)荀子则明确提出“从道不从君”(《荀子·子道》),指斥“态臣”“巧敏佞说,善取宠乎上”(《荀子·臣道》)。并将“忠”区分为“大忠”、“次忠”、“下忠”:“以德覆君而化之,大忠也;以德调君而补(辅)之,次忠也;以是谏非而怒之,下忠也。”而“不恤君之荣辱,不恤国之臧否,偷合苟容,以之持禄养交而已耳,国贼也”(《荀子·臣道》)。以道事君、辅君、谏君,忠而不奸,是有德操的士大夫从政为官的最基本的信条。

二是忧国忧民、以天下为己任。历史上有德操的士大夫谋国不谋身,有着忧国忧民、以天下为己任的胸怀。郑相子产在郑国推行利国利民的新政,开始受阻,但他毫不退缩,他说:“苟利社稷,死生以之。”(《左转·昭公四年》)晏婴在齐国治政,强调“以民为本”(见《晏子春秋·内篇问下》),“事必因于民”(见《内篇问上》),并提出“意莫高于爱民,行莫高于乐民”(《内篇问下》)。屈原为战国时楚国重臣,他目睹楚国的衰败忧心忡忡,在《离骚》等诗篇中抒发忧国忧民的情怀:“长叹息以掩涕兮,哀生民之多艰”、“岂余身之惮殃兮,恐皇舆之败绩”等。其忧国忧民的情怀同《离骚》一样“与日月争光”(见《史记·屈原贾生列传》)。西汉贾谊为忧虑汉朝的兴衰存亡“痛哭”、“流涕”、“长太息”,而不考虑个人的穷达荣辱,他的名句“国而忘家,公而忘私”为后人所传诵。北宋范仲淹将孟子的“乐以天下,忧以天下”发挥得淋漓尽致,在著名的《岳阳楼记》中写下了“不以物喜,不以己悲”、“居庙堂之上,则忧其民,处江湖之远,则忧其君”、“先天下之忧而忧,后天之乐而乐”等震撼人心的千古名言。

三是穷则独善其身,达则兼善天下。历史上一些有德操的士大夫居官在位时,施展自己的聪明才智,“为官一任,造福一方”,在治国理政中建功立业。如诸葛亮治蜀,政声颇著。史载:诸葛亮治蜀,下至桥梁道路、井灶厕所,无不修缮,“吏不容奸,人怀自励,道不拾遗,强不侵弱,风化肃然”(陈寿:《进诸葛亮集表》)。唐代魏征、房玄龄、杜如晦等重臣则辅佐唐太宗开创了著名的“贞观之治”。

历史上也有一些有德操的士大夫在遭受贬谪时,继续为民造福,如苏轼、白居易修“苏堤”、“白堤”,柳宗元治理柳州等。有的厌恶官场流俗,退隐于乡野,他们或者写诗著文抒发自己的忧国忧民情怀,以及描绘自然美景、田园风光和淳朴民风,或者著书立说、教书育人,为后代留下了宝贵的文化遗产。他们真正实践了如荀子所讲的“在本朝则美政,在下位则美俗”的赞语。陆游退居乡里,与乡邻百姓相约学习、躬行《孝经》中的《庶人章》和《士章》。他在《示邻里》诗中写到:“古学陵夷失本原,读书万卷误元元。从今相勉躬行处,《士》、《庶人》章数十言。”他带头学习《孝经·士章》,并把它全文(84字)抄写在屏风上,随时提示自己。

四是刚直不阿、清正廉洁。这是有德操的士大夫最基础的精神品质。前面提到的诸种精神品质都与此相关或建立在其基础之上。如拿“以道事君”而言,魏征之所以能犯颜直谏,先后向唐太宗陈谏200余事,反复提醒唐太宗以隋为鉴、励精图治、慎始敬终,就因为他身上具备这种刚直不阿的精神。宋代的包拯、明代的海瑞都是名垂青史的刚直不阿的名臣。包拯立朝刚严,敢于直谏,屡次上书论斥权贵,弹劾欺压百姓的豪强和贪官污吏。海瑞因批评嘉靖皇帝迷信道教妄求长生,二十余年不理朝政而下狱,获释后又因力摧豪强、接受百姓控告勒令前内阁首辅徐阶退田,遭诬陷去职闲居16年后72岁时再起,又力主严惩贪官污吏。那些为维护正义而杀身成仁、舍生取义的仁人志士,守护民族气节而英勇牺牲的民族英雄,如秉笔直书的晋董狐、齐太史,威武不屈的苏武、岳飞、文天祥等有德操的士大夫,他们刚直不阿的浩然正气,尤为后人所传诵。

**三、结语**

士德和士大夫精神是中华民族传统文化的重要内容,其中许多有价值的因素,是任何时代都需要重视和发扬的。我们建设高水准的公民道德和公务员道德,也需要利用好这一历史文化资源。诚然,士人和士大夫阶层中也不乏利欲熏心、寡廉鲜耻之辈,这是自不待言的。同时在他们(包括有德操者)身上,也可能不同程度地存在着孤芳自赏、轻视群众、脱离实际等缺点。这种时代的和阶级的局限性,理应受到批判,但这并不妨碍我们对士德和士大夫精神作出积极的评价。温家宝总理说:“一个国家一个民族总要有一批心忧天下、勇于担当的人,总要有一批从容淡定、冷静思考的人,总要有一批刚直不阿、敢于直言的人。”这一对时贤提出的策励之言,对于我们关注探讨士德、士大夫精神也是有启示意义的。

(本文作者:温克勤,天津社会科学院哲学所研究员)

# 诸子研究的理念与方法[①]

沈立岩　陈　洪

**内容提要:**先秦诸子作为中国文化轴心期(或元典时代)的第一批原创作者,思想宏富,影响深远。在经历了种种的颠覆和解构之后,在一个对历史、意义的不确定性甚至不可还原性耳熟能详的时代,不同版本之间的比较和甄别仍非易事。诸子文本当为诸子之生命的表达式,而欲理解它,就应还原其本来面目。同时,在有效确定诸子文本本来面目的基础上,力求其真实含义的正确解读。先秦诸子的人格、思想、行为和著述,有其异于后世的独特质素,即在于其导夫先路的思想原创,也在其人格与文章、思想与言语、言语与行动的高度统一。

**关键词:**理念与方法　诸子研究　文本　先秦诸子　考古材料　语言

子学的时代,被称为中国学术史上唯一一个“纯为自创”(吕思勉《先秦学术概论》)的时代。先秦诸子,作为中国文化轴心期(或元典时代)的第一批原创作者,思想之宏富彪炳百代,影响之深远河润千里。每次重读诸子,都会让我们对这思想史上的英雄时代备感惊异与神往,而“旧国旧都,望之畅然,虽使丘陵草木之缗,入之者十九,犹之畅然”(《庄子·则阳》)的亲切之感亦油然而生。如果这可以算作精神的返乡,那它正是思想创造与文化重建的前提,是高飏远举前不得不有的沉潜与凝聚。

然而,这种回返却并非坦途。在经历了种种的颠覆和解构之后,在一个对历史、意义的不确定性甚至不可还原性耳熟能详的时代,这种回返还有几成的把握?况且学科的区划既已壁垒森严,学术的规范日形周密完备,目录、版本、校勘、辨伪、辑佚、文字、音韵、训诂早已成为古典研究不可或缺的工具,激情、悬想和直觉则被谨慎地排除在证据的采集、梳理和考辨,逻辑的归纳、比较和推导之外,这

①本文摘自《文学评论》2012年第1期。

种回返还能穿过重重的专业门槛而免于强弩之末的命运吗？老实说，这的确是个令人困惑的问题，既由于复杂的技术性困难，更因为理念上的进退失据。有关诸子的里籍、族属和身世，自来文献无多、飘忽茫昧，近代以来虽有考古材料的陆续发现，进展却依然有限。期待之中的确证可能永远无法获得，诸子的真情实相也许早已消逝于岁月的风剥雨蚀之中，成了一个永远无法解开的谜团。稍微乐观一些，即便有马王堆帛书、郭店楚简和上博竹简那种地下材料的不断发现，不同版本之间的比较和甄别仍然殊非易事。王叔岷先生说："（古书的）本来面目，包括作者（是否）、书名（异同）、版本（早晚）、篇目（先后）、篇数（多少）、篇名（原貌）、字句（变异）、章节（窜乱）、篇第（分合）、散佚（包括残缺）、真伪等。古书的本来面目能否完全恢复，恐怕很难。据我几十年的经验，几乎不可能。"（《我与斠雠学》）既然如此，所谓"精神的返乡"是否只是一个可望而不可及的目标呢？

在西方，校勘学也是从《圣经》等古代典籍的研究中派生出来的，其所侧重者，同样是文本的搜集和校订，文本的作者、作年、真伪、改窜和增删等问题的解决。正是在这种以还原文本本来面目和真正含义为旨归的活动中，理解和解释的重要性与复杂性日益凸显，并占据了思想界的显要位置，而"为确定解释的普遍有效性提供一个历史确定性可以依据的理论基础，以避免浪漫任意的冲动和怀疑的主观性"（伽达默尔《解释学的形成》）无疑是其基本初衷。注释学与文献学等经典诠释手段因此被纳入一种关于理解的一般性学科之中。这种作为人文科学方法论的经典解释学迄今仍然不乏信从者，其根本旨趣在于消除误解，准确把握蕴涵于文本之中的作者原意。但在另一方面，一种被称为"解释学循环"的现象首先被德国哲学家施莱尔马赫所揭橥，复经狄尔泰、海德格尔、伽达默尔等哲学家的不断阐发，成为具有普适意义的解释学理论的核心命题之一。它由一系列不断扩展的循环关系，如字词与语句之间、文本与文类之间、文本与作者之间等所构成，揭示出文本局部与整体之间、有限的个体存在与其历史认识之间、理解与经验之间互相依赖且互为因果的关系及其理论困境。不过有趣的是，这个循环并没有被理解成一个封闭的圆圈，而是一种开放的对话关系。因为人文科学的独特之处在于，其研究对象不是无意识的物质客体，而是历史的、具体的、有意识的个人及其全部活动：言语、体征和行为——狄尔泰称之为"表达式"（expressions）。而理解作为人类存在的本体特征，就是把握包含在各种表达式中的精神内涵的活动。而在理解的对话关系中，不同的意向、兴趣、视点和经验都具有独立的价值和意义，它们彼此互补，历史地展开，构成了神入（empathy）地理解的前提条件，以及理解的无限可能和历史延续。

对于诸子研究而言，上述的理论演进不乏启发意义。首先，诸子之文本当为诸子之生命的表达式，而欲理解此表达式，自须还原其本来面目。在此，目录、版本、校勘、辨伪、辑佚乃至考古材料的借鉴皆为不可或缺之工具。其次，在有效确定诸子文本之本来面目的基础上，力求其真实含义的正确解读。在此，文字、音韵、训诂的手段固然必不可少，而相关的语言、历史、社会、文化乃至心理方面的知识亦多多益善。最后，但同样重要的是，上述所言实皆想当然尔的理想状态，所谓还原本来面目和真实含义的正确解读，大抵只是可以趋近而实难臻至的终极目标，因此，有必要对理解的历史性和差异性保持开放的态度，或更确切地说，是保持一种结构性的开放态度。

文本作为语言的织物，自有其特殊的结构层次：其底层为字词之形、音、义，其中层为语句或句群（段落、篇章直至整个文本）所构成之大小不一的语义单位，其上层则为由前述语义单位的逐级整合继而投射出来的意象、概念、命题、事件、情绪、思想等等。显而易见的是，沿此层级自下而上，牵涉的因素越来越多，涵摄的范围越来越广，构成的关系也越来越复杂。根据语义学和解释学的规则，意义取决于语境，局部与整体又互为依托，于是由字到句、由句到篇、由文本到作者、由作者到时代之社会与文化，语境的边界渐次扩展，而终至于无法确定；另一方面，由语言到思想、由思想到心态、由心态到意识、由意识而至于无意识，内在的世界亦渐趋幽深，而终至于难以测度。因之越向底层，问题越发具体，故较易诉诸实证；而越向上层，问题越发抽象，思辨的成分亦愈见浓厚。因此所谓"结构性的开放态度"，乃是于底层处力求实证，以确保对象之稳定、根基之牢固；于上层处，则尽量吸纳多重视点和多种方法，以保证各种潜在的解释性因素能够被充分地觉察和把握，使理解渐趋深广，并在局部与整体的循环中不断得到校正。

至于文本语义层面的理解,同样有显微不等的差别。其微者,如一字一句之说解;其显者,则涉及章节乃至通篇之语义概括。例言之,俞樾《诸子平议》谓今本《老子》十五章"古之善为士者"之"士"当作"上",盖因形似而误,而朱谦之《老子校释》则据他本以为当作"道"字。虽则一字之差,而释义之取向已有微妙的分歧。又如裘锡圭先生对《庄子·外物》"曾不如早索我于枯鱼之肆"之"索"字(《古代文史研究新探》)及《天下》"建之以常无有"之"常"字的辨析(《说"建之以常无有"》),"索"字训为"求索"还是"穿索而悬挂"或与《外物》全文乃至庄子大义之理解无涉,但"常"字训"恒"抑或训"极",则无疑关系到庄子概念系统和思想内涵的确切认识。而把握老庄及先秦诸子的思想,问题的复杂性则又上了一个台阶,因为这已不仅是一个语言层面的问题(尚可借助传世文献、考古材料及当日语言环境的考察加以比较和鉴别)。文献的不足自然已是关山难越,而意义的抽绎和整合,逻辑的分析和归纳,因果的推论和阐释,乃至对作者卷入其中的错综复杂的文化潮流和社会网络的梳理更让人有治丝益棼之叹。

以生命的介入和激活为要义的还原确有可能吗?在此,我们遭遇了来自两个不同时代和文化的理论疑难。一个是西方20世纪以来从"作者之死"到"误读"理论的种种险峭之说,它们把作者与文本的自然联系视为似是而非的常识予以批判和捐弃,认为语言是一个封闭的自我反射的系统,写作便意味着作者的消失,因此,在文本与作者之间无路可通。另一个,则是源于中国古代"言意之辨"的传统语言观念。正如《庄子·天道》中所述"轮扁斫轮"故事,由"得之于手,应之于心,而口不能言"的匠作经验,推及于"君之所读者,古人之糟粕已夫"的书写表意活动,形象地例示了"道不可言,言而非也"的深邃哲理。可以说,对于语言的倚重和怀疑,构成了中国古代最具文化特色的语言观念和语言态度,内涵着一种两难之境的辩证认知:从言以足志和言为心声的意义上说,语言是迹近他人内在世界的主要途径;而从"书不尽言、言不尽意"的意义上说,语言又不足以成为完美无缺的途径,特别是在面对惟恍惟惚的道体或体道的直觉经验之时,语言的有限性更是暴露无遗。因此,即使文本复原和语境还原克奏全功,我们的理解能否超越形迹、直凑单微,把握到诸子思想的精深微妙之处,也仍然存在着理论与实践两方面的问题,既涉及到具体的研究手段,也自然延伸到语言与实在、语言与心灵、文本与语境、涵义与指称、经验与解释等哲学的维度,构成了诸子研究必须穿越的理论关卡。

应该说,一种研究方法之是否合理,效用如何,首先取决于这种方法与其研究对象之间的适配性。正如研究诗歌,其方法自有不同于小说之处;研究抒情诗,自然也有不同于叙事诗的概念和理路。值得强调的是,先秦诸子的人格、思想、行为和著述,必有其异于后世的独特质素,否则便很难理解其非凡的历史地位和深远影响;而诸子之所以为独特,不仅在于其导夫先路的思想原创,亦在其人格与文章、思想与言语、言语与行动的高度统一。在他们身上,你完全看不到人格分裂、心口不一、言行相背的痕迹,其以求道、行道为己任,不避衣食之忧、颠沛之苦甚至性命之危而安之若素,绝非后世高蹈诡随者可以比伦。而且,对自己的言说之道,他们大多有着高度的自觉和成熟的思考。面对这样的理解对象,所谓"生命的还原"似乎具有了更多的合理性与可行性。准此而观之,诸子文本当非思想的残骸,而是内含生机、有待激活的生命印迹。

尽管语词被称为"思维的胶囊"而与个体的经验无关(萨丕尔《语言论》),"私人语言"也被断为自相矛盾、无法成立的伪命题(维特根斯坦《哲学研究》),然而文体却执拗地指向个人的历史和经验,成为一个不可重复的生命个体的醒目标志。优秀的文学作品如此,诸子之文章又何尝不是如此呢?而诸子之所以为独特,既在于面目各异的文体特色,亦在于机杼独出的概念、命题与思想。既然如此,解读诸子,就应该将诸子之文与诸子之人紧密地结合起来,从文本的还原到语义的疏解,从语境的重建到思想的分析,既措之以严谨周密的实证之功,又加之以明敏灵动的生命参验,使我们对诸子的研究和理解在视点互补与方法兼综中不断向宏博精深之境前进。

(本文作者:沈立岩,南开大学文学院院长;陈洪,南开大学原常务副校长)

# 天津市开展社会科学普及周活动经验思考①

天津市社会科学界联合会课题组

提高全民族文明素质,不断开创人民思想道德和科学文化素质提高的新局面,努力使社会科学服务社会,是社会主义文化大发展大繁荣的重要要求,也是社会科学普及义不容辞的责任。市委九届十一次全会关于贯彻落实《中共中央关于深化文化体制改革推动社会主义文化大发展大繁荣若干重大问题的决定》的意见明确指出要"办好社科普及周"。这些为新形势下不断提升天津市社科普及周工作水平提出了更高要求。天津市社会科学普及周自2003年创办以来,至今已经连续举办了十届,对近10年的经验进行总结和思考,对于今后更好地开展社科普及工作具有重要意义。

**一、坚持以马克思主义为指导,是社科普及周活动沿着正确方向发展的根本保证**

马克思主义对社科普及的指导,主要体现在两个方面:一方面是普及的社科理论内容必须是正确的社科理论,是坚持马克思主义为指导的社科理论。另一方面是社科普及活动作为普及者、普及对象、普及内容和形式的紧密结合过程,有着内在的联系。社科普及活动是社科理论的对象化过程,是有规律可循、应循的,而社科普及的科学化就在于对这一客观规律的认识和遵循。天津市的社科普及周活动作为一项直接服务群众、服务社会的工作,只有始终坚持以马克思主义为指导,合理安排各项活动内容和形式,才能确保活动正确、科学、顺利地发展。多年来,社科普及周活动坚持以马克思列宁主义、毛泽东思想、邓小平理论和"三个代表"重要思想为指导,深入贯彻落实科学发展观,以丰富的内容和多样的形式,用通俗易懂的语言深入浅出地向广大市民群众宣讲马克思主义中国化的最新成果、普及社会科学知识,取得了显著的工作成绩。与此同时,社科普及周活动还坚持把以马克思主义为指导,与贯彻落实中央和市委的重大战略部署和重要会议精神结合起来,与打好天津市文化大发展大繁荣攻坚战的战略决策结合起来,与推进社会主义核心价值体系建设结合起来,受到了广大市民群众的欢迎。

**二、坚持围绕中心、服务大局,着力提升人的素质,是开展社科普及周活动的主要任务**

围绕中心、服务大局,是我们做好各项工作的重要要求。具体到社科普及活动也是如此,只有坚持围绕中心、服务大局,才能找准目标,做出成效。多年来,天津市的社科普及周活动坚持围绕党和国家特别是市委、市政府的中心工作,自觉服务于天津市经济社会发展大局,充分利用各种有效平台和载体,紧密联系广大市民群众的工作、生活和思想实际,突出主题,鼓劲造势,解疑释惑,坚持让事实说话,为群众着想,取得了较好的效果。

天津市每届社科普及周都开设百场报告会、讲座和百名专家与群众面对面的现场咨询活动,报告会、讲座的主题涉及"解读科学发展观"、"金融危机与天津经济发展形势"、"加快推进滨海新区开发开放"、"文化创意产业的理论与实践"、"社会主义核心价值体系建设"、"社会和谐稳定与社会预警预控"等,也从不同角度深入浅出地阐释胡锦涛总书记对天津工作提出的"一个排头兵"、"两个走在前列"、"四个着力"、"四个注重"和"五个下工夫、见成效"的重要要求,解读市委提出的"一二三四五六"的奋斗目标和工作思路,着力构筑"三个高地",全力打好"五个攻坚战"的重大部署,极大地激发了广大市民群众积极投身家乡建设的热情和干劲。

**三、坚持贴近实际、贴近生活、贴近群众,是开展社科普及周活动的基本要求**

贴近实际、贴近生活、贴近群众,体现了辩证唯物主义和历史唯物主义的世界观和方法论,是开展社科普及周活动必须坚持的基本要求。社科普及周活动的重点在于"普及",这就决定了活动的内容和形式不能高高在上、曲高和寡,必须贴近实际、贴近生活、贴近群众,才能收到良好效果。2012年9月15日,习近平同志在参加全国科普日活动时曾经指出:各级科协组织要进一步突出科普工作的大众性、基层性、基础性,让科普活动更多地走进社区、走进乡村,走进生产、走进生活。这些对于社会科学普及也具有重要指导意义。长期以来,天津市在开展社科普及周活动的过程中,为确保将"三贴

①本文摘自《天津日报》2012年11月12日。

近”原则真正落到实处，坚持开展调查研究工作，坚持深入工厂、学校、社区、农村等基层单位和广大人民群众之中，虚心听取人民群众的意见和建议，并针对不同特点的科普群体，采取喜闻乐见的科普形式，向他们广泛宣传普及社会科学知识和马克思主义中国化的最新成果，不断满足人民群众日益增长的精神文化需求。坚持贴近实际、贴近生活、贴近群众，已成为社科普及周活动增强针对性、实效性和吸引力、感染力的重要实现途径。今后，天津市社科普及周活动的开展，必须继续坚持“三贴近”的原则，密切联系我国和天津市改革开放和现代化建设的具体实践，密切联系人民群众的工作、生活和思想实际，积极探索“三贴近”的更多有效实现途径，再创社科普及周活动的新成绩。

**四、坚持创新工作思路和活动载体，是开展社科普及周活动的动力源泉**

创新是一个民族进步的灵魂，是一个国家兴旺发达的不竭动力，也是我们做好每项工作包括社科普及工作的必然要求。坚持创新工作思路和活动载体，已经成为社科普及周活动不断发展壮大的动力源泉。天津市的社科普及周活动之所以能够“一年比一年做得好，一年比一年影响大”，主要得益于在社科普及实践中始终坚持解放思想、实事求是、与时俱进，不断创新工作思路和活动载体，丰富活动内容和形式，从而使社科普及周活动不断焕发出蓬勃生机和活力。10 年来，社科普及周活动从最初单一形式的社科讲座和现场咨询，经过不断创新工作思路和活动载体，后来相继举办了全市性的社科知识有奖竞答、电话热线服务、电视人物专访、网络咨询互动，并通过电视、电台、报刊、网络等各种媒体广泛宣传普及社会科学知识和马克思主义中国化的最新成果，至今已经形成了八大系列、几十种形式的社会科学普及活动，大大丰富了活动内容，增强了活动效果，扩大了受众范围，提高了普及质量。同时，不断加强对社科普及规律的理论研究，从而有力促进科普工作的开展。这使社科普及周活动成为在广大市民群众中具有一定影响力和知名度的公共文化品牌，形成了社科普及工作的天津特色。

**五、坚持党的领导，发挥社联优势，弘扬奉献精神，是不断开创社科普及周活动新局面的重要保障**

天津市的社科普及周活动始终坚持党的领导，在政治上与党中央保持高度一致，认真贯彻落实中央和市委决策、部署，科普工作得到了市委宣传部的高度重视、直接指导和大力帮助。市委宣传部与市社联共同主办这一文化精品活动。此外，市人大、市政府、市政协以及宣传、科委、教育等系统和市有关职能部门都从各个方面给予大力支持，千方百计地为社科普及周活动排忧解难，为社科普及工作上水平提供了有力保障。市社联作为天津市社科界学术性社会团体的联合组织，是党和政府联系天津市社科工作者的桥梁和纽带，也是社科普及周活动的具体组织单位。10 年来，天津市社联充分发挥自身“联”的优势，在市委宣传部的领导下，积极主动与社会各界联合，形成了以学会、高校、科研院所、党校、区县和有关文化单位共同参与的立体工作模式；积极加强与新闻媒体的通力协作，加大社科普及周活动的宣传力度，提高社科普及周活动的社会效益，成立了主要由知名专家学者组成的社科普及专业委员会，为社科普及周活动出谋划策。此外，市社联党组带领各职能处室的同志，充分发挥团结协作精神，对社科普及周活动超前谋划、精心设计、认真组织、狠抓落实，从而为社科普及周活动扎实开展奠定了坚实基础。

经过近 10 年的艰苦创业，天津市的社科普及周活动已经取得了有目共睹的成绩，积累了行之有效的宝贵经验。同时，我们也应清醒地看到，天津市的社科普及工作与当前新形势下的社会需要、群众需求和兄弟省市的先进经验相比，还存在一定的差距，尚有很大的提升空间。为此，天津市的社科普及周活动在巩固已有成绩，坚持现有经验的基础上，今后还需要继续解放思想、实事求是、与时俱进，大力加强人才队伍建设，不断完善工作体制机制，主动顺应形势发展需要，积极探索科普发展规律，进一步提高社科普及工作的战斗力、整合力、影响力和科学化水平，努力开创天津市社科普及周活动更加美好的未来。

（执笔人：天津大学马克思主义学院副教授秦立海）

# 对策研究

## 2012年天津市“民生新七件事”调查报告

黄　瑛　郑　礼

为了了解市民所需所想所盼,2012年天津市统计局社情民意调查中心开展了“民生新七件事”系列调查,从就业、收入、物价、住房、社会保障、医疗和教育等7个方面进行问卷调查,力求反映百姓最真实的需求和情况。调查采用计算机辅助电话调查系统(CATI)进行抽样,按年龄、受教育程度、收入、职业等特征进行样本配额,在全市居民固定电话用户中抽取调查样本,有效地保证了各调查项目对全市居民具有代表性。

**一、就业问题**

围绕就业问题开展的抽样调查,共完成调查问卷739份,其中505份为深度访谈问卷。调查显示,有86.2%的市民关注就业问题;其中,表示“非常关注”的占28.1%,“比较关注”的占58.1%,“不关注”的占13.8%。市民对就业问题的关注热点主要集中在:

1.就业、创业扶持政策。有52.1%的市民关注就业、创业扶持政策。市民表示自己或身边的人有面临着就业问题,有的想自己创业,但存在创业资金少、贷款利息高等困难,希望能减免税收或给予补贴。市民希望出台政策支持创新,并给予资金帮扶,加强对中小型企业的支持;重视创新型人才培养,增加对从业人员的培训,改善创新环境,为创新搭建多元化的交流平台。

2.人力资源市场发达程度。有52.1%的市民关注人力资源市场发达程度。市民反映就业压力较大,而人力资源市场存在着秩序混乱、不规范、费用高、信息不流通等问题。市民希望对毕业生服务更全面一些,增加用人单位与求职者的直接交流渠道,扩大人才招聘的规模,最好多走进校园、走进社区,加强宣传力度和真实性,做到信息公开化、透明化。

3.公共职业技能培训机构。有46.1%的市民关注公共职业技能培训机构。有的市民表示想加强学习,提升自己,方便就业;有的市民认为自己学历低,希望有一技之长,培训后可以上岗就业;有的市民关心大学生的毕业就业问题,希望技能培训机构能够提供就业指导。市民希望多增加一些社会需求大的职业技术培训机构,如服务行业培训、技术性强的蓝领人员培训、家政(包括育婴师)培训、医疗保健(包括营养师)培训,多关注农村、农民、农业技术的培训。

4.公共服务领域就业。有41.8%的市民关注公共服务领域的就业问题。有的市民认为,公共服务领域与市民的日常生活相关,可以提高百姓生活质量、扩大就业渠道;有的市民认为,在公共服务领域就业,待遇好、福利高,所以关注公共服务领域的就业形势。市民希望出台相关政策增加公共服务领域就业机会,如增加食品安全和环境卫生监管方面的就业岗位,增加从事社区养老、医疗、商业服务的人员的就业岗位,多建公共健身、医疗卫生、图书馆、幼儿园等基础设施,以增加公共领域就业岗位。

市民对就业问题的呼声主要集中在:调查显示,79.4%的市民希望政府能够解决就业困难群体的就业安置问题;77.4%的市民希望设立监督举报部门,严厉打击不公平的就业;74.1%的市民希望增加人才市场的活跃度,建立完善的就业信息服务体系;73.9%的市民希望加大自主创业和灵活就业的扶持力度;73.7%的市民希望完善创业扶持政策,提升高校毕业生的创业能力;71.7%的市民希望扩大失业保险的保障范围;68.1%的市民希望增加公共职业技能培训机构。

## 二、收入问题

围绕收入问题开展的抽样调查,共完成调查问卷705份,其中500份为深度访谈问卷。调查显示,有87.0%的市民关注收入问题;其中,表示"非常关注"的占41.8%,"比较关注"的占45.2%,"不关注"的占13.0%。市民对收入问题的关注热点主要集中在:

1. 收入与消费。调查显示,89.8%的市民关注收入增长与消费增加的关系问题。主要有以下原因:71.9%的市民因为物价高而且增速快,影响到自己的生活水平,造成生活负担重、精神压力大等问题;12.9%的市民反映房价高买不起房,利率高、还贷压力大,二手房交易税费承担不起;11.2%的市民反映看病贵,药品价格不规范,企业员工报销比例低,企业从业人员医保最高支付限额低等问题。市民希望有关部门对物价的上涨进行适度的宏观调控,降低日常开支;继续坚持房地产调控不动摇,有效控制房价;继续降低医疗费用、教育费用。

2. 收入差距。有73.2%的市民关注收入差距问题,认为收入差距过大不利于社会稳定。市民希望收入分配政策更加公开透明,确保分配公平合理;打破行业垄断,缩小收入差距;加快农村发展,缩小农村和城镇的收入差距,多关注困难地区;提高最低工资标准,增加就业机会,缩小收入差距。

3. 收入增长。有65.8%的市民关注收入增长问题。市民反映物价上涨导致消费支出增长,而企业效益不好导致家庭收入增长缓慢。市民希望出台新的政策保证社会公平,实现工资与物价同步增长;切实提高农民的生活水平,解决收入增长缓慢问题。

4. 企业退休养老金水平。有57.4%的市民关注企业退休养老金水平,其中,已退休或即将退休的人群,特别是生活困难、有疾病的退休人群更为关注企业退休养老金水平。市民希望出台补贴政策,使退休金增幅与物价增幅联动,保障低收入人群收支平衡,实现企业员工与事业单位员工的退休金持平。

市民对收入问题的呼声主要集中在:调查显示,92.8%的市民希望继续完善养老、医疗体系,减轻百姓的后顾之忧;90.0%的市民希望保障居民收入持续稳定的增长;86.2%的市民希望改革收入分配机制,减少贫富差距;84.6%的市民希望提高最低工资标准;72.6%的市民希望扩大低保覆盖面。

## 三、物价问题

围绕物价问题开展的抽样调查,共完成调查问卷586份,其中500份为深度访谈问卷。调查显示,有87.4%的市民关注物价问题;其中,表示"非常关注"的占37.2%,"比较关注"的占50.2%,"不关注"的占22.6%。从职业看,企业员工对物价的关注度最高,其次为离退休人员。从收入看,收入在2001—5000元的人群对物价的关注度最高,其次是收入在1001—2000元的人群。说明中低收入人群、企业工作人员和离退休人员对物价的变动最为敏感。市民对物价问题的关注热点主要集中在:

1. 食品价格。调查显示,86.2%的市民关注食品价格。其中,关注蔬菜价格的占82.6%;关注肉禽蛋价格的占75.6%;关注水果价格的占74.6%;关注粮食价格的占70.8%;关注副食品价格的占69.8%。

2. 医疗保健和个人用品价格。有85.1%的市民关注医疗保健和个人用品价格。其中,关注医疗服务收费及药品价格的占82.4%,关注个人生活用品价格的占62.6%。

3. 居住价格。有市民关注商品房住宅价格及物业收费价格的占72.4%;关注居民用电、用水、管道煤气的价格占69.2%。

4. 娱乐教育文化用品及服务价格。有67.4%的市民关注娱乐教育文化用品及服务价格。近三成年龄在21—40岁的中青年人对娱乐教育文化用品及服务价格关注,关注度在各年龄人群中最高。

5. 交通和通信价格。有59.7%的市民关注交通和通信价格。其中,关注交通费用价格的市民占54.0%;关注通讯费用价格的市民占52.6%。

市民对物价问题的呼声主要集中在:调查显示,92.8%的市民希望有效地完善养老、医疗体系,减轻百姓的后顾之忧;90.0%的市民希望保证收入持续稳定增长;86.2%的希望改革收入分配机制,缩小贫富差距;84.6%的市民希望提高最低工资标准;72.6%的市民希望继续扩大低保覆盖面。还有一些市民希望稳定物价,加强对物价的监管。

## 四、住房问题

围绕住房问题开展的抽样调查,共完成调查问卷782份，其中502份为深度访谈问卷。调查显示，有79.4%的市民关注住房问题；其中，表示“非常关注”的占23.9%，“比较关注”的占55.5%，“不关注”的占20.6%。市民对住房问题的关注热点主要集中在：

1. 商品房价格。调查显示，78.9%的市民关注商品房价格，其中事业单位职工、21—30岁年龄段、个人月收入5001—10000元的市民关注度最高。市民对降低房价的呼声很高，占54.0%，希望房价能与老百姓收入水平挂钩，满足大多数市民的住房需求；继续加强房价调控，稳定商品房价格。

2. 住房配套设施和环境。有63.7%的市民关注住房配套设施、环境，其中政府机关工作人员、21—30岁年龄段、个人月收入5001—10000元的市民关注度最高。59.0%的市民希望有环境好、绿化水平高的居住环境，居住地点离市中心近、交通便利、配套设施齐全；加强对居民区周边汽车鸣笛和施工噪音的限制管理，加强居民区周边治安管理，规范物业管理、提高物业人员自身素质和服务意识，加强对居民区内流动人口的管理，延长公交线路方便市民出行。

3. 住房相关政策。有57.4%的市民关注住房相关政策，其中事业单位职工、31—40岁年龄段、个人月收入2001—5000元的市民关注度最高。市民希望政府部门加大力度打击投机性购房、打击炒房，继续执行限购政策；加快危房、城中村改造，依法尽快完成拆迁工作。

4. 保障房政策。有39.2%的市民关注保障房政策，其中离退休人员、20岁及以下年龄段、个人月收入1001—2000元的市民关注度最高。市民希望政府继续加大保障房建设力度，放宽保障房准购条件、降低利率、简化办理保障房购置手续，加大力度改善保障房周边配套设施和环境；根据市民不同收入水平制定分层次的保障房政策，满足大多数市民的住房需求。

市民对住房问题的呼声主要集中在：调查显示，市民希望继续加强房价调控，加大房价监控力度；保障居民住房配套设施完善、居住区周边环境良好、交通便利、物业管理规范到位；关注居民刚性住房需求，加大房源供给，多建一些60—80平方米的住房；加快改善老旧小区的配套设施，及时维护二次供水的管道等日常管理。

## 五、社会保障问题

围绕社会保障问题开展的抽样调查，共完成调查问卷661份，其中500份为深度访谈问卷。调查显示，90.0%的市民关注社会保障问题；其中，表示“非常关注”占32.2%，“比较关注”的占57.8%，“不关注”的占10.0%。市民对社会保障问题的关注热点主要集中在：

1. 医疗保障。调查显示，92.2%的市民关注医疗保障，其中政府机关、41—50岁年龄人群、个人月收入1001—2000元的市民关注度最高。市民希望扩大报销范围，降低门槛费，提高大额报销比例；扩大医保覆盖面，增加财政拨款提高医疗保障水平，提高医疗保障透明度；加大力度打击药贩，减少药物流转中间环节，进一步降低药价；增加医保药品种类，进一步提高医保缴存比例。

2. 养老保障。有87.8%的市民关注养老保障，其中其他职业类型（自由职业、学生、军人、无业人员）、51—60岁年龄人群、个人月收入5001—10000元的市民关注度最高。市民希望加大财政拨款力度，建设不同档次的养老院，同步提升服务水平、改善养老环境；出台向老年人倾斜的政策，减轻子女负担；多建国营养老中心，提高养老服务质量，提供人性化服务；加大社区居家养老力度，形成社区互助式养老模式。

3. 工伤保障。有31.0%的市民关注工伤保障，其中企业职工、31—40岁年龄人群、个人月收入5001—10000元的市民关注度最高。市民希望加大工伤认定标准的宣传力度和透明度。

4. 最低生活保障。有28.6%的市民关注最低生活保障，其中农民、51—60岁年龄人群、个人月收入1000元及以下的市民关注度最高。市民希望加大对特困户的帮扶力度，为他们提供便捷救助渠道，达到合理的救助水平；农村低保标准偏低，应与城市标准一致；继续提高救助标准，并与物价挂钩。

市民对社会保障问题的呼声主要集中在：调查显示，市民希望继续扩大社保覆盖面，使更多的弱势群体优先得到保障；推进社会保障政务公开，设立群众监督平台；加大社会保障监管力度，改善社会保障服务态度，提高服务质量；提高社会保障服务的便利程度，在社区增加代办点；推进社会保障跨城市应用，为外来务工人员提供便利；推进社会保障城市和农村全方位覆盖，对农村和进城务工人员的政策要更倾斜一些，取消地区差异，增强对外来务工人员的保障；增加农村独生子女家庭的相关社会保障政策。

六、医疗问题

围绕医疗问题开展的抽样调查，共完成调查问卷693份，其中500份为深度访谈问卷。调查显示，有90.6%的市民关注医疗问题；其中，表示“非常关注”的占35.6%，“比较关注”的占55.0%，“不关注”的占9.4%。市民对医疗问题的关注热点主要集中在：

1.医疗费用。调查显示，91.8%的市民关注看病费用。一些低收入人群反映“看病贵”，希望降低患者在诊疗过程中产生的检查费、诊疗费、药费等各项费用，特别是专家挂号和诊疗费用、进口医疗设备检查费、中药费用等；加大药价调控力度，推进医药改革，逐步实行医药分离，做到药品价格透明、合理，统一采购，统一定价，减少流通环节的费用，采购一些低价好药。

2.看病难。有90.2%的市民关注看病的方便程度，认为目前的预约挂号制度为患者提供了方便，但存在专家预约号倒卖、预约电话经常无人接听、专家问诊排队等候时间长等问题。市民希望继续增设三甲医院和专科医院，增加医护人员，有效分流排队患者，缩短候诊时间；加强社区医疗建设，扩大社区医院规模，跟进医疗配套设施，专家到社区对口定点坐诊，满足患者的基本需要；多安排专家周末问诊；完善网上预约挂号系统；提升服务质量，提升导诊人员素质，全面了解医院状况，对患者进行有效疏导；放宽取药量及取药时间的限制，为长期病患者提供便利。

3.医德医风。有85.6%的市民关注医德医风。市民反映部分医生倾向于给患者开自费药、开贵药；部分医生缺乏责任心，诊疗不认真，不能耐心给病患者解释治疗方案；存在住院难现象。市民希望继续完善医疗管理制度，加大对医疗机构的监管力度；制定考核制度，建立医德医风评价体系，考评结果与工资挂钩；定期对医护人员进行职业道德教育；增加医院办事公开的透明度。

4.就医环境。有85.4%的市民关注就医环境。市民认为良好的就医环境包括医院环境整洁、干净，医院氛围舒适、安静，看病有秩序，手续方便快捷，让患者感到安心。硬件上，医疗设施完备、床位配置合理，服务能力强，有足够的容纳能力，有一定比例的绿化面积和充足的停车位；软件上，服务到位，能够注重保护患者隐私。

5.诊疗水平。有83.6%的市民关注医生诊疗水平。市民认为优秀的主治医生有助于患者尽早康复，减少不必要的花费。市民希望提高医疗队伍的整体水平，提高普通应诊医生的诊疗水平，做到用药精准，减少不必要的检查，缩短治愈患者时间，降低医疗事故发生率；专家主要精力放在治疗疑难杂症、罕见病症上。

6.社区卫生服务体系。有63.4%的市民关注社区卫生服务体系。市民建议每个社区都拥有社区医院，提高社区医护人员的诊疗水平和社区医院的卫生环境，加大对社区医院的硬件投入，增加药品种类，尤其是老年人和儿童的常用药；增加医疗服务，包括医疗保健服务、咨询服务、上门服务等；设立病人档案库，定期举行义诊或常规检查，请一些有经验的名医坐诊。

市民对医疗问题的呼声主要集中在：调查显示，市民希望加大财政投入，降低医疗费用；增设综合性医院，缓解看病难现象；提高医生医术水平；倡导医者仁心，纠正医疗单位的不正之风；进一步完善医疗保障体系建设，完善医保制度、提高医保水平、科学管理医保基金；加强健全社区卫生服务体系；健全三级医疗网络体系；创造良好的就医环境；合理分配医疗资源；杜绝过度医疗和资源浪费；加大对医药市场的监督检查力度。

七、教育问题

围绕教育问题开展的抽样调查，共完成调查问卷809份，其中516份为深度访谈问卷。调查显示，有83.9%的市民关注教育问题；其中，表示“非常关注”的占32.4%，“比较关注”的占51.5%，“不关注”的占16.1%。市民对教育问题的关注热点主要集中在：

1.教师素质。调查显示，88.6%的市民关注教师素质，市民认为教师在学生的成长过程中有着非常重要的作用，教师素质会影响学生的思想、行为与未来发展；综合素质良好的教师有利于培养出优秀的学生。市民希望教师增强责任心，端正教学态度，提高综合素质；具有较强的教学能力，能胜任所教授的课程，与学生有效沟通；有良好的职业道德，认真对待课堂教学，不在校外办补习班赚钱；关心、鼓励学生，对同学一视同仁，不以学习成绩或家庭经济状况衡量学生。

2.教育质量。有70.3%的市民关注教育质量。市民认为好的教育质量能培养出高素质的人才；教授的理论知识与实践相结合,学生毕业后才能适应社会,为社会所用。市民反映目前大学注重毕业率,教授的知识陈旧落后、不很实用,希望教师与时俱进,教授内容与社会实际相结合,使学生更容易掌握最新的知识与科技,便于融入社会。

3. 教育体制。有63.6%的市民关注教育体制,市民反映目前教育模式偏向应试教育,存在一些弊端,学生缺乏创造性,社会意识、团队意识薄弱,而素质教育有助于突出学生的优势,有助于专业人才的培养。市民希望素质教育与应试教育相结合,把培养学生的综合素质与理论教育放在同等地位;增加授课的趣味性,培养学生的学习思维能力、动手实践能力、解决问题能力和自救能力;重视对学生思想道德、法制观念、礼仪方面的培养;因材施教,尊重学生的兴趣与认知方式。

4. 教育资源分配。有61.0%的市民关注教育资源分配的公平性问题,市民反映由于教育资源分配不均衡而产生的择校、课外辅导班、家教等费用,给一些家庭造成较大负担。市民希望优化资源配置,提高教育资源的利用率,缩小城乡之间、区域之间、校际之间师资力量和硬件设施存在的差异,使每位学生都能享有公平的教育资源;缩小重点学校和普通学校的差距,加强学校间交流,实行教师轮换制度,给普通学校学生提供较好的环境;增设国办幼儿园,缓解入园难现象。

5. 教育乱收费。有55.2%的市民关注教育乱收费问题,一些市民反映教育收费名目多,向学生收取的转校费、择校费、赞助费较高。市民希望加大对教育机构的监管力度;有关部门出台教育机构收费的相关规定、规范收费项目,细化收费标准,教育主管部门制定统一收费标准;希望教育机构增加收费透明度,需向学生家长说明收费的原因及用途。

市民对教育问题的呼声主要集中在:调查显示,市民希望优先发展教育,为天津市的经济社会发展和滨海新区开发开放提供重要的人才储备和智力支撑。市民希望继续提高教师队伍整体素质,完善教育系统人才激励机制;促进教育公平,缓解义务教育资源分配不均衡现象,关注偏远地区的学生,加大对教育薄弱地区、农村地区的扶持,使学生享有平等的受教育机会;继续深化教育体制改革,推进素质教育,大力发展职业教育,扩大学前教育资源;降低学费,治理教育乱收费现象,特别是降低课外辅导班费用,遏制教师收礼的不正之风;关注学生的安全,优化学校周边环境,增设中小学校车;扩大教育开放,促进教育国际交流与合作。

(本文作者:黄瑛,天津市统计局综合处处长;郑礼,天津市统计局综合处)

# 2012年天津市食品安全报告

天津科技大学食品安全战略
与管理研究中心

**内容提要**:2012年,中共天津市委、市政府继续高度重视食品安全监管工作,始终把它作为构建“和谐天津”、“民心工程”的重要内容来抓,食品安全监管专项整治成效显著。建立的食品安全生产企业风险预警系统,提高了食品生产企业的监管力度;实施的“放心食品”系列工程,有效地增强了消费者对食品安全的信心;全面建成了食品安全三级工作责任网,为老百姓树起一道食品安全“防火墙”;科学谋划天津市“十二五”期间食品安全工作;继续深入推行食品安全大家行活动,提高消费者食品安全信心;推进食品企业诚信建设,发挥安全示范企业效用等。报告还对2013年天津市食品安全进行了预测。

**关键词**:天津市　食品安全　放心食品　“5210”工程

“民以食为天,食以安为先。”随着生活水平的不断提高,人们对食品的要求不仅仅局限于吃饱,而更要求要吃好。近几年,我国不断出现食品安全事故,尤其是一些重大食品安全事故,使得食品安全成为普遍关注的问题。从中国社会科学院发布的2012年《中国省域竞争力蓝皮书》中发现,天津入围省域竞争力前十名,这已经是天津市连续第6年入围全国前十。在高速发展的背后,人民群众对食品安全的呼声也日益强烈。

2012年,中共天津市委、市政府高度重视食品安全工作,始终把保证食品安全作为构建“和谐天津”、“民心工程”的重要内容来抓,对食品安全工作多次提出要求,多次研究制定食品安全工作措施;有力地推进了天津市食品安全工作顺利开展。本年度,在国务院、国务院食品安全办和市委、市政府的正确领导下,天津市食品安全办公室会同各区县、各有关部门认真贯彻落实《国务院关于加强食品安全工作的决定》、《国家食品安全监管体系"十二五"规划》和天津市2012年食品安全年度监管计划,深入开展食品安全专项整治,扎实推进放心食品系列民心工程建设,全面建成区县食品安全三级工作责任网,研究制定"十二五"时期天津市食品安全规划——"5210"工程,使天津市的食品安全形势连续4年保持了总体稳定向好的局面。

## 一、2012年天津市食品安全整体情况

2012年,各食品安全监管环节,共完成实验室检测4万余批次。其中,初级农产品环节检测1.14万余批次,抽检合格率为98.3%,同比去年提高0.3个百分点;生产加工环节检测1.8万批次,抽检合格率为98.3%,同比去年提高2.15个百分点;流通环节检测1785批次,抽检合格率为96%,同比去年提高3个百分点;餐饮服务环节抽检近6000批次,食品安全风险监测合格率为97.9%,报告食物中毒事件起数和人数均比去年同期下降50%以上,学校食堂未发生食物中毒事件,天津市食品安全工作水平整体得到提升。[1]

### 1.食品安全监管专项整治成效显著

2012年,天津市完成了对乳制品、食用油等综合治理,开展了重要节日、重大活动、重点品种、重点区域的食品安全专项整治,查处了注胶虾、制售假盐、注水瘦肉精肉等一系列食品安全违法案件。据统计,全市共开展食品安全快速检测65万余批次,出动执法人员约12万人次,检查食品生产经营企业约22万家次,依法查处食品生产经营企业违法案件575件,捣毁制售假冒窝点140个,涉案问题产品约100余吨,罚没金额552万余元。

2012年,国家监督抽查天津市食品及食品相关产品共16类94批次,合格率为97.87%,高于全国平均水平2.45个百分点。针对糖果、糕点、炒货及坚果制品、化妆品、食用植物油等34类食品及相关产品,天津市质监系统共抽查了2757家食品及食品相关产品生产企业生产的3279批次产品,合格产品3157批次,产品合格率为96.28%。其中粮食加工品、食用油、油脂及其制品、乳制品、方便食品、饼干、蛋制品等13类产品抽查合格率为100%。酒类、蔬菜制品、水果制品、速冻食品、罐头、豆制品、蜂产品等17类产品合格率在90%以上。[2]

截至2012年12月底,天津市共组织5批产品质量专项监督抽查,涉及31类产品,抽查产品944批次,合格880批次,产品合格率为93.22%。市级抽查定量包装商品157批次,抽查商品包括元宵、冷冻水产品、冷冻肉类、葡萄酒、化妆品、食用油、小食品、预包装商品、乳制品等,净含量合格率91.08%,净含量标注合格率96.18%。2012年天津市针对食品添加剂问题实施风险监测3838批次,检出99批次存在质量问题,问题样品检出率为2.58%。

天津市质监局先后组织对乳制品企业的219批次产品开展"月抽检",对69批次产品开展计划性监督抽查和风险监测,对13353批次成品和原料进行三聚氰胺专项检测,对4209批次成品和原料进行黄曲霉毒素M1专项检测,均未发现问题样品。[2]

### 2.建立食品安全生产企业风险预警系统

国务院在2012年发布的《国务院关于加强食品安全工作的决定》中提出,"严格实施食品生产经营许可制度,对食品生产经营新业态要依法及时纳入许可管理。不能持续达到食品安全条件、整改后仍不符合要求的生产经营单位,依法撤销其相关许可。"为了贯彻执行国务院的规定,提高食品安全监管的有效性,天津市质监局研发了食品安全生产企业风险预警系统,这个系统从企业监管计划落实率,企业日常检查结果的整改情况,企业生产许可审查整改项目,企业历次风险监测和监督抽查结果,企业投诉举报和案件查实情况,食品突发事件的相关因素,企业规模,企业与下游产业关联度等8个方面对食品企业的风险指数进行评估。根据风险因素,只要把日常工作情况录入系统模型,便会自动更新企业风险值,所有结果会自动生成,从而使监管人员清晰了解企业风险高的具体原因,评估结果中得分高的企业其风险系数越高,这一结果将直接体现在监管人员的日常待办事项中,哪些企业的风险偏高,需要进行风险解除一目了然,根据企业风险值的变化情况采取有效措施予以降低。此外,风险预警模型还可以分地区、分种类、分原因、分企业,实时了解全市食品风险状况,将食品安全事后处置变成事前控制。这就提高了监管的工作效率,在一定程度上解决了基层监管人员不足的问题。[3]

从2011年起,天津质监局在全国率先开始提高食品企业的准入门槛,当年注销了476家食品生产企业,将近食品生产企业总数的1/3,而当年的食品

工业总产值达到了1400亿元,同比增长了50%,利税同比增长66.7%。通过提高准入门槛,天津的食品生产企业水平有了显著提高。作为天津乳制品的龙头企业,海河乳业在近两年的质量抽查中均未出现不合格产品。海河乳业在产品质量监管方面,首先保障原料奶质量。海河乳业为保证奶源安全,拥有自己的养殖基地、种植基地和饲料加工基地,这就从全方位确保奶牛的健康和奶源的安全。在生产加工环节,海河乳业建立了品控人员随时叫停生产制度,当品控人员在生产过程中发现有不合格的情况时,可以立即叫停生产。在产品即将出厂之前,还要经过一次全指标的检验,合格后这批产品才可以上市销售。通过对食品生产企业监管力度的加大,有效提高了食品生产企业食品安全责任意识,对保证全市食品安全起到了很大的推进作用。[4]

3. 实施"放心食品"系列工程

天津市已经启动了"放心食品"系列工程,2012年开展了"放心馒头、放心餐馆"等5项民心工程建设,取得了阶段性成果。截至目前,(1)放心馒头建设:天津市以利达主食大厨房为主体企业的"放心馒头"已达到日产200万个生产规模。(2)放心菜基地建设:全市建成放心菜基地近10万亩,生产放心菜约30万吨。(3)放心猪肉工程建设:对26家市定点屠宰厂安装摄像头,并开展猪肉流通追溯体系试点建设。(4)放心奶工程建设:是天津市2012年着重建设实施"放心食品"系列工程的重点。"放心奶"工程从养殖、生产、销售等各个环节把关,保障产品的品质合格安全。尤其是在生产环节上,质检部门要求当地企业必须向社会开放,接受消费者监督,并向社会作出质量安全承诺。质监部门严格检测产品,针对乳制品的品质,天津市在国家标准的基础上还增加了汞、铅含量的检测。同时,天津市质检部门还对乳制品卖场进行了规范,从而保证外地生产的乳制品的质量安全。[1]2012年,质检部门对天津市乳品生产企业检测近1.4万批次,检测合格率为100%,放心奶产品日销总量达到291.8吨。(5)放心餐馆工程建设:天津市本年度连续四季度开展放心餐馆动态评定工作。目前,获得大笑标识的优秀餐馆1628户,获得微笑标识的良好餐馆5705户,获得平脸标识的合格餐馆6841户。由于放心食品安全系列民心工程得民心、顺民意,受到了全市消费者的一致认可和好评。[5]

4. 全面建成食品安全三级工作责任网

根据天津市政府办公厅《关于在区县建立食品安全三级监管网络的通知》要求,全市16个区县于2012年6月30日前,都建成了食品安全三级工作责任网,实现监管全覆盖。天津市首创的食品安全监管机制——食品安全三级监管网络,形成了责任明确、制度完善、运行有效的责任网,为市民树起一道安全"防火墙"。三级监管网络是指每个区县都建立食品安全办公室,每个街道、乡镇都建立监管站,每个社区居委会、村委会都建立监控点,横向到边,纵向到底,及时发现、报告、处置辖区内食品安全事件。为扭转当前食品安全工作中存在的"监管的看不见、看见的不监管"现象,延伸监管触角,本年度天津市大力开展了食品安全三级监管网络建设工作。2012年10月市食安办会同市政府督查室对各区县食品安全三级监管网络工作进行考核验收。目前,全市16个区县均已建成食品安全三级工作责任网,有的区县还把药品纳入责任网之中。

天津市的食品安全三级工作责任网建设走在了全国的前列,并较好的发挥了"隐患排查、信息报送、协助执法、宣传教育"等作用。据统计,全市乡、镇、街共建成264个食品安全监管站、配置603名专兼职监管员,聘用5353名食品安全协管员(信息员),津南区还向社会聘请了637名食品安全志愿者。全市共排查出食品安全隐患200余处,协助执法部门取缔食品生产加工黑窝点、黑作坊、黑工厂35个,发放宣传材料10万余份。[6]

5. 科学谋划天津市"十二五"期间食品安全工作

按照国务院《决定》、《规划》要求和市领导的指示,天津市食安办会同有关部门,结合本市实际,研究制定了具有可操作、可实现的"十二五"食品安全规划,即紧紧围绕建立健全食品安全监管、风险监测、检验检测、督导评估和应急管理5大体系,搭建食品安全信息和宣传教育2个平台,开展"放心馒头、放心食品示范店、放心肉鸡"等10大放心食品系列民心工程的"5210"工程,确保全市食品安全,让市民吃得放心、用得安心。[1]

6. 继续深入推行食品安全大家行活动

2012年,天津市继续深入推行"质检邀您看企业,食品安全大家行"活动,通过邀请消费者直接到食品生产加工企业实地参观,食品企业负责人、监管部门负责人等相关人员直接回答消费者问题等方式,实现消费者对食品安全状况的了解,普及食品安全知识。2012年5月11日,天津市质监局、出入境检验检疫局、市食品工业协会及天津电台联合在河西区天津子母乳品有限公司组织开展了"质检邀您看企业,食品安全大家行"活动。来自社会各界的人大代表、政协委员、劳动模范、消费者代表及媒体记者参加了此次活动。天津市质监局食品处相关领导就天津市"放心奶"工程建设情况做了介绍:实施"放心奶"工程建设既需要各监管部门周密部署,通力协作,狠抓落实,更要求企业严格遵守国家法律法规,严格自律,诚信经营,强化各项管理,认真落实各项措施和要求。同时,质监部门对乳制品生产企业的监管情况进行介绍:一是落实辖区监管责任制,对全区所有食品生产加工企业实行网格化监管;二是全力推动"放心奶"工程建设,子母乳品有限公司已于3月16日正式对外开放;三是结合日常巡查工作,积极开展各类专项整治活动;四是突出重点,做好乳制品"批批检"工作;五是帮促企业自我提升,服务企业长远发展,通过邀请技术专家和兄弟区局开展隐患排查,帮助企业消除潜在隐患,确保乳制品的质量安全。[7][8]

2012年3月28日,天津经济广播《天天美食》与市质量技术监督局等单位共同主办的"质检邀您看企业,食品安全大家行"活动,邀请了50多名热心听众来到天津伊利乳业有限责任公司,观摩检查食品质量与安全管理情况。2012年9月,在天津津乐园食品有限公司邀请消费者通过参观月饼生产的全过程,企业负责人介绍了月饼生产的原料采购、生产配料、过程监控、食品流通、不合格产品处置等质量安全制度,食品质量安全控制关键岗位相应管理措施和食品安全事故应急预案落实等情况,普及了食品安全知识,提高了消费者的食品安全信心。[7][8]

7. 推进食品企业诚信建设

作为食品安全重要措施的食品行业信用体系建设工作,一直受到党和政府的高度重视。通过政府指导和推动,行业协会加强自律,企业履行主体责任,社会各界参与并监督,已逐步建立起企业责任为基础、社会监督为约束、诚信效果可评价、诚信奖惩有制度的食品工业企业诚信体系,成为保障食品安全重中之重的工作。

安全的食品是生产出来的。作为市场经济的主体,企业的诚实守信,对推进行业发展、繁荣市场有着特殊的意义。一直以来,天津市积极贯彻落实国家有关食品安全的法律、法规和政策,开展了大量积极并富有成效的工作,为消费市场提供了坚强的支持和保障。为落实《关于加快食品安全信用体系建设的若干指导意见》,截至2012年评选结果揭晓,天津市已连续5年评选"天津市食品安全示范企业"五批。目前,天津市食品安全示范企业已达到81家。[9]

由天津市食品安全信用体系建设办公室依照评审标准和程序评选的第五批"天津市食品安全示范企业"共46家。参评企业涉及肉及肉制品、粮油制品、营养保健品、调味品、酒类产品、焙烤糖制品、乳制品等十余个食品行业门类。其中天津利金粮油股份有限公司等37家企业,以其严格有效的食品安全生产控制管理体系通过复评;天津市利好食品有限责任公司等9家企业也首次通过评审获得"天津市食品安全示范企业"荣誉。

大力推进"诚信体系建设",是食品安全这一民生工程的迫切需要,也是天津市经济社会发展的内在要求。诚信已不仅关系企业的信誉,而且连接着企业赖以生存的市场。在激烈的市场竞争中,诚信已成为关系企业生存发展的重要软资源。加强行业自律,加快诚信体系建设已成为规范市场的迫切要求,也是确保天津市食品工业调整结构,转变发展方式,保持健康、快速、持续发展的必由之路。

## 二、天津市食品安全下一步应采取的措施

下一年度是贯彻落实十八大精神的第一年,同时,也是实现国务院《决定》提出的"3年解决突出问题,5年水平大幅提高"总目标关键的一年,在2012年的基础上,做好食品安全工作意义重大。

1. 突出食品安全"5210"工程建设

紧紧围绕着建立健全食品安全监管、风险监测、检验检测、督导评估和应急管理5大体系,搭建食品安全信息和宣传教育2个平台,在继续开展"放心馒头、放心猪肉、放心菜基地、放心奶、放心餐馆的基础上,将启动放心食品示范店、放心食用油、放心豆制品、放心面粉、放心肉鸡"等共十大放心食品系列民心工程建设。天津在2013年,应继续建设食品安全"5210"工程,强化食品安全整顿工作,创新食品安全监管模式,积极探索建立长效机制,深入开展诚信体系建设,努力使天津市的食品安全工作再上新水平。新年度实施的"5210"工程,应确保地产无公害种植生产基地产品抽检合格率稳定在

98%以上,地产畜禽产品瘦肉精残留、兽药残留抽检合格率均稳定在99%以上,地产水产品抽检合格率稳定在97%以上,地产生鲜乳中三聚氰胺检测合格率达到100%。同时,应严厉打击食品添加剂和添加非食用物质等违法经营行为,年内计划完成200家流通环节食品安全管理示范店认定工作,1000平方米以上餐馆、学校食堂、集体用餐供餐单位、中心厨房和连锁餐饮企业,力争100%达到B级以上水平。

2. 将食品安全工程纳入民生计划

在新一年度,各区应将食品安全系列工程列入本区全年民生实事栏目中,在"实施食品安全系列工程"过程中应将目标定位为:加强食品安全检查,确保全年不发生重大食品安全事件,并在量上做细化:在全区创建"食品安全管理示范店"若干家。继续推进放心餐馆工程建设,将优秀、良好等餐饮服务单位数,分别提升。在推进食品安全工程建设过程中应完善食品安全三级工作责任网建设,加强流通环节食品安全监管,落实放心餐馆、放心馒头、放心肉、放心奶、放心菜等食品安全系列工程建设。[10]

3. 强化食品安全抽检工作

自2012年11月份以来,天津市食安办会同市农业、商务、经信、工商、质监、卫生、食药、检验检疫局等部门,经认真对2012年监管计划的执行情况进行全面的总结和分析,结合党的十八大精神和新形势的要求,经过反复研究论证,广泛征求意见,制定了《2013年天津市食品安全监管计划》,计划2013年,天津市食品安全抽检批次,在食用农产品环节平均增加5%,生产环节增加50%,流通环节增加25%,餐饮消费环节增加10%,同比2012年有较大幅度增加。同时,加大食品安全风险检测的覆盖面和覆盖密度,由8个区县扩大到16个区县,由640个监测点,扩大为1000—1200个。首次把食品安全标准管理内容列入到2013年监管计划中。落实食品安全国家标准的跟踪评价、宣传贯彻等一系列的工作。建立健全天津市食品安全地方标准管理制度、程序,加强企业标准备案和地方标准管理,使备案和审查办结率达到100%。[1]

4. 突出食品安全诚信体系建设

针对食品安全诚信体系建设问题,天津市在新年度应全面开展食品生产经营企业诚信体系建设,完善诚信体系建设培训指导机制,研究建立诚信激励机制,通过统一的食品安全举报电话的设立等措施,率先在规模以上的乳制品和食用油企业实现诚信建设全覆盖。[11]

5. 建设食品安全可追溯制度

食品安全可追溯体系是一种旨在加强食品安全信息传递、控制食源性疾病危害、保障消费者利益的食品安全信息管理体系。欧盟委员会在EC178/2002条例中将食品可追溯性解释为在生产、加工及销售的各个环节中,对食品、饲料、食用性动物及有可能成为食品或饲料组成成分的所有物质的追溯或追踪能力。可追溯体系是一套非常有效监管食品质量安全的路径,通过条码能追溯到产品的生产班组、时间、流程。2012年,天津市的"放心猪肉"工程开展了猪肉流通追溯体系,通过互联网让猪肉产品来源可追溯、去向可查证、责任可追究。在新一年度,天津市应该加大力度建设食品安全可追溯体系,实现"从农田到餐桌"的食品生产全程可追溯。建立全市统一的食品安全追溯信息归集、共享、公布平台,并由食品生产经营者按照规定报送信息,在农产品生产源头,农业投入品经营者要建立经营记录等。

## 三、2013年天津市食品安全工作预测

2013年,天津市食品安全工作在2012年的基础上,将继续深入展开"5210"工程建设,完善放心食品系列工程,强化食品安全三级网络监管,在目前建成的食品安全三级监管网络的基础上,加强乡镇与街、村、社区的食品安全工作,使食品安全监管进一步细化;建立食品安全风险监测体系,在天津市疾病预防控制中心建立以天津市食品安全风险监测评估中心为枢纽的风险评估网络,全市建成有害因素和异常健康事件监测点,形成反应灵敏、信息通畅的食源性疾病监测网络体系。同时,建立食品安全主动监测系统,通过主动对本市各哨点医院和实验室监测异常聚集性食源性疾病调查,进行疾病暴发识别并及时判定;通过主动对部门食品安全检测信息的汇总分析,找出问题产品,及时作出整改及采取相应的应对措施;建立食品安全督导评估体系,将食品安全工作纳入对区县政府政绩考核体系中;建立食品安全应急管理体系,组建食品安全事故应急专家库,提升快速反应能力。建立天津市食品安全预警信号机制,将食品安全事故分为红、橙、黄、蓝四个等级,在发生食品安全事故时及时向社会发布。

同时,应该进一步加强相关部门对食品安全监

管的责任意识,做到食品安全监管部门各司其职。切实落实食品安全监管责任部门:食用农产品安全由农业部门负责;食品生产监管由质监部门负责;食品流通监管由工商部门负责;餐饮服务监管由卫生和食品药品监管部门负责;进出口食品监管由出入境检验检疫部门负责;生猪屠宰监管由商务部门负责展开食品安全监管工作。落实相关监管部门责任人的工作范围和责任,做到“从农田到餐桌”的食品安全全程监管。

(执笔人:于丽艳,天津科技大学副教授;王殿华,天津科技大学教授)

**注:**

[1]《天津去年食品抽查合格率为97.87%》,《中国食品安全报》2013年1月21日。

[2]《天津市建食品质量风险预警系统,预计9月前上线》,《北方网》2012年6月15日。

[3]《天津提高食品企业准入门槛保障食品安全促进产业发展》,《中国经济网》2012年7月25日。

[4]《天津强化政府责任确保食品安全》,《新华网》2012年5月23日。

[5]《天津16区县建成食品安全三级监管网络》,《东方网》2012年12月28日。

[6]《天津市质监局组织市民参观乳品企业全过程生产》,《中国质检网》2012年8月14日。

[7]《食品安全大家行活动在东丽区举行》,《人民网》2012年9月11日。

[8]《推进食品企业诚信建设发挥安全示范企业效用》,《天津日报》2012年3月5日。

[9]《2013天津市内六区民生:将食品安全工程纳入计划》,《新华网天津频道》2013年3月26日。

[10]《完善食品安全诚信体系》,《人民网》2013年3月5日。

[11]《2013年天津将全面实行食品安全“5210”工程,每日新报》,《转自新华网》2012年5月18日。

# 天津市政府投融资平台金融风险防范研究

任碧云

**内容提要**:对天津市政府投融资平台的基本情况进行了分析,其发展具有三个特点:一是平台整合工作取得积极进展;二是规模化投融资平台较少;三是政府投融资平台贷款总量大、客户集中度高、政府担保比例高。如何有效管理天津市政府投融资平台金融风险?即应着力建立政府投融资平台金融风险的内部防范措施、政府投融资平台金融风险的外部治理路径、政府投融资平台金融风险协调监管的架构重建、加强平台公司信贷资金管理、拓展投融资平台融资渠道、加强信息披露。

**关键词**:政府　投融资　金融风险　投资

## 一、天津市政府投融资平台的基本情况分析

从业务运作特点、信贷业务需要和第一还款来源、政府投资资金级次和地域范围等方面看,天津市政府投融资平台发展具有三个特点:一是平台整合工作取得积极进展。全市政府投融资平台公司由原来的155家整合为41家,将以前“散、小、弱、乱”的平台公司整合为现在的较为规范的集团公司及其二级公司,平台公司持续发展和防范风险能力有所提高。二是规模化投融资平台较少。41家平台公司中,注册资本金超过100亿元的仅3家,注册资本金低于20亿元的有23家,占总数的56%。资金规模较大的平台公司,公司治理较规范,融资能力较强,可持续发展能力较强。相比之下,资金规模较小的平台公司,公司管理水平不高,融资能力较弱,经营风险较大。三是政府投融资平台贷款总量大、客户集中度高、政府担保比例高。政府投融资平台新增贷款中,抵质押贷款占比仅为22%,信用及保证贷款(主要是各级政府出具担保函或承诺函,政府投融资平台间互相担保等)占比高达71%,

对于全市政府投融资平台经营情况,总的现状特点是:一是投融资平台收入水平较低,经营性收入占比仅为50%,平台公司自身赢利能力较低。二是投融资平台负债率较高。负债率和偿债率均超过国际公认的安全警戒线。三是投融资平台内部管理急需加强。特别是区县平台,尚未建立健全科学、有效的治理结构、内控制度及风险防控体系,平台公司的董事长、总经理多为行政部门领导,对国家相关政策、金融专业知识、平台运作方式了解不深,平台公司可持续发展能力较差。四是投融资平台还款能力较弱。据统计,41家平台公司中,有11家注册资本金未全部到位。

天津市政府投融资平台的金融风险及影响具有以下几个方面。一是宏观政策风险。主要体现在货币政策紧缩导致的融资风险和房地产价格下跌导致的债务风险,短期内都不会消除。二是业务经营性风险。政府投融资平台因原贷款解包还原、

新贷款严格管理、土地出让收入下降等原因,贷款到期无法偿还本金和利息。另外,各银行平台贷款涉及行业主要集中于城市基础设施改造、公路交通建设等项目,这类贷款的还款普遍依赖土地的增值和变现,风险集中点就是土地数量和土地价格。三是债务时滞性风险。目前平台贷款中固定资产贷款余额占比高达80.92%,中长期贷款余额占比达91.28%。由于期限长,风险暴露时间相应后延,一些工程可能出现以贷还贷、以贷还息现象,从而掩盖银行资产质量,形成风险隐患。四是内部管理性风险。政府投融资平台业务种类及经营模式在很大程度上与政府意向密切相关,使其无法完全体现市场主体特征;公司的经营活动横跨产业部门和金融部门,使其经营和管理模式既不同于工商企业,也不同于金融企业。这种双重性质,使其内部治理结构不能很好地体现现代企业制度的要求。五是外部监管性风险。现行地方政府投融资平台没建立一套规范的制度结构,在法律上也没有足够的依据。平台公司兼具政府公共部门和企业双重属性,在实际工作中通常表现为地方政府对公共资源有效整合的依赖性较强,但对投融资平台运营的监管明显不够。

## 二、有效管理天津市政府投融资平台金融风险

1.政府投融资平台金融风险的内部防范措施。一是加强平台公司内部管理,制定资金“借、用、管、还”方案,建立科学、高效的投融资决策流程以及严格的风险防控体系。二是规范政府投融资平台管理,完善公司治理结构,建立健全风险责任机制,探索建立与自身实际情况相适应的运作标准和操作程序。三是建立完善的信息沟通机制,让政府、平台自身、银行三方了解真实的资金流和经营运作情况。四是从实际出发,发展与公司相适应的人力资源战略。

2.政府投融资平台金融风险的外部治理路径。一是,制定地方政府融资法规,规范融资主体的行为,提高资金的使用效益,使地方政府融资向法制化、规范化方向迈进。二是,建立地方政府投融资责任制度,严格管理地方政府担保行为,政府与融资平台公司之间保持严格界限。三是,加强对地方政府融资过程的考核与财务监管,对财政投融资政策运行的各个环节应该加强监督。建立相关的考核体系,对区县领导、平台公司高管实行平台债务终身负责制。四是,充分发挥外部审计的作用,拓宽稽查范围,对重要业务及岗位进行专项检查与审计,从而加强对投资项目的财务监管,堵塞财务管理上的漏洞。

3.政府投融资平台金融风险协调监管的架构重建。建立对平台公司和银行等金融机构的双向监管模式,金融监管部门要加强与财政部门的沟通协调,建立信息共享及跟踪机制,平台公司的运作透明度。由各级财政部门负责对本级政府投融资平台的监管,银行监管部门负责对全市银行等金融机构的监管,各相关部门履行各自职责,市金融办负责平台公司与银行、财政部门与银监部门的协调沟通。

人民银行和银监部门要牵头建立协调机制,全面核实地方政府债务。要积极关注银行放贷冲动下的风险隐患集聚,加强市场风险预警,防止金融机构过度竞争和盲目参与,避免信贷资产过度集中而可能引发的系统性风险。要从维护金融系统安全的角度出发,运用联席会议、金融媒体言论等多种渠道和方式,加大为金融机构代言宣传力度,形成对政府投融资平台理性发展的良性制衡。

4.加强平台公司信贷资金管理。一是严格按照贷款项目用途使用资金,进一步落实还款来源,逐步渐少借新还旧情况。对重点建设项目后续资金不足的,应加强协调落实。二是在项目评审中,充分考虑平台公司项目贷款担保方式的多样性和特殊性,有效地规避贷款风险。对于转贷、挪用和转投等现象应逐笔规范,建立银行监管账户,确保贷款资金能做到“专款专用”,防止被挪作他用。三是逐步建立一套完备的贷款风险评估体系,加强对地方经济发展的分析和预测,对已发放贷款项目未来现金流量的变化情况进行跟踪评估,对贷款使用实行全程跟踪和严密监控。

5.拓展投融资平台融资渠道。一是继续拓展地方政府作为出资人的职责,以直接注入资本金、专项建设资金、地方税收和一些相关费用的返还,土地以资产的形式注入平台公司。二是向银行借款。一方面可从政策性银行(国开、农发)和商业银行等银行性金融机构取得贷款支持。三是公开发行债券,通过发行企业债券和商业票据等债务工具进行债务融资。四是进行资产证券化以及“银政信”合作发行信托理财基金。对自身经营性资产进行整合和重组,进行基础设施资产证券化等资产融资方式。五是积极开展股权类融资,引进战略投资

者。推进市政公用事业产业化,吸引各种社会资金直接投资建设和经营。

6.加强信息披露。地方政府公开政府财政状况,政府债务负担情况,并对债务进行确认、记录和报告,提高债务管理能力,加强公众对地方政府债务的监督。各级政府应将能够公开金融机构有需求的有关信息对金融机构进行适度披露,包括市、区县各级财政收支(按月或季度)及政府负债情况、各级政府平台公司基本情况、相关建设项目批复信息等,以便银行等相关金融机构更全面地了解相关信息。同时,规范政府投融资平台公司债券融资的业务流程也是信息公开透明的保证,现在平台公司债券融资模式运作并不规范,带有一定的盲目性和随意性。规范相关业务的运作流程有助于打破地方政府的黑箱操作,使平台公司投融资信息更加透明、投融资的业务运作也逐步市场化。

(本文作者:任碧云,天津财经大学金融与保险研究中心主任、教授)

# 天津市水务建设投融资体制研究

马连福

**内容提要**:对水务建设中投融资体制的模式进行了分析,提出国外水务产业投融资可借鉴之处是:政府控制和市场运行相结合、创新水务产业投融资模式、投资主体多元化。天津市水务建设投融资体制现状与问题主要有:投融资渠道相对狭窄、融资模式相对匮乏、基础设施债务风险比较大。天津水务建设投融资发展应沿着"公司化治理——市场化运作——社会化融资——国际化竞争"这条路径发展,着力抓好扩大财政投入规模、扩大财政投入规模用足用好水务基金和经费、引导民间资本投入水务建设、推进水务资源资产化、提高行业监管与服务水平。

**关键词**:水务　投融资　体制　城市水务

## 一、水务建设中投融资体制的模式分析

在推进水务建设上,加大投融资体制建设具有必要性。在这一体制推进和建设的过程中,总结国内外水务建设投融资体制的经验将为我们的改革提供必要的参考和借鉴。在国际上,水务建设投融资体制上有以完全私有为特征的英国模式、特许经营为特征的法国模式、公有为主的美国模式以及完全公有为特征的荷兰模式。综合这些国外水务产业投融资的实践,可以为我们提供以下几方面的启示:一是政府控制和市场运行相结合。政府对水务投资、水费价格等指标进行宏观控制,各水公司独立核算,自负盈亏,自我发展。二是创新水务产业投融资模式。三是投资主体多元化。包括政府直接投资、机构投资者投资、私人投资、资本市场融资、各类基金投资等。四是加强水务投融资监管。值得一提的是,英国所采用的完全私有化的水务项目投融资模式,同时也成了水务监管体制最为科学和完善的国家。改革开放以来,我国城市水务建设投融资体制也取得了重要发展,探索了以特许权协议为基础的合作融资模式、股权融资模式、资产证券化模式等。

对比分析国内外城市水务基础设施投融资体制,都面临资金短缺、财政负担过重、资金来源不稳定、水务基础设施运营低效率等难题。而我国城市水务基础设施投融资体制存还存在垄断经营导致水务企业普遍生产效率低、亏损经营,水务企业的旧的产权制度不适应市场经济的发展,行业资本严重短缺,城市水务基础设施投资主体单一,财政资金容易受到政治因素和国家经济状况影响等问题。

天津城市供水安全、城乡防汛减灾安全、城乡水生态环境保护、农村水务安全保障等各方面水务基础建设状况表明,全市水务基础建设还面临困境。即:一是基础设施建设资金投入绝对总量小,相对比重低,城市基础设施投入资金占全社会固定资产投资和 GDP 的比重处于较低水平。二是基础设施建设项目工期长,投资收益不高。财政性基建项目战线长,建设业主力量分散且专业能力不足,建设管理模式单一,项目的投资、工期、质量"三控制"效果不佳,并且建设与管理衔接不紧,有的项目出现脱节,投资效益不高。投产工程缺乏良性运行机制,造成建成的工程愈多,负担愈重的恶性循环局面。三是劳动力组织困难。特别是在农田水务建设上面临着劳动力组织困难的问题。

## 二、全市水务建设投融资体制现状与问题

我们应该客观地考察和认识全市水务建设投融资体制的现状和存在的问题。可以说,全市初步

建立了水务建设投融资市场机制，通过开发水、土优势资源、盘活水务存量资产、经营资源、资信等，积极搭建水务投融资平台。出台《天津市水务局预算管理办法》后，初步确立了资金管理机制。同时，在水务建设投融资体制上还存在一些问题：

一是投融资渠道相对狭窄。由于城市水务事业被天津市政府视为社会福利性事业，所以全市的水务项目建设资金一直都是由政府筹集的。跟其他一些省市的基础设施投融资体制相比较而言，民间资本和外资在全市基础设施建设领域的应用并不是很畅通，由于单纯强调投资而忽视了融资，基础设施的建设主要由政府包办，建设资金由政府筹集和安排，导致基础设施建设和利用效率低下。政府的融资职能改进的重点在很大程度上仍然定位在投资体制上，而对融资方面的研究则稍显欠缺，缺乏实践经验。面对水务事业不断增加的资金需求，政府的财政资金负担日益加重。例如，“十二五”期间，天津市十大水利工程和十项农村水利专项工程总投资556.8亿元，其中需要市级投入资金283.3亿元。

二是融资模式相对匮乏。全市融资模式种类并不少，债券融资、股票融资、BOT、TOT、ABS等模式在全市城市基础设施领域都有应用的“足迹”，但是由于天津市城市基础设施融资制度目前尚未形成体系，相关法律法规还存在缺位情况，一定程度上增加了融资成本，削弱了许多融资方式的可操作性，使得许多“新型”城市基础设施融资模式在天津市试点后都不能得到有效推广，造成融资模式单一。

三是基础设施债务风险比较大。在已建成的基础设施项目中，很大一部分是非经营性基础设施和准经营性基础设施，需要由政府投资建设，收回投资成本可能性较小或周期很长。多数投资公司没有建立还款约束机制及还款保障机制，没有形成自借、自用、自还于一体的负债经营、自我平衡体系，单纯依靠未来某一时期的政府财政拨款和土地出让收益来偿还基础设施贷款的压力很大。

**三、天津水务建设投融资的发展路径**

针对天津水务建设中存在的问题，应有针对性地明确提出天津水务建设投融资的发展路径及重点和难点。全市水务建设投融资发展应沿着“公司化治理——市场化运作——社会化融资——国际化竞争”这条路径发展，抓好以下重点和难点工作：

一要扩大财政投入规模。积极争取国家水务投资，准确把握国家投资趋向，科学编制水务发展规划，推进项目前期工作，做好项目筛选申报，争取使更多的项目列入国家专项规划，并争取提高国家补助标准。积极拓展地方配套资金渠道，确保中央投资水务项目按要求足额到位。建立与经济发展速度挂钩的水务投入稳定增长机制，加大地方财政对民生水务项目的投入力度。积极利用地方政府债券投入水务建设，并统筹土地整理、土地出让等其他项目与资金渠道。

二要扩大财政投入规模、用足用好水务基金和经费。一是积极利用重大水务工程建设基金。坚持将每年征收的重大水务工程建设基金主要用于事关区域经济社会发展的重大水资源调蓄和配置工程和城乡集中统一供水工程，体现集中力量办大事的原则。二是延续和拓展水务建设基金。进一步拓展水务建设基金筹集范围，并做好延续相关工作，确保每年筹集的水务建设资金重点用于防洪工程、民生水务工程和中央投资水务项目的配套，保障经济社会发展对水资源的需求。三是做好水务规费的征收使用和管理。水资源费主要用于水资源节约、保护和管理，并适度安排水资源的开发利用。水土流失防治费和水土流失补偿费专项用于水土保持综合治理。

三要引导民间资本投入水务建设。充分发挥政府投资的引导作用，以特许经营、投资补助等方式适度放开水务工程建设权，吸引社会资本参与有合理回报和一定投资回收能力的水务基础设施项目建设。

四要推进水务资源资产化，水务资产资本化，水务资本证券化。进一步建立健全现代企业制度，支持水务投资公司积极开展项目运作，加强风险防范，强化资本运营，确保水务国有资产保值增值，提升企业核心竞争能力。支持具备条件的地区搭建水务投融资平台，实现良性运行和滚动发展。支持水务公司进行重组和争取上市，实现水务资本证券化。

五要提高行业监管与服务水平。加快转变政府职能，规范行政行为，减少政府对市场的干预，简化行政审批程序，积极鼓励、大力支持、正确引导、依法管理水务非政府投资，保护投资者的合法权益。

**四、完善全市水务投融资体制的制度创新**

在天津市水务投融资体制的制度创新，可以从以下诸方面来进行。

一是改革水务资产的管理体系。明确划分水务资产经营权限和资产经营费用的筹措途径。对于生产经营型水务资产，应根据“谁投资、谁经营、谁受益”的原则确定其经营权，政府可通过价格管制保障其社会服务性质；对于有偿服务型水务资产，运营收入不能满足运行管理所需费用时，可由政府提供一定数量的财政补助，以维持正常运转；对于社会公益型水务资产的维护，应纳入政府财政预算，通过税收维护经营。通过建立责权明确的水务国有资产监管运行体系，把国有资产的监管和营运分开，逐步实现水务资产管理从实物形态管理向价值形态管理的转换。

二是制定和完善水务投融资法律法规。相关部门应对现行水务投融资法律法规进行修订、完善，并根据市场经济发展的要求制定新的、符合市场经济规律的、适应水务建设需要的投融资法律法规。

三是加强水务投资管理，提高资金使用。落实项目法人责任制、建设项目资本金制、投资许可证制、工程招投标制、工程监理制五项制度，按年度投资计划和施工进度，及时直拨资金到工程建设单位，减少中间环节，提高资金流转速度。以项目批复和项目设计书为依据，建立信息反馈制度，促使建设单位合理使用资金，避免损失、浪费现象的发生；加强对资金使用的监督、检查，发现问题及时纠正，保证资金专款专用；抓好项目运行管理，确保项目长期发挥效益。

基于上述分析，我们认为，天津市水务投融资体制改革的政策可以围绕以下诸方面加以确立。

一是有偿转让、招标拍卖水务资源。在遵循“让政府放心，让人民满意”的原则下，对中小型水务工程进行灵活的产权改革。可以采取两种方式：①对新建中小型水务工程，明确产权并放开建设权，落实管理使用权，可以由集体兴建，承包、租赁到户，也可直接采取个人联户合作入股的形式投资兴建；②对原有水务工程主要采取租赁、承包形式，在所有权不变的情况下，放开经营使用权，对村集体原有小型水务工程（如机井、坑塘、供水工程等）放给农民个人或联户经营，村集体和管理使用者以合同约定的形式明确各自的职责权限。

二是发展水务产业基金。规范的产业投资基金与现有水务建设基金不同，前者是社会和市场行为，后者是政府行政行为。天津通过建立水务产业基金可达到以下目的：弥补流域开发建设中投资不足，同时也符合投资基金对长期稳定收益的追求；推动水务企业走上良性运行的道路，同时有利于提高水务企业的经济效益，从而促进全流域水务持续、稳定的向前发展；通过产业投资基金这一融资过程，提高全民关注水务的意识。

三是改善水务产业的资产结构。目前天津水务产业外资利用主要是对外贷款，且主要用于水务基础设施建设，用于水资源开发与保护产业份额相对较少。针对这种情况，应加大以经济效益为主的项目利用外资份额。对这类项目可以采用多种投资形式，包括外商直接投资、国际证券投资和债权融资等。吸引外资规模要与经济承受能力和偿还能力相适应，要用在经济效益显著的项目上。借鉴三亚经验，大规模利用外资，从而扩大水务投资来源，加快了水务建设进度。

四是加快天津水务投资公司化的进程。2011年组建并成立了天津水务投资有限责任公司。为保障水务投资公司科学运营，一方面要对天津水务资源进行重组，形成以天津水务投资公司为龙头的投融资体系，树立有效利用全国甚至全球的资金来建设天津水务事业的理念，来打造“对内投资，对外融资”的融资模式；另一方面，需要在天津市水务投资公司的公司化过程中，建立起完善的法人治理结构和机制，以产权为纽带处理好企业与政府、母公司与子公司的治理关系，为打造统筹城乡水务一体化经营和管理的新型集团公司及其上市打下坚实基础。

（本文作者：马连福，南开大学公司治理研究中心副主任，商学院教授，博士生导师）

# 天津发展楼宇经济需要关注的三大问题①

聂　鹏　周立群

**内容提要**:楼宇经济是我国城市经济发展中涌现出的一种新型经济形态。发展楼宇经济,需要处理好楼宇经济与发展现代服务业的关系、反映楼宇经济发展的统计与评价体系不健全、楼宇经济与楼宇文化的发展不协调等问题。

**关键词**:楼宇经济　现代服务业　楼宇文化　统计指标

楼宇经济是我国城市经济发展中涌现出的一种新型经济形态,是城市化、工业化和现代化发展到一定阶段的产物,其发展程度成为反映一个地方经济实力、财富集聚、新经济发展状况的重要标志,它作为一种新的经济形态已成为城市发展的新增长点,由此也产生了城市发展的新理念与新模式。作为调整优化经济结构、加快转变发展方式的重要战略,天津楼宇经济已进入全面发展阶段,成为天津发展的新亮点。然而,在发展楼宇经济的过程中还存在着一些亟待理清和破解的问题,如没有理顺楼宇经济与发展现代服务业的关系、反映楼宇经济发展的统计与评价体系不健全、楼宇经济与楼宇文化的发展不协调等。

## 一、处理好楼宇经济与现代服务业的关系

作为现代服务业的新兴代表,楼宇经济已在北京、上海、深圳及广州等大城市迅速发展。一幢写字楼的税收少则几千万,多则几个亿,比有些大型企业创造的价值还要多。例如,仅在上海静安区一个月的税收超过一个亿的"亿元楼"就至少有14幢;静安区税收前30幢重点楼宇的税收已占该区总税收的56%;北京西城区金融街1.4平方公里年税收近3000亿元,占全国税收的4.5%。近几年,虽然天津的楼宇经济也得到了长足发展,但是天津中心城区的"亿元楼"只有27幢,而且是一年的全额税收,楼宇经济对税收的贡献尚不足10%。

宏观经济数据显示,2010年天津全市生产总值突破了9000亿元,达到9108.83亿元,比2009年净增1586.98亿元,按可比价格计算,增长了17.4%。分三次产业看,第一产业增加值为149.48亿元,增长了3.3%;第二产业增加值为4837.57亿元,增长了20.2%。其中,工业增加值为4410.70亿元,增长了20.8%,对全市经济增长的贡献率达63.5%,建筑业增加值为426.87亿元,增长了12.0%;第三产业增加值4121.78亿元,增长了14.2%。从就业结构分析来看,服务业就业人数占总就业人数的47.3%,其中传统服务业就业人数占服务业总就业人数的63%,现代服务业仅为37%。通过以上分析可以看出,天津的服务业特别是现代服务业发展还很不足。

楼宇经济是现代服务业不可分割的组成部分,没有高度发达的楼宇经济就没有现代服务业的迅猛发展,这是被世界经济发展规律所证明了的。现代服务业、知识经济的发展对楼宇经济发展提出了大量需求。随着各大城市工业的外迁及其所占比例的降低,现代服务业在各大城市日益发展,现代服务业已日益成为各大城市产业发展的支柱和方向。城市知识型服务业对城市周边区域乃至全国的市场都极具吸引力与影响力。现代服务业在城市的集聚,需要楼宇提供办公空间。大力发展现代服务业,加快楼宇经济发展步伐已成为天津全面构建现代产业体系,着力增强城市经济实力的重要战略。

1.处理好楼宇建设和楼宇经济关系是发展高质量楼宇经济的关键。衡量一座城市的经济实力,并非楼越高越好,也并非高楼规划得越多越好。一座与自然和谐、经济发达、休闲宜居的城市,百姓生活的幸福感才会强,这样的城市才更具魅力。面对动辄投资几十亿元、几百亿元的楼宇规划,城市决策者和开发商要保持冷静思维,将楼宇建设与产业发展尤其是服务业发展结合起来考虑,把握好楼宇建设与居民生活水平、生活质量的关系,将这些因素纳入发展楼宇经济的战略思考。

2.楼宇经济是依托楼宇来发展现代服务业,楼宇只是载体,现代服务业的发展才是根本。一个城市需要建多少楼宇以及建多高的商务楼宇是由城市服务业的发展水平和程度所决定的,是城市经济发展到一定阶段的产物。发展楼宇经济应以提高

①本文摘自《城市》2012年第2期。

自主创新能力、优化产业结构和增强三次产业协调性为重点。需要借助楼宇开发人才资源，制定人才战略。世界现代化城市的成功经验表明，人才资源的快速增长是城市现代化建设最直接、最重要的推动力量。楼宇经济表面上看是产业和产品之间的竞争，实质上是科技和人才之间的竞争。人才资源尤其是高级管理人才的集聚是楼宇经济发展的决定性因素。

3. 发展高质量的楼宇经济需要与增加就业、调整就业结构、提高居民的收入水平紧密结合。按照国际经验，人均 GDP 超过 1 万美元的时候，是高层特别是超高层楼宇的集中发展期，100 米～400 米高的楼宇会层出不穷。“十二五”期间天津服务业特别是现代服务业的发展进入了快速凸起期。楼宇经济承担着服务业就业结构的升级与居民收入水平的提高，只有就业结构升级和消费水平提高才能支撑楼宇经济的健康发展。

## 二、建立反映楼宇经济发展的统计和评价指标体系

截至 2010 年，世界 500 强跨国公司已有 143 家在天津落地生根，投资项目共 396 个，合同外资额达 81 亿美元。2010 年全年，实现总产值 3189 亿元、销售收入达 3803 亿元、利润总额为 217 亿元。进入 2011 年以来，世界 500 强企业英国道达尔石油集团选择落户滨海新区，包括住友商事、美国迪尔、三星电子及荷兰壳牌等在内的世界 500 强企业也都纷纷加大在津的投资。

楼宇经济已成为天津现代服务业一个潜力巨大的新兴力量，楼宇经济的发展遇上了千载难逢的机遇期。在楼宇经济发展中招商引资是其中心工作，各大城市都制定了相应的发展目标，出台了招商引资的政策，努力建设各种“中心”。但招商引资工作由于没有科学的指标考核和指标指导不仅难以指导招商，而且会导致发展方向盲目、空间布局不合理。在当前情况下，要全面提高楼宇企业入驻率和入驻企业质量，不断优化发展环境，促进其健康发展，需建立符合反映楼宇经济发展特点与水平的统计指标体系和评价指标体系。

一方面，构建楼宇经济数据库，完善楼宇经济各项机制，包括建立楼宇经济发展数据库，完善动态监测机制，实现动态信息实时更新，掌握楼宇资源状况、楼宇空间布局、经营管理及配套政策等。完善楼宇建设与招商引资的分析机制，完善考核奖励机制，建立楼宇经济发展的责任体系，组织定期考核评比，没有考核就没有执行力，也就没有高效的楼宇经济。

另一方面，构建楼宇经济发展统计与评价指数指标体系。楼宇经济的发展需要经济、交通、信息、人才、社会及文化等综合区域生态要素的支撑。统计与评价指数指标体系的设计需要考虑楼宇经济的依托性、集聚性、辐射性、高效益性及环保性等特征。国内部分发达城市已着手编制楼宇经济发展与评价指数指标体系，其内容大致包括以下六大类，即区域经济发展指标、基础条件指标、商业环境指标、市场开放程度指标、人文环境指标及其他竞争力指标。

区域经济发展指标包括区域经济总量指标、产业聚集度及人才引进政策等。商业环境类指标包括经营风险、税负指数、政策透明度及经营环境舒适度等指数。市场开放程度指标包括资本准入难易程度指数、股票、债券、期货交易量及国际信用评级等。基础设施指标包括交通网络数量质量、信息化水平、写字楼面积和租金等。人文环境指标包括文化设施、宜居指数、人力资源水平、知识产权数量及价值等。

在建立楼宇经济发展统计与评价指标时还可借鉴人类发展指数、城市品牌知名度指数、城市创新指数及外国直接投资数量等，以提高指标体系的全面性和国际可比性。

## 三、楼宇经济和楼宇文化、城市文化的协调发展

据中国社会科学院《中国城市竞争力报告》(2005 年—2011 年)数据显示：天津城市文化竞争力 2011 年在全国城市中排名为第 18 位，而 2005 年在全国城市中排名仅为第 35 位，2006 年在全国城市中排名仅为第 40 位，这些排名与直辖市的地位极不相称，显示城市文化竞争力相对下降，亟待解决。

未来城市的竞争不仅是经济实力、科技实力的竞争，还是文化力的竞争。经济发展到一定阶段，社会生产和消费的大部分产品是文化产品或文化属性更强的产品。文化赋予经济内涵和经济的文化含量提升是社会进步的表现。楼宇经济形成所依靠的不仅是建筑物和建筑物中的经济交易活动，还需要文化积淀、文化营造等环境因素。楼宇文化繁荣，楼宇经济才能和谐发展；楼宇文化贫乏，企业

和人才就难以认同,集聚效应就会较低。楼宇经济与楼宇文化相辅相成,互相促进。

1. 培育楼宇文化,促进楼宇经济与楼宇文化的协调发展,需要把握楼宇文化的独特性。因为发展楼宇经济需要的人才构成更多的是高层次、创新型、国际化人群,高端楼宇经济需要的主体应具有国际性、较高的学历和文化品位以及对文化的高期望值,需要与外界的广泛便捷交往和丰富多样的文化娱乐、社会交际活动。在文化内容上,他们追求时尚、高雅;在文化形式上,他们追求自由、个性和多样化;在信息获取途径上,使用网络的比重较大。提供合乎不同背景的高端人才多样的文化服务,才能使先进文化、民族文化、地域文化融入楼宇文化中,实现经济和文化的一体化融合发展。

2. 楼宇经济与楼宇文化的协调发展需要将楼宇经济与城市文化事业的发展对接,使楼宇成为现代文化事业和产业的载体。文化是城市的DNA,是现代城市的根和魂,也是城市的软实力所在。离开了文化,城市就会缺乏底蕴,繁荣也只能是泡沫。城市的魅力来源于城市文化的特色,城市唯美楼宇和精致景观是城市文化特色的体现。楼宇文化作为城市文化建设的重要组成部分,在实现精品文化与大众文化相互融合的同时,使先进文化服务于楼宇文化。楼宇文化的发展需要把特色文化符号注入现代城市建设中,如楼宇的色彩、造型、风格,还有楼宇内的装饰、色调、布局等都要充分植入城市文化的元素,注重对城市建筑、城市景观的整体设计,彰显文化特色,全面提升城市文化内涵,不断为城市建设注入新的色彩与内涵。

3. 楼宇经济与楼宇文化的协调发展需要政府和企业的共同努力。一方面,政府需要组建楼宇文化建设工作小组,建立楼宇资源库,绘制楼宇文化分布图,与社会团体、群众组织协调合作,搭建楼宇文化信息互通的网络平台,深入开展楼宇文化活动;另一方面,利用互联网、新闻媒体等加大楼宇文化的推介力度,打造楼宇文化的特色和品牌,引导楼宇文化向专、精、特发展,全面提升楼宇文化对区域经济的贡献率、提升现代服务业在楼宇文化产业结构中的比重、降低楼宇企业与政府之间和企业与员工之间的矛盾。

(本文作者:聂鹏,南开大学经济学院博士后;周立群,南开大学经济学院教授)

**参考文献:**

[1]张杰:《中央商务区(CBD)楼宇经济发展研究》,北京:首都经济贸易大学出版社2010年版。

[2]夏效鸿:《楼宇经济发展研究》,北京:经济日报出版社2010年版。

[3]赵李娜、刘芳:《对发展济南市楼宇经济的几点新思考》,《价值工程》2007年第5期。

[4]陈铭:《楼宇经济:现代都市新核心增长极》,《浙江经济》2008年第16期。

[5]袁冰:《创新监管方式强化楼宇经济监管》,《中国工商管理研究》2009年第4期。

[6]李智:《基于灰色理论的欠发达地区楼宇经济研究》,《价值工程》2011年第19期。

# 基于资源系统整合的天津会展产业发展战略研究

何会文

**内容提要:**分析了国内外会展业的发展现状与趋势,理清了天津会展业的资源状况和存在问题,对天津会展业的发展战略的探讨。提出天津会展业的发展战略是:天津会展业发展应以“拉动内需,刺激出口,促进文化产业,塑造城市品牌”为使命,成长为高辐射、高凝聚、高效率、高效益、高创造的新兴产业,形成节庆、展览、会议三位一体的会展业务结构。

**关键词:**会展产业　资源系统整合　节庆　发展战略　新兴产业

## 一、国内外会展业的发展现状与趋势

从场馆设施、会展项目、大型体育赛事、节庆活动、教育培训、会展企业和行业政策等各方面,介绍国内外会展业的发展现状与趋势。综合分析美、德、韩等国会展业情况,认为成功的关键与发展趋势有以下几方面:一是政府高度重视,提供资金、政策、组织、活动等各方面支持。二是场馆设施先进,交通设施完善。三是展览业务趋于成熟,会议、节事、奖励旅游等方兴未艾。四是重视会展教育,人力资源高度专业化与职业化。五是大力发展现代服务业,特别是一些会展经济发达国家还有计划地营造会展产业集群。六是注重会展行业协会建设。

综合分析国内情况,各会展名城在竞争定位与竞争策略上具有如下共同点:一是政府重视,系统规划。北京、广州、青岛、廊坊等都编制了会展发展规划,形成了发展会展业的明确理念。二是政策引导,统一协调。如广州市成立市会展业管理领导小组,启动广州市会展“一站式”审核管理服务中心;大连确立会展业管理部门及其具体职责,规范了会展的申报、审批程序。三是重视区域内整合,提倡城际间竞合。长三角地区初步形成了“一个中心上海——两个副中心南京、杭州”的会展产业带。大连与长春、哈尔滨、吉林、沈阳五城市会展管理部门共同发起成立了我国第一个会展区域联盟——中国东北中心城市会展联盟。廊坊着力打造与北京“同城”的概念。四是携手著名会展城市与会展企业,合理移植与培育品牌性会展项目。五是基于资源特征,培育强势领域。六是借力巨型活动,强调均衡发展。

**二、天津会展业的资源状况和存在问题**

运用哈佛大学教授波特的“钻石模型”理论,可以从供给、需求、企业、相关行业、政府、机遇等6方面要素,盘点天津会展业资源状况,并逐项分析存在的问题。这些问题主要表现在:

第一,供给要素存在的问题。一是场馆设施方面。分析天津梅江会展中心、天津国际展览中心、滨海国际会展中心、天津体育展览中心(天津奥林匹克中心体育场)等四个场馆的情况,认为天津单个场馆规模偏小,且因分属不同运营主体而缺乏合作,不利于吸引和承办大型会展活动。二是交通设施方面。各种交通方式比较完备,特别是京津城际轨道交通和港口优势明显。但市内交通较拥堵,场馆周边交通设计与管理不尽如人意。如梅江会展中心只有838路公交车能够到达,返程时出租车很难找到。又如北京到天津只需28分钟,但出站后乘坐公交或打车不方便,耗时较多。市内交通拥堵,弱化了天津在城际交通方面的优势,成倍放大了天津在承办大型会展活动方面的交通压力。三是旅游文化资源方面。在饮食、曲艺、历史文物等方面的深厚底蕴,但远没有在设计会展概念、会展主题、会展产品时得到有效发挥与运用。四是会展人才与培训方面。目前天津会展从业人员不足3000人,其中毕业于会展专业的人才寥寥无几,且整体学历水平较低。天津在会展教育方面已经初具规模,在全国占有一席之地,但市政府对会展教育的重视与投入,却远不及上海、浙江等省市。

第二,需求要素存在的问题。一是会展活动方面。从办展主体来看,以本地机构为主,外地办展机构或企业占比较小,吸引力度尚不足;从展览规模来看,目前天津万平米以上展会数量约占天津市展会数量的46%,但3万平米以上的大规模展会只占天津市所有展会数量一成左右,提升空间还较大;从行业来看,目前天津展会以招聘会为主,专业展会较少;消费类、轻工业展会多于重工业展会,与天津市重工业比重占80%有所不符;从品牌性会展活动来看,虽已承接或举办了一批影响较大的会展活动,但仍没有UFI认证的会展项目。二是展览活动需求潜力方面。虽有八大支柱产业、5个国家级基地和7个市级出口基地的优势基础,但尚未围绕这些基础形成会展品牌。如在围绕乐器、地毯等优势产业培育品牌性会展项目方面,还没有做足文章。三是会议活动需求潜力方面。以拉动会议经济效果明显的社会组织为例,天津至2011年刚达到4247家社会组织,而北京在2008年已达到6559个社会组织。

第三,相关产业要素存在的问题。天津现代服务业、旅游业及创意文化产业总体规模与整体比重明显落后于北京、上海等城市。旅游、创业文化等与会展产业密切相关的产业虽然发展较好,但尚未与会展产业形成很好的结合与联动。

第四,企业要素存在的问题。天津市现有展馆、策划与承办、广告、工程设计与搭建等会展公司共452家,企业数量少、规模小,既无能在国内会展业占有一席之地的民营企业,又无国际著名会展企业将中华区总部设在天津。

第五,政府要素存在的问题。最重要的问题是相关职能部门条块分割导致多头管理与管理空白(如会议)并存。而天津虽已成立会展行业协会多年,但其在协调、监督、管理、咨询、培训等方面的作用并未得以有效发挥。

第六,机遇要素方面。天津拥有多种机遇,如海外会展巨头关注中国、北京移出工业类展会、拥有品牌会展项目及巨型体育赛事和商务部落户天津的国家级会展项目等。但机遇面前,需要理性地分析与科学地规划。

**三、对天津会展业的发展战略的探讨**

天津会展业发展应以“拉动内需,刺激出口,促进文化产业,塑造城市品牌”为使命,成长为高辐射、高凝聚、高效率、高效益、高创造的新兴产业,形成节庆、展览、会议三位一体的会展业务结构。具体来看：展览方面，大众展要紧跟市场需求与关注热点，把汽车展、手机展、房交会等市民关注的展会做新做热；专业展要基于天津优势产业，做精做重。会议方面，国际会议要面向欧洲，国内会议要面向中国北方。公司会议要以年会和奖励旅游为主，协会会议要围绕着现有的协会组织来开展。节庆方面，整合天津曲艺、饮食、历史及旅游资源，发挥休闲城市特质，努力培养一批大型节事活动。

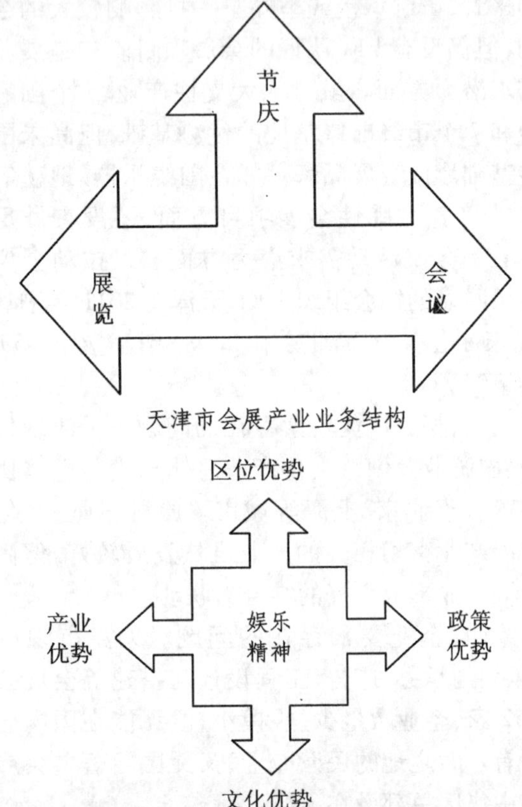

天津市会展产业业务结构

要提高天津会展业竞争力，在突出区位、产业、文化及政策四大优势的同时，应突出参与会展、体验快乐的理念核心理念，做足“娱乐精神”（见上图），让到天津参会的人满怀期待而来，带着微笑而归。

天津市会展业中期发展目标建议确定为：到2015年，会展业年直接收入超过60亿元，带动产值500亿元以上，形成2—3家大型会展集团，年举办大型会展节庆活动50个以上。其中，争取培育2—3个具有国际影响力的展览，3—5个在全国具有较大影响力的品牌展览，10个以上在三北地区具有较大影响力的区域性品牌展览；力争年举办国际大型会议论坛8—10个，全国性大型会议论坛10—20个；努力培育2—5个在全国乃至世界范围有较大吸引力的节事活动。

要完成上述目标，建议根据“钻石模型”理论，从6要素着手，重点做好以下工作：

第一，关于供给要素方面的建议。一是在场馆设施方面，整合现有场馆设施的经营权，集团化托管给场馆设施管理集团。托管经营是指出资者或其代表在所有权不变的条件下，以契约形式在一定时期内将企业的法人财产权部分或全部让渡给另一家法人或自然人经营。分为两种形式：一种是针对单一项目进行托管运营的独立托管；另一种是对同类项目进行集中托管的集团化托管。可借鉴英国谢菲尔德国际设施管理集团模式，对梅江会展中心、天津国际展览中心、滨海国际会展中心、天津体育展览中心等场馆设施的经营权进行合并，集中托管给专业的场馆设施管理集团。二是大力发展市内交通，着力完善城际市内结合处、会展场馆周边等关键区域的交通设施与交通管理。三是加快会展人才培育与职业资格培训，争作高端人才培养基地和会展专业人才输出基地。一方面要发挥高校专业培育优势；另一方面要以行业协会为主导，通过各种方式加强对全市会展从业人员业务培训，使会展职业培训时效化、制度化。

第二，关于需求要素方面的建议。一是激励UFI、ICCA等会展企业与会展项目认证，培育品牌性会展活动。对自行车展等基于天津优势产业的展会，应做大做强，支持其申报国际展览联盟（UFI）认证。针对乐器、地毯等在全国具有领先优势的产业，要有效整合现有会展资源，悉心培育，按着UFI认证的要求来良性发展。巩固天津市在ICCA国际会议排名方面的优势，力争在国际会议排名方面更上一层楼。仿效上海实施“会议大使”计划，鼓励院士、教授等有影响力的专家积极将本组织的会议吸引到天津来举办。开发饱含天津特色的奖励旅游与企业年会项目。二是鼓励天津企业到外地参展，以开放的头脑，实现需求资源的异地整合。

第三，关于会展企业要素方面的建议。一是借鉴德国、新加坡、上海和成都经验，鼓励场馆运营企业在营利模式方面进行丰富与创新。天津可通过在会展场馆内设立保税仓库，给予优惠海关政策的方式，支持会展场馆尝试进口商品展示贸易、进口设备融资租赁等新的业务形态。二是政策支持，吸引著名国际会展企业，促进本地会展企业间的整合与做大做强；大力培育会展专业服务企业，着力打造GES、Freeman这样的会展服务总承包商。鼓励励展集团、汉诺威展览集团、科隆展览集团、法兰克福展览集团等有实力的国际会展公司,通过收购、兼并、入股等形式整合天津会展资源。积极引人其他国内民营展览企业,并通过政策导向、资本运作等手段,协助其整合本地会展主办企业。重庆市对注册资金500万元以上的新办会展企业,两年内按企业所得税的市级留成部分实行全额返还。大力培育专业性会展企业。

第四,关于相关产业要素方面的建议。一是集聚相关服务业,打造会展功能区。国家大型会展场馆项目落户海河中游,为将海河中游营造为"面向全球,辐射'三北'"特大型综合会展集聚区提供了得天独厚的有力支撑。除此之外,还可考虑在其他局部区域形成会展专业功能区:展览功能主导区。以滨海国际会展中心为核心的区域,既有滨海新区强大的产业基础,又有天津港这一得天独厚的运输通道,还有国家改革实验区、东疆港保税区等政策优势,具有发展为展览功能主导区的潜力。坐落于京津之间的武清区,交通便利,又有自行车、地毯等优势产业,再借助北京市工业展外移,也具备发展为展览功能主导区的潜力。会议功能主导区。以梅江国际会展中心为中小区域,现已成为天津的会议功能主导区。待二期完工与地铁开通后,其地位将进一步提升。节事功能主导区。五大道、鼓楼区域、杨柳青等可作为节事功能主导区来重点培育。二是促进会展相关服务的整合,聚焦顾客价值推出一条龙、一站式服务。展览是一个人流、物流、信息流交汇的平台,它要求举办地提供酒店住宿、交通、餐饮、物流运输、商贸服务、旅游、通讯等方面的承载能力。借鉴首旅集团模式,天津可考虑以促进会展相关服务的无缝链接为导向,组建大型企业集团或战略联盟。

第五,关于政府和协会要素方面的建议。一是对《天津市促进会展业发展办法》进行补充完善与动态调整。二是组合运用开设会展旅游网、聘请城市代言人、走出去、引进来等宣传策略,大力开展城市整合营销。学习新加坡、香港等会展名城,开设中英文的会展旅游网站,宣传城市形象,提供便利服务。选择城市代言人及天津"会展大使"。积极走出去和引进来,推介展览会,邀请会展主办、会展策划人、协会负责人等来参观天津。三是借鉴青岛成立会展也发展办公室的做法,创新政府协调机制,设立统筹天津市会展工作的会展局。目前,全市既在市政府内设有大型会展论坛活动办公室,又在商委内设有会展节庆办,还有一些会展活动由体委、贸促会等其他政府部门来具体实施与管理。分而治之往往导致缺少统筹规划,出现监管空白点。另外,激活会展行业协会的运行机制,切实发挥协调与桥梁作用。四是清晰城市定位,并将定位信息有效传递给各利益相关方。

第六,关于机遇要素方面的建议。一是牵手国际会展名城,吸引国际知名展览集团、国际知名的品牌性展会。二是潜心运作,抢夺与打造会展制高点。如,考虑引进CeBit(汉诺威消费电子、信息及通信博览会)这一世界最大的展览会。借助南开大学位于全国会展高等教育领军者优势,考虑整合会展研究资源,在天津设立一个会展研究机构,一举拿下会展研究制高点。

(本文作者:何会文,南开大学泰达学院副教授)

# 天津市文化创意产业概念界定、分类标准及建立评估体系的研究

王立国　任吉东　石森昌

**内容提要**:文化创意产业概念可以界定为:基于人的主观智慧、技能和天赋,借助于现代科技等手段,以密集性创意为核心,对文化资源进行创新与提升,并通过知识产权的开发和运用,产生出新型高附加值产品和消费品,具有创造财富和就业潜力的产业。加快文化创意产业发展应从以下方面入手:加快体制改革,建立统一管理;依托传统经济,形成良性互动;吸引优秀人才,培养合格队伍;创新发展模式,更新产业结构。

**关键词**:文化　文化创意产业　文化资源　文化创意产业分类标准

近年来,天津市文化创意产业取得了长足的发展,已然成为经济增长的动力之一。据天津市文化产业协会统计,"十一五"以来天津文化创意产业总

产值以每年20%以上速度递增,2011年总产值近700亿元,约占全市GDP的7%,但与此相关的文化创意概念界定、分类标准和评估体系远远滞后于实际的需要,使得文化产业产值统计、现状评估、政策调控等一系列操作难以实施,不利于文化创意产业的深入发展。

**一、界定文化创意产业概念**

文化创意产业是一个不断嬗变和生成的概念,源于不同的国家战略、地域特征、文化政策、主导趋向,随着实践而发展,因此在界定文化创意产业这一概念时,应在抓住本质属性的基础上,结合本地实际,重点明确其外延,以确定产业的具体内容,便于实践中产业统计和评估发展状况。

借鉴国内外相关经验总结,结合天津市本地区的特色,我们界定文化创意产业天津概念为:基于人的主观智慧、技能和天赋,借助于现代科技等手段,以密集性创意为核心,对文化资源进行创新与提升,并通过知识产权的开发和运用,产生出新型高附加值产品和消费品,具有创造财富和就业潜力的产业。

**二、制定文化创意产业分类标准**

文化创意产业涵盖面广、产业链长。天津市文化创意产业分类标准发展必须突出重点,立足天津优势,依托现有产业基础,瞄准世界发展大势,确立具有区域特色的文化创意产业群。结合天津市的实际需要,我们提出天津市文化创意产业分类标准如下:

1. 文化艺术业(10个子类)

| 产业名称 | 行业类别 | 行业代码 |
|---|---|---|
| 文化艺术业 | 文艺创作与表演 | 9010 |
| | 艺术表演场馆 | 9020 |
| | 博物馆 | 9050 |
| | 纪念馆 | 9060 |
| | 图书馆 | 9031 |
| | 档案馆 | 9032 |
| | 群众文化服务 | 9070 |
| | 社会人文科学研究与试验发展 | 7550 |
| | 文化艺术经纪代理 | 9080 |
| | 其他文化艺术 | 9090 |

2. 信息服务业(10个子类)

| 产业名称 | 行业类别 | 行业代码 |
|---|---|---|
| 信息服务业 | 互联网信息服务 | 6020 |
| | 基础软件服务 | 6211 |
| | 应用软件服务 | 6212 |
| | 其他软件服务 | 6290 |

续表

| 产业名称 | 行业类别 | 行业代码 |
|---|---|---|
| 信息服务业 | 有线广播电视传输服务 | 6031 |
| | 无线广播电视传输服务 | 6032 |
| | 卫星传输服务 | 6040 |
| | 计算机系统服务 | 6110 |
| | 其他计算机服务 | 6190 |
| | 其他电信服务 | 6019 |

3. 动漫游戏业(2个子类)

| 产业名称 | 行业类别 | |
|---|---|---|
| 动漫游戏业 | 动画和漫画业 | |
| | 网络游戏业 | |

4. 设计咨询业(11个子类)

| 产业名称 | 行业类别 | 行业代码 |
|---|---|---|
| 设计咨询业 | 建筑装饰业 | 4900 |
| | 工程勘察设计 | 7672 |
| | 规划管理 | 7673 |
| | 工程管理服务 | 7671 |
| | 其他专业技术服务(含工业设计及服装设计业等) | 7690 |
| | 广告业 | 7440 |
| | 市场调查 | 7432 |
| | 社会经济咨询 | 7433 |
| | 其他专业咨询 | 7439 |
| | 知识产权服务 | 7450 |
| | 其他未列明的商务服务 | 7499 |

5. 现代传媒业(23个子类)

| 产业名称 | 行业类别 | 行业代码 |
|---|---|---|
| 现代传媒业 | 新闻业 | 8810 |
| | 广播 | 8910 |
| | 电视 | 8920 |
| | 音像制作 | 8940 |
| | 音像制品出版 | 8824 |
| | 电子出版物出版 | 8825 |
| | 其他出版 | 8829 |
| | 图书出版 | 8821 |
| | 报纸出版 | 8822 |
| | 期刊出版 | 8823 |
| | 书、报、刊印刷 | 2311 |
| | 包装装潢及其他印刷 | 2319 |
| | 记录媒介复制 | 2330 |
| | 音像制品及电子出版物批发 | 6345 |
| | 音像制品及电子出版物零售 | 6545 |
| | 通讯及广播电视设备批发 | 6376 |

续表

| 产业名称 | 行业类别 | 行业代码 |
|---|---|---|
| 现代传媒业 | 图书批发 | 6343 |
| | 报刊批发 | 6344 |
| | 图书零售 | 6543 |
| | 报刊零售 | 6544 |
| | 图书及音像制品出租 | 7321 |
| | 电影制作与发行 | 8931 |
| | 电影放映 | 8932 |

6. 艺术品鉴业(15个子类)

| 产业名称 | 行业类别 | 行业代码 |
|---|---|---|
| 艺术品业 | 园林、陈设艺术及其他陶瓷制品制造 | 3159 |
| | 雕塑工艺品制造 | 4211 |
| | 金属工艺品制造 | 4212 |
| | 漆器工艺品制造 | 4213 |
| | 花画工艺品制造 | 4214 |
| | 天然植物纤维编织工艺品制造 | 4215 |
| | 抽纱刺绣工艺品制造 | 4216 |
| | 地毯、挂毯制造 | 4217 |
| | 珠宝首饰及有关物品制造 | 4218 |
| | 其他工艺美术品制造 | 4219 |
| | 首饰、工艺品及收藏品批发 | 6346 |
| | 首饰、工艺品及收藏品零售 | 6547 |
| | 贸易经济与代理(艺术品、收藏品拍卖服务) | 6380 |
| | 文物及文化保护 | 9040 |
| | 其他文化艺术 | 9090 |

7. 教育培训业(9个子类)

| 产业名称 | 行业类别 | 行业代码 |
|---|---|---|
| 教育培训业 | 中等专业教育 | 8433 |
| | 职业中学教育 | 8434 |
| | 技工学校教育 | 8435 |
| | 其他中等教育 | 8439 |
| | 普通高等教育 | 8441 |
| | 成人高等教育 | 8442 |
| | 职业技能培训 | 8491 |
| | 特殊教育 | 8492 |
| | 其他未列明的教育 | 8499 |

8. 休闲旅游业(16个子类)

| 产业名称 | 行业类别 | 行业代码 |
|---|---|---|
| 休闲旅游业 | 旅行社 | 7480 |
| | 野生动物保护(动植物观赏活动) | 8012 |
| | 室内娱乐活动 | 9210 |

续表

| 产业名称 | 行业类别 | 行业代码 |
|---|---|---|
| 休闲旅游业 | 游乐园 | 9220 |
| | 休闲健身娱乐活动 | 9230 |
| | 其他娱乐活动 | 9290 |
| | 理发及美容保健服务 | 8240 |
| | 婚姻服务 | 8260 |
| | 摄影扩印服务 | 8280 |
| | 疗养院 | 8516 |
| | 文艺创作与表演 | 9010 |
| | 艺术表演场馆 | 9020 |
| | 群众文化活动 | 9070 |
| | 文化艺术经纪代理 | 9080 |
| | 体育场馆 | 9120 |
| | 其他体育 | 9190 |

## 三、创建文化创意产业评估体系

天津市文化创意产业评估体系主要通过产业供给指数、产业需求指数和产业环境指数三个角度,考察天津文化创意产业的发展状况。

文化创意产业供给指数用于反映文化创意产品和服务市场中的供给状况,由市场供给能力和市场供给潜力两部分组成;文化创意产业需求指数用于反映文化创意产品和服务市场中的需求状况,由市场消费能力和市场消费潜力两部分组成;文化创意产业环境指数用于反映影响文化创意产品和服务市场供需状况的环境要素,由市场文化环境和市场社会环境两部分组成。

运用SDE体系对"十一五"期间的天津市文化创意产业进行总体评估后发现:天津市文化创意产业发展指数由2006年的81.615增长至2010年的118.429,增长了45.11%;2007—2010的4年间,文化创意产业发展指数实现年均增长9.77%。文化创意产业的发展在产业生产总值上也得到了体现,2006年天津市文化创意产业生产总值为306.05.亿元;而到2010年文化创意产业生产总值已达683.75亿元。

经考察,天津市文化创意产业发展过程中存在的主要问题是:

1. 产业总量规模偏小。2006年,天津市文化创意产业生产总值占全市GDP的比重为6.86%;到2010年,天津市文化创意产业生产总值占全市GDP的比重为7.41%,仅提高了0.55个百分点。

2. 产业发展速度偏低。以2006年为基数,2007—2010的四年间,天津市文化创意产业发展指数实现年均增长9.77%。与之相对应的是,天津市GDP在此期间实现年均增长16.48%。显然,天津市文化创意产业的发展速度远低于全市的国民经济整体发展速度。

3.产业发展主要依靠供给方面的推动作用,需求方面的拉动作用及外部环境的促进作用有待提高。考察期间,在产业发展贡献率方面,供给方面的贡献率为47.41%,接近50%;需求方面的贡献率仅为29.12%;而产业环境方面的贡献率更低,仅为23.47%。

鉴于以上分析,加快文化创意产业发展应在明确概念和分类标准后有的放矢,从以下几个方面入手:

1.加快体制改革,建立统一管理。要进行文化体制改革,协调各部门之间重叠功能,形成统筹规划和联动机制,在此基础上建立文化创意产业发展委员会,实行对口统一管理。

2.依托传统经济,形成良性互动;吸引优秀人才,培养合格队伍;创新发展模式,更新产业结构。天津需要依据已有的优势条件,把文化创意产业的发展与天津传统产业的发展紧密结合起来,从产业结构升级,经济增长模式转变和城市竞争力提升的角度,将天津构建成为创意产业经济可持续发展的品牌城市。

3.吸引优秀人才,培养合格队伍。制定科学的、适宜的政策吸引合格的人才,通过转变政府职能,减少行政审批环节,削弱户籍限制,变革传统管理方式,着力做好高级人才的引进。同时,加强学校和社会各方的教育培训,培养文化创意后备人才队伍。

4.创新发展模式,更新产业结构。新时期天津文化创意产业发展应借助“先行先试”的政策优势和国家战略的政策平台,大胆创新产业发展模式,促使其向高端化、高新化、高质化的增长方式转变,构建“传统文化+新生创意+高科技+商业策划”的新型模式,走出独特的“天津发展之路”。

(本文作者:王立国,天津社会科学院副院长、研究员;任吉东,天津社会科学院历史研究所助理研究员;石森昌,天津社会科学院经济社会预测研究所副研究员)

# 草根文化在我国文化大发展大繁荣中的促进作用

陈曼娜

**内容提要:**草根文化是民间文化或平民文化。在此,提出天津草根文化的保护举措有:加大力度开掘并保护天津草根文化、促进民间草根文化艺术的理论研究、建立一套完整的天津市草根文化艺术资源档案、出台保护民间工艺文化的特殊政策、建立文化保税区、民间文化艺术行业协会应制定行规、成立天津民间艺术品评鉴机构、举办天津民间艺术文化节、将草根文化消逝与地方官员政绩考评挂钩等。

**关键词:**草根文化　精英文化　民间文化　天津草根文化

草根文化,是文化研究中的一项重要内容。在两大对应的文化结构中——精英文化与草根文化,草根文化独领半壁河山;在文化分层中,草根文化属于上层文化和中层文化之外鼎足而三的下层文化,即民间文化或平民文化。草根文化的特殊地位,决定了它在社会发展中有着极其重要的功能和作用,即中国文化大发展大繁荣,离不开中国的草根文化。天津的卫文化、码头文化,都源自天津文化的草根性,天津的草根文化在天津文化史上具有典型意义。其中以骆玉笙、马三立、霍庆有、张明山、刘凤鸣等草根艺人为代表的天津草根文化艺术,在中国文化艺术史上享有盛名。因此,以天津草根艺术文化——茶馆相声、泥人张、杨柳青年画、刻砖刘、风筝魏为个案,揭示出天津草根文化的特殊价值和重要意义。

## 一、天津草根文化的界定

草根文化,是近年来新兴起的文化热点问题。经济的发展水平决定着文化的活跃程度。改革开放30年来我国经济取得了巨大的成就,让老百姓在物质需求满足之后更加注重精神上的需求,因为大家有余钱,有闲暇,就需要进行精神文化上的消费。草根文化就是在这种经济背景下受到关注,进入研究者的视野。另一方面,社会主义市场经济体制的多种经济成分构成机制,也决定了与之相适应的文化结构的多元性。而文化结构的多元化，使草根文化的地位得到确认，草根文化随之成为热点话题。

傅谨先生的《草根的力量——台州戏班的田野调查与研究》，是最早而且最有深度的草根文化研究成果。《草根的力量》研究对象是民间戏剧活动，虽然仅限于浙江台州地区近20年的民间戏班，但它涉及到的问题远远超出了台州地区，远远超出了戏剧领域，揭开了中国当代社会真实可信的一角，从民间戏剧活动的研究，折射出草根阶层在精神生活和情感生活领域的强烈渴求。

社会学家、民俗学家艾君在《草根现象系列探讨：草根现象在我国流行的几个问题——艾君与中国青年报记者向楠的对话》中，对草根、草根文化、草根现象、草根阶层，以及草根文化与精英文化、主流文化的关系进行了全面界定，提出草根文化属于一种在一定时期内由一些特殊的群体、在生活中形成的一种特殊的社会文化潮流，它实际是一种'副文化、亚文化'现象。它具有平民文化的特质，属于一种没有特定规律和标准可循的社会文化现象，是一种动态的、可变的文化现象。它有区别于阳春白雪的雅文化、上流文化、宫廷文化以及传统文化。

另外，中国社会科学院哲学研究所研究员张晓明认为："草根文化"除了经济上的巨大贡献外，还拉近了平民与主流的距离。但究其内涵，可以概括为"是一种大众文化，具有大众性；是一种通俗文化，具有文化的一般本性和自身的文化内涵；是一种实用文化；也是一种商业文化。"

综合上述文化学者的研究成果，我们依据文化分层理论对草根文化做出如下界定：草根文化，相对于主流文化和精英文化而言，它萌芽并生长于民间和社会底层，没有经过主流文化意识的疏导和规范，没有经过社会精英加工改造，充满着乡土气息，蕴含着丰富的生活内涵和生命的智慧，呈现出原生态文化的基本特质。

草根文化具有五大特征：

一是草根文化的地域性。受不同地域政治、经济、文化发展水平，乃至自然环境、生活习俗等诸多因素的影响，形成不同的"草根文化"和"草根精神"。因此，民俗、民风和民情的区别，以及各个地区间人民认识问题的不同角度、处理问题的不同方式，就体现出"草根文化"的地域性差别和地域性特点。

二是草根文化的多元性和广泛性。草根文化的多元性与广泛性是由草根阶层社会身份的多元性和广泛性决定的。草根阶层的身份五花八门，人员构成的形形色色，草根阶层所形成的最基本的社会身份认知，就是最直接的"草根意识"。

三是草根文化的民间性，亦即大众性、平民性。由于草根阶层对政治、经济的介入相对"精英阶层"较弱，拥有的话语权和影响力有限，其各种思想意识、习惯风俗等文化元素多以言传身教或民间自发组织等方式传播，基本上局限在日常生活和普通的社会活动中，不像"精英文化"的传播载体较多，与主流文化很近。因此，草根阶层的社会文化活动具有很强的民间性，缺少在较高传播层面上展现的机会，与主流文化保持着相对疏离的状态，并且某些草根文化的确"不登大雅之堂"。

四是草根文化的原生态性，即草根性。这种原生态的草根性，往往与草根阶层本身社会地位的边缘化、生活方式的乡土性、立场与观念的民间性直接相关，而这种边缘化、乡土性与民间性，也决定了草根文化难以避免低俗的发展趋势。但正因这一"草根"特性而受到特定社会群体大多数成员的体认与参与，具有了广泛的适应性与强大的生命力，表现出极为丰富的内涵。

五是草根文化的生命力、创造力与凝聚力。草根文化是否具有生命力、创造力和凝聚力，主要是在与其他文化类别的生命力比较中确定的。社会分层中的草根阶层，意指民间的、社会的、群众的、底层的、弱势的阶层或群体，因此，草根阶层往往会以疏离于主流文化之外的底层与弱势的特殊地位，以民俗、民风为传承形式，保持一种顽强的文化生命力、丰厚的文化创造力和强大而持久的文化凝聚力。

草根文化具有五大功能：

一是在转型期的产业结构调整中，随着文化产业地位的提高，草根文化的经济价值被凸显，各地和各个行业借重于草根文化开发文化创意产业，直接创造经济价值。

二是草根艺术文化具有亲和力、感染力与质朴性，可以拉近精英与民众、上层与下层、乡村与都市的距离，并对社会各阶层之间的矛盾与紧张关系进行缓解与调适。

三是当社会发展到物质供给富足而精神压力增大时，人们普遍面临着前所未有的思想空洞、心灵无助以及精神紧张、焦虑的困境，草根艺术文化可以给人们提供一个抚慰心理的渠道。

四是草根文化滋生的环境与条件，即与最基础的阶层、最广泛的民众密切地联系在一起的文化背景，决定了草根文化在文化交流与传播上具有快捷的传播与接受速度。随着传播渠道的日益发展和普及，“草根文化”无论在城市还是在乡村的传播速度都空前加强，个人言语自由的伸张和网络所提供的空间，特别是方兴未艾的微博传播方式，使得“草根文化”无论是从种类、形式还是从受众数量上都有了空前的增长。因此，借助于草根文化的传播渠道，进行先进文化的传播，推进文化大发展大繁荣是最高效的途径。

五是草根文化有来自社会底层的与生俱来的顽强抗争力量，而这也是文化生命无声的延续力量，这对于主流文化的补偏救弊、丰富提高和对于中国文化的传承与发展，都具有不可低估的作用。

但是，在整体社会文化体系中，草根文化也具有一定的局限性。首先，在草根文化的内容构成中存在一些劣质、愚昧、腐朽、露骨、不雅不健康的形式或内容，含有庸俗、低俗、媚俗、恶搞的成分。其次，草根群体的庞大，带来草根阶层构成的复杂性，鱼龙混杂，良莠不齐。草根艺术家多是从最底层打拼上来的，因此他们往往比较敏感，不够文雅，比较直率，不能吃亏，这些性格特质成为每一个草根文化人的通病。第三，草根文化的滥觞与流行，使从众、跟风逐步成为文化心理定势，并且演化为风潮与时尚，这大大地销蚀了草根文化的独立性与创造力。

天津草根文化，生于卫（天津卫）所，长于码头，疏离于主流意识之外，充满着津腔津味，洋溢着艺术情调和市井智慧；天津草根文化自形成之后，便规制着天津人的生活理念，影响着一代又一代天津人的精神境界和文化品位。因此，中国草根文化具有特征、功能和局限性，天津的草根文化也都具有。

**二、保护天津草根文化的举措**

中国民间文艺家协会主席冯骥才认为，保护非物质文化遗产就是保护我们民族的DNA。非物质文化遗产是人类创造的文化成果，其中包含着我们的历史、我们的记忆、我们的见证、我们的情感、我们的个性和审美。如果这些都消亡掉了，我们也就一无所有了。

天津草根文化的五大传统项目，基本上都是非物质文化遗产，都是我们民族文化的重要根系，都在保护与发展之列。那么，为什么在当今社会条件下，除了风筝魏之外，其他四种草根文化类型都岌岌可危，并且已经陷入濒临灭绝的境地呢？我们认为，这有以下两个原因：

第一，经济发展引起的社会文化转型，使农耕文明时代的草根文化艺术面临被转型社会淘汰的危险。因为传统民族艺术文化所赖以生存的环境正在消失，传统艺术文化除了作为历史文化遗存之外，它们已经无法满足现代社会的精神与文化需求。

第二，随着经济型社会的来临，经济利益已经成为影响茶馆相声、杨柳青年画、泥人张彩塑、刻砖刘艺术和风筝魏发展的根本原因。经济利益在促进某些传统民族艺术发展的同时，也导致某些传统民族艺术走向衰微。

对于天津草根文化存在的问题，我们应采取以下措施：

第一，加大力度开掘并保护天津草根文化和弘扬时代精神。卡西尔认为，文化的生命力将预示着人类的前途与命运。一个民族在激烈的竞争中得到繁荣和发展，同样需要以文化来加强自身的软实力。因此，天津草根文化的生命力在文化发展中得到正确的认识和合理的利用，就一定会促进天津的文化发展。

第二，采取有效措施，促进民间草根文化艺术的理论研究。应该给那些濒临灭绝的民间艺术以足够的重视，由市级机构设立专项课题组，组织专业人员尽快对茶馆相声、泥人张、杨柳青年画、刻砖刘、风筝魏进行抢救性的学术研究。

第三，为全面了解天津市草根文化艺术资源的基本现状，政府应整合多方资源，组建专家团队对天津市整个民间文化艺术资源的总体存量、文化价值与产业发展前景等展开深度调查摸底工作，建立一套完整的天津市草根文化艺术资源档案。

第四，在鼓励民间艺术创新走向市场的同时，应出台保护民间工艺文化的特殊政策，对有造诣的民间艺人在生活上给予扶持和特殊照顾。政府应建立民间草根文化艺人生存状态档案，推出草根艺人的保护模式，制定相应的保护性法律法规，让天津的草根文化走出法律空白区。而且这一时间不应耽搁太长，否则在世的老艺人很可能会逐渐凋零，使传统艺术后继无人。

第五，天津市在保护与发掘草根文化资源时可借鉴北京经验。北京市政府出资建立了“百工坛”，支持吸引民间艺人来“百工坛”进行前店后厂的传统作坊式经营，让其逐渐适应市场。

第六，在天津建立文化保税区，给天津草根文化企业的发展提供最便捷到位的服务。

第七，民间文化艺术行业协会应制定行规、政府引导天津民间艺术文化行业协会组织成立天津民间艺术品评鉴机构、举办天津民间艺术文化节、将草根文化消逝与地方官员政绩考评挂钩。还要加强草根文化行业的管理自律，鼓励艺人保护自己的知识产权，遏制不正当竞争；同时，引导和号召艺人们打破封建行帮式的狭隘观念，进行草根文化流派的竞争，形成相互交流学习、彼此促进的健康氛围。这有利于繁荣艺术流派，尤其是可降低草根文化的研发成本。

第八，政府引导天津民间艺术文化行业协会组织成立天津民间艺术品评鉴机构。评鉴机构组织评选天津民间文化艺术品评鉴大师，以加强对民间工艺品的评鉴与甄别工作。每年定期举办“天津民间艺术十大精品”评选活动。

第九，举办天津民间艺术文化节。借助天津市民间艺术品的影响力，举办“天津民间艺术文化节”，为天津市民间艺术文化的发展提供一个交流、交易、展示的平台。同时，在全国知名媒体开展有影响力的宣传推介活动，唤醒社会公众对天津民间艺术文化资源的保护和珍爱意识，促进文化产业与旅游产业有效结合，为天津打造一张的文化名片。

第十，将草根文化消逝与地方官员政绩考评挂钩，严格追究对草根文化保护不力的官员的责任。

通过以上措施，最终达到继承和优化天津草根文化的目的。天津草根文化继承与优化的过程，实质上也是草根文化群体克服三俗，从而实现对草根文化的合理扬弃与优化。和谐、文明、进步应是天津草根文化的本质特征，也是天津草根文化优化的内在要求。

（本文作者：陈曼娜，天津财经大学现代经济管理研究院社会问题研究中心主任、教授）

# 天津市旅游业产业化及其体制机制创新

王庆生

**内容提要**：在现代服务业链条中，旅游产业化是指旅游住宿设施、旅行社、旅游景区点和旅游车船公司和直接为游客服务、与旅游密切相关的餐饮、娱乐、铁路、航空、公路、水运、公共设施服务等相关企业或组织集合成社会承认的规模程度。在此，提出天津市旅游产业化体制机制的创新，它们是：尝试建立全市旅游体制机制创新与改革实验区、创新旅游产业化领导体制和部门合作机制、旅游产业化发展中行业管理的体制机制创新、旅游产业化发展中政策编制与管理的体制机制创新、加快全市传统旅游目的地产品创新步伐。

**关键词**：现代服务业　旅游产业化　旅游体制政策　行业管理

在现代服务业链条中，旅游产业包括三个层面：一是以旅游住宿设施、旅行社、旅游景区点和旅游车船公司等为内容的核心产业；二是以等13个行业为内容的特征产业；三是旅游拉动的50多个直接、间接行业为内容的旅游经济。所谓，以完成从量的集合到质的激变，真正成为国民经济的重要组成部分。

一般来说，旅游业产业化表现出四个特征：现代化、国际化、规模化和市场化。现代化是旅游产业化水平的标志，体现为经济现代化、社会服务现代化和文化现代化三个方面。国际化是旅游产业化的空间跨度，表现为国际旅游的比重不断上升。规模化是旅游产业化的发展基础，集中表现是普通大众旅游和组团旅游等大众旅游方式的形成。市场化是旅游产业化的运作方式，按市场规律将旅游资源按市场需求转化为旅游产品。

## 一、全市旅游业产业化发展中的问题

一是推动旅游发展时产业化理念不足。以蓟县乡村旅游为个案进行实地调研发现，蓟县乡村旅游发展中，城市化、乡村生态环境破坏、乡土化特色的减弱等问题比较突出，而且蓟县的乡村旅游发展还局限在农家院经济发展观念的阶段，尤其是在乡村旅游蓬勃发展的态势下,忽视了乡村旅游本源特征的保护,从而限制了基于长远和体现可持续发展理念的乡村旅游社区观念的形成。国际公认的乡村旅游的乡村环境、乡村遗产、乡村生活、乡村活动等要素以及作为核心的乡村旅游社区,尚未在蓟县乡村旅游中聚合实现。究其原因,是旅游产业化的缺位。乡村旅游资源较之有明确范围的旅游景区更不容易组织起来,在缺乏统一规划、集中管理和科学化运营的情况下,不仅层次难以提升,还容易在无序盲目的逐利驱动下使原有的旅游资源遭到破坏。

二是存在不适合旅游产业化发展的体制机制障碍。通过对天津市“五大道”景区进行调研,发现街区旅游开发目前仍处于以建筑风貌游览和走马观花的初步阶段,缺乏大视野和大创意的高水准整体策划;推动该街区旅游开发向品牌化和文化景观旅游社区方向发展的政策及其运作体制机制创新有待加强等。综合分析来看,针对作为天津招牌的“近代中国看天津”旅游概念,尚未在体制机制上予以完善、促其发展,尚未形成集中有力的管理运营机构,导致景区规划、腾迁保护、业态布局等关系景区长远发展的各项重要工作难以坐实。

三是推动产业化发展的政策体系有待完善。以会展旅游税收政策为观察点,可分析不适合促进全市旅游产业化发展的政策掣肘。主要表现为全市税务部门要求开具“会议接待票”必须按照全额缴税,致使一些旅行社放弃了很多会议接待任务。而北京、上海税务部门对旅行社开具会议费等发票,则全部采取差额缴税方式,从而吸引了众多国内大型会展公司落户。

四是在旅游产品和服务方面需要提升。表现为吃、住、行、游、购、娱等6要素的衔接与价值链提升方面,还存在有很大的发展空间;传统旅游产品在结构创新、类型创新、功能创新、过程创新、主题创新等方面有待突破;存在城市旅游形象不够鲜明、旅游载体功能不强、国际知名旅游品牌较少、旅游服务质量有待提高、旅游企业规模偏小等问题。

**二、全市旅游产业化体制机制的创新**

1.尝试建立全市旅游体制机制创新与改革实验区。借鉴张家界建立国家旅游综合改革试点经验,积极探索建立有利于全市充分发挥旅游业综合带动功能的体制机制,围绕旅游业发展建立现代产业体系,通过“大旅游”促进全市经济实力的增强。可建立滨海海洋旅游综合开发实验区,重点在于协同滨海旅游区、中心渔港、北塘旅游区及邮轮母港等核心区,形成海洋旅游开发的大格局;建立蓟县乡村旅游产业化实验区,旨在形成与国际接轨的乡村旅游社区综合开发格局,打造具有区际竞争力的乡村旅游产品体系;围绕“近代百年看天津”主题,建立“近代百年文化旅游实验区”,探索构建中心城区文化旅游板块,形成以步行街为载体的文化旅游体验区,使全市以五大道、意风区、海河观光带等为标志的旅游区名至实归。

2.创新旅游产业化领导体制和部门合作机制。一是借鉴海南省设立旅游发展管理委员会的经验,设立具有权威性的旅游行政领导机构。二是建立健全天津市旅游产业发展联席会议制度,定期召开联席会议,研究制定旅游产业政策,协调解决旅游产业发展中的重大事项。从旅游业涉及部门多、关联性强的实际出发,建立健全由旅游、财政、交通、统计、规划、环保、税务、文化、体育、园林、水务、公安、工商等部门相互协调、密切配合、分工合作的管理体制。三是切实加强旅游行政管理部门内部管理和自身建设。旅游管理部门既要发挥原有的旅游管理和服务职能,更要强化推进旅游产业化发展的相关职能。四是充分发挥旅游行业协会作用。政府应加大对旅游行业协会的扶持力度,建立健全行业管理标准和自律机制,强化行业协会在规范市场秩序、维护行业形象、协调各方利益、提供公共服务等方面的功能。

3.旅游产业化发展中行业管理的体制机制创新。一是建立健全旅游行业法律法规体系。二是形成标准化、规范化旅游服务管理体系。在全国旅游标准化技术委员会和国家“旅游业标准体系”基础上,建立以旅游业诸要素为基础的地方行业技术支持标准框架,为旅游产业的发展建立科学、规范的技术标准支撑。三是构建高水平的旅游信息服务体系。制定旅游信息化的优惠政策和保障措施,加强旅游信息基础设施建设,大力发展旅游电子商务,实现政府城市形象宣传、旅游信息服务、旅游产品和服务网上预订一体化。着力加强旅游政务网、旅游资讯网、办公自动化网和旅游综合数据库的“三网一库”建设。

4.旅游产业化发展中政策编制与管理的体制机制创新。一是落实《天津市旅游业发展十二五规划》,制定旅游基础服务设施发展规划、重大旅游项目建设规划、旅游集散体系建设规划和各类旅游专项规划。坚持市场主导、企业主体、政府引导调控。二是切实加强旅游公共基础服务设施建设,不断完善扶持激励机制。重点从三个方面加强旅游公共基础服务设施建设:进一步优化住宿设施结构,加快建设一批中低档经济型酒店、青年旅社、乡村旅馆,形成高中低档相互配套、满足旅游者不同需求的旅游住宿设施体系;结合社会主义新农村建设,大力实施"乡村旅游促进计划",推进乡村旅游基础设施建设;科学规划旅游交通线路,重点建设以公共交通和轨道交通为主体的现代化交通体系,不断提高旅游公共交通服务水平。三是健全对旅游产业发展的财政扶持机制。完善各项引导、配套和扶持政策,集中力量组建一批具有较强竞争力的大型旅游企业集团,集中力量建设一批关系旅游开发全局的重点工程。鼓励和引导社会资本以多种方式参与旅游公共基础设施建设和旅游景区的开发。创新旅游投融资体制,进一步拓宽融资渠道。建立旅游重点项目招商引资项目库,加强对旅游基础设施项目的重点推介。四是着力打造旅游新产品新业态,构建独具特色的旅游产业体系。

5. 加快全市传统旅游目的地产品创新步伐。一是结构创新。产品结构创新主要是对现有旅游产品的补充,即选择性旅游产品的开发。对原有产品的组合状况进行整合,应加强全市度假、商务、会议、特种旅游等多种旅游产品的开发。二是类型创新。产品类型的创新主要是对原有产品质量的全面提升和新产品的开发。全市应在文化旅游、滨海旅游、会展旅游及邮轮旅游等旅游产品类型深度开发方面加大力度。三是功能创新。运用最新的高科技手段多角度的开发旅游景点和休闲活动的文化内涵,对某些特殊景点和服务设施进行多功能化的综合设计;运用相应的宣传促销理念和手段改变或诱导游客,帮助旅游服务人员树立新的旅游理念,增强景点与游客的沟通,引起共鸣。这一点对于全市主题公园类人造景观来说尤为关键。四是过程创新。对产品生产的过程重新认识、重新设计,以更有效地满足消费者的需求为出发点,强调过程对市场的适应力。全市农业观光、工业旅游在该方面大有可为。五是主题创新。随着市场形势的变化适时推出新的产品内容。全市应在突出"近代百年看天津"主题旅游形象前提下,结合市场需求的变化,不断推出时尚与传统结合的、具有天津特色的旅游产品系列。

(本文作者:王庆生,天津商业大学商学院旅游管理系教授)

# 医院医学伦理委员会的职能作用及运行机制研究

## ——以天津中医药大学第二附属医院为例

孔月霞　宋　津　黄宇虹　韩晓捷

**内容提要:**以国外医学伦理委员会发展概况为背景,立足新时期我国医学伦理委员会的发展,重点以天津中医药大学第二附属医院医学伦理审查委员会的成功实践为研究对象,分析了该院伦理委员会的目的与指导思想、合理的组成、严格完备的审查程序、科学高效的工作机制以及注重国际化认证与交流等内容。目前,我国医学伦理委员会建设面临职权范围局限、专业人才缺乏和专项资金投入不足等困境。因此,在借鉴成功经验的基础上,实现未来的迅速发展。

**关键词:**医院　伦理委员会　审查　职能　机制

21世纪医学科学技术水平不断进步,新药物陆续开发,临床各种治疗和手术方法不断改进,为人类健康提供了有利的保障,但同时也带来了很多矛盾和伦理问题,如药物临床试验中受试者个人权益的保障、医院中稀缺医疗资源的分配等。为了适应现代医学发展和我国医疗卫生体制改革的需要,医院伦理委员会作为医院管理的重要组织机制,在保障医疗质量与安全、保护患者合法权益、防范医疗风险、促进医患和谐等方面发挥了重要作用。

### 一、我国医学伦理委员会的职能与作用

1966年哈佛大学医学院Henry Beecher教授在论文《伦理与临床研究》一文中指出,很多病人并没有被告知实验的危险,数百名病人甚至蒙受了实验所带来的直接不良后果。这篇论文在社会上引起轩然大波。之后,美国政府规定,凡是使用美国政府经费的医院或研究机构,在进行以人为对象的研究之前,都必须取得临床试验审查委员会(IRB)的

伦理审查,进而规定了该委员会的设置。后来,国际人类基因组织(HUGO)设立了专门的伦理、法律和社会委员会(ELSI),后改名为"伦理委员会",并发布了"关于遗传研究正当行为"等一系列声明。根据伦理委员会所在机构及其与机构相适应的功能侧重点的不同,国外伦理委员会被划分为医院伦理委员会、机构伦理审查委员会和建立在政府或国际、国内医学组织中的伦理委员会三类。其指导思想是由《世界医学大会赫尔辛基宣言——人体医学研究的伦理准则》所确立的。宣言明确规定"医学研究必须遵守的伦理标准:促进对人类受试者的尊重并保护他们的健康和权利";"医生既应当考虑自己国家关于涉及人类受试者研究的伦理、法律与管理规范和标准,也应当考虑相应的国际规范和标准"。在2000年,世界卫生组织制定了《评审生物医学研究的伦理委员会工作指南》,对各国伦理委员会的体制化建设提出了具体要求。2002年国际医学科学组织委员会(CIOMS)和世界卫生组织(WHO)合作发表了《人体生物医学研究国际伦理指南》,国际组织的文件对生物医学研究中涉及人体实验的伦理行为作出了明确规范。这些针对伦理委员会及其职能的相关规范的制定,对我国医学伦理委员会的设置和发展提供了重要的理论背景和文献依据。

在我国,医学伦理委员会的设置是从具体领域开始的。卫生部于2001年8月1日制定并实施了《人类精子库管理办法》,其中第七条规定,申请设置人类精子库的医疗机构应当"设有医学伦理委员会"。卫生部于2001年8月1日起制定并实施了《人类辅助生殖技术管理办法》,规定"医学伦理委员会应由医学伦理、社会学、法学和医学等有关专家和群众代表组成,并依据上述原则开展工作。"①国家食品药品监督管理局(SFDA)于2003年8月6日发布了《药物临床试验质量管理规范》,该规范以从2003年9月1日起施行。其中规定:"为确保临床试验中受试者的权益,须成立独立的伦理委员会,并向国家食品药品监督管理局备案。伦理委员会应有从事医药相关专业人员、非医药专业人员、法律专家及来自其他单位的人员,至少五人组成,并有不同性别的委员。伦理委员会的组成和工作不应受任何参与试验者的影响。"②第十、十一、十二条分别规定了伦理委员会对"临床试验方案"、"试验过程"进行审查的意义、方式和其他事项。2007年,我国卫生部颁布了《涉及人的生物医学研究伦理审查办法》,规定"开展涉及人的生物医学研究和相关技术应用活动的机构,包括医疗卫生机构、科研院所、疾病预防控制和妇幼保健机构等,设立机构伦理委员会。"

目前,我国医学伦理委员会的主要作用,主要有审查评估、咨询、教育作用。首先,我国医院伦理委员会的主要作用,是审查临床医学人体研究立项中研究方案及其设计依据,注意签署知情同意书的过程、文件、研究方案的适宜性和可行性;考虑临床前研究的审查以及现行法律和法规的要求;受试者的权益、安全和健康必须高于对科学和社会利益的考虑。其次,医学伦理委员会可以对医学科研人员和临床医务人员进行定期医学伦理学系统培训或举办专题讲座,并且适时地对病人与公众进行医学伦理学基本知识的宣传;回答病人、受试者和研究人员的咨询,并提出适当的伦理学意见和行动指南。第三,医学伦理委员会可以协调、指导对医学生的医学伦理教育工作。目前,我国临床医学专业已普遍将医学伦理学作为专业基础课程开设。医学伦理教育的主要力量是医学伦理学教师、主要讲授的是医学伦理学课程。医学伦理委员会成员可以采用兼职教师或客座教授的形式,通过讲座或参与课堂教学等途径,在专业教学中透过医德教育来施以渗透和潜移默化的影响。

**二、对我国医学伦理委员会的有效运行机制的分析**

对我国医学伦理委员会的有效运行机制和发展中存在问题进行考察,在此以天津中医药大学第二附属医院伦理审查委员会的工作机制为典型进行个案分析。该委员会立足医院作为国家药物临床试验机构、天津市中西医结合学会中药临床药理委员会成员的基础优势,特以伦理审查委员会办公室为部门依托,在组织设置、运行机制方面取得了显著成绩,积累了成功经验。2010年11月,天津中医药大学第二附属医院医院伦理审查委员会通过WHO亚太地区伦理审查委员会(SIDCER—FERCAP)的认证,成为天津市第一家、全国第三家中医

①《人类辅助生殖技术管理办法》,第6条。
②《药物临床试验质量管理规范》,第9条。

院伦理审查委员会通过此认证的医院。医院伦理审查委员会成为天津中医药大学第二附属医院医疗和科研的亮点。

### (一)设置目的与指导思想

天津中医药大学第二附属医院伦理委员会负责对该院涉及人体生物医学研究项目进行科学审查和伦理审查,其目的是为保护受试者的合法权益和受试安全。根据我国《药物临床试验质量管理规范(GCP)》、世界医学会的《赫尔辛基宣言》、国际医学科学组织委员会(CIOMS)的《人体生物医学研究国际伦理指南》,制定和确立了人体生物医学研究的伦理和科学标准。伦理委员会依据这些指南对研究项目进行审查。

### (二)伦理委员会组成的合理性

1. 组成人数与任期。依据我国 GCP 有关伦理委员会组成人员的规定,筛选伦理委员会成员,并向药品监督管理部门备案。伦理委员会成员是兼职的,任期两年,可以连任,换届的新成员不少于1/5。伦理委员会的组成和工作是相对独立的,不受任何参与试验者的影响。伦理委员会法定到会人数不少于 5 人,包括医药专业人员、非医药专业人员、法律专家和其他单位的人员,并有不同性别的成员。天津中医药大学第二附属医院主要领导对伦理委员会的活动是尊重和支持的。2011 年 5 月至 2013 年 5 月第二附属医院第六届伦理审查委员会,主任委员由医院党委书记亲自担任,共有委员 12 人。伦理委员会设专职秘书 2 人,负责受理伦理审查申请材料、会议日程安排、会议记录、决议通告、档案管理、年度工作总结以及经费管理等日常工作。

2. 伦理委员会成员的职权与表决形式。只有参与审查的伦理委员会成员才有决定权。以投票方式作出决定。审查决定可以是:同意,作必要的修正后同意,不同意,终止或暂停已批准的试验。在可能的情况下,以一致同意的方式作出决定;若不可能一致同意,同意票应超过法定到会人数的半数。如果存在利益冲突,伦理委员会成员与申办方有特殊关系,以及伦理委员会成员为项目研究组成员,那么该委员应从会议的决定程序中退出;该利益冲突应在审查前向伦理委员会主任说明,并作记录。伦理委员会可以根据审查项目的专业,聘请或委任独立顾问,该顾问的职责应该是向伦理委员会提供有关该项目伦理、法律、社会学、道德学及研究项目专业方面的咨询,并可以不受任何有关临床试验或实施方的约束,仅就所提议的研究方案向伦理委员会提供专门的意见。

3. 伦理委员会成员的义务。伦理委员会成员都必须接受有关生物医学研究的伦理道德和科学方面的初始培训和继续教育,并通过考核合格表明其达到了培训的要求和预期目标。接受培训是伦理委员会成员的基本义务,每一届新伦理委员会成员必须参加初始培训。初始培训分为理论知识培训阶段和观摩阶段。理论知识培训内容包括:伦理审查委员会的相关知识体系,医学伦理起源的相关知识,如《贝尔蒙特报告》、《赫尔辛基宣言》、CIOMS 制定的《涉及人类受试者的生物医学研究国际伦理准则》、SFDA 的 GCP、《涉及人的生物医学研究伦理审查办法》、《中医药临床研究伦理审查管理规范》以及《药物临床试验伦理审查工作指导原则》,以及医院实际操作中相关理论知识,主要是医院伦理审查委员会的一系列标准操作规程 SOP。观摩阶段将组织伦理审查委员参加一次正式的伦理审查委员会会议审查活动,掌握审查纲要,熟悉审查表的使用,熟悉工作流程和会议流程,明确自身职责。观摩阶段新委员没有投票权。伦理委员会成员应同意公开他(她)的完整姓名、职业和隶属关系,公开其工作报酬和其他有关开支。成员应签署一项有关会议审议内容、申请材料、受试者信息和相关事宜的保密承诺。

### (三)严格完备的审查程序

伦理委员会工作严格依据《天津中医药大学第二附属医院伦理委员会工作指南》、《天津中医药大学第二附属医院伦理委员会审查程序》进行。医院伦理委员会对每项研究方案进行伦理审查,审查类型包括:初始审查、"作必要的修正后同意"或"修改方案后重审"方案审查、严重不良事件或非预期不良事件的监测与评估审查、持续审查、违背试验方案审查、提前终止研究的审查和结题报告审查等不同研究阶段的全程审查。初始审查所需提交文件资料有:项目申请表、项目临床前研究资料(包括综述资料、药理毒理资料、药效学资料、质量标准、临床研究文献等)、临床研究方案及受试者获益情况的有关规定、向受试者提供的研究简介和知情同意书,注明版本日期等共计 25 项。其他审查则根据具体审查要点提交相应的审查资料。

### (四)科学高效的工作机制

天津中医药大学第二附属医院伦理审查委员会从2010年3月15日开始正式运行新版，即第五版SOP。第五版伦理审查SOP是保证医院伦理审查工作科学、高效和富有特色的工作机制。第五版SOP的主要特点有：1.构建了完善的伦理委员会组成；2.建立了完善的伦理委员选择、培训、考核办法；3.完善及细化了伦理审查工作的流程；4.制定了各种审查的相应的表格；5.详细划分了研究方案的审查方式及内容；包括研究方案的初审、复审、修正案的审查、研究方案的持续审查、年度审查、结题报告的审查、严重不良事件的审查、违背或偏离方案的审查、研究方案提前终止的审查；6.明确了快速审查的条件和审查的内容；7.规范了会议审查的内容；8.规范和细化了伦理审查委员会各类文件、资料的管理。医院伦理审查委员会遵照管理标准作业程序，每两年对这一程序进行修订，2012年8月开始正式运行新版即第六版SOP。第六版伦理审查SOP增加了医院承担的分中心项目的伦理审查流程，扩大了伦理审查委员会审查的范围和内容，加强了伦理审查委员会的责任，为科学、高效开展伦理审查工作提供了运行机制上的保障。

### （五）注重国际化认证与国内外交流

天津中医药大学第二附属医院伦理委员会在发展中十分注重与国际化标准接轨，引进了SIDCER认证评价机制①。SIDCER的主要目的，是通过发展伦理审查能力和卫生研究伦理学，致力于全球人类受试者的保护工作。2010年通过WHO亚太地区伦理审查委员会（SIDCER—FERCAP）的认证，充分说明其伦理委员会的建设与发展工作受到了国际认同。与此同时，第二附属医院伦理委员会高度重视与国内外伦理委员会开展组织间的学习与交流。积极与国际伦理审查组织交流，到院外学习，近年来组织了一系列学习和交流活动，如组织委员及秘书参加了国家级项目WHO/TDR研究伦理培训班学习；组织主要研究者及秘书参加了北京天坛医院组织的临床研究及伦理审查培训班学习；组织委员参加了国家重大新药创制科研专项——GCP平台建设及中药上市后临床安全性评价指导原则研讨会等活动。

## 三、医学伦理委员会工作中存在问题与解决方案

在我国医学伦理委员会发展过程中，还存在一些亟待解决的问题，特别是在组织和运行诸多方面还存在着的缺陷。因此，有关政策的制定者、医学伦理学的理论研究人员和医药学临床工作者，都应当更好地顺应新时期医疗卫生改革的需要，发挥其对临床实践的引导、审查、监督、矫正功能，更好地保护患者利益，维护医患双方互信的和谐状态。我国医学伦理委员会在未来发展中存在的问题以及解决方案，我们认为主要有：

1.伦理委员会职权范围具有一定的局限性。在实际工作中，国内伦理委员会目前的职能相对有限，大多数医院伦理委员会只对药品、器械、科研项目进行临床审查和跟踪审查，很少涉及、解决医疗实践中临时出现的问题。国外伦理委员会与临床诊疗紧密结合，参加涉及患者伦理方面的病例讨论、术前讨论、医疗技术等各种情况。因之，我国医院伦理委员会的职能应该得到适度扩宽，以深入到涉及患者医疗的方方面面，切实保障患者的医疗质量与安全，维护合法权益，促进健康恢复，把对患者权益保护落实到医疗救治的全过程。在这方面，我国医学伦理委员会的介人还需进一步增强，发挥其对临床医疗活动中维护患者权利与利益、医患关系良性互动方面的积极作用。

2.对于医学伦理委员会的作用认识不足。当前，对于我国医院医学伦理委员会的存在和活动，不少临床工作者还不理解，认为医院伦理委员会只不过是在申报研究项目时闯关的“通行证”，伦理审查重形式远过于注重内容和监管。由于医学伦理学在我国兴起到发展仅仅经历了20余年，整个医疗卫生行业对医学伦理学以及医学伦理委员会在实际工作中的重要作用，还缺乏科学的认知。

3.医学伦理委员会专业人才队伍亟待壮大。在新的发展时期，我国医学伦理委员会建设最缺乏的是人才。掌握生命伦理学基本理论，能够对医学中伦理问题作出正确判断，能够胜任伦理审查工作的专业人才队伍，这已成为发展的瓶颈。面对这种现状，除了继续定期加强现有伦理委员会委员培训

①SIDCER（Strategic Initiative for Developing Capacity in Ethical Review），即发展伦理委员会审查能力的战略行动，是世界卫生组织（WHO）专门针对发展中国家的国际认证项目。SIDCER不仅向国际社会提供帮助建立国家内部人类受试者保护项目，还向全球提供测量方法、有关伦理审查质量和效果的责任说明。

之外,还要求医学高等院校大力加强对医学伦理学专业人才的培养,不断充实医学伦理委员会人才队伍。对于在校的医药专业学生,应在培养计划中增加医学伦理学专业知识的学习与实践的内容,以全面提高医药业学生的综合素质。在国家政策的支持和鼓励下,吸引更多受过专业医学伦理教育的医学生,积极投身医学伦理事业中,为我国医学伦理委员会早日与世界接轨作出贡献。

*本文是天津市哲学社会科学规划项目“医学院校公民教育实践模式若干问题的研究”(TJJX11—069)的阶段性研究成果。

(本文作者:孔月霞,天津中医药大学社会科学教学部教授;宋津,天津中医药大学第二附属医院党委书记、医学伦理委员会主任;黄宇虹,天津中医药大学第二附属医院副主任医师;韩晓捷,天津中医药大学社会科学教学部副教授)

**参考文献:**

1. 朱培丽、王亚峰等:《中国医院伦理委员会的职能与建设》,《医学与社会》2010 年第 1 期。

2. 田冬霞:《我国生物研究的伦理问题及伦理委员会的建设意义》,《卫生软科学》2011 年第 3 期。

3. 崔洋海等:《医院伦理委员会的职能与建设探讨》,《中国病案》2012 年第 10 期。

4. 赵艳琼:《医学伦理问题与医学伦理委员会及其作用》,《广西医科大学学报》2006 年第 9 期。

5. 田冬霞、张金钟:《中国医学伦理委员会研究进展》,《中国医学伦理学》2006 年第 1 期。

6. 樊民胜、奚益群:《医院伦理委员会建设若干问题探讨》,《中国医学伦理学》2007 年第 5 期。

7. 廖礼奎、吴晓奇:《医院伦理委员会建设中存在的问题与对策》,《江苏卫生事业管理》2012 年第 2 期。

8. 黄春春、陈昭辉:《论医学伦理委员会的意义和发展》,《中国医学伦理学》2005 年第 2 期。

9. 曹永福、王云岭等:《我国“医学伦理委员会”成立背景、功能和建设建议》,《中国医学伦理学》2004 年第 5 期。

10. 赵帼英、江滨等:《我国药物临床试验伦理委员会运作模式及监管机制探讨》,《中国药事》2007 年第 1 期。

# 天津市社区工作机制创新研究

马　英

**内容提要:**天津市社区建设存在的问题有:社区居委会自治机制的缺失、社区参与机制不完善、社区建设的资源保障机制缺乏、社区资源有效整合机制不健全。那么,如何改进天津市社区工作机制呢?主要有:一是健全社区居委会自治机制,二是完善社区居民的参与机制,三是构建社区单位共建机制,四是建立社区居委会专职干部激励机制。

**关键词:**社区　社区居委　社区资源　社区居委会自治　社区单位共建

## 一、全市社区工作机制建设的基本情况和存在的问题

近年来,天津市从市政府到区县各层面成立了社区建设领导小组,建立了社区建设协调会议制度。各区县社区工作机制都有新的探索,特别是和平区的社区志愿者服务、和谐楼门建设和社区社会组织建设,以及河西区搭建社区居民自治平台、推行“两评三会一公开”制度等经验,取得了良好的效果。但是,还存在一些问题,它们主要体现在:

一是社区居委会自治机制的缺失。街道办事处作为政府对社区管理的责任主体,掌握社区工作人事安排和经费管理权,因此街道办事处仍然有权利也有惯性向社区居委会转移事务、下派任务,致使社区居委会担负的协管事务大大超过了其所承担的自治事务。社区居委会所承担的职能与其法定职能错位,严重影响了社区居委会本来功能的有效发挥和社区居民自治的健康发展。

二是社区参与机制不完善。目前全市社区参与的主体主要是离退休的老党员、老职工,参与的领域主要是文化体育、治安维护、送温暖活动等几个方面,而有关社区公共事务的管理等政治性活动极少涉及,因此居民不能有效地参与到社区的决策层面,社区内大量公共事务仍然是街道办事处和居委会以行政的方式来完成。社区居民参与社区治理的广度和深度不够,参与意识薄弱,积极性不高,参与中没有激情,没有构建一个良性的参与机制。

三是社区建设的资源保障机制缺乏。各社区基础设施存在差异,但政府逐年增加的建设投人,以各社区所辖的居民户为基数,没有考虑各社区的特殊情况。各区县对社区扶植力度也存在差别,社区建设发展不平衡。有的区县对社区建设投人倾斜于示范社区的标志性成果,导致了有的社区越需要资金支持而越缺乏资金。

四是社区资源有效整合机制不健全。各类组织在社区建设中缺乏明确的职能定位、有效的沟通渠道、协商机制和联系平台,导致了社区工作合力不强、各自为政。社区各方面资源难以充分整合,高效发挥作用。

在改进社区工作机制过程中,国内外经验值得借鉴。从国际经验来看,无论采取怎样的社区管理模式,共同点是政府高度重视社区发展,政府在社区的规划指导、法律建设、项目组织和资金支持等方面发挥着重要的作用。从国内经验来看,共同之处是强化社区党组织在社区建设中的核心作用、发挥社区建设各主体积极性、整合社区资源。

**二、改进天津市社区工作机制**

一是健全社区居委会自治机制。彻底改变街道与居委会领导与被领导的关系的模式,建立指导与协助、服务与监督的关系。政府在社区成立社区政务中心,由政府聘请社工完全承担街道办事处及政府职能部门在社区的事务性工作。加快对慈善类、服务类、活动类社区民间组织的培育扶植,建立社区居民委员会及其下属的专门委员会、居民小组、楼院门栋联动的组织体系,把居委会从繁重的事务性工作中解放出来。社区居委会承担社区内所有居民自我管理、自我教育、自我服务的“自治”功能。居委会干部由居民选出,按照自治要求履行为社区居民提供公共服务的职责,维护居民合法权益、教育居民依法履行应尽的义务、调节民间纠纷以及办理本社区居民的入托、养老、社区文化生活等公共事务。居委会的工作效果由社区居民代表大会进行评议。

二是完善社区居民的参与机制。一要积极培育和发展志愿性社团,如志愿者协会、治安巡逻队、老年人协会、各种文化娱乐或健身团队等,充分发挥他们在沟通信息、交流情感、增进团结、维护权益、增进情感等方面的作用。放手让居民自己管理志愿性社团。二要探索新的居民参与途径及方式,完善听证会、协调会和评议会等制度。如将社区每年的工作计划方案,通过听证会形式,听取居民的意见和建议;社区中发生利益冲突,可以采取由居委会牵头,邀请当事人和有公信力的居民代表参加,共同协商调解;由居委会组织居民对社区重要事务进行评议。三要建立人大代表联系社区制度,由社区所在选区的人大代表定期到小区接待群众来访,听取居民意见和建议,及时向有关部门反映。

二是完善社区居民的参与机制三是构建社区单位共建机制。以社区党组织为龙头,组织辖区成员单位建立社区共建工作机制。抓好社区各类服务设施统一开发,调动社区内各单位、各方面力量,实行服务设施共建、社区资源共享。建设集社区教育、生活、娱乐、保障等为一体的社区服务中心及网点。组织开展社区群体活动,吸引全体社区成员共同参与社区建设。充分利用辖区单位拥有的专业人才开展社区居民教育和法律、医疗等便民服务。充分利用社区单位闲置设备改善社区居委会办公条件。利用运动场馆、娱乐设施弥补社区休闲活动场地不足。采取财政支持、辖区单位资助、社区居民筹集等形式,设立社区建设专项资金,主要用于社区基础设施建设。

四是建立社区居委会专职干部激励机制。把建立高素质社区居委会专职干部队伍作为社区人力资源开发战略重点,建立社区人才库,选拔、培养和储备后备人才。建立社区专职干部的晋升机制,解除他们个人职业发展的后顾之忧。建立社区专职干部政治激励机制,为其参政议政创造条件。

(本文作者:马英,天津商业大学公共管理学院教授)

# 两界联盟课题研究

## 天津市第26届两界联盟课题研究成果概要

天津市第26届两界联盟课题由市社联、市科协、市社科院,在市哲学社会科学规划办公室支持下开展的。本年度主题是“推进天津文化强市战略”。课题分13项子课题,主要有:(1)全国及天津市哲学社会科学研究基地建设的现状与分析;(2)

天津实施城乡公共服务体系评价研究；(3)天津市工业遗产保护及其开发利用研究；(4)文化创意产业概念界定与评估体系研究；(5)发达国家文化产业发展现状与启示研究；(6)天津动漫产业创新发展研究；(7)天津市特色演艺产业集团化发展与金融支持策略研究；(8)天津工艺美术产业创新发展研究；(9)天津市发展健康旅游文化研究；(10)推进华北五省区市文化产业协作研究；(11)科技创新推动文化产业发展研究；(12)推动天津文化企业上市的研究；(13)完善文化产业立法保障研究——以天津市文化产业的发展为例。

(《天津社会科学年鉴》编辑部)

## 全国及天津市哲学社会科学研究基地建设的现状与分析

李家祥等

为实施文化强市战略，发挥天津市社联在整合天津市社科研究资源中的优势，服务于天津市中国特色社会主义理论体系研究中心和社会科学研究基地建设，课题组对近几年全国和天津市哲学社会科学研究基地建设的总体情况进行了调研。研究基地建设主要包括学科建设、研究领域、学术特色、服务模式、管理创新等。在调查研究的基础上，对天津市哲学社会科学研究基地建设提出了新的思路和建议：(1)天津市人文社会科学发展及重点研究基地建设的基本原则是必须坚持马马克思主义在当代中国意识形态中的领导地位；坚持为天津服务、为社会主义服务的方向；坚持必须面向现代化、面向全国、面向未来的原则；坚持提高天津市民的思想道德素质和科学文化素质的原则。(2)保持和支持天津人文社会科学优势学科，提高在全国的影响力。(3)立足于天津本地经济与社会发展。(4)建立完善管理体系，完善评估体系。(5)组建天津市社会科学界联合会的专门研究机构，服务天津市人文社会科学发展。(6)建立交流与合作的机制。(7)构建天津创新型与创业型的城市文化。(8)组建天津人文社会科学发展战略研究中心。

(课题组组长：李家祥，天津市社会科学界联合会党组书记、教授)

## 天津实施城乡公共服务体系评价研究

陈丽然等

为进一步改善现有城乡文化公共服务，加速城乡文化公共需求与公共服务供给的契合，本报告根据影响城乡文化公共服务的影响因素，划分城乡文化公共服务的各个方面，以群众满意角度构建城乡文化公共服务评价体系。以问卷调查的形式进一步调查城乡实施文化公共服务体系现状情况，问卷结果表明目前天津市城乡文化公共服务还处于初步建设期，为加速提升城乡文化公共服务，还需在以下几个方面进一步努力。(1)完善校企交流服务平台：高校、科研院所是科技技术、创新知识及科技人才的主要发源地。(2)促进多元化文化宣传：文化宣传的服务过程，应是在尊重文化个体的自由选择权和承认文化的相对性的前提下来实现的。(3)针对性培训服务的推广：推动城乡文化培训服务的发展，应尽量在满足基本培训需求的基础上注重城市中心区域同郊区农村间对培训服务的区别。(4)信息服务网络的完善：政府信息化的建立和发展将为政府管理科学化和现代化提供强有力的技术支持。(5)基础设施服务的深入推广：基础设施的支撑在实施和覆盖后，更应加强的是全方位的开放与动员全体的参与。(6)持续有效的资金投入支撑：公共文化服务体系各环节的运行，最终都要落实到投入与产出的效率和效益问题，进而资金投入的地位可见一斑。(7)服务人才的培养与扩充：提升政府文化公共服务部门的人力资源素质为基础，提高行政效率，加强基层文化公共服务部门人力资源的保障，扩展文化公共服务的志愿者队伍。

(课题组组长：陈丽然，天津理工大学教师)

# 天津市工业遗产保护及其开发利用研究

徐苏斌等

在城市化进程和产业转型的背景下工业遗产的保护已经是当前我国十分重要的课题。本报告总结了天津工业遗产的普查情况，特别是对滨海新区的工业遗产的普查进行了较为详细的报告。在此基础上探讨了工业遗产的特殊的价值评估相关问题，包括分级以及各类不同级别的工业遗产的保护深度。同时调查了滨海新区的文化产业发展趋向，探讨了保护和再利用以及和文化产业结合的可能性等关键问题，最后对天津工业遗产的保护和再利用提出了以下建议。(1)宏观上——滨海新区工业遗产开发旅游线路：通过开展线路旅游，可再现中国北方近代化历史过程，并且介绍那些曾经对中国北方工业发展起到推动作用的科学家、工程师，以及具有里程碑意义的工业生产技术，从多个侧面展现历史。(2)微观上——滨海新区工业遗产植入创意产业及新功能：根据滨海新区公共服务设施规划，有一部分可以利用现有文化遗产或者是工业遗产，不但保护活化了遗产，而且也给相应的文化设施增添更多文化氛围。(3)建立专门机构并且制定宏观文化战略：以加入创意城市联盟为目标建立宏观策略，推动天津的创意城市建设。(4)建立由各个方面参加的协调平台：行政管理部门、产权相关的企业、大学以及相关研究机构的参与和市民的大力支持对于文化产业是十分重要的。(5)文化产业建设推进步骤：①普查和价值评估；②遗产保护规划和业态规划；③文化产业的资本注入和政府提供优惠政策。

（课题组组长：徐苏斌，天津大学教授）

# 文化创意产业概念界定与评估体系研究

王立国等

课题从天津市文化创意产业发展的自身特点和需求出发，在借鉴美日韩等先进国家文化创意产业发展经验及参考国内其他省市文化创意产业发展特色的基础上，结合天津本地文化格局，从理论层面上界定了“天津文化创意产业概念和标准”，弥补了天津文化产业在理论结构上的欠缺；从实践层面上创建了“天津文化创意产业 SDE 评估体系”，填补了天津文化产业在实际操作上的空白。同时运用该体系对“十一五”期间的天津市文化创意产业进行了总体评估，并针对评估结果提出了以下建议。(1)加快体制改革，建立科学规划。政府应该进一步实行文化体制改革，根据社会发展的方向，组织力量制定文化创意产业发展的中长期规划。(2)加强政策支持，拓宽融资渠道。在产业政策和税收两方面给予必要的扶持，为文化创意企业特别是中小企业提供多方位的融资服务。(3)保护知识产权，加大打击力度。加强知识产权保护的宣传教育，制定相关的政策，保护知识产权。(4)依托传统经济，形成良性互动。在天津的传统产业和独特的人文地理环境下，寻求文化创意产业和城市发展的最佳融合点。(5)拓展功能领域，打造产业链条。天津要打造完整的文化创意产业链，就要注意文化创意产业园区的建设。(6)吸引优秀人才，培养合格队伍。要从硬件、软件等多方面入手，努力为创意人提供宽广的发展空间和舒适的生活环境，以人才政策的创新作为推进产业发展的抓手。(7)创新发展模式，更新产业结构。天津文化创意产业发展应借助“先行先试”的政策优势和国家战略的政策平台，大胆创新产业发展模式。

（课题组组长：王立国，天津社会科学院副院长、研究员）

# 发达国家文化产业发展现状与启示研究

王岩华等

国家“十二五”发展规划提出要“推动文化产业成为国民经济支柱性产业”，这意味着我国文化产业将进入加速发展的新阶段。天津市文化产业在“十一五”期间凭借其区位优势及文化优势取得了长足发展，但相比与发达国家与地区的水平仍处于成长发展的初级阶段，尚需“政策哺育”。本课题在总结借鉴发达国家文化产业发展经验的前提下，因地制宜为天津文化产业的发展提出以下建议。(1)培育有竞争力的市场主体：继续深入推进文化核心行业的改革，扶持中小文化企业，鼓励有实力的文化企业兼并重组，形成有竞争力的企业或企业集团。(2)加大扶持力度：增加公共财政对文化产业的投入力度，提高文化产业支出占财政支出比例，充分发挥财政资金杠杆作用，推动文化产业跨越式发展。(3)构筑多元化的投融资体系：创新财政投入方式，整合文化优势资源，要加快发展多元化的文化投融资机制。(4)促进科技与文化融合：发挥文化与科技的相互促进作用，增强自主创新能力。(5)加大人才培养力度：大力培养适合文化产业与其他产业融合发展的复合型人才，确立一批文化产业人才实践基地，积极开展文化产业从业人员的教育培训，完善文化产业人才分类界定。(6)加大知识产权保护力度、完善知识产权保护政策法规体系。加大知识产权保护的执法力度，建立知识产权监督检查的长效机制。做大、做强文化产权产品展示交易市场，使权利人的文化成果及时转化为市场需求。

(课题组组长：王岩华，天津外国语大学教授)

# 天津动漫产业创新发展研究

张青等

近年来，天津动漫产业快速发展，取得了显著的成绩，但与先进地区相比，仍存在不小的差距。要以积极培育数字网络动漫业态、大力开发应用动漫产品和服务、全面参与国民经济结构的战略性调整、加快发展对外版权贸易交易为重点方向，以加强动漫原创能力、创新动漫企业商业模式、同步推进动漫产业经济价值链条中各环节的立体发展、建立知识经济时代的品牌战略理念为主要任务，促进天津动漫产业创新发展，推动地区产业结构的优化升级，并为天津动漫产业创新发展提出了以下建议。(1)完善动漫产业创新发展制度环境：政府要认真贯彻落实国家扶植动漫产业发展的相关政策措施，制定动漫产业与相关产业融合的产业关联政策，完善动漫产业相关政策法规体系，提高产业政策的科学性与规范性，强化政策法规的引导和管理功能。(2)加大对动漫企业的财税支持力度：创新动漫企业财政投入模式，加大对动漫企业的税收优惠政策。(3)搭建动漫产业创新发展公共服务体系：搭建动漫产业发展相关政策的宣传平台，建设动漫产业投融资平台、产业科技创新服务平台、销售平台。(4)推动动漫产业向产业链高端发展：运用市场化手段，推进全市动漫资源的有效集聚和整合，大力发展应用动漫，将动漫普及渗透到各种产业中，促进动漫产业与制造业和服务业相结合，加强与国内外知名动漫企业合作交流。(5)实施原创动漫产品精品战略：开放市场和政策支持，积极发展有利于天津动漫原创内容的一切技术手段、商业模式，为天津动漫产业创新发展奠定基础。(6)培养市场需要的动漫人才：培养综合应用型动漫人才，引进与培养高水平教师队伍，重视培养现有教师队伍，走校企结合的动漫人才培养模式。

(课题组组长：张青，天津市科学技术情报学会高级工程师)

# 天津市特色演艺产业集团化发展与金融支持策略研究

宁薇等

为推进天津市加快实现文化强市战略目标，本文聚焦最具地方特色的天津特色演艺产业，遵循文化产业发展一般规律，借鉴国内外演艺产业发展经验，提出天津特色演艺产业集团化发展的两种路径，即培育特色演艺产业集群与推动特色演艺产业整和。针对集团化发展中面临的融资难问题，尝试提出投融资机制的创新设计要把握好四个关系：特色演艺文化产业特征与资金有效供给的关系，特色演艺文化企业融资模式与金融改革取向的关系，文化控制力与融资方式选择的关系，文化体制改革与资本实现形式的关系。实现和放大金融的“融制、融资、融智”三种功能。加快形成新的文化发展格局的金融支持基本路径和手段。(1)以特色演艺文化资源为基础，以特色演艺创意产品和服务的版权为价值载体，利用金融工程和证券化技术开发创新型文化金融产品。(2)以版权公共服务为支撑，建立健全以版权为价值载体的金融产品公开流转市场。(3)在文化信贷方面，应该特别关注以“版权价值”为核心，开发适合以“轻资产”为特点的特色演艺企业需要的信贷产品和服务模式。(4)在文化保险领域，应积极和保险业金融机构合作，推动保险产品和服务方式创新，探索开发适合特色演艺产业特点和需要的新型险种，积极培育和发展特色演艺产业保险市场。(5)根据不同层次资本市场特点，探索特色演艺作品版权资产证券化的不同类型。(6)加快金融服务创新，改进和完善对特色演艺文化企业的综合金融服务。

(课题组组长：宁薇，天津财经大学副教授)

# 天津工艺美术产业创新发展研究

张国华等

天津工艺美术依靠口传心授加以传承的手工技艺面临失传，大量珍贵手工艺作品和相关资料流失或丢弃。同时，伴随着人民生活水平的快速提高，对工艺美术品的需求日益扩大，工艺美术所承载的丰厚人文艺术蕴含、文化市场价值以及大量安置就业、绿色 GDP 环保、传统出口产品、提升城市文化底蕴等已经开始呈现广阔的发展前景与旺盛的生命活力。对天津工艺美术创新发展、推进天津工艺美术产业的传承、抢救、保护、创新与发展的举措是：(1)制定保护条例，完善配套法规，提供法律保障。(2)重建工美集团，创建产业园区，提供基本保障。(3)完善行业组织，组建研发中心，提供组织保障。(4)确定文化属性，修订税收政策，提供政策保障。(5)发掘矿产资源，实施计划开采，提供物质保障。(6)发挥院校优势，完善培养体系，提供人才保障。(7)推进大师评选，完善技能鉴定，提供制度保障。(8)鼓励传承创新，奖励功勋人员，提供措施保障。(9)适应都市发展，建立博物馆藏，提供动力保障。

(课题组组长：张国华，天津市工艺美术学会会长、高级讲师)

# 天津市发展健康旅游文化研究

史宝欣等

健康旅游是一项蓬勃发展的朝阳产业。健康旅游可以拉动区域投资，推动基础设施建设，促进当地社会的全方位发展。数据显示，全球化的健康旅游的年产值在 2500 亿美元左右，并且以每年 30% 的幅度增长，预计到 2022 年将高达 3 万亿美元。本研究通过对健康旅游文化的起源与发展、健康旅游文化的内涵、健康旅游的核心内容以及健康旅游的流动规律与发展趋势的研究，结合泰国、印度、瑞士等开展健康旅游成功国家的经验，结合天津市现有优势和不足，寻找总结出以下适合天津市发展需求的构建健康旅游文化的对策和建议。(1)完善医疗技术与服务。保证天津居民享受医疗卫生资源的公平性，提高医疗技术和服务，完善医疗设施，积极融入国际医疗市场。(2)丰富健康旅游文化。丰富健康旅游活动内容，将特色文化活动、娱乐活动与健康旅游活动结合起来，利用多种疗养机构，开展多样健康旅游活动。(3)做好健康旅游规划与宣传。制定天津市健康旅游的发展规划，实施多样化的健康旅游营销。(4)规范健康旅游业的发展。完善法律法规，建立健康旅游行业协会，规范健康旅游行业发展，建立健康旅游机构准入制度，严把健康旅游质量关，建立健康旅游诚信体系，开展诚信服务，完善健康旅游服务设施，有效防止患有传染病的健康旅游者入境。

(课题组组长：史宝欣，天津医科大学教授)

## 推进华北五省区市文化产业协作研究

吕波等

自2011年年底，北京、天津、河北、山西、内蒙古共同签署《华北五省区市文化发展战略合作框架协议》以来，五地围绕整合区域文化资源、增强区域文化软实力进行了广泛的交流和合作。本报告在对五省区市文化产业协作情况进行专题调研后，较全面的整理出五省区市在影视制作、出版发行、文化艺术、外宣合作等方面取得的主要工作进展。在此基础上，为更好的借力五省合作机遇，实现天津文化产业跨越式发展，又重点分析了天津文化产业的发展现状和今后提升的战略途径，并总结了以下四点建议。(1)注重营销，构建并完善文化产品衍生平台。全市要尽快建立文化市场的现代营销平台和机制，建设数据库及互联网形成的营销渠道，扩大重点文化产品的衍生产品，通过立体的方式拓展挖掘文化产品的潜在价值。(2)鼓励原创，重视文化产品的知识产权保护。完善政府引导、舆论支持、公众参与的版权普法教育工作，争取把版权法律知识的宣传普及作为常态性的基础性工作来抓。(3)集群发展，坚持专业化、规模化的发展思路。在重大文化项目的策划、规划、管理时，要借助专业力量，从设计理念和设计水平上凸显专业特征；为了体现规模效应，要倡导全市文化产业集群发展，提升文化产业的集聚度，同时减少土地使用规模，提升土地使用效率。(4)培养人才，建立多层次的文化人才引进制度。积极推动高校与科研院所携手五地的文化企业共建实训基地，建立多层次的文化产业人才引进、培育和奖励制度。

(课题组组长：吕波，天津师范大学副教授)

## 科技创新推动文化产业发展研究

孙纬业等

各国在艺术与科技创新交叉融合上所取得的成功，为天津市在“十二五”期间探索出一条官产学研一体化良性互动路径提供了借鉴。针对本市目前存在的主要问题和国内外发展现状与趋势，报告就促进科技与艺术融合，助推天津市文化产业跨越式发展提出了建议。(1)将特种影视、新媒体、现代数字音乐与表演产业确定为当前和今后全市优先发展的科技文化行业，制订全市“艺术家驻场计划”，促进跨行业的协同创新中心建设，并作为重点实施计划。(2)实施科技文化产业发展的三大促进工程。一是由高校和科研单位的创新体系、公共科技文化中心的区域创新实体平台、企业的创新体系、科技文化产业区域创新联盟组成的，基于科技与艺术融合的区域创新体系构建工程；二是由影视和视频游戏产业数字化工程、媒体产业数字化工程、音乐和表演产业数字化工程、印刷和复制产业数字化工程以及其他文化产业的数字化工程构成的文化产业数字化工程；三是由产业环境氛围营造工程、人才培育与创业孵化工程、国际化工程为主要内容的产业环境建设工程。(3)报告就大力推动数字技术应用，促进天津市特种影视产业实现跨越式发展提出了八点具体建议。

(课题组组长：孙纬业，天津理工大学副研究员)

## 推动天津文化企业上市的研究

唐毅泓等

目前，中国文化产业已进入快速发展期。天津文化产业近年也有较快的发展，从2005年至2010年文化产业占GDP的比重从2.17%上升至3.33%。但天津文化产业集约化程度不高，尚属起步阶段，为推动天津文化产业发展，本课题分析了天津文化企业发展的现状,结合文化企业上市所应遵守的相关法律法规,分析研究如何借鉴国际及先进省市经验提升天津文化产业核心竞争力、文化企业上市相关法律问题以及被否企业原因,进而提出以下推动天津文化企业上市的有效途径。(1)在市政府主导下构建"天津市文化创意产业融资平台"。上市的推动应分两个环节,一是企业条件已经基本符合拟上市相关法律法规要求的环节;另一个是扶持培育文化企业达到拟上市条件的环节。在研究中发现制约文化企业发展因素中最关键、最突出的是融资问题。(2)基于"平台"构建的需要,成立"文化创意产业协会",从根本上解决文化企业的资金需求和资金持有者因对文化企业资产及生产特性的不了解而持币惜贷现象。(3)鼓励实践与理论工作者对文化产业的资产评估、计价及信用评价体系的研究。文化创意产业的资产评估与计价及信用评价体系与是实现该融资平台功能的关键。

(课题组组长:唐毅泓,天津商业大学副教授)

## 完善文化产业立法保障研究

王者洁等

近年来,天津市文化产业发展面临基本法律缺位、市场准入机制不合理、投融资渠道单一化、税收机制不完善、知识产权保护不健全等问题。需要做好以下工作:(1)制定出台《天津市文化产业促进条例》,明确文化产业发展的指导思想、基本原则、发展目标,明确文化产业经营者的权利义务以及政府的权利义务,法律监督和法律救济。(2)放宽文化产业发展中的市场准入资格。以立法的形式降低文化产业主体入市门槛并放开经营性文化行业中民营资本和外资的准入门槛,规定多样化文化企业组织形式,确保非公有制企业享受到平等的市场准入资本与准入待遇。(3)拓宽文化产业发展中的投融资渠道。鼓励文化产业的金融介入,发展多元化的文化产业投资基金,创新文化产业授信模式,发展文化产业保险市场,降低文化企业的经营风险。(4)完善文化产业税收法律体系。在文化产业的税收问题上需要根据文化产品的不同性质,以立法形式制定差别税率,以调控文化产业结构。加强税收优惠政策的针对性和重点性,创新文化产业税收优惠方式,加强部门之间的协调机制,增强税收政策的可操作性和税收执法的透明公开。(5)健全文化产业知识产权保护制定和完善适合文化产业特性的知识产权相关制度,加大知识产权侵权惩罚机制,加强文化产业知识产权公共信息平台建设,建立已登记著作权作品的公共检索系统,建立文化产业产权的价值评估体系等,为权利人和产业部门、文化市场之间搭建合作的桥梁和沟通的平台。

(课题组组长:王者洁,天津工业大学教授)

责任编辑:丁大同

# 滨海新区开发开放研究

## 《天津滨海新区发展报告》撰写和研究的历程、特点与作用①

王　洪　李家祥

【内容提要】滨海新区发展报告的撰写经历了演变过程,在研究实施计划、内容丰富与创新、高水平研究团队方面形成特点,在咨政服务和科学研究方面发挥了积极作用。

【关键词】滨海新区　发展报告　撰写历程　特点作用

《天津滨海新区发展报告》(以下简称《报告》)作为滨海新区立项的年度专门研究报告问世于1997年,至今已连续编辑发行了10余部,后从2011年始公开出版。《报告》系统扼要记载和深入分析了滨海新区历经20多年从无到有、自小变大,由城市发展战略上升为国家发展战略,由全市最大的经济增长点转变为中国经济发展新的增长极,由沿海荒滩变成为美丽宜居新城区的发展历程,成为迄今宣传天津滨海新区开发开放,搞好咨政服务和相关科学研究的一份权威性发展报告。

### 一、《报告》撰写的背景和历程

1992年,党的"十四大"作出加速环渤海地区开发和开放的决策。1994年3月,中共天津市委、市政府提出用十年左右时间,基本建成滨海新区的设想。天津滨海新区位于华北平原东部,环渤海湾中心,陆域面积约2270平方公里,约占全市面积的20%,常住人口近百万人,占全市11%。当时新区的总体构想是:以天津港、开发区、保税区为骨架,以冶金、化工为基础,商贸、金融、旅游竞相发展,组成一个以新兴产业、外向型为主导,以自由港区为发展方向,基础设施配套,服务功能齐全,面向21世纪的高度开放的现代化经济新区。经过几年的努力,滨海新区已成为带动天津市经济持续快速健康发展的新的经济增长点。1993年新区国内生产总值为112.36亿元,1997年已达到382.06亿元,4年平均递增25.8%,超过全市平均增幅近1倍;占全市的比重由1993年的21%上升到1997年的30.8%;对全市经济增长的贡献率由1994年的29.8%上升到1997年的44.8%。在全市国内生产总值增量中,有38.3%是由新区拉动的。新区的综合实力整体水平不断提高。1997年,财政收入达34.8亿元;人均国内生产总值达3.64万元,比全市平均水平高1.66倍。新区对外开放取得可喜成绩,截至1997年底,共有67个国家和地区的外商在新区投资建厂,累计签约三资企业7341家,协议外资总额104.29亿美元,占全市的比重分别为63.5%和53.5%。世界上许多跨国公司、大财团落户到滨海新区,全球100强企业中,来投资的有25家。新区外贸出口由1993年的5.03亿美元上升到1997年的24.33亿美元,年均递增45%,占全市的比重由25%上升到48.4%。同时,新区的基础设施建设全面推进,成绩显著,法制法规进一步健全完善,科技卫生教育事业进一步发展。滨海新区发展势头强劲,对推动天津乃至环渤海地区经济发展起到重要作用,在国内外的影响越来越大,每年吸引海内外各行各业很多人员到滨海新区参观学习。

①本文为教育部哲学社会科学发展报告建设项目"滨海新区发展报告"的阶段性成果,项目编号11JBGP003。

面对滨海新区取得的明显成就，为了促进实现新区的功能定位，向海内外各界更好地宣传滨海新区，有必要运用科学的理论和方法对新区发展历程进行全方位、多角度的资料汇集和梳理分析，长期跟踪研究新区发展取得的成效、面临的问题及原因，在吸收国内外成功经验的基础上，提出促进新区发展的具有前瞻性和可操作性的对策。为此，当时的天津滨海新区管理委员会在1997年提出每年编写《天津滨海新区发展报告》的构想，并直接组织力量编撰和发行了1997至2000年的年度《报告》。随着编撰任务的加重和撰写人员的变化，2001年，新区管委会将这项重任交给以时任天津师范大学党委副书记、经济发展研究所所长李家祥教授为负责人的科研团队，每年以单独立项的方式由课题组撰写年度《报告》。团队成员深感责任重大，认真开展了课题研究。特别是在滨海新区纳入国家发展战略之后，天津师范大学率先成立滨海新区经济社会发展研究中心，以校党委书记李家祥教授为负责人的撰写团队更是深感这项任务的重大意义，努力将《报告》打造成为社科理论界服务滨海新区开发开放的品牌。自2001年至2008年，该科研团队每年完成1部《天津滨海新区发展报告》，各部独立成册，由天津滨海新区管理委员会印制并向海内外发行。在2008年至2009年滨海新区进行大规模行政体制改革建立统一区委、区政府之后，根据新条件与新需要，《报告》于2010年更名为《滨海新区发展战略报告》，被收录到由新区人民政府主编的《滨海新区年鉴》之中，由天津社会科学出版社于2011年始每年公开出版。

## 二、《报告》编撰的特色

由于《天津滨海新区发展报告》是国内最早的长期、系统记载和研究滨海新区开发开放进程的一项重要研究成果，撰写组在十多年中，坚持以邓小平理论、“三个代表”重要思想和科学发展观为指导，以国际化的视角，站在全国和天津发展全局的高度，立足于展示和服务滨海新区发展，秉承求真、创新、务实的理念，在不断的探索中，就编撰内容和队伍等方面形成了研究特色。

### （一）具有符合客观需要的研究实施计划

长期以来，报告撰写组注重制定立意高远又符合实际的研究计划，并付诸实施。每年的计划由编写大纲、队伍组成及分工、实施时间安排等内容组成。编写大纲由编写组与滨海新区有关负责同志共同制定，保证了写作计划切合新区发展实际及其需要。实施计划一般分为三个时段：1月—3月，针对每年《报告》需反映前一年发展状况，统计数字于年初才能准确整理出来的实情，编写组于每年初及时搜集国内外相关研究资料，整理已有研究成果，召开小型研讨会，在广泛征询有关方面专家和实际部门意见的基础上，和新区的项目主管方一起，完成课题前期各项基础性准备。4月—7月底，根据研究大纲，继续展开有针对性的调研工作，深入了解和总结概括新区经济社会发展取得的成效、面临的问题以及实施经济社会发展战略方面取得的新突破。在深入分析国际、国内形势的基础上，研究新区在新一年面临的发展机遇与挑战，对发展趋势进行预测，提出新的一年促进经济社会发展的战略重点及具有前瞻性、可操作性的对策，从而形成发展报告。8月—12月底，在广泛征求相关专家特别是新区有关负责部门意见的基础上，和新区项目主管方一起，不断修改和完善发展报告，提交最终研究成果后，进行印刷或出版。

### （二）内容丰富具体并不断创新

《报告》是一个跨学科、综合性的研究项目，兼具理论性与应用性，涉及经济、社会、文化诸多方面，所以编辑研究团队综合运用经济学、政治学、社会学、管理学、行政学等诸多学科的基本理论和研究方法，力求做到理论与实践相结合、历史综述与现状考察相结合、宏观与微观分析相结合、定性与定量研究相结合，精心设计报告内容，及时根据新区变化和需要调整写作框架，增设新的研究内容。

1997－2004年，课题组根据当时滨海新区发展需要及其轨迹，将《报告》的内容分为序言、总体发展情况、部门经济、功能区建设情况、固定资产投资与基础设施建设、新区经济发展形势分析与预测、新的一年经济工作重点及对策、统计表、大事记等9个部分。序言部分对新区该年度的工作思路予以高度凝练；总体发展情况部分用翔实的新数据全面、概括反映新区一年在经济总量、对外贸易、产业结构、技术创新、基础设施建设、体制改革、社会事业等方面取得的成效；部门经济部分重点分析新区一年内在三次产业、对外开放方面的新思路、新成效；功能区建设情况部分，根据新区当时的行政区和功能区的划分，全面具体反映塘沽区、大港区、汉沽区3个行政区，天津经济技术开发区、天津港保税区、天津港3个功能区以及典型街镇一年中在经济总量、对外贸易、产业结构、技术创新、基础设施建设、体制改革、社会事业等方面的发展思路、发展特色及取得的成效。固定资产投资与基础设施建设部分用大量数据分析新区一年内固定资产投资总量和重点、重点投资项目和基础设施完成情况；新区经济发展形势分析与预测部分在综合分析国内外宏观经济形势新变化、新特点基础上，深入分析新区发展面临的机遇和挑战，综合运用定性和定量分析方法，对新区新的一年主要经济指标作出初步预测；新的一年经济工作重点及对策部分在借鉴其他地区成功经验的基础上，针对新机遇、新挑战提出下一年促进新区社会经济发展的战略重点及具有前瞻性、可操作性的对策；统计表部分把新区一年内主要经济指标呈现给读者；大事记部分将新区一年内发生的各项重大事件，按时依次扼要予以记录。

进入新世纪之后，课题组根据滨海新区发展的新变化和新特点，紧密结合现实需要，在原有研究框架基础上，每年增加就新区一个重点问题开展专题研究的部分。作为区域发展战略重点，如何学习我国其他沿海地区快速发展的经验，进而提升发展质量与水平是一个重要课题。为此，在2002－2003年的《报告》中，专门连续设置了滨海新区和上海浦东新区的比较研究专题，从经济总量、对外贸易、产业结构、技术创新、基础设施建设、体制改革、社会事业等方面对两个区域进行了比较，并从发展战略、综合优势、产业协调、开放水平等方面思考了浦东新区给予的重要启示。

由于滨海新区担负着带动区域经济发展的使命，2004－2005年的《报告》有针对性地分析了新区在环渤海区域中的比较优势，还在“十一五”时期发展展望中分析了提高服务区域发展能力问题。

2006年5月26日，国务院20号文件发布《关于推进天津滨海新区开发开放有关问题的意见》，明确新区功能定位为：依托京津冀、服务环渤海、辐射“三北”、面向东北亚，努力建设成为我国北方对外开放的门户，高水平的现代制造业和研发转化基地，北方国际航运中心和国际物流中心，逐步成为经济繁荣、社会和谐、环境优美的宜居生态型新城区，还专门批准滨海新区成为综合配套改革试验区，进行改革的先行先试。以此为重要背景，2006年、2007年的《报告》中，增加了对新区作为综合配套改革试验区的研究专题，重点分析了新区综合配套改革试验的战略意义与近期改革的重点。

2008年，世界经济步入二战以来最严重的经济衰退，国际金融危机不仅给发达国家带来严重的冲击，同时也对我国实体经济造成了巨大影响，这对处于发展战略机遇期的滨海新区又提出了新的挑战。为抗击国际金融危机，新区在2008年和2009年的突出发展思路是以大项目好项目为载体，化“危”为“机”，保持发展势头，拓展发展新平台，加快转变经济发展方式，培育新的经济增长点，确保实现新一轮发展，提升区域综合竞争力，推动经济又好又快发展。为此，写作2008年的《报告》时，增加了国际金融危机条件下新区面临的挑战、机遇与对策以及对实施项目带动战略的意义、内在依据与路径选择的专题研究。

2010年，滨海新区政府根据成为统一行政区后的新需要编撰公开出版的《天津滨海新区年鉴》，将《天津滨海新区发展报告》改为《滨海新区发展战略报告》（以下简称《战略报告》），纳入其中作为重要组成部分。新的《战略报告》又围绕新区的功能定位，改变原有分析框架，结合新区经济社会发展的新特点以及区位优势、产业优势、制度优势，不断总结区域发展的成功经验，加强对新区经济社会发展战略的解读与分析。《战略报告》分为滨海新区发展实践与改革创新、面临的经济形势分析、新一年的工作重点及对策等部分。发展实践与改革创新部分，重点包括新区在本年度面临的形势，为落实国家战略、实现功能定位所采取的发展战略及其路线图等，从而对新区一年来经济社会发展战略、发展思路与取得的实绩与经验进行记载和解读；面临的经济形势分析部分，重点分析新的一年新区面临的国内外机遇与挑战，并对其经济走势作出判断；新一年的工作重点及对策部分，在吸收国内外成功经验的基础上，针对新形势新要求，提出新区在新的一年经济社会发展思路、重点与举措。

《报告》与《战略报告》图文并茂，既有较为深入的理论分析与解读，又有翔实的新数据作支撑，注重把握滨海新区开发开放的时代脉络，完整再现新区发展历程，对新区孕育和成长过程进行理论和实践上的总结分析，成为持续深入准确了解新区发展历史与现状的权威报告。

**（三）拥有一支理论界和实际部门紧密结合的高水平研究团队**

项目课题组成员对天津滨海新区有着长期研

究。负责人为天津师范大学滨海新区经济社会发展研究中心主任，博士生导师，长期从事中国经济改革与发展的教学与科研。就滨海新区研究方面，先后在《经济学动态》等刊物上发表多篇论文，有些获国家教育部社科优秀成果三等奖、天津市社科优秀成果一、二、三等奖。主编出版《中国第三级战略—天津滨海新区开发开放研究》三辑，主持多项国家自然科学基金、教育部人文社会科学、天津市社会科学规划项目。课题组成员以天津师范大学经济学院教师为主，并有天津商业大学等高校的教师参加，其中大部分具有教授职称和博士学位，从事区域经济学、产业经济学、政治经济学、世界经济学、国际贸易、行政学等方面的教学与研究，具有较高的科研能力，近些年来出版专著10余部，在各类刊物上发表论文百余篇，承担国家级、省部级项目多项。特别是承担关于滨海新区的纵向与横向课题20余项，拥有较多经费，发表大量研究论文，成果受到好评。课题组长期参加天津市社联与滨海综合开发研究院共同兴办每月定期举行的“滨海新区开发开放研讨会”，获取最新信息。近年来在开发建设滨海新区经济和社会发展数据库方面也取得了很好进展，各位成员还掌握了大量相关的中英文资料，具有爱岗敬业、团结协作、诚实守信的精神，这些都为保质保量完成该项目奠定了坚实基础。

值得说明的是，课题组中还有多位在滨海新区从事管理与研究的领导和工作人员，他们在工作一线熟悉新区的最新发展情况，既可提供一手资料，又视野开阔、站位很高，具有很强的研究和文字写作能力。作为新区的委托课题，《报告》的撰写还得到新区各级政府和相关部门在经费拨付、研究思路确定、调研安排、资料和数据搜集等方面的鼎立支持。这些都保证了撰写工作的顺利进行，提供具有质量高和权威性强的研究成果。

**三、《报告》发挥的咨政与研究作用**

《报告》和《战略报告》是根据滨海新区的需要而立项和撰写的，其内容适应了新区不断发展的新需要，因此很好发挥了服务新区开发开放的作用。负责课题立项和使用成果的政府部门认为，该报告是一份权威性发展报告，系统梳理了新区贯彻落实科学发展观、深入推进综合配套改革的实践过程，总结了新区加快发展的基本做法、主要成效和基本经验，对未来发展进行了科学预测，提出了针对性很强的政策建议，为新区发展提供了有效的决策参考，具有存史咨政、加强宣传、扩大影响的重要作用。

《报告》和《战略报告》的编写还推动了课题组对滨海新区研究水平的提高。一是推动形成了滨海新区发展研究的品牌，扩大了研究团队的影响。二是借此申请了多方面相关课题。近些年以《报告》等为基础，先后成功申报获批了“作为综合配套改革试验区的自由贸易港区发展条件和可行性研究”等3项国家自然科学基金或社会科学基金项目、“加快天津滨海新区开发开放研究”等10余项省部级社会科学基金项目、“滨海新区先进制造业基地研究”等8项天津市重点调研课题。三是推动提升了发展报告的研究层次。由于承担滨海新区委托项目积累了经验与条件，课题组于近年成功申报获批了国家教育部哲学社会科学发展报告建设规划项目“天津滨海新区发展报告”，以每年出版专著的方式在更高水平、更广范围和更大分量上展示研究成果，并尝试整合天津社科界资源运用协同创新的方式提升编写质量。以完成上述课题为契机和前提，课题组撰写并出版或发表了众多科研成果，其中多项发表在高层次学术刊物上，有些还分获国家教育部高等学校人文社会科学优秀成果论文三等奖，天津市哲学社会科学优秀成果一、二、三等奖、天津市调研成果二、三等奖。这些研究又支撑了新的发展报告的撰写，形成了良性互动。

总之，经过十余年的努力，天津滨海新区发展报告的编撰已度过了初步探索期，进入了相对成熟的阶段，并酝酿着新的飞跃。恰巧，新区开发开放又进入了一个新阶段，面临着新的阶段性特征，需要抓住新区的“新”字做好大文章，课题组将继续在滨海新区和各方面的大力支持和指导帮助下，秉承求实认真、持之以恒、协同创新的品格，按照新区发展新阶段的新需要，不断完善发展报告的撰写与组织工作，进一步打造这一学术研究咨政服务品牌，以更高质量的成果更好服务加快新区开发开放和实现中央对天津的定位，为我国方兴未艾的哲学社会科学发展报告编撰事业增添光彩。

（本文作者：王洪，天津师范大学经济学院国贸系主任、教授；李家祥，天津师范大学滨海新区经济社会发展研究中心主任，教授。其他主要成员还有赵顺利、李彩良、戴学来、周桂荣、董志勇等。）

# 滨海新区产业发展路径分析

## ——与浦东新区的对比①

安虎森　周亚雄　刘军辉

**【内容提要】**产业发展是浦东新区和滨海新区综合配套改革的核心内容之一。相对浦东新区而言，滨海新区对工业企业具有较高的吸引力，而第三产业存在规模小、层次低、人才吸引力弱等现实问题，并成为滨海新区落后于浦东新区的重要原因之一。在路径选择上，滨海新区应通过发展生产性服务业强化第二产业的优势地位，同时带动第三产业发展，走一条工业主导产业与生产性服务业相融合的产业集群发展模式，从而提高滨海新区产业的总体竞争力。

**【关键词】**滨海新区　浦东新区　产业发展路径　循环累积过程

1990年国家决定开发开放浦东，2005年6月，国务院批准浦东新区为我国第一个综合改革示范区，《2010年浦东综合配套改革试点工作安排》明确指出浦东要"加快推进国际金融中心、国际航运中心和国际贸易中心建设，更充分地发挥'四个中心'核心功能区的集聚、辐射、引领作用"。1994年滨海新区开始开发开放，2006年4月，国务院批准天津滨海新区进行综合配套改革试点，《天津滨海新区综合配套改革试验总体方案》明确指出滨海新区要"深化企业、科技等体制改革，提高自主创新能力，加快转变经济发展方式，建设高水平制造业和研发转化基地；深化涉外经济体制改革，形成与国际通行做法相衔接的管理体制和运行机制，加快北方国际航运中心、国际物流中心建设，成为我国北方对外开放的门户；深化金融体制改革，建设现代金融服务体系和全国金融改革创新基地"。由此可见，浦东新区和滨海新区在综合配套改革中承载着重要的产业发展使命，在此背景下对浦东新区与滨海新区产业发展进行对比分析，希冀能为两区产业发展探寻可行路径，为滨海新区及时总结浦东经验、发挥后发优势、实现快速追赶提供现实经验，同时也为我国其他发达及落后地区提供产业发展的经验借鉴。

### 一、滨海新区经济发展水平的总体判断

#### （一）滨海新区经济总量与浦东新区相近，而经济强度较低

自20世纪90年代以来，浦东新区与滨海新区通过改革创新实现了经济快速发展。浦东新区2009年生产总值达到3430多亿元，是1990年的近25倍，年均增长率为18.44%；滨海新区2009年地区生产总值为3811亿元，是1993年的18.8倍，年均增长率为20.12%。从地均生产总值来看，浦东2009年地均生产总值为2.82亿元，是滨海的3.8倍。如图1所示，按1990年可比价格计算，近年来浦东与滨海两区经济总量比较相近，但是以地均生产总值判定的经济强度存在较大差距。

#### （二）滨海新区的产业结构为二三一型，浦东新区的产业结构为三二一型

根据配第—克拉克定理，随着经济发展和人均国民收入水平的提高，第一产业产值和劳动力就业比重逐渐下降，第二产业产值和劳动力就业比重上升，第三产业产值和劳动力就业比重也开始上升。所以在现代工业化社会中，随着经济发展，产业结构存在由二三一向三二一转变的趋势。

（　）

关于产业发展阶段的研究由来已久，比较有影响的判断标准主要有：配第—克拉克定理、霍夫曼比例、库兹涅茨计算表、罗斯托和钱纳里标准等。本研究主要基于赛尔奎因和钱纳里模式（1989）对浦东与滨海的产业发展阶段进行初步判定。

首先，从经济发展水平与经济强度来看，2010年上海、天津人均地区生产总值分别为7.6万元和7.3万元，以1982年为基期并按当年汇率可求得上海、天津2010年实际人均地区生产总值分别为13528美元和10648美元；按赛尔奎因和钱纳里模式，浦东接近于现代社会，滨海处于从后工业化社会向现代社会过渡时期。

其次，从产业结构来看，浦东处于后工业化社会阶段，滨海第三产业比重较低，处于工业化中前期阶段。

第三，从就业结构来看，2008年浦东三次产业

①本文选自《经济与管理评论》2012年第3期。

的就业比重为0.62:37.70:61.68,滨海三次产业的就业比重为0.15:65.48:34.37,滨海的就业结构相当于浦东20世纪90年代中期的就业结构;按赛尔奎因和钱纳里模式(1989),浦东第三产业就业比重超过第二产业就业比重,并结合人均地区生产总值水平,可以认为浦东处于从后工业化社会向现代社会过渡时期,滨海就业结构与赛尔奎因和钱纳里模式的差别较大,难以进行工业化进程定位。

综合上述分析,本研究认为:目前浦东处于工业化后期向后工业化社会过渡阶段;滨海处于工业化中期向工业化后期过渡阶段,但更接近于工业化后期,滨海的产业发展滞后于浦东。

## 二、主要结论与滨海新区产业发展路径推测

### (一)主要结论

1.滨海整体的产业发展水平滞后于浦东。滨海在地区生产总值上与浦东相近,但是综合考虑产业、就业结构等指标后,本研究认为目前浦东处于工业化后期向后工业化社会过渡阶段,滨海处于工业化中期向工业化后期过渡阶段,更接近于工业化后期,滨海的产业发展滞后于浦东。

2.滨海在第二产业上的优势比较显著。滨海的产业结构呈稳定的二三一型,在重化工业和机械、装备制造业等行业具有显著的比较优势,且规模以上工业行业的利税能力均高于浦东,对工业行业的吸引力比较大。

3.滨海相对滞后于浦东主要体现在第三产业上。与浦东相比,滨海的第三产业不但规模小、产业层次低,而且从业人员报酬低,对人才的吸引力也弱。

本研究在区域经济理论方面的重要的结论是,在外生冲击下形成的某种发展路径不轻易得到改变,一旦形成某种路径,则在许多情况下主要沿着该路径进行循环累积过程。1990年国家作出开发浦东的决策时,浦东为上海市无人问津的偏僻的角落,是一张“白纸”,政府可以根据当时对世界经济发展走势的理解,无阻碍地制定出当时最美好的发展蓝图。随着浦东地区由中央到地方的“自上而下”的发展决策所制定的经济路径逐渐趋向稳定,后续的重要的改革示范任务自然而然地落到浦东新区。因此,浦东的发展始终引领着我国经济发展的潮流。天津滨海新区则不同,尽管天津是我国最早的14个沿海开放城市之一,但直到2006年一直没能引起中央高层的关注,只得依靠自身的比较优势进行艰苦的创业过程,故它所走过的路程完全不同于浦东新区,是由地方艰苦创业到中央决策的一种“自下而上”的发展路径。滨海新区练就能够吸引中央高层眼球的武艺时所依靠的比较优势之一就是第二产业,因为天津长期以来一直是我国北方最重要的工业城市,制造业基础相当雄厚。因此,滨海这种以当地比较优势为基础形成的经济发展路径,显然是以制造业为中心的发展路径,也是以实体经济为主的发展模式。故在今后较长时期,滨海仍将以第二产业的发展为主,第三产业的发展也以生产性服务业为主,这是发展路径的惯性所决定的,而不是人们的意志所决定的。在国际上最典型的有关发展路径惯性的例子是战后日本广岛和长崎,尽管这两个城市在二战期间遭到了毁灭性的打击,然而原子弹也没能毁掉这些城市战后持续发展的基础。广岛和长崎仍然是日本关西地区和九州地区的重要城市。

### (二)本结论所包含的政策性含义

滨海新区的现实优势在于第二产业,潜在优势在于与第二产业相关的生产性服务业。由于地缘关系,第三产业必然会面临北京的竞争,所以,本研究认为滨海今后一段时期内应该进一步强化第二产业的优势地位,通过生产性服务业的发展促进第二产业发展,同时带动第三产业发展,并在一定时期内,保持二三一的产业结构。

1.加强与京津冀其他区域的产业的协调与合作。与北京毗邻的特殊地理位置是滨海第三产业难以实现跨越式发展的重要因素,所以滨海应充分利用北京在第三产业上的优势,加强与北京在第三产业细分行业的合作与分工;其次要加强与环渤海各城市的合作与分工,可以考虑将部分优势不强的第二产业向周边地区转移,发展向周边地区提供以生产性服务业为主的第三产业。

2.立足第二产业,强化第二产业的区域优势。滨海应以航空航天产业、石油化工产业、装备制造产业、电子信息产业、生物医药产业、新能源新材料产业、轻工纺织产业、节能环保产业等主导产业为重点,以技术引进与自主创新为支撑,以特色产业园区集群式发展为载体,进一步强化主导产业的优化升级,建成一批在全国、甚至全球具有影响力的第二产业生产基地。

3.以生产性服务业为突破口,实现第三产业的跨越式发展。滨海应重点发展金融保险、融资租

赁、科技研发、信息软件、动漫游戏、航运服务、广告咨询、商务营销、交通物流等生产性服务业,培育一批具有专业特色的、具有总部经济性质的生产性服务业企业,提高生产性服务业的辐射范围。

4.以主导产业与生产性服务业相融合的产业集群模式,提升产业的总体竞争力。加强主导产业与生产性服务业的融合,将主导产业中的融资、研发、营销等功能分包给专业的生产性服务业企业,使企业由单个个体转化为利益相关的产业集群,并通过技术与管理、制度创新,实现集群的跨越式发展。

(本文是国家社会科学基金重点项目"十二五时期调整城乡结构和推进城镇化研究"的阶段性成果,项目编号:10AZD004;教育部人文社会科学规划基金项目"转移支付和区域协调发展研究"的阶段性成果,项目编号:10YJA790001)。

(本文作者:安虎森,南开大学经济研究所教授、博士生导师;周亚雄,刘军辉。)

# 滨海新区高新技术产业发展研究①

马红瀚　周立群

【内容提要】高新技术产业已成为滨海新区加快转变经济发展方式的主导力量,滨海新区已经成为我国高新技术产业发展的现实高地和战略策源地,而双轮驱动兼顾现实优势与战略空间、复合模式助力产业协调发展、"看不见"的项目为"看得见"的项目提供支撑、先行先试优化产业发展环境则是其发展的成功经验。在总结进一步发展面临的机遇与挑战的基础上,提出了对策建议。

【关键词】滨海新区　高新技术产业　机遇与挑战　对策建议

西方经济发展的理论与实践证明,后工业化阶段的产业结构具有比工业化阶段更强的刚性,与之匹配的投资消费比也更难调整,这是天津加快转变经济发展方式面临的两大难题——工业和投资比重过高——的重要根源。以人均 GDP 超过 1 万美元为标志,与上海(2008)和北京(2009)在进入后工业化阶段时已经完成第三产业对工业的超越和控制住经济增长对投资的依赖不同,2010 年天津的产业结构仍然处于"二三一"状态,固定资本形成总额在 GDP 中的比重高达 70.12%,几乎相当于上海与北京的总和。在后工业化阶段较强的产业结构刚性作用下,天津经济发展方式的加快转变不应违背客观规律强行追求第三产业对工业的超越和固定资产投资规模的缩小,而是要自足自身实际、坚定的以提升工业层次和提高投资效率为抓手和突破口。2010 年,滨海新区高新技术产业实现总产值 4929.6 亿元,占到工业总产值的 48.8%;尤其是在所获固定资产投资份额减少 5.8 个百分点的情况下,以 19% 的固定资产投资增长实现了 26.9% 的产值增加,有力带动了滨海新区产业结构的高端高质和高新化发展。这标志着高新技术产业已经成为滨海新区加快转变经济发展方式的主导力量,更为天津乃至全国经济发展方式的加快转变探索了道路、作出了示范。

## 一、滨海新区高新技术产业发展的主要经验

1.双轮驱动兼顾现实优势与战略空间。在产业结构调整的过程中,现实优势与战略空间的兼顾是关系到经济社会稳定和可持续发展的重点和难点问题。与广东省实施腾笼换鸟战略付出较大代价不同,滨海新区在以高新技术产业发展带动产业结构升级的过程中,通过双轮驱动的路径选择较好的解决了这个问题。一方面,立足现实优势,坚持渐进式转型,以高新技术改造传统产业。为保持在石油化工、钢铁冶炼等传统领域的现实优势,防止前期巨额投资中沉没成本的产生,避免新兴产业无法及时补位对天津经济社会发展的消极影响,滨海新区坚持渐进式的发展思路,通过高新技术的改造,实现了以大乙烯为核的现代石化,以大机车、新能源汽车和现代冶金为主的高端装备制造等产业的蓬勃发展,在巩固现实优势的同时促进了经济发展方式的平稳转变。另一方面,发挥战略眼光,坚持跨越式发展,白手起家谋划新兴产业。对于自身没有基础但战略地位重要的新兴产业,滨海新区找准切入点,以大项目为抓手、高起点迎头而上,短时间内就在航空航天与超级计算机等领域实现了重大突破。以空客 A320 系列飞机总装线落户为开

①本文摘自《现代管理科学》2012 年第 11 期。

端,“三机一箭一星一站”相关项目迅速集聚;以建设国家超级计算机天津中心为契机,天河一号、曙光、蓝鲸等高性能计算与存储产业集群快速成长,为滨海新区和天津经济社会的可持续发展开拓了广阔的空间。

2. 复合模式助力产业协调发展。科学性、针对性和时效性是产业发展模式选择的核心准则,也是产业协调发展的重要保障。在尊重市场规律的基础上,针对多主体承载和多门类展开的特点,滨海新区高新技术产业探索出一条多种模式并行复合的道路。通过五种不同模式在五大产业主体和七大产业门类间的转换与复合,推动了产业的高效发展。一是企业转型促进模式,即随着产品生命周期的演进和资源环境约束的加剧,滨海新区传统企业转型进入高新技术领域、生产高新技术产品以谋求发展空间,进而促进高新技术产业发展的模式。二是资本逐利带动模式,即随着滨海新区经济社会发展水平的提高和高新技术产业发展能力的增强,国际和国内资本在区域间和产业间流动的过程中,将其作为投资对象和盈利载体,同时带动高新技术产业发展的模式。三是科研机构成果转化支撑模式,即随着市场经济意识的深入和科技应用倾向的增强,科研机构为了服务经济社会发展和实现自身价值,独立或与其他部门合作在滨海新区开展科技成果转化,进而推动高新技术产业发展的模式。四是高端人才创业推动模式,即随着滨海新区人才高地建设的推进、创业环境的改善和创业氛围的增强,拥有开阔的视野、先进的技术或卓越经营管理才能的高端人才选择在滨海新区高新技术领域创业,进而推动高新技术产业发展的模式。五是政府宏观调控扶持模式,即在经济发展方式转变和产业结构调整的过程中,滨海新区各级政府在资金补贴、税费减免、土地优惠、审批优先等方面向高新技术产业和企业重点倾斜,扶持高新技术产业发展的模式。

3. 以“看不见”的项目为“看得见”的项目提供支撑。由于具有要素集聚快、投资周期短、乘数效应大等特点,项目引领已经成为国内诸多地区加快经济建设、特别是在产业发展的重要手段,滨海新区更是走在了全国前列。大飞机、大火箭、大机车、大乙烯、大计算机等大项目好项目在滨海新区经济社会发展、特别是在高新技术产业发展的过程中发挥了无可替代的带动作用。而与其他地区不同的是,在这些“看得见”的项目之外,滨海新区高度重视“看不见”的项目即自设科技计划项目的引领作用。以财政投入为保障,以科技成果转化和产业化为目标,把握高新技术产业发展方向,以“看不见”的项目为“看得见”的项目提供支撑,为滨海新区自主创新能力的增强和高新技术产业的可持续发展增添动力。2010年,滨海新区政府在成立伊始就设立了科技创新、高新技术企业培育、科技奖励三类专项科技资金,并下设八大科技计划。当年共执行各类科技计划项目361项,总经费投入323100万元。其中,在作为主体的科技创新专项资金方面,从创新环境、产业发展、企业助推、社会发展四个角度,结合科技创新创业团队引进和知识产权保护两项行动组织安排相关资金,设立七大系列的科技计划项目。当年共实施项目228项,包括自主创新重大平台与环境建设项目5项、自主创新重大项目38项、“十大战役”重大科技支撑项目11项、科技创新创业团队培育计划实施项目15项、知识产权发展项目48项、科技小巨人成长计划项目81项、社会发展科技支撑实施项目30项。几年来,这些项目对滨海新区高新技术产业的发展发挥着越来越显著的支撑作用。

4. 先行先试优化产业发展环境。滨海新区充分利用国家综合配套改革试验区的政策优势,聚合资源,先行先试,不断优化着高新技术产业发展的环境。2010年,滨海新区被国家科技部确定为首批国家创新型试点城区,其重大科研任务、重点创新基地和创新服务平台、高层次创新人才培养和引进等被纳入国家科技计划和相关渠道优先支持。2011年,作为科技部支持滨海新区开发开放的重要举措,滨海新区获批成为全国首个国家863计划产业化伙伴城区试点,从金融创新、高层次人才集聚、高水平平台建设、科技成果转化机制创新、加强基础建设和提高干部队伍素质等五个方面获得863计划成果转化和产业化的优先权。在科技金融体制创新方面,滨海新区已经成为中国产业投资基金最为集中的区域。2006年,全国首只中资产业投资基金——渤海产业投资基金在滨海新区设立;2007年,中国规模最大的政府创业风险投资引导基金——滨海新区创业风险投资引导基金设立;2009年,国内首只船舶产业投资基金落户滨海新区;2010年,由天津滨海新区创业风险投资引导基金有限公司作为发起人出资设立的“海泰优点创业投资基金”成功获得国家科技部和财政部4000万元参股支持，成为国家部委支持的我国首只中外合作基金。除国务院特批成立的产业投资基金外，目前在滨海新区设立的各类私募股权基金已有几十只，为高新技术产业的发展提供了有力的金融支持。

**二、促进滨海新区高新技术产业进一步发展的对策建议**

1. 凝练发展重点方向。在多元展开的基础上，建议滨海新区高新技术产业凝练发展重点方向，进一步优化产业格局，争取尽快在部分领域确立、巩固和扩大领先优势。要紧跟高新技术产业发展理论与实践的前沿，把握国际国内高新技术产业的发展态势，做到高新技术产业研究的专报化、常态化和制度化。要抓紧出台滨海新区高新技术产业重点方向目录，优先扶持重点方向的企业和项目，引导社会要素向重点方向集聚，并根据外部变化与自身实际适时对重点方向进行调整。要不断开拓企业家和科技工作者的视野，增强他们的前瞻性和创新性，实现企业生产和科学研究与产业前沿和新区重点的契合。

2. 实施融合发展战略。在地位提升的过程中，建议滨海新区高新技术产业实施融合发展战略，在更广的范围、更高的层次、更深的程度上把产业协作与区域合作结合起来。要加强滨海新区与天津中心城区、北京中关村和环渤海其他地区的高新技术产业协作，将其作为滨海新区建设北方对外开放门户、引领京津冀乃至环渤海区域一体化发展的重要依托。要加强滨海新区与其他地区在高新技术产业链条各个环节的协作，研发上互通有无，生产上科学分工，销售上共享市场。要加强滨海新区与其他地区在高新技术产业集群各个主体的协作，努力实现企业、资本、科研机构、人才和扶持政策的高效流动和配置。

3. 大力培养本土人才。针对高新技术产业愈加激烈的人才竞争，建议滨海新区大力培养本土人才，降低区外人才比重过高对滨海新区高新技术产业率先和可持续发展的威胁。要坚持社会发展与经济建设并重，以科教氛围的营造、文化底蕴的积淀和宜居环境的改善配合待遇留人、事业留人和感情留人，实现候鸟型人才向本土人才的转变。要把人才培养作为高新技术产业发展的重要组成部分，以技术创新、成果转化和管理提升促进人才成长，实现人才引进地向人才输出地的转变。要加强对现有本土人才的宣传、培训和选拔力度，以差别效率鼓励人才在产业间流动，实现本土其他产业人才向高新技术产业人才的转变。

（本文系国家社科基金重大项目“三次产业动态协同发展机制研究”的阶段性成果，项目编号：10ZD&027；天津财经大学科研发展基金项目“新时期环渤海地区协调发展研究——基于多极增长格局的战略分析”的阶段性成果，项目编号：Q1001。）

（本文作者：周立群，南开大学滨海开发研究院常务副院长、教授、博士生导师；马红瀚，天津财经大学经济学系讲师）

# 天津市滨海新区品牌会展培育的对策研究①

赵伯艳　席晓运

**【内容提要】**天津市滨海新区品牌会展培育面临着战略规划缺乏、会展管理机构不统一、长效营销载体缺失、行业协会功能不足、会展场馆内外配套设施不完善、专业人才缺失等瓶颈。在滨海新区“先行先试”的政策优势以及环渤海经济一体化、京津同城化的契机之下，新区应积极扶持本地会展品牌发展，制定品牌会展培育的战略规划，加强对具有发展潜力的品牌会展的资金支持，建立专门的会展规划、协调和管理的主管机构，建设推广营销的长效载体，提升会展行业协会的作用，完善展览场馆内外配套设施的建设，促进会展专业人才的培育，应对来自于城际竞争以及国外会展进军国内市场的挑战。

**【关键词】**天津　滨海新区　品牌会展　SWOT

企业是品牌会展塑造和维护的主体，然而，品牌会展的培育也与政府政策和行为密切相关。这体现在政府出资兴建场馆、推进城市的软硬件建设，政府参股扩大企业规模、拓展在国际市场的竞争力，政府围绕产业发展重点确定品牌会展培育的方向，政府推进品牌展会的营销，政府主办和承办

①本文摘自《天津商业大学学报》2012年第5期。

知名展会等。因此,以政府推动为视角,探讨会展品牌塑造和维护的途径具有较强的现实意义。本研究旨在运用“SWOT”法分析天津市滨海新区品牌会展培育的优势、劣势、机遇和挑战,在此基础之上,探讨培育品牌会展的推进措施。

当前,推进滨海新区品牌会展的战略选择是发挥优势因素,克服弱势因素,利用机会因素,化解威胁因素。就优势而言,滨海新区推进品牌会展已经具备了一定的客观基础,当前最大的劣势就在于对品牌会展推进的意识和主动性不足,在软件方面的准备欠缺,这也是当前亟需加强的重点。为此,需要开展以下工作:

1. 扶持本地会展品牌发展,制定品牌会展培育的战略规划。新区政府要贯彻落实《天津市促进会展业发展办法》,对进入品牌会展名录的本地展会项目要优先宣传,耐心培育,综合利用质量和营销双重优势制胜,鼓励品牌会展进行商标注册保护,申报驰名商标和著名商标。此外,还要制定适合本地情况的品牌会展培育战略规划,形成一揽子的促进措施,而不是仅仅关注合同金额、展会面积、人数流量等。

2. 建立专门的会展规划、协调和管理的主管机构。为避免重复办展、实现统一的协调管理、促进会展的资源整合和发展环境的改善,要建立专门的行政管理机构,明晰职责,在行业发展初期对会展业发展进行规范管理。可以考虑成立会展工作领导小组和会展工作办公室,负责对新区会展业发展的指导和管理。具体来说,要做好品牌会展发展战略规划和专项规划的相关研究工作,组织和推进各项规划的实施,办好政府主导的知名展会,做好对重点会展企业的管理、考核、表彰和激励工作,指导会展行业协会和会展促进会有效开展各项服务工作。

3. 建设推广营销的长效载体。首先,加强政府的宣传推广。政府在会展的宣传推广尤其是出国推广方面有着特殊的优势,天津市政府以及滨海新区政府应该不断加大会展活动的宣传推广力度,加强与国际会展业的广泛合作。另外,应当探索建立与国际社会长期合作的有效机制,以便简化缔约程序,降低交易成本,提高宣传效率。其次,建立天津会展官方网站。天津市还没有统一的官方会展网站,在这方面可以有所推进,尤其是一些品牌会展,应该建立并拥有自己的专业网站。专业网站应包括组织构架、职能机构、参展商数据分析、采购商数据分析、活动日程、赞助商、咨询中心、展商入口、客商入口、展商展品查询等模块,利用这一平台能及时发布展会的各种信息,强化行业内各企业的交流,成为展会营销的重要载体。最后,创建会展报刊、杂志。由于报刊、杂志具有新颖、集中、便携等优点,对于展会的宣传推广有着极大的帮助作用,期刊、杂志是招展、招商引资的信息渠道之一,天津市政府可以考虑在天津较为权威的报刊、杂志开设会展专栏。

4. 提升会展行业协会的作用。《中华人民共和国行政许可法》第十三条第一款第三项规定“行业组织或者中介机构能够自律管理的,并能够予以规范的,可以不设定行政许可”。一个健全完善的行业协会能够促进行业自律,规范行业秩序。会展行业协会的主要工作包括:制定行规行约规范和自律行业内的主体行为,负责对展会进行资质评估,加强海内外行业信息的收集和交流,为会员培训专业人才,充当政府与业界的沟通桥梁等。目前,应推进会展行业协会对各相关行业协会的协同和整合作用,鼓励会展行业协会吸纳相关会展企业和服务商作为协会会员,推动会展行业协会将展题、展期、季节、地域进行统一规划,对相近题材的展会进行合并。

5. 完善展览场馆内外配套设施的建设。在滨海新区场馆建设已经初具规模的前提下,应更多关注配套设施的完善以及新技术的应用。在场馆的设计上,不仅要注重配备先进的、专业化的设施,同时,也要注意信息化和生态化等设计趋势,通过启用雨水利用、设备节能、垃圾分类处理等设备,在细节上真正推进低碳、环保的理念。对于一些旧场馆,要更新和改善其内部设施和条件。要尽可能保证场馆周围银行、邮局、海关、航空、翻译、日用品、商店、仓库、停车场、餐馆、酒店等服务项目周到而齐全,保证交通、通信等必备设施的畅通。

6. 培育会展专业人才,促进会展研究。

(1)目前,位于天津市的南开大学、天津商业大学、天津工业大学已经相继设立了会展经济与管理本科专业,相应的职业教育已经展开。今后在人才培养上,要鼓励已经开办会展专业的各类高等院校、职业教育机构精细化会展人才的培育,支持高校、职业教育机构与会展企业合作探索人才培养的新途径,保证人才培育与市场需求的对接。

(2)建立天津市会展人才培训中心,通过财政补贴的方式鼓励高校、专业培训机构在津进行职业化的培训和考试,占领会展人才培育的高地。

(3)加强对会展从业人员的资格鉴定工作,有计划、有目的地提高不同层次的会展人员素质。

(4)尽快成立天津市会展经济与管理研究机构,提升会展研究的热情和理论水平。

(5)鼓励权威性的会展行业协会或研究机构定期地组织高层次的会展经济论坛,研究当前会展经济面临的新形势、新机遇、新问题,吸取国内外专家、学者的宝贵意见,提高对会展经济的理论认识,使会展主办者能够把理论与实际相结合,使办展的技能实现由量的积累到质的飞跃,使天津市会展业的整体水平登上一个新台阶。

(6)建立会展网络平台,实现人才等各项信息资源的整合和共享。在职业培训教育上,上海市会展专业学员论坛的经验值得借鉴,它是一个由企业精英、学界专家及会展爱好者组成的自治组织,其会员来自上海高校和会展培训机构、会展主办公司、会展搭建公司、会展公司项目经理人及会展爱好者,致力于为会展从业人员和学员开展免费讲座,强调会展业内企业与学员直接对话。

(本文作者:赵伯艳,天津商业大学公共管理学院会展研究所;席晓运,西北政法大学法律硕士教育学院)

# 对滨海新区经济发展中税收征管问题的研究

牛　丽

滨海新区的开发开放为天津经济发展提供了历史机遇。在创新滨海新区区域发展模式中,税收如何促进滨海新区经济发展、服务于国家的发展战略,这是一个全新的课题。本文结合统计数据,通过对天津滨海新区发展现状和税收数据进行分析,揭示出目前滨海新区经济与税收发展面临的主要问题;在分析的基础上,对税收如何促进滨海新区经济发展进行探讨。

## 一、滨海新区的发展现状和税收数据的基本分析

1.滨海新区第二、第三产业的经济规模与地税收入呈倒挂格局。近年来,滨海新区始终把调整优化产业结构作为转变经济发展方式的关键环节,三次产业结构逐步优化,第二产业对滨海新区经济发展发挥了重要的支撑作用。从比重上看,各次产业总体上呈现出:第一、二产业比重缩小,第三产业比重增大的格局。2006年三次产业比重为0.4:69.6:29.7,2009年三次产业比重为0.2:67.4:32.4。从各次产业所形成地税收入上看,第三产业是地税收入的主要来源。2010年第二、三产业经济规模比例为67:33,其所形成的地税收入比例为33:67,第二、三产业的经济规模与地税收入间形成倒挂格局。形成这种倒挂格局是由于税制征管因素和各产业地税贡献率差异共同作用的结果。第二产业规模和比重较大,但实现的地税收入较少,主要原因是第二产业税收主体是增值税与消费税,由国税征收,地税分享收入比例较少。相反,第三产业规模和比重都低于第二产业,但实现地税收入所占比重较高。地方税收主体税源集中于第三产业,对于第三产业经济发展的依赖性较高。

2.税源行业结构不均衡。滨海新区税源的行业结构略显不均,存在着区内各行业税基增长不均衡的问题。滨海新区目前的重点行业是建筑业、房地产业、制造业、租赁和商务服务业,易受到投资增减、经济和社会变动等因素的影响,税源稳定性相对较弱,加大了今后的收入风险,影响到地方税收的持续稳定增长。与浦东和深圳相比,滨海新区服务业比重偏低,服务业比重仅占32.4%。

3.税源的区域差异较大。由于各区经济发展不均衡,区域发展不协调,南北两翼发展相对较慢,城区与功能区之间发展水平存在差距,滨海新区各区域税收贡献差异较大。投资环境的差异,税收优惠政策的不同都导致了税源的区域差异。

4.税源相关信息不完整,税源监控管理滞后。现阶段滨海地税在数据采集方面仍存在信息来源渠道不畅不全面、第三方信息占有量匮乏的问题,不能完全反应实际税源信息。以房地产为例:一是社会资讯渠道不畅,信息取得时间滞后。目前尚未建立法律或规章来约束相关部门对房地产业的协税护税行为,部门之间的合作只处于相互约定和协商的状态,无法及时准确地掌控收入实现的时间与实际应纳税款实现的时间。二是税务部门在具体进行房地产税收征管过程中,一些基础信息来源于房管、土地等部门,但由于彼此不属于同一领导部门,致使部门之间协调配合乏力,难以实现房地产行业税源的源泉控制。三是全市自2006年以后对

房地产行业按开发项目实行属地征管，异地经营的项目其发票管理及营业税、契税的征缴由项目所在地税务局负责，造成部门管理分割，税种管理分割，这样注册地税务局难以发挥以票管税的作用，由于缺乏有效的源泉监控手段，致使税务部门不能及时实施管理，往往失去了解决问题的最佳时机。

## 二、促进滨海新区发展的税收措施和政策建议

为了推进滨海新区的开发开放，国家及天津地方政府给予滨海新区一系列的税收优惠政策，对于吸引外资，发展经济起着重要作用。要灵活把握税收调节的力度和步伐，在给予税收优惠等政策措施减轻税负的同时，保证税收收入适度稳定增长，建立税收与经济增长良性循环机制。

1. 优化和提升产业结构完善产业体系。滨海新区应充分利用房地产行业政策性调整的有利时机，加大力度调整和优化产业结构，改变以往过度依赖房地产业和建筑业的产业格局，着力转变社会经济增长方式，构筑以现代先进制造业、高新技术产业和现代服务业为主的产业结构，同时转移、扩散部分传统产业，将土地、资本、人力等优势资源投入到高成长性产业，实现产业结构优化，提升传统产业效益。

滨海新区是承接市区工业战略东移政策下诞生的，相对浦东新区和深圳特区等地区来说，滨海新区明显的产业特征是第二产业占绝对主导地位，国有经济所占比重较大。因此，第一，滨海新区要着力培育一批实力雄厚的核心大型企业和大企业集团，推进其整体改制或主营业务上市，这不仅可以提升本地区的整体形象和竞争力，而且可以吸附一大批处于产业链上下游的中小企业，促使产业带动作用落到实处。同时，构建良好的科技融资机制和创业投资基金服务平台，加强区域金融中心建设，为国有大企业提供融资平台和金融服务。第二，要合理规划第二、三产业发展，积极发展战略性新兴产业，突出发展第三产业。以服务业聚集区为载体，集聚高端人才，培育龙头企业，全面提高服务业增长质量、效益和水平，增强服务业对经济增长的拉动作用。改造提升传统服务业，注重引入现代技术、管理理念和经营模式，推进传统服务业向高端商贸服务业和现代中介服务业加快转变。第三，滨海新区要加强与环渤海经济圈科技合作，实现与环渤海地区高校、科研机构以及中关村园区互动发展，实现产业结构升级，形成产业集聚效应，向周边地区延伸产业链，带动环渤海经济圈产业结构的优化升级。

2. 支持重大项目建设加快滨海新区开发开放。天津市重大项目建设是与滨海新区开发开放紧密联系的。在全市940项重大项目中，滨海新区占410项，强力支撑滨海新区现代制造业和研发转化基地的建设。重大项目建设，是滨海新区开发开放的一个重要组成部分，也是加快滨海新区开发开放的一个助推器。为此，税务部门应进一步落实相关的税收优惠政策。滨海新区一些重大项目是关系国家产业命脉的重大项目，属于新材料、新能源、高科技领域，按照税法的相关规定，应该享受相应税收优惠政策。税务部门要针对每一个项目进行分类指导，帮助企业落实好相关的税收优惠政策。同时，深入研究世界银行、亚洲开发银行等国际组织以及财政部、国家发改委等部门设立的专项资金的适用范围和申报条件，对符合条件的重大项目帮助项目单位积极申请相关资金的支持。

3. 调整完善税收政策创造良好的投资环境。紧紧抓住滨海新区纳入全国总体发展战略布局的历史性机遇，在全面落实中央给予滨海新区税收优惠的同时，研究制定本市推进滨海新区开发开放税收政策，吸引更多的大企业、大财团和研发机构落户新区，发挥滨海新区示范带动作用。依据国家颁布的高新技术企业认定范围，适当放宽对新区内高新技术企业认定条件，将高新技术企业的业态范围，适当扩大到高新技术服务型企业、高端物流企业等具有一定高新技术含量的企业，使更多符合条件的企业都能享受国家优惠政策。以中新生态城为例，该功能区主要是打造生态宜居城区，以房地产开发为主。在国家着力调控房地产行业的大环境下，可以通过制定一系列税收优惠政策，如在生态城购房可享受契减免税优惠、非本市户籍居民家庭在生态城投资或注册企业到一定额度即可申购宜居住房等等，来保证功能区优先的发展地位，达到促进经济增长的目的。加大招商引资力度，利用新区土地供应、标准厂房、蓝领公寓、行政审批和保姆式服务等方面的比较优势，吸引大项目好项目落户新区，培育新的收入增长点。用足用好东疆保税港区、中新天津生态城地方收入全留、意愿结汇、入区退税、区内免税等优惠政策，努力打造区域招商引资的“政策洼地”，引进更多的企业总部、销售中心、结算中心、财务中心，形成项目投资注册的集聚效应。

4. 加强区域合作促进环渤海经济协调发展。发挥滨海新区门户作用，完善区域合作机制，以无

水港为纽带,推进区域通关便利化,实施腹地口岸直通,服务环渤海和中国北方地区扩大开放。加强与北京市、河北省临近地区在港口机场、产业发展、人才科技、文化旅游、基础设施、环境保护等方面的合作,推进京津冀地区一体化发展。强化区域能源、水源、生态修复和环境保护等方面的合作,推进区域重大基础设施一体化建设。以大项目和企业总部为龙头,向中西部地区延伸产业链和服务网络,促进区域协调发展。发挥响螺湾商务区外省市驻津机构集中的优势,搭建合作交流平台。采取飞地经济等形式,鼓励周边省市企业在新区发展壮大。加强国内招商引资,推动中央企业、民营企业在新区设立总部或分支机构。

5. 建立健全现代化税收征管体系创造公平公正的政策环境。一是坚持依法治税,改进和加强税收征管,不断提升税收管理和服务水平。加强行政管理部门协作配合,充分利用工商注册、车辆年检、房地产登记以及资格认证等手段,健全税收源泉控制机制和税收代扣代缴制度,加强政府土地收益管理,努力防止收入流失。加强减免税政策审批管理,落实欠税公告制度,组织开展税收专项检查,加大涉税违法案件查处力度,进一步整顿和规范税收秩序,为企业发展创造公平竞争的税收政策环境。发挥税收政策引导作用,完善新区税收征管和收入分配运行机制,按照税收属地化征管原则,规范经济功能区的税收征管关系;按照现行财政管理体制规定,理顺经济功能区的收入分配关系,促进区域经济合理布局,努力实现优势互补、共同发展。

二是加强部门配合,建立信息传递制度,实现税收的源泉控管。加强与国土、建设、规划、房产管理等部门的联系,建立信息传递制度,构建高效的社会综合治税网络,最大限度地解决信息不对称的问题,比如,对房地产开发企业税收的征管,就要及时掌握房地产开发企业土地出(转)信息、房地产立项批复信息、土地基准地价、房地产区域交易基准价格信息、企业资金账户监管信息等。为日后全程跟踪管理打下良好基础,进一步增强税收管理的深度和税源源头控管的广度,实现对房地产行业税收的部门联合控管。

(本文作者:牛丽,天津市财政科学研究所税收研究室主任、高级经济师)

**参考文献**

(1)刘刚、周立群:《中国经济发展战略与天津滨海新区的新模式》,《中央天津市党校学报》2009年第3期。

(2)刘秀丽:《税收政策支持滨海新区创新发展的作用点初探》,《现代财经》2008年第8期。

# 滨海新区人才自由港建设政策支持体系研究[①]

张再生 田海嵩 李祥飞

**【内容提要】**天津滨海新区作为带动区域发展新的经济增长极,必然面临全面改革人才管理体制和运行机制的任务。如何形成独特的人才政策体系是当前滨海新区人力资源管理急需解决的问题。在借鉴传统自由港概念的基础上,将滨海新区未来的人才战略看作一个构建人才自由港的过程。同时在剖析滨海新区现有人才政策的基础上,提出支持滨海新区构建人才自由港的“一四六”模式,即紧紧围绕一个目标,完善4大功能,搭建6个支持体系,力图通过构建人才自由港这一平台,将滨海新区人才资源的引进、培养、使用、流动功能发挥到最大。

**【关键词】**滨海新区 人才自由港 人才政策 政策体系

本文在借鉴传统自由港概念的基础上,将滨海新区的人才战略看作一个构建人才自由港的过程。在新的发展起点上,滨海新区建设人才自由港的总体思路应该是:立足滨海新区,面向国家,面向世界,以增强滨海新区自主创新能力为主线,实施滨海新区的“126”人才高地建设方案,发挥滨海新区在自主创新中的领航效应、对高技术产业的先导性、对整个区域的典型示范效应、对吸引人才的裂变效应,激发全社会创新精神和创业活力,推动新区率先建成国际化人才教育培训中心、国内外高层次人才聚集交流中心和各类优秀人才创新创业基地。本文提出的主要途径是,构建“146”工作模式,

①本文摘自《科技进步与对策》2012年第21期。

即紧紧围绕一个目标,完善4大功能,搭建6个支持体系。滨海新区人才自由港的政策设计,是以海内外高层次人才和紧缺人才为对象,以海内外高层次人才的自由流动为目标,成为自由度和开放度最高的区域。其自由度、开放度具体可体现在各种政策上,使人才自由港具有新的人才“引、用、育、流”功能。

**一、人才吸引功能**

滨海新区人才自由港应该是一个充满人文关怀,开放宽容、创新活力强的人才良港,一个吸引不同国家、不同地区、不同所有制和多元文化的人才积聚创业的温馨港湾。

1.实施双重国籍制度。实施双重国籍,就能为已经在海内外取得很好成就与地位的高端人才解除后顾之忧,也能更有效保护他们的爱国热情,更加方便他们以多种方式为国效力。这一制度对于留住人才、用好人才具有重要作用,是发达国家和发展中国家普遍采用的一种制度。在发展中国家实行双重国籍制度,可以更好地促成大量“人才回流”。

2.移民政策。人才自由港引才目标不能仅仅局限于华裔或留学生,应该瞄准真正的外国高层次人才,建立吸引外国人才的技术移民制度,放宽移民条件,开放中国国籍给愿意申请来新区定居或工作的外籍人才。通过技术移民政策吸引国际人才,把移民政策作为新区开发国际人才、争夺尖端人才的重要手段,为新区人才国际竞争提供帮助。

3.户籍政策。户籍政策是长期以来阻碍许多优秀人才来新区发展的重要因素。应当适当放宽人才户籍政策,赋予滨海新区在人才引进方面更大的自主权。授权新区对居住证办理程序进行先行先试的改革探索,充分发挥企业审办主动权,使持有居住证的人才本人在就业、缴纳社会保险费、子女义务教育阶段就学等方面相对于普通的户籍人有一定的优先选择权。

4.个人所得税优惠政策。一个国家的税收经常会影响到人力资源的流动。新区可以考虑:对于滨海新区的海内外高层次人才,降低个人所得税的最高边际税率;海内外留学人员回国工作和创业,或外籍专家来新区定居工作,在国外购置的仪器设备入境时免收关税;留学人员开展企业兼并、参股,或收购亏损、破产的国有、集体企业,1—3年内免征企业所得税。

5.外币自由兑换政策。外汇管理是影响滨海新区开发开放的重要因素之一。国务院在“十一五规划”中明确批准了天津东疆保税港区为施行外汇管理政策的特殊经济区域。为了提高自由港区的自由度和开放度,可以在新的外汇管理机制的基础上,进一步取消外汇管制,使外币可在自由港内自由流通,最终在滨海新区培育起以外资银行为主的离岸金融市场,即构造起一个无形的金融自由区。

**二、人才使用功能**

在人才使用方面,人才自由港要坚持“以人为本”的原则,尊重人才的个性,实施个性化管理,即根据人才的性格、特长、工作特点,建立针对不同类型人才的分类管理制度,采取多元化的管理方式。

1.人力资源管理外包政策。人力资源管理外包是指将组织的人力资源管理活动委托给组织外的公司承包。人力资源管理外包的主要原因是组织内部投资结构和工作量的经常变化。近几年,新区专门为企业提供人员招聘、培训和绩效考核的人力资源管理服务公司(培训公司、猎头公司等)大量涌现,表明人力资源管理已有外包的需要。政策支持人力资源管理外包可以减少组织人力资源管理成本,增加人力资源管理的公平性。

2.人才派遣服务政策。人才派遣是一种全新的人事代理服务和用人方式,主要根据工作性质,通过人才服务机构完成。人才派遣主要用于那些在临时的、可替代的工作上存在困难的用人单位。新区在政策上促进人才派遣服务实际上是倡导人才资源配置市场化,有利于打破人才地区分布不平衡,缓解人才(特别是高级人才)供求矛盾,实现人才资源共享。

3.人才考核评价政策。人才考评对于建设人才自由港有着先决的作用。新区在推行新的人才考评政策时要考虑到制订被业界广泛认定的人才价值评定标准,推行人才的社会化评定政策,保障人才评定的科学性和规范性。同时注重运用和创新科学化人才评价方法,提高新区人才评价工作水平。

4.人才激励政策。对于高水平人才来说,通过满足其不同层次的需求,激励其实现组织目标,工作难度往往较大,这对于激励方式提出了更高的要求。在现有的人才激励方式上,新区正在不断作出尝试和探索,但是在实行激励的同时应该注意从政策层面上予以指导。同时对于用人单位给予一定的激励,建立从政府到用人单位再到个体的激励传导机制。

**三、人才培育功能**

人才是一种可持续发展的资源,人才使用应该有后续补充,遵循边开发使用、边培养提高的原则。这样能保持人才的活力,使人才有更多的使用潜力和空间,形成人才使用的良性循环。人才自由港实行引进与培养开发并重的人才战略,构建广覆盖、多层次、开放式的人才培养体系。

1. 扩大招收留学生政策。外国留学生是未来的国际化人才,吸纳他们来新区学习可以营造新区高等教育的国际化氛围,有利于提升滨海新区人才的国际化素质。具体措施有:建立开放的高等教育体系,引导社会资金投入,全面提高高校招收留学人员的能力,主动参与全球留学人才的竞争;研究出台留学生实习制度、留学生绿卡申请制度、留学签证与工作签证衔接制度、留学生创业政策等,为优秀境外留学生留在新区工作创造条件。

2. 国际化人才培养政策。在对人才的培养上,滨海新区应该利用其优惠的政策支持和有利的地理条件,积极吸引国际著名高校来此办学,促进高校形成与滨海新区产业布局、功能定位相适应的重点学科。同时与有实力的公司和著名的培训机构建立合作,为其提供在滨海新区建立人才培训基地的政策支持,力图把滨海新区打造成国际化人才教育培训中心。

3. 继续教育政策。人才资源是一种可持续性资源,有效地利用和开发这一资源需要进行继续教育。滨海新区在推行继续教育中要充分考虑到继续教育的多样性,充分发挥政府的指导协调作用。既要为高校、社会培训机构和企业之间的合作提供平台支持,更要在政策上给予指导,宏观把握滨海新区产业方向与培训目标的结合。

4. 出国留学政策。我国的高级人才在经济和科技最发达的国家和地区,在东西方文化和学术相互碰撞的国际竞争环境下能迅速成长。新区要把利用发达国家的雄厚知识环境,教育和培训自己的高级人才作为一个基本政策。一方面决不能因为有些人才学成不归而停止向海外派遣人才,停止向海外派遣培养人才对我们造成的损失可能会远远大于我们的学子学成不归所带来的损失;另一方面,要通过更为周密的行政、法律和政府间的协定,阻止人才外流不归倾向的蔓延。

5. 跨国公司政策。跨国公司集中于同一地域,互相推动,孕育更先进的科技创新成果。建设人才自由港,新区应出台和完善有利于外国投资的政策框架,优化投资环境,做好服务,鼓励跨国公司在新区设立地区总部或者研发中心。通过跨国公司的人才资源优化配置功能,为新区带来一大批具有国际视野、通晓国际规则、掌握先进技术和管理理念的国际化人才。

**四、人才转换功能**

从功能上来看,人才自由港应该是人才自由流动的区域。人才自由港的建设,要注意建立人才的柔性流动机制,冲破传统的人才自由流动的障碍因素,使新区能够在自由的智力流动中汲取足够的养分。

1. 自由出入境政策。为了便利外籍高层次人才自由进出人才自由港区,对国际人员通过滨海国际机场进出新区作以下设想:①落地签证。对于从滨海国际机场直接出入自由港区的海内外人才,不用事先签证,待其在离机后为其签发一段时间的落地签证,无需再办理其他进出境手续;②区域直通。为持有落地签证的高层次人才提供专用入口和专用巴士送其进出自由港。通过以上两种方式的联合应用,可以在不影响我国出入境管理有关法律和法规的情况下,最大限度地保障国际高层次人才自由出入滨海新区,保证人才自由港区的自由功能。

2. 人才转会政策。从全国范围来看,专业化的人才流转制度并没有建立起来,这也间接地导致了专业人才与用人单位之间的无序流转,这些无疑对于人力资本投资和开发造成了困难。滨海新区应抓住机遇,先行先试,率先支持建立全国专业人才流转制度与公共平台。滨海新区应参照国际先进经验,设计一套适合我国社会经济特点的专业人才流转制度。

3. 高层次人才载体政策。滨海新区在创新高层次人才载体建设中可以通过工程项目攻关、论证研究、回国讲学、提供信息、咨询服务等各种形式鼓励海内外留学人员参与滨海新区开发。同时海内外人员创办的企业在申请承担科研项目、科研成果评定、成果运用等方面,享受与国内公有制企业同等待遇,建立以海内外人员企业为主要对象的贷款担保公司,建立海内外人才创业专项经费等。

4. “国际人才中介机构”政策。国际人才中介机构一直都是高层次人才配置的重要方式,其在人才猎头、人才评定、管理咨询等方面有着重要的作用。滨海新区政府应注重对海内外高层次人才中介机构进行监管和资质考评，重点培育出一些实力雄厚、业务水平高、服务网络完善的中介机构作为政府指定的高层次人才“代理机构”，为各类高级人才提供中介业务外包服务。

5. 现代信息网络政策。利用网络技术，使海内外留学人员在网上与国内的单位进行交流和洽谈，是一种便捷的手段。首先要完善数据库，一是海内外留学人才和高新技术项目信息库；二是国内企事业单位对海内外人才及其项目的需求信息库。其次，将这两个数据库放到网上实现网上对接。此外，应定期发布海内外人才和项目信息以及国内需求信息，在网上举办专题论坛和洽谈活动，进行技术项目招标等。

6. 人才柔性流动政策。人才的柔性流动政策主要是指人才流动的灵活性，强调的是人才的智力流动。即人才的流动要以人的知识成果、创新思维为主体，取代传统意义上的人才因工作变动带来的户口、档案迁移。比较来看，人才的柔性流动实际上是一种“借脑”的发展思路，将知识的流动与人才流动带来的成本分开来看，“只求所用，不求所有”。采用这一引进智力而非人员的新模式，对于新区人力资源开发来说不失为一种较为有效的途径。

（本文作者：张再生，天津大学管理与经济学部教授、博士生导师；田海嵩，天津大学管理与经济学部博士研究生；李祥飞，天津大学管理与经济学部博士研究生）

# 区域产业生态系统健康的模糊物元贴近度评价研究

## ——以天津滨海新区为例[①]

李　健　康　懿

【内容提要】产业生态系统是围绕人类活动形成的复合型产业体系，如何衡量区域产业发展的健康程度是产业生态化的重要实践工具。以天津滨海新区为例，针对目前此类研究中指标评价标准的科学性和权重客观性的问题，构建了模糊物元贴近度模型，对区域产业生态系统健康进行评价研究。结果表明：近年来滨海新区产业生态系统健康整体处于平缓上升趋势，但从各要素的贴近度排序来看，仍存在第三产业比重和环保投入比重较低、近岸海域水质较差等问题。针对天津滨海新区产业生态系统健康的影响因素，提出了建立以循环经济为导向的产业集群、构建现代服务体系等对策建议。

【关键词】区域产业　产业生态系统健康　模糊物元贴近度　滨海新区

长期以来，通过实现工业化促进经济社会发展几乎成为全世界的共同选择，资源推动型的产业发展使得资源匮乏和污染严重的现象愈加严重，全球生态系统的健康状况正处在一种恶性循环的状态，探索经济发展与环境保护相和谐的生态化产业的模式得到广泛认可。区域产业生态系统作为社会、经济、自然复合生态系统的重要组成部分，不仅包含自然生态系统，更重要的是增加了围绕人类活动而产生的社会和经济系统，具有明显的空间、时间以及资源结构，并不局限于某一行业或园区。目前有关产业生态系统的研究多是从城市或生态工业园区的某一特性出发，鲜有从区域层面的产业生态系统角度所进行的健康研究。如邓华从系统稳定性的角度以生态工业园为例，构建影响因素三维理论模型，研究产业生态系统稳定性的关键影响和制约因素；张文龙对城市化与产业生态化耦合发展的互动关系进行分析，提出城市与产业生态耦合发展的优化路径；张攀提出产业生态系统多样性的概念，并从系统—产业—企业3个层面进行其多样性发展机制的研究。此外，许多文献中存在着评价标准客观性的问题。本研究提出了区域产业生态系统健康的内涵与特征，建立模糊物元贴近度模型。结合天津滨海新区特点，构建区域产业生态系统健康评价体系，通过纵向比较判断产业生态系统健康的状态和走势。

### 一、区域产业生态系统健康内涵与特征

生态系统健康的概念从人类自身健康的研究出发，Rapport认为，可以用医治患者的思路来处理生态系统的衰退、紊乱等现象，并根据不同生态系

①本文摘自《地域研究与开发》2012年第3期。

统的特殊性来采取对应的补救和改善措施。产业生态系统是按照循环经济规律组织起来,具有完整的生命周期、高效的代谢过程及和谐的生态功能的网络型、进化型、复合型产业体系。董经纬对产业生态系统健康的表述为:产业生态系统在保障正常生态服务功能满足人类需要的同时,具有维持自身的持续向前发展的能力和状态。但是,区域产业生态系统是以人类活动为主宰、以侵蚀自然资源为前提,其在服务功能、自我维持等方面与自然生态系统存在诸多不同。以私家车为例,从热力学角度看是相当便捷高效,但从环境效益的角度考虑则是不环保的。所以产业生态系统需要从健康的角度进行综合衡量,没有废弃物压力才能使产业体系得到和谐可持续发展。

因此,产业生态系统是按照循环经济规律组织起来,具有完整的生命周期、高效的代谢过程及和谐的生态功能的网络型、进化型、复合型产业体系。从可操作性的角度看,区域产业生态体系可以从以下4个方面来考察其健康程度:(1)产业活力,健康的产业生态系统最大的特征是充满活力,体现在获得最佳经济效益以及提高投入产出比两个方面。(2)结构优化,调整和建立合理的产业结构目的是促进经济和社会发展以及人们物质和文化生活的改善。(3)生态恢复力,努力推进环保产业化和市场化进程,沿海地区应注重海洋生态环境保护。(4)服务功能,改善区域人居、自然环境质量,完善产业生态系统对其他生态系统的服务功能。

**二、滨海新区产业生态系统的案例分析**

滨海新区2006—2009以及2015年的产业生态系统健康状况整体处于平缓上升趋势,2008年健康水平出现明显提升,滨海新区产业生态系统向着不断优化的方向健康发展。与产业生态系统健康相比,各要素的发展趋势呈现出不同的特点。

1.“产业活力”要素中,经济保持逐年增长态势,这与滨海新区的实际情况相符;其限制因素主要是实际利用外资与港口集装箱吞吐量指标值较低,即滨海新区作为北方对外开放的门户,其大规模聚集、扩散国际经济能力的能量尚有待提高。

2.“结构优化”要素中,高新技术产业持续保持45%的工业总产值,资源回收利用产业产值在2008年后出现向上的拐点,表明区域产业结构越来越好;其促进因素是废旧资源回收加工业的迅速崛起,这也是滨海新区发展循环经济补链产业的积极表现;限制因素主要是第三产业和地方研发经费占GDP的比例仍偏低。

3.“生态恢复力”要素中,2008年的整治效果最为明显,即图中出现顶峰后走势趋缓,这反映区域产业生态恢复力水平在加大治理力度后将保持在较高水平,但环保投入占GDP的比重仍需提高。

4.“服务功能”要素反映环境噪声、空气质量以及近岸海域水质等均主要受区域产业影响。如近岸海域水质逐年下降,这与滨海新区的港口经济蓬勃相悖。

可以看出,近年来滨海新区产业快速崛起的同时,并未能很好地实现其他生态系统的共同发展。

**三、区域产业生态系统健康的发展对策**

在保持快速发展GDP、实际利用外资等相关经济总量指标的同时,如何让产业结构优化、生态恢复力以及服务功能状况与产业活力的提升保持同步,是目前区域产业发展亟待考虑的问题,也是滨海新区产业生态系统健康发展的最终目标。

1.协调环境保护与经济发展的矛盾。发挥政府的引导作用,正确认识和处理发展经济、提高生活水平和保护生态环境的关系。加强城区南北两片湿地的保护,有效治理河湖污染,最大程度地防止城市生活污水与工业废水向海洋排放。

2.建立以循环经济为导向的产业群体。打造现代产业体系,发展“中服务、南重化、北旅游、东港口、西高新”的产业格局,需要不同产业和园区的功能互补和链条化发展,以企业、产业链和园区为载体,构建区域性产业共生网络。

3.构建现代服务体系。依托新区区位、交通和港口优势,加快物流设施、物流企业、物流信息和标准建设,逐步形成完善的绿色物流体系;完善再生资源回收网络,建设再生资源回收与利用信息平台,形成链接全市的再生资源回收网络;发挥国际旅游集散地功能,提升旅游市场吸引力。

4.加快建立与周边地区协同发展机制。建立区域经济发展的协调制度,协调解决环境保护、产业梯度转移、基础设施布局建设等涉及到区域经济可持续发展问题;建立区域发展的政策协调、磋商机制。

在此,研究结论是,运用产业生态学和生态系统健康原理剖析了产业生态系统健康的内涵和特征。构建了区域产业生态系统健康评价指标体系,建立模糊物元贴近度模型。相比目前多采用的健康标准对照方法,以现有优秀指标值为目标制定参照方法有效避免了评价标准的不确定性,同时解决了隶属度确定困难的问题。对滨海新区产业生态系统健康进行综合评价,找出滨海新区产业生态系统健康的促进、限制因素,从而全面地表征区域产业生态系统的健康状况,更好地为区域产业结构调整、实施可持续发展提供决策依据。

(本文系天津市工业和信息化发展“十二五”规划重点研究课题的成果之一,项目编号:2010 – KT – 009(2);教育部人文社会科学研究规划基金项目“大型工业城市低碳发展的途径、模式及对策研究——以天津市为例”,项目编号:11YJA630046。)

(本文作者:李健,天津理工大学管理学院教授;康懿,天津理工大学管理学院硕士研究生)

# 建设滨海新区经济发展数据库的基本构想①

张同龙 李家祥

【内容提要】建设滨海新区经济发展数据库是运用现代经济学方法提升研究滨海新区开发开放水平的需要。数据库的内容从性能看,包括兼容性、连续性、精炼性、导向性、开放性,从结构看,包括宏观整体层次、中观行业层次、政府行为、体现民生、微观层次等方面的数据。构建数据库的渠道主要有官方数据、整合推算、统计估算、一手调查。数据库的服务作用主要为理论研究、政策评估、经济预警、咨政报告。

【关键词】滨海新区　经济发展数据库　基本构想

自2001年始,天津师范大学经济学教师组成了一个团队开始撰写年度滨海新区发展报告,近年来深感建立该地区经济社会发展数据库成为一个新的必备支撑与重要课题。本文先就作为其中核心部分的经济发展数据库谈些初步思考。

## 一、缘起:为什么需要一个数据库

1. 天津滨海新区堪称奇迹的经济增长。我国自1978年改革开放以来整体经济一直保持高速增长,2010年GDP总量已跃居世界第二位,实际人均GDP年平均增长率达到9.0%,被誉为“中国奇迹”(林毅夫等,1994)。但是自2008年国际金融危机以来,我国经济也受国际整体经济影响,增长速度有所下滑,至2012年经济增长率甚至首次低于8%(7.8%)。而在同一时期,天津的经济增长确逆势上扬,一直保持强劲势头,维持在15%左右的水平,近三年其经济增长率连续实现全国各省市第一名②(图1)。

是什么因素助推天津的经济增长呢?其中一个最重要方面是滨海新区的贡献。由图1,我们可以看出,特别是在2006年滨海新区作为综合配套改革试验区纳入国家发展规划以后,其增长速度明显加速,维持在超过20%的高水平,其对天津市的经济增长贡献已从40%增加到近60%。

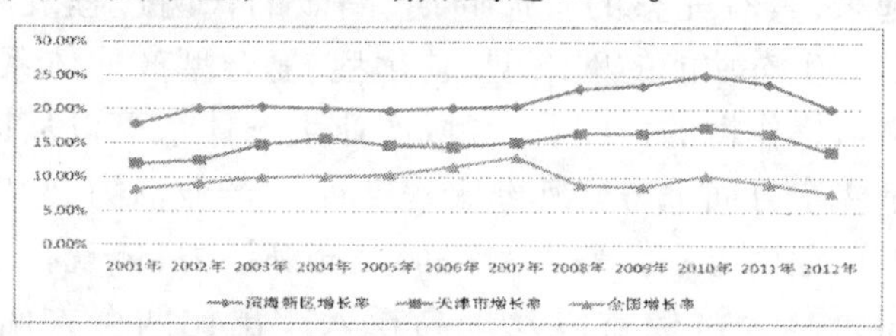


**图1　全国/天津市/滨海新区GDP增长率比较**

2. 略显尴尬的研究现状。经济学作为社会科学中的“显学”,一直以与现实问题紧密联系而著称。著名经济学家林毅夫教授曾经提出,经济学研究的中心会随着经济发展的中心转换而转移的论点,其逻辑基础是高速经济增长背后会有许多深刻的、重要的经济现象,而作为以解释现象为已任的经济学家恰好能通过近距离观察进而解释这些重要现象作出学术贡献(林毅夫,2005)。

对照天津及其滨海新区堪称奇迹的经济增长表现,反观相应的经济学研究。从数量来看,截至2012年底在CNKI中可以搜索到的滨海新区相关的经济学研究文献共3000多篇,而这其中绝大部分为政策研究或纯理论分析,针对天津滨海新区经济增长的实证研究几乎没有。从质量来看,作者检索自2006年来国内经济学界公认的前六名经济学期刊③(王铮,2010),竟然没有一篇和天津滨海新区相关

①本文为教育部哲学社会科学发展报告建设项目“滨海新区发展报告”的阶段性成果,项目批号:11JBGP003。

②其中2009年在全国各省市中排名第二,2010年排名第一,2011年排名第一。2012年天津市GDP增速13.8%列全国第一位,滨海新区的贡献率达到58%。

③分别是《中国社会科学》、《经济研究》、《经济学(季刊)》、《管理世界》、《世界经济》、《中国工业经济》和《金融研究》。

的研究成果发表;2012 年在经济学类的中文社会科学引文索引(CSSCI)收录的 72 本期刊中只有三篇相关论文。

3. 高质量数据的缺乏是一个重要原因。面对现实经济表现和研究现状的巨大反差,作为一个本地研究者感到汗颜,从而思考问题背后的根源。我们发现其中一个重要原因是相关数据的匮乏。由于现代经济学的主流研究方法越来越多的使用基于计量经济学的实证研究方法,而这种研究方法需要大量高质量的数据作为分析的原材料。

对于滨海新区而言,相关统计数据十分分散,对于大部分研究者来说,或者数据不可得,或者由于统计口径的差异整理起来成本巨大。同时,虽然天津滨海新区正式建立时间可以追溯到 1994 年,而真正风生水起是在 2006 年纳入国家发展规划之后,作为一个行政实体成立则要延至 2010 年。目前,真正可得的高质量的《滨海新区统计年鉴》只有 2011—2012 年两期(按照惯例其提供的是 2010 年和 2011 年的数据)。这个统计年鉴系列最早可以追溯到《天津滨海新区统计年鉴 1994—1998》,以后每年一本,但前期年鉴其所包含数据变量较少。对于很多基于时间序列的实证研究来说,要通过前期数据来拟合模型,进而研究未来趋势,序列跨期太短,严重制约了其适用范围。同样,由于数据口径或内容与国内其他可比区域不一致,对于使用横截面数据或面板数据做比较研究来说,也造成非常大的障碍。这些数据层面的约束就造成了很多研究者所感受到的"想做滨海新区的研究,但是使不上劲"。因此,建设经济发展数据库不仅可以更好支撑发展报告的撰写,更是运用现代经济学方法提升加快滨海新区开发开放研究水平的需要。

**二、内容:构建一个什么样的数据库**

基于上文所言的种种问题,笔者感到与其临渊羡鱼,不如退而结网,从基础做起,构建一个方便使用的研究导向的滨海新区经济发展数据库。下面,从内容的性能和内容构成两方面简单勾勒一下我们规划构建的经济发展数据库的轮廓。

1. 从性能上看。

(1)兼容性(可比性)。在对滨海新区进行定量研究时,很重要的一个思路是:在全国的背景下研究天津;在整个天津的背景下研究滨海新区。同时,我们还要将天津滨海新区与国内其他类似地区,如上海浦东新区等进行对比研究。这时,数据间的可比性就显得尤为重要,具体包括统计口径、计算方法以及计量单位等是否一致。例如,在做城市化等相关研究中很重要的一个指标是城镇人口和农村人口的比例,在全国统计年鉴中也有相对应的指标,而在天津滨海新区统计年鉴中只有非农业人口和农业人口的数据,天津市统计年鉴中两者都有提供。类似于此的似是而非的统计指标不能直接用于实证研究,否则会导致一些错误结论。所以如何将一些研究常用的指标与滨海新区的数据匹配起来,使数据之间变得可比、一致、兼容将是我们工作的重要部分。在阅读、总结国内做区域比较的实证研究相关文献时,我们发现《新中国六十年统计资料汇编》(国家统计局国民经济综合统计司,2010)是多数研究者最常使用到的数据源。我们在数据库构建工作中将适当采用《新中国六十年统计资料汇编》中的数据定义,提高数据间的兼容性。

(2)连续性。研究天津滨海新区所受的另外一个重要数据限制是,数据时限都很短。对于时限较短的时间序列,在研究中很难发现其趋势和规律,并且由于样本量相应较小,在统计推断中也会遇到困难。另外,时序短还很难区分正常的趋势和短期的扰动,甚至会影响研究中的定性判断。目前的情况是,绝大部分的滨海新区数据由 2010 年开始,部分数据自 2006 年开始,很少的一部分自 1998 年开始,只有极少的情况自 1994 年新区成立之初开始。最理想的做法是借助统计工具和各方原始资料的挖掘整理将所有变量都推到 1994 年,那样截止到 2012 年我们就拥有了一个长达 18 年的时间序列,这样的样本量几乎能满足一般研究的需要了。

(3)精炼性。作为一个研究者自身构建的数据库,无意与专业的统计局进行竞争,所以我们的指标选择不会面面俱到,而是基于自身的研究经验进行细致选择的。因此,我们的数据库将是小而精致的数据库。目前,结合已进行和进行中的研究项目,第一批我们选择了 50 个左右的变量进行整理,这些变量都具有明确的经济学含义并广为研究者在实际中使用。这样的变量选择既使研究者能直接使用并与相似研究作比较,同时也不会让刚刚开始做实证研究的新人迷失在数据的汪洋大海中。

(4)导向性。我们想构建的数据库与现存各种数据库最大的不同是研究导向性。现有的统计年鉴等资料很大程度上都是描述导向的,给予读者直观的整体性的印象,而我们想给使用者更多的是准确的研究概念,更强调数据背后的经济学逻辑。比如,我们会包括基尼系数、一些行业的勒纳指数、全要素增长率(TFP)、城市化率以及就业弹性等经济学专业指标。

(5)开放性。我们想构建的数据库不应成为小团体的后花园,将会对所有致力于做滨海新区实证研究的研究者开放,与大家一起共享资源,尽可能降低重复劳动。同时,该数据库也将利用研究者的资源以保持数据库的动态更新,使关于滨海新区相关研究成果(如在前沿研究中新形成的中间变量或最终变量)纳入数据库中。

2. 从构成上看。

从数据库内容构成角度,可以分为三个层次共五个方面的内容。

(1)宏观整体层次的数据。如果要从整体上看一个区域的经济发展情况,地区生产总值(GDP)系列指标无疑是最重要的。如果想比较不同年份的经济增长情况,就要使用各种价格指数对其进行调整。接下来,如果想知道经济增长的来源,就要关心对GDP做出贡献的两类要素,资本和劳动,与其相对应的是人口、就业和工资等系列指标,以及固定资产存量和投资量等系列指标。这一部分除了GDP、价格指数、劳动和资本四类指标,我们还关注反应经济增长质量的全要素增长率(TFP)、绿色GDP、人类发展指数等几个一般数据库没有,但广为研究文献提及的指标。

(2)中观行业层次的数据。沿着上一部分的思路,我们将GDP进行分解。首先,数据库中要包括第一产业(农林牧副渔)中的产值、产量、投入等系列指标。其次,我们要包括第二产业,其中主要是工业和建筑业的情况。对于第三产业中最重要的是交通运输和贸易零售业的情况。除了这些整体性的指标,我们还会特别照顾到一些典型行业,如房地产、能源电力、金融、邮电以及旅游等。

(3)政府行为方面的数据。在经济学研究中,随着"新政治经济学"的再度兴起,研究者越来越关注政府的行为及其在经济发展中所起的作用。这一部分主要指标可以分为一般预算收入和预算支出两类。前者包括各类税收额度及其结构,还有近年常被提起的土地转让金等。后者包括支农支出、教育支出、公共基础设施、管理费用等。

(4)体现民生的数据。所有经济发展的终极目的都是要惠及民生,我们同样要收集大量民生指标,主要包括城乡人均可支配收入、恩格尔系数、住房面积以及教育、卫生、文化和社会保障情况。另外,研究者特别喜欢使用的每百户耐用消费品拥有量也将收入我们的数据库。最后,近年来研究者尤为关注的劳动报酬在GDP中所占比例、体现包容性增长的就业弹性等指标也将被收入。

(5)微观个人、企业层次的数据。以上四类数据都是建立在一手调查数据基础上的统计指标,它们通过简洁的形式展现了大量的信息,但相对于一手数据无疑还是丢失了很多信息。近年来,在经济学实证研究领域发展最快的要属于微观计量,就连宏观经济学也不断的要寻找微观基础。所以基于个人、家户或企业微观数据的研究大势所趋,其数量越来越多。为此,我们准备单独设立三个子数据库:精细家庭收入和支出数据库;城乡住户调查(原城市住户调查+农村住户调查)数据库;滨海新区企业数据库。这其中,第一个是自己的团队调查员采用每日超过10元的收入和开支进行当日记账方式计划进行一年期而构成的高精度家户收入和支出数据库;第二个与天津市城乡住户调查数据库同构;第三个与国家规模以上工业企业数据库同构。

**三、方案:计划如何去做**

前面两部分描绘了天津滨海新区经济发展数据库的蓝图,任务宏大而且艰巨,对于如何做问题,我们自知靠自身能力无法完成,只有通过多个单位协作才有成功的可能。基于同天津市统计局、国家统计局天津调查总队、滨海新区滨海综合发展研究院等实力雄厚的兄弟单位的长期合作基础,天津师范大学研究团队才能大胆提出这个设想。具体来说,我们的数据库构建主要通过四种渠道。

1. 基于统计局官方数据。数据的主要来源是天津市统计局,直接来源是1994年至2011年的天津滨海新区统计年鉴,这也是数据质量和横向可比性的重要保障。对于这些已有数据,我们的主要工作是对早期数据进行核对和更新。

2. 整合推算。对于一些数据序列中有些年份的值缺失,或有些变量定义(口径)在某些年份有变动,我们尽量在统计局的支持下按照统计学原理进行推算和整合。

3. 统计估算。基于所建数据库的自身特质——研究导向,对于很多在常见统计年鉴中没有的指标,我们也将通过自己的估算将其包括在内。例如全要素生产率(TFP),这个指标在评估经济增长效率时非常重要(张军,2002)。另例如在估算全要素增长率时还发现,投入要素中重要的一部分资本存量也没有资料能提供(张军,2004;2008)。我们综合现有的估计方法,进行了重新的核算,给出了目前为止最为详尽和可靠的估计(李家祥等,2013)。

4.一手调查。虽然作为研究团队,比较优势不在于直接进行第一线的数据调查收集,但基于自身研究经验和相关社会调查经验,我们也会结合现有数据的供给和研究者实际需求的差距,准备进行一些一手调查,从而得到一些独一无二的数据集。比如前面提到的基于精细记账数据的天津居民收入和支出调查,由此收集到的一年期高质量的家庭收入和支出数据将是研究相关问题宝贵的一手资料。

**四、功能:新建数据库可做些什么**

根据初步设计和实践体会,构建前面所描述的滨海新区经济发展数据库可发挥多种功能,主要有:

1.理论研究。毫无疑问,我们数据库的首要用途将是用于经济学相关的理论研究。下面按照所建数据库的五方面内容一一例举。对于整体宏观层次的数据,可用于经济增长核算、经济增长效率分解等问题的研究(笔者的相关研究已在进行,我们已完成TFP的测算以及将TFP进一步分解为技术变迁(TC)、技术效率变迁(TEC)和要素重置效率等)。对于中观行业层次的数据,可用于产业结构调整、行业集聚、发展战略以及新结构经济学等相关研究。对于政府行为部分数据,可用于政治周期与经济周期研究、一般预算支出结构与长期经济增长、政府投资效率等相关研究。对于大众民生部分的数据,可用于研究居民主观幸福感、如何"调结构提消费促增长"、如何提高就业弹性实现包容性增长等研究。对于微观数据库的使用那就更为广泛,可用于研究教育回报率、边际消费倾向、生命周期假说等经典研究题目。

2.政策评估。有了丰富的数据库作为支撑,在实践层面我们可以对现行的一些政策作出评估,以利于进一步总结经验和教训。这里不仅可以评价一项政策的总体影响,而且可以分别给出其长期影响和短期影响,甚至还可以进一步给出其对不同行业、不同人群的局部影响。

3.经济预警。如果有了长时间序列的数据作为支撑,再加之定量化理论研究水平得到持续提高,我们就更有可能较早地发现规律性认识和一些经济发展中可能遇到的暗礁。

4.咨政报告。天津师范大学滨海新区经济社会发展研究中心的学术团队在连续十余年撰写年度滨海新区发展报告的实践中逐步体会到,编制富有特色的数据库是提高发展报告质量的重要举措。它可以使发展报告的记叙更为科学,写作更为便捷,数据更为准确,结论更为实用。同时长期撰写年度发展报告积累了大量资料和经验,把握了所需资料的重点所在,也为编制特色发展数据库奠定了必备基础条件。

以上仅就构建滨海新区经济发展数据库作了初步说明。必须看到的是,对于编制首个滨海新区经济发展数据库,我们虽然已搭建了基本架构,但是还缺少经验,尚需在实践中不断探索,面对不少挑战与大量工作。然而其重要意义和美好前景则激励我们去创造条件破解难题,努力提供一个质量较高、特色明显、方便使用的数据库。

(本文作者:张同龙,天津师范大学经济学院农村发展研究中心主任,副教授;李家祥,天津师范大学滨海新区经济社会发展研究中心主任,教授。数据库课题组成员还有天津师范大学经济学院教师冯静媛、宋艳阳、王丽娟等。)

**参考文献:**

1.李家祥、张同龙、潘玉华:《解析天津经济增长U型华丽转身的背后——基于TFP核算及其分解的视角》,天津师范大学经济学院农村发展研究中心工作论文,NO.2013002.

2.林毅夫、蔡昉、李周:《中国的奇迹:发展战略与经济改革》,《经济研究》1994年第6期。

3.张军:《中国省级资本存量的再估计》,《经济研究》2004年第8期。

4.张军:《Estimation of China's Provincial Capital Stock Series (1952-2004) with Application》,《Journal of Chinese Economic and Business Studies》,2008,Vol6(2).

5.国家统计局国民经济综合统计司:《新中国六十年统计资料汇编》,北京:中国统计出版社2010年版。

6.李家祥等:《滨海新区发展报告》(年度),滨海新区管委会编印,内部发行;2011、2012,《滨海新区发展战略报告》,载《滨海新区年鉴》天津社会科学院出版社2011—2012年版。

7.天津市滨海新区人民政府:《滨海新区年鉴2011》,天津社会科学院出版社2012年版。

8.天津市滨海新区统计局:《天津滨海新区统计年鉴2011》,天津社会科学院出版社2012年版。

9.天津统计局、国家统计局天津调查总队:《天津统计年鉴2011》,中国统计出版社年版。

10.中华人民共和国国家统计局:《中国统计年鉴2011》,中国统计出版社2011年版。

11.李家祥、杜勇等:《滨海新区志》,《中国第三级战略—天津滨海新区开发开放研究》第三辑,天津人民出版社2010年版。

# 2012年滨海新区开发开放研讨会综述

王冠淳

滨海新区开发开放研讨会是由天津市社会科学界联合会、天津市哲学社会科学规划领导小组办公室、天津滨海综合发展研究院联合举办的高端会议研究平台。每月一次，定于第二周星期六上午半天举行。每次确定一个议题。研讨地点设在天津市社联学术会议中心。近年来主要召集人分别是市委原副秘书长、市社联副主席吴敬华，市人大财经委原主任曹达宝，市社联党组书记李家祥，滨海新区人大常委会副主任、滨海综合发展研究院院长郝寿义，市哲学社科规划办主任李清华等。与会专家学者来自中共天津市委研究室、市政府研究室、市发改委、市金融办、滨海新区政府办公室、区发改委、区财政局、区经信委、开发区、保税区、高新区、东疆港、生态城、中心商务区等部门负责人，还有来自南开大学、天津大学、天津师范大学、天津财经大学、天津社会科学院、中共天津市委党校等高校和科研部门的专家学者，每次共约40人。2012年举办12次。现将全年研讨成果综述如下。

**一、滨海新区体系建设研究**

第33次会议的主题是"滨海新区'十大改革'"。滨海新区发改委改革与法规处处长、天津滨海综合发展研究院特聘研究员王维斌作"滨海新区'十大改革'推进情况"的主题演讲。他介绍说，滨海新区目前的主要工作重心就是打好"十大战役"，推进好"十大改革"，以此对一些重点领域的问题进行突破。还说明了"十大改革"的来源，强调要从五个聚焦入手，一是要提高滨海新区的内生增长能力，策划一些改革项目，如金融改革、体制改革等；二是要提高行政效能，加快建设服务型政府，使财政资金合理调配等；三是提升外向型发展水平，加快打造北方对外开放门户；四是聚焦可持续发展能力，如建设一些循环经济示范区，实现人与自然和谐等；五是聚焦提高保证民计民生水平，加快构建和谐社会。还介绍了去年滨海新区的具体工作措施和取得的一些成果。表示在今后的工作中，将会继续加强同滨海综合发展研究院的研究工作，并积极加强宣传工作，以更好地促进滨海新区的开发开放。天津滨海综合发展研究院社会研究室主任徐刚博士作"国家综合配套改革与滨海新区'十大改革'"的报告。他介绍了上海浦东新区、成都、武汉、深圳等地的一些情况。指出"十大改革"是滨海新区实施推进综合配套改革的具体举措，是在细化深化综合配套改革，也是全市综合配套改革及三年实施计划在新区的具体实施。提出滨海新区在未来发展高端制造业的同时，也要注意发展服务业，借助多方力量，建立进一步完善的改革推动机制。南开大学旅游学院白长虹教授指出，新区改革方案特色鲜明，在重点领域中具有创新内容。建议积极宣传滨海新区形象，使更多人认识和了解滨海新区。南开大学人口研究所所长陈为民教授指出，滨海新区要注意人口优化，注意区域人口的结构和规模。

第38次会议的主题是"滨海新区诚信体系建设实施方案研讨"。滨海综合发展研究院产业研究室主任蒋宁就《滨海新区诚信体系建设指导意见和实施方案(征求意见稿)》作演讲。他介绍了报告的背景、思路、原则和目标，说明了重点工作，提出了保障措施，完善了建设步骤。认为一要做好制度建设，二要实现思想上的统一，力争在2015年搭建一个统一高效的信息平台，建立信用评价体系，初步构建具有新区特色的诚信体系和运行机制。南开大学周恩来政府管理学院常务副院长杨龙教授认为，滨海新区诚信体系建设的实施方案很有可操作性。政府政策也会有一定的调整变化，可通过政府诚信考核，进一步提高政府工作水平。天津师范大学丁为民教授认为，体制问题不仅涉及到经济体制也涉及到行政体制、司法体制。目前国际形势、经济形势不断发生重大变化，存在很多不确定性，导致了很多政策需要随着形势变化不断转变，这要求我们不断提高诚信体系建设。

第39次会议的主题是"科技金融体系建设研究"。蒋宁作"我国科技金融成功案例的经验总结"的主题演讲。指出在《滨海新区综合配套改革实验金融创新专项方案》中，提出发展金融体制改革和科技体制创新的要求，另外天津市出台了多项支持中小企业政策，特别是在目前融资环境较复杂的大背景下，针对中小企业提供抵押物较困难，金融企业的低风险偏好等实际情况，希望通过研究来推动政府出台政策，鼓励中介服务机构积极参与中小企业融资等。他从八大类研究案例入手，总结科技中小型企业的创新模式，创新财政支持的方式研究等，丰富了与会者的见闻。天津财经大学张旭东博士作“科技金融理论模型研究”的主题演讲。他分析了政府对科技中小型企业的扶持空间，介绍了投融资体系的基本框架和原理。通过数据模型的推演，深入浅出地介绍了各项参数的含义，推导如何通过参数在实际金融工作中进行运用。天津市科委副主任张勇勤介绍了市科委的科技金融工作情况，科委通过推出科技保险、打包贷款等手段，扶持科技中小型企业的发展。目前，部分企业家还存在着金融融资意识淡漠的情况，需要更好地提高意识，进行金融融资工作。天津市科委认定的科技中小型企业达到3.1万家左右，小巨人企业1600家左右，通过政策性担保、引导性担保等形式，进一步促进科技中小型企业的发展。

**二、滨海新区创新研究**

第32次会议的主题是“滨海新区‘保姆式’政府服务”。天津滨海综合发展研究院区域研究室主任孙洋作主题演讲，题目为“滨海新区政府开展‘保姆式’服务研究”。他介绍了保姆式服务的定义、环节、具体设计等概念，并就保姆式服务的若干问题，如“重商主义”与“以人为本”的协调问题，“一站式”服务的问题，各项服务的“法律约束”问题，服务的弹性机制与决策程序泛行政化问题等进行了说明。认为重点在于应使保姆式服务可量化、可执行、可评价、可考核，以建立较为完善的体制框架，更好的为滨海新区开发开放服务，更好的为企业服务。天津临港经济区管委会副主任刘长斌介绍了临港经济区服务企业的一些经验做法。首先介绍了目前临港经济区的现状，临港经济区正处于集聚发展的阶段，速度很快，临港经济区在开发初期就瞄准高端水平，注重优化服务质量和提高服务水平，克服了初期建设的很多困难。在服务企业过程中，注意通过落实展现真功夫。举例介绍了协助企业跑项目、跑审批等具体工作，注意解决农民工的实际需要，维护好临港的投资软环境，使一大批企业落户临港经济区。临港经济区将一如既往的努力工作，成为贯彻落实科学发展观的排头兵，为天津发展做贡献。南开大学周恩来政府管理学院张志红副教授发言，题为“转变政府职能与服务型政府的建设”，从如何转变政府职能，建设服务型政府的条件等方面入手，进行了深入的分析。中国具有特殊的党政关系，是有中国特色的政府结构。政府职能转变的背后，是审批部门间权力的再分配，需要进行细致的研究。同时，建设服务型政府需要有能力有意义的进行持续的服务供给方式的创新。政府管理水平的提高应是多方面的协同，从多角度进行突破。

第41次会议的主题是“天津滨海新区金融改革创新发展指导意见研讨”。天津市滨海新区财政局的同志就《天津滨海新区金融改革创新指导意见(征求意见稿)》的内容向与会人员进行了介绍，拟通过在融资租赁、私募基金、产业金融等8个重点领域实现突破，并努力建成于家堡金融起步区等，将引进各类金融机构，深化重点领域的金融创新，加强金融人才培养等方面的工作。滨海综合发展研究院产业研究室主任蒋宁对征求意见稿的形成情况进行了补充，就贵金属交易市场，新三板市场等方面的工作进行了介绍，表示《指导意见》稿力图通过搭建政府、企业与金融机构的平台，借助金融资本杠杆平台，吸引和撬动社会资金为新区发展服务等。天津财经大学首席教授罗永泰对该指导意见表示肯定，认为应提速建设，使金融业务与建设水平同步，应努力成立专项基金，并且可以考虑将东疆保税港区的专项政策努力扩大到整个新区领域进行应用。南开大学金融学系副主任周爱民教授建议在工作中要找准定位，通过先行先试，把工作做起来后再寻求政策支持，可能会更容易实现突破。对于人才培养，可以通过利用好本土高校的研究生资源，如在博士生还未毕业前通过实习等形式将其引入新区工作，进而为新区发展作贡献。中国国际商会租赁委员会主席、天津租赁协会会长杨海田教授认为，要将金融创新工作放在首位，尽力解决资金供应问题，同时注意金融业的联合，努力开拓多元资金渠道。各高校应加强融资租赁行业方面人才的培养，以更好地满足融资租赁行业发展需要。天津财经大学副校长王爱俭介绍了天津财经大学的专业课程设置以及人才培养方面的情况。认为要注意抓好人才聚集工作，培养复合型的人才以满足滨海新区高层次发展的需要。天津大学管理与经济学部主任张维表示，要注意在金融中的风险管理，同时在创新中注意人才的培养，注意发挥行业协会的重要作用，机构在创新中应注意自查工作。还介绍了实体经济和金融经济之间的关系，以及提出了两者如何发展的一些建议。

第42次会议的主题是"滨海新区的社会管理创新研究"。滨海综合发展研究院社会研究室主任徐刚作题为"多层次需求下的滨海新区社会管理创新研究"的演讲。该课题以社区为基本单位,以收入为基本指标,对滨海新区的社区进行了研究。通过对新老社区、集中还迁社区等不同样本的情况介绍,丰富了与会者的见闻。天津社科院社会学所所长张宝义研究员介绍了天津的国际化社区、俱乐部型社区、物联网式社区、老年人型社区、文化管理示范区等的管理情况。认为社区建设不仅需要政府提供资金支持等,也需要通过明确社区的权力与义务形成指标,发挥社区骨干的作用,促进社区的发展。南开大学社会学系唐忠新教授认为,随着社会经济的发展,大量流动人口的出现,滨海新区面临着加强社会管理的现实任务。建议要健全街道管理体制,发挥"三社联动"功能,即社区、社会组织、社工人才队伍建设三者协调发展,功能互补。天津社科院社会学所李培志博士正在做有关滨海新区的社区模式的优点推广方面的研究,希望能将居民社区管理问题更好得解决。

**三、滨海新区功能区建设研究**

第34次会议的主题是"滨海新区'智慧城市'建设实践与探索"。滨海新区经信委信息化处负责人作"滨海新区信息化建设情况与规划——智慧滨海"的演讲,从智慧城市的研究入手,认为城市通过现代化技术手段,全面感知生产生活、经济社会活动所提供的各项信息,来达到人与人、人与物、物与物之间的互动,要广泛的连接人和物,依托数字网络,对采集的海量信息进行处理和反馈,使经济社会活动更为优化。介绍了滨海新区在智能化建设中的具体工作实例,如其中的规划文件、物联网企业的发展状况等,使与会者对滨海新区信息化的实际工作有了一定了解。滨海综合发展研究院信息研究室主任吴建新作"'智慧城市'发展趋势与滨海新区探究"的发言。介绍了"智慧城市"的概念、特征,说明了"智慧城市"的核心与实现方法。特别阐述了建设"智慧城市"的注意事项,认为智慧城市关键要做强"神经中枢"。还就滨海新区如何建设智慧城市提出了建议。中新天津生态城经济局负责人介绍了中新生态城智慧园区的建设思路、正在规划的内容和目前工作中的进展。生态城建设的城市管理体系和公务服务体系等,对企业和经营机构提供相关的服务。生态城将率先构建三网融合,建立物联网应用示范区,建立全要素、全周期的信息资源中心等。天津开发区的专家介绍了开发区电子政务建设情况,具体介绍了政府与社区之间、各部门与社区之间的网络管理情况,使城市管理由粗放型管理向精细化管理转变,管理更加规范化、高效率和人性化。还介绍了开发区应急管理系统,丰富了与会者的见闻。新区规划局的负责人介绍了新区近30年的规划情况,特别是对未来几年的规划介绍了初步设想。

第36次会议的主题是"国家综合配套改革试验区比较研究"。滨海新区发改委副主任、天津滨海综合发展研究院特聘研究员杨金星博士作"有关国家综合配套改革试验区的几点思考"的主题演讲。介绍了天津滨海新区作为国家配套改革试验区建设中遇到的问题和一些不容易处理的关系。一是如何总结滨海新区取得的成绩和发挥的作用。二是如何处理滨海新区的综合配套改革和全市的综合配套改革之间的关系。介绍了蓝领工人在滨海新区进行工资收入改革、户籍制度改革、医疗机构改革的情况等,探讨了新区先行先试或全市统一改革的各种可能性。天津滨海综合发展研究院社会研究室主任徐刚博士作"国家综合配套改革试验区比较研究"的主题演讲。对国家综合配套改革试验区的进展进行了比较,介绍了各个国家综合配套改革试验区的发展情况、主要特征等(如浦东新区、武汉城市圈、重庆等),特别是将其一一与滨海新区进行了比较,使与会者有更直观的了解。他建议采取上下结合、央地合作、对先行先试进行制度再设计的方式推进改革。

第40次会议的主题是"建设东疆自由贸易港区研究"。天津滨海综合发展研究院周雪峰博士作"关于以东疆保税港区为载体建设具有中国特色自由贸易港区的相关研究"的主题演讲。从自由贸易港区的内涵、发展概况与趋势,天津与香港、新加坡发展自由贸易区的对比分析,天津东疆港建设自由贸易港区的总体方案这三方面入手,进行了介绍。

东疆保税港区的工作人员介绍了关于东疆保税港区的政策文件以及东疆保税港区的发展情况。特别是对近期东疆保税港区的情况作了说明,比较了与香港、新加坡港口建设的特点。天津财经大学罗永泰教授介绍了东疆保税港区调研情况,中央和天津给了东疆保税港区建设很大的支持,东疆保税港区自身也在抓紧建设,取得了很多成绩。建议找出东疆保税港区与其他国外先进区域的差距，重点突破。天津师范大学孟广文教授认为，在找出天津东疆保税港区与新加坡、香港地区的共性后，再寻找差异。天津市政府口岸服务办公室海港处黄绍新处长介绍了其部门工作情况，在东疆保税港区的通关政策、优惠措施等方面正进行协调和探索，并就具体的细节问题进行了说明。天津东疆保税港区海关副关长潘军介绍了海关的工作情况，认为在创新的基础上也要注意工作的特点，一般性工作要做到有法可依，避免问题，他希望研究能更早地摆上日程，更好的进入实际工作中。天津东疆海事局副局长高侃认为，应采取循序渐进的方法，促进东疆保税港区的政策优势处于国内领先地位，使东疆保税港区得到更好的发展空间。介绍了吸引航运业、船运中介机构等在东疆保税港区聚集的设想，介绍了船舶管理经验。天津租赁行业协会会长杨海田提出，要把握天津滨海新区发展成为国家发展战略的有利契机，介绍了天津经济近年发展的情况和各区县发展融资租赁业的状况，对东疆保税港区工作提出了建议。

**四、其他研究**

第35次会议的主题是“中国新区区域开发模式的探讨”。天津滨海综合发展研究院区域研究室主任孙洋作题目为“滨海新区区域开发的基本情况”的演讲。他介绍了滨海新区的建设发展情况，指出新区发展面临的主要问题是如何落实新区战略定位规划、区域发展的着力点、行政体制、开发的资金问题等。认为滨海新区的管委会形式很有代表性，其通过项目初期的快速决策、招商引资服务、行政审批服务等，提高了项目建设速度。还介绍了中新生态城、蓝白领公寓等具体项目的情况，并通过近年滨海新区统计数据进行了说明。杨开忠的演讲题目为“我国新区开发的回顾及展望”。介绍了新区的定义，认为新区建设的目的和意义，一是改革开放新点子的实验室，二是国家和区域发展的新引擎，三是发挥部分中心城市职能的新城。认为，新区建设应确立好对内外关系，走一体化发展之路。新区开发要强调社会政策一体化，注意与中心城区实现共同的可持续发展。国务院发展研究中心企业研究所所长赵昌文作了题目为“以产业创新引领滨海新增长极”的演讲，指出目前中国企业进入本世纪以来“最困难”时期，企业劳动力成本、原材料成本、融资成本等内在的综合经营成本快速上升，宏观调控政策陷入“两难”。指出科技金融的关键在于创新，科技金融的困难在于协调，天津有很好的科技资源，如何引导越来越多的金融资源进入创新体系和产业化过程，是其中的关键。中国社科院城市发展与环境研究所副所长魏后凯作“关于新区开发的几点战略思考”的演讲。认为滨海经验是指挥部+管委会+平台公司的模式；金融规划为一核九区、十大战役、十大改革，通过自下而上和自上而下结合的方式，采取复合发展（即港产城互动的形式），强调融合、协调、统筹、共享。还认为新区建设要突出“有机体”的复合理念，避免大范围、单一的功能分区，应构建现代化的新型复合城市和有机城市。中国科学院政策与管理科学研究所研究员赵作权作“新两个大局与滨海新区”的演讲。他通过对到全国市场和人口距离最短的交通轴线的研究和对中国经济时空演化的研究，介绍了中国发展核心区滨海新区正处在最优区位上。指出天津处于沪—京经济走廊，滨海新区是代表中国北方特色的新区，对我国走高端发展道路具有引领和示范作用。兰州大学经济学院院长高新才作了题为“我国新区发展的几点展望”的演讲，重点介绍了甘肃兰州建设新区的发展情况。他提出，一是全国众多新区何时建成的时间问题，二是各地新区的趋同问题。清华大学台湾研究所副所长殷存毅作了“产业新区:实现经济区域化的路径选择——昆山案例”的演讲。他介绍了江苏昆山的发展特点，即一是台商投资奠定了工业化基础，二是上海大都市的外部性因素带来了发展机遇。介绍了昆山发展面临的几个问题，如产业转型升级、与周边地区的区域经济联系、昆山区域行政级别问题等。上海财经大学经济学院教授豆建民作了题为“推进国家创新型试点城区建设，提升滨海新区的创新能力”的演讲，介绍了上海杨浦新区的一些情况。认为在滨海新区行政体制改革、天津港未来发展成自由贸易港的过程中，在金融和政策方面都需要创新，这些除了天津市和滨海新区的努力，可能也需要国家层面进行“顶层设计”。他在提升新区的创新能力上提出，一是建设创新服务平台、科技研发平台上创新，发挥科研院所的作用；二是在大学带动城区、区校融合发展上有所突破，要发挥大学的带动作用，推动产学研一体化等，三是在国资国企的平台公司上有新的拓展、更好的发挥其作用等。

第37次会议的主题是“市哲学社会科学重点

学科建设工程——滨海新区开发开放课题研究的总结与展望”。市人大财经委主任曹达宝代表课题组对5年来承担市委、市委宣传部的有关滨海新区开发开放课题的研究工作进行了简要的汇报。介绍了课题研究的工作流程，说明通过5年工作共完成研究课题63个，取得了一批有价值的课题成果，其中很多成果获得各种奖项和在核心期刊上发布。这些研究成果为领导决策提供了参考，为滨海新区开发开放提供了理论支撑。这些研究成果汇编成了200万字的“滨海新区开发开放系列丛书”，这套丛书是目前国内研究滨海新区最成体系、最完整、水平最高的专著合集，为其他新区建设起到了很好的借鉴作用。天津大学管理学部主任张维表示，这套丛书很有意义，为滨海新区的开发开放建设提供了很多的有价值的成果。南开大学社会工作与社会政策系主任关信平介绍了自身团队与滨海新区研究院、民政局、发改委等单位进行合作研究的一些情况。指出社会管理在全国范围是一个复杂的课题，滨海新区的社会管理已经取得了一定成绩，但还要继续深化。目前，从中央到天津市委都很希望看到滨海新区建设创新出一种较好的社会管理模式，以满足老百姓日益提高的生活质量需要，并能建设良好的社会秩序，以有利于滨海新区的发展。天津财经大学首席教授罗永泰结合“关于滨海新区打好开发开放攻坚战的研究”课题表示，通过滨海新区打好开发开放攻坚战的研究，优化了滨海新区的空间资源，形成了各具特色的功能区，促进了传统产业升级和滨海新区产业结构的调整。本次开发开放攻坚战以项目为导向，已经建成了很多优秀产业基地，使新兴战略产业和优质项目汇聚滨海，并进一步吸引了大项目好项目的引入。南开大学出版社社长孙克强认为，本套丛书起点高、立意深、思路新、眼界远，将5年的研究成果结集整理，为市领导的决策参考作出了贡献。很多高校、图书馆都对本套丛书给予高度评价。天津市哲学社科规划办主任李清华认为，滨海新区开发开放研究为市哲学社会科学的研究积累了很多好的研究方法和研究成果，有较好的借鉴意义和推广价值。市十次党代会对滨海新区的开发开放提出了更高的要求，搞好滨海新区开发开放研究是全市哲学社科工作者的历史使命。市社科规划办将会更加用心搞好滨海新区开发开放研究，做好哲学科学项目管理工作，为广大社科工作者服务。市政府研究室副主任张继明说，5年研究出63个成果很不容易，倾注了很多人的心血，有很好的指导作用。下一步着力解决的重大问题是要把研究成果转化，服务实际。

第43次会议的主题是“滨海新区经济社会发展预测方法与应用”。天津社会科学院经济社会预测研究所张智副研究员作“天津市率先发展科学发展的评价与预测——滨海新区开发开放比较与前瞻”的主题演讲。他的演讲分为三个部分，即滨海新区在全国范围内的比较研究、滨海新区对天津的发展作用的定量分析、滨海新区开发开放的历史意义。天津滨海综合发展研究院区域研究室主任孙洋作“滨海新区经济发展季度预测模型方法与应用”的主题演讲。认为通过各种数据分析预测，滨海新区目前经济发展势头良好。但由于国家未来财政政策还不明确，而滨海新区建设又需要大量的信贷资金支持，导致未来发展会出现一定困难，以石油化工、装备制造产业等为主导产业的发展对新区经济的支撑起到非常重要的作用。天津滨海综合发展研究院信息研究室主任吴建新副研究员作“2013年滨海新区经济社会发展形势分析与预测”的报告，认为人民币的升值预期有利于降低外贸企业的生产成本，与台湾等地区存在发展机遇等，但同时包括风电产业、国内金融信贷环境等会对滨海新区发展产生不利影响。目前国家发展战略正从东部向中西部偏移，这也会对滨海新区发展产生影响。结合对于深圳特区、浦东新区的历史发展轨迹分析，认为滨海新区发展还是大有可为的。天津师范大学孟广文教授指出，在进行预测分析时要考虑经济效益，同时，从生态、低碳等角度也可以进行效益比较，进一步对评价体系进行完善。中共天津市委党校臧学英教授认为，滨海新区在于其他区域作比较时，要注意可比性和不同地区所处的阶段性，也应注意数据分析的全面。目前统计数据提取较为困难，希望有关方面可以更好地提供相关数据。天津财经大学张盘铭教授提出两点建议：一是滨海新区要带动区域经济发展，发挥第三增长极的作用；二是注意三大产业外其他行业的研究。

（本文作者：王冠淳，天津市社会科学界联合会科研处）

2012 年滨海新区开发开放研讨会统计表

| 场 次 | 时 间 | 主 题 |
|---|---|---|
| 第 32 次 | 1 月 14 日 | 滨海新区“保姆式”政府服务 |
| 第 33 次 | 2 月 11 日 | 滨海新区“十大改革” |
| 第 34 次 | 3 月 10 日 | 滨海新区“智慧城市”建设实践与探索 |
| 第 35 次 | 4 月 14 日 | 中国新区区域开发模式的探讨 |
| 第 36 次 | 5 月 12 日 | 国家综合配套改革试验区比较研究 |
| 第 37 次 | 6 月 9 日 | 市哲学社会科学重点学科建设工程——滨海新区开发开放课题研究的总结与展望 |
| 第 38 次 | 7 月 14 日 | 滨海新区诚信体系建设实施方案研讨 |
| 第 39 次 | 8 月 11 日 | 科技金融体系建设研究 |
| 第 40 次 | 9 月 8 日 | 建设东疆自由贸易港区研究 |
| 第 41 次 | 10 月 20 日 | 天津滨海新区金融改革创新发展指导意见研讨 |
| 第 42 次 | 11 月 10 日 | 滨海新区的社会管理创新研究 |
| 第 43 次 | 12 月 8 日 | 滨海新区经济社会发展预测方法与应用 |

责任编辑：丁大同

# 学术活动

## 国际学术活动

**【多元智能国际研讨会】** 5月17—18日，由天津市教育学会和国际多元智能学会、北京教育学院联合主办的第二届多元智能国际研讨会在喜来登酒店举行。主题为"运用多元智能理论提升孩子的综合能力"。国际多元智能学会常务董事朱莉·万斯，联合国教科文组织协会联合会亚太地区主席陶西平，市教委副主任黄永刚，河西区副区长孙惠玲，国家督学、天津市教育学会常务副会长刘长兴，国际多元智能学会执行董事许尚杰等出席会议并致辞。

北京教育学院院长李方、多元智能理论专家沈致隆、北京师范大学教育学院副教授钱志亮、宾夕法尼亚州立大学明蒂·孔哈伯教授、福德汉姆大学朗达·邦迪教授等国内外专家学者，就多元智能理论的发展及其在教育领域的应用分别作报告和发言。本届研讨会由河西区教育局协办、艾毅幼儿园承办。多元智能学术研讨会旨在为全球多元智能领域的专家、学者、教育工作者与中国教育工作者及实践者创建一个国际性的交流平台，通过对多元智能教育方面的最新经验和研究成果的分享，提高教育领域人士对多元智能理论的认知和理解，加强对多元智能理论的应用。

（侯佑罡）

**【全球金融危机与资本主义经济和制度的新变化国际学术研讨会】** 6月9日，由南开大学政治经济学研究中心、经济研究所与美国伯德学院列维经济研究所共同举办"全球金融危机与资本主义经济和制度的新变化国际学术研讨会"在南开大学召开。研讨会旨在探讨世界金融危机和欧美债务危机影响下世界和中国经济走势、资本主义经济和制度的变化以及国际社会应采取的应对措施。南开大学副校长佟家栋出席。

佟家栋说，2008年以来随着金融危机的蔓延，世界性经济危机的影响逐步显现，这也引发了人们对资本主义经济制度的探讨和反思。会议期间，与会学者深入探讨了全球金融危机产生的原因，对中国和世界经济产生的深远影响，以及由此引发的资本主义经济制度的发展趋势，并围绕世界金融危机和欧美债务危机的原因和治理措施、金融危机和债务危机影响下资本主义经济和制度的新变化等问题进行讨论。

（孙世欣）

**【世界古代史国际学术研讨会】** 6月16—18日，南开大学历史学院和中国世界古代中世纪史研究会为纪念我国著名历史学家雷海宗先生诞辰110周年，在南开大学联合主办了"世界古代史国际学术研讨会"。会议主题为："古代文明的碰撞、交流与比较"。来自英国牛津大学、美国斯坦福大学，哥伦比亚大学、布朗大学，丹麦哥本哈根大学，德国德累斯顿大学，荷兰莱顿大学、阿姆斯特丹大学等世界著名高校的26位学者与会。南开大学副校长朱光磊对历史学院的学科建设，尤其是对世界古代史专业在雷海宗、王敦书等老一辈两代学者的影响和带领下所取得成绩给与了高度评价。南开大学李治安、杨巨平教授作主题发言。陈志强教授、叶民副教授分别主持了大会和小组发言。

（孙世欣）

**【中美体育文化交流中心学术活动】** 6月20—22日，中美体育文化中心在体育学院举办了体育社会科学学术交流活动。应天津体育学院和中美体育文化交流中心邀请,美国明大运动科学学院院长吉力立教授率团访问我院。天津体育学院院长姚家新教授,副院长于善旭教授、张勇教授等出席了相关活动。明大运动科学学院副院长、体育法专家Rayla Allison博士和体育管理学专家Michael Freeman博士分别以"知识产权在美国体育中的作用"和"体育名人"、"教练员和管理者"为题作了学术报告。访问期间,明大专家与本院体育人文社科中心教师举行了座谈,共同探讨了中美体育法学和体育管理学的学术问题,就今后深入开展合作与交流交换了意见。嘉宾们还参观了本院天津市市民及学生体质检测中心、国家体育竞技运动心理和生理调控重点实验室和天津市运动生理与运动医学重点实验室以及新近开业的天津文化中心和海河名胜等。作为中美体育文化交流中心年度交流活动的组成部分,此次学术报告会的成功举办,为两校学者们提供了学术争鸣与交流的平台。

(国辉)

**【世界经济论坛天津合作伙伴圆桌会议】** 6月21日,由天津市政府、世界经济论坛、国家发改委城市和小城镇改革发展中心和南开大学共同主办,南开大学经济与社会发展研究院、埃森哲咨询管理公司联合承办的世界经济论坛天津合作伙伴城市圆桌会议在南开大学召开。天津市副市长任学锋,国家发改委城市和小城镇改革发展中心主任李铁,天津市人民政府副秘书长、天津夏季达沃斯论坛筹备办公室主任朱军,世界经济论坛中国区执行董事施力伟,世界经济论坛基础设施与城市发展部总监佩德罗·罗德里格斯·德·阿尔梅达,南开大学副校长佟家栋等出席会议。中央部委有关部门、世界经济论坛、天津市相关部门的领导,国内外专家、学者及商界领袖60余人参加。与会代表通过合作性与开放式的交流,分组讨论了天津产业升级与城市转型、创新性解决城市交通拥堵问题两个基本议题。

任学锋指出,目前天津已经基本具备由制造业中心向服务业中心转变的条件,一是国家经济整体转型的良好态势与优越的城市产业基础;二是良好的区位条件和发展契机;三是生产性服务业基础较好;四是完善的综合交通运输网络设施。由制造业中心向服务业中心转换,是目前天津的重要任务,也是建设成为独具特色的国际性、现代化宜居城市的必经之路。天津只有立足发展实际,在借鉴成功经验的基础上不断创新,才能探索出适合城市发展阶段及特点的经济转型道路。与会代表认为,从传统的制造业中心向服务业中心转变是实现经济发展方式转变的重要举措。会上,专家学者总结了当前从制造业中心向服务业中心转变的国际经验与先进范例,指出需要在产业发展、技术投入、人才保障以及相关配套等多方面进行整体设计。产业结构升级与交通系统优化是未来城市化进程的重大主题,会议围绕这两大主题,集中探讨了天津提升经济和减少拥堵问题中最需要探索的战略和注意事项,并就如何将战略构想变成现实达成了一致方案。为天津更快地融入国际化,跻身国际大都市行列提供了智库支持。

(孙世欣)

**【首届天津—新加坡运动与体育科学国际会议】** 6月27—29日,由新加坡南洋理工大学国立教育学院和天津体育学院联合主办的首届"天津—新加坡运动与体育科学"国际会议在天津体育学院举办。天津体育学院院长姚家新和新加坡南洋理工大学国立教育学院体育与运动科学部主任王志庆在开幕式上分别致辞。新加坡南洋理工大学国立教育学院一行8人出席会议。

新加坡南洋理工大学7位教师和天津体育学院的9位教师,围绕体育运动中的生物科学、运动心理学和运动技能学习、体育教学与运动训练、体育经济与管理等4个主题进行了学术报告。访问期间,新加坡学者还参观了天津市运动生理与运动医学重点实验室、国家体育总局竞技运动心理与生理调控重点实验室、天津市市民及学生体质检测与健康促进中心,社会体育与管理系的健身中心、市场营销实验室,深入了解了天津体育学院在相关学科的研究领域,为今后两校之间长期的合作打下了基础。同时,天津体育学院相关部门还和新加坡南洋理工大学国立教育学院就今后两校学术交流、硕士研究生课程的开办以及学生交流等方面的合作与交流进行了商议,达成初步意向。

(国辉)

**【澳大利亚昆士兰大学孔子学院中国论坛】** 7月19日,天津大学与澳大利亚昆士兰大学合办的昆士兰大学孔子学院中国论坛(Confucius Institute at The University of Queensland China Forum)暨"昆士兰州与中国科研创新合作”论坛在布里斯班市海关大楼隆重举行。昆士兰州总督佩内洛普·文思利阁下亲临论坛会场。论坛由澳大利亚昆士兰大学常务副校长逯高清主持,昆士兰大学校长黛比·特瑞致开幕辞,主讲人中国科学院院长白春礼教授和澳大利亚昆士兰州政府科学、信息产业、创新与艺术内阁部长罗斯·贝茨任主讲嘉宾罗斯·贝茨就中国与澳大利亚,特别是昆士兰州与中国科学院的多年合作伙伴关系,以及科技发展中的挑战和机遇作了精彩演讲,并同与会听众进行了热烈的讨论和交流。

论坛期间同时举行了“昆士兰州——中科院生物技术项目基金”颁奖典礼。昆士兰大学孔子学院自2009年成立,至今已经第三个年头,每年定期举办理事会议,由天津大学与昆士兰大学共同商议学院活动等事宜,在昆士兰具有一定的影响。此次举办中国论坛是旨在促进澳中两国交流与合作的高层学术论坛,定期邀请澳大利亚和中国各界领袖人物就中国话题和中澳关系作专题演讲。本次论坛也是昆士兰大学孔子学院为纪念今年中澳建交40周年举办的系列活动之一。

(卞薇)

**【日常生活史视野下中国的生命与健康国际学术研讨会】** 7月25—26日,由南开大学中国社会史研究中心主办的“日常生活史视野下中国的生命与健康”国际学术研讨会在津举行。来自美国、英国、澳大利亚、日本、韩国以及中国大陆、香港、台湾的近50名专家学者参加了本次研讨会。中国社会史学会会长、南开大学中国社会史研究中心主任常建华致开幕词。

本次会议的召集人、南开大学中国社会史研究中心副主任余新忠教授指出,医疗是人类日常生活中的一项重要内容。通过对医疗史的研究,可以更好地理解古人的生活,从而也可更加深入地认识人类历史。近年来中国医疗疾病史研究取得了非常大的进步,但仍有待相关研究者以更广阔的学术视野、更扎实的史料和更细致的论述,来展现这一研究的价值和意义。在两天的会议中,与会学者从历史上疾病医疗对日常生活的影响、防疫保健与生命意识、中外医学交流、医患关系及近代医疗方式的演进等不同角度,进行了深入地交流与探讨。南开大学荣誉教授冯尔康,中医科学院中国医史文献研究所郑金生研究员,香港大学教授梁其姿等专家学者在会上作了精彩发言。

(孙世欣)

**【元代国家与社会国际学术研讨会】** 8月25—27日,由中国元史研究会、南开大学历史学院和张北县人民政府共同主办的“元代国家与社会国际学术研讨会”隆重举行。南开大学副校长朱光磊出席开幕式并致欢迎辞。中国元史研究会会长、南开大学历史学院李治安教授致辞。

来自美国、日本、韩国、蒙古国和中国的近140名学者出席了本次研讨会。会议分天津和张北两个会场,共四项议题:“元代金石碑刻及其他资料研究”、“黑城文书、至正条格及相关问题研究”、“元代国家与社会”、“成吉思汗与13、14世纪的中国”。与会学者围绕上述议题展开了热烈讨论。中国社科院荣誉学部委员蔡美彪研究员、南京大学陈得芝教授、南开大学李治安教授、南京大学刘迎胜教授、复旦大学姚大力教授、台湾研究院史语所洪金富研究员、美国卫斯理女子学院Yuan—Chu Lam(刘元珠)教授、台湾“中国文化大学”王明荪教授、日本早稻田大学四日市康博研究员和南开大学王晓欣教授等14位学者作了主题发言。此次会议注重运用黑水城文书、《至正条格》、金石碑刻等新资料,有力地推进了国际元史研究的繁荣与发展。会议期间召开的中国元史研究会会员大会,选举产生了新一届的理事会。南开大学历史学院李治安教授蝉联三届会长,王晓欣教授增选为副会长,薛磊副教授受聘为副秘书长。

(孙世欣)

**【第三届中印论坛】** 8月30—31日,由中国人民对外友好协会主办,市人民对外友好协会和市教育国际交流协会协办的第三届中印教育论坛在天津海河教育园区举行,来自印度孟买大学、海德拉巴大学等十余所印度高校的代表和中方高校代表参加会议。天津市副市长张俊芳出席论坛并讲话。中国人民对外友好协会秘书长林怡、印度驻华使馆文化参赞萨胡等出席本次论坛。

张俊芳说,中印互为近邻,其教育有相似之处,更有各自的特色和优势。以中印论坛为契机,两国的教育界专家、学者和高等教育、职业教育和基础教育的代表们齐聚一堂,围绕“教育交流合作与创新人才培养”的主题，就加强教育国际交流与合作进行探讨和交流，必将进一步推动全市教育领域的对外交流与发展，并在国内外产生积极影响。希望通过本次论坛，让更多印度朋友走进天津、了解天津，进一步促进天津与印度在教育领域的交流与合作。

（孙世欣）

**【纪念中日邦交正常化40周年国际青年学术研讨会】** 9月8日，由南开大学党委研究生工作部主办，南开大学周恩来·池田大作研究会（以下简称“周池会”）承办的“传承周池精神，推进世代友好——纪念中日邦交正常化40周年国际青年学术研讨会”在南开大学学生活动中心举行。来自日本创价大学、北京大学、天津师范大学、辽宁师范大学、大连海事大学、南开大学、南开大学滨海学院等百余名师生济济一堂。日本横滨北日中友好交流会访华团、日本友好人士田中哲治先生、竹腰英雄先生出席开幕式。周池会会长纪淳主持了开幕式。

开幕式上，党委研究生工作部副部长王世恒认为这是彰显南开青年学子“立公”、“尽能”品格的教育载体，体现了南开学子心怀祖国、勇于肩负世界和平友好使命的一份社会担当。南开大学团委副书记贺文霞表示，以周总理和池田会长为代表的中日友好先行者们为中日两国间架设起世代友好的“金桥”，为后人留下了宝贵的精神财富。本次研讨会共邀请横滨北日中友好交流会30名代表来到南开大学，其中绝大多数都是古稀老人。开幕式结束后，以“传承周池精神，推进世代友好”为主题的研讨会正式拉开帷幕。日本创价大学的客座教授山口寿男先生作了主题为“浅谈池田会长、周总理两位伟人打动人心的讲话”的学术报告；北京大学贾惠萱教授作了以“周恩来对日民间外交的启迪”为主题的学术报告，希望同学们要继承周总理民间外交的思想，继续积极开展形式多样而意义重大的中日民间友好活动。日本创价大学文学部高桥强教授指出：中日两国需要以多种方式和形态，建立广泛的民间文化与教育交流渠道，推动中日两国和平友好事业更进一步发展。最后，辽宁师范大学崔学森老师作了“第三文明与青年的使命”的学术报告。

（孙世欣）

**【东亚文学与文化交流国际学术研讨会】** 9月8—9日，为纪念中日邦交正常化40周年暨南开大学日语专业建立40周年，由南开大学外国语学院日语系主办，南开大学亚洲研究中心和南开大学出版社协办举行的“东亚文学与文化交流”国际学术研讨会在南开大学举行，南开大学党委副书记杨庆山出席开幕式并致辞。

杨庆山说，在南开创办初期，严范孙、张伯苓先生就曾东渡日本考察教育。在二位先生的努力下，南开不断发展壮大。1937年南开大学遭日军轰炸，被迫南迁与北大、清华组成西南联大。1946年南开改为国立大学。杨庆山指出，南开大学十分重视与东亚国家和地区高校的国际交流与合作，外国语言文学学科是南开大学历史最悠久的学科之一，在1972年，率先创办了日语专业。40年来，该专业在日语语言文学的教学科研和人才培养方面取得了丰硕的成果。今天，各位国内外专家学者济济一堂，展望全球化背景下的东亚文学与文化交流的美好未来，寻求加深相互理解、实现和谐发展的可能性，在当今形势下，无疑具有极重要的学术意义和现实意义。开幕式之后，日本富山县立高志国文学馆馆长、大阪女子大学原校长、帝冢山学院大学原校长中西进教授，北京大学中文系严绍璗教授，台北大学古典文献与民族艺术研究所王国良教授，韩国高丽大学校日语日文学科崔官教授分别作题为“天心百年”、“中日古代文化关系的政治框架与本质特征”、“中国笑话集在东亚之流传考述——并以《笑海丛珠》《笑苑千金》为例”、“东亚学与日本研究”的演讲。与会专家学者围绕东亚古代文学交流、东亚近现代文学交流、东亚古代文化交流、东亚近现代文化交流、东亚语言文字交流、东亚名著典籍翻译等议题进行了深入探讨。

（孙世欣）

**【华北历史地理与中国社会变迁暨2012年中国历史地理国际学术研讨会】** 9月22—23日，受中国地理学会历史地理专业委员会委托，本届年会由天津师范大学历史文化学院承办，天津市地理学会、南开大学中国社会史研究中心及天津师范大学城市与环境学院协办的“华北历史地理与中国社会变迁——2012年中国历史地理国际学术研讨会”在天津师范大学图书信息中心举行。市人大常委会副主任苟利军，市教委主任、天津市地理学会会长靳润成，中国历史地理专业委员会主任、复旦大学图书馆馆长葛剑雄，天津师范大学校长高玉葆出席开幕式并致辞。天津师大党委书记王璟，著名历史地理学家黄盛璋、邹逸麟、朱士光、司徒尚纪等领导和嘉宾出席。来自北京大学、复旦大学、人民大学、南开大学、中山大学、中国科学院、台湾彰化师范大学、意大利博洛尼亚大学等国内外22所高校和科研院所的历史地理学知名专家学者200余人参加本次研讨会。

开幕式由天津师大历史文化学院院长侯建新主持。苟利军在致辞中表示，专家学者汇聚津城，围绕中国历史地理学科新的动向、新的发展进行探讨，具有非常重要的意义。靳润成在致辞中代表天津市教委、天津市地理学会对大会的召开表示祝贺，对市领导给予本次会议的关心和支持，对天津师范大学以及这次会议的各协办单位和长期支持我们工作的各友好单位表示感谢。他简要介绍了近年来天津市高等教育的发展情况和天津市地理学会的工作情况，并祝大会取得预期成果。高玉葆就学校近年来在专业建设、学科建设和学校各项事业的发展情况向与会嘉宾作了简要介绍并预祝大会圆满成功。葛剑雄在致辞中对中国历史地理专业发挥经世致用、进一步谋求中国历史地理学科的发展寄予厚望。开幕式后，与会专家主要围绕着“华北历史地理问题研究与探讨”、“域外历史地理研究的探索”、“历史政治地理与历史城市地理”、等议题展开了学术交流。

（王浩）

**【第三届中国（天津滨海）国际生态城市论坛暨博览会分论坛】** 9月21—25日，第三届中国（天津滨海）国际生态城市论坛暨博览会在天津滨海新区滨海国际会议中心、会展中心举办。此次活动由国家发展和改革委员会、国家住房和城乡建设部、天津市人民政府、中国国际经济交流中心主办，以“生态城市建设与体制机制创新”为年度主题，同期还将举办“国内外低碳生态城市发展现状分析及展望”等7个平行分论坛。天津大学设计总院和天津市基本建设经济研究会承办平行分论坛四——“绿色经济发展与创新”专题论坛。

在论坛上，就生态城市建设中的机制建立、运营方式、政策引导等主题发表演讲，提出了绿色经济发展的未来路径和政策建议。参会代表还就绿色低碳地产、绿色建材、智能城市、绿色经济中的金融创新等问题进行了交流探讨。

（卞薇）

**【2012俄语教学国际学术研讨会】** 10月12日，由天津外国语大学和俄罗斯联邦独联体事务、海外侨民及国际人文合作署、北京俄罗斯文化中心、俄罗斯普希金俄语学院共同举办的“2012俄语教学国际学术研讨会”在天津外国语大学科研楼报告厅举行。来自俄罗斯普希金俄语学院、北京俄罗斯文化中心、天津外国语大学、南开大学、天津师范大学、辽宁大学等30余所高校的百余名专家学者参会。

天津外国语大学校长修刚致辞，对大会的召开表示祝贺，并向出席会议的中外代表表示热烈欢迎。他介绍了学校的基本情况，并指出，会议有幸聆听俄罗斯普希金俄语学院各位专家的学术讲座，并与中国同行就俄语教学问题进行交流和讨论，这对于俄语教学法研究、俄语教师教学水平的提高具有十分积极的促进作用。北京俄罗斯文化中心负责人希戈夫在致辞中强调，在俄罗斯设立于全球各国的俄罗斯文化中心之中，北京俄罗斯文化中心是俄罗斯总统梅德韦杰夫亲自到场祝贺并给予高度评价的唯一一家中心，同时也是目前中国国内第一家由俄罗斯官方开设的文化中心。该中心定期举办各种文化活动，旨在促进中俄两国文化教育交流与合作。

（孟昭阳）

**【首届奥瑞克大学校长论坛、院长论坛】** 10月23日，第七届（2012）中国管理学年会在天津天宇大酒店举行。

上海交通大学安泰经济与管理学院院长周林作了题为“中国商学院研究导向和组织构架的探讨”的报告。他结合2012年诺贝尔经济学奖获得者埃尔文·罗斯和劳埃德·沙普利在“稳定分配理论和市场设计中的实践”问题上的研究方法和过程、美国西北大学商学院的组织结构，分析了中国商学院未来应当关注的研究方向和可借鉴的组织架构模式。西交利物浦大学执行校长席酉民就网络时代，高等教育者如何为新一代学生提供相适应的教育；中国高校如何实践国际化道路等问题发表了观点。李家俊在发言中着重针对高校应明确自身对社会的引领作用、更加注重高校为经济社会作出的直接贡献等方面和与会人员进行了交流。南开大学李维安教授运用组织治理结构的理论分析了高校治理过程中的总体思路,并对大学校长的角色比重等问题展开了论述。

(卞薇)

**【第六届中韩学术研讨会】** 10月31日下午,第六届南开大学周恩来政府学院与韩国忠南大学社会科学学院学术研讨会在南开大学范孙楼召开,此次会议讨论的主题为“东北亚区域合作与社会治理”。周恩来政府管理学院院长吴志成教授出席了本次会议,并代表学院对韩国学者的到来表示热烈欢迎,会议由南开大学政治学与行政学系杨龙教授主持。

研讨会上,忠南大学学者朴在默、朴在晶,南开大学青年学者刘兴华、陈浩分别以“韩国反核设施运动及其前景”、“东北亚非传统安全合作:问题及前景”、“中韩政府合作的必要性”、“集体行动:从线下到线上”为题,进行了发言。主题发言过后,双方围绕着“加强政治合作,建筑东北亚经济合作体”等话题展开广泛而深入的讨论。

(孙世欣)

**【东北亚和平与发展战略研讨会】** 11月1日,首届东北亚和平与发展战略研讨会在本市召开。天津市政协主席、市公共外交协会会长邢元敏发来贺信,对会议召开表示祝贺。市政协副主席、市公共外交协会副会长何荣林会见与会嘉宾,并在开幕式上宣读贺信。中国国际问题研究基金会理事长张德广出席。中国国际问题研究基金会执行理事长刘古昌致辞。

邢元敏说,天津是中国四大直辖市之一,在东北亚地区具有重要影响和知名度。随着滨海新区开发开放被纳入国家总体发展战略布局,天津迎来了重大的历史性发展机遇。本次会议在津举办,是一次难得的学习、提高和交流的机会,对我们加强与东北亚地区的国际合作,有效应对挑战有着重要意义。本次研讨会将为我们寻求符合东北亚地区利益和特点的和平发展途径。预祝首届东北亚和平与发展战略研讨会圆满成功。何荣林说,多年来,天津凭借独特的地理位置,与东北亚国家在经济往来方面取得了非常明显的成果。本次研讨会在津举办,对推动天津市与东北亚地区友好交流与合作具有重大促进作用。中国国际问题研究基金会是中国最有影响力的民间智库机构之一,是开展国际问题和外交政策研究的重要平台。希望今后基金会与天津市对外友协、公共外交协会保持联系,一如既往地对天津民间外事工作给予指导和帮助。刘古昌在致辞中指出,东北亚是对世界和平与发展极具影响的地区,是全球最有发展潜力的地区,是与我国主权、安全、发展利益关系密切的地区。

(网摘)

**【第三届污染生态学国际学术会议】** 11月7—8日,第三届污染生态学国际学术会议在南开大学举行,来自美国、英国、西班牙、日本和中国的200余名专家学者参加会议。南开大学副校长关乃佳在致辞中介绍了南开大学及环境学科的发展近况,对国内外嘉宾的到来表示欢迎,并预祝会议圆满成功。会议宣读了来自科技部和环保部的贺信。天津市环保局和农业部农业环保科研监测所有关部门负责人分别代表天津市环保局和《农业环境科学学报》致辞,祝贺大会成功举办。为期两天的会议中,与会专家学者共同探讨了污染生态学学科前沿问题、可持续发展策略以及服务国家发展的相关重要问题。此次会议为污染生态学、环境科学、全球变化和相关学科的专家学者搭建了国际学术交流平台。

(孙世欣)

**【“2012俄语教学方法改革与技术创新”系列学术讲座与研讨活动】** 11月20—21日,天津外国语大学联合俄罗斯联邦独联体事务、海外侨民及国际人文合作署(简称“国合署”)、北京俄罗斯文化中心、俄罗斯人民友谊大学、莫斯科国立设计工艺大学在天津共同举办为期两天的“2012俄语教学方法改革与技术创新”系列学术讲座和研讨活动。

天津外国语大学校长修刚教授会见俄联邦国合署驻华高级代表、北京俄罗斯文化中心负责人希戈夫教授并为其颁发客座教授证书,对会议的成功举办表示热烈祝贺。副校长王铭玉教授出席开幕式活动并致辞。会议闭幕式上俄方领导为与会代表颁发了讲习进修证书。作为天津外国语大学举办的系列高水平学术活动之一,此次系列学术讲座与研讨活动包括专题讲座、公开课、大师班、圆桌讨论、新型教学方法与技术手段展示、最新俄语教学图书资料推介等项目,形式新颖,内容丰富。中俄两国专家学者围绕俄语教学问题,展开系统研究和广泛交流。

(孟昭阳)

**【第二届APEC蓝色经济论坛在津举行】** 12月6日上午,由中国国家海洋局和天津市人民政府共同主办第二届亚太经合组织(APEC)蓝色经济论坛在本市开幕,主题为"发展蓝色经济,促进可持续发展"。国家海洋局局长刘赐贵、副市长熊建平参会并致辞。柬埔寨环境部部长莫马列、APEC秘书处娜塔莉女士、全球海洋论坛主席碧莲安娜博士、国际海洋学院主席阿维尼·贝南博士、东亚海计划理事会主席蔡程瑛博士等出席会议,来自亚太区域15个经济体成员以及柬埔寨、斯里兰卡等8个国际组织约200名代表参会。

论坛开幕式上,刘赐贵呼吁亚太经合组织各成员加强区域合作,探索海洋领域新的发展理念和方式,共同发展蓝色经济,可持续开发海洋资源,维护海洋健康,确保粮食安全,优化APEC经济体的可持续贸易供应链。熊建平说,天津通过加快转变海洋经济发展方式,着力推进海洋经济绿色发展、循环发展和低碳发展,积极探索具有天津特色的海洋经济科学发展之路。当前,天津正在按照国家总体发展战略,全力推进滨海新区开发开放,加快建设国际港口城市、北方经济中心和生态城市,加快发展海洋经济和海洋事业,正是其中的一项重要内容。

(网摘)

**【2012跨文化交际与俄语语言教学论坛】** 12月11日上午,"2012跨文化交际与俄语语言教学论坛"在天津外国语大学逸夫楼大江厅召开。来自俄罗斯普希金俄语学院、伏尔加格勒国立社会师范大学、北京俄罗斯文化中心、天津外国语大学、天津师范大学、天津外国语大学滨海外事学院、天津师范大学津沽学院、青岛科技大学等多所高校和单位的专家学者、俄语教师、俄语专业研究生和在华俄罗斯留学生参会。与会代表围绕跨文化交际与俄语语言教学问题进行了广泛交流与探讨。

天津外国语大学校长修刚作了总结发言。他指出,本次论坛在欧洲语言文化学院俄语系的精心筹备和组织安排下,在北京俄罗斯文化中心、俄罗斯普希金俄语学院、伏尔加格勒国立社会师范大学的大力支持下,在天津市兄弟院校及本校俄语系广大师生的热烈响应和积极配合下取得了圆满成功。中俄高校之间的交流与交往越来越密切,这无疑对中国俄语教学和中国俄语学习者跨文化能力的培养具有积极和重要的意义。

(孟昭阳)

# 全国(含港澳台)学术活动

**【科学发展评价指标体系暨科学发展指数研讨会】**

1月15日,由南开大学统计制度与方法研究中心、南开大学政治经济学研究中心、南开大学经济研究所、南开大学谷书堂经济学学术基金联合主办的"科学发展评价指标体系暨科学发展指数研讨会"在南开大学办公楼举行。来自国家统计局、教育部、中国社科院、南开大学、南京大学、北京师范大学、天津财经大学等单位的专家学者参加会议。教育部党组成员顾海良教授、南京大学党委书记洪银兴教授、南开大学党委书记薛进文教授、教育部社科司副司长张东刚教授、国家统计局统计科学研究所司长杨京英研究员、国家统计局统计科学研究所社会统计研究室主任吕庆喆研究员、天津市统计局副局长张强、国家统计局天津调查总队副总队长杨维等出席会议。

薛进文指出,科学发展观是马克思主义中国化的最新理论成果,是对马克思主义的重大发展和创新。全面贯彻落实科学发展观,无论是对于我国在新的历史条件下长期保持科学发展、实现进一步全面建设小康社会的宏伟目标,还是对于短期应对来自国际的经济风险、实现国民经济的全面协调可持续发展,都具有重大意义。全面贯彻落实科学发展观,是全国各行各业的共同战略任务,高等学校更是义不容辞。今天发布的"科学发展评价指标体系和科学发展评价指数"是南开大学统计制度与方法研究中心在国家统计局、教育部、天津市支持下所取得的阶段性成果。探索发挥科学发展评价指标体系的导向作用,促进经济社会的科学发展,是这项研究的出发点和基本目的。学校对这样的研究方向和目的以及有关研究人员为此而付出的辛勤劳动给予充分地肯定和支持,希望与会领导和专家学者对这项工作给予评论、指导。研讨会发布了"科学发展评价指标体系"研究成果,南开大学逄锦聚教授在介绍该研究成果时说,课题在借鉴国内外成果的基础上,尝试建立了一套尽可能体现科学发展观基本要求的指标体系,用以评价我国科学发展的状况和水平,其目的是引导、促进树立落实科学发展观,实现科学发展。

(孙世欣)

**【体育法学学科发展理论研讨会】** 2月7日,由天津体育学院体育法学研究所发起的"体育法学学科理论发展研讨会"在天津体育学院举行。来自中国政法大学、首都体育学院、河北师范大学、中央财经大学、北京师范大学、潍坊学院、运城学院、天津财经大学等多年从事体育法学研究的专家学者参加了会议。此次会议推动了我国体育法学研究的发展,加强体育法学学科的基础理论建设,更好地发挥体育法学学术研究的社会作用。

专家学者们紧密围绕了体育法学学科基础与发展的主题,着重对体育法学的科学内涵和存在价值、体育法学的现实命运和发展趋势、体育法学建设使命的担当等核心问题进行了广泛的交流和深入的探讨。学者们一致认为,我国体育法学研究从无到有,不断进步,已经具备了可持续发展的良好条件,并就体育法学基本理论和发展规律问题进行了观点的交锋与碰撞,发表了颇具见地的意见和建议。

(国辉)

**【中国信访与政府治理创新研究研讨会】** 近日,"中国信访与政府治理创新"研讨会在天津大学举行。天津大学党委副书记李义丹、北京市信访办公室主任张宗林出席研讨会。

李义丹认为,当前民众利益诉求强烈、社会矛盾凸显,加强社会管理创新问题的研究有着重要的现实意义,天津大学将对中国信访与政府治理研究中心的工作给予大力支持。该项目负责人孙兰英教授代表课题组介绍了课题组成员情况,汇报了课题设计及研究进展等内容。课题组成员分别结合课题从不同角度进行了讨论与交流。张宗林作总结发言。他首先对课题组成员认真扎实的理论研究表示感谢,希望本课题的理论创新能为我国政府治理的转型提供理论的支持和帮助。随后,他介绍了北京信访矛盾分析研究中心和几个分中心已经取得的一批研究成果,即通过信访这个窗口分析研究新时期社会矛盾呈现的特点和发展趋势,为政府的体制机制改革提出有针对性的对策建议,该研究同时受到国家信访局和北京市委、市政府的高度重视。

(卞薇)

**【金融发展前沿学术论坛】** 3月3日,南开大学金融发展研究院举办了"金融发展前沿学术论坛"。副校长佟家栋、北大光华管理学院教授刘国恩、伦敦城市大学 CASS 商学院 ShronLin 博士分别作了题为"政府在经济市场化中的作用"、"转变经济发展方式和医改的金融模式"、"石油价格的经济学和金融学分析"的专题讲座。

佟家栋教授作题为"政府在经济市场化中的作用:中国入世十年的思考"讲座。从中国入世的初衷开始,深入探讨了我国已然形成的垄断与自由竞争并存的二元市场结构,以及政府与垄断企业维持二元市场结构的动机。在数据分析基础上,他认为,开放加剧了市场竞争,但对经济垄断和行政垄断的冲击有限,政府与垄断企业的共同利益是垄断存在的基础。他进一步指出,过去是以开放促进改革,未来则需要以改革促进开放。刘国恩在讲座中指出了我国医疗改革的重要性和紧迫性。他说,我国的改革应该以一定的科学研究做指导,不能总是"摸着石头过河"。同时,政府过度干预造成的供需不平衡是我国目前医患问题的重要原因,我国的医疗卫生领域应该进一步深化市场化改革。他认为,我国医疗改革需要金融的支持。SharonLin 通过统计分析和数据回归发现,中国和印度在石油进口上的大量需求的确成为了影响世界石油价格的显著因素。

(孙世欣)

**【首届环渤海体育法学论坛】** 4月7—8日,由北京市法学会体育法学与奥林匹克法律事务研究会、山东省法学会体育法学研究会、辽宁省法学会体育法学研究会和天津体育学院(天津市法学会体育法学分会筹备组)共同举办,体育学院首届承办的以"职业足球的法律治理"为主题的首届环渤海体育法学论坛在天津体育学院隆重举行并获得圆满成功。莅临论坛的有国家体育总局政策法规司司长、中国法学会体育法学研究会常务副会长张剑,北京市法学会副会长、著名法学家武树臣,国家体育总局政策法规司副司长、北京市法学会体育法学与奥林匹克法律事务研究会会长刘岩，天津市体育局局长、中国法学会体育法学研究会副会长刘凤山，天津市法学会的专职副会长刘裕民。天津体育学院党委书记冯文明和副院长、中国法学会体育法学研究会副会长于善旭以及部分教生参加了论坛活动。

论坛开幕式由于善旭主持。冯文明首先致欢迎，随后，刘凤山、刘裕民、武树臣，以及山东省法学会体育法学研究会副会长兼秘书长黄世席、辽宁省法学会体育法学研究会副秘书长马兴亚、国家体育总局政法司司长张剑先后致辞。论坛的报告和发言交流分三个单元进行。开幕式后的主题报告阶段，张剑作了关于我国足球治理问题若干思考的报告，辽宁省公安厅治安总队副总队长裴兆斌博士作了从中国足坛反赌扫黑透视体育活动应注意几个法律问题的报告，中国政法大学马宏俊教授作了中国足球协会纪律委员会和仲裁委员会运作机制法律评析的报告，受到了与会者的高度评价。7日下午分为3个专题，即我国职业足球治理的法律实务、我国职业足球法律治理的基本思路、我国职业足球比赛秩序的法律治理，由9位学者或律师进行了重点发言，每场专题发言后分别进行了专题讨论。本院王旭光教授和闫成栋老师分别以“对我国足球协会公共管理权力和内部契约权力边界及运行规则的思考”和“职业足球俱乐部社会责任的法学探讨”为题作了重点发言。8日上午进行了两场自由发言，与会人员围绕会议主题进行了多视角的讨论与交流。

（国辉）

**【2012年海峡两岸管理与经济学术研讨会】** 2012年海峡两岸管理与经济学术研讨会在天津大学召开。来自台湾地区中原大学的师生与天津大学管理与经济学部师生参加了本次研讨会。天津大学党委副书记李义丹、中原大学副校长胡为善出席开幕式。

李义丹致开幕辞，他向来自台湾的朋友们表示热烈欢迎，随后简要介绍了天津大学的发展历程，特别是天津大学与台湾诸多高校良好的合作关系。他期待这次研讨会能为增进两岸、两校间的广泛合作和交流开辟出更为广阔的前景。胡为善在发言中感谢天津大学的热情接待，并简介了中原大学自建校以来的发展以及和天津大学的交往与合作，欢迎天津大学的师生到中原大学交流学习。张维代表主办方管理与经济学部，在致辞希望借助此次交流，在天津大学经管学部和中原大学管理学院之间建立更加紧密的合作关系，推动两校管理与经济学科的携手共进。研讨会召开前，天津市台办副主任郭慧勤等有关方面领导会见了胡为善等中原大学主要来宾。

（卞薇）

**【首届全国博士后金融论坛】** 5月10—11日，由全国博士后管理委员会办公室、中国博士后科学基金会、市人力资源和社会保障局联合主办，南开大学金融发展研究院承办，中共天津市委金融工作委员会和天津市人民政府金融服务办公室协办的全国博士后金融论坛在本市中国（天津）人力资源发展促进中心揭幕。论坛的主题是“中国金融体制改革暨滨海新区金融创新”。市委常委、副市长崔津渡、北京大学曹凤岐教授等来自全国部分著名高校和金融机构的专家学者、博士后以及天津市部分金融机构负责人500余人参加了论坛活动。

副市长崔津渡在主旨演讲中，剖析了国际资本市场发展趋势，分析了历次经济危机的深层原因，并梳理了我国金融发展的若干问题。他指出，天津在大力发展传统金融的同时，积极探索建立现代金融，努力建立与北方经济中心和滨海新区开发开放相适应的现代金融服务体系和金融改革创新基地，欢迎有识之士来天津发展。曹凤岐教授也做了精彩生动的“中国资本市场制度创新”学术报告。除主论坛外，还安排了以“滨海新区金融创新”和“中国金融体制改革”为议题的两个分论坛。南开大学金融发展研究院、滨海开发研究院和经济学院的博士后和博士生宣读了论文。论坛在阳光大厅组织了金融沙龙，介绍了天津金融机构，多家金融机构与博士后等人才洽谈，为聚集和引进高层次金融人才奠定了良好基础。与会专家、博士后也参观了于家堡金融商务区、滨海新区规划展和滨海新区区容区貌。

（孙世欣）

**【第九届中国国际海上保险研讨会】** 5月28日，由南开大学、市保险学（协）会和新加坡再保险集团联合主办，渤海财产保险股份有限公司和阳光财产保险股份有限公司协办，新加坡资本再保险集团公司、《亚洲保险》中文刊等机构承办，市政府和天津保监局大力支持的第九届中国国际海上保险研讨会在南开大学召开。南开大学经济学院院长马君潞教授、天津保监局局长郭左践、市保险学会会长胡文芳出席并致辞。市政府金融服务办公室副主任楚玉梅,中国保险行业协会苏耀辉副秘书长,天津东疆保税港区管委会主任张爱国等出席研讨会,新加坡 LHC 保险董事长/CEO 吕志健作为海外贵宾代表作主旨发言。海内外国际航运保险业界代表、南开大学经济学院风险管理与保险学系师生,本市各财产保险公司、保险经纪公司的代表 130 余人参加会议。会议的主题是"加强航运保险服务,尽快把天津建设成为中国北方航运保险的中心"。与会专家学者和实际部门研究人员从理论和实践两个层面围绕海上保险的承保、保赔、理算等业务理赔实际展开研讨。

张爱国作了题为"中国北方国际航运中心核心功能区发展战略"的发言,使与会者对东疆保税港区有一个立体、鲜活的认识,同时对北方国际航运中心的发展规划有了深入地了解。天津保监局处长罗艳华作了题为"天津航运保险发展现状及对策"的发言。南开国际保险研究所副所长刘玮教授作了题为"中国北方国际航运中心航运保险服务体系的构筑与发展"的发言。他对伦敦、新加坡、香港和上海等航运中心的形成和发展做了对比,并提出天津北方航运中心在建设过程中应着眼于保险服务体系的构筑与发展的建议。香港 CTC 集团资深理算师王德超作了题为"航运保险之国际航运保险理赔服务:为保险人及船东提供优良的海损理算服务"的发言。中国中钢集团公司高级经济师黄天文以大量翔实的数据为基础作了题为"中国增长放缓大宗散货需求增速回落——对中国散货运输市场的现状及未来趋势的研究"的发言。太平洋财产保险股份有限公司航运保事业运营中心副总经理林大鹏针对上海"两个中心"建设中的先行先试政策及未来发展作了深入地介绍与分析。中国人民财产保险股份有限公司天津分公司副总经理张君作了题为"天津地区国际航运保险发展实践"的专题发言。中国人保总公司船货部保赔担保处邵山、香港 BSM 保赔协会管理公司总裁 EdwinLi 分别作了题为"国际航运保险之专业船舶保险业务:关于船舶油污保险的若干问题",以及"航运保险之国际保赔保险:从国际船舶保险业务发展实践谈起"的发言。新加坡再保险公司总经理金祖光教授在讲话中对天津北方航运中心建设提出了三点建议:一是建立航运保险联合体,二是建立保险理赔追偿中心,三是建立保赔协会。

(李艳洁)

**【环渤海四省市监狱学理论研讨会——"蓝色海湾论坛"】** 5 月 29—31 日,由天津市监狱学会承办的监狱学理论研讨会在天津召开。天津市监狱管理局局长梁清海致欢迎辞,山东省监狱管理局原政委张国新致开幕辞,辽宁省监狱学会会长陈泰宝宣读对优秀论文的表彰决定,河北省监狱管理局政委周俊元出席并讲话,天津市监狱学会会长郭忠华致闭幕词。天津市监狱学会副会长李德铭、从金鹏、皮树高出席会议。

(徐景林)

**【中国金融租赁高峰论坛】** 5 月 31 日,由中国银行业协会、天津市人民政府和中国外商投资企业协会联合主办的第三届中国金融租赁高峰论坛在津召开。

市委副书记、市长黄兴国在天津宾馆会见了出席论坛的中国银监会副主席蔡鄂生等与会嘉宾,对长期以来给予天津工作的大力支持表示感谢,对论坛召开表示祝贺。黄兴国说,天津不断深化综合配套改革,在金融企业、金融业务、金融市场和金融开放等方面先行先试,着力打造与北方经济中心相适应的现代金融服务体系和全国金融改革创新基地。希望各位嘉宾一如既往地关注支持天津金融改革创新,推动各项工作取得更大成果。蔡鄂生说,中国金融租赁高峰论坛在津成功举办三届,影响日益扩大,效果逐渐显现。天津在金融改革创新等方面取得了令人瞩目的成就,为全国提供了许多经验。我们将全力支持天津工作,提供更加良好的服务。本次论坛以"助力实体经济发展——租赁的角色与使命"为主题,设立两个分论坛,分别是"推动资产交易,探寻可持续发展之道"和"纵论金融租赁在新兴产业中的发展机遇"。论坛期间,与会嘉宾就融资租赁资产交易的现状及租赁公司发展面临的困境、如何建立良性的融资租赁资本交易市场等问题进行深入的交流与探讨。

(网摘)

**【明代国家与社会学术研讨会】** 6 月 13—16 日,由南开大学历史学院明史研究室与中国社科院历史所明史研究室联合主办的明代国家与社会学术研讨会在南开大学举行。天津市原市委常委、人大副主任王鸿江,南开大学副校长朱光磊,中国明史学会名誉会长、中国社科院学部委员张显清,中国明史学会会长、中国社科院历史研究所研究员商传,中国明史学会会长、南开大学历史所所长南炳文等出席开幕式。

王鸿江说,南开大学在明清史研究是在郑天挺先生直接指导下逐渐发展起来的。1956年经周恩来总理亲自批准建立了全国第一个明清史研究室。自己有幸曾在这里工作,并参与标点《明史》,终生受益匪浅。此次学术研讨会集合了众多专家学者参加,一定会对明史研究起到重大的推动作用。朱光磊代表南开大学全体师生员工,向前来参加此次学术研讨会的学者表示衷心的欢迎。明代是中国历史上的一个重要时期,研究明代历史不仅学术意义重大,而且具有现实意义。

(孙世欣)

**【我国首次拜占廷研究圆桌会议】** 6月16—18日,南开大学历史学院举行纪念雷海宗先生诞辰110周年大会和"世界古代史国际学术研讨会"期间,我国拜占廷研究学者济济一堂,举行了我国首次拜占廷研究圆桌会议。

围绕我国拜占廷研究的历史与现状、拜占廷研究的热点问题、国内拜占廷研究的学术交流、拜占廷人才的培养体系建设和拜占廷资料中心建设等问题进行了交流。与会者一致认为,经过近30年的努力,我国拜占廷研究不仅建立了独立的专业研究机构,加入国际拜占廷学会,完善了从本科到博士的多层次人才培养体系,初步建立了相关资料数据库,完成了比较丰硕的研究成果(40余部相关书籍问世,每年发表论文数30多篇),并在普及工作中取得了进展。我们应进一步努力,在可预见的未来,致力于拜占廷研究公共平台(学术刊物)、资料中心、网站建设、学术交流等方面取得新的实效。

(孙世欣)

**【"中国近代乡村的危机与重建:革命、改良及其他"学术研讨会】** 7月8—9日,由中国社会科学院近代史研究所《近代史研究》编辑部与南开大学历史学院共同主办的"中国近代乡村的危机与重建:革命改良及其他"学术研讨会在白堤路汇高酒店召开,来自中国社科院、北京大学、中国人民大学、北京师范大学、南开大学、上海交通大学、华东师范大学、南京大学、山东大学等全国各地高校及社科院系统的36位本领域专家应邀了此次会议,共向大会提交了30篇高质量的学术论文。

南开大学历史学院王先明教授主持了开幕式,中国社科院近代史副所长汪朝光研究员和南开大学历史学院副院长江沛教授分别代表主办单位致辞。在两天时间内,大会分别以乡村危机、乡村治理、乡村建设、乡村革命、土地改革、乡村经济为主题进行了6场学术报告和讨论会。王先明教授、江沛教授、李金铮教授、张思教授分别向大会提交了"历史本相、时代特征与深层致因——关于30年代中国乡村危机问题的辩析"、"战争动员与社会治理之吊诡:以黎城离卦道暴动事件为个案"、"中国近代农民何以致贫:以20世纪二三十年代的论争为中心"和"会计、村账与现代华北乡村社会变革"为题的学术论文并作了大会发言。《近代史研究》主编徐秀丽研究员主持了大会闭幕式。

(孙世欣)

**【首届20世纪建筑遗产保护与利用研讨会】** 7月6—7日,由中国文物学会、天津大学和天津市国土资源和房屋管理局联合主办,中国文物学会传统建筑园林委员会、天津大学建筑设计规划研究总院、天津大学建筑学院、天津市保护风貌建筑办公室、《中国建筑文化遗产》杂志社承办的"首届中国20世纪建筑遗产保护与利用研讨会"在天津大学建筑设计规划研究总院召开。

天津大学校长李家俊首先致辞。他说,中国近代第一所大学——北洋大学自创立之初就成立了土木工程专业,以第9教学楼为代表的天津大学建筑群落也已入选天津市风貌建筑;天津大学建筑学院和拥有文化遗产保护甲级资质的设计总院,在利顺德大饭店、庆王府、静园等天津历史风貌建筑的测绘、修缮、再利用等方面作出了重要的贡献。李家俊希望在各位专家的指导下,承担更多的建筑文化遗产保护工作。会长付清远也对天津大学在山西应县木塔、柬埔寨吴哥窟等重要历史建筑的测绘与保护中的重要工作予以了充分肯定。文化部党组成员、故宫博物院院长、中国文物学会会长单霁翔随后作主旨发言。20世纪是人类文明发展最快的时代，提供了如此丰富的建筑遗产，近现代和当代的建筑遗产正在逐渐被人们所认识，中国20世纪建筑，根植于中国百年历史风云，见证了国家和民族复兴之路。对它们实施保护具有重要意义：将使人类发展的记录更加完整，社会教育功能更加完整，城市特色更加鲜明。保护的方法也与古代建筑遗产不尽相同：开展科学评估，探索新的保护技术，而实施合理的“再利用”是其中最具意义的。会上，来自天津、上海、北京、武汉、南京、广州、西安、沈阳、重庆、长沙等10余个城市的80余位专家代表，相互交流了全国主要典型城市在20世纪建筑遗产保护上的成功经验。此次研讨会的召开旨在传播国内外20世纪建筑遗产保护理念，研讨新时期中国建筑遗产保护的规划、设计、技术、工艺理念及做法，探讨更有指导意义的近现代建筑遗产保护的技术与管理策略。

（卞薇）

**【“国际世界史研究前沿与中国世界史学科建设”高层论坛】** 7月6—8日，由教育部社会科学委员会历史学部与南开大学世界近现代史研究中心共同举办，由湖南吉首大学协办“国际世界史研究前沿与中国世界史学科建设”高层论坛在湖南张家界召开。来自教育部社会科学委员会、北京大学、南开大学、中国人民大学、首都师范大学、中国社会科学院等高等院校与科研机构以及《世界历史》、社科文献出版社等单位的25位专家与会。

会议主题有，国际世界史研究的新理论、新方法、新趋势以及热点问题，中国世界史上升为一级学科后的学科建设问题。在关于国际世界史研究前沿的研讨中，中国社科院世界历史所张顺洪研究员提出了学术界需要重视的研究信息：一方面是“大历史”的发展；另一方面是“大战略”的出现，得到与会学者的普遍认可。北京大学李剑鸣教授评论说，从历史哲学角度来说，未来50年人类历史的发展会走向一个“大历史”的时代。北京大学高毅教授呼吁中国学界尤其是世界史学科的同仁积极为这次大会做准备，把中国学术界自己的声音打出去。除此之外，与会学者还就历史研究中的跨国转向、各种“观”研究的学理性模式等研究新趋势，以及英国史和英帝国史、拜占廷研究、美国早期外交史、美国环境史与灾难史、玛雅文明的新阐释等进行了广泛而深入的探讨。南开大学陈志强教授认为，世界史一级学科建设还是有些准备不足，学科理论、研究方法、人才培养以及其他许多重要方面，都需要经过不断的讨论、思考，尤其是实践才能逐步完善。北京大学高岱教授认为，如何把世界史一级学科做好，需要我们进一步思考，一定要把政策优势转变为学科优势。对于未来世界史学科的发展，与会代表都积极献言献策。南开大学杨栋梁教授则呼吁北京大学、南开大学、武汉大学等世界史具有重要基础的大学联合起来，通过共同研讨来确定一个相对统一的二级学科目录设置，而不是各个学校蜂拥而上，各自为政。张顺洪还探讨了中国世界史学科能否在未来50年内实现跨越式发展的问题，并对世界史的跨越式发展持乐观态度。李剑鸣教授、中国人民大学李世安教授、高岱教授等也在会上作了观点发言。

（孙世欣）

**【全国文化创意产业园区标准化评价研讨会】** 7月7日，由市社联、市创意策划研究会和清华大学新经济与新产业研究中心共同举办的“中国文化创意产业园区标准化评价研讨会在天津市社联召开。市政协原副主席、市创意策划研究会名誉会长周绍熹出席并致辞，来自全国的专家学者、实际部门研究人员、产业园区管理者、文化创意企业家代表60余人出席会议。会前，主办方编辑出版了论文集《中国文化创意产业园区标准评价体系》。

会上，清华大学新经济与新产业研究中心主任李季围绕《中国文化创意产业园区年鉴》编辑的战略方向作了发言。市创意策划研究会会长杜金皋以“中国文化创意产业园区评定标准”为题，围绕构建评价体系的意义、评价体系的构建原则、评价要素、主要指标等方面，把长期研究的成果展示给大家。中国创意产业年度大奖评选组委会办公室主任郑文军在发言中分析了全国文化创意产业园区建设的现状和布局，提出了产业园区标准化建设的重要性，他强调评价体系应重视三个结合：即虚拟与现实的结合、自由与规范的结合、个性与共性的结合。中国文化创意产业网总监娄雷在发言中对我国文化创意产业的现状、存在的问题和发展方向作了阐释，并对发展前景给予了展望。南开大学文学院艺术设计系主任薛义在发言中强调了文化创意产业园区硬件设施功能的重要性，认为应将园区的功能定位与特色作为一个重要的评价标准。国家知识产权局《创意世界》主编张丹、智造（中国）天津有限公司副总经理李磊在发言中对市创意策划研究会提出的《评价标准》给予了充分肯定，同时提出了一些建设性的意见和建议。近10年来，文化创意产业园蓬勃兴起，而建设和评价园区的标准却没有及时建立。市创意策划研究会认真总结全国创意产业园区建设中积累的经验和存在的问题，率先提出了一套成体系的《评价标准》。从内容上看，该《评价标准》涉及园区5大功能、19个基本要素、71个子项指标，涵盖了功能区建设和发展的基本内容。同时，提出了实际统计计算方法和操作规程，具有十分重要的指导作用和应用价值。

（合军　木长）

**【糖果类休闲食品技术研讨会】**　8月1日下午，由天津科技大学食品工程与生物技术学院、天津市食品加工工程中心主办，天科远大（天津）食品有限公司承办的糖果类休闲食品技术研讨会在天津科技大学泰达校区召开。天津市质量技术监督局、天津科技大学校办产业发展中心、食品工程与生物技术学院、食品加工工程中心相关负责同志，天津市多力食品有限公司、天科远大（天津）食品有限公司、益海嘉里特油事业部技术服务中心、美国嘉吉公司、天津裕华公司、天津市云海国际贸易有限公司等多家国内外糖果休闲食品的企业负责人及工程技术人员代表参加本次学术研讨会。

各企业负责人及行业专家就糖果及巧克力营养与发展趋势、糖果生产原料及品质控制以及食品相关企业的生产监管等领域展开了热烈讨论。研讨会针对国内外巧克力产业现状和发展前景进行系统分析，剖析阻碍和制约我国巧克力生产企业发展的问题，通过企业与高校、工程中心顺畅对接，为糖果类产品的生产和研发搭建良好的探索平台，推动我国糖果类休闲食品行业又好又快的发展。

（李明琪）

**【第四届中国术语学建设暨术语规范化研讨会】**　8月4日上午，由全国科技名词委、黑龙江大学和天津外国语大学联合主办，全国科技名词委术语学研究所、《中国科技术语》编辑部、黑龙江大学俄罗斯语言文学与文化研究中心、天津外国语大学外国语言文学文化研究中心、语言符号应用与传播研究中心、国际交流学院及《天津外国语大学学报》编辑部承办，商务印书馆、国防工业出版社、上海易步信息技术有限公司等单位协办的第四届中国术语学建设暨术语规范化研讨会在外国语大学科研楼报告厅举行。来自全国科学技术名词审定委员会（简称“全国科技名词委”）、天津外国语大学、黑龙江大学、同济大学、南京大学、贵州大学、《中国科技术语》编辑部、商务印书馆、国防工业出版社等75所高校、科研机构及出版单位的专家学者参会，共同围绕“术语研究”、“术语学研究”、“术语规范化研究”、“科学技术名词审定”、“翻译研究”和“词典研究”等主题展开系统研讨和广泛交流。

天津外国语大学校长修刚指出，21世纪是信息时代，信息的传播和应用发挥着重要作用。术语作为科学概念的载体，如果使用不规范，承载的信息就会失真，因此，术语规范化在信息传播中发挥着不可替代的作用，具有重要的现实意义。全国科技名词委副主任刘青在致辞中指出，术语规范化工作，是发展科学技术和传承中华文化的一项基础性工作。国家一直重视这项工作。第四届研讨会在天津外国语大学召开，是术语学研究和建设过程中新的里程碑，将推动我国术语学的进一步发展。天津市教委副局级巡视员张向阳指出，全国术语学研讨会首次在天津召开，既是天津外国语大学语言及术语研究工作综合水平的展现，也是全国科技名词委对天津工作重视和支持的体现。希望与会人员抓住机会，围绕会议主题开展深入的研讨与交流，并预祝大会取得圆满成功。

（孟昭阳）

**【“20世纪华北农村调查与研究”学术论坛】**　8月28—29日，由南开大学历史学院与中国现代史学会社会史专业委员会共同主办的“20世纪华北农村调查与研究”学术论坛在南开大学举行。来自日本上智大学、宇都宫大学、金泽大学等6校及北京师范大学、中共中央党校、中国社科院近代史所、山西大学、河南大学、天津师范大学等校40余位专家学者与会。

1990—1995年间，由日本一桥大学三谷孝教授与南开大学魏宏运教授共同主持的“中日华北农村联合调查”项目得以展开，通过对农民的口述访问，旨在20世纪30年代日本满铁对华北6村调查的基础上，对40—90年代间6村历史演变进行全方位的记录，以补充中国档案中对村级历史沿革记录的不足，还原华北农村百余年来的历史变迁。此后，当年调查所积累的大量资料经整理后在日本出版，引起学术界较大的反响。经过多年整理，这些调查资料的中文版近日也由社会科学文献出版社正式出版发行。此次会议正是在上述背景下召开的，旨在探讨已有基础上如何进一步推动华北农村调查与研究的展开。与会代表就20世纪90年代华北农村的回顾、华北农村调查的理论与方法、华北农村调查与社会实态间关系、华北农村实态与中国革命关系等问题进行了较为充分的讨论。

（孙世欣）

**【第十二届“中国青年经济学者论坛”】** 9月22日，由《经济研究》编辑部、北京大学光华管理学院、南开大学经济学院、武汉大学高级研究中心主办的第十二届“中国青年经济学者论坛”在南开大学举行。中国社会科学院经济研究所所长、《经济研究》杂志主编裴长洪，南开大学副校长佟家栋出席开幕式。南开大学经济学院负责人参加。来自中国社会科学院、南开大学、北京大学、清华大学等高校和学术机构的近200名青年学者参加了学术讨论。主要议题是城乡居民收入、房地产、节能减排、经济体制改革、货币政策、人民币汇率与外汇储备等。

佟家栋指出，近年来，南开大学抓住滨海新区开发开放的历史机遇，紧紧围绕服务改革开放、促进经济建设、构建和谐社会、推动科学发展的中心目标，坚持走与国家和民族同呼吸共命运的南开道路，在学术科研、校企合作、社会培训等多个方面开展了一系列工作。他说，“中国青年经济学者论坛”自2001年起已成功举办十一届，是国内经济学界高水平、高层次的学术盛会，为中国青年经济学者提供了一个学习交流的高端平台。期待此次论坛在倡导学术精神、推动学术规范、提升研究水平、发现学术新人、培养中国经济学研究梯队等方面，为中国经济学发展乃至国家经济社会发展作出重要贡献。会上，裴长洪作了“中国宏观经济形势分析”的报告，从工业生产增速、固定资产投资、社会消费品零售、房地产市场、进出口贸易、国家财政收入、金融信贷、物价情况等方面，对当前经济形势作了全面的分析。南开大学经济学院院长梁琪、山东大学经济学院院长黄少安、暨南大学经济学院院长刘少波、西安交通大学经济与金融学院院长冯根福分别作主题演讲。会上，还颁发了“中国青年经济学者论坛优秀论文奖”。侯腾奇、龚六堂的论文《理论模型与经验分析》，盛斌、吕悦的论文《外国直接投资对中国环境的影响，来自工业行业面板数据的实证研究》，方红生、张军的论文《中国地方政府竞争预算软约束与扩张偏向的财政行为》被评为优秀论文。

（孙世欣）

**【全国历史地理学年会】** 9月22日，中国历史地理学年会暨学术研讨会在天津师范大学召开，来自北京大学、复旦大学、人民大学、南开大学、中山大学、中国科学院、台湾研究院、台湾彰化师范大学等22所高校和科研院所的历史地理学知名专家学者集聚天津，共同探讨学科建设面临的新格局、新任务和新课题，相互交流治学从教、服务经济社会发展的成功经验。市人大常委会副主任苟利军出席开幕式并致辞，会见了部分专家学者。市政协副主席高玉葆、我国著名历史地理学家葛剑雄、黄盛璋、邹逸麟、朱士光、司徒尚纪等专家代表出席，市教委和天津师范大学负责人参加。

苟利军说，希望以本次年会暨学术研讨会在津召开为契机，认真学习借鉴各位专家的研究成果，进一步加强基础研究，更好服务经济社会发展，为城市规划、区域开发、海防建设、旅游发展、灾害防治等提供有效的历史依据、科学的决策参考。

（网摘）

**【第13次京津沪渝档案学会学术研讨会】** 9月22日，以“文化强档创新服务—档案工作与繁荣社会主义文化”为主题的第13次京津沪渝档案学会学术研讨会议在天津召开。中国档案学会副理事长付华、天津市社联党组书记李家祥、天津市档案学会理事长荣华出席会议，四市档案学会负责人、理事会成员及会员代表70余人参加会议。

荣华指出，四市档案学会要进一步发挥档案学术社团的作用，加强学术交流活动，积极搭建平台，为会员提供更好的服务。同时，要借助京津沪渝档案学术研讨会的机会，广开交流渠道，立足开放、务实、和谐、创新的思想，倡导多与兄弟省市同行交流学习、相互促进，共同推动我国档案事业科学、健康地发展。付华在讲话中充分肯定了京津沪渝档案学会连续多次开展学术研究活动所取得的学术成果，以及在档案改革和发展中发挥的重要作用。他希望四市档案学会继续发扬优良传统，为会员搭建服务平台，不断增强档案学会的凝聚力和号召力。李家祥指出，天津市档案学会是天津市社科界的重要组成部分，长期以来，在市档案局的领导下，市档案学会在开展学术研究,推动档案知识普及,服务天津市档案建设和发展,繁荣天津市的文化事业等方面做了大量的工作,并取得了突出成绩。他希望天津市档案学会要以档案事业发展为中心,落实好档案学术服务大局、服务文化发展的重任,努力为天津建设文化强市和繁荣社会科学事业作出更大的贡献。

(胡卫东)

**【世界经济与贸易名人论坛系列学术报告】** 10月19日下午,世界经济与贸易名人论坛系列学术报告在天津财经大学举行。会议邀请到中国国际经济合作副会长、中国对外经济贸易大学国际直接投资研究中心主任卢进勇教授以及中央财经大学国际经贸学院院长唐宜红教授。天津财经大学国贸系全体教师和研究生参加。

卢进勇教授和唐宜红教授分别作了题为"'走出去'战略与中国对外投资——如何从国际投资大国发展为国际投资强国"和"国际产业结构调整的特点、趋势及影响"的专题学术报告。卢进勇从我国"走出去"战略的高度,阐释并剖析了我国"走出去"战略的方针政策以及我国企业"走出去"的现状以及应注意的问题,系统揭示了我国如何从对外投资大国向投资强国转变的重大现实问题。唐宜红则从更加宏观的国际生产网络视角,剖析了金融危机背景下发达国家的"再工业化"战略对于国际产业结构趋同以及发展中国家对外贸易的影响。

(王大立)

**【第二届心智哲学与语言研究学术研讨会】** 10月18—20日,由中国认知语言学学会主办,天津外国语大学英语学院、科研处及《天津外国语大学学报》联合承办的第二届心智哲学与语言研究学术研讨会在天津外国语大学举行。同济大学、山东大学、四川大学、南京师范大学、中南大学等研究人员参加会议。会议以倡导学术创新,追踪研究前沿,推动心智哲学与语言研究在国内的繁荣与发展为主题,主要议题有:心智哲学与语言学研究、心智哲学与外语教学研究、心智哲学与翻译研究、心智哲学与文学研究。

在涉及学术性、专业性不同课题的主旨发言中,河南大学资深教授徐盛桓从意识的调节与意象的建构、主题意象性对事件的把握不同方面生动解释了"主动补旁格范式"为什么可能;同济大学张德禄教授详细阐述了多模态话语分析的双重视角——社会符号观与概念隐喻观的接口与互补;北京航空航天大学向明友教授以生动风趣的案例展示了"小题大做论语气",并耐心解答了台下参会人员的提问。19日下午,研讨会以分组讨论的形式继续进行。第一分会场在江汉大学外国语学院院长崔东、中国海洋大学外国语学院副主任吴炳章的主持下召开。该分会场主要探讨了意向性视域下的"淘宝体"、示能性和意向归属的条件、心智哲学视角下的夸张形成机制研究等不同方面;第二分会场在广州大学外国语学院英语系书记陈荷荣、四川大学外国语学院李红波的主持下深入交流了心智哲学的研究范式、维特根斯坦对私人语言的驳斥等学术课题;第三分会场由广州大学外国语学院院长肖坤学、天津外国语大学继续教育学院院长助理刘昕荣主持,从诗歌意象的心智哲学视角、翻译传承关系的心智识解等不同角度对心智哲学进行深入的剖析。20日上午大会安排了一场主旨发言,7个心智哲学领域的专题发言以及闭幕式。来自各高校的心智哲学研究团队人员进一步对诗歌的感受、网络仿篇"蓝精灵体"的意向性解释等不同课题进行了专题发言。闭幕式上,本次研讨会丰硕的研究成果以大会总结汇报的形式展示。

(孟昭阳)

**【"性别视角与文学文化研究"学术论坛】** 11月3—4日,南开大学文学院在南开大学主办了"性别视角与文学文化研究"学术论坛。来自厦门大学、北京师范大学、陕西师范大学、北京语言大学、上海大学、中国现代文学馆和南开大学等高校和研究机构的30多位学者参加。与会专家围绕性别研究理论建构发展的新动向、现当代文学中的女性创作、性别视角下的文化现象、少数民族文学中的女性书写等议题进行了深入讨论。

厦门大学林丹娅聚焦女性主义批评中关于文学语言的批评实践的缺失,呼吁充分认识其重要性。北京大学贺桂梅在她提交的论文中提出,必须在实践史的视野中处理女性问题。上海大学董丽敏结合性别研究的理论建设和批评实践进行了深入反思。北京师范大学杨联芬对新文化运动中爱伦凯的"母性论"在传播中"丢失"以及遭到激进主义者批判的命运进行追问。中国现代文学馆刘慧英考察《妇女杂志》,在建构妇女文化史的同时,关注对女性文化作出贡献的男性。上海社会科学院陈惠芬剖析中国男性在辛亥革命前后的“剪辫易服”现象,认为其呈现了米尔斯的所谓“社会学的想象力”。北京语言大学李玲重新阐释丁玲小说《在医院中》和《杜晚香》,揭示其执著探问主体内在精神的思想走向。陕西师范大学屈雅君基于中华嫁衣的文化调查,对服饰文化主流化的诸种表现做了深入分析。与此同时,与会者还专题讨论了少数民族文学的性别书写以及跨文化写作。南开大学乔以钢在会上介绍了教育部重大课题攻关项目“性别视角下的中国文学与文化”研究进展情况和代表性科研成果。贵州师范大学林树明为论坛做了学术总结。

(孙世欣)

**【“现代化进程中的华北乡村问题”学术论坛】** 11月23日下午,由天津市社会科学界联合会主办,天津市历史学学会、南开大学历史学院及南开大学中国近现代史研究所承办的现代化进程中的华北乡村问题学术论坛在南开大学举办。主题为“现代中国农村研究的新视角:土地与权益、分配与公平”。

张思教授作了“从村档案中重新认识现代华北农村”的主题发言。他介绍了近10年来对现代华北村庄档案资料的调查、收集、整理与研究,探讨了现代中国村庄档案资料的学术价值与意义,强调在对现当代乡村文献收集整理的基础上从事集体化时代和中华人民共和国史的研究的必要性与重要性。博士生李屿洪以河北省昌黎县侯家营村为例,探讨了人民公社时期的分配与公平问题。对人民公社时期的初次分配、二次分配、农民与分配制度的关系进行了细微解读,并对人民公社时期的分配制度做出了总结与评价。博士生何燕所作发言以“土地与权益”为中心,以山东省淄博市沈家村为个案,依据该村保留下来的丰富档案,解读了集体化时代该村的宅基地问题和国家建设征地问题。她的发言强调了集体化时代的宅基地与国家建设征地制度与实践对今日乡村社会的延续性及现实影响,对农村改革具有启发意义。

(孙世欣)

**【第六届全国中译外研讨会】** 12月1日,由中央编译局、中国翻译协会社科翻译委员会和天津外国语大学联合举办的第六届全国中译外研讨会在津开幕。来自中央编译局党的十八大报告翻译团队、中国外文局、中国社会科学院、商务印书馆、南开大学、复旦大学等近百所高校和机构的200余名专家学者参加了会议。市委常委、市委教育工委书记朱丽萍在开幕式上致辞。

朱丽萍指出,此次全国中译外研讨会,对凝聚翻译学界智慧,促进中国翻译事业发展,更好地传播中国声音、讲好中国故事、展现中国形象,具有积极促进作用。希望以此为契机,进一步加强本市高校与全国翻译学界的交流合作,提高对外翻译水平,提升天津国际形象和国际交流水平,为壮大国家文化软实力作出更大贡献。中央文献对外翻译与传播协同创新中心,由天津外国语大学与中央编译局、南开大学、全国科学技术名词审定委员会、对外经济贸易大学、解放军外国语学院共建。

(孟昭阳)

**【2012海峡两岸青年学生领导力论坛】** 12月14日,2012海峡两岸青年学生领导力论坛在天津大学开幕,副市长任学锋、天津大学党委书记刘建平出席并致辞。本届论坛以“博才聚津”为主题,在为期8天的论坛期间,两岸青年学生将就“视野·开拓”、“知识·创新”、“社会·实践”、“文化·传承”等内容进行互动交流。

(卞薇)

**【收入分配、社会和谐与公共政策学术论坛】** 12月15日,由天津财经大学经济学院财政系、MPA教育中心、公共经济与公共管理研究中心联合举办的“收入分配、社会和谐与公共政策学术论坛”在天津财经大学举行。来自中国社会科学院、中国人民大学、天津市人民政府、南开大学、天津大学、天津财经大学等专家出席论坛。

天津财经大学副校长高正平希望与会学者能够进行充分的交流,为我国的收入分配体制改革、和谐社会建设提出有针对性的政策建议。随后,中国社会科学院学部委员、财经战略研究院院长高培勇研究员,天津市人民政府副秘书长陈宗胜教授,全国MPA教育指导委员会副秘书长、中国人民大学孙玉栋教授应邀作学术报告。来自市内各高校的16位专家、学者从各自工作、研究的角度,围绕“收入分配、社会和谐与公共政策”这一主题进行了深入和富有创见的研讨。本次论坛具有三个明显特征:第一,做到了理论与实践的结合。专家、学者经过充分交流,在某些共同关心的问题上达成了共识。第二,理性思考与对策建议并重。对于如何进一步推进我国和谐社会建设,与会领导、专家学者从多个角度出发,各抒己见、见仁见智,展开了热烈的学术争鸣。第三,搭建了公共财政与公共管理的市内学术交流平台。

(王大立)

**【道德治理与道德文化建设学术研讨会】** 12月末,由天津社会科学院《道德与文明》杂志社主办,中国伦理学会、清华大学哲学系、中国人民大学伦理学与道德建设研究中心等单位协办的"道德治理与道德文化建设纪念《道德与文明》杂志创刊30周年学术研讨会"在天津隆重召开。

"道德治理"首见于《中共中央关于深化文化体制改革推动社会主义文化大发展大繁荣若干重大问题的决定》,其原文是"开展道德领域突出问题专项教育和治理",党的十八大报告指出:"要深入开展道德领域突出问题专项教育和治理。"对道德治理和道德文化建设加以深入探究不仅是学术研究的需要,而且是社会发展的内在要求。在如何进行道德治理与道德文化建设问题上,樊浩教授认为,应该伦理与道德并重,尤其是伦理之觉悟和思考,更是种族绵延和文化建设的最后保障。他认为,当代中国有道德而无伦理,所以我们应该先聚焦伦理问题,再解决道德问题。在影响道德治理与道德文化建设的关键因素阐析上,万俊人教授认为,法的治理是现代社会中一种自上而下的最基础的治理方式,其治理对象主要针对的是个体、群体或者整个社会的显性行为,而道德治理则更多的是关注人们的内心、人的情感,促进人与人的合作以及社会的共同繁荣与进步。而法律又与道德紧密相连,互相渗透,种种道德现象同时还是法律现象,例如爱国主义,吴潜涛教授同样认为爱国主义不仅是一种道德原则,同时还是一种法律原则和政治原则。王淑芹教授认为,进行道德治理,必须处理好三种形态的关系,即宪政意义上的法治框架下的德治与法治关系、法律渊源关系中的德治与法治关系、功能互补型的德治与法治关系。基于此,她认为应该采取刑主德辅的道德治理模式。

(网摘)

# 天津市学术活动

**【2012天津市管理学会年会暨第三届滨海管理论坛】** 4月14日,由天津市管理学会和天津外国语大学联合主办、天津外国语大学国际商学院承办的2012天津市管理学会年会暨第三届滨海管理论坛在天津外国语大学科研楼报告厅隆重召开。本次管理学年会共有来自包括目前国内管理学界的领军人物、知名学者专家、天津市领导以及优秀中青年学者100余人参加。

天津外国语大学校长修刚介绍了天津外国语大学的历史沿革及管理学科的发展成绩。年会由天津外国语大学国际商学院院长邢成教授主持。大会主题发言阶段分为三个部分,首先天津市管理学会会长李维安教授就管理学研究新趋势作了广泛而深入的介绍;随后《管理世界》副主编蒋东升教授就如何发表高水平科研成果进行了详尽的讲解和说明;最后市社联秘书长陈根来教授从实践的角度入手,就如何申报天津市社会科学奖项提出了许多具有建设性的观念和见解。会议的圆满召开进一步增强和提升了本校科研氛围和科研水平,彰显了管理学科的特色,提升和开拓了中青年骨干教师的学术水平和学术视野,把握了理论发展前沿和方向,促进了师生们的学术科研水平的提高。

(孟昭阳)

**【天津市第12次统计科学讨论会】** 5月14日,天津市第12次统计科学讨论会在远洋宾馆召开。会议由市统计局副局长、市统计学会副会长张强主持。

市统计局局长、市统计学会会长杜西平出席会议并对全市统计科研工作提出具体要求,国家统计局天津调查总队总队长董顺荣,国家统计局科研所所长、中国统计学会副会长潘璠,天津市社联党组书记李家祥出席会议并致辞,市统计局副局长武军定宣读了《关于天津市第十二次统计科学讨论会优秀论文评选结果的通知》,会议邀请南开大学刘刚教授作题为"统计数字分析与经济发展战略研究"的学术报告。

杜西平在讲话中提出了三点要求:一是要着眼于统计工作的大局,着眼于更好地服务和推动统计实践，运用新理论、新技术、新方法，开展前瞻性、创新性的研究，促进统计科学研究与统计工作更好地结合；二是要围绕“四大工程”建设各阶段进展，围绕统计制度、统计方法和统计标准的研究和解读，围绕提高统计数据质量、开展数据质量评估，围绕加强现代信息技术在统计工作中的应用研究；三是要更好地发挥学会桥梁纽带作用，加强组织协调与管理，积极开展统计科研交流活动。

李家祥在致辞中充分肯定了统计学会多年来坚持学会宗旨，充分发挥桥梁和纽带作用，紧密围绕天津经济社会发展和统计改革需要，围绕推动统计科学研究和统计实践的更好结合，在组织开展统计学术研究、推广统计科研成果、交流统计工作经验、培训统计从业人才等方面取得的成绩，并对学会今后的工作提出了具体的希望和要求。参会论文作者分别就课题研究背景、研究思路、研究方法以及研究成果进行了认真的交流和深入探讨。

（王红）

**【逻辑、认知与文化学术研讨会】** 5月27日，由市逻辑学学会主办、南开大学哲学院协办的“逻辑、认知与文化学术研讨会”在南开大学召开。逻辑学学会名誉会长陶文楼和会长任晓明出席会议并讲话。徐锦中副会长主持会议。

南开大学查非博士作了题为“刻画状态相似的流量限制模型”的发言。他构造了三类刻画状态相似性的模型，并讨论了这些模型在时态逻辑和信念逻辑中的应用。内蒙古民族大学莫日根巴图博士作了题为“民族思维方式研究的重要性和必要性”的发言。他指出，民族思维方式的研究理应成为极具理论意义和现实意义的工作，它不仅涉及不同民族历史文化的评价和诠释，而且对于促进团结、平等、互助的民族关系及民族文化的交流、融合都有积极的作用。南开大学王东浩博士作了题为“溯因推理及其在人工智能、科学发现和认知中的作用”的发言。他阐述了溯因推理的概念，在逻辑结构上的两个要素、三个基本特征，以及它在人工智能、科学发现和认知中的重要作用。南开大学崔文芊博士作了题为“现代逻辑传入中国的过程及其影响”的发言。他介绍了传统逻辑和现代逻辑的起缘、组成部分和特征，以及现代逻辑的传播在近代中西文化交流中的重要作用。南开大学林田博士以“辩证法的技艺与精神”为题作了演讲。他认为，从获取科学知识的分析方法即技艺而论，逻辑方法比辩证法更管用。文化学者姚剑以“墨辩与中华文化”为题发表演讲，认为墨辩是中国古代的逻辑，是中华文化的宝贵遗产，应该把它应用到企业文化建设和青少年教育中去。

陶文楼和任晓明在讲话中指出，本次研讨会由青年学者和逻辑学博士作主要学术发言，是一次新的尝试。他们把自己的最新研究成果或博士学位论文的核心内容奉献给大家，带来了清新的学术空气。

（刘明明）

**【天津市功能食品及食品安全战略发展研讨会】** 5月30日，由天津市食品学会主办，天津科技大学食品安全战略与管理研究中心承办，科大食品学院和经管学院联合协办，阿尔法保健食品有限公司大力支持的天津市功能食品及食品安全战略发展研讨会在天津科技大学隆重举行。天津市科学技术协会副主席白景美、市食品药品监督管理局局长、市食品学会副理事长林立军，市出入境检验检疫局副局长、市食品学会副理事长张振祥，市食品学会副理事长、秘书长陈娟等领导应邀出席了大会开幕式。校党委书记李旭炎出席开幕式并致辞。

李旭炎介绍了天津科技大学在食品安全研究领域方面的基础和优势。他希望通过此次研讨会的广泛交流和研讨，进一步提升天津市食品安全管理水平，促进天津市在区域食品安全维护和建设中更好地发挥应有的作用。白景美在讲话中说，食品学会始终奉行为本市食品科技工作者服务，为会员单位及会员服务的原则，并通过全体会员的共同努力，使全市的食品科学技术迈向更高的台阶，不断促进天津市经济的发展。他希望与会专家借此次研讨会之机，推动天津功能食品产业的健康快速发展。市食品药品监督管理局林立军局长在讲话中希望食品学会充分发挥联系政府和企业的纽带与桥梁作用，积极推动行业和企业的自律，在政府加大监管力度的同时，建立行之有效的食品安全信用体系，从根本上解决食品安全问题。市食品学会副理事长张振祥希望全市广大功能食品生产企业及科研院所专家在研讨会上广泛建言献策，力争在食品安全和卫生领域的诸多关键性问题上有重大突破，从而提高天津市功能食品的科技含量，增强产品在国内外的竞争力。来自中国农业大学、天津市食品学会、天津大学、天津医科大学、国家农产品保鲜工程技术研究中心(天津)以及天狮集团、阿尔发食品有限公司等高校和研究所的百余位专家学者、企业领导到场聆听报告并参加了研讨。大会围绕国内外食品安全管理体系、我国功能食品研究现状及发展方向、功能食品配料的关键制备技术及应用、保健食品的监督管理和功能性食品的法律规章等方面展开深入的研讨。

(李明琪)

**【天津市高校2012年5·25主题论坛】** 5月30日,由天津市教委主办、天津职业技术师范大学承办的天津市高校2012年5·25主题论坛在天津职业技术师范大学小礼堂隆重举行。教育工委副书记、市教委副主任李绍洪及学校党委书记于立军、校长孟庆国、校党委副书记贾德民和来自全市50所高校的500余人出席会议。

李绍洪对心理健康教育工作提出了几点意见:一是要认识大学生心理健康教育工作的紧迫性和重要性,要让大学生的心理素质和思想素质、科学文化素质、道德素质、身体素质都得到全面协调发展,为新时期社会的发展培养高素质人才;二是要充分加强大学生心理健康教育的实效性,要形成队伍建设、组织构架、平台搭建的特色模式,进一步积累和巩固成功经验,将工作落到实处;三是要加强教师队伍建设、课程建设、制度建设,要为广大师生提供学习、交流、培训的机会,开设公共必修课,健全心理健康教育体系,多层次、多角度、分类别开展心理健康教育工作;四是希望参会师生共同探讨和解决大学生心理健康教育实际工作中的问题,交流和分享有益经验,努力推动天津高校大学生心理健康教育工作再上高水平。孟庆国对本校心理健康教育工作的"七个一"工程进行了简单的汇报,并对市教育工委、市教委的领导给予学校各方面工作的支持和认可表示衷心的感谢。随后,贾德民作了"发挥网络优势创建心理健康教育工作新模式"的工作汇报。在主题论坛环节,来自全市的师生分别参与到自己感兴趣的论坛当中。本次论坛包括"学习承载未来"、"人脉联结你我他"、"爱在当下·情在永远"、"情绪在我控"、"规划今生·创设未来"5个主题。有来自25所高校的老师分别就各自的主题进行了汇报和点评,同时回答在场学生提出的问题。

(程卿)

**【滨海新区融资租赁发展论坛】** 6月11日,由滨海新区政府和中国国际商会租赁委员会主办的2012天津滨海新区融资租赁发展论坛在梅江会展中心举行。市委常委、副市长崔津渡出席论坛并讲话。

崔津渡代表市政府对论坛的举办表示热烈祝贺。他说,下一步我们要围绕融资增资问题、租赁企业资产转让问题和用汇问题等开展研究。融资租赁业在发展中已经形成了很多比较大的行业,如何实现行业的专业化发展,政府如何提供专业化服务,都是我们面临的新课题。希望通过此次论坛,集思广益,将与会嘉宾的好思想、好方法汇集起来,作为我们下一步研究解决问题的课题。希望继续得到国家有关部门的支持指导,研究解决融资租赁业面临的问题,促进行业可持续发展。论坛上,中国租赁联盟企业设立与发展服务中心和天津商业大学中国融资租赁研究与教育中心分别揭牌成立,天津租赁协会和中信保签署了战略合作协议。

(网摘)

**【摄影与城市发展理论研讨会】** 7月16日,市社联和市老年摄影艺术研究会共同主办第三届摄影与城市发展理论研讨会。

研究会副会长王予力作了题为"浅谈老年摄影人的纪实摄影"的主题报告,指出,摄影既是一种艺术形式,同时也是一种记录手段。波澜壮阔的社会实践,形成人类无限丰富、复杂的精神世界。我们力图用一种文化意识概括而集中地审视与映现几经苦难、百折不挠的民族命运、民族意识、民族精神、民族希望。我们要用手中的相机,采用平实的视角反映天津城市翻天覆地的变化和人民生活的时代变迁。他强调,纪实摄影要以人物活动为主线记录社会的进步;要以城市的发展变迁为主线记录城市的发展历史;要以专题摄影的形式突出表现时代的内涵。研究会理事、摄影家张金海作了题为"关于对新时期摄影几个问题的思考"的发言。他指出新时期数码摄影人要有高度灵敏的信息捕捉能力和热情参与的精神,要积极地学习摄影理论和实践知识,提高自身修养和摄影水平。要对拍摄的题材准确定位,力求多出精品;要将数码照片暨摄影作品发挥到极致;要在摄影的同时掌握数码照片后期的处理工作。研究会理事、摄影家章锡岭,以大量生动事例围绕报刊摄影的艺术取像作了阐述,介绍了自己的摄影实践和体会。李玉琪副会长作总结讲话，对此次研讨会的召开给予了充分肯定，并对今后的工作提出了要求。

（周传林）

**【“信守承诺保护保险消费者权益”研讨会】** 8月28日，由市社联、市保监局联合主办，市保险学会、市保险协会、市消费者协会承办的“信守承诺保护保险消费者权益”研讨会在市政协俱乐部召开。市社联专职副主席张博颖、市保监局副局长王勉、市消费者协会秘书长王嘉杰等出席会议。

会议围绕推动天津市保险行业诚信体制、诚信文化建设和保护保险消费者权益的主题展开研讨。泰康人寿天津分公司总经理王献良、天平汽车保险天津分公司总经理王跃明、南开大学风险管理与保险学系赵春梅教授、安泰保险代理公司总经理倪连胜、平安人寿天津分公司营销员胡家安等作大会交流发言。张博颖在讲话中对市保险学会长期以来的工作，特别是在学会建设和开展学术活动方面所取得的成绩给予了较高评价；对本次研讨活动的成功举办和在选题意义、学术价值、会议组织，以及对本市保险业诚信建设的积极作用给予了充分肯定。他希望市保险学会进一步加强与市社联的联系，积极参加社科界的活动，推动学术研究，加强学会建设，以更多更新更好的学术研究成果，服务于天津市的经济社会发展。王勉在讲话中要求保险行业要在诚信服务体系建设、保护消费者权益方面进行深层次研究，大力营造保险行业理论研讨氛围，不断强化保险从业人员的服务意识和消费者权益保护意识。

（李艳洁）

**【天津大学海洋领域科技交流座谈会】** 10月中旬，天津大学召开海洋领域科技交流座谈会，学习并探讨《天津市海洋经济发展试点方案（征求意见稿）》文件。天津大学机械学院、化工学院、材料学院、建工学院、精仪学院、自动化学院、环境学院、信息学院、计算机学院等学院负责人及相关方向科研教师参加座谈会。

机械学院陶建华教授认为，21世纪是海洋的世纪，这已成为国家发展的重要战略，而走向海洋，尤其是走向深海、远海，就必须依靠强大的科学技术支撑。天津大学邻近渤海湾，地缘优势显著，海洋科研行业带动实效明显，具有较强的竞争优势。最近，发改委正式批准天津市列入全国海洋经济发展试点地区，这对天津大学科研来说是一次重要机遇，应整合校内资源，在服务经济发展中建设海洋学科，条件成熟时成立海洋学院。化工学院教授邹竞认为，天津大学涉海科学研究较多，科研团队实力雄厚，在海洋工程、海洋勘探与检测、海水淡化、深海装备、海洋能源利用、近海生态环境等方面均具有较强的研究基础和科技积累。材料学院教授王东坡认为，天津大学涉海科研项目以合作或参与为主，应依托强大的工科背景，制定战略规划，以国家重大需求为导向，打造国家级的研究平台和梯队。与会专家还一致建议，尽快组建一支调研工作小组，拟定成立专门的海洋研究机构的方案和建议。

（卞薇）

**【创造性写作与批评学术研讨会】** 10月28日，天津市写作学会在南开大学召开了2012年年会暨“创造性写作与批评学术研讨会”，此次活动是市社联资助学会开展的重点学术活动之一。市写作学会秘书长李润霞副教授主持会议，市社联学会处、南开大学文学院负责人以及来自本市有关出版社、新闻单位、中学语文教师、高校师生和会员代表参加了本次研讨会。

与会者围绕“新媒体写作与创造性写作”、“中小学应试作文写作与创造性写作”、“学术论文写作与创造性写作”等议题展开了交流和讨论。《滨海时报》副主编陈立伟从滨海新区的经济发展模式和当代文学的创造性写作着眼，提出了一种新的文学模式和现象——“中国新经济文学”。天津师范大学商昌宝副教授就莫言获诺贝尔奖谈了具有批判性思维的个人看法。《文学自由谈》副主编黄桂元从杨显惠小说作品的纪实风格与历史反思角度讨论了创造性写作。该话题引起了与会专家学者的热烈讨论。关于大学与中小学教育的写作问题，南开大学卢桢博士结合大学教学实践对文学写作和大学语文等方面谈了自己的看法。中学语文教师谭辉、贾兆俊、姜春、吴雅杰、张福臣等分别作了发言，他们根据多年的教学经验谈了中学作文的写作与训练，以及阅读和写作的关系。

（李润霞）

**【社会转型期的亲子关系问题研讨会】** 11月14日，由天津市社联、天津市社会心理学学会和天津市家庭教育研究会联合举办的“社会转型期的亲子关系问题”研讨会在天津市社联召开。会议由天津市社会心理学学会会长乐国安教授主持。市社联党组书记李家祥教授，市妇联副主席、市家庭教育研究会常务副会长程树梅，市社联专职副主席张博颖研究员等近百人出席会议。

孟育群教授以“中小学生亲子关系与家庭德育系列研究回顾”为题作了演讲。她指出了研究社会转型期的亲子关系问题的重要意义，回顾了20年来从事亲子关系研究的成果和体会，认为本课题取得显著成效的重要原因是坚持了行政领导、科研人员与实际工作者三结合的科研模式。王大龙在题为“正面教导、尊重儿童权利的国际社会亲子关系的共识”的发言中介绍了国内外亲子关系问题研究的主要趋势和特点，介绍了国家和教育部关于家庭教育的最新政策和动态，以及国家即将出台“家庭教育法”的情况。黄鹤春以“为了儿童幸福健康的成长”为题作了发言，他肯定了亲子关系问题研究的重要性，强调了从小培养孩子良好习惯对儿童健康成长的必要性，指出习惯养成需要有不同的强化手段。关颖研究员的发言题目是“漠视儿童权利是亲子冲突之源”。贾晓波在题为“亲子沟通与亲子关系的改善”的发言中分析了中国家长在亲子沟通中常见的问题及其深层的文化心理原因，提出了改善亲子沟通的有效途径与要点。南开大学学生心理健康指导中心主任袁辛教授以“亲子互动中的正能量传递”为题作了发言。

（贾晓波）

**【2012天津高校物联网应用研讨会】** 11月18日，由天津理工大学电子信息工程学院同天津启诚伟业科技有限公司、天津通信学会高等教育委员会、天津计算机学会单片机分会，在天津理工大学举办“2012天津高等院校物联网应用研讨会”。

与会学者围绕如何看待物联网技术方兴未艾的现状，如何引领高等院校物联网应用向着正确方向发展，作了精彩的技术报告。本次研讨会的支持企业——天津启诚伟业科技有限公司作为天津滨海新区高新技术企业，多年来一直致力于单片机、嵌入式、物联网等前端技术的推广与应用。总经理宋立红女士表示，企业希望通过支持举办业界技术交流活动，有效推动物联网教育教学发展，为中国物联网产业输送更多、更好的专业人才。

（刘江涛）

**【环渤海区域城市化与区域经济一体化研讨会】** 11月22日，由天津市社会科学界联合会、市环渤海经济研究会、市城市科学研究会联合举办的“环渤海区域城市化与经济一体化研讨会”在市社联召开。

有的专家认为，改革开放以来，我国城市化和区域经济一体化进程不断加快，然而发展中的问题也不少，矛盾比较突出。我们要以党的十八大精神为指导，加以深入研究探讨，寻求解决路径，真正按照科学发展观的要求，实现人口、资源、经济、社会、环境可持续发展。有的专家指出，信息化将作为未来城镇化的新动力，改造提升城镇化的质量，信息化逐渐与农业、工业和服务业相融合，使三次产业具备了新特征，并且衍生出许多新的行业，这些由信息化所引起的城市产业结构变化成为了新型城市化的主要动力。利用信息化的技术改造和管理城市，城市管理向精细化方向发展，信息化推动的城市化不再以人口迁移、城市规模扩大为特征，而是注重于城市的内涵发展与集约发展。专家们普遍认为，目前世界经济不景气，但是我国城市化（城镇化）和区域经济一体化浪潮方兴未艾，在相当长一个时期仍将是我国拉动内需和经济增长的强劲动力。但同时城市化也需要消耗巨大的物质资源和能源，人口的集聚会伴随人口——资源——生态——环境不协调问题。为此，以建立高效的、与环境资源协调发展的空间格局作为未来城镇化可持续发展的基础，才能实现城镇化的可持续发展。

（网摘）

**【天津经济社会论坛】** 11月25日，由市政协天津经济社会理事会主办的“天津经济社会论坛”在市政协俱乐部举行。中国经济社会理事会副主席、市政协主席邢元敏发来贺信，对论坛召开表示祝贺。市政协副主席何荣林和秘书长刘琨，市经济社会理事会名誉理事长吴振、市经济社会理事会理事长卢金发、市经济社会理事会副理事长朱坦出席。市经济社会理事会秘书长陈福顺主持。

天津经济社会理事会紧紧围绕市委确定的目标任务，组织引导全体理事和专家学者认真调查研究、深入科学论证、主动咨询服务，开展了一系列扎实有效的工作，何荣林在讲话时说，我们要认真学习贯彻党的十八大精神，紧密联系天津发展实际，牢牢抓住全局性、综合性、前瞻性的问题，组织理事和专家学者深入调研、科学论证，力争形成一批高质量的对策建议，为促进天津又好又快发展贡献智慧和力量。本次论坛的主题是“新形势下的天津经济与民生”。有6位理事和专家学者分别作了主旨发言，就推动经济健康可持续发展、加强生态文明建设、推进农业和农村工作、大力发展服务贸易、推动养老事业和居家养老工作以及发展文化产业等问题，提出了很好的意见建议。

（网摘）

**【高校社会科学研究与高水平学术期刊的协同创新研讨会】** 12月1日，由南开大学研究生院、社会科学研究管理处和周恩来政府管理学院共同主办的“周恩来论坛”之名刊系列——“高校社会科学研究与高水平学术期刊的协同创新”高端研讨会在省身楼举行，南开大学校长龚克、副校长朱光磊会见全体与会代表。副校长朱光磊出席开幕式。中国社会科学杂志社、《新华文摘》、《政治学研究》、《社会学研究》、《经济社会体制比较》、《国际问题研究》、《世界经济与政治》、《现代国际关系》、《当代世界》、ChineseJournalofInternationalPolitics 等 20 家权威学术期刊的专家齐聚南开，共商学术创新与学科发展。

朱光磊说，高校在国家哲学社会科学创新体系建设中担负着重大责任和使命，学者、学科、学校以及学术期刊等知识共同体之间的协同合作、良性互动对创新体系的建设非常重要。中国经济的高速发展与中国国际影响力的显著提升对我国社会科学工作者提出了新的、更高的要求，其核心任务是要把握学术规律、推进学术创新、创造大量优秀的社会科学研究成果。作为发布和传播社会科学最新研究成果的重要载体和平台，社会科学期刊尤其是名刊在推进学术研究、倡导学术自由、鼓励学术创新等方面发挥着重要的引领和导向作用，在推动哲学社会科学繁荣发展过程中的独特优势不可替代。多年来，南开始终将哲学社会科学的繁荣发展放在突出位置，发表了众多在国内外有影响的学术成果，希望能与期刊界的朋友继续加强合作，携手共进，创造出真正经受时间和实践检验的学术精品。

与会嘉宾围绕高水平学术期刊与高校社会科学研究的协同创新、社会科学研究前沿与高水平学术期刊选题导向、高水平学术论文的写作与发表等问题进行讨论。

（孙世欣）

**【2020的中国和天津经济研讨会】** 12月21日，由天津市经济学学会主办，南开大学经济研究所、滨海开发研究院承办的“2020的中国和天津经济研讨会”在南开大学举行。天津市高校、科研机构的专家学者围绕中国与天津经济未来的发展趋势以及可能遇到的问题展开热烈讨论。市社联党组书记李家祥、南开大学滨海开发研究院常务副院长周立群、南开大学经济研究所副所长刘刚出席。

专家围绕传统产业技术升级与发展、战略性新兴产业发展前景、实体经济和虚拟经济间的关系、实体经济与虚拟经济在经济发展中的地位与作用、第三产业的发展及其与第二产业间的关系、城镇化的推进及问题、天津经济发展方式及其可持续性问题、战略机遇期的理解与思考、转变经济发展方式的路径等主题展开深入讨论。李家祥在总结发言中指出，希望天津市各社会科学团体、广大社会科学工作者深入体会党十八大报告中党中央对全局的规划，认真领会十八大精神实质，紧密结合专业领域，深入探讨我国特别是天津市发展和改革开放中的重大问题，推动学术和理论创新，走出天津的发展道路，为全面落实经济建设、政治建设、文化建设、社会建设、生态文明建设五位一体总体布局作出积极贡献。

（孙世欣）

**【天津市法学会法学教育分会2012年年会暨法学教育学术研讨会】** 12月23日，天津市法学会法学教育分会2012年年会暨法学教育学术研讨会在天津工业大学举行。大会主题为“卓越法律人才的培养与法学教育改革”。

与会代表分别就卓越法律人才培养与法学教育模式、法律职业教育与实践教学、部门法教学方法、法学教育的发展与经验等四个方面进行学术交流和讨论。会长左海聪进行大会总结说，本次年会是天津法学界的盛会，为卓越法律人才的培养提供宝贵的交流经验。此次年会，有利于推进实践法学教学，追求法学教育的目标，树立法学信仰，为培养职业法律人才添砖加瓦。本次年会共选出一等奖论文2篇，二等奖论文4篇，三等奖论文4篇。

（郭建辉）

# 理论创新论坛

**【第42次理论创新论坛】** 4月10日，由天津市社联与天津师范大学共同主办的"第42次理论创新论坛"在天津师范大学举办。论坛主题为"构建社会主义核心价值体系，大力发展公共文化事业的理论与实践"。市社联党组书记李家祥出席并讲话，市教育科学研究院党委书记荣长海出席并作点评发言，市社联专职副主席张博颖出席会议，天津师范大学党委副书记史瑞杰主持会议。

与会专家认为，用社会主义核心价值体系引领社会思潮，是国际国内新形势下党中央对意识形态工作提出的新要求，其中，社会主义核心价值体系引领社会思潮的机制建设，是引领工作中的关键问题之一。引领机制应具备明确的功能和基本条件，要形成纵横交织的系统。还有专家认为，构建社会主义核心价值体系及其引领机制，践行社会主义核心价值观，必须在普遍与特殊、共性与个性的关系中准确把握社会主义核心价值体系基本内涵。关于社会主义核心价值体系与网络文化建设问题，有关专家指出如何用社会主义核心价值体系引领网络文化建设已经成为一个全新的时代课题，应科学把握四个原则：一是坚持方向引导性原则；二是坚持平等互动原则；三是坚持创新性原则；四是坚持自律与监管原则。

有学者提出"创新文化传播力"的路径与方法，包括：凝练、优化具有人类共性特征的，以公平正义、和谐共赢为内涵的中国特色社会主义制度文化；改进、优化网络与大众传播内涵，提升信息传播质量；以民间公共外交为载体，提升国民精神文化素养，改进与优化人际传播，提升城市美誉度；建立有效的城市形象评估体系，形成持续高效的城市形象传播反馈机制；加强国家区域战略文化研究，全力培养和扩大中国战略知识分子队伍；构建中国国家战略文化体系，确立和发展国际关系中的战略盟友。

与会学者还探讨了文化产业与文化事业共同发展的桥梁问题。指出文化产业与文化事业是相互依赖、相互促进而需要协同发展的，旅游业起到一种桥梁和纽带作用。政府要坚持文化事业的公益性；企业既要利用文化资源，又要保护文化资源；社区居民要树立文化主人观，做文化事业与文化产业的"生产型消费者"。在居民文化消费与政府公共文化政策问题上，学者对天津市公共文化政策提出了对策和建议：一是政府应采取鼓励文化消费的政策与措施，确立文化消费在天津市社会经济发展中的主导地位；二是由政府财政投资建立覆盖城乡的公共文化服务体系，实现城乡文化共享的均等化；三是建立非政府、非赢利性的社会文化组织和市民文化参与机制；四是制定公共文化服务指标体系，考核各级政府指标完成情况；五是加快培育文化消费市场、大众文化消费市场和高雅文化消费市场并举；六是大力发展体验经济。

（邓喆）

**【第43次理论创新论坛】** 5月30日，天津市社联、市环渤海经济研究会联合举办第43次理论创新论坛，主题为"滨海新区创新发展的理论与实践"。市人大常委会原副主任、市环渤海经济研究会理事长左明出席并致辞，市社联党组书记李家祥出席并讲话。

与会学者认为，我国区域经济发展战略思路和众多区域发展规划都进行了调整和转变。一是率先发展起来的东部地区带动中西部地区经济发展的"单极驱动"战略转向中西部众多经济规划区的"多极驱动"战略；二是经济活动在空间上的展开方式由过去的以重点项目为主的单项开发转向为以经济聚集为基础的经济区开发模式；三是区域经济政策由过去的普惠制政策转变为以各地区比较优势为基础的"先行先试"政策。滨海新区以原有比较优势为基础而推行的"自下而上"的发展策略为众多经济活动载体提供了可借鉴经验，具有重要的意义。有学者认为，中国经济正在从单一依赖少数开发区域的增长逐步向多区域、多领域、多部门共同开发开放推进，从单纯的推动经济增长向带动区域综合发展转变，城市开发区域的基本功能也由"经济增长导向"向"综合发展导向"为核心的功能拓展。我们需要将增长与发展、区域开发与城市综合发展、物质增长与人的全面发展、开发区域的发展与资源环境保护结合起来。

有学者在对浦东新区和滨海新区两区综合配

套改革所处阶段、政策共性、特点和差异进行了比较分析之后，提出两区综合配套改革面临的问题和着力点。指出，浦东新区综合配套改革以完善制度环境为取向，处于制度创新和功能提升阶段，改革主要体现全面创新。滨海新区尚处在产业扩张和急剧发展阶段，以加快产业发展为取向，改革内容侧重于重点突破。此外，浦东新区综合配套改革强调“率先”，主要是提供制度保障的改革；而滨海新区则强调“区域发展”，其配套改革以提升产业为突破点。

与会学者对浦东新区和滨海新区产业发展进行了比较分析。认为，(1)两区发展背景不同。(2)两区发展现状不同。(3)2010年，从各级财政收支看，浦东新区领先滨海新区。同时，滨海新区工业增加值要强于浦东新区。(4)浦东新区发展先软后硬、以硬带软，而滨海新区促进重点产业发展采取以硬带软、以软促硬的方式来进行。(5)滨海新区应坚持以工业经济为主导，加快现代生产性服务业发展，逐步形成二三产业协调发展、互促互动的产业发展格局。有学者就滨海新区高新技术产业的发展提出三点建议：一是滨海新区要坚持“顶天立地”、开阔视野、凝练方向。“顶天”就是要瞄准国际前沿，“凝练方向”就是要对重点领域和重点方面进一步凝练。“立地”就是要立足现有产业，通过大乙烯和大炼油的高新技术改造，向现代产业发展。二是融合关系、拓宽空间、包容发展。滨海新区要在融合区域经济关系的过程中，寻找高新技术产业进一步发展的空间，而不是将“扬长避短、错位发展”变成被动躲避。三是人才为先、体制创新、市场引领。

（邓喆）

**【第44次理论创新论坛】** 12月16日，天津市社联第44次理论创新论坛在天津职业技术师范大学举行，主题为“科学发展观开辟马克思主义中国化新境界”。天津市社联党组书记李家祥教授、天津教育科学研究院党委书记荣长海教授、天津职业技术师范大学校长孟庆国教授、天津市社联专职副主席张博颖研究员出席会议。来自南开大学、天津大学、天津师范大学、天津市委党校、天津社会科学院、天津职业技术师范大学等专家学者参加会议。天津市科学社会主义学会秘书长薛新国教授主持。

与会学者从中国特色社会主义基本原理，中国特色社会主义基本观点，中国特色社会主义理论的研究方法三个层面，分别对党的十八大报告中的一系列新论述进行了解读。指出报告将社会主义初级阶段、社会主义道路、社会主义的现代化和中华民族伟大复兴四个概念结合在一起，总结了基本理论、基本路线、基本纲领、基本经验和基本要求的“五个基本”序列，共同构成了中国特色社会主义理论的具体内容。

与会学者认为，党的十八大报告理论亮点，突出体现在将科学发展观的历史和理论定位作出更加明确的阐释，将其同马列主义、毛泽东思想、邓小平理论和“三个代表”重要思想一道作为我党必须长期坚持的指导思想，鲜明提出科学发展观的精神实质就是解放思想、实事求是、与时俱进、求真务实。从指导思想的层面进行总结，科学发展观是对马克思主义发展观的继承和发展，继承表现为内在统一性，具体体现在理论目标、理论主题、理论品质、理论的实践性等四个方面。发展表现为创新性，主要体现在发展目标、发展动力、发展对象及其相互关系、发展方式等四方面。存在上述继承和发展的关系，主要基于三个方面原因：首先，科学发展观体现了马克思、恩格斯关于人类历史发展规律和发展道路的思想；其次，科学发展观包含了列宁关于落后国家如何建设社会主义的思想；最后，科学发展观是对毛泽东思想、邓小平理论和“三个代表”重要思想的继承和发展，深刻总结了国际社会中有关发展观的演变规律，科学地回答了中国的发展问题。大家还认为，科学发展观是在实践中产生的，实践基础上的理论创新是科学发展观形成的关键。与会学者认为，中国的社会公共领域正在逐渐形成，主要体现在：市场经济是其产生和存在的基础，民间社团和社区组织有了较快发展，公共参与的发展，私人自主空间得到迅速发展，社会公共领域参与主体逐渐成熟。社会公共领域对政治建设的独特作用主要体现在国家和单个个体之间的沟通方面，在推动形成对国家政治向心力的同时，还可以实现整合表达意愿的要求。社会公共领域对政治建设的作用体现在：(1)社会公共领域促进了社会民主的完善和发展，体现在拓展人民授权渠道、提供参政议政的便利途径和机会、拓展了人民群众监督政府的便利手段等方面。(2)社会公共领域能够推动政府职能的转变,体现在社会公共领域有助于社会权力结构的转型、推动阳光政府和廉洁政府的建设等方面。(3)社会公共领域的存在和发展对于法制建设具有实质性的促进作用。(4)社会公共领域促进了社会善治的发展。(5)社会公共领域通过为公众提供利益表达机制而调和社会矛盾,体现在提供了通畅的利益表达渠道、提供了利益表达方式、提高了利益表达效率等三个方面。

(邓喆)

责任编辑:沈丽妹

# 学术年会

## 【天津市社会科学界第八届(2012)学术年会综述】

### 一、概况

2012年9月至11月,由天津市社会科学界联合会主办、本市各高校、科研院所协办的天津市社会科学界第八届学术年会成功举办。本届学术年会是在天津市委宣传部的大力支持和指导下,为全面贯彻落实科学发展观,推进社会主义核心价值体系建设,服务于经济社会发展和滨海新区开发开放,进一步推动本市文化建设和哲学社会科学繁荣发展举办的。年会主题为"科学发展·惠及民生"。本届年会以邓小平理论、"三个代表"重要思想和科学发展观为指导,按照天津市第十次党代会的战略部署,充分发挥哲学社会科学认识世界、传承文明、创新理论、咨政育人和服务社会的重要作用,为天津深入开展"调结构、惠民生、上水平"活动,推动文化大发展大繁荣,提供理论支持和精神动力。

第八届学术年会分主会场和分会场两部分。本届学术年会征文涉及马克思主义、哲学、文学、艺术学、历史学、法学、政治学、教育学、经济学和管理学以及交叉学科和综合学科等领域,通过两轮不同学科专家的评审,共评出优秀论文196篇。年会组委会编辑出版了天津市社会科学界第八届学术年会优秀论文集,即《天津学术文库(2012年卷)》。《天津学术文库(2012年卷)》按照学科门类分为上中下三卷:上卷为马克思主义·人文科学,中卷为法学·教育学,下卷为经济学·管理学。

本届学术年会突出了以下几个方面的特点:

一是注重对党的理论创新成果的宣传和阐释。年会认真学习、宣传和阐释党的十八大精神,从科学发展观的高度,从社会主义核心价值体系建设的角度,着眼于经济建设、政治建设、文化建设、社会建设、生态文明建设等不同领域,深入研究、阐释十八大提出的重大理论问题和经济社会发展中的现实问题,引领社会思潮,凝聚社会共识。

二是立足天津现实,强化服务理念。学习贯彻党的十八大和市第十次党代会精神,深刻领会和把握"稳中求进、稳中求好、稳中求快"的工作基调,为深入开展"调结构、惠民生、上水平"活动,为推进天津经济社会发展和文化强市建设提供理论支持和智力服务。

三是参与者广泛、研讨水平提高。本届学术年会约有5000余名社科工作者参加,200余名专家和青年学者登台演讲或点评,征集论文近700篇,其中196篇获优秀论文奖,国家级项目9篇,省部级社科基金项目41篇。获奖作者中有教授89人,副教授88人。首次采用网络征文系统,保证了学术论文的规范性。在论文评审中,市社联深入调查研究,科学制定评审标准,严格评审程序,精心遴选评委专家,鼓励创新作品和青年作者,特别是通过CNKI系统的查重,保证了年会论文的质量、水平和原创性。为进一步扩大年会影响,编辑出版年会学术文库,将优秀论文在中国知网发表。

四是搭建交流平台,推出理论新人。年会积极为中青年学者搭建学术交流及展示平台,以培养和推出一批学术新人为目的,在主会场专设了青年学者成长论坛,加强哲学社会科学界理论人才和高素质人才队伍建设。

### 二、主会场概述

2012年12月25日、27日,天津市第八届学术年会主会场综合专场、青年学者成长论坛分别在天津市社会科学界联合会学术报告厅举行。市社联党组书记李家祥主持开幕式并作会议总结,市社联主席罗远鹏致辞。本市高等院校、科研机构、市委党校、实际部门的社会科学工作者及学会研究会代表300余人出席会议,17位专家学者登台演讲或点评。年会组委会对在征文和分会场组织工作中作出突出成绩的 22 个单位和优秀论文作者予以表彰。

在主会场综合专场,本市多位知名学者作了学术讲演。南开大学原副校长逄锦聚教授指出,党的十八大报告提出两个百年奋斗目标,一个是在中国共产党成立一百年时全面建成小康社会,一个是在新中国成立一百年时建成富强民主文明和谐的社会主义现代化国家。天津作为北方经济中心,应该牢牢抓住战略机遇期,在全国率先建成小康社会,率先实现富强民主文明和谐的社会主义现代化。他认为:(1)发展是硬道理。要坚定不移地坚持率先发展。2006—2011 年,天津市国内生产总值(GDP)由 4462.74 亿元增加到 11307.28 亿元,扣除物价因素实际年均增长率为 16.5%。如果实现 GDP2020 年比 2010 年翻一番,年均实际增速不低于 7.18% 即可以。鉴于天津已有的基础,提前实现 GDP 翻一番的目标进而实现“两个率先”是比较有把握的。但未来的发展还可能遇到国内外某些不利因素制约,为此,一是把实施创新驱动战略落到实处,突出科技创新作用,加快经济发展方式的转变;二是深化改革,加快体制机制创新和管理创新,特别是要深化企业改革,进一步转变政府职能;三是加快推进滨海新区开发开放,充分发挥滨海新区对全市的辐射带动作用。(2)突出以人为本,民生优先。2006—2011 年,天津城市居民家庭人均可支配收入从 14283.09 元提高到 26920.86 元(高于 2011 年全国 21810 元的平均水平),年均增长 13.5%,农村居民家庭人均纯收入从 7942 元提高到 13200 元(高于 2011 年全国 6977 元的平均水平),年均增长为 10.7%。从近些年的增长势头和已有的基础看,天津市实现这一目标进而实现“两个率先”也是比较有把握的。但是,天津居民的收入水平虽然高于全国平均水平,可是居民收入的增长和经济的发展、劳动报酬增长和劳动生产率提高尚不同步,收入分配也存在差距。因此要下大力气落实党的十八大和市第十次党代会提出的一系列政策和措施,一是深化收入分配制度改革,进一步实现发展成果由人民共享;二是制定实现居民收入增长和经济发展同步、劳动报酬增长和劳动生产率提高同步的措施,并在实践中落实;三是提高居民收入在国民收入分配中的比重,提高劳动报酬在初次分配中的比重;四是多渠道增加居民财产性收入;五是规范收入分配秩序,保护合法收入,增加低收入者收入,调节过高收入,取缔非法收入。(3)突出“五位一体”建设和全面、协调、可持续发展,实现两个翻一番。天津市近些年在经济持续健康发展、人民生活水平提高的基础上,经济建设、政治建设、文化建设、社会建设以及生态文明建设和党的建设取得显著成就,开创了科学发展和谐发展率先发展的新局面。在此基础上,要进一步贯彻落实党的十八大精神,在建设国际港口城市北方经济中心和生态城市的进程中,实现全面、协调、可持续、高水平发展。

天津市教育科学研究院党委书记荣长海教授指出,党的十八大报告对中国特色社会主义理论进行了系统地论述,提出了一系列重要的理论观点。关于中国特色社会主义基本理论的论述,首先表现在对中国特色社会主义道路内容的补充:建设“社会主义生态文明,促进人的全面发展,逐步实现全体人民共同富裕”,这充分体现了马克思主义关于社会主义、共产主义的基本要求;关于中国特色社会主义理论体系的论述,主要是把科学发展观与邓小平理论、“三个代表”重要思想并列成为中国特色社会主义理论体系的内容,并强调这个理论体系是对马克思列宁主义、毛泽东思想的坚持和发展;关于中国特色社会主义制度的论述,主要是将制度区分为“根本”制度、“基本”制度和“具体”制度三个层面,将民族区域自治制度、基层群众自治制度提升为基本政治制度,将中国特色社会主义法律体系归入制度系列,将各种体制界定为具体制度,从而有利于在理论上研究和在实践中区分制度的坚持和制度的改革;关于建设中国特色社会主义的总依据、总布局和总任务的论述,主要提出总布局是“五位一体”,即增加了生态文明建设,更重要的是将中国特色社会主义建设实践与社会主义初级阶段、社会主义现代化、中华民族伟大复兴紧密联系起来;关于夺取中国特色社会主义新胜利的八条基本要求,则是在党的十三大、十五大、十六大分别提出基本理论、基本路线、基本纲领、基本经验的基础上新提出来的,作为一个整体,反映了中国特色社会主义发展的规律性特征。报告还两次提出中国特色社会主义规律这一概念,表明中国特色社会主义基本理论更加丰富、理论层次更高。

党的十八大报告在论述中国特色社会主义实践时,也提出了一些新的理论观点。关于中国特色社会主义经济的论述,其中较为重要的,一是关于工业化、信息化、城镇化、农业现代化同步发展；二是认为经济体制改革的核心问题是处理好政府和市场的关系，要求必须尊重市场规律，发挥政府作用；关于中国特色社会主义政治的论述中，引人注目的是提出了“社会主义协商民主”概念，这个提法既吸收了国内外学术界的研究成果，又总结了我国民主政治的有益实践，对发展社会主义民主政治将产生极为深远的影响；关于中国特色社会主义文化的论述，最突出的是提出了倡导富强、民主、文明、和谐，倡导自由、平等、公正、法治，倡导爱国、敬业、诚信、友善；关于中国特色社会主义社会管理的论述，主要是将中国特色社会主义管理体系分为社会管理体制、基本公共服务体系、现代社会组织体制、社会管理机制四个组成部分等。

天津财经大学经济学院副院长丛屹教授指出，党的十八大报告明确指出：“坚持走中国特色新型工业化、信息化、城镇化、农业现代化道路，推动信息化和工业化深度融合、工业化和城镇化良性互动、城镇化和农业现代化相互协调，促进工业化、信息化、城镇化、农业现代化同步发展。”这就把城镇化提升到了一个全新的战略高度。去年12月召开的中央经济工作会议也明确提出，城镇化“是我国现代化建设的历史任务，也是扩大内需的最大潜力所在”。统计数据表明，中国的城市化率已经达到51%，这是城市化速度最快的时期，也是经济增速最快的时期，在这一时期，内需应具有强劲增长的特征。但中国经济发展的现实却是经济增速放缓，社会经济中的结构性矛盾突出。研究表明，从发展方式和经济结构来看，不同省份的各个城市，应依据自身的区域特点和经济结构，完善内部结构，调整发展方式，从而促进城市化进程，切不可对其他省份和地区的发展模式生搬硬套。

在现有的城市化率统计的争论中，官方统计数据按照常住人口（半年期以上）口径统计的城市化率为51%，而按户籍人口统计的城市化率仅超过30%，如按“非农业率”统计，现有的城市化率则高达60%以上。我们认为，数据争论的背后，统一指向了“不完全城市化”。中国的城市化，是典型的过渡型“城镇化”，是不完全的城市化，即人口的城市化、社会结构的城市化，滞后于经济的城市化。由此，也引发了一系列的社会发展中的结构性矛盾，突出表现在其对产业结构发展的影响、对消费结构的影响、对城乡收入差距的影响等方面。研究表明，不完全城市化会弱化“工业反哺农业”的能力，长期存在有抑制经济增长的负面效果；不完全城市化对城乡差距的影响，存在明显的阈值，超过这一阈值，对分配差距有拉大的影响，并导致长期消费不足的问题。因此，中国的城镇化道路，显然不是一个简单的城市建设拉动经济增长的过程，而是从经济结构调整、社会管理完善和区域产业结构协调发展的综合的、全方面的角度来讨论的，是以“调结构、转方式”为内涵的社会全面发展进程。

天津社会科学院社会学研究所潘允康研究员指出，所谓民生问题，“就是一个社会的成员，如何从政府、市场和社会获得自己生存、发展的社会资源和社会机会，来支撑自己的物质生活和精神生活的问题”。当今中国民生问题是复杂的、多层面的，可以分为关注生存、重视保障、促进发展三个结构层面。从科学的意义上说，结构是指各个组成部分的搭配和排列。所谓民生问题的结构性矛盾是指各种民生问题自身或相互关联中的矛盾。由于中国当代民生问题是多层面的，民生问题十分复杂。分析某个民生问题时，常常需要联系其他民生问题。因此从宏观和微观角度研究民生问题中的深层次结构性矛盾是十分重要的。每一种民生问题中，都有自身的结构性矛盾。比如教育问题中，普遍性的教育资源提供与优质教育资源不足还不能满足社会需求之间的矛盾、普通教育与职业教育、学校教育与社会教育、农村教育与城市教育、学校人才培养与社会人才需求之间的结构性矛盾等等。各种民生问题之间也存在结构性矛盾。比如，就业中，一方面用人单位招工难；另一方面求职者找工作难，这个矛盾是与人的素质有关的。招工单位往往需要有一定技术技能、专业专长的人员，这样的人供不应求，而大量的求职者由于素质偏低，不具备一定的知识、技术技能、专业专长，只能出卖体力，因此产生供求之间的结构性矛盾。而这个问题又是和教育事业的发展紧密相连的，教育模式的单一，职业教育的相对薄弱，不能面对社会需求培养人才是产生上述问题的一个很重要原因。必须加强教育，加强职业培训，提高劳动者的素质。

天津大学心理研究所所长詹启生副教授指出，无论国内还是国外，越来越关注市民幸福，提升市民幸福已逐步成为社会发展甚至国家发展的战略之一。提升天津市市民幸福感，需考虑市民性别、年龄、受教育程度以及是否为常住人口等对市民幸福感的基本影响,此外还需考虑天津市行政区域差别、市民外部化环境等对市民幸福感的影响。为此,(1)对特殊群体所存在的根本问题有针对性地采取应对策略,提高市民幸福感。无论是不同性别者,还是所受不同教育程度者;无论是常住人口,还是外来人口;无论是少年儿童,还是老中青年,政府或社会组织都要有目的地对各群体存在的问题密切关注并及时应对。如对女性身体健康、生育保险等提出保障措施,就有利于女性市民幸福感的提升;对城市外来人口,解决好他们稳定生活的问题,会使外来人员直接提升幸福感;对老年人实行免费坐车出行、增设适合少年儿童的活动场所等,可以使老人、儿童感受更多快乐与幸福。(2)对不同行政区域实施优势互补与资源共享,缩小区域差异,提升市民幸福感。我们把观察问题的视角细化到区县时,会发现各个不同行政区域的发展不可能是绝对平衡的,这需要制定好相关的政策措施,能较好地与拥有其他优势的区域彼此互补,加强人员流动,做到资源共享,最重要的是使市民能从内心感受到区域差距的缩小或享用机会更加公平公正,能真心体验到生活更加便利,生活品质得以改善,市民的幸福感就会显著提升。(3)改善以周边环境与社会治安为核心内容的外部化因素,提升市民幸福感。周边环境是一个综合指标,包括交通环境、购物环境、就读环境以及休闲娱乐环境等。社会治安是市民对自身所处环境安全性的体验以及所处环境中出现犯罪情况的评估,从本质上来说也是周边环境的内容之一。周边环境与社会治安是影响市民幸福感的重要外部化因素。改善天津市市民的周边环境因素,不仅指自然环境,还包括社会环境,广义说来还包括政府治理环境、打造天津特色的文化环境、打击各种犯罪创造优良治安环境、上学就读环境、看病就医环境等。(4)倡导市民幸福意识,打造百万幸福家庭,创建和谐幸福天津。在整体提升天津市市民幸福感水平的过程中,需要营造一种具有天津特色的市民幸福文化理念,以促进家庭和谐与家庭幸福为核心,以创造全体市民幸福生活与和谐天津为目的。为了确保每一个家庭都能幸福生活,市民首先需要懂得尊重、宽容、忍让、互助、共情等人际关系改善技术,利用积极心理学方法,发现自身优势以及他人的闪光点,在真心赞美与真情感恩中建立融洽的家庭人际关系,打造幸福的家庭生活。

天津师范大学马克思主义学院褚凤英副教授指出,任何一个时期的道德文化都是历史的产物。我国正处于社会主义初级阶段,推进中国特色社会主义道德文化建设,必须坚持从实际出发,找准历史的方位和坐标,充分认识我国发展的阶段性特征,认识现阶段我国道德文化构成和状况的复杂性,制定切实可行的道德文化发展战略,既不降低标准又不提不切实际的目标,既不落后于时代又不超越阶段。任何一个时期的道德文化都是多元一体、多样共生的。推进中国特色社会主义道德文化建设必须强化主导、壮大主流。必须坚持弘扬主旋律与提倡多样化相统一,不断巩固和壮大社会主义主流道德文化,努力在多元中立主导、在多样中谋共识。任何一个时期的道德文化都是一个不断积累积淀的过程。推进中国特色社会主义道德文化建设,既要有紧迫感,也要看到长期性,要有足够的耐心和坚持,做到重在建设、注重积累,不能急功近利,更不能用暴风骤雨、搞群众运动的方式来进行。

南开大学高等教育研究所陈巴特尔教授指出,党的十八大旗帜鲜明地提出要扎实推进社会主义文化强国建设。作为知识传播和培养人才的高等学校将在我国文化强国建设中担负文化传承与创新的重任。人才培养是高等学校的核心职能,同时也是高校传承和创新文化的重要手段。在人才培养过程中,教育者、教育资料和受教育者无一不来源于文化并作用于文化。大学教师是学科知识的掌握者,学科知识是通过文化凝结和文化积淀而成,而高校人才培养其实就是一种对人类文化的更新与再生的过程。同时,科学研究是现代大学的第二大职能,也是高校文化创新的主要途径。高校学术自由的传统为学术研究和文化创新提供了制度资源并已经成为一种精神制度贯穿于大学的始终。这一精神制度所孵化的包容、民主和自由的研究环境,是开创性的文化生产所必需的心理支撑;高校中仁爱精勤的教授和身心发展较为成熟的大学生为知识生产和文化创新提供了人力资源。他们不但饱含深厚的文化底蕴,还占据着某一学科领域的前沿阵地,富有创新思维和开拓精神。这是文化创新的内涵体现和本质要求;高校凭借其自由的学术环境和丰厚的人力资源使其成为了文化交融的中心,这为进一步的文化生产活动提供了原材料。高校的第三个职能是社会服务,而文化服务便是高校社会服务的组成部分。一方面,高校通过技术推广、服务咨询等形式,为区域文化建设做出直接的贡献。文化讲座、服务咨询、图书馆资源、体育设施等,都是高校与社会互动的载体。另一方面,高校里会聚了多个领域的专业人才,利用这个“近水楼台”的优势,他们可以成为地方政府的“智囊团”。另外,校园文化本身就是社会文化的构成要素之一。高校运用校园广播、学生社团、学术期刊等活动形式,规律性地对社会进行文化宣传,不但向社会输入了自己前瞻性的观念,给社会带来朝气蓬勃的文化氛围,还可以让高校里的科学精神、人文传统向社会辐射和扩散,从而引领社会文化向更高的层次发展。由此可见,高等教育并不是一个静态的、分割的过程,而是一个系统的、多元交互的过程。高校正是通过培养优质人才,进行深入研究,大力服务社会来传递和更新文化,而优质的文化又为前三种职能提供了成长的土壤和实践的可能。

**三、分会场概述**

本届学术年会适逢党的十八大胜利召开之际,十八大为哲学社会科学的创新发展指明了方向。本届学术年会围绕深入推进社会主义核心价值体系建设,紧密结合天津“调结构、惠民生、上水平”活动,深入探讨天津科学发展、和谐发展、率先发展和滨海新区开发开放,弘扬天津精神、创新社会管理、繁荣发展文化、惠及民计民生、促进学术理论和学科体系创新发展等问题。各分会场围绕主题,组织引导广大社科理论工作者认真学习、贯彻落实党的十八大精神,总结回顾天津在改革开放和现代化建设实践中取得的巨大成绩和成功经验,围绕科学发展和民生热点展开讨论,提出了许多新的、可操作的观点和建议。

本届学术年会共设立分会场22个,其中高等院校、科研机构、党校12个,各学会研究会10个,约200名专家学者作了内容丰富的学术报告,参加会议和讨论的超过5000人。天津师范大学、天津商业大学和天津职业技术师范大学被评为示范分会场。天津大学分会场邀请台湾东华大学校长黄文枢教授作“21世纪高等教育的变革”主题报告,从建设一个世界级大学、两岸高教面对全球化挑战及推动高等教育的改革等3个方面作了重点阐述。天津师范大学分会场邀请中国社科院新闻与传播研究所传播学研究室主任、研究员姜飞,本校新闻传播学院教授殷莉,南开大学文学院博士梁小建,围绕“传播影响力:突发事件与危机公关”的主题分别作了专题报告。天津财经大学分会场、天津商业大学分会场、天津职业技术师范大学分会场、天津市政治学学会分会场和天津市逻辑学学会分会场举办青年学者论坛,为青年学者成长搭建施展才华、展示成果的平台。天津科技大学分会场以“食品安全与社会责任”主题,专家们从“金融安全、粮食安全、能源安全、生态安全、食品安全”五大安全领域系统地分析了中国食品安全的现状、存在问题和成因,提出了需要完善的管理模式、监管体系和解决措施。天津工业大学分会场分“创新驱动增长,再造传统产业优势”研讨会和“纺织非物质文化遗产传承与保护圆桌论坛”两部分,对中国近代纺织工业发展与创新以及我国纺织工业的现状与发展趋势等作了探讨。天津中医药大学分会场邀请校内外8名学者以“医改·心理健康·中国传统文化”为主题进行了研讨。天津理工大学分会场以“天津滨海·创新·创意·城市发展”为主题,邀请中国社会学学会名誉会长、中国人民大学郑杭生教授作了“社会管理和社区治理的新特点、新趋势”主题报告。天津外国语大学和天津市语言学会联合主办天津市对外汉语教学研究会。天津社会科学院分会场紧扣年会主题,从民生问题出发,举办“中国民生问题中的结构性矛盾”和“发展社会事业,解决民生问题的理论和方法”专题研讨会。天津市教育科学研究院分会场以“转变教学方式,实施素质教育”为主题,对各中学开展的“导学案”课堂教学改革实践进行研讨。天津市历史学会分会场以“现代中国农村研究的新视角:土地与权益、分配与公平”为主题,南开大学张思教授、李屿洪博士、何燕博士作了专题报告。天津市社会主义学会分会场围绕“社会主义核心价值体系构建方法”这一主题进行了探讨。天津市环渤海经济研究会分会场以环渤海区域城市化与经济一体化为主题,进行了深入研讨。

(沈丽妹)

**【天津大学分会场】** 2012年9月8日,天津市社会科学界第八届学术年会天津大学分会场在天津大学文法学院召开。本次会议主题为“社会科学发展进程中的法律与教育”。市社联党组书记李家祥教授出席会议并讲话,天津大学党委副书记李义丹教授出席会议并致辞。南开大学法学院党委书记傅士诚教授、天津大学文法学院院长李旭教授、天津工业大学文法学院院长肖强教授、天津财经大学法学院院长白冬教授出席会议。会议邀请台湾东华大学校长黄文枢教授作主题报告，天津大学专家学者俞风雷、何兰萍、张世轶、余慧华分别作学术交流发言。

李家祥书记在讲话中分析了全国和天津市社会科学研究面临的形势并指出，党的十七届六中全会召开，我们迎来了哲学社会科学发展的黄金期，天津市第十次党代会对繁荣发展哲学社会科学提出了新的任务和要求。天津大学一直以来对繁荣发展哲学社会科学高度重视，今年年会分会场确定的主题体现理论与实际相结合，有特色、有创新，紧扣"科学发展·惠及民生"的学术年会主题，围绕法律与教育在服务经济社会发展中的地位与作用进行了探索和研讨。同时，他对天津大学利用学术年会的机会，广泛组织社科工作者展示研究成果和搭建高层次学术交流平台表示肯定，希望社科界的专家学者紧密结合自己的研究领域，更多地关注经济社会发展中的重大现实问题，拿出更多的具有国家水准、国际影响、经得起历史和实践检验的精品力作。

李义丹副书记在致辞中对论坛的举办表示祝贺，对天津大学从事哲学社会科学研究的师生寄予殷切希望。他指出，在市社联的大力支持下，天津大学人文社科处和各个社会科学研究机构围绕"教学、科研、服务社会"的中心任务，充分发挥了"特色文科"优势，主动应对相关学科领域的新情况、新问题，认真总结社科研究工作的新经验、新成就，积极开展社科领域的理论研究、实践探讨，使研究水平取得了长足的进步。本次学术年会的举办将进一步对社科领域的理论研究和实践探讨起到积极的助推作用。

黄文枢教授在"21 世纪高等教育的变革"主题报告中，分别从建设一个世界级大学、两岸高教面对全球化概念下的挑战及推动高等教育的改革等 3 个方面作了重点阐述。他指出，今日的大学教育已由精英教育进入普及化教育的时代，虽然大学不应该只是扮演职业训练所的角色，但是也绝不可能再自闭于高高在上的学术象牙塔中，必须要与社会的需求结合，学术研发的成果要体现在促进社会、经济及建设的发展与人类的福祉上。培育的人才也必须要适应和满足社会的现实需要，尤其在面对 21 世纪全球化的竞争局面以及急遽变迁的社会时，大学更应具备良好的应变能力以及竞争力且能发挥其所长。因此大学教育的未来发展，在老师的教学、学生的学习，以及课程重整与改善方面必须要有前瞻性的改革推动，才能更好地迎接教育国际化趋势的冲击与挑战。

俞风雷副教授就"完善我国企业职务发明的激励机制"、傅利平教授就"社会管理科学化：理论与借鉴"、张世轶馆员就"民国教育家赵天麟的教育理念探析"、余慧华老师就"天津知识产权质押融资探析"等问题，从法律与教育的角度作了发言。

与会者认为，在全面建设小康社会，加快推进社会主义现代化新的发展阶段，社会科学备受关注，机遇难得。社会科学发展进程中有许多法律教育问题需要我们给予理论的分析和实际的探索，这为社会科学的研究提供了广阔的发展空间，也使我们面临着许多新的机遇与挑战。大家表示，将不断总结经验，继续努力开展研究，为迎接党的十八大胜利召开作出自己的贡献。

（殷雅丽）

**【天津财经大学分会场】** 2012 年 9 月 25 日，天津市社会科学界第八届（2012）学术年会分会场——天津财经大学青年学者论坛在天津财大图书馆举办。市社联党组书记李家祥教授、专职副主席张博颖研究员、天津财经大学副校长于立教授出席论坛并讲话。天津财经大学科研处处长李炜光主持论坛。

李家祥在讲话中指出，多年来，天津财经大学顺应形势发展的需要，秉承本市社会科学界学术年会的宗旨，为青年学者的成长搭建施展才华、展示成果的平台，体现了天津财经大学打造优秀青年团队、发现优秀青年人才、培养优秀青年学者的人才培养理念。他期待青年学者能够在自己的研究领域取得新的、经得起历史和实践检验的研究成果。

于立副校长在讲话中以翔实的数据对比了财经大学与全国财经类高校以及本市其他高校在国家级项目、教育部新世纪人才、全国百篇优博、国家博士后基金等科研指标方面的差距，分析了天津财经大学的优势与不足。他鼓励年轻教师要自信，要怀揣"忧中有喜"的信念，要"志存高远，行胜于言"。

天津财经大学商学院市场营销系博士张初兵、经济学院国际贸易系博士王岚和齐俊妍、经济学院金融系博士金曦分别作了题为"网购消费者后悔情绪的成因、影响及其管理策略研究"、"新型国际分工体系下的中美贸易——价值增值视角的重新审视”、“金融发展与出口技术复杂度”、“互联网开源信息对股票市场行为影响的研究”的报告。于立副校长、商学院党委书记彭正银、经济学院副院长丛屹分别从论坛研究选题、研究设计、研究意义等方面作了精彩点评。

市社联专职副主席张博颖在总结讲话中指出，本次青年学者论坛很有意义，报告内容选题好，报告人思维活跃、准备充分，专家点评深刻。他鼓励年轻教师要自信，在批评中找到收获。

（王大立　孙晶）

**【天津市教育科学研究院分会场】** 2012年9月25日，天津市社会科学界第八届学术年会天津教科院分会场在天津市津南区教育局举办，本次年会主题为“转变教学方式，实施素质教育”。天津教科院副院长刘金明主持会议，津南区教育局丁凤锁副局长致辞，天津教科院王敏勤研究员、杨春芳副研究员分别作了题为“导学案与高效教学”和“以导学案为载体，创生现代课堂教学文化”的学术报告。二位专家的报告，从理论高度，并结合各地“导学案”在课堂教学中应用的生动实例，对“导学案”的重点问题，进行了深入浅出又具有针对性的阐释。天津教科院科研处处长王毓珣作了点评发言。

区教科室、教研室、中学科相关人员及全区14所中学的校长及主管教学的负责人和学科组长、骨干教师近百人参加本次活动。活动的举办对各中学开展的“导学案”课堂教学改革实践和津南区完成天津市“十二五”规划重点课题《区域推进“导学案”教学改革实践研究》，起到了指导和促进作用。

（津南分院、教育局）

**【天津社会科学院分会场】** 2012年9月28日，天津市社会科学界第八届学术年会天津社会科学院分会场“中国民生问题研究”主题研讨会召开。天津社会科学院副院长王立国研究员、市社联原秘书长陈根来教授出席会议并讲话。

王立国研究员指出，本届学术年会组织专家学者共同探讨、相互交流，围绕会议主题积极建言中国民生问题的解决途径和方法。同时，通过年会研讨的形式，集中展示天津社科院的学术创新能力和专家学者的研究成果与风采。

会议分为“中国民生问题中的结构性矛盾”和“发展社会事业，解决民生问题的理论和方法”两个专题展开研讨。潘允康研究员作了“中国民生问题研究的切入点——结构性矛盾探究”主旨报告。张雪筠副研究员、杨政博士、李宝芳副研究员分别就“收入分配”、“医疗卫生”、“劳动就业”等问题中的结构性矛盾研究发表了各自的观点，重点对民生问题的特点、性质以及研究民生问题的角度、层次、热点等方面作了充分阐释。关于收入分配问题，认为双轨制下资本与劳动力的强弱易位是收入分配中的重要问题，分析了非公领域强资本弱劳动和公有单位强劳动弱资本的成因，主张提高弱势方的能力以促进双方平衡；关于医疗卫生方面，从多个角度分析了当前看病难、看病贵问题的成因，提出了应从结构调整、制度改革、财政投入等方面解决该问题；对劳动就业问题，系统阐述了劳动就业中的结构性矛盾问题的表征和根源，并从就业需求、就业供给、就业环境三个维度提出了破解之策。李培志博士在题为“社会事业——社会发展与改善民生的有效契合”的发言中，在严格界定社会事业的基础上，分析了我国社会发展现状，提出通过加强顶层设计、加大财政投入、改革供给方式、建立评估体系等作为加快社会事业发展的重点解决途径。张品博士在题为“政府职能转变：改善民生、促进社会事业发展的必要条件”的发言中提出，政府职能转变是改善民生的必要条件，并论述了如何转变职能和转型后的政府如何改善民生等问题。关颖研究员在题为“社会组织：解决民生问题的中坚力量”的发言中指出，社会组织是解决民生问题的中坚力量，要创新支撑体系和管理模式，让社会组织在服务民生中发展壮大。南开大学关信平教授、市委党校王晓霞教授分别作了精彩点评。

陈根来教授在总结讲话中指出，研讨会层次较高，探讨问题的角度很广泛，对价值本体的把握比较好。年轻学者成长快、知识新，提出的见解很有新意。他希望大家通过开展经常性的交流和争辩的方式，不断促进学术研究创新。

（天津社会科学院科研处）

**【天津科技大学分会场】** 2012年10月11日，天津市社会科学界第八届学术年会天津科技大学分会场“食品安全与社会责任”论坛在天津科技大学报告厅举办。会前，天津科技大学党委书记李旭炎会见了出席大会的领导和嘉宾。国务院发展研究中心学术委员会秘书长程国强、市社联党组书记李家祥、天津科技大学副校长王学魁等出席会议并讲话。会议由天津科技大学食品安全战略与管理研究中心副主任杜海燕主持。

李家祥书记代表市社联对论坛的举办表示祝贺,充分肯定天津科技大学在食品安全领域的教学和研究工作。他认为分会场的主题符合中央和经济社会发展的要求,体现了本届年会"科学发展·惠及民生"的主题,到会的专家学者理论水平高,提升了学术年会的层次。社科界肩负着创新理论、咨政育人的历史重任,应该发挥好专家学者的作用,在深化学术研究,推动学科发展,普及社科知识等方面作出应有贡献。

王学魁副校长在讲话中指出,保障食品安全,是当今社会面临的重大课题,也是社会各界共同的社会责任,天津科技大学食品安全管理研究团队承担了国家自然科学基金项目、国家社科基金项目、教育部哲学社会科学研究重大课题攻关项目等一批科研项目,为政府和企业做了大量的调研和咨询工作,为天津乃至全国的食品企业举办了食品安全知识培训活动,这些活动取得了较好的成效。他希望出席本次论坛的师生能够在论坛活动中相互交流,有所收获。

会上,程国强研究员、中国人民大学农业与农村发展研究中心主任王志刚教授、中国社会科学院食品药品产业发展与监管研究中心主任张永建教授分别以"食品安全:企业社会责任的底线约束"、"现阶段我国农产品质量安全的现状特点、存在问题及其未来展望"、"中国食品安全问题及治理"为题作了学术报告。专家们从"金融安全、粮食安全、能源安全、生态安全、食品安全"五大国家战略安全的高度,提出了食品安全的重要性,系统地分析了中国食品安全的现状、存在问题和成因,需要完善的管理模式、监管体系、解决措施等方面内容。报告内容丰富、生动,有深度,大家开阔了视野,拓展了思路,对推进本市食品安全管理研究发挥了积极的作用。

(武畅)

**【天津工业大学分会场】** 2012年10月17日,天津市社会科学界第八届(2012)学术年会天津工业大学分会场在天津工业大学经济学院举办。会议主题是"创新驱动增长,再造传统产业优势"。天津工业大学副校长赵宏出席并致辞,市社联原秘书长陈根来、天津市人文社科重点研究基地——现代纺织产业创新研究中心主任周庄出席并作点评发言。报告会由天津工业大学经济学院院长朱春红教授主持。

中国纺织经济研究中心主任、天津工业大学教授孙淮滨,天津大学管理与经济学部教授和金生,天津纺织博物馆馆长王庚利分别作了题为"我国纺织工业的现状与发展趋势"、"中国的乔布斯在哪里"、"中国近代纺织工业发展与创新"的学术报告。孙淮滨教授首先分析了当前我国纺织产业发展的现状,并紧密结合当前国内外经济形势,指出我国纺织产业未来发展所面临的主要困难和挑战,明确纺织产业应当按照新型工业化发展道路的要求,走产业升级的战略发展路径,进而提出通过技术创新引领产业转型升级的必要性。

和金生教授在报告中简要回顾了乔布斯的传奇经历,认为创新平台、人力资本、创新催化剂、创新环境和创新战略是推动企业提升创新能力的关键要素。他通过典型案例阐述了我国企业在创新过程中的经验和教训,明确我国企业在技术创新方面存在的劣势,提出提升我国企业技术创新能力的路径选择。

王庚利馆长通过大量的史实资料,生动地展示了百年来我国纺织产业的兴衰成败的历史,将纺织产业的曲折发展历程与国家发展命运紧密结合起来。

分会场还举办了"纺织非物质文化遗产传承与保护圆桌论坛",天津工业大学现代纺织产业创新研究中心成员及部分师生参加了论坛。与会人员就纺织非物质文化遗产保护的重要性、保护的途径以及高等院校在纺织非物质文化遗产保护中发挥的作用等问题进行了广泛而深入的交流。

(孙涛)

**【天津中医药大学分会场】** 2012年10月21日,天津市社会科学界第八届学术年会天津中医药大学分会场在天津中医药大学召开,主题是"医改·心理健康·中国传统文化"。市委宣传部副部长李毅、市社联党组书记李家祥、天津中医药大学党委书记张金钟和副书记杨清海、市社联副巡视员张同顺出席会议并讲话。天津中医药大学教师和学生代表近百人参加了会议。天津中医药大学人文管理学院副院长袁红霞教授主持开幕式。

李毅在讲话中充分肯定了天津中医药大学在人文社科领域的研究工作，指出学术应把握时代脉搏，更重要的是肩负社会责任，理论若要常青，就要与时俱进、贴近社会、贴近生活、贴近百姓。年会主题正是切合了这一理念，体现了社会科学工作者的责任意识。年会内容紧密结合中医药学科发展实际，充分体现中医药大学的特色。他介绍了天津社会科学学术年会在繁荣学术、服务经济社会发展和培育新人方面的作用，希望广大社科工作者要紧密结合实际，支持专业优长，多拿出经得起历史和实践检验的成果，以优异成绩迎接党的十八大召开。

张金钟以“医学人文素质教育的实践操作”为题作了主题报告，报告对医学人文素质教育的现状及其教育教学改革的重点、热点、难点进行了深入剖析。他强调指出，医学人文科学性质已成共识，医学是以人为本、崇尚道德的科学，如何提高医学人文素质教育的实际效果已成当务之急。天津医科大学医学人文学院刘惠军教授、何宁教授、马蔚姝副教授、郭卫华老师、谢保群老师和辛怡博士，以及中医学院张炳立教授也分别作了精彩的学术报告。

（天津中医药大学）

**【天津职业技术师范大学分会场】** 2012 年 10 月 30 日，天津市社会科学界第八届学术年会天津职业技术师范大学分会场青年学者论坛在天津职业技术师范大学图书馆报告厅召开。市委宣传部副部长李毅、市社联专职副主席张博颖研究员、天津职业技术师范大学党委书记于立军、副校长苗德华等领导出席。苗德华主持了学术年会分会场的“青年学者论坛”。

于立军代表天津职业技术师范大学致辞，对出席学术报告会的领导和嘉宾表示热烈欢迎和衷心的感谢。他表示，职业技术师范大学的社会科学研究将深入探讨科学发展与惠及民生的问题，发挥职业教育研究专长，为全国职业教育、滨海新区以及天津市的发展做好服务。我们将围绕实现“十二五”规划开好局、起好步的目标，紧密结合天津“调结构、增活力、上水平”活动，推进马克思主义中国化、时代化、大众化，探讨天津经济社会又好又快发展和滨海新区开发开放，创新社会管理、繁荣发展文化，促进学术理论和学科创新发展，进一步提升内涵发展水平，紧贴经济社会发展和科学研究，形成有生命力的特色专业和学科，更好地为我国职业技术教育的发展，为社会经济的转型、科技创新，为服务滨海新区的开发开放，为天津市社会经济作出贡献。

李毅在讲话中指出，天津职业技术师范大学承办社联年会示范分会场，充分表明了学校对哲学社会科学发展的高度重视，同时也是对青年学者致力于哲学社会科学研究的有利引导。他指出，青年学者致力于社会科学研究，要增强学术自觉和自信。学术自觉和自信是一种素质，更是一种责任和担当。还就学术研究的自觉和自信提出三点与青年学者共勉：第一，哲学社会科学研究要坚持马克思主义方向，青年学者要在这个大的方向下找准自己的研究方向；第二，要研究我们正在做的事情，要讲活、讲好、讲深中国的故事，让人们认识真实的中国；第三，坚持科学的研究方法，为打造具有中国特色、中国风格、中国气派的学术话语体系作出贡献，而不能照搬照抄西方的理论解决中国的问题。

张博颖在致辞中代表社联年会的主办方、对职业技术师范大学多年来承办社联年会分会场给予了充分肯定和高度评价，他说，社会科学界学术年会已经是天津市社会科学界联合会的一个品牌活动，旨在宣传哲学社会科学研究成果，为专家学者、政府部门、企事业单位搭建学术交流和官产学研一体化平台。他鼓励青年学者们坚持在科研道路上不断探索。

青年学者论坛分为两个单元进行了学术交流。天津职业技术师范大学经管学院董树功博士就“战略性新兴产业的培育路径研究”、崔晓迪博士就“现代服务业的培育发展与制造业转型升级问题研究”、体育教学部庞志强副教授就“体育产业市场经营环境研究”、外国语学院张文霞博士就“买卖交际会话中‘召唤—应答’序列结构所反映的社会关系”、艺术学院李波教授就“唐代墓室壁画披帛围系法研究”、职教学院胡克组博士就“技能学习心理及教学模式研究”、邵长兰博士就“多学科视域下职业教育社会培训功能研究”作了专题报告。

苗德华在大会总结发言中指出，本次年会是一次学习会、交流会、提升会，使本校师生能够聆听不同风格的学术报告和专家学者对学术报告的精彩点评，对广大的青年学者也是一次难得的学习交流机会，既增强了学科间的学术交流与学习，又对职业教育的发展起到了积极的推动作用。

（程卿）

【天津商业大学分会场】 2012年10月31日，天津市社会科学界第八届学术年会分会场在天津商业大学国际报告厅举办，主题是“创新·服务·发展”。天津市社会科学界联合会党组书记李家祥、原秘书长陈根来、天津商业大学校长刘书瀚出席会议。

刘书瀚说，学术年会是天津市社科界高层次学术交流的平台，对推动学术创新、繁荣哲学社会科学、推动社会主义文化大发展、大繁荣作出了重要贡献，已成为重要的学术品牌活动。本次学术年会分会场活动，有力地促进了商业大学与天津社科界的交流、互动，对提升商业大学人文社会科学的学科建设和科研创新能力发挥了积极的推动作用。

李家祥在讲话中充分肯定了天津商业大学近年来在哲学社会科学研究中所取得的成绩，指出哲学社会科学研究应立足于当前全国和天津市经济社会发展的需要，注重研究方法的创新，加强对前沿课题和重大理论问题的攻关，进一步增强研究成果的应用性，为繁荣发展我国哲学社会科学贡献力量。

本次学术年会分会场活动分为两个单元。第一单元为首届社会科学博士论坛，王庆、李海伟、陈桂生、王立争、白默5位青年博士展示了其在管理学、经济学、法学等学科领域的最新研究成果，分享了研究思路及心得，并与在场师生进行互动交流。陈根来对5位博士的报告逐一进行点评，认为他们的研究具有重要的现实意义和应用价值，展现了他们深厚的学术功底，并在选题、创新、成果应用等方面进行了深入细致的指导。第二单元为专题学术报告，中国人民大学商学院郭国庆教授、天津大学管理与经济学部何桢教授分别作了题为“营销管理中的服务便利问题”、“精益六西格玛管理的理论与实践”的学术报告。两位教授阐释了各自研究课题的学理概念、研究方法及其成果在社会生活中的广泛应用。南开大学商学院袁庆宏教授和李家祥分别对两位专家的报告进行了点评，畅谈听取报告的收获与体会，充分肯定了两位专家严谨、创新、求实的治学精神。生动翔实的学术报告和高屋建瓴的点评，为在场师生奉献了一场精彩的学术盛宴。

（韩立龙）

【天津理工大学分会场】 2012年11月5日，天津市社会科学界第八届学术年会分会场在天津理工大学举办。主题是：“天津滨海·创新·创意·城市发展”。

中国社会学学会名誉会长、中国人民大学郑杭生作主题报告，市委宣传部副部长李毅、天津市社会科学界联合会党组书记李家祥、天津理工大学党委书记孟庆松出席大会并致辞。

李毅在讲话中，对年会寄予厚望，对今后的学术活动开展提出了要求，并预祝大会圆满成功。孟庆松在致辞中指出，为了进一步促进社会学关于城市建设理论与城市发展模式实践探索方面的学术创新与学术交流，理工大学举办了这次年会分会场。李家祥在讲话中指出，理工大学分会场内容丰富，请来了社会学界的知名专家来作主题报告，相信会收到满意的效果。

天津理工大学法政学院院长段学芬教授、艺术学院刘宇副教授、天津社科院社会舆情研究所所长王来华研究员，分别以“中国城市创意指数指标体系构建研究”、“创意产业——城市发展的新引擎”、“加强和创新社会管理与社会稳定”为题作了报告，中国社会学学会副会长潘永康研究员、天津社科院韩士元研究员作了学术点评。

会上，郑杭生教授以“社会管理和社区治理的新特点、新趋势”为主题作了发言，阐述了在社会管理和社区治理上的理论与实践问题。他指出：“中国社会管理与社区治理呈现出5个方面的新趋势：一是合作共治与复合治理方面，呈现出社会管理与社区治理体制的复合化；二是类型分化与分类治理方面，呈现出社会管理与社区治理方式的多元化；三是刚柔并济与情理法兼顾方面，呈现出社会管理与社区治理手段的艺术化；四是信息化管理与网络化治理方面，呈现出社会管理与社区治理机制的科学化；五是城市治理与乡村治理方面，呈现出社会管理与社区治理的城乡一体化。”

（汤雁）

【天津外国语大学分会场】 2012年11月10日，天津市社会科学界第八届（2012）学术年会天津外国语大学分会场——天津市语言学会暨天津市对外汉语教学研究会2012年学术年会在科研楼报告厅举行。会议由天津市社联、天津外国语大学、天津市语言学会主办，由外国语大学科研处、国际交流学院共同承办。天津外国语大学校长修刚，天津市社会科学界联合会副巡视员张同顺，天津市语言学会原会长、南开大学博士生导师石锋教授先后在开幕式上致辞。天津市语言学会新任会长、南开大学施向东教授，天津市对外汉语教学研究会新任会长、天津师范大学副校长钟英华教授分别在闭幕式上致辞。国际交流学院院长项成东教授、总支书记陈占权分别主持开、闭幕式，天津市语言学会副会长、天津师范大学外国语学院院长顾钢教授主持学会换届大会。

修刚在致辞中特别感谢天津市社会科学界联合会长期以来对本校人文社会科学研究及学科建设的支持与帮助，希望通过本次年会进一步促进本校以及全市高校在语言学和对外汉语教学研究方面的发展与繁荣，并预祝大会取得圆满成功。

张同顺说，市社联是市委、市政府联系全市社科工作者的桥梁和纽带，将不遗余力地为大家创造条件、提供平台，为促进本市哲学社会科学事业繁荣发展，推进文化强市建设作出应有的贡献。

石锋在发言中介绍了本届年会各项任务，对大会的主旨报告、小组讨论以及优秀论文评选等进行了点评。

年会邀请到石锋、赵红弢、施向东和张文忠4位教授分别作了题为“汉语普通话声调听觉范畴初探”、“谈谈当前语文教学与测试改革”、“俞敏先生对语文现代化的贡献”和“英语专业学生对依托项目学习的评价”的精彩学术报告。同时，本次年会还组织了语法、语音、文字词汇、语言教学及习得和外语文学文化等8个组别的讨论，为全市语言学和对外汉语教学方面的师生搭建了一个相互交流、相互学习的平台。

本次会议取得圆满成功，天津市社联、天津市语言学会及参会代表均对本次会议的组织给予了高度评价。这次学术会议，有力促进了天津市各高校之间的学术交流、成果互享和共同发展，对本校汉语语言学研究，特别是汉语国际教育专业的发展起到了积极的推动作用。

（天津外国语大学科研处）

**【天津师范大学分会场】** 2012年11月30日，天津市社会科学界第八届学术年会（分会场）在天津师范大学举办主题为“传播影响力：突发事件与危机公关”。市社科联党组书记李家祥、原秘书长陈根来、天津师范大学党委书记王璟、副校长王延文出席了报告会。中国社科院新闻与传播研究所传播学研究室主任、研究员姜飞，新闻传播学院殷莉教授，南开大学文学院梁小建博士分别作了专题报告。

李家祥在致辞中说，年会恰逢党的十八大胜利闭幕，对于天津社会科学界学习和贯彻党的十八大会议精神具有特殊的指导意义。十八大报告中将国家信息现代化同国家工业现代化、城镇现代化和农业现代化摆在了同等重要的地位，这将会大大促进我国新闻传播事业的发展。党和国家充分认识到新闻传播事业对于构建和谐社会的重大作用。因此如何更好地应对各种突发事件、化解公共舆论危机作为这次年会讨论的主题很有意义。围绕这一主题，中国社科院新闻与传播研究所传播学研究室主任、研究员姜飞，本校新闻传播学院殷莉教授，南开大学文学院梁小建博士分别作了专题报告。

姜飞教授的报告以“新媒体对中国‘权势’文化的颠覆和重构”为题，首先回顾了中国传播学发展的历史，他谈到，在新媒体迅速发展的时代背景下，经过中国传播学者30年来筚路蓝缕的辛勤耕耘，中国的传播学研究终于从学院走向社会，迎来了发展的春天，传播学研究者甚至开始参与国家政策的制定。随后，姜飞老师以“权力和势力”为视角，深刻分析了新媒体对于中国权势文化的影响以及在这种影响下政府、传媒、受众地位的悄然变化。受众被手机短信、微博等新媒体所赋权，开始为自身“造势”，实现了实时的上情下达，促进了传统的大政府向服务型政府转化，而传统的“媒体”开始走向与“新媒介”的融合之路。

在题为“媒体新格局和危机公关”的报告中，殷莉教授以多角度、全视角，展示了当代中国媒体的新格局，指出中国的新媒体社交功能进一步强化，思想表达、参政议政功能逐步显现，商务功能发展迅猛，新媒体文化、娱乐功能稳定发展。从传播内容上看，网上言论空前活跃，网络问政受到政府的重视，网络监督发展迅速、成果丰硕。在这样的媒体格局中，传统模式下的政府对于传媒的规制面临诸多挑战。因此政府的媒介应对策略必须发生改变，由原先的渠道管理向公共关系管理方向转化。殷教授从舆论危机的前期、中期、后期三个阶段为政府化解舆论危机提供了颇具建设性的意见与方案。

梁小健博士题为“网络环境中提升主流媒体舆论引导能力的思考”的报告，以客观的数据向我们阐释了在中国的传统主流媒体在面临新媒体的挑战下，仍旧保有的自身优势——较强的公信力。约翰·奈斯比特在其《中国大趋势》一书中仍旧选择中国的党报为其主要的描述中国的事实来源，同样说明了这一问题。如何保持和提升主流媒体的公信力是报告的核心议题。梁博士认为建好重点新闻网站、监督虚假有害网络信息将网络信息纳入报道框架、引领网络舆论4个方面是传统主流媒体提升自身公信力的有效途径。

姜飞教授严谨的学术素养，殷莉教授对政府危机公关研究的高屋建瓴以及梁小健博士所展现出的新生代学者的思想魅力，赢得了在场师生的阵阵掌声。新闻传播学院院长刘卫东教授以及孙瑞祥教授和林靖博士分别对3个学术报告进行精彩的点评，从研究选题、研究设计、研究意义等方面对报告内容做了深入浅出的解读，给人以更多的思考和启迪。

（王浩）

**【天津市保险学会分会场】** 2012年8月28日，由市社联、市保监局联合主办，市保险学会、市保险协会、市消费者协会承办的天津市社会科学界第八届学术年会分会场在市政协俱乐部召开，主题是“信守承诺保护保险消费者权益”。市社联专职副主席张博颖、市保监局副局长王勉、市消费者协会秘书长王嘉杰出席会议并讲话。市保险学会会长胡文芳出席会议并致辞。会议由市保险学会秘书长张志怀主持。

研讨会共收到论文38篇，其中21篇入选论文集。会议围绕推动天津市保险行业诚信体制、诚信文化建设和保护保险消费者权益的主题展开研讨。泰康人寿天津分公司总经理王献良、天平汽车保险天津分公司总经理王跃明、南开大学风险管理与保险学系教授赵春梅、安泰保险代理公司总经理倪连胜、平安人寿天津分公司营销员胡家安等作大会交流发言。

张博颖在讲话中对市保险学会长期以来的工作，特别是在学会建设和开展学术活动方面所取得的成绩给予了较高评价；对本次研讨活动的成功举办和在选题意义、学术价值、会议组织，以及对本市保险业诚信建设的积极作用给予了充分肯定。他介绍了市社联近年来开展的重点工作，举办的各类品牌活动，以及为学会研究会搭建的学术研究和交流的平台。他希望市保险学会进一步加强与市社联的联系，积极参加社科界的活动，推动学术研究，加强学会建设，以更多更新更好的学术研究成果，服务于全市的经济社会发展。

王勉在讲话中要求保险行业要在诚信服务体系建设、保护消费者权益方面进行深层次研究，大力营造保险行业理论研讨氛围，不断强化保险从业人员的服务意识和消费者权益保护意识。同时，要进一步加强保险宣传，扩大对消费者保险知识的教育覆盖面，助推天津保险行业诚信文化能力建设。

（李艳洁）

**【天津市无形资产研究会分会场】** 2012年10月20日，第十届全国无形资产理论与实务研讨会暨2012年天津市无形资产研究会学术年会在天津财经大学召开，本次研讨会是天津市社会科学界第八届学会年会分会场之一。财政部企业司司长刘玉廷教授，天津财经大学校长、天津市无形资产研究会会长张嘉兴教授，天津财经大学副校长高正平教授，国家知识产权局知识产权发展研究中心主任陈燕研究员，天津市知识产权局副局长郭明，中国商业会计学会副会长关晓光，中国资产评估协会副秘书长韩立英，天津市医药集团有限公司副总经理兼总会计师马贵中出席会议。

研讨会由开幕式、大会主题报告和分会场学术研讨三个时段组成。开幕式由市无形资产研究会秘书长苑泽明教授主持，张嘉兴会长、关晓光副会长、郭明副局长分别致辞。张嘉兴教授在致辞中，首先代表天津财经大学和天津市无形资产研究会对嘉宾的到来表示热烈欢迎。他简要回顾了近20年来天津财经大学在无形资产研究领域取得的丰硕成果，以及天津市无形资产研究会作出的成绩。对全国无形资产理论与实务研究为服务天津及滨海新区发展和促进无形资产相关学科发展起到的推动作用给予充分肯定。他希望广大理论工作者和实务工作者共同关注天津乃至全国经济建设中涉及的无形资产问题，努力为经济建设服务。会议向为筹办此次研讨会作出贡献的有关企业和部门授牌。

本次研讨会主题是“转变经济发展方式：无形资产的理论与实践”，围绕“贯彻自主创新国策、实施知识产权战略、提升品牌竞争优势、实现无形资产价值”等相关理论与实务问题,探讨“十二五”期间中国无形资产理论与实践的发展。会前,市无形资产研究会组织开展了征文活动,收到论文96篇。经专家评审,23篇论文作者作大会交流发言。

在大会主题报告阶段,刘玉廷、陈燕、韩立英、马贵中、苑泽明和厦门大学纪益成教授等分别以“无形资产评估相关问题”、“专利情报在知识产权战略中应用”、“发挥资产评估优势、发现无形资产价值”、“着力提升品牌价值,打造企业核心竞争力”、“自主创新、知识产权与无形资产评估”、“当前我国无形资产管理若干问题思考”为题作了学术报告。他们结合各自研究领域并围绕大会主题,从理论和实践两个层面,多角度地阐述了学术见解。

大会还设立了3个分会场,以“无形资产管理、财务与评估”、“无形资产会计、审计与评估”和“知识产权贸易法律保护”为主题进行了研讨。在分会场的学术研讨中,来自全国相关高等院校和实际部门的研究人员共9人作了专题发言,阐述了学术观点和实践认识。

本次会议呈现出规模大、层次高、观点新颖、研讨深入的特点,尤其是采取了“政、企、学、研”相结合以及多学科交叉融合的崭新模式。一是多位政府部门工作人员参会并发言,提出了政府关注的问题;二是实务界企业高管人员积极参加会议,发表了观点和见解;三是会议邀请到了无形资产领域国内一流专家学者和台湾资深教授出席,体现了研讨会的学术高端;四是以学术会议促进学术研究,很多参会者提交的论文都是科研课题、科研项目的阶段性成果,对这些研究论文的讨论和交流,拓宽了研究者的思路,同时让参会人员共享了许多宝贵的学术信息和学术观点。多学科交叉融合的办会模式,既拓宽了无形资产研究的视角,又深化了对无形资产相关理论与实务问题的探讨。

(苑泽明)

**【天津市政治学学会分会场】** 2012年10月21日,第三届天津市青年政治学论坛在市委党校举办,本次会议是天津市社会科学界第八届学术年会分会场之一。市社联专职副主席张博颖研究员,市委党校常务副校长祝宝钟和副校长赵晓呼出席开幕式并致辞。市政治学学会名誉会长徐大同教授和中国政治学会副会长高建教授出席会议并讲话。天津师范大学党委副书记史瑞杰教授出席会议。来自14个团体会员单位的会员代表和政治学爱好者80余人参加会议。本次论坛向会员单位征集论文48篇。学会副秘书长刘耀臣教授主持开幕式。

张博颖副主席在致辞中充分肯定了市政治学学会多年来取得的成绩,特别是在开展政治学理论研究和创新,加大青年政治学人才的培养力度,推动政治学科健康发展方面作出的突出贡献。希望学会继续发扬好的办会传统和经验,紧密围绕我国经济社会发展的重大理论和现实问题,以及政治学科建设和发展的新趋势开展基础和前沿理论研究,特别是要结合即将召开的党的十八提出的新论断、新阐释、新要求进行深度研究,努力推出更多更好的学术成果,在服务社会发展的进程中展示和扩大学会的影响力。祝宝钟教授和副会长马德普教授也先后致辞,对本次论坛的顺利召开表示祝贺,对于市社联给予学会工作长期的大力支持表示感谢。同时,结合中国政治学研究的发展前景和面临的挑战,鼓励青年学者积极探索,多出成果。

论坛分设3个小组围绕9个专题进行小组讨论,内容涉及“社会主义核心价值体系与和谐社会建构”、“社会管理创新与和谐社会建构”、“政治思想与政治文化”、“执政党建设理论与实践”、“公共管理与社会发展”、“国际政治与现代中国”、“党史与党建”、“经济建设与区域发展”、“政治哲学与历史”。孙晓春、刘耀臣、吴春华、季乃礼、任福全等教授分别主持小组研讨或作点评发言。

随后进行了换届改选,选举产生第七届理事会。闭幕式上,孙晓春秘书长向大会公布了第三届天津市青年政治学论坛论文获奖结果:一等奖5名,二等奖10名,三等奖15名。杨龙会长、赵晓呼副会长和中国政治学会副会长高建先后讲话,他们对市政治学学会以及天津市政治学的发展给予了中肯的定位和评价,提出要以学会为平台,为天津市的政治学发展创造更多的条件,不断促进天津市政治学的发展迈上新台阶。

(高翔)

**【天津市逻辑学学会分会场】** 2012年10月28日,由天津市社联和天津市逻辑学学会联合主办,南开大学哲学院协办的津京冀“逻辑与文化建设”学术研讨会在南开大学召开。本次研讨会是天津市社会科学界第八届学术年会分会场之一。来自津、京、冀高等院校的专家学者，南开大学逻辑学专业师生，以及天津工人日报社、水上公园管理处、中铁十八局等企事业单位的代表参加研讨会。南开大学哲学院副院长李国山教授出席会议并讲话。

燕山大学文法学院院长刘邦凡教授作了题为“逻辑与文化研究”的发言。他介绍了南开大学温公颐先生对中国逻辑史研究所起到的奠基作用，崔清田先生与张东荪先生推崇“逻辑与文化”理念，倡导“文化诠释”和“历史分析”的方法，并对南开大学逻辑学同仁在中国古代逻辑史研究方面作出的贡献进行了阐述，给予了肯定。北京大学哲学系刘靖贤博士围绕“新弗雷格主义”理论的“三个阶段”和新逻辑主义“三个方面”的基本情况作了介绍。

天津财经大学助理研究员许晓进以“高校教学管理应转变思维方式”为题作了发言。她指出了我国高校传统教学管理模式的弊端，并就革除旧的高校教学管理弊端，以及如何转变思维方式，改革高效管理模式提出了自己的见解。

南开大学李章吕博士从逻辑和认知的角度探讨了“贝叶斯定理”。他强调指出，“贝叶斯定理”的运用会导致一些违背人们直观感觉的“悖论”——错觉。即人们在进行决策判断的时候忽略了基础概率，其背后的心理机制是人们在进行主观概率判断时所采用的代表性等启发式判断原则。

南开大学聂海军博士以“存在图：从被忽略到被认可”为题作了发言。他介绍了“存在图”从忽略到认可所经历的过程，论述了“存在图”在被纳入哲学逻辑的范畴过程中产生的逻辑系统身份、推理效率和阐述的精确性等3个方面的问题。

天津师范大学张靖副教授作了题为“举证、审判——诉讼的逻辑视角”的发言，阐述了逻辑在司法实践中的重要作用。南开大学樊蕊博士对“模糊谓词在不同分类间的流动机制”问题阐述了看法。她运用信息流逻辑中的分类方法尝试对“模糊谓词”的流动机制进行了分析。

中国逻辑学会经济逻辑专业委员会主任、天津商业大学瞿麦生教授以“经济逻辑及其理论体系创新”为题作了发言。他指出，经济思维是经济逻辑的基础。提出了经济思维与其对象的关系具有客观性、直接性和具体性，以及经济理论思维具有主观性、间接性和抽象性等方面的特点，并作了深入的论述。

市逻辑学学会会长任晓明教授作了会议总结，他指出，本次研讨会准备充分，会员踊跃参与，探讨的问题涉及到逻辑学的多个分支学科，体现出专深研究的特点。同时，理论研究与应用研究成果交相辉映，特别是青年学者的参与和提交的研究成果使人耳目一新。

市逻辑学学会名誉会长陶文楼教授在讲话中认为，研讨会呈现出三个特点：一是会议主题紧贴学术前沿，学者交流发言具有前瞻性；二是研究范围广、内容丰富、信息量大，并有新的增长点；三是研讨交流以青年学者为主，开启了学术活动的新途径、新形式。本次学术研讨会必将对逻辑事业的发展有积极的促进作用。

（刘明明）

**【天津市科学社会主义学会分会场】** 2012年11月4日，天津市科学社会主义学会在市社联召开社会主义核心价值体系构建方法研讨会暨第七次会员代表大会，来自高等院校和科研院所的专家学者50余人出席会议。本次会议是天津市社会科学界第八届学术年会天津市科学社会主义学会分会场。天津市教育科学研究院院长、市科社学会会长荣长海主持会议，市社联专职副主席张博颖出席会议并讲话。

与会学者认为，虽然资本主义曾经促进人类经济社会的发展，但在长期的优胜劣汰的环境下导致了资源长期分配不均，最终通过人类与自然界的生态危机、民族间非传统的安全危机和金融危机三种形式显示其对人类社会的冲击和破坏。要用劳动主体平等代替劳动活动平等来实现社会主义对资本主义的超越。具体而言，在社会主义市场经济的条件下，要以国家宏观调控为逻辑根据，在发挥市场自发调节实现优胜劣汰的同时，发挥国家宏观调控重要作用，实现促劣变优的最终目标。

与会学者认为，建设社会主义核心价值体系是建设文化强国的根本任务。社会主义核心价值体系是兴国之魂。社会主义核心价值体系的构建既要得到民众的认同又要转化为行动。要在提高价值观的可认同性的前提下提高其可转化性，这就要求提高表达能力、传播能力和示范能力。切实把社会主义核心价值体系融入到大众生活的各个层面，使之逐渐成为人民大众的思维模式和行为方式。在社会主义核心价值体系大众认同途径上，首先，社会主义核心价值体系的社会认同，要满足社会成员的情感需要和利益需要；其次，从宣传教育的手段上，要优化言说方式、消除话语差别，不断提升话语诠释的力度，促进话语体系与时俱进；此外，注意发挥重点人群的表率作用，尤其是要发挥党员和领导干部的表率作用。

与会学者认为，用什么思想指导我国网络文化建设，直接关系到我国如何教育广大网民，特别是教育年轻网民的头等大事，也是关系到我国是否坚持走中国特色社会主义道路的重要问题。中国共产党高度重视互联网的发展和网络文化建设，准确把握互联网发展带来的新机遇，并适时作出一系列重大部署。十六大以来，党的网络文化建设和管理思想主要包括：网络时代深刻变革论、网络文化建设管理理论、网络文化资源共享论和网络文化主旋律论等4个方面。网络具有虚拟性和"真实"性、互动性和即时性、丰富性和感观性、开放性和多元性等特点。网络是意识形态交锋的重要平台，又是社会各种情绪发散的泄流口。它既是人们获取各种信息文化的资源库，也对我国安全构成了威胁。构建中国特色社会主义网络文化必须坚持方向引导性、平等互动、创新性、自律与监管等4个原则。

与会者还围绕社会主义核心体系统领社会价值观教育方法论，文化折扣与社会主义核心价值体系构建的方法，以及当代革命军人的核心价值观的培育等方面进行了探讨。

（郭晓杰）

**【天津市语言学会分会场】** 参见"天津外国语大学分会场"。

**【天津市社会心理学学会分会场】** 2012年11月14日，由天津市社联、天津市社会心理学学会和天津市家庭教育研究会联合举办的"社会转型期的亲子关系问题"研讨会在天津市社联召开，本次研讨会是天津市社会科学界第八届学术年会分会场之一。会议由天津市社会心理学学会会长乐国安教授主持。市社联党组书记李家祥教授出席会议。市妇联副主席、市家庭教育研究会常务副会长程树梅出席会议并致辞。市社联专职副主席张博颖出席会议并作总结讲话。

会上，7位专家围绕会议主题作了发言。孟育群教授以"中小学生亲子关系与家庭德育系列研究回顾"为题作了演讲。她指出了研究社会转型期的亲子关系问题的重要意义，回顾了20年来从事亲子关系研究的成果和体会，指出本课题取得显著成效的重要原因是坚持了行政领导、科研人员与实际工作者三结合的科研模式。王大龙在题为"正面教导、尊重儿童权利的国际社会亲子关系的共识"的发言中介绍了国内外亲子关系问题研究的主要趋势和特点，介绍了国家和教育部关于家庭教育的最新政策和动态，以及国家即将出台"家庭教育法"的情况，他建议，家庭教育工作者应该很好地挖掘一下近代天津籍名人的成功家教经验，并进行总结推广。黄鹤春以"为了儿童幸福健康的成长"为题作了发言，他肯定了亲子关系问题研究的重要性，强调了从小培养孩子良好习惯对儿童健康成长的必要性，指出习惯养成需要有不同的强化手段。

关颖研究员的发言题目是"漠视儿童权利是亲子冲突之源"。她认为引起亲子冲突的原因与漠视儿童权利有关，父母习惯于自以为是、凌驾于子女之上，他们对孩子的"不理解"、"不关心"折射出对子女的权利和独立人格的漠视，因此，解决亲子关系问题必须从重视儿童的合法权利入手。贾晓波在题为"亲子沟通与亲子关系的改善"的发言中分析了中国家长在亲子沟通中常见的问题及其深层的文化心理原因，提出了改善亲子沟通的有效途径与要点，并从宏观角度对解决亲子关系问题提出了建议。

张其博在题为"亲和而威严家长形象的辨析"的发言中指出，当前宣传中把板子都打在家长身上是不合适的，应该更多地教育孩子懂得尊重家长，养成好的行为习惯，舆论对此应发挥正面的引导作用。南开大学学生心理健康指导中心主任袁辛教授以"亲子互动中的正能量传递"为题作了发言。她列举了自己接待的几个咨询案例，从当前学生中常见的心理适应能力较差的原因入手作了分析，强调家长应该在家庭教育中不断传递正能量，努力减少负面影响。

自由发言阶段，市家教会理事陈秀茹、河东区102中学教师张玲、北辰区实验幼儿园园长刘凤伟分别作了发言，交流了自己在亲子关系研究方面的见解和心得。张博颖在总结讲话中认为这次研讨会开得很有意义，准备得也很充分，专家们的发言为与会人员提供了丰富的信息，有些见解颇有新意，有些经验极具推广价值，值得广大研究人员和实践工作者继续深入研究，也希望有关领导能够继续关注这项工作，给予更大的支持。

（贾晓波）

**【天津市环渤海经济研究会分会场】** 2012年11月22日，由市社联、市环渤海经济研究会、市城市科学研究会联合举办的"学习贯彻党的十八大精神，环渤海区域城市化与经济一体化研讨会"在市社联召开。本次研讨会是天津市社会科学界第八届学术年会分会场之一。市社联党组书记李家祥出席了会议。市环渤海经济研究会理事长左明，市环渤海研究会名誉会长王成怀，市社联专职副主席张博颖出席并讲话。会议由刘东涛、王明浩主持。

左明指出，党的十八大报告中多处论述城镇化和区域经济一体化问题，反复强调要搞好区域统筹、城乡统筹、经济社会发展与资源环境统筹等，对未来我国城镇化和区域经济一体化发展的路径进行了详细地阐述。

王成怀指出，党的十八大把科学发展观写进党章，上升为党的指导思想，必须引起全党党员的高度重视，不仅要深刻领会，更要身体力行，言行一致。要真正把思想统一到十八大精神上来，统一到新党章上来。

张博颖强调，全市社会科学学术团体和广大社会科学工作者，要把学习宣传贯彻党的十八大精神作为当前和今后一个时期的首要任务，认真领会精神实质，紧密结合自己的专业领域，从不同角度深入探讨我国特别是本市发展和改革开放中的重大问题，推动学术和理论创新，为促进经济建设、政治建设、社会建设、文化建设、生态文明建设作出更大贡献。

南开大学江曼琦教授、天津社科院高峰博士、天津城建学院赖迪辉博士、天津财经大学丛屹教授、天津城建学院王振坡教授、南开大学杨德进博士、天津师范大学孟广文教授、市环保局包景岭总工程师、天津社科院卢卫研究员、市委党校臧学英教授等先后发言。

与会者围绕会议主题进行了广泛而深入地研讨。专家们认为，我国城市化和区域经济一体化浪潮方兴未艾，在相当长一个时期仍将是拉动内需和经济增长的强劲动力。另一方面，城市化也需要消耗巨大的物质资源和能源。因此，建立高效的、与环境资源协调发展的空间格局作为未来城镇化提供坚实的基础，才能实现城镇化的可持续发展。

有的专家指出，城镇化规模的扩大会加快新兴服务业的出现，从而优化第三产业结构。城镇化为第三产业提供了生存和发展的肥沃土壤，第三产业的发展带来了大量就业岗位，引起大量农业人口向非农人口的转移，这些都将大大加快地区的城镇化进程。有的专家认为，利用信息化的技术改造和管理城市，城市管理向精细化方向发展，信息化推动的城市化不再以人口迁移、城市规模扩大为特征，而是注重于城市的内涵发展与集约发展。有的专家则从旅游的角度阐述了第三产业与城市化的关系。

（刘东涛）

**【天津市历史学学会分会场】** 2012年11月23日，由市社联主办，市历史学学会、南开大学历史学院承办的"现代化进程中的华北乡村问题学术论坛"在南开大学历史学院举办。本次论坛是天津市社会科学界第八届学术年会分会场之一。市历史学学会理事长陈志强教授出席论坛并致辞，学会副理事长、天津师范大学历史文化学院李学智教授出席本次论坛。

本次论坛以"现代中国农村研究的新视角：土地与权益、分配与公平"为主题，南开大学张思教授、李屿洪博士、何燕博士围绕该主题作了专题报告。张思教授以"从村档案中重新认识现代华北农村"为题，介绍了近10年来对现代华北村庄档案资料的调查、收集、整理与研究，探讨了现代中国村庄档案资料的学术价值与意义，强调了在对现当代乡村文献收集整理的基础上从事集体化时代和中华人民共和国史研究的必要性与重要性。李屿洪博士以河北省昌黎县侯家营村为例，探讨了人民公社时期的分配与公平问题。她对人民公社时期的初次分配、二次分配、农民与分配制度的关系进行了细微解读，并对人民公社时期的分配制度作出了总结与评价。何燕博士就"土地与权益"问题，以山东省淄博市沈家村为案例，依据该村保留下来的丰富档案，解读了集体化时代该村的宅基地问题和国家建设征地问题。她的发言强调了集体化时代的宅基地与国家建设征地制度与实践对今日乡村社会的延续性及现实影响，对当今农村改革具有启发意义。

专题报告后，与会学者围绕论坛主题和专题报告进行了深入探讨和精彩点评。陈志强教授以"研究个案选取标准和分析方法"、李学智教授以"共性和个性：区域社会史研究的路径"、侯杰教授以"现代化概念及理论运用需注意的诸问题"、熊亚平副研究员以"田野调查中口述资料与档案资料如何相互参照利用”为题分别展开进一步论述和阐释。

（王昊）

**【天津市国学研究会分会场】** 2012年12月8日，由市社联与市国学研究会共同主办的“国学与当代文化”学术研讨会在市社联学术报告厅召开，本次会议是天津市社会科学界第八届学术年会分会场之一。市国学研究会会长王处辉和副会长艾跃进分别主持会议。市社联党组书记李家祥、市政协文史委原主任万新平、市国学研究会名誉会长甄健民和研究会顾问李之珍出席会议并讲话。

李家祥代表市社联充分肯定了国学研究会从成立至今所做的各项大量有益工作，特别是围绕国学研究所开展的学术研讨交流活动。他强调，要在十八大精神的指导下，深入推动国学研究与文化建设相结合，努力为全面建成小康社会和推动社会主义文化大发展大繁荣作出贡献。万新平在讲话中针对当代中国的国学研究和国学普及提出了自己的看法，他认为老一辈的国学研究者为学会的创立和学术研究的发展作出了重要贡献，坚信中华文明五千年成果一定能为现代化建设作出新贡献。甄建民希望当代国学研究者要深入钻研国学思想，不断学习与总结国学理论，大力弘扬国学学术传统。李之珍从自然科学、社会科学的对比与联系的角度阐述了自己对国学的理解，并以动漫产业的发展为例，认为在当代社会，将科学技术与传统文化相结合能够为经济与社会发展提供新的动力。

王处辉在题为“对党在十八报告中提出的文化建设之意义的理解与当下国学研究的任务”的主题报告中指出，新时期党和国家提出的“文化自信”的目标，为当代学者提出了新要求，要在借鉴西方社会思想与理论的同时不迷信西方的理论，要注重对中国传统文化的继承，建构中国特色的社会理论，进一步确立并扩大在国际学术界中的话语权。他认为，文化的核心是思想，思想的核心是价值，价值的核心是利益。文化建设必须与经济建设、政治建设、社会建设及生态文明建设融为一体，并作为其他四大建设的基础，发挥着提供同一社会价值观的功能。他强调，作为传统文化的精华，国学要与社会主义实践相结合，努力为理论创新出一份力。当前，国学研究者应深入学习贯彻党的十八大精神，着重领会党的十八大报告中提出的文化建设的丰富内涵，深度挖掘国学的当代价值，发扬优秀的中华传统文化，不断为建设社会主义文化强国作出应有的贡献。市国学研究会学术顾问罗澍伟研究员以“国学与当代中国文化”为题，强调国学研究会应该突出明确自身的研究领域与研究方向，要以中国传统思想为研究重心，涵盖各个传统性学科。同时，要分清国学思想中的精华与糟粕，有选择、有创新地继承传统思想，传承中华文化中的精华，摒弃糟粕。在谈到国学与创新的关系时，他认为，中国的文化传统中有一种惰性存在，其保守性大于创新性，谨小慎微大于特立独行。当代社会处于大变革的时代，国学不能墨守成规，要大胆创新，致力于推动国家的现代化建设伟大进程。而克服文化的惰性，则应当引发当代国学学者的思考。

市国学研究会副会长查洪德、艾跃进，副秘书长白璐和河西区政协文史委副主任张绍祖分别作了演讲。查洪德认为朱熹所强调的“天理观”代表了合理的社会规范，应批判地继承程朱理学的合理成分——“存天理之公，去人欲之私”。他强调，面对当代社会的文化建设重任，应当注重培养独立人格、无私心怀、圣贤气质与无畏精神。张绍祖针对天津国学史研究展开论述，提出国学研究会应当深入发掘著名社团（如国学研究社、存社、城南诗社）的历史价值和近代国学家的研究成果，深入关注这些学术团体为国学发展所作出的贡献，这样才能从前辈的言行中汲取经验教训，不断取得进步。艾跃进深入解读了当前的国内外形势和中国的历史任务，指出国学发展应当与中国的历史任务联系起来。他强调，国学研究的目的在于服务社会，国学应当也必须从课堂上解放出来，在实践中获得新知。白璐认为，国学应扎根于中国传统文化的土壤，从中获取生命力。国学研究应当从宏观的学术传播拓展到微观的大学社团中去，宣扬国学知识，培养基层对国学的兴趣，扩大国学的影响力。

天津部分企业家、社会团体、新闻媒体和国学爱好者也分别作了交流发言，并就各自关注的问题展开讨论。他们认为，在中国社会高速发展的时期，立足优秀传统文化的国学对于提升个人修养、促进人际关系和谐、提升中国文化软实力具有重大作用，弘扬国学就是弘扬中国特色的文化，国学研究应当贴近实际、贴近生活、贴近群众，走进企业、走进社区、走进中小学校园，举办更多的学术活动；国学传播的途径也需要大胆创新，借助网站推广国学研究理念、发布新近学术成果；国学研究机构与个人可以通过短信、微博、物质产品等形式传播国学文化，推动国学知识“飞入寻常百姓家”。

最后，王处辉对会议进行总结，他强调，在党的十八大精神指引下，天津市国学研究会在2013年将会继续为天津市的文化建设服务，深入进行国学研究，举办更多更精彩的学术活动，为国家与社会的发展作出更加积极的贡献。会上还发布了国学研究会新徽标，介绍了第一部论文集《国学及其现代性》。

（孙晓冬　杨辰）

责任编辑：王冠淳

# 宣传普及

## 宣传普及要闻

**【天津市人大推进社会科学普及立法工作】** 6月3日至9日，天津市人大教科文卫委员会副主任委员、市社联党组书记李家祥教授率市科委、市科普中心一行8人赴重庆、新疆考察科普立法工作。重庆市社科联党组书记颜克亮、重庆市科委副主任牟小云，新疆维吾尔自治区人大常委会教科文卫委员会主任阿不都萨拉木·吾买尔等分别出席两地交流会议。重庆市科委政策法规处副处长王伟就修改《重庆市科学技术普及条例》总体思路、具体方法和调整过程作了详细的说明，并就执行情况进行介绍。新疆维吾尔自治区科技厅厅长夏尔甫丁·夏木西对《新疆维吾尔自治区科学技术普及条例》的修订过程作了全面介绍，并对立法后的实际绩效和存在问题的评估进行说明。

李家祥对此次活动为天津市修改科普条例工作所起到的促进作用给予肯定。他强调，要认真学习贯彻党的十七届六中全会对推动社会主义文化大发展大繁荣提出的新要求，树立大科普观念，推动文化强市建设，进一步提高公民人文社会科学素养。做科普，多一家比少一家好，要为社会科学普及从立法依据上打开一扇门，使社会科学与自然科学共同发展、共同进步。市科委、市科普中心相关负责人表示，此行既拓展了思路，开阔了视野，还学习到新思路、新方法，今后要应用到实际工作中去，拿出具体举措，进一步推动社科普及工作跨上新台阶。

（王铭徽）

**【天津市人大举办人大代表社科普及专题培训活动】** 7月20日，市人大教科文卫委举办市人大代表专题培训班，市人大常委会副主任苟利军出席并作开班讲话。市人大教科文卫专业组代表和各区县人大常委会有关负责人120余名代表参加培训。

苟利军在开班讲话中指出，各位代表要以宽广的视野和前瞻性的思维，深入贯彻落实科学发展观，坚持以人为本，关注民计民生，密切联系群众，依法履行职责，完成立法和监督工作，积极推动全市教科文卫事业的科学发展。

培训班邀请了市委科技工委书记、市科委主任赵海山作题为“准确把握科技发展趋势，全力构建自主创新高地”的专题讲座；邀请市人大教科文卫委副主任委员、市社联党组书记、博士生导师李家祥教授作题为“加强社科普及，提升科学素质，繁荣先进文化”的专题讲座；邀请市科协党组书记杨鑫传作题为“提高全民科学素质，夯实建设创新型国家的基础”的专题讲座。

（王铭徽）

**【天津市社科工作者、社科普及作品和社科普及基地受表彰】** 由广东省社科联承办的全国社科普及联动活动暨“全国第十四次社会科学普及工作经验交流会”于12月3日在广州市召开。会议主题是“学习贯彻党的十八大精神，探讨社科普及工作新思路”。中宣部理论局，广东省政协、省委宣传部有关领导出席会议。来自全国30个省(区、市)社科联负责人、社科普及专家学者近200名代表参加会议。会议由广东省社科联党组书记王晓主持。

会上，广东省社科联主席田丰代表组委会宣读了《关于表彰全国优秀社科普及名家、社科普及作品、社科普及工作者及人文社科普及基地的决定》。会议共评出“全国优秀社科普及名家”115名、“全国优秀社科普及作品”119部，并新增评选出“全国优秀社科普及工作者”122名，“全国人文社科普及基地”103个。天津市社联推荐的王辉、万新平、孙立群、华梅当选“全国优秀社科普及名家”。天津市社联推荐的社科普及图书《天津精神》市民读本、《渤海名家大讲堂(第一辑)》、《建筑名人城市》、《“村官”务实小百科》入选“全国优秀社科普及作品”。天津市社联推荐的陈根来、华敏、田昆儒、关颖、吴志成、花建锋荣获“全国优秀社科普及工作者”称号。《天津日报》、今晚传媒集团《渤海早报》、天津市图书馆、天津市北方网、天津市社会科学进修学院入选“全国人文社科普及基地”。2011年度荣获“全国社科普及专家”荣誉称号的乐国安、潘允康、漆玲、刘援朝也入选全国优秀社科普及名家库。天津市社联科普处处长华敏代表天津市获奖者和获奖单位接受颁奖。

与会者还就学习宣传贯彻十八大精神,开创社科普及工作新局面进行研讨交流。市社联党组成员、副巡视员张同顺代表天津市社联在大会上发言,介绍了天津社科普及工作和经验,并就深化全国科普联动活动提出建议。通过研讨交流,与会代表对今后一个时期如何做好社科普及工作达成了共识:一是必须坚持以马克思主义为指导,深入贯彻落实科学发展观,以宣传普及中国特色社会主义理论体系、推动当代中国马克思主义大众化、推进社会主义核心价值体系建设作为社科普及工作的根本目标;二是必须坚持围绕中心、服务大局,以着力提升人的素质作为社科普及工作的主要任务;三是必须提升老品牌,搭建新平台,建立协调联动机制,实现资源共享,实现社科普及工作新发展;四是必须推动社科普及立法工作,推动社科普及社会化、常态化和法制化。

(华敏)

## 渤海名家大讲堂

**【渤海名家大讲堂特色活动】** 2012年,天津市社联继续开展“渤海名家大讲堂”,先后组织开展了专场科普讲座暨科普图书赠书等活动,向区县基层赠送《渤海名家大讲堂(第一辑)》等图书,邀请社科专家陈卫东、王辅成等分别作科普讲座。社科普及周期间还与今晚传媒集团《渤海早报》、天津人民广播电台联合,举办专家专访、文化惠民等专题活动。组织实施“社科讲坛”进社区、进校园、进企业、进农村、进群体“五进”工程,组织社科界专家学者深入基层,面向普通群众,开展普及讲座、赠送优秀科普图书等活动。

(华敏)

**【大讲堂科普讲座暨社科普及图书赠书】** 5月24日,渤海名家大讲堂科普讲座暨社科普及图书赠书活动在市社联举行。此项活动是市第26届科技周重点活动之一。市文明办副主任唐海波、市社联副主席张博颖、市科协副主席刘惠通及今晚传媒集团《渤海早报》有关负责人代表渤海名家大讲堂主办单位,向来自市区县基层代表赠送了《渤海名家大讲堂·第一辑》、《天津军事史话》、《心理自助指南》、《和谐社会系列读本》图书。活动邀请天津大学教授陈卫东作“低碳城市建设与百姓生活”科普讲座,在市民中倡导低碳生活理念和生活方式。

(杨鸿梁)

**【文化·道德·人生讲座】** 上半年市社联邀请全国未成年人思想道德建设先进工作者、全国关心下一代先进工作者天津师范大学的王辅成做客“渤海名家大讲堂”,与市民畅谈“文化·道德·人生”。150余名市民群众现场聆听了讲座。

(杨鸿梁)

## 社科讲坛

**【滨海新区大港文化大发展大繁荣报告会】** 2月16日,大港管委会文化局举办“滨海新区大港文化大发展大繁荣报告会”,天津大学教授孙兰英主讲。来自大港机关干部、各街镇、各相关单位工作人员、各文化协会文艺骨干、文化企业代表等300余人参加。孙兰英教授从推动社会主义文化大发展大繁荣提出的时代背景、主要内容、战略意义及推动社会主义文化大发展大繁荣与文化强国之路等方面,阐述了推动社会主义文化大发展大繁荣的必要性和紧迫性。大家纷纷表示,一定自觉担当起用社会主义先进文化引领社会进步的光荣使命,以昂扬的精神面貌,务实的工作作风,奋发有为的创造激情,攻坚克难,锐意进取,为不断开创文化建设新局面作出自己的贡献。

(王铭徽)

【河北区图书馆科普讲座】 4月23日、5月14日和15日，河北区图书馆与市社联合作，聘请天津市青少年心理学研究中心主任王虹翔分别到扶轮中学、新开中学、七十八中学，作了“青少年责任意识养成教育”专题辅导讲座，先后有3300余名师生聆听讲座。王虹翔通过“责任重于泰山”、“责任是使命的召唤、能力的体现、制度的执行”、“责任是永不消失的精神”和“当代青少年的社会责任和历史使命”等话题，深入浅出地与师生们进行交流，告诫同学要有诚实守信、发奋读书的责任意识，不辜负父母、老师、社会的期望。聘请教授走入学校，举办不同主题的读书讲座，是河北区图书馆多年来服务基层的品牌活动，深受师生们的喜爱，先后已有两万名师生受益。

7月13日，在武警二支队十三中队组织“兵法与人生”专题辅导讲座，聘请天津师范大学李海涛教授主讲。李教授多年从事中国传统文化与《孙子兵法》理论研究，具有独到的学术观点。李教授从“孙子兵法与兵法家的人生”、“用兵法精华走好人生路”、“学习兵法：心、变、和运用”等三个方面，结合实例向广大官兵阐明了从“心战为上”到“用心为人”达到“攻心为上”的谋略精髓，蕴含了很强的思想性和哲理性，受到官兵的喜爱和欢迎。

（王秀兰）

【河东区图书馆科普讲座】 5月22日，向阳楼街道邀请天津公安警官职业学院刘援朝教授为社区群众作“家庭教育理念与技巧”科普讲座。刘教授主要从家庭教育的“另类”教育、中国社会转轨时期的教育、现代家庭教育理念、责任感及产生的原因、培养责任感的途径、做可持续发展的人等几个方面，为居民进行讲解。来自向阳楼街15个社区130余人参加。

7月18日，向阳楼街道邀请天津社会科学院社会学所副研究员、天津心理咨询师专业委员会主委、天津法制心理学会心理咨询师分会副会长、首届国家二级心理咨询师汪洁教授作“陪伴孩子一起成长——过一个安全、充实、快乐的暑假”专题讲座。汪洁从母亲的教育与孩子的成长、孩子心理行为解读、亲子困惑解决之道、度过一个安全充实快乐的暑假等几个方面，用大量的实例结合理论进行讲解。来自15个社区120人参加。

（陈彤芳）

【红桥区图书馆科普讲座】 3月30日，红桥区图书馆在天津卓朗科技发展有限公司报告厅举办“社科讲坛”图书馆系列讲座，邀请天津食文化研究会秘书长徐双利作“酒文化与酒质鉴别”的讲座，徐老师对酒文化的历史和如何鉴别酒质作了详细的讲解，受到受众员工们的欢迎和好评。

（刘继刚）

【天津市少儿图书馆科普讲座】 3月4日，市少儿图书馆邀请国家职业心理咨询师宋文娟作题为“培养孩子的自我保护能力”的科普讲座，120名学生、家长聆听讲座。讲座从培养孩子自我保护意识、发自内心地悦纳自己、爱护自己的身体、松手不放手等四个方面，通过一些实例，帮助父母认识到培养孩子自我保护能力的重要性，并传授给父母一些如何让孩子学会自我保护的知识和方法技巧。

4月23日“世界读书日”，市少儿图书馆邀请市家教会会员、红桥区教育科学研究室傅顺利作“家长如何利用好图书馆指导孩子读书”公益讲座。傅顺利结合自己女儿的成长历程，介绍了自己如何利用图书馆教育孩子的经验和做法。120名学生、家长聆听讲座。傅顺利主要从家庭阅读观念的确立、阅读日常化是培养儿童阅读能力的重要途径、亲子阅读对儿童成长具有重要意义等方面阐述了培养儿童读书的重要性，同时给家长提供一些建议：一是懂得图书分类，掌握选书方法；二是参加家教讲座、读书征文等活动；三是学会写读书笔记、读后感；四是指导孩子进行网上阅读；五是读写结合，注重读书效果，让家长和孩子一起读书，共同成长，少看电视多读书。让读书成为习惯和享受，创设读书氛围，营造书香家庭。

5月27日，市少儿图书馆邀请国家职业心理咨询师宋文娟作题为“双胞胎子女的家庭教育”讲座。120名学生、家长聆听讲座。相对独生子女，双胞胎孩子有自己优势的一面。譬如有伙伴，心理压力比较小（不被父母“死盯”）等。但长期的亲密相处，双胞胎孩子彼此间也会产生一些矛盾，父母也可能由于精力不足，难以平等相待等。如何给双胞胎子女提供良好的家庭教育，使孩子们能友好相处，共同进步，本次讲座从以下三个方面与父母们一起探讨了双胞胎孩子的教育问题。一是让孩子互利互进，二是培养双胞胎孩子健全的人格，三是培养孩子的规则意识等。

7月8日，市少儿图书馆邀请天津市青联委员乔强作题为“家长怎样帮助孩子选择校外兴趣班”的专题讲座。120名学生、家长聆听讲座。暑假还要不要给孩子报一个班？报什么样的班更合适？这是大多数家长面临的问题。专家认为，适合孩子的辅导班就是最好的。专家分析了以往家长在为孩子选择兴趣班时容易出现的几个误区，并给家长提出建议：一是孩子学习任何兴趣班都有相应的年龄要求，家长给孩子选择专业首先要向少年宫老师做好咨询。二是从幼儿阶段就开始学习的孩子，第一次入门学习最好只选择一科，了解孩子对哪些学科感兴趣，然后再做决定。三是选择科目时，一定要结合孩子的性情和爱好，建议动、静兼顾，文化类要兼顾艺术、体育和科技类，切忌一味地选择文化类的两个或两个以上学科。四是孩子在学习过程中，要多鼓励、多欣赏，特别是孩子产生畏难情绪时，更需要家长的关心、鼓励与支持，切忌挖苦、胁迫孩子。五是对于在某一学科有特长的孩子，家长不仅要多鼓励与支持，更要帮助孩子树立信心，立志将此特长不断巩固，提高，切忌以应试为名，剥夺孩子的学习时间或机会。在孩子学习压力大时，某些艺术特长能帮助孩子宣泄情绪，乃至减压。

8月19日，市少儿图书馆邀请鞍山道小学高级教师张淼作题为“如何引导孩子阅读课外书”专题讲座。120名学生、家长聆听了讲座。课外阅读对中小学生成长非常重要。他们是否在课外阅读？在读些什么？会不会读书？怎样让孩子能够“自动自发”地阅读？如果家长为孩子提供一个良好的阅读环境，与孩子分享阅读经验，孩子就可以尽情地遨游在阅读世界中。讲座的主要内容有：营造一个良好的阅读氛围；激发兴趣，促成阅读；教给方法，指导阅读；帮孩子养成良好的读书习惯；注意处理好课内学习和课外阅读关系等。

（刘晓英供稿，杨鸿梁整理）

## 社科普及图书与理论研究

**【“科学与文化”系列科普图书】** 2012年，市社联组织专家完成的“科学与文化系列科普图书”，被列入天津市科普重点项目和市“十二五”教育科学规划课题。这是市社联首次以市级科普课题立项方式，组织专家学者开展科普图书编撰。此项目得到市科委、市教科院的大力支持，系列科普图书在研究创作、编辑撰写和出版发行等方面，较以往都有质的飞跃。

“科学与文化系列科普图书”共有《科技文化》、《法治社会》、《社会保障》、《心理疏导》、《智慧城市》、《环境美化》、《家庭理财》、《网络生活》、《食品安全》9本分册，约130万字。系列科普图书紧紧把握正确导向，介绍党和国家方针政策和法律法规以及本市近年来在相关领域取得的成就，尽力满足新形势下群众对社会科学知识的需求，具有较强的针对性。市社联社科普及专业委员会副主任乐国安教授在书评中指出，“本书充分体现引领性、通俗性、时代性、针对性等特点，让广大市民更多领略科学精神的力量和科学知识的魅力，发挥引领风尚、教育人民、服务社会、推动发展的作用”。

（刘晖）

**【天津市开展社会科学普及周活动经验】** 以纪念社科普及周活动举办十周年为契机，组织专家学者开展社会科学普及理论研究，总结天津市社会科学普及工作取得的经验，探讨在新形势下加强社会科学宣传普及、构建社会主义核心价值体系、弘扬天津精神、提升市民素质、促进社会和谐、推进经济社会发展的途径和对策。11月12日《天津日报》理论·创新版以“奉献社会服务群众繁荣文化——天津市开展社会科学普及周活动经验思考”为题刊发了科普理论研究文章，并提交全国科普工作经验交流会进行交流。

（华敏）

## 天津市第十届社会科学普及周

**【天津市第十届社会科学普及周综述】** 2012年10月20日至26日，由中共天津市委宣传部、天津市社会科学界联合会共同主办的天津市第十届社会科学普及周活动举行。本届社科普及周活动，以“弘扬天津精神促进科学发展”为主题，先后开展了慰问科普专家、现场咨询、网络咨询、电话咨询、“渤海名家大讲堂”、百场社科普及公益讲座、“弘扬与践行天津精神”有奖竞答、建设学习型社会等300余项社科普及活动。

1. 围绕中心，服务基层。本届科普周坚持服务党和国家中心工作，助力天津科学发展，开展学习贯彻市第十次党代会精神专题讲座和“弘扬与践行天津精神”有奖竞答，组织专家就深入宣传天津精神进行网络咨询，积极引导全市广大党员干部群众进一步把思想和行动统一到中央和市委的决策部署上来。

科普周活动得到各级党委政府的大力支持和社会各界的广泛参与，政府机关、宣传系统、社科单位、企事业单位、学术团体和新闻媒体等百余个单位部门直接参与组织社科普及周各项活动。10月23日，天津市第十届社会科学普及周大型义务咨询活动在市文化中心举行。来自全市社会科学界21个学会、研究会、协会的百余名专家学者，就践行天津精神、低碳生活、教育就业、科学理财、心理健康等70多个项目开展现场咨询，接受咨询的市民达5千余人次。市委常委、市委宣传部部长成其圣亲临活动现场，亲切慰问参加咨询活动的科普专家。11月12日《天津日报》理论·创新版以“奉献社会服务群众繁荣文化——天津市开展社会科学普及周活动经验思考”为题刊发科普理论研究文章。与易特集团、天津日报社合作开展了“弘扬与践行天津精神”有奖知识竞答活动。新闻媒体对这次活动进行了全方位、多角度、深层次的宣传报道。

2. 与时俱进，创新求精。科普周活动以繁荣天津文化，提升市民素养，促进社会和谐为主旨，围绕弘扬天津精神，构建社会主义核心价值体系、宣传市第十次党代会精神为重点，与天津人民广播电台、北方网联合开展“文化养老”，“天津精神大家谈”等社科讲坛和专家访谈活动，扩大了受众范围。与天津图书大厦合作举办“十年社科精品图书回顾展”、“迎接党的十八大优秀读物展”等，受到群众的欢迎。组织社科界专家学者编撰出版了“科学与文化系列科普图书”，深受群众欢迎。开展“建设学习型社会”系列活动、参加全国社会科学图书展示、举办“我的文化养老生活”征文活动、天津市“十佳文化老人”群众评选活动，还举办天津文化发展成就系列报道、科普知识剪报展览、“科技强军共筑钢铁长城”知识竞赛、社科图书进警营进社区，以及流动图书下基层、心理健康与和谐社会建设等活动。

科普周在提高活动质量和实际效果上下工夫。在确定咨询项目、讲座主题和专项活动内容时，认真策划、反复筛选，广泛听取群众意见和建议，并精心组织、保证质量，突出活动的针对性和实效性。如在“五进工程”系列活动中，市社联党组书记李家祥亲自率法制心理学会专家到滨海新区“送心理健康到‘十大战役’现场”，受到滨海新区有关方面领导和基层群众的欢迎。组织专家学者深入各区县、乡村、工厂、部队、外来务工群体，举办讲座和科普活动近百场，选择群众关心的话题，紧密联系当前政治、经济、社会等实际问题，既有理论、又有实践，拓宽了广大群众的视野，提升了公众科学素养，收到较好活动效果。

3. 回顾既往，展望未来。科普周适逢本市开展社科普及活动十周年，为此，市社联组织编印了《奉献社会服务群众繁荣文化——纪念天津市社科普及周十周年文集》和《奉献社会服务群众繁荣文化——纪念天津市社科普及周十周年画册》，组织专家学者开展“推进社科普及创新发展，提升公民人文科学素质”科普理论研究，认真总结近十年来本市社科普及工作取得的成绩和经验，探讨今后社科普及的发展方向。主要研究成果在《天津日报》上发表。社会科学普及工作任重道远，广大社会科学工作者只有积极主动地深入社会生活，将束之高阁的科研成果转化为服务经济社会发展、服务广大人民群众生产生活的现实动力，贴近民生，紧接地气，才能收到实实在在的活动效果。在新形势下做好社科普及工作必须坚持走进基层，服务百姓；必须坚持不断发展和壮大科普人才队伍；必须坚持求实创新，不断拓展服务水平。

（本文作者：华敏，天津市社会科学界联合会科普处处长；荣荣，天津师范大学副教授）

**【大型义务咨询活动】** 10月23日，由市委宣传部、市社联共同主办的天津市第十届社会科学普及周大型义务咨询活动在天津文化中心图书馆举行。市委常委、市委宣传部部长成其圣亲临活动现场，亲切慰问参加咨询活动的科普专家。市级老领导、市社联主席罗远鹏，市委宣传部副部长李毅，市社联党组书记李家祥，市社联专职副主席张博颖，市社联副巡视员张同顺等领导人一同参加慰问。在咨询现场，来自本市社会科学界的21个学会、研究会、协会，百余名专家学者，为市民群众进行现场义务咨询，直接接受咨询的市民约有5千余人次，咨询现场还集中展示了全市社科界最新理论研究成果，免费发放社科普及图书、宣传读物和科普资料近2万份（册），李强、田昆儒、刘晓梅等作者在咨询现场为市民群众签字赠书，受到市民群众的欢迎。《天津日报》在一版以“社科知识让我们心明眼亮——市第10届社会科学普及周巡礼”为题，对社科普及周活动进行了专题报道。

（华敏　王铭徽）

**【网络咨询活动】**　天津市社联与北方网联合开展“天津精神大家谈”专家访谈活动，邀请天津师范大学党委副书记、教授、博士生导师史瑞杰，市伦理学学会会长、中共天津市委党校教授漆玲，天津大学教授、博士生导师孙兰英走进直播间，畅谈天津精神对城市发展的引领作用。他们认为，天津精神的总结反映出天津人的性格特征和发展历程，全民参与天津精神提炼，体现了本市群众高涨的政治热情，凝聚了天津人民的思想与智慧，展现了天津人民的精神风貌，社科普及有利于推动广大市民践行天津精神。社科普及周期间北方网和今晚网还分别开办了科普专栏介绍“天津市第十届社会科学普及周”活动情况。

（华敏）

**【百场社科普及讲座】**

1. 区县系列

本届社科普及周活动期间，以“弘扬天津精神促进科学发展”为主题，共举办公益讲座近百场，其中滨海新区和各区县委宣传部举办科普讲座30余场，各学会举办讲座20余场。讲座内容如南开大学汪加千教授的“社交礼仪与人的素质提升”、财经大学任碧云教授的“金融创新与滨海新区综合配套改革试验区的建设”、市行政管理学会副会长张霁星的“东西方文化比较”等。专家学者们还与广大市民、机关干部、青年学生进行交流互动，解疑释惑。

（王铭徽）

8月24日，第十届社科普及周公益讲座在宝坻区举行。中共天津市委党校教授、哲学博士漆玲结合国内外形势和宣传工作特点，就自觉践行社会主义核心价值体系进行了专题讲座。讲座主题突出，内涵丰富，高屋建瓴，深入浅出，既有理论上的深入分析和说理，又有鲜明的事实例证，具有很强的针对性和指导性。各镇（街）主管党务工作的副书记及宣传委员、区直各机关部门负责宣传思想工作的领导和科室负责人、宣传部机关全体党员干部共计200余人参加了讲座。

（王铭徽　姚树清）

2. 学会系列讲座

9月15日，天津市法制心理学会心理咨询师分会在杨村一中开展“健康心理阳光人生”大型心理咨询公益活动，来自市法制心理学会、咨询师分会的部分会员、杨村一中心理健康中心的29位国家二级心理咨询师参与了活动，为近200位来访者解答了日常生活中的各种心理困惑，讲解了有关心理保健的一些方法和诀窍，咨询内容涉及青少年潜能开发、亲子关系、职场心理、婚姻情感等多个方面。活动免费向参与者发放了《中学生心理诊室》、《家长实用教子方略》、《和谐家庭建设指南》、《中医养生与保健》等图书200册。同时还发放了关于更年期心理学、职场人士心理健康及调适、网瘾的戒除、老年精神疾病的预防等方面近千份科普心理宣传材料。

（刘援朝）

3. 高校系列讲座

9月26日，天津市第十届社会科学普及周公益讲座在天津商业大学举行，天津商业大学经济学院教授王炳才作了题为“知识密集型服务创新与我国现代服务业发展”的专题讲座。报告会由天津商业大学党委宣传部副部长于俊如教授主持。320多名学生听取讲座。王炳才教授对经济运动的轨迹和经济学的既有逻辑作了简要回顾和总结，以葡萄牙、荷兰、英国等国家的发展历程为例，说明了制度、知识和服务与国家领先的更替关系。他在报告中着重向现场师生介绍了创新的本质，知识处理的机制，信息空间中的知识与创新及知识的互动、转换和扩散，创新的考察指标，知识密集型服务与创新、分类，知识密集型商业服务的内涵、外延、作用，知识密集型公共服务与自主创新等内容。最后，王炳才教授谈了对中国经济未来走向的看法。

10月5日，天津市第十届科普周讲座活动在天津师范大学举行。天津师范大学李海涛教授以“传承优秀文化，提高人文素养，走好大学人生路”为题，为近6000名新生作报告。李海涛教授指出，立德是人生最高层次的追求，大学生应当有一种社会责任、国家责任的担当，这便是国家价值观、天下价值观；要心中有大志，行走要踏实、勤勉，方能及远、及高,即“千里之行始于足下”;人生如歌,有起有伏,有慷慨激昂,有低回流转。因此要珍爱人生的每一个音符。李老师还为大家歌唱《妈妈的吻》、《涛声依旧》、《月亮代表我的心》等经典曲目,唤起了同学们对感恩父母、回报社会等问题的思考。

10月10日,天津商业大学在国际交流中心举办学术报告会,市世界语协会会长韩祖武为参加报告会的师生带来了“世界语——开启大门的钥匙”专题讲座。部分专业教师和学生150余人参加了报告会。报告会由天津商业大学党委宣传部副部长于俊如教授主持。报告会上,韩祖武先生向现场师生介绍了世界语的产生、特点、发音、拼读、应用、推广、发展等方面的知识。他认为,世界语正面临着空前的发展机遇,有着美好的前景,世界语运动一定会不断前进,不断发展,最后达到成功。他同时表示,愿意帮助同学们学习世界语,希望有更多的同学积极参加到世界语的宣传、学习、研究和学术交流活动中来,以自己的实际行动推动世界语的应用,为提高我国世界语水平作出自己的贡献,用世界语为我国的改革开放、现代化建设和世界和平服务。

(杨鸿梁整理)

4.图书馆系列讲座

7月18日,由天津图书馆、天津社联共同举办的海津讲坛第159期在天津图书馆报告厅举办,邀请天津市文博学会民间收藏专业委员会会员孙肇净主讲。孙肇净向大家介绍了关于甲骨的诗集和孙丕容先生与甲骨的渊源。一幅幅生动的作品和一个个生动的故事,让听众增长了关于甲骨文的知识,同时也了解了津门甲骨巨子孙丕容先生的珍闻轶事。一些细心的读者还从孙老师发放的材料中找出费解的词语向孙老师请教。

9月25日,海津讲坛邀请天津地方史学者尹树鹏主讲天津年画。他讲到年画既是艺术品,又是商品,也是世俗生活的写照,是民间文化的教科书。它的文化内涵既有宗教哲理,又有民间信仰,更多的是人们精神世界的祈盼。英国人收藏的最早,俄国人收藏的最多,德、日等国也有收藏和研究。他认为,天津年画最大的特点是画的风格和内容永远和社会的变化直接关联,有一种与时俱进、充满活动力的亲民性。画稿的作者中,贡献最大的都是文人画家兼通俗画家的大家。杰出代表有钱慧安、高桐轩、阎道生。前二位使民间画品提高了档次,有了文人画的风格。阎则将年画提升为一种批判迷信陋习、推进思想进步的武器,使天津年画的思想内容有了质的飞跃,成为百年中华看天津的一个文化亮点。

(叶卿)

10月20日,河北区图书馆邀请市青少年心理学专家王虹翔,为五十七中学120名学生干部作“日常生活中的心理效应对生活的影响作用”精彩报告。王虹翔用生动鲜活的事例和数据为同学们讲解青春期健康知识,深入浅出地对学生存在的各种心理问题进行疏导。他指出,青春期是每一个人从儿童向成人过渡的阶段,要正确面对自己产生的变化,调整心态处理好各种关系,从容地渡过青春期,这样才会轻装上阵学习好文化知识。与会学生均为高二年级,他们面临青春期生理变化及学习生活压力,在内心产生疑惑和不安,此时得到专家的正确疏导与减负,使他们再次充满自信,报告厅里不时传来欢声与笑语。

10月24日,河北区图书馆在新开河街开展“心理素质与心理健康调适”讲座,邀请到天津市心理学研究中心主任王虹翔主讲。王虹翔以健康教育、心理测试、趣味游戏等形式对居民身心存在的问题及时疏导,帮助社区百姓更好地提升心理健康素质,增强社区的和谐稳定。来自街道社区的60余名代表聆听了讲座。王虹翔通过举例分析,围绕中老年人中常见的心理障碍,传授心理健康知识以及心理疏导的基本方法和技巧。讲座最后还安排了学员与学员、学员与教授之间的互动环节,通过书写“抛开烦恼道出烦心事”,让大家相互疏导解答,交流各自的感受,达到心理调适的作用。整场讲座气氛热烈,笑声、掌声不断,大家互动交流,将会场气氛推向了高潮。讲座结束后,王虹翔为现场每位听众把脉测试,提出解决心理健康的秘诀,得到了广大社区群众的好评和欢迎。

(王秀兰)

10月29日,河东区图书馆邀请天津公安警官职业学院刘援朝教授作“老年人心理调节及快乐生活”讲座。他对老年人如何确定自己的角色,如何创造性的健康生活,以及如何调节好心理进行了详细阐述,大家感到讲座对调整自身心态,快乐过好晚年生活有一定的指导意义。

12月5日，河东区图书馆在河东区向阳楼街道举办了“社科讲坛”活动，邀请到天津市风貌办研究室金彭育，为大家主讲题为“天津风貌建筑与名人故居”科普讲座。讲座主要内容分两大部分，即天津风貌建筑与名人故居，金彭育从天津概况、建筑、五大道、意奥风情区、解放北路金融街、赤峰道历史风貌区、劝业场历史风貌区、中心公园历史风貌区、承德道历史风貌区等12个方面进行讲解。通过讲座，大家了解了租界遗存的历史风貌建筑及其建设过程中派生的多元文化，也成为今天城市建设中不可忽视的历史文脉和宝贵的文化资源。作为国家级历史文化名城，天津拥有一批具有较高价值的历史风貌建筑和历史风貌建筑区。

（陈彤芳）

11月28日，结合学习贯彻党的十八大精神，丁字沽街办事处举办“社科讲坛”图书馆系列讲座，邀请天津公安警官职业学院心理学教授刘援朝，为100余名街道领导、干部、社区主任、居民代表讲主题“心理健康调试与和谐社区建设”的讲座。刘援朝结合群众需求，讲解了现代人存在的不同程度亚心理健康状态，如何进行自我调适等问题，为和社区居民打交道的街道干部、居委会主任如何做好社区居民的心理疏导，促进和谐社区建设提出了一些对策和建议。

（刘继刚）

10月28日，服务青年名家公益讲堂“光荣与梦想——通往奥运的成功之路”讲座在天津青年宫举行。200余名体育爱好者与主讲嘉宾、奥运冠军佟文及金牌教练吴卫凤共聚一堂，面对面进行了交流。本次活动由市委宣传部、天津市社会科学界联合会主办，天津青年宫、天津市体育局群体处、天津市青少年体育协会等单位承办。活动首先由一段视频将现场观众带到佟文与吴卫凤教练的柔道世界。这里既有她们在赛场上一个个拼搏的画面，又有她们高强度训练的背影……紧接着由吴卫凤教练和佟文分别与大家畅谈了冠军之路上的风风雨雨，以及执教路上的段段往事。佟文回忆了从13岁与柔道结下的不解之缘，对教练满是感恩之情。吴卫凤教练侃侃而谈，回顾了佟文从一名普通的柔道运动员成长为奥运冠军的过程中，不为人知的辛酸往事，以及家人对自己柔道事业的支持，也历数了参加比赛中那些惊心动魄的精彩瞬间。佟文讲述了面对挫折后重新踏上征程的艰难历程，让在场观众更加深入地领略到奥运冠军的风采。随后，佟文与吴卫凤教练还接受了主持人的现场访谈，与大家分享了从与柔道结缘到投身于柔道事业，从日常训练讲到生活中的趣事，最后又聊到在未来事业和生活上的目标和规划，让人们认识一个冠军光环背后的佟文和“金牌教练”魔鬼训练背后的温情。《今晚报》、天津电视台·体育频道、北方网、天津新闻广播、天津区县联盟广播、《渤海早报》等媒体对活动进行了报道。

（王笃江）

9月22日，市少儿图书馆邀请著名教育专家郑委老师，进行了一场题为“有德有责自然香——青少年德行培养”科普讲座。120名学生、家长聆听了讲座。郑委在讲座中谈到，“德”指内心的自律，“行”指行为的规范。我们可以从一个人的行为规范看出他内心是不是自律，一个人内心自律，那么他的行为就会符合社会道德规范。“行”是“德”的外化，“德”是“行”的内在，要记住六个字就是“不伤害、不妨碍”。把这六个字作为“家庭规范”约束自己并传授给孩子。如何培养孩子“德行”呢？首先要思考我们培养孩子的目的是什么。培养孩子就是为了让他们一生幸福。幸福是什么？很多人把成功当幸福、把解脱当幸福、把享乐当幸福。真正的幸福其实就是享受当下，未来有追求的目标。其次培养孩子的目标是培养好孩子。好孩子的标准就是在内培养责任心，在外奉献爱心；在内修炼德行，在外展露才华。有责有德必有才。再次培养“德行与责任”的重要性。德行就是不伤害不妨碍（自然、社会、学校、班级、老师、同学、父母、自己）。责任就是份内的事情尽力做，出了问题敢担当。只有做到了有责、有德，才能成为一个受人尊重的“真正的人”。最后如何培养出有德有责的孩子。家长首先要做的就是转变观念，从自然型父母向社会型家长转变，让自己有智慧，帮助孩子，让孩子越来越优秀。

9月23日，市少年儿童图书馆邀请天津公安警官职业学院心理学教授刘援朝作“养成良好思维习惯，塑造阳光少年”讲座。刘援朝从具体事例入手，谈了如何提高青少年与人合作能力、社会适应能力、挫折承受能力和情绪调节能力,提高孩子的心理素质,塑造良好的人格特征等。讲座内容包括人生与挫折、挫折引发的积极启迪、良好的思维习惯与意志力、良好的思维习惯与心理调节、良好的思维习惯与身心健康、良好的思维习惯与事业成就。

10月21日,市少儿图书馆邀请天津市家庭教育研究会会员陈秀茹老师,为市民进行"如何做个智慧家长——由自然型父母向智慧型家长转变"专题讲座。100余名学生、家长聆听了讲座。陈秀茹在讲座中,从以下方面启迪家长由自然型父母向智慧型家长转变。一是为什么大部分家长在教育孩子时少有智慧?二是如何化要求为帮助。三是用智慧解决问题。提出智慧型家长的观念和方法。一是积极面对问题,因为问题是宝贝。重要观念有"从来就没有不出问题的孩子","孩子的问题本质上是家长的问题","教育错了的孩子远比没有受过教育的孩子离智慧更远"。有"静能生慧"——让自己的心宁静,当遇到问题的时候,不要过于焦虑、着急,遇到问题动嘴就是心不静的集中表现,心静则智慧生,静下心来"找原因+想办法"。二是遇到问题时家长该怎样做?第一步:笑对问题:"遇到问题了,我们又有进步的空间了,解决了问题我们就又进步了"的心态就是积极的心态。第二步:充满信念:告诉自己"我一定能解决问题"。信念坚定才会让自己不断地"找原因+想办法"。第三步:找原因:问自己"是什么原因造成这个问题的出现",一定努力确认并知道事情的原因和真相。第四步:想办法:问自己"我用什么样的办法帮助孩子解决这一问题",办法一定能够找到。

(刘晓英供稿,杨鸿梁整理)

# 天津市第十届社会科学普及周活动指南

## 一、开幕式

时　间:2012 年 10 月 23 日上午 10:30

地　点:天津文化中心图书馆

市领导及社科普及周主办单位负责人慰问科普专家

## 二、社科普及咨询活动

**现场咨询**

时　间:2012 年 10 月 23 日上午 9:30—11:30

地　点:天津市文化中心图书馆

主　办:中共天津市委宣传部　天津市社会科学界联合会

协　办:天津文化中心图书馆

| 咨询项目 | 参加单位(学会) |
|---|---|
| 社会科学知识宣传<br>市第十次党代会精神宣传<br>天津精神宣传 | 天津市社联 |
| 天津历史文化介绍 | 近代天津博物馆 |
| 住宅消费理念<br>住宅选择:区位　环境　价格<br>物业管理公司与业主的关系 | 天津市城市建设综合开发研究会 |
| 养老、医疗保险知识<br>劳动保障政策宣传 | 天津市劳动保障学会 |
| 经济合同咨询<br>消费维权咨询<br>商事登记咨询 | 天津市工商行政管理学会 |
| 财产险、人寿险知识<br>综合保险知识 | 天津市保险学会 |
| 司法实务咨询<br>民法实务咨询<br>诉讼法实务咨询 | 天津市法学会 |
| 会计与财务知识 | 天津市会计学会 |
| 行政审批如何为市民服务<br>城市管理如何融入社会服务<br>公共管理与社会服务 | 天津市行政管理学会 |
| 书画鉴赏知识<br>社交礼仪常识 | 天津市艺术学会 |
| 就业培训指导<br>市民素质养成<br>低碳旅游 | 天津市商业文化协会 |
| 如何学习诸子百家<br>国学与现代社会 | 天津市国学研究会 |
| 世界语与国际交往<br>世界语及其应用<br>世界语的普及和提高 | 天津市世界语协会 |
| 档案查询利用与政府信息公开<br>档案文化普及 | 天津市档案学会 |
| 地名管理知识 | 天津市地名学会 |

| 咨询项目 | 参加单位(学会) |
| --- | --- |
| 人际关系疏导<br>青少年心理疏导<br>压力应对与情绪管理 | 天津市社会心理学会 |
| 社会、家庭、心理健康<br>婚姻家庭与社会心理 | 天津市法制心理学会 |
| 维护婚姻家庭的技巧<br>大龄青年婚恋心理咨询<br>“80”后婚姻关系调处 | 天津市婚姻家庭研究会 |
| 家庭教育与亲子和谐<br>家长素质提升与未成年人教育<br>未成年人责任意识培养 | 天津市家庭教育研究会 |
| 子女道德教育与心理健康<br>家庭和谐与道德培育 | 天津市伦理学学会 |
| 残疾儿童教育<br>如何引导孩子喜爱运动<br>孩子厌学,家长怎么办 | 天津市教育学会 |
| 摄影器材的选择<br>摄影技巧运用与人像拍摄 | 天津市老年摄影艺术研究会 |
| 食品与健康<br>酒类知识<br>中国食文化知识 | 天津市食文化研究会 |
| 决策思维的逻辑方法<br>诉讼的逻辑应用<br>法律逻辑问题 | 天津市逻辑学会 |
| 人民币反假知识<br>老钱币鉴赏<br>金银纪念币防伪反假 | 天津市钱币学会 |
| 天文知识普及 | 天津市天文学会 |
| 共同应对气象灾害<br>提高防灾避险能力 | 天津市气象学会 |
| 地震基本常识<br>家庭地震避险措施 | 天津市地震学会 |
| 科学生活　健康养生<br>常见病的预防与康复 | 天津市医学健康学会 |
| 社科研究策划、论证 | 天津市鑫联社科咨询服务中心 |
| 电子商务 | 易特集团 |

### 电话咨询

时　间:2012 年 10 月 20—26 日
电　话:022—23304567
主　题:青少年心理调试,创业、就业有关政策咨询
举　办:天津市青年宫

时　间:2012 年 10 月 20—26 日
电　话:022—23931617
主　题:新生学习适应性培养
举　办:天津市妇联儿童部　市家庭教育研究会

时　间:2012 年 10 月 20—26 日
电　话:消费者权益保护热线——12315
主　题:消费者权益知识
举　办:天津市工商行政管理学会

### 网络咨询

时　间:2012 年 10 月
主　题:天津精神大家谈
地　点:北方网
举　办:北方网　天津市社会科学界联合会
专　家:解读爱国诚信——市伦理学学会会长、中共天津市委党校教授　漆玲

解读务实创新——天津师范大学党委副书记、教授、博导　史瑞杰

解读开放包容——天津大学教授、博导　孙兰英

时　间:2012 年 10 月

主　题:食品安全

地　点:北方网

举　办:北方网　天津市社会科学界联合会

专　家:市伦理学学会副会长、天津科技大学教授　赵士辉等

## 三、百场社科普及讲座

### “社科讲坛”五进工程:渤海名家大讲堂

| 举办单位 | 题目 | 主讲人 | 时间 | 地点 |
| --- | --- | --- | --- | --- |
| 宝坻区委宣传部 | 弘扬天津精神,构建社会主义核心价值体系 | 漆玲(天津市委党校教授) | 8 月 24 日 | 宝坻党校 |
| 市社联 | 以社会主义核心价值体系引领社会思潮 | 张博颖(天津市社联专职副主席) | 9 月 20 日 | 市社联学术报告厅 |
| 河东区委宣传部 | 职业倦怠与心理压力调试 | 李强(南开大学教授) | 9 月 21 日 | 河东区教育中心 |
| 市少儿图书馆 | 有德有责自然香——青少年德行培养 | 郑委(中国家长教育工程全国运营中心主任) | 9 月 22 日 | 市少儿图书馆 |
| 市图书馆 | 西晋兴亡启示录 | 孙立群(南开大学教授) | 9 月 23 日 | 天津文化中心图书馆 |
| 南开大学 | 当前国际形势与中美关系 | 周文仲(中国外交部原驻美大使) | 9 月 28 日 | 南开大学省身楼 |
| 市社联　市老龄委<br>市老年学会<br>天津经济广播电台<br>中老年时报等 | 文化养老论坛 | 王辉(市老年学会会长)<br>潘允康(市婚姻家庭学会会长)<br>袁辛等(南开大学教授) | 10 月 23 日 | 市社联学术报告厅 |

### “社科讲坛”五进工程:区县系列

| 举办单位 | 题目 | 主讲人 | 时间 | 地点 |
| --- | --- | --- | --- | --- |
| 和平区委宣传部 | 社交礼仪与人的素质提升 | 汪加千(南开大学教授) | 8 月 28 日 | 和平区档案局 |
| 宝坻区委宣传部 | 用健康的心态铺就成功之路——对外来务工青年心理辅导 | 李晖(天津职业技术师范大学教授) | 9 月 5 日 | 天津宝盈电脑机械有限公司 |
| 和平区委宣传部 | 社会和谐稳定与社会预警预控 | 刘援朝(天津公安警官职业学院教授) | 9 月 7 日 | 和平区劝业场街 |
| 东丽区委宣传部 | 机关服务中的文化建设 | 张霁星(市行政管理学会副会长) | 9 月 7 日 | 东丽区委党校 |
| 东丽区委宣传部 | 综合素质提升与人的三大基本能力 | 汪加千(南开大学教授) | 9 月 14 日 | 张贵庄街办事处 |
| 津南区委宣传部 | 百姓生活中的食品安全 | 赵士辉(天津科技大学教授) | 9 月 17 日 | 津南区长青办事处 |
| 滨海新区区委宣传部 | 良好的综合素质与三大基本能力 | 汪加千(南开大学教授) | 9 月 17 日 | 大港港西街办事处会议室 |
| 南开区委宣传部 | 心理素质与心理健康调适 | 贾晓波(天津师范大学教授) | 9 月 18 日 | 中天宾馆 |
| 滨海新区区委宣传部 | 房地产营销 | 丛屹(天津财经大学教授) | 10 月 24 日 | 滨海新都市投资有限公司 |
| 宁河县委宣传部 | 科学生活与饮食防控慢性疾病 | 史宝欣(天津医科大学教授) | 9 月 20 日 | 宁河县建设管理委员会 |

| 举办单位 | 题目 | 主讲人 | 时间 | 地点 |
|---|---|---|---|---|
| 津南区委宣传部 | 社区文化建设与和谐社会 | 张霁星(市行政管理学会副会长) | 9月20日 | 津南区卫生局 |
| 红桥区委宣传部 | 后金融危机对我国的影响 | 贾献东(天津商业大学副教授) | 9月21日 | 红桥区政协 |
| 南开区委宣传部 | 心理素质与心理健康调适 | 贾晓波(天津师范大学教授) | 9月21日 | 南开区房管局 |
| 滨海新区区委宣传部 | 金融创新与滨海新区综合配套改革实验区的建设 | 任碧云(天津财经大学教授) | 9月21日 | 东江保税港区联检服务中心 |
| 河东区委宣传部 | 全球化语境下的文化建设 | 漆玲(中共天津市委党校教授) | 9月25日 | 河东区教育中心 |
| 河北区委宣传部 | 中国传统文化的精华 | 李海涛(天津师范大学教授) | 9月25日 | 河北区政府 |
| 河东区委宣传部 | 心理健康素质与心理健康调试 | 贾晓波(天津师范大学教授) | 9月26日 | 河东区房管局会议中心 |
| 西青区委宣传部 | 社区文化建设 | 孙兰英(天津大学教授) | 9月26日 | 西青宾馆 |
| 西青区委宣传部 | 社交礼仪与人的素质 | 吴爱明(天津财经大学教授) | 9月27日 | 西青宾馆 |
| 宁河县委宣传部 | 老一辈革命家的理想信念和高尚情操 | 蔡振源(市关工委宣传部) | 9月27日 | 宁河县交通局 |
| 津南区委宣传部 | 家长如何与子女沟通 | 赵士辉(天津科技大学教授) | 9月28日 | 双桥中学 |
| 和平区委宣传部 | 特色学校创建的理想路径 | 陈雨亭(天津市教科院副研究员) | 10月9日 | 五十五中学 |
| 宁河县委宣传部 | 青年心理困扰与应对 | 贾晓波(天津师范大学教授) | 10月10日 | 宁河县潘庄中学 |
| 河西区委宣传部 | 城市文化产业培育发展 | 康军(南开大学渤海研究院文化创意产业研究中心副主任) | 10月11日 | 河西区政府 |
| 红桥区委宣传部 | 社交礼仪与人的素质 | 吴爱明(天津财经大学教授) | 10月12日 | 红桥区政府 |
| 河北区委宣传部 | 和谐社会建设与人际关系协调 | 李建营(天津师范大学副教授) | 10月12日 | 河北区教育局 |
| 河西区委宣传部 | 社区文化建设——构建和谐社会的基础 | 张霁星(市行政管理学会副会长) | 10月16日 | 河西区文化馆 |
| 宁河县委宣传部 | 社会主义新农村建设 | 包永江(天津社科院研究员) | 10月18日 | 宁河县农业局 |

## “社科讲坛”五进工程:学会系列

| 举办单位 | 题目 | 主讲人 | 时间 | 地点 |
|---|---|---|---|---|
| 市档案学会 | 津门大侠霍元甲 | 王洪海(天津日报记者) | 8月10日 | 天津市档案局 |
| 市老年摄影艺术研究会 | 摄影艺术作品赏析 | 周传林(市老年摄影艺术研究会常务副会长) | 8月30日 | 河北区老年大学 |
| 市老年摄影艺术研究会 | 如何掌握光与影的关系 | 邢汝来(市老年摄影艺术研究会副会长) | 8月30日 | 河北区老年大学 |
| 市行政管理学会 | 公务(商务)礼仪规范 | 张霁星(市行政管理学会副会长) | 9月2日 | 团市委青少年绿色文明基地 |

| 举办单位 | 题目 | 主讲人 | 时间 | 地点 |
| --- | --- | --- | --- | --- |
| 市家庭教育研究会 | 家庭教育中的科学 | 张其博(市社联信息处原处长) | 9月5日 | 南大附小 |
| 市教育学会 | 教学实践中如何进行科研课题选题 | 康万栋(天津师范大学教授) | 9月5日 | 北辰区教育中心大厦 |
| 市教育学会 | 如何撰写课题开题报告 | 邢真(市教科院研究员) | 9月5日 | 北辰区教育中心大厦 |
| 市教育学会 | 学校如何开展教科研 | 曲丽敏(耀华中学原校长) | 9月5日 | 北辰区教育中心大厦 |
| 市伦理学学会 | 子女道德教育与心理健康 | 赵士辉(天津科技大学教授) | 9月7日 | 河西区柳林街社区 |
| 市老年摄影艺术研究会 | 拍摄人像技巧与运用 | 范振欧(市老年摄影艺术研究会副秘书长) | 9月10日 | 和平区老年大学 |
| 市老年摄影艺术研究会 | 数码相机的发展趋势及使用与选择 | 王继东(市老年摄影艺术研究会顾问) | 9月11日 | 市社联社科活动中心 |
| 市家庭教育研究会 | 树立科学理念做智慧型家长 | 王建环(天津市网上家长学校常务副校长) | 9月12日 | 河北区育婴里小学 |
| 市档案学会 | 天津的老寺庙 | 于学蕴(档案局编辑研究部处长) | 9月14日 | 天津市档案局 |
| 市法制心理学会 | 角色调整与大学新生适应 | 刘援朝(天津公安警官职业学院教授) | 9月18日 | 天津公安警官职业学院 |
| 市婚姻家庭研究会 | 大学生励志讲座 | 张秀燕(天津阳光益工爱心社社长) | 9月18日 | 天津科技大学 |
| 市逻辑学会 | 举证审理判决——诉讼的逻辑视角 | 张靖(天津师范大学副教授) | 9月19日 | 武警指挥学院 |
| 市逻辑学会 | 经济决策的逻辑方法 | 刘明明(天津财经大学副教授) | 9月19日 | 武警指挥学院 |
| 市逻辑学会 | 军事策略中的逻辑应用 | 张哲(武警指挥学院副教授) | 9月19日 | 武警指挥学院 |
| 市婚姻家庭研究会 | 大学生励志讲座 | 吴卫凤(天津女子柔道队主教练)<br>佟文(天津女子柔道队队员) | 9月21日 | 天津民航大学 |
| 市行政管理学会 | 东西方文化比较 | 张霁星(市行政管理学会副会长) | 9月28日 | 南开区委党校 |

## “社科讲坛”五进工程:学校系列

| 举办单位 | 题目 | 主讲人 | 时间 | 地点 |
| --- | --- | --- | --- | --- |
| 天津商业大学 | 食品安全与生活智慧 | 庞广昌(天津科技大学教授) | 9月19日 | 本校学术交流中心 |
| 天津商务职业学院 | 校园信息化使用常识 | 张霞(商务职业学院教授) | 9月26日 | 本校礼堂报告厅 |
| 天津师范大学 | 怎样树立正确的世界观、人生观、价值观 | 王辅成(天津师范大学关工委副主任) | 10月9日 | 本校音乐厅 |
| 天津师范大学 | 中国传统文化诚信思想的精华与感悟 | 李海涛(天津师范大学教授) | 10月10日 | 本校音乐厅 |
| 天津商业大学 | 知识密集型服务创新与我国现代服务业发展 | 王炳才(天津商业大学教授) | 10月11日 | 本校学术交流中心 |
| 天津商业大学 | 世界语知识 | 韩祖武(市世界语学会会长) | 10月16日 | 本校学术交流中心 |

### “社科讲坛”五进工程:图书馆系列

| 举办单位 | 题目 | 主讲人 | 时间 | 地点 |
|---|---|---|---|---|
| 市图书馆 | 天津记忆 | 尹树鹏(市环境科学学会专家) | 7月28日 | 市图书馆 |
| 市图书馆 | 历史文化行 | 孙肇净(市文博学会民间收藏专业委员会委员) | 8月4日 | 市图书馆 |
| 市图书馆 | 非物质文化遗产 | 甄光俊(中国文艺人才研究会理事史论专家) | 8月11日 | 市图书馆 |
| 市青年宫 | 新时期新电影——信息时代电影的创作与传播 | 杨爱君(天津师范大学教授) | 8月28日 | 市青年宫 |
| 河北区图书馆 | 社交礼仪与人的素质 | 李建营(天津师范大学副教授) | 9月14日 | 志成道103号 |
| 红桥区图书馆 | 如何克服职业倦怠 | 刘援朝(天津公安警官职业学院教授) | 9月17日 | 丁字沽街道办事处 |
| 红桥区图书馆 | 创新养生观念享受不老人生 | 汪洁(天津社科院社会学所副研究员) | 9月18日 | 西于庄街道办事处 |
| 南开区图书馆 | 青年心理困扰与应对 | 刘援朝(天津公安警官职业学院教授) | 9月20日 | 鼓楼街社区 |
| 市少儿图书馆 | 养成良好思维习惯塑造阳光少年 | 刘援朝(天津公安警官职业学院教授) | 9月23日 | 市少儿图书馆 |
| 河北区图书馆 | 青少年责任意识养成 | 宋雪峰(天津大学副教授) | 9月24日 | 扶轮中学 |
| 南开区图书馆 | 兵学思想和素质教育 | 吴振清(南开大学教授) | 9月25日 | 驻南开区部队 |
| 河西区图书馆 | 创新养生观念,享受不老人生 | 汪洁(天津社科院社会学所副研究员) | 9月27日 | 河西区图书馆 |
| 河北区图书馆 | 心理效应对人日常生活的影响 | 刘援朝(天津公安警官职业学院教授) | 9月27日 | 五十七中学 |
| 河东区图书馆 | 老年人如何与子女建立良好的家庭人际关系 | 史宝欣(天津医科大学教授) | 10月9日 | 警备区第九干休所 |
| 市青年宫 | 光荣与梦想——通往冠军之路 | 佟文(中国柔道冠军) | 10月17日 | 市青年宫 |

## 四、社科普及理论研究与科普图书编撰

课题题目:推进社科普及创新发展提升公民人文科学素质
课题时间:2012年3月至12月
课题负责人:天津市社会科学界联合会党组书记、教授李家祥
成　　员:张博颖　陈根来　漆玲　华敏　刘晖　秦立海等
研究成果:《中国社会科学报》《天津日报》等媒体上刊发

课题题目:天津市科普重点项目——“科学与文化”系列科普图书编撰
课题时间:2012年3月至12月
课题负责人:天津市社会科学界联合会党组书记、教授李家祥
成　　员:张博颖　陈根来　华敏　刘晖　子课题负责人等
研究成果:“科技与文化”系列图书　总主编　李家祥

《科技文化》　贾向桐　著
《法治社会》　刘晓梅/赵文聘　著
《社会保障》　张再生等编著
《心理疏导》　李　强　主编
《智慧城市》　张　琴　编著
《环境美化》　王建廷　主编
《家庭理财》　田昆儒　主编
《网络生活》　周红蕾　主编
《食品安全》　赵士辉　主编

奉献社会　服务群众　繁荣文化——纪念天津市社会科学普及周十周年画册
奉献社会　服务群众　繁荣文化——纪念天津市社会科学普及周十周年文集
天津市社会科学界联合会编撰

## 五、"弘扬与践行天津精神"——"易特杯"有奖竞答

题　目:"弘扬与践行天津精神"——"易特杯"有奖竞答
时　间:2012 年 10 月中下旬
主　办:中共天津市委宣传部　天津市社会科学界联合会
协　办:天津日报报业集团　易特集团

## 六、建设学习型社会活动

**"科学与文化"系列科普图书赠书仪式**
时　间:2012 年 10 月 20 日上午 9:30
地　点:天津市文化中心图书馆
赠书方:中共天津市委宣传部　天津市社会科学界联合会
接书方:天津市社会各界代表
赠送书目:《理论热点面对面 2012——辩证看　务实办》
《天津精神》(市民读本)
"科学与文化"系列科普图书
《开开的门》《建筑　名人　城市》等

**参加全国社会科学普及优秀图书展**
时　间:2012 年 12 月
地　点:广东省社会科学界联合会
天津参展书目:《天津精神》(市民读本)
"科学与文化"系列科普图书:
《科技文化》《法治社会》《社会保障》
《心理疏导》《智慧城市》《环境美化》
《科学理财》《网络生活》《食品安全》
《渤海名家大讲堂(第一辑)》
参展单位:天津市社会科学界联合会

**社会科学图书展**
时　间:2012 年 10 月
地　点:河西区大沽南路 362 号
内　容:社会科学图书
举　办:天津图书大厦

时　间:2012 年 9—10 月
地　点:河东区图书馆一楼展厅
内　容:社会科学普及周专题书展
举　办:河东区图书馆

时　间:2012 年 10 月中下旬
地　点:红桥区图书馆一楼展厅
内　容:社会科学图书专题书展
举　办:红桥区图书馆

**特色科普活动**
时　间:2012 年 9 月 22—25 日
地　点:天津滨海国际会议中心
内　容:国际生态城市论坛
举　办:滨海新区区委宣传部

时　间:2012 年 10 月 20 日
地　点:天津文化中心广场
内　容:滨海新区践行天津精神图片展
举　办:滨海新区区委宣传部

时　间:2012 年 10 月 24 日
地　点:滨海新区蓝领公寓
内　容:"送心理健康到'十大战役'现场"启动仪式暨外来务工人员心理疏导专题讲座
举　办:滨海新区区委宣传部　市法制心理学会

时　间:2012 年 10 月下旬
地　点:滨海新区
内　容:社科专家滨海行
举　办:天津市社会科学界联合会　滨海新区区委宣传部

时　间:2012 年 10 月
地　点:北方网科技频道
内　容:天津市第十届社会科学普及周专题宣传栏目
举　办:北方网

时　间:2012 年 10 月
地　点:今晚网
内　容:天津市第十届社会科学普及周专题宣传栏目
举　办:今晚传媒集团

时　间:2012 年 7—10 月底
地　点:天津市社会科学界联合会　天津经济广播电台　有关社区等
内　容:“我的文化养老生活”征文;天津市“十佳文化老人”群众评选活动;天津文化发展成就系列采访报道、专题节目等
举　办:市社联　市老龄委　市委老干部局　市老年学学会　天津广播电视台　《中老年时报》社

时　间:2012 年 6—10 月
地　点:南开区图书馆　南开区教育局　南开区少儿图书馆
内　容:科普知识剪报比赛　科普知识剪报展览
举　办:南开区文化和旅游局　南开区教育局

时　间:2012 年 7—10 月
地　点:南开区武装部
内　容:“科技强军共筑钢铁长城”知识竞赛
举　办:南开区武装部　南开区图书馆

时　间:2012 年 10 月中下旬
地　点:驻区武警部队　街道社区居委会　红桥区图书馆分馆
内　容:社科普及周社科图书进警营、进社区,流动图书下基层活动
举　办:红桥区图书馆

时　间:2012 年 9 月中旬
地　点:杨村一中
内　容:心理健康与和谐社会建设
举　办:市法制心理学会　杨村一中

责任编辑:刘　晖

# 科研课题

**【2012年度天津市国家社科基金项目情况综述】** 2012年，全市国家社科基金项目管理工作按照"坚持正确导向，突出国家水准，注重科学管理，服务专家学者"的总要求，围绕中心、强化管理、开拓创新，各个方面取得了新突破。

一、顺应形势的发展变化，不断修正工作思路，提升工作水平，国家社科基金申报立项工作呈现出良好发展态势。

2012年，全市各级各类国家社科基金项目申报立项工作都有不同程度的收获，尤其是年度项目和重大招标项目。年初，根据国家社科规划办2012年年度项目申报公告和课题指南精神，市社科规划办和各单位科研管理部门一起，认真分析今年申报要求和指南特点，在广泛发动的基础上，按照限额申报要求，有针对性地组织申报。一是加大了对申请人申报资格的审查，着重审核职称、年龄和前期成果支撑。二是加大了对同类重复性选题的筛选。三是提高了申报"门槛"，报送北京参评项目必须经过申报预审，也就是"初筛"。四是鼓励申报人根据个人研究兴趣和学术积累申报自选课题。五是进一步加强了对申请书填写规范的技术指标审核。通过各级科研管理部门严格把关，选题重复现象明显减少，申报水平进一步提高，申报质量总体较好，23个学科都有申报，涉及27家高校和科研单位，共选送466个项目入京参评。经评审，共有79个课题中标立项，获资助1245万元，取得年度立项最好成绩。

2012年，国家社科规划办共发布四批重大招标项目的公告和指南，在基础理论、应用对策、跨学科等方面均有不同侧重。针对不同标的、不同要求，有计划、有步骤、有重点地组织申报，努力做到在申报单位的选择上有侧重，在组织动员专家学者申报时有选择，在选题设计和论证水平提升上有组织。共获立重大招标项目10项，获资助780万元，获准转立年度重点项目2项，获资助50万元，取得了自2005年重大招标项目设立以来天津市的最好成绩。此外，本年度全市还先后获立后期资助项目4项，获资助60万元；优秀成果文库项目4项，纳入文库出版；重点学术期刊资助项目5项，获资助600万元。2012年，全市共获立各级各类国家社科基金项目104项，获资助2735万元，是喜获丰收的一年。

二、扎根社会实践，探索科研规律，服务工作大局，在提升和完善科研管理水平中发挥管理工作对哲学社会科学健康发展的引领作用。

一年来，天津市社科规划办着重从充分发挥国家社科基金的示范引导作用入手，增强精品意识，着重强化四个制度，加大三个力度，搞好一个转化，取得了四个方面成效。

1. 坚持项目研究全程管理，强化了四个制度。一是强化开题检查制度。对本年度立项课题，强调重点抓好前期管理，即课题开题检查工作。市社科规划办与基层科研管理部门一起，督促课题组及时制定开题计划，确定开题时间，从落实研究思路、研究方法和研究方案入手，逐项落实申报书的各项内容。二是强化跟踪管理制度。建立电子档案，编制下发在研项目进展情况一栏表，对每一个国家项目及时调查，了解阶段性成果发表情况，随时掌握项目研究进展情况。三是严格执行双向匿名鉴定制度，尽可能选择异地专家进行跨省鉴定，及时反馈鉴定结果，使课题组第一时间掌握鉴定专家意见，为课题成果提升水平改进质量创造良好条件。四是强化经费检查制度，按照经费管理办法的规定和要求，严格预算，认真决算，努力做到预、决算的统一。

2. 督促和激励相结合，加大了三个力度。一是加大督促检查力度。课题研究中期是问题频发期，这个时候强调注意加强与科研管理部门、部分课题负责人的沟通联系，了解课题进程、课题组困难，及时给出建议，加大督促检查的力度。二是加大奖励激励力度。结项等级为优秀的国家项目，在单位社科网站予以宣传通报表扬；结项等级为优秀的负责人在申请新的国家项目时可以不通过初筛，直接入围；结项等级为优秀的负责人要记入全市社科专家良好信誉档案，在市项目评审会的评委选择，市重点工程项目、市重点学科项目的评审中予以优先考虑。三是加大了宣传推介力度。利用本市社科网站加大宣传推介力度；充分发挥报市委市政府领导的《社科界咨政要报》的作用，把相关成果通过要报及时推荐给市领导。

3. 搞好一个转化。坚定科研服务实践理念，为科研成果转化铺路架桥。天津市社科学术年会是全市社科界一年一度的标志性学术盛会，也是全市社科界多学科、高层次、品牌化高端学术文化交流平台。充分发挥这个平台作用，推介有代表性的国家级项目负责人，展示成果，交流经验，收到了很好的效果。2012 年以“科学发展 · 惠及民生”主题，举办第八届学术年会，9 位国家项目负责人分别作主题演讲，介绍研究成果，学界反响热烈。为谋划好明年和今后一个时期全市经济发展，市委召开专家学者座谈会，市委主要领导人参加，全市多位相关国家项目负责人参会，围绕加快实现天津城市功能定位、推进滨海新区开发开放、实施科技创新驱动、促进现代服务业发展、深化金融改革创新、提高开放型经济水平等提出有针对性的意见和建议，部分建议被市委十届二次全会吸纳，较好地发挥了社科界思想库、智囊团作用。

三、紧扣时代脉搏、聚焦中国问题，在推出更多高水平研究成果、更好服务党和国家事业发展的全局中实现社科研究自身价值。

2012 年，天津市在研项目共发表阶段性成果 317 项，其中论文 295 篇，专著 16 部，研究报告 6 篇；被转载论文 18 篇，被引用近 200 余次。阶段性成果中，被 CSSCI 收录论文 139 篇，被 CSCD 收录 6 篇，被 EI 收录 2 篇。南开大学刘程《人民币在新经济格局下的战略选择》项目阶段性成果“人民币汇率制度改革与人民币国家化”被收入 2012 年 9 月达沃斯全球经济论坛会议论文，建议被天津市政府采纳；王利华的《华北环境变迁史研究》项目阶段性成果“中国环境史学的发展前景和当前任务”在《人民日报》发表，环境保护部部长周生贤专门作出批示。由于长期坚持严格标准、严格程序、严格要求，始终坚持正确导向、突出国家水准，国家社科基金在全市社科研究领域的示范引导作用日益凸显。全市各级各类科研院校对国家社科基金的重视程度日益提高，申报和承担国家社科基金项目的范围几乎覆盖了全市理工农医各类院校和科研单位，承担项目的学科覆盖面也不断拓展。一些院校对国家社科基金的投入扶植力度逐年增大，有的已经逐步形成了一整套以国家社科基金项目为龙头，带动本单位学科建设和人才队伍培养，提升科研水平的有效机制。

在全年的科研管理工作中，项目超期超时、成果原创性不足、成果转化意识不强、经费使用不规范等问题还不同程度地存在着，这些都是今后应着力加以改进的地方。

（本文作者：杨向阳，天津市社会科学规划办公室）

# 国家社会科学基金资助项目(2012 年度)天津市立项课题

## 马克思主义·科学社会主义(4 项)

| 项目编号 | 项目名称 | 负责人 | 工作单位 | 项目类别 | 预期成果 | 计划完成时间 |
|---|---|---|---|---|---|---|
| 12BKS027 | 中国特色社会主义与人类发展模式创新研究 | 余金成 | 天津师范大学 | 一般项目 | 专著 | 2015-6-30 |
| 12BKS037 | 中国特色社会主义人民群众观研究 | 杜鸿林 | 天津师范大学 | 一般项目 | 专著 | 2014-6-30 |
| 12BKS073 | 构建大、中、小学相衔接的德育目标体系研究 | 闫广芬 | 南开大学 | 一般项目 | 专题论文集 | 2015-7-1 |
| 12CKS035 | 当代中国社会主义意识形态安全评估与保障研究 | 张　达 | 天津社科院 | 青年项目 | 专著<br>研究报告 | 2015-5-31 |

## 党史·党建(3 项)

| 项目编号 | 项目名称 | 负责人 | 工作单位 | 项目类别 | 预期成果 | 计划完成时间 |
|---|---|---|---|---|---|---|
| 12BDJ015 | 中国共产党对革命根据地社会问题的治理及其历史经验研究 | 齐　霁 | 天津商业大学 | 一般项目 | 专著 | 2015-6-30 |
| 12BDJ031 | 中国共产党的纯洁性建设研究 | 李朝阳 | 天津师范大学 | 一般项目 | 专题论文集 | 2015-6-30 |
| 12BDJ034 | 党政领导干部教育培训科学化研究 | 赵晓呼 | 天津市委党校 | 一般项目 | 专题论文集<br>研究报告 | 2013-12-8 |

## 哲学(3 项)

| 项目编号 | 项目名称 | 负责人 | 工作单位 | 项目类别 | 预期成果 | 计划完成时间 |
|---|---|---|---|---|---|---|
| 12AZX002 | 历史唯物主义阐释中决定论与能动论的张力及解决方式探讨 | 王南湜 | 南开大学 | 重点项目 | 专著 | 2015-12-30 |
| 12BZX059 | 公理化真理论研究 | 李　娜 | 南开大学 | 一般项目 | 专著 | 2016-7-1 |
| 12CZX063 | 实践理性的颠覆与重建:法兰克福学派的伦理学研究 | 谢永康 | 南开大学 | 青年项目 | 专著<br>译著 | 2015-7-1 |

## 理论经济(4 项)

| 项目编号 | 项目名称 | 负责人 | 工作单位 | 项目类别 | 预期成果 | 计划完成时间 |
|---|---|---|---|---|---|---|
| 12BJL022 | 开放经济条件下的通货膨胀与劳动市场研究 | 毛剑峰 | 天津财经大学 | 一般项目 | 专著<br>研究报告 | 2015-6-30 |
| 12BJL049 | 国际金融危机对发展中国家经济发展的影响研究 | 孙浦阳 | 南开大学 | 一般项目 | 专著<br>研究报告 | 2015-6-30 |
| 12CJL004 | 马克思主义经济学的危机理论研究 | 王　璐 | 南开大学 | 青年项目 | 专著<br>专题论文集 | 2015-12-31 |
| 12CJL024 | 双重二元结构约束下我国劳动报酬比重下降的原因及对策研究 | 姜　磊 | 南开大学 | 青年项目 | 专题论文集<br>研究报告 | 2014-12-31 |

## 应用经济(8 项)

| 项目编号 | 项目名称 | 负责人 | 工作单位 | 项目类别 | 预期成果 | 计划完成时间 |
|---|---|---|---|---|---|---|
| 12BJY025 | “全碳效率”测度与区域生态经济评价研究 | 张雪花 | 天津工业大学 | 一般项目 | 研究报告 | 2013-12-31 |
| 12BJY048 | 快速城市化进程中我国城市蔓延的成本-收益评估与治理模式构建研究 | 王家庭 | 南开大学 | 一般项目 | 专著 | 2015-7-1 |

续表

| 项目编号 | 项目名称 | 负责人 | 工作单位 | 项目类别 | 预期成果 | 计划完成时间 |
|---|---|---|---|---|---|---|
| 12BJY062 | 我国 $CO_2$、NOX 减排的区域经济效率测度及优化路径研究 | 张宏武 | 天津商业大学 | 一般项目 | 专题论文集 | 2015-6-30 |
| 12BJY112 | 经济全球化下中国特色的“天空开放”国际航空运输服务贸易政策研究 | 郑兴无 | 中国民航大学 | 一般项目 | 专著 | 2014-6-30 |
| 12BJY134 | 我国预算制度的演化与改进研究 | 马蔡琛 | 南开大学 | 一般项目 | 专题论文集<br>研究报告 | 2015-6-30 |
| 12CJY081 | 国际生产分割背景下中美贸易双边真实利益测度与分配机制研究 | 王　岚 | 天津财经大学 | 青年项目 | 专著 | 2015-7-1 |
| 12CJY083 | 新型国际生产分工体系下我国贸易顺差的实际利益分配格局研究 | 文东伟 | 南开大学 | 青年项目 | 专题论文集<br>研究报告 | 2015-7-30 |
| 12CJY089 | 文化资源旅游化过程中的增权机制研究 | 卢政营 | 天津财经大学 | 青年项目 | 研究报告<br>专题论文集 | 2014-6-30 |

政治学(3 项)

| 项目编号 | 项目名称 | 负责人 | 工作单位 | 项目类别 | 预期成果 | 计划完成时间 |
|---|---|---|---|---|---|---|
| 12AZZ005 | 恩格斯合力论与当代中国民主政治发展研究 | 佟德志 | 天津师范大学 | 重点项目 | 专著<br>译著 | 2014-6-30 |
| 12CZZ017 | 城市化进程中的居住现象及社会稳定的影响研究 | 赵聚军 | 南开大学 | 青年项目 | 专著<br>专题论文集 | 2015-6-30 |
| 12CZZ058 | 金砖国家崛起与国际秩序变革研究 | 杨　娜 | 南开大学 | 青年项目 | 专题论文集<br>研究报告 | 2015-7-1 |

法学(5 项)

| 项目编号 | 项目名称 | 负责人 | 工作单位 | 项目类别 | 预期成果 | 计划完成时间 |
|---|---|---|---|---|---|---|
| 12BFX098 | 企业集中行为的反垄断法调整问题研究 | 许光耀 | 南开大学 | 一般项目 | 专著 | 2015-6-30 |
| 12CFX041 | 检察侦查权监督制约机制研究 | 吴常青 | 天津商业大学 | 青年项目 | 专著 | 2015-6-30 |
| 12CFX068 | 经营者集中的附条件批准制度研究 | 汪青松 | 天津财经大学 | 青年项目 | 专著 | 2015-6-30 |
| 12CFX081 | 我国新农村建设进程中承包地调整法律问题研究 | 王立争 | 天津商业大学 | 青年项目 | 专题论文集 | 2015-6-30 |
| 12CFX083 | 人体组织提供者对基因科技成果之利益分享机制研究 | 郭明龙 | 天津师范大学 | 青年项目 | 专著 | 2015-6-30 |

社会学(6 项)

| 项目编号 | 项目名称 | 负责人 | 工作单位 | 项目类别 | 预期成果 | 计划完成时间 |
|---|---|---|---|---|---|---|
| 12ASH006 | 网络群体性事件发展规律的社会学研究 | 乐国安 | 南开大学 | 重点项目 | 专著<br>专题论文集 | 2015-7-1 |
| 12BSH052 | 基于心理契约的信任价值观建构研究 | 李　磊 | 天津商业大学 | 一般项目 | 专著 | 2015-6-30 |
| 12BSH053 | 集体智慧在协同创新中的生成与应用研究 | 周　详 | 南开大学 | 一般项目 | 专著<br>专题论文集 | 2015-7-1 |
| 12BSH057 | 大学毕业生就业过程中的心理机制研究 | 马华维 | 天津师范大学 | 一般项目 | 专题论文集<br>研究报告 | 2015-7-1 |
| 12CSH011 | 社会转型过程中城市社区建设与民族融合研究 | 柳建文 | 南开大学 | 青年项目 | 专著 | 2015-6-30 |

续表

| 项目编号 | 项目名称 | 负责人 | 工作单位 | 项目类别 | 预期成果 | 计划完成时间 |
|---|---|---|---|---|---|---|
| 12CSH083 | 社会转型期的儿童贫困问题研究 | 郑飞北 | 南开大学 | 青年项目 | 专题论文集<br>研究报告 | 2015－6－30 |

民族问题研究(1项)

| 项目编号 | 项目名称 | 负责人 | 工作单位 | 项目类别 | 预期成果 | 计划完成时间 |
|---|---|---|---|---|---|---|
| 12CMZ043 | 少数民族流动人口的城市社会融入问题研究 | 陈 纪 | 南开大学 | 青年项目 | 专题论文集<br>研究报告 | 2014－7－1 |

中国历史(6项)

| 项目编号 | 项目名称 | 负责人 | 工作单位 | 项目类别 | 预期成果 | 计划完成时间 |
|---|---|---|---|---|---|---|
| 12AZS006 | 元、明前期的江南政策与社会发展脉络 | 李治安 | 南开大学 | 重点项目 | 专著 | 2015－12－31 |
| 12BZS018 | 清华简与古史寻证 | 杜 勇 | 天津师范大学 | 一般项目 | 专著 | 2015－7－1 |
| 12BZS019 | 二十等爵制与秦汉吏民等级研究 | 刘 敏 | 南开大学 | 一般项目 | 专著 | 2015－12－31 |
| 12BZS037 | 明代中国朝鲜日本三国关系与东亚国际秩序研究 | 高艳林 | 南开大学 | 一般项目 | 专著 | 2015－6－30 |
| 12BZS069 | 明清时期华北的城市结构与市场层级 | 许 檀 | 南开大学 | 一般项目 | 专著 | 2015－6－30 |
| 12BZS093 | 琉球与中华礼文化的对外传播研究 | 孙 薇 | 天津工业大学 | 一般项目 | 专著 | 2014－1－10 |

世界历史(4项)

| 项目编号 | 项目名称 | 负责人 | 工作单位 | 项目类别 | 预期成果 | 计划完成时间 |
|---|---|---|---|---|---|---|
| 12BSS015 | 中日古代社会结构比较研究 | 李 卓 | 南开大学 | 一般项目 | 专著 | 2016－7－30 |
| 12BSS014 | 中东现代化进程中的世俗政治与宗教政治研究 | 哈全安 | 南开大学 | 一般项目 | 专著 | 2015－6－30 |
| 12BSS031 | 宗教改革前后德意志社会结构演变研究 | 王亚平 | 天津师范大学 | 一般项目 | 专著 | 2015－6－30 |
| 12BSS033 | 核武器与美国对外关系研究 | 赵学功 | 南开大学 | 一般项目 | 专著 | 2015－7－1 |

考古学(1项)

| 项目编号 | 项目名称 | 负责人 | 工作单位 | 项目类别 | 预期成果 | 计划完成时间 |
|---|---|---|---|---|---|---|
| 12BKG012 | 明代藩王陵墓的考古学研究 | 刘 毅 | 南开大学 | 一般项目 | 专著 | 2015－6－30 |

中国文学(6项)

| 项目编号 | 项目名称 | 负责人 | 工作单位 | 项目类别 | 预期成果 | 计划完成时间 |
|---|---|---|---|---|---|---|
| 12BZW014 | 中国古代著述思想研究 | 刘 畅 | 南开大学 | 一般项目 | 专著<br>专题论文集 | 2014－7－1 |
| 12BZW053 | 清初曲学与《曲谱大成》研究 | 李晓芹 | 南开大学 | 一般项目 | 专著<br>其他 | 2015－6－30 |
| 12BZW065 | 清代词学文献学研究 | 任德魁 | 南开大学 | 一般项目 | 专著 | 2015－7－1 |
| 12CZW059 | “故事新编”小说与沦陷时期上海“通俗文学”研究 | 王 羽 | 天津师范大学 | 青年项目 | 专著 | 2015－1－15 |
| 12CZW075 | “十七年”文学评论与社会主义意识形态的建构研究 | 曹 霞 | 南开大学 | 青年项目 | 专题论文集<br>专著 | 2015－6－30 |

续表

| 项目编号 | 项目名称 | 负责人 | 工作单位 | 项目类别 | 预期成果 | 计划完成时间 |
|---|---|---|---|---|---|---|
| 12CZW076 | 《讲话》接受史与当代文学机制的构建研究 | 商昌宝 | 天津师范大学 | 青年项目 | 专著 | 2014－6－30 |

外国文学(3 项)

| 项目编号 | 项目名称 | 负责人 | 工作单位 | 项目类别 | 预期成果 | 计划完成时间 |
|---|---|---|---|---|---|---|
| 12BWW007 | 比较文学主题学研究 | 孟昭毅 | 天津师范大学 | 一般项目 | 专著 | 2015－6－30 |
| 12BWW035 | 帕特·巴克战争小说的创伤叙事研究 | 刘建梅 | 天津师范大学 | 一般项目 | 专著 | 2015－6－30 |
| 12CWW019 | 莱蒙托夫诗学研究 | 黄晓敏 | 天津外国语大学 | 青年项目 | 专著 | 2014－9－1 |

语言学(4 项)

| 项目编号 | 项目名称 | 负责人 | 工作单位 | 项目类别 | 预期成果 | 计划完成时间 |
|---|---|---|---|---|---|---|
| 12AYY004 | 汉语普通话的语气语调的实验研究 | 石　锋 | 南开大学 | 重点项目 | 专著研究报告 | 2014－7－1 |
| 12BYY127 | 当代西方文化核心术语研究 | 佟　立 | 天津外国语大学 | 一般项目 | 专著 | 2015－12－30 |
| 12CYY059 | 类型学视野下的汉语极端音系调查与研究 | 冉启斌 | 南开大学 | 青年项目 | 专题论文集研究报告 | 2015－7－1 |
| 12CYY070 | 基于语料库的日语周边性语言现象多维度实证研究 | 朱鹏霄 | 天津外国语大学 | 青年项目 | 专著研究报告 | 2015－6－30 |

新闻学(1 项)

| 项目编号 | 项目名称 | 负责人 | 工作单位 | 项目类别 | 预期成果 | 计划完成时间 |
|---|---|---|---|---|---|---|
| 12BXW045 | 微博谣言综合治理研究 | 尹良润 | 天津师范大学 | 一般项目 | 专题论文集研究报告 | 2014－6－30 |

图书馆·情报与文献学(3 项)

| 项目编号 | 项目名称 | 负责人 | 工作单位 | 项目类别 | 预期成果 | 计划完成时间 |
|---|---|---|---|---|---|---|
| 12BTQ033 | 科技政策视角下科学评价指标与方法研究 | 宋丽萍 | 天津师范大学 | 一般项目 | 专题论文集研究报告 | 2014－6－30 |
| 12CTQ039 | 基于档案部门视角的存档网络信息采集模式研究 | 冯湘君 | 南开大学 | 青年项目 | 研究报告 | 2015－6－30 |
| 12CTQ041 | 质量导向型数字档案资源建设模式研究 | 蒋　冠 | 天津师范大学 | 青年项目 | 研究报告 | 2015－6－30 |

体育学(4 项)

| 项目编号 | 项目名称 | 负责人 | 工作单位 | 项目类别 | 预期成果 | 计划完成时间 |
|---|---|---|---|---|---|---|
| 12BTY002 | 我国体育哲学社会科学典型科技成果的方法论研究 | 王　健 | 天津体育学院 | 一般项目 | 专著研究报告 | 2015－6－30 |
| 12BTY015 | 体育文化生态系统研究 | 布　特 | 天津体育学院 | 一般项目 | 专著研究报告 | 2014－6－30 |
| 12BTY042 | 中国武术思想史研究 | 杨祥全 | 天津体育学院 | 一般项目 | 专著研究报告 | 2014－6－30 |
| 12CTY029 | 我国职业体育利益相关者共同治理模式及机制设计研究 | 金宗强 | 天津体育学院 | 青年项目 | 专著研究报告 | 2014－12－30 |

管理学(10项)

| 项目编号 | 项目名称 | 负责人 | 工作单位 | 项目类别 | 预期成果 | 计划完成时间 |
|---|---|---|---|---|---|---|
| 12AGL009 | 政府公共服务质量评价体系研究 | 沈亚平 | 南开大学 | 重点项目 | 研究报告 专著 | 2015－7－1 |
| 12BGL039 | 文化创意企业投融资决策内生机制研究 | 魏亚平 | 天津工业大学 | 一般项目 | 研究报告 | 2014－12－31 |
| 12BGL032 | 企业内部控制综合评价模型与中国上市公司内部控制质量研究 | 戴文涛 | 南开大学 | 一般项目 | 研究报告 | 2015－5－20 |
| 12BGL073 | 我国旅游企业诚信评价体系研究 | 姚延波 | 南开大学 | 一般项目 | 研究报告 | 2014－6－30 |
| 12BGL071 | 会展项目的社会网络及其机理研究 | 何会文 | 南开大学 | 一般项目 | 专著专题论文集 | 2015－6－30 |
| 12BGL079 | 全产业链视域的鲜活农产品流通困局与破解机制研究 | 张晓林 | 天津农学院 | 一般项目 | 研究报告 | 2014－12－31 |
| 12BGL092 | 基于双向“结构—行为—绩效”范式的政府投资项目绩效问责与治理优化研究 | 汤伟钢 | 天津大学 | 一般项目 | 专题论文集 研究报告 | 2014－12－31 |
| 12BGL128 | 低碳城市物质流优化机制与对策研究 | 李　虹 | 天津理工大学 | 一般项目 | 研究报告 | 2014－2－10 |
| 12CGL033 | 企业战略转型模式与实施路径的匹配关系研究 | 周　杰 | 南开大学 | 青年项目 | 研究报告 | 2015－6－30 |
| 12CGL048 | 网购消费者后悔情绪的成因、影响及其管理策略研究 | 张初兵 | 天津财经大学 | 青年项目 | 专著 专题论文集 | 2014－7－31 |

# 国家自然科学基金资助项目管理科学部(2012年度)天津市立项课题

| 序号 | 项目批准号 | 项目名称 | 项目负责人 | 依托单位 |
|---|---|---|---|---|
| 1 | 71203103 | 代际间的职业传承与收入流动及其对居民收入差距的影响——基于群组分析的研究 | 周　兴 | 南开大学 |
| 2 | 71272184 | 基于战略决策资本的企业战略治理与可持续竞争优势研究 | 周　建 | 南开大学 |
| 3 | 71272181 | 中国情境下家庭亲善工作实践的内容结构、前因与后果研究 | 张　伶 | 南开大学 |
| 4 | 71271121 | 非寿险定价与索赔准备金评估的分层模型研究 | 张连增 | 南开大学 |
| 5 | 71273141 | 信息不平等的发生机理及政策启示研究——基于个人信息世界的整体性考察 | 于良芝 | 南开大学 |
| 6 | 71272187 | 政府监管、询价机制与IPO高抑价研究 | 姚　颐 | 南开大学 |
| 7 | 71272186 | 技术型创业企业的商业模式形成规律及绩效作用机制研究 | 杨　俊 | 南开大学 |
| 8 | 71202161 | 不确定环境下多码头泊位的联合应急调度研究 | 徐　亚 | 南开大学 |
| 9 | 71201087 | 基于CBR/RBR融合模式的医疗决策代价敏感性研究 | 徐　曼 | 南开大学 |
| 10 | 71272179 | 私募股权、发行上市和我国企业绩效研究 | 田利辉 | 南开大学 |
| 11 | 71203104 | 中国企业低价出口之谜:基于企业边际成本加成率的研究 | 盛　丹 | 南开大学 |
| 12 | 71203107 | 出口贸易、劳动力收入与企业中的非正规就业 | 邵　敏 | 南开大学 |
| 13 | 71202163 | 第三方B2B电子商务平台的交易治理机制研究:类型、影响效果、适用情景 | 任星耀 | 南开大学 |
| 14 | 71272178 | 合法化战略、制度环境变迁、机会开发与企业竞争优势的关系研究 | 任　兵 | 南开大学 |
| 15 | 71272183 | 我国商业银行综合经营与股票市场资源配置效率研究－基于承销商独立性视角 | 梁　琪 | 南开大学 |

续表

| 序号 | 项目批准号 | 项目名称 | 项目负责人 | 依托单位 |
|---|---|---|---|---|
| 16 | 71271122 | 基于多类型患者需求及关键资源约束的门诊预约递阶控制机制与动态调度方法研究 | 梁　峰 | 南开大学 |
| 17 | 71272180 | 知识产权保护、政治资源获取与高科技企业融资行为研究 | 李　莉 | 南开大学 |
| 18 | 71203102 | 国际直接投资对我国性别歧视的影响研究:就业、工资与家庭 | 李　磊 | 南开大学 |
| 19 | 71273142 | 中国企业海外并购与产业国际竞争力研究 | 蒋殿春 | 南开大学 |
| 20 | 71202162 | 传统和网络渠道并存模式下产品的定价和退货策略研究 | 胡　威 | 南开大学 |
| 21 | 71272185 | 创业企业组织能力形成机理与绩效作用机制研究 | 胡望斌 | 南开大学 |
| 22 | 71203106 | 中国地方财政隐性赤字的规模估测、风险量化与动态监管研究 | 郭玉清 | 南开大学 |
| 23 | 71271123 | 中国传统文化情境中的投资者保护研究 | 古志辉 | 南开大学 |
| 24 | 71272182 | 雇佣方式多元化下的中国企业雇佣策略研究 | 崔　勋 | 南开大学 |
| 25 | 71202164 | 竞争者品牌丑闻:危机还是机遇?——基于社会比较理论中的选择通达机制研究 | 陈增祥 | 南开大学 |
| 26 | 71272189 | 产权视角下的审计师声誉机制及其经济后果研究 | 张俊民 | 天津财经大学 |
| 27 | 71272190 | "跳单问题"的 B－T－C 范式与应用 | 于　立 | 天津财经大学 |
| 28 | 71203152 | 人民币国际化"三元相平衡"下汇率动态与货币能值测控研究 | 林　楠 | 天津财经大学 |
| 29 | 71273184 | 个人所得税以家庭为单位实施征收问题研究 | 李炜光 | 天津财经大学 |
| 30 | 71201112 | 互联网开源信息对股票市场行为影响的研究 | 金　曦 | 天津财经大学 |
| 31 | 71271142 | 具有 Markov 体制转换的动态因子模型建模方法及其应用研究 | 白仲林 | 天津财经大学 |
| 32 | 71271144 | 复杂网络视角下的股票市场消息传递行为及其对资产定价影响研究 | 张永杰 | 天津大学 |
| 33 | 71203156 | 养老保险制度安排和可持续性研究 | 张　琴 | 天津大学 |
| 34 | 71272146 | IPD 项目交付模式下风险分担机制与理论模型研究 | 张连营 | 天津大学 |
| 35 | 71272147 | 支持智能化 BIM 技术的建筑业知识本体方法研究 | 张金月 | 天津大学 |
| 36 | 71271152 | 基于期权合约的演化博弈供应链协调研究 | 张保银 | 天津大学 |
| 37 | 71202085 | 决策偏好下的供应链契约设计与绩效研究 | 杨道箭 | 天津大学 |
| 38 | 71203157 | 农民分化视角下农民养老保障与农地流转:互动机理、影响效应与政策创新 | 许恒周 | 天津大学 |
| 39 | 71271145 | 基于计算实验金融方法的资本市场系统性风险分析 | 熊　熊 | 天津大学 |
| 40 | 71203155 | 基于新医改的药品价格形成机制研究:市场竞争与政府管制的作用 | 吴　晶 | 天津大学 |
| 41 | 71202083 | 国际 PPP 项目的融资效率研究 | 王秀芹 | 天津大学 |
| 42 | 71271146 | 噪音条件下的资产价格行为分析与投资组合管理研究 | 王春峰 | 天津大学 |
| 43 | 71271143 | 契约视角下 PPP 项目"合作困境"解决机制研究 | 孙　慧 | 天津大学 |
| 44 | 71201114 | 基于视觉信息交互的公共闭空间导向系统设计机理研究 | 史英杰 | 天津大学 |
| 45 | 71202087 | 服务过程中分类数据的监控及诊断方法的研究 | 商艳芬 | 天津大学 |
| 46 | 71271148 | 物联网信息系统的服务框架与数据管理问题研究 | 南国芳 | 天津大学 |
| 47 | 71272149 | 文化认同、区域品牌资产对消费者购买行为的影响机制及区域品牌资产评价研究 | 马向阳 | 天津大学 |
| 48 | 71201113 | 投资者参考点的形成机理及其演化特征研究:基于实验与计算仿真的方法 | 李悦雷 | 天津大学 |
| 49 | 71203153 | 区域要素禀赋差异下中国公共池塘资源配置理论与实证研究 | 李　磊 | 天津大学 |
| 50 | 71202086 | 碳排放规制下的供应链运营协调与决策优化研究 | 何龙飞 | 天津大学 |
| 51 | 71271147 | 基于符号数据分析的群体推荐用户建模与协调研究 | 郭均鹏 | 天津大学 |
| 52 | 71271149 | 体现主体行为复杂性的 CNIS 突发安全风险事件情境构建模型与仿真研究 | 冯　楠 | 天津大学 |
| 53 | 71273185 | 碳排放约束下能源—经济—环境(3E)系统演化的动力学机理与政策模拟 | 杜慧滨 | 天津大学 |

续表

| 序号 | 项目批准号 | 项目名称 | 项目负责人 | 依托单位 |
|---|---|---|---|---|
| 54 | 71210107019 | 产品族架构与设计中的主从关联优化问题 | 杜　纲 | 天津大学 |
| 55 | 71201115 | 大规模定制下复杂产品配置设计交互协同优化研究 | 窦润亮 | 天津大学 |
| 56 | 71231006 | 重大工程项目风险识别度量与控制的理论与方法研究 | 陈勇强 | 天津大学 |
| 57 | 71272148 | 和谐理性的公共文化服务设施项目评价及补偿研究 | 陈　通 | 天津大学 |
| 58 | 71271150 | 多重信息条件下基于个体行为的交通信息服务策略研究 | 马寿峰 | 天津大学 |
| 59 | 71272017 | 公共项目治理绩效度量研究:基于契约治理与关系治理的视角 | 严　玲 | 天津理工大学 |
| 60 | 71203158 | 基于可持续发展的城市水安全—水循环耦联系统综合评价及管理规划研究 | 徐　瑾 | 天津理工大学 |
| 61 | 71202010 | 关系治理对 EPC 工程供应链界面有效性的影响机理研究 | 吴绍艳 | 天津理工大学 |
| 62 | 71202041 | 分层面中介作用下的人力资本凸现研究 | 田立法 | 天津商业大学 |
| 63 | 71273186 | 城市公共基础设施利用效益研究 | 孙　钰 | 天津商业大学 |
| 64 | 71202009 | 基于自身短期与社会长远利益两难选择的绿色消费机制研究 | 杜伟强 | 天津师范大学 |
| 65 | 71273187 | 基于公平与效率的我国省域卫生资源优化配置研究 | 王耀刚 | 天津医科大学 |

# 国家社科基金教育学项目(2012 年度)天津市立项课题

| 课题批准号 | 课题名称 | 负责人 | 工作单位 | 立项类别 |
|---|---|---|---|---|
| BGA120039 | 应对我国人口变动的教育政策研究 | 和学新 | 天津师范大学 | 国家一般 |
| BHA120047 | 基于创新人才培养的基础教育学校文化特色研究 | 张武升 | 天津市教育科学研究院 | 国家一般 |
| CBA120106 | 词边界信息对汉、英双语阅读影响的实证研究 | 李　馨 | 天津师范大学 | 国家青年 |

# 国家社科基金艺术学项目(2012 年度)天津市立项课题

| 立项批准号 | 项目名称 | 立项类别 | 负责人 | 单位 |
|---|---|---|---|---|
| 12BB016 | 戏剧院团评估体系研究 | 国家一般 | 陈曼娜 | 天津财经大学 |
| 12BG061 | 中国古典园林的学术史研究 | 国家一般 | 刘彤彤 | 天津大学 |
| 12BG062 | 京津冀地区民间工艺美术非物质文化遗产现状调查与传承研究 | 国家一般 | 钟　蕾 | 天津理工大学 |
| 12BG063 | 东方服饰设计审美研究 | 国家一般 | 华　梅 | 天津师范大学 |

# 教育部人文社会科学研究规划项目(2012 年度)天津市立项课题

| 序号 | 学科门类 | 项目类别 | 项目名称 | 申请人 | 学校名称 |
|---|---|---|---|---|---|
| 1 | 法学 | 青年基金项目 | 指导性案例的创制技术与适用方法研究 | 王　彬 | 南开大学 |
| 2 | 管理学 | 规划基金项目 | 我国人力资源多样化对企业有效性的影响路径研究 | 崔　勋 | 南开大学 |
| 3 | 管理学 | 规划基金项目 | 面向突发性自然灾害的救济供应链集群构建与绩效评价研究 | 方　磊 | 南开大学 |
| 4 | 管理学 | 规划基金项目 | 上市公司社会责任信息披露与权益资本成本的互动关系研究 | 李　姝 | 南开大学 |

续表

| 序号 | 学科门类 | 项目类别 | 项目名称 | 申请人 | 学校名称 |
|---|---|---|---|---|---|
| 5 | 管理学 | 规划基金项目 | 合法化战略、制度变迁与企业竞争优势获取的关系研究 | 任　兵 | 南开大学 |
| 6 | 管理学 | 规划基金项目 | 整合营销传播在中国互益性非营利组织管理中的应用研究 | 申光龙 | 南开大学 |
| 7 | 管理学 | 青年基金项目 | 基于服务界面的服务品牌资产提升研究 | 陈　晔 | 南开大学 |
| 8 | 国际问题研究 | 青年基金项目 | 美国海外军事干涉行为与国际秩序演变研究 | 刘　丰 | 南开大学 |
| 9 | 教育学 | 规划基金项目 | 普通高校体育课程对大学生体质健康影响的实验研究 | 高　谊 | 南开大学 |
| 10 | 教育学 | 规划基金项目 | 社会认同视域下的高校学生群体性事件研究 | 赵允德 | 南开大学 |
| 11 | 法学 | 规划基金项目 | 股份公司股东权利配置的多元模式研究 | 汪青松 | 天津财经大学 |
| 12 | 管理学 | 青年基金项目 | 交易成本、交易收益双重视角下的企业战略网络信任机制研究 | 王　熹 | 天津财经大学 |
| 13 | 交叉学科/综合研究 | 青年基金项目 | 海洋生态利益与海上溢油生态损害防控路径研究 | 凌　欣 | 天津财经大学 |
| 14 | 教育学 | 规划基金项目 | 海峡两岸高等教育合作发展的策略与政策研究 | 张宝贵 | 天津财经大学 |
| 15 | 管理学 | 规划基金项目 | 基于主体动态关联分析的多元环保投融资机制研究 | 郭　伟 | 天津城市建设学院 |
| 16 | 管理学 | 青年基金项目 | 基于有限理性的新型城镇居民低碳出行方式决策的影响因素、机理及对策引导研究 | 陈君彦 | 天津城市建设学院 |
| 17 | 管理学 | 青年基金项目 | 资源循环利用产业升级路径选择及优化研究——基于环境压力最小化视角 | 王　磊 | 天津城市建设学院 |
| 18 | 交叉学科/综合研究 | 青年基金项目 | 京津滨区域经济空间的分形结构及其优化机制研究 | 赖迪辉 | 天津城市建设学院 |
| 19 | 交叉学科/综合研究 | 青年基金项目 | 基于环境心理学评价的我国地下交通空间构建模式研究 | 杨艳红 | 天津城市建设学院 |
| 20 | 管理学 | 青年基金项目 | 消费者认知特征对品牌延伸淡化效应的影响研究 | 唐建生 | 天津大学 |
| 21 | 交叉学科/综合研究 | 规划基金项目 | 考虑决策行为因素影响的双渠道供应链协调机制研究 | 李　波 | 天津大学 |
| 22 | 交叉学科/综合研究 | 规划基金项目 | 老人护理中心与幼儿园相结合的新型社区服务模式的规划设计初探 | 袁逸倩 | 天津大学 |
| 23 | 交叉学科/综合研究 | 青年基金项目 | 基于系统动力学的企业碳足迹影响因素及政策调控研究——以典型工业企业为案例 | 刘　勇 | 天津大学 |
| 24 | 交叉学科/综合研究 | 青年基金项目 | 在保障性住房建设背景下的城市紧凑型居住模式研究 | 王志刚 | 天津大学 |
| 25 | 教育学 | 规划基金项目 | 社会性别视角下的女大学生创业研究 | 许艳丽 | 天津大学 |
| 26 | 教育学 | 规划基金项目 | 大学治理:高等教育质量提升的路径选择 | 祝士明 | 天津大学 |
| 27 | 管理学 | 青年基金项目 | 城乡建设用地增减挂钩中农户行为响应机制研究 | 吴云青 | 天津工业大学 |
| 28 | 教育学 | 规划基金项目 | 普通高校“体教结合”培养模式现状及未来发展趋势的研究 | 张　莉 | 天津工业大学 |
| 29 | 交叉学科/综合研究 | 规划基金项目 | 可追溯系统的食品安全信息传递机制与可靠性评估研究——以乳品为例 | 马永军 | 天津科技大学 |
| 30 | 教育学 | 规划基金项目 | 现代大学内部治理管理运行体制机制研究 | 李旭炎 | 天津科技大学 |
| 31 | 管理学 | 规划基金项目 | 基于控制权的BT项目投资控制多案例研究 | 高　华 | 天津理工大学 |
| 32 | 管理学 | 规划基金项目 | 政府投资项目交易方式选择的研究:基于社会资本视角 | 柯　洪 | 天津理工大学 |
| 33 | 管理学 | 规划基金项目 | 高技术企业集群服务创新行为研究 | 魏津瑜 | 天津理工大学 |
| 34 | 管理学 | 青年基金项目 | 积极消费行为前置因素及影响后果研究 | 武瑞娟 | 天津理工大学 |

续表

| 序号 | 学科门类 | 项目类别 | 项目名称 | 申请人 | 学校名称 |
|---|---|---|---|---|---|
| 35 | 管理学 | 青年基金项目 | 基于PSO－BP与NSGA－Ⅱ算法的城市水循环系统可持续发展规划研究 | 徐　瑾 | 天津理工大学 |
| 36 | 法学 | 规划基金项目 | 传统向现代的嬗变:民国时期女子财产继承权变迁研究 | 郑全红 | 天津商业大学 |
| 37 | 管理学 | 青年基金项目 | 公司股权投资下的价值效应与盈余管理研究 | 白　默 | 天津商业大学 |
| 38 | 管理学 | 青年基金项目 | 政府投资项目集中代建机构组织绩效改善研究 | 严　敏 | 天津商业大学 |
| 39 | 管理学 | 青年基金项目 | 加速城镇化进程中农地过度非农化风险的防范与治理 | 张志泽 | 天津商业大学 |
| 40 | 交叉学科/综合研究 | 青年基金项目 | 美国土地征收中"公共利益"的司法变迁及中国启示:法经济学视角的实证研究 | 高建伟 | 天津商业大学 |
| 41 | 法学 | 青年基金项目 | 利益相关方参与行政决策的法律机制研究 | 魏建新 | 天津师范大学 |
| 42 | 管理学 | 规划基金项目 | 社会转型期群体性事件的预警与阻断机制研究 | 温志强 | 天津师范大学 |
| 43 | 管理学 | 青年基金项目 | 企业渐进式更新机会识别与选择机制及子公司角色影响研究——护佑关系的视角 | 方　琳 | 天津外国语大学 |
| 44 | 教育学 | 规划基金项目 | 义务教育均衡发展策略研究 | 李素敏 | 天津师范大学 |
| 45 | 教育学 | 青年基金项目 | 地方高校中外合作办学质量保障体系构建研究 | 高永红 | 天津工业大学 |
| 46 | 教育学 | 青年基金项目 | 美国城市学校的兴起与发展研究 | 李朝阳 | 天津师范大学 |
| 47 | 教育学 | 青年基金项目 | 制度规约下的大学教师职业生涯研究 | 吴艳茹 | 天津师范大学 |
| 48 | 教育学 | 青年基金项目 | 基于"T＋ICDIO"理念的工学结合人才培养模式研究与实践 | 李　彬 | 天津职业技术师范大学 |
| 49 | 经济学 | 规划基金项目 | 基于产业融合理论的中国生产性服务业发展战略研究 | 刘纯彬 | 南开大学 |
| 50 | 经济学 | 规划基金项目 | 公共预算监督绩效的行为经济学分析 | 马蔡琛 | 南开大学 |
| 51 | 经济学 | 规划基金项目 | 政府控股、外国投资和生产效率:中国企业能否赶超? | 田利辉 | 南开大学 |
| 52 | 经济学 | 规划基金项目 | 中国物流产业生态效率评价与提升路径——基于能源消耗与环境污染内生化的视角 | 王　玲 | 南开大学 |
| 53 | 经济学 | 规划基金项目 | 中国出口的超常规增长——基于市场扭曲的视角 | 耿　伟 | 天津财经大学 |
| 54 | 经济学 | 规划基金项目 | FDI对中国制造业垂直专业化地位的影响 | 李　宏 | 天津财经大学 |
| 55 | 经济学 | 规划基金项目 | 内部控制与独立审计的耦合效应研究:财务重述视角 | 张俊民 | 天津财经大学 |
| 56 | 经济学 | 规划基金项目 | 我国个人所得税收入分配调节作用的实证分析 | 曹桂全 | 天津大学 |
| 57 | 经济学 | 规划基金项目 | 农地权益视阈的新生代农民工渐进性市民化可行性与路径选择 | 刘洪银 | 天津农学院 |
| 58 | 经济学 | 青年基金项目 | 大危机对中国近代重化工业技术创新和技术扩散的影响 | 李健英 | 南开大学 |
| 59 | 经济学 | 青年基金项目 | 地方公共服务的多元化供给与治理模式研究 | 刘维林 | 南开大学 |
| 60 | 经济学 | 青年基金项目 | 新型国际分工、全球经济失衡及中国的对策研究 | 彭支伟 | 南开大学 |
| 61 | 经济学 | 青年基金项目 | 融资约束、研发投入与技术升级——基于企业微观层面的理论与经验研究 | 邵　敏 | 南开大学 |
| 62 | 经济学 | 青年基金项目 | 跨越收入分配与中等收入陷阱——中国经济的双重挑战 | 杨　光 | 南开大学 |
| 63 | 经济学 | 青年基金项目 | 近代天津北四行与北方企业关系(1915－1937) | 黑广菊 | 天津财经大学 |
| 64 | 经济学 | 青年基金项目 | 我国商业银行内部评级系统验证研究 | 刘久彪 | 天津财经大学 |
| 65 | 经济学 | 青年基金项目 | 基于地区与产业双重维度的京津冀区域水资源优化研究 | 徐志伟 | 天津财经大学 |
| 66 | 经济学 | 青年基金项目 | 基于CGE的中国电力工业减排4E模型研究 | 温丹辉 | 天津大学 |

续表

| 序号 | 学科门类 | 项目类别 | 项目名称 | 申请人 | 学校名称 |
|---|---|---|---|---|---|
| 67 | 经济学 | 青年基金项目 | 基于交通网络优化的天津低碳城市发展研究 | 刘　露 | 天津师范大学 |
| 68 | 历史学 | 规划基金项目 | 疾病入侵、土著民族与殖民主义——论生态殖民主义在美国早期历史上的影响 | 丁见民 | 南开大学 |
| 69 | 历史学 | 规划基金项目 | “天下”秩序的构成、演变与未来可能性——兼论东亚区域一体化的文化基础 | 李宪堂 | 南开大学 |
| 70 | 历史学 | 规划基金项目 | 清代首届驻日公使馆员在日笔谈资料研究(1877－1882) | 刘雨珍 | 南开大学 |
| 71 | 历史学 | 规划基金项目 | 明代中后期军屯处所与基层社会秩序 | 肖立军 | 天津师范大学 |
| 72 | 历史学 | 青年基金项目 | 老虎与人:华南虎种群历史变迁的人文影响因素研究 | 曹志红 | 南开大学 |
| 73 | 历史学 | 青年基金项目 | 美国建国初期商业公司的演变与政治文化的互动研究 | 董　瑜 | 南开大学 |
| 74 | 历史学 | 青年基金项目 | 游牧民族形象在西方古典世界中的形成与变迁:以斯基泰人为例 | 刘雪飞 | 天津师范大学 |
| 75 | 历史学 | 青年基金项目 | 意大利文艺复兴运动中的拜占廷流亡学者研究 | 张俊芳 | 天津医科大学 |
| 76 | 马克思主义理论/思想政治教育 | 规划基金项目 | 社会转型期利益分化背景下价值秩序重塑研究 | 刘秀华 | 天津财经大学 |
| 77 | 马克思主义理论/思想政治教育 | 规划基金项目 | 公司治理背景下党在非公有制经济组织中的工作机制创新研究 | 初明利 | 天津商业大学 |
| 78 | 马克思主义理论/思想政治教育 | 青年基金项目 | 当代俄罗斯“反思的马克思主义学派”研究 | 张　静 | 天津理工大学 |
| 79 | 马克思主义理论/思想政治教育 | 青年基金项目 | 思想政治教育的人本价值研究 | 褚凤英 | 天津师范大学 |
| 80 | 社会学 | 青年基金项目 | 多元化文化耦合下少数民族大学生宗教信仰文化变迁研究－以穆斯林为例 | 李　武 | 天津大学 |
| 81 | 图书馆、情报与文献学 | 规划基金项目 | 大学图书馆嵌入式教学服务实践研究 | 薛　调 | 天津理工大学 |
| 82 | 图书馆、情报与文献学 | 青年基金项目 | 基于群体智慧的微博客信息可信度评价机制研究 | 王树义 | 天津师范大学 |
| 83 | 外国文学 | 青年基金项目 | 日本江户时代滑稽本研究 | 张海萌 | 天津财经大学 |
| 84 | 心理学 | 规划基金项目 | 集体行动的个体参与动机研究 | 乐国安 | 南开大学 |
| 85 | 心理学 | 规划基金项目 | 社会互动中竞争与合作的事件相关脑电位研究 | 王益文 | 天津师范大学 |
| 86 | 心理学 | 青年基金项目 | 老年抑郁情绪问题的早期识别及其形成机制——行为和 ERP 的证据 | 戴必兵 | 天津医科大学 |
| 87 | 心理学 | 青年基金项目 | 以正念为基础的认知治疗(MBCT)预防抑郁症复发效果的研究 | 李建伟 | 天津医科大学 |
| 88 | 心理学 | 青年基金项目 | 自我损耗影响道德判断和决策的实证研究 | 于　斌 | 天津医科大学 |
| 89 | 新闻学与传播学 | 青年基金项目 | 中国男性杂志发展研究 | 陈　宁 | 南开大学 |
| 90 | 新闻学与传播学 | 青年基金项目 | 媒介融合中学术期刊转型的适应机制研究 | 梁小建 | 南开大学 |
| 91 | 新闻学与传播学 | 青年基金项目 | 当前我国网络舆论中意见领袖形成机制研究 | 陈旭辉 | 天津财经大学 |

续表

| 序号 | 学科门类 | 项目类别 | 项目名称 | 申请人 | 学校名称 |
|---|---|---|---|---|---|
| 92 | 新闻学与传播学 | 青年基金项目 | Web2.0 网络舆情的传播演化机制研究 | 张　亮 | 天津科技大学 |
| 93 | 新闻学与传播学 | 青年基金项目 | 社会公正视域下的农民工报道传播模式研究 | 徐　艳 | 天津外国语大学 |
| 94 | 艺术学 | 规划基金项目 | 传承与再生－中国传统文化元素在现代设计中的应用研究 | 董　雅 | 天津大学 |
| 95 | 艺术学 | 规划基金项目 | 中国北方民间艺术形式的传承与产业开发研究 | 乔　洁 | 天津科技大学 |
| 96 | 艺术学 | 青年基金项目 | 京剧流派传承论 | 刘　佳 | 南开大学 |
| 97 | 艺术学 | 青年基金项目 | 面向弱势群体的产品情感化设计研究 | 窦金花 | 天津理工大学 |
| 98 | 艺术学 | 青年基金项目 | 非物质文化遗产天津时调的数字化资料库的建立及其传播方法的研究 | 石　蓓 | 天津师范大学 |
| 99 | 语言学 | 规划基金项目 | 俗语词考源 | 杨　琳 | 南开大学 |
| 100 | 语言学 | 规划基金项目 | 明代南京官话军屯移民语言在云南的历史演变研究 | 曾晓渝 | 南开大学 |
| 101 | 语言学 | 规划基金项目 | 中国文化对外译介的“林语堂模式”研究 | 冯智强 | 天津工业大学 |
| 102 | 语言学 | 规划基金项目 | 中国手语数据库建设的研究 | 李　凯 | 天津理工大学 |
| 103 | 语言学 | 规划基金项目 | 现代汉语功能句型研究 | 温云水 | 天津外国语大学 |
| 104 | 语言学 | 青年基金项目 | 汉藏语四音格词语音模式研究 | 李春艳 | 天津大学 |
| 105 | 语言学 | 青年基金项目 | 典籍英译的“异化”原则分析——以赛珍珠英译《水浒传》为例 | 刘　蕾 | 天津大学 |
| 106 | 语言学 | 青年基金项目 | 活形态民族史诗《格萨尔》翻译与传播研究 | 王治国 | 天津工业大学 |
| 107 | 语言学 | 青年基金项目 | 内蒙古城镇化进程中蒙古族言语社区语言状况研究 | 邬美丽 | 天津外国语大学 |
| 108 | 语言学 | 青年基金项目 | 汉俄语“比较”范畴的认知功能对比研究 | 钟晓雯 | 天津外国语大学 |
| 109 | 语言学 | 青年基金项目 | 基于语料库的日语周边性语言现象研究 | 朱鹏霄 | 天津外国语大学 |
| 110 | 哲学 | 规划基金项目 | 美国人格主义研究 | 钱　宁 | 天津外国语大学 |
| 111 | 哲学 | 青年基金项目 | 康德对经验唯心论的反驳 | 梁议众 | 天津外国语大学 |
| 112 | 中国文学 | 规划基金项目 | 《聊斋志异》在清代的传播 | 郑秀琴 | 天津师范大学 |
| 113 | 中国文学 | 规划基金项目 | 文学思想史视阈中的汉赋研究 | 余　江 | 天津外国语大学 |
| 114 | 中国文学 | 青年基金项目 | 北齐文学与文化考论 | 白云娇 | 南开大学 |
| 115 | 中国文学 | 青年基金项目 | “五四”时期翻译高潮中的另面景观：以《学衡》翻译为例 | 王雪明 | 南开大学 |

# 国家软科学研究计划(2012 年度)天津市立项课题

天津市科委

| 序号 | 项目编号 | 项目名称 | 承担单位 |
|---|---|---|---|
| 4 | 2012GXS4D074 | 科技型中小企业融资模式创新研究 | 天津商业大学 |

**【2012 年度天津市哲学社会科学规划综述】** 2012 年，天津市哲学社会科学规划工作按照高举旗帜、围绕大局、服务人民、改革创新的总要求，以深入学习宣传贯彻十七届六中全会和党的十八大精神为主题，紧紧围绕贯彻落实市第十次党代会精神，充分发挥哲学社会科学在经济社会发展中的引领推动作用，各项工作取得了明显成绩。

一、扎实做好天津市 2012 年度社科基金项目的规划、申报、评审、立项工作。一年一度的天津市社科规划申报评审立项工作，是推出社科理论精品、培养优秀社科研究人才的重要平台,也是整合社科学术资源和促进科研成果转化的有效抓手和有力杠杆,在调动本市社科工作者科研积极性、创造性,加强学科建设、繁荣天津市哲学社会科学事业,服务经济社会又好又快发展方面发挥着不可替代的重要作用。

为做好2012年的评审工作,精心做好了以下几项工作:一是精心制定、发布课题指南。课题指南在社科研究中具有重要的方向引领作用。课题评审紧紧围绕学习贯彻十七届六中全会精神,围绕贯彻落实市第十次党代会精神等重大主题,结合国家哲学社会科学研究"十二五"规划和市委2012年工作要点精神,从全市经济社会发展实际出发,从广大人民群众关注的热点、难点问题出发,从各学科的学科建设实际出发,精心制定并适时发布课题指南。二是修订经费管理办法。中共天津市委对于繁荣天津市哲学社会科学事业高度重视,2012年市社科研究基金大幅度的增长。为管好用好来之不易的社科研究基金,在经费管理规范化、科学化的轨道上提高使用效益,更好地发挥社科基金在推进社科事业发展中的强有力的保障作用,市社科规划办会同市财政局,在多方考察和广泛征求意见的基础上,重新修订并印发《天津市哲学社会科学研究基金管理暂行办法》。三是精心做好评审会的各项准备工作。为保证评审的公平公正科学,我们严把程序关,采取全封闭会议评审,力争评出形象,评出权威,评出品牌,评出经得起检验的真正代表全市社科发展水平的优秀项目。评审会共评出市社科规划年度项目312项,资助金额达627.1万元。

二、天津市哲学社会科学重点学科建设工程项目取得重要进展。自2005年滨海新区上升为国家战略以来,天津市委市政府高度重视滨海新区的研究工作,并于2006年决定由天津市哲学社会科学规划领导小组办公室把滨海新区开发开放课题研究纳入本市哲学社会科学重点学科建设工程项目,连续5年拨专款资助研究。其间,中共天津市委宣传部、市委研究室、市政府研究室、市发改委等市有关部门和滨海新区区委、区政府及各相关单位积极支持、参与研究,为研究调研提供便利,保证了课题成果的高水平和实用性。5年来,项目累计完成了63个兼具理论和实用价值的课题报告;广泛组织了100余家单位,1000余名学者参与其中,广泛汇聚天津社科界的智慧,将基础学科和应用学科深度交叉融合,集成了官产学最优秀的科研资源;形成了200多万字,5大册的滨海新区开发开放研究系列丛书,打出了天津社科界响亮的研究品牌,在全市社科界产生了强烈反响。5年来,滨海新区开发开放课题研究,坚持理论与实际的深度融合,其成果通过市委研究室、原市委财经办、市政府研究室、天津滨海综合发展研究院的专报件,报本市及滨海新区领导参阅,受到了充分肯定,对滨海新区开发建设发挥了理论支撑和决策咨询作用。

三、坚持"二为"方向和"双百"方针,在推进中国特色社会主义伟大事业进程中更好地发挥智囊团和思想库作用,不断增强吸引力和感召力。一是"两界联盟"课题取得重要成果。为贯彻市十次党代会关于加快建设文化强市的总要求,大力推进马克思主义理论研究和建设工程,深化对改革发展稳定重大现实问题的研究,按照市宣传思想工作会议要求,紧紧围绕深入开展"调结构、惠民生、上水平"活动,着眼于服务天津建设富有独特魅力和创造活动的文化强市目标,加快转变经济发展方式,从学科交叉融合的角度,市社科规划办和市社联组织两界专家学者,开展有针对性的调查研究,为党和政府科学决策提供理论支持和咨询服务,将"推进天津文化强市战略研究"作为2012年度社会科学和自然科学"两界联盟"项目主题,分13个子课题开展深入研究并取得了重要成果。其中,天津工业大学的《完善文化产业立法保障研究》、天津大学的《天津市工业遗产保护及其开发利用研究》课题,在本市社科理论界反响强烈,得到有关市委市政府领导同志批示。二是委托项目"破坏性膜拜团体问题研究"已全面启动。三是为迎接党的十八大胜利召开,先后组织召开5次社科理论界专家座谈会,就全市经济社会发展的重大问题提出对策建议。四是市领导人先后20次对市社联主办的《社科界咨政要报》作批示。

2012年,天津市社科基金项目的研究和管理工作取得了突出成绩,但也还存在着一些问题。这些问题主要有,重立项轻结项、项目研究超期超时、研究成果低水平重复、原创性不足、资助经费使用不规范等。这些问题都在一定范围内不同程度地存在着,也是在新一年度工作中急需着力改进的地方。

(本文作者:杨向阳,天津市社会科学规划办公室)

# 天津市哲学社会科学规划项目(2012 年度)

## 马列·科社、党史·党建

| 序号 | 学科代码 | 单位 | 姓 名 | 课题名称 | 项目类别 | 成果形式 |
|---|---|---|---|---|---|---|
| 1 | TJDJ12－020 | 中共天津市委党校 | 谢忠平 | 中国共产党应对台海危机的历史考察与基本经验研究 | 一般项目 | 专著 |
| 2 | TJDJ12－019 | 中共天津市委党校 | 周多刚 | 新时期党正确处理人民内部阶层矛盾的理论与实践研究 | 一般项目 | 专著 |
| 3 | TJDJ12－022 | 中共天津市委党校 | 徐 中 | 十七届四中全会以来推进学习型党组织建设的困境与应对之策 | 一般项目 | 研究报告 |
| 4 | TJDJ12－011 | 中共天津市委党史研究室 | 刘润忠 | 中国天津组织史研究 | 重点项目 | 专著 |
| 5 | TJDJ12－001 | 南开大学周恩来政府管理学院 | 徐 行 | 加强执政党建设的一个重要环节——党内监督与党外监督互动机制研究 | 一般项目 | 研究报告<br>系列论文 |
| 6 | TJDJ12－008 | 天津工业大学人文与法学院 | 张 丹 | 中共抗战时期的文化动员研究 | 一般项目 | 论文 |
| 7 | TJKS12－002 | 南开大学马克思主义教育学院 | 韦幼苏 | 关于德国左翼党的比较研究 | 一般项目 | 研究报告<br>系列论文 |
| 8 | TJKS12－035 | 南开大学马克思主义教育学院 | 高晓雁 | 劳动者股份合作制度创新与共同富裕 | 一般项目 | 专著 |
| 9 | TJKS12－015 | 天津师范大学马克思学院 | 沈文玮 | 马克思劳动过程理论与滨海新区和谐新区和谐劳动关系构建研究 | 一般项目 | 系列论文 |
| 10 | TJKS12－019 | 天津工业大学人文与法学院 | 徐保军 | 中国特色社会主义制度形成的逻辑研究 | 一般项目 | 系列论文 |
| 11 | TJKS12－029 | 天津音乐学院 | 尚丽婷 | “双主体”视域下的艺术院校社会主义核心价值体系育人载体研究 | 一般项目 | 系列论文 |
| 12 | TJKS12－032 | 军事交通学院 | 邵 刚 | 当代中国马克思主义大众化实现路径研究 | 一般项目 | 研究报告 |
| 13 | TJKS12－011 | 天津大学 | 刘东海 | 大学生课外思想政治教育活动课程化研究 | 一般项目 | 研究报告 |
| 14 | TJKS12－027 | 天津中医药大学 | 张金钟 | 寓理于情的高校德育教育模式研究 | 重点项目 | 研究报告 |
| 15 | TJKS12－021 | 天津科技大学 | 文 峰 | 高校社会主义核心价值观教育实效性研究——以中国优秀文化教育为途径 | 一般项目 | 研究报告 |
| 16 | TJDJ12－023 | 军事交通学院 | 姚子谦 | 中国共产党保持党的纯洁性研究 | 一般项目 | 研究报告 |
| 17 | TJKS12－034 | 武警后勤学院 | 李 华 | 天津市退役军人安置问题研究 | 一般项目 | 系列论文 |

## 哲学

| 序号 | 学科代码 | 单位 | 姓 名 | 课题名称 | 项目类别 | 成果形式 |
|---|---|---|---|---|---|---|
| 1 | TJZX12－002 | 南开大学哲学院 | 齐艳红 | 当代英美马克思主义政治哲学方法论研究 | 一般项目 | 系列论文 |
| 2 | TJZX12－017 | 天津医科大学 | 黄知伟 | 市民社会化与公民道德建设 | 一般项目 | 系列论文 |
| 3 | TJZX12－012 | 天津师范大学马克思学院 | 杨仁忠 | 马克思社会公共性思想及现实意义 | 重点项目 | 系列论文 |
| 4 | TJZX12－010 | 天津大学 | 郭元林 | 另类社会科学方法论研究 | 一般项目 | 系列论文 |
| 5 | TJZX12－003 | 南开大学哲学院 | 卢 兴 | 中西比较视野下的儒家个体观研究 | 一般项目 | 系列论文 |
| 6 | TJZX12－027 | 天津外国语大学 | 骆长捷 | 当代理论视域下的休谟政治哲学研究 | 一般项目 | 研究报告 |
| 7 | TJZX12－025 | 天津市规划局 | 尹海林 | 规划文化建设体系模式理论与实践研究 | 重点项目 | 研究报告<br>系列论文 |
| 8 | TJZX12－023 | 中共天津市委党校 | 范玉秋 | 马克思主义中国化与儒学的关系研究 | 一般项目 | 专著 |
| 9 | TJZX12－005 | 天津财经大学 | 孙全胜 | 大学生廉政文化教育理论与实践研究 | 一般项目 | 专著 |

政治学·国际问题

| 序号 | 学科代码 | 单位 | 姓 名 | 课题名称 | 项目类别 | 成果形式 |
|---|---|---|---|---|---|---|
| 1 | TJZZ12－001 | 南开大学周恩来政府管理学院 | 曹 钦 | 左翼自由至上主义研究 | 一般项目 | 系列论文 |
| 2 | TJZZ12－002 | 南开大学周恩来政府管理学院 | 黄海涛 | 西方国际干涉的理论基础与实践模式研究 | 一般项目 | 研究报告<br>系列论文 |
| 3 | TJZZ12－011 | 天津师范大学政治与行政学院 | 张 瑾 | 城市邻避冲突治理机制与策略研究 | 一般项目 | 研究报告<br>和系列论文 |
| 4 | TJZZ12－013 | 天津师范大学政治与行政学院 | 刘学斌 | 中国传统政治思想中的公共观念研究 | 一般项目 | 专著 |
| 5 | TJZZ12－016 | 天津工业大学人文与法学院 | 钟 彬 | 政府决策风险及其防范机制研究 | 一般项目 | 研究报告 |
| 6 | TJZZ12－020 | 天津社会科学院 | 程永明 | 大地震后日本国家战略研究 | 一般项目 | 系列论文 |
| 7 | TJZZ12－032 | 武警后勤学院 | 何继勋 | 天津文化繁荣视阈中的驻地军校文化建设研究 | 一般项目 | 系列论文 |
| 8 | TJZZ12－022 | 天津社会科学院 | 田庆立 | 中日复交以来日本政界人士中国观的演进谱系（1972－2012） | 一般项目 | 专著 |
| 9 | TJZZ12－018 | 天津科技大学 | 朱新华 | 社会管理视域下的流动人口市民化研究——以天津市为例 | 一般项目 | 研究报告 |
| 10 | TJZZ12－005 | 天津财经大学 | 任晓兰 | 财政预算与近代中国的国家建构 | 一般项目 | 专著 |
| 11 | TJZZ12－033 | 天津市社会主义学院 | 张 玲 | 当代中国政党制度探究 | 一般项目 | 专著 |

法学

| 序号 | 学科代码 | 单位 | 姓 名 | 课题名称 | 项目类别 | 成果形式 |
|---|---|---|---|---|---|---|
| 1 | TJFX12－001 | 南开大学法学院 | 阎 愚 | 网络侵权法律规制的国际私法路径研究 | 一般项目 | 专著 |
| 2 | TJFX12－003 | 南开大学法学院 | 李建人 | 中国政府预算信息公开——理论约束和制度障碍的分析与对策 | 一般项目 | 研究报告 |
| 3 | TJFX12－005 | 南开大学法学院 | 刘士心 | 中美刑法因果关系基础原理与司法认定规则比较研究 | 一般项目 | 系列论文 |
| 4 | TJFX12－008 | 天津财经大学 | 冯 博 | “文化金融产品”监管的法律问题研究 | 一般项目 | 研究报告 |
| 5 | TJFX12－009 | 天津财经大学 | 柴松霞 | 法律移植与文化强国：近代中日出洋考察宪政之比较研究 | 一般项目 | 研究报告 |
| 6 | TJFX12－014 | 天津商业大学 | 崔文俊 | 人民法院的法规范审查权问题研究 | 一般项目 | 专著 |
| 7 | TJFX12－015 | 天津商业大学 | 马 驰 | 社会冲突中的律师角色 | 一般项目 | 系列论文 |
| 8 | TJFX12－020 | 天津大学 | 杨雅婷 | 城镇化背景下农民土地权利保障问题研究 | 一般项目 | 研究报告 |
| 9 | TJFX12－027 | 天津师范大学法学院 | 阮大强 | 刑事审判中“同案异判”的实证研究 | 一般项目 | 研究报告 |
| 10 | TJFX12－028 | 天津师范大学法学院 | 郝 磊 | 债权出资的实证考察及制度完善研究－以天津为例 | 一般项目 | 研究报告 |
| 11 | TJFX12－041 | 天津工业大学人文与法学院 | 杨延军 | 刑法中的实行行为研究 | 一般项目 | 研究报告 |
| 12 | TJFX12－043 | 天津工业大学人文与法学院 | 尚绪芝 | 社会管理创新的法治化路径研究——以滨海新区为例 | 一般项目 | 研究报告 |
| 13 | TJFX12－055 | 天津医科大学 | 王哲民 | 低碳时代医疗废物回收利用法律规制研究——以天津市医疗废物管理体系为研究范例 | 一般项目 | 研究报告 |
| 14 | TJFX12－038 | 天津师范大学法学院 | 刘东辉 | 行政辅助制度研究 | 一般项目 | 专著 |
| 15 | TJFX12－061 | 天津公安警官职业学院 | 相淑珍 | 基于数学方法的文件检验定量分析研究 | 一般项目 | 研究报告<br>系列论文 |

续表

| 序号 | 学科代码 | 单位 | 姓 名 | 课题名称 | 项目类别 | 成果形式 |
|---|---|---|---|---|---|---|
| 16 | TJFX12－022 | 天津大学 | 俞风雷 | 专利证券化风险隔离机制研究 | 一般项目 | 研究报告<br>系列论文 |
| 17 | TJFX12－052 | 中国民航大学 | 郝秀辉 | 天津滨海新区航空融资租赁的法律问题研究 | 一般项目 | 专著 |
| 18 | TJFX12－044 | 天津科技大学 | 王吉林 | 食品侵权责任研究 | 一般项目 | 研究报告 |

社会学人口学

| 序号 | 学科代码 | 单位 | 姓 名 | 课题名称 | 项目类别 | 成果形式 |
|---|---|---|---|---|---|---|
| 1 | TJSR12－020 | 天津社会科学院 | 王光荣 | 社会组织参与公共服务的路径与机制调查研究 | 一般项目 | 研究报告 |
| 2 | TJSR12－012 | 天津师范大学<br>政治与行政学院 | 崔金海 | 多文化背景下的天津市跨国婚姻研究 | 一般项目 | 专著 |
| 3 | TJSR12－005 | 天津理工大学 | 段学芬 | 民意疏导机制构建与城市管理研究以天津市H社区为例 | 一般项目 | 研究报告 |
| 4 | TJSR12－022 | 天津社会科学院 | 姜胜洪 | 网络谣言应对与舆情掌控 | 一般项目 | 专著 |
| 5 | TJSR12－030 | 天津职业技术<br>师范大学 | 张学英 | 提升新生代农民工融入城市能力的个人资本框架及生成机制研究 | 一般项目 | 研究报告 |
| 6 | TJSR12－021 | 天津社会科学院 | 李宝芳 | 社会管理创新视域下的城市流浪乞讨人员救助管理——基于天津市的实证研究 | 一般项目 | 研究报告 |
| 7 | TJSR12－008 | 天津大学 | 郝卫国 | 天津新农村景观规划建设中文化特色保护研究 | 一般项目 | 研究报告<br>（附带系列<br>论文） |
| 8 | TJSR12－002 | 南开大学经济学院 | 周 兴 | 天津市产业结构升级背景下的就业问题与对策研究 | 一般项目 | 研究报告 |
| 9 | TJSR12－003 | 天津商业大学 | 刘文花 | 社会管理方式转变研究 | 一般项目 | 研究报告 |
| 10 | TJSR12－013 | 天津工业大学管理学院 | 庄晓惠 | 中俄民生体系建设比较研究 | 一般项目 | 研究报告 |
| 11 | TJSR12－038 | 中共天津市委党校 | 王晓霞 | 关于天津市养老服务体系的调查研究 | 一般项目 | 研究报告 |
| 12 | TJSR12－019 | 天津中医药大学 | 马蔚姝 | 天津市老龄化趋势对医疗保障的影响及应对措施研究 | 一般项目 | 研究报告 |
| 13 | TJSR12－042 | 天津外国语大学 | 卢德平 | 随迁农民工子女融合过程与策略的分析研究 | 一般项目 | 研究报告 |
| 14 | TJSR12－014 | 天津工业大学<br>继续教育学院 | 张继肖 | 针对本市人口老龄化的不断加重，探寻以推进消费养老保险作为养老金缺口补充途径的研究 | 一般项目 | 研究报告<br>系列论文 |
| 15 | TJSR12－029 | 天津市职业大学 | 卞国凤 | 天津市养老机构老年人孤独感现状及其社会工作介入的实证研究 | 一般项目 | 研究报告 |

理论经济

| 序号 | 学科代码 | 单位 | 姓 名 | 课题名称 | 项目类别 | 成果形式 |
|---|---|---|---|---|---|---|
| 1 | TJLJ12－008 | 南开大学经济学院 | 李飞跃 | 国际合作与中国区域经济格局变化趋势：基于技术进步转变 | 一般项目 | 系列论文 |
| 2 | TJLJ12－015 | 天津财经大学 | 荣 岩 | 我国贸易模式对人民币汇率传递效应的影响 | 一般项目 | 专著 |
| 3 | TJLJ12－017 | 天津师范大学<br>经济学院 | 黄松玲 | 农村集体产权实现形式的利益保障绩效研究 | 一般项目 | 专著 |
| 4 | TJLJ12－026 | 天津社会科学院 | 屠凤娜 | 城市生态基础设施建设研究：以天津为例 | 一般项目 | 专著 |

续表

| 序号 | 学科代码 | 单位 | 姓 名 | 课题名称 | 项目类别 | 成果形式 |
|---|---|---|---|---|---|---|
| 5 | TJLJ12－034 | 天津商业大学 | 胡 琨 | 支持天津市生产性服务业发展的财税政策研究 | 一般项目 | 研究报告 |
| 6 | TJLJ12－009 | 天津财经大学 | 任碧云 | 中国居民市场化收入及其形成机制研究 | 一般项目 | 研究报告<br>系列论文 |
| 7 | TJLJ12－022 | 天津工业大学经济学院 | 赵娟霞 | 人力资本培育与技术进步：基于近代天津的实证分析 | 一般项目 | 研究报告 |
| 8 | TJLJ12－035 | 天津商业大学 | 王晓艳 | 文化企业价值计量研究 | 一般项目 | 系列论文 |
| 9 | TJLJ12－018 | 天津师范大学经济学院 | 王艳红 | 区域经济格局演变中的中国自由贸易区战略研究 | 一般项目 | 专著 |
| 10 | TJLJ12－016 | 天津财经大学 | 李云娥 | 推动天津市文化产业成为国民经济支柱性产业研究 | 一般项目 | 研究报告<br>论文 |

应用经济、统计学

| 序号 | 学科代码 | 单位 | 姓 名 | 课题名称 | 项目类别 | 成果形式 |
|---|---|---|---|---|---|---|
| 1 | TJYY12－042 | 天津商业大学 | 过晓颖 | 基于集聚与创新互动视角的生产性服务业发展研究——以天津为例 | 一般项目 | 研究报告 |
| 2 | TJYY12－126 | 天津机电职业技术学院 | 华广敏 | 高技术服务业 FDI 溢出效应促进制造业效率提升的研究 | 一般项目 | 研究报告<br>系列论文 |
| 3 | TJYY12－001 | 南开大学旅游与服务学院 | 邱 玮 | 滨海新区旅游业开放式创新体系研究 | 一般项目 | 研究报告 |
| 4 | TJYY12－054 | 天津理工大学 | 苑清敏 | 天津市发展海陆循环经济对策及路径研究 | 一般项目 | 研究报告 |
| 5 | TJYY12－033 | 天津财经大学 | 翟淑萍 | 金融约束政策下金融发展与经济增长效率相关性研究——基于企业微观传导机制的分析 | 一般项目 | 研究报告<br>系列论文 |
| 6 | TJYY12－015 | 天津财经大学 | 陈旭东 | 促进科技型中小企业自主创新的财税政策研究——以天津滨海新区为例 | 一般项目 | 研究报告 |
| 7 | TJYY12－073 | 天津工业大学经济学院 | 马艳华 | 基于自主创新的战略新兴产业与天津产业升级动态协同发展研究 | 一般项目 | 系列论文 |
| 8 | TJYY12－138 | 天津外国语大学 | 张婷婷 | 天津市食品安全规制改革研究 | 一般项目 | 系列论文 |
| 9 | TJYY12－102 | 河北工业大学 | 王树强 | 构建企业兼并重组中的利益平衡机制——加快组建本市企业航母 | 一般项目 | 系列论文 |
| 10 | TJYY12－082 | 天津科技大学 | 郑健翔 | 奶农利益保障与组织优化创新研究 | 一般项目 | 研究报告 |
| 11 | TJYY12－106 | 天津农学院 | 李慕函 | 基于低碳经济的农产品出口贸易发展研究 | 一般项目 | 研究报告 |
| 12 | TJYY12－110 | 天津农学院 | 曲福玲 | 天津郊区县城镇化进程中集体建设用地资本化实践模式调查及发展对策研究 | 一般项目 | 研究报告 |
| 13 | TJYY12－093 | 天津广播电视大学 | 韩海彬 | 环境约束下农村教育对农业全要素生产率的影响与对策研究：以环渤海地区为例 | 一般项目 | 研究报告 |
| 14 | TJYY12－134 | 天津城市建设学院 | 李文忠 | 城镇化背景下农村社区集体经济组织发展模式研究 | 一般项目 | 研究报告 |
| 15 | TJYY12－079 | 天津工业大学基建处 | 刘 旻 | 社会资本进入天津文化产业领域研究 | 一般项目 | 研究报告 |
| 16 | TJYY12－071 | 天津工业大学经济学院 | 李树生 | 面向低收入群体的持续金融服务问题研究 | 一般项目 | 研究报告<br>论文 |
| 17 | TJYY12－025 | 天津财经大学 | 郭 红 | 人民币汇率动态转换中的外汇干预研究——基于交易者异质性预期 | 一般项目 | 研究报告 |
| 18 | TJYY12－002 | 南开大学泰达学院 | 李 治 | 创业投资中的协同效应研究 | 一般项目 | 系列论文 |
| 19 | TJYY12－121 | 中共天津市委党校 | 邹玉娟 | 天津低碳消费模式研究 | 一般项目 | 专著 |

续表

| 序号 | 学科代码 | 单位 | 姓 名 | 课题名称 | 项目类别 | 成果形式 |
|---|---|---|---|---|---|---|
| 20 | TJYY12-067 | 天津师范大学经济学院 | 周 琳 | FDI、国际贸易与工薪差距相关性研究——以天津市为例 | 一般项目 | 系列论文 |
| 21 | TJYY12-115 | 天津市农村经济与区划研究所 | 崔 凯 | 天津市农村工业化、农业现代化和农村城镇化同步推进的综合评价与实现路径研究 | 一般项目 | 研究报告 |
| 22 | TJYY12-039 | 天津商业大学 | 任永菊 | “梯度型”经济圈形成的路径与模式研究-基于跨国公司地区总部集聚的视角 | 重点项目 | 研究报告 |
| 23 | TJYY12-057 | 天津理工大学 | 王 婷 | 滨海新区战略性新兴产业的产融结合模式选择 | 一般项目 | 系列论文 |
| 24 | TJYY12-034 | 天津财经大学 | 华 斌 | 加快发展本市中小微型科技企业的对策研究 | 一般项目 | 研究报告 |
| 25 | TJYY12-013 | 天津财经大学 | 李 颖 | 税收机制与居民消费行为的有机匹配 | 一般项目 | 研究报告 |
| 26 | TJYY12-055 | 天津理工大学 | 王秀丽 | 天津市低碳经济发展的测度与综合评价研究 | 一般项目 | 研究报告 |
| 27 | TJYY12-089 | 天津社会科学院 | 蔡玉胜 | 功能区的城市化演进与创新研究:以滨海新区为例 | 重点项目 | 专著 |
| 28 | TJYY12-065 | 天津师范大学经济学院 | 张雪峰 | 都市农产品流通模式现代化研究 | 一般项目 | 系列论文 |
| 29 | TJTJ12-004 | 天津财经大学 | 尹 剑 | 金融高频数据的分类方法研究——基于数据挖掘技术的分析 | 一般项目 | 研究报告 |
| 30 | TJTJ12-009 | 天津市职业大学 | 高 明 | 天津市城市竞争力与城市生产率评价指标及方法研究 | 一般项目 | 系列论文 |
| 31 | TJYY12-127 | 天津城市建设学院 | 王丽艳 | 保障性住房区位选择、空间配置与福利评估——以天津为例 | 一般项目 | 研究报告 |
| 32 | TJYY12-076 | 天津工业大学经济学院 | 尹艳冰 | LEPE低碳框架下推进天津制造业产业升级的关键问题研究 | 一般项目 | 研究报告与论文 |
| 33 | TJYY12-122 | 武警后勤学院 | 李宏伟 | 军民融合式科技成果转化机制和平台研究 | 一般项目 | 系列论文 |
| 34 | TJYY12-139 | 天津外国语大学 | 张凌志 | 基于演化经济理论的天津市中小企业协同创新联盟构建模式研究 | 一般项目 | 研究报告 |
| 35 | TJYY12-022 | 天津财经大学 | 李向前 | 金融结构变迁背景下宏观审慎政策与货币政策的关系研究 | 一般项目 | 研究报告 |
| 36 | TJYY12-133 | 天津城市建设学院 | 毛红珍 | 天津房地产投资信托基金发展模式研究 | 一般项目 | 研究报告 |
| 37 | TJYY12-107 | 天津农学院 | 高红梅 | 基于供应链的生鲜农产品流通机制研究 | 一般项目 | 研究报告 |
| 38 | TJYY12-016 | 天津财经大学 | 黄凤羽 | 缩小天津市城乡居民收入差距的个人所得税制度改革研究 | 一般项目 | 研究报告 |
| 39 | TJYY12-101 | 河北工业大学 | 赵学礼 | 天津市小微企业发展对策研究-基于企业生态视角 | 一般项目 | 研究报告 |

中国历史、世界历史

| 序号 | 学科代码 | 单位 | 姓 名 | 课题名称 | 项目类别 | 成果形式 |
|---|---|---|---|---|---|---|
| 1 | TJZL12-004 | 南开大学历史学院 | 张分田 | 隋唐孝治理论研究 | 重点项目 | 专著 |
| 2 | TJZL12-037 | 天津社会科学院 | 万鲁建 | 民国时期在津韩侨研究 | 一般项目 | 系列论文 |
| 3 | TJZL12-012 | 南开大学历史学院 | 王 昊 | 近代天津社会转型中的南开学校 | 一般项目 | 系列论文 |
| 4 | TJZL12-022 | 天津师范大学历史学院 | 李 里 | 民国天津脚行与社会变迁 | 一般项目 | 研究报告 |
| 5 | TJZL12-036 | 天津社会科学院 | 任吉东 | 近代华北城乡关系研究(1860-1937) | 一般项目 | 专著 |
| 6 | TJZL12-018 | 天津师范大学美设学院 | 姜金军 | “古意论”的审美观对社会文化建设的架构意义研究 | 一般项目 | 系列论文 |
| 7 | TJZL12-030 | 天津科技大学 | 纪向宏 | 《唐史·舆服志》礼仪服饰研究 | 一般项目 | 系列论文 |

续表

| 序号 | 学科代码 | 单位 | 姓 名 | 课题名称 | 项目类别 | 成果形式 |
|---|---|---|---|---|---|---|
| 8 | TJZL12－009 | 南开大学历史学院 | 陈 畅 | 春秋战国至秦汉时期中国北方地区物质文化与民俗研究 | 一般项目 | 系列论文 |
| 9 | TJZL12－020 | 天津师范大学音影学院 | 殷 莹 | 清代宫廷音乐典制研究 | 一般项目 | 研究报告 |
| 10 | TJZL12－044 | 天津市第一中心医院 | 殷 恺 | 中国春秋至秦汉时期的牙齿审美思想与传承 | 一般项目 | 系列论文 |
| 11 | TJSL12－002 | 南开大学历史学院 | 潘 芳 | “阿根廷之谜”的文化诠释 | 一般项目 | 系列论文 |
| 12 | TJSL12－003 | 天津商业大学 | 刘 伟 | 乔叟时代英国社会结构及其演变研究 | 一般项目 | 专著 |
| 13 | TJSL12－010 | 天津师范大学历史学院 | 耿 志 | 英美核同盟关系研究 1940－1981 | 一般项目 | 研究报告 |
| 14 | TJZL12－035 | 天津中医药大学 | 袁红霞 | 加强《周易》天人合一理论教育，促进学生中医整体观构建的策略研究 | 一般项目 | 研究报告和系列论文 |
| 15 | TJZL12－002 | 南开大学公共英语教学部 | 王一普 | 西方来华传教士对近代中国思想文化转型的影响 | 一般项目 | 系列论文 |

汉语言文学

| 序号 | 学科代码 | 单位 | 姓 名 | 课题名称 | 项目类别 | 成果形式 |
|---|---|---|---|---|---|---|
| 1 | TJZW12－001 | 南开大学文学院 | 耿传明 | 清末民初文学的代际演变与文化转型 | 一般项目 | 系列论文 |
| 2 | TJZW12－003 | 南开大学文学院 | 刘 堃 | 晚清文学异域经验与新女性形象（1870－1911） | 一般项目 | 研究报告系列论文 |
| 3 | TJZW12－002 | 南开大学文学院 | 刘俐俐 | 张爱玲小说艺术与中国文学传统 | 一般项目 | 系列论文 |
| 4 | TJZW12－026 | 天津社会科学院 | 张大为 | “负的主体性”与东方文化思维 | 一般项目 | 专著 |
| 5 | TJZW12－017 | 天津师范大学文学院 | 赵建忠 | 红学流派批评史略 | 一般项目 | 专著 |
| 6 | TJZW12－029 | 天津社会科学院 | 王云芳 | 海外天津作家研究 | 一般项目 | 研究报告 |
| 7 | TJZW12－005 | 南开大学文学院 | 杨传庆 | 民国津门文人结社研究 | 一般项目 | 系列论文 |
| 8 | TJHY12－001 | 南开大学汉语言文化学院 | 郭继懋 | 语法格式使用条件例释说明——用理论之水浇灌教学之田 | 重点项目 | 专著 |
| 9 | TJHY12－019 | 天津师范大学文学院 | 陈 燕 | 汉字部首法演变史研究 | 重点项目 | 专著 |
| 10 | TJHY12－003 | 南开大学汉语言文化学院 | 温宝莹 | 汉语普通话语调习得的实验研究 | 一般项目 | 系列论文 |
| 11 | TJHY12－015 | 天津师范大学国交学院 | 杜凤梅 | 山东方言古声母系统构拟 | 一般项目 | 专著 |
| 12 | TJHY12－025 | 天津科技大学 | 顾晓微 | 字母词读音问题研究 | 一般项目 | 系列论文 |
| 13 | TJZW12－022 | 天津师范大学文学院 | 聂春艳 | 论明清时期思想文化的世俗化、实用化趋向对小说创作的影响 | 一般项目 | 专著 |
| 14 | TJHY12－010 | 天津理工大学 | 张 永 | 学语后耳聋者中国手语理解的神经机制研究 | 一般项目 | 研究报告 |
| 15 | TJZW12－032 | 河北工业大学 | 杨 洋 | 孙犁作品风格转变与叙事技巧研究 | 一般项目 | 研究报告 |

外国文学

| 序号 | 学科代码 | 单位 | 姓 名 | 课题名称 | 项目类别 | 成果形式 |
|---|---|---|---|---|---|---|
| 1 | TJWW12－002 | 南开大学外国语学院 | 回春萍 | 消费主义背景下美国后现代童话改写 | 一般项目 | 系列论文 |
| 2 | TJWW12－003 | 南开大学外国语学院 | 杨玉平 | 法国象征主义诗歌与“文革”地下写作 | 一般项目 | 系列论文 |
| 3 | TJWW12－013 | 天津理工大学 | 黄秀敏 | 从玛丽·雪莱的《弗兰肯斯坦》到 H. G. 威尔斯的科幻作品：英国早期科幻小说的文化阐释 | 一般项目 | 系列论文 |
| 4 | TJWW12－014 | 天津理工大学 | 刘小荣 | 日本近代小说文体地位的变迁成因研究 | 重点项目 | 系列论文 |
| 5 | TJWW12－022 | 天津大学 | 李颜伟 | 论美国作家埃伦·格拉斯哥的文化立场与历史定位 | 一般项目 | 系列论文 |

续表

| 序号 | 学科代码 | 单位 | 姓 名 | 课题名称 | 项目类别 | 成果形式 |
|---|---|---|---|---|---|---|
| 6 | TJWW12－023 | 天津大学 | 张 洁 | 伊恩麦克尤恩小说的叙事伦理研究 | 一般项目 | 研究报告<br>系列论文 |
| 7 | TJWW12－029 | 天津师范大学外语学院 | 马 琳 | 克雷洛夫戏剧的狂欢化特征及宗教传统 | 一般项目 | 系列论文 |
| 8 | TJWW12－032 | 天津师范大学文学院 | 王世欣 | 跨文化视野下的斯坦贝克研究 | 一般项目 | 系列论文 |
| 9 | TJWW12－041 | 天津科技大学 | 孙洪振 | 维多利亚时期英国文学中的乡土伦理研究 | 一般项目 | 系列论文 |
| 10 | TJWW12－042 | 天津科技大学 | 籍晓红 | 索尔·贝娄对后工业社会人类精神困境的揭示与救赎 | 一般项目 | 系列论文 |
| 11 | TJWW12－054 | 天津外国语大学 | 曾 琼 | 《吉檀迦利》翻译与接受研究 | 一般项目 | 专著 |
| 12 | TJWW12－006 | 天津财经大学 | 高红樱 | 艾特玛托夫小说的美学原则研究 | 一般项目 | 研究报告 |
| 13 | TJWW12－035 | 天津师范大学文学院 | 甄 蕾 | 当代美国成长小说中问题少年形象生成之探索 | 一般项目 | 系列论文 |

外国语言学

| 序号 | 学科代码 | 单位 | 姓 名 | 课题名称 | 项目类别 | 成果形式 |
|---|---|---|---|---|---|---|
| 1 | TJWY12－002 | 南开大学外国语学院 | 张雅丽 | 高校英语专业教学中的中国文化缺失原因及对策研究 | 一般项目 | 研究报告 |
| 2 | TJWY12－004 | 南开大学外国语学院 | 韩立红 | 从“正直”语义的不同考察中日文化的差异 | 一般项目 | 系列论文 |
| 3 | TJWY12－010 | 天津财经大学 | 温秀颖 | 翻译改写理论视域下的《金瓶梅》英译研究 | 一般项目 | 系列论文 |
| 4 | TJWY12－017 | 天津商业大学 | 张芝花 | 跨文化敏感度与英语文化负载词汇习得相关性研究 | 一般项目 | 研究报告 |
| 5 | TJWY12－019 | 天津商业大学 | 杨惠媛 | 基于语言经济学的大学英语学习效益研究 | 一般项目 | 研究报告 |
| 6 | TJWY12－022 | 天津理工大学 | 王正胜 | 大学英语隐性课程研究 | 重点项目 | 研究报告 |
| 7 | TJWY12－024 | 天津理工大学 | 李秀静 | 赛珍珠与沙博里《水浒传》英译本中熟语的翻译比较研究 | 一般项目 | 研究报告 |
| 8 | TJWY12－026 | 天津大学 | 王立松 | 模因论视角下网络流行英语成因和发展趋势 | 一般项目 | 系列论文 |
| 9 | TJWY12－030 | 天津外国语大学 | 张 蕾 | 国家形象话语构建的实证研究——以国家宣传片为例 | 一般项目 | 系列论文 |
| 10 | TJWY12－033 | 天津外国语大学 | 赵冬茜 | 中国日语学习者学习方略实证研究——以合作学习模式为中心 | 一般项目 | 专著 |
| 11 | TJWY12－043 | 天津师范大学<br>外语学院 | 袁朝云 | 天津公示语翻译语料库建设 | 一般项目 | 研究报告 |
| 12 | TJWY12－045 | 天津工业大学<br>外国语学院 | 肖立新 | 反思性教学与大学英语教师专业化发展的实证研究 | 一般项目 | 系列论文 |
| 13 | TJWY12－053 | 天津科技大学 | 王 梅 | 道歉言语行为人际意义的社会功能研究 | 一般项目 | 专著 |
| 14 | TJWY12－065 | 中国民航大学 | 李桂苓 | 中国本土文化在高校英语教学中的导入 | 一般项目 | 系列论文 |
| 15 | TJWY12－067 | 天津市职业大学 | 安维彧 | 高职学生英语学习情感因素研究 | 一般项目 | 研究报告 |
| 16 | TJWY12－081 | 武警后勤学院 | 王 凌 | 生态学理论指导下的应用翻译研究 | 一般项目 | 研究报告 |
| 17 | TJWY12－085 | 天津师范大学外语学院 | 胡晓姣 | 走向国际的天津品牌之翻译规范化研究 | 一般项目 | 研究报告 |
| 18 | TJWY12－005 | 南开大学外国语学院 | 李春江 | 戏剧符号学视角下的莎剧翻译 | 一般项目 | 研究报告 |
| 19 | TJWY12－064 | 中国民航大学 | 张长颉 | 第二语言多模态隐喻实证研究 | 一般项目 | 系列论文 |
| 20 | TJWY12－038 | 天津外国语大学 | 张 虹 | 后现代文化理论翻译研究 | 一般项目 | 专著 |
| 21 | TJWY12－016 | 天津财经大学 | 王 钰 | 基于认知隐喻理论的二语词汇习得的效用研究 | 一般项目 | 系列论文 |
| 22 | TJWW12－010 | 天津商业大学 | 张晓昆 | 现代性与传统性的结合——乔治艾略特小说研究 | 一般项目 | 系列论文 |

新闻·传播

| 序号 | 学科代码 | 单位 | 姓 名 | 课题名称 | 项目类别 | 成果形式 |
|---|---|---|---|---|---|---|
| 1 | TJXC12－001 | 南开大学文学院 | 熊培云 | 转型期重大突发公共事件与新媒体(微博)介入研究 | 一般项目 | 专著 |
| 2 | TJXC12－018 | 天津师范大学新闻学院 | 陈爱华 | 重大突发事件的微博谣言控制机制研究 | 一般项目 | 研究报告 |
| 3 | TJXC12－017 | 天津师范大学新闻学院 | 韩红梅 | 天津广电产业创新策略研究 | 一般项目 | 研究报告 |
| 4 | TJXC12－012 | 天津师范大学新闻学院 | 林 靖 | 中国电影产业中的文化核心价值研究——以武侠电影文化原型探究为例 | 一般项目 | 专著 |
| 5 | TJXC12－013 | 天津师范大学新闻学院 | 张 慷 | 新形势下滨海新区形象品牌塑造及宣传策略问题研究 | 一般项目 | 系列论文 |
| 6 | TJXC12－004 | 南开大学文学院 | 马瑞洁 | 网络出版法律规制问题研究 | 一般项目 | 系列论文 |
| 7 | TJXC12－007 | 天津体育学院 | 杨 珍 | 新媒体环境下微博发展与公民网络问政的互动研究 | 一般项目 | 研究报告 |
| 8 | TJXC12－005 | 天津商业大学 | 杜志刚 | “新媒介事件”与转型期政府公信力提升研究 | 一般项目 | 研究报告<br>系列论文 |
| 9 | TJXC12－023 | 天津科技大学 | 张 璐 | 共青团网上思想文化阵地研究 | 一般项目 | 研究报告 |

图书·情报·文献学

| 序号 | 学科代码 | 单位 | 姓 名 | 课题名称 | 项目类别 | 成果形式 |
|---|---|---|---|---|---|---|
| 1 | TJTQ12－016 | 天津师范大学管理学院 | 贺 颖 | 基于知识图谱的科学共同体研究领域动态分析与评价 | 重点项目 | 系列论文 |
| 2 | TJTQ12－001 | 南开大学商学院 | 杨 红 | 基于手机图书馆的手机阅读用户需求研究 | 一般项目 | 研究报告 |
| 3 | TJTQ12－024 | 天津工业大学管理学院 | 侯家麟 | 价值网视角下高校图书馆绩效与价值评估研究 | 一般项目 | 系列论文 |
| 4 | TJTQ12－029 | 天津科技大学 | 蔡 舜 | 数字资源长期保存的标准化研究 | 一般项目 | 系列论文 |
| 5 | TJTQ12－014 | 天津外国语大学 | 侯汝秋 | 微博信息的机器分类方法与社科情报学应用研究 | 一般项目 | 系列论文<br>研究报告 |
| 6 | TJTQ12－031 | 中国民航大学 | 刘建国 | 弱势高校图书馆信息资源配置研究 | 一般项目 | 系列论文 |
| 7 | TJTQ12－039 | 中共天津市委党校 | 李玉梅 | 新媒体环境下公共图书馆读者阅读行为规范研究 | 一般项目 | 专著 |
| 8 | TJTQ12－041 | 武警后勤学院 | 闫 蓓 | 基于新媒体环境的军校图书馆阅读指导及推广研究 | 一般项目 | 系列论文 |
| 9 | TJTQ12－040 | 军事交通学院 | 顾 英 | 军事交通运输学科领域知识地图构建及应用研究 | 一般项目 | 研究报告 |
| 10 | TJTQ12－037 | 天津农学院 | 熊军洁 | 天津市城乡一体化进程中数字图书馆体系结构与发展模式研究 | 一般项目 | 研究报告 |
| 11 | TJTQ12－036 | 天津职业技术师范大学 | 刘曦辛 | 云计算环境下数字图书馆服务平台的研究与构建 | 一般项目 | 研究报告 |

体育学

| 序号 | 学科代码 | 单位 | 姓 名 | 课题名称 | 项目类别 | 成果形式 |
|---|---|---|---|---|---|---|
| 1 | TJTY12－002 | 天津财经大学 | 李永平 | 大型体育赛事成本收益分析的优化决策模型研究 | 一般项目 | 研究报告 |
| 2 | TJTY12－004 | 天津商业大学 | 潘月顺 | 基于 AHP－模糊综合评判理论的体育旅游资源评价体系构建研究 | 一般项目 | 研究报告 |
| 3 | TJTY12－011 | 天津体育学院 | 刘 欣 | 天津近代体育发展历史的研究 | 一般项目 | 研究报告 |
| 4 | TJTY12－018 | 天津体育学院 | 冯文明 | 天津健康产业园体育文化资源整合创新研究 | 重点项目 | 研究报告 |

续表

| 序号 | 学科代码 | 单位 | 姓 名 | 课题名称 | 项目类别 | 成果形式 |
|---|---|---|---|---|---|---|
| 5 | TJTY12－020 | 天津体育学院 | 熊发州 | 产—学—研合作教育促进天津竞技游泳水平发展模式的研究 | 一般项目 | 研究报告 |
| 6 | TJTY12－026 | 天津体育学院 | 刘泽林 | 中外青少年体育政策比较研究 | 一般项目 | 研究报告 |
| 7 | TJTY12－027 | 天津体育学院 | 李宗浩 | 天津市备战第十三届全运会实现奖牌名次目标非专项训练因素开发与调控对策研究 | 一般项目 | 研究报告 |
| 8 | TJTY12－034 | 天津体育学院 | 杨茜萍 | 天津市体育非物质文化遗产保护研究 | 一般项目 | 专著 |
| 9 | TJTY12－037 | 天津师范大学体育学院 | 赵 亮 | 天津市残疾人体质调研与评价体系研究 | 一般项目 | 研究报告<br>系列论文 |
| 10 | TJTY12－041 | 天津工业大学体育工作部 | 姚旭霞 | 相态体育观下人体健康体能系统研究——以天津市普通高校大学生健康体能研究为例 | 一般项目 | 研究报告<br>系列论文 |
| 11 | TJTY12－045 | 天津科技大学 | 黄津虹 | 大学生体质健康现状与体育教学改革的研究 | 一般项目 | 研究报告 |
| 12 | TJTY12－057 | 天津城市建设学院 | 李石生 | 体育锻炼对大学生主观幸福感的影响及其心理机制的研究 | 一般项目 | 研究报告 |
| 13 | TJTY12－035 | 天津大学 | 刘广鸿 | 学生体质健康与体育课程改革研究 | 一般项目 | 研究报告 |
| 14 | TJTY12－006 | 天津体育学院 | 解乒乒 | 天津民间武术产业开发研究 | 一般项目 | 研究报告 |
| 15 | TJTY12－021 | 天津体育学院 | 陈桂岑 | 天津市残疾人体育发展模式研究 | 一般项目 | 研究报告 |
| 16 | TJTY12－014 | 天津体育学院 | 邵淑月 | 体育赛事产业对天津城市竞争力的影响及提升路径研究 | 一般项目 | 研究报告 |
| 17 | TJTY12－033 | 天津体育学院 | 梅杭强 | 天津民间传统武术地域性文化特征研究 | 一般项目 | 研究报告 |
| 18 | TJTY12－055 | 天津城市建设学院 | 王建华 | 城市化进程中提升天津体育产业竞争力对策研究 | 一般项目 | 研究报告 |
| 19 | TJTY12－048 | 天津中医药大学 | 单静怡 | 非物质文化遗产保护视角下天津市传统武术传承发展策略研究 | 一般项目 | 研究报告 |
| 20 | TJTY12－007 | 天津体育学院 | 孙 雷 | 建设体育强市背景下天津市体育社团组织发展模式的研究 | 一般项目 | 研究报告 |

教育心理学

| 序号 | 学科代码 | 单位 | 姓 名 | 课题名称 | 项目类别 | 成果形式 |
|---|---|---|---|---|---|---|
| 1 | TJJX12－003 | 南开大学周恩来政府管理学院 | 管 健 | 美与身体意象的社会表征：基于中国、意大利、巴西、西班牙和罗马尼亚青年的对比研究 | 重点项目 | 研究报告<br>系列论文 |
| 2 | TJJX12－004 | 南开大学周恩来政府管理学院 | 李 霞 | 正式指导关系的影响因素和结果研究 | 一般项目 | 系列论文 |
| 3 | TJJX12－037 | 天津师范大学心理基地 | 宋 娟 | 青少年社会认知能力及其与学习风格的关系研究 | 一般项目 | 研究报告 |
| 4 | TJJX12－039 | 天津师范大学心理基地 | 李 馨 | 天津市示范小城镇师生及家长对学校发展的满意度调查及对策研究 | 一般项目 | 研究报告 |
| 5 | TJJX12－059 | 天津师范大学教师学院 | 王光明 | 基于“学思结合、知行统一”的教师专业文化认同研究 | 重点项目 | 系列论文 |
| 6 | TJJX12－058 | 天津师范大学教育学院 | 王志军 | 基于项目开发实践的大学生实践能力培养模式研究 | 一般项目 | 研究报告、系列论文 |
| 7 | TJJX12－038 | 天津师范大学心理基地 | 郝嘉佳 | 安慰哭的，还是奖赏笑的？——情绪影响亲社会分享的眼动研究 | 一般项目 | 研究报告 |
| 8 | TJJX12－047 | 天津师范大学音影学院 | 杨 坤 | 舞蹈教育在高校校园文化建设中的应用研究 | 一般项目 | 研究报告 |

续表

| 序号 | 学科代码 | 单位 | 姓 名 | 课题名称 | 项目类别 | 成果形式 |
|---|---|---|---|---|---|---|
| 9 | TJJX12－112 | 天津市职业大学 | 马 岩 | 软实力视阈下的高职院校文化建设研究 | 一般项目 | 研究报告 |
| 10 | TJJX12－108 | 天津市职业大学 | 曹 军 | 天津市职业教育资源库建设与应用研究 | 一般项目 | 研究报告 |
| 11 | TJJX12－111 | 天津市职业大学 | 王 梅 | 项目驱动实践教学体系的构建——以工程造价专业为例 | 一般项目 | 研究报告 |
| 12 | TJJX12－019 | 天津理工大学 | 冯晨昱 | 北美商业伦理教育及其对我国商科伦理教学启示的研究 | 一般项目 | 系列论文 |
| 13 | TJJX12－023 | 天津理工大学 | 杨丽英 | 基于舆情视角的高校网络文化建设研究 | 一般项目 | 研究报告 |
| 14 | TJJX12－067 | 天津工业大学电气与自动化学 | 陈树发 | 职业发展与管理制度协同视角下高校师资队伍建设问题研究 | 一般项目 | 研究报告 |
| 15 | TJJX12－064 | 天津工业大学经济学院 | 杨文华 | 大学生思想政治教育的文化传承功能研究 | 一般项目 | 研究报告<br>系列论文 |
| 16 | TJJX12－161 | 天津市教育科学研究院 | 王慧霞 | 新课程改革对师生教学方式转变的影响研究 | 一般项目 | 研究报告 |
| 17 | TJJX12－074 | 天津科技大学 | 张 琲 | 多学科性大学卓越设计人才培养模式的研究与实践 | 一般项目 | 研究报告 |
| 18 | TJJX12－028 | 天津大学 | 张 宇 | 高等职业教育的公众认同研究:天津区域的典型调查与策略分析 | 一般项目 | 研究报告 |
| 19 | TJJX12－030 | 天津大学 | 张 振 | 搭建引智高地回流海外智力 | 一般项目 | 系列论文 |
| 20 | TJJX12－033 | 天津大学 | 安 蓉 | 高职学生职业认同的形成过程及影响因素研究 | 一般项目 | 研究报告<br>系列论文 |
| 21 | TJJX12－114 | 天津职业技术师范大学 | 曹 晔 | 中国职业技术教育师范史研究 | 一般项目 | 专著 |
| 22 | TJJX12－115 | 天津职业技术师范大学 | 吴 真 | 基于创业者胜任特征的大学生创业教育研究 | 一般项目 | 研究报告 |
| 23 | TJJX12－124 | 天津职业技术师范大学 | 咸桂彩 | 操作技能形成的内因学习机制研究 | 一般项目 | 研究报告 |
| 24 | TJJX12－137 | 天津职业技术师范大学 | 翟凤杰 | 非洲来华留学生“双证书一体化”职教师资培养模式的研究与实践 | 一般项目 | 研究报告 |
| 25 | TJJX12－116 | 天津职业技术师范大学 | 詹青龙 | 基于虚拟现实技术的职业院校教学创新研究 | 一般项目 | 研究报告 |
| 26 | TJJX12－141 | 天津职业技术师范大学 | 郭桂英 | 职教师资能力体系研究 | 一般项目 | 研究报告 |
| 27 | TJJX12－087 | 天津中医药大学 | 薛 婷 | 现实和网络集体行动的社会心理规律研究 | 一般项目 | 系列论文 |
| 28 | TJJX12－154 | 天津农学院 | 曹丽颖 | 基于人本理念下大学生自主学习能力培养的对策研究 | 一般项目 | 研究报告 |
| 29 | TJJX12－016 | 天津商业大学 | 马三津 | 服务于老年人社会支持系统的社会管理人才培养体系研究 | 一般项目 | 研究报告 |
| 30 | TJJX12－014 | 天津商业大学 | 艾 娟 | 心理学视域的集体记忆研究——以知青群体为例 | 一般项目 | 专著 |
| 31 | TJJX12－128 | 天津职业技术师范大学 | 杨大伟 | 终身教育背景下的天津市多元化职业教育体系研究 | 一般项目 | 研究报告 |
| 32 | TJJX12－025 | 天津体育学院 | 戚克敏 | 生态学视域下智力落后儿童社会、学校、家庭协同教育问题研究 | 一般项目 | 研究报告 |
| 33 | TJJX12－168 | 武警后勤学院 | 张月娟 | 武警官兵救援创伤后成长研究 | 一般项目 | 系列论文 |
| 34 | TJJX12－144 | 天津商业大学宝德学院 | 武 迪 | 校企融合共筑软件服务外包创新型人才培养平台的探索与研究 | 一般项目 | 研究报告 |
| 35 | TJJX12－006 | 南开大学档案馆 | 张兰普 | 张伯苓文献研究与整理 | 一般项目 | 专著 |
| 36 | TJJX12－013 | 天津商业大学 | 姚海娟 | 中文阅读中的眼动控制:高水平信息的作用 | 一般项目 | 研究报告 |

续表

| 序号 | 学科代码 | 单位 | 姓　名 | 课题名称 | 项目类别 | 成果形式 |
|---|---|---|---|---|---|---|
| 37 | TJJX12－069 | 天津工业大学人文与法学院 | 王立荣 | 近现代天津纺织人的变与不变——天津纺织人才培养的创新路径研究 | 一般项目 | 专著 |
| 38 | TJJX12－110 | 天津市职业大学 | 傅　春 | “云计算”支持下软件产业应用型人才培养的教学模式研究 | 一般项目 | 研究报告 |
| 39 | TJJX12－107 | 天津市职业大学 | 李　佐 | 中高职教育衔接创新模式研究 | 一般项目 | 研究报告 |
| 40 | TJJX12－070 | 天津工业大学人文与法学院 | 张玉波 | 惯习与场域视角下天津高校学生自主学习能力培养问题研究 | 一般项目 | 研究报告 |
| 41 | TJJX12－079 | 天津科技大学 | 展素贤 | 高校优秀外语教师素质研究——从学生的视角 | 一般项目 | 研究报告 |
| 42 | TJJX12－029 | 天津市职业大学 | 刘文江 | 滨海新区技术技能型人才体系构建研究 | 重点项目 | 研究报告 |

管理学

| 序号 | 学科代码 | 单位 | 姓　名 | 课题名称 | 项目类别 | 成果形式 |
|---|---|---|---|---|---|---|
| 1 | TJGL12－006 | 南开大学商学院 | 李新建 | 劳动力市场柔性与可雇佣能力的协同机制及开发途径研究:以天津为例 | 重点项目 | 研究报告 |
| 2 | TJGL12－069 | 天津大学 | 赵国杰 | 基于钱学森思想的低碳生态化城市发展的研究 | 一般项目 | 专著 |
| 3 | TJGL12－002 | 南开大学商学院 | 王志红 | 我国上市公司多元化折价动机的研究 | 一般项目 | 研究报告 |
| 4 | TJGL12－003 | 南开大学周恩来政府管理学院 | 许　尧 | 群体性事件中的冲突升级规律及政府治理对策研究 | 一般项目 | 系列论文<br>研究报告 |
| 5 | TJGL12－009 | 南开大学旅游与服务学院 | 王庆娟 | 服务业非正式员工薪酬公平的研究 | 一般项目 | 研究报告<br>系列论文 |
| 6 | TJGL12－012 | 南开大学泰达学院 | 付宏琳 | 基于道德认知发展的会计道德决策研究 | 一般项目 | 系列论文 |
| 7 | TJGL12－014 | 天津财经大学 | 罗鸿铭 | 关于本市保障性住房后续管理问题研究 | 重点项目 | 研究报告 |
| 8 | TJGL12－017 | 天津财经大学 | 高方露 | 经济转型期企业兼并重组融资策略研究 | 一般项目 | 研究报告 |
| 9 | TJGL12－023 | 天津财经大学 | 朱雅彦 | 天津市滨海新区航空产业技术赶超战略研究 | 一般项目 | 研究报告 |
| 10 | TJGL12－032 | 天津财经大学 | 张英华 | 天津制造型企业参与低碳经济建设的战略选择与运营模式研究 | 一般项目 | 研究报告 |
| 11 | TJGL12－041 | 天津商业大学 | 王　庆 | 基于排队论的医院医生精细排班优化研究 | 一般项目 | 研究报告 |
| 12 | TJGL12－043 | 天津商业大学 | 江柏良 | 创作研究型文化艺术人才选拔评价体系研究 | 一般项目 | 研究报告 |
| 13 | TJGL12－064 | 天津大学 | 薛　杨 | 天津市科技型中小企业管理法律风险防范研究 | 一般项目 | 研究报告 |
| 14 | TJGL12－065 | 天津大学 | 王　媛 | 国有企业对外直接投资环境评价模型及政府前期监管研究 | 一般项目 | 研究报告 |
| 15 | TJGL12－079 | 天津师范大学管理学院 | 侯玲娟 | 不确定环境下物流配送集成优化问题研究 | 一般项目 | 系列论文 |
| 16 | TJGL12－084 | 天津师范大学机关 | 周庆西 | 高校管理审计研究 | 一般项目 | 系列论文 |
| 17 | TJGL12－101 | 天津科技大学 | 张臻竹 | 完善天津市应急管理机制研究——以应急物流快速反应机制的研究为例 | 一般项目 | 研究报告 |
| 18 | TJGL12－113 | 天津科技大学 | 毛文娟 | 社会学视角下的转型期中国企业社会责任问题研究 | 一般项目 | 研究报告<br>系列论文 |
| 19 | TJGL12－088 | 天津工业大学管理学院 | 史　容 | 基于个体差异的创业人才的创业倾向于发展路径研究 | 一般项目 | 研究报告 |
| 20 | TJGL12－110 | 天津科技大学 | 张慧敏 | 后金融危机时代商业银行顾客资产管理策略研究 | 一般项目 | 研究报告 |
| 21 | TJGL12－147 | 天津城市建设学院 | 张　宇 | 绿色保障性住房建设激励路径研究 | 一般项目 | 研究报告 |

续表

| 序号 | 学科代码 | 单位 | 姓 名 | 课题名称 | 项目类别 | 成果形式 |
|---|---|---|---|---|---|---|
| 22 | TJGL12－036 | 天津商业大学 | 柴观珍 | 中日灾害管理体制比较研究 | 一般项目 | 研究报告 |
| 23 | TJGL12－051 | 天津理工大学 | 裴小兵 | 中小企业内部管理制度可执行化方法研究 | 一般项目 | 研究报告 |
| 24 | TJGL12－048 | 天津理工大学 | 王亦虹 | 可持续发展视角下国有建筑企业文化测评体系研究 | 一般项目 | 研究报告 |
| 25 | TJGL12－054 | 天津理工大学 | 孙淑红 | 日本朝日集团在中国市场发展战略的启示与借鉴 | 一般项目 | 研究报告 |
| 26 | TJGL12－125 | 天津市职业大学 | 段晶晶 | 基于企业合作绩效的产学研合作创新实现路径研究－以天津市科技企业为例 | 一般项目 | 研究报告<br>系列论文 |
| 27 | TJGL12－120 | 天津医科大学 | 叶 颖 | 基于区域核心竞争力培育视角的创新型科技人才胜任力研究 | 一般项目 | 系列论文 |
| 28 | TJGL12－141 | 武警后勤学院 | 顾 军 | 第十三届全运会军地联合安检勤务特点及卫勤保障研究 | 一般项目 | 研究报告 |
| 29 | TJGL12－154 | 天津工业大学管理学院 | 刘桂英 | 天津市高新技术产业增长模式研究 | 一般项目 | 研究报告 |
| 30 | TJGL12－061 | 天津大学 | 尚天成 | 面向非完全相同利益群体的生态旅游系统承载力及其实证研究 | 一般项目 | 研究报告 |
| 31 | TJGL12－086 | 天津工业大学管理学院 | 王 苹 | 基于系统观的企业价值观管理模式研究 | 一般项目 | 研究报告<br>系列论文 |
| 32 | TJGL12－094 | 天津工业大学管理学院 | 王大海 | 基于两型社会建设的天津市居民低碳化能源消费及政策引导研究 | 一般项目 | 研究报告 |
| 33 | TJGL12－157 | 南开大学 | 王 慧 | 科学视域下高校人文社会科学成果评价研究 | 重点项目 | 研究报告 |
| 34 | TJGL12－151 | 天津城市建设学院 | 王 潇 | 精益服务模型构建及其在服务质量改进中的内在机制研究 | 一般项目 | 研究报告 |
| 35 | TJGL12－046 | 天津理工大学 | 范道津 | 金融服务外包视角下建筑承包商供应链融资信用风险评价体系研究 | 一般项目 | 研究报告 |
| 36 | TJGL12－146 | 天津城市建设学院 | 马 辉 | 生态城市目标下的旧城住区改造公众参与机制研究 | 一般项目 | 研究报告 |
| 37 | TJGL12－112 | 天津科技大学 | 徐 娜 | 国有企业跨国投资的股权与非股权模式优化选择研究 | 一般项目 | 研究报告 |
| 38 | TJGL12－004 | 南开大学商学院 | 梅 丹 | 内部控制缺陷信息披露的经济后果研究 | 一般项目 | 系列论文 |
| 39 | TJGL12－044 | 天津商业大学 | 袁 静 | 天津滨海新区创新方法推广的现状、问题与相关政策研究 | 一般项目 | 研究报告 |
| 40 | TJGL12－056 | 天津理工大学 | 曹昱亮 | 价值链视角下农产品终端价格控制对策研究 | 一般项目 | 研究报告 |
| 41 | TJGL12－033 | 天津商业大学 | 姜仁良 | 天津市土地资源利用与生态环境保护耦合机制研究 | 一般项目 | 研究报告 |
| 42 | TJGL12－140 | 军事交通学院 | 吴磊明 | 军民融合城市交通体系建设问题研究 | 一般项目 | 研究报告 |
| 43 | TJGL12－152 | 天津城市建设学院 | 兰 旭 | 基于地标景观认知的历史街道风貌保护规划研究 | 一般项目 | 研究报告 |
| 44 | TJGL12－026 | 天津财经大学 | 尹 彦 | 天津市低碳生态城市建设的战略对策研究 | 一般项目 | 研究报告 |
| 45 | TJGL12－037 | 天津商业大学 | 王 蕾 | 低碳生态城市建设的战略对策研究－以天津中新生态城为例 | 一般项目 | 研究报告 |
| 46 | TJGL12－143 | 天津市人力资源和社会保障局 | 袁家健 | 天津市科技型中小企业人力资源社会化管理模式及其政府支撑体系研究 | 一般项目 | 研究报告 |

# 天津市科技发展战略研究计划项目(2012年度)

| 序号 | 项目名称 | 承担单位 | 负责人 |
|---|---|---|---|
| 1 | 提升研发投入占GDP比重促进创新型城市建设对策研究 | 天津市科技统计与发展研究中心 | 高　文 |
| 2 | 推进本市现代服务业创新发展的思路对策研究 | 天津市科学技术信息研究所 | 孟庆海 |
| 3 | 科技型中小企业债权性直接融资研究(方案一) | 天津市人民政府金融服务办公室 | 杜　强 |
| 4 | 科技型中小企业债权性直接融资研究(方案二) | 南开大学公司治理研究中心 | 李　姝 |
| 5 | 滨海新区战略性新兴产业发展动力机制和战略路径研究 | 天津市科技发展战略与政策研究中心 | 许　静 |
| 6 | 生物医药产业领域国内外合作机制和实施方案研究 | 天津市科学技术信息研究所 | 朱司宇 |
| 7 | 天津市种业科技发展战略研究(方案一) | 天津农学院经济管理系 | 姜　岩 |
| 8 | 天津市种业科技发展战略研究(方案二) | 天津市农业科学院信息研究所 | 张要武 |
| 9 | 天津市民生科技发展思路与重大工程实施方案研究 | 天津市科技发展战略与政策研究中心 | 唐家龙 |
| 10 | 高校、科研机构科技计划成果强制转化的选择机制研究 | 天津市高新技术成果转化中心 | 郝为民 |
| 11 | 天津市创新型科技领军人才队伍建设战略问题研究 | 天津市科学学研究所 | 马虎兆 |
| 12 | 天津市市级高新区发展模式及评价考核体系研究 | 天津市科学技术评价中心 | 徐　铭 |
| 13 | 天津市科技文化融合发展的现状调研和对策研究(方案一) | 天津财经大学人文学院 | 王　钰 |
| 14 | 天津市科技文化融合发展的现状调研和对策研究(方案二) | 天津科技信息中心 | 张　青 |
| 15 | 开放创新思路及对策研究 | 天津国际科技咨询公司 | 王　强 |
| 16 | 基于产业互动与能力升级的天津市高端服务业跨越式发展及其政策研究 | 南开大学商学院 | 许　晖 |
| 17 | 天津市科技型中小企业发展中的问题解析与对策研究 | 天津财经大学理工学院 | 华　斌 |
| 18 | 科技型中小企业公司创业影响因素及促进对策研究 | 天津理工大学 | 何　非 |
| 19 | 制度金融与非制度金融协同支持科技型中小企业发展的研究 | 天津工业大学经济学院 | 李嘉玲 |
| 20 | 提高本市科技咨询机构为科技中小企业服务能力的对策研究 | 天津市科技咨询业协会 | 黄岩丽 |
| 21 | 财政科技经费投入模式创新研究 | 天津市科技经费监管服务中心 | 安学湘 |
| 22 | 初创期科技型中小企业融资途径研究 | 天津市高新技术成果转化中心 | 郭志毅 |
| 23 | 天津市自主发行地方政府债券的研究 | 市人大财经预算工委 | 张世勇 |
| 24 | 科技创新推动战略性新兴产业发展路径的研究 | 天津市经济发展研究所 | 王天伟 |
| 25 | 天津战略性新兴产业的培育对策研究 | 天津城市建设学院理学院 | 刘玉茹 |
| 26 | 基于战略一致性的天津市企业技术中心协同发展研究 | 天津大学管理与经济学部 | 陈　通 |
| 27 | 金融资本助推下基于产学研的科研成果转化模式研究 | 南开大学滨海学院 | 张仁江 |
| 28 | 天津市科技型中小企业发展的财税支持政策研究 | 天津财经大学经济学院 | 刘　畅 |
| 29 | 大型市政交通设施精益化运营策略研究 | 天津大学 | 蔺　宇 |
| 30 | 天津建设创新型城市路径选择与发展模式研究 | 天津财经大学商学院 | 赵艳华 |
| 31 | 天津外事文化自主创新研究 | 天津市政府外事办公室 | 田贵明 |
| 32 | 创新型城市化道路与农民收入的关联性研究——以天津为例 | 天津市农村经济与区划研究所 | 樊　敏 |
| 33 | 成本领先战略在科技型中小企业的实施研究 | 天津财经大学商学院 | 韦　琳 |
| 34 | 加快天津市科技型中小企业发展的立体融资体系研究 | 天津财经大学金融与保险研究中心 | 李向前 |
| 35 | 天津科技型中小企业生命周期与融资选择研究 | 天津外国语大学国际商学院 | 李　薇 |
| 36 | 基于碳信贷的科技型中小企业发展机制研究 | 天津理工大学科学技术开发中心 | 李　虹 |
| 37 | 科技型中小企业知识产权质押融资风险管理研究 | 天津农学院经济管理系 | 章洁倩 |
| 38 | 天津市科技型中小企业参与国际生产网络对策研究 | 南开大学跨国公司研究中心 | 李　磊 |
| 39 | 科技创新的金融生态及其优化研究——基于科技型中小企业发展的金融支持视角 | 南开大学 | 陈瑞华 |
| 40 | 天津市科技服务业发展战略研究 | 天津师范大学管理学院 | 周　红 |
| 41 | 本市与发达国家科技支撑文化产业发展的比较研究 | 天津外国语大学研究生部 | 张晓希 |
| 42 | 推动天津战略性新兴产业发展的科技金融支持体系研究 | 天津工业大学经济学院 | 尹艳冰 |

续表

| 序号 | 项目名称 | 承担单位 | 负责人 |
|---|---|---|---|
| 43 | 面向产业结构升级的天津海洋科技成果产业化平台建设研究 | 天津工业大学经济学院 | 张炜熙 |
| 44 | 科技支撑引领天津休闲农业发展对策研究 | 天津市农村经济与区划研究所 | 史佳林 |
| 45 | 高职教育产学研结合的激励机制研究 | 天津市职业大学 | 董　刚 |
| 46 | 高校产学研合作与自主创新能力提升互动机制的研究 | 天津科技大学艺术设计学院 | 乔　洁 |
| 47 | 地方高校产学研结合的激励兼容机制研究 | 天津城市建设学院计算机与信息工程学院 | 杨振舰 |
| 48 | 产学研虚拟动态联盟模式选择及其激励机制研究 | 南开大学 | 曾　晖 |
| 49 | 中小企业产学研合作创新模式及影响因素的实证研究——以天津市为例 | 南开大学泰达学院 | 隋　静 |
| 50 | 医院系统科研成果特点及转化对策研究 | 天津医科大学附属肿瘤医院 | 宁晓梅 |
| 51 | 科技投入立法研究 | 天津大学文法学院 | 杨　莹 |
| 52 | 创新三级综合医院优势资源均匀分布的机制研究 | 天津市第三中心医院 | 杜　智 |
| 53 | 新型社区科技服务平台“科学商店”发展模式研究 | 天津市科技信息研究所 | 李　婧 |
| 54 | 天津产学研协同创新网络的组织模式及运行机制研究 | 中国民航大学经济与管理学院 | 曹允春 |
| 55 | 促进本市科技型中小企业自主创新的财税政策研究 | 天津财经大学金融与保险研究中心 | 陈旭东 |
| 56 | 面向天津市节能服务的官学研产合作模式激励机制研究 | 天津理工大学 | 吕荣胜 |
| 57 | 重大项目实施助推科技小巨人企业成长计划对策研究 | 天津理工大学科学技术处 | 孙春玲 |
| 58 | 中小高新技术企业无形资产融资问题研究 | 河北工业大学管理学院 | 董　浩 |
| 59 | 科技型中小企业人才需求与院校人才培养对接的研究 | 天津市河东区委 | 靳　昕 |
| 60 | 天津市科技型中小企业成长期融资机制研究 | 天津大学 | 林　强 |
| 61 | 天津市科技型中小企业外向型国际化发展模式及政府政策研究 | 天津大学管理与经济学部 | 王　媛 |
| 62 | 面向科技服务产业培育的天津科技创业服务体系构建研究 | 天津财经大学商学院 | 陈　颉 |
| 63 | 战略性新兴技术辨识与天津市战略性新兴能源产业发展对策研究 | 天津理工大学循环经济研究院 | 李春发 |
| 64 | 科技支撑引领天津市制造业与物流业联动发展研究（自选3） | 天津外国语大学国际商学院 | 王茂林 |
| 65 | 自主创新促进战略性新兴产业发展机制及天津的策略研究 | 天津师范大学经济学院 | 王　洪 |
| 66 | 滨海新区战略性新兴产业供应链协同创新机制研究 | 天津大学 | 王　平 |
| 67 | 产学研一体化的动态稳定分析及创新激励机制构建 | 河北工业大学管理学院 | 王树强 |
| 68 | 天津市科技企业孵化器运营绩效提升与激励机制构建问题研究 | 天津商业大学公共管理学院 | 陶志梅 |
| 69 | 高校产学研合作激励机制研究 | 南开大学外国语学院 | 林　军 |
| 70 | 天津市产学研结合的激励机制研究 | 天津科技大学 | 陈　浩 |
| 71 | 天津科研事业单位评价体系研究 | 南开大学周恩来政府管理学院 | 李　瑛 |
| 72 | 以企业为主体的科技创新体系的缺失与重构 | 南开大学跨国公司研究中心 | 张　宇 |
| 73 | 天津科技创新政策演化、协同及优化研究 | 天津大学 | 孙文祥 |
| 74 | 高校科技成果转化中知识产权保护法律问题研究 | 天津工业大学文法学院 | 王者洁 |
| 75 | 区域生态补偿机制研究 | 天津市环境保护科学研究院 | 包景岭 |
| 76 | 示范小城镇建设中科技服务民生研究 | 天津市经济发展研究所 | 燕中州 |
| 77 | 天津市加强开放创新推动创新型城市建设的对策研究 | 南开大学商学院 | 严建援 |
| 78 | 基于成长阶段论的天津市科技型中小企业环境扫描战略研究 | 天津师范大学管理学院 | 王　琳 |
| 79 | 科技型中小企业信贷资产支持证券及风险管理研究——提升科技小巨人成长计划的金融支持 | 南开大学 | 邓向荣 |
| 80 | 科技支撑引领天津市工业园区战略性新兴产业发展研究 | 天津理工大学循环经济研究院 | 苑清敏 |
| 81 | 天津市轨道交通客运综合系统战略规划研究 | 铁道第三勘察设计院集团有限公司 | 方天滨 |
| 82 | 基于城市创新系统的创新能力和绩效的研究－以滨海新区为例 | 天津中医药大学人文管理学院 | 张　健 |
| 83 | 基于创新型城市建设的科技资源优化配置研究 | 天津医科大学 | 王耀刚 |
| 84 | 高校产学研结合中教师激励机制研究 | 河北工业大学高等教育发展研究中心 | 张　金 |
| 85 | 政府主导型大型会展活动规范管理研究 | 天津商业大学公共管理学院 | 李增田 |
| 86 | 天津市科技创新政策年度实施报告（2012） | 天津市科技发展战略与政策研究中心 | 贾蓓妮 |

续表

| 序号 | 项目名称 | 承担单位 | 负责人 |
|---|---|---|---|
| 87 | 科技系统支撑科技服务体系建设的对策研究 | 天津市科学学研究所 | 高　峰 |
| 88 | 《天津市科学技术进步促进条例》实施评价研究 | 天津工业大学文法学院 | 薛智胜 |
| 89 | 企业研发经费税前加计扣除政策跟踪研究 | 天津市科学技术评价中心 | 邢萃茹 |
| 90 | 科技型中小企业党建工作特殊性及党建途径研究 | 天津市科委培训中心 | 王惠民 |
| 91 | 新形势下本市民生科技创新发展的对策研究 | 天津市科学技术信息研究所 | 李　林 |
| 92 | 加强科技系统惩治和预防腐败体系建设的研究 | 科学学与科学技术管理杂志社 | 陈　兵 |
| 93 | 中央驻津院所现状调研与发展对策研究 | 天津市科学技术信息研究所 | 王志铭 |
| 94 | 本市控制地面沉降管理制度研究 | 天津市人民政府法制办公室 | 矫　捷 |
| 95 | 2012 中国创新型城市评价研究 | 天津市科技统计与发展研究中心 | 吴　达 |
| 96 | 温室气体排放基础统计体系研究 | 天津市科技统计与发展研究中心 | 盛　刚 |
| 97 | 实现天津城市定位的指标体系设计与应用研究 | 天津财经大学经济学院 | 王爱俭 |
| 98 | 如何发挥本市离退休专业科技人员智力资源的探索研究 | 天津市老科技工作者协会 | 李之珍 |
| 99 | 天津科技创新推动产业结构调整的动力分析 | 天津市经济发展研究所 | 王魁臣 |
| 100 | 构建技术创新公共服务平台促进科技型中小企业发展对策研究 | 宁河县科学技术委员会 | 张国仲 |
| 101 | 政策扶持对西青区科技型中小企业发展影响分析 | 天津市西青区科学技术委员会 | 毛玉虎 |
| 102 | 提升静海县大邱庄镇科技创新能力对策研究 | 静海县大邱庄镇人民政府 | 刘　伟 |
| 103 | 提升区域创新能力,加快科技服务业聚集发展的对策研究 | 河西区生产力促进中心 | 陈德安 |
| 104 | 依托京津科技新干线,提升武清区科技创新能力对策研究 | 天津市武清区科学技术委员会 | 孟祥芳 |
| 105 | 河北区绿领产业园开发模式研究 | 天津市绿领创意产业管理有限公司 | 尚金凯 |
| 106 | 红桥区集聚城市空间设计产业的对策研究 | 天津市红桥区生产力促进中心 | 李学华 |
| 107 | 新时期天津市科技体制改革深化研究 | 天津市科技发展战略与政策研究中心 | 李春成 |

## 天津市教委社会科学重大项目立项课题(2012 年度)

| 序号 | 项目名称 | 负责人 | 所在学校、基地 |
|---|---|---|---|
| 1 | 高校领办创办的科技型中小企业动态发展案例库建设研究 | 薛红志 | 创业与中小企业管理研究基地 |
| 2 | 津台两地文化、教育交流与合作的现状及发展研究 | 侯　杰 | 妇女与发展研究中心 |
| 3 | 民生工程的边界失谐治理研究:设计创新常态化视角 | 何伟怡 | 公共项目与工程造价研究中心 |
| 4 | 天津市海陆空多式联运的法律问题研究 | 王立志 | 航空法律与政策研究中心 |
| 5 | 我国区域职业教育改革创新示范工程研究 | 肖凤翔 | 教育科学研究中心 |
| 6 | 滨海新区于家堡金融产业定位与政策保障体系研究 | 陈旭东 | 金融与保险研究中心 |
| 7 | 社会科学研究组织形式创新与基地发展建设研究 | 柳　洲 | 科学技术与社会研究中心 |
| 8 | 现代化视阈下中国特色社会主义发展道路研究(十八大) | 纪亚光 | 马克思主义研究中心 |
| 9 | 天津市金融机构协同创新与风险防范 | 马君潞 | 南开大学 |
| 10 | 天津市加快淘汰落后产能,促进传统产业改造提升对策研究 | 段文斌 | 南开大学 |
| 11 | 网络与现实群体事件互动的心理机制研究 | 李　强 | 南开大学 |
| 12 | 协同创新绩效评价体系研究 | 翟锦程 | 南开大学 |
| 13 | 社会科学研究组织形式创新与基地发展建设研究 | 闫广芬 | 人权研究中心 |
| 14 | 供应链视角下食品安全控制体系建设 | 慕　静 | 食品安全战略与管理研究中心 |
| 15 | 天津市全民健身公共服务体系创新发展模式和发展战略研究 | 王旭光 | 体育发展战略与国民健康促进研究中心 |
| 16 | 公共财政与天津市社会发展研究 | 李炜光 | 天津财经大学 |
| 17 | 天津市产业结构优化与升级的对策研究 | 彭正银 | 天津财经大学 |
| 18 | 我国制造业企业实施跨国垂直并购战略研究 | 李　宏 | 天津财经大学 |
| 19 | 企业家隐性人力资本与企业成长关系研究——以天津市科技型中小企业为例 | 刘玉斌 | 天津财经大学 |

续表

| 序号 | 项目名称 | 负责人 | 所在学校、基地 |
|---|---|---|---|
| 20 | 促进天津市外贸发展方式转变路径研究 | 耿　伟 | 天津财经大学 |
| 21 | 天津发展电子商务企业孵化器的对策研究 | 于宝琴 | 天津财经大学 |
| 22 | 天津保障房投融资创新与健全监管制度研究 | 龙天炜 | 天津城镇化与新农村建设研究中心 |
| 23 | 宜居天津公共交通政策体系研究 | 马寿峰 | 天津大学 |
| 24 | 科技创新推动天津市文化产业发展对策研究 | 张俊艳 | 天津大学 |
| 25 | 社会组织参与社会管理和服务机制研究 | 张再生 | 天津大学 |
| 26 | 天津市发展高水平教育研究 | 刘金兰 | 天津大学 |
| 27 | 公共文化设施项目评价及补偿研究 | 李海涛 | 天津大学 |
| 28 | 协同创新的理论、机制与对策研究 | 陈卫东 | 天津大学 |
| 29 | 天津市发展高水平工学博士生教育研究 | 王　梅 | 天津大学 |
| 30 | 高等学校高层次人才评价体系研究 | 王国武 | 天津工业大学 |
| 31 | 天津发展绿色生态休闲光农业研究 | 张文胜 | 天津科技大学 |
| 32 | 依托技术市场推动地方高校科技成果转化对策研究 | 刘鼎诚 | 天津科技大学 |
| 33 | 巨人成长工程实施中发展高效科技型中小企业对策研究 | 魏津瑜 | 天津理工大学 |
| 34 | 现代大型综合性体验赛事视觉设计与城市文化研究 | 郭振山 | 天津美术学院 |
| 35 | 构建天津都市型现代农业社会化服务体系的对策研究 | 姜　岩 | 天津农学院 |
| 36 | 滨海新区建设中国融资租赁产业基地研究 | 邱立成 | 天津商业大学 |
| 37 | 基于 DEA 理论的天津经济发展有效性分析研究 | 罗蕴玲 | 天津商业大学 |
| 38 | 滨海新区发展报告及其基础研究 | 李家祥 | 天津师范大学 |
| 39 | 高等学校教师分类管理及考核体系构建研究 | 接　励 | 天津师范大学 |
| 40 | 天津市“科学健身示范城区”建设模式与发展战略研究 | 王　健 | 天津体育学院 |
| 41 | 发展天津现代纺织产业与实施品牌战略研究 | 赵　宏 | 现代纺织产业创新研究中心 |
| 42 | 再生资源产业顶层设计发展体系研究 | 王军锋 | 循环经济和低碳发展研究中心 |
| 43 | 教师发音方式和嗓音突变监测预警及早期干预的研究 | 黄永望 | 医大二附院 |
| 44 | 中央文献对外翻译与传播创新研究 | 王铭玉 | 语言符号应用传播研究中心 |
| 45 | 当代马克思主义哲学的建构与中国道路的反思 | 谢永康 | 政治哲学与和谐社会建构研究中心 |
| 46 | 应用语言学及特殊用途英语(ESP)在航空领域的先期探索 | 王爱国 | 中国民航大学 |
| 47 | 宏观经济系统金融实验研究 | 张　维 | 中国社会计算研究中心 |
| 48 | 天津市工业遗产保护与活化再生利用策略研究 | 徐苏斌 | 中国文化遗产保护国际研究中心 |
| 49 | 第三部门参与社会管理机制研究 | 程同顺 | 中国政府与政策联合研究中心 |

责任编辑：江　俞

# 获奖成果

## 第六届高等学校科学研究优秀成果奖(人文社会科学)天津市获奖成果

### 一等奖

| 成果名称 | 奖项类型 | 出版、采纳单位 | 出版时间 | 主要研究者 | 奖项等级 | 学科门类 | 申报单位 |
|---|---|---|---|---|---|---|---|
| 中国的城市·建筑与日本——"主体受容"的近代史 | 著作奖 | 东京大学出版会 | 2009年版 | 徐苏斌 | 一等 | 交叉学科 | 天津大学 |

### 二等奖

| 成果名称 | 奖项类型 | 出版、采纳单位 | 出版时间 | 主要研究者 | 奖项等级 | 学科门类 | 申报单位 |
|---|---|---|---|---|---|---|---|
| 语音格局——语音学与音系学的交汇点 | 著作奖 | 商务印书馆 | 2008年版 | 石　锋 | 二等 | 语言学 | 南开大学 |
| 变动时代的乡绅——乡绅与乡村社会结构变迁(1901－1945) | 著作奖 | 人民出版社 | 2009年版 | 王先明 | 二等 | 历史学 | 南开大学 |
| 中国收入初次分配结构及其国际比较 | 论文奖 | 《财贸经济》 | 2009年第2期 | 肖红叶<br>郝　枫 | 二等 | 统计学 | 天津财经大学 |
| 民本思想与中国古代统治思想 | 著作奖 | 南开大学出版社 | 2009年版 | 张分田 | 二等 | 历史学 | 南开大学 |
| 社会资本、先前经验与创业机会 | 论文奖 | 《管理世界》 | 2008年第7期 | 张玉利<br>杨　俊<br>任　兵 | 二等 | 管理学 | 南开大学 |

### 三等奖

| 成果名称 | 奖项类型 | 出版、采纳单位 | 出版时间 | 主要研究者 | 奖项等级 | 学科门类 | 申报单位 |
|---|---|---|---|---|---|---|---|
| 新中国六十年中欧关系的历史回顾与思考 | 论文奖 | 《南开学报》(哲学社会科学版) | 2009年第4期 | 吴志成<br>赵晶晶 | 三等 | 国际问题研究 | 南开大学 |
| 基于有限理性的投资项目评价研究 | 著作奖 | 天津人民出版社 | 1999年版 | 陈　通<br>赵　成<br>李海涛 | 三等 | 经济学 | 天津大学 |
| 刑民实体法关系初探 | 著作奖 | 法律出版社 | 2009年版 | 陈灿平 | 三等 | 法学 | 天津财经大学 |
| 学科发展与课程建设相结合的尝试与思考 | 论文奖 | 《思想理论教育导刊》 | 2009年第2期 | 丁　军<br>刘爱军 | 三等 | 马克思主义理论 | 南开大学 |
| 决绝与眷恋:清末民初社会心态与文学转型 | 著作奖 | 复旦大学出版社 | 2010年版 | 耿传明 | 三等 | 中国文学 | 南开大学 |

续表

| 成果名称 | 奖项类型 | 出版、采纳单位 | 出版时间 | 主要研究者 | 奖项等级 | 学科门类 | 申报单位 |
|---|---|---|---|---|---|---|---|
| 公共图书馆的文化功能——在社会公共文化服务体系中的作用 | 著作奖 | 上海交通大学出版社 | 2010 年版 | 柯平等 | 三等 | 图书馆、情报与文献学 | 南开大学 |
| 近百年中国古代文学的性别研究 | 论文奖 | 《中国社会科学》 | 2008 年第 3 期 | 乔以钢 | 三等 | 文学 | 南开大学 |
| 贸易、劳动力需求弹性与就业风险:中国工业的经验研究 | 论文奖 | 《世界经济》 | 2009 年第 6 期 | 盛斌<br>牛蕊 | 三等 | 经济学 | 南开大学 |
| 清代词学批评史论 | 著作奖 | 上海古籍出版社 | 2008 年版 | 孙克强 | 三等 | 中国文学 | 南开大学 |
| 国家与经济:抗战时期知识界关于中国经济发展道路的论争——以〈新经济〉半月刊为中心 | 著作奖 | 中国社会科学出版社 | 2010 年版 | 阎书钦 | 三等 | 历史学 | 天津师范大学 |
| 产业安全与核心基础产业自立——永利酸碱自立之路 | 论文奖 | 《南开经济研究》 | 2008 年第 5 期 | 赵津<br>李健英 | 三等 | 经济学 | 南开大学 |

# 第六届高等学校科学研究优秀成果奖(人文社会科学)天津市获奖成果简介

**【中国的城市·建筑与日本——“主体受容”的近代史(日文版)】** 东京大学出版会 2009 年出版,著作人和获奖者:天津大学徐苏斌。奖项:交叉学科一等奖。

该书分为 6 章,分别是:分类的再编——中国近代建筑学的黎明、清末铁道建设与雇佣日本技师、清末劝业博览会的受容和城市空间的再编、新文化运动时期的“新建筑”和城市规划、中国建筑史学的兴隆、中国现代建筑的基盘。主要论述了中国的近代化过程中在民族主义背景下积极学习国外技术历程。作者从与殖民地相关的“从属受容”和与民族主义相关的“主体受容”两个视点认识这一过程,将焦点放在过去被忽视的“主体受容”的侧面,广泛发掘、整理资料,在此基础上论述了中国城市建筑领域“主体受容”的近代史。

该书的主要创新是:(1)在理论框架上进行了新的探索。本研究从与殖民地相关的“从属受容”和与民族主义相关的“主体受容”两个视点认识中国城市和建筑近代化过程,将焦点放在过去被忽视的“主体受容”的侧面,强调了民族主义作为伏线对于中国近代城市和建筑发展的重要影响。本研究认为民族主义不仅具有反受容力,也具有受容力,受容力推动近代城市和建筑的发展。本研究也打破了既往日本史学界对于中国城市和建筑研究侧重殖民主义背景下的“从属受容”的局限。(2)从多学科、多视角立体地描述中日城市建筑关系。本研究突破过去以建筑样式为中心的建筑历史研究局限,横断多学科、多种对象进行研究。作者以民族主义为伏线,探索了近代中日城市和建筑的关系,将政治和城市与建筑的发展的内在相关性进行梳理,特别强调民族主义在对外关系方面的双重特征(“受容”和“反受容”)导致在接受外来技术的时候带来的矛盾性和复杂性。

该书以日文出版,并且在日本获得建筑界最高奖——日本建筑学会奖以及日本建筑史学会奖。作者是第一个获得这两个奖项的外国研究者。日本法政大学教授、著名中国建筑研究者高村雅彦在《中国研究月报》上高度评价本著作。日本庆应大学教授松原弘典在著者获奖后专程来天津采访著者的研究发展经历等。本采访收入 2012 年 5 月鹿岛出版会出版的《未像的大国从日本建筑媒体考察中国的认识》。日本土木学会土木史委员会委员小野田滋先生撰写了书评,从土木史的角度评价本书。日本建筑学会的机关杂志《建筑杂志》报道了获奖情况并介绍了本书和著者。

**【语音格局——语音学与音系学的交汇点】** 商务印书馆 2008 年版，著作人和获奖者：石锋著（合作者：冉启斌、温宝莹、梁磊、刘艺）。奖项：语言学二等奖。

该书分为绪论等 6 章，分别是：绪论实验音系学与汉语语音分析、元音格局、声调格局、辅音研究、送气音和送气调、听辨实验与相关分析、语音习得。另有附录介绍计算机语音分析软件“桌上语音工作室（Mini - Speech - Lab）”。

该书的基本观点是：每一种语言和方言的语音都有系统性，语音格局是语音系统性的表现。语音格局的分析是用语音实验得出的数据和图表来考察语音系统的声学表现，包括的内容可以有各音位本身的定位特征、内部变体的分布规律、整体的配列关系等。语音格局的分析把语音学和音系学联系在一起，是语音学和音系学的交汇点、结合部。格局的分析可以用于声调，也可以用于元音，还可以用于辅音。对照比较不同语言和方言的语音格局，具有语言类型学的意义。

该书的主要创新和学术价值是，语音格局既是一种分析的方法，又是一种研究的理念和思路。语音学的研究偏重于局部的细微方面；音系学总是纵观全局，充满理性。在科学研究中需要把这两方面结合起来，才能使现有的理论进步。将实际的研究和理论的创新结合在一起。语音格局是对语音研究的一个开拓。语音格局的研究融合了语音学和音系学各自的优点：用实验的方法来进行音系研究，用系统的理论来指导语音实验。通过实验数据，使语音范畴、语音层级和语音系统都得到量化的分析和描述。“一个学科只有成功应用数学，才是达到完美的境地。”（马克思语）在科学研究中，观察往往是发现规律的重要途径。语音格局的量化分析得到的统计图表把抽象的系统转化为可视的图形，为人们提供了直接观察的便利，更容易发现语言的规律。在科学研究中，比较常常是发现规律的重要途径。语音格局的量化分析得到的归一化结果，使得人们进行人际和语际的对照比较以致统计计算都成为可能，能简易地得到新结论。

在研究方法上，作者认为，现代科学研究是多学科相通的。现代语言学要从卡片之学到数据之学。语音格局的研究注重在实验的基础上对数据进行归一化相对化，然后划分不同范畴和层级，最后得到系统。

该书的学术影响和社会效益是，指出语音格局是文理结合，多学科多领域的研究，符合现代科学发展的趋势。石锋等考察了汉语与英语、日语、韩语、俄语等语言在语音格局上的差异，及其在语言习得中的影响。格局的思路提供了一个既直观又便捷的方法，去观察和分析语言习得和语言接触问题。语音格局的思路、方法已经成功地运用在汉语方言、少数民族语言等十几种语言的声调和元音分析之中，并且也在多种语言之间的语音对比、第二语言语音习得方面取得了初步的成果，具有广泛的应用价值。

本书取得了一定的社会反响，特别是语音格局的研究得到了多位语言学界权威学者的称赞。已故著名语言学家吴宗济先生在 2006 年 10 月第七届全国语音学学术会议上作长篇发言，高度评价语音格局的理念和方法：“格局现在又推广了，不光在声调方面，元音、辅音也有格局。格局的思想用来调查方言真是太好了。”“格局的概念可以运用到很多方面……我们非常佩服格局这个理念到处可以用，我祝贺你们的成功。”另外，已故著名语言学家胡明扬先生 2008 年 8 月指出：“语音格局的思路在前辈学者和国外学者已有成果的基础上，增加了原创性的成分，可以说是一种语言学和语音学中的自主创新。”中国语音学会会长鲍怀翘先生在 2010 年第九届全国语音学学术会议闭幕辞中，把“语音格局已经成为系统”作为大会的“第一个亮点”。北大中文论坛网上有网友发帖推荐此书。京东图书网也有 5 人评论，全是五星（100% 很喜欢），有二人还“好书晒单”。网名为“语言学家”的银牌会员评论：“此书颇有新的视角，是一种试图建立中国语音系统理论的尝试”。书中主要论文曾经多次被重要刊物文章所引用。已有一些国内外学者采用语音格局的观念和方法进行研究和申报研究课题，并有一批博士论文和硕士论文采用语音格局的观念和方法得到研究成果，通过毕业答辩。仅南开大学、广西师范大学和天津师范大学，以语音格局为工具来研究各种语言和方言现象，写出毕业论文的博士生或硕士已经有数十名。

**【变动时代的乡绅——乡绅与乡村社会结构变迁（1901 - 1945）】** 人民出版社 2009 年版，著作人和获奖者：南开大学王先明。奖项：历史学二等奖。

该书以 11 章节从两个方面展开论述：一是在

研究内容上建构起一个纵向发展的逻辑关系,力求从整体上把握20世纪前期制度性变迁所引致的乡村社会演变的基本轨迹和历史进程。二是从区域角度切入,从横向展开。通过不同区域的乡村历史进程揭示在不同社会文化场景和历史环境中,乡绅阶层在社会结构和权力结构中的变动的不同状况及其多样性和复杂性。

此书立足于制度变迁与社会变迁的互动性研究。在制度变革与传统乡绅的应对之间,存在着很大的张力和运作空间,并由此为民国时代的国家与社会、地方利益与中央权威乃至新制度与旧权威诸多力量和要素的角力、互动关系提供了充足的历史场景和机缘。深入考察特定的社会结构、传统习惯、地方惯例下的乡绅阶层的活动面相,而非仅仅局囿于"制度变迁"的视角,并在不同场域的生活情景中,抽演和凝练出超越地方性的具有共趋性的历史特征和认知价值,也是本书特色之一。同时,本书力求透过其地域社会、经济、文化的差异性揭示隐含其后的共趋性特征和普遍性意义,并通过区域化的不平衡性揭示其整体历史进程的同质性意义。

该书主要创新有两方面:(1)理论创新:提出了晚清新政制度及由此引起的连锁性制度变迁是20世纪前期民变和绅民冲突迭起的制度性致因,并论证了近代乡村危机从根本上不同于传统生存危机,是具有时代特征的"双重危机"。提出并充分论证了"士绅"向"权绅"转变的制度、社会、文化条件,并首次揭示了"权绅"在乡村权力体系中的地位与作用。(2)资料创新:运用大量地方档案资料,同时在与报刊资料相互印证的前提下,加以整合运用。

此书出版后获得学界广泛好评,《人民日报》(2009年12月25日)、《中国社会科学报》(2010—2—2)认为此书"是力求深入乡村社会生活的深层探究中国乡村变迁的一部力作"。"这部著作采取以区域入手、专题展开与宏观解说相融通的路径,从而达到对于诸多生活现象背后的'宏观理论'解说","这种研究路径的选择是可取的,也是成功的"。《史学月刊》刊发长篇书评认为,此书"在历史研究的方法论与认识论方面给予读者一定的启迪","该书呈现出来的共性问题也有助于继续拓展乡村社会结构变迁的研究空间"。此外,中国共产党新闻网、人民网、求是理论网、新农村网等多家权威网,均转发本书书评;《团结报》《文史周刊》刊发此书推介专文。

**【中国收入初次分配结构及其国际比较】**《财贸经济》2009年第2期,著作人和获奖者:天津财经大学肖红叶、郝枫。奖项:统计学二等奖。

论文利用UNSD、BEA和NBS官方核算资料,对中外初次分配结构系统比较研究,以描述中国初次分配结构特点与变化,探讨其隐含的要素价格决定的合理性问题。著作分五部分内容:(1)选定以要素价格合理性识别的切入视角,回顾相关要素收入份额稳定性研究文献。(2)分析近百个国外参比经济体的收入法GDP数据来源,定义各类分析指标,给出计算结果。(3)基于中外比较,考察我国国民经济和产业层面初次分配结构。(4)分析我国初次分配结构动态特征、成因与影响,给出中美差异的经济背景与政策含义。(5)提出基本结论与政策空间。

该文主要观点有以下几点:(1)以国际经验判断,中国初次分配劳动收入份额不仅明显低于发达国家,也低于发展中国家平均水平。(2)以生产税净额比重衡量,中国政府介入初次分配的程度远高于世界各国。(3)中国劳动份额与人均实际GDP呈现反向变动特征。其与国际"要素收入份额具有时间稳定性"的典型事实不符,也与大量各国经验研究文献结论不同。(4)基于劳动份额形成机制的因素分解发现:其与人均实际GDP长期反向关系,主要由产业结构变化引起;而短期反向关系则表明我国"经济增长以劳动份额下降为代价"的发展模式。该模式源自资本掌握配置主导权的要素价格体系扭曲。切实调整初次分配结构,完善基本分配制度是当务之急。

该文的主要创新之处是:(1)本文为要素价格合理性识别提供一个经验标准,为我国初次分配理论与政策研究提供了一种经验研究方法和与国际接轨的系统统计数据。(2)针对我国政府统计长期未能提供初次分配系统性数据问题,提出可以与国际接轨比较的相关数据搜集处理理论方法。

论文得到社会较强反响。据CNKI检索,被直接引用34次,累积下载量超过1000次;被人大复印资料《社会主义经济理论与实践》2009(5)全文转载。论文获天津市第十二届社会科学优秀成果二等奖(2010.12),并获批国家哲学社会科学基金立项(10CTJ009)。

**【民本思想与中国古代统治思想(上、下册)】** 南开大学出版社2009年版,著作人和获奖者:南开大学张分田。奖项:历史学二等奖。

全书分上册、下册,共16章,由研究方法、演化过程、理论结构、历史价值四大板块组成。

该书分六个阶段考察民本思想的演化历程及其与统治思想的密切相关性。分五个层次剖析民本思想,即"以人为本"及相关的政治哲学;"立君为民"及相关的"设君之道";"民为国本"及相关的政治关系论;"政在养民"及治国理民之道;"汤武革命"、"天下为公"、"道高于君"、"内圣外王"等以民本思想为核心的政治调节理论。系统考察民本思想的理论结构、基本特质及其对中华帝制和大众心态的深刻影响,进而多层次地评估其历史价值及现代意义。

该书创新之处在于改进研究方法,拓展研究视野,从历史过程、百家学说、大众意识、政治批判、政治哲学、政治学说、政治文化、理论结构、政治制度、政治过程和政治规范等诸多层面,对民本思想进行全方位、多视角、深层次的系统研究。全面考察过程,逐一分析个案,论证核心命题,即现代学术界所说的"民本思想"始终是中国古代统治思想的重要组成部分。中华帝制的政治原理是以民本思想为基础框架而精心构筑的庞大的思想体系。围绕核心命题,提出成系列具有明显特异性的学术观点。例如,"立君为民"、"以人为本"、"民重君轻"并不是儒学的专利,而是一种前有古人、后有来者的大众化的政治常识和价值共识。从历史过程看,君主政体越完善,"以民为本"的理论也就越发达;君主权力越集中,"民贵君轻"的思想也就越普及。民本思想包纳中国古代政治思维所有重要内容,并全面回答了政治学说所关注的所有重要层面的问题。广泛搜集史料,完善事实陈述,引用的文献涉及中华元典及其重要注疏,包括道教、佛教在内的所有重要思想流派,所有著名政治思想家,历代著名帝王,等等。大量素材取自国家文告、帝王著述、名臣奏议、科举试卷,乃至宗谱家范、宗教文献、笔记小说、诗词歌赋、通俗劝善书、占卜用书,等等。

本书是国家社会科学基金重点项目"民本思想与中国古代统治思想的关系研究"的最终成果,鉴定等级为优秀。在《政治学研究》、《光明日报》等发表相关论文三十余篇,绝大多数被摘引。其中,10篇被《中国人民大学复印报刊资料》全文转载、《中国哲学》4篇、《政治学》3篇、《历史学》2篇、《明清史》1篇。8篇被《新华文摘》转载、转摘或列入篇目辑览。7篇被《高等学校文科学术文摘》转载、节选或转摘。1篇被《今晚报》转摘。2010年获得天津市第十二届社会科学优秀成果(专著)一等奖。

**【社会资本、先前经验与创业机会——一个交互效应模型及其启示】** 《管理世界》2008年第7期,著作人和获奖者:南开大学张玉利、杨俊、任兵。奖项:管理学二等奖。

该论文是国家自然科学基金重点项目"新企业创业机理与成长模式研究"(项目编号:70732004)资助下取得的代表性研究成果,重点探索"为什么有的创业者能够看到创新性机会而其他人却不能"这一问题,构建了创业者社会资本构成、先前经验与其所识别创业机会创新性之间作用关系的概念模型,阐述了创业机会识别过程的社会结构嵌入属性的理论机理并利用实证证据予以验证,同时发现创业者的先前经验特征可能会对创业机会识别过程的社会结构嵌入属性产生调节作用。

论文克服了已有研究拘泥于探索个体因素与机会发现可能性之间因果关系的局限性。第一,超越了对创业者机会发现可能性问题的争论,有助于启发未来研究从不同角度去探索创业者与创业机会之间的匹配关系内涵,解释什么样的创业者更容易看到什么样的机会的深层次作用机制。第二,将网络资源引入机会发现过程并验证了其对所发现机会特征的作用关系,弥补了先前研究过分关注网络结构而忽视网络内容特征对创业活动影响的缺陷。第三,发现创业者社会资本构成对其所识别创业机会创新性的影响因创业者先前经验的差异而不同,有助于未来研究进一步探索社会资本在什么情况下,以何种程度、什么方式作用于机会识别的内在机理。

论文发表后引起了学术界的关注,据中国引文数据库检索显示,论文共被直接引用49次,二级引证文献为61篇。以论文观点为核心拓展延伸出第二作者的博士论文,于2010年获得全国百篇优秀博士论文。论文中有关"创业者—创业机会"匹配的核心观点被编写入全国高等教育"十一・五"规划教材《创业管理》一书中,该教材第2版2011年被教育部确认为普通高等教育精品教材。作者在论文成果的基础上,围绕创业团队、创业者先前经验和社会阶层、创新性机会等主题继续深化研究,成果在"战略创业管理(SEJ)"等杂志上陆续发表,围绕创业团队研究计划进一步得到国家自然科学基金资助。

**【新中国六十年中欧关系的历史回顾与思考】**《南开学报》(哲学社会科学版)2009年第4期,著作人和获奖者:南开大学吴志成、赵晶晶。奖项:国际问题研究三等奖。

论文共分三部分。第一部分新中国成立以来中欧关系的发展历程,第二部分:中欧关系发展的特点,第三部分:中欧关系发展的思考与启示。

此文是近年来中欧关系研究领域具有较高学术价值和现实意义的论文。它划分了新中国成立以来中欧关系经历的五个历史时期:尝试接触、初步发展、起伏发展、稳步发展和成熟发展时期。总结出中欧关系发展的六个重要特点:全方位、多领域合作具有务实性和长远性,经贸合作成为全面战略伙伴关系的重要动力,政治关系的增进与巩固是双边关系稳定发展的保障,价值观和意识形态差异的影响越来越大,欧盟新成员国成为影响中欧关系的新兴变量,美国始终是影响中欧关系最重要的外部因素。详尽阐析了60年中欧关系发展的五点启示:坚持原则立场与灵活策略相结合、致力于发展成熟的全面战略伙伴关系,妥善处理双边贸易摩擦、推进和拓展经贸合作领域,正确认识双边关系发展的复杂性、加强与欧盟成员国之间的交流,多层次全方位增进双方的沟通与交流、夯实中欧关系发展的基础,充分重视欧盟对华政策调整中的美国因素、加强对欧美关系的协调。

论文的创新主要体现在研究视角、学术观点和政策建议上。它突破单个成员国的传统研究思路,对中国与欧盟整体关系进行深入探讨。主要采用历史研究、比较研究、多学科综合交叉研究和案例研究的方法,坚持以史入论,纵横比较,具有历史高度和宏观视野。相关观点和政策建议符合国情,对中国发展对欧关系具有积极的咨询和参考价值,已经被中央有关部门采纳并产生实际影响。

此文核心观点作为外交部"中欧关系研讨会"、"国际形势、外部环境和外交工作研讨会"等主题发言发表。正式发表后,新华社内参、《新华文摘》(封面重点论文)、《中国社会科学文摘》、《高校文科学术文摘》、《中国社会科学报》、中国社会科学院网、中国欧洲研究网等转载;《改革开放与科学发展》、《回眸90年》、《新中国发展60年与社会科学》、《2010天津社会科学年鉴》、中国期刊全文数据库、维普学术期刊网、万方数据库等全文收录,并获天津市第十二届社会科学优秀成果奖一等奖、天津市社会科学界优秀论文奖、南开大学庆祝新中国成立60周年征文一等奖和南开大学社会科学研究成果优秀奖,入选中国欧洲学会年会和北京外国语大学国际问题论坛会议论文,相关博士硕士论文陆续引用,社会和学术界反映良好。

**【基于有限理性的投资项目评价研究】** 天津人民出版社1999年版,著作人和获奖者:天津大学陈通、赵成、李海涛。奖项:经济学三等奖。

此书系国家自然科学基金项目"基于有限理性的投资项目经济评价研究"的研究成果,全书共七章,分为三个部分。第一部分把有限理性引入到项目评价领域,分析了有限理性的产生机制及对项目决策的影响;第二部分从有限理性对决策影响方式角度,把项目活动中限理性划分为决策中有限理性和决策后的有限理性,提出了这两个阶段有限理性的应对机制;第三部分根据项目有限理性程度的不同,把项目分为七种类型,把项目所受影响归纳为认知有限理性和利益有限理性两方面,给出了针对不同影响方式的有限理性评价的方法包。

此书冲破了研究中仅仅关注认知有限理性的传统,扩展了分析范围,丰富了"有限理性"的内涵;分析各种类型项目的管理实施形式,将其看作是对项目活动有限理性的治理形式,并使之融入到项目评价研究中;探讨了有限理性在项目活动中的阶段性表现,区分了决策活动与决策后活动的有限理性影响,并总结了不同有限理性形式的特点,提出相应对策建议。

此书在"有限理性"的内涵中挖掘其在项目中的具体表现。认为有限理性对项目评价和决策的影响蕴涵三层含义:一是理性有限,人在项目活动中,无法把握一些不确定因素,会出现不尽人意的后果;二是力求理性,决策评价人会试图考察和理解这些不尽人意的后果,并在评价中把未来项目活动中的有限理性后果考虑进去;三是机制对应,即使人们力求理性也并不表明能够预期全部不尽人意的后果,因此只能做机制性的对应安排。围绕上述三层含义,此书展开探索性系统研究,提出并论证了新的学术观点。

此书出版后受到学术界好评,获天津市第十二届社会科学优秀成果奖一等奖(2010年12月)。此书学术观点分别发表在数量经济技术经济研究、土木工程学报、科技管理研究等学术期刊。分别被科学学与科学技术管理、土木工程学报、统计与决策、系统工程、科技进步与对策等核心期刊发表的学术论文所引用。同时,被华中科技大学、重庆大学、东北财经大学、吉林大学、国防科学技术大学、大连理工大学、暨南大学等高校的学位论文引用。国家住房和城乡建设部齐骥副部长为此书作序,认为此书对项目评价方法的理论与实践作出了全新的探讨,是一项理论水平较高的学术研究成果。《人民论坛》,2010年第4期和2010年3月30日的《中国经济导报》分别发表了书评,认为有限理性更符合现实。

**【刑民实体法关系初探】** 法律出版社2009年8月出版,著作人和获奖者:天津财经大学陈灿平。奖项:法学三等奖。

该书共分五部分。引论为《刑民实体法关系研究概况、价值、方法和进路》;第一章为《性质与界限:刑民实体法关系界说(上)》;第二章为《责任与制裁:实体上的刑民关系界说(中)》;第三章为《解释与适用:刑民实体法关系界说(下)》;第四章为《实务界分:若干涉刑民实体法关系之司法疑难探讨》。

该书是刑民实体法关系方面的探索性著作,作者前后花费近五年精力完成。比较全面地研究了刑法与民法在性质、责任、解释方面的差异,兼顾了刑法与民法在制裁、规范、方法方面的差异及实际疑难问题的探讨。全书近30万字,针对最为疑难的刑法及民法的性质、惩罚性赔偿责任、非刑罚措施、刑法解释技术、数额标准在刑民区分中的作用与功能、不当得利、不法给付、遗失物与刑法侵占以及以不法手段行使民法权利行为之定性等问题,作了深入探讨。

该书主要创新之处体现在,主张民法不法(侵权)乃"侵犯私权",而犯罪之本质为"侵害刑法规范法益",以"客体区分说"和"新结构犯罪构成说"界分侵权与犯罪。提出了刑民责任交错方面关于惩罚性赔偿、罪过区分等疑难问题的新见解,提出了区分扩大解释与类推解释方面确有操作价值的新规则,对刑民重要关联用语如"合同"、"占有"、"抚养"、"家庭成员"、"遗失物"等,也进行了新的关联分析。还解决了实务界最感疑难的几个问题:数额标准在刑民区分中的作用与功能;不当得利、不法给付、遗失物与刑法侵占之关系;以不法手段行使民法权利行为之定性等。

该书出版后受到学术界、实务界的关注和好评,被誉为研究刑民实体法关系的第一本专著。曾获2010年第十二届天津市社会科学优秀成果奖。著名法学家、中国人民大学兼北京师范大学高铭暄教授评介此书"是日本《刑法与民法的对话》之中国式探索"。国家人文社科重点基地——中国人民大学刑事法律科学研究中心,对本书作为创新成果予以采纳。天津市律师协会评价此书"对于若干刑民疑难问题确实具有类型学的区分价值",天津市法院系统评价此书"提出了比较科学的刑民实体法区分之理论标准",天津市检察系统评价此书"独到的解释技术实用明了"。

**【学科发展与课程建设相结合的尝试与思考】** 《思想理论教育导刊》2009年第2期,著作人和获奖者:南开大学丁军、梧州学院刘爱军。奖项:马克思主义理论三等奖。

论文由三部分构成:(1)倡导高校马克思主义理论教育行列中的国外马克思主义研究学科发展应以课程建设为中心,为武装思想政治理论课服务;(2)以本校国外马克思主义研究学科主要从事独联体中东欧(原社会主义)国家问题研究为出发点,从中国特色社会主义理论教育的经济、政治、文化、社会等方面勾勒出需要研究的国外问题之轮廓;(3)阐释在实施思想政治理论课"05方案"教学实践中就上述思路的初步尝试,总结切实提高了思想政治理论课教学效果的经验。

2005年以来中央实施了马克思主义理论研究与建设工程,设立了马克思主义理论学科,推出了"新4门"高校思想政治理论课。其属下国外马克思主义研究二级学科具有特殊性,既没有专业本科生,也没有相应的本科思想政治理论课。本文以实证研究为基础,力图回答国外马克思主义研究学科的生命力和落脚点在于支持新设立的思想政治理论课程建设,切实提高中国特色社会主义理论教育的说服力、感染力,为提升"新4门"思想政治理论课教学效果探索新途径。

论文的创新之处主要有,领先提出和尝试高校马克思主义理论教育领域国外马克思主义研究学科发展的新理念、新目标;领先提出和尝试搭建国际比较研究平台,建设高校思想政治理论课的新视角、新路径。

该文获第二届"高校德育创新研究成果"一等奖。本文作者应邀到全国高校思想政治理论课骨干教师培训班、到多所军队和地方院校作"高校马克思主义理论教育队伍中的国外马克思主义学科发展必须与思想政治理论课建设相结合"、"搭建当代国际比较研究平台,提升思想政治理论课建设水平"方面的学术报告。

**【决绝与眷恋——清末民初社会心态与文学转型】** 复旦大学出版社 2010 年版,著作人和获奖者:南开大学耿传明。奖项:中国文学三等奖。

该书由导言、一、二、三、四章和结语构成,第一章为《天演论》的回声与文化上的西进东退趋势";第二章畏癸卯年的"大觉悟"与"乌托邦"心态的涌动;第三章为"共和初建"的兴奋及对民初"宪政"的失望;第四章为《新青年》的崛起与"西体中用"的文化定局。

该书较为全面地考察了清末甲午战争以来社会心态的变化及其对文学的影响。认为清末民初社会心态主要经历了四次由重大历史事件引发的心理波动:其时间节点分别是甲午年(1894);癸卯年(1903)辛亥年(1911)和 1916 年。这四次大的社会心理波动都产生了与之相应的文学创作的高潮。在此过程中,基本文化结构也开始发生现代性的转型,具体表现为政统和道统的脱离、道德与宗教和传统习俗的脱离以及文学与道德脱钩,文学的自主性增强等趋势。文学在变革时代担负了凝聚人心、用审美共识铸造社会共识的重要作用,传统宗教性文化的衰微与文学文化的兴盛成为近现代文化的突出表征。

该书重建了清末民初文学嬗变的历史、文化、心理语境,对影响时代甚巨的重要哲学、政治、文学文本进行了深入地分析,系统论述了时代社会心态的变化与文学兴替、转型的关系,丰富和深化了学界对清末民初这一转型期文学的理解;在研究方法上的创新性主要体现在打破对文学和社会关系的简单化理解,将对社会群体心态的考察作为文学转型与社会演变之间的中介,将孤立、封闭的文学研究向整体性的社会历史文化领域过渡,以展现文学与社会生活之间千丝万缕的联系。

该书出版后在学界产生较大反响,对该书的书评《进入文学史的一种方式》在《中国图书评论》2011 年第 8 期发表,认为该书的"论述方法和研究思路表现出了一种独特的学术视角","由这一角度研究文学史、思想史会见出很多问题的纽结点,其中还有很多是研究中经常被忽视的盲点"。该书是作者十余年来研究清末民初文学的综合性成果,已有相关论文二十余篇在《中国社会科学》、《文学评论》等重要学术期刊发表,产生了较大社会反响,在该书基础上撰写的论文《清末民初乌托邦文学综论》2010 年获天津市第十二届社会科学优秀成果二等奖,多篇论文被《新华文摘》和中国人民大学复印报刊资料《中国古代、近代文学研究》以及《高等学校文科学报文摘》转载。

**【公共图书馆的文化功能——在社会公共文化服务体系中的作用】** 上海交通大学出版社 2010 年版,著作人和获奖者:南开大学柯平(合作者:东北师范大学陈昊琳;福建师范大学洪秋兰;西南大学李健;云南师范大学赵益民;东莞松山湖高新区陆晓红)。奖项:图书馆、情报与文献学三等奖。

该著作系国家图书馆重大科研项目(NLC - KY - 2007/ZD02)和国家社科基金重点项目(08ATQ001)的重要成果,共 9 章:文献综述;公共文化服务环境分析与研究新视角;关于公共文化服务功能的调研分析;关于公共图书馆机构的调查结果分析;关于公共图书馆读者的调查结果分析;关于公共图书馆外部机构——公共文化服务机构的调查结果分析;面向现实:公共图书馆现状与问题分析;面向未来:公共图书馆发展趋势;公共文化服务体系中公共图书馆的定位与服务。

该书提出公共文化服务三大体系:公共文化基础设施建设体系、公共文化组织管理体系与公共文化活动体系,从理论分析、调查统计、现状分析、未来展望等多个方面对公共图书馆进行了全面深入的探索。改变以往公共图书馆研究局限于自身的思维定式,将研究扩大到整个社会特别是利益相关者,考察公共图书馆与政府部门、文化馆、博物馆、档案馆以及信息中介机构等的内在联系。运用实证方法,通过公共图书馆机构、公共图书馆的读者、图书馆以外的其他社会机构三个角度的调查研究,探讨我国公共图书馆的功能定位、服务重点与发展策略。公共图书馆发展趋向有形态与职能的多维发展,用户与服务的随需求而变革,技术与管理的图书馆2.0时代以及行业内外的合作趋势。

该著作提出了公共文化服务体系中的公共图书馆发展路径。从生态竞争、信息政治经济学、社会排斥与融合等理论视角,将图书馆放在公共文化服务体系内进行考察。深入阐明公共图书馆的文化功能,特别是在公共文化服务中的作用与地位,提出了省级公共图书馆、城市公共图书馆、社区图书馆、农村公共图书馆的发展定位。针对我国公共图书馆发展中的一些重大问题如省级图书馆服务范畴、图书馆与相关机构的竞合问题、图书馆与文化馆两条线的问题等进行了科学分析,提出了解决措施与建议。

该著作为我国政府公共文化主管部门提供了决策支持,对于我国公共图书馆事业具有重要指导作用,对于文化馆、博物馆等社会其他文化机构和信息中介机构具有重要参考借鉴作用。全书对我国公共图书馆文化功能研究进行深入研究,被评价为"以独到的视角、新的思路对网络环境下公共图书馆的功能进行了多角度全方位地思考和创新研究","是国内第一部以公共图书馆的文化功能为题的学术著作",代表了公共图书馆文化功能研究的较高水平。

**【近百年中国古代文学的性别研究】** 《中国社会科学》2008年第3期,著作人和获奖者:南开大学乔以钢。奖项:文学三等奖。

该文所说的古代文学性别研究,是指学术界以中国古代文学为研究对象,从性别角度进行多层面审视的研究实践。文章首先对19世纪末20世纪初以来学界有关古代妇女文学的研究状况进行历史考察;继之重点探讨本领域的代表性成果,总结古代文学研究将男性创作的性别内涵以及两性之间文学互动和双向影响纳入视野所取得的收获;最后归纳和反思了中国古代性别研究的特点与不足。

该文是教育部重大课题攻关项目"性别视角下的中国文学与文化"阶段性成果。文章指出,中国古代文学的性别研究是立足民族传统、融合现代意识和新的理论视阈进行的积极探索。近百年间有关研究取得的成绩有:古代文学性别文化内涵的综合性探讨、典型文学现象和经典文本的性别审视、社会思想文化与创作中性别因素之关系的考察以及古代文学性别研究基本状况的检视。与此同时,文章尚有不足之处:相关文献的搜集整理和充分利用、本领域一些重要概念的必要辨析、研究范围和层面的进一步拓展、对性别与文学关系之复杂性的认识和把握、"重写"中国古代妇女文学史、中国古代文论和文学批评的性别研究、有关两性在文学活动中交互影响的探讨、性别视角下的文本审美批评和跨学科探索,以及吸收妇女文学研究的成果推动整个中国古代文学的系统研究。

该文创新之处在于,首先,将性别视角引入中国文学学术史研究,具有开拓创新意义。其次,立足于大量史料,充分注重本土实际,有效避免了对性别研究的狭隘理解以及男/女二元对立的思维模式。最后,在全面考察近百年古代文学性别研究的基础上,对研究中存在的不足进行系统深入的反思并提出建设性意见。

该论文是《中国社会科学》自1981年创刊后,文学学科发表在这一刊物上的第一篇性别研究类论文,扩大了文学领域性别研究的学术影响。2011年获天津市第十二届社会科学优秀成果奖一等奖。人大报刊复印资料《中国古代、近代文学研究》2008年第8期转载;据CNKI中国知网系列数据库2013年4月统计,引用9次;下载1243次。

**【贸易、劳动力需求弹性与就业风险:中国工业的经验研究】** 《世界经济》2009年第6期,著作人和获奖者:南开大学盛斌、天津外国语大学牛蕊。奖项:经济学三等奖。

该论文包含引言、文献及研究现状、劳动力需求弹性的决定性因素及其与贸易的关系、计量模型、模型结果及分析和结论六个部分。

该论文通过利用1997—2006年中国工业面板数据和计量回归模型从不同技术水平的工业行业、不同教育水平的劳动力、不同区域三个方面深入与系统研究了贸易开放对以劳动力需求弹性为指标的就业风险与稳定性的影响及其作用机制。研究结果表明:首先,无论是不同技术水平的产业,不同受教育水平的劳动力,还是不同地区贸易开放都对劳动力需求弹性具有非常显著的影响。当全面地考虑出口贸易与汇率因素时,这种对劳动力市场的负面影响将被抵消,最终贸易的净影响表现为有利于降低劳动力的就业风险。其次,贸易开放主要是通过增强劳动力与其他生产要素之间替代关系的"替代效应"来影响使劳动力需求的变化。最后,从细分部门与地区角度,贸易与汇率冲击对中低技术产业的劳动力需求弹性变化影响更大;进口和汇率冲击对高等教育劳动力弹性的影响最大,出口冲击对初等教育影响最大;贸易与汇率冲击对东部地区影响更大。

论文的主要创新体现和学术价值为:第一,在理论分析中强调了国际贸易对劳动力市场的冲击不仅在于影响传统意义上的就业量与工资水平,而且还会影响容易被忽视和具有隐蔽性的就业与收入风险问题,这些在技术上可以归结为对劳动力需求弹性指标的测度与考察,这是对贸易开放如何影响劳动力市场的作用机制的认识深化。第二,先前的国别经验研究表明尚没有足够充实的证据证明两者之间存在必然的因果关系,本文在实证分析中通过构建专门数据库并引入进出口、实际汇率等多元贸易变量因子,控制生产率、劳动力市场制度等关键因素从分部门、分劳动力教育水平和分地区角度深入检验贸易与劳动力需求弹性因果关系的假说,针对中国的经验实证无疑增加了国别案例的比较研究。第三,结合中国当前主要从事装配制造的加工贸易的国际分工特征,提出了在贸易开放过程中应强化收入保障制度、建立与贸易相关的就业救济等有效缓冲贸易对劳动力市场负面冲击的政策措施建议。

该论文是我国理论界近年来为数不多的系统与科学探讨贸易开放对劳动力市场冲击的论文之一,获得省部级优秀成果奖。论文指出在深化开放的过程中必须高度重视贸易对劳动力就业风险与不稳定性的影响,特别是减轻进口对劳动力市场的负面冲击。因此,在贸易自由化过程中必须将贸易改革与劳动力市场制度改革有机结合起来,才能更加有效地解决全球化和金融危机所带来的负面震荡。论文为构建与发展我国贸易与劳动力市场的相关制度安排和改革提供了重要的理论基础与参考,包括:建立培训和再就业援助计划、强化贸易的就业保障机制和社会安全网络、实施贸易冲击的就业救济、建立非工资费用分摊机制等措施。

**【清代词学批评史论】** 上海古籍出版社 2008 年版,著作人和获奖者:南开大学孙克强。奖项:中国文学三等奖。

此书共分 10 章。分别是清代词学的南北宋之争、清代词学的雅俗之辨、清代词学的诗词之辨、清代词学正变论、清代词学范畴论、清代词学与禅学、清代词论与画论、清代词学流派论、词选在清代词学中的意义、清代论词诗词的理论价值。正文之后有附录二种:清代佚失词话辑考、清代论词绝句组诗。

此书分别研究清代词学中的十个专题,每章研究一个清代词学史上的重要问题,此书所研究的十个论题皆以创新为原则:或尚无人涉及的论题,或研究相对薄弱、存在模糊认识的论题。研究方法重视源流、重视比较为此书的特点。文献和理论并重,在文献的搜集和整理方面颇为用力。

本书出版之后受到广泛好评并产生了积极的影响。此书先后获得 2011 年第五届夏承焘词学奖一等奖;2011 年天津市第十二届社会科学优秀成果奖二等奖。沙先一教授评介:“孙克强先生是当前学界较早致力于清代词学研究,多方开拓,取得丰富成果,并为清代词学研究作出重要贡献的学者之一。……新近出版的《清代词学批评史论》无疑又是孙先生研究清代词学的一部力作,对清代词学批评予以多元关照,进行了有益的探索与突破。”此书在清代词学研究界引起普遍关注,2009 年之后,大陆、台湾、港澳近年发表博士、硕士学位论文均提及本书;大量学术论文引用本书的观点。

**【国家与经济:抗战时期知识界关于中国经济发展道路的论争——以〈新经济〉半月刊为中心】** 中国社会科学出版社 2010 年版,著作人和获奖者:天津师范大学阎书钦。奖项:历史学三等奖。

此书共分 6 章。第 1 章为引言:《新经济》半月刊的创办与抗战时期国统区的学者从政潮流;第 2 章为战争情势下对现代化、国力、经济、建国的反思;第 3 章为工业化:中国发展的必由之路;第 4 章为统制经济,计划经济,还是自由经济;第 5 章为国营,还是民营:一个难解之题;第 6 章为利用外资与对外贸易:战后建设的讨论。

此书内容以抗战时期为重点,上承 20 世纪 20 年代后关于以农立国与以工立国论争,后启抗战胜利后中国经济重建的政策设计,对知识界关于中国经济发展道路的论争作了系统梳理。现代化是三四十年代知识界设计中国发展道路的重要理论原点。知识界就中国工业化道路的必要性进行了长期讨论,尤其在抗战时期,严酷战争环境促使知识界重新认识中国工业化问题,导致其工业化观念的强化与深化。在经济体制方面,他们集中讨论了两个问题,即计划经济、统制经济与自由经济问题、国营经济与民营经济问题。1942年下半年至1945年8月抗战胜利,知识界基于中国战后迅速实现工业化目的,深入讨论了利用外资与对外贸易问题。

此书深入挖掘了原始资料,以《新经济》半月刊为切入点,系统整理了《大公报》(汉口版和重庆版)、《经济建设季刊》、《独立评论》等大量报刊资料,以及30年代至抗战时期出版的相关历史人物的专著、文集等大量民国书籍。此书清晰、完整地再现了以《新经济》半月刊作者群体为主的知识界关于中国经济建设问题的相关论争,是这一领域较为优秀的研究成果,其系统性、全面性和深入性均较以往研究成果有较大超越。

此项研究已受到学术界广泛重视,产生了较大学术影响。作为此书初稿的清华大学2006年度博士学位论文《抗战时期国统区知识界经济建设思想研究》获清华大学2006年度优秀博士学位论文一等奖。此书于2010年7月出版后,被评为中国社会科学出版社2010年度优秀图书。作者以此书相关章节为基础,在《近代史研究》、《清华大学学报》、《南京大学学报》、《河北学刊》、《天津师范大学学报》等期刊发表论文6篇,其中4篇被《中国社会科学文摘》、《新华文摘》、人大报刊复印资料《中国现代史》转载。

**【产业安全与核心基础产业自立——永利酸碱自立之路】** 《南开经济研究》2008年第5期,著作人和获奖者:南开大学赵津、李健英。奖项:经济学三等奖。

该文首先对核心基础产业的概念进行界定,并将核心基础产业的发展与产业安全理论结合起来,通过对相关文献和理论的梳理,可以清晰地看出,核心基础产业的发展关系一国新产业的演进,进而对一国的产业安全影响巨大。文章主体以近代基础化工的发展为例,阐述了酸碱等基础工业的发展对近代中国的产业安全具有十分重要的意义。最后得出结论,认为核心基础产业自立解决了新产业演进的起点问题,新产业自立之后才有其他工业发展的希望。

该文基本观点是,拉美国家的发展史证明,在产业外围所作的努力无法成为新产业演进的起点,产业替代理论无法作为新时期国家政策体系的指导思想。全球化时代的国际竞争,与其说是跨国公司之间竞争力的比拼,不如说是发生在国家产业层面实力的较量,而一国产业发展的张力正是建立在核心基础产业自立的基础上。民族工业能否成长为全球资源的整合者,取决于本国核心基础产业提供的发展空间。

该文创新之处体现在,在学术界提出了"核心基础产业"的概念;从核心基础产业的角度研究产业安全问题,拓展了该理论研究的边界;从全新的角度研究中国近代新兴产业——重化工业,大大拓展了经济史研究的深度和边界,本研究对当前经济政策有着极大的借鉴意义;本文所依据的绝大部分是企业及相关档案馆保存的原始档案,这些档案资料第一次被公开使用。

该文通过对核心基础产业的概念进行界定,拓展了核心基础产业的研究空间,这使以后该领域的研究有了统一的规范。同时,本文将产业安全与核心基础产业联系起来,打开了产业安全问题研究的新思路。本文的结论对重新评价产业替代理论具有一定的意义,对国家确定新时期的经济政策有着重要的借鉴意义。

# 天津市第十二届优秀调研成果获奖名单

## 一等奖(7篇)

| 序号 | 成果名称 | 作者、工作单位 |
|---|---|---|
| 1 | 科学发展观的生动实践——市第九次党代会以来天津经济社会发展综述 | 市委研究室课题组 |
| 2 | 关于本市外贸出口运行情况分析及对策建议 | 市政府研究室课题组 |
| 3 | 对本市中小企业集合融资问题调研及对策建议 | 市委金融工委　市政府金融办课题组 |
| 4 | 把保障和改善民生放在优先位置注重提高受援地区自我发展能力 | 市政府合作交流办课题组 |
| 5 | 河东区建立健全帮扶助困长效机制努力使学习实践活动成果惠及于民的调研报告 | 河东区委、区政府联合课题组 |
| 6 | 天津市列入全国海洋经济发展试点城市的建议 | 民盟市委会课题组 |
| 7 | 天津市浅层地热能开发利用情况分析及对策 | 市地质矿产局课题组 |

## 二等奖(59篇)

| 序号 | 成果名称 | 作者、工作单位 |
|---|---|---|
| 1 | 科学发展与社会和谐的实践诠释——天津市实现新突破新崛起的经验和启示 | 逄锦聚　张海鹏 |
| 2 | 关于天津积极探索科学发展新路的研究 | 金志方　李政　张秀强　赵阳　吴芸 |
| 3 | 对本市加快经济结构调整的调查 | 王义　方培娟　马元 |
| 4 | 加快产业结构优化升级提升经济增长质量 | 曹宗泉　邱金凤　韩维 |
| 5 | 关于推进本市国有企业转变发展方式提高发展质量和效益的研究 | 王泽航　洪全印　李士骐　张宾栋　王义超 |
| 6 | 天津市战略性新兴产业选择与发展战略研究 | 李朝兴　李家祥　邹方斌　周胜昔　张贵 |
| 7 | 关于加快本市海洋经济发展建设海洋强市的调研报告 | 市委研究室、市海洋局联合课题组 |
| 8 | 天津高端服务业发展研究 | 罗永泰　姜波　易蓉　李茹　马莹 |
| 9 | 南开区国家服务业综合改革试点工作进展情况的调查 | 市委研究室、南开区委研究室、南开区发改委联合课题组 |
| 10 | "十二五"时期天津金融业发展战略研究 | 林铁钢 |
| 11 | 天津市金融体系现状、问题及适应未来趋势的发展方略 | 民进市委会课题组 |
| 12 | 天津市国民经济和社会发展第十二个五年规划系统性融资规划 | 国家开发银行天津分行、市发改委联合课题组 |
| 13 | 金融创新法规规范建设问题研究 | 王平　王镇　林凤海　徐为民　刘志 |
| 14 | 天津郊区经济发展战略研究 | 张国庆　毛科军　李存霞　于战平 |
| 15 | 对加快发展本市乡村旅游的思考与建议 | 刘宝成　胡明杰 |
| 16 | 关于本市农民创业的典型调查及建议 | 市委农工委课题组 |
| 17 | 关于天津楼宇经济的调研报告 | 市发改委课题组 |
| 18 | 关于在本市示范小城镇开展"三改一化"加快农村城镇化进程的初步研究 | 刘剑刚　董发来　朱志刚　萧亮　代人元　李德伟 |
| 19 | 滨海新区国家创新型城区试点工作研究 | 李春成　唐家龙　闫凌州　马虎兆　贾蓓妮 |
| 20 | 天津科技企业孵化器:现状、问题与对策 | 市政府办公厅一处课题组 |
| 21 | 对北辰科技园区高水平扩大招商引资的调查 | 刘宇兴　王义　方培娟　马元 |
| 22 | 关于把天津建设成为独具特色的国际性现代化宜居城市的初步研究 | 联合课题组 |
| 23 | 注重城市设计提升规划管理水平 | 市规划局课题组 |
| 24 | 关于天津在内陆地区发展无水港的研究 | 市政府研究室市口岸办课题组 |

续表

| 序号 | 成果名称 | 作者、工作单位 |
|---|---|---|
| 25 | 全面加快东疆港区功能开发的研究 | 张继明　鲍培兰　吴爱明　李增军　运波 |
| 26 | 发展公交优先战略研究报告 | 马寿峰　蔡宏洲　李庚钟　石泉　贾宁 |
| 27 | 关于城市管理和市容环境综合整治问题的调查 | 张秀强　陈旸　韩放　郑钊　张超 |
| 28 | 滨海新区环境安全建设调查研究 | 包景岭　温娟　孙韬　李燃　张圆 |
| 29 | 关于天津建设国家低碳城市的对策建议 | 开益国际咨询研究中心课题组 |
| 30 | 关于本市制定低碳交通综合战略的建议 | 王光荣 |
| 31 | 新机制新招法催生新活力新动力 | 杨连芳　金志方　李政　张秀强　陈旸 |
| 32 | 天津教育发展研究报告 | 市教委课题组 |
| 33 | 社会科学普及——社会管理创新的奠基工程 | 李家祥　陈根来　关颖　华敏　刘晖 |
| 34 | 关于进一步加强本市高校大学生心理健康教育工作的对策建议 | 市政协科技教育委员会课题组 |
| 35 | 天津市中小学教师健康状况调查报告 | 市委教育工委课题组 |
| 36 | 天津市中小学幼儿园公共安全教育指导意见的研究 | 市教育科学研究院课题组 |
| 37 | 促进天津市人力资源服务业发展问题研究 | 市人力社保局课题组 |
| 38 | 海外侨胞和归国留学人员来津创业问题调研报告 | 张炳学　哈文龙　郑守和　王宝林　刘娟 |
| 39 | 天津是怎样做到建筑业农民工工资基本无拖欠的 | 刘翠乔 |
| 40 | 完善本市廉租住房制度的调查与建议 | 罗鸿铭　李兆军　燕中州　杨文浩 |
| 41 | 本市居家养老服务发展的情况及对策建议 | 张清玲　李志水　王昱琛 |
| 42 | 天津以练兵比武和评选“三好”为载体全面提高医疗卫生服务水平 | 王建存　杨洪利　李悦　金鑫　王勇剑 |
| 43 | 创新医保机构合作模式 | 徐放　牛晗蕊 |
| 44 | 关于“十二五”时期天津市文化发展和文化产业发展规划的调研报告 | 李毅　李晓敏　袁世军　王庆杰　高海威 |
| 45 | 2010年天津市社情民意调查与分析 | 张文英　王来华　叶国平 |
| 46 | 加快本市国有电影院线改革发展和影院建设思考与建议 | 市委研究室文化处课题组 |
| 47 | 关于天津城市文化传承与发展的调研报告 | 市政府参事室课题组 |
| 48 | 关于加强历史文化遗产保护工作的建议 | 市政协文史资料委员会课题组 |
| 49 | 加强和创新滨海新区外来务工人员服务管理努力营造本地人员与外来人员和谐共融局面 | 市委政法委课题组 |
| 50 | 天津宝坻区推行“一站三中心”建设打造基层社会管理新平台 | 中共宝坻区委、市委办公厅联合课题组 |
| 51 | 农民工融入城市社区的调查分析及对策建议 | 市民政局课题组 |
| 52 | 关于健全滨海新区安全生产监管体系的建议 | 市安全生产监督管理局课题组 |
| 53 | 新一代党外代表人士特点及成长规律研究 | 市委统战部、市社会主义学院联合课题组 |
| 54 | 人民法院均衡结案实证分析 | 市高级人民法院课题组 |
| 55 | 关于以信息化建设促进审判管理创新的调研 | 市第一中级人民法院课题组 |
| 56 | 创新减刑假释工作机制积极防治重新犯罪情况的调研 | 市第二中级人民法院课题组 |
| 57 | 创新国有企业领导人员选任方式问题的研究 | 高玉强　薛振洪　樊明伟　陈志玲　吴晓航 |
| 58 | 高校兼职组织员、党建督导员制度的探索与研究 | 天津大学课题组 |
| 59 | 关于构建具有天津特点的惩治和预防腐败体系基本框架的研究 | 梁宝明　徐军　苏金波　刘海芙　宋国磊 |

# 天津市第十二届优秀调研成果评选一等奖成果简介

**【科学发展观的生动实践——市第九次党代会以来天津经济社会发展综述】** 获奖者:市委研究室课题组

报告从10个方面总结了市第九次党代会以来的发展成就:大力加快转变经济发展方式,经济结构得到新优化;大力推进滨海新区开发开放,三个层面联动协调发展形成新格局;大力提高自主创新能力,创新型城市建设见到新成效;大力加强生态宜居城市建设,城乡面貌发生新变化;大力保障和改善民计民生,社会建设迈出新步伐;大力促进文化大发展大繁荣,文化软实力有了新提升;大力维护社会和谐稳定,社会管理创新呈现新进步;大力深化体制机制创新,改革开放实现新突破;大力发展社会主义民主政治,社会公平正义取得新进展;大力加强和改进党的建设,科学执政能力达到新水平。报告从6个方面概括了天津发展的宝贵经验。主要是:一是在整体把握上,坚持把中央精神与天津实际紧密结合起来,从当前、近期、长远统筹考虑全市工作,正确分析判断形势,科学确定发展目标,适时提出政策举措,切实抓好督促检查;二是在思想方法上,坚持解放思想,更新观念,善于总结发扬天津的好做法,学习借鉴国内外的先进经验,结合天津实际进行创新,创造性地做好各项工作;三是在区域布局上,坚持统筹兼顾,突出重点,推进滨海新区龙头带动、中心城区全面提升、各区县加快发展三个层面联动协调发展,努力构建多点支撑、多元发展的新格局;四是在工作标准上,坚持把上水平作为推动各项工作的重要要求,强调标准要高、要求要严、工作要实、调子要低、效果要好,用心把握、用心工作、用心落实,真正做到重落实、见效果、上水平;五是在作风要求上,坚持讲政治、讲党性、讲大局,以对党的事业负责、对天津发展负责、对老百姓负责的态度,以实实在在的政绩取信于民;六是在组织推动上,坚持发挥市委总揽全局、协调各方的核心领导作用,努力营造团结和谐稳定、风正气顺心齐、想干会干干好的环境氛围,最大限度地调动各个方面的积极性,形成干事创业的强大合力。报告还对天津精神、天津速度、天津效益作了提炼,提出天津精神集中体现在一个“干”字,天津速度集中体现在一个“快”字,天津效益集中体现在一个“好”字。报告还对天津发展的差距和不足作了归纳。

**【关于本市外贸出口运行情况分析及对策建议】** 获奖者:市政府研究室课题组

从2006年开始,本市外贸出口已经连续四年增幅呈回落趋势,低于全国平均水平。特别是受2009年国际金融危机冲击,全国出口下降,本市降得比全国多;全国出口回升,本市比全国回升得慢,形成了两个明显反差。

一、本市外贸出口连续四年增幅低于全国平均水平,国际金融危机以来更是形成两个明显反差。究其原因,主要是一个结构问题、发展方式问题、发展环境问题。从出口主体的结构上看,本市外贸出口主体比较单一,支撑点少,支撑力不强。从出口产品的结构上看,本市起支撑作用的出口产品还比较少,对全市出口产品的支撑力不强。从出口市场的结构看,本市近几年对新兴市场开拓力度不够,新的出口增量不多。从出口贸易方式的结构上看,本市仍以加工贸易为主,一般贸易下降幅度大。从出口发展的环境上看,本市与兄弟省市比还有不小差距,还有许多方面需要改进。从工作推动力度上看,有的地区、部门和单位对扩大出口的认识还不到位,紧迫感不强。

二、促进外贸出口的对策建议。在转变贸易发展方式、优化结构上作出调整。优化外贸主体结构、市场结构、产品结构、贸易方式结构,促进外资、外贸、外经联动发展。在税收政策上作出调整。改革本市出口退税分担机制、取消加工贸易深加工结转税收政策限制。在发展环境上作出调整。切实减轻企业负担,建立市级外贸发展资金增长机制,加大信贷支持力度,帮助企业用足用好国家政策,积极应对国际贸易摩擦。

**【对本市中小企业集合融资问题的调研及对策建议】** 获奖者:市委金融工委、市政府金融办课题组

近年来,我国金融市场蓬勃发展,各类融资品种不断创新,有效拓宽了企业的融资渠道,但中小企业融资难的问题仍然比较突出。针对单一中小企业资信低、风险高、融资难的特点,多家企业联合在一起发行的集合性融资产品,逐渐成为破解这一

难题的创新模式。

目前,本市中小企业集合融资的模式仍处于探索阶段,涉及企业类型少,融资规模小,融资手段单一。在推进中小企业集合融资的过程中,发现存在诸多影响和制约中小企业融资的因素,其中最突出的就是中小企业集合融资产品的担保和融资成本较高问题。由于通过集合类产品融资的中小企业多为民营企业,信用等级普遍达不到贷款、信托及债券的发行标准,需引入担保等增信机制提高整体的信用等级,并通过适当财政补贴降低企业融资成本。建议采取有效措施,进一步探索和完善现有的金融创新产品,下力量解决担保难题,降低企业融资成本,积极引导中小企业利用集合性融资方式解决融资问题。与本市大力发展科技金融、农业金融等工作紧密结合,推动集合性债权融资,与本市大力发展科技金融、农村金融等工作紧密结合,推动集合性债券融资发行工作,力争本市在利用集合性债权融资解决中小企业融资需求方面取得新的进展。

**【把保障和改善民生放在优先位置注重提高受援地区自我发展能力】** 获奖者:市政府合作交流办课题组

根据中央新一轮对口支援新疆工作的部署,天津对口援疆地区由喀什地区三县调整为和田地区三县。天津援疆干部在全国率先入疆,率先成立前方指挥部,迅速高效开展各项援建工作。以优先保障和改善民生与提高受援地区自我发展能力为重点,在试点项目、特色产业、经济合作、教育支援等方面取得了实质性进展,探索了科学有效的天津援疆做法。

一、瞄准先进,援疆工作高标化。一是在支援思路上突出提高受援地区自我发展能力这条主线;二是在援建效果上力求最大限度、最快速度,让当地百姓普遍受益;三是在援建机制上着力探索科学有效的天津援疆做法。

二、以人为本,援疆试点项目普惠化。一是加快富民安居工程建设,二是促进劳动就业,三是加强教育支援。

三、因地制宜,推动当地增长内生化。一是促进农业产业化,二是扩大建材产能,三是提供技术人才支撑。

四、建章立制,援疆工作管理规范化。一是全方位建立了津疆两地合作、前后方联动的工作机制,二是建立了项目规范实施、资金统筹管理的工作机制,三是建立了社会各界广泛参与支援的工作机制。

**【河东区建立健全帮扶助困长效机制努力使学习实践活动成果惠及于民的调研报告】** 河东区委、区政府联合课题组

调研报告全面总结了河东区按照党的十七大、十七届四中全会关于建立健全党内激励关怀帮扶机制的要求和市委的有关部署,在深入学习实践科学发展观活动中,建立健全由党内帮扶向社会全员帮扶延伸的长效机制的经验做法。

一是党员干部示范带动,建立健全党内激励关怀帮扶机制。区各级党组织坚持把关怀帮扶困难党员的生产生活作为党内活动的重要内容,通过实施重大节日定期帮扶,12个街道党员服务中心定点就近帮扶,万余名党员干部与困难党员结对定向帮扶的具体措施,定期走访慰问老党员和困难党员,进一步健全了以激励为核心、以关怀为宗旨、以帮扶为途径的长效机制,保障困难党员的基本生活。

二是职能部门协调联动,建立健全困难群体长效帮扶机制。河东区坚持左右互动、上下联动,民政、卫生、劳动等职能部门积极发挥主体作用,通过采取帮扶与保障联动、帮扶与救助联动和帮扶与就业联动的具体措施,加大帮扶助困力度,形成了以政府救济为主体、最低生活保障制度为主线、其他社会救助为补充、帮扶与就业联动的困难群体长效帮扶机制。

三是社会成员广泛互动,建立健全社会全员帮扶机制。河东区围绕调动社会各方面力量参与和支持困难群体帮扶活动,广泛进行宣传发动,积极搭建帮扶平台,促进社会成员与困难群众的良性互动。通过社会各界爱心帮扶、创新党建模式、联合帮扶和街道社区全面帮扶等多种形式,引导非公有制经济组织、新社会组织、驻区企事业单位和街道社区全面开展帮扶活动,努力做到困难群众"发现一个帮扶一个、帮扶一个解决一个",健全了社会全方位帮扶助困机制。

**【天津市列入全国海洋经济发展试点城市的建议】** 获奖者:民盟市委会课题组

一、天津市成为全国海洋经济发展试点的必要性。天津处于环渤海区域中心位置,海洋经济发展

水平高，示范带动作用强，且面临资源、环境制约严重，为完善我国海洋经济发展试点布局，促进我国海洋经济发展方式转变，积累全国海洋经济开发开放经验，有必要将天津列入全国海洋经济发展试点。(1)将天津列入试点是贯彻落实党中央提出的发展海洋经济要求的重要举措，(2)是贯彻落实滨海新区开发开放国家战略的客观要求，(3)是破解资源环境制约的特殊需求，(4)是获得国家支持实现又好又快发展的需要。

二、天津成为全国海洋经济发展试点的可行性。天津海洋经济基础雄厚、后劲十足，经多年发展已形成了自身优势和特点，完全满足国家关于列入全国海洋经济发展试点的条件。(1)海洋经济历史悠久，(2)海洋产业门类齐全，3. 海洋经济实力雄厚，(3)海洋科技研发能力突出，(4)海洋经济发展模式不断创新，(5)全市形成了共同促进海洋经济发展的良好氛围。

三、天津成为全国海洋经济发展试点的重要性。将天津列入全国海洋经济发展试点，不仅可以推动天津建成北方国际航运中心、国际物流中心、国家海洋科技研发与转化基地、国家战略性新兴海洋产业基地和国家海洋事业发展基地，实现到2015年海洋生产总值达到5000亿元，占全市生产总值的30%左右，到2020年实现建成海洋强市的目标。更重要的是可以对全国海洋经济发展具有引导、示范作用。对实现滨海新区开发开放国家战略目标、推动全国海洋经济发展方式转变、发挥中心城市带动区域经济发展功能具有重要促进作用。对在全国推广的以集约节约、生态环保为特征的海洋循环经济发展模式具有借鉴意义，对提高海洋自主创新能力具有重要导向意义。

**【天津市浅层地热能开发利用情况分析及对策】**

获奖者：市地质矿产局课题组

浅层地热能是指地下200米以内土壤和地下水中所蕴藏的地温热能，具有分布广泛、可循环再生、储量巨大、可就近利用等优点。采用热泵技术进行采集利用后，不仅可以供暖，还可以制冷。

一、本市浅层地热能赋存条件及资源潜力。2010年，本市通过部市合作模式，展开了全市浅层地热能资源开发利用试点工作。通过相关基础资料评价估算：如果均以120天供暖和制冷期计算，其中地下水地源热泵系统可分别提供800万平方米供暖面积和1000万平方米制冷面积；另一种地埋管地源热泵系统可提供13亿平方米供暖面积和12亿平方米制冷面积，资源潜力十分丰富。如此巨大的地热资源如果全部开发利用，每年可节约标准煤5974.34万吨，扣除因开采浅层地热能造成的能源消耗，可节约标准煤4480.75万吨，减少向大气中排放煤灰、氮氧化物、二氧化硫、二氧化碳等共11842.18万吨，减少环境治理费1300亿元。可为本市实现节能减排、建设生态型城市和社会经济发展提供充足的能源保证。

二、本市浅层地热能资源开发利用现状。截至2010年1月本市浅层地热能开发利用项目达到174个，利用面积为350万平方米。

三、存在的主要问题。一是工程项目前期普遍缺乏勘查评价，二是地源热泵工程设计过分简化，三是开发利用过程中缺乏可靠的技术支撑，四是缺乏对浅层地热能开发利用动态监测，五是开发利用管理体制不健全。

四、浅层地热能资源开发利用对策。一是坚持分区、分层开发利用的原则，做好开发利用规划，二是在统筹管理前提下，实施区县区域开发利用方案，三是加强技术管理，实现可持续开发，四是理顺管理体制，强化市场配置能力，实现浅层地热能开发利用有序化、规模化。

责任编辑：江俞

# 机　　构

## 党政机关

**【中共天津市委研究室】** 2012年，中共天津市委研究室在中共天津市委的领导下，坚持牢固树立服务领导机关、服务基层单位、服务人民群众的意识，紧紧围绕市委的中心工作和全市的目标任务，主动作为，真抓实干，圆满完成了文稿起草、课题调研、资料信息研究、刊物编发以及市委交办的各项任务，服务质量和工作水平有了新的提高。

1. 文稿起草

紧紧围绕全市经济社会发展大局，深入学习领会中央和市委的决策部署，努力把握形势的发展变化，加强对实际情况的深入了解和掌握，组织全室力量，做好市委重要文稿的起草工作，文稿质量和水平有了新的提高。2012年，共完成各类文稿128篇。起草和参与起草了《市委2013年工作要点》、《市委常委会2012年工作报告》、市委学习贯彻十八大精神文件、《市第九次党代会以来天津经济社会发展成就展览大纲》、《市第九次党代会以来天津经济社会发展成就展解说词》、《中共天津市委天津市人民政府关于加快推进本市农业科技创新持续增强农产品供给保障能力的若干意见》、第九届全国大学生运动会开闭幕式上的解说词和领导讲话，以及市委给中央的报告，市委给中央党建工作领导小组、中央巡视组、中央调研组的汇报等文稿。修改和参与修改了市委领导人交办的其他一些重要文稿。参与完成了天津市出席党的十八大代表团、市第十次党代会、市委十届二次全会简报服务工作。与有关部门一起完成了市委理论学习中心组读书会暨"调结构、惠民生、上水平"活动现场交流推动会的指标汇总分析和布展工作。

2. 调研工作

紧紧围绕领导关注的重点问题、经济社会发展的难点问题、群众关心的热点问题，充分发挥职能处室作用，集中各方智慧和力量，加强对宏观性、战略性和重大现实性问题的研究，形成了一批水平较高、价值较大、指导性较强的调研成果。主要包括：科学发展观的生动实践、促进航空运输业发展、深入推进行政审批制度改革、积极推进科技创新、加强社会管理创新、加快滨海新区旅游业发展、推动滨海新区统筹城乡发展、促进东疆保税港区租赁产业发展、推进对外开放转型升级等课题，得到了市领导的充分肯定。2012年，本室共完成调研成果130篇，其中独立完成103篇、合作完成27篇，市领导批示30件。

3. 调研龙头作用充分发挥

进一步完善和落实全市重点调研课题管理办法及协调服务机制，采取委托研究和公开招标等方式，科学确定课题承担单位，扩大研究范围，加强对市重点调研课题研究的组织推动和跟踪服务，确保高质量完成研究任务。2012年，共组织完成市重点调研课题122项，其中35项得到市领导同志批示肯定。组织开展第十二届全市优秀调研成果评选活动，全市共推荐参评篇目985篇，经初评组初评和市评审委员会审定，共评选出优秀调研成果448篇。另外，还选派部分人员参加了中央有关部门组织的调研工作会议和国内外专题培训，促进了调研工作的开展。

4. 信息服务

2012年，强化精品意识和时效意识，努力拓宽视野，加强分析研究，提高广度和深度，及时提供有效的资料信息服务。2012年，共编辑完成各类资料42集(篇)。主要包括：《近年来世界经济发展基本走势分析》、《天津经济社会发展情况》、《主要经济指标表》、《区县经济社会发展情况》、《迎接党的十八大参阅材料》等资料，为中央领导来津视察、市领导决策、对外工作交流等提供了有效的资料信息服务。

5. 编辑出版

突出刊物特色，精心编辑加工，室内刊物质量和效率明显提高。全年共编发各种刊物594期，其中《对策研究》81期、《参阅件》193期、《观点与动态》270期、《调研工作通讯》4期、《室内工作》46期，市领导人批示95件。编印了2011年调研报告选编。

（张妍）

**【天津市人民政府研究室】**

**一、机构概况**

2012年，天津市人民政府研究室深入贯彻落实科学发展观，围绕市委、市政府中心工作，积极为市领导提供决策参考，发挥了参谋助手作用。本室编制40人，实有干部职工37人，设4个处（一至四处）、两个室（资料室、办公室）、天津年鉴社（事业编），领导班子职数一正四副，

现任研究室主任由市政府副秘书长刘剑刚兼。

**二、工作概述**

2012年，研究室全体同仁在市政府党组、办公厅党组领导下，尽职尽责、凝心聚力，奋发进取，圆满完成了文稿起草、调查研究、信息资料服务、年鉴出版、政府新闻发布等任务，全室工作迈上新的台阶。

1. 文稿起草

按照兴国市长对研究室提出的“字斟句酌、逻辑严密、层次清楚、文字精练”的总体要求，大家用心谋篇、用心起草、用心修改，文稿质量和水平有新的提高，全年共完成各类文稿400余篇，200多万字。特别是《政府工作报告》的起草，由于是换届之年，需总结过去五年工作，提出未来五年发展思路，部署当年工作，涉及内容多，做到精心把握、精益求精，确保了起草质量和水平。

2. 调研工作

本年度，研究室继续开展人人动手搞调研活动，紧紧围绕全市发展大局和市政府中心工作，围绕发展改革中热点难点问题，深入开展调查研究，水平明显好于去年。全年共完成调研课题60多篇，其中大部分在研究室刊物上发表，市领导多次批示，为领导决策提供了参考依据。

3. 信息服务

本年度，信息资料服务工作又有新特点，取得好成绩。主动从会议、文件、新闻、讲话和批示中挖掘领导关心重点工作的信息线索，全年《调研报告》、《政务参考》、《参阅资料》、《直辖市动态》、《报刊动态》共出刊226期，计97万字，市领导批示96条，其中《参阅资料》刊发67期，市领导批示55期，编发《研究室工作简报》31期。为市领导、室领导及各处室配备书刊800余册，较好地发挥了资料信息参谋助手服务作用。

4. 编辑出版

2012年版《天津年鉴》按照“严、细、深、实”的编辑要求，健全编务制度，整体水平又有提高，再次获得全国年鉴编校质量特等奖，受到广大读者的好评。本室还编辑完成了《2011年主要市情数据手册》、《天津市人民政府16个重大课题研究成果汇编》、《市政府研究室2011年调研报告汇编》、《天津市情》、《城市对比资料》、《五年政府工作报告汇编》、《天津市示范小城镇建设》，和天津驻北京办事处共同编辑《借重首都资源》等书，总计500多万字。

5. 政策研究

与市科委、农委等合作起草完成了《关于进一步促进支持科技型中小企业发展政策措施》、《科技小巨人发展三年计划》、《推进农业科技创新保障农产品供给若干意见》。与市水务局合作审修了《天津市河道水生态环境管理实行“河长制”的实施意见》、与市质监局合作起草了《天津市贯彻落实质量发展纲要（2011—2020）实施意见》。这些政策文件的研究起草，对推动重点工作发挥了作用。

6. 新闻发布

市政府秘书长、研究室主任刘剑刚同志作为天津市人民政府新闻发言人，全年共召开6次新闻发布会，分别是“大力实施知识产权战略加快建设创新型城市”、“坚持不懈把楼宇经济做大做强”、“中心城区旧楼区提升改造”、“加强保障性住房管理”、“天津援疆办法新、力度大、效果好”、“中新天津生态城建设进度超过预期，8平方公里起步区初具规模”等方面的新闻发布工作，受到广大媒体和群众欢迎。

7. 机关建设

一是加强学习。向大家推荐了很多范文，要求全室加强业务学习。各处室坚持每周学习制度，积极参加机关读书体会交流活动，先后有几位同志登台交流体会，认真落实资料积累的相关制度要求，为进一步提高工作水平打基础。二是培养作风。研究室领导几乎每天都有处室晚上加班，节假日也常常如此。全室上下形成了爱岗敬业、忠诚服务、埋头苦干、团结协作、争创一流的良好风气。三是完善制度。制定了3项规定，即《关于调整研究室领导同志工作分工的通知》、《年鉴社印章管理暂行办法》和《研究室印鉴及各处室印章管理使用办法》等内部管理文件，促进了工作规范性。四是队伍建设。根据工作需要，研究室加大培养力度，先后提拔1位正局级干部、3位副局级干部、1位正处长、5位副处长、2位副处级干部和几位副科级干部。1名副局级干部和1名正处级干部办理了退休，人员结构趋于合理，干部更加年轻化。

（盖军）

# 高等院校

**【南开大学】**

**一、机构概况**

南开大学是国家教育部直属重点综合性大学，2012年，南开大学占地210.2万平方米（3154亩），建筑面积124.2万平方米。除主校区外，还有迎水道校区（天津市内）、旅游与服务学院（天津市内）、泰达学院（天津经济技术开发区）。校园网络设施先进，图书馆藏书347万册。按照“独立办学、紧密合作”的原则，与天津大学全面合作办学。南开大学学科门类齐全，有21个专业学院，设有研究生院、继续教育学院、现代远程教育学院。学科覆盖文、史、哲、经、管、法、理、工、农、医、教、军全部12个门类。学校现有本科专业76个，硕士点231个，博士点172个，博士学位授权一级学科24个，博士后科研流动站27个，一级学科国家重点学科6个（覆盖35个二级学科），二级学科国家重点学科9个，一级学科天津市重点学科27个。现有国家级重点实验室2个，国家工程中心1个，教育部重点实验室8个，科技部重点实验室1个，国家环保总局重点实验室1个，天津市重点实验室11个，教育部工程中心3个，国家基础学科人才培养和科学研究基地9个，大学生文化素质教育基地1个，国家外专局“111”创新引智基地4个，基金委创新群体3个，教育部创新团队6个，全国高校人文社会科学重点研究基地7个，“985工程”哲学社会科学创新基地7个，“985工程”科技创新平台4个。

南开大学在2041名专任教师中，有博士生导师632人、硕士生导师546人，教授714人、副教授792人，中国科学院院士和中国工程院院士10人，发展中国家科学院院士5人，国家“千人计划”入选者4人，“973”和“863”计划首席专家15人次，国务院学位委员会学科评议组成员12人，国家级有突出贡献的专家12人，教育部长江学者奖励计划特聘教授30人，长江学者特聘讲座教授15人，国家“青年千人计划”入选者2人，国家“特支计划”青年拔尖人才4人，国家“杰出青年基金”获得者31人，国家“百千万人才工程”入选者18人，教育部“新世纪优秀人才支持计划”入选者138人，全国高校教学名师8人，教育部“高校青年教师奖”获得者10人，天津市“131”人才工程第一层次25人，天津市“千人计划”入选者10人。南开大学现有全日制在校学生23925人（含全日制留学生），其中本科生12749人，硕士研究生7964人，博士研究生3212人。有留学生1960人（全日制871人，来校培训1089人），成人教育学生5779人，远程教育学生33966人。

现任校党委书记薛进文，校长龚克。

**二、工作概述**

1. 科研工作

2012年，本校共有52项国家社科基金项目获准立项，经费资助总计1340万元，其中重大招标项目6项、重点项目6项、一般项目20项、青年项目13项、后期资助项目3项、学术期刊资助项目3项、中华学术外译项目1项。承担国家自然科学基金项目28项，资助经费1055.5万元，其中面上项目15项、青年项目12项。承担教育部人文社会科学研究各类项目55项，资助经费646.5万元，其中重大攻关项目1项，一般项目32项，重点研究基地重大项目11项，后期资助（重点）项目1项，专项任务项目8项，普及读物项目3项，委托课题2项。承担国家旅游局面上项目2项，资助经费6万元。承担天津市社科规划项目42项，资助经费87.6万元，其中重点项目4项，一般项目38项。承担天津市科技发展战略研究计划项目11项,资助经费26万元。此外,本校文科教师还积极争取并承担各类横向项目。

2012年,本校共有29项国家社科基金项目提交了鉴定结项材料,20项已出鉴定结果,其中3项鉴定等级为优秀、12项为良好;有13项国家自然科学基金项目、3项教育部哲学社会科学研究重大课题攻关项目、7项教育部重点研究基地重大项目、22项教育部人文社会科学研究一般项目和13项天津市社科基金项目顺利结题。另外,有56项校内项目顺利结题。

2012年,本校文科教师共完成各类成果2355项,其中专著128部、教材54部、译著27部、学术论文2017篇、研究报告117篇、译文8篇、古籍整理4部。

2012年,本校获教育部第六届高等学校科学研究优秀成果奖(人文社会科学)12项,获第十七届"安子介国际贸易研究奖"三等奖1项、学术鼓励奖1项。获第四届钱端升法学研究成果提名奖3项。本年度,本校共有4项成果入选《国家哲学社会科学成果文库》,入选成果数位居全国高校之首。2012年,《南开学报》(哲学社会科学版)、《南开经济研究》、《南开管理评论》均获得国家社科基金社科类重点学术期刊资助。

南开大学教育与产业、区域发展研究中心佟家栋教授主持的《构建现代职业教育体系,服务现代产业体系建设》和刘秉镰教授主持的《美国制造业教育改革路线图的解读及启示》课题以成果专报的形式报送中共中央政治局委员、国务委员刘延东、教育部党组成员和中央教科所、教育规划与战略研究中心各理事单位。由逄锦聚教授主持、南开大学统计制度与方法研究中心多位研究人员完成的《科学发展评价指标体系研究》和《天津市科学发展水平测度与分析》2项研究成果,得到中共中央政治局委员、天津市委书记张高丽,市长黄兴国等领导批示,并上报国家相关部门做决策参考。由经济与社会发展研究院杜传忠教授主持的《加快天津制造业与生产性服务业融合发展研究》,由中国公司治理研究院马连福教授主持的《天津市水务建设投融资体制研究》以及由泰达学院副教授何会文主持的《基于资源系统整合的天津会展产业发展战略研究》分别得到了天津市市长黄兴国,副市长崔津渡、熊建平和任学锋等领导的重要批示。

2. 基地发展

2012年,本校日本研究中心被确定为教育部首批区域和国别研究培育基地。根据《南开大学人文社会科学研究机构(非实体)管理办法》,学校强化对校内非实体研究机构的规范化管理,新成立了国际发展研究中心、明代历史文献研究中心、世界经济研究中心、中国金融租赁研究中心、书画艺术与美学研究中心、故宫学与明清宫廷研究中心。

3. 学术交流

2012年,本校文科各单位积极开展高水平的国内外学术交流活动,先后举办上百场重要学术研讨会。邀请学界、政界以及商界等领域的众多知名人士来校交流,并派出大量教师参加国内外学术会议。举办较有代表性的学术会议包括:科学发展评价指标体系暨科学发展指数研讨会、加强和创新社会管理工作座谈会、金融发展前沿学术论坛、与时代同行——南开大学毕业30周年校友系列报告会、第四届周恩来研究国际研讨会、"贯彻落实马克思主义理论研究和建设工程工作会议精神,推动高校哲学社会科学繁荣发展"座谈会、"全球金融危机与资本主义经济和制度的新变化"国际学术研讨会、明代国家与社会学术研讨会、南开大学第二届旅游国际学术研讨会、世界经济论坛天津合作伙伴城市圆桌会议、"日常生活史视野下中国的生命与健康"国际学术研讨会、第二届"酒店行业人才培养暨校企合作论坛"、元代国家与社会国际学术研讨会、东亚文学与文化交流国际学术研讨会、全国高校体育工作座谈会、网络舆情研讨会、钓鱼岛问题座谈会、第十二届"中国青年经济学者论坛"、第四届全国科学社会学学术会议、"学习胡锦涛总书记7·23重要讲话迎接党的十八大"学者论坛、南开哲学发展论坛、南开大学科研工作会议、庞德国际学术研讨会、中国金融创新与监管高端论坛、中国公司治理指数发布与研讨会、迈向新时期中国社会学与社会发展学术论坛、"企业效率、市场环境和中国崛起"南开论坛、"政治哲学与生活世界"全国学术研讨会、"'公能'特色马克思主义教育60年"研讨会、"2020的中国和天津经济"研讨会等等。

**三、领导视察**

4月15日,市委常委、教育工委书记苟利军率市教育工委、市教委有关领导在校党委副书记、副校长杨克欣的陪同下,到南开大学滨海学院检查工作。苟利军认真听取了滨海学院负责同志关于校园安全稳定工作的情况汇报，并给予高度评价。6月14日，天津市委常委、市委教育工委书记朱丽萍来南开大学调研。朱丽萍指出，南开大学是中国高等教育的一面旗帜，其办学理念、发展思路、育人模式等都值得深入探讨，具有借鉴意义。

（宫立杰）

## 【天津大学】

### 一、机构概况

天津大学是教育部直属国家重点大学。2012年，学校占地面积182万平方米，建筑面积138.9万平方米。现有教职工4414人，其中有中国科学院院士5人，中国工程院院士9人，双聘院士12人。国家"千人计划"入选者26人，天津市"千人计划"入选者57人，"长江学者"特聘教授、讲座教授34人，"973"首席科学家有11人，国家杰出青年基金获得者19人，博士生导师464人，具有正高以上职称的教职工632人，教授533人。学校现有全日制在校生28710人，其中本科生15618人，硕士研究生10139人，博士研究生2953人。有两座总建筑面积为2.6万平方米的图书馆，馆藏书刊总量256.8万册，电子资源数据库189个，另有多种音像资料、微缩资料和各类光盘数据库。

本校拥有工学、理学、管理学、法学、哲学、经济学、教育学、文学、医学、农学等10大学科门类，形成了以工为主、理工结合，经、管、文、法、教育等多学科协调发展的学科布局。现有24个学院，54个本科专业，35个一级学科硕士点，27个一级学科博士点，21个博士后科研流动站；拥有一级学科国家重点学科7个（覆盖21个二级学科），二级学科国家重点学科8个，二级学科国家重点（培育）学科2个；天津市重点学科27个。学校拥有1个重大专项国家级分中心，4个国家重点实验室，2个国家工程实验室，1个国家工程技术研究中心，2个国家工程研究中心，2个国家新技术推广中心，1个国家文物重点科研基地，68个省部级重点实验室、工程（技术）中心、8个人文社会科学重点研究基地等科研基地（含7个参建天津市工程中心）。有国家创新研究群体1个，教育部创新团队8个，国防科技创新团队1个。科研经费实现了稳定和持续的增长，2012年科技经费总量18.08亿元。

在人文社会科学领域，天津大学现有一级学科博士点6个（建筑学、城乡规划学、风景园林学、管理科学与工程、工商管理、公共管理），二级学科博士点1个（职业技术教育学）；一级学科硕士点9个；二级学科硕士点11个。建有天津市高校人文社会科学研究重点基地5个（科学技术与社会研究中心、公共资源管理研究中心、中国社会计算研究中心、天津大学教育研究中心、中国历史文化遗产保护国际研究中心），建有中国民间美术遗产保护与研究中心、中国木版年画研究基地以及天津市反腐倡廉理论研究基地1个。

现任校党委书记刘建平，校长李家俊。

### 二、工作概述

1. 科研工作

2012年，天津大学人文社科科研立项实到项目经费4157.8万元，获国家、省部级社科项目79项，获得资助经费1950.2万元。其中，国家社科基金重大项目3项，资助经费240万元；国家社科基金面上项目2项，资助经费30万元；国家社科基金重点项目1项，资助经费23万元；国家自然科学基金管理学部项目29项，资助经费1518万元。教育部人文社科一般项目15项，资助经费113.5万元。天津市社科规划项目16项，资助经费30.2万元。全国教育科学规划课题1项，资助经费2万元。天津市科委软课题7项，资助经费14万元。天津市艺术科学规划课题7项，资助经费9.5万元。此外，天津市教委社科重大项目11项，资助经费79万元。

2. 科研成果

2012年，本校共发表、出版社科类科研成果227项，其中CSSCI来源论文169篇，出版专著30部，译著5部，教材23部。

3. 学术交流

2月21日，由中国民间文艺家协会主办、中国文学艺术基金会协办的"中国英雄史诗的重大发现——苗族英雄史诗《亚鲁王》出版成果发布会"在北京人民大会堂举行。这一苗族重要口头文学遗产的抢救工作由天津大学教授冯骥才主持。中共中央政治局委员、中央书记处书记、中宣部部长刘云山发来贺信。5月3日，"天津大学张太雷研究中心"正式成立。5月29日—6月8日，由中国国家留学基金委组织的中国高等教育展在坦桑尼亚的达累斯萨拉姆大学和肯尼亚的内罗毕大学举行，本校党委书记刘建平率团参加了此次展览。5月31日，新西兰惠灵顿西莉亚·韦德布朗市长一行访问天津大学，校长李家俊在第一会议室会见了代表团成员。7月19日，天津大学与澳大利亚昆士兰大学合办的昆士兰大学孔子学院中国论坛（Confucius Institute at The University of Queensland China Forum）暨昆士兰大学"昆士兰州与中国科研创新合作"论坛于在澳大利亚昆士兰州首府布里斯班市海关大楼隆重举行。8月31日，加拿大国家工程院、工程研究院院士，西安大略大学化学与生物化学工程系和颗粒技术研究中心祝京旭教授到访天津大学，校长李家俊会见了祝京旭教授，双方就开展化工领域国际合作与交流进行了深入探讨。9月20日，作为发展中国家科学院第23届院士大会活动之一的发展中国家科学院院士与天津青年科学家座谈会在校史博物馆举行，来自中国科学院的地质学家李德生、物理化学家田昭武、无机化学家徐如人、真菌学家庄文颖和电工学家严陆光5位院士与来自本市的各高校和科研院所的20位青年科学家围绕"能源和资源的可持续发展"主题畅谈了当下与能源相关的热点问题。市委常委、市委教育工委书记朱丽萍，天津大学校长李家俊，市委办公厅副主任孙学瑞等出席会议。10月14日，由天津市台办、天津大学研究生会共同主办的第五届海峡两岸青年学生领导力论坛在天津大学天南大联合大厦报告厅开幕。来自台湾大学、成功大学、交通大学、淡江大学、东吴大学、东海大学、中国文化大学、中山大学等8所学校的100余名学生代表围绕"青年学生领导力"这一主题展开为期7天的文化交流。天津市副市长任学锋，天津大学党委书记刘建平，天津市台湾事务办公室主任周克丽出席开幕式。10月3—11日，由联合国教科文组织职业技术教育和培训国际中心（UNESCO - UNEVOC）主办，天津大学和德国马格德堡大学联合举办的职业技术教育可持续发展国际论坛暨博士生国际夏令营活动在德国马格德堡举行。由教育学院策划并组织的本次职业技术教育可持续发展国际论坛暨博士生国际夏令营活动是博士生培养国际视野的有益尝试，并作为本校人文社科专业博士生教育国际交流的首次实践。10月11—16日，天津大学校长李家俊率代表团一行5人出访美国。10月12日，天津大学代表团参加了莱斯大学百年校庆系列活动，李家俊与意大利博洛尼亚大学校长 Ivano Dionigi、美国普林斯顿大学校长 Shirley Tilghman、土耳其柯克大学校长 Umran Inan 及德国不莱梅雅各布大学校长 Joachim Treusch 一同出席了校长论坛活动，并就"研究型大学的未来"发表了各自的观点。11月12—17日，天津大学校长李家俊率团访问法国 IESEG 管理学院、布尔日高等工程师学校及卢瓦河谷工程师学校等知名院校。11月16日，应本校化工学院邀请，加拿大西安大略大学工学院院长 Andrew Hrymak 院士及加拿大华裔院士祝京旭教授一行访问天津大学。11月18日，故宫博物院院长、原国家文物局局长单霁翔受聘为天津大学兼职教授，天津大学校长李家俊出席仪式并向单霁翔教授颁发聘书，副校长舒歌群主持仪式并宣读聘任决定。中国文联副主席、天津大学文学艺术研究院院长冯骥才等人员出席。12月7日，澳大利亚昆士兰大学 Ling Li 教授一行3人访问天津大学，天津大学副校长、科研院院长元英进会见了代表团，国际教育学院及国际处负责人陪同。研究生院、科研院、国际合作与交流处、精仪学院、建工学院、化工学院、机械学院代表参加了工作会谈。12月11日，英国格拉斯哥大学代表团校长 Anton Muscatelli 一行3人访问天津大学，校长李家俊在会议楼会见了代表团。双方就如何加强在学生联合培养、教师交流及科研合作等领域的合作进行了深入探讨。

**三、领导视察**

1月12日，在传统新春佳节即将来临之际，中共天津市委统战部常务副部长刘剑英专程慰问了原天津市政协副主席、民进天津市委原主委、天津大学化工学院教授余国琮院士和台盟天津市委原副主委、本校建工学院教师陈荣光。1月15日，由天津市社会科学界联合会主办、天津大学承办的天津市社会科学界2012新春联谊会在天宇大酒店举行。天津市委宣传部部长成其圣、天津大学校长李家俊出席并致辞，联谊会由市社联党组书记李家祥主持。1月17日，天津市委常委、市委教育工委书记苟利军在市有关方面负责人的陪同下亲切看望慰问了原天津市政协副主席、天津大学原党委书记李曙森的遗孀倪征，同时慰问原市政协副主席、民进天津市委原主委、中国科学院院士余国琮。1月19日，中央政治局委员、天津市委书记张高丽到天津大学慰问中国科学院院士、理学院教授张春霆。2月9日，中共天津市教育工委常务副书记魏大鹏代表市委常委、市教育工委书记苟利军专程看望了全国政协常委、民进中央副主席、国务院参事、天津大学冯骥才文学艺术研究院院长冯骥才教授，对冯骥才70岁寿辰表示热烈祝贺。5月15日，市委常委、市教育工委书记、市人大副主任苟利军,副市长张俊芳等市领导视察天津大学滨海工业研究院,在听取了滨海工业研究院的汇报后,苟利军对研究院落成投入使用表示祝贺,并要求充分利用研究院的条件,发挥天津大学的科技优势,为天津市、滨海新区的科技创新、经济发展作出更大贡献。

(卞薇)

**【天津师范大学】**

**一、机构概况**

天津师范大学是天津市市属重点院校。2012年,学校拥有24个学院,61个本科专业,涉及文学、理学、教育学、历史学、法学、经济学、管理学、工学、艺术学等9个学科门类。拥有2个国家重点学科,10个天津市重点学科,4个天津市“重中之重”学科,6个教育部特色专业建设点,16个天津市品牌专业建设点,5个天津市战略性新兴产业相关专业建设点。5个省部级设置的研究院(中心)、实验室。有6个一级学科博士学位授权点,28个一级学科硕士学位授权点,11个专业硕士学位授权点,5个博士后科研流动站。现已建成6门国家级精品课程,25门市级精品课程,1支国家级教学团队,2支市级教学团队。学校现拥有教育部人文社会科学重点研究基地、全国多媒体技术开发与培训基地、全国大学生文化素质教育基地、国家教育部中小学骨干教师培训基地、天津市教委人文社会科学重点研究基地、天津市思想政治教育队伍专职人员培养基地。建有1个国家级实验教学示范中心建设单位,6个天津市高等学校优秀教学实验室。学校定期出版《天津师范大学学报》(社会科学版)等9种期刊。本年度,全日制在校生28545人,其中本科生23862人、博士研究生266人、硕士研究生3003人、港澳台学生106人;各类留学生2780人。本校教职工2361人,其中专任教师1409人,其中正高级职称257人,副高级职称394人,具有博士学位教师519人。学校始终坚持开放办学,与27个国家和地区的109所大学建立了友好协作与交流关系。

现任校党委书记王璟,校长高玉葆。

**二、工作概况**

1. 科研工作

2012年,本校获批国家级社科项目23项,比去年增长77%;经费420万元,比去年增长119%。其中,国家社科基金重大项目1项,为学校首次获批;国家社科基金年度项目15项,居市属高校首位;国家社科基金后期资助项目4项;国家艺术规划项目1项;国家教育规划项目2项。其立项总数首次超过20项,是重大历史性突破。并获批国家教育部各类社科项目22项,经费约157万元。获批天津市哲学社会科学规划项目41项,经费约90万元。

2012年,本校共完成各级各类项目结题205项,其中国家级项目6项、省部级重点项目9项、省部级一般项目34项。本年度,发表论文(社科类)共40余篇,CSSCI来源期刊收录论文255篇。出版学术专著11部,编著8部,译著4部。

2. 学术交流

4月10日,主题为“构建社会主义核心价值体系,大力发展公共文化事业的理论与实践”的天津市社会科学界第42次理论创新论坛在本校举行。天津市社会科学界联合会、中共天津市委党校、南开大学、天津大学、天津财经大学、天津师范大学领导和专家学者及师生代表参加论坛。4月14日,“回顾与展望——中国语言文学一级学科建设高层论坛”在本校举行。“华北历史地理与中国社会变迁——2012年中国历史地理国际学术研讨会”于2012年9月22—23日在本校图书信息中心举行。市人大常委会副主任苟利军等相关领导和来自北京大学、复旦大学、人民大学、南开大学、中山大学、中国科学院、台湾研究院、台湾彰化师范大学、意大利博洛尼亚大学等国内外22所高校和科研院所的历史地理学知名专家学者2百余人参加本次研讨会。11月30日,天津市社会科学界第八届学术年会分会场会议以“传播影响力:突发事件与危机公关”为主题举办学术报告会。天津市社会学界的专家学者以及本校新闻传播学院师生近200人参加了报告会。

**三、领导视察**

5月4日,市委常委、市人大常委会副主任、市委教育工委书记苟利军来本校视察8890热线志愿服务基地,并参加8890团支部“五四”主题团日活动。会上,苟利军为刚刚通过考核,即将加入8890接线队伍的志愿者代表颁发了上岗证。5月10日,市委常委、市人大常委会副主任、市委教育工委书记苟利军,副市长张俊芳视察本校大运会比赛场馆。

(米亚)

【天津财经大学】

一、机构概况

2012年,天津财经大学占地面积1500亩,建筑面积45.8万平方米,新建了数字化逸夫图书馆、14万平方米的大学生公寓城。学校以应用经济学科和工商管理学科为主干,涵盖经济学、管理学、文学、理学、法学、工学、教育学等7大学科门类,39个本科专业;统计学为国家级重点学科,应用经济学和会计学为天津市"重中之重"学科,有5个天津市重点学科;拥有应用经济学、工商管理学、管理科学与工程等3个一级学科博士学位授权点,覆盖20个博士学位授权学科;拥有应用经济学、工商管理学一级学科博士后科研流动站;拥有7个一级学科硕士学位授权点,覆盖43个二级学科硕士点和12个专业学位点,形成了层次完整、形式多样的办学体系。现有专任教师823人,占教职工总数的60%;其中正教授162人、副教授277人;专任教师中87%以上具有研究生学历,其中45%具有博士学位;有各级各类专业人才403人。享受国务院政府特殊津贴专家34人,全国优秀教师3人,并聘请了170余名国内外知名的专家学者担任学校的客座、兼职教授和礼聘教授。有全日制在校生16066人,其中研究生3045人,本科生12505人,留学生516人。

现任校党委书记王玉英,校长张嘉兴。

二、工作概述

1.科研工作

2012年,天津财经大学获得国家级项目12项、省部级项目55项、横向课题61项,共获得外部资助经费为934.52万元。2012年,本校有32项省部级以上项目结项,在核心期刊上发表学术论文共267篇,出版学术专著28部。本年度,艺术类作品获得省部级二等奖1项,三等奖3项。

2012年,任碧云教授撰写的"天津市政府投融资平台金融风险防范研究"(刊登在市政府办公厅咨询工作处《决策咨询建议》)获得了市委副书记、市长黄兴国、常务副市长杨栋梁、副市长崔津渡、熊建平等批示;罗永泰教授撰写的"关于促进天津市会展业发展的策略研究"(刊登在市政府办公厅咨询工作处《决策咨询建议》)获常务副市长杨栋梁、副市长熊建平、任学锋等批示;高正平教授撰写的"关于解决本市地方债流动性风险问题的建议"(刊登在天津市社联《社科界咨政要报》)得到常务副市长杨栋梁批示;金融与保险研究中心主办的刊物《滨海金融专报》得到副市长崔津渡批示;王爱俭教授撰写的《天津城市定位指标体系的设计与开发》得到了市委副书记、市长黄兴国批示;温博慧副教授撰写的"关于推行可转换型运费远期合约推动天津航运金融发展的建议"得到市委副书记、市长黄兴国,副市长熊建平等批示。

2.学科建设

2012年,教育部下发《关于做好普通高等学校现设本科专业整理和2012年度普通高等学校本科专业申报工作的通知》(教高厅函[2012]34号),本校所设本科专业数由原来的39个增至41个,涉及经济、管理、理学、工学、文学、法学、教育学、艺术学8个门类。加强专业建设,统计学、工商管理2个专业被确立为天津市级专业综合改革试点项目;17个品牌专业和4个战略性新兴产业相关专业建设在天津市高校"十二五"综投年度绩效考核中取得优异成绩。加强课程、教材建设,新增加了35门课程的网络教学资源,扩大了课程的网络教学资源量,截至目前已有82门课程;11本教材成为第一批天津市"十二五"普通高等教育本科规划教材。加强教学研究,19个项目获得"天津市普通高等学校本科教学质量与教学改革研究计划"立项。深入推进实践教学工作,经济学实验教学中心、计算机科学与技术实验教学中心、电子商务ERP实验中心、会计实验教学中心被批准为天津市普通高等学校实验教学示范中心建设单位;加强学生创新能力培养,11个项目被批准为"国家级大学生创新创业训练计划项目";工商管理专业与天津市中环华祥电子有限公司共建的管理学实践教育基地获批为天津市大学生校外实践教育基地。

3.学术交流

2012年,天津财经大学共组织高水平的学术活动65场次,学校及各学科有计划有重点地通过组织形式多样的学术研讨会和邀请校外知名学者讲学等活动,特别是举办了天津市社会科学界第八届学术年会天津财经大学分会场活动、围绕科技活动周"创新促发展·科技惠民生"主题的"青年学者学术论坛"特色活动、天津财经大学亚洲商学院大师讲坛活动。来自校内外的专家学者登台演讲,如国务院发展研究中心金融研究所副所长巴曙松,国家财政部企业司司长刘玉廷,中国社会科学院研究生院博士生导师、北京天则经济研究所学术委员会主席张曙光，中国光大集团董事长唐双宁教授，知名经济学家张维迎，天津市特聘教授、美国佛罗里达大学（UF）吴尚武教授，ACCA 全球教育总监 Alan Hatfield 先生，联合国教科文组织（UNESCO）自然科学部科技政策与可持续发展处项目专家诺尔博士（Dr. Yoslan Nur）等。

**三、领导视察**

12 月 3 日，“基层创造力与创新国际会议”在本校隆重召开。市长黄兴国在迎宾馆专程会见了来津出席会议的印度国家创新基金会执行副主席阿尼尔·古普塔教授。黄兴国市长对本校鼓励大学生参与推动基层创新方面所做的努力给予充分的肯定，希望以此为契机，进一步发挥好大学生的创新能力，激发他们的创新动力。6 月 6 日，副市长张俊芳来本校考察指导“十二五”综合投资建设工作。张俊芳在听取了高正平副校长关于学校“十二五”综合投资建设的总体汇报后表示，“十二五”综合投资启动以来，学校做了大量工作，取得了明显成效，值得巩固和发扬。对现场考察的旅游管理实验室、金融工程与风险管理实验室、小型机实验室及公共实验基地的建设成果，给予较高评价和肯定。

（王大立）

**【天津商业大学】**

**一、机构概况**

2012 年，天津商业大学占地 1379 亩。学校设有商学院、机械工程学院、生物技术与食品科学学院、经济学院、信息工程学院、法学院、公共管理学院、外国语学院、TUC－FIU 合作学院、国际教育学院、理学院、艺术学院、设计学院、高职与继续教育学院及马克思主义学院 15 个学院和大学外语教学、基础课教学、体育教学 3 个教学部。还有经济研究所、海洋药物与食品研究所、制冷研究所、商业综合设计院、现代日本研究所、经济信息研究所、企业社会责任研究中心等多个研究所（中心）。学校现有 50 个本科专业，66 个硕士点，在校生 2 万余人，教学科研仪器设备总值 1.8 亿元。图书馆现有中外文藏书 197 万余册，期刊杂志 2000 余种，中外文数据库 60 余个，电子图书 100 万余册。学校现有专任教师 961 人，其中具有高级职称的教师 500 余人，教授 130 余人。

本校积极发展国际交流与合作，引进国外优质教育资源。先后与美国、日本、韩国、法国、澳大利亚等国家的 30 多所高校建立了合作关系，开展学术交流，共同培养人才。在人才培养特色上，学校坚持主动适应社会需求，培养商学素养与专业能力结合、知识学习与实践能力并重、诚信做人与创新能力兼备的复合型创业型应用人才。

现任校党委书记陈学奇，校长刘书瀚。

**二、工作概述**

1. 科研工作

2012 年，本校共获省部级以上社科类项目 59 项。其中，获国家社会科学基金项目 5 项；获国家软科学研究计划项目 1 项；获全国教育科学“十二五”规划 2012 年度教育部重点课题 2 项；获教育部人文社会科学研究项目 6 项；获第 45 批留学回国人员科研启动基金项目 1 项；获 2012 年度全国统计科学研究计划项目 1 项；获天津市哲学社会研究规划项目 23 项；天津市艺术科学研究规划项目 3 项；获天津市教育科学规划研究课题 2 项；获天津市科技发展战略研究计划项目 2 项；天津市高等学校人文社会科学研究项目 13 项。本年度共出版专著、教材、编著、译著和工具书等 47 部，发表论文 497 篇。论文被 SCI、EI、ISTP、SSCI 收录 65 篇。

本年度，该校王庆生教授向市政府提出的《天津市旅游业产业化及其体制机制创新的问题与对策》、过晓颖博士的《促进天津生产性服务业集聚发展的政策建议》、马英教授向市政府提出的《天津市社区工作机制创新研究》建议、赵伯艳博士向市政府提出的《提升天津市会展业发展水平的对策研究》的建议均被天津市人民政府办公厅咨询工作处《决策咨询建议》采纳，并分别得到市长黄兴国、常务副市长杨栋梁、崔津渡、副市长熊建平、任学锋、尹海林、秘书长王宏江等市领导的批示。

2. 学科建设

2012 年，该校在学科和专业建设上，围绕经济建设对人才的需要，坚持以商学为主干，管、经、工、法、文、理、艺多学科相互支撑、协调发展，逐步形成应用学科的综合优势。该校拥有 5 个市级重点学科（应用经济学、制冷及低温工程、农产品加工及贮藏、工商管理、民商法学）；学校现有财务管理、金融学、热能与动力工程、旅游管理 4 个国家级特色专业；现有会展经济与管理、宝石及材料工艺学、酒店管理、统计学、食品质量与安全 5 个天津市战略性新兴产业相关专业；现有财务管理、金融学、热能与动力工程、旅游管理、工商管理、国际经济与贸易、建筑环境与设备工程、包装工程、生物工程、食品科学与工程、电子商务11个天津市品牌专业;1个冷冻冷藏技术教育部工程研究中心;1个热能与动力工程国家级实验教学示范中心;1个国家级人才培养模式创新实验区(国际酒店管理);1个中国旅游及饭店业优秀人才培养基地;2个天津市重点实验室(食品生物技术、制冷技术);1个天津市人文社会科学重点研究基地(管理创新与评价研究中心)。

3. 学术交流

2月28日,牛津大学赛德商学院教授库纳尔·巴苏博士与该院部分相关教师进行座谈,就市场营销的发展趋势、中国品牌的国际化建设、顾客品牌忠诚度的培养、品牌危机管理、企业社会责任的实践等学术问题进行了深入热烈的交流和探讨。3月11日,北京中期期货有限公司期货研究院院长王骏先生应邀在天津商业大学经济研究所会议室作了主题为"未来期货行业你准备好了吗?"的报告。3月14日,公共管理学院邀请到天津大学博导、期刊中心副主任王义兴教授在图书馆二楼报告厅作了"哲学社会科学论文著作写作规范与技巧"的专题讲座。5月30日,北京第二外国语学院会展研究中心主任刘大可教授来该校作了题为"国际视角下的会展活动及其规律"的学术讲座。6月6日,本校与中国国际商会租赁委员会、天津市租赁业协会合作成立的"天津商业大学中国融资租赁研究与教育中心"的签约揭牌仪式在图书馆二楼报告厅隆重举行。天津市金融工委书记李国林,天津商业大学校长刘书瀚,中国国际商会租赁委员会主席、天津市租赁行业协会会长杨海田等有关领导出席了仪式。刘书瀚校长、郭英会常务副主席、王人凤轮值会长分别代表合作方签署了"中心"合作协议。李国林书记、刘书瀚校长为"中心"揭牌。杨海田会长作了"中国融资租赁业的发展和天津的举措"的学术报告。12月10日,美国佛罗里达国际大学艺术学院加塞克·伊·科拉辛斯基(JacekJ. Kolasinski)教授应邀来本校艺术学院进行学术交流并作了"西方艺术史及现代艺术鉴赏"讲座。12月16日,美国佛罗里达国际大学房地产学院院长 Bill Hardin 教授应邀作了"美国房地产、金融业发展情况"的讲座。12月18—20日,著名画家李鸣泉先生应艺术学院院长王其华教授邀请,到本校艺术学院举办个人写生作品展,并为学校师生作了题为"漫谈绘画写生创作与艺术市场"的讲座。12月19日,中国科学院科技政策与管理科学研究所原所长、博士生导师徐伟宣教授应邀来本校作题为《如何着手准备基金申请书》的报告,指导本校国家自然科学基金项目的申报工作。12月28日,国家税务总局税收科学研究所所长靳东升先生来校作了"融资租赁税收"专题讲座。

**三、领导视察**

4月1日,市委常委、市委教育工委书记苟利军率队来校调研。市委教育工委常务副书记魏大鹏,市委办公厅副主任孙学瑞,市教委副主任邢立华、韩金玉,红桥区委书记赵建国,副区长杜忠晓,北辰区委书记李宝锟,副区长陈文慧等参加调研活动。本校党委书记陈学奇、校长刘书瀚等陪同调研。7月27日,市委常委、市委教育工委书记朱丽萍来校视察。市委教育工委常务副书记魏大鹏,市委办公厅副主任孙学瑞,市委教育工委副书记、市教委副主任李绍洪,市委教育工委和市教委有关部门的负责同志参加了视察活动。校党委书记陈学奇、校长刘书瀚等陪同视察。

(天津商业大学社科处)

**【天津工业大学】**

**一、机构概况**

2012年,学校拥有管理学、经济学、文学、法学、理学、工学等9大学科门类,拥有纺织科学与工程、材料科学与工程、机械工程3个一级学科博士点和1个博士后流动站,14个博士点、44个硕士点和11个工程硕士领域,学校现有1个国家级重点学科,2个天津市"重中之重"学科,8个省部级重点学科;2个国家教育部重点实验室,4个天津市重点实验室,3个天津市工程技术中心和1个天津市技术推广中心。学校已与美国、德国、加拿大、法国、瑞士、芬兰、韩国、日本等20多个国家及港澳地区共50多所高校建立了友好关系,每年选派本科生、研究生到国外留学,同时接收国外及港澳地区留学生来校深造。学校现有专任教师2300余人,其中具有高级职称人员900余人,特聘两院院士和国外兼职教授50余人。学校拥有国务院学位委员会学科评议组成员、教育部院校设置评议委员会委员、教育部学科建设与专业设置专家委员会委员、人事部"新世纪百千万人才工程"入选专家、天津市特聘教授、天津市授衔专家、人事部突出贡献专家、享受国务院政府津贴专家等高层次人才。

校教学设施先进，拥有设备一流的各类实验室、语音室、多媒体教室及现代化图书馆。学校设有国家标准游泳馆、体育馆、运动场和学生活动中心。

现任校党委书记张宏伟，校长杨庆新。

**二、工作概述**

1. 科研工作

2012 年，本校组织申报了国家社科基金、全国艺术科学规划、教育部人文社科研究、天津市战略发展规划、天津市哲学社会科学规划等国家、省部级项目 23 项，文科到位经费近 1200 万元，比去年同期增长 90%。在重大项目立项方面，国家社科基金项目立项 3 项，取得重大突破；天津市哲学社会科学规划项目立项 23 项，在天津市同类高校中名列前茅。

2012 年，本校继续蝉联国家科技奖。科技获奖层次和数量均比去年大幅提高。共获得省部级以上科技奖 20 多项。张宏伟教授等人完成的“高性能聚偏氟乙烯中空纤维膜制备及在污水资源化应用中的关键技术”项目获得国家技术发明二等奖；肖长发教授主持的“吸油纤维及其制造方法”项目荣获天津市专利金奖；在天津市社会科学界第八届学术年会活动中获得优秀组织单位称号。2012 年共出版哲学社科类教材 31 部，发表论文 343 篇，其中核心期刊 136 篇，被 CSSCI 收录 17 篇，被 EI 收录 31 篇。

2. 学术交流

2012 年，本校共外聘专家到校讲学 70 多人次，使广大师生开阔了学术视野，进一步浓厚了学术气氛。

**三、领导视察**

9 月 13 日，副市长张俊芳一行到本校慰问参加第九届全国大学生运动会的游泳运动员。市政府副秘书长沈家聪、市教委副主任林炎生等陪同慰问。9 月 11 日，市人大常委会副主任、大运会组委会执行主任苟利军，市委教育工委常务副书记魏大鹏等一行到本校视察大运会相关工作。11 月 28 日，中共天津市委巡视组巡视工作意见反馈会在本校会议中心第七会议室召开。市委巡视组四组组长、正局级巡视专员张耀武，副组长、正局级巡视专员曹欣欣，副组长、正局级巡视专员张政光，副组长、副局级巡视专员张建琪，正处级纪律检查员、监察员孟宪伟专程来校反馈巡视工作意见。

（天津工业大学科技处）

**【天津理工大学】**

**一、机构概况**

天津理工大学是一所以工为主，工理结合，工、理、管、文、艺等学科协调发展的多科性大学。学校现有主校区和王顶堤校区，总占地面积 181.07 万平方米。本科生以上全日制在校生为 25720 人。2012 年，本校拥有 61 个本科专业、15 个一级学科硕士点、69 个二级学科硕士点、12 个工程硕士学位授权领域、2 个翻译硕士专业学位授予权，覆盖工、理、文、管等学科门类。本校拥有 7 个市级重点学科，建有 2 个教育部重点实验室、1 个教育部工程研究中心、4 个市级重点实验室、3 个省部级工程研究中心、2 个市级人文社科研究基地。学校现已成为博士学位授予权立项建设单位，包括三个一级申报学科及两个支撑学科。

本校现有专任教师 1376 人，其中具有正高职称的 174 人，具有副高职称的 348 人，具有博士学位教师占 33%，现有硕士研究生导师 339 人，博士研究生导师 27 人。学校现有国家级有突出贡献中青年专家 1 人，天津市授衔专家 4 人，国家“百千万人才工程”人选 1 人，教育部新（跨）世纪优秀人才 8 人，天津市“千人计划”人才 3 人，天津市“青年千人计划”人才 1 人，天津市特聘教授 8 人，天津市特聘讲座教授 8 人，天津市“131”创新型人才培养工程第一层次人选 5 人，国家级教学名师 1 人，天津市教学名师 8 人。学校聘请中国科学院院士、中国探月工程首席科学家欧阳自远为名誉校长。本校已与 20 多个国家的 60 余所知名大学和科研机构建立了友好合作关系。

现任校党委书记孟庆松，校长马建标。

**二、工作概述**

1. 科研工作

2012 年，本校获批国家社科基金项目 3 项，教育部人文社科项目、天津市哲学社会科学规划项目、天津市艺术规划项目等省部级社科项目共 48 项，人文社会科学科研经费 1090.37 万元。入选天津市宣传文化“五个一批人才”工程 1 人，教师和科研人员在国内外学术刊物上发表科研论文 416 篇，出版学术专著 12 部。

2. 学术交流

11 月 5 日，以“天津滨海·创新·创意·城市发展”为主题的天津市社会科学界第八届学术年会天津理工大学分会场在本校举行。市委宣传部副部长李毅教授、天津市社会科学界联合会党组书记李家祥教授、学校党委书记孟庆松教授出席大会并向大会致词。天津市哲学社会科学规划办和天津市教委领导、天津市社会学界的专家学者和法政学院师生共500多人出席。中国社会学学会名誉会长、中国人民大学一级教授郑杭生出席并做主题报告。会议由天津理工大学副校长滕建辅教授主持。

**三、领导视察**

11月28日,市委常委、教育工委书记朱丽萍到天津理工大学调研并视察新校区。校党委书记孟庆松、校长马建标及有关同志陪同调研视察。10月23日,天津市委常委、市纪委书记、市委巡视工作领导小组组长臧献甫等领导同志莅临天津理工大学,亲切看望市委巡视组成员。5月7日,市委常委、市委教育工委书记、市人大常委会副主任苟利军率领市有关委局负责人到天津理工大学调研,对天津理工大学所取得的办学成果给予了充分肯定,同时希望天津理工大学在以后的发展中,要进一步深入贯彻落实教育部关于加强高等教育建设30条意见,更好地服务于天津滨海新区开发开放建设和天津市战略性新兴产业、支柱产业的发展,加强学科建设和高水平人才引进,多出成绩、多出成果,积极促进科技成果向现实生产力的转化,不断提高内涵发展水平,努力建设有特色、高水平的理工大学,争取进入国内一流大学行列。

(天津理工大学科技处)

**【天津科技大学】**

**一、机构概况**

2012年,天津科技大学拥有河西、泰达、塘沽3个校区,总占地面积133.87万平方米,建筑面积69.49万平方米。学校固定资产总值10.94亿元。设有机械工程学院、电子信息与自动化学院、材料科学与化学工程学院、食品工程与生物技术学院、生物工程学院、海洋科学与工程学院、包装与印刷工程学院、艺术设计学院、经济与管理学院、法政学院、计算机科学与信息工程学院、理学院、外国语学院、国际学院、继续教育学院和体育教学部16个学院(部)。现有在校生28989人,其中本科生20513人,硕士生2507人,博士生217人,留学生164人,继续教育学生5597人。现有教职工2070人,其中专任教师1391人,行政、教辅人员542人。专任教师中具有高级职称的809人,博士生导师、硕士生导师430人,双聘院士5人,国家"千人计划"入选者1人,国家"万人计划"入选者1人,教育部"长江学者奖励计划"特聘教授2人,国务院学科评议组成员2人,国家级有突出贡献专家2人,国家教学名师1人,入选"国家百千万人才工程"2人,入选"教育部新世纪优秀人才支持计划"9人,全国优秀教师4人,天津市"千人计划"6人,天津市授衔专家4人,天津市特聘(讲座)教授16人。学校现有51个本科专业,其中4个国家特色专业;13个一级学科硕士学位授权点,74个二级硕士学位授权学科;2个一级学科博士学位授权点,17个二级学科博士学位授权点,2个博士后科研流动站和1个博士后科研工作站。国家重点学科1个,7个省部级重点一级学科,3个天津市"重中之重"学科。学校建有3个国家工程实验室,2个教育部重点实验室和1个教育部工程研究中心,4个天津市重点实验室和1个天津市普通高校人文社会科学重点研究基地。2012年馆藏图书211.49万册。

现任校党委书记李旭炎,校长曹小红。

**二、工作概述**

1. 科研工作

2012年,本校获教育部哲学社会科学研究重大攻关项目1项,经费总额80万元,教育部人文社会科学研究项目5项,国家体育总局哲学社会科学规划项目1项;天津市哲学社会科学规划项目18项,天津市艺术科学规划项目18项;天津市科技发展战略研究计划项目2项;天津市教委人文社会科研项目7项。本年度,全校共办理国家社科基金结项1项,教育部人文社会科学项目结项5项,天津市哲学社会科学规划项目结项5项、天津市艺术科研规划项目结项5项、天津市科技发展战略研究计划项目结项1项。获天津市社会科学界第八届(2012)学术年会优秀论文奖10篇。

2. 学科建设

2012年,学校新增博士点2个,硕士点2个。投入70万元全面实施校级重点支持学科建设工作。继续完善学科建设管理机制和评估机制,完善学科建设负责人制度。在学科建设、专业建设及卓越人才培养3个重大项目上共投入3280万元。在2012年教育部学位中心第三轮一级学科评估中,本校有3个一级学科位列全国前十名,传统优势学科名列全国前三名。

3. 学术交流

5月30日,由天津市食品学会主办,天津科技大学食品安全战略与管理研究中心承办的“天津市功能食品及食品安全战略发展研讨会”在本校举行。大会围绕国内外食品安全管理体系、我国功能食品研究现状及发展方向、功能食品配料的关键制备技术及应用、保健食品的监督管理和功能性食品的法律规章等方面展开深入的研讨。来自中国农业大学、天津大学、天津医科大学等高校和研究所的百余位专家学者、企业领导到场聆听报告并参加了研讨。8月1日,教育部2012年度哲学社会科学研究重大课题攻关项目《我国食品安全风险防控研究》开题报告会在河西校区主楼召开。国家食品药品监督管理局食品安全监管司司长徐景和、教育部社科司副司长张东刚、本校校长曹小红等领导出席会议并讲话。项目首席专家、副校长王硕作课题汇报。专家组听取汇报并提出建议。

(李明琪)

## 【天津外国语大学】

### 一、机构概况

2012年,天津外国语大学有15个教学单位,包括研究生院、高级翻译学院、求索荣誉学院、英语学院、日语学院、欧洲语言文化学院、亚非语学院、国际商学院、国际传媒学院、涉外法政学院、国际交流学院、继续教育学院、基础课教学部、应用外语教学中心、体育教学部;设有35个本科专业:英语、日语、俄语、朝鲜语(韩语)、西班牙语、德语、法语、阿拉伯语、意大利语、葡萄牙语、斯瓦希里语、印度尼西亚语、缅甸语、翻译、商务英语、对外汉语、国际经济与贸易、金融学、法学、教育技术学、信息管理与信息系统、新闻学、行政管理、国际政治、汉语言文学、经济学、人力资源管理、市场营销、财务管理、会计学、广告学、传播学、旅游管理、动画、数字媒体技术。其中国家级特色专业4个,国家级教学团队1个,国家级精品课程2门。本校现有1个服务国家特殊需求“党和国家重要文献对外翻译研究”博士人才培养项目(外国语言文学学科);4个硕士学位授权一级学科点,22个硕士学位授权二级学科点,11个专业学位授权点;天津市重点学科4个,外国语言文学、中国语言文学获批天津市一级重点学科,世界经济、外国哲学获批天津市二级重点学科;天津市品牌专业9个;建有“中央文献翻译研究基地”、“拉美研究中心”、“天津国际发展研究院”、“外国语言文学文化研究中心”和“语言符号应用传播研究中心”,“中央文献对外翻译与传播协同创新中心”。此外,学校具有推荐优秀本科毕业生免试攻读硕士学位的资格,同时还拥有招收同等学力人员申请硕士学位和外国留学生攻读硕士学位的资格。现有全日制在校生近万人,研究生千余人,现有教职工1千余人,其中专任教师700余人,常年聘请外国专家、教师百余名。

目前,本校拥有1个市级实验室、14个专业实验室,43个语言实验室,108个多媒体教室,11个计算机实验室,4套国际标准的同声传译报告厅,11个语种25套国际卫星电视接收系统以及覆盖2个校区的校园计算机网络。2个校区图书馆占地面积近1.4万平方米,藏书逾120万册,中外文报刊、杂志1600余种册。馆藏资源珍稀极具文物价值文献180种。学校主办有外国语言文学研究类重要学术期刊《天津外国语大学学报》;外语音像出版社是天津唯一一家连续三次荣获国家出版基金资助项目的高校出版单位;《世界文化》杂志拥有广泛而固定的读者群,共同为传播世界各民族文化、促进跨文化交流作出了贡献。

本校先后与世界30个国家的80余所大学和多个教育组织建立了友好合作关系,不断探索“3+1”、“2+2”、“4+1”等国际合作办学模式。

现任校党委书记李虹,校长修刚。

### 二、工作概述

1. 科研工作

全年获批省部级以上科研项目28项;其中国家社科基金项目3项,实现本校申报国家级科研项目的重大突破。《中华文化概览》一期工程顺利通过结项验收,二期工程再次获批国家出版基金资助项目。积极开展信息咨询和调研服务,获批各级各类调研课题25项,涉及教育、党建、文化等各个方面;荣获优秀调研成果奖14项,学校科研水平再上新台阶。

2. 学术交流

一年中,本校成功举办“第六届全国中译外研讨会”、“第四届中国术语学建设暨术语规范化研讨会”、“第二届心智哲学与语言研究学术研讨会”、“纪念中日两国邦交正常化40周年、中国日语教学研究会成立30周年大会暨面向新时代的中国日语教育国际研讨会”、“中国对外汉语修辞研究会第六届学术研讨会”、“2012俄语教学国际学术研讨会”等10余场高水平学术会议。

3.科研管理

2012年,本校加强科研管理体制和评价机制建设,制定、出台了“加强重点研究机构实体化建设的意见”、“高水平期刊论文奖励办法(试行)”、“求索高端学术论坛管理办法”等规章制度。加大对高水平科研成果的奖励力度,组织开展了第八届优秀科研成果奖评选,对获得国家社科基金项目和发表高水平期刊论文的作者进行了表彰奖励。落实学校《学术规范》和《违反学术规范处理规定》,举办了科学道德和学风建设宣讲教育系列活动,组织全校教师签订了《学术规范责任书》,营造了良好学术文化环境。不断提升科研管理水平,荣获教育部社会科学司“高校哲学社会科学研究管理先进集体”和“先进个人”称号。

(孟昭阳)

**【天津职业技术师范大学】**

**一、机构概况**

2012年3月7日,国家教育部、天津市人民政府在京签署协议,决定共建天津职业技术师范大学。中共中央政治局委员、天津市委书记张高丽出席签字仪式。教育部党组书记、部长袁贵仁,天津市委副书记、市长黄兴国、天津市人大常委会主任肖怀远、副市长张俊芳等相关部门的领导出席签字仪式。天津市委常委、人大副主任、市委教育工委书记苟利军主持签字仪式。教育部副部长鲁昕、天津市副市长张俊芳代表双方签署协议。天津职业技术师范大学占地79.916万平方米,建筑面积48.8595万平方米,体育运动场所面积6.2610万平方米。图书馆1.7万平方米;纸质图书169.17万册,电子图书10300GB,中外文数据库75个;校园网出口带宽200MBTS;教学、科研仪器设备3.1988亿元。本校拥有以工学、教育学、理学、管理学、经济学、文学、艺术学7个学科门类,设有项目博士后工作站1个、一级学科硕士点7个、专业学位授权点1个、职校教师在职攻读硕士学位专业7个、同等学历硕士学位专业5个;设有本科专业43个、天津市品牌专业11个、天津市战略新兴产业专业4个。教育学为天津市(省部级)重点学科,师范能力与职业能力研究中心为天津市高校人文社会科学重点研究基地;世界技能大赛中国研究中心是国家人力资源和社会保障部批准并与天津市人民政府共同领导的世界技能大赛中国研究中心;学校还设有职业教育研究所、非洲职业教育研究中心等38个学术研究机构。形成了以本科教育为主,具有硕士学位授予权,面向全国培养职业教育师资和应用型高级专门人才较完整的办学体系。本校现有专任教师880人,其中正教授121人、副教授404人;专任教师中592人具有研究生学历,占专任教师的70.72%,其中具有博士学位的专任教师185人,占专任教师的20.81%。学校还设有供学生教育实习的附属高级技术学校。

本校拥有14个专业学院(部、所),现有全日制在校学生1.74万余人,研究生805人(其中包括科学学硕士388人、中职硕士417人),专科845人,成人教育在校生1529人。此外,有留学生共121人,其中研究生88人,本科33人。目前,本校在埃塞俄比亚建立的亚的斯亚贝巴孔子学院设有3个汉语教学中心,分别设在亚的斯亚贝巴大学、马克雷大学及阿瓦萨大学。今年在亚的斯亚贝巴大学及马克雷大学设立了汉语本科专业,共招收本土学生35人,为汉语及中国文化在埃塞俄比亚的推广作出了重要贡献。

本校学刊《天津职业技术师范大学学报》、《职业教育研究》多年连续被评为天津市一级期刊。

现任校党委书记于立军,校长孟庆国。

**二、工作概述**

1.科研工作

2012年,本校教师主持(在研)国家社科基金3项(包括教育学单列学科)、国家自然科学基金委员会管理学部项目1项、教育部人文社科项目5项、全国教育规划(重点、规划、青年、职教专项)项目在研21项、天津市人文社科规划(艺术规划)项目30项、天津市教育规划45项、天津市高校人文社科项目8项,国家环境保护基金会项目2项、企事业委托项目18项,合计各级、各类在研项目共计103项,共获得资助经费352万余元。

2012年,本校文科科研人员出版专著2部,其中教育学1部、艺术学1部。完成研究报告15份,其中经济学2份、社会学2份、管理学1份、教育学4份、心理学2份、艺术学3份、马克思主义1份。本年度,由天津市教育委员会主办,本校与天津大学承办“天津市高等学校原创动漫大赛”,共有20所高校500余名学生参与了该项活动。动画类和漫画类两个组别共征集作品271件。最终评出一等奖4项,二等奖12项,三等奖20项,优秀奖30项。本校艺术学院动画组获得二等奖1项,三等奖4项,优秀奖3项;漫画组获得一等奖1项,二等奖2项,三等奖4项,优秀奖3项。

2. 学术交流

6月10—19日,本校孙奇涵率团首次访问了比利时鲁汶工程大学、布鲁塞尔自由大学、德国BBS应用技术大学、乌帕塔尔大学并参观了德国下萨克森州汽车协会、德玛吉企业及德国festo培训总部,拜会了德国汉诺威中国中心、汉诺威大学的职业研究所及2013年德国莱比锡世界技能大赛组织者艾菲女士。9月11—12日,世界技能基金会主席杰克·杜塞尔多普莅临学校考察本校世界技能大赛中国研究中心。9月20日,国家人力资源与社会保障部农村社会保险司副司长卢海元应邀来校作"养老保险制度顶层设计的新思路及其实现路径"学术报告。此次报告是天津市社会科学界第八届(2012)学术年会天津职业技术师范大学分会场系列学术报告之一。11月13日,本校邀请原中国科学院空间科学与应用总体部副主任兼载人航天工程应用系统副总指挥,现为中国空间科学学会常务理事和科普工作委员会主任中国科学院航天专家潘厚任教授作了"载人航天技术与相关应用"科普讲座。

(程卿)

## 【天津医科大学】

### 一、机构概况

2012年,天津医科大学有教职工8683人,其中各类专业技术人员8161人,包括正高级专业技术人员563人,副高级专业技术人员987人,中国科学院院士1人,中国工程院院士2人,国家人事部、卫生部有突出贡献的中青年专家10人,"长江学者"创新团队2个,"长江学者"教授、"千人计划"、"国家杰出青年科学基金"获得者等进入国家级人才资助项目人员35人,享受国务院政府特贴专家164人,天津市授衔专家29人。本校设有16个学院、1个独立学院、1个学系、3个教学部。学校现有全日制本科以上在校生9894人,其中,本科生5329人,硕士生2871人,博士生428人,留学生1266人。学校现有本科专业15个:临床医学(七年制、五年制)、口腔医学(七年制、五年制)、麻醉学(五年制)、医学影像学(五年制)、医学检验学(五年制)、预防医学(五年制)、护理学(五年制)、生物医学工程(四年制)、药学(四年制)、药物制剂(四年制)、法学(四年制)、眼视光学(四年制)、运动康复与健康(四年制)、公共卫生事业管理(四年制)、英语(四年制),其中护理学、生物医学工程、医学影像学为全国首办专业。本科专业方向2个:生物医学工程(生物技术与生物信息方向四年制)、临床医学(医学影像学方向七年制)。

学校现有博士后流动站5个,博士学位授权一级学科7个,博士学位授权二级学科37个;硕士学位授权一级学科11个,硕士学位授权二级学科68个,博士生导师219人,硕士生导师727名。

学校现有国家级重点学科5个,"211工程"重点建设学科10个,天津市重点学科15个,省部级重点实验室11个,研究所13个。本校先后与17个国家的73所大学建立了学术交流与合作关系,成立了"外国专家顾问委员会"。聘请了108位世界知名医学专家、教授担任本校各学科的名誉教授和客座教授。

图书馆藏有国内外期刊3200种。在卫生部组建的全国医学文献资源共享网络系统种被确定为省(市)级中心馆,目前学校设有电子阅览室,开通了中国教育网、国际互联网。校内拥有400米跑道标准操场、体育馆、游泳馆及各种体育设施和娱乐场地,并组织多种学生社团,以确保学生德智体全面发展。

现任校党委书记张连云,校长尚永丰。

### 二、工作概述

1. 科研工作

2012年,获准各级各类课题立项14项。其中:教育部人文社会科学研究项目4项、天津市哲学社会科学规划项目2项、天津市教育科学十二五规划课题5项、天津市法学会科研项目1项、天津医科大学文化建设专项课题2项。本年度,科研人员主编学术专著3部:《心理学的文化转向》、《动机心理学》、《医学院校思想政治理论课实践教学研究》。主编教材1部《思想政治教育主动性针对性实效性》。发表学术论文61篇,其中国内核心期刊26篇。完成科研课题7项。

2. 学科建设

一是确立高标准,追求高水平,加强国家精品课程建设。按照教育部《国家精品课程建设工作实施办法》,进一步加强《医学伦理学》国家级精品课程建设,及时补充完善课程网上教学资源;拍摄精品课全程教学录像;了解掌握课程教学内容的辐射效果,收集分析反馈意见;推进课程教学改革,出版普通高等教育"十一五"国家级规划教材《医学伦理学》。二是认真贯彻中宣部、教育部《关于进一步加强和改进高校思想政治理论课的意见》,组织进行教师全员培训、上岗考核、集体备课和多媒体课件制作等各环节的准备工作,保证了思想政治理论课4门新课程教学的顺利进行。丰富了《思想道德修养与法律基础》、《中国近现代史纲要》2门课程的教学内容,并录制教学录像,组织参加教育部"精彩一课"活动,以此为契机,促进思想政治理论课教学水平的提高。三是发挥思想政治理论课主渠道作用。组织修订了教学大纲和进度。

3. 人才培养

本年度,根据医学心理学人才培养定位,开展培养质量、综合能力和教学模式、方法等内容的调研论证,成立了心理学研究所,突出医学与心理学的交叉特色,不断探索提高科研水平和人才培养质量。继续完善"法与医"、"法与德"结合和早期司法实践为特色的法学人才培养模式,走在全国高等医学院校的前列。本校现有5名优秀青年教师在职攻读博士学位。1名在读硕士研究生,以访问学者身份赴美国乔治华盛顿大学,参加"医患沟通学"项目研究。

4. 学术交流

6月12日,接待了国际著名生命伦理学家、美国RICE大学教授、美国《医学与哲学》主编恩格尔·哈特教授和香港城市大学教授、著名生命伦理学家范瑞平教授等国内外专家的考察。专家对本校医学人文教育给予了高度评价,充分肯定了医学人文建设取得的成绩。本年度,派出参加国内学术会议、学习培训和调研考察活动累计30人次,占全系教师总数的76%。接待首都医科大学、北京大学医学部、第三军医大学等12所高校的参观学习。

(陆于宏)

## 【天津中医药大学】

### 一、机构概况

2012年,天津中医药大学建有中医学、中药学、中西医结合3个博士后科研流动站,中医学、中药学和中西医结合3个一级学科博士学位授权学科,20个二级博士学位授权学科和45个二级硕士学位授权学科。学校现有教职工3454余人,有中国工程院院士3人,现有本科在校生10000余人,本科专业20个。目前拥有针灸推拿学和中医内科学2个国家级重点学科,中医妇科学、针灸学等23个国家中医药管理局重点学科,中药学、针灸推拿学等5个天津市高校"十二五"综合投资规划学科。学校建有省部共建国家重点实验室培育基地:天津市现代中药实验室;科技部、天津市政府和意大利卫生部共建的中意中医药联合实验室;教育部省部共建方剂学重点实验室;教育部现代中药发现与制剂技术工程研究中心等重点科研和教育机构。

现任校党委书记张金钟,校长张伯礼。

### 二、工作概述

1. 科研工作

2012年,天津中医药大学新增科研课题近200项,科研经费总计1亿余元,其中纵向课题165项,科研经费8千余万元;横向课题24项,科研经费2千余万元。共获得科研成果38项,其中国际领先水平4项、国际先进水平9项、国内领先水平22项、国内先进水平3项。获得国家科技进步二等奖1项;中国高等学校科学研究科技进步奖二等奖1项;天津市科技进步一等奖1项、二等奖2项、三等奖4项;中华中医药学会科学技术二等奖2项、三等奖2项。2012年本校申请专利15项,其中发明专利10项、实用新型专利5项;授权专利12项,其中发明专利10项、实用新型专利2项。2012年,天津中医药大学发表SCI收录论文总计117篇;发表EI收录论文总计28篇;发表CPCI-S收录论文总计4篇。2012年,天津中医药大学中文学术论文总计2042篇。

2. 学术交流

2012年,本校积极承办天津市社会科学界第八届学术年会中医药大学分会场会议,主题为:医改·心理健康·中国传统文化。会议征文累计24篇。8月,由循证医学教育部网上合作研究中心、卫生部中国循证医学中心和中国Cochrane中心主办,新疆医科大学第一附属医院承办,天津中医药大学等19家分中心协办的第七届亚太地区循证医学研讨会在新疆医科大学开幕。大会围绕"循证医学:学科、平台、合作、转化、绩效"的主题,以服务WHO和联合国"2020人人享有健康"为目标,针对循证医学的新进展、学科平台建设、转化和合作机制建设、教育以及实践等方面进行了深入交流和研讨。

三、领导视察

8月30日,天津中医药大学联合中国中医科学院中药研究所等8家单位组建的"现代中药协同创新中心"(以下简称"中心")正式成立。市委常委、市人大常委会副主任苟利军出席并为中心揭牌,中国工程院院士、天津中医药大学校长张伯礼出席。11月3日,市委常委、市人大副主任苟利军,副市长李文喜到本校新校区建设工程施工现场考察指导工作。苟利军对新校区建设工作进度给予肯定,特别对本校"校在园中"和"中药植物园"的建设思路表示了赞赏。他强调,市委、市政府高度重视健康产业园区建设,把这项工程列入了"十二五"发展规划和市委工作要点、市政府工作报告。建设工程的各相关单位要以高度的责任感和使命感,立足当前,着眼长远,互相配合,按照工程时间节点要求,加快工程进度,确保工程质量,做好细部工作,尽早实现健康产业园的整体建设目标,努力打造在全国具有影响力的健康产业基地。

(魏巍)

【天津城市建设学院】

一、机构概况

2012年,天津城市建设学院构建了城市规划与建筑、城市建设、城市环境与生态、城市经济与管理、数字城市、城市文化等6个学科群。设有建筑学、土木工程、环境科学与工程等41个本科专业;拥有9个硕士学位授权一级学科,31个硕士学位授权学科以及3个工程硕士学位授权领域。拥有土木工程、环境科学与工程、建筑学、城乡规划学等4个天津市重点一级学科。重点建设了一批创新平台,建有天津市地震工程研究所,天津市重点实验室(软土特性与工程环境实验室、水质科学与技术实验室),教育部工程研究中心(吹填造陆与滨海软土工程技术研究中心),天津市工程中心(建筑垃圾与燃煤废弃物利用技术工程中心、滨海软土技术工程中心),天津市人文社科重点研究基地(城镇化与新农村建设研究中心),形成了以工、理、管三大学科门类为主,工、理、管、艺、文、农等学科相互支撑、协调发展,基本涵盖城建领域的学科专业体系。

2012年,学校建设用地面积89.2万平方米,建筑面积45.9万平方米。全日制在校生14142人,其中本科生13397人,硕士研究生745人。目前,全校共有专任教师862人,有高级专业技术职务的教师435人,其中教授121人;硕士学位以上教师632人,具有博士学位的教师208人。有"长江学者"特聘教授、国家杰出青年科学基金获得者、"新世纪百千万人才工程"国家级入选1人,国家有突出贡献中青年专家、享受国务院政府特殊津贴专家15人;天津市"千人计划"入选2人,天津市特聘讲座教授1人,天津市教学名师4人,天津市"131"人才工程第一层次入选2人,双聘中国工程院士3人,国家有突出贡献中青年专家、享受国务院政府特殊津贴专家14人。

现任院党委书记周剑琴,院长李忠献。

二、工作概述

1.科研工作

2012年本校获批国家自然科学基金项目等国家级项目21项。省部级各类科研项目46项。此外,获中科院与环保部重大课题子课题1项;教育部人文社科课题6项;建设部课题6项;天津科委课题12项;天津哲学与社会科学规划课题9项;天津市教育科学"十二五"规划增补课题3项;滨海新区科委1项;市海洋局1项;天津市艺术科学规划项目17项;市教委项目13项。纵向课题经费到账金额1321万元,横向课题96项,获得经费1249万元,总计2570万元。

2012年申报国家专利46项,授权专利28项。获得国家科技进步二等奖1项;获得省部级奖6项,其中3项为第一完成单位;学校教师和科研人员发表的论文被SCI、EI、ISTP三大检索收录276篇,出版学术专著1部。

2.学科建设

2012年学校加快推进校院两级管理体制改革,科学规划、稳步实施二级学院试点工作。3月23日本校举行二级学院揭牌仪式,新成立了建筑学院、能源与安全工程学院、材料科学与工程学院、计算机与信息工程学院、控制与机械工程学院、城市艺术学院、理学院、外国语学院8个二级学院。此次揭牌成立8个二级学院,是继本校去年成功试点4个二级学院之后的又一重大举措,标志着本校事业发展进入了一个崭新阶段。全校的教学机构调整为12个学院、2个部和1个成人教育学院。

3.学术交流

2012年,本校共举办各类报告会56场,涉及城市规划、城市社会学、环境保护和经济社会领域的各个方面。澳大利亚科廷科技大学李凌教授、中国工程院院士、中国地震局工程力学研究所名誉所长谢礼立研究员、中科院化学所“百人计划”入选者徐彩虹研究员、澳大利亚西澳大学副校长JohnDell教授、中国建筑材料科学研究总院建筑材料专家林志翔教授美国内布拉斯加大学郭俊克教授、美国内华达大学宋顺锋教授、美国哥伦比亚大学工程学院院长FenioskyPena－mora教授、澳大利亚皇家墨尔本理工大学建筑设计学院院长RichardBlythe教授、中外国际防护结构学会专家等都应邀到本校做学术报告和开展学术交流。3月13日，国际建筑能效交易领域调研和学术交流会议在本校举行；9月28日，中国绿色建筑与节能委员会绿色物业与运营管理学组成立大会在本校召开。

**三、领导视察**

6月20日，市老领导毛昌五、白化岭、李振东、王德惠、刘文藩、胡晓槐，市建委系统老领导张旭东、刘玉麟和王明浩来校考察。市政协副主席陈质枫、教委主任靳润成、建交委主任窦华港等陪同考察。7月12日，市委常委、市委教育工委书记朱丽萍来本校视察调研，校领导周剑琴等热情迎接并陪同视察。

（韩庚君）

**【天津音乐学院】**

**一、机构概况**

2012年，天津音乐学院拥有一级学科艺术学硕士学位授权点，音乐学、作曲与技术理论、音乐表演、舞蹈编导、舞蹈学、表演、文化产业管理、学前教育等8个本科专业。其中，二级学科音乐学（涵盖所有音乐专业方向）属于天津市重点学科，音乐学、音乐表演专业为国家级特色专业建设点，音乐学、作曲与作曲技术理论、音乐表演、舞蹈编导、文化产业管理等5个专业为市级品牌专业。拥有一支结构合理、学术水平和综合素质较高的师资队伍。本院享受国务院政府特殊津贴23人，天津市教学名师2人，天津市优秀教师6人，区永熙教学奖获得者5人；正教授74人，副教授76人，具有博士学位21人，硕士学位147人。

现任校党委书记徐建栋，院长徐昌俊。

**二、工作概述**

1.科研工作

2012年，《手风琴簧片制作工艺优化及产业化应用》课题获市科委科技计划项目立项，成为本院首例省部级立项科技项目。成功申报市艺术科学规划办公室项目3项，市教委科研计划项目2项。完成市高校“十二五”综合投资规划绩效考核工作以及“市高等学校‘十二五’综合投资规划”启动、实施等各项工作。落实“十二五”综合投资规划专项经费720万元。郭树群教授撰写论文《读刘再生的鼎新力作〈中国近代音乐史简述〉——兼评“中国现代音乐史学转型”理论的创建》获中国文联文艺评论奖文章类二等奖，这是本届该奖项中天津市唯一的获奖成果。

2.学科建设

2012年，本校完成了教育部学位与研究生教育发展中心组织的第三轮学科评估，在专业音乐学院中排行第四名。本年度，进一步改善课程结构，优化课程资源，完成了舞蹈学、学前教育两个专业的学士学位授予权申报。本年度，本院获得同等学力人员申请硕士学位培养单位资格，首次开展同等学力进修班的招生工作。加强导师队伍建设，新增硕士生导师8人。

3.学术交流

2012年，本院积极与美国茱莉亚音乐学院开展联合办学，并先后与美国摩海德州立大学、美国北科罗拉多大学正式签署合作协议，与国立莫斯科柴可夫斯基音乐学院签署了进一步合作协议。本年中接待短期国际交流团组10余个，涉及美国、意大利、波兰等多个国家和地区，共计200余人次，举行讲座、大师班26场、音乐会54场，国际会议及研讨会2场。其中，应本院邀请，上海音乐学院声乐系民族声乐教研室全体教师到本院开展学术交流活动，声乐系学生演出的歌剧《茶花女》赴中国音乐学院国音堂交流演出，本院参加了第四届沈阳中外音乐文化交流展等活动，开阔了艺术视野，搭建了交流平台。本院成功举办了2012天津五月音乐节、首届爵士音乐节和第四届中国·天津手风琴艺术节。音乐节期间举办讲座、音乐会和研讨会，推动天津文化建设。

4.社会服务

2012年，本院青年交响乐团、民族管弦乐团、合唱团、舞蹈团、话剧团及本院附中少年艺术团等，精心组织一系列主题鲜明、内容丰富的文艺演出。围绕党的十八大和市第十次党代会的召开，组织完成市委市政府和有关委局文化艺术方面的重要接待演出任务。在第十二届洛杉矶李斯特国际管风琴比赛中,青年教师赵伟成获管风琴组第一名。在第十一届国际合唱节中,青年指挥教师马丁获优秀合唱指挥奖。在第二届国际二胡大赛总决赛中,本院取得了金银铜奖并获优秀组织奖,林聪教授获优秀指导教师奖。文化部举办的第十六届全国音乐作品(交响乐)评奖中,作曲系教师任丹丹的作品《木棉树下》交响曲获中型作品组三等奖。第六届香港国际青少年艺术节舞蹈比赛中,舞蹈系3名学生分获二、三等奖,这是舞蹈系建系以来首次获得的国际性舞蹈比赛。在第三届中国民族声乐敦煌奖比赛中,音乐教育系学生王振获银奖。第十届全国声乐比赛中,声乐系研究生获美声组优秀奖。首届全国高等专业艺术院校大学生意大利歌曲比赛中,声乐系学生分获铜奖和优秀奖。文化部主办的文华艺术院校奖舞蹈、民族器乐比赛中,本院也获得了优异成绩。

(张春晖)

## 【天津体育学院】

### 一、机构概况

2012年,天津体育学院占地面积356018平方米。建有综合训练馆、田径馆、篮球馆、排球馆、游泳馆、舞蹈馆等教学训练馆12座,国际标准的塑胶田径场、足球场和灯光棒球场等室外训练场地20余块。目前,在编教职工584人,含专任教师374人,其中教授和国家级教练员53人,副教授97人;具有博士学位的教师60人,具有硕士学位的教师212人;其中有享受国务院政府特殊津贴专家13人,国家教学名师1人,教育部新世纪人才2人,天津市特聘教授、特聘(讲座)教授4人,天津市教学名师6人,天津市千人计划1人。博士研究生导师6人、硕士研究生导师90人。现有全日制在校生6171人,其中硕士研究生525人,联合培养博士研究生13人。现有教育学、管理学、文学、理学4个学科门类含15个本科专业,分别是体育教育、运动训练、社会体育、民族传统体育、运动人体科学、舞蹈学、新闻学、市场营销、旅游管理、特殊教育、教育技术学、英语、公共事业管理、应用心理学、运动康复与健康。现有7个硕士研究生专业,分别是运动人体科学、体育人文社会学、体育教育训练学、民族传统体育学、课程与教学论、康复医学与理疗学和体育硕士(专业学位)。2012年,本校博士学位授予单位立项建设工作取得实质性进展。

现任院党委书记李克敏,院长姚家新。

### 二、工作概述

1. 科研工作

本年度,学校共获批各级各类科研课题45项,获批科研经费达700余万元。姚家新教授负责的《体育锻炼促进体质健康机理的研究》获批国家科技支撑计划项目,经费资助达262万元,实现了该校主持国家科技支撑计划项目零突破。获批4项国家社科基金和2项国家自然科学基金,国家社科基金年度立项数目实现新突破。出版专著36册,发表论文382篇。

2. 学术交流

9月8日,由本院承办的第九届全国大学生运动会科学论文报告会圆满闭幕。教育部副部长郝平、天津市副市长张俊芳莅临大会并出席了闭幕式暨颁奖仪式。本届科报会学术委员会成员,各分会报告、墙报交流论文作者,各省市区领队近400人参加了仪式。3月20日,中美体育文化交流中心成立仪式在图书馆报告厅隆重举行。

3. 学科建设

2012年,本院坚持学科建设在整体办学中的带头作用和提高人才培养质量在强化教学工作的中心地位。现学院拥有天津市重点学科和天津市"重中之重"学科:运动人体科学和体育人文社会学,国家体育总局体育社会科学重点研究基地和天津市普通高等院校人文社会科学重点研究基地:体育人文社会科学研究中心,运动心理实验室是国家体育总局"竞技运动心理与生理调控重点实验室";体育文化研究中心是国家体育总局"体育文化研究基地",运动生理与运动医学实验室为"天津市重点实验室"。社会体育、体育教育和舞蹈学为教育部"特色专业建设点",《运动生理学》、《运动心理学》、《排球》、《网球》为国家级精品课程。此外,还有8门市级精品课程,1个国家级优秀教学团队,3个天津市优秀教学团队。

(国辉)

## 【天津职业大学】

### 一、机构概况

天津职业大学地处北辰科技园区,占地面积1064亩,建筑面积32.1946万平方米;资产总值9亿多元,教学科研仪器设备总值1.2亿元。2012年在校生11000余人,教职工600余人,专任教师457

人，其中高级职称教师占46%，硕士研究生以上学历教师占76.2%，双师素质教师占86%。图书馆藏书74万余册，电子图书12058.8GB，是天津市高等学校电子图书馆成员单位。本校下设机电工程与自动化、生物与环境工程、经济与管理、电子信息工程、旅游管理、艺术工程、眼视光工程7个学院、社会管理系、印刷工程系、汽车工程系3个直属系和社会科学部、基础课教学部2个教学部，建有51个专业，涵盖工、经、管、文等专业门类，其中眼视光技术专业、包装技术与应用专业、应用化工技术专业、物流管理专业、酒店管理专业等5个专业为中央财政支持重点建设专业，机械制造与自动化专业、计算机应用技术专业——嵌入式技术与应用专业、社区管理与服务专业等3个专业为天津市财政支持重点建设专业，是天津市办学规模最大的一所综合性高职院校。

现任校党委书记刘文江，校长董刚。

**二、工作概述**

1. 科研工作

2012年，共组织申报局级以上科研项目122项（其中申报国家级项目16项、省部级项目76项、局级项目30项，校级项目28项），获得省部级立项15项；有经费进账的横向课题28项。纵向课题结项35项，其中全国课题2项，省部级课题11项，教委课题7项，校内课题15项。科委高新技术成果转化中心鉴定项目9项。组织申报天津市社科优秀论文18篇，获奖4篇。全校上交科研论文225篇，其中重要期刊发表121篇，经检索论文47篇。出版专著、教材43部。本年度科研经费到账332.2666万元，其中横向引进经费176.0366万元，纵向引进经费156.23万元，比上年增加24%以上。组织全校申报专利147项（其中发明专利6项，实用新型11项，外观设计130项），专利授权41项（其中发明专利5项，实用新型9项，外观设计27项），软件著作权3项。实现专利转化零的突破，两项发明专利被转化，共转让6万元。在10月10日举行的第三届黄炎培职业教育奖颁奖大会上，本校董刚获“黄炎培杰出校长奖”，秦曼华获“黄炎培杰出教师奖”。

2. 学科建设

2012年，“酒店管理专业教学资源库”被教育部评为高等职业教育专业教学资源库建设项目；《仓储管理》、《社会工作方法》等14门课程被评为国家精品课程，另有《企业物流管理》、《网络营销》等28门课程被评为市级精品课程。在教学名师评选中，有1名教师被评为国家级教学名师，4名教师被评为天津市教学名师。由本校主编的23种教材入选国家“十一五”规划教材。

学校实行多种办学形式。一是开展学历与非学历教育，生源类型包括高中毕业生、三校生。吉林大学、天津大学分别在本校设立了函授站、网络教育学院第三教学中心。二是注重国际间的交流与合作，先后与美国、法国、英国、澳大利亚、新加坡、韩国、日本等国家和香港地区有关学校建立了友好校际关系。三是紧贴市场需要，走产学研结合之路。先后与天津保税区、开发区、华苑高科技园区、北辰科技园区、天津滨海新区，与天津一汽丰田汽车有限公司、天津天地伟业数码科技有限公司、日上免税行（中国）有限公司、天津长荣印刷设备股份有限公司、天津市眼科医院、日本尼德克有限公司等上百家国内外企事业单位合作，创新并实践了“课证融合‘准技师’”、“旺入淡出、工学交替”等多种工学结合人才培养模式。

3. 学术交流

2月24至25日，第五批香港岭南大学交流生共计86人分两批抵本校，开始为期两个月的研修学习。7月17至26日，本校赴台湾教育管理培训班一行27人赴台湾科技大学参加了为期10天的高等职业教育（台湾地区称“技职教育”）管理培训。8月9至17日，来自旅游管理学院、艺术工程学院、电子信息工程学院、眼视光工程学院、经济与管理学院、社会管理系、基础课部、社会科学部及图书馆的62名教师参加了泰国易三仓大学举办的旅游酒店管理培训班及信息技术培训班。9月，旅游管理学院派出第二批5名学生赴台湾建国科技大学应用外语系、运动健康与休闲系进行为期五个月的学习。10月19至27日，第六期美国IECS交流团一行12人来到本校进行语言文化交流活动。

（吕英芳）

**【天津医学高等专科学校】**

**一、机构概况**

2012年，天津医学高等专科学校占地面积44.25万平方米，建筑面积16.95万平方米。教学科研仪器设备总值5919.083万元，拥有多媒体教室座位5043个，教学用计算机963台，语音实验室坐位448个。馆藏纸质图书40.88万册，电子图书

3420.5GB。现有专任教师362人,其中具有博士学位15人,硕士学位57人,兼职教师404人。高级职称教师161人,占专任教师53.31%;中级职称教师147人,占专任教师39.52%。拥有天津市人民医院、天津市天和医院、天津市海河医院、天津市安定医院、天津市口腔医院等5所附属医院,在全国建有166个校外实训基地。本校现有6个系和2个教学部(护理系、医学系、口腔系、公共卫生与卫生事业管理系、医疗技术系、药学与医学检验技术系和基础医学教学部、公共课教学部)。在护理(含涉外方向、社区护理方向、口腔护理方向)、助产、临床医学(乡村医生方向)、口腔医学、针灸推拿、药学、中药、药物制剂技术、药品经营与管理、生物医学技术、医疗美容技术、康复治疗技术、医学影像技术、医学检验技术、医学影像设备管理与维护、医学营养、医疗保险实务、卫生信息管理专业基础上,增设了医用电子设备与维护专业。现在校生7047人,其中,全日制专科在校生7028人,成人专科19人。本年度,学校全力推进“天津市高水平示范性高等职业院校建设项目”建设,并顺利完成项目评审答辩。获得由中华职业教育社颁发的第三届“黄炎培职业教育优秀学校”和中国青年报评选的2012年“全国职业院校魅力校园”荣誉称号。国家药物制剂技术教学资源库建设项目在第五届国家示范性高职院校建设成果展示会上荣获“最具推荐价值资源库奖”;学校获得天津市第二十六届科技活动周“先进组织单位”荣誉称号;批准成为“天津市高等职业技术教育副会长”单位及“天津市教育科学学会第三届理事”单位。

现任校党委书记杨文秀,校长刘斌。

**二、工作概述**

1.科研工作

2012年,本校组织完成9门国家级精品课和2门市级精品课的转型升级,其中4门入围遴选国家级精品资源共享课程。全年申报各级各类课题40项,获批立项31项,其中国家级立项课题6项。本年度,完成天津市教育科研“十一五”重点课题鉴定5项,完成2012年天津市教委重点调研成果3项,教委科研成果1项;取得市级教育和科技成果6项,局级调研成果2项,国家级教育科学规划成果1项,有效实用新型专利8项;获得市级以上奖励10项。6月份,学校承办全国高职护理技能大赛,本校选派8名选手参赛,共获一等奖3项,二等奖1项,三等奖3项。《今晚报》、《天津教育报》等媒体对大赛进行报道。

2.学科建设

本年度,本校护理专业首次成功立项中央财政支持职业教育实训基地建设项目,争取建设资金360万元;药学、针灸推拿专业成功立项中央财政支持专业建设项目,争取建设资金400万元;组织“3+2”专科临床医学教育人才培养模式改革项目,成功申报第一批国家级卓越医生教育培养计划;根据现有专业国际合作基础与需求,选定护理、康复治疗技术专业开展职业教育专业课程体系建设国际合作试点工作,并已向教委上报试点建设方案;完成“校院共建护理专业临床教学资源的机制和应用模式探索”方案的制定,获批教育部第一批信息化试点项目。在全国职业院校学生技能作品展洽会上,本校针灸推拿专业学生展示的“颈肩综合征”中医治疗和医疗美容技术专业的皮肤类型诊断与分析独具特色。此外,本校精心策划的天津护理教育百年历史展成为展洽会亮点,教育部鲁昕副部长以及刘来泉司长在参观后以签名的方式表达对护理事业的美好祝愿。

3.社会服务

2012全年本校总培训量达12000余人次。一是组织完成新疆和田地区农村卫生人员3个班101人次的培训项目。二是承接天津市卫生行业第二届“岗位练兵、技术比武”活动,组织来自60余家医疗卫生机构近2000名卫生技术人员参赛。三是继续承接2012年国家医师资格考试天津考区考务工作,完成临床、口腔、公卫、中医四个专业类别6630名考生的考务任务。四是与雅安职业技术学院等3所学校正式签署了友好院校合作协议。五是与青海职业技术学院就共同培养医学影像技术专业的40余名学生达成合作意向。六是接待上海健康职业技术学院等18所院校219人次来访参观,安排黔东南民族职业技术学院等2所院校28人次来校进修。七是英国考文垂大学等7所国际学校来访,并就护理专升本、老年护理培训等项目进行深入交流与协商。

(刘樑　郑兰兰)

## 【河北工业大学】

**一、机构概况**

河北工业大学是一所以工为主、多学科协调发展的国家"211 工程"重点建设大学。学校坐落在天津市,并在河北省廊坊市设有分校。2012 年,河北工业大学占地 4000 余亩,建筑面积 84 万余平方米。本校教学科研仪器设备总值 2.69 亿元,藏书 180 万册。学校设有 16 个学院(部)、1 个直属教学部和 2 个教学管理学院,所设 62 个本科专业,涵盖工、理、经、管、文、法 6 大学科门类;拥有 6 个国家级特色专业建设点,2 个国家级重点学科、17 个省级重点学科,9 个博士后科研流动站;拥有 7 个一级学科博士学位授权点、35 个二级学科博士学位授权点,22 个一级学科硕士学位授权点、130 个硕士学位授权点或专业学位授权领域(种类),是全国地方工科院校中最早开展 MBA 教育的高校。拥有 52 个校内科研机构,1 个国家工程技术研究中心,1 个省部共建国家重点实验室培育基地,3 个教育部工程研究中心(重点实验室),12 个省(市)级科研机构;拥有 1 个天津市高校人文社科重点研究基地。

目前,学校拥有教职工 2400 余人,专任教师近 1300 人,934 人具有高级职称,652 人具有博士学位;博士生导师和硕士生导师 700 人;全国专业技术先进集体 1 个,国家级教学团队 3 个,教育部创新团队 1 个,国家级教学名师 1 名,省级教学团队 5 个;170 人具有国家有突出贡献中青年专家、"新世纪百千万人才工程"国家级人选等省部级以上专家称号;近百人担任省级以上专业学会或协会的正副理事长、秘书长。

全日制在校生 2.1 万余人,其中研究生教育总规模超过 6000 人;依托河北工业大学创立的独立二级学院——河北工业大学城市学院,成立于 2001 年,现设有 15 个系和 1 个教学部,51 个本科专业涵盖工、理、经、管、文、法、艺七大学科门类,在校生 1.6万余人。

学校与法国、美国、德国、俄罗斯、意大利、澳大利亚、英国等国的 60 所高校签订了合作办学协议,正在实施的项目 20 余项,合作培养覆盖专科到博士各层次,学历教育合作项目已拓展到美国、法国、英国、德国、新西兰、瑞典等国家,目前在校生 380 余人。

现任校党委书记李强,校长展永。

**二、工作概述**

1. 科研工作

2012 年,河北工业大学共获省部级以上人文社会科学类项目 67 项,共有 25 项省部级人文社科类项目顺利结项,获省级社会科学优秀成果奖 5 项。本年度,发表人文社会科学类论文 264 篇;共出版人文社会科学类著作 8 部,其中,管理学 4 部,经济学 2 部,马克思主义 1 部,法学 1 部;共出版教材 2 部,其中,经济学 1 部,历史学 1 部;并出版经济学译著 1 部。

2. 学术交流

2012 年,学校共主办、承办国际国内学术会议 34 次,参加国际、国内学术会议 1740 余人次,派出百余名教师到国内外知名高校和科研机构进行学习和工作,邀请数百名国内外知名专家教授到校讲学和进行学术交流。

(河北工业大学科学技术研究院)

# 科研院所

## 【天津社会科学院】

**一、机构概况**

天津社会科学院是天津市政府所属高级人文与哲学社会科学综合研究机构,1979 年 3 月 17 日成立,全院占地面积 31 亩,建筑面积 30139 平方米。2012 年 11 月,二号楼提升改造工程竣工,作为新的科研办公大楼正式启用。全院现有科学研究部门 13 个,图书编辑出版部门 4 个,教育培训部门 3 个,行政管理部门 6 个,在职员工近 300 人,其中各类高级科研、编辑及其他专业人员 160 余人,博士 86 人,硕士 31 人,拥有一批国内知名的专家学者和学有专长的中青年科研骨干。

现任院党组书记、院长张健。

**二、工作概述**

1. 科研工作

2012 年,出台并实施了《关于鼓励科研专业人员承担并高质量完成国家级课题的若干规定》和《关于在科研人员中严格执行请(销)假制度的规定》。在科研管理制度不断完善的条件下,全院科研工作扎实稳步推进,在学科建设与创新、科研成果数量与质量、承担各类研究课题、智库建设等方面,都取得了新的突破与进展。

2012 年,本院共承担国家级课题 2 项,市级课题 13 项,院级课题 35 项(其中委托重点课题 7 项,重点课题 13 项,青年课题 15 项)。在天津市第十二届优秀调研成果评奖中,共有 15 项成果获奖。

其中二等奖3项,三等奖12项。在全市同级单位中获奖总数再次名列第一。本年度,全院共有651项科研成果通过鉴定评估,其中重要成果623项,重要成果率为95.70%,较2011年度增长0.78个百分点,创历史新高;国家级报刊成果达到105项,较2011年度增长7.14%;符合高等级成果标准的成果有17项,较2011年度增长6.25%,高质量科研成果的数量继续稳步提升。在651项科研成果中,有59项被评为优秀成果,其中,天津市委宣传部优秀科研成果"创新奖"10项,天津社会科学院青年优秀科研成果奖17项,天津社会科学院优秀科研成果奖32项。9名科研人员获得"业绩突出奖",28名科研专业人员获得150%"超额津贴奖",18名科研专业人员获得120%"超额津贴奖"。在中国人民大学公布的"2011年度《复印报刊资料》转载学术论文指数排名"中,继续保持了上一年的成绩,在全国地方社科院总排名中全文转载量排名第二。

2."智库"建设

2012年,按照成果形式统计,共申报调研报告50项、对策研究20项、咨询研究35项,共计105项,占申报成果总数的16.13%。在105项国家级报刊成果中,对策和咨询研究成果有28项,占26.67%,其中4项成果得到张高丽、黄兴国等市领导的批示,另有13项成果得到其他市领导的批示。全年编发《论点·建议》38期,其中12期得到张高丽等市领导的批示。

3.学术交流

9月3—8日,本院主办了2012年全国地方社会科学院行政后勤工作会议,来自全国40余家省市社科院、城市社科院的代表以及新闻媒体记者共计180余人参加会议。会议以"创新管理模式、提高服务效能、提供坚强保障"为主题,进行了深入交流。9月下旬,与韩国圆光大学、群山大学共同主办的"第七届中韩环黄渤海合作·天津论坛"在韩国群山大学举行。论坛就绿色增长、能源效率、中韩合作等议题展开讨论,成果丰富。10月中旬,举办了"道德治理与道德文化建设"暨纪念《道德与文明》创刊30周年学术研讨会,《道德与文明》杂志社以创刊30周年为契机,回顾成长历程,展望发展前景,围绕"道德治理与道德文化建设"这一主题进行深入研讨。12月16日,中国日本史学会会员大会成功召开,150余名来自全国各地从事日本史学研究的专家学者与会,围绕会议主题进行深入交流。

4.编辑出版

本年度,图书馆加强对计算机网络系统的管理、升级,更新,加快馆藏数据库建设,完成了中文书库的剔旧和调整架位工作。全年累计编印《新书通报》22期,编印《论文目录》10期,并将其公布于图书馆网站,便于科研人员查阅。《天津社会科学》编辑部刊发的部分论文被《新华文摘》、《中国社会科学文摘》、《高等学校文科学术文摘》、中国人民大学报刊复印资料等多家全国主要学术媒体全文转载10余次。同时获得国家社科基金第一批学术期刊资助,此次资助全国入选期刊共计100种,地方社会科学院院属期刊14种,天津市仅有3种入选。《道德与文明》获得国家社科基金第二批学术期刊资助,此次资助天津市入选期刊仅2种,入选国家社科基金学术期刊资助在地方社科院系统中与江苏社科院并列第一。本院东北亚研究所主办的《东北亚学刊》创办于2000年1月,2012年3月经国家新闻出版总署批准,公开出版发行。本院与天津外国语大学音像出版社合作开发了《中华文化概览》系列图书,获国家出版基金资助,实现了出版社国家出版基金项目零的突破。

(陈静)

## 【天津市教育科学研究院】

### 一、机构概况

2012年,天津市教育科学研究院在岗在编职工93名,具有专业技术职称的人员73名,其中正高级16名,副高级28名,中级25名,初级4名。设有教育研究部门和教育辅助部门10个,包括专门研究所8个,加上《天津市教科院学报》编辑部和名师名校长研究发展中心,同时设有科研管理、行政管理与后勤服务部门8个。天津市教育科学规划领导小组办公室、天津市教育发展与办学水平评估中心以及部分全国、市级教育类学会、研究会设在本院。

现任院党委书记荣长海,院长张武升。

### 二、工作概述

1.科研工作

2012年根据市委教育工委和市教委的要求,院领导班子从天津教育实际出发,认真分析当前教育存在的热点难点问题,紧紧把握全市教育发展的大趋势大方向,认真组织力量完成由市委教育工委、市教委主要领导牵头的调研课题。与此同时,确立了9项重大研究课题。全院科研专业人员年内共承担重点课题、市哲学社会科学和市教育科研“十二五”规划课题以及上级临时交办的研究课题38项,均按计划要求顺利开展。

2012年,全院科研成果在稳定成果数量的基础上,质量达到新的高度。全年共公开发表论文123篇、出版著作10部,其中在一级期刊发表论文13篇、CSSCI期刊发表8篇、人大复印资料转载4篇;共有8项研究成果获该院2012年度优秀成果奖,其中一等奖1项,二等奖4项,三等奖3项;11项成果获两年一次优秀成果奖,其中二等奖5项,三等奖6项;9项成果获决策转化奖,其中一等奖1项,二等奖5项,三等奖3项。在这些成果中,比较突出的是教育决策转化奖达到9项。

2. 学术交流

2012年,本院先后组织或承办各种学术会议5次。按照年初计划高质量地完成市政府“未来教育家奠基工程”的第一期学员结业和两次学员成果推介活动,成功举办了第四次“全国基础教育未来教育家论坛”,并与教育部有关部门合作举办了贯彻落实“十八大”精神学术报告会。以中小学教学副校长为学员的“中小学优秀教学校长培养工程”培训工作也顺利进行。

3. 学科建设

2012年,本院进一步加强了与各分院之间的联系,不断拓展专兼结合的研究队伍。各相关研究部门定点或自愿到各自联系的学校、幼儿园听课评课和开展辅导讲座。本院还开展了系列业务培训工作,使科研队伍专业水平有所提升。全年共引进6名科研人员均具有博士学位,其中博士后1人,国外留学回国人士1人,为科研队伍增添了活力。

(张津波)

**【天津市经济发展研究所】**

**一、机构概况**

天津市经济发展研究所,位于天津市河西区福建路17号,隶属于天津市发展和改革委员会,是一个以应用经济研究为主的副局级事业单位。研究宗旨是为政府决策服务,为行业部门服务,为企业发展服务。主要研究领域有:发展战略研究、发展规划编制、产业问题对策研究、经济形势分析与预测等。内设办公室、第一、二、三、四研究室、编辑室。下属单位有《天津经济》杂志社和吉伟印务中心,挂靠有天津市宏观经济学会、天津市城市经济学会、天津市能源研究会三个社会团体。现有在职人员31人,其中拥有副高级以上职称者18人。

现任所党委书记张桂枝,所长王天伟。

**二、工作概述**

1. 科研成果

2012年,本所发挥研究特长,完成了《大城市周边农村城镇化政策创新研究——以天津市示范小城镇建设为例》、《夏季达沃斯论坛对我国企业家成长环境的影响分析》、《现代都市农业融资机制创新研究》3项国家发改委和天津市重点课题;编制了《天津市养老产业发展规划》、《滨海新区大港三区联动融资发展规划》、《天津生态城投资开发有限公司五年发展规划》、《天津临港经济区现代物流业发展规划》、《东疆保税港区国际商品交易市场建设规划》5项;发表《扩大对外开放,加快转型发展》、《中国不会重蹈欧债危机覆辙》、《天津市新能源发展对策研究》、《区域一体化中的天津生态城市建设研究》等学术论文30余篇;出版《中国产业发展史纲》经济学专著1部。获得国家宏观经济研究院优秀研究成果奖1项,天津市第十二届优秀调研成果奖4项,天津市发展和改革委员会2011年度优秀调研成果奖3项。

2. 学术交流

2012年,继续与天津社会科学院合作,开展《天津经济社会蓝皮书》组稿选题工作;与首都经贸大学合作,编写《京津冀区域一体化发展报告(2012)》;参加了国家发改委宏观经济研究院第十八届年会,就学术研究和事业单位改革进行交流。

**三、下属机构**

1. 天津经济杂志社。位于天津市河西区福建路17号,隶属于天津市经济发展研究所。《天津经济》是天津市发展和改革委员会主管,天津市经济发展研究所主办、天津市财政科学研究所协办的大型综合性经济期刊,设有“发展”、“社会”、“聚焦”、“财税”、“封面”、“视界”等栏目。多年来,天津经济严守办刊宗旨,突出反映天津市经济发展的现状和走势,多角度透视经济热点,深刻剖析制约经济发展的难点,倾尽全力打造出天津经济类媒体的龙头风范,多次被评为天津市一级期刊、优秀期刊和全国城市十佳期刊,并入编《中国人民大学书报资料中心》,被《中国学术期刊网络出版总库》、《中国核心期刊(遴选)数据库》收录。

2. 天津市吉伟印务中心,位于天津市河西区福建路17号，是天津市经济发展研究所下属的事业单位，拥有激光照排、胶印及装订等专业化设备，能够承印各种期刊、图书资料、报表等出版物、包装装潢及其他印刷品的印刷业务。

（李青贤）

**【天津滨海综合发展研究院】**

**一、机构概况**

天津滨海综合发展研究院是滨海新区区委、区政府直属事业单位，滨海新区开发开放的专业研究机构。2012年共有工作人员20人，其中副研究员6人。下设综合处、信息研究室、产业研究室、区域研究室、社会研究室5个部门，此外还与相关单位合作成立下属研究机构：与首都经贸大学合作成立了“区域发展研究中心”、“都市圈研究滨海基地”，与天津港集团合作成立了“港航研究中心”，与滨海新区发改委、东疆保税港区、天津市租赁协会合作成立了“中国租赁业研究中心”。

现任院长郝寿义。

**二、工作概述**

1. 科研工作

2012年，本院整理了天津市哲学社会科学重点工程“滨海新区开发开放研究”完成的63个课题研究成果，以《滨海新区开发开放研究系列丛书》之名共分五册由南开大学出版社集结出版，市人大常委会主任肖怀远专门为丛书作序，市长黄兴国对此丛书专门进行批示。围绕政府、商务、社会、司法等四个领域的诚信问题进行了广泛深入的调研，形成《滨海新区诚信体系建设情况调查报告》，得到市委副书记、滨海新区区委书记何立峰的高度肯定。总结提炼新区以“十大战役”深化开发开放、以“十大改革”深化综合配套改革的经验，形成《“十大战役”“十大改革”协同推动滨海新区科学发展》、《打好攻坚战勇趟深水区争当排头兵》等理论研究成果，得到区领导批示。先后承接滨海新区有关部门的外包课题，完成了《深化“十大改革”思路举措》、《关于滨海新区综合配套改革的系列研究》、《滨海新区打造北方对外开放门户的战略研究》、《滨海新区加快街道管理体制改革的研究》、《滨海新区改革创新的法律问题研究》、《滨海新区建设北方进口中心研究》、《滨海新区发展科技型中小企业政策与对策研究》等20多个研究成果。本年度，科研人员在各类学术期刊和报刊发表文章30余篇，被《2011天津经济社会蓝皮书》收录11篇经济形势分析预测文章。

2. 学术交流

2012年，本院与市社会科学界联合会共同主办12次“滨海新区开发开放研讨会”，通过这个平台各界专家学者对滨海新区研究的参与度逐渐扩大，研究的广度深度进一步提升，密切了新区各部门与天津社科界专家的沟通对接，为滨海新区科学决策提供了有力的支持。9月18日，与上海社科院、深圳综合开发研究院共同主办的“第七届中国综合配套改革沪津深三城论坛”在深圳举行，国家发改委体改司和三地有关部门的领导、有关专家共100余人参加了会议，对新时期综合配套改革建言献策，充分交流了最新的改革成果和各地的好思路、新办法。4月14—15日，与中国区域科学协会、天津市社联联合主办的中国区域科学协会理事大会在滨海新区举行。本次会议以“中国新区区域开发模式探讨”为主题，对以滨海新区为引领，以新区为载体的全国区域开发新模式进行了集中探讨。12月11日，与东疆保税港区管委会、天津港集团在滨海新区共同主办了“建设东疆自由贸易港区研讨会”在滨海新区举行，会议聚集了国家有关部委、重点企业、研究机构以及本市和新区有关部门的领导和专家，共同为建设东疆自由贸易港区出谋划策。12月22日，与首都经贸大学等高校共同主办了“2012首都圈发展高层论坛”在北京举行，论坛以“区域承载力与生态文明建设”为主题，探讨了关系首都圈发展的区域承载力、空间整合、生态文明等一系列重大问题。

（武晓庆）

**【天津市艺术研究所】**

**一、机构概况**

天津市艺术研究所是天津市文化广播影视局所属唯一的艺术理论综合研究机构。2012年，本所设有理论研究室、剧本创作室、信息资料中心和办公室。在职人员27人。正副高级职称人员8人。

现任所长张蕴和。

**二、工作概述**

1. 科研工作

2012年，本所承担的重点工作有：组织完成本市2012年度国家社科基金艺术学项目的申报工作，共申报国家课题82项，获批4项。另组织完成本市国家社科基金艺术学后期资助项目和国家哲学社会科学(艺术学)成果文库的申报工作。组织完成2012年度天津市艺术科学规划项目的申报及评定工作,共申报本市课题379项,获批150项。本年度,"《北洋画报》与民国天津城市文化"课题获批2012年度天津市艺术科学规划项目,完成文化部重点项目《天津曲艺史》结项任务。

2. 科研成果

2012年,本所科研人员出版学术专著3部,发表论文及调研报告10余篇。《天津曲艺说唱现状与发展对策性研究》获文化部"全国文化系统优秀调研成果优秀奖"并收录在《全国文化系统优秀调研成果》一书。《天津市演艺人才现状及培养模式的调研报告》荣获天津市第十二届优秀调研成果三等奖。本年度,业务部门积极配合局艺术处圆满完成两项重点任务,一是高效完成了文化部组织的《中国戏曲剧种剧团现状的调查·天津部分》的调研工作,受到文化部及局领导的高度评价。二是搞好"天津市文艺院团进京参加2012年全国优秀剧目展演"的宣传报道工作,多篇文章先后在《光明日报》、《人民日报》、《文艺报》、《天津日报》、《今晚报》发表。圆满完成第一期"天津艺术人物口述史"工作。对本市8位不同艺术门类的老艺术家进行采访,并将采访内容整理成册,待日出版。

3. 学术交流

本年度,本所针对年初制定的"进一步落实本市现实题材文艺作品创作规划"的目标,与天津京剧院就新编京剧《香莲案》共同召开对话会;与天津市评剧白派剧团联合举办评剧新编现代戏《追梦》剧本研讨会。年中本所还承担由中国曲协和天津文联主办的纪念骆玉笙先生逝世10周年等理论研讨会,凸显了本所在天津曲艺理论界的地位。

(杨秀玲)

**【天津市医院管理学研究室】**

**一、机构概况**

天津市医院管理学研究室成立于1986年,主要承担天津市卫生软课题的设计、研究及卫生领域的调研、卫生管理专业教学、卫生管理干部培训和卫生管理咨询、指导等工作。2012年,本研究室有研究人员4人,其中教授2人,副研究员1人,讲师1人。

现任研究室主任杨文秀。

**二、工作概述**

2012年是学校实施"十二五"规划承上启下的重要一年,一年来,医院管理学研究室紧紧围绕天津市卫生事业改革的需要,开展了专项调研和软课题研究。本年度,承担并完成了卫生部关于社区卫生重点联系城市第四次常规监测调查工作,其中包括6城区12个社区卫生服务中心360名社区卫生机构利用者满意度常规检测表;12个社区卫生服务站240名社区卫生机构利用者满意度常规检测表。共计600份社区卫生机构利用者满意度常规检测表,组织学生通过拦截调查方式进行。另外,负责塘沽、大港、汉沽三个区各100份调查表数据录入。在此基础上,形成2012年全国社区卫生服务体系建设重点联系城市常规监测天津市监测报告,为相关部门更加有效的利用社区卫生重点联系城市试点工作本底资料奠定了基础。

本室协助卫生局财务处完成了2012年天津市卫生总费用测算工作。此间,研究室承担了数据收集工作,并形成2012年天津市卫生总费用摘要(数据手册),为天津市卫生总费用相关数据及时、准确登入2012年天津市统计年鉴奠定基础。与此同时,协助天津市卫生局财务处完成了"天津市政府医改投入监测工作"。在此期间,研究室承担并完成天津市七所医院2011年政府卫生投入在线监测数据收集工作。

本室受天津市卫生局社区处委托,于2012年11月承担并完成"天津市高血压、糖尿病管理人群控制率及相关因素调研"。在此过程中,组织研究室及公卫系全体教师深入天津市四郊五县、塘沽、汉沽、大港及市内6区18个地区54个社区卫生服务机构6480名糖尿病和高血压病人的现场问卷调查、数据录入、统计、分析、报告撰写等工作。

本年度,参与并完成了中国经济学会第十二批课题招标,即题为"医院实施全面预算管理研究",该课题获得二等奖。参与并完成了天津市卫生局课题招标,即题为"天津市公立医院投入与补偿机制研究"和"天津市公立医院绩效考核体系研究"。

本研究室在已取得上述调研及研究成果的基础上,相继开展了题为"天津市卫生事业单位预算管理与分类核算一体化研究与应用"和"社区卫生服务机构岗位设置及岗位职责研究",该2项课题均在研究之中,并于2013年结题并鉴定。

(卞淑芬)

【天津文博院】

一、机构概况

天津文博院是天津市文化广播影视局管理的副局级事业单位。天津文博院与天津博物馆合署办公。2012年,本院内设办公室、研究部。人员编制7人,其中正高级职称1人,副高级职称3人,中级职称1人。同时聘用具有副高级职称以上的专家、教授27人,担任人才培养兼职导师。聘请若干高级职称人员,担任相关出版物的执行主编和审稿人。

现任院长李凯研究员。

二、工作概述

1.科研工作

经天津市艺术科学规划办公室审核,报天津市哲学社会科学规划领导小组批准立项,由文博院负责管理的《文博英语翻译的问题处理方法研究及其在天津文博系统的应用》课题,目前仍在进行中。

2.培训服务

继续教育是本市文博系统一项基础性工作,是专业技术人员知识更新的重要工程。这项工作由局人事教育处主抓,文博院负责实施,主要任务是课程的策划和讲座安排。2012年,天津文博院继续坚持以“大文博”概念为原则,以“时事性”、“专业性”、“普及性”三结合的总体思路,结合文博工作实际,安排了“水下考古与文化遗产保护”、“处于世界变革中的博物馆:新挑战、新启示”、“西晋王朝兴亡启示录”、“大遗址保护的最新理念”、“文物保护工作中对历史信息的把握”等系列讲座。全市文博系统(包括区、县)专业技术人员400余人次参加了培训。

“名师教室”工程是市文化广播影视局(文物局)贯彻落实科学发展观,加快实施“人才兴文”战略的一项新举措。其宗旨和目的是尽快解决本市文博系统人才梯队建设的问题。天津市文博系统“名师教室”工程于2007年7月6日正式启动,到2010年3月第一期已经届满。2012年继续开展第二期培养工作”,共录取学生47名,聘任导师28名。6月11日,成功举行了天津市文博系统“名师教室”第二期开学典礼暨第一期结业式。市委宣传部副部长赵鸿友、市文广局党委书记杜彩霞、局党委副书记党丽颖出席,并向导师、结业学生颁发聘书和结业证书。第二期“名师教室”工程,通过深入调研,总结了第一期的经验,扩大了入选学生的甄选范围,将覆盖面扩大区县文博单位,同时根据本市文博事业发展需要,增添了新的学科内容,涵盖了历史学、考古学、党史学、博物馆学等9大学科24个门类。2012年天津文博院除日常教学外,还安排了“中东动荡与世界变局”、“漫谈历代王朝的治乱兴衰”等公共课讲座。

(刘煜)

【天津国际发展研究院】

一、机构概况

天津国际发展研究院成立于2010年5月28日,是由天津市政府指导、天津外国语大学负责运行的以国际化研究为特色的开放型研究机构。天津国际发展研究院的宗旨:充分发挥学校办学特色和资源优势,服务天津滨海新区开发开放、实现中央对天津的定位即建设国际化港口城市、北方经济中心和生态城市;逐步成为天津对外开放的高端“智库”。天津国际发展研究院实行理事会领导下的院长负责制。理事会是研究院的最高决策机关。秘书处是研究院的常设管理机构。2012年,该院现有校内专兼职研究人员45人,80%具有博士学位,校外聘任工作顾问30余人,分别来自政府机构、国内著名高校和知名企业。

本院设有学术委员会,主要职责是审议学科发展规划,研究院工作绩效的评价工作,调研类课题的筛选与推荐工作,学术成果和奖励申报的评价工作,指导和组织学术交流活动,指导和审定队伍建设、研究生培养和学科建设,指导岗位的设置、规划和评聘工作,指导、组织各种形式的学风和学术道德规范教育等。

现任秘书长冯雷鸣教授。

二、工作概述

1.科研工作

2012年,天津国际发展研究院研究人员完成教育部哲学社会科学重大委托课题、教育部哲学社会科学青年项目、天津市哲学社会规划课题多项,在CSSCI来源期刊共发表学术论文10余篇,出版专著2部。冯雷鸣教授的“全球化背景下高等教育政策的国际比较及发展趋势展望”获批全国教育科学“十二五”规划2012年度单位资助教育部规划课题,其研究报告“天津市战略性新兴产业发展研究”曾获天津市第十二届优秀调研成果三等奖。

天津国际发展研究院主办《世界与天津》、《信息专报》两种内参,紧密围绕服务于天津市经济与社会发展的办刊宗旨,主要刊发本院研究人员关于天津市国际化发展问题的对策性研究成果,为天津市委、市政府和企业事业单位提供决策参考。

2. 学术交流

12月8至9日，第5届全国战略管理学者论坛在南开大学商学院隆重举行，来自清华大学、浙江大学、中国人民大学、上海交通大学、西安交通大学等全国30多所高校及中国社会科学院、中国科学院的学者近80名代表参加了会议。冯雷鸣教授主持了9日的“社会资本与战略管理”分论坛并作点评，方琳博士在“战略变革与战略转型”分论坛宣读“企业渐进式战略更新的启动：内部意图还是外部刺激”的论文，受到广泛赞誉。

3. 学科建设

本年度，国际发展研究院设有国别与跨文化研究中心、国际经济发展研究中心、国际社会比较与发展研究中心、国际高等教育研究中心等。国际发展研究院依托的硕士点有世界经济、管理科学与工程等，设有经济学、金融学、国际贸易、人力资源管理、市场营销、会计学、财务管理、旅游管理、国际法学、国际新闻等本科专业。

（天津国际发展研究院）

# 党 干 校

**【中共天津市委党校】【天津行政学院】**

**一、机构概况**

中共天津市委党校天津行政学院分为东西两个校区，占地面积241亩，建筑面积84000平方米。拥有11个教研部（研究所）：哲学教研部（哲学研究所）、经济学教研部、科学社会主义教研部（国际政治研究所）、中共党史教研部、党建教研部（政党政治研究所）、法学教研部、公共管理学教研部（社会建设与管理研究所）、基础课教研部、计算机教研部、党建研究所、经济发展战略研究所等。图书馆藏书近50万册，已加入由天津市图书馆牵头联合市高校图书馆，以及市科研、卫生、社科院等24家机构共同打造的天津市数字化图书馆（天津市文化、教育、科研系统资源共建共享项目），实现了与全市高等院校、教卫文系统的信息文献资源共享。常设主体班次有：部委办区县局（总公司）主要领导干部进修班、处级领导干部进修班、处级领导干部中青培训班、处级领导干部任职班、党校系统师资培训班、处级女领导干部研修班、国家公务员初任培训班等。现有职工395人，教研人员206人，占教职工总数的52%，其中正高级职称27人、副高级职称84人，占教研人员总数的54%；具有博士学位的教研人员42人，硕士学位90人；享受国务院政府特殊津贴专家2人（在职），全国优秀教师4人，天津市“五个一批”人才1人，天津市劳动模范7人，天津市社会科学评委17人。

现任校长张高丽，常务副校长祝宝钟。

**二、工作概述**

1. 科研工作

2012年，本校共获准省部级以上立项34项，其中国家社科基金项目（一般项目）、国家社科基金后期资助项目2项、天津市社科规划项目7项、全国党校系统重点调研课题7项、全国行政学院系统项目2项、天津市委重点调研课题6项、天津市政府决策咨询项目3项、天津市教育科学规划项目7项。另外，还获得了天津市思想文化项目21项立项。

本年度，完成各类项目结项共32项，其中，中央党校调研课题6项（《党政领导干部教育培训科学化研究》、《党的事业健康发展的有力推手——十一届三中全会前后指导思想拨乱反正研究》、《新中国成立以来中国共产党应对国际危局和化解国际困境的历史经验研究》、《中国共产党应对台海危机的历史实践与基本经验研究》、《金融创新助力科技“小巨人”腾飞——天津滨海新区破解科技型中小企业融资难的探索与实践》、《发挥开发性金融作用大力推动“三农”建设——天津开发性金融支持“三农”建设调查研究》）、国家行政学院基地项目2项（《天津滨海新区发挥改革开放先行先试作用研究——天津滨海新区与深圳特区、浦东新区的比较与借鉴》、《城乡公平发展视域下城乡统一公共产品供给体制研究》）、天津市社科规划项目3项（《居民参与型城市社区社会组织建设模式研究》、《天津城乡发展一体化格局与政府公共服务体系研究》、《马克思主义学习型政党的生成与发展》、《我国公众参与行政决策法律问题研究》）、天津市重点调研课题7项（《关于提高本市老龄服务事业水平的对策研究》、《党政领导干部教育培训科学化对策研究》、《关于提高中小企业科技创新水平的对策研究》、《加强基层党组织在创新社会管理中作用的对策研究》、《关于完善天津市公共文化服务体系的对策研究》、《加强党政领导班子思想和工作作风建设的对策研究》、《加强本市基层服务型政府建设的对策研究》)。另外,市委宣传部调研课题结项 14 项。在全国核心期刊等重要报刊上发布的论文有 70 余篇。获得 3 项全国党校系统第九届优秀科研成果奖、获得 3 项天津市第十二届优秀调研成果奖。

2. 学科建设

2012 年,本校学科建设着力构建由 2 个梯次(优势和重点学科、交叉和特色学科)、9 个重点学科(研究类别)、27 个学科重点(研究领域)构成的学科建设体系。(1)以马克思主义和中国特色社会主义理论体系研究为基础,加强传统优势学科,选定 7 个重点学科,扶持 24 个学科重点。(2)以"市情研究"和"干部教育研究"为引领,培育交叉学科,设置和发展 2 个特色学科,扶持其中的 3 个重点研究领域。党校(学院)教育培训工作有自己的特殊性,立足天津干部教育的实际,综合考虑各类学科分类的合理性及局限,在全校(院)新设置 2 个特色学科:市情研究和干部教育研究。在这 2 个学科中,学校(院)重点扶持 3 个研究领域,即:市委市府决策咨询、干部成长规律研究、干部教育规律研究。(3)以调整充实各学科的主要研究方向和教学科研咨询的主攻领域为切入点,在全校(院)层面确立要支持和引导的若干重点研究方向。在大力扶持上述 24 个学科重点和 3 个重点研究领域的基础上,在全校(院)层面调整充实各学科的主要研究方向和主攻领域,积极支持和引导若干重点研究方向。

3. 学术交流

(1)12 月 20 日,主办了以"科学发展党的建设"为主题的学习贯彻党的十八大精神理论研讨会暨天津市社会科学界第八届学术年会党校分会场会议。出席会议的有原天津市委副书记、市人大主任、市党建研究会会长房凤友,市委党校常务副校长、市党建研究会常务副会长祝宝钟,市党史办主任刘润忠,原市委组织部副部长、市党建研究会常务副会长齐二木,市社联专职副主席张博颖,市委党校副校长赵晓呼等领导。会议由赵晓呼同志主持,祝宝钟同志作了重要讲话。房凤友对全市党建工作者和理论工作者提出作出表率、争当先锋的要求。此次会议,共收到来自本市党校系统和天津市党建研究会的专家学者的论文 247 篇,其中 163 篇论文获奖。(2)承办了天津市青年政治学论坛暨 2012 年天津市社会科学年会政治学分会和 2012 年天津市领导学会年会。(3)为"第五届环渤海区域合作与发展党校论坛"进行论文的撰写和相关的准备工作,组织经济学部、经济发展战略研究所向会议提交论文。此外,全年共有 40 余篇文章参加国际和全国性学术研讨会。

(王沛战)

# 实际部门

## 【天津市地方志编修委员会办公室】

### 一、机构概况

天津市地方志编修委员会办公室是天津市人民政府负责地方志工作的职能部门,隶属市政府办公厅。内设机构包括:秘书处、规划研究处、市志指导处、区县志指导处、年鉴指导处,另有直属事业单位市地方志馆。

现任办公室主任苏长伟。

### 二、工作概述

2012 年,市地方志办公室着力推进志书年鉴编修的组织推动和督促审核工作,较好地完成了年初确定的各项工作,各个方面取得新的进展。6 月 12 日,市政府副秘书长、办公厅主任朱军同志到市地志办调研,对全市地方志工作提出了新的要求。经市领导批准,《天津通志》更名《天津市志》,长期困扰二轮修志进程的瓶颈问题得以解决;制定出台了天津市志书审验标准等 4 个规范性文件;组织业务培训 12 次,培训人员 1200 人次。在中国地方志指导小组开展的《中国地方志年鉴》先进评选活动中,市地志办获得"先进组稿单位"、"先进撰稿单位"2 项荣誉称号、1 名同志获得"优秀撰稿人"荣誉称号。继市科委史志办后,中指办批准北辰区地志办为全国第二轮修志工作试点单位。

1.《天津市志》编修工作

2012 年,本室编写了 18 万字的培训教材《天津市志书编修指导教程》,分送各个单位。为《档案志》、《审计志》等 8 部市志修改篇目,为《外事志》、《妇联志》等 7 部志书修改志稿或进行复审。指导天津建筑设计院出版《天津市建筑设计院志》,南开中学启动编修《南开中学志》。参与全国《方志百科全书》编写工作。

2. 区县志书编修

本年度,市地志办帮助协调解决了部分区县经费紧张、人员短缺等问题。宁河县地志办从档案局分出,归口县政府办并增加了编制。各区县地志办主任向市地志办主任递交了《二轮志书编修责任书》。组织有关专家完成了《静海县志》的复审,推动《北辰区志》、《津南区志》等5部志书完成初稿,《红桥区志》、《塘沽区志》、《滨海新区志》上报部分资料长编。

3.地方年鉴编纂

《天津卫生监督年鉴》、《宝坻年鉴》开始编纂。中国地方志指导小组《地方综合年鉴编纂出版规定》下发后,及时向各区县地志办、市属部门修志机构转发,并加紧研究制定实施细则。2012版《天津区县年鉴》对"天津基本情况"进行了全新改版,系统介绍了全市经济社会发展整体概况,将"大事记"改版为"天津百件大事"。组织评审《天津规划年鉴(2012)》蓝本,推动《天津地震局年鉴》、《天津信息化年鉴》按计划编纂。至年底,区县级综合年鉴基本做到区域全覆盖。

4.读志用志工作

本室出版《清初良相杜立德》、《天津小站练兵图集》两部地情资料书。《天津话语汇》完成三校。《天津七十二沽》、《天津北五大道》、《南市记忆》等一批地情资料书完成初稿。继续做好《中国地方志年鉴》《天津社会科学年鉴》和《天津年鉴》的供稿工作。推动地方志文献的信息化、数字化整理工作,与北京龙源期刊网建立起长期合作关系,完成《天津市地方志信息化建设项目实施方案(草案)》起草。

5.方志理论研究

扩大《天津史志》期刊在社会上影响。封面选突出天津特点,在栏目设置上进行了新的尝试,使期刊内容更加丰富,确保学术理论文章的篇幅比重。为配合市第十次党代会胜利召开,在第三期增设"党史资料"栏目,专题介绍天津市历次党代会的基本情况。组织区县地志办到江苏等考察学习,有关区县与江阴史志办建立起长期学习交流关系。同时,接待北京市、广东省和广西、新疆地志办来访交流,学习修志方面的新理念、新做法。

(徐勇　沙洵)

## 【天津博物馆】

### 一、机构概况

2012年,天津博物馆共有员工203人,其中高级职称34、中级职称82、初级职称64人。具有硕士学位18人、博士学位2人。本年度新增9人。本馆藏品总数202707件,其中珍贵文物137909件、一级文物759件,二级文物4115件,三级文物133035件。本年度新征集文物1332件(套),珍贵文物1304件(套)。修复文物316件(套),珍贵文物97件,一级文物59件。

现任馆党委书记陈卓,馆长白文源。

### 二、工作概述

1.科研工作

2012年,天津博物馆全年共出版著作、论文104部(篇),其中专著2部、图录7部、论文95篇。承担"天津博物馆文物图集编辑出版文博英语翻译问题的处理方法研究及其在天津文博系统的应用"、"天津博物馆馆藏文物三维数字化工程及应用"、"有机质文物的绿色环保防虫防腐技术开发与示范"、"天津文博系统"名师教室"第二期"等省部级及自立科研课题7项。

2.展览工作

2012年,全年陈列展览共13个,包括"天津人文的由来"、"中华百年看天津"、"耀世奇珍——馆藏文物精品陈列"、"聚赏珍玉——馆藏中国古代玉器陈列"、"青蓝雅静——馆藏明清青花瓷器陈列"、"线走丰姿——馆藏明清书法陈列"、"寄情画境——馆藏明清绘画陈列"、"沽上风物——天津民间工艺陈列"、"安和常乐——吉祥文物陈列"、"器蕴才华——文房清供陈列"、"志丹奉宝——天津收藏家捐献文物展"、"天津市第九次党代会以来经济社会发展成就展"、"高举伟大旗帜,奔向美好未来——宣传贯彻党的十八大精神大型图片展",全部为本年度新增。全年免费开放194天,观众总人数为75万人次。

3.学术交流

与天津市文物管理中心合作,承担海关验扣文物鉴定、定级,项目经费50万元,完成其中800余件玉器的鉴定、定级,并完成学术专论《集玉存珍》的编辑工作,该图集首度公开发表了新石器时代至清代玉器300余件,其中大量较为少见的辽金玉器,学术及资料价值很高,于2012年6月由文物出版社出版发行。在参展活动中,一是参与浙江省博物馆举办的"浙派集英——明代浙派绘画珍品特展"二是参与苏州博物馆举办的"石田大穰——吴门画派之沈周特展"。三是参与国家博物馆举办的"国门法眼——中国文物进出境审核60年成果展"。四是推出本馆“俗世雅趣——天津民间工艺品展”赴海南省博物馆展出。在参加学术会议上,一是参加浙江省博物馆举办的“明代浙派绘画国际学术研讨会”。二是参加中国博物馆协会博物馆学专业委员会举办的“中国博物馆协会博物馆学专业委员会2012年年会暨学术研讨会”。三是参加苏州博物馆举办的“石田大穰——吴门画派之沈周特展暨国际学术研讨会”。四是参加上海博物馆举办的“竹镂文心——竹刻国际学术研讨会”。五是参加中国古陶瓷研究会举办的“第二届磁州窑论坛国际学术研讨会”。六是参加中国博物馆协会举办的“博物馆与新媒体研讨会”。七是参加故宫博物院举办的“博物馆与法律学术研讨会”。八是参加南京博物院主办的“中国文物保护技术协会第七次学术年会”。九是参加中国人民解放军军事交通学院举办的“严复与北洋水师学堂研讨会”等。

（侯晓慧）

**【天津市政府参事室　天津市文史研究馆】**

**一、机构概况**

2012年,本机构建筑面积2658平方米,内设参事业务处、文史业务处、秘书处、人事处。

现任室馆党组书记刘志永。

**二、工作概述**

2012年,本机构在市委、市政府的正确领导下,在市委统战部的关心指导下,发扬团结一致、开拓进取的精神,圆满完成了全年各项工作任务。

1. 参事工作

一是发挥参事工作特殊优势,争取国家部门大力支持。成功接待国务院参事室党组书记、主任陈进玉率领国务院参事考察团一行45人来津考察,指导工作。张高丽书记、黄兴国市长等领导对此高度重视,先后会见国务院参事考察团。考察团一行对天津重大项目进行考察调研,形成《国务院参事赴天津考察报告》,报送党中央、国务院主要领导人和全国正部级以上负责人,扩大了天津在全国的影响。二是成功组织“彩绘天津”书画展。这是在全市掀起学习宣传贯彻党的十八大精神热潮中举办的一次大型书画展览。文史研究馆馆员精心创作了200余幅书画精品,展现了天津近年来经济、社会和文化建设取得的丰硕成果。中央文史研究馆副馆长冯远等专程来天津,在市委常委、市委统战部部长刘长喜陪同下出席开幕式,市长黄兴国和市政府秘书长王宏江会见冯远一行。三是成功举办纪念参事室成立10周年纪念活动。市长黄兴国、市统战部部长刘长喜等市领导亲临室馆视察工作,看望参事馆员并出席座谈会。编制了《天津市人民政府参事室成立10周年历程》纪念册,记载了历届市委、市政府领导对本室工作的亲切关怀,展示了历任政府参事的风采,体现了参事室成立10年不平凡的历程和为天津经济社会发展作出的贡献。四是积极参与市政府提出的16个重点研究课题调研工作,得到市政府领导肯定。政府参事按照“积极参与、有机结合、发挥优势、深度协助、多层考证、真正用心”的要求,按照市长黄兴国指示,积极参与市政府提出的16个重大课题调研工作,共提出《关于加快人才引进步伐构筑本市人才高地的调研报告》等2份调研报告和5份参事建议,得到黄兴国、崔津渡、王宏江等市领导的重要批示。五是精心选准参事调研课题,全力做好参事调查研究工作。根据“参事工作要强化为政府中心工作服务、为参事服务、为委办局区县服务,努力使参事工作向科学化、规范化发展”的指导思想,政府参事认真选题立项,确定了《关于进一步用好滨海新区先行先试政策的研究》等7项重点调研课题,通过召开课题讨论会、交流会,深入区县、委办局、企业及跟踪反馈、集体考察等形式开展调查研究50余次,共撰写参事建议和调研报告36篇。以“直通车”的形式,向市政府提交21篇,内容涉及滨海新区开发开放、调整产业结构、金融改革创新等诸多领域。其中19件分别得到黄兴国、何立峰、杨栋梁等市领导同志的重要批示。

2. 文史研究馆工作

一是完成文史研究馆地方性文件的制定工作。为进一步落实国务院《关于加强和改进政府文史研究馆工作的意见》(国办发〔2011〕46号)要求,起草了《关于加强和改进天津市政府文史研究馆工作的意见》。于4月26日,顺利完成了市政府《关于加强和改进本市政府文史研究馆工作的意见》(津政办发〔2012〕46号)文件的制定工作。二是成功举办“漫步富春江——天津市文史研究馆馆员浙赣采风展”。联合市文联、李叔同——弘一大师研究会、市政协书画艺术研究会等单位成功举办“纪念李鹤年先生诞辰100周年系列活动”、“纪念冯星伯先生诞辰100周年系列活动”,全面展现了文史研究馆馆员丰硕的创作成果,丰富了市民文化生活。三是着力提升书刊编辑出版质量，增强文史研究工作的实效性。努力做好《馆员著述丛书》、《天津文史》的品牌工程。完善编委会制度，从严把关。编辑完成《甄光俊戏剧文汇》等5部丛书的编辑工作，并将联合天津古籍出版社以公开出版物形式发行。《天津文史》积极调整办刊思路，变半年刊为季刊，每期4个印张，约8万字。已顺利完成2012下半年47期、48期的编辑出版任务。

（王晓平）

【天津市教育科学规划领导小组办公室】

**一、机构概况**

2012年，天津市教育科学规划领导小组办公室，为天津市教育科学规划领导小组下设的职能部门和办事机构，挂靠在天津市教育科学研究院。由常务副主任赵丽敏（研究员）和其他2名专职人员。

规划办具体工作职能是组织天津教育科学发展规划及年度课题指南的制订工作；组织天津市教育规划课题的评审、检查、鉴定工作；制定相关课题管理办法及规定；指导委托机构的相关管理工作；编发教育科研工作简报，组织课题成果宣传、交流和推广活动，举办学术研讨活动；组织天津市教育科研优秀成果和先进管理单位的评选，奖励工作；完成全国规划办委托的二级管理任务及市教育规划领导小组交办的其他工作；同时承担立项课题的日常管理工作。

现任规划办主任张武升（兼）。

**二、工作概述**

截至2012年规划办负责管理各级各类课题2000余项。其中，天津市“十二五”规划课题、“十二五”规划增补课题，还包括全国规划二级管理每年度的上报课题、获准立项的课题日常管理，还包括市教委的委托管理的课题等。

本着为科研服务的宗旨，规划办不断规范教育科研管理服务体系，相继建立了天津市基础教育、高等教育、职业教育和综合部门四大系统和市、区、校、课题负责人四级组成的教育科研“双四”管理体制，通过严格管理对教育科研产生了明显的推动力。以此为基础，通过不断加强制度建设与工作创新，使本市教育科学研究成果为市教育科学决策及教育实践提供高水平服务。为确保课题完成质量，规划办不断加大对在研课题的检查和督促力度，经常深入基层抓好开题、中期检查和结题三个重要环节，确保课题尽可能按期完成。截至2012年，本市“十一五”期间立项的800余项课题中已有772项课题通过鉴定验收和履行结题手续，约占立项课题的98%，课题的结题率和完成质量鉴定等级均好于“十五”。

为了提高天津市教育科研水平、发挥科研管理对教育科研工作和教育科学事业发展的助推作用，充分调动广大教师、科研管理工作者的积极性和创造性，天津市教育科学规划领导小组组织天津市教育科研优秀成果、科研管理先进单位及先进工作者评选活动。共评出优秀成果一等奖13项，二等奖34项，三等奖73项，科研进步奖23项；天津市教育科研管理先进单位28个，先进工作者57名。目前，已产生课题成果在国内外、公开出版专（编）著96部，发表论文、研究报告2019篇，相当数量的成果被人大复印资料等重要学术期刊转载，并在全国产生较大影响，其中何致瑜主持的《天津市教育现代化“三步走”战略研究》获天津市哲学社会科学优秀成果一等奖。市教育规划办汇编出版规划重点课题成果专辑、定期出版《教育科研简报》。“十一五”期间由于工作业绩突出，天津教育规划办被评为全国教育科研管理先进单位。2012年本规划办常务副主任赵丽敏荣获天津市五一劳动奖章。

（林宏伟）

【天津市语言文字工作委员会办公室】

**一、机构概况**

天津市语言文字工作委员会办公室是天津市语言文字工作委员会（下称市语委）的办事机构。市语委主任由主管教育的副市长担任。天津市语言文字工作委员会办公室设在天津市教育委员会（本机构地址已迁至南开区水上公园北道50号）。市语委由16区县、24个委（办、局）、4个新闻媒体、5个学术团体、3所大学52个单位组成。

现任天津市语言文字工作委员会办公室主任焦罕珍。

**二、工作概述**

1.科研工作

本年度，市语委派员参加2012年度全国语言文字工作会议，报送了本市工作总结、工作思路文字材料和工作成果展板。市语委办派员参加全国语言文字标准化建设工作会议，作了题为“科研先导，注重语用，以标准建设规范、服务、引领社会语言生活”的交流发言。3月23日,天津市语言文字工作委员会主任办公会议召开,16人参加会议。副市长、市语委主任张俊芳出席会议并讲话。6月7日,“中国语言能力测试研究发展中心”揭牌仪式在市教委举行。国家语委主任、教育部副部长李卫红,副市长、市语委主任张俊芳等领导和有关人员出席揭牌仪式。教育部语信司与天津市教委签署了共建中国语言能力测试研究发展中心的协议。

2. 宣传普及

9月14日至20日是第15届全国推广普通话宣传周。市语委、市委宣传部等联合印发活动通知,要求做好推普宣传工作。市语委办印制了宣传画和宣传品,广播电视新闻机构播放了推普广告片,《天津日报》、《今晚报》刊登了系列推普文章。河北区语委在北宁公园举行了推普周展示活动。各级各类学校举办了演讲比赛、书法比赛、“啄木鸟”行动和宣传活动等。各语委成员单位组织了各具特色的推普活动。本年度,本室组织开展规范汉字书写教育特色学校创建活动,54所学校积极申报。汇文中学等18所中小学校被命名为国家级规范汉字书写教育特色学校。汇森中学等31所学校被命名为市级规范汉字书写教育特色学校。举办第三届“感恩伟大祖国增进民族团结”师生演讲比赛和文艺表演活动。西藏班、新疆班、新疆和田班、青海黄南班等民族班学校和民族团结样本校共有95名师生参赛,58名选手进入复赛,29名选手进入决赛。参赛选手通过讲述亲身经历,表达真情实感,抒发爱国热情,歌颂民族团结精神,传承尊师爱生美德,展示学校民族团结教育成果。各民族班学校代表队表演了丰富多彩、具有民族特色的歌舞节目。

3. 培训咨询

2012年,办公室举办了首届规范汉字书法教学师资培训班,155名骨干教师参加培训。组织有关人员参加各类语言文字培训测试。普通话水平测试28992人。汉语口语测试2022人。汉字应用水平测试5207人。汉字书写水平测试5827人。截至2012年底,普通话水平测试累计245612人。汉语口语测试累计3万多人。汉字应用水平测试累计9156人。汉字书写水平测试累计8127人。

目前,本市共有西藏班学校5所,在校生1060人,累计毕业4633人;新疆高中班学校5所,在校生1832人,累计毕业1745人。本市从2011年开始承担和田地区未就业少数民族普通高校毕业生培养项目。市教委先后协调承接了3批共439名学员的培训接待任务,除普遍开展国家通用语言和政策法规教育外,对其中作为双语师资的313名学员,实施了师范专业培训。组织新疆班学生听取宣讲团报告。组织有关干部参加全国内地新疆高中班学校德育和政治思想教育专题培训。协调做好紫云中学开办新疆高中班工作。协助第五中学编辑民族教育校本教材。在津培训双语骨干教师效果显著,2012年培训教师69名,累计培训教师188名。开展学前双语教师全员本地培训,2012年开展第二轮培训,累计培训教师近700人次。“送教上门”组织讲学团赴和田地区开展双语教师培训等工作,2012年选派30名优秀干部教师,实施双语教师本地培训。举办首届和田地区东三县双语教师教学技能大赛,参赛教师140多名。实施干部人才培训,接收和田地区教育管理人员来津挂职培训,2012年培训35人。汇文中学和第十四中学开办和田高中班三年来,深受当地群众欢迎。目前,和田高中班已达9个班,在校生360人。第一百中学2011年开办的天津青海黄南高中班至2012年从1个班扩招到2个班,招收80人。目前,黄南高中班已达3个班,在校生120人。此外,圆满完成接收500余名青海玉树地震灾区初一学生转移安置就学工作。天津市教委等37个单位和41位同志作为表现突出单位和个人受到教育部通报表扬。

(王长海)

责任编辑:曹向东

# 研究基地

## 国家部委人文社会科学重点研究基地

**【南开大学人权研究中心】**

**一、机构概况**

本中心下设人权政策研究室、人权法律制度研究室、拉丁美洲人权研究室和综合研究室，现有研究人员36人。其中，专职研究人员6人，包括教授3人，副教授3人；校内外兼职人员30人，包括教授13人，副教授13人，讲师4人。

现任中心主任薛进文教授。

**二、工作概述**

1. 科研工作

2012年，中心成功申报教育部社科基地重大研究项目"市场经济初建时期各国人权保障进展比较研究"；天津市社科规划项目"群体性事件中的冲突升级规律及政府治理对策研究"；天津市教委社科重大项目"社会管理创新与诚信社会建设研究"；天津市政法委委托项目"健全社会稳定风险评估机制对策研究"等。同时，已经承担的国家社科重大攻关项目"中国特色人权发展道路研究"等项目推进顺利；还承担了《中国人权事业发展报告(2012)》(蓝皮书)的组织工作，该书已由社会科学文献出版社出版；与中国人权研究会合作编写的《中国人权在行动(2011年)》已由五洲传播出版社出版，《人权知识公民读本》由湖南大学出版社出版。

2. 教育培训

2012年，本中心尝试面向全校学生开设"人权基础知识与素养"公共选修课，由常健、赵正群、唐颖侠、李晓兵4位老师主讲，取得了预期效果。同时，在南开大学周恩来政府管理学院、法学院、历史学院的硕博士课程中，进一步增加和充实了有关人权理论的内容。常健教授参加了中共中央对外宣传办公室组织的全国干部培训工作，在国防大学为各国高级军官开设了的人权专题讲座，并应澳门特区政府和中央政府驻澳门联络办邀请，作了"新时期中国人权发展——挑战与战略选择"的专题报告，取得了较好的社会反响。

3. 咨询普及

常健教授和赵正群教授参加了国务院新闻办公室《国家人权行动计划(2012—2015年)》的起草工作。常健教授应邀在人民网强国论坛，先后在线和网友解读《2011年美国的人权纪录》和《国家人权行动计划》；常健教授、赵正群教授就国家人权行动计划接受了中央电视台焦点访谈栏目组等多家媒体的采访，促进了人权知识的传播和国家人权政策的宣传、落实。

(许尧)

**【南开大学亚太经济合作组织(APEC)研究中心】**

**一、机构概况**

2012年，南开大学亚太经济合作组织(APEC)研究中心有专职研究人员10名，均拥有博士学位和副教授以上高级职称。本中心负责每年定期向外交部、商务部等相关部委提交APEC咨询研究报告，为我国参加APEC合作进程以及近年来愈益拓展的其他层面的亚太区域经济合作提供决策服务；配合相关部委开展高层次的教育培训活动；代表中国同APEC其他各成员的相关研究机构开展国际学术交流。

现任中心主任宫占奎教授。

**二、工作概述**

1. 科研工作

本年度，研究中心的科研工作重点包括组织开展当年两项教育部社科研究基地重大课题研究:年度 APEC 咨询研究报告——《中国参与 2012 年俄罗斯 APEC 会议咨询研究》与“中国的 FTA 战略研究”,以及编撰《亚太区域经济合作发展报告 2012》学术年刊。

年内,本中心完成在研以及获准立项的科研项目共 7 项;发表论文 29 篇,专著 2 部,提交咨询研究报告 28 篇,按计划实现了本年的科研工作目标。APEC 研究中心副主任刘晨阳接受中央、部委和地方有关部门委托进行应用研究,并得到肯定。

2. 学术交流

2012 年 3 月 15 日,在南开大学主办了“2012 年 APEC 俄罗斯会议咨询研究专题研讨会”。南开大学副校长朱光磊教授、外交部国际司中国 APEC 高官谈践参赞,以及来自中国社会科学研究院世界经济与政治研究所和本校经济学院国经系、国经所的 20 余位官员及专家学者出席。会上通报和分析了 APEC 的最新演进和未来发展走向,并着重就中国参与 2012 年 APEC 俄罗斯会议的战略选择等议题进行了深入探讨。

10 月 19 至 23 日,APEC 研究中心与复旦大学经济学院在上海联合举办了“《亚太区域经济合作发展报告》编委会年会暨 APEC 热点问题学术研讨会”。参与撰写《亚太区域经济合作发展报告 2012》的校内外专家学者以及高等教育出版社的部门负责人、编辑等到会出席。会议着重就本年度发展报告的编写工作进行了全面总结,同时就 APEC 合作中出现的新进展和新情况以及热点问题进行了通报和交流研讨。会议还就下一阶段如何进一步提升该发展报告的质量水平形成共识。

同年 5 月中旬和 7 月下旬,本中心还分别承办及合作举办了“河北廊坊第三届 APEC 智慧城市智能产业高端会议”以及“中国 FTA 战略专题研讨会”等学术会议。

5 月份以来,中心学者先后参加了由中国太平洋经济合作全国委员会与北京师范大学政治学与国际关系学院联合主办的“东盟与区域经济合作国际研讨会”、由中国商务部亚洲司与广西商务厅联合主办的“泛北部湾经济合作中方专家组第五次会议”以及在俄罗斯喀山市举行的“APEC 研究中心 2012 年度联席会议(ASCC—2012)”等多个国内外学术会议。在俄罗斯举行的“ASCC—2012”会上,APEC 研究中心副主任刘晨阳以中日韩自贸区为题发表的学术演讲引起了与会代表们的浓厚兴趣和反响。

2012 年 APEC 领导人会议于 9 月初在俄罗斯符拉迪沃斯托克举行,外交部新闻司于 2012 年 8 月 28 日在外交部举办了吹风会,会上中心副主任刘晨阳作为外交部特邀专家,向来自国内外数十家媒体的记者们详细介绍了本次会议的相关情况。

本年 4—5 月间,中心先后举行了应届硕士和博士研究生的毕业论文答辩会。共有 4 名博士研究生和 13 名硕士研究生顺利通过了学位论文答辩,并被授予相关学位。同年夏,本中心还新招收常规硕士生 6 名和博士生 1 名。同期,研究中心亦完成了 2012 级世界经济专业硕士研究生单考班的招生工作,共招收到来自中央部委和企业的在职学员 8 名。

(吴弘宝)

**【南开大学跨国公司研究中心】**

**一、机构概况**

2012 年,南开大学跨国公司研究中心拥有专职教授 12 人,副教授 8 人,讲师 3 人。具有博士学位的 23 人。国务院学科评议组成员 1 人,人事部百千万人才入选 1 人,教育部新世纪优秀人才支持计划 2 人,优秀青年教师基金获得者 1 人。2012 年,本中心毕业博士研究生 20 名,硕士研究生 64 名,录取硕士生 76 名(包括国际商务专业硕士)、博士生 18 名。中心培养的研究生不仅理论基础扎实,而且具备很强的独立研究能力,博士与硕士毕业生的质量得到了社会用人单位的充分肯定。

现任中心主任冼国明教授。

**二、工作概述**

1. 科研工作

2012 年,本中心在科学研究上取得了丰硕的成果。在《中国社会科学》、《管理世界》、《世界经济》、《经济学(季刊)》等重要期刊发表学术论文 14 篇;承担科研课题 9 项,其中教育部重点项目 2 项,国家社科基金课题 1 项,国家自然科学基金项目 3 项,中央其他部委项目 3 项。获得安子介国际贸易研究三等奖 1 项;安子介学术鼓励奖 1 项。中心自 1998 年开始,每年承担联合国贸发会议出版的《世界投资报告》的翻译工作,至今已延续 14 年,在国内外产生很大的影响。《2012 年世界投资报告》主题是“迈向新一代投资政策”。中心由中国经济出版社连续出版

《跨国公司论丛》,该年刊研究和分析跨国公司的投资、经营、贸易和管理,关注和探索跨国公司对社会经济的深远影响和近期、中远期走势变化,并刊登有关跨国公司各层面的理论研究论文和跨国公司投资管理政策的研究论文。

2. 学术交流

为了迎接国际经济研究所建所25周年,中心与国经所连续举办了10场学术讲座,分别请WTO总干事办公室参赞王晓东博士、刘润娟教授、银杏资产管理公司董事长周广文博士、中国石油集团公司物资采购管理部处长洪卫东、日本神户大学Lex Zhao教授、南开大学包群教授、耶鲁大学郑治明博士、中山大学鲁晓东博士、武汉大学赵奇伟博士、陈宜言教授作讲演。为了加强高校间交流,邀请日本北海道商科大学西川教授、美国堪萨斯城密苏里大学管理学院创新与创业管理系助理教授孙黎到南开大学与中心师生进行了深入交流。

(施炳展)

**【南开大学政治经济学研究中心】**

**一、机构概况**

2012年,南开大学政治经济学研究中心有专职研究人员12人,其中教授7人,副教授3人,讲师2人;兼职人员6人,全部为教授;基本形成了专兼结合的老、中、青结合的高水平教师队伍。逄锦聚教授兼任中央马克思主义理论研究和建设工程咨询委员、首席专家,国务院学位委员会马克思主义理论学科评议组召集人,教育部社会科学委员会委员、马克思主义理论学部召集人,教育部高等学校经济学类学科教学指导委员会主任委员,教育部思政课教学指导委员会主任委员,天津市人民政府参事,天津市"十二五"规划专家委员会主任委员。

现任中心主任逄锦聚教授。

**二、工作概述**

1. 科研工作

1月15日,本中心举办"科学发展评价指标体系暨科学发展指数研讨会"。教育部党组成员顾海良教授、南京大学党委书记洪银兴教授、南开大学党委书记薛进文教授、研究中心主任逄锦聚教授等和来自国家统计局、教育部、中国社科院、南开大学、南京大学、北京师范大学、天津财经大学等单位的专家学者参加会议。会上发布了"科学发展评价指标体系"研究成果。该课题成果在借鉴国内外成果的基础上,尝试建立了一套尽可能体现科学发展观基本要求的指标体系,用以评价我国科学发展的状况和水平,其目的是引导、促进树立落实科学发展观,实现科学发展。本项成果发布后,受到专家学者的高度评价,人民网、新华网、光明网、凤凰网、北方网等30多家媒体予以报道。

逄锦聚教授的论文《论中国经济学的方向和方法》(发表于《政治经济学评论》)在人民网全文转发。该论文共分五个部分:(1)中国经济学和与中国经济学有关的几个概念;(2)中国经济学的方向;(3)中国经济学的方法;(4)中国经济学研究的立足点;(5)创造有利于中国经济学繁荣发展的良好环境。10月17日,《中国教育报》第9版发表了逄锦聚教授的学术文章《理论创新:锐意进取的行动前提——党的十六大以来理论的创新发展》。

2. 学术交流

3月9日,周立群教授出席天津滨海低碳发展战略论坛暨天津滨海低碳循环发展战略联盟成立大会,并对联盟成立背景、主要工作进行介绍。6月9至10日,由南开大学政治经济学研究中心、经济研究所与美国伯德学院列维经济研究所共同主办"全球金融危机与资本主义经济和制度的新变化"国际学术研讨会。逄锦聚教授致开幕词,柳欣教授主持开幕式,南开大学副校长佟家栋、辽宁大学校长黄泰岩、中国人民大学经济学院党委书记张宇、南开大学经济学院副院长何自力、列维经济研究所所长Dimitri B. Papadimitriou、资深研究员Jan Kregel等出席开幕式并作主题演讲。来自国内高校、科研院所、实际部门和美国、日本等国外学者40多人、南开大学师生200多人参加了研讨会。11月27—29日,由教育部学位管理与研究生教育司、国务院学位委员会办公室主办,南开大学研究生院、南开大学政治经济学研究中心、南开大学经济研究所承办的2012年全国政治经济学博士生学术论坛于南开大学举行。论坛主题为"中国发展模式与中国化经济学"。共收到来自北京大学、清华大学和南开大学等近20所知名院校的近百篇稿件,会议组最终选出83名参会代表,其中外校代表40余名。

(荆克迪)

**【南开大学中国社会史研究中心】**

**一、机构概况**

2012年,中心设有4个研究室,即社会思想与大众心态史研究室、传统基层社会与国家权力研究室、社会生活与风俗史研究室以及区域社会史研究室。现有专职研究人员20人,其中教授17人,副教授3人。其中,李治安为国家社会科学基金重大项目获得者,江沛、王利华、刘毅、李金铮、余新忠为教育部“新世纪优秀人才支持计划”入选者。

现任中心主任常建华教授。

**二、工作概述**

1. 科研工作

本年度,中心研究人员阎爱民和王力平分别申请的教育部人文社会科学重点研究基地重大项目“秦汉日常生活”与“隋唐五代日常生活”获准立项并全面启动研究工作。中心研究员承担教育部人文社会科学重大项目(在研)16项,国家清史编纂工程项目(在研)3项,民政部项目1项,其他各类项目若干。本年度,中心研究人员在CSSCI入选期刊发表文章29篇,余新忠、李金铮、王先明等分别在《历史研究》、《近代史研究》发表论文。中心年刊《中国社会历史评论》第13卷由天津古籍出版社出版,并进入CSSCI(2012—2013)收录集刊名单。

2. 学术交流

本年度,本中心邀请台湾东华大学历史系副教授蒋竹山、墨尔本大学教授安东篱、美国纽约市立大学副教授胡大年先后来访讲学。常建华、余新忠等教授相继出访澳大利亚、英国、美国等地学术机构开展交流。5月,与相关单位在山西协办“改革开放以来的中国社会史研究”国际学术研讨会暨第十四届中国社会史学会年会。7月,中心举办“日常生活史视野下中国的生命与健康”国际学术研讨会,海内外近50位专家学者出席会议。9月,与相关单位在天津协办“华北历史地理与中国社会变迁”学术研讨会。

(夏炎)

**【南开大学中国公司治理研究院】**

**一、机构概况**

2012年11月,南开大学公司治理研究中心经教育部社科司(教社科司函2012,216号)批准,宣布更名为南开大学中国公司治理研究院。本年度,本院共有14名博士和17名硕士顺利毕业,获得学位证书。2名研究人员入选教育部2011年度“新世纪优秀人才支持计划”。目前,中心已先后有9名研究人员入选。

现任院长李维安教授。

**二、工作概述**

1. 科研工作

2012年,南开大学中国公司治理研究中心共获得国家级、部委级科研项目4项,接受企事业委托项目5项,6个国家级、省部级以上项目结项。中心科研人员在核心刊物上发表论文共41篇,出版学术专著3部。2012年11月25日,“2012中国公司治理指数”发布与研讨会在北京人民大会堂隆重举行。东北财经大学校长、南开大学中国公司治理研究院院长李维安教授作了“2012中国公司治理评价报告”,发布了被誉为中国上市公司治理状况晴雨表的2012中国上市公司治理指数。12月底,由中国公司治理研究院副院长马连福主持的天津市政府决策咨询重点课题《天津市水务建设投融资体制研究》的研究报告,分别得到了天津市市长黄兴国,副市长崔津渡、熊建平重要批示。

2. 学术交流

3月23日,香港中文大学黄德尊教授莅临中国公司治理研究院与研究人员座谈国际化合作发展,并作了题为“Governanceand Accountability of Chinese Listed Firms”的学术报告。就国内上市公司公司治理发展和公司会计制度的专业问题与公司治理专业及会计学等相关专业的师生进行了交流。3月24日,“民族的与世界的:入世十年来中国经济管理学科建设问题”研讨会暨《经济管理》第三届学术委员会议在北京召开,李维安教授应邀在会上作了《入世十年来我国管理学科的建设与发展问题》主题演讲。3月29至30日,高校经济学学术前沿研讨会在重庆召开,李维安教授受邀参加会议并作《深化企业改革与公司治理完善》专题发言。5月5至6日,由南开大学与台湾金融教育协会、北京大学、北京清华大学、新竹清华大学、中国人民大学、东北财经大学共同主办的2012CSBF两岸金融研讨会在北京大学英杰国际交流中心圆满举行。本次研讨会以“十二五”规划下两岸金融发展与变革为主题,台湾金融教育协会理事长、台湾大学黄达业教授,北京大学校长周其凤教授等主办方代表以及来自两岸20余所高校和金融机构的近150名专家学者与会。李维安教授应邀参加会议并作《十二五规划下两岸金融机构的公司治理展望》专题报告。5月26至27日,2012(第四届)大连·中国经济论坛在大连召开,李维安教授作为对话嘉宾应邀出席本届论坛并作“中国经济发展趋势展望”专题发言。本届论坛主题为“改革与开放:经济发展源动力”。5月28日,根据中华网财经版面刊载,在央视财经50指数专家委员会构成名单中,李维安教授位列其中。央视财经50指数样本公司,由央视财经50指数专家委员会评定。6月6日,“央视财经50指数”在深圳证券交易所启动。李维安教授及中治院专家学者们应邀出席和见证央视50指数发布的系列活动。6月29日,作为更名庆典系列活动之一,内蒙古财经大学举办了以“大学之道:经验与创新”为主题的全国财经类高等院校大学校长论坛,李维安教授作为特邀嘉宾参加论坛并作了“关于高等财经院校治理与联盟的思考”的主题演讲。7月12至14日,李维安教授作为特邀嘉宾为中国证监会会管单位监事会改革培训班作了《监事会在公司治理结构中的作用》讲座。8月3日,“中国企业的国际化战略”主题论坛在邮轮母港举行。副市长任学锋、市政协副主席何荣林出席。李维安教授作为嘉宾与中国著名财经作家吴晓波、南开大学副校长佟家栋等专家学者同时应邀出席。8月10日,第四届新侨创新成果交流会开幕式在北京举行。李维安教授领衔的公司治理团队荣获“中国侨界贡献奖——创新团队奖”。8月12至13日,由全国MBA教育指导委员会主办,南开大学中国公司治理研究院、东北财经大学MBA学院以及世界银行集团国际金融公司(IFC)共同承办的“2012年全国MBA院校公司治理教学研讨会”在大连举行。来自全国30多所院校的50余名教师参加了此次研讨会。9月9日,“南开大学经济研究所85年华诞暨谷书堂学术思想研讨会”在南开大学商学院举行,李维安教授出席并致辞。10月5至6日,李维安教授应邀出席在香港举办的“第八届国际公司治理研讨会·2012”,并担任研讨会的演讲嘉宾,作题为“中国董监会制度建设与改革”的大会主题报告。10月22至23日,由中国管理现代化研究会、复旦管理学奖励基金会主办的第七届(2012)中国管理学年会在天津举行,800余位学者、专家参加了会议。李维安教授应邀参加年会,并作为主讲嘉宾出席首届大学校长论坛。11月19日,应南开大学中国公司治理研究院的邀请,台湾政治大学戚务君教授于2012年11月19日来到南开大学,受聘为中国公司治理研究院兼职研究员并作了题为“The Informativeness of Audit Partner Reputation: Evidence from Client Restatements in Taiwan”的学术报告。12月22日,中国公司治理研究院与商学院管理科学工程系联合邀请SAS中国研发中心总经理刘政进行“SAS高性能数据分析”讲座,全校近200名师生参加。12月29日,中国社会科学院财经战略研究院主办的“财经战略年会2012”在京召开。南开大学中国公司治理研究院院长李维安教授应邀出席年会,并在“全面深化经济体制改革”论坛上作了“关于深化治理改革”的主旨发言,受到与会者广泛好评。

3. 咨询服务

2012年,在公司治理理论研究基础上,本院积极为政府决策和企业实践服务。主要包括:(1)8月2日,神华集团下派唐宁总经理率领秘书等一行5人来本院进行考察。李维安教授接见了考察团成员,并就“神华集团大监督体系理论构建与应用”项目进行了初步洽谈。(2)9月4日,李维安教授受邀为大连商品交易所中层以上干部作了题为《公司治理与监事会改革》的报告。(3)9月8日,中国航天科技集团公司经营投资部主要负责人到访南开大学中国公司治理研究院,李维安教授会见了到访的客人,双方就公司治理、集团治理等内容作了广泛的交流。(4)9月19日,中国集团公司促进会张重庆副会长等一行4人莅临南开大学中国公司治理研究院,与南开大学就亚洲开发银行项目进行沟通和洽谈。(5)11月21日,以“经营战略选择——探究经济减速态势下企业发展之路”为主题的第十届中外跨国公司国际年会于2012年11月21日在北京湖南大厦举行。南开大学中国公司治理研究院相关师生应邀出席会议。中国集团公司促进会经国资委、财政部批示,受亚洲开发银行委托,承担了“完善中国企业的公司治理、合规管理和企业社会责任”的研究课题项目。东北财经大学校长、中国公司治理研究院院长李维安教授作为专家组成员参与了该项目。(6)12月18日,《中国式企业管理科学基础研究》课题结题汇报会在清华大学伟伦楼国际报告厅举办。来自国内外的公司高管、教授学者、高校学生、媒体人士等近400人参会。公司治理与管理创新研究室主任袁庆宏教授代表南开大学中国公司治理研究院研究团队应邀出席了会议。

(李嵘)

【南开大学世界近现代史研究中心】

一、机构概况

2012年,南开大学世界近现代史研究中心拥有专职研究人员13人,其中教授12人,副教授1人,具有博士学位者11人。本中心聘请国内外11位兼职研究人员,其中教授10人,副教授1人,全部拥有博士学位。

现任中心主任杨栋梁教授。

二、工作概述

1. 科研工作

2012年,中心成功申请基地重大项目2项,国家社科基金项目3项,教育部社科规划项目与青年项目2项,天津市项目1项,总计获得科研经费123.5万余元。中心成员总计发表CSSCI文章24篇。其中,杨栋梁教授的"中日两国古代关系的性质与特征"被《新华文摘》2012年第1期全文转载,韩铁教授、丁见民副教授在《历史研究》发表文章2篇,丁见民副教授、江振鹏博士在《世界历史》发表文章2篇。出版学术专著7部,其中杨栋梁教授重大攻关项目结项成果《近代以来日本的中国观》(6卷本)由江苏人民出版社正式出版发行。该书出版后,正值中日关系因钓鱼岛问题陷入冰点,人民网、新华网、新浪网等纷纷载文予以介绍,引发了舆论界学者和社会人士对这套书的广泛关注。另外,付成双教授的环境史新著《自然的边疆:北美西部开发中人与环境关系的变迁》作为南开大学"青年史学家文库"由社科文献出版社出版,该著作是付成双教授近10年来从事环境史研究的结晶,是其在2003年博士后出站报告、2006年教育部社科项目成果的基础上完成的。

2. 学术交流

7月6—8日,由南开大学世界近现代史研究中心与教育部社会科学委员会共同主办的"国际世界史研究前沿与中国世界史学科建设"学术研讨会在湖南张家界隆重召开,来自教育部社会科学委员会、北京大学、南开大学、中国人民大学、首都师范大学、中国社会科学院等高等院校与科研机构以及《世界历史》、社科文献出版社等单位的25位专家与会。会议主题有二:一是国际世界史研究的新理论、新方法、新趋势以及热点问题;二是中国世界史上升为一级学科后的学科建设问题。另外,对外交流十分活跃,中心一年中邀请国内外学者来中心讲学访问20余人次,同时委派中心学者和研究生10余人次赴国内乃至国际知名高校和机构从事访问、交流和合作研究。

(丁见民)

【天津师范大学心理与行为研究院】

一、机构概况

2012年,天津师范大学心理与行为研究院有教职工34人,其中教授13人、博士生导师7人、副教授7人,其中国家级专家1人、新世纪百千万人才工程国家级入选1人、教育部"新世纪优秀人才支持计划"3人、天津市授衔专家1人、入选天津市"四个一批"人才工程1人。本院拥有心理学一级学科博士学位授权点和心理学博士后科研流动站;国家重点学科"发展与教育心理学"。

现任院长沈德立教授。

二、工作概述

1. 科研工作

2012年,院获批的各级各类项目13项,总项目经费约330万元,特别是获得天津市科技支撑计划项目获得200万元资助。本年度,科研人员在国内外共发表学术论文79篇,出版著作和教材4部。沈德立教授主持研制的第三代JGW—E型心理实验台通过天津市教委组织的专家鉴定,并投入批量生产。本年度,沈德立教授获得教育部全国教育科学研究突出贡献奖。

2. 学科建设

2012年,本院通过天津市"十二五"综合投资重点学科的检查工作,学科建设成果被评为优秀。在教育部学位与研究生教育与评价中心开展的学科建设评估中,心理学学科获得全国第7名的佳绩。本院作为主要参加单位,分别参与教育部社会科学委员会—心理学部组织编写的我国心理学"十二五"发展规划纲要和国务院学位办组织的对我国《心理学科一级学科》的修订工作。本院利用"十二五"综合投资,完善了16导生理记录仪、ERP实验室、眼动实验室、重点研究基地网站和《心理与行为》杂志网的升级,完成了大型脑功能成像仪器—近红外光学脑成像仪的论证和招标。对心理与行为网进行全面改版。本院与天津市老龄工作委员会联合成立"天津市老龄事业研究与发展中心",构建老龄事业协同创新平台。与天津市公安局达成建立天津市公安民警心理健康服务合作协议。

3. 学术交流

2012 年,院参加的国际会议有中国国际眼动大会;国内学术会议有中国心理学会普通心理与实验心理分会学术年会;全国心理学学术刊物联系会;第十届理事会第二次全体会议暨省级学会理事长联席会议;全国第十五届心理学代表大会;中国高校市场学研究会消费行为研究论坛会。本年度,王益文教授赴美国内华达大学进行为期一年的学术交流、闫国利教授应邀访问香港中文大学。本院先后邀请香港中文大学心理学院、美国阿拉斯加大学心理学院、英国南安普顿大学心理学院和英国莱斯特大学心理学院、澳大利亚墨尔本皇家理工大学和伊迪斯科文大学、加拿大萨斯卡切温大学教授和美国内华达大学社会心理系等单位的专家来访并进行学术交流。

(郑欣)

**【天津体育学院体育人文社会科学研究中心】**

**一、机构概况**

2012 年,天津体育学院体育人文社会科学研究中心有专、兼职研究人员 26 人,其中正高级职称 12 人,副高级职称 11 人,中级职称 3 人;国家级教学名师 1 人,教育部新世纪人才 1 人。

现任中心主任姚家新教授。

**二、工作概述**

1. 科研工作

2012 年,中心科研人员共获国家级课题 4 项,省部级课题 24 项,天津市教育教学课题 4 项,天津市教委社会科学重大项目 1 项,累计获得科研经费 90 万元。中心研究人员发表论文 90 余篇,其中全国核心期刊发表论文 30 余篇,提交学术会议论文 30 篇,共出版专著 3 部,编写教材 2 部。完成各级科研项目和委托研究项目 15 项。

2. 学科建设

2012 年,本中心利用"十二五"综合投资,加强了体育人文社会学科图书资料室建设,开展了"全民健身政策模式实验室"的建设,组织编译了"国外全民健身发展和研究动态",为相关专业本科、研究生开设相关课程。

3. 学术交流

2012 年,中心承办了首届环渤海体育法学论坛,第三届中芬体育学术论坛,和美国明尼苏达大学举行学术交流等活动。中心科研人员参加"格拉斯哥奥林匹克科学大会"、"首届全国体育文化优秀论文报告会"、"全国青年体育理论成果研讨会"、"第四届中国体育博士高层论坛"等学术会议和学术交流活动。

(天津体育学院体育人文社科研究中心)

# 天津市普通高等学校人文社会科学重点研究基地

**【南开大学创业与中小企业研究中心】**

**一、机构概况**

2012 年,南开大学创业与中小企业研究中心拥有专职研究人员 16 人,其中教授 7 人,副教授 3 人,博士生导师 7 人,35 岁以下的研究人员 8 人,全部人员均具有博士学位。

本中心承担完成了我国国家自然科学基金委第一个创业领域的重点课题,获得了全国创业研究领域的第一篇目前也是唯一一篇全国优秀博士论文,第一门创业管理的国家精品课程,"十一·五"规划教材《创业管理》是创业领域唯一的国家级精品教材,在国内率先开展"新生创业者动态跟踪调查研究项目",成为国际创业管理研究的共享数据库,中心的整体科研水平已达到国内领先水平。

现任中心主任张玉利教授。

**二、工作概述**

1. 科研工作

2012 年,中心获批 3 项国家自然科学基金面上项目,分别为"创业企业组织能力形成机理与绩效作用机制研究"、"技术型创业企业的商业模式形成规律及绩效作用机制研究"和"合法化战略,制度环境变迁,机会开发与企业竞争优势的关系研究"。3 月,由主任张玉利教授主持的国家自然科学基金重点项目"新企业创业机理与成长模式研究"顺利通过结题验收。在为期 4 年的项目研究期间,研究团队在国际顶级学术期刊发表英文论文 13 篇;在《管理世界》、《管理科学》等国家自然科学基金委指定的 A、B 类期刊发表论文 42 篇,CSSCI 检索期刊发表论文 46 篇,20 篇论文被中国人民大学报刊复印资料、《高等学校文科学术文摘》等转载。后续延伸国家自然科学基金、教育部人文社会科学基金课题近 20 项。2012 年 5 月,张玉利教授等撰写的"Prior experience and social class as moderators of the planning—performance relationship in China′s emerging economy”入选《战略创业杂志》专刊，成为该杂志发表的祖国大陆学者主导撰写的首篇论文。本年度，有2项国家自然科学基金青年项目结项，一是“创业团队的形成过程理性与绩效作用机制研究”，二是“新创企业创业导向转化为绩效的能力与关键要素研究”。承担完成了夏季达沃斯论坛议题之一“市场需求转型与企业创新”的研究报告。

2. 学科建设

2012年，中心吸收社会学、心理学、教育学、经济学等多学科人才的加入，力求打造为多学科融合的研究和教育基地。本年中，有5位年轻教师分赴香港科技大学、美国百森商学院、瑞典延雪平大学等海外高端学术机构交流学习，并合作开展研究。杨俊副教授受富布莱特基金资助赴美国讲学并开展合作研究。中心与浙江大学、中山大学合作召开青年学者论坛进一步促进学科和区域优势的互补，借助人才建设和合作研究推动学科建设。

3. 学术交流

2012年，丁栋虹、William M. Tracy等一批国际国内知名学者来中心交流并开展合作研究；目前中心已与美国百森商学院、香港中文大学创业研究中心、《外国经济与管理》杂志、《创业家》杂志、《中外管理》杂志及一批创业服务中心保持着紧密的合作关系。2013年2月2日到8日，张玉利教授及田莉博士在参加由澳大利亚创业交流研究中心主办的2013年创业管理年会期间，访问了悉尼大学商学院，并与该学院创新与创业研究中心主任Seymour博士举行了会谈，双方就南开大学创业与中小企业研究中心加入由悉尼大学创业管理研究中心发起的“亚太创业研究发展联盟”有关事项深入交换了意见，这标志着南开创业与中小企业研究中心在开展国际化合作方面又迈出了坚实的一步。

（张玉利）

**【南开大学现代物流研究中心】**

**一、机构概况**

2012年，南开大学现代物流研究中心有16名专职研究人员，其中，正教授4名，副教授7名。天津市原副市长王述祖为中心名誉主任，本中心拥有国内领先水平的物流实验室、图书资料室、南开物流网（http://logistics. nankai. edu. cn/）和企业实习基地，以及与可口可乐天津公司合作的研发中心、与天津交通集团共建的“交通运输与物流研发中心”和与天津口岸委共建的“天津航运发展研究中心”。本中心藏书2.3万余册，拥有中文期刊133种，外文期刊56种。

现任中心主任刘秉镰教授。

**二、工作概述**

1. 科研工作

2012年，中心获批纵向课题29项，其中国家级19项，省部级10项。由本中心完成的全国首部也是唯一一部直接进入国家决策、代表中央政府发布的第10部中国物流产业发展年度报告——《中国现代物流发展报告[2012]》正式出版，其英文版由Springer出版发行。2012年，本中心科研人员出版专著5部，学术论文107篇；向有关政府和企事业单位提交咨询报告18份。

2. 学科建设

2012年，中心在学科建设中，重点加强了以下工作：一是集中力量研究制约物流发展的理论问题，申请立项或完成了几项国家社科基金、国家自然科学基金、国家科技支撑计划等项目。二是积极开展面向包括国家发展和改革委员会、交通部、天津市政府、国储集团、河南驻马店发改委、天津市台办等在内的各级政府、企业界的咨询服务，以高质量的研究成果参与政府和企业的重大决策，并推动天津成为两岸生鲜食品和精准物流对接试点城市。三是建设与国际接轨的课程体系，加强实验室教学，开展双语教学，进行案例库建设，从而提高学生的理论水平、实践能力以及国际化视野。

3. 学术交流

2012年，中心继续实施“走出去、请进来”战略，提高中心国际化水平。中心在全球供应链管理专业协会（CSCMP）2012年全球大会上，积极推广研究成果，解读《中国现代物流发展报告》，受到国际学术和实业界的高度评价。中心聘请美国多位知名物流专家指导中心教师提升教学与科研水平。另外，中心教师积极参加台湾东吴大学商学院举办的“海峡两岸财经与商学研讨会”并发表演讲，同时，派教师赴瑞典进行讲学与交流。

（王玲）

**【南开大学性别文化与社会发展研究基地】**

**一、机构概况**

2012年，南开大学性别文化与社会发展研究基地共有研究人员32人,其中教授16人,副教授10人。

现任中心主任乔以钢教授和关信平教授。

二、工作概述

1.科研工作

2012年,关信平教授主持的教育部哲学社会科学研究重大课题“流动人口管理和服务对策研究”正式启动,乔以钢教授继续主持教育部重大课题攻关项目“性别视角下的中国文学与文化”。基地研究人员汪新建、周详、吴帆等,主持的研究课题包括国家社科基金项目“从本土文化看中国人心理问题躯体化之成因”,国家社科基金项目“集体智慧在协同创新中的生成与应用研究”,国家计生委项目“家庭能力建设政策研究”,教育部人文社科项目“中国当代现实主义诗歌研究”,天津市社科规划项目“正式指导关系的影响因素和结果研究”等。特别是年内本基地5位研究人员受邀参与天津市妇联组织的“天津市第三期妇女社会地位调查”的数据开发,并顺利完成了报告撰写。

2012年,基地成员发表在CSSCI期刊上的论文10余篇,包括吴帆副教授的《家庭能力建设的政策路径分析》,陈宁副教授的《20世纪80年代文学批评中的女性身体观》,吴艳副教授的《异类姻缘故事中的性差意识浅析——以志怪传奇小说为例》,秘舒博士的《劳动力市场的结构变迁与动态特征:求职过程的宏观分析》等。

2.学科建设

2012年,基地研究人员参加并顺利通过了南开大学人文社会科学研究机构的考核。基地所依托的各级学科,诸如中国语言文学、社会学、历史学等不断地探索中继续发展与前进,并保持着在国内的领先地位与水平。

3.学术交流

乔以钢教授受邀在2012年中国妇女研究会年会暨社会注意文化繁荣与性别平等研讨会、第十二届海外华文女作家协会年会暨“跨文化背景与女性写作论坛”进行大会发言。鲍震培教授、刘堃博士、杜平博士等人分别参加了性别视角与文学文化研究学术论坛、香港中文大学翻译研究中心“译学新芽”国际学术研讨会、第三期中国妇女社会地位调查研讨会等会议。基地也与香港中文大学性别研究中心签订了协议,为两个机构的进一步交流与合作奠定了基础。

(杜平)

【南开大学中国政府与政策联合研究中心】

一、机构概况

2012年,南开大学中国政府与政策联合研究中心以国家重点学科——政治学理论和公共管理一级博士点为主要学科支撑,以朱光磊教授牵头的“中国政府与政策”国家级教学团队为核心力量,以政治学和公共管理的教学与研究力量为主体,涵盖法学门类各个学科以及公共管理一级学科的综合性研究基地。目前,中心共有研究人员50名,另有稳定的国际合作伙伴10人。

现任中心主任朱光磊教授。

二、工作概述

1.科研成果

2012年,共发表CSSCI等论文56篇,其中SCI/SSCI论文5篇,《政治学研究》、《人民日报》等重要报刊8篇;《新华文摘》转载2篇;出版专著8部;承担国家社科基金项目4项,教育部及天津市社科项目7项。本年度,中心继续围绕“政府机构改革与服务型政府建设”、“中国政治研究:理论与方法”、“中小国家政治研究”3个重点课题展开研究工作。其中有代表性成果有:朱光磊等编著《府际关系:新兴研究议题与治理策略》(社科文献出版社),朱光磊等编著《地方政府职能转变问题研究——基于杭州市的实践》(南开大学出版社),朱光磊主编《高级公共管理知识精要》(机械工业出版社),赵聚军著《中国行政区划改革研究:政府发展模式转型与研究范式转换》(天津人民出版社)等。

2.学术交流

8月举办“央地关系与地方政府发展”暑期学校;9月召开“农村城镇化的中外比较与天津的实践”学术研讨会;11月召开“政治学与行政学国家特色专业学科建设”学术研讨会。通过上述大型学术会议的成功举办,进一步奠定了本中心在府际关系、城镇化研究域的国内领先地位,全面提升了本中心的国内、国际影响。

2012年,中心先后邀请到日本早稻田大学唐亮教授、台湾大学赵永茂教授、德国特里尔大学中国政经研究中心主任韩博天教授、法国巴黎第八大学YvesSintomer教授等中国问题研究学者来本中心交流、讲学。

(张志红)

【南开大学政治哲学与和谐社会建构研究中心】

一、机构概况

2012年，南开大学政治哲学与和谐社会建构研究中心下设历史唯物主义与中国道路、马克思主义政治哲学与和谐社会建构、意识形态理论与社会主义核心价值体系建设、中西政治文化及比较4个研究室。目前，中心的专职研究人员19人，其中教授10人，副教授6人，讲师3人，在读博士研究生21人，另外还有校内外兼职研究人员10人。陈晏清教授任中心名誉主任。

现任中心主任王南湜教授。

二、工作概述

1. 科研工作

2012年，中心承担国家社科基金5项，教育部社科基金10项，其他部委、省区市社科基金项目7项。研究人员在学术期刊上发表论文61篇，其中在《中国社会科学》和《哲学研究》等权威刊物发表论文6篇；出版著作5部，代表性的有：《从意识形态到历史科学》、《分析的马克思主义方法论研究》、《罗尔斯政治哲学中的理性观念研究》、《剩余价值、全球化与资本主义》等等。

2. 学科建设

2012年，中心依托于南开大学马克思主义哲学学科（国家重点学科），以其马克思主义哲学基础理论研究为支持，密切结合中国社会实践，深入研究我国和谐社会建设过程的理论基础、实施过程、主要方面等问题。中心成员进行了明确的分工和有效的协作，在历史唯物主义的当代阐释、马克思主义哲学的中国化以及和谐社会建构的政治哲学基础等方面获得了重要进展。中心组建了一支高水平的研究队伍、确立了明显的学科优势，开拓了独特的研究路径并形成了自己的风格。

3. 学术交流

2012年，中心共参加国际、国内学术会议30人次，被邀请到国内著名学术机构访问和讲学8人次。中心继续举办“政治哲学：传统与现代”系列学术讲座，邀请到海内外著名哲学学者来南开讲学。这个系列讲座以政治哲学为重点，覆盖了马克思主义哲学、西方哲学、中国哲学、伦理学等相关二级学科，共举办讲座7次，报告人包括著名的政治哲学学者姚大志、马俊峰等。

（谢永康）

【南开大学马克思主义研究中心】

一、机构概况

2012年，南开大学马克思主义研究中心有专职研究人员57人，其中教授20人，副教授22人，讲师15人，形成了学历层次高、年龄结构合理、专兼职相结合、科研能力突出的研究队伍。

现任中心主任刘景泉教授。

二、工作概述

1. 科研工作

2012年，本中心在原有研究方向的基础上，着重围绕马克思主义中国化研究、思想政治教育展开了一系列的学术及应用性研究。承担了包括国家社会科学基金、省部级项目在内的科研项目共16项。其中，丁军教授的“国外收入分配制度改革的历史经验与有益启示——以独联体中东欧（原社会主义）国家为对象”的研究获国家社科基金重点项目立项；国家社科基金重大项目子项目1项，其他国家级科研项目1项；教育部社科专项项目2项；天津市级社科项目6项；南开大学校内项目4项；横向项目1项。全年入账科研经费共113.34万元。

中心科研人员共发表论文96篇，其中发表于《人民日报》、《光明日报》5篇，发表于一级学术刊物《马克思主义研究》、《思想理论教育导刊》5篇，其他CSSCI核心期刊26篇。2012年共出版著作19部，提交研究报告8份。

2. 学术交流

2012年12月15日，中心举办中国特色社会主义理论教育研讨会，教育部社科司原司长、中国人民大学博士生导师杨瑞森，教育部马克思主义学部主委逄锦聚，南开大学党委等单位领导和其他高校马克思主义学科负责人参加。中心31人次参加中国社会科学院、中央编译局、北京师范大学、武汉大学、香港中文大学主办的海内外学术交流活动。

（王迪）

【南开大学循环经济和低碳发展研究中心】

一、机构概况

2012年，南开大学循环经济和低碳发展研究中心下设产业生态学与资源循环利用研究室、循环经济与低碳发展研究室和人口与资源环境研究室，依托南开大学国家重点学科环境科学学科，在发挥环境学科的理工特色基础上，通过整合经济学、管理学、法学、历史、哲学等相关社会科学的学科力量，凝练学科方向，搭建学科平台，组建了一支文、理、工交叉的国家级科研队伍。2012 年，中心现有专兼职研究人员 45 人，其中教授 32 人，副教授 6 人，讲师 9 人。

现任中心主任鞠美庭教授。

**二、工作概述**

1. 科研工作

2012 年，本中心围绕循环经济与低碳发展理论与方法、规划与政策、技术与标准等研究内容，积极开展了跨学科的综合研究和联合攻关。本年度承担的重要课题是国家级 4 项，省部级 8 项，国际合作 1 项。另外，本中心还先后承担了欧盟 SWITCHA-SIA 项目等国际合作研究课题 10 余项。2012 年本中心科研人员发表 SCI、CSSCI 期刊论文共 30 多篇，研究成果先后荣获天津市科技进步二等奖等省部级奖项 2 项。

2. 学术交流

2012 年，本中心积极推进国内外学术交流与合作。7 月 19 至 20 日，本中心参加全国环境规划与政策模型学术研讨会，开展环境规划与政策制定的基础理论与模型方法的学术交流；9 月 24 至 25 日，参加国家发展和改革委员会能源研究所（NDRC）举办的中澳低碳城市发展路线图研讨会，开展低碳城市建设的研讨。本中心科研人员参加第七届全国循环经济与生态工业学术研讨会暨中国生态经济学会工业生态经济与技术专业委员会 2012 年年会，开展循环经济发展的研讨；11 月 20 至 23 日，中心邀请到法国巴黎政治学院可持续发展与国际关系研究所王鑫副教授到中心开展碳排放权交易相关科研活动的研讨；10 月 18 至 19 日，中心科研人员参加中国环境科学学会环境经济学分会、环境保护部环境规划院、全球中国环境专家协会（PACE）联合主办的中国环境科学学会环境经济学分会 2012 年学术年会，围绕“环境经济政策如何为环保重点服务”展开探讨和交流。

（王军峰）

**【天津大学科学技术与社会研究中心】**

**一、机构概况**

2012 年，天津大学科学技术与社会研究中心有专职研究人员 8 名，其中教授 2 名，副教授 3 名、讲师 3 名，博士 8 名，具有留学经历的 2 名。2012 年 6 月公派留学研究人员 1 名，另有兼职教授 5 名、名誉教授 3 名。

现任中心主任韩永进教授。

**二、工作概述**

1. 科研工作

2012 年，中心获省部级课题立项 1 项；CSSCI 论文发表 3 篇；出版专著 3 部，其中哲学 2 部、管理学 1 部；参编管理学译著 1 部；获天津市各部门优秀调研成果奖 2 项。

2. 学科建设

2012 年，中心学科建设和发展的主要思路是以特色研究来凸显研究价值，为此中心结合过去的研究基础将研究重点放在三个主要方向：科技哲学前沿问题研究、科技创新与科技政策研究、科技服务社会研究。科技哲学前沿问题研究逐渐成为支撑中心学术研究出精品的平台。目前，本中心加强了技术哲学、信息哲学、媒介哲学、科技与政治哲学等方向的研究，建立了科学哲学、信息哲学、科技与政治哲学等领域的国际学术联系，其中在技术哲学研究领域突出了与新荷兰学派的交流，而在媒介哲学领域则进一步深化了与纽约大学的联系。

3. 学术交流

2012 年，中心与国内外同行交流广泛，10 月底邀请到美国著名技术哲学家、美国技术与哲学第一任主席卡尔·米切姆教授来天津大学进行了题为“现代技术的伦理重任”的高水平学术报告，该活动获得了校内外的广泛关注和好评。

（张巍）

**【天津大学公共资源管理研究中心】**

**一、机构概况**

2012 年，天津大学公共资源管理研究中心有科研人员约 30 人，其中包括教授 10 人，副教授 16 人，讲师 2 人，外聘专家 2 人。另外还有一批博士后、博士和硕士研究生参与研究工作。本中心当前主要的研究方向包括：区域经济与土地资源管理、公共卫生与社会资源管理、低碳经济与环境资源管理。

现任中心主任陈通教授。

**二、工作概述**

1. 科研工作

2012 年，中心研究人员发表中文学术论文 40 余篇。发表 SSCI、SCI 论文 8 篇；出版学术专著 2 部。中心研究人员积极申报研究计划，有 5 项国家自然科学基金项目获批立项（区域要素禀赋差异下中国公共池塘资源配置理论与实证研究;企业低碳生产行为机理与引导政策研究——以典型制造业企业为案例;基于新医改的药品价格形成机制研究:市场竞争与政府管制的作用;农民分化视角下农民养老保障与农地流转:互动机理、影响效应与政策创新;和谐理性的公共文化服务设施项目评价及补偿研究);同时,还获得科技部科技支撑计划项目、教育部人文社科基金、天津市科技计划项目、教育部高校博士点基金(博导类)、教育部高校博士点基金(新教师)、国家保密局、天津市社科基金等9个纵向科研项目立项。

2. 学术交流

2012年,中心配合公共管理学院举办了“公共管理系列高端讲座”。分别邀请清华大学公共管理学院院长薛澜教授,中国人民大学公共管理学院教授、全国公共管理硕士(MPA)教育指导委员会原秘书长朱立言教授,中国人民大学公共管理学院院长、全国公共管理硕士(MPA)教育指导委员会秘书长董克用教授,浙江大学公共管理学院院长姚先国教授为演讲人,针对公共管理热点论题作专题讲座,收到良好的效果。邀请吴量福教授等国外学者进行专项学术交流3人次;中心研究人员到国外进行学术交流及访问学者3人次。

(许衡周)

**【天津大学教育科学研究中心】**

**一、机构概况**

2012年,天津大学教育科学研究中心拥有专兼职研究人员共55人,其中教授27人,副教授17人,讲师11人。

现任中心主任余建星教授。

**二、工作概况**

1. 科研工作

2012年,中心独立承担了国家级、省部级研究课题31项;合同经费累计达到273.8万元,实到科研经费累计达到了185.32万元。中心科研人员积极参与天津大学“本科教学综合改革立项”项目申报,有8项成功立项。本年度,科研人员在核心期刊发表论文共58篇,出版专著7部。

2. 学科建设

中心的教育学科凭借学校强大的理工科优势,在发展中逐渐形成以“职业教育”和“工程教育”为学科核心,设置有高等教育学、教育学原理、职业技术教育学、教育技术学等6个学位点。中心招收“计算机科学与技术”专业本科职教师资班和“公共事业管理”第二学士学位班。本年度,完成了“教育学”本科新专业的论证和申报,将于2013年正式招生。

3. 学术交流

2012年,中心主办、天津市企业文化研究会协办的“教育中心博士生学术论坛”举行。中心在德国举办了UNESCO - UNEVOC职业技术教育可持续发展国际论坛暨博士生国际夏令营活动,师生代表5人在论坛作主题发言。另有2名教师赴德国参加“职业教育可持续发展理念在物流领域的发展研究”国际研讨会。

(王世斌)

**【天津大学中国文化遗产保护国际研究中心】**

**一、机构概况**

2012年,天津大学中国文化遗产保护国际研究中心面积已有280平方米,成员16人,含专职研究人员8人,兼职研究人员8人,其中教授5人,副教授5人,讲师5人,博士后1人。在读博士研究生10人、硕士研究生10人,

现任中心主任青木信夫教授(特聘)。

**二、工作概况**

1. 科研工作

2012年12月,以徐苏斌教授为首席专家申请的2012年度国家社会科学基金重大项目(第四批):《我国工业遗产保护与活化再生利用研究》(2013—2015)获得批准立项,合作单位包括南开大学、天津社会科学院。徐苏斌教授主持的国家自然科学基金面上项目《读解非文字的文化遗产史学——20世纪初日本的中国建筑调查历史照片之研究》(2010—2012)顺利完成并提交结题报告。

本年度,本中心核心成员发表各类专业期刊论文17篇,其中全国核心期刊5篇。发表会议论文14篇,其中徐苏斌、青木信夫等的论文《天津工业遗产普查以及相关问题思考》获2012年中国建筑学会年会优秀论文奖。2012年12月17日,徐苏斌教授的作品《中国的城市建筑与日本——“主体受容”的近代史》荣获教育部第六届高等学校科学研究优秀成果著作奖。2012年9月,青木信夫教授荣获天津市政府颁发的海河友谊奖,它是为表彰在津工作的杰出的外国专家。中心还获得天津大学颁发的

2012 年度“天津大学教工先锋号”称号。

2. 学科建设

2012 年,中心邀请到日本东京大学副校长、知名文化遗产保护专家西村幸夫教授、比利时鲁汶大学建筑系教授 ThomasCoommans 等主办系列讲座“中国文化遗产保护天津论坛——名家讲坛”4 期,并由校方聘请西村幸夫教授任天津大学客座教授、聘请现任故宫博物院院长单霁翔先生任建筑学院兼职教授,并聘请 UESCO 世界遗产中心专员林志宏先生、美国路易斯维尔大学赖德霖教授开设文化遗产全英文课程。

2012 年 1 月,中心与香港中文大学建筑学院院长何培斌教授及学生对天津租界重要历史建筑进行联合考察。促进国际学生留学交换,接收法国巴黎第一大学文化遗产保护专业学生、日本京都大学博士到中心交流学习;根据天津大学和巴黎第一大学的校际协议,派遣中心在读硕士生李天赴法国进行天津法租界历史资料收集。

3. 学术交流

2012 年 4 月 17 日,中心参与主办了“天津文化遗产保护与发展国际学术研讨会”,与会专家包括中国古迹遗址保护协会副主席兼秘书长郭旃先生、日本东京大学西村幸夫教授、中国建筑设计研究院建筑历史研究所所长陈同滨女士等。10 月 2 日,青木信夫和徐苏斌教授应邀参加北京设计周研讨会。10 月 15 至 18 日,徐苏斌和青木信夫教授出席 2012 中国建筑学会年会并作重要发言。11 月 4 至 12 日,青木信夫教授受邀参加在台湾举办的国际工业遗产大会并作会议发言。11 月 23 至 27 日,徐苏斌教授应邀出席中国第三次工业遗产大会,并就工业遗产的完整性问题做主题发言。

(徐苏斌)

## 【天津大学中国社会计算研究中心】

**一、机构概况**

2012 年,天津大学中国社会计算研究中心有全兼职研究人员 23 名,其中教授 8 人、副教授 10 人、讲师 5 人,包括入选首批教育部“跨世纪优秀人才支持计划”1 人、国家自然科学基金杰出青年 3 人、中组部创新拔尖人才计划入选者 1 人、教育部跨新世纪优秀人才 10 人。目前,研究中心已培养博士 49 人,硕士 233 人。

现任研究中心主任张维教授。

**二、工作概述**

1. 科研工作

2012 年,研究中心获得了国家级资助项目 10 余项,另有在研、完成的国家级项目共计 32 项。其中包括:国家自然科学基金杰出青年基金 1 项、青年基金面上项目 23 项、国际合作研究项目 7 项;在研国家自然科学基金重点项目 1 项;在研教育部创新团队支持计划 1 项;主持天津市科技支撑计划重点项目 1 项。

本年度,研究中心成员在高水平英文期刊及《系统工程理论与实践》、《管理科学学报》等国内高水平期刊英文重要期刊发表论文 62 篇,其中 SCI、SSCI 检索论文 37 篇,EI 检索论文 4 篇。

2. 学术交流

2012 年 10 月,中心参与承办了第七届中国管理学年会。此外研究中心还参与了一系列高水平学术会议如:Annual Workshop on Economic Science with Heterogeneous Interacting Agents、World Congress on Social Science、IEEE World Congress on Computational Intelligence、金融系统工程与风险管理国际年会等领域内最高水平的国际和国内会议。近年来,研究中心与瑞士苏黎世理工大学教授 Didier Sornette、悉尼科技大学教授 Tony He、台湾政治大学教授 Shu—Heng Chen 等领域内杰出学者保持了密切的交流与合作。

3. 咨询服务

2012 年,中心为三大证券交易所、金融监管机构、天津市政府等实务部门提供理论与解决方案支持,在投资者分类与监管、ETF 设计、创投风险控制体系设计等项目中发挥了重要作用,获得业界好评。其中研究中心为中国金融期货交易所构建的 CCIS 系统,对期货市场制度与规则建设提供更为可靠的数据支撑和更加科学的政策建议。大大加强了中金所在各种情景下,尤其是极端、突发事件冲击下的风险管理能力,进一步完善了交易所的市场监督和稳定功能,提高了国家金融体系的安全性。此外,研究中心利用计算实验方法获得都市交通复杂动态特性,提出了适于中国现状、能有效提高交通效率的城市交通管理理论方法与解决方案,以此为依据进行的天津市政府咨询课题研究报告,获得市领导重视及批示。目前研究中心已取得两项发明专利,实验系统在天津市投入使用,效果良好。

(冯绪)

## 【天津师范大学政治文化与政治文明建设研究院】

### 一、机构概况

2012年,天津师范大学政治文化与政治文明建设研究院设有政治学专业图书馆、政治思想专题资料室、《政治思想史》编辑部、办公室等,正式研究人员35人(其中教授18人,副教授8人,讲师9人,1人入选教育部"新世纪优秀人才支持计划"),另有兼职研究人员多名。研究院由我国政治学界老前辈徐大同教授任名誉院长。

现任院长高建教授。

### 二、工作概述

1. 科研工作

2012年研究院获批国家社科基金项目3项(含重点项目1项),获批教育部项目1项、天津市社科项目3项,取得(横向)国家级一般项目1项、委局级项目1项。

2012年,本院科研人员在全国核心期刊发表论文40余篇,其中《新华文摘》、《中国社会科学文摘》、《高等学校文科学术文摘》、《人大复印资料》转载8篇;出版专著3部、教材2部,译著2部。由研究院编辑出版的《政治思想史》杂志出刊4期。

2. 学术交流

8月,本院与中国政法大学政治与公共管理学院在天津联合承办了"第三届西方政治思想史暑期研讨班",研讨班以"当代西方政治思潮与政治哲学前沿"为主题,有60多名青年学员参加,主讲的知名专家有童世骏、何包钢、李强、钱永祥、姚中秋等。本年度,共有20多位国内知名专家学者来研究院交流和讲学,研究院参加国内各种会议达20多人次。

(刘训练)

## 【天津师范大学欧洲经济—社会发展研究中心】

### 一、机构概况

2012年,天津师范大学欧洲经济——社会发展研究中心以天津师范大学"欧洲文明研究院"为依托,并以世界史、中国史两个一级学科博士学位授权点、博士后科研流动站为支撑,在科学研究、学术交流、信息建设等方面作出了重要成绩。现有科研人员23人,校外兼职研究人员7人,其中教授17人(博士生导师16人),副教授3人,讲师9人,编审1人。本机构成员中有国务院学位委员会历史学科评议组成员,国家社科基金项目评审组成员,教育部新世纪人才,南京大学特聘教授,天津市授衔专家等。

2012年,图书信息资料中心,藏有英文原版图书4000余册,中文图书6.5万册,英文期刊19种,中文期刊160种。现购置有JSTOR大型外文学术文献全文数据库,并准备继续购置EEBO(早期英文图书在线)、ECCO(18世纪作品在线)等全文数据库。中心建有专业网站"经济—社会史评论",网址为http://www.eshistory.com和http://www.eshistory.net。

现任中心主任侯建新教授。

### 二、工作概述

1. 科研工作

2012年,研究中心侯建新教授任首席专家的"欧洲文明进程研究"课题获批国家社科基金重大招标项目立项,这也是天津师范大学首次获得此类科研基金立项;另获国家社科基金重大子课题1项,国家级一般项目1项,省部级一般项目1项。本年度已结项目3项,其中侯建新教授主持完成的国家社科基金项目"15至19世纪西欧社会过渡问题研究",成果鉴定获"优秀"等级。

2012年,中心科研人员在全国核心期刊发表学术论文近20余篇,其中2篇论文被《新华文摘》全文转载;出版专著1部,译著2部;中心所办刊物《经济—社会史评论》第六辑出版。

2. 学术交流

7月31日,本中心在津召开"欧洲文明进程研究"课题论证咨询会。与会专家充分肯定了欧洲文明进程研究的学术价值和社会意义,并就欧洲文明概念、发展阶段性、所含主题等诸多方面提出了专业性建议。9月22至23日,受中国地理学会历史地理专业委员会委托,中心和天津师范大学历史文化学院承办的"华北历史地理与中国社会变迁——2012年中国历史地理国际学术研讨会"在天津师范大学举行,与会专家学者共计200余人,是迄今规模最大的一次历史地理学年会。大会开幕式由中心主任、历史文化学院院长侯建新教授主持。天津市人大常委会副主任苟利军、天津市教委主任靳润成等领导出席了会议。年内中心举办"中国与世界:经济·社会·文化"名家系列讲座,先后邀请到国内外知名专家前来讲学10余场次,包括著名历史学家、南开大学教授魏宏运先生,中国历史地理专业委员会主任、复旦大学图书馆馆长葛剑雄教授,英国皇家历史学会前副主席、英国历史学会前主席、爱丁堡大学迪金森教授等。

本年度,中心4名学者分别赴英国伦敦大学、德国鲁尔波鸿大学、美因茨大学作学术交流。期间先后参加了第二届“中英英国史论坛”(论坛主题:“工业化新观点”)、“德国历史学家大会”(会议主题:“资源—冲突”)等学术活动。

(陈太宝)

**【天津财经大学金融与保险研究中心】**

**一、机构概况**

2012年,中心继续整合校内科研资源,引进不同学科的专门人才。中心现有6个研究机构,包括金融宏观调控与货币政策研究所、金融与证券法研究所、商业银行服务与管理研究所、国际金融与国际结算研究所、企业融资研究所和农村金融研究所;共有学术带头人17人、特聘专家6人、特聘研究员16人。

现任中心主任任碧云教授。

**二、工作概述**

1.科研工作

2012年,中心以“为研究成就价值、为政府出谋划策、为企业献智添力、为社会尽心服务”为使命,在滨海新区开发开放、金融业先行先试,为天津市政府和各级金融机构谏言献策等方面作出了一批针对性和使用性相结合的研究成果,共出版6期《滨海金融专报》,内容集中在中小企业融资和地方债流动性管理方面。该报旨在为天津市委、市政府决策提供理论依据和参考意见,为天津市金融业及金融机构的发展提供对策建议,是体现“突出财经特色、服务地方经济”精神的重要载体。

本年度,学术带头人撰写的一批有实际价值的研究成果,得到市委市政府多位领导的批示和有关部门的采纳。这些成果分别是:(1)《滨海金融专报》第1期刊登了由高正平教授和赵建强博士撰写的论文《关于天津市建立地方债流动性管理基金的建议》;(2)任碧云教授领衔的课题组撰写的研究报告《天津市政府投融资平台金融风险防范研究》;(3)《社科界咨政要报》第11期刊登了由任碧云教授撰写的文章《构建本市政策性科技型中小企业金融支持体系》,这些研究成果为天津经济发展和滨海新区开发开放提供了有价值、有操作性的科学决策依据。此外,2012年中心学术带头人还获得了4项市政府决策咨询重点课题。

2.学术交流

4月24日,天津市人文社会科学重点研究基地会议在天津市教委举行,天津市30余所高校及其研究基地主任共110余人参加了会议。中心被推荐作经验交流典型发言,并与出席的各高校基地主任进行了热烈交流和互动。市教委和市社会科学界联合会相关领导对中心的工作和取得的成果给予了充分肯定。按照市委组织部干部选学试点工作的要求,任碧云教授和孟昊教授分别应邀于11月30日和12月1日,以“金融危机背景下我国经济发展战略的选择”和“从人民币汇率看中美日经济博弈”为题,为天津市200多名领导干部进行专题讲座。讲座内容充实、新颖,使在座的领导干部受益匪浅。

(郭昱)

**【天津财经大学法律经济学与政策评价研究中心】**

**一、机构概况**

2012年,天津财经大学法律经济分析与政策评价中心有专兼职研究人员22人,专职研究人员中教授7人,副教授3人,校外兼职人员3人。中心于立教授为国务院反垄断委员会专家咨询组成员,国务院学位委员会学科评议组(第5届)成员,国家社会科学基金和国家自然科学基金评审委员。曾任教育部重点研究基地——产业组织与企业组织研究中心主任两届8年,产业经济学国家重点学科首席教授10年。

现任中心主任于立教授。

**二、工作概述**

1.科研工作

2012年,中心获省部级以上科研立项6项,其中国家自然科学基金面上项目2项、教育部规划基金项目1项、教育部青年基金项目1项等。科研人员发表论文2篇,专著1部,其他研究报告3辑。

2.学科建设

中心成立以来,汇聚校内外多名研究人员,形成了年龄结构和学历结构合理的青年博士研究队伍。研究人员在基地内部发表工作论文数篇,学科发展良性循环。(1)坚持科研先行。在目前国内外尚无公认的法理经济学专著,中心实施教材跟进战略,已经形成课程框架和基本素材,可望近期完成一部《法理经济学》专著,这将是建设“中国学派”的有益尝试。(2)政策咨询正在展开。一是在《反垄断法》及反垄断经济学方面,以于立教授为带头的研究团队已经获批较多的项目资助,发表了大量的学术和科研成果。二是在《公司法》方向,提出了取消"有关国有独资公司"条款,而改用《特殊法人法》体系。并向全国人大和国务院提出正式咨询报告。三是在《知识产权法》领域,率先提出"保反兼顾"(对内以"保"为主,对外以"反"为主)的政策思路,并向国家知识产权局提出出版《知识产权政策白皮书》的建议和"三三制"(三种知识产权市场、三种政策区域、三种执法原则)的执法框架。四是在财产权和《物权法》方面,曾围绕"三林问题"、"三牧问题"和"三渔问题"进行系列研究,发表多篇有影响论文和内参报告,对如何避免"公地悲剧"、适当进行产权改革提出了理论依据和政策建议。五是在《破产法》方面,曾以资源枯竭型城市的国企退出、产业转型和社会稳定"三位一体"为研究内容,获批国家社会科学基金重大项目和一般项目,形成系列成果。其中有关破产法与"关闭法"的建议得到最高人民法院院长的批示。六是在税理和税法方面,形成了以李炜光教授为首席的天津财经大学学术团队,得到国内同行的认可。七是在金融监管效率方面,形成了以王爱俭教授为主的学术梯队,发表了一些高水平成果。八是在《诉讼法》研究方面,形成了以白冬教授为主的研究队伍,已有一些成果发表。

(宋郁)

## 【天津理工大学公共投资与工程造价研究中心】

### 一、机构概况

2012年,天津理工大学公共投资与工程造价研究中心主要科研人员有7名,其中4名教授,3名副教授,均已获得博士学位。

现任中心主任尹贻林教授。

### 二、工作概述

1. 科研工作

2012年,科研人员承担科研项目6项,包括国家科技支撑计划1项,国家自然科学基金项目1项,省部级科研项目3项,横向项目1项。本年度,中心教师和科研人员在核心刊物上发表论文共50余篇,3篇文章被EI检索,CSSCI引用论文数为20余篇。中心获天津市科技进步三等奖2项;出版学术专著及教材1部。

2. 学科建设

2012年,中心十分重视学科建设与发展,研究与探讨工程造价专业教学质量与教学改革,并与天津造价协会协作完成"双证书试点工作"的培训、考试和颁证工作。2012年8月,中心主持召开全国高等院校工程造价专业协作组会议。年内与英国皇家测量师学会(RICS)合作成立RICS学习中心。

3. 学术交流

2012年7月,孙春玲副教授率领李贺等8名研究生短期赴文莱参加"PAQS(亚太区工料测量师协会)第十六届国际会议"。2012年8月,杜亚灵副教授赴香港城市大学访问考察。2012年10月,邀请天津大学陈永强教授、天津城建学院郭汉丁教授举办国家自然科学基金专题研讨会。2012年12月,邀请香港城市大学刘克兰博士来基地举行国家自然科学基金专题讲座。

(天津理工大学科技处)

## 【天津理工大学循环经济与企业可持续发展研究中心】

### 一、机构概况

2012年,天津理工大学循环经济与企业可持续发展研究中心以天津理工大学管理科学与工程和工商管理两大一级学科为依托,并以校内相关学科为支撑设有3个研究机构:(1)天津市循环经济促进中心(天津市发改委挂靠单位)(2)生态系统工程研究所(3)企业可持续发展研究所。本中心拥有研究人员18人,其中教授6人,副教授9人,有稳定的博士生、硕士生30余人,另外,中心还有校内外兼职人员11人。在人才培养方面,中心拥有6个相关硕士点,1个博士点建设学科。拥有天津市重点学科——管理科学与工程。中心形成了3个稳定的研究方向:循环经济发展战略与规划、生态产业系统优化与决策、企业可持续发展与管理创新。

现任中心主任李健教授。

### 二、工作概述

1. 科研工作

中心成立后,共获得天津市社会科学优秀成果奖6项,其中一等奖1项、二等奖2项;获省部级以上科研立项18项,其中,国家社科基金项目4项,重大横向委托项目11项,科研经费500余万元。近年中心科研人员发表论文107篇,其中EI检索32篇,核心期刊31篇,CSSCI期刊37篇。出版学术专著7

部、教材3部。

2. 学术交流

2012年,中心举办了2次国际引智项目交流会,分别就"大型工业城市低碳发展的途径、模式与对策研究"、"全球低碳发展"、"生态工业园区建设"、"先进制造与低碳经济之间的关系"等主题进行了深入研讨,并交流了研究成果。中心成立以来先后承办过2次循环经济领域的高层论坛,并与美国耶鲁大学森林与环境学院、英国剑桥大学绿色制造研究中心建立了稳定的合作关系,多次邀请相关研究人员来本校讲学。

(李健)

**【天津商业大学管理创新与评价研究中心】**

**一、机构概况**

2012年,天津商业大学管理创新与评价研究中心以工商管理学科为依托,以管理与制度创新理论、实践和经济与管理评价理论、方法及实践为主要研究方向,近年来学术研究队伍和研究水平得到了较大程度的提升。目前拥有校内核心研究人员49人,其中教授15人,副教授12人,讲师22人,并有校外兼职人员4人。

现任中心主任寇小萱教授。

**二、工作概述**

1. 科研工作

2012年,中心获批教育部人文社会科学项目1项,天津市哲学社会科学研究规划委托项目1项。目前所承担的3项教育部人文社会科学研究项目、10余项天津市级项目均按照项目计划与周期开展研究工作。中心通过横向委托课题、合作研究、派遣研究人员深入应用部门等形式继续开展面向天津市及滨海新区的咨询服务,主动提高服务经济社会发展的能力。2012年组成专家团为天津市环境科学研究院(以下简称市环科院)改制工作提供咨询服务。中心与滨海旅游区建立长期合作关系,就未来双方合作的方向和领域达成了初步的意向。

2. 学科建设

2012年,中心认真凝练研究方向,不断发展和完善研究特色,形成相互支撑、协调发展的研究优势。中心以招标形式通过的"基于社会责任导向的营销战略管理与企业资源优化"、"面向服务需求的科技企业孵化器运行机制研究"和"基于多层面理论的人力资本优势性研究"3个项目,正在根据中心的要求,有条不紊地开展研究工作。

本中心有力地支持了一级学科工商管理学科的天津市重点学科建设工作,并注重培养学术带头人和中青年学术骨干。2012年,中心1人入选天津市高校"中青年骨干创新人才培养计划"第二层次人选,2人入选天津市高校"优秀青年教师资助计划"。

3. 学术交流

2012年,中心加大对学术交流的支持力度,以注重学术氛围的营造和学术交流平台的搭建为中心,支持外部学术交流,开设内部学术论坛,倡导多层级的学术交流活动。截至11月份举办以"管理研究方法论"、"国家级课题申报讲座"、"省部级课题推动及交流"、"教育科学研究的若干问题"为主题的学术论坛4期。中心与校社科处、商学院共同主办了天津市社会科学界第八届学术年会分会场会议暨天津商业大学首届社会科学博士论坛。

(张志超)

**【天津外国语大学外国语言文学文化研究中心】**

**一、机构概况**

2012年,天津外国语大学外国语言文学文化研究中心现设有外国语言学研究、外国文学研究、词典(学)战略应用研究、翻译学研究、语言教育与资源研究等5个研究方向。现中心选聘校内专职人员6人,校外兼职人员3人。中心设有二级学科硕士点外国语言学及应用语言学。

现任中心主任赵彦春教授。

**二、工作概述**

1. 科研工作

2012年,中心专职研究员共在《天津外国语大学学报》、《英语研究》等国内期刊发表学术论文5篇,国外学术期刊发表论文2篇,诗歌6篇,诗歌译文19篇。赵彦春教授出版译著《雨中百灵》1部,该译著为格律新诗第一部双语诗集。专职研究员王佳音文集《剧领天下——中外电视剧产业发展报告》(法国卷)出版,该文集由国家广播电影电视总局、中国广播电视协会等多家国内外科研单位推出的国内第一本全面解读全球电视剧产业最新现状与发展趋势的综合研究报告。

2012年,中心建设完成独立的中英文网站与新浪博客,及时更新中心的学术交流与科研动态,并以最迅速、最便捷地方式为国内外学者提供学术成果展览与学术交流的现代化数字平台。同时,本中心积极开展学术期刊筹备建设工作,其中包括与澳大利亚 Quality&Life Publishing 共同公开发行的学术期刊《世界语言》与《世界诗学》;与印度MERICET,共同出版学术期刊 Language and Technology。其中《世界诗学》编辑部除主办本刊外还担纲诗歌界五家刊物的精萃诗文译作专栏主持和两套大型系列丛书的编译出版工作,分别为《东坡风》“译海瑰萃”、《世界华文作家》“译海华文”、《东方诗风》“译海诗花”、《现代诗人诗选》(Ⅱ)“译海拾贝”、《格律体新诗》“诗文译介”栏目,并即将编辑出版大型系列丛书《当代华文诗家双语精萃》、《雅园诗家双语精萃大系》。

2. 学术交流

5 月,赵彦春教授赴南京师范大学开展以“语言表征与形意张力”为题目的学术交流;随后,与中心研究员项成东应邀参加由贵州大学承办的“第三届全国语言教育研讨会”,中心主任赵彦春教授以“圆满调和,重构翻译话语体系——以汉诗英韵为例”作出精彩主旨报告并致大会闭幕辞。9 月,赵彦春教授与中心研究员项成东教授赴苏州科技学院,分别以“翻译活在哪里——理论与实践的张力”与“转喻推理与文体表现力”为题与该校师生进行交流。10 月,赵彦春教授与研究员项成东教授共同参加“第二届心智哲学与语言研究学术研讨会”,其中赵彦春教授以“语义范式分歧与形意张力”为题作大会主旨报告。10 月 26 至 28 日,赵彦春教授与研究员项成东赴韩国仁川大学参加“世界汉语修辞学会第三届年会”。12 月“第六届全国中译外研讨会”在天津外国语大学举行,赵彦春教授以“译道——穷尽妙理,英译《道德经》”为题进行大会发言。

2012 年,中心先后邀请到台湾政治大学特聘教授何万顺先生、北京外国语大学中国外语教育研究中心主任王克非教授赴天津外国语大学“求索”高端学术论坛,开展高层次学术交流活动。8 月 4 至 5 日,由中心承办的第四届“全国术语学建设暨术语规范化”研讨会在天津外国语大学召开,来自全国 21 个省市的 75 所高等学校与研究机构的 125 名代表与会。收录会议论文摘要 113 篇,涵盖 11 种语言 20 余领域。人民网、北方网、《中国社会科学报》等多家媒体对此次会议均有报道。

(孟昭阳)

## 【天津外国语大学语言符号应用传播研究中心】

一、机构概况

2012 年,天津外国语大学语言符号应用传播研究中心学术委员会 9 人,均为语言符号研究领域知名专家,胡壮麟先生任主任委员。此外,中心还拥有专职研究员 6 人,兼职研究员 20 人,国际学术顾问 4 人,分别来自国内外 20 余所高等院校。

现任中心主任王铭玉教授。

二、工作概述

1. 科研工作

2012 年,中心张良林教授以符号学学科申请获得国家级社会科学研究项目《莫里斯美学符号学思想研究》1 项(项目批准号:12BWW002);专职研究员张智庭出版专著《符号学论集》;中心专职研究人员在全国重要刊物上发表论文 10 篇。

2. 学科建设

2012 年,中心进行了实体化建设,配置了专门的办公场地和办公设备,建立健全了各项科研管理和日常管理制度,聘任了专门的办公室管理人员,专职研究人员。先后增聘 2 位兼职研究员和 4 位国际学术顾问。

3. 学术交流

2012 年 10 月 5 至 9 日,王铭玉教授和卢德平教授应邀参加在南京举行的第 11 届世界符号学大会,并分别在大会上作了主旨发言,所提交论文被会议论文集收录。中心研究员 2012 年应邀赴美国、德国、日本、俄罗斯等国家出席与符号学相关的学术交流与讲座 5 次,同时邀请南开大学、复旦大学和解放军外国语学院的知名学者来中心举办讲座近 10 场。

(孟昭阳)

## 【天津科技大学食品安全战略与管理研究中心】

一、机构概况

2012 年,天津科技大学食品安全战略与管理研究中心有食品安全风险评估及技术标准、食品安全战略与风险管理、食品安全法制与伦理研究 3 个研究方向。现有专兼职人员 20 人,其中教授 14 人,副教授 3 人,办公用房总计 460 平方米。

现任中心主任王硕教授。

二、工作概述

1. 科研工作

2012 年,王硕教授主持的“我国食品安全风险防控研究”获得2012度教育部哲学社会科学研究重大课题攻关项目资助，实现了此类项目零的突破。获得教育部人文社会科学研究规划基金项目1项；天津市高校聘请外专特色项目1项，天津市教育科学规划课题1项，天津市哲学社会科学规划项目1项。本年度，曹小红教授主持的国家自然科学基金应急项目“中国食品安全风险因素来源控制研究”顺利完成结题。已出版食品安全教育培训教材《食品安全法律法规——企业指南》、《食品安全行业伦理与道德建设》、《食品安全科学知识》3部；受天津市社会科学界联合会委托编写的“科学与文化”系列科普图书《食品安全》1册；受天津市质量技术监督局委托编写《食品安全伦理、法律与技术》1部，此书被天津市食品安全办公室指定为食品安全培训用书。中心赵征教授《食品技术与文化》课程入选国家“精品视频公开课”建设名单。“食品安全工程仿真管理实验室”建设初见成效，目前已具备高水平检测技术研发、风险管理、食品安全管理系统仿真研究、技术标准服务、全供应链追溯技术研究等研发能力。在此实验平台基础上，开发了一批具有自主知识产权的软件。

2. 学术交流

本年中，承办了“天津市功能食品及食品安全战略发展研讨会”，中国农业大学、天津市食品学会的部分企业和研究单位参加了研讨会；研究中心的部分研究人员还受邀参加了“第八届天津青年科技论坛——天津市食品安全青年科技论坛”；邀请到东京大学中岛康博教授作了关于“日本食品安全政策”的专题讲座，聘请中岛康博为研究中心特聘教授；中心承办了“天津市社会科学界第八届（2012）学术年会——食品安全与企业责任”分会场会议。

3. 社会服务

2012年，本中心向天津市有关部门提交了“关于加强本市食品安全风险监测、建立完善预警体系的研究”、“天津市农产品追溯制度的运行现状、问题及对策”、“天津市农超对接现状、问题及对策”、“推动食品安全风险交流，增强食品消费信心”、“学习国外先进经验，建设农产品物流安全管理政策与地方法规”等5份咨询建议报告，得到张俊芳、李文喜副市长等批示。中心还承担了为天津市质检系统、食药监系统、各区县食品生产企业开展了的食品安全相关培训的工作。

（天津科技大学科技处）

## 【中国民航大学航空法律与政策研究中心】

### 一、机构概况

2012年，中国民航大学航空法律与政策研究中心新增“民航空防安全研究所”，现设4个研究所（航空法学研究所、民航政策研究中心、民航文化研究所、民航空防安全研究所）、中心行政办公室、中心图书资料室等6个机构，建筑面积400多平米。本中心设有法学一级学科硕士点，承担法学硕士研究生培养，在校研究生12人。中心共有专兼职研究人员24人，包括教授12人、副教授7人、讲师5人，博士11人。

现任中心主任杨惠教授。

### 二、工作概述

1. 科研工作

2012年度，中心获省部级课题立项5项，其中天津市教委社科重大项目1项，天津市社科基金重点项目1项，中国法学会2项，民航软科学1项。本年度，中心完成了海峡两岸航空直航的法律问题研究、民航立法技术规范研究、民航刑事执法规范问题研究等5项课题。一年中，本中心发表航空法律方面的论文共8篇，其中CSSCI5篇。出版基地刊物《航空法学评论》（第二辑），出版《航空保险法》《民航刑事执法规范》等法学著作4部。

2. 学术交流

2012年，中心承办了中国航空法学研究会2012年年会暨“民航非法干扰的法律应对等热点问题研讨会”。年中，本中心聘请到国内外学者来校讲学，举办了包括联合国国际刑事法院大法官刘大群、国际民航组织行政局局长柳芳、美国俄何拉何玛市大学法学院院长荷尔曼教授、国际环境法专家迪乐彭等在内的高端学术讲座6场。

（杨惠）

## 【天津工业大学现代纺织产业创新研究中心】

### 一、机构概况

2012年，天津工业大学现代纺织产业创新研究中心有专兼职研究人员近20人，其中教授8人，副教授8人，其他高级职称人才2人，拥有教育部新世纪人才1人，天津市教学名师1人，天津市“五个一批”人才1人，“131”创新型人才（第三层次）1人，天津市高校“优秀青年教师资助计划“1人，以及天津市政府政策咨询顾问、天津市科委咨询顾问、中国纺织工业联合会咨询顾问等行业和企业决策咨询顾问多人。

现任中心主任赵宏教授。

**二、工作概述**

1. 科研工作

2012 年,中心以“十二五”期间国家和天津市经济社会发展中急需解决的理论和实际问题为重点,围绕服务天津市经济发展和中国纺织工业,在自主创新、产业结构调整与升级、纺织产业转移、纺织产业集群、纺织产业联盟、管理创新和品牌建设等领域进行了研究。承担了国家和省部级课题以及国家有关部委、中国纺织工业联合会、天津市有关委办局和企事业单位委托项目多项,到位科研经费百余万元。发表论文 30 余篇。主持编辑了本年度的“中国纺织工业发展报告”。多人获得中国纺织工业联合会颁发的“中国纺织工业科技进步奖”和“中国纺织经济论文奖”。

2. 学科建设

2012 年,中心受中国纺织工业联合会邀请,参与了纺织产业集群的调研工作,以及第二届全国纺织行业企业管理创新成果奖申报材料的评估和总结工作。组织了 2 次全国性纺织类高校学生技能大赛,配合学校建成了“纺织类非物质文化遗产学研馆”,组织一个学生团队以纺织类非遗研究为特色申报并获批了全国大学生创新创业计划项目,以特色科研带动了特色教学。参与了由北京大学等研究机构发起,两岸四地(大陆及港、澳、台)大学合作的“中国非遗推进工程中心”工作,将纺织类非遗的教学和研究工作纳入到了其中。

3. 学术交流

2012 年,中心成员积极开展企业调研和学访,参加各类学术会议,以提升研究水平。如多人次参加每年一度的由中国纺织工业联合会主办的“中国纺织经济论坛”、“中纺圆桌论坛”等行业性会议以及相关国际学术会议等。配合学校成功地承办了 2012 年天津市社会科学界学术年会的分会场会议。

(周庄)

**【天津职业技术师范大学师范能力与职业能力研究中心】**

**一、机构概况**

2012 年,天津职业技术师范大学师范能力与职业能力研究中心拥有 3 个研究方向:职业技术师范教育与人才培养、职业发展与职业能力评价、职业教育发展与职教师资队伍建设。中心拥有学术带头人 3 人,骨干研究人员 12 人,其中教授 10 人,副教授 2 人;拥有博士学位 5 人,特聘研究员和教授共 13 人。本年度中心科研办公用房达到 200 平方米及专业资源库及各种办公设备。

现任中心主任张兴会教授。

**二、工作概述**

1. 科研工作

2012 年,中心获批社科项目 9 项。其中国家人文社科基金项目 1 项;全国教育科学规划教育部重点项目 1 项、全国教育科学规划教育部青年项目 1 项;天津市哲学社会科学规划办公室、教育科学规划办公室等省部级科研纵向课题 6 项。

中心有 9 项科研项目结项,包括国家级 1 项,省部级 8 项。出版《中国高等教育本土化研究:以 20 世纪二三十年代为背景的分析》、《教育政策的理论与实践》学术专著 2 部;发表学术论文 18 篇,其中国际会议提交论文 3 篇、CSSCI 论文 8 篇。

2. 学术交流

6 月 16 日,根据教育部、财政部“中等职业学校教师素质提高计划”,中心的研究人员在天津职业技术师范大学参与了对“中等职业学校教师素质提高计划”的研讨。在该计划中,中央财政支持 5 万名教师参加国家级培训,省级财政组织 20 万名教师参加省级培训。本次实施的素质提高计划具有几个显著特点:一是经费投入倍增,中央财政投入超过 26 亿元,是“十一五”投入的 5 倍以上;二是企业广泛参与;三是强化引导机制。中央通过对教师培训项目、兼职教师项目进行奖励,鼓励地方加大投入。

(程卿)

**【天津城市建设学院城镇化与新农村建设研究中心】**

**一、机构概况**

2012 年,天津城市建设学院城镇化与新农村建设研究中心有专职研究员(教授)40 人,副研究员(副教授)21 人,硕士生 39 人,已经形成结构合理的学术梯队。中心现拥有 3 个硕士点:管理科学与工程、建筑设计及其理论、城市规划等 3 个硕士研究方向。中心培养研究生 10 余名。

现任中心主任王建廷教授。

二、工作概述

1. 科研工作

2012 年,中心研究人员和科技骨干积极从事科研活动,获得教育部课题立项 5 项,天津社科规划课题 13 项,横向课题 20 余项,课题总经费达 280 万元。本年度科研人员发表论文 60 余篇,出版著作 10 部。

2. 学术交流

2012 年,中心定期举行教师学术交流活动,邀请学术带头人、课题主持人与外国专家学者作学术报告,增强学术交流平台的应用价值和影响力。积极拓展国内外学术交流渠道,邀请到美国内华达大学宋顺锋教授来校作"中美住房与房地产税"专题学术报告。中心主任王建廷与宋顺锋教授就促进相关学科发展、吸取国外先进教育经验等内容进行交流。还邀请到美国爱荷华州立大学 KatiaBalassiano 副教授先后进行了 3 场专题演讲,并到本中心与经管学院师生针对城市经济、规划及管理领域的议题进行了面对面的交流,双方就美国爱荷华州立大学社区与区域规划系和本校经济与管理学院开展研究生交换、教师互访以及合作研究达成了初步意向。本年度参与国内外学术会议、合作开展科学课题研究等活动共 28 人(次)。

(韩庚君)

【天津音乐学院艺术创作与表演研究中心】

一、机构概况

2012 年,天津音乐学院艺术创作与表演研究中心主要研究方向有艺术创作研究、艺术表演研究、艺术批评研究。有科研人员 22 人,其中包括教授 9 人,副教授 5 人,以及一批博士后、博士和硕士研究生参加研究工作。中心现有中文图书 15200 册,英文图书 3300 余册;中文期刊 68 种,英文期刊 22 种。

现任中心主任杨雁行教授。

二、工作概述

1. 科研工作

2012 年,中心获天津市科技计划项目 1 项:《手风琴簧片制作工艺优化及产业化应用》(负责人:王树生),天津市艺术科学规划项目 3 项:《天津地区当代交响音乐创作研究》(负责人:刘文平)、《音乐心理学研究——音乐张力的发展及其与音乐要素的关系》(负责人:王娜)、《中国近现代音乐大师黎锦晖音乐文献数据分析与利用》(负责人:麻丽冰),天津市高校人文社会科学项目 2 项:《高等音乐艺术院校本科音乐基础理论考评体系应用研究》(负责人:傅红妹)、《2001 年以来国外关于巴洛克早期音乐的研究及评注》(负责人:吴新伟)。完成 2012 年天津市科委科学信息研究所科技基础条件资源调查工作、填报完成教育部人文社会科学研究项目评审专家信息库工作。组织了天津市教育科学"十二五"规划课题与天津市高校人文社科等项目课题开题仪式。本年度科研人员发表论文 76 篇。

2. 学术交流

2012 年 4 月 11 日,中心邀请到中央音乐学院教授、博士生导师、著名作曲家徐振民来天津音乐学院举办题为"谈《枫桥夜泊》的写作"专题讲座。5 月 17 日,中央音乐学院钢琴系主任、著名钢琴演奏家、教育家吴迎教授来天津音乐学院进行学术交流,天津音乐学院院长徐昌俊为吴迎教授颁发客座教授荣誉证书。吴迎教授举办了关于舒伯特钢琴演奏风格的讲座,并介绍了其随笔集《琴之歌》的内容。5 月 16 日,上海音乐学院中提琴教授沈西蒂来天津音乐学院举办大师班,当晚成功举办了独奏音乐会。5 月 29 日上午,美国柯蒂斯音乐学院钢琴系刘孟捷教授来天津音乐学院举办大师班讲座。6 月 26 日上午,美国茱莉亚音乐学院院长约瑟夫 · 波利西先生应邀访问天津音乐学院,并与徐昌俊院长举办"院长对话"论坛,共同分享茱莉亚音乐学院成功的办学经验。10 月 9 至 11 日,继声乐系赴美国密西根州立大学访问交流圆满成功后,美国密西根州立大学音乐学院声乐系主任理查德 · 弗兰克教授携美方师生对天津音乐学院进行了回访。期间,举办了三场大师班讲座和两场师生交流音乐会。11 月 6 至 9 日,美国钢琴家克里斯托弗 · 道林伯格博士应邀莅临天津音乐学院举办系列学术交流活动。克里斯托弗博士主持开展了包括讲座音乐会、学术讲座、大师课等系列学术活动。10 月 10 至 11 日,应天津音乐学院邀请,中央音乐学院管弦系打击乐专业副教授刘刚来天津音乐学院讲学。期间,刘刚副教授为管弦系打击乐专业学生作了题为《乐队打击乐的听与打》专题讲座,并进行了大师班授课。11 月 13 日,美国密西根州立大学历史与人文学院的康拉德 · 唐纳柯夫斯基教授应天津音乐学院邀请,在图书信息楼 A303 教室为天津音乐学院师生带来了一场名为"柏拉图式的范例——艺术和历史的对话和辩证"的精彩讲座,由此拉开了"音乐学系系庆系列学术活动”的帷幕。11月22日,国际著名中提琴演奏大师尤里·巴什梅特先生受邀访问天津音乐学院,并为天津音乐学院30余名中提琴专业师生及一组弦乐四重奏教师举办了一场精彩的大师课。12月5日下午,中央音乐学院音乐学系宋瑾教授为广大师生带来了一场题为《中性化:后西方时代的趋势——多元音乐文化新样态预测》的学术讲座。

2012年中心策划组织了第三届“天津市五月音乐节”和2012中国·天津国际爵士音乐节两个大型节庆活动。

（杜珊珊）

【河北工业大学企业信息化与管理创新研究中心】

一、机构概况

2012年,河北工业大学企业信息化与管理创新研究中心有副高职以上专职研究人员21人(教授20人、副教授1人);博士19人;博导13人。国务院特殊津贴获得者1人,教育部新世纪优秀人才支持计划1人。拥有管理科学与工程博士后科研流动站,拥有一级学科博士、硕士学位授权点。

现任中心主任康凯教授。

二、工作概述

1.科研工作

2012年,中心获批国家社会科学基金项目1项;省部级项目28项,横向科研合同项目17项,到账科研经费316万元。2012年,中心共提交会议论文49篇,核心期刊发表论文49篇。出版学术专著5部,获软件著作权5项。2012年,新增工商管理博士后科研流动站。

2.学术交流

中心采取邀请国内外知名学者从事短期访问教学、科研合作等活动,并采取博士生联合培养、学术带头人出国访问、青年学术骨干出国研修、资助参加和协办国际学术会议等多种形式有力加强了国际学术交流。2012年,本中心先后与清华大学、郑州大学、广西大学、美国和加拿大等多所知名学府进行交流学习。3人次在美国、英国、荷兰进行为期半年以上的进修和访问,8人次参加境内外国际学术会议,4人在国际、国内会议上作主题发言,开拓了教师学术视野,密切了学术联系。

（栾新凤）

责任编辑:曹向东

# 学术团体

**【2012 年天津市社会科学学术团体工作综述】**

2012 年，天津市社会科学学术团体在市社联的组织指导下，着重围绕学习、宣传、贯彻党的十八大精神和市第十次党代会、市委十届二次全体会议重大部署，以邓小平理论、“三个代表”重要思想、科学发展观为指导，推动社团在组织管理规范化、学术研究出成果、党建工作见成效、服务社会上水平等方面采取了新的措施，取得新的成绩。

**一、夯实管理基础，推动学会规范发展**

2012 年，继续以推动学会规范发展为目标，做到管理的常态化、制度化和深入化。抓源头把关，根据《筹备、成立市级学会研究会的规定》，市社联全年新批准成立天津市企业文化研究会和方放秘书学与公文写作学研究基金会各 1 个。根据有关规定，指导市公共关系协会等学会规范履行换届手续，严格执行相关程序。抓过程监督，制定实施《天津市社联关于直属学会换届工作的暂行规定》，编辑出版《天津市社联社团工作文件汇编》，完善学会管理的制度依据。坚持在“请进来”中打造“学会之家”，全年共接待来访近百次，回答学会成立、换届、变更，以及制度建设、学术研究等一系列问题。坚持在“走出去”中接地气，全年走访、联系学会 50 余个，接待学者和学会工作者 120 余人，增强社联与学会间的互动性；抓全面年检，对未按时换届的 12 个学会下发《关于督促部分直属学会换届的通知》。通过会前组织、初步审核和“一站式”年检等多程序环节，全年 24 个学会年检合格，7 个年检基本合格，市世界经济学会、市新闻摄影学会未按期参加年检，市艺术学会、市创造学会、市食文化研究会限期换届，市孙犁研究会、市文学学会、市今晚科技工作者联谊会需进行整改。此外，市社联召开学会工作会议，集中部署全年重点工作。

**二、借助资助平台，提升学会学术质量**

2012 年，继续对学会开展的重点学术活动予以适当资助。依据《天津市社联关于资助学会开展重点学术活动的办法》，确定了《关于 2012 年市社联资助学会重点学术活动的工作方案》，内容涉及重点学术活动参考选题、报批程序、动态管理等。经学会管理专业委员会讨论并报社联领导审核批准，全年共资助学会重点学术活动 16 项，资助金额近 8 万元。资助范围有所扩大，既包括直属学会，也包括部分挂靠学会。活动选题前瞻性、创新性、实践性特点突出，内容涉及学习贯彻党的十八大精神、社会主义核心价值体系构建、无形资产理论研究、创意产业理论发展、区域发展与城市化、心理调适与社会和谐、国学与当代文化、保险与诚信体系建设等经济、政治、社会、文化发展的各个领域。其中，有 10 项活动列为天津市社会科学界第八届学术年会分会场，社会影响力得到进一步扩大。7 项活动编印论文集，使成果得以展示和固化。

**三、加强交流协作，扩大学会社会影响**

2012 年，各学会积极参与社科界各种活动，借助社科大平台扩大自身影响。一是，参与创新论坛，市社联先后与天津师范大学共同主办“构建社会主义核心价值体系大力发展公共文化事业的理论与实践”论坛，发言学者中包括来自市伦理学学会、市政治学学会和市科学社会主义学会的负责人和专家。与市环渤海经济研究会联合举办“滨海新区创新发展的理论与实践”论坛、与天津职业技术师范大学和市科学社会主义学会联合举办的“科学发展观开辟马克思主义中国化新境界”论坛，在论坛的选题策划、组织筹备、学术研讨、宣传报道等各个环节，各参与学会积极与市社联沟通协作，确保每次论坛高质量开展。二是，各学会积极参加天津市社会科学界第八届学术年会活动，30 余个学会的专家学者撰写提交论文，市政治学学会等10个学会组织举办年会分会场活动。其中，市环渤海经济研究会等6个学会被年会组委会评为优秀组织单位。此外，市社联组织参加京津冀晋蒙区域协作论坛，共同关注建言区域发展重大课题。市经济学学会、市环渤海经济研究会等学会的7位专家学者围绕“首都经济圈：内涵与路径”主题撰写的论文被收入论文集，内容涉及首都经济圈与天津北方经济中心建设、京津冀晋蒙产业发展格局及其演化趋势、首都经济圈旅游休闲一体化发展研究、首都经济圈与天津北方经济中心发展战略等。

**四、阐释“天津精神”，营造文化强市氛围**

2012年，市社联作为主要成员单位之一，积极组织有关专家学者承担市精神文明建设委员会的专项课题。组织专家对“天津精神”候选表述语进行研讨，提出了独到见解。表术语确定后，继续组织专家学者撰写理论文章对“天津精神”进行集中阐发宣传，分别以“天津精神助推天津发展”、“简析爱国诚信”、“务实创新与天津精神”和“海纳百川兼收并蓄——天津精神之‘开放包容’释义”为题，从不同角度阐发天津精神。文章认为，天津精神是由具有天津特色、天津实践活动方式、追求目标等要素构成的有机、开放的系统，表述语中的“爱国诚信、务实创新、开放包容”是最核心的要素，共同构成了天津精神的有机系统。总结提炼“天津精神”活动，是一次集中民智、汇集民意、凝聚共识，动员全市人民参与城市文化建设，弘扬社会主义核心价值体系，在新的起点上推动天津文化大发展大繁荣的生动实践。围绕“天津精神”所开展的系统深入理论研讨和阐释，为广大市民群众进一步了解、弘扬、践行“天津精神”提供了重要理论指导和支撑。

**五、注重科普宣传，发挥文化惠民功能**

2012年，各学会充分发挥自身特色优势，积极参加主题为“弘扬天津精神促进科学发展”的天津市第十届社会科学普及周活动。科普周包括六大板块300余项活动，在社科普及咨询活动板块，市保险学会等21个学会围绕财产险、人寿险、综合保险知识等领域社会广泛关注的热点、难点问题为市民群众答疑解惑。在电话咨询板块，市家庭教育研究会、市工商行政管理学会、市伦理学学会分别围绕“青少年心理调适，创业、就业有关政策咨询”、“消费者权益知识”、“解读天津精神”、“食品安全”等专题回答听众的热线提问。在百场社科普及公益讲座板块，市老年摄影艺术研究会、市教育学会等9个学会围绕摄影艺术作品赏析、学校如何开展教科研等专题作了20场次讲座。在社科普及理论研究与科普图书编撰中，市伦理学学会会长漆玲作为“推进社科普及创新发展提升公民人文科学素质”课题组成员参与研究工作，市社会心理学学会秘书长李强、市伦理学学会秘书长赵士辉作为主编分别参与了“科学与文化”系列科普图书中《心理疏导》和《食品安全》的撰写工作。

（本文作者：薛向军，天津市社会科学界联合会副主任科员）

# 天津市社会科学学术团体基本情况（2012年）

| 序号 | 学会名称 | 业务主管单位 | 会长 | 秘书长 | 联系地址 |
|---|---|---|---|---|---|
| 1 | 市经济学学会 | 天津市社会科学界联合会 | 周立群 | 刘刚 | 南开卫津路94号南开大学经济学院高层8楼 |
| 2 | 市世界经济学会 | 天津市社会科学界联合会 | 陈漓高 | 张伯伟 | 南开大学经济学院办公楼908室 |
| 3 | 市数量经济研究会 | 天津市教育委员会 | 张晓峒 | 王群勇 | 南开大学数量经济研究所 |
| 4 | 市卫生经济学会 | 天津市卫生局 | 陈力 | 杜学武 | 和平区南京路98号1号楼3楼305室 |
| 5 | 市城市经济学会 | 天津市发展和改革委员会 | 魏炳坤 | 王天伟 | 河西区福建路17号 |
| 6 | 市农业经济学会 | 天津市农村工作委员会 | 朱廉康 | 毛科军 | 河西区黑牛城道177号市农委政研室 |

续表

| 序号 | 学会名称 | 业务主管单位 | 会 长 | 秘书长 | 联系地址 |
|---|---|---|---|---|---|
| 7 | 市企业经济研究会 | 天津市社会科学界联合会 | 常修泽 | 施振疆 | 南开区红旗南路582号濠景国际A座1101 |
| 8 | 市粮食经济研究会 | 天津市粮食局 | 李久彦 | 樊力生 | 河东区八纬路207号 |
| 9 | 市供销合作经济学会 | 天津市供销合作总社 | 王建涛 | 邱汉祥 | 和平区重庆道25号 |
| 10 | 市市政公路经济发展研究会 | 天津市市政公路管理局 | 杨树海 | 刘晰明 | 和平区成都道133号市政公路行业协会信息咨询部 |
| 11 | 市城市建设综合开发研究会 | 天津市城市建设委员会 | 贾一士 | 齐俊萍 | 和平区重庆道217号4楼 |
| 12 | 市财政学会 | 天津市财政局 | 杨福刚 | 樊登义 | 和平区解放北路100号 |
| 13 | 市税务学会 | 天津市国家税务局 | 杜铁英 | 姚宏力 | 河北区北安道38号B座 |
| 14 | 市国际税收研究会 | 天津市地方税务局 | 刘 健 | 马培祥 | 和平区解放北路100号 |
| 15 | 市审计学会 | 天津市审计局 | 王兴虎 | 周 莉 | 和平区洛阳道洛华里4号 |
| 16 | 市统计学会 | 天津市统计局 | 杜西平 | 吕金福 | 和平区南京路244号 |
| 17 | 市价格学会 | 天津市物价局 | 翁家禄 | 郭永峰 | 河西区苏州道35号 |
| 18 | 市宏观经济学会 | 天津市发展和改革委员会 | 李亚力 | 刘东涛 | 河西区福建路17号102室 |
| 19 | 市国际贸易学会 | 天津市商务委员会 | 陈明铎 | 侯全军 | 和平区赤峰道51号 |
| 20 | 市经济杠杆学会 | 天津市发展和改革委员会 | 杨海田 | 武彦民 | 河西区珠江道25号财经大学财政系 |
| 21 | 市经济体制改革研究会 | 天津市发展和改革委员会 | 逄锦聚 | 郝玉兴 | 和平区大沽北路157号国投大厦1302 |
| 22 | 市金融学会 | 中国人民银行天津分行 | 林铁刚 | 吴 超 | 和平区解放北路117号 |
| 23 | 市城市金融研究会 | 天津工商银行天津分行 | 华耀纲 | 冯芝圃 | 河西区围堤道123－2302 |
| 24 | 市钱币学会 | 中国人民银行天津分行 | 李文茂 | 谢 钢 | 和平区解放北路117路 |
| 25 | 市保险学会 | 中国保险学会 | 胡文芳 | 张志怀 | 河西区友谊路7号鑫银大厦1805－1806室 |
| 26 | 市日本经济学会 | 天津社会科学院 | 薛敬孝 | 程绍海 | 河西区宾友道三合里凯特饭店5楼 |
| 27 | 市商业文化协会 | 天津市商务委员会 | 刘俊心 | 李声远 | 和平区南京路君隆大厦C座901室 |
| 28 | 市无形资产研究会 | 天津市专利管理局 | 张嘉兴 | 苑泽明 | 河西区珠江道25号 |
| 29 | 市环渤海经济研究会 | 天津市社会科学界联合会 | 左 明 | 刘东涛 | 南开区育梁道4号市委党校4号楼214 |
| 30 | 市创意策划研究会 | 天津市社会科学界联合会 | 杜金皋 | 张合军 | 和平区睦南道143号 |
| 31 | 市管理学学会 | 天津市社会科学界联合会 | 李维安 | 马连福 | 南开大学商学院公司治理研究中心 |
| 32 | 市行政管理学会 | 天津市人事局 | 张惯文 | 张霁星 | 和平区建设路78号(科学会堂)303室 |
| 33 | 市工商行政管理学会 | 天津市工商行政管理局 | 高天彪 | 潘炳文 | 河北区民主道38号 |
| 34 | 市会计学会 | 天津市财政局 | 陆丽珍 | 牛佃庆 | 河西区广东路67号 |
| 35 | 市交通会计学会 | 天津市交通委员会 | 张德明 | 刘 俊 | 河东区七纬路65号增2号 |
| 36 | 市对外经济贸易会计学会 | 天津市商务委员会 | 成 钢 | 李红芳 | 和平区赤峰道51号东楼3楼303房间 |
| 37 | 天津滨海高新技术产业开发区会计学会 | 天津市新技术产业园区管委会 | 王 伟 | 王 伟 | 南开区华苑产业园区梅苑路6号811室 |
| 38 | 市旅游学会 | 天津市旅游局 | 陈忠新 | 尹大勇 | 河西区宾水道增9号环渤海发展中心815室 |
| 39 | 市档案学会 | 天津市档案局 | 荣 华 | 刘同芝 | 南开区复康路11号增1号 |
| 40 | 市海关学会 | 天津市海关 | 郑维群 | 邢蕴莹 | 和平区营口道2号 |
| 41 | 市劳动保障学会 | 天津市劳动和社会保障局 | 唐延芹 | 刘春红 | 和平区建设路18号 |
| 42 | 市人力资源开发研究会 | 天津市发展和改革委员会 | 李功立 | 沈士仓 | 南开区卫津路 |
| 43 | 市政治学学会 | 天津市社会科学界联合会 | 杨 龙 | 孙晓春 | 南开区卫津路94号南开大学周政学院(范孙楼5楼) |

续表

| 序号 | 学会名称 | 业务主管单位 | 会　长 | 秘书长 | 联系地址 |
|---|---|---|---|---|---|
| 44 | 市李大钊研究会 | 中共天津市委政法委员会 | 邵　健 | 王泽庆 | 南开区水上公园路45号 |
| 45 | 市延安精神研究会 | 天津市社会科学界联合会 | 何国模 | 阎　东 | 中共天津市委党校2号楼 |
| 46 | 市中共党史学会 | 中共天津市党史研究室 | 周根会 | 刘素新 | 和平区湖北路14号 |
| 47 | 市中国共产党党的建设研究会 | 中共天津市委党校 | 房凤友 | 刘润忠 | 南开区育梁道4号 |
| 48 | 市中国特色社会主义理论研究会 | 天津社会科学院 | 李锦坤 | 张博颖 | 南开区迎水道7号天津社科院马克思主义研究所 |
| 49 | 市科学社会主义学会 | 天津市社会科学界联合会 | 荣长海 | 薛新国 | 西青区滨水道延长线393号天津师范大学政治与行政学院 |
| 50 | 市思想政治工作研究会 | 天津市社会科学界联合会 | 肖怀远 | 王金树 | 河西区友谊路30号市委宣传部转政研会 |
| 51 | 市工人运动理论研究会 | 天津市总工会 | 李泮祥 | 郭振影 | 河东区光华路4号 |
| 52 | 市台湾研究会 | 中共天津市委台办 | 蔡世彦 | 邵宝明 | 和平区南京路10号817室 |
| 53 | 市领导学研究会 | 天津市社会科学界联合会 | 李万鹏 | 刘树森 | 南开区育梁道4号 |
| 54 | 市政协理论研究会 | 政协天津市委员会 | 何国模 | 史晓成 | 和平区新华路209号1002 |
| 55 | 市统战理论研究会 | 中共天津市委统战部 | 黎　钦 | 朱　勇 | 和平区泰安道7号 |
| 56 | 市社会学学会 | 天津市社会科学界联合会 | 侯钧生 | 唐忠新 | 南开大学周恩来政府管理学院 |
| 57 | 市社会心理学学会 | 天津市社会科学界联合会 | 乐国安 | 李　强 | 南开大学主楼236室 |
| 58 | 市民政学会 | 天津市民政局 | 郭延益 | 高学庆 | 南开区苍穹路 |
| 59 | 市公共关系协会 | 天津市社会科学界联合会 | 王鸿江 | 于建军 | 河西区友谊路中乒公寓4－4－101 |
| 60 | 市老年学学会 | 天津市民政局 | 王　辉 | 高世忠 | 南开区苍穹路增1号 |
| 61 | 市人口学学会 | 天津市民政局 | 韩　立 | 黄良操 | 和平区泰安道17号 |
| 62 | 市婚姻家庭研究会 | 天津市妇女联合会 | 潘允康 | 杨　健 | 和平区大沽路200号 |
| 63 | 市法学会 | 天津市司法局 | 散襄军 | 刘裕民 | 和平区大理道100号404室 |
| 64 | 市法制心理学会 | 天津市社会科学界联合会 | 刘援朝 | 史宝欣 | 武清开发区广源道1号 |
| 65 | 市检察官协会 | 天津市人民检察院 | 于世平 | 赵屹松 | 南开区万德庄大街1号 |
| 66 | 市监察学会 | 天津市监察局 | 梁文忠 | 孙长华 | 河西区西园道6号 |
| 67 | 市监狱学会 | 天津市监狱工作管理局 | 郭忠华 | 崔炳顺 | 南开区凌宾路延长线原司法警官院内 |
| 68 | 市劳教学研究会 | 天津市劳动教养管理局 | 宗连学 | 陈　岩 | 和平区常德道119号 |
| 69 | 市政府法制工作研究会 | 天津市政府法制办公室 | 张惯文 | 张秉银 | 河西区友谊路30号 |
| 70 | 市哲学学会 | 天津市社会科学界联合会 | 陈晏清 | 王新生 | 南开大学哲学院 |
| 71 | 市逻辑学学会 | 天津市社会科学界联合会 | 任晓明 | 刘明明 | 河西区珠江道25号天津财经大学经济学系 |
| 72 | 市伦理学学会 | 天津市社会科学界联合会 | 漆　玲 | 赵士辉 | 河西区大沽南路1038号 |
| 73 | 市美学学会 | 天津市社会科学界联合会 | 薛富兴 | 石俊生 | 南开大学西南村58号楼3－505 |
| 74 | 市创造学学会 | 天津市社会科学界联合会 | 甄建民 | 周毓伟 | 河西区紫金山路38号 |
| 75 | 市文学学会 | 天津市社会科学界联合会 | 陈　洪 | 李瑞山 | 南开大学主楼105室 |
| 76 | 市外国文学学会 | 天津市社会科学界联合会 | 王立新 | 佟　立 | 河西区马场道117号 |
| 77 | 市比较文学学会 | 天津市社会科学界联合会 | 孟昭毅 | 郝　岚 | 西青区宾水道393号 |
| 78 | 市杂文研究会 | 天津市社会科学界联合会 | 贾长华 | 姜维群 | 南开区南京路358号 |
| 79 | 解放区文学研究会 | 天津社会科学院 | 王之望 | 孙玉蓉 | 南开区迎水道科海里11－2－－102 |
| 80 | 市梁斌文学研究会 | 天津市社会科学界联合会 | 肖　元 | 宋安娜 | 河西区大沽南路873号 |
| 81 | 市孙犁研究会 | 天津市社会科学界联合会 | 张建星 | 宋安娜 | 河西区大沽南路873号 |
| 82 | 市鲁藜研究会 | 天津市社会科学界联合会 | 王玉树 | 郭武群 | 南开迎水道7号科研大楼 |
| 83 | 市国际文化交流研究会 | 天津市社会科学界联合会 | 车铭洲 | 周毓伟 | 河西区紫金山路38号 |
| 84 | 市食文化研究会 | 天津市社会科学界联合会 | 吴锁贵 | 徐双利 | 河西区吴家窑大街22号 |

续表

| 序号 | 学会名称 | 业务主管单位 | 会长 | 秘书长 | 联系地址 |
|---|---|---|---|---|---|
| 85 | 市语言学会 | 天津市社会科学界联合会 | 施向东 | 冉启斌 | 南开大学汉语言文化学院 |
| 86 | 市写作学会 | 天津市社会科学界联合会 | 任芙康 | 李润霞 | 南开大学文学院 |
| 87 | 市世界语协会 | 天津市社会科学界联合会 | 韩祖武 | 宋景全 | 河东区金湾花园28－4－201 |
| 88 | 市翻译工作者协会 | 天津市教育委员会 | 修　刚 | 洪　涛 | 和平区马场道117号天津外大院内 |
| 89 | 市新闻学会 | 中共天津市委宣传部 | 刘凤银 | 朱康文 | 和平区湖北路14号 |
| 90 | 市新闻摄影学会 | 天津市社会科学界联合会 | 张建星 | 陈国兴 | 天津日报社摄影部 |
| 91 | 市老年摄影艺术研究会 | 天津市社会科学界联合会 | 朱其华 | 周传林 | 河西区永安道泰达园4门901室 |
| 92 | 市广播电视学会 | 天津市广播电视局 | 胡兴华 | 窦秀珍 | 和平区卫津路143号 |
| 93 | 市艺术学会 | 天津市社会科学界联合会 | 郭凤岐 | 孙　越 | 河西区黄埔南路旭光里4－1－502 |
| 94 | 市国学研究会 | 天津市社会科学界联合会 | 王处辉 | 朱彦民 | 河西区越秀路白云里14门105 |
| 95 | 市历史学学会 | 天津市社会科学界联合会 | 陈志强 | 王先明 | 南开区卫津路94号 |
| 96 | 市地名学研究会 | 天津市规划局 | 王东海 | 房志国 | 和平区西康路54号 |
| 97 | 市文物博物馆学会 | 天津市文化局 | 陈　卓 | 王晓满 | 和平区大理道44号 |
| 98 | 市孙子兵法研究会 | 天津市教育委员会 | 李海涛 | 李　鑫 | 西青区宾水西道延长线师范大学学生处 |
| 99 | 市历史文化保护促进会 | 天津市社会科学界联合会 | 航　鹰 | 李玉林 | 和平区河北路314号 |
| 100 | 市教育学会 | 天津市教育委员会 | 李闻玺 | 刘长兴 | 和平区泰安道17号 |
| 101 | 市教育科学学会 | 天津市教育委员会 | 张武升 | 崔慧芝 | 南开区复康路25号 |
| 102 | 市家庭教育研究会 | 天津市妇女联合会 | 王鸿江 | 王冬梅 | 和平区大沽路200号 |
| 103 | 市学前教育学会 | 天津市教育卫生委员会 | 袁晴凯 | 徐　军 | 南开区双峰道38号 |
| 104 | 市高等教育学会 | 天津市教育委员会 | 靳润成 | 刘心廉 | 天津广播电视大学办公楼710室(迎水道1号) |
| 105 | 市学位与研究生教育研究会 | 天津市教育委员会 | 吴咏诗 | 古　瑶 | 南开区卫津路92号 |
| 106 | 市职业教育与成人教育学会 | 天津市教育委员会 | 龙德毅 | 李全奎 | 红桥区咸阳路8号 |
| 107 | 市党校教育研究会 | 中共天津市委党校 | 王全文 | 杜维训 | 南开区育梁道市委党校工作处 |
| 108 | 市陶行知研究会 | 天津市委统战部 | 何国模 | 张继仁 | 河西区体院北津淄东里26门201 |
| 109 | 市张伯苓教育思想研究会 | 天津市社会科学界联合会 | 申泮文 | 罗士龙 | 和平区南京路诚基中心1－1－612 |
| 110 | 市教育国际交流协会 | 天津市教育卫生委员会 | 于　愫 | 樊本章 | 和平区成都道52号 |
| 111 | 市房地产学会 | 市国土资源和房屋管理局 | 杨族耀 | 苏　浩 | 河西区利民道27号 |
| 112 | 市张骞士研究会 | 天津市社会科学界联合会 | 傅中华 | 刘海山 | 南京路129号诚基中心3－2－1902 |
| 113 | 太平洋经济合作委员会 | 天津市社会科学界联合会 | 张元龙 | 夏幕禹 | 和平区花园路9号 |
| 114 | 市今晚科技工作者联谊会 | 天津市社会科学界联合会 | 袁瑞华 | 李胜贵 | 河西区友谊路25号 |
| 115 | 市警察学会 | 天津市公安局 | 武长顺 | 高家明 | 和平区鞍山道41号 |
| 116 | 市高等职业技术教育研究会 | 天津市社会科学界联合会 | 荣长海 | 赵丽敏 | 南开区复康路25号 |
| 117 | 市学习型党组织建设研究会 | 天津市社会科学界联合会 | 薛进文 | 赵铁锁 | 南开大学范孙楼340室 |
| 118 | 市企业文化研究会 | 天津市社会科学界联合会 | 王鸿江 | 李　靖 | 华苑产业区榕苑路2号3－812 |
| 119 | 方放秘书学与公文写作学研究基金会 | 天津市社会科学界联合会 | 姜炳坤 | 姜　媛 | 天津开发区十三大街9号艺体楼215号 |

【2012年天津市民办社会科学研究机构工作综述】

2012年，在市社联的正确指导和机构理事会的具体领导下，各民办社科机构在规范组织建设、承担课题研究、开展学术研讨、编辑出版书籍等方面做了大量工作，取得了新的成绩。

**一、加强组织建设，推动规范发展**

2012年，各民办社科机构继续强化理事会的领导作用，每年至少召开2次理事会议，就机构重大事项进行研究决定。继续完善内部管理规章制度。在"一站式"年检工作中，10个民办社科机构认真准备，在基本信息、内部建设、接受监督、财务会计报告和内设机构等方面符合年检规定要求，全部顺利通过年度审核。

**二、承接课题项目，提升科研水平**

2012年，天津市鑫联社会科学咨询服务中心承接了"拓展天津重点产业链，催生产业集群及科技型中小企业发展研究"课题，完成天津市国土资源和房屋管理局重点课题《建筑名人城市》调研、论证工作。同时，协助市委宣传部和市社联举办天津市第十届科普周"弘扬与践行天津精神"易特杯有奖知识竞答活动等。天津市教育考试研究所承担了"高水平大学入学选拔制度改革研究"项目并进入结题阶段，期间相继完成该项目5个子课题，分别为：《台湾高考改革中的"综合评价"研究》、《台湾高考制度演变》、《高校自主招生实施现状研究》、《美国AP课程对优化我国大学自主选拔录取标准的借鉴》和《高水平大学自主选拔录取保障制度研究》。此外，还承担并完成了教育部重点课题"高等教育自学考试制度的设计与改革研究"，协助全国高等教育自学考试指导委员会办公室撰写了《高等教育自学考试事业改革发展规划》报告。应广东省启明科技发展有限公司聘请，研究所派员主持了该公司"考试文化博物馆"的创建工作。天津滨海产权研究院完成了国家开发银行重点课题《旅游产权交易与银行创新性合作研究》。

**三、举办研讨活动，促进学术交流**

2012年，天津市鑫联社会科学咨询服务中心举办了"科技创新推动文化产业发展专题论坛"，《中国改革报》、天津电视台、北方网等进行报道，《天津日报》整版刊发了专家学者发言。天津市南开国际经济管理研究中心邀请香港科技大学K. C. John教授参加"名人面对面"讲座活动，并作了题为"市场发展与财富增长效应的国际案例"专题讲座。同时，该中心积极参与2012年中国上市公司治理报告的撰写和指数发布工作，南开国际管理论坛还举办了南开大学第一届财管之星案例大赛。天津市亚太政治经济研究中心与吉林大学签署框架合作协议，研究共建"东北亚协同发展创新中心"，参加"关于亚太形势"论坛和研讨会。此外，该"中心"还适时组织召开"钓鱼岛问题对中日经济影响"专题研讨会。天津滨海产权研究院分别组织参加了"2012年天津国资工作研讨会"和"我国场外交易市场立法与实践研讨会"。天津时代文化舆情研究中心以"大学生心理认知与社会认同研究"为主题，组织部分在校大学生举办多次座谈会。

**四、编辑出版书籍，集聚研究成果**

2012年，天津市鑫联社会科学咨询服务中心组织编写《建筑　名人　城市》一书，并被评为"全国优秀社会科学普及作品"。天津南开校史研究中心组织编辑出版《南开校史研究》丛书（第五至八辑），近76万字。编辑出版《南开中学年鉴2012》，近53万字。编辑出版《南开公能讲坛录》丛书（第二辑），近12万字。完成策划编辑《周恩来南开中学作文笺评》一书，其中收录了周恩来总理在南开中学求学期间撰写的52篇作文。此外，天津滨海产权研究院组织编写了《中国场外交易市场发展报告（2012—2013）》，天津民办教育发展研究中心引进"读写一体化教程"，结合天津市中学实际组织编写了"目标作文与阶段训练"讲义，并组织培训2000人次。

（本文作者：兰云，天津市社会科学界联合会副主任科员）

# 天津市民办社科机构基本情况(2012年)

| 序号 | 单位名称 | 成立时间 | 法　人 | 联系人 | 联系地址 |
|---|---|---|---|---|---|
| 1 | 天津市南开国际经济管理研究中心 | 2003年12月 | 骆春树 | 郝　臣 | 南开大学商学院南开国际经济管理研究中心 |
| 2 | 天津民主法制建设研究中心 | 1993年11月 | 杨明光 | 李　艳 | 天津市政法管理干部学院 |
| 3 | 天津民办教育发展研究中心 | 1997年10月 | 王宗仁 | 王宗英 | 河东区华昌大街华馨公寓5-4-102 |
| 4 | 天津滨海产权研究院 | 2007年6月 | 洪振东 | 洪振东 | 河西区琼州道103-1号 |
| 5 | 天津时代文化舆情研究中心 | 2008年7月 | 金红炎 | 金红炎 | 和平区烟台道82号301 |
| 6 | 天津新视界教育发展研究所 | 2008年7月 | 董　泉 | 董　泉 | 河西区金华道天庆里1-1-312 |
| 7 | 天津市教育考试研究所 | 2010年3月 | 乔丽娟 | 沈　洪 | 天津市教育招生考试院 |
| 8 | 天津市亚太政治经济研究中心 | 2010年7月 | 丁贵明 | 吴　頔 | 天津市南开区水上东路望园里5号1门301室 |
| 9 | 天津南开校史研究中心 | 2010年10月 | 吕宝桐 | 李　晖 | 天津市南开区南开四马路22号 |
| 10 | 天津市鑫联社会科学咨询服务中心 | 2002年11月 | 李家祥 | 边　芳 | 天津市和平区成都道52号 |

**【2012年天津市社联直属社团党建工作综述】**

2012年,中共天津市社会科学界联合会直属社会团体委员会(以下简称“直属社团党委”)在市社联党组的领导和市委组织部、市社会组织党工委的指导下,围绕工作抓党建,抓好党建促工作,直属社团党建工作水平进一步提升。

**一、把握正确导向,强化党建理论学习**

2012年,制定了《天津市社联社会科学团体党建工作要点》,积极组织社会科学团体党支部书记和所属学会、研究会负责人参加“社会科学前沿与热点问题”等理论学习和形势报告会。党的十八大召开之后,直属社团党委积极组织各直属社团党支部学习贯彻党的十八大精神,组织各直属社团党支部参加由市委宣传部与《光明日报》社主办、市社联承办“高举中国特色社会主义伟大旗帜　深入学习宣传贯彻党的十八大精神”理论研讨会,市委常委、宣传部部长成其圣出席并作重要讲话,《光明日报》总编辑何东平出席并致辞,市社联党组书记李家祥、专职副主席张博颖等7位本市社科界专家学者发言。组织参加由市社会组织党工委举办的“天津市社会组织党的十八大精神报告会”,听取市委宣讲团成员、市教科院党委书记荣长海作宣讲报告。此外,市社联举办2012年学会秘书长研讨班,组织各直属社团党支部围绕总结、探索新形势下学会业务工作和党建工作发展的新经验、新途径、新规律进行交流研讨。市第十次党代会召开之后,直属社团党委下发了《关于认真学习贯彻天津市第十次党代会精神的通知》。根据中央及市委部署,直属社团党委下发了《关于在市社联直属社团党组织中开展保持党的纯洁性教育的指导意见》。

**二、加大工作力度,实现党组织全覆盖**

2012年,按照市社会组织党工委提出的“三年任务两年完,提前实现全覆盖”的党建工作目标,直属社团党委在前一阶段工作基础上,继续加大工作力度,重点督促尚未建立党组织的直属社团积极筹备建立党支部,要求在年检前报送党支部组建方案并办理相关成立手续,确保社团党组织全覆盖工作与年检工作同时完成。截至年底,建立党支部的直属社团达到49个。其中,独立建立党支部43个,占全部直属社团的88%,党组织应建能建率达100%,按期实现了直属社团党组织全覆盖的目标要求。在全市社会组织党建工作“七一”表彰大会上,直属社团党委被评为党建工作先进单位,中共天津市延安精神研究会支部委员会被评为先进基层党组织,天津市延安精神研究会副会长王辅成被评为优秀共产党员,中共天津市老年摄影艺术研究会支部委员会副书记周传林和直属社团党委常务副书记邓喆被评为优秀党务工作者。直属社团党委相关负责人还被邀请在全市业务主管单位社会组织党建工作现场会上作经验交流发言。

**三、开展党务培训,提高党务工作者素质**

2012 年,直属社团党委把党务培训工作作为抓好党建工作的重要抓手,不断丰富内容、创新方法,建立起培训机制。在蓟县举办了首次"天津市社联直属社团党务工作者培训班",邀请市委党校副校长赵晓呼教授作有关党建方面的专题辅导报告,先进党务工作者进行经验交流。市社联党组书记李家祥就加强社会科学团体党组织建设提出了明确要求。通过培训,提高了直属社团党务工作者的政治素质和业务能力,增强做好党建工作的责任心和使命感,为推动直属社团党建工作规范、有序、高效开展打下了坚实基础。

**四、夯实基础工作,推动党建规范发展**

2012 年,直属社团党委围绕党组织建设的基础工作要求,继续推动各项制度建设,以简明、易行、管用为基本标准,指导各社团党支部逐步建立并完善,建立市社会组织党工委、直属社团党委、社团党支部联系机制,指导帮助各支部统一建立党组织档案、工作信息和工作台账。截至年底,全部直属社团党支部都建立了独立档案。定期向市社会组织党工委汇报直属社团创先争优活动信息,对于重大活动和典型事例做到一事一报。完成了《市社联直属社团党建工作调研》。

(本文作者:兰云,天津市社会科学界联合会副主任科员;薛向军,天津市社会科学界联合会副主任科员)

**【天津市社会科学界联合会】** 2012 年,天津市社联认真学习宣传贯彻党的十八大精神,紧紧围绕市第十次党代会提出的奋斗目标和工作思路,全力推进天津市社联五届十九次常委会确定的八项重点工作,以创先争优活动和保持党的先进性、纯洁性教育取得的新成效为动力,努力发挥桥梁纽带、组织协调、宣传普及、咨政服务的功能,为服务天津经济社会发展和推进文化大发展大繁荣作出了新的成绩。

1. 组织建设。(1)召开五届二十次常委会议,专题传达学习市第十次党代会精神,社联直属社团党委及时组织指导所属学会研究会党组织做好学习传达活动。(2)召开第三批"五个一批"社科人才推荐会,组织专家进行评审,细化评审方案,严格评审程序,加强社科理论人才队伍建设。(3)加强对社科类社会团体的管理。完成对 10 个民办社科机构和 39 个直属学会"一站式"年检,继续更新学会档案和完善学会党组织档案,制定实施《天津市关于直属学会换届工作暂行规定》,编辑完成《天津市社联社团工作文件汇编》。加强社会科学社团党组织建设,建立党务工作培训机制,组织开展市社联直属社团党务工作者培训班。天津社联直属社团党委先后 2 次在天津市社会组织党工委组织的培训中作典型发言,经验做法得到推广。社联直属社团党委被天津市社会组织党工委评为党建工作先进单位。全年共资助学会重点学术活动 16 项,资助金额近 8 万元,学会学术质量和积极性得到进一步提高。

2. 学术活动。(1)举办了 11 次滨海新区开发开放专题研讨会,围绕"滨海新区'十大改革'"、"滨海新区'智慧城市'建设实践与探索"、"科技金融体系研究"、"建设东疆自由贸易港区"等重大问题开展研讨,并提出对策建议。(2)承办第 26 届两界联盟活动,以"推进天津文化强市战略研究"为主题,共设计选题 13 项,先后召开工作部署会、推动会和结项交流会,形成了一批高质量研究成果。(3)参与了京津冀晋蒙区域协作论坛活动,组织专家学者参加京津冀晋蒙区域协作论坛,围绕"首都经济圈:内涵与路径"论坛主题,提交论文 7 篇并被收入论文集。(4)承办全国社科联联席会议,来自全国 31 个省区市社科联负责人和专家学者 147 人参加会议,会议进行了工作交流、论坛交流、参观考察等活动,取得圆满成功。(5)举办了主题为"科学发展·惠及民生"社会科学界第八届学术年会,采取网上申报的形式开展全市性征文活动,评选年会优秀论文并编辑出版《2012 年天津学术文库》。组织 2 个主会场活动(综合专场和青年学者成长论坛)和 22 个年会分会场。(6)联合高等院校和学会研究会先后举办了 3 次理论创新论坛。(7)举办"科技创新推动文化产业发展"专题论坛,形成一批高水平研究成果。

3. 宣传普及。(1)与市委宣传部共同举办了第十届社科普及周活动,主题"弘扬天津精神,促进科学发展"。主要包括专家现场咨询活动、网络咨询和电话咨询、百场社科普及公益讲座、"弘扬与践行天津精神"有奖竞答、建设学习型社会活动等 6 大板块 300 余项社科普及活动。(2)总结 10 年举办科普周活动经验。组织专家学者开展了科普理论研究,主要研究成果在《天津日报》"理论创新版"刊发。编撰了社科普及周十周年文集和画册。(3)开展"渤海名家大讲堂"等特色活动。开展"渤海名家大讲堂专场科普讲座暨科普图书赠书"等活动,向区县基层赠书500余册。(4)在市委宣传部和市文明办指导下,组织社科界专家结合天津发展实际,对"天津精神"进行研讨和阐释,在《天津日报》、《今晚报》、北方网等新闻媒体上刊文。(5)全市有9名专家获全国优秀社会科学普及专家称号,5名专家和工作人员获全国优秀社会科学普及工作者称号,4本科普图书获全国优秀社会科学普及作品,5个单位获全国优秀人文社会科学普及基地。(6)推动天津市《科学技术普及条例》列为市人大2013年审议项目。

4. 编辑出版。(1)发挥《社科界咨政要报》服务决策作用,本年度共编辑上报11期,获市领导批示21次。(2)《理论与现代化》全年共发表文章125篇。根据中国知网统计,刊物用户总计4878个,分布19个国家和地区,个人读者分布12个国家和地区。(3)《天津社会科学年鉴》编辑部分别完成2010年和2011年卷《天津社会科学年鉴》编辑出版任务。其中2011年卷获天津市第四届年鉴编纂出版质量评比一等奖。(4)以申报市科普重点项目和市教育科学规划项目的方式组织编写系列科普图书共9册140万字。(5)继续组织专家学者开展《天津通志·社会科学志》编纂工作和"近代中国看天津"特色文化研究。由市社联、市国土资源和房屋管理局共同立项,鑫联社会科学咨询服务中心编纂图书《建筑·名人·城市》正式出版。(6)加强内部资料性刊物和网站建设。《天津社联通讯》全年编辑出版12期,刊发文章300余篇约30万字、图片260余幅。《社联工作简报》和《工作与学习》紧密结合社联工作实际,努力发挥好服务作用。完成《天津社会科学网》改版工作。

(沈丽姝)

**【天津市逻辑学学会】** 2012年,天津市逻辑学学会充分发挥学会特点,推动学会各项工作扎实开展。

1. 组织建设。定期召开理事会议,集体研究学会重大事项。建立健全学会各项管理制度,民主规范办会,发展新会员,充实学会力量。加强党支部建设,组织学习贯彻党的十八大和市第十次党代会精神。

2. 学术交流。承担国家社科项目4项,参与5项。先后与南开大学哲学院和市社联联合举办"逻辑、认知与文化学术研讨会"和"津京冀逻辑与文化建设"学术研讨会,创新思维分会与河北区政协联合举办"学习领会党的十八大会议精神"讲座。组织参加由中国逻辑学会、毕节学院、贵州逻辑学会共同主办的中国逻辑学会第九次全国代表大会,任晓明理事长任新一届中国逻辑学会副会长,瞿麦生副理事长和翟锦程理事任常务理事,陶文楼任名誉理事长、田立刚任副理事长、关兴丽任理事。组织参加中国逻辑学会经济逻辑专业委员会在枣庄召开的学术研讨和换届选举会议,理事长瞿麦生和刘明明分别当选该专业委员会主任和副主任。

3. 编辑出版。副理事长瞿麦生等编著《经济逻辑导论》由人民出版社出版,副理事长刘明明著《经济思维逻辑》入选市教委"第一批普通高等教育'十二五'规划本科教材",并推荐为国家级教材。副理事长齐子祯编辑《津沽春潮》和《创新津讯》共7期,2.1万余字。

4. 科普宣传。刘明明教授、张靖副教授在武警指挥学院分别作了"逻辑在经济决策中的应用"、"举证审理判决—诉讼的逻辑视角"专题讲座,在天津文化中心开展义务咨询活动并向市民发放科普材料。

(薛向军)

**【天津卫生经济学会】** 2012年,天津市卫生经济学会紧紧围绕医疗卫生改革和卫生中心工作开展各项学会活动,圆满完成全年既定任务。

1. 组织建设。组织召开第四次会员代表大会,选举产生新一届理事会,理事143人、常务理事45人,并成立了监事会。聘请张愈为名誉会长,选举陈力为会长,万键、吕文光、朱铭来、张连云、杜学武、杜慧云、杨文秀、杨百城、顾清、韩淑荣为副会长,杜学武为秘书长(兼),李智春为监事长。推荐万键、尹璐、张利英、高洁、魏福深为副秘书长。会长陈力被市社会组织工委评为天津市社会组织优秀共产党员。先后组织人员参加中国卫生经济学会召开的"深化公立医院改革环境下医院财务管理、成本控制研修班"、中国卫生经济学会卫生服务成本与价格专业委员会举办的"医院成本核算务实操作培训班"和《卫生经济研究》杂志社举办的"基层卫生机构基本卫生服务项目及补助资金管理”培训班。

2. 交流研讨。举办“东北、华北”地区第十六次卫生经济论坛，交流探讨卫生改革与发展的卫生经济理论与实践，论坛共收到各地推荐论文99篇。主办2012年京津沪渝卫生经济学会工作交流会。组织参加京津沪渝第七届卫生经济管理论坛，推荐论文20篇，会长陈力的论文“新财会制度下医院全面预算管理体系架构与研究”和理事马洪兰的论文“实施基本药物制度下对天津市公立(三级)医院的影响”作大会交流。组织参加主题为“公立医院改革”中国卫生经济学会第十五次学术年会，共征集论文237篇，本学会推荐论文9篇。其中，杨文秀等人撰写的“天津市公立医院运营情况分析与补偿机制研究”、陈力等人撰写的“公立医院绩效考核和监管机制研究”作大会交流发言。

3. 课题研究。组织参加中国卫生经济学会第十三批重点研究课题招标工作，经评审，以杨文秀为课题负责人的“完善药品采购政策研究”和以张连云为课题负责人的“政府办公立医院规模及财政保障机制研究”研究课题中标。在第十二期重点研究课题结题评审中，以王贺胜为课题负责人的“我国医疗卫生资源配置现状与标准研究”和以陈力为课题负责人的“医院全面预算管理研究”荣获二等奖。协助市有关部门组织并参与完成局自立课题“天津市卫生事业单位经费分类核算分析与管理一体化”和“天津市一级医院财务分析体系应用研究”。参与完成“天津市卫生总费用核算研究项目”鉴定和优秀成果申报工作。组织学术专业组开展活动，促进卫生经济理论研究和普及。

(薛向军)

**【天津市财政学会(天津市国际税收研究会)】** 2012年，天津市财政学会和天津市国际税收研究会遵循为财税改革服务、为领导决策服务、为中心工作服务的方针，结合年度财税工作重点，做了以下几个方面工作。

1. 组织建设。继续健全完善学会请示报告、课题责任、财务管理、档案管理和优秀论文评选办法等规章制度，分别完成中国国际税收研究会第五次会员代表大会和四届三次常务理事会天津市国地税系统参会人员的推荐和上报工作、2011年度两学会财务审计、社团年检、报送市社联《2012年学会研究会基本情况汇总表》和《2012年度学会工作考核报表》的填报工作，完成了市民政局、社团局布置的先进社会组织、先进个人的申报工作和“党建工作情况”填报等。

2. 课题研究。两学会继续坚持把开展财税理论研究和政策调研作为学会工作的重点，分别承担了中国财政学会协作调研课题“地方政府债务风险防范管理制度研究”，参与了中国国际税收研究会调研课题“促进小微企业发展税收政策国际借鉴研究”和中国税务学会“全面提高税源专业化质效管理的研究”。推动群众性调研活动深入开展，完成了“市财政学会、市国际税收研究会2011年调研课题研究工作开展情况通报”的撰写工作，与市财政局(地税局)主要业务处室协作开展“加强政府采购预算管理，提高政府采购精细化管理水平”、“建设依法行政量化考核机制”、“现代物流业税收政策调研”和“规范信息化日常管理服务税收中心工作”4个重点调研课题。

3. 评比表彰。组织召开“财税改革与管理创新研讨会”，对2011年度学会调研成果进行交流和评奖，组织开展评选财政地税系统优秀调研论文活动。筛选优秀调研成果在《财税调研报告》、《天津经济》等刊物予以刊发，其中“财政视角下产业结构调整研究”和“天津市区县财政发展现状及改革设想”等研究成果还被全国核心期刊采用。编辑出版《财税快讯》(半月刊)，重点宣传财政部相关政策、外省市的先进经验等，为领导决策提供参考，为基层实践提供借鉴。

4. 培训交流。加强业务培训，组织本系统科研骨干参加由国家税务总局举办的财税科研骨干培训班，同时对基层科研骨干进行培训。加强地区交流，先后与江西省国际税收研究会、税务学会和广西壮族自治区国际税收研究会、地方税收研究会开展多种渠道工作交流。

(薛向军)

**【天津市环渤海经济研究会】** 2012年，研究会在新一届理事会的组织带领下，紧密围绕环渤海区域合作发展的新形势、新任务，组织开展了一系列行之有效的工作。

1. 组织建设。多次召开理事长办公会、秘书长会议，讨论确定年度学术活动和日常管理工作。完成了法人变更手续，顺利通过年度检查。继续健全规范会员管理、文档管理、印章管理、会费收缴、财务报销、文件发行等制度，因换届人员变动，相应对党支部组成人员进行调整，积极参加社联直属社团党委组织的学会党务工作者培训班。全年增补理事12人，其中常务理事2人。被天津市人民政府合作交流办公室评为“区域合作先进单位”。对研究会历年档案资料进行整理立卷。

2. 学术交流。与市社联联合举办“新区发展创新理论与实践——比较借鉴创新发展”论坛。与市社联、市城市科学学会联合举办“学习贯彻党的十八大精神环渤海区域城市化与经济一体化研讨会”，环渤海信息网、《渤海早报》、《天津日报》等新闻媒体对会议进行报道。组织专家学者赴赤峰学习考察，共同举办“周边城市深度融入京津冀、环渤海区域整体发展战略”座谈会。

3. 编辑出版。编辑出版《2011 环渤海区域经济年鉴》，新增加了“十二五”规划和18个高新区的内容。编辑发行《动态与建议》8期。

（薛向军）

**【天津市城市金融研究会】** 2012年，天津城市金融研究会围绕中国工商银行总行和天津市分行中心工作，把握“加快经营转型”这一主题，以“金融创新”为切入点，突出理论探索与经营实践相结合，推动研究会各项工作扎实有效开展。

1. 组织建设。组织召开第六次会员代表大会，选举产生新一届研究会理事会。选举华耀纲为会长，张兴东、张同顺、马君潞、刘惠新、张静、罗勇、王建国、张希刚、赵军、赵义民为副会长，冯芝圃为秘书长。继续健全完善研究会各项规章制度，对内设办事机构、聘用专职工作人员和经费使用情况进行规范。认真开展并顺利通过年度检查工作。

2. 课题调研。先后组织完成重点调研课题72个，完成分行调研任务——“关于在天津滨海新区设立产品研发中心的报告”、“在滨海新区先行先试背景下我行金融创新发展方向的研究”、“提升滨海新区支（分）行核心竞争力的研究”、“郊县支行竞争能力的市场研究”等4个课题。在天津市委、市政府组织的第十二届优秀调研成果评选中，有3项成果荣获三等奖。在市金融工委举办的第十二届优秀调研成果评选中，获一等奖1项、二等奖2项、三等奖6项。在天津市社科界第八届学术年会论文评选中，1篇论文入选《学术文库》。在中国人民银行组织的论文评选中获二等奖1篇、三等奖3篇。

3. 研讨宣传。组织形式多样的交流研讨活动，先后与分行办公室共同召开中国工商银行天津分行高层战略研讨会，举办“金融产品创新”青年沙龙活动，组织分行各专业部室围绕“金融同业竞争”主题进行专题调研活动。与新闻媒体合作，联系《中国城市金融》对分行工作进行采访报道并刊发《渤海之滨铿锵奋进——中国工商银行天津市分行科学发展服务滨海新区建设纪实》文章。研究会被金融研究所评为“全国十佳特约通讯员”。

（薛向军）

**【天津市钱币学会】** 1. 组织建设。为迎接中国钱币学会成立30周年和中国钱币博物馆成立20周年，组织撰写天津市钱币学会25年概述、天津市钱币学会大事记和纪念性文章。应邀参加内蒙古钱币学会第七次会员代表大会。完成社团登记和组织机构代码证换证工作，顺利通过年度检查。

2. 学术研究。会同市政府参事对河北区造币总厂旧址进行实地考察，并与河北区政府有关领导及有关部门负责人就遗址的保护、管理、利用等进行考察和探讨。以造币总厂及其铸币为研究重点，走访专家学者并组织会员寻找资料线索，收集相关资料。邀请中国钱币学会副秘书长王永生作题为“中国古代货币文化对周边国家的影响”专题讲座。

3. 编辑出版。继续认真做好会刊《天津钱币》的编辑出版工作，提高刊物的质量和影响力。

（薛向军）

**【天津市税务学会】** 2012年，天津市税务学会围绕“服务科学发展，共建和谐税收”的主题，积极做好学会各项工作。

1. 组织建设。召开第五次会员代表大会，选举产生了新一届理事会，理事59人，常务理事18人。选举杜铁英为会长，雒明山、梁宣健、汲卫国、张庆江、高茂华为副会长，姚宏力为秘书长. 推荐樊登义、陈万纯、徐广志为副秘书长，聘请李长兴为名誉会长，张洪奎、周时悌为顾问。定期召开理事会议，组织学习政治理论和业务知识。组织赴国家博物馆参观改革开放成果展览和辛亥革命纪念展览，接受科学发展观和革命传统教育。加强对区县税务学会的指导，调整充实学会调研骨干队伍。

2. 课题研究。完成中国税务学会重点课题"加强税源专业化管理的实践与思考",并参加了2012中国税务学会"深化税收征管改革研究"课题研讨会,被评选优秀论文。完成国家税务总局科研所重点课题"大企业税收管理问题研究",文章详细介绍了国外大企业管理模式并对我国可资借鉴内容进行了深入探讨。1篇调研成果在《涉外税务》发表,1篇调研成果获得中国税官论坛一等奖,1篇调研成果获得三等奖,3篇调研成果被评为天津市金融系统第八届优秀调研成果二等奖。积极开展群众性调研活动,确立了6项专题税收调研课题。课题组召开调研课题会15次,完成调研报告34篇、课题综述6篇。组织赴云南省和重庆市进行学习考察,重点了解如何推动基层税务学会开展工作和发展税务系统外会员情况。开展评选优秀调研成果活动,评出一等奖5篇、二等奖16篇、三等奖19篇。

3. 编辑出版。与市国税局合作,全年编辑会刊《天津国税调研》13期。加强信息化建设,利用局域办公网络积极拓展网上交流功能。组织人员参与协助《天津地方志·国税志》的编纂工作。

(薛向军)

【天津市统计学会】 2012年,天津市统计学会坚持学会宗旨,紧密围绕全市统计中心工作,不断加强制度建设和自身建设,积极组织开展统计科研活动和学术交流活动,扎实开展各项学会工作,为统计科学发展作出了积极贡献。

1. 组织建设。定期召开学会理事会议,继续健全和完善学会各项管理规章制度,顺利通过年度检查工作。

2. 学术交流。举办天津市第十二次统计科讨会,共收到论文147篇,提交论文数量和参与范围都较以往有所扩大。邀请专家学者为全市统计系统、高等院校、研究机构、企业基层单位从事统计相关工作人员作"统计数字分析与经济发展战略研究"学术报告,让基层统计人员更多了解统计前沿知识。分别与南开大学经济学院和环境科学与工程学院,以及河北工业大学合作开展"关于区域竞争力的比较研究"、"本市温室气体排放基础统计方法研究"、"中新生态城绿色指标体系研究"课题研究,大力提升学会课题研究能力和质量。完成"全面建设小康社会进程"、"地区经济监测"和"信息化发展指数报告"三项调研课题并通过国家验收,完成天津市金融学会科研课题"从资金流量核算看本市收入分配状况"和天津市生态城管委会委托课题"中新生态城绿色指标体系研究"并通过专家鉴定。

3. 编辑出版。定期编辑出版会刊《统计研究》和《调研世界》,不断提高编较质量水平。加大宣传力度,《统计研究》、《调研世界》取得良好的社会效益和经济效益。

(薛向军)

【天津市保险学会】 1. 组织建设。加强党组织建设,认真落实《关于加强学会党组织自身建设的意见》要求,做好申请入党人员教育培养工作。定期组织召开理事会、常务理事会会议,研究决定重要事项,不断提高依法办会、民主办会能力。继续完善各项规章制度,制定《秘书处员工考核管理办法(试行)》、《文档管理规定》、《会费管理制度》、《固定资产管理制度》等规范性文件,逐步促进规范化办会水平。举办团体人身保险业务培训和海上货物运输保险业务培训,提高保险从业人员专业素质。

2. 学术活动。举办由市社联、天津保监局联合主办,市保险学会、市消费者协会承办的"信守承诺保护保险消费者权益"研讨会,组织征集论文38篇并出版论文集。与南开大学和新加坡再保险集团共同举办主题为"加强航运保险服务,尽快把天津建设成为中国北方航运保险的中心"的第九届中国国际海上保险研讨会。

3. 编辑出版。分别完成2012年《中国保险年鉴》(天津版)和2011年《天津保险年鉴》的组稿、编辑、审核,以及1997年至2003年《天津保险年鉴》的补编工作。做好2012年会刊《天津保险》出刊工作,全年共出刊12期,设计彩页110版,编辑论文类文章近70篇。为增强刊物可读性,新增"天津600年"、"保险史话"、"英语角"、"封面故事"等栏目板块。

4. 宣传普及。顺应保险行业发展趋势要求,集中对学会网站的频道、栏目、内容等方面进行重新策划,顺利完成网站改建工作。适时开设了"暴雨无情保险有爱"专栏,专门报道本市保险公司开辟暴雨理赔通道相关情况。全年通过网站载体渠道刊发各类信息2900余篇,点击率近10万余人次。加强与媒体合作,先后在《城市快报》"保险时间"刊发宣传稿件33篇,在《每日新报》"车险案例一点通"栏目刊发宣传车险投保、理赔案例18篇，9次走进天津市广播电台理财百事通直播间为广大听众答疑解惑，与北方网共同开办了迎"3·15"《保险知识有奖竞赛》活动。此外，借助记者沙龙平台，积极开展多种形式保险记者沙龙活动。积极参加全市第十届科普周保险知识宣传普及活动，李兰若撰写的"情系科普周"一文入选《纪念科普周十年文集》。

（薛向军）

**【天津市无形资产研究会】** 2012年，天津市无形资产研究会按照"借助科研资源，服务区域经济发展"的工作思路，积极推动"政、企、学、研"相结合，推动研究会各项工作取得新成效。

1. 组织建设。继续建立健全学会图书资料借阅制度、财务制度、会员管理制度等。新增专职办公人员1名，充实学会秘书处力量。召开常务理事会议1次，秘书处例行工作会议4次。

2. 学术交流。举办"第十届全国无形资产理论与实务研讨会暨2012年天津市无形资产研究会学术年会"，主题为"转变经济发展方式：无形资产的理论与实践"，共收到论文96篇。召开学科方向学术座谈会2次，提交相关学科方向教师的科研教学水平。学会秘书长苑泽明教授作了题为"论科技金融创新"学术讲座，就科技金融创新的起源、现状和完善科技金融创新的对策作深入解读。先后3次召开"科技金融服务创新"专题研讨会。研究会荣获"天津市社会科学界第八届（2012）学术年会组织工作奖"荣誉称号。

3. 课题研究。完成国家社科基金项目"高新技术企业知识产权融资问题研究"，承担市政府决策咨询重点课题"促进天津科技金融服务创新对策研究"研究任务。采取部门访谈和问卷调查的方式，积极开展天津市科技金融工作实践调研。研究会课题组向全国哲学社会科学规划办公室提交"完善我国知识产权质押评估的政策建议"，为促进科技型中小企业融资方式创新以及政府决策提供参考。苑泽明、陈洁、顾群等完成的"促进本市科技型中小企业融资模式创新的调研报告"获得天津市教育系统第七届优秀调研成果二等奖以及天津市第十二届优秀调研成果三等奖。

4. 编辑出版。整理编辑《第十届全国无形资产理论与实务研讨会论文集》。积极做好研究会《简报》前期调研准备工作，发挥好内刊的工作指导性和资料工具性作用。

（薛向军）

**【天津市法学会】** 1. 组织建设。组织召开六届二次常务理事会议，认真学习贯彻党的十八大精神。召开由各分会会长、部分高校法学院院长参加的工作座谈会，传达中国法学会常务理事（扩大）会议精神。陆续完成国际经济法、刑法学、犯罪学分会的报批及筹备工作，开展新会员证的换发和会员电子档案建立工作。

2. 课题研究。完成第二届中国法学优秀成果和中国法学会部级课题申报工作，组织参加第二届"京津沪渝法治论坛"和第七届"环渤海区域法治论坛"并完成论文征集提交工作。

3. 编辑出版。与市政法管理干部学院合作，创立《天津法学》（季刊）会刊，优化栏目设置，提升稿源质量，逐步形成了以资本市场法律研究、诉讼法律实践、中外法制史等优势栏目，扩大了在全国的影响力。

（薛向军）

**【天津市监狱学会】** 1. 组织建设。加强制度建设和规范管理，强化对各分会的业务指导。完成学会换届各项前期准备工作。开展优秀个案管理案例评选活动。

2. 学术交流。开展主题为"关于罪犯的研究"理论研究征文活动，收到论文98篇，评选出一等奖5篇、二等奖10篇、三等奖15篇、优秀奖16篇，编辑出版《监狱学基础理论研究与探讨——关于罪犯的研究专辑》。在长沙组织召开中国监狱工作协会监狱学基础理论专业委员会2012年理论研讨会。承办环渤海四省市监狱学理论研讨会"蓝色海湾论坛"，征集论文41篇，一等奖论文4篇，二等奖8篇，三等奖8篇，优秀奖21篇。

（薛向军）

**【天津市行政管理学会】** 1. 组织建设。在业务主管部门的支持帮助下，办公条件得到改善，分别设立了秘书处、编辑部、资料室、会议室。成立学会党支部，推动党建工作有序开展。定期召开理事会议，继续建立健全各项规章制度。

2. 课题研究。与南开大学共建"天行学习中心"平台，开展业务培训和学历教育。与市政府办公厅联合举办第四届行政科研优秀成果评选活动，申报行政管理创新奖38项，优秀成果230项。承担并完成“全国政务服务中心建设与发展研究”重点调研课题。学会常务理事联合撰写的《发挥政协组织、委员作用，引进高端人才智力，促进全市文化创意产业与楼宇经济发展的对策建议》在《行政信息参考》上刊发并获市领导重要批示。组织专家对河东区楼宇经济发展情况进行专题调研并形成《促进河东区楼宇经济发展调查及其建议》调研报告。

3. 编辑出版。高标准、高质量编辑出版会刊《天津行政管理》（双月刊），刊物社会影响进一步扩大。

（薛向军）

**【天津市教育学会】** 1. 组织建设。开展学习党的十八大精神和《国家中长期教育改革和发展规划纲要2010—2020》活动，学会负责人和学术委员会专家深入各区县教育行政部门和中小学进行《纲要》解读培训。进行会员重新登记工作，建立电子和纸质双档案。建立学术诚信制度，加强学风建设。秘书处坚持重大事项向理事会发函通报制度，召开理事会议2次。

2. 学术交流。举办以“现代学校制度建设背景下的精细化管理”为主题的天津市第四届青年校长学术论坛。召开“十二五”立项课题开题研究启动会，批准科研立项课题238项，举办课题立项培训班。组织“教育创新”论文评选，共征集论文7310篇，评出一等奖49篇、二等奖438篇、三等奖3775篇。开展全市基础教育教育教学成果认定工作，共收到申请认定成果5636项，获得市级成果认定3508项。与台北文化教育交流发展协会联合举办主题为“内涵发展和素质教育”和“第二届津台两地校长论坛”，举行“第四届津台两地师生书画展”。组织三个学访团50余人次赴台湾中小学幼儿园参观考察，参加在京举行的首届中国未来教育家成长论坛暨中国教育学会第25次全国学术年会。组织会员参加中国教育学会论文征集评选活动，推荐论文27篇并获得优秀组织奖荣誉称号。

3. 科普宣传。组织专家开展义务咨询活动，邀请天津师大康万栋教授、市教科院邢真研究员、耀华中学曲丽敏校长和田福安副会长在北辰区举办教育科研课题立项开题辅导讲座。

（薛向军）

**【天津市教育科学学会】** 1. 组织建设。完善学会学术专家库，推动各分会完成换届工作。坚持正确办会方向，开展“社会主义核心价值体系融入学校教育”专题系列活动。加强党支部建设，组织党员和会员参加“贯彻落实党的‘十八大’精神”学术报告大会。

2. 课题研究。组织推动“十二五”年度课题立项和开题工作，申报课题210项，正式立项193项。协同市教科院完成“天津市未来教育家奠基工程”和“中小学优秀校长培养工程”研究课题立项和结题工作。三年来，开展课题研究315项，撰写教育案例、教学设计、学术论文900余篇，出版专著30部。加强课题管理，完善研究课题三级（学会秘书处、各研究分会、课题申报单位）管理责任制。举办主题为“当前教育发展形势与教育科研”报告会，加强研究课题负责人培训。此外，学校管理学研究分会分别赴南开区博翰小学、红桥区求真小学和南开中学开展走访调研，

3. 学术交流。组织参加在波兰密茨凯维奇大学召开的“第一届世界孔子学院与比较教育学术研讨会”，并作题为“立足论语的国际化与科学化的孔学比较教育的新使命”的大会主旨报告。组织参加在山东师范大学召开的中国教育学会比较教育研究会第十六届年会，编辑出版《比较教育专刊》（2009—2012），反映天津市中小学比较教育的发展水平与最新研究成果。邀请加拿大教授作题为“二十一世纪真实性学习的途径”专题报告。

（薛向军）

**【天津市家庭教育研究会】** 2012年，天津市家庭教育研究会以宣传社会核心价值体系为主线，以促进未成年人健康成长为目标，积极开展家庭教育理论研究，普及家庭教育知识，面向少年儿童开展丰富多彩的主题教育活动，促进了全市家庭教育和未成年人思想道德建设工作的提升。

1. 组织建设。召开理事会议，总结部署工作。制定《天津市家庭教育研究会课题管理办法》，规范课题管理。联合市教委开展评选表彰2010—2012年度优秀家长学校和优秀家长活动，引导家长正确教育子女。制作家庭教育专题片《创新中奋进奋进中腾飞》，对三年来全市家庭教育工作进行回顾总结。

2. 学术研究。先后完成“现代社会慈孝文化的

新内涵及儿童行为习惯养成的实践研究”等6个重点课题,“社会主义荣辱观融入亲子活动的实验研究”、“家庭教育的社会学研究”等重点研究课题被纳入中国家教学会“十二五”重点课题。联合市社联、市心理学会举办主题为“社会转型期下的亲子关系问题”家庭教育研讨会。南开大学社会学系、和平区新兴街朝阳里社区、北辰瑞景小学被中国家教学会确定为全国家庭教育实验基地。

3.特色活动。组织区县妇联负责人赴清华大学参加为期一周的“全国家庭教育管理者能力提升高级研修班”,组建市家庭教育研究会幼儿园园长联谊会,联合市文明办、市教委、北方网以“幸福·和谐·慈孝·感恩”为主题开展家庭教育文化成果大赛,举办“天津市庆‘六一’暨家庭教育成果汇报会”,组织专家先后走访“太阳村儿童之家”。开展慈孝电子板报大赛、优秀童谣创作征集评比、美德儿童网上行等活动。

4.科普宣传。先后举办主题为“孝是孩子成长的基础”、“树立科学理念——学做智慧型家长”家教知识专题讲座,组织专家参加在文化中心举办的大型公益咨询活动,开展“树立科学育儿理念做智慧型家长”、“小幼衔接快乐成长”、“怎样辅导孩子的学习”等40余期家庭教育知识讲座,举办“关注中高考、小升初心理调节”等80余期热线答疑,联合中国妇女发展基金会举办“‘爱在家庭’家庭教育与亲子关系大型公益讲座”,组织河北区中小学家长代表及家委会成员专题学习家庭教育知识。

(薛向军)

**【天津市高等职业技术教育研究会】** 1.组织建设。召开常务理事会议2次。加强党支部建设,由党支部书记、会长荣长海教授宣讲党的十八大精神。吸收天津渤海职业技术学院作为理事单位,充实秘书处人员力量。建立健全学会管理各项规章制度。

2.学术交流。邀请全国高职教育研究会会长作全国职教发展趋势专题讲座。组织开展课题研究,共有24个理事单位申报课题225项。组织专家承接高职院校发展战略规划研究,提供特色服务。组织赴台学习考察活动,拓宽研究会交流渠道。

3.编辑出版。创办并编辑出版学会内刊《天津高职教育研究》(季刊),开办学会网站并运行良好,及时反映国内外及本研究会的研究动态。

(薛向军)

**【天津市比较文学学会】** 1.组织建设。定期召开理事会会议,继续建立健全学会各项管理制度。重点做好学会换届各项前期准备工作。

2.学术研究。先后邀请法国东方艺术博物馆副馆长朱新天作题为“印度文化与宗教”专题讲座,北大中文系系主任陈平原教授谈天津城市文化研究。举办“回顾与展望—中国语言文学一级学科建设高层论坛”,与市外国文学学会联合举办主题为“外国文学、比较文学研究理论与实践”年会。

(薛向军)

**【天津市解放区文学研究会】** 1.组织建设。召开常务理事会议2次,总结安排重点工作。继续建立健全学会管理制度。

2.学术交流。与市鲁藜研究会、天津社科院文学研究所联合召开“弘扬《讲话》精神,繁荣文化建设——纪念《毛泽东在延安文艺座谈会上的讲话》发表70周年座谈会”,《天津日报》、《今晚报》等新闻媒体报道了会议相关情况。与鲁藜研究会、天津社科院文学研究所联合举办“张学新同志追思会”,《天津作家》等刊物报道了活动情况。

3.编辑出版。为纪念解放区文学研究的开拓者、组织者和文艺活动家,市解放区文学研究会原会长张学新逝世一周年,组织编辑出版《张学新纪念文集》,收入怀念、研究以及学术资料文章41篇。

(薛向军)

**【天津市世界语协会】** 1.组织建设。按照学会章程规定定期召开学会理事会议和会长工作会议,继续建立健全学会各项管理制度,顺利通过年检。加强党支部建设,认真组织党员开展各项党务活动。

2.学术交流。应德国赫尔兹堡市市长和德国铁路世界语协会、波兰世界语协会罗兹分会、瑞士世界语文化中心邀请,组织出访欧洲并出席在德国世界语城赫尔兹堡市召开的“第64届国际铁路员工世界语大会”。先后组织参加在昆明召开的主题为“交往的艺术和艺术的交往”第四十五届国际世界语教师大会、在内蒙古举办的世界语“亚洲年”工作会议、在北京举办的纪念世界语诞生125周年暨《与希望同行》画册出版座谈会和在北京举办的“纪念绿川英子诞辰100周年座谈会”。

3.科普宣传。学会负责人接受中国国际广播电台记者采访,介绍传播推广世界语。会长韩祖武在天津商业大学作了题为“世界语——开启世界大门的钥匙”专题讲座，组织参加在天津文化中心开展义务咨询并发放宣传资料。

（薛向军）

**【天津市历史学学会】** 1. 组织建设。定期召开理事会议，顺利通过年度检查工作，组织收听、收看党的十八大开幕式和相关会议报道。增设分支机构，筹备成立文化遗产保护工作委员会。

2. 学术交流。联合天津市政协文史资料委员会召开“天津史学界新春联谊会”。艺术史专业委员会召开第五届学术年会，并以“珍惜和保护天津文化传统”为主题倡导设立“津沽文化日”。联合市工商联、通用地产（天津）有限公司、津南区政府、天津社科院共同举办“中国·小站文化研讨会”，举行“小站·北洋与近代中国”国际学术研讨会筹备座谈会。举办主题为“现代中国农村研究的新视角：土地与权益、分配与公平”的“现代化进程中的华北乡村问题学术论坛”，组织参加由市政协文史资料委员会主办的“长芦盐业历史文化研讨会”和由中国史学会主办、中山大学承办的第五届全国青年史学工作者会议。孙子兵法与古代文化研究专业委员会举行第二届天津市兵学文化研究成果奖评选颁奖活动，与山东孙子研究会举行座谈等。

3. 编辑出版。由孙子兵法与古代文化研究专业委员会主编完成《兵学大观园》第七辑组稿工作。艺术史专业委员会主编《海河与津沽文化》、《罗澍伟与津沽文化》出版发行。

（薛向军）

**【天津市台湾研究会】** 2012年，天津市台湾研究会着眼两岸关系发展新趋势和津台两地交流新进展，积极推动各项工作深入扎实开展。

1. 组织建设。定期召开理事会议，集体研究决定研究会重大事项。继续健全完善学会管理各项制度，坚持规范办会。

2. 课题研究。承担并完成市台办专题调研课题2项，形成调研报告“从马英九的讲话看台湾当局未来四年的两岸政策”和“2012年岛内大选后民进党两岸政策探析”。在市台办举办的2011年度天津市对台研究优秀调研课题评选中，研究会秘书长邵宝明撰写的“稳定国民党基本票源及争取中间选民的对策研究”、梅立权撰写的“面向2012年大选前后的民进党两岸政策探析”、李琪撰写的“2011年台湾选举观察”分别荣获一、二、三等奖。

3. 学术交流。组织会员撰写论文或涉台文章30篇，邀请研究民进党问题的知名学者徐博东教授作“台湾政党政治思考”主题报告会，围绕2012年台湾“二合一”选举情况和美国战略重心东移（重返亚太）邀请中国社科院谢郁研究员和中国军科院彭光谦少将举办台情报告会。组织参加“第十届两岸关系研讨会”、“晋台地区经贸文化交流与合作研讨会”、“第三届海峡两岸关系论坛”、“全国台研会学术年会”、“第21届海峡两岸关系学术研讨会”、“第五届和谐海峡论坛”、“2012年台湾民情学术研讨会”等一系列学术会议并提交论文。

4. 特色活动。组织台湾中山大学、淡江大学、政治大学专家学者、在校学生参观全市民营企业、社区建设情况，组织8名理事赴台湾参访考察。研究会负责人和部分理事结合台湾地区“二合一”选举情况接受中央媒体采访，并撰写《和平发展成主流民意，两岸关系迈上新台阶》专稿在中国台湾网和新华网上刊登。

5. 编辑出版。编辑出版会刊《天津台研通讯》（双月刊），重点刊登《特约专稿》6篇、《学者论坛》18篇、访台观感6篇、简讯33篇、卷首语6篇和岛内人物介绍6篇。

（薛向军）

**【天津市工商行政管理学会】** 1. 组织建设。加强学会分会建设，先后成立宝坻区、东丽区工商行政管理学会分会。积极创建学习型党支部，组织党员强化理论和业务学习。继续建立健全工作制度，起草了《天津市工商系统调研制度》和《优秀调研成果评选办法》。学会被中国工商行政管理学会评为工商行政管理理论成果宣传普及单位二等奖，潘炳文和郄纳新分别荣获个人一、二等奖，王海福局长和滨海新区苑纳新被评为《中国工商行政管理研究》优秀作者。

2. 科研工作。13篇优秀调研文章被《中国工商行政管理研究》刊发，1篇调研报告被市政府《调研报告》刊发。在中国工商学会年度优秀调研论文评选中，获二等奖1篇、三等奖1篇、优秀奖4篇。在中国工商学会和总局举办的有奖征文活动中，获二等奖1篇、三等奖1篇、优秀奖3篇。在市社联优秀调研成果评选中获得一等奖2篇、二等奖1篇。

3. 编辑出版。完成《中国工商行政管理年鉴》、《天津年鉴》、《大博览》和《天津区县年鉴》的组稿、校对和报送工作,完成《中国工商行政管理分论》丛书书稿审校会议的协办工作。编辑下发《调研动态》33 期,编印《天津工商管理》(季刊)3 期,完成《工商史志》撰稿人培训筹备工作。

(薛向军)

**【天津市对外经济贸易会计学会】** 2012 年,天津市对外经济贸易会计学会坚持“提高理论、加强研究、为企业为会员服务、为商务事业服务”的宗旨,立足本职,完善服务,各方面工作取得了新进展。

1. 组织建设。组织召开第六次会员代表大会,选举产生新一届理事会。加强党支部建设,组织党员深入开展“为民服务、创先争优”活动,先后参加市商务行业社会组织党组织负责人培训班、市商务委“保持党的纯洁性”报告会、市商务行业社会组织“党员回家工程”中期报告会、市社团局“社会组织发展趋势与展望、社会组织党组织建设”专题会议。荣获“天津市会计学会 2010—2011 年度天津市先进学会”称号。

2. 学术交流。组织召开华北地区第二十六届外经贸财会理论研讨会,组织撰写论文 7 篇,获一等奖 1 篇、二等奖 3 篇、三等奖 1 篇。积极参加中国对外经济贸易会计学会、市会计学会举办的优秀论文评选活动,伏丽等 4 人撰写的“利用金融工具提高外贸企业经济效益的几点研究”、“外贸企业财务管理系统优化研究”、“我国服务外包企业面临的财务风险及防范”、“关于建立中小外经企业贸易融资促进平台的研究”榜上有名。

3. 业务培训。邀请天津财经大学张俊民教授作专题讲座。组织参加中国外经贸会计学会在北京召开的外经贸形势与政策报告会、在内蒙古海拉尔市举办的财务风险预警与信用评估培训班及商务部分别在江苏徐州、湖北宜昌举办的出口风险防范与贸易融资培训班。

(薛向军)

**【天津市公共关系协会】** 2012 年,天津市公共关系协会继续坚持服务会员、服务企业、回馈社会的工作宗旨,推动学会各项工作扎实有效开展。

1. 组织建设。定期召开理事会议,研究安排重点工作。增补张铁林、文小江、王健林为常务理事。建立健全工作流程和活动管理、会员管理、会员联系与调研工作、财务管理、协会档案管理、公务管理等规章制度。

2. 学术交流。组织参加由北京大学国家发展研究院院长、长江商学院经济学教授周其仁所作的关于宏观经济形势的报告,参加中国国际公共关系协会在北京举办主题为“公共关系—创新推动文化产业”2012 年中国国际公共关系大会,参加在湖北宜昌召开的主题为“发挥公共关系优势,促进文化大发展大繁荣”2012 年中国公共关系发展大会暨第 22 届全国公关组织联席会议。参加中国公共关系协会在北京召开的“中国公共关系协会五届二次理事会议”。

(薛向军)

责任编辑:薛向军

# 学术期刊

**【天津市社会科学学术期刊发展报告】** 国家新闻出版总署出台的《新闻出版业"十二五"时期发展规划》指出，要重点推进国家重点学术期刊建设工程。建立学术期刊科学遴选和培育机制，重点支持代表我国学术水平、具备国际办刊能力、具有良好发展前景的学术期刊发展。培育20种国际一流学术水平的国家重点学术期刊，培育一批有影响力的优秀学术期刊，推动我国学术期刊整体学术水平和国际影响力的提升。通过比较分析，了解天津市社会科学学术期刊的发展现状，进一步总结经验，推动全市社会科学学术期刊完善发展，不断提升学术水平和国际影响力。

**一、本市社会科学学术期刊概况**

2012年，本市共有各类期刊236种，其中公开出版的社会科学学术期刊41种。期刊大部分集中在各高校、科研院所和相关学会，也有部分期刊由相关实际部门主办，如中国银行天津分行主办的《华北金融》、社会保障基金中心主办的《天津社会保险》等。形成的原因，一方面是社科类刊物可以有效地借助各高校、科研院所的学术背景，也可运用学术期刊进行文化宣传，向社会输出前瞻性的观念，给社会带来朝气蓬勃的文化氛围，促进高校里的科学精神、人文传统向社会辐射和扩散，从而引领社会文化向更高的层次发展。另一方面也在一定程度上有利于部分学术期刊逐步走向市场化，以市场化的思维、思路和办法来运作。

2012年12月26日，中国学术期刊电子杂志社、中国科学文献计量评价研究中心与清华大学图书馆共同发布了《中国学术期刊影响因子年报(2012版)》，本次《年报》为了反映人文社科期刊对跨学科研究的影响，将统计源期刊扩展到了科技期刊，与人文社科类统计源期刊一起被称之为综合统计源期刊，定义为"综合影响因子"。"复合影响因子"在综合统计源期刊基础上增加了我国部分博、硕士学位论文与会议论文，与综合统计源期刊一起合称为复合统计源文献。

按照年报(2012年版)，本市社会科学学术期刊排名如下表(排名指期刊在所属分类中的排名，不代表大排名)：

**表1 天津市社会科学期刊影响因子(按复合影响因子排名)**

| 所属分类 | 期刊名 | 排名 | 复合影响因子 | 综合影响因子 |
|---|---|---|---|---|
| 综合性人文、社会科学(674) | 南开学报(哲社版) | 61 | 0.809 | 0.397 |
| | 天津社会科学 | 71 | 0.752 | 0.406 |
| | 理论与现代化 | 78 | 0.718 | 0.279 |
| | 天津大学学报(社科版) | 87 | 0.69 | 0.286 |
| | 天津师范大学学报(社科版) | 127 | 0.581 | 0.285 |
| | 河北工业大学学报(社科版) | 412 | 0.213 | 0.118 |
| 哲学(17) | 道德与文明 | 3 | 0.712 | 0.383 |
| 心理学(10) | 心理与行为研究 | 9 | 0.827 | 0.391 |
| 管理学(22) | 南开管理评论 | 1 | 3.882 | 1.726 |
| | 管理科学学报 | 4 | 2.196 | 1.322 |

续表

| 所属分类 | 期 刊 名 | 排名 | 复合影响因子 | 综合影响因子 |
|---|---|---|---|---|
| 中国政治(227) | 中共天津市委党校学报 | 38 | 0.69 | 0.299 |
| | 天津行政学院学报 | 40 | 0.68 | 0.286 |
| | 天津市公会管理干部学院学报 | 221 | 0.078 | 0.018 |
| 法律(93) | 天津法学 | 48 | 0.64 | 0.24 |
| 综合性经济科学(142) | 现代财经 | 48 | 0.86 | 0.367 |
| | 天津商业大学学报 | 72 | 0.637 | 0.228 |
| | 天津市财贸管理干部学院学报 | 133 | 0.185 | 0.064 |
| 经济学理论(9) | 南开经济研究 | 4 | 2.424 | 1.368 |
| 中国经济(45) | 环渤海经济瞭望 | 29 | 0.235 | 0.094 |
| | 天津经济 | 33 | 0.178 | 0.068 |
| 经济计划与管理(48) | 城市 | 22 | 0.443 | 0.219 |
| 企业经济(12) | 天津市经理学院学报 | 10 | 0.087 | 0.035 |
| 流通与服务(32) | 港口经济 | 15 | 0.301 | 0.136 |
| 货币/金融、银行/保险(55) | 华北金融 | 34 | 0.362 | 0.145 |
| 图书馆学、情报学(40) | 图书馆工作与研究 | 16 | 1.005 | 0.904 |
| 科学学与科研事业(35) | 科学学与科学技术管理 | 5 | 1.592 | 0.833 |
| 教育(315) | 高等职业教育 | 123 | 0.345 | 0.239 |
| | 天津师范大学学报(基础教育版) | 127 | 0.338 | 0.14 |
| | 天津职业院校联合学报 | 166 | 0.259 | / |
| | 天津电大学报 | 199 | 0.213 | 0.136 |
| | 天津市教科院学报 | 213 | 0.19 | 0.101 |
| 体育(40) | 天津体育学院学报 | 2 | 1.612 | 1.119 |
| 语言文字(53) | 天津外国语大学学报 | 31 | 0.745 | 0.451 |
| 艺术(66) | 天津音乐学院学报 | 27 | 0.216 | 0.105 |
| 历史(35) | 历史教学 | 18 | 0.316 | 0.172 |

注:①资料来源:《中国学术期刊影响因子年报(2012版)》。
②影响因子计算方法:复合影响因子=(该期刊前两年发表的可被引文献在统计年被复合统计源引用总次数)/(该期刊前两年内发表的可被引文献总量之比)。
③综合影响因子=(该期刊前两年发表的可被引文献在统计年被综合统计源引用的总次数)/(该期刊前两年发表的可被引文献总量)。

## 二、从三大核心期刊目录来看天津市社会科学学术期刊的质量和影响力

考察社会科学类学术期刊的质量和影响力,主要的依据是其公信力的影响因素。公信力的影响因素包括社会评价、读者评价和自我评价等。社会评价往往由学术界公认的权威机构发布,如中国社会科学院文献信息中心、北京大学图书馆、南京大学中国社会科学评价研究中心、武汉大学中国社会科学评价研究中心,以及中国学术期刊(光盘版)电子杂志社等。读者评价尤其是核心受众的评价也不容小觑。自我评价作为一种重要评估手段,但实际运用得较少。①

在社会评价方面,目前国内社会科学界公认的三大核心期刊公布的数据,可以看出天津市社会科学学术期刊的质量和影响力的基本状况。

1.《南京大学CSSCI核心期刊》

2012—2013年,最新CSSCI核心期刊目录共收录来源期刊535种。其中,天津市社会科学学术期刊被收录14种,比2010—2011年增加1种。CSSCI核心期刊目录扩展版共收录179种,其中,天津市4种,也比2010—2011年增加1种。见表2和表3:

①王佳宁:《学术期刊转型发展的着力点》,《传媒》2011年第10期。

**表2 天津市被收录《南京大学CSSCI核心期刊》的期刊**

| 所属分类 | 期刊名 | 排名 |
|---|---|---|
| 管理学(29种) | 南开管理评论 | 2 |
| | 管理科学学报 | 5 |
| | 科学学与科学技术管理 | 10 |
| 哲学(12种) | 道德与文明 | 4 |
| 艺术学(20种) | 天津音乐学院学报 | 13 |
| 历史学(26种) | 历史教学 | 23 |
| 经济学(73种) | 南开经济研究 | 15 |
| | 现代财经——天津财经大学学报 | 72 |
| 图书馆、情报与文献学(20种) | 图书馆工作与研究 | 17 |
| 体育学(10种) | 天津体育学院学报 | 3 |
| 心理学(7种) | 心理与行为研究 | 6 |
| 综合性社科期刊(50种) | 天津社会科学 | 18 |
| 高校综合性学报(70种) | 南开学报(哲社版) | 20 |
| | 天津师范大学学报(社科版) | 28 |

**表3 天津市被收录CSSCI来源期刊扩展版的期刊**

| 所属分类 | 期刊名 | 排名 |
|---|---|---|
| 政治学(16种) | 天津行政学院学报 | 1 |
| | 中共天津市委党校学报 | 3 |
| 综合性社会科学(15种) | 理论与现代化 | 12 |
| 高效综合学报(20种) | 天津大学学报(社科版) | 4 |

注:排名指期刊在所属分类中的排名,不代表大排名。

2.《中文核心期刊要目总览》

由北京大学图书馆和北京高校图书馆期刊工作研究会2012年联合推出中文核心期刊要目总览(第六版),共分为7编,其中前3编为社会科学类,共收录746种,其中本市社会科学学术期刊被收录14种。见表4。

**表4 天津市被收录《中文核心期刊要目总览》的期刊**

| 所属分类 | 期刊名 | 排名 |
|---|---|---|
| 第一编 哲学、社会学、政治、法律类(272种) | | |
| 综合性人文、社会科学(121种) | 南开学报(哲社版) | 14 |
| | 天津社会科学 | 20 |
| | 天津师范大学学报(社科版) | 34 |
| | 天津大学学报(社科版) | 107 |
| 哲学(13种) | 道德与文明 | 10 |
| 管理学(5种) | 管理科学学报 | 1 |
| 中国政治(49种) | 中共天津市委党校学报 | 23 |
| 第二编 经济(151种) | | |
| 综合性经济科学(25种) | 南开经济研究 | 9 |
| | 现代财经——天津财经大学学报 | 15 |
| 工业经济(15种) | 南开管理评论 | 2 |
| 第三编 文化、教育、历史(323种) | | |
| 图书馆事业、信息事业类(19种) | 图书馆工作与研究 | 16 |
| 科学、科学研究(9种) | 科学学与科学技术管理 | 3 |
| 初等教育、中等教育(历史、地理)(2种) | 历史教学 | 1 |
| 体育(16种) | 天津体育学院学报 | 8 |

注:排名指期刊在所属分类中的排名,不代表大排名。

3.《中国人文社会科学核心期刊目录》

由中国社会科学院文献信息中心和社科文献计量评价中心共同建立的《中国人文社会科学核心期刊目录每四年发布一次,目前最新的第二版是2008年发布的,共收录社会科学类核心期刊380种,其中本市被收录的有9种。见表5。

表5　天津市被收录《中国人文社会科学核心期刊目录》的期刊

| 所属分类 | 期刊名 | 排名 |
|---|---|---|
| 综合性人文社会科学(76种) | 天津社会科学 | 6 |
| | 南开学报(哲社版) | 14 |
| | 天津师范大学学报(社科版) | 47 |
| 经济学(12种) | 南开经济研究 | 7 |
| 经济计划与管理(7种) | 南开管理评论 | 4 |
| 图书馆、情报与文献学(16种) | 图书馆工作与研究 | 13 |
| 管理学(16种) | 管理科学学报 | 1 |
| | 科学学与科学技术管理 | 4 |
| 教育学(20种) | 历史教学 | 19 |

注:排名指期刊在所属分类中的排名,不代表大排名。

从上述列表可以看到,被三大核心期刊目录收录(简称"三核心")的有:《南开学报》(哲社版)、《南开经济研究》、《南开管理评论》、《天津师范大学学报》(社科版)、《天津社会科学》、《管理科学学报》、《科学学与科学技术管理》、《图书馆工作与研究》和《历史教学》共9种,其中南开大学主办的3种,占到33.3%;天津大学主办的1种,天津师范大学主办的1种,天津社科院主办的1种,天津市科学学所主办的1种,天津图书馆主办的1种,历史教学社的1种。这说明,本市优秀期刊主要集中在各大高校及科研院所。

另外,《道德与文明》、《天津体育学院学报》和《现代财经——天津财经大学学报》被两大核心期刊目录收录(简称双核心)。

本年度《天津大学学报》(社科版)、《中共天津市委党校学报》进入《中文核心期刊要目总览》和中文社会科学引文索引(CSSCI)扩展版来源期刊。

## 三、全市"三核心"期刊特点分析

1.编辑部构成情况

本市"三核心"期刊编辑部人员精干,专职编辑在4~10人之间,注重编辑部制度建设,包括编辑部领导沟通制度、外审专家管理制度、稿件管理制度等。

表6　2012年天津市"三核心"期刊编辑部组成情况

| 期刊名 | 编辑部组成情况 |
|---|---|
| 南开学报(哲社版) | 编辑10人:教授、博导2人,副教授3人,讲师1人,馆员1人,助理研究员1人 |
| 南开经济研究 | 编辑7人:高级职称4人,副高级职称2人,中级职称1人 |
| 南开管理评论 | 编辑8人:博士学位7人,硕士学位1人 |
| 天津师范大学学报(社科版) | 编辑4人:高级职称3人 |
| 天津社会科学 | 编辑4人:高级职称3人,中级职称1人,其中在读博士2人,硕士1人 |
| 管理科学学报 | 编辑4人:高级职称3人,副高级职称1人 |
| 图书馆工作与研究 | 编辑7人:高级职称5人,中级职称1人 |
| 科学学与科学技术管理 | 编辑7人:副编审1人、高级工程师1人,编辑4人,助理编辑1人 |

注:①排名不分先后。
②资料来源:各期刊编辑部。

2. 载文和被转载情况

表7 2012年天津市"三核心"期刊载文及被转载情况

| 期刊名 | 全年载文量 | 省部级以上基金项目载文 | 比率 |
|---|---|---|---|
| 南开学报(哲社版) | 94 | 60 | 64% |
| 南开经济研究 | 59 | 40 | 68% |
| 南开管理评论 | 93 | 89 | 96% |
| 天津师范大学学报(社科版) | 91 | 86 | 96% |
| 天津社会科学 | 145 | 67 | 46% |
| 管理科学学报 | 105 | 99 | 93% |
| 图书馆工作与研究 | 419 | 98 | 24% |
| 科学学与科学技术管理 | 269 | 244 | 91% |

注:①排名不分先后。
②资料来源:各期刊编辑部、中国知网。

从上表可以看出,本市"三核心"期刊省部级以上基金项目载文,有4个期刊占到90%以上,分别是《南开管理评论》、《天津师范大学学报》、《管理科学学报》和《科学学与科学技术管理》。

3. 国家社科基金资助

为了繁荣发展哲学社会科学,推动我国学术期刊加强自身建设、提高学术水平、扩大学术影响,全国哲学社会科学规划办公室自2011年启动国家社会科学基金学术期刊资助项目。2012年6月和11月,全国哲学社会科学规划领导小组公布了第一批和第二批入选名单,本市《南开经济研究》、《南开学报》(哲社版)和《天津社会科学》入选第一批,《南开管理评论》和《道德与文明》("双核心"期刊)入选第二批,入选期刊将在出版发行、网络化建设及学术品牌拓展等方面得到社科基金的支持。

(本文作者:《天津社会科学年鉴》课题组)

**【南开学报(哲学社会科学版)】** 《南开学报》(哲学社会科学版)是国家教育部主管、南开大学主办的中文类综合性双月刊。2012年,在编人员10名。其中教授、博士生导师2名,副教授3名,讲师3名,馆员1名,助理研究员1名。

(1)管理工作。本年度编辑部不断完善稿件审查程序,执行学校和出版管理部门制订的规范和法规,树立质量是期刊生命,政治质量是期刊第一生命的观念,严把编校质量关,在编辑部形成严谨扎实的工作作风。

(2)编辑工作。学报全年出刊6期,发表文章94篇。2012年,学报贯彻教育部名刊工程办刊方针,不断推出新举措,秉承以质量求生存,以特色谋发展的原则,发挥本校的学术优势,创办以本校优势和特色学科为基础、由国内外专家学者共同参与的特色栏目。在继续办好"当代西方研究"、"性别视角下的中国文学与文化"等知名栏目的基础上,努力开辟了新的专栏专题,陆续刊出的"中共党史上的两个历史决议"、"信息法制与中国社会发展"、"金融危机后的全球经济改革"、"全球化与全球治理"、"外国哲学与思想"、"近代日本人的中国观"等。这些栏目在积极吸收本校优秀稿件的同时,还多方约发国内外、校内外知名专家、学者的文章,转载率比一般栏目大幅提高,提升了特色栏目和专题栏目的学术影响,扩大了刊物和栏目的知名度。

(3)社会影响。本年度学报在《新华文摘》、《中国社会科学文摘》、《高校社会科学文摘》、《人大复印剪报》等各大文摘中和"中国人文社会科学引文索引""全国核心期刊目录"等各种期刊评价体系中,排名均在全国学报前列,始终居于第一方阵中。

主　　编:陈　洪　执行主编:姜胜利
通讯地址:天津市南开区卫津路94号南开大学伯苓楼
邮政编码:300071
联系电话:022—23509325
电子信箱:xbb@ nankai. edu. cn

(《南开学报》哲学社会科学版编辑部供稿)

【天津社会科学】《天津社会科学》是天津社会科学院主管主办的哲学社会科学综合性学术刊物，双月刊。2012年出刊6期，发稿145篇，省部级以上基金项目文章67篇，约占发文量的46%。据不完全统计，本刊被《新华文摘》、《中国社会科学文摘》、《高等学校文科学术文摘》等文摘报刊转载60余篇。

(1)编辑部现有4名专职编辑，高级职称4名，其中博士3名。编辑部定期开展考核、培训，加强政治责任意识教育。

(2)本刊严格执行专家审稿和编辑审稿相结合的审稿制度。在审稿上，严格实行三审制，并提出“精选精编”的要求。“精选”，要确保稿件质量，杜绝人情稿、关系稿；“精编”，语言、文字、标点及技术处理坚持规范化和标准化。终审中发现的文字、标点错误，要登记在案，并建立差错统计制度。

(3)本刊自觉关注社会改革热点，追踪学术前沿问题，致力于探讨改革开放中的重大理论问题以及社会主义核心价值观，努力推动马克思主义理论和中国特色社会主义理论研究，精心组织了“中国转型与中国道路”、“生态哲学与生态文明研究”、“发展哲学研究”、“马克思哲学当代阐释”、“现代性问题研究”、“政治发展与政治文明”、“社会管理创新研究”、“文艺理论研究”、“国学研究”等专题讨论。重点选用了《“世界中国化”与“中国世界化”的文化—意识形态博弈——观念史视野下“中国道路”的新历史理性反思》(袁祖社)、《认识社会发展的“问题→模式”法》(邱耕田等)、《理解国民性：一种社会心理学的视角》(周晓虹)、《在“国家—社会”理论视野中的中国现代国家建构》(任剑涛)、《现代化潮流中的国学思潮及其走向再省思》(胡逢祥)、《试析当代儒学流派的基本格局及其走向》(李承贵)、《诚信观念与道义原则》(李景林)、《生命皈依与价值抉择》(李祥俊)、《西方马克思主义美学的形式概念》(张旭曙)、《试析明代后期文学思想的世俗化研究》(罗宗强)等一批高水平论文。

(4)本刊一直以高转载率位居国内同类期刊的前列，相继荣获多项国家新闻出版总署大奖，2012年入选第一批国家社科基金资助期刊，为中国社会科学引文索引(CSSCI)来源期刊、中文核心期刊、中国人文社科核心期刊。

主　　编：赵景来
通讯地址：天津市南开区迎水道7号
邮政编码：300191
联系电话：022－23369296
电子邮箱：tjshkx@126.com
(《天津社会科学》编辑部王贞供稿)

【南开管理评论】《南开管理评论》是由南开大学商学院主办的管理理论类学术期刊。出版多年来，已发展成为国内企业管理类重要核心期刊，系国家自然科学基金委员会管理科学部认定的A类重要期刊、中文社会科学引文索引(CSSCI)来源期刊、北京大学图书馆《中文核心期刊要目总览》及中国社会科学院《中国人文社科核心期刊要览》等核心期刊、中国企业管理研究会“中国高等院校工商管理研究力排名”来源期刊。

2012年，本刊严格遵守国家相关法律法规和出版方面的管理政策，保证期刊正常出版发行。2011全年共出刊6期，采用稿件为93篇，刊用率为4.5%，呈持续降低态势。全年刊发稿件总量中，省部级以上课题研究成果的稿件占96%。

(1)期刊出版管理方面，继续强化期刊出版后的检查和评价工作，每期刊物出版后，都与制作单位沟通，核定问题，加强出版、印刷环节的监督。本年度，加强了常务副主编与稿件管理编辑之间的协作，与作者的沟通、稿件的处理效率、职责的分工以及外审等方面的效率都有了较大的提高；编辑部在查重制度、编辑岗位职责等方面建立、完善了相关制度；在期刊国内学术地位方面做了全面调研，在创建以《南开管理评论》为品牌的学术会议方面做了初步构想。

(2)《南开管理评论·英文版》取得进展。英文期刊出版两年后，持续加大约请国际性学者文章的力度，文章质量稳步提升，刊发的文章下载率和引用率逐年提高。2012年，英国爱默瑞德出版社已出版确定期刊为优先培育进入申请SSCI的期刊。

(3)荣获“2012中国最具国际影响力学术期刊”称号。2012年12月26日，“2012《中国学术期刊影响因子年报&国际引证报告》暨‘2012中国最具国际影响力学术期刊’发布会”在北京举行。《南开管理评论》荣获“2012中国最具国际影响力学术期刊”，在人文社科类期刊中进入TOP10，并成功蝉联管理学期刊“复合影响因子”第一名。本刊复合影响因子由2010年的3.743提高到3.882，继续稳居中国管理类学术期刊复合影响因子首位。

(4)获得国家社会科学基金资助。2012年11月1日,国家社会科学基金学术期刊资助第二批入选名单公布,《南开管理评论》荣获社科基金资助,将在出版发行、网络化建设及学术品牌拓展等方面得到社科基金的支持。荣获国家社会科学基金资助后,《南开管理评论》将在"国家社科基金学术期刊资助管理办法"的指导下,进一步提高期刊的学术稿件质量和学术水平,关注与刊发国内一流的管理学术研究成果,并在学术影响力和学术品牌建设方面作出持续努力。

(5)对外宣传与交流方面。2012年,编辑部共参加了中国管理学年会、管理学在中国学术研讨会、全国MBA教执委会议、《营销科学学报》年会、中国人力资源管理年会等,赠阅期刊300余份,拜会外审专家和作者90余人,就刊物的稿件管理、外审制度、外审管理、栏目设置、出版等问题进行了交流,对于扩大《南开管理评论》的影响、与作者进行良好的沟通、提高期刊知名度等起到了很好的作用。

主　　编:李维安

通讯地址:天津市卫津路94号南开大学商学院

邮政编码:300071

联系电话:23505995、23498167

电子邮箱:nkwxx@nankai.edu.cn

(《南开管理评论》编辑部供稿)

【南开经济研究】《南开经济研究》为国家教育部主管、南开大学经济学院主办的经济类学术期刊(双月刊)。全年共出刊6期,发稿59篇,外稿45篇,占发文量的78%。省部级以上基金项目的文章达40篇,占发文量的68%。本刊得到了海内外同行、管理和实际部门及广大读者更多地关心和大力支持,转载率和转引率有了新的提高。

(1)编辑部现有7名专职编辑,高级职称4名,副高级职称2名,中级职称1名。编辑部定期开展考核、培训,加强政治责任意识教育。

(2)本年度加强了国家社会科学基金资助方面的工作理,进一步规范了编辑部工作流程,加大了匿名审稿的力度。2012年7月获得了国家社会科学基金资助,其资助金额为每年40万元,并按照其要求进行了工作调整,优化了工作流程。

(3)进一步完善了网络化管理工作,更新和改善了《南开经济研究》编辑部的网站,加强了投稿、审稿和编校的无纸化运行,提高各方面的效率。

(4)选文突出了国家关注的重大理论与现实问题,刊载了一批高质量的经济理论研究成果。为领导机关、实际部门、教学科研一线提供了研究成果的转化平台和载体。

(5)本刊被国家新闻出版署评为"中国期刊方阵"的双效期刊,被全国各大数据库和多家载体收录,是CSSCI重要的来源期刊之一。

主　　编:李坤望　副主编:盛　斌　龚　刚

地　　址:天津市南开大学经济学院大楼1013室

电子邮箱:nkes-editor@nankai.edu.cn

邮政编码:300071

电话/传真:022-23508250

(《南开经济研究》编辑部供稿)

【天津大学学报(社会科学版)】《天津大学学报》(社会科学版)是国家教育部主管,天津大学主办,国内外公开发行的哲学社会科学综合性的学术理论刊物。

(1)编辑部现有3名专职编辑,编辑中有博士1名,硕士1名,正高级职称1名,副高级职称1名,中级职称1名。编辑部定期开展考核、培训,加强政治责任意识教育。

(2)本刊全年共出版发行6期,112篇论文。其中国家级基金项目20项,占所发论文总数的17.86%;省部级基金项目46项,占所发论文总数的41.07%。自编辑部采取网络系统处理来稿制度后,本年度共收到来稿805篇,月均收稿74篇,与之前收稿25篇比较,收稿量有了大幅度增加。从录用稿比例来讲,2011年1—12月,共录用52篇稿件,录用率为6.46%。

(3)本年度完成了由天津市新闻出版局布置的2011年度核验任务和全国出版系统的网上半年报及年报工作。并完成《天津大学学报》(社会科学版)整体建设与发展的2012年度的自主创新基金立项工作。该项目的资助基金为5万元。为学报社科版的整体建设与发展立项,这是学报社科版创刊以来的第一次。

(4)2012年本刊顺利进入中国综合性人文社会科学核心期刊行列。中文核心期刊是中华人民共和国期刊中学术水平较高的刊物,是我国学术评价体系的一个重要组成部分。本次评定的综合性人文社会科学核心期刊共有121家,其中高等院校76家,天津市有3家。本校学报社会科学版本次进入中国综合性人文社会科学核心期刊,是1999年创刊以来第一次,这对于促进全校哲学社会科学的建设与发展具有重要的意义,也为全校进行对外交流与宣传提供了一个更为广泛的学术平台和重要学术园地。另外,本年度本刊还荣获天津市一级期刊和优秀期刊提名奖,被中国人文社会科学学报学会评为全国百强社科学报,本刊"现代企业管理"栏目被评为全国社科学报优秀栏目。

主　　编:李家俊　主　任:王义兴
通讯地址:《天津大学学报》(社会科学版)编辑部
邮政编码:300072
联系电话:13820484228
电子邮箱:wangyixing@ tju. edu. cn

(《天津大学学报》(社科版)编辑部供稿)

**【管理科学学报】** 《管理科学学报》原由国家自然科学基金委员会管理科学部主办,天津大学承办的管理科学学术类期刊。2012年,经新闻出版总署批准(新出字[2012]556号),经原主管单位国家自然科学基金委员会同意,原主办单位国家自然科学基金委员会管理科学部同意,更改为教育部为主管单位,天津大学为第一主办单位,国家自然科学基金委员会为第二主办单位。

(1)本年度出版12期,发文105篇,其中省部级以上基金项目99篇。2012年3月开始,本刊为更好服务作者与读者,上线了远程投稿、远程审稿系统。自上线以来,接受投稿2510份,通过系统已录用稿件78份,大大提高了作者投稿的效率。为配合国家自然科学基金"十二五"战略规划,根据国家自然科学基金管理科学部的工作要求,于2012年期间出版专辑如下:2012年第4期出版"后金融危机时代金融系统工程与风险管理的研究进展"。2012年第11期出版"金融系统工程与风险管理"。

(2)学报多次参与国内外会议,与国家自然科学基金管理科学部资助的学术会议多次合作,在会议上宣传本刊的定位,并积极了解国内重点团队、重点学者思想前沿,以更好把握发刊方向。

为鼓励有创造性的、严谨科学的学术研究,搭建中国学者与西方学者的学术观点自由交流与传播的平台,《管理科学学报》编辑部与全球风险实验室联合会(总部多伦多大学)经过协商,以Springer和Elsevier为基础,推荐国内优秀论文参赛。第一类竞赛:Elsevier风险优化征文竞赛(Birge Essay Contest on Optimization under Risk(BECOR,http://risklab. utoronto. ca/news/elsevier/becor)。由美国国家工程院院士John R. Birge设立,奖励该领域学术研究的杰出青年科学家。获奖者将获得著名学术出版社Elsevier颁发的杰出青年科学家学术奖;论文将在相应主题的学术期刊发表。第二类竞赛:Risk Lab - Springer企业风险管理学术征文竞赛(Risk Lab - Springer Paper Contest in Enterprise Risk Management,http://risklab. utoronto. ca/news/springer)。由Risk Lab和Springer共同设立,奖励该领域学术研究的杰出青年科学家。获奖者将获得著名学术出版社Springer以及全球风险实验室联合会颁发的杰出学术奖;论文将在相应主题学术期刊发表。谢尚宇、汪寿阳、周勇等作者发表于《管理科学学报》2011年14卷1期的论文"金融危机下带传染效应的违约预报"获奖Elsevier风险优化征文竞赛优胜奖。胡祥培、孙丽君、王雅楠等作者发表于《管理科学学报》2011年14卷1期的"物流配送系统干扰管理模型研究"与于辉、邓亮、孙彩虹发表于《管理科学学报》2011年14卷6期的"供应链应急援助的CVaR模型"获奖Risk Lab - Springer企业风险管理学术征文竞赛优胜奖。

(3)在2012年中国科技信息研究所公布的检索报告中,本刊影响因子为0.859,总被引频次为894,综合评分为87.3。其中影响因子和综合评分列为中国管理科学类学术期刊第1位。学报于2012年度被评为"百种中国杰出学术期刊"。根据"中国知网"统计,《管理科学学报》机构用户为4458个,分布于17个国家和地区,个人读者分布在15个国家和地区。2012年,《管理科学学报》还获得由中国学术期刊(光盘版)电子杂志社、清华大学图书馆、中国科学文献计量评价研究中心联合评选的"2012中国最具国际影响力学术期刊"。

主　　编:吴启迪
通讯地址:天津市南开区卫津路92号,天津大学《管理科学学报》编辑部
邮政编码:300072
联系电话:022 - 27403197
电子邮箱:jmstju@ 263. net

【天津师范大学学报(社会科学版)】 《天津师范大学学报》(社会科学版)是由天津市教育委员会主管,天津师范大学主办的中文类综合性双月刊。2012年,本刊继续坚持以马列主义、毛泽东思想、邓小平理论和"三个代表"重要思想为指导,贯彻党的路线方针政策,严格遵守党的宣传纪律和国家有关新闻出版的政策法规。全年共出刊6期,发稿91篇,外稿66篇,占发文量的73%。省部级以上基金项目的文章共86篇,占发文量的96%。2012年,本刊由《新华文摘》转载6篇,《中国社会科学文摘》1篇,《高等学校文科学术文摘》转载26篇,《教育科学文摘》1篇,被CSSCI索引91篇。

(1)加强编辑队伍建设,提高学报编辑的学术水平。编辑部现有4名专职编辑,编辑中有硕士2名,高级职称3名。聘请5名各学科教师为特约编辑,参与相关栏目策划等。编辑部定期开展考核、培训、参加学术交流和加强政治责任意识教育。

(2)健全规章制度,严格执行专家审稿和编辑审稿相结合的审稿制度。执行教育部下发的学报编排规范,努力使期刊的出版编排质量达到国家的标准和要求。同时进一步健全编辑部内部管理制度,完善和规范稿件审校制度,切实做好稿件的初审、复审、终审与学科专家匿名评审相结合的审稿工作。刊发稿件不低于三个校次,保证了校对的质量。

(3)继续充实品牌栏目"21世纪中国文学研究",约请国内外知名文学评论专家撰稿。根据本校的学科优势,打造由国内外专家、学者共同参与的特色栏目。

(4)2010年度荣获"全国高校三十佳社科期刊"称号,2011年度荣获"天津市第十届优秀期刊"。在本年度天津市评刊中,获一级期刊和优秀期刊。

(5)本刊一直为南京大学《中国社会科学引文索引》(CSSCI来源期刊)、北京大学图书馆《全国中文核心期刊要目总览》、中国社会科学院《中国人文社科核心期刊要目总览》等。2012年,本刊文章摘转率在全国师范大学学报(含师院)中排名居第6位。

主　　编:李家祥

执行主编:王如青

通讯地址:天津市河西区吴家窑大街57号增1号

邮政编码:300074

联系电话:022-2376672523766761(传真)

电子信箱:zhujianguo820818@sina.com

(《天津师范大学学报》(社科版)编辑部供稿)

【心理与行为研究】 《心理与行为研究》杂志是国家新闻出版总署批准,由天津市教育委员会主管,天津师范大学主办,于2003年创刊的心理学专业期刊。

(1)2012年起本刊从季刊改为双月刊,在全体编辑人员的努力下,保质保量完成全年6期480页的杂志出版发行工作。刊登心理学专业文章79篇。

(2)办刊宗旨。始终坚持"创新性与科学性并重,理论探讨与实践探讨并举"的宗旨,充分展现心理学学术成果,促进心理学学术交流。本刊2012年连续在第4和第5期刊发《中国成年人心理健康测评系统的编制》系列专题文章9篇,为我国重大决策提供依据。

(3)编辑部概况。本刊主编沈德立教授为我国著名心理学家、教育部社科委员会委员、教育部人文社会科学重点研究基地主任、天津师范大学心理与行为研究院院长、资深教授、"中国心理学会终身成就奖"获得者。四位副主编之一——乐国安教授为中国心理学会副理事长,南开大学博士生导师;其余三位副主编均为本校教授、博士生导师。编委会由来自全国主要心理学研究所和心理学院著名专家组成。

(4)近年来,杂志获得全国优秀社科学报等称号,成为"中国社会科学引文索引(CSSCI)来源期刊",在所有心理学专业杂志中排名第5—6位。2012年发行量达3900份,发行范围遍布国内外。

主　　编:沈德立

通讯地址:天津市河西区吴家窑大街57号增1号,天津师范大学八里台校区106#信箱

邮政编码:300074

电　　话:022-23065320,23065319

传　　真:022-23541213

E-mail:psybeh@mail.tjnu.edu.cn

本刊网址:http://journal.psytj.net

(《心理与行为研究》编辑部供稿)

【科学学与科学技术管理】 《科学学与科学技术管理》杂志是由天津市科学技术委员会主管,中国科

学学与科技政策研究会、天津市科学学研究所共同主办的科技管理类学术期刊。2012 年出版 12 期,发文 269 篇。

(1)坚持正确的办刊方向和导向。注重宣传科学精神和科学学理论,在理论和实践上作出研究与探索,进一步推动了我国科技政策与科技管理水平的提升。着眼于国家发展战略核心"提高自主创新能力,建设创新型国家",以及经济发展的热点、难点问题进行理论与实践相结合的前瞻性分析和研究,具有政策性、学术性、实证性和资料性的风格。

(2)本刊常设栏目:科学学研究、科技政策与管理、创新管理、知识管理、区域发展、战略管理、企业管理、人力资源管理,等等。

(3)注重编辑队伍的人才培养和建设,形成老中青梯队层次。编辑部现有成员 8 名,其中编审 1 名,高级工程师 2 名,编辑 4 名,助理编辑 1 名。

(4)奉行严谨的治学态度和朴实无华的学风,学术水平和应用效果得到社会广泛认可。在历年天津市优秀期刊评选中多次获得科技期刊优秀期刊奖。分别被评为国家基金委管理科学部重要期刊、中文社会科学引文索引(CSSCI)来源期刊、中国科学引文数据库来源期刊(CSCD)、中国学术期刊综合评价数据库(CAJCED)统计期刊源,入选《中文核心期刊要目总览》、《中国人文社会科学核心期刊要览(CASS)》等。2012 年本刊发表的文章被人大复印资料全文转载 36 篇、全文转载率为 13.38%;引文索引 252 篇,引文索引率为 93.68%;期刊复合影响因子为 1.592。

(5)积极整合人才资源,全方位打造学术理论人才方阵。本刊拥有百名以上国内外专家学者形成的咨询网络,编委中有我国科技管理界和高等院校著名专家及学者,他们为本刊引领科学学、管理科学等前沿理论的学科方向、不断提升影响力起到了重要的支撑作用。

主　　编:柳卸林　常务主编:许　静
编辑部地址:天津市河东区新开路 138 号
电　　话:24324829
网　　站:http//www.tjkxx.com

(《科学学与科学技术管理》编辑部供稿)

**【道德与文明】** 《道德与文明》是由天津社会科学院主管,中国伦理学会和天津社会科学院主办的学术理论类期刊。2012 年《道德与文明》贯彻党的路线方针政策,严格遵守党的宣传纪律和国家有关新闻出版的政策法规。全年共出刊 6 期,发稿 183 篇。其中省部级以上基金项目的文章达 77 篇,占发文量的 42.1%。据中南财经政法大学图书馆期刊信息检索中心统计,2012 年本刊被中国人民大学书报资料中心复印报刊资料、《新华文摘》、《中国社会科学文摘》、《教育科学文摘》等全文转载 26 篇。在人大报刊复印资料伦理学专题排名中居第 1 位。取得了良好的社会反响,提高了刊物的质量和学术水平。

(1)加强编辑队伍建设,提高编辑的学术水平。编辑部现有 5 名专职编辑,其中有博士 2 名,在读博士 2 人,硕士 1 名,高级职称 3 名,中级职称 2 名。编辑部定期进行考核、培训,参加学术交流和加强政治责任意识教育。

(2)健全规章制度,建设基础设施。本刊严格执行专家审稿和编辑审稿相结合的审稿制度,聘请 30 余名外审专家对所有拟采用的稿件进行匿名外审,严把学术关。本刊严格坚持三校责任制,同时利用微机进行勘误,从而使内文差错率稳定保持在万分之零点二五以下。

(3)设置特色专栏,重视专题研究。在 2012 年度内,本刊除了继续加强伦理学基础理论研究外,还针对社会热点问题,策划选题,组织约稿,先后策划了社会主义核心价值体系"、"雷锋精神笔谈"、"诚信专题"、"建设性后现代生态伦理笔谈"、"幸福伦理专栏"、"罗尔斯正义理论专题"等专题。推出了"特别推荐"、"博士后暨博士生论坛"、"热点问题探析"等栏目,反响很大,取得了较强的学术影响力。配合创刊 30 周年活动,2012 年第 5 期推出了"纪念创刊 30 周年"专刊,收到了良好的效果。

(4)年度重大活动。2012 年是本刊创刊 30 周年,为了纪念本刊创刊 30 周年,10 月 13—14 日由本刊主办,中国伦理学会、苏州大学、湖北大学哲学学院、清华大学哲学系、河北经贸大学、首都师范大学政法学院、中南大学公共管理学院、上海师范大学经济伦理研究中心、中国人民大学伦理学与道德建设研究中心、湖南师范大学等单位协办的"道德治理与道德文化建设——纪念《道德与文明》杂志创刊 30 周年学术研讨会"在天津举行,来自全国五十多家高等院校和科研机构以及《人民日报》、《新华文摘》、《天津日报》等多家知名报刊的专家学者共计百余人参加了此次研讨会。

(5)获奖情况。本年度本刊获得了国家社科基金资助,在第三届中国学术期刊评价中被评为"RCCSE 中国核心学术期(A)"。同时本刊继续保持为中国人文社会科学核心期刊、中文社会科学引文索引(CSSCI)来源期刊、中国北方地区优秀期刊、全国中文核心期刊、中国人文社会科学引文来源期刊、天津市一级期刊。

主　　编:杨义芹　万俊人

通讯地址:天津市南开区迎水道7号

邮政编码:300191

联系电话:022-23075124

电子邮箱:daodeyu@126.com

(《道德与文明》编辑部供稿)

【理论与现代化】《理论与现代化》是由天津市社会科学界联合会主管、主办的学术理论类期刊。2012年,《理论与现代化》贯彻党的路线方针政策,严格遵守党的宣传纪律和国家有关新闻出版的政策法规。

(1)提高编辑水平,影响力日益扩大。《理论与现代化》是CSSCI扩展版来源期刊,《理论与现代化》全年共发表125篇文章,呈现出如下特点:一是基金项目越来越多,国家基金项目15项;占12%,省部级基金项目:32项,占25.6%,比去年有较大的增幅。二是作者队伍的职称也有较大的提高:博导16人,占10.7%;教授、研究员21人,占14%。副教授和副研究员46人,占30.9%,博士生66人,占44.3%《中国社会科学文摘》2012年第一期,全文转载本刊2011年第四期《论行政执法方式创新的法治路径》。第三期全文转载本刊2011年第六期《"两会机制"与中国政党政治发展》。

中国人民大学书报资料中心把本刊评为《2012年版"复印报刊资料"重要转载来源期刊》。清华大学图书馆编辑出版的"中国知网"发布的综合社会科学类674家期刊影响因子排序,本刊名列78名。

根据中国知网统计,本刊机构用户总计4878个(去年为4743个),分布19个国家和地区(去年为16个国家和地区);个人读者分布12个国家和地区。其中中国大陆机构用户总数为4255个,中国香港、澳门、台湾地区机构用户总数为189个;北美131个;澳洲17个;西欧147个;韩国70个;日本50个;东南亚19个。

(2)办刊特色:一是坚持中国特色社会主义文化发展道路,坚持正确的政治方向为改革开放和社会主义现代化建设提供精神动力和舆论支持;二是宣传社会主义核心价值体系建设,弘扬良好思想道德风尚,提升公民科学素质;三是坚持基础研究和应用研究并重,传统学科和新兴学科、交叉学科并重,推动哲学社会科学繁荣发展;四是坚持以研究现代化进程中的重大现实问题为主攻方向,以对全局性、战略性、前瞻性问题研究为重点选题,及时刊发最新研究成果,为经济社会发展服务。

主　　编:李家祥

通讯地址:天津市成都道52号

邮政编码:300051

联系电话:022-23398649　022-23307780

电子邮箱:xdhbjb@126.com

(《理论与现代化》编辑部供稿)

【现代财经——天津财经大学学报】《现代财经》是由天津市新闻出版局主管,天津财经大学主办的社科综合经济类期刊。2012年本刊出版共12期,发表文章178篇,总被引频次588次,基金论文比占47%。

(1)期刊定位。突出《现代财经》财经期刊专业期刊定位,以专题、专项研究为特色,及时反映财经理论发展新趋势,强调问题解决导向的研究范式,抓好国计民生重大选题,创立特色栏目,突出大经济学交叉研究的办刊特色。

(2)办刊模式。突出期刊专业、开放与合作的办刊理念,对内,构建期刊、门户网站、研究院、栏目主持人四位一体的办刊模式;对外,构建财经类核心期刊联盟、数字化出版有效传播、专业研究协会联合办刊和客户数据库关系管理四位一体的合作模式。通过特色版面设计、特色栏目设置和快速稿件评审反映机制,形成学报一体化协同创新办刊模式。

(3)评审模式。构建编辑初审推荐、编务会评审、专家匿名外审、行业通讯评审和主编终审公示科学评审机制。建立来稿快速反映机制,所有来稿要求两个月评审完毕。对于评审后需要修改的论文,建立专家与责编共同把关程序,原则上不得超过一个月,确保最终用稿质量。在栏目设置上,根据"凝练方向,突出特色,关注前沿,紧扣时代,创立品牌"的办刊指导思想,先后设立了"经济理论探索"、"经济问题研究"、"财政论坛"、"金融研究"、

"管理理论与实践"、"区域经济"、"贸易经济"七个常设栏目,其中"经济理论探索"为全国文科学会名栏。

(4)期刊影响因子不断提高,影响力排名得到大幅度提升。《新华文摘》、《社科文摘》、《高校学术文摘》和《人大复印资料》四大文摘全文转摘率显著提升,其中2012年第十期《"十二五"时期我国劳动关系发展走势与应对之策》一文荣登《新华文摘》封面要目。现正全力为进入国家名刊工程和教育部名栏做各项准备工作。

主　　编:蔡双立

通讯地址:天津市河西区珠江道25号

邮政编码:300222

联系电话:88186195

电子邮箱:xdcj@ tjufe. edu. cn

(《现代财经》编辑部供稿)

**【天津商业大学学报】** 《天津商业大学学报》是由天津市教育委员会主管,天津商业大学主办的学术性期刊。2012年,本刊继续秉承质量为先、创新发展的办刊理念,齐心协力、锐意进取、严谨务实,顺利地完成了既定工作任务。

(2)本年度出刊6期,发表论文75篇。刊发国家级基金项目论文26篇,省级基金项目论文5篇,市级基金项目论文14篇,分别占本年刊发论文总数的34.67%、6.67%和18.67%;正高级职称论文22篇,博士论文17篇,分别占发文总量的29.33%和22.67%;内稿30篇,占比为40%,外稿45篇,占比为60%,说明学报的学术影响力进一步扩大,知名度稳步提升。

根据《中南财经政法大学图书馆检索报告》显示,2012年学报被转摘文章12篇,其中《新华文摘》1篇、人大复印报刊资料7篇,《高等学校文科学术文摘》4篇;根据《中国人民大学书报资料中心检索报告》统计的数据,2012年学报索引收录54条。转摘和索引数量占总发论文数量的89%。2012年第3期发表的张雁、王涛的文章《提升企业创新能力的制度环境分析》被《新华文摘》2012年第13期收入论点摘编,并在《新华文摘》第15期列入篇目辑览。

2012年10月,中国人民大学人文社会科学学术成果评价研究中心和中国人民大学书报资料中心联合颁发荣誉证书,学报入选2012年版"复印报刊资料"重要转载来源期刊。

(2)以学术质量为核心,进一步加强特色栏目的建设。2012年,我们继续打造重点栏目和特色栏目,如"财政金融评论"、"第三产业"等。以上栏目吸引了学术界的关注,众多知名教授、专家不断向这些栏目赐稿,这不但提升了学报的学术影响力,而且带动了学报整体质量的稳步提高。

(3)积极扩大对外交流。为提升学报的学术影响力和知名度,学报加强与兄弟院校合作交流,与多家院校、研究所、资料室、图书馆互换杂志,同时向学界知名专家赠阅杂志,并通过参加高水平学术会议、研究学术热点问题和专题专访等方式扩大了本刊的知名度和学术影响力。

(5)完善学报管理制度,提升工作效率。2012年,学报继续严格依照《社会科学期刊质量标准》,严格执行编校制度,把编校的错误率控制在最低的范围之内,以责任编辑为主,既分工又合作,坚持不懈地抓编校质量,及时完成了学校交付的各项工作任务。

主　　编:刘书瀚

通讯地址:天津市北辰区津霸公路东口天津商业大学学报编辑部

邮政编码:300134

联系电话:022-26667507

电子邮箱:xb@ tjcu. edu. cn

(《天津商业大学学报》编辑部供稿)

**【天津体育学院学报】** 《天津体育学院学报》是天津市教委主管,天津体育学院主办的国内外公开发行的综合性体育学术期刊。2012年,本刊贯彻党的路线方针政策,严格遵守党的宣传纪律和国家有关新闻出版的政策法规。全年共出刊6期,来稿量为3400多篇,发稿116篇,稿件录用率为3.4%。省部级以上基金项目的文章达76多篇,占发文量的66%,比去年提高16个百分点。

(1)加强编辑队伍建设,提高学报编辑的学术水平。编辑部现有5名编辑,其中硕士5名,高级职称3名,中级职称1名。聘请各学科教师2名为特约编辑,参与相关栏目策划等。本刊始终把"加强学习和研究,努力将编辑部建成学习型组织"作为努力方向,在从事编辑业务知识提高的同时,还积极参与体育科学研究。同时,本刊还积极派人参加各种学术会议,为编辑提高自身素质,及时把握各学科研究前沿问题、热点问题提供条件。加强与兄弟院校期刊的合作与交流,不断学习其先进的办刊经验。加大对国内知名学者约稿力度,并成功实施。

(2)健全规章制度,建立基础设施。编辑部在办刊过程中,建立健全了一系列内部管理规章制度,并在实际工作中严格执行。目前,我们已经付诸实施的文件有:来稿登记制度、审稿制度、校对制度、审读制度、编辑守则、来稿处理流程等。2012年10月,本刊自1981年创刊以来的所有期刊数据均已完成数据库上网,方便广大读者的免费查阅及下载,受到广泛好评。

(3)设置特色专栏,重视专题研究。先后设置了"教练员与学者沙龙"、"博士(生)论坛"等特色专栏。还先后设立了"特邀论坛"、"成果报告"、"百家论坛"、"专题研究"等专题研究栏目。

(4)本年度,本刊与中国社会科学院调查与数据信息中心签署协议,入选"国家哲学社会科学学术期刊数据库"。至此,《天津体育学院学报》已囊括了国内所有体育学术期刊评价机构的核心期刊(CSSCI来源刊,中文核心期刊要目总览,中国人文社会科学核心期刊要览,中国科学评价研究中心核心期刊,SCD来源刊)。根据中国科学文献计量评价研究中心和清华大学图书馆发布的《中国学术期刊影响因子年报》数据分析,2012年,《天津体育学院学报》的"复合影响因子"(1.612)和"期刊综合影响因子"(1.119)排名继续保持第2位(均仅次于《体育科学》);"人文社科影响因子"(1.063)排名居前。影响因子学科排位连续两年排名居第2位。《年报(2012版)》数据显示,《天津体育学院学报》基金论文比达到了59%;引用半衰期为6.3年;引用期刊数为217种;被引用刊数为424种;Web即年下载率为75,Web下载量为11.44万次,这些指标均比往年有不同程度的提升。由中国科学技术信息研究所和北京万方数据共同研制的2012年版《中国期刊引证报告(扩刊版)》数据显示,《天津体育学院学报》总被引频次为1886,影响因子达到1.308,他引率为0.918,即年指标、引用刊数、学科影响指标及学科扩散指标等数据均高于同类期刊平均水平,且较本刊以往同类指标也有不同程度的提升。

主　　编:姚家新

通讯地址:天津市卫津南路51号天津体育学院学报编辑部

邮政编码:300381

联系电话:022-23012636

电子邮箱:xb@tjus.edu.cn;tjtyxyxb@163.com

网　　址:http://journal.tjus.edu.cn

(《天津体育学院学报学报》编辑部供稿)

**【中共天津市委党校学报】** 《中共天津市委党校学报》系中共天津市委党校主管、主办的综合性学术期刊(双月刊)。

(1)严格遵循办刊宗旨。坚持正确政治导向,遵守国家法律法规和党的方针政策,主动围绕党的理论研究和宣传工作重点,在贯彻落实科学发展观等方面组织刊载了一批高质量的文稿,入选文章具有全局性、战略性、前瞻性,侧重研究解决中国社会和天津发展面临的重大问题,多数文稿具有较重要理论价值和实践意义,受到读者和作者普遍好评,有些文稿引起较大反响。

(2)学术质量明显提高。本刊主要刊载中国政治类学术文稿,设置的栏目包括党的建设、马克思主义、政治学理论、公共行政等。全年审稿3千余篇,发表文章98篇,其中多篇入选高层学术研讨会或获省部级以上优秀科研成果奖,多篇文稿被《新华文摘》、《中国社会科学文摘》和《复印报刊资料》等二次文献转载、转摘,转载、转摘率在全国党校、行政学院期刊系列期刊中排位靠前。

(3)2012年度本刊进入全国中文核心期刊、(RCCSE)中国核心学术期刊、中文社会科学引文索引(CSSCI)扩展版来源期刊和"复印报刊资料"重要转载来源期刊系列。

主　　编:何敬文

通讯地址:天津市南开区育梁道4号

邮政编码:300191

联系电话:23679027　23679113

电子信箱:tjdxxb@sina.com

(《中共天津市委党校学报》编辑部供稿)

**【天津行政学院学报】** 《天津行政学院学报》由天津市政府主管、天津行政学院主办。本刊为双月刊,刊号为ISSN1008-7168(国际)、CN12-1284/D(国内)。2012年共刊出6期,累计发文106篇。

(1)全年出版内容依法依规、严谨规范。认真贯彻党的基本理论和基本路线,坚持正确的舆论导向和出版方向,遵守党的宣传方针、政策和纪律。

突出办刊宗旨和正确的舆论导向。主管单位和主办单位认真履行管理职责，出版导向正确，出版质量符合规定。不存在违规出版行为和其他违纪、违法现象。

（2）突出学术专业方向，促进学术理论创新，提升刊物质量，社会影响与评价进一步提高。2012年3月，《天津行政学院学报》被中文社会科学引文索引“CSSCI（2012－2013年）扩展版来源期刊”收录，连续第三届被中国科学评价研究中心（RCCSE）评为“中国核心学术期刊”。2012年3月，中国人民大学“2011年度《复印报刊资料》转载学术论文指数排名”及《研究报告》正式发布，《天津行政学院学报》被全文转载14篇，在全国党政干部院校主办的145种期刊排名中，转载率、全文转载量和综合指数分别居第5位、第13位和第9位，为本刊新高。11月，中国人民大学公布了2012版“复印报刊资料”重要转载来源期刊，《天津行政学院学报》入选为“复印报刊资料”（“政治学”）的重要转载来源期刊，并获颁证书。

（3）编辑部在队伍、设备、内部运行机制、管理机制等方面的建设有明显进展。始终以提高办刊质量为根本出发点，贯彻“专家办刊”理念，倡导专业与敬业精神。大家在以专业化、创造性的劳动赋予编辑工作更高的专业和学术含量，为作者和读者提供优质的编辑产品的同时，还承担和完成多个科研项目，发表和出版具有一定影响的著作和论文，并获多种省级以上奖励。

主　　编：段志超
通讯地址：天津市南开区育梁道4号
邮政编码：300191
联系电话：23679005
电子邮箱：xb238@yahoo.com.cn

（《天津行政学院学报》编辑部供稿）

**【求知】**《求知》杂志为中共天津市委党校主管、主办的政治理论月刊。本年度共出版14期（月刊），其中正刊12期，增刊2期。

（1）作为天津市党政干部理论学习的重点期刊，《求知》特别突出了科学发展观和构建社会主义和谐社会的宣传，特别是党的十八大和市十次党代会等有关会议精神的宣传；突出了建设学习型党组织和“创先争优”活动的宣传；精心设计了一大批贴近天津、贴近实际、贴近干部的选题，适时刊发了一大批高质量的、针对性强的理论文章和辅导文章，充分发挥了理论宣传阵地的作用，受到了广大党政干部的欢迎和好评。

（2）本年度《求知》杂志切实贯彻《期刊出版管理规定》的各项要求和规定，严格执行选题审定制度，突出期刊服务特色，不断提高期刊社会影响力。2012年《求知》的几个主体栏目，如“学习与思考”、“专家视野”、“中心组学习”、“党校学员论坛”等，从选题质量到文章写作质量都有显著提高。如“党校学员论坛”栏目的一些文章还被市委研究室内部资料刊物转载，市委有关领导还对一些文章作了批示，这些都提升了期刊档次，增强了期刊的社会影响力。

（3）影响力和知名度不断提升。2012年，《求知》被人大复印资料全文转载1篇，目录索引88篇；中国知网统计求知机构用户4895，其中大陆4200多家，海外600多家，北美、西欧、韩国、日本、中东、东南亚都有《求知》的电子版用户。高端用户既有清华、香港中文大学、台湾辅仁大学、国防大学、国家图书馆、北京图书馆、天津图书馆、国务院发展研究中心等这样的国内知名大学和机构，也有斯坦福大学、普林斯顿大学、首尔大学、东京大学等这样的世界名校。《求知》正在成为一本受天津广大党政干部欢迎和喜爱，受国内外高端机构和知名大学关注的政治理论期刊。

主　　编：钦建军
通讯地址：天津市南开区育梁道4号
邮政编码：300191
联系电话：022－23679143
电子邮箱：qiuzhi2087@sina.com

（《求知》编辑部供稿）

**【天津外国语大学学报】**《天津外国语大学学报》是由天津市教育委员会主管，天津外国语大学主办的外语类学术期刊。本刊设有翻译研究、外国语言研究、外语教学研究、外国文学研究及综合外语研究等栏目。

（1）学报严格执行《中国社会科学期刊质量标准》和《高校文科学报编排规范》，严把编辑、校对、出版的每一个环节，保证编校质量，使差错率低于规定标准。聘请各学科编委参与审稿及推荐稿件工作，严格执行三审制度，主编终审重点把关。

（2）本年度出刊6期，共刊发论文79篇，其中国家社科项目及省部级科研项目论文42篇，占总发文量的53%。被中国人民大学《复印报刊资料》索引56篇，索引率高达71%。具有高级职称或博士学位的作者占90%以上，包括知名学者河南大学的徐盛桓教授。2012年11月与中国对外汉语修辞研究会、天津外国语大学科研处及国际交流学院共同承办"中国对外汉语修辞研究会第六届学术研讨会"，加强了学术交流与合作。

(3)本刊连续被评为全国高校优秀社科期刊，天津市一级期刊，被天津市教育委员会职称工作办公室列为重要学术刊物，并在南京大学中国社会科学评价中心来源期刊中的排名也不断提高。本刊是CNKI中国知识基础设施工程中国期刊全文数据库(CJFD)全文收录期刊、中国学术期刊综合评价数据库(CAHCED)统计刊源期刊、万方数据—数字化期刊群全文上网收录期刊、中文科技期刊数据库全文收录期刊。学报国内外影响日益扩大，成为目前我国外语研究领域不可缺少的重要学术园地。

主　　编：修　刚

通讯地址：天津市河西区马场道117号

邮政编码：300204

联系电话：022－23285743

电子邮箱：journal@tjfsu.edu.cn

（《天津外国语大学学报》编辑部供稿）

【天津经济】《天津经济》是天津市经济发展研究所主办、天津市发展和改革委员会主管的经济类期刊。2012年的天津经济内容上紧紧抓住市委确定的"调结构、惠民生、上水平"工作思路，全面解读财政税收的相关政策，提升财税专业水平，通过描写天津地标建筑重点反映天津蓬勃发展的良好势头，凝聚国内外最新资讯精华，从而在刊物质量上和发行上跃上新台阶。本年度共刊登基金论文34篇，期刊的载文量、可被引文献量、影响因子都呈上升趋势，网络下载量已到达5.58万次。

(1)加强编辑队伍建设，提高编辑的业务水平。编辑部现有5名专职编辑，编辑中有博士1名，硕士1名，高级职称3名，中级职称2名。编辑部定期开展考核、培训，参加学术交流和加强政治责任意识教育。

(2)确立核心期刊转型目标，进一步提升质量。2012年天津经济继续保持着"学术化、规范化、网络化"的办刊思路，沿着既定的向"核心期刊"转型的目标，不断在内容上全力为"目标"服务。进一步贴近经济热点、反映经济难点、突出地区特色、体现地区特点，力求所刊内容具有创新性、时效性、资料性和可操作性，力求有较高的理论价值和决策参考价值。杂志社将立足天津，面向全国，为天津及全国的经济发展服务，为区域经济合作与发展服务。

(3)健全规章制度，建设基础设施。本刊更加严格地执行专家审稿和编辑审稿相结合的审稿制度，每校规定严格的时间要求和校样存档。本年度，编辑部还添置了设备，购置了图书，建设了学科资料室和库房。

(4)设置特色专栏，重视理论与实际相结合。本刊设置了"专稿"、"发展"、"社会"、"聚焦"、"封面"、"财税"、"金融"、"视界"等重点栏目。

主　　编：王天伟　　社　　长：张桂枝

执行主编：仲成春

通讯地址：天津市河西区福建路17号

邮政编码：300202

联系电话：83836403 传真：83834106

电子邮箱：83836403@126.com

（《天津经济》编辑部供稿）

【港口经济】《港口经济》是我国唯一专门研究港口经济的综合性经济期刊。本刊由中国人民政治协商会议天津市委员会主管，开益国际咨询研究中心(天津)主办。

(1)贯彻落实科学发展观，坚持理论与实际紧密结合。2012年，《港口经济》紧紧围绕刊物宗旨，继续坚持理论与实践相结合的传统，力求为港口经济提供可持续发展的对策建议。结合国内外社会经济发展和我国改革开放的新形势，继续下大力扩大范围组织稿件，使刊物的特色和优势得到巩固和提升。同时，刊物在探索港口经济转型发展、研究港口发展战略规划等方面也取得了新成果。

(2)不断扩充编辑力量，丰富编辑队伍的专业结构。2012年，刊社共有编辑人员9名，其中编审2名、编辑4名，其余3名为高校讲师、教授。全年出版12期，载文267篇，其中省部级基金项目文章23篇。全年由中国人民大学《复印报刊资料》转载文章8篇，由CSSCI索引11篇。这些文章着眼现实、把握宏观、开阔视野，对转变经济发展方式、促进港口经济又好又快发展起到了很好的导向作用，使2012年《港口经济》刊物的整体质量再上新水平。

(3)立足服务航运企业,结合发展热点创新栏目。2012 年,刊物积极响应国家提出的在"十二五"期间大力推动海洋经济发展的战略号召,加大了"海洋经济"专栏的组稿力度,同时创新推出了"海洋人物"专栏,突出介绍了一些在海洋产业相关领域有突出贡献的专家学者,得到了社会各界的积极关注和响应。在全球港航业复苏缓慢的形势下,为谋求市场发展的新战略新模式,刊物在保持工作指导类文章的基础上,继续加强与全国知名高校、研究机构、交通运输部等单位的联系,组织了一批具有科学性、前瞻性、创新性的学术文章,提升了刊物的理论水平和影响力。

主　　编:董维忠

通讯地址:天津市和平区电台道香榭里 2 - 1 - 101

邮政编码:300070

联系电话:022 - 27845414

电子信箱:gkjj2008@163.com

(《港口经济》编辑部供稿)

**【城市】**《城市》杂志创刊于 1988 年,月刊,大 16 开,80 页。由天津市城乡建设和交通委员会主管,天津市建设工程技术研究所主办,是目前城市科学研究领域内办刊历史最久的刊物之一。

(1)提高编辑部业务素质。该刊拥有健全、高效的编辑部和高水平的专职采编人员。编辑部共 6 人,本科及以上学历 5 人,高级职称 1 人,中级职称 3 人。

(2)办刊宗旨。本刊致力于探索中国城市发展的思路与对策,研究城市经济与社会发展的理论与方法,介绍国内外城市规划与建设的动态与信息,交流城市经营与管理的经验与成就,是学术理论与决策实践相结合的刊物,面向政府官员、高管、研究人员及高校学者。2012 年共出刊 12 期,发表文章 216 篇,130 万字;刊发各类基金项目论文 46 篇,占发文量的 21.3%。本刊连续 13 年在天津市期刊质量评估中被评为一级期刊。

(3)聚焦热点议题。选题具有综合性、包容性、多学科交叉的特点,涉及经济、社会、规划、管理、环境、文化等领域的热点、难点问题。设有探讨与研究、城市发展战略、区域经济、城市经济、城市管理及城市规划等 10 余个栏目,结合城市建设和工程技术的快速发展,新增了建筑业、住宅产业化、建筑节能、绿色建筑及工程技术等栏目,为广大工程技术人员提供工程案列探讨和实践经验总结的平台。

(4)提升刊物学术水平。先后被中国期刊网、中国学术期刊(光盘版)、中国核心期刊(遴选)数据库、中文科技期刊数据库等收录为刊源单位;现有网上用户 6500 多个,其中机构用户 3261 个;期刊被引频次、影响因子以及网上点击率、下载率持续上升。多篇文章被人大复印资料转载。

主　　编:李　菁

通讯地址:天津市和平区贵州路 100 号

邮政编码:300070

联系电话:022 - 23243277 - 6220

电子邮箱:a2324@126.com

(《城市》编辑部供稿)

**【环渤海经济瞭望】**《环渤海经济瞭望》为区域性经济工作指导类期刊,是环渤海地区唯一公开发行的区域经济期刊。期刊由天津市发展和改革委员会主管,天津市信息中心主办。本刊为月刊,年出版 12 期,发表各类文章 200 余篇。

(1)严格坚持办刊宗旨,坚持正确的舆论导向,取得了良好的社会效益。所出版的杂志从内容到印刷、版面和质量都有显著提高。既有地方主要领导和有关专家撰写的一批总揽全局,导向正确,影响深远的文章,又有一批对区域经济合作作理论阐述,极具操作性的文章,取得较好社会效果。目前,本刊已成为环渤海地区有代表性、有权威性的区域经济工作指导类期刊。

(2)加强编辑队伍建设,提高杂志编辑的学术水平。编辑部现有专职编辑 3 人,其中高级职称 2 人,副高职称 3 人。编辑部定期开展考核、培训、参加学术交流。

(3)本刊主要栏目有:特稿、环域在线、经济纵横、瞭望视点、对策研究、博士论坛、财金投资、经营管理、文化旅游、国际观察、渤海聚焦等。2012 年本刊密切关注天津经济社会发展形势,相继组织发表了《天津滨海新区"十大战役"与"十大改革"的实践与思考》,《天津——迈向 2025 年的世界城市》,《探索有中国特色的区域开发科学路径》,《天津滨海新区创新型城区建设的特色》等多篇文章,反响较好。

杂志社主编:沈洪洲　常务副主编:孙铁铭

地　　址:天津市河西区友谊路 39 号

邮政编码:300201
联系电话:022—28130705
电子信箱:hbhjjlw@163.com
注:本刊原为每月25日出版,在2012年5月将出版日改为每月5日。

(《环渤海经济瞭望》编辑部供稿)

**【河北工业大学学报(社会科学版)】** 《河北工业大学学报》(社会科学版)是由河北省教育厅主管,河北工业大学主办的社会科学类学术期刊(季刊)。

(1)学报编辑部以深入贯彻落实科学发展观与建构社会主义和谐社会作为办刊的出发点和立足点,弘扬科学精神和创新思想,坚持学报为社会主义服务、为人民服务的方针,坚决把社会效益放在第一位,全力为教育、科研服务,宣传党和国家的路线、方针、政策,传播有益于提高民族素质、有益于经济发展和社会进步的科学文化知识。在办刊过程中,严格遵守《期刊出版管理规定》和国家有关法律、法规。

(2)在抓好本部门理论与业务学习制度建设的同时,全体人员积极参加河北省新闻出版局组织的编辑人员岗位培训、河北省高校学报研究会、天津市科技期刊协会组织的专业知识讲座及交流活动,在参与这些活动期间,使编辑部人员学习了专业知识、专业技能和现代科技新技术、新手段,提高了编辑人员的业务水平。

(3)2012年第1—3期共刊发文章52篇(第4期因尚未出版没在统计之中),被索引51篇,索引率为98.8%。学报与清华大学光盘版、万方数据股份有限公司和重庆维普资讯有限公司等检索机构签订网络合作协议,通过网络、电子版方式进一步拓展了学报科研成果的传播途径,提升了自身软实力,同时扩大了本校学报影响力。

(4)2012年共出刊4期,文章数量为70篇。目前本刊主要栏目有:经济与管理、文史研究、政治理论与哲学、教育理论与实践、法学研究、书评等。

主　　办:河北工业大学
主　　编:马树强
地　　址:天津市北辰区双口镇西平道5340号
河北工业大学学报编辑部
邮政编码:300401
联系电话:022-60438312
传　　真:022-60438311
电子信箱:xbshk@126.com

(《河北工业大学学报》(社会科学版)编辑部供稿)

责任编辑:沈丽妹

# 大　事　记

## 2012年天津市社会科学大事记

### 1月

2日　中央电视台“新闻联播”选播市社联党组书记李家祥代表天津社科界作学习胡锦涛主席新年贺词发言。

9日　市社联组织全市社科界专家学者学习讨论黄兴国市长在天津市第十五届人大五次会议上所作的《政府工作报告》。市社联党组书记李家祥主持讨论会。

14日　第32次滨海新区开发开放专题研讨会召开。会议主题是“滨海新区‘保姆式’政府服务”。市社联党组书记李家祥出席并讲话。

15日　由市社联主办、天津大学协办的2012年社科界新春联谊会举行。市委常委、宣传部部长成其圣出席并讲话。市政协副主席、天津师范大学校长高玉葆，天津大学党委书记刘建平，市委宣传部常务副部长陈浙闽、副部长李毅出席。天津大学校长李家俊致欢迎词，市社联党组书记李家祥主持会议。

同日　由南开大学统计制度与方法研究中心、南开大学政治经济学研究中心、南开大学经济研究所、南开大学谷书堂经济学学术基金联合主办的“科学发展评价指标体系暨科学发展指数研讨会”在南开大学举行。来自国家统计局、教育部、中国社科院、南开大学、南京大学、北京师范大学、天津财经大学的专家学者参加会议。

18日　市社联召开五届十九次常委会议。市社联主席罗远鹏、市委宣传部副部长李毅出席并讲话，市社联党组书记李家祥主持会议。35位常委参加。

### 2月

11日　第33次滨海新区开发开放专题研讨会召开。会议主题是“滨海新区‘十大改革’”。老同志叶迪生、王文华，市社联党组书记李家祥，市政府研究室副主任张继明出席。

12日　市社联召开学会秘书长座谈会，市社联党组书记李家祥，秘书长陈根来出席会议并讲话。学会研究会秘书长和民办社科机构负责人60人出席会议。

14日　由天津社会科学院舆情研究所主办的“舆情与新媒体”高级论坛在社科院举办，副院长信金爱出席。

25日　市社会心理学学会召开第五次会员代表大会暨2012年学术年会。市社联党组书记李家祥出席并讲话。

25日　市教育科学学会举办“当前教育发展形势与教育科研”报告会。报告会由常务副会长余强基主持，会长张武升出席并致词。

### 3月

2日　市社联召开2012年度科研工作会议。党组书记李家祥，秘书长陈根来出席并讲话。

3日　南开大学金融发展研究院举办“金融发展前沿学术论坛”。南开大学副校长佟家栋、北大光华管理学院教授刘国恩、伦敦城市大学CASS商学院ShronLin博士分别作了题为“政府在经济市场化中的作用”、“转变经济发展方式和医改的金融模式”、“石油价格的经济学和金融学分析”专题讲座。

9日　市社联召开2012年学会工作会议，部署2012年度重点工作和直属社团党建工作。市社联党组书记李家祥、秘书长陈根来出席并讲话。

10日　第34次滨海新区开发开放专题研讨会举行。会议主题是“滨海新区‘智慧城市’建设实践与探索”。市社联党组书记李家祥，滨海综合发展研究院院长郝寿义出席。

同日　市语言学学会召开“天津话的来源”专题报告暨讨论会。石锋会长出席并致辞。

15日　“社科讲坛”系列活动举行，市委党校安连成教授应邀作“国际形势现状及发展趋势”专题讲座。

27日　市会计学会等举办了“内控中国行·天津站”论坛活动。财政部会计司副司长应唯、市财政局副局长陆丽珍、天津证监局副局长张文鑫、市国资委副主任乔秀权，以及《中国会计报》总编助理李京出席并致辞。

28日　天津商业大学商学院召开主题为“管理研究方法论”学术论坛。商学院副院长王庆、党委书记李新锁、部分教师参加。

29日　第26届两界联盟活动工作会议召开。市社联党组书记李家祥，市科协副主席白景美，市社联秘书长陈根来等出席。

同日　“渤海名家大讲堂—社科讲坛”活动邀请市延安精神研究会常务理事王辅成作专题讲座，主题为“文化·道德·人生”。市社联专职副主席张博颖出席。

30日　“社科讲坛”图书馆系列讲座举行，市食文化研究会秘书长徐双利作“酒文化与酒质鉴别”专题讲座。

31日　市行政管理学会举办专题讲座。副会长张霁星作题为“弘扬公务员精神，促进区域经济发展”专题报告。

本月　天津市教委立项重点调研课题140项。

## 4月

7—8日　由北京市法学会体育法学与奥林匹克法律事务研究会、山东省法学会体育法学研究会、辽宁省法学会体育法学研究会和天津体育学院（天津市法学会体育法学分会筹备组）共同举办，体育学院承办的以“职业足球的法律治理”为主题的首届环渤海体育法学论坛在天津体育学院举行。

10日　市社联与天津师范大学共同举办第42次理论创新论坛。主题为“构建社会主义核心价值体系，大力发展公共文化事业的理论与实践”。市社联党组书记李家祥出席并讲话，市教育科学研究院党委书记荣长海出席并作点评发言，市社联专职副主席张博颖出席会议。天津师范大学党委副书记史瑞杰主持会议。

14日　第35次滨海新区开发开放专题研讨会召开。会议议题是“中国新区区域开发模式的探讨”。市社联党组书记李家祥、滨海综合发展研究院院长郝寿义出席并致辞，中国区域科学协会会长杨开忠出席并作演讲。

同日　市管理学学会2012年会暨第三届滨海管理论坛举办。天津外国语大学校长修刚、市管理学学会会长李维安和市社联原秘书长陈根来出席并致辞。

17日　市社会学学会第六次会员代表大会暨滨海新区社会建设与社区管理研讨会召开。名誉会长苏驼，会长侯钧生出席。

18日　第26届两界联盟“推进天津文化强市战略研究”开题会举行。市社联党组书记李家祥，市科协副主席白景美等出席。市社联原秘书长陈根来主持会议。

同日　市会计学会举办2012年第一次会计学术报告会。天津科技大学教师仇淑萍应邀作题为《我国环境会计的实践研究》学术报告。

20日　市社联召开天津市第十届社科普及周活动部署推动会。党组书记李家祥出席并讲话，专职副主席张博颖出席并就市第十届社科普及周活动进行部署。

20—21日　本市首家“特级教师徐长青工作室”成立三周年暨全国著名特级教师展示活动举行。活动主题是“对话新课标，演绎新思维，展示新课堂”。天津市副市长张俊芳对活动作出重要批示。市教科院院长张武升、市教育学会常务副会长刘长兴等出席。

23日　“社科讲坛”系列活动举行，心理学家王虹翔教授作“青少年责任意识养成教育”辅导讲座。

24日　由津南区政府与天津日报社联合举办的“2012天津楼宇发展规划高峰论坛”在津南区碧桂园凤凰酒店举行。论坛就津南区区域规划、楼宇经济发展等进行深入探讨，为津南发展献计献策。

27日　“全市社会组织开展基层组织建设年动

员会”召开。市委组织部副部长牛士琦出席并讲话。

同日　第26界两届联盟工作会议在市社联召开。本届会议由社联主持，市社联党组书记李家祥及组委会办公室成员出席。

## 5月

3日　天津市社会科学优秀成果评奖办公室举办天津市第十三届社科优秀成果评奖培训班。市社联党组书记李家祥出席并讲话，市评奖办公室副主任陈根来主持会议。

10—11日　由全国博士后管理委员会办公室、中国博士后科学基金会、市人力资源和社会保障局联合主办，南开大学金融发展研究院承办，中共天津市委金融工作委员会和天津市人民政府金融服务办公室协办的全国博士后金融论坛在中国（天津）人力资源发展促进中心揭幕。市委常委、副市长崔津渡、北京大学曹凤岐教授及来自全国著名高校和金融机构的专家、学者、博士后以及天津市部分金融机构负责同志共500多人参加了论坛活动。

11日　市社联、市台湾研究会等举办台情报告会。中国军事科学院战略研究部彭光谦少将作台情报告。

同日　天津财经大学现代经济管理研究院举办第十四场午餐学术报告会，邀请人文学院副院长、翻译学博士温秀颖教授作题为《金瓶梅》两个英语全译本文本改写策略研究学术报告。

12日　第36次滨海新区开发开放研讨会在天津市社联召开。老同志叶迪生、市委原副秘书长吴敬华、市社联党组书记李家祥、滨海综合发展研究院院长郝寿义等出席并讲话。

14日　天津市第12次统计科学讨论会在远洋宾馆召开。会议由统计学会副会长张强主持，会长杜西平出席并讲话。天津市社联党组书记李家祥、国家统计局天津调查总队总队长董顺荣、中国统计学会副会长潘璠出席并致辞。

17—18日　由天津市教育学会等主办的第二届多元智能国际研讨会召开。国际多元智能学会常务董事朱莉·万斯、联合国教科文组织协会联合会亚太地区主席陶西平、市教委副主任黄永刚、河西区副区长孙惠玲，教育学会常务副会长刘长兴，国际多元智能学会执行董事许尚杰等出席并致辞。

19—25日　“第64届国际铁路员工世界语大会”在德国世界语城赫尔兹堡市召开。来自21个国家和地区的160余位世界语者出席。中国铁路世界语协会会长韩祖武率团出席。

24日　第26届天津市科技周重点活动之——渤海名家大讲堂科普讲座暨社科普及图书赠书活动举行。市文明办副主任唐海波出席赠书活动，市科协副主席刘惠通出席并致辞，市社联专职副主席张博颖主持赠书活动。

27日　市逻辑学学会主办、南开大学哲学院协办的“逻辑、认知与文化学术研讨会”召开。名誉会长陶文楼和会长任晓明出席并讲话，徐锦中副会长主持会议。会后召开理事扩大会议，17名理事出席。

28日　第九届中国国际海上保险研讨会召开。南开大学经济学院院长马君潞、天津保监局局长郭左践、市保险学会会长胡文芳出席并致辞。新加坡LHC保险董事长兼CEO吕志健作为海外贵宾代表作主旨发言。

29日　市社联召开五届二十次常委会议，市社联主席罗远鹏出席并讲话，市社联党组书记李家祥主持会议。市社联专职副主席张博颖，副巡视员张同顺出席会议。

29—31日　天津市监狱学会承办的环渤海四省市监狱学理论研讨会“蓝色海湾论坛”召开。

30日　市社联、市环渤海经济研究会联合举办第43次理论创新论坛。论坛主题为“滨海新区创新发展的理论与实践”。市环渤海经济研究会理事长左明出席并致辞，市社联党组书记李家祥出席并讲话。

同日　由天津市食品学会主办，天津科技大学食品安全战略与管理研究中心承办，科大食品学院和经管学院协办的天津市功能食品及食品安全战略发展研讨会在天津科技大学举行。

同日　由天津市教委主办、职业技术师范承办的“天津市高校2012年5·25主题论坛”在职业技术师范大学举行。天津市教育工委副书记、天津市教委副主任李绍洪、校党委书记于立军、校长孟庆国、校党委副书记贾德民等出席会议。

31日　由中国银行业协会、天津市人民政府和中国外商投资企业协会联合主办的第三届中国金融租赁高峰论坛在津召开。本次论坛以“助力实体经济发展——租赁的角色与使命”为主题，设立两个分论坛，分别是“推动资产交易，探寻可持续发展之道”和“纵论金融租赁在新兴产业中的发展机遇”。

本月　经全国哲学社会科学规划领导小组批准，2012年度国家社科基金项目评审结果于5月21日正式公布，3291项课题获准立项资助，其中天津市获批83项。

本月　《建筑名人城市》出版发行。本书由市国土局和市社联组织编写，由全市研究天津城市历史、天津文化、天津风貌建筑的专家学者共同完成。

## 6月

7日　市国际贸易学会举办“加强文化建设，提高企业核心竞争力”研讨会。会长陈明铎主持研讨会。

8—9日　由南开大学社会工作与社会政策系、香港中文大学社会工作学系和南开大学—香港中文大学社会政策联合研究中心联合举办的“经济社会变迁中的社会工作与社会政策”研究生学术研讨会在南开大学举行。

9日　第37次滨海新区开发开放研讨会召开。议题是“市哲学社会科学重点学科建设工程—滨海新区开发开放课题研究的总结与展望。”市委副秘书长王小宁，市委宣传部副部长李毅，滨海新区区委常委、宣传部长石凤妍，市社联副巡视员张同顺出席会议并讲话。滨海综合发展研究院院长郝寿义主持会议。

同日　天津方放秘书学与公文写作学研究基金会召开成立大会。市委常委、市委宣传部部长成其圣出席会议并讲话。市社联专职副主席张博颖出席会议。

同日　由南开大学政治经济学研究中心、经济研究所与美国伯德学院列维经济研究所共同举办的“全球金融危机与资本主义经济和制度的新变化”国际学术研讨会在南开大学召开，副校长佟家栋出席开幕式。

11日　滨海新区政府和中国国际商会租赁委员会联合主办的2012天津滨海新区融资租赁发展论坛在梅江会展中心举行。市委常委、副市长崔津渡出席论坛并讲话。

13—14日　由中国体育科学学会和芬兰体育科学学会共同主办，天津体育学院承办的“第三届中芬体育学术论坛”在体育学院举行。国内外专家就“学校体育与青少年体质研究”这一主题进行了学术研讨。

13—16日　由南开大学历史学院明史研究室与中国社科院历史所明史研究室联合主办的明代国家与社会学术研讨会在南开大学举行。来自全国高校、博物馆、科研单位的专家学者参加学术研讨会，

20—22日　中美体育文化中心在天津体育学院举办体育社会科学学术交流活动。天津体育学院院长姚家新出席。

21日　市张伯苓教育思想研究会在南开区司法局召开严修、张伯苓文史资料征集委员会第三次捐赠大会。市工商联主席张元龙、市社联党组书记李家祥、南开区统战部部长吕强民出席并讲话。

同日　由天津市政府、世界经济论坛、国家发改委城市和小城镇改革发展中心和南开大学共同主办，南开大学经济与社会发展研究院、埃森哲咨询管理公司联合承办的世界经济论坛天津合作伙伴城市圆桌会议在南开大学召开。副市长任学锋，国家发改委城市和小城镇改革发展中心主任李铁，天津市人民政府副秘书长、天津夏季达沃斯论坛筹备办公室主任朱军，世界经济论坛中国区执行董事施力伟，世界经济论坛基础设施与城市发展部总监佩德罗·罗德里格斯·德·阿尔梅达，南开大学副校长佟家栋等出席会议。会议议题是天津产业升级与城市转型和创新性解决城市交通拥堵问题。

27日　中宣部理论局在天津市文化中心美术馆举行《辩证看务实办——理论热点面对面·2012》赠书仪式。市委宣传部副部长李毅、学习出版社社长董俊出席赠书仪式并讲话。

27—29日　由新加坡南洋理工大学国立教育学院和体育学院联合主办的首届天津—新加坡运动与体育科学国际会议在体育学院举办。天津体育学院院长姚家新和新加坡南洋理工大学国立教育学院体育与运动科学部主任王志庆在开幕式上分别致辞。

## 7月

6—7日　由中国文物学会、天津大学和天津市国土资源和房屋管理局联合主办，中国文物学会传统建筑园林委员会、天津大学建筑设计规划研究总院、天津大学建筑学院、天津市保护风貌建筑办公

室、《中国建筑文化遗产》杂志社承办的"首届中国20世纪建筑遗产保护与利用研讨会"在天津大学建筑设计规划研究总院召开。

7日　由市社联、市创意策划研究会和清华大学新经济与新产业研究中心共同举办的"中国文化创意产业园区标准化评价研讨会在市社联召开。

8—9日　由中国社会科学院近代史研究所《近代史研究》编辑部与南开大学历史学院共同主办的"中国近代乡村的危机与重建:革命改良及其他"学术研讨会在白堤路汇高酒店召开。

14日　由天津市社联、天津市哲学社会科学规划领导小组办公室、天津滨海综合发展研究院主办的第38次滨海新区开发开放研讨会在市社联举行。会议议题是"滨海新区诚信体系建设实施方案研讨"。市社联党组书记李家祥,滨海新区人大常委会副主任、滨海综合发展研究院院长郝寿义等出席会议。滨海综合发展研究院办公室主任武晓庆主持会议。

16日　由市社联和市老年摄影艺术研究会共同主办第三届摄影与城市发展理论研讨会。

25—26日　由南开大学中国社会史研究中心主办的"日常生活史视野下中国的生命与健康"国际学术研讨会在津举行。

## 8月

1日　由天津科技大学食品工程与生物技术学院、天津市食品加工工程中心主办,天科远大(天津)食品有限公司承办的糖果类休闲食品技术研讨会在天津科技大学召开。多家国内外糖果休闲食品的企业负责人及工程技术人员代表参加本次学术研讨会。

4日　由全国科技名词委、黑龙江大学和天津外国语大学联合主办的第四届中国术语学建设暨术语规范化研讨会在外国语大学举行。

11日　由市社联、天津市哲学社会科学规划领导小组办公室、天津滨海综合发展研究院主办的第39次滨海新区开发开放专题研讨会在市社联举行。市社联党组书记李家祥,滨海新区人大常委会副主任、滨海综合发展研究院院长郝寿义,市科委副主任张勇勤出席会议。会议议题是"科技金融体系建设研究"。滨海综合发展研究院产业研究室主任蒋宁主持会议。

23日　由市社联主办的第26届两界联盟活动课题中期推动会召开。市社联党组书记李家祥、市科协副主席白景美、天津社科院副院长王立国、市社联原秘书长陈根来、天津社科院秘书长兼科研处处长李同柏,以及各课题组负责人和相关工作人员出席会议。

25—27日　由中国元史研究会、南开大学历史学院和张北县人民政府共同主办的"元代国家与社会国际学术研讨会"举行。南开大学副校长朱光磊出席开幕式并致欢迎辞。

28日　由市社联、市保监局联合主办,市保险学会、市保险协会、市消费者协会承办的"信守承诺保护保险消费者权益"研讨会在市政协俱乐部召开,本次会议是天津市社会科学界第八届学术年会分会场之一。市社联专职副主席张博颖、市保监局副局长王勉、市消费者协会秘书长王嘉杰出席会议并讲话。会议由市保险学会秘书长张志怀主持。

28—29日　由南开历史学院与中国现代史学会社会史专业委员会共同主办的"20世纪华北农村调查与研究"学术论坛在南开大学校内明珠园举行。

30—31日　由中国人民对外友好协会主办,市人民对外友好协会和市教育国际交流协会协办的第三届中印教育论坛在天津海河教育园区举行,来自印度孟买大学、海德拉巴大学等十余所印度高校的代表以及中方高校代表参加。天津市副市长张俊芳出席论坛并讲话。

## 9月

6日　第八届天津青年科技论坛在天津大学举办。副校长舒歌群、市地震局副局长王玉生、市科协副主席白景美出席,天津大学公共管理相关专业师生、天津市灾害防御协会理事单位代表、地震学会理事单位代表、会员等也参加了此次活动。

8日　由市社联、市社科规划办、天津滨海综合发展研究院主办的第40次滨海新区开发开放研讨会在市社联举行。市委原副秘书长、市社联副主席吴敬华,滨海新区人大常委会副主任、滨海综合发展研究院院长郝寿义,市社联专职副主席张博颖出席会议。会议议题是"建设东疆自由贸易港区研究"。滨海综合发展研究院办公室主任武晓庆主持会议。

同日　天津市社会科学界第八届学术年会天津大学分会场召开。主题为“社会科学发展进程中的法律与教育”。市社联党组书记李家祥出席并讲话,天津大学党委副书记李义丹出席并致辞。

同日　由南开大学党委研究生工作部主办,南开大学周恩来·池田大作研究会承办,主题为“传承周池精神,推进世代友好——纪念中日邦交正常化40周年国际青年学术研讨会在南开大学学生活动中心举办。

8—9日　为纪念中日邦交正常化40周年暨南开大学日语专业建立40周年,由南开大学外国语学院日语系主办,南开大学亚洲研究中心和南开大学出版社协办举行的“东亚文学与文化交流”国际学术研讨会在南开大学举行,来自中、日、韩三国的专家学者近百人会聚南开,南开大学党委副书记杨庆山出席8日上午在省身楼举行的研讨会开幕式并致辞。

14日　由《新体育》杂志社主办,天津体育学院承办,并获得中国大学生体育协会和乔丹体育股份有限公司的支持的“新青年、新体育——当代高校体育发展论坛暨纪念毛泽东同志发表《体育之研究》95周年座谈会”在天津体育学院举行。

同日　天津市延安精神研究会举行“纪念延安整风70周年、学习贯彻胡锦涛同志重要讲话精神、加强党的建设”座谈会。老同志吴振、房凤友出席会议。

15日　由南开大学周恩来政府管理学院国际关系系主办,《新视界》编辑部承办,国家开发银行—华东师范大学国际关系与地区发展研究院《闻道》编辑部协办的“国际关系:理论、方法与政策”——第二届京津沪地区国际关系研究生学术论坛在南开大学举行。

20日　由市政协医卫文体委员会和民革天津市委员会联合举办的“推动文化大发展大繁荣——促进天津文化强市建设主题座谈会”在市政协俱乐部召开。市政协副主席、民革中央副主席、民革天津市委会主委田惠光出席并讲话。

21—25日　由国家发展和改革委员会、国家住房和城乡建设部、天津市人民政府、中国国际经济交流中心主办的第三届中国(天津滨海)国际生态城市论坛暨博览会在天津滨海新区滨海国际会议中心举办,主题为“生态城市建设与体制机制创新”。同期还将举办“国内外低碳生态城市发展现状分析及展望”等7个分论坛。

22日　由《经济研究》编辑部、北京大学光华管理学院、南开大学经济学院、武汉大学高级研究中心主办的第十二届“中国青年经济学者论坛”在南开大学举行。中国社会科学院经济研究所所长、《经济研究》杂志主编裴长洪,南开大学副校长佟家栋出席开幕式。

同日　以“文化强档创新服务—档案工作与繁荣社会主义文化”为主题的第13次京津沪渝档案学会学术研讨会议在津召开。中国档案学会副理事长付华、天津市社联党组书记李家祥、天津市档案学会理事长荣华出席会议并讲话。

22—23日　由天津商业大学法学院承办的天津市法学会民法学分会2012年年会在天津商业大学举行。

同日　由国地理学会历史地理专业委员会主办,天津师范大学历史文化学院承办,天津市地理学会、南开大学中国社会史研究中心及天津师范大学城市与环境学院协办的“华北历史地理与中国社会变迁——2012年中国历史地理国际学术研讨会”在天津师范大学图书信息中心举行。市人大常委会副主任荀利军,市政协副主席、天津师范大学校长高玉葆,市教委主任、天津市地理学会会长靳润成,中国历史地理专业委员会主任、复旦大学图书馆馆长葛剑雄出席开幕式并致辞。

25日　天津市社会科学界第八届(2012)学术年会分会场—天津财经大学青年学者论坛在天津财大图书馆举办。市社联党组书记李家祥、专职副主席张博颖,天津财经大学副校长于立出席论坛并讲话。

同日　天津市社会科学界第八届学术年会天津教科院分会场在天津市津南区教育局举办,本次会议主题为“转变教学方式,实施素质教育”。天津教科院副院长刘金明主持会议,天津教科院王敏勤研究员、杨春芳副研究员分别作了题为“导学案与高效教学”和“以导学案为载体,创生现代课堂教学文化”的学术报告。

28日　天津市社会科学界第八届学术年会天津社科院分会场“中国民生问题研究”主题研讨会召开。天津社科院副院长王立国研究员、市社联原秘书长陈根来教授出席会议并讲话。

## 10 月

11 日　天津市社会科学界第八届学术年会天津科技大学分会场“食品安全与社会责任”论坛在天津科技大学报告厅举办。国务院发展研究中心学术委员会秘书长程国强、市社联党组书记李家祥、天津科技大学副校长王学魁等出席会议并讲话。

12 日　由天津外国语大学和俄罗斯联邦独联体事务、海外侨民及国际人文合作署(俄罗斯国合署)、北京俄罗斯文化中心、俄罗斯普希金俄语学院共同举办的“2012 俄语教学国际学术研讨会”在天津外国语大学举行。天津外国语大学校长修刚、北京俄罗斯文化中心负责人希戈夫出席开幕式并致辞。

14 日　2012 海峡两岸青年学生领导力论坛在天津大学开幕,天津市副市长任学锋、天津大学党委书记刘建平出席并致辞。本次论坛以“博才聚津”为主题,两岸青年学生将就“视野・开拓”、“知识・创新”、“社会・实践”、“文化・传承”等内容进行互动交流。。

17 日　天津市社会科学界第八届学术年会天津工业大学分会场在天津工业大学经济学院举办。会议主题是“创新驱动增长再造传统产业优势”。天津工业大学副校长赵宏出席并致辞。

17—18 日　由天津市卫生经济学会主办的东北、华北地区第 16 次卫生经济学术论坛于在天津智选假日酒店举办。天津市卫生局副局长宋立志、天津市社团局副局长陶忠实、市卫生经济学会会长陈力出席会议并讲话,卫生部卫生发展研究中心医院改革和管理研究室主任李卫平出席会议并就当前卫生改革和发展及公立医院改革相关问题作专题讲座。

18—19 日　中国监察学会华北地区学联组年会暨理论研讨会在天津召开。天津市监察局局长韩启祥、中国监察学会监察专员宋晓峰出席会议并讲话。

18—20 日　由教育部外语教学指导委员会西班牙语分委员会主办,天津外国语大学承办的 2012 年全国高校西班牙语专业教学研讨会在天津外国语大学举行。天津外国语大学校长修刚、副校长王铭玉出席开幕式,修刚致辞。

同日　由中国认知语言学学会主办,天津外国语大学英语学院、科研处及天津外国语大学学报联合承办的第二届心智哲学与语言研究学术研讨会在天津外国语大学举行。议题有心智哲学与语言学研究、心智哲学与外语教学研究、心智哲学与翻译研究、心智哲学与文学研究。

19 日　由天津财经大学经济学院国际经济贸易系主办的世界经济与贸易名人论坛系列学术报告在天津财经大学名人报告厅举行。中国国际经济合作副会长、中国对外经济贸易大学国际直接投资研究中心主任卢进勇以及中央财经大学国际经贸学院院长唐宜红分别作了题为“‘走出去’战略与中国对外投资——如何从国际投资大国发展为国际投资强国”和“国际产业结构调整的特点、趋势及影响”的专题学术报告。

20 日　天津市第十届社科普及周大型义务咨询活动在天津文化中心图书馆举行。市委常委、市委宣传部部长成其圣,市社联主席罗远鹏,市委宣传部副部长李毅,市社联党组书记李家祥、专职副主席张博颖、副巡视员张同顺出席。现场咨询活动接待群众 5000 余人次。

同日　由市社联、市哲学社会科学规划领导小组办公室、滨海新区财政局、天津滨海综合发展研究院共同主办的第 41 次滨海新区开发开放专题研讨会在市社联召开。滨海新区人大常委会副主任、滨海综合发展研究院院长郝寿义,天津大学管理与经济学部主任张维,天津财经大学副校长王爱俭出席会议。会议议题是“天津滨海新区金融改革创新发展指导意见研讨”,重点围绕《天津滨海新区金融改革创新指导意见》(征求意见稿)进行研讨和论证。来自人民银行天津分行、天津银监局、天津证监局、天津发改委等实际部门研究人员和高等院校专家学者参加会议。

同日　由天津财经大学主办的第十届全国无形资产理论与实务研讨会暨 2012 年天津市无形资产研究会学术年会在天津财经大学隆重召开。财政部企业司司长刘玉廷、国家知识产权局知识产权发展研究中心主任陈燕、天津市知识产权局副局长郭明、中国商业会计学会副会长关晓光、中国资产评估协会副秘书长韩立英、天津市医药集团有限公司副总经理兼总会计师马贵中、天津财经大学校长张嘉兴、副校长高正平,以及来自全国部分高校科研机构的专家学者、政府部门及企业管理者和我校教师及研究生代表参加研讨会。

21 日　天津市社会科学界第八届学术年会天津中医药大学分会场召开，主题是“医改·心理健康·中国传统文化”。市委宣传部副部长李毅、市社联党组书记李家祥、天津中医药大学党委书记张金钟和副书记杨清海、市社联副巡视员张同顺出席会议并讲话。

同日　第三届天津市青年政治学论坛暨天津市社会科学界学术年会分会场在市委党校举办。市社联专职副主席张博颖，市委党校常务副校长祝宝钟和副校长赵晓呼出席开幕式并致辞。市政治学学会名誉会长徐大同和中国政治学会副会长高建出席会议并讲话。

同日　由天津市国际贸易学会、南开大学经济学院和南开大学中国国际发展研究中心联合举办的市国际贸易学会等召开国际贸易座谈会在南开大学召开。南开大学副校长佟家栋出席并讲话。

23 日　第七届(2012)中国管理学年会报告会、大学校长论坛、院长论坛依次在天宇大酒店举行。上海交通大学安泰经济与管理学院院长周林担任大会报告主讲人，作了题为“中国商学院(经管学院)研究导向和组织构架的探讨”的报告；天津大学校长李家俊、西交利物浦大学执行校长席酉民、东北财经大学校长李维安、湖南大学副校长陈收出席大学校长论坛，就“新经济环境下大学发展之路”的论坛主题先后作了主题发言。

25 日　“中国滨海金融协同创新中心”在财经大学举行了学术峰会暨首批重点课题论证会。国务院发展研究中心金融研究所副所长巴曙松、天津市委副秘书长王小宁、天津市滨海新区副区长张锐钢、中国人民银行天津分行副行长刘通午、天津市金融办副主任李克强、天津市审计局局长王伟生、中国金融学会副秘书长李民、《国际金融研究》常务副主编温彬、中央财经大学金融系主任李健、南开大学经济学院院长梁琪、天津财经大学副校长高正平等专家学者出席会议并作主题发言。

26—28 日　由南开大学研究生院、南开大学历史学院、中国生态环境史研究中心共同主办的教育部 2012 年研究生教育创新计划项目“环境历史与人类文明”全国博士生学术论坛在南开大学举行。来自北京大学、清华大学、南开大学、复旦大学、中国科学院、中国人民大学、北京师范大学、厦门大学等全国 18 所高校、科研机构的 40 余位博士生参加了论坛。

28 日　天津市写作学会在南开大学召开 2012 年年会暨“创造性写作与批评学术研讨会”。

同日　由南开大学周恩来政府管理学院主办，高等教育研究所承办的天津市首届普通高等学校教育学科研究生论坛在南开大学举办。副校长朱光磊出席论坛并讲话。

同日　由天津市社联和天津市逻辑学学会联合主办，南开大学哲学院协办的津京冀“逻辑与文化建设”学术研讨会在南开大学召开。本次研讨会同时也是天津市社会科学界第八届学术年会分会场。

31 日　天津市社会科学界第八届学术年会分会场在天津商业大学国际报告厅举办。主题是“创新·服务·发展”。天津市社联党组书记李家祥、原秘书长陈根来、天津商业大学校长刘书瀚出席大会并讲话，副校长邱立成主持大会。

同日　第六届南开大学周恩来政府学院与韩国忠南大学社会科学学院学术研讨会在南开大学范孙楼召开，此次会议讨论的主题为“东北亚区域合作与社会治理”。

## 11 月

1 日　首届东北亚和平与发展战略研讨会在本市召开。市政协副主席、市公共外交协会副会长何荣林会见与会嘉宾，并在开幕式上宣读贺信。中国国际问题研究基金会理事长张德广出席。中国国际问题研究基金会执行理事长刘古昌致辞。

3 日　以“21 世纪国际化语境下的中国外语教学与研究”为主题的语教学与研究学术年会在天津工业大学外国语学院开幕。北京航空航天大学外国语学院院长向明友教授作了题为“小题大做——论语气”的学术报告，《中国外语》杂志编辑部副编审常少华作了题为“青年教师如何写学术论文”的学术报告。

同日　由中国对外汉语修辞研究会、天津外国语大学主办，天津外国语大学科研处、国际交流学院、《天津外国语大学学报》编辑部共同承办的“中国对外汉语修辞研究会第六届学术研讨会”在外国语大学召开。天津外国语大学副校长王铭玉、中国对外汉语修辞研究会会长周健、天津汇通国际教育集团董事长郭翔等出席开幕式并致辞。

3—4 日　南开大学文学院在南开大学主办了“性别视角与文学文化研究”学术论坛。与会专家围绕性别研究理论建构发展的新动向、现当代文学中的女性创作、性别视角下的文化现象、少数民族文学中的女性书写等议题进行了深入讨论。

4 日　由南开大学研究生院、党委研究生工作部、历史学院主办，历史学院研究生会承办的首届北大清华南开历史学博士生学术论坛在南开大学举办。本次论坛以“激荡·整合：历史视阈下的思想与社会”为主题，来自三校共 18 名博士生作了主题发言。

5 日　天津市社会科学界第八届学术年会天津理工大学分会场召开。市委宣传部副部长李毅、市社联党组书记李家祥、天津理工大学党委书记孟庆松出席并致辞。

7—8 日　第三届污染生态学国际学术会议在南开大学举行，来自美国、英国、西班牙、日本和中国的 200 余名专家学者参加会议。南开大学副校长关乃佳出席开幕式并致辞。

10 日　由天津外国语大学国际交流学院承办的天津市语言学会暨天津市对外汉语教学研究会 2012 年学术年会在天津外国语大学召开。本次年会为天津市社会科学界第八届学术年会分会场，语言学界专家学者和高校师生出席会议。天津外国语大学校长修刚、天津市社联副巡视员张同顺、天津市语言学会会长石锋出席开幕式并致辞。

同日　市社联等召开主题为“滨海新区的社会管理创新研究”研讨会。市社联党组书记李家祥，滨海新区人大常委会副主任、滨海综合发展研究院院长郝寿义，天津社会主义学院副院长阎金明出席并讲话。

11 日　由南开大学研究生院和哲学院共同主办，哲学院研究生会与哲学研习会承办的哲学院第二届研究生学术论坛暨政治哲学与方法论博士生学术会议在南开大学举行。来自南开大学、东北师范大学、首都师范大学、天津师范大学、天津财经大学、天津医科大学等高校的老师和研究生参会。哲学院副院长陈建洪主持开幕并致欢迎辞。

14 日　由天津市社联、天津市社会心理学学会和天津市家庭教育研究会联合举办的“社会转型期的亲子关系问题”研讨会在天津市社联召开。会议由天津市社会心理学学会会长乐国安教授主持。市社联党组书记李家祥，市妇联副主席、市家庭教育研究会常务副会长程树梅，市社联专职副主席张博颖，市妇联儿童部长、市家教会秘书长王冬梅等专家以及两会理事、会员出席会议。

18 日　由天津理工大学电子信息工程学院同天津启诚伟业科技有限公司、天津通信学会高等教育委员会、天津计算机学会单片机分会共同主办的“2012 天津高等院校物联网应用研讨会”在天津理工大学举办，天津理工大学副校长滕建辅教授出席并致辞，来自本市 20 所高校的 90 余名物联网及相关专业的院校长以及业界专家出席会议。

20—21 日　天津外国语大学联合俄罗斯联邦独联体事务、海外侨民及国际人文合作署（简称“国合署”）、北京俄罗斯文化中心、俄罗斯人民友谊大学、莫斯科国立设计工艺大学共同举办的“2012 俄语教学方法改革与技术创新”系列学术讲座和研讨活动在天津外国语大学举行。

22 日　由市社会科学界联合会、市环渤海经济研究会、市城市科学研究会联合举办的“学习贯彻党的十八大精神，环渤海区域城市化与经济一体化研讨会”在市社联召开。本次会议是天津市社会科学界第八届学术年会分会场之一。市人大常委会原副主任、市环渤海经济研究会理事长左明，市社联党组书记李家祥出席并致辞。名誉理事长王成怀、市社联专职副主席张博颖出席并讲话。

23 日　由天津市社会科学界联合会主办，天津市历史学学会、南开大学历史学院及南开大学中国近现代史研究所承办的“现代化进程中的华北乡村问题学术论坛”在南开大学举办。本次论坛以“现代中国农村研究的新视角：土地与权益、分配与公平”为主题，南开大学历史学院张思教授与其博士生李屿洪、何燕同学作了主题发言。

25 日　由市政协天津经济社会理事会主办的“天津经济社会论坛”在市政协俱乐部举行。中国经社理事会副主席、市政协主席邢元敏发来贺信，对论坛召开表示祝贺。市政协副主席何荣林和秘书长刘琨，市经社理事会名誉理事长吴振、市经社理事会理事长卢金发、市经社理事会副理事长朱坦出席。论坛由市经社理事会秘书长陈福顺主持。

25—30 日　“2012 年全国社科联协作会议”在天津举行。市政协副主席、中科院院士陈永川出席并讲话，市社联主席罗远鹏出席并致辞，市社联党组书记李家祥主持开幕式。

28 日　由天津市延安精神研究会主办、外国语大学承办的“党的十八大与当代大学生”座谈会暨征文启动仪式在天津外国语大学举行，天津市延安精神研究会会长何国模、副会长杜立、马福业、王辅成、阎东及全体常务理事出席。

12 月

1 日　由南开大学研究生院、社会科学研究管理处和周恩来政府管理学院共同主办的“周恩来论坛”之名刊系列——“高校社会科学研究与高水平学术期刊的协同创新”高端研讨会在省身楼举行，南开大学校长龚克、副校长朱光磊会见全体与会代表。副校长朱光磊出席开幕式。

同日　由中央编译局、中国翻译协会社科翻译委员会和天津外国语大学联合举办的第六届全国中译外研讨会在津开幕。市委常委、市委教育工委书记朱丽萍在开幕式上致辞，并为中央文献对外翻译与传播协同创新中心揭牌。中央编译局副局长王学东主持开幕式。市教育两委、天津外国语大学负责同志参加。来自中央编译局党的十八大报告翻译团队、中国外文局、中国社会科学院、商务印书馆、南开大学、复旦大学等近百所高校和机构专家学者参加了会议。

3—5 日　由天津财经大学与印度可持续技术与机制研究会（SRISTI）共同举办，天津市教育委员会、联合国教科文组织（UNESCO）和加拿大国际发展研究中心（IDRC）共同协办的“基层创造力与创新国际会议”在天津财经大学召开。此次大会共分基层创新印度经验、可包容性发展中的制度与组织创新——中国实践、大学在促进民间创新中的作用——以天津财经大学为例、将民间创新融入国家创新体系的政策和制度内涵——国际经验、促进民间创新的创业系统——国际实践传统知识与知识产权、中印在促进和谐发展以及创造公共物品方面动员基层和服务基层的实践等七个议题。

5 日　由市委宣传部、光明日报社共同主办的“高举中国特色社会主义伟大旗帜深入学习宣传贯彻党的十八大精神”理论研讨会在天津礼堂召开。市委常委、市委宣传部部长成其圣出席并讲话，《光明日报》总编辑何东平在会上致辞，《光明日报》常务副总编李春林出席，市委宣传部副部长李毅主持会议。市社联党组书记李家祥、专职副主席张博颖等 7 位专家学者发言。

6 日　第二届亚太经合组织（APEC）蓝色经济论坛在本市开幕，国家海洋局局长刘赐贵、天津市副市长熊建平参会并致辞。柬埔寨环境部部长莫马列、APEC 秘书处娜塔莉女士、全球海洋论坛主席碧莲安娜、国际海洋学院主席阿维尼·贝南、东亚海计划理事会主席蔡程瑛等出席会议，来自亚太区域 15 个经济体成员以及柬埔寨、斯里兰卡等 8 个国际组织代表参会。

7 日　天津财经大学现代经济管理研究院举办午餐学术报告会，邀请本校公共经济与公共管理研究中心主任凌岚作了题为“印度经济社会观察”的专题报告。

8 日　由市社联与市国学研究会共同主办的“国学与当代文化”学术研讨会在市社联召开。市社联党组书记李家祥、市政协文史委原主任万新平、市国学研究会名誉会长甄健民和研究会顾问李之珍出席并讲话。

9 日　市世界语协会在市社联召开 2012 年学术年会，会议主题是“当今世界多元文化中世界语的普及与推广。”《中国报道》杂志社外国专家臼井裕之出席会议并发言。

11 日　“2012 跨文化交际与俄语语言教学论坛”在天津外国语大学逸夫楼举行。来自俄罗斯普希金俄语学院、伏尔加格勒国立社会师范大学、北京俄罗斯文化中心、天津外国语大学、天津师范大学、天津外国语大学滨海外事学院、天津师范大学津沽学院、青岛科技大学等多所高校和单位的专家学者、俄语教师、俄语专业研究生和在华俄罗斯留学生参会。

12 日　由天津财经大学经济学院国际经济贸易系主办的世界经济与贸易名人论坛系列学术报告在天津财经大学名人报告厅举行。美国商务部经济分析局（BEA）高级经济师、经合组织统计部门主管、天津财经大学校友郭杰民先生作了题为“全球化经济对传统贸易测量方法的冲击和挑战”的主题讲座。

15 日　由天津财经大学经济学院财政系、MPA 教育中心、公共经济与公共管理研究中心联合举办的“收入分配、社会和谐与公共政策学术论坛”在财经大学举行。来自中国社会科学院、中国人民大学、天津市人民政府、南开大学、天津大学、天津财经大学、天津师范大学、天津商业大学、天津市财政科学研究所等单位的领导和专家出席本次论坛。

16日　天津市社联第44次理论创新论坛在天津职业技术师范大学举行。论坛主题为“科学发展观开辟马克思主义中国化新境界”。市社联党组书记李家祥、天津教科院党委书记荣长海、天津职业技术师范大学校长孟庆国、市社联专职副主席张博颖出席会议。

21日　由天津中医药大学、市卫生局主办的津沽杏林三杰哈荔田、何世英、郭霭春百年诞辰纪念暨学术思想研讨会在南院学术报告厅隆重举行。市委常委、市委教育工委书记朱丽萍出席并讲话。市政协原副主席、市名中医张大宁，市委教育工委常务副书记魏大鹏，市卫生局党委书记、局长王贺胜，市委办公厅巡视员、副主任孙学瑞，市药监局局长、卫生局副局长林立军，市教委副主任韩金玉，天津师范大学、天津市中医药研究院、天津社会科学院等单位、兄弟省市的领导、专家及全体校领导出席。校党委书记张金钟主持会议。

同日　由天津市经济学学会主办，南开大学经济研究所、滨海开发研究院承办的“2020的中国和天津经济研讨会”在南开大学举行。围绕中国与天津经济未来的发展趋势以及可能遇到的问题展开热烈讨论。天津市社联党组书记李家祥、南开大学滨海开发研究院常务副院长周立群、南开大学经济研究所副所长刘刚出席。

22—24日　由天津音乐学院主办的2012当代音乐创作暨艺术院校作曲教学研讨会于在津举办。会议由美籍华裔著名作曲家，普利策奖获得者，天津音乐学院“千人计划”特聘专家周龙、陈怡夫妇担任主持人。

23日　天津市法学会法学教育分会2012年年会暨法学教育学术研讨会在天津工业大学文法学院举行。法学教育分会会长、南开大学法学院院长左海聪、文法学院院长肖强致辞。

25—27日　天津市社会科学界第八届学术年会主会场会议召开。市社联主席罗远鹏出席并致辞，市社联党组书记李家祥主持开幕式并作会议总结。

（沈丽姝　辑）

责任编辑：沈丽姝

# 统计资料

【2012年天津市国民经济和社会发展统计公报(2013年3月1日)】 2012年,面对复杂严峻的国内外经济环境,全市人民在市委、市政府的坚强领导下,深入贯彻落实科学发展观,坚持稳中求进的工作总基调,深入开展"调结构、惠民生、上水平"活动,积极推进转型发展,努力克服国内外市场需求不足的困难,全市经济保持平稳较快增长,各项社会事业协调发展。

## 一、综合

初步核算,全年实现生产总值(GDP)12885.18亿元,按可比价格计算,比上年增长13.8%。分三次产业看,第一产业增加值为171.54亿元,增长3%;第二产业增加值为6663.68亿元,增长15.2%;第三产业增加值为6049.96亿元,增长12.4%。三次产业结构为1.3:51.7:47。

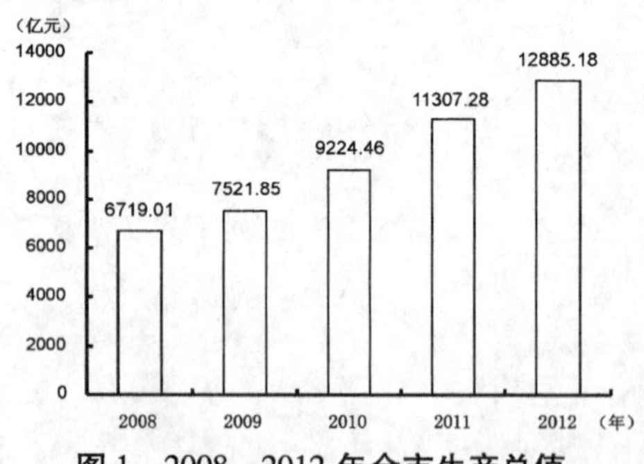

图1 2008—2012年全市生产总值

财政收入较快增长。全年地方一般预算收入1760.02亿元,增长21.0%。全年地方税收收入1105.56亿元,增长10.1%,占地方一般预算收入的62.8%。其中,营业税增长13.6%,增值税增长6.1%,企业所得税增长2.7%。

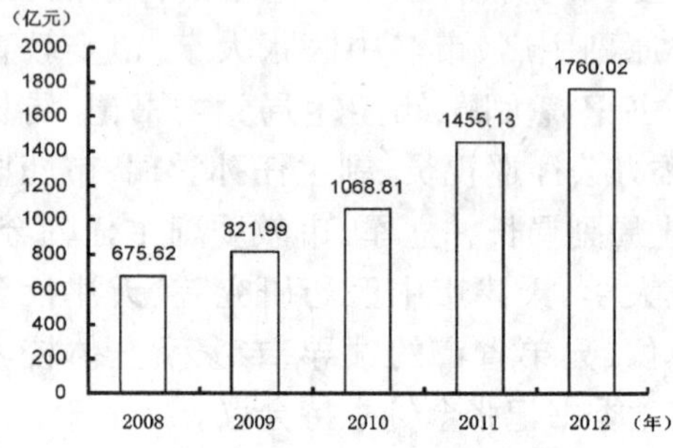

图2 2008—2012年地方一般预算收入

民生投入力度不断加大。全年地方一般预算支出2112.21亿元,增长19.2%。其中,教育支出增长27.4%,医疗卫生支出增长17%,社会保障和就业支出增长19.5%。

投资保持较快增长。全年全社会固定资产投资8871.31亿元,增长18.1%。其中,城镇投资8340.26亿元,增长18.2%;农村投资531.05亿元,增长17.1%。在城镇投资中,第一产业投资69.23亿元,增长20.1%;第二产业投资3747.05亿元,增长18.4%,其中,工业投资3716.94亿元,增长18.5%;第三产业投资4523.98亿元,增长18%。三次产业投资结构为0.8:44.9:54.3。全年民间投资4105.48亿元,增长32.8%,高于全社会固定资产投资增速14.7个百分点,占全社会固定资产投资的比重为46.3%。

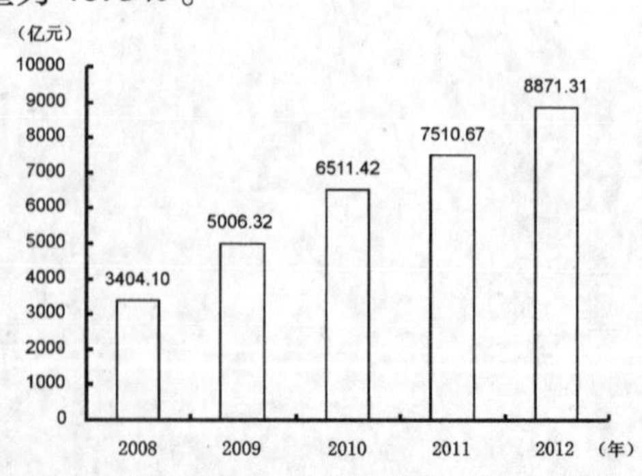

图3 2008-2012年全社会固定资产投资

居民消费价格涨幅回落。全年居民消费价格同比上涨2.7%,涨幅比上年回落2.2个百分点。八大类商品和服务价格呈“六升二降”格局。其中,食品类价格上涨6.4%,拉动价格总水平上涨1.9个百分点,影响程度达70.1%,仍是影响价格上涨的最主要因素。工业生产者出厂价格下降3%,工业生产者购进价格下降2.9%。

表1　居民消费价格指数(CPI)

| 指　标 | 指数(上年=100) |
|---|---|
| 居民消费价格指数 | 102.7 |
| 其中:食　品 | 106.4 |
| 烟酒及制品 | 104.9 |
| 衣　着 | 107.0 |
| 家庭设备用品及维修服务 | 101.6 |
| 医疗保健和个人用品 | 102.2 |
| 交通和通信 | 97.6 |
| 娱乐教育文化用品及服务 | 99.3 |
| 居　住 | 100.9 |

## 二、农业

农业稳步发展。全年农业总产值375.60亿元,比上年增长3.2%。其中,种植业产值196.88亿元,增长1.8%;林业产值2.79亿元,增长8.2%;畜牧业产值105.20亿元,增长6.6%;渔业产值60.40亿元,增长2.3%;农林牧渔服务业产值10.33亿元,增长0.4%。全年粮食总产量161.76万吨,与上年基本持平(见表2)。农业龙头企业发展到440个,其中国家级和市级龙头企业达到152个,进入产业化体系的农户比重达到90%。

表2　主要农副产品产量

| 产品名称 | 单位 | 产量 | 比上年增长(%) |
|---|---|---|---|
| 粮　食 | 万吨 | 161.76 | 持平 |
| 棉　花 | 万吨 | 5.77 | -20.2 |
| 肉　类 | 万吨 | 45.80 | 6.7 |
| 蔬　菜 | 万吨 | 445.41 | 3.3 |
| 禽　蛋 | 万吨 | 18.66 | -0.1 |
| 牛　奶 | 万吨 | 67.87 | -1.8 |
| 水产品 | 万吨 | 35.94 | 2.1 |
| 水　果 | 万吨 | 59.91 | -2.7 |

## 三、工业和建筑业

工业生产保持较快增长。全年工业增加值6122.92亿元,增长15.8%。其中,规模以上工业增加值增长16.1%。全部工业总产值24017.18亿元,增长14.8%。规模以上工业总产值23250.54亿元,增长14.9%;其中,轻工业总产值4507.54亿元,增长29.3%,重工业总产值18743.00亿元,增长11.9%。

表3　主要工业产品产量

| 产品名称 | 单位 | 产量 | 比上年增长(%) |
|---|---|---|---|
| 天然气 | 亿立方米 | 18.73 | 1.6 |
| 汽油 | 万吨 | 183.64 | 3.1 |
| 乙烯 | 万吨 | 113.16 | -15.7 |
| 成品钢材 | 万吨 | 5708.59 | 12.1 |
| #无缝钢管 | 万吨 | 324.55 | 1.7 |
| 汽车 | 万辆 | 63.82 | -15.7 |
| 移动电话机 | 万部 | 9193.85 | 1.5 |
| 锂离子电池 | 亿只 | 5.31 | 12.8 |
| 电子元件 | 亿只 | 5665.88 | 8.9 |
| 家具 | 万件 | 841.60 | 30 |
| 精制食用植物油 | 万吨 | 272.28 | 45.1 |

主要行业发挥较好支撑作用。全年航空航天、石油化工、装备制造、电子信息、生物医药、新能源新材料、轻纺和国防八大优势产业工业总产值21085.08亿元,增长14.8%,占全市规模以上工业的比重为90.7%。高新技术产业产值6951.65亿元,增长14.3%,占规模以上工业的29.9%。高端装备制造、新一代信息技术、节能环保等战略性新兴产业快速发展,国家级新型工业化示范基地达到6个,产业聚集效应进一步显现。

企业效益实现两位数增长。全年规模以上独立核算工业企业完成主营业务收入23570.38亿元,增长12.6%;利税总额2962.23亿元,增长13.2%,其中,利润1939.96亿元,增长11.7%。

建筑业持续稳步发展。全年建筑业增加值540.76亿元,增长8.6%;总产值3256.98亿元,增长9.1%。房屋建筑施工面积11732.09万平方米,增长16.6%;房屋建筑竣工面积2726.04万平方米,增长3.4%。年末全市有总承包和专业承包资质的建筑企业1518家。

## 四、批发和零售业

全年批发和零售业增加值1678.81亿元,比上年增长11.3%。住宿和餐饮业增加值220.86亿元,增长6%。

消费需求稳步增长。全年批发和零售业商品销售总额25157.54亿元,增长22%;住宿和餐饮业营业额576.30亿元,增长17.3%。全年社会消费品零售总额3921.43亿元，增长15.5%。其中，城镇消费品零售总额3767.76亿元，增长15.6%；乡村消费品零售总额153.67亿元，增长12.4%。全市批零企业销售额中，金属材料、石油及制品、汽车三大支柱类商品共完成销售额15490.29亿元，增长24.7%，占全市比重达61.6%。

商贸流通集散体系不断完善。全年各类亿元批发市场成交额2736.29亿元，增长13.9%。全年家电下乡销售54.62万台，完成销售额14.18亿元。银河购物中心、友谊精品广场、宜家家居等16个大型商业设施开业，10大电商区域配送中心在津设立，国家会展中心项目开工，津洽会、购物节等200个大型展会和全市性商贸节庆活动成功举办。

## 五、交通、邮电和旅游

全年交通运输、仓储及邮政业增加值721.04亿元，比上年增长12.5%。

客货运输业务量平稳增长。全年客运量28462.2万人，增长10.4%。其中，公路24482.84万人，增长11%；铁路2970.18万人，增长6%。货运量47697.58万吨，其中，公路28228万吨，增长20.1%；铁路7909.2万吨，增长8.6%；水路10331.70万吨。旅客周转量432.49亿人公里，增长12.6%。其中，公路150.43亿人公里，增长12.3%；铁路163.99亿人公里，增长10.5%。货物周转量7634.94亿吨公里，其中，公路329.29亿吨公里，增长23.5%；铁路286.64亿吨公里，下降3.2%；水路7012.50亿吨公里。

北方国际航运中心和物流中心建设稳步推进。全年港口货物吞吐量4.77亿吨，增长5.2%。其中，进港2.53亿吨，增长11.6%；出港2.24亿吨，下降1.2%。集装箱吞吐量1230.3万标准箱，增长6.2%。机场旅客吞吐量814万人次，增长7.8%；货邮吞吐量19.43万吨，增长6.2%。实现了东疆保税港区10平方公里封关运作，内陆"无水港"发展到23个。

公共交通服务体系更加便捷。全年公共汽电车客运量达到13.57亿人次，比上年增长4.3%；新辟公交线路17条，年末全市公交线路536条，运营车辆8351辆。更新出租汽车1028辆，年末运营出租车31706辆。全年轨道交通客运量突破1亿人次，达到1.11亿人次。

民用汽车拥有量持续增长。截至年末，全市民用汽车拥有量233.94万辆，增长13.3%；其中，轿车拥有量145.64万辆，增长18.4%。民用私人汽车拥有量196.17万辆，增长15.9%；其中，轿车拥有量129.14万辆，增长20.9%。当年新注册民用汽车34.7万辆，增长4.5%；其中，新注册轿车23.17万辆，增长2.8%。

邮政电信规模进一步扩大。全年邮电业务总量186.74亿元，增长6.6%。其中，电信业务总量159.87亿元，增长4.5%；邮政业务总量26.87亿元，增长21%。全年发送邮政函件20860.79万件，增长22.3%；其中，快递7431.99万件，增长28.1%。年末公网固定电话用户354.18万户，增长6.1%；移动电话用户1303.34万户，增长5.6%。互联网用户916.23万户，增长16.3%；其中，宽带接入用户213.51万户，增长12.3%，光纤接入用户61.78万户，增长64.3%。全年公网电话本地通话量101.4亿次，增长0.1%；长途电话通话量14.31亿次，增长9.9%，其中国际及港澳台长途电话0.29亿次，增长16%。短信业务总量121.18亿条，下降8.9%。

旅游经济持续发展。全年接待入境旅游者234.11万人次，比上年增长16.8%；其中，外国人213.66万人次，增长16.3%。旅游外汇收入21.47亿美元，增长22.3%。接待外省市游客人数比上年增长10.6%，国内旅游收入增长20.1%。全市27.68万人次出国出境旅游，增长7.3%；旅游支出46.14亿元，增长13.9%。北塘古镇开街纳客，凯旋王国主题公园、七里海湿地走廊等新的旅游景点建成。年末全市有星级宾馆111家，旅行社388家，其中国际旅行社29家。A级景区85个，工农业旅游示范点14个。

## 六、金融

全年金融业增加值959.03亿元，比上年增长25.1%。

存贷款平稳增长。截至年末，全市金融机构（含外资）本外币各项贷款余额18396.81亿元，增长15.5%。当年新增贷款2466.3亿元，多增303.33亿元。其中，新增短期贷款950.39亿元，新增中长期贷款787.36亿元，新增融资租赁395.39亿元，新增票据融资306.48亿元。年末全市各项存款余额20293.79亿元，增长15.4%。当年新增存款2725.6亿元，多增1631.23亿元。其中，新增单位存款1649.55亿元,新增个人存款998.69亿元。

证券市场运行平稳。年末全市境内上市公司38家,其中当年新增上市1家。在新三板挂牌企业达到6家。全年各类证券交易额10743.11亿元,比上年下降15.7%。其中,股票交易额7751.69亿元,下降30%;债券交易额90.76亿元,增长2.6倍;基金交易额171.11亿元,下降9.8%。年末证券帐户开户284.18万户,增长1.6%。全年期货市场成交量4256.74万手,增长24.7%;成交额46351.12亿元,增长11.5%。

保险市场稳步发展。年末全市共有保险总公司5家,分公司48家,各类保险支公司、营业部和营销服务部538家,保险专业中介机构95家。全年保费收入238.16亿元,增长12.5%。其中,财产险收入90.79亿元,增长20.9%;人身险收入147.37亿元,增长7.9%。全年赔款给付81.02亿元,增长22.4%。其中,财产险赔付44.74亿元,增长26%;人身险赔付36.28亿元,增长18.3%。

## 七、对外经济

进出口规模继续扩大。全年外贸进出口总额1156.23亿美元,增长11.8%。其中,进口673.09亿美元,增长14.3%;出口483.14亿美元,增长8.6%。在出口额中,一般贸易出口186.04亿美元,增长4.8%;加工贸易出口256.38亿美元,增长8.7%;租赁贸易、对外承包工程出口分别增长230.7倍和56.2%。对美国、日本、韩国等传统市场出口分别增长9.5%、0.4%和1.4%;对东盟、拉美等新兴市场出口分别增长33.3%和30.4%。全年机电产品出口341.09亿美元,占全市出口额的70.6%,比上年提高1.4个百分点;高新技术产品出口189.77亿美元,占全市比重39.3%,比上年提高0.3个百分点。

招商引资增势良好。全年新批外商投资企业632家,合同外资额185.85亿美元,增长10.4%;实际直接利用外资150.16亿美元,增长15%。其中,制造业实际直接利用外资76.23亿美元,增长33.7%,服务业实际直接利用外资72.16亿美元,与上年基本持平。年末累计在津投资的国家和地区达到134个,在津投资世界500强企业达到152家。全年实际利用内资2600.67亿元,增长24.7%。

服务外包强劲发展。全年新签服务外包合同3067个,增长62.8%;协议金额15.31亿美元,增长64.1%;执行金额12.27亿美元,增长1倍,其中离岸服务外包执行额增长90.1%。

对外承包工程保持增长。全年对外承包工程新签合同额15.55亿美元,实现营业额31.02亿美元,增长3.7%。派出各类劳务16553人次,增长49.4%。全年成交技术引进合同507项,技术引进合同金额21.58亿美元。全市外资研发中心达到29个。全年核准境外企业和机构103家,境外投资中方投资额20.76亿美元,增长13%。

对口支援工作成效显著。落实援疆资金8.3亿元,实施的114个项目全部开工,92个项目已完成。对口支援西藏昌都、青海黄南州、甘肃和重庆万州工作顺利推进。

## 八、滨海新区开发开放

滨海新区经济较快增长。全年滨海新区生产总值7205.17亿元,增长20.1%;一般预算收入731.80亿元,增长22.9%;规模以上工业总产值14416.75亿元,增长15.8%;全社会固定资产投资4453.3亿元,增长20.3%;社会消费品零售总额1015.36亿元,增长15.6%;外贸进出口总额812.38亿美元,增长14.2%,其中出口308.64亿美元,增长11.6%。中际装备、钜宝电子、西子电梯等71个工业重大项目建成,长城汽车二期、大众变速箱、久益环球采矿机械、联合利华等项目开工建设。

全面实施综合配套改革第二个三年计划。探索实施用地预审、征转用地报批、农民自行开发耕地等改革措施,扩大用地指标"增减挂钩"试点,完善土地集中交易制度,加大闲置土地处置力度,保证重大项目用地需求。天津股权交易所挂牌企业215家,总市值超过200亿元。滨海高新区被批准为全国非上市公司场外交易市场首批扩容试点。融资租赁由飞机、船舶拓展到动车组、地铁车辆等领域。意愿结汇和离岸金融在东疆保税港区和中新天津生态城实现了双向拓展。航运物流企业免征营业税、融资租赁货物出口退税等政策试点实现突破,转口贸易快速发展。

## 九、城市基础设施和房地产

基础设施建设持续推进。全年基础设施投资1913.67亿元,增长14.5%。津秦客运专线和地下直径线工程土建工程收尾。京津城际延长线、津保等铁路建设稳步推进。天津港30万吨级航道一期、中航油码头和临港经济区10万吨级航道等工程完工。地铁2、3、9号线联网运营,5、6号线工程全面展开。启动唐廊一期、津港二期和滨石高速建设。年末城市铺装道路长度6058.43公里,增长1.1%;铺装道路面积10971.29万平方米,增长4.6%。

公用事业服务能力持续提升。全市自来水综合生产能力434万立方米/日,比上年提高4.56万立方米/日。全社会用电量722.49亿千瓦时,增长3.9%。全年新增供热面积2103万平方米,中心城区集中供热率达到97%。改造一批卡口道路,新一批人行天桥、菜市场建成投入使用,进一步改善了百姓生活环境。

房地产市场保持基本稳定。全年房地产业增加值448.82亿元,比上年增长4.9%。全年房地产开发投资1260亿元,增长16.7%。商品房销售面积1661.69万平方米,增长4.2%;销售额1365.53亿元,下降2.1%。存量房交易面积670.9万平方米,交易金额528.1亿元,比上年分别增长15.4%和21.7%。

## 十、教育和科学技术

年末全市有各级各类学校1514所,其中,普通高校55所,中等专业学校40所,职业中学26所,技工学校31所,普通中学519所,小学843所。

全市小学招生10.25万人,毕业8.65万人,年末在校生53.23万人,专任教师3.78万人。普通中学招生14.19万人,毕业14.63万人,年末在校生43.78万人,专任教师4.15万人。全市普通高校共招收本专科学生14.19万人,毕业11.30万人,年末在校生47.31万人,专任教师2.99万人。招收研究生1.71万人,毕业1.45万人,年末在校生4.85万人,指导教师0.71万人。成人高校年末在校学生6.9万人。年末全市特殊教育学校20所,在校学生2963人,专任教师575人。年末全市幼儿园在园幼儿22.85万人,比上年增加0.25万人。

职业教育取得新进展。成功举办2012年全国职业院校技能大赛。海河教育园区二期工程建设顺利实施。7所中职学校入选国家中职示范校立项建设单位。年末在校学生中,中等专业学校7.09万人,职业中学2.62万人,技工学校2.13万人,成人中专0.86万人。

科技进步成果丰硕。全市16项科技成果获得国家科学技术奖。全年完成市级科技成果2030项,其中,基础理论成果221项,应用技术成果1786项,软科学成果23项;属于国际领先水平的66项,达到国际先进水平338项。全年签订技术合同13409项,合同额251.22亿元,增长46.4%;交易额172.11亿元,增长51%。全年专利申请41500件,增长14.5%;专利授权20003件,增长43.1%;年末有效专利52338件,增长30.8%。

自主创新能力继续提升。全社会研发经费支出占生产总值的比重提高到2.7%。140项自主创新产业化重大项目进展顺利,151个子项实现了产业化,累计开发出新产品842项。新认定高新技术企业257家,获得国家级新产品认定16项。科技型中小企业达到3.5万家,小巨人企业1828家。截至年末,全市有国家级重点实验室9个,国家部委级重点实验室45个,国家级工程(技术)研究中心33个,国家级科技产业化基地24个,国家级企业技术开发中心39个,市级企业技术开发中心410个,国家技术创新示范企业5家。

人才队伍建设得到进一步加强。年末全市人才总量达到214万人,其中专业技术人才114万人,312人入选国家和本市"千人计划",在津院士37人,国家突贡专家、特贴专家、百千万人才工程等高层次人才4726人。新建博士后工作站11个,年末博士后流动站、工作站229个,在站博士后850人。全市高级以上技术工人36.7万人,占全市技工队伍的比重为27.5%。

## 十一、文化、卫生和体育

公共文化服务水平继续提高。天津文化中心建成并投入使用,全年接待观众及读者近300万人次。年末全市有艺术表演团体43个,文化馆18个,博物馆19个,公共图书馆31个。全年摄制电影故事片11部。截至年末,全市256个电影放映单位放映电影50.3万场次,观影人数1716万人次,实现票房收入2.6亿元,增长13%。全市广播节目达到22套,市级电视节目36套。有线电视用户达到284.5万户,其中数字电视用户244.5万户。全年出版报纸9.09亿份,期刊3799.36万册,图书4260万册。

文化创意取得新发展。国家动漫产业综合示范园注册文化创意类企业近300家,建成了亚洲最大的动作捕捉室。国家影视网络动漫实验园和研究院内文化创意企业近70家。滨海高新区被认定为首批国家级文化和科技融合示范基地。美国卡梅隆·佩斯集团中国总部、美国好莱坞天堂影效公司等一批知名文化企业落户滨海新区。成功举办第三届中国(天津滨海)国际文化创意展交会。实施艺术精品战略,京剧《华子良》、河北梆子《晚雪》荣获全国性大奖,京剧《香莲案》、评剧《赵锦堂》入选"国家舞台艺术精品工程重点资助剧目"。

医疗卫生取得新成效。年末全市有各类卫生机构4551个,其中,医院、卫生院466个,社区卫生服务中心97个,卫生防疫机构24个,妇幼保健机构23个。卫生机构床位53509张,其中,医院、卫生院48896张,社区卫生服务中心2915张。卫生技术人员7.69万人,其中,执业医师及执业助理医师3.07万人,注册护士2.76万人。基本药物制度基本建立,537种基本药物在政府办基层医疗机构全部实行网上集中招标采购系统和零差率销售。持续推进卫生资源结构与布局调整。第一中心医院移植楼、中心妇产科医院、总医院二期、南开医院等一批资源调整项目先后竣工启用,市第二儿童医院、天津医院、胸科医院等项目开工建设。

竞技体育实现新突破。全年全市运动员在国际、国内比赛中分别获得金牌37枚和29枚。天津女排勇夺亚俱杯冠军,天津网球女队连续12年夺得全国网球团体赛冠军,天津网球男队在全国连续3年并第七次夺冠,天津女子柔道队首获全国女子柔道冠军赛冠军。新建一批群众健身活动设施。成功举办了市第三届全民健身运动会,举办了天津国际马拉松赛等大型赛事。

## 十二、人口和就业

人口总量稳定增长。年末全市常住人口1413.15万人,比上年末增加58.57万人;其中,外来人口392.79万人,增加47.95万人,占常住人口增量的81.9%。年末全市户籍人口993.2万人,其中,农业人口376.84万人,非农业人口616.36万人。继续保持低生育水平。全市人口出生率8.75‰,死亡率6.12‰,自然增长率2.63‰。

就业形势基本稳定。实施更加积极的就业政策,落实创业带动就业规划,多渠道促进就业增长。截至年末,全市社会从业人员803.14万人,比上年末增加39.98万人。其中,城镇从业人员621.29万人,乡村从业人员181.85万人。全年新增就业47.3万人,增长0.4%,年末城镇登记失业率控制在3.6%。

## 十三、人民生活和社会保障

居民收入持续增长。出台了一系列增加居民收入的政策措施,最低工资标准由每月1160元提高到1310元,继续调增企业退休人员养老金,加快推行部分事业单位绩效工资改革,城市居民人均可支配收入29626元,增长10.1%;农村居民人均可支配收入13571元,增长14.1%。

居民消费支出稳步增长。全年城市居民人均消费性支出20024元,增长8.7%。服务性消费快于实物消费,人均商品性消费支出14724元,增长7.2%;人均服务性消费支出5300元,增长13.2%,快于商品性消费6个百分点。城市居民恩格尔系数为36.7%。年末每百户城市居民家庭拥有家用汽车24.9辆,比上年末增加4.6辆;电脑98.9台,增加3.3台;移动电话225部,增加8部。

社会保障覆盖面继续扩大。在全国率先建立起城乡一体化的居民基本养老、医疗保险制度和意外伤害附加保险制度,实现了从城镇到农村、从职工到居民的全覆盖。截至年末,参加城乡居民医疗保险502.23万人(见表4)。保障性住房建设加快推进。全年全市保障性住房开工10.5万套,新增租房补贴家庭1万户,累计发放9.5万户。

**表4 各类社会保险参保人数**

| 指　　标 | 参保人数(万人) | 比上年增长(%) |
|---|---|---|
| 城镇职工基本医疗保险 | 479.07 | 1 |
| 城乡居民医疗保险 | 502.23 | 0.8 |
| 城镇职工基本养老保险 | 490.26 | 6.9 |
| 城乡居民养老保险 | 102.55 | 4.6 |
| 城镇职工失业保险 | 268.69 | 3.8 |
| 城镇职工工伤保险 | 330.06 | 3 |
| 城镇职工生育保险 | 242.70 | 3.5 |

社会福利与救助不断完善。截至年末,城乡低保对象26.79万人,其中城市16.64万人,农村10.15万人,城乡低保特困标准分别提高至每人每月520元和320元。农村五保供养人数达到1.28万人。全年发放物价补贴1.4亿元。率先在全国实行居家养老护理补贴,惠及4万余人。全年新增养老机构床位4853张,总量达38490张;新建老年日间照料服务中心(站)106个,总量达800个。年末全市各类福利院有床位3.45万张,增长5%;在

院收养2.22万人,增长7.4%。城镇残疾人新增就业2564人。

## 十四、环境保护

生态环境不断改善。第二轮生态城市建设行动计划进展顺利,重点安排实施节能降耗、主要污染物减排、清水、绿化、固体废物和噪声治理、农村环境保护、循环经济工程等7大工程。全年化学需氧量排放量22.95万吨,比上年下降2.7%;二氧化硫排放量22.45万吨,下降2.8%。环境空气质量二级以上良好天数为305天。饮用水源地水质达标率连续11年保持100%,城市污水处理厂能力达到249.6万吨/日,污水处理率为87.5%。道路交通噪声平均声级67.9分贝,达到声环境质量等级一级,中心城区区域环境噪声平均声级54.3分贝,比上年有所下降。全市共有环境监测站21个,国家生态示范区1个,自然保护区8个,自然保护区面积9.11万公顷。大力推进绿色天津建设。北辰郊野公园、武清北运河郊野公园一期工程完成并对外开放。

## 十五、安全生产和质量监督

安全生产形势好于上年。全年各类安全事故共死亡990人,比上年下降3.7%。其中,生产安全事故死亡75人,交通事故死亡848人,分别比上年下降6.3%和6.6%,火灾死亡40人。全市亿元生产总值生产安全事故死亡人数为0.081人,比上年下降15.7%。

积极推进质量强市建设。产品质量抽查合格率稳中有升,食品安全得到有效保障,特种设备运行平稳,计量、标准、认证等质量基础工作深入推进。年末全市产品质量检验机构达到414个,其中,国家检测中心23个,产品质量认证机构4个。计量检定技术机构48个,全年强制检定计量器具168.3万台(件),制修订地方标准31项。

(天津市统计局　国家统计局天津调查总队)

注:1. 2012年各项统计数据为快报数。

2. 全市生产总值、各产业增加值绝对数按当年价格计算,增长速度按可比价格计算。

3. 邮电业务总量按2010年不变价格计算。

# 天津市在全国的地位

| 指标 | 2007年 | | 2012年 | |
|---|---|---|---|---|
| | 天津 | 占全国比重(%) | 天津 | 占全国比重(%) |
| **年末常住人口(万人)** | **1115** | **0.8** | **1413.15** | **1** |
| **社会从业人员(万人)** | **613.93** | **0.8** | **803.14** | **1** |
| **全市生产总值(亿元)** | **5252.76** | **2** | **12885.18** | **2.5** |
| 第一产业 | 110.19 | 0.4 | 171.54 | 0.3 |
| 第二产业 | 2892.53 | 2.3 | 6663.68 | 2.8 |
| #工业 | 2661.87 | 2.4 | 6122.92 | 3.1 |
| 第三产业 | 2250.04 | 2 | 6049.96 | 2.6 |
| **人均生产总值(元)** | **47970** | **高27801** | **93110** | **高54661** |
| **城市居民人均可支配收入(元)** | **16357** | **高2571** | **29626** | **高5061** |
| **财政、金融(亿元)** | | | | |
| 地方一般预算收入 | 540.44 | 2.3 | 1760.02 | 2.9 |
| 地方一般预算支出 | 674.33 | 1.8 | 2143.21 | 2.0 |
| 金融机构本外币存款余额 | 8242.07 | 2.1 | 20293.79 | 2.2 |
| 金融机构本外币贷款余额 | 6543.83 | 2.5 | 18396.81 | 2.7 |
| 保费收入 | 150.91 | 2.1 | 238.16 | 1.5 |
| **主要工业产品产量** | | | | |
| 天然原油(万吨) | 1924.28 | 10.3 | 3098.31 | 15 |
| 发电量(亿千瓦小时) | 393.13 | 1.2 | 589.69 | 1.2 |
| 天然气(亿立方米) | 13.34 | 1.9 | 18.73 | 1.7 |
| 原盐(万吨) | 237.03 | 3.8 | 149.68 | 2.4 |
| 化学纤维(万吨) | 17.32 | 0.7 | 11.05 | 0.3 |
| 纱(万吨) | 7.28 | 0.4 | 3.05 | 0.1 |
| 布(亿米) | 2.78 | 0.4 | 1.99 | 0.2 |
| 乙烯(万吨) | 22.55 | 2.2 | 113.16 | 7.6 |
| 水泥(万吨) | 611.44 | 0.4 | 784.26 | 0.4 |
| 生铁(万吨) | 1435.40 | 3 | 1974.62 | 3 |
| 粗钢(万吨) | 1602.13 | 3.3 | 2124.25 | 3 |
| 汽车(万辆) | 45.69 | 5.1 | 63.82 | 3.3 |
| 自行车(万辆) | 1711.1 | 22.9 | 2262.85 | 38.3 |
| 房间空气调节器(万台) | 532.64 | 6.6 | 245.79 | 1.9 |

续表

| 指　　标 | 2007年 | | 2012年 | |
|---|---|---|---|---|
| | 天　津 | 占全国比重(%) | 天　津 | 占全国比重(%) |
| 移动电话机(万台) | 9778.77 | 17.8 | 9193.85 | 7.8 |
| 集成电路(亿块) | 6.31 | 1.5 | 8.49 | 1.0 |
| **主要农产品产量(万吨)** | | | | |
| 粮　食 | 147.15 | 0.3 | 161.76 | 0.3 |
| 肉　类 | 33.76 | 0.5 | 45.80 | 0.5 |
| 禽　蛋 | 19.43 | 0.8 | 19.05 | 0.7 |
| 水产品 | 32.50 | 0.7 | 36.50 | 0.6 |
| **全社会固定资产投资额(亿元)** | **2388.63** | **1.7** | **8871.31** | **2.4** |
| #房地产开发投资额 | 505.30 | 2.0 | 1260.00 | 1.8 |
| **运输、邮政、电信** | | | | |
| 沿海主要港口货物吞吐量(万吨) | 30946 | 8.0 | 47697 | 7.2 |
| 社会货物运输量(万吨) | 51338 | 2.3 | 47698 | 1.2 |
| 邮电业务总量(亿元) | 300.67 | 1.5 | 186.74 | 1.2 |
| **商业、外贸、外经** | | | | |
| 社会消费品零售总额(亿元) | 1603.74 | 1.8 | 3921.43 | 1.9 |
| 外贸出口总额(亿美元) | 381.61 | 3.1 | 483.14 | 2.4 |
| 实际直接利用外资额(亿美元) | 52.78 | 7.1 | 150.16 | 13.4 |
| **教育、科技、卫生、文化** | | | | |
| 高等学校在校学生数(万人) | 37.11 | 2.0 | 47.31 | 2.0 |
| 技术市场成交额(亿元) | 57.52 | 2.6 | 172.11 | 2.7 |
| 专利申请授权量(项) | 5584 | 1.6 | 20003 | 1.6 |
| 医　院(个) | 411 | 0.7 | 465 | 0.8 |
| 医院床位(万张) | 3.97 | 1.2 | 4.89 | 1.0 |
| 图书出版数(万册) | 4469 | 0.7 | 4260 | 0.5 |
| 杂志出版数(万册) | 3678 | 1.2 | 3799 | 1.1 |
| 报纸出版数(亿份) | 9.23 | 2.1 | 9.09 | 1.9 |

# 天津市专业技术人员(2010—2012年)

单位:人

| 项　目 | 全　市 | | | 平均每万人口有科技人员 | 平均每万名城镇单位从业人员有科技人员 |
|---|---|---|---|---|---|
| | 2010 | 2011 | 2012 | 2012 | 2012 |
| **合　计** | **419373** | **418752** | **422243** | **305** | **1515** |
| **自然科学专业技术人员** | **218431** | **222619** | **226602** | **164** | **813** |
| 工程技术人员 | 116860 | 118838 | 120920 | 87 | 434 |
| 农业技术人员 | 3246 | 3046 | 3214 | 2 | 12 |
| 科学研究人员 | 4290 | 4592 | 4800 | 3 | 17 |
| 卫生技术人员 | 59227 | 60174 | 61425 | 44 | 220 |
| 教学人员 | 34808 | 35969 | 36243 | 26 | 130 |
| **社会科学专业技术人员** | **200942** | **196133** | **195641** | **141** | **702** |
| #科学研究人员 | 822 | 804 | 983 | 1 | 4 |
| 教学人员 | 93080 | 92145 | 91838 | 66 | 330 |
| 经济人员 | 40774 | 39623 | 39634 | 29 | 142 |
| 财会人员 | 31274 | 29969 | 29786 | 22 | 107 |
| 统计人员 | 2484 | 2211 | 2171 | 2 | 8 |
| 翻译人员 | 623 | 614 | 612 | | 2 |
| 图书、档案、资料人员 | 4868 | 4746 | 4752 | 3 | 17 |
| 编辑、记者、播音员 | 2625 | 2659 | 3058 | 2 | 11 |
| 律师、公证人员 | 165 | | 1 | | |
| 体育教练人员 | 528 | 547 | 514 | | 2 |
| 工艺美术人员 | 261 | 261 | 243 | | 1 |
| 文艺人员 | 2103 | 2083 | 2058 | 1 | 7 |

注:专业技术人员统计范围为公有制企事业单位。

# 天津市专业技术人员构成(2012 年)

单位:人 (person)

| 项目<br>Item | 按性别分 By Sex<br>#女专业技术人员数<br>Female | 按受教育程度分 By Education Status<br>#受过高等专业教育人数<br>Having Higher Special Education Background | #受过中等专业教育人数<br>Having Special Secondary School Background | 按职称分 By Title<br>#高级职称人数<br>Senior Professional Certification | #中级职称人数<br>Medium Professional Certification |
|---|---|---|---|---|---|
| **合 计 Total** | **211581** | **353027** | **50864** | **71865** | **155948** |
| **自然科学专业技术人员 Natural Science** | **100650** | **192727** | **27401** | **41218** | **73742** |
| 工程技术人员 Engineering | 33356 | 101876 | 14060 | 18525 | 31852 |
| 农业技术人员 Agriculture | 1219 | 2390 | 713 | 573 | 948 |
| 科学研究人员 Scientific Research | 2218 | 4767 | 23 | 1793 | 1993 |
| 卫生技术人员 Health Care | 42954 | 48915 | 11328 | 7295 | 21374 |
| 教学人员 Teaching | 20903 | 34779 | 1277 | 13032 | 17575 |
| **社会科学专业技术人员 Social Science** | **110931** | **160300** | **23463** | **30647** | **82206** |
| #科学研究人员 Scientific Research | 491 | 969 | 9 | 238 | 458 |
| 教学人员 Teaching | 61534 | 85015 | 5906 | 20346 | 54338 |
| 经济人员 Economics | 15216 | 26112 | 7798 | 1488 | 7430 |
| 财会人员 Accountant | 18735 | 21020 | 6265 | 1098 | 6049 |
| 统计人员 Statistician | 1527 | 1537 | 394 | 203 | 634 |
| 翻译人员 Translator | 364 | 602 | 10 | 122 | 175 |
| 图书、档案、资料人员 Librarian and Archivist | 3297 | 4176 | 358 | 861 | 1989 |
| 编辑、记者、播音员 Editor, Reporter and Broadcaster | 1558 | 2954 | 44 | 989 | 1068 |
| 律师、公证人员 | 74 | 164 | 1 | 38 | 24 |
| 体育教练人员 Coach | 136 | 478 | 23 | 200 | 175 |
| 工艺美术人员 Arts and Craft | 92 | 201 | 28 | 42 | 55 |
| 文艺人员 Literature and Art | 807 | 963 | 861 | 798 | 760 |

# 天津市社会科学专业技术人员构成(2012年)(按国民经济行业分)

单位:人 (person)

| 行业 Sector | 合计 Total | #教学人员 Teaching | #经济人员 Economy | #财会人员 Accountant | #图书、档案、资料人员 Librarian and Archivist |
|---|---|---|---|---|---|
| **总计 Total** | **195641** | **91838** | **39634** | **29786** | **4752** |
| 农、林、牧、渔业 Farming, Forestry, Animal Husbandry and Fishery | 1028 | 35 | 267 | 433 | 11 |
| 采矿业 Minerals Mining | 4563 | 599 | 1378 | 965 | 159 |
| 制造业 Manufacturing | 14513 | 912 | 5581 | 3578 | 238 |
| 电力、燃气及水的生产和供应业 Production and Supply of Electricity, Gas and Water | 2985 | 53 | 877 | 953 | 67 |
| 建筑业 Construction | 6271 | 124 | 1702 | 2457 | 93 |
| 交通运输、仓储及邮政业 Transportation, Storage and Post Services | 8412 | 58 | 5688 | 1177 | 48 |
| 信息传输、计算机服务和软件业 Information Transmitting, Computer Services & Software | 752 | 5 | 303 | 154 | 17 |
| 批发和零售业 Wholesale and Retail Trade | 5255 | 27 | 2756 | 1569 | 46 |
| 住宿和餐饮业 Accommodation and Catering Services | 340 | 2 | 127 | 137 | 1 |
| 金融业 Finance Intermediation | 27270 | 23 | 16079 | 9901 | 62 |
| 房地产业 Real Estate | 2916 | 15 | 1628 | 814 | 43 |
| 租赁和商务服务业 Leasing and Business Services | 1208 | 9 | 442 | 294 | 22 |
| 科学研究、技术服务和地质勘察业 Scientific Research, Technical Services and Geological Prospecting | 2803 | 85 | 638 | 994 | 184 |
| 水利、环境和公共设施管理业 Management for Water Conservancy, Environment and Public Facilities | 2401 | 4 | 370 | 862 | 86 |
| 居民服务和其他服务业 Resident Services and Other Social Services | 1128 | 102 | 366 | 295 | 17 |
| 教育 Education | 98463 | 89446 | 191 | 1985 | 1397 |
| 卫生、社会保障和社会福利业 Health Care, Social Security and Social Welfare | 5714 | 162 | 747 | 2408 | 283 |
| 文化、体育和娱乐业 Culture, Sports and Recreational Services | 8229 | 62 | 118 | 469 | 1908 |
| 公共管理和社会组织 Public Management and Social Organizations | 1390 | 115 | 376 | 341 | 70 |

责任编辑:丁大同

# 附　录

## 2012 年 CSSCI 来源期刊天津作者发表论文总览*

| 序号 | 文章名称 | 第一作者 | 单位 | 年、卷、期 |
|---|---|---|---|---|
| | 管理学 | | | |
| 《公共管理学报》 | | | | |
| 1 | 利益表达、资源动员与议程设置——对于“闹大”现象的描述性分析 | 韩志明 | 天津师范大学 | 2012,9(2):52-66 |
| 《管理工程学报》 | | | | |
| 1 | 多再制造商回收定价竞争博弈 | 李　响 | 南开大学 | 2012,26(2):72-76 |
| 2 | 基于改进的核化聚类判别分析的故障识别 | 李天恩 | 天津大学 | 2012,26(3):34-41 |
| 3 | 面向总承包商的水电 EPC 项目成本风险分析 | 刘东海 | 天津大学 | 2012,26(4):119-126 |
| 《管理科学》 | | | | |
| 1 | 基于创业团队先前经验的新技术企业市场进入战略选择研究 | 田　莉 | 南开大学 | 2012,25(1):1-14 |
| 2 | 最小报价单位对市场流动性影响的计算实验研究 | 李悦雷 | 天津大学 | 2012,25(1):92-98 |
| 3 | 政治关联形式、制度环境与民营企业生产率 | 李维安 | 南开大学 | 2012,25(2):1-12 |
| 4 | 针对趋势失控的基于 TAR 模型的 SPC-EPC 集成研究 | 张晓蕾 | 天津大学 | 2012,25(2):24-32 |
| 5 | 零售商主导型供应链绩效的行为博弈分析 | 韩敬稳 | 天津财经大学 | 2012,25(2):61-68 |
| 6 | 品牌心理所有权、品牌承诺与品牌公民行为关系研究 | 张　辉 | 南开大学 | 2012,25(4):79-90 |
| 《管理科学学报》 | | | | |
| 1 | 中国 IPO 抑价的构成及影响因素研究 | 邹高峰 | 天津大学 | 2012,15(4):12-22,30 |
| 《管理评论》 | | | | |
| 1 | 新企业创业导向的测量与功效：基于中国经验的实证研究 | 胡望斌 | 南开大学 | 2012,24(3):40-48,57 |
| 2 | 服务失败情境下面子丢失对顾客抱怨倾向的影响 | 杜建刚 | 南开大学 | 2012,24(3):91-99 |
| 3 | 基于能力视角的创业者人力资本与新创企业绩效作用机制研究 | 王晓文 | 南开大学 | 2012,24(4):76-84,93 |
| 4 | 信息丰富度、采购成本、线上渠道模式对购买行为的影响研究 | 胡海清 | 南开大学 | 2012,24(5):80-88 |
| 5 | 战略人力资本与企业竞争优势关系研究 | 高素英 | 河北工业大学 | 2012,24(5):118-126 |
| 6 | 基于行业环境风险感知维度的中国企业国际扩张与绩效关系研究——兼论企业所有制形式的调节作用 | 许　晖 | 南开大学 | 2012,24(6):11-19 |
| 7 | 品牌竞争与渠道竞争共存时销售渠道选择策略 | 谭佳音 | 天津大学 | 2012,24(6):74-82 |
| 8 | 企业形象对顾客态度忠诚与行为忠诚的影响模型——来自零售银行业的证据 | 李惠璠 | 南开大学 | 2012,24(6):88-97 |
| 9 | 国际化引导效应理论在中国的验证及应用前景——基于海外市场中资银行的面板数据 | 吴晓云 | 南开大学 | 2012,24(12):3-13 |
| 《管理世界》 | | | | |
| 1 | 农民工市民化对地方经济的影响——基于浙江 CGE 模型的模拟分析 | 胡秋阳 | 南开大学 | 2012,(3):72-80,95 |
| 2 | 中国企业低价出口之谜——基于企业加成率的视角 | 盛　丹 | 南开大学 | 2012,(5):8-23 |
| 3 | 寻职中的社交网络“强连接”、“弱连接”与劳动者工资水平 | 刘　斌 | 南开大学 | 2012,(8):115-128 |
| 4 | 货币政策的银行风险承担分析——兼论货币政策与宏观审慎政策协调问题 | 方　意 | 南开大学 | 2012,(11):9-19,56 |

*1、采集数据截至 2013 年 7 月 15 日。
2、列表顺序按着“中文社会科学引文索引（2012—2013）来源期刊目录 [2012-04-06]”顺序列出。

| 序号 | 文章名称 | 第一作者 | 单位 | 年、卷、期 |
|---|---|---|---|---|
| 5 | 中国对发展中国家的投资——东道国制度重要吗？ | 蒋冠宏 | 南开大学 | 2012,(11):45-56 |
| 《管理现代化》 | | | | |
| 1 | 基于组织生态学的节能服务企业种群演化规律研究 | 田小平 | 天津大学 | 2012,(1):3-5 |
| 2 | 航空运输服务破坏性创新探索 | 龙继林 | 中国民航大学 | 2012,(2):24-26 |
| 3 | 科技型中小企业战略管理能力的调查与对策研究——以天津市为例 | 马虎兆 | 天津大学 | 2012,(3):32-34 |
| 4 | 无形资产指数：理论模型构建 | 苑泽明 | 天津财经大学 | 2012,(4):114-116 |
| 5 | 中国芯片制造代工产业竞争力分析——基于IIR模型 | 江颖俊 | 南开大学 | 2012,(6):58-61 |
| 《管理学报》 | | | | |
| 1 | 中资银行国际化的资源驱动机制：一个跨案例比较研究 | 张　峰 | 南开大学 | 2012,9(1):17-26 |
| 2 | 面向实践的管理核心命题的重新思考 | 齐善鸿 | 南开大学 | 2012,9(1):32-37 |
| 3 | 基于实践的学术问题提炼与中国管理模式总结 | 张玉利 | 南开大学 | 2012,9(2):179-183 |
| 4 | 基于集群创导导向的航空产业集群治理评价研究 | 张耀伟 | 南开大学 | 2012,9(2):244-249 |
| 5 | 中国股票市场风格轮动效应及基于适应市场假说的解释 | 韦立坚 | 天津大学 | 2012,9(7):943-951 |
| 6 | 中国股票市场风险因素相关性研究 | 周　芳 | 天津大学 | 2012,9(7):994-1000 |
| 7 | 山寨产品/真品相似性评价与山寨产品购买意愿 | 李东进 | 南开大学 | 2012,9(9):1356-1364 |
| 8 | 面向中国管理实践的组织与人力资源管理：反思与探索——首届“中国人力资源管理论坛(2012)”观点评述 | 杨　斌 | 南开大学 | 2012,9(9):1405-1410 |
| 9 | 论战略人力资源管理对战略形成的影响 | 丛龙峰 | 南开大学 | 2012,9(11):1616-1626 |
| 10 | 组织外部环境不确定性的研究述评 | 武立东 | 南开大学 | 2012,9(11):1712-1717 |
| 《宏观经济管理》 | | | | |
| 1 | 济南市构建粮食产业安全保障体系 | 李会宝 | 天津大学 | 2012,(4):76-77 |
| 2 | 天津滨海新区创新发展投融资机制研究 | 孙　彤 | 天津工业大学 | 2012,(6):73-74 |
| 《华东经济管理》 | | | | |
| 1 | 钢铁行业的产能过剩、存量资产优化障碍及问题的解决路径——一个基于产权视角的分析 | 徐志伟 | 天津财经大学 | 2012,26(2):79-83 |
| 2 | 中国房地产价格与地方财政收支关系的实证研究 | 赵　息 | 天津大学 | 2012,26(2):95-97 |
| 3 | 基于权力运作理论的评标权力寻租的防范研究 | 柯　洪 | 天津理工大学 | 2012,26(2):130-134 |
| 4 | 社会资本视域下风险分担与工程项目管理绩效的关联研究 | 杜亚灵 | 天津理工大学 | 2012,26(3):122-127 |
| 5 | 基于风险分担的代建服务报酬激励机制研究 | 严　敏 | 天津商业大学 | 2012,26(3):128-132 |
| 6 | 开放经济货币政策动态下人民币汇率问题研究 | 林　楠 | 天津财经大学 | 2012,26(4):73-78 |
| 7 | 消费行为改变下的信用卡风险仿真 | 张　维 | 天津财经大学 | 2012,26(4):79-83 |
| 8 | 代建项目管理企业的声誉测量指标构建的实证研究 | 严　玲 | 天津理工大学 | 2012,26(4):149-156 |
| 9 | 中国资本市场一体化测度与利益评估 | 赵慧卿 | 天津财经大学 | 2012,26(5):73-77 |
| 10 | 苹果公司的价值创新和执行力研究 | 张英华 | 天津财经大学 | 2012,26(6):96-100 |
| 11 | 民营企业董事会外部关联特征的非市场战略价值效应研究 | 王凡俊 | 天津大学 | 2012,26(6):101-106 |
| 12 | 零售商公平关切对收益共享契约供应链协调作用的影响研究 | 谭佳音 | 天津大学 | 2012,26(6):118-121 |
| 13 | 我国企业税务信息披露模式的反思与构建 | 李彩霞 | 天津财经大学 | 2012,26(7):80-83 |
| 14 | 基于系统动力学的物流企业集群创新系统运行机制研究 | 慕　静 | 天津科技大学 | 2012,26(9):50-54 |
| 15 | 金融服务外包模式下第三方信用评价职责界定——基于工程项目承包商融资视角的研究 | 夏立明 | 天津理工大学 | 2012,26(9):100-104 |
| 16 | 展会组织网络：基于两种基本组织网络的治理分析 | 李勇军 | 天津商业大学 | 2012,26(9):112-114 |
| 17 | 基于过程视角的创业学习研究述评 | 孙　菲 | 天津国际商务学校 | 2012,26(9):138-142 |
| 18 | 国外投资者关系管理价值效应研究前沿述评 | 赵　颖 | 天津外国语大学 | 2012,26(9):143-148 |

| 序号 | 文章名称 | 第一作者 | 单位 | 年、卷、期 |
|---|---|---|---|---|
| 19 | 我国居民消费的增长与波动——基于季节调整方法 | 陈雄强 | 南开大学 | 2012,26(10):75-79 |
| 《经济管理》 | | | | |
| 1 | 市场化程度、代理成本与企业税收负担——基于145家新企业的实证研究 | 牛　芳 | 南开大学 | 2012,(1):83-93 |
| 2 | 我国中小上市公司财务失败预警研究——基于财务指标和公司治理指标的综合考察 | 梁　琪 | 南开大学 | 2012,(3):123-132 |
| 3 | 神经营销学研究现状——fMRI成果评述 | 杜建刚 | 南开大学 | 2012,(3):189-199 |
| 4 | 基于身份多元化的国有企业人力资源管理研究综述与研究趋势 | 郑　刚 | 南开大学 | 2012,(8):183-191 |
| 5 | 政府干预、地方国有企业募资变更后投向与公司价值 | 曹春方 | 南开大学 | 2012,34(4):1-10 |
| 6 | 偿付能力监管下的资本与组合风险——基于产险公司局部联立调整模型的分析 | 王丽珍 | 南开大学 | 2012,34(4):122-130 |
| 7 | 中国碳排放强度预测与第三产业比重检验分析 | 刘广为 | 天津大学 | 2012,34(5):141-152 |
| 8 | 如何医治中毒的渠道关系？——沟通与专项投资作用研究 | 任星耀 | 南开大学 | 2012,34(6):91-101 |
| 《经济体制改革》 | | | | |
| 1 | 基于可持续发展观的公共项目投资社会折现率的确定 | 孙燕芳 | 天津大学 | 2012,(3):117-120 |
| 2 | 我国战略性新兴产业税收政策的问题与完善研究 | 高东芳 | 天津科技大学 | 2012,(4):118-121 |
| 《科技进步与对策》 | | | | |
| 1 | 信息技术投资对我国制造企业技术效率影响的区域差异分析——基于面板数据随机前沿分析方法的实证研究 | 霍　明 | 天津大学 | 2012,29(1):32-38 |
| 2 | 技术创新模式的代际转变：中小企业可持续成长的关键 | 王丽平 | 天津理工大学 | 2012,29(2):80-85 |
| 3 | 基于隐性知识溢出的创新集群形成演化机理研究 | 刘　毅 | 天津大学 | 2012,29(2):136-140 |
| 4 | 基于精益思想的企业内部知识链模型优化 | 吉鸿荣 | 南开大学 | 2012,29(2):141-144 |
| 5 | 科技创新资源配置的价值预算模式研究 | 覃　睿 | 中国民航大学 | 2012,29(3):5-9 |
| 6 | 孵化器对高科技企业创业活动影响的实证研究 | 陈　颉 | 天津财经大学 | 2012,29(3):90-94 |
| 7 | 基于可持续发展理论的企业文化评价指标体系构建 | 夏立明 | 天津理工大学 | 2012,29(3):119-122 |
| 8 | 高校科研项目质量管理有效性评价体系构建研究 | 孟玉环 | 天津农学院 | 2012,29(4):115-118 |
| 9 | 各省区科技资源配置增长平稳度分析 | 党亚茹 | 中国民航大学 | 2012,29(7):36-41 |
| 10 | 基于知识螺旋的企业集群内生创新与影响机制分析 | 武　开 | 天津科技大学 | 2012,29(7):94-97 |
| 11 | 新兴工业区人才聚集关键影响因素实证研究——以曹妃甸工业区为例 | 马建龙 | 河北工业大学 | 2012,29(7):147-151 |
| 12 | 基于价值创新逻辑的企业执行力研究 | 李　奕 | 天津财经大学珠江学院 | 2012,29(10):80-84 |
| 13 | 基于CAS回声模型的综合孵化器系统自适应机制研究 | 赵黎明 | 天津大学 | 2012,29(11):5-8 |
| 14 | 我国战略性新兴产业发展研究——基于近现代新兴产业发展规律的分析 | 王　利 | 天津滨海综合发展研究院 | 2012,29(12):52-56 |
| 15 | 基于系统动力学的区域科技创业生态群落运行机制研究 | 赵　涛 | 天津大学 | 2012,29(16):20-24 |
| 16 | 催化与涌现：产业创新模式的新探索 | 张　贵 | 河北工业大学 | 2012,29(17):56-60 |
| 17 | 滨海新区人才自由港建设政策支持体系研究 | 张再生 | 天津大学 | 2012,29(21):99-104 |
| 《科学管理研究》 | | | | |
| 1 | 基于遗传神经网络的天津滨海新区人才竞争力评价 | 邢　洁 | 天津大学 | 2012,(3):97-100 |
| 2 | 中国经济增长、电力消费与碳排放量关系研究 | 米国芳 | 天津大学 | 2012,30(1):89-91,116 |
| 3 | 基于科技创新的我国纺织产业集群化发展路径研究 | 郭明泉 | 天津大学 | 2012,30(2):29-32 |
| 《科学学研究》 | | | | |
| 1 | 新技术革命是中国走出“危机”最佳手段吗？——关于中国未来经济发展与新技术革命关系的初步思考 | 马虎兆 | 天津大学 | 2012,30(1):36-43 |
| 2 | 产业集群产学研协同创新机制——基于保定市新能源及输变电产业集群的案例研究 | 蒋石梅 | 河北工业大学 | 2012,30(2):207-212 |

| 序号 | 文章名称 | 第一作者 | 单位 | 年、卷、期 |
|---|---|---|---|---|
| 3 | 产品复杂性与主体互动模式对创新绩效的影响研究 | 张慧颖 | 天津大学 | 2012,30(2):294-300 |
| 4 | 动态环境下的企业知识集成模型研究 | 佟泽华 | 南开大学 | 2012,30(4):564-574 |
| 5 | 跨学科交叉研究视角下的定量与定性——以旅游研究为例 | 于海波 | 南开大学 | 2012,30(6):807-812 |
| 6 | 知识产权质押融资价值评估：收益分成率研究 | 苑泽明 | 天津财经大学 | 2012,30(6):856-864,840 |
| 《科学学与科学技术管理》 | | | | |
| 1 | 信任视角下研发外包知识转移策略 | 陈　通 | 天津大学 | 2012,33(1):77-82 |
| 2 | 美国产业结构演进与现代产业体系发展及其对中国的启示——基于美国1947—2009年经济数据的考察 | 赵　嘉 | 天津大学 | 2012,33(1):141-147 |
| 3 | “科技企业孵化器—风险投资—在孵企业”三方合作绩效影响因素的路径分析 | 赵黎明 | 天津大学 | 2012,33(2):67-73 |
| 4 | 政府采购促进中小企业发展的对策研究 | 杨　丽 | 天津大学 | 2012,33(2):131-137 |
| 5 | 企业高层次技术人才理念型心理契约对其行为的影响机理研究 | 于　斌 | 南开大学 | 2012,33(2):176-180 |
| 6 | 基于网络治理的科技企业孵化器网络与单创投合作研究 | 赵黎明 | 天津大学 | 2012,33(3):18-23 |
| 7 | 商业计划与新企业生成：环境不确定性与产品创新性的角色 | 樊　硕 | 南开大学 | 2012,33(3):122-129 |
| 8 | 跨功能单位合作、新产品创新性与上市速度的实证研究——以中国科技型企业为背景的调节效应模型 | 韩德昌 | 南开大学 | 2012,33(3):130-139 |
| 9 | “M-C-K”群体行动者网络模型与跨学科创新团队知识生产机制 | 柳　洲 | 天津大学 | 2012,33(3):158-164 |
| 10 | 高校领导团队行为整合影响因素的实证研究：社会认知的视角 | 贺立军 | 河北工业大学 | 2012,33(3):165-173 |
| 11 | 科技人员心理资本对创新行为的影响研究：以知识作业难度为调节变量 | 赵　斌 | 天津理工大学 | 2012,33(3):174-180 |
| 12 | 探索性创新与开发性创新的协调路径及其对绩效的影响 | 张建宇 | 天津财经大学 | 2012,33(5):64-70,168 |
| 13 | 员工离职引发知识反向流动机制研究——基于社会资本理论视角 | 袁庆宏 | 南开大学 | 2012,33(5):71-77 |
| 14 | 知识生成转化的三层嵌切球与Ba/巴交互作用模型建构 | 赵国杰 | 天津大学 | 2012,33(6):77-84 |
| 15 | 预测市场机制的研究进展与展望 | 李建标 | 南开大学 | 2012,33(8):106-111 |
| 《科研管理》 | | | | |
| 1 | 高绩效工作实践系统、知识扩散与突破性创新 | 秦　剑 | 南开大学 | 2012,33(1):71-78 |
| 2 | 我国“两化融合”的产业差异及动态演进特征——基于2000—2007年投入产出表的实证 | 支　燕 | 南开大学 | 2012,33(1):90-95,119 |
| 3 | 我国产业技术体系建设的主要问题与对策研究 | 丁明磊 | 南开大学 | 2012,33(7):33-39 |
| 《南开管理评论》 | | | | |
| 1 | 坚持还是放弃？基于前景理论的新生创业者承诺升级研究 | 牛　芳 | 南开大学 | 2012,15(1):131-141 |
| 2 | 心理模拟：一种有效预防冲动购买行为的方法 | 韩德昌 | 南开大学 | 2012,15(1):142-150 |
| 3 | 劳动关系氛围和员工工作满意度：组织承诺的调节作用 | 崔　勋 | 南开大学 | 2012,15(2):19-30 |
| 4 | 信息成本、环境不确定性与独立董事溢价 | 牛建波 | 南开大学 | 2012,15(2):70-80 |
| 5 | 渠道中不同机会主义的管理：合同的双维度与关系规范的作用研究 | 任星耀 | 南开大学 | 2012,15(3):12-21 |
| 6 | 会计估计的准确性、行业共识信息与个体投资者的决策 | 张继勋 | 南开大学 | 2012,15(3):101-109,149 |
| 7 | 基于员工视角的服务品牌内化过程及其实证研究 | 邱　玮 | 南开大学 | 2012,15(6):93-103 |
| 8 | 公司治理、投资者异质信念与股票投资风险——基于中国上市公司的实证研究 | 李维安 | 南开大学 | 2012,15(6):135-146 |
| 《软科学》 | | | | |
| 1 | 中国火炬计划项目的效率现状及动态效率分析 | 吴文清 | 天津大学 | 2012,26(2):1-5 |
| 2 | 基于Agent的零售商主导供应链协调定价机制研究 | 李　昊 | 天津大学 | 2012,26(2):30-33 |
| 3 | 基于层次与过程的产业融合形式探讨 | 严奇春 | 天津大学 | 2012,26(3):1-3,14 |

| 序号 | 文章名称 | 第一作者 | 单位 | 年、卷、期 |
|---|---|---|---|---|
| 4 | 信用卡信贷使用行为成因及其营销策略研究 | 王大海 | 天津工业大学 | 2012,26(3):140-144 |
| 5 | 顾客如何感知大规模定制——基于顾客自我效能、选项呈现方式与定制满意的实证研究 | 王艳芝 | 南开大学 | 2012,26(4):140-144 |
| 6 | 我国最优的社会保障支出水平研究 | 姜　欣 | 南开大学 | 2012,26(5):41-44 |
| 7 | 发达国家扶持中小企业技术创新政策及启示 | 何光辉 | 天津大学 | 2012,26(6):119-120,144 |
| 8 | VMI 模式下随机产量供应链风险分担契约研究 | 赵道致 | 天津大学 | 2012,26(6):125-131 |
| 9 | 区域产业集群碳排放弹性分析与路径研究 | 李　健 | 天津理工大学 | 2012,27(7):70-74 |
| 《外国经济与管理》 | | | | |
| 1 | 中国情境下的创业研究现状探析与未来研究建议 | 张玉利 | 南开大学 | 2012,34(1):1-9,56 |
| 2 | 外来者劣势研究前沿探析与未来展望 | 任　兵 | 南开大学 | 2012,34(2):27-34 |
| 3 | 组织公民行为概念的发展困境及其突破线索探讨 | 杨　斌 | 南开大学 | 2012,34(3):31-39,48 |
| 4 | 开放式创新实证研究述评与未来展望 | 张　峰 | 南开大学 | 2012,34(5):52-58,封 3 |
| 5 | 国外员工品牌化行为研究进展评介 | 邱　玮 | 南开大学 | 2012,34(6):49-56 |
| 6 | 群体交互记忆系统研究述评 | 孙美佳 | 南开大学 | 2012,34(10):30-38 |
| 7 | 基于高管团队领导权配置视角的企业战略柔性研究前沿探析 | 刘　兵 | 河北工业大学 | 2012,34(10):57-66,封 3 |
| 《系统工程》 | | | | |
| 1 | 随机产出与需求下基于风险共享的 VMI 协同 | 赵道致 | 天津大学 | 2012,30(2):1-8 |
| 2 | 一种复杂网络中社团划分的新算法 | 山玉段 | 河北工业大学 | 2012,30(2):120-123 |
| 3 | 中国证券市场异象的持续性检验 | 张　剑 | 天津大学 | 2012,30(3):1-7 |
| 4 | 中国股票市场日内高频信息风险特征与实时测度 | 黄晓彬 | 天津大学 | 2012,30(3):8-15 |
| 5 | 工程项目工期-成本-质量均衡优化 | 张连营 | 天津大学 | 2012,30(3):85-91 |
| 6 | 中国证券市场无限活跃跳跃问题 | 刘　杨 | 天津大学 | 2012,30(4):39-44 |
| 7 | 不对称信息下供应商占主导的委托代理模型 | 胡明茂 | 天津大学 | 2012,30(4):106-110 |
| 8 | 基于联合控制图的二元过程均值向量与协方差监控 | 赵永满 | 天津大学 | 2012,30(4):111-116 |
| 9 | 面对策略顾客和短视顾客的零售商定价 | 李　钢 | 天津大学 | 2012,30(6):18-23 |
| 10 | 农业产业复合链规模稳定性分析——以双占结构为例 | 廖青虎 | 天津大学 | 2012,30(8):70-75 |
| 11 | 应届大学毕业生工作搜寻中的违约问题 | 刘　阳 | 天津大学 | 2012,30(8):101-106 |
| 12 | 基于低碳经济的制造商产品组合优化 | 宋　瑶 | 天津大学 | 2012,30(9):75-81 |
| 13 | 投资者情绪与控股股东迎合——基于公司投资决策的实证研究 | 刘志远 | 南开大学 | 2012,30(10):1-9 |
| 14 | 预算软约束、持续经营与投资者风险偏好漂移——实验室实验的证据 | 李建标 | 南开大学 | 2012,30(10):43-48 |
| 《系统工程理论与实践》 | | | | |
| 1 | 基于前景理论的波动不对称性 | 张　维 | 天津大学 | 2012,32(3):458-465 |
| 2 | 计算实验金融的思想基础与研究范式 | 张　维 | 天津大学 | 2012,32(3):495-507 |
| 3 | 基于隐马尔科夫模型的中国股票信息探测 | 黄晓彬 | 天津大学 | 2012,32(4):713-720 |
| 4 | 基于多属性模糊 Petri 网的知识化制造系统产品需求预测 | 孟宪刚 | 天津理工大学 | 2012,32(4):790-798 |
| 5 | 仿射利率模型下确定缴费型养老金的最优投资 | 张初兵 | 天津大学 | 2012,32(5):1048-1056 |
| 6 | 均值—方差模型下 DC 型养老金的随机最优控制 | 张初兵 | 天津大学 | 2012,32(6):1314-1323 |
| 7 | 中国外贸差额及外汇储备月度变动特征——基于结构突变的数据分析 | 周爱民 | 南开大学 | 2012,32(10):2129-2134 |
| 8 | 常弹性方差模型下保险人的最优投资策略 | 荣喜民 | 天津大学 | 2012,32(12):2619-2628 |
| 《研究与发展管理》 | | | | |
| 1 | 董事会资本对企业 R&D 支出的影响研究——基于中国沪深两市高科技上市公司的经验证据 | 周　建 | 南开大学 | 2012,24(1):67-77 |

| 序号 | 文章名称 | 第一作者 | 单位 | 年、卷、期 |
|---|---|---|---|---|
| 2 | 中国管理学者论文合作网络属性及其对合作绩效的影响研究 | 林润辉 | 南开大学 | 2012,24(4):81-92 |
| 《预测》 | | | | |
| 1 | 心理契约破坏对组织公民行为影响研究:基于后悔的中介作用 | 王丽平 | 天津理工大学 | 2012,31(3):24-29 |
| 《中国管理科学》 | | | | |
| 1 | 政策约束下基于风险调整报酬率的保险投资策略研究 | 王丽珍 | 南开大学 | 2012,20(1):16-22 |
| 2 | 考虑环境因素的三阶段半参数效率评价模型与实证研究 | 李　磊 | 天津大学 | 2012,20(2):107-113 |
| 3 | 需求均匀分布条件下的供应链渠道协调——基于奖励与惩罚的双重契约 | 李　凯 | 南开大学 | 2012,20(3):131-137 |
| 4 | 基于信息更新与服务水平约束的供应链订货及协调决策 | 申成霖 | 天津工业大学 | 2012,20(5):55-63 |
| 《中国科技论坛》 | | | | |
| 1 | 技术创新、空间溢出与区域工业经济增长的实证研究 | 王家庭 | 南开大学 | 2012,(1):55-61 |
| 2 | 项目导向型科技企业孵化器的建设方法研究 | 尤　荻 | 南开大学 | 2012,(2):70-74,89 |
| 3 | 组织形态、人力资本对企业绩效作用机理研究 | 田立法 | 天津商业大学 | 2012,(2):75-82 |
| 4 | 经济发展、所有制结构与技术创新效率 | 李　博 | 南开大学 | 2012,(3):29-35 |
| 5 | 我国战略性新兴产业发展如何避免低端锁定——以风电设备制造业为例 | 白雪洁 | 南开大学 | 2012,(3):50-55 |
| 6 | 我国三网融合管制政策演进路径探析 | 严奇春 | 天津大学 | 2012,(5):34-40 |
| 7 | 废旧电器回收再循环体系的构建 | 马　辉 | 天津城市建设学院 | 2012,(5):64-67 |
| 8 | 产业结构和效率份额对碳排放的影响及关联分析 | 李　健 | 天津理工大学 | 2012,(6):67-72 |
| 9 | 公益性—经济性:大学知识资本化的规范与价值追求 | 谭小琴 | 天津大学 | 2012,(6):155-160 |
| 10 | 美国创业风险投资税收政策演变及其启示 | 潘玉香 | 天津工业大学 | 2012,(7):142-147 |
| 11 | 逆向物流运作管理研究进展与趋势 | 李　响 | 南开大学 | 2012,(8):58-63 |
| 12 | 技术进步对区域产品创新能力影响路径研究 | 龙天炜 | 天津城市建设学院 | 2012,(9):18-24 |
| 《中国软科学》 | | | | |
| 1 | 保险公司治理、偿付能力与利益相关者保护 | 李维安 | 南开大学 | 2012,(8):35-44 |
| 《中国行政管理》 | | | | |
| 1 | "善治"理念下的低碳生态城市及其过程创新研究 | 郝文升 | 天津大学 | 2012,(1):87-91,100 |
| 2 | 政府政务外包及其实现路径研究 | 沈亚平 | 南开大学 | 2012,(1):96-99 |
| 3 | 国际组织在政策转移中的作用研究——以 UNDP 参与中国小额信贷政策为例 | 朱旭峰 | 南开大学 | 2012,(2):45-49 |
| 4 | 言说的短路与表达的困境——公共行政的话语危机分析 | 韩志明 | 天津师范大学 | 2012,(2):59-63 |
| 5 | 西方债务危机背景下公共福利制度困境的探索与反思 | 刘琼莲 | 中共天津市委党校 | 2012,(5):88-91 |
| 6 | 公共部门人力资源管理的理论与实践前沿问题探讨 | 张再生 | 天津大学 | 2012,(9):79-82 |
| 7 | 虚拟通货风险及其对策初探 | 张斯琪 | 天津财经大学 | 2012,(11):56-59 |
| 马克思主义 | | | | |
| 《当代世界社会主义问题》 | | | | |
| 1 | 美国干涉智利阿连德政府的原因分析 | 贺　喜 | 南开大学 | 2012,(2):98-105 |
| 2 | 冷战时期美国对阿富汗宪政改革的政策 | 张树明 | 南开大学 | 2012,(4):112-119 |
| 《高校理论战线》 | | | | |
| 1 | 历史唯物主义与中国特色社会主义政治发展道路 | 阎孟伟 | 南开大学 | 2012,(1):4-10 |
| 2 | 美债危机的实质、影响与中国对策 | 戴金平 | 南开大学 | 2012,(1):33-37 |
| 3 | 构建逆周期金融监管体系与维护我国金融安全 | 李志辉 | 南开大学 | 2012,(6):13-16 |
| 4 | 在推动科学发展的实践中不断深化对学习型党组织建设规律的认识 | 成其圣 | 中共天津市委员会 | 2012,(7):8-10 |
| 5 | 高校和谐校园建设的特征及文化效应 | 孙兰英 | 天津大学 | 2012,(7):74-76 |

| 序号 | 文章名称 | 第一作者 | 单位 | 年、卷、期 |
|---|---|---|---|---|
| 6 | 资本主义经济危机演化与美国财政政策实践 | 张志超 | 南开大学 | 2012,(8):22-26 |
| 7 | 美国产业结构变迁及其启示——反思配第-克拉克定律 | 乔晓楠 | 南开大学 | 2012,(12):32-42 |
| 《国外理论动态》 | | | | |
| 1 | 俄罗斯如何通过制度保证卫国战争精神的传承和弘扬 | 丁　军 | 南开大学 | 2012,(1):79-85 |
| 《教学与研究》 | | | | |
| 1 | 在市民社会中重建“政治共同体”——论拉克劳、墨菲的微观政治建构 | 屈　婷 | 南开大学 | 2012,(3):38-42 |
| 2 | 合作与共赢：通往和谐劳动关系的必由之路 | 丁为民 | 天津师范大学 | 2012,(4):32-39 |
| 3 | 关于收入分配的几个概念的讨论 | 张俊山 | 南开大学 | 2012,(4):72-80 |
| 4 | 当代集体行动理论的发展：从社会崩溃到政治过程 | 高春芽 | 天津师范大学 | 2012,(7):65-72 |
| 《科学社会主义》 | | | | |
| 1 | 公民权利问题已成为当前我国社会矛盾的聚合点 | 阎孟伟 | 南开大学 | 2012,(4):37-40 |
| 《理论视野》 | | | | |
| 1 | 马克思主义“三化”中的世界化形态诉求 | 李少斐 | 天津社会科学院 | 2012,(4):9-11 |
| 2 | 欧洲主权债务危机中的德国 | 罗湘衡 | 南开大学 | 2012,(4):24-27 |
| 《马克思主义研究》 | | | | |
| 1 | 论马克思主义的批判性与革命性 | 郝贵生 | 天津师范大学 | 2012,(1):96-103 |
| 2 | 论主权债务危机的发生 | 杨成林 | 南开大学 | 2012,(4):68-76 |
| 3 | 20世纪70年代以来发达资本主义国家工人阶级的数量增长与构成变动 | 孙寿涛 | 南开大学 | 2012,(6):124-134 |
| 4 | 历史唯物主义与空间化问题研究述要 | 赵景来 | 天津社会科学杂志社 | 2012,(7):139-147 |
| 5 | 论民主革命时期中共对马克思、恩格斯、列宁的纪念 | 林绪武 | 南开大学 | 2012,(11):54-62 |
| 6 | 十六大以来党内民主的创新发展及其启示 | 祖金玉 | 南开大学 | 2012,(11):133-139 |
| 《马克思主义与现实》 | | | | |
| 1 | 市场经济与民族融合进程 | 常士訚 | 天津师范大学 | 2012,(4):1-9 |
| 《毛泽东邓小平理论研究》 | | | | |
| 1 | 中国共产党对中国先进文化的倡导与发展 | 张景荣 | 天津社会科学院 | 2012,(2):17-24 |
| 2 | 逻辑与历史维度中的马克思主义——从必然性和现实性视角的解读 | 吴克峰 | 南开大学 | 2012,(3):57-62 |
| 3 | 意识形态“多元论”的实质、危害及警示 | 吴佩芬 | 天津社会科学院 | 2012,(4):26-31 |
| 4 | 城乡分工的演进和社会历史的发展——《德意志意识形态》的城乡分工思想及其现实意义 | 屈　婷 | 南开大学 | 2012,(6):75-80 |
| 5 | 论和谐劳动关系与经济的可持续发展——以日本、瑞典的劳资关系变化为例 | 刘凤义 | 南开大学 | 2012,(7):102-107 |
| 6 | 试谈科学发展观的贯彻落实 | 张景荣 | 天津社会科学院 | 2012,(8):28-34 |
| 《社会主义研究》 | | | | |
| 1 | 国外“政府部门间关系”研究：历史预置、理论主张与分析视角 | 张　翔 | 南开大学 | 2012,(1):142-145 |
| 2 | “兜底”的调解者——转型期中国冲突管理的迷局与逻辑 | 李婷婷 | 南开大学 | 2012,(2):52-57 |
| 3 | 中国共产党社会整合功能的调适与优化——基于现代政治有效性的思考 | 倪明胜 | 中共天津市委党校 | 2012,(3):40-45 |
| 哲　学 | | | | |
| 《道德与文明》 | | | | |
| 1 | 汉传佛教女性伦理观与道教女性伦理观之比较 | 刘玮玮 | 天津医科大学 | 2012,(1):77-83 |
| 2 | 霍布斯契约理论的核心伦理价值及其现代意义 | 韩晓捷 | 天津中医药大学 | 2012,(1):141-144 |
| 3 | 少年儿童劳动意识和劳动习惯影响因素的实证分析 | 关　颖 | 天津社会科学院 | 2012,(1):148-152 |

| 序号 | 文章名称 | 第一作者 | 单位 | 年、卷、期 |
|---|---|---|---|---|
| 4 | “道德焦虑”的现代性反思 | 郭卫华 | 天津医科大学 | 2012,(2):48-51 |
| 5 | 欧美国家社会法建设的道德意义及其启示 | 黄 燕 | 天津工业大学 | 2012,(2):142-145 |
| 6 | 现代社会的伦理问题:理论、历史与现实——第20次中韩伦理学国际学术大会综述 | 刘曙辉 | 天津社会科学院 | 2012,(3):156-157 |
| 7 | 孙中山教育思想的道德意蕴 | 韩剑锋 | 河北工业大学 | 2012,(6):81-84 |
| 8 | 生命伦理学思想渊源探析 | 刘月树 | 天津中医药大学 | 2012,(6):126-130 |
| 9 | 代孕的伦理争议 | 曹 钦 | 南开大学 | 2012,(6):131-136 |
| 《科学技术哲学研究》 | | | | |
| 1 | 逻辑系统发生学:探索非经典逻辑产生奥秘的金钥匙 | 任晓明 | 南开大学 | 2012,29(1):1-6 |
| 《孔子研究》 | | | | |
| 1 | 孔子“仁义”观的内在结构、普遍价值及现代补充 | 薛富兴 | 南开大学 | 2012,(1):20-33 |
| 《伦理学研究》 | | | | |
| 1 | 略谈士德和士大夫精神 | 温克勤 | 天津社会科学院 | 2012,(1):24-27 |
| 2 | 当代未成年人道德建设研究的重要成果——读陈延斌教授的《播种品德收获命运:未成年公民道德养成的理论与实践》 | 杨义芹 | 天津社会科学院 | 2012,(3):139-140 |
| 《世界哲学》 | | | | |
| 1 | 石田梅岩思想的公共性 | 韩立红 | 南开大学 | 2012,(2):113-120 |
| 2 | 卢梭论公民美德的情感基础与动力机制 | 刘训练 | 天津师范大学 | 2012,(5):32-39 |
| 3 | 论霍布斯的恐惧概念 | 陈建洪 | 南开大学 | 2012,(5):152-160 |
| 《现代哲学》 | | | | |
| 1 | 论科耶夫哲学要义及其对现象学的误读——以对《科耶夫给唐·迪克淘的信》的解读为基础 | 夏 莹 | 南开大学 | 2012,(2):42-50 |
| 2 | 论儒家的祭祀文化及其生态意义 | 乔清举 | 南开大学 | 2012,(4):93-98 |
| 《哲学动态》 | | | | |
| 1 | 奥伊则尔曼及其反思的马克思主义学派 | 张 静 | 天津理工大学 | 2012,(5):27-31 |
| 2 | 论朱子的理气动静问题 | 乔清举 | 南开大学 | 2012,(7):70-80 |
| 3 | 公理化真理论研究述评 | 李 娜 | 南开大学 | 2012,(8):91-95 |
| 4 | 我们心中的纠结:走近还是超离卢卡奇 | 王南湜 | 南开大学 | 2012,(12):5-11 |
| 《哲学研究》 | | | | |
| 1 | 现今中国马克思主义哲学研究中的三个核心问题——一种基于回归马克思实践哲学范式的考察 | 王南湜 | 南开大学 | 2012,(3):3-9 |
| 2 | 马克思的实践哲学及其理论形态 | 阎孟伟 | 南开大学 | 2012,(3):10-17 |
| 《中国哲学史》 | | | | |
| 1 | 论牟宗三哲学中的“实践”观念 | 卢 兴 | 南开大学 | 2012,(3):124-129 |
| 《自然辩证法通讯》 | | | | |
| 1 | 批判实在论对社会科学方法论贡献探析 | 马国旺 | 天津财经大学 | 2012,34(3):19-24 |
| 《自然辩证法研究》 | | | | |
| 1 | 试论逻辑哲学的中心问题 | 任晓明 | 南开大学 | 2012,28(3):1-6 |
| 2 | 近代科学革命时期基督教与科学的相互作用——以麦尔赛纳为例 | 宋 斌 | 南开大学 | 2012,28(9):100-105 |
| 3 | 建构主义视角下的医学知识问题研究——国外医学知识社会学研究评析 | 郭燕霞 | 南开大学 | 2012,28(10):53-58 |
| 宗教学 | | | | |
| 《世界宗教研究》 | | | | |
| 1 | 一部明代佛教史研究的力作——读陈玉女先生的《明代的佛教与社会》 | 卢忠帅 | 南开大学 | 2012,(3):182-184 |

| 序号 | 文章名称 | 第一作者 | 单位 | 年、卷、期 |
|---|---|---|---|---|
| 《中国宗教》 | | | | |
| 1 | 加强“四个建设”努力提高宗教事务管理水平 | 敖立功 | 天津市宗教局 | 2012,(8):65-66 |
| 2 | 无为：庄子的人际心理和谐思想 | 郭世彪 | 天津工业大学 | 2012,(11):47-48 |
| 语言学（中文类） | | | | |
| 《当代语言学》 | | | | |
| 1 | 空宾语的分布与动词及物性研究 | 杨彩梅 | 天津师范大学 | 2012,14(2):145-154 |
| 2 | 单词识别及单词识别发展阶段理论阐释 | 白丽茹 | 天津外国语大学 | 2012,14(2):178-189 |
| 3 | 《话语与语境：从社会认知入手》介绍 | 王　梅 | 天津科技大学 | 2012,14(3):317-319 |
| 《方言》 | | | | |
| 1 | 绍兴柯桥话指示词的句法、语义功能 | 盛益民 | 南开大学 | 2012,(4):344-353 |
| 《汉语学报》 | | | | |
| 1 | 平遥话两字组连读变调的优选论分析 | 刘　佳 | 南开大学 | 2012,(1):44-49 |
| 2 | 说“同时” | 郭昭军 | 南开大学 | 2012,(1):72-78 |
| 《世界汉语教学》 | | | | |
| 1 | 不定指成分出现的语境条件 | 王红旗 | 南开大学 | 2012, 26 (1):38-46 |
| 2 | 留学生汉语话语停延的语用习得研究 | 赵　瑾 | 天津科技大学 | 2012,26(3):357-366 |
| 《语言教学与研究》 | | | | |
| 1 | 转喻式否定的构建与功能 | 温锁林 | 天津师范大学 | 2012,(4):105-112 |
| 2 | 泰国学习者汉语单字调习得过程及特点的实验研究 | 易　斌 | 天津师范大学 | 2012,(6):21-29 |
| 《语言科学》 | | | | |
| 1 | 语言接触的类型差距及语言质变现象的理论探讨——以中国境内几种特殊语言为例 | 曾晓渝 | 南开大学 | 2012,11(1):1-8 |
| 2 | 论指示词“许”及其来源 | 盛益民 | 南开大学 | 2012,11(3):276-286 |
| 3 | 书面藏语的小称 | 邵明园 | 南开大学 | 2012,11(3):287-300 |
| 4 | 《说文解字》“同意”说 | 陈　燕 | 天津师范大学 | 2012,11(5):546-556 |
| 《语言研究》 | | | | |
| 1 | 语序与汉语“被”字句的生成——从“鸡吃了”谈起 | 王国栓 | 南开大学 | 2012,(1):14-20 |
| 2 | 天津言的分音词 | 王国栓 | 南开大学 | 2012,(2):57-59 |
| 3 | 平遥方言的助词“动”和“嗓” | 邱闯仙 | 天津师范大学 | 2012,(2):60-64,封3 |
| 4 | 话语主观性的数量表达法 | 温锁林 | 天津师范大学 | 2012,(2):72-80 |
| 5 | 梵汉对音和两晋南北朝语音 | 施向东 | 南开大学 | 2012,(3):50-55 |
| 6 | 壮语名词短语的语序演变 | 赵　晶 | 南开大学 | 2012,(3):115-121 |
| 7 | 上古汉语语气副词“一(壹)”偏离预期功能的形成 | 谷　峰 | 南开大学 | 2012,(4):18-24 |
| 《中国语文》 | | | | |
| 1 | “有+数量结构”中“有”的自然焦点凸显功能 | 温锁林 | 天津师范大学 | 2012,(1):29-37 |
| 2 | 天津方言阴平调值的演变过程——兼论天津方言的源流关系 | 王临惠 | 天津师范大学 | 2012,(1):68-76 |
| 语言学（中国少数民族语言文字类） | | | | |
| 《民族语文》 | | | | |
| 1 | 锡伯语双音节词重音实验语音学研究 | 李　兵 | 南开大学 | 2012,(2):55-63 |
| 2 | 莫语音系和词汇语义系统中的异质特征 | 王宇枫 | 天津大学 | 2012,(4):62-65 |
| 语言学（外语类） | | | | |
| 《外语电化教学》 | | | | |
| 1 | 同声传译训练系统在同传教学中的应用 | 门　斌 | 天津外国语大学 | 2012,(3):78-80 |

| 序号 | 文章名称 | 第一作者 | 单位 | 年、卷、期 |
|---|---|---|---|---|
| 《外语教学》 | | | | |
| 1 | 奥尔罕·帕慕克的“苏非”：从《白色城堡》到《雪》 | 张　虎 | 南开大学 | 2012,33(1):85-88 |
| 2 | 英语抒情诗歌中元音模式的象似修辞研究 | 孙丙堂 | 天津科技大学 | 2012,33(3):21-25 |
| 3 | 世界文学中的泰戈尔：《吉檀迦利》译介与研究 | 曾　琼 | 天津外国语大学 | 2012,33(4):82-85 |
| 4 | 后现代主义视域下女性主体性身份的建构——克里斯特瓦的女性主义诗学观 | 王　慧 | 天津商业大学 | 2012,33(5):90-93 |
| 5 | 翻译修辞学论纲 | 冯全功 | 南开大学 | 2012,33(5):100-103 |
| 6 | 五行之水行背后的概念借代和隐喻 | 贾冬梅 | 南开大学 | 2012,33(6):19-23 |
| 《外语界》 | | | | |
| 1 | 学习策略在歧义容忍度和英语水平之间的中介效应研究 | 常海潮 | 天津理工大学 | 2012,(2):81-88 |
| 《外语学刊》 | | | | |
| 1 | 逻辑条件句的语用分析 | 项成东 | 天津外国语大学 | 2012,(2):96-100 |
| 《外语与外语教学》 | | | | |
| 1 | 京华旧事，译坛烟云——Moment in Peking 的异语创作与无根回译 | 王宏印 | 南开大学 | 2012,(2):65-69 |
| 2 | 转喻与寓言故事格局 | 刘宏伟 | 天津外国语大学 | 2012,(4):16-19 |
| 3 | 英汉新闻语篇隐喻表征的比较研究——以奥运经济隐喻表征为例 | 张　蕾 | 天津外国语大学 | 2012,(4):20-24 |
| 《现代外语》 | | | | |
| 1 | 大学英语写作中同伴互评反馈模式测量评价表的编制 | 白丽茹 | 天津外国语大学 | 2012,35(2):184-192 |
| 2 | 后语境下均衡型“V+N”类歧义结构的加工研究 | 于　秒 | 天津外国语大学 | 2012,35(3):286-294 |
| 《中国翻译》 | | | | |
| 1 | 2011年企业语言服务人才需求分析及启示 | 王传英 | 南开大学 | 2012,33(1):67-70 |
| 2 | 翻译细节 | 刘士聪 | 南开大学 | 2012,33(2):118-119 |
| 3 | 典籍英译中深度翻译的类型与功能——以《中国翻译话语英译选集》(上)为例 | 王雪明 | 南开大学 | 2012,33(3):103-108 |
| 4 | 翻译人才兴衰的历史反思——以清代满汉翻译人才为例 | 金卫国 | 天津电子信息职业技术学院 | 2012,33(4):36-40 |
| 5 | 元剧《赵氏孤儿》翻译与改写的文化调适 | 吕世生 | 南开大学 | 2012,33(4):65-69 |
| 6 | 翻译目的与登译《水浒传》语言文化知识误译 | 温秀颖 | 天津财经大学 | 2012,33(5):67-72 |
| 7 | 关于汉英句子的转换 | 孟庆升 | 天津商业大学 | 2012,33(5):123 |
| 8 | “达旨”与细节 | 林克难 | 天津外国语大学 | 2012,33(6):76-79 |
| 《中国外语》 | | | | |
| 1 | 语言教学研究中的人种志——研究手段与研究原则 | 张　培 | 天津财经大学 | 2012,9(2):100-104 |
| | 外国文学 | | | |
| 《当代外国文学》 | | | | |
| 1 | 论《河湾》对后殖民政治的反思 | 王旭峰 | 南开大学 | 2012,33(2):13-19 |
| 2 | 论卡里尔·菲利普斯《渡河》中流散思想及其演变 | 张建萍 | 中国民航大学 | 2012,33(3):67-76 |
| 《外国文学》 | | | | |
| 1 | 论《明娜·冯·巴尔赫姆》中身体感知的启蒙问题 | 郑萌芽 | 天津外国语大学 | 2012,(1):132-139 |
| 2 | 本真的呈现：詹姆斯·斯凯勒的诗歌艺术 | 刘立平 | 天津外国语大学 | 2012,(2):36-42 |
| 《外国文学研究》 | | | | |
| 1 | 重读泰戈尔与世界主义 | 孟昭毅 | 天津师范大学 | 2012,34(2):57-62 |
| 2 | 西方乌托邦文学溯源之阿里斯托芬喜剧《鸟》 | 牛红英 | 天津工业大学 | 2012,34(3):148-154 |

| 序号 | 文章名称 | 第一作者 | 单位 | 年、卷、期 |
|---|---|---|---|---|
| 3 | 婚姻与联盟：《威弗莱》的政治隐喻 | 石梅芳 | 河北工业大学 | 2012,33(5):43-48 |
| 4 | 厄普代克的《兔子四部曲》与美国社会风尚小说的革新 | 徐　明 | 天津工业大学 | 2012,34(6):152-158 |
| | 中国文学 | | | |
| 《当代文坛》 | | | | |
| 1 | 跨文化视阈下看沈从文、陶渊明与华兹华斯 | 袁玉梅 | 天津商业大学 | 2012,(4):100-103 |
| 《当代作家评论》 | | | | |
| 1 | 在超越的“路上”——《二〇一一中国最佳中篇小说》序 | 罗振亚 | 南开大学 | 2012,(1):32-42 |
| 2 | 寻找宁静的力量 | 罗振亚 | 南开大学 | 2012,(1):113-122 |
| 3 | 史铁生的两性观及其《务虚笔记》 | 乔以钢 | 南开大学 | 2012,(3):133-141 |
| 《鲁迅研究月刊》 | | | | |
| 1 | 关于《姚辑本〈谢氏后汉书补逸〉抄录说明》——2005年版《鲁迅全集》误收文一则 | 石　祥 | 天津师范大学 | 2012,(3):71-73 |
| 2 | 《“如果鲁迅活着……”——一个常青的历史话题》概论 | 商昌宝 | 天津师范大学 | 2012,(5):23-31 |
| 3 | 台静农先生的一幅遗墨——兼怀李霁野、钟朋先生 | 张菊香 | 南开大学 | 2012,(11):12-13 |
| 4 | 《文士传》鲁迅辑本研究 | 石　祥 | 天津师范大学 | 2012,(11):68-78 |
| 《民族文学研究》 | | | | |
| 1 | 英廉在津创作及其与水西庄查氏家族的交往 | 叶修成 | 天津财经大学 | 2012,(3):140-150 |
| 2 | 仪式：少数民族小说研究被忽略的视角 | 傅钱余 | 南开大学 | 2012,(6):14-20 |
| 《明清小说研究》 | | | | |
| 1 | 试论《江妃传》与江妃形象的生成——唐明皇故事的一个重要个案 | 李春燕 | 南开大学 | 2012,(2):248-252 |
| 《南方文坛》 | | | | |
| 1 | 访谈：构筑对生活的善意理解 | 董向慧 | 渤海早报社 | 2012,(4):29-30 |
| 2 | 杨光祖：文学守门人 | 杨显惠 | 天津市作家协会 | 2012,(5):32-34 |
| 3 | 非虚构女性写作：一种新的女性叙事范式的生成 | 张　莉 | 天津师范大学 | 2012,(5):43-48 |
| 《南京师范大学文学院学报》 | | | | |
| 1 | 戴望舒：“田园”趣味与都市人生 | 张林杰 | 天津师范大学 | 2012,(1):68-72 |
| 《文学评论》 | | | | |
| 1 | 诸子研究的理念与方法 | 沈立岩 | 南开大学 | 2012,(1):217-220 |
| 2 | 民族民间文艺改造与新中国文艺秩序建构——以《阿诗玛》的整理为例 | 段凌宇 | 天津市作家协会 | 2012,(6):48-56 |
| 《文学遗产》 | | | | |
| 1 | 论雍乾之际宜兴词人群的词学建树和创作取向 | 蔡　雯 | 南开大学 | 2012,(2):116-125 |
| 2 | 河汾之学几个问题新探 | 郭　丽 | 南开大学 | 2012,(3):38-45 |
| 3 | 唐传奇校读札记(四) | 李剑国 | 南开大学 | 2012,(3):68-77 |
| 4 | 郭璞《游仙诗》中的神仙世界与宗教存想 | 赵沛霖 | 天津社会科学院 | 2012,(4):15-26 |
| 5 | 《文笔式》——初唐一部重要的声病说著作 | 卢盛江 | 南开大学 | 2012,(4):56-68 |
| 6 | 明代文学思想发展中的几个理论问题 | 罗宗强 | 南开大学 | 2012,(5):4-11 |
| 7 | 道教的仙歌及其文学价值 | 孙昌武 | 南开大学 | 2012,(6):4-14 |
| 《文艺理论研究》 | | | | |
| 1 | 社会叙事危机中的总体性批判——谈“震惊体寓言批评”的文体政治 | 周志强 | 南开大学 | 2012,(2):19-23 |
| 2 | “文镜”发微 | 石少欣 | 南开大学 | 2012,(3):39-44 |
| 《文艺理论与批评》 | | | | |
| 1 | 论吴组缃的“底层叙述” | 李俊霞 | 南开大学 | 2012,(1):120-122 |

| 序号 | 文章名称 | 第一作者 | 单位 | 年、卷、期 |
|---|---|---|---|---|
| 《小说评论》 | | | | |
| 1 | 温情的关注与诗性的追求——2011年微型小说漫评 | 卢 翎 | 天津师范大学 | 2012,(2):77-79 |
| 《中国现代文学研究丛刊》 | | | | |
| 1 | 改写的意义——《金锁记》与《怨女》的比较分析 | 毕 婧 | 天津师范大学 | 2012,(1):154-161 |
| 2 | 毕飞宇：作为“记忆”生产者的作家 | 张 莉 | 天津师范大学 | 2012,(2):162-171 |
| 3 | 贴近历史的言说——评《冷战·民族·文学——新中国“十七年”中外文学关系研究》 | 罗振亚 | 南开大学 | 2012,(2):201-204 |
| | 艺术学 | | | |
| 《北京电影学院学报》 | | | | |
| 1 | 纪录片拍摄对象的属性问题 | 刘忠波 | 南开大学 | 2012,(4):66-69 |
| 《当代电影》 | | | | |
| 1 | 在真实上做文章 | 赵 维 | 天津师范大学 | 2012,(2):86-88 |
| 2 | 持永只仁和新中国美术电影 | 南龙瑞 | 天津工业大学 | 2012,(3):56-60 |
| 3 | 美国当代爱情喜剧电影扫描 | 王乃华 | 天津工业大学 | 2012,(7):59-63 |
| 4 | 中国电影特效发展的环境、矛盾与对策 | 陈 鹏 | 南开大学 | 2012,(8):4-10 |
| 《电影艺术》 | | | | |
| 1 | 革命历史电影中的身体与复仇 | 史 静 | 天津大学 | 2012,(1):124-130 |
| 《黄钟(武汉音乐学院学报)》 | | | | |
| 1 | 琵琶曲《昭陵六骏》音乐特征及其演奏诠释 | 黑连仲 | 天津音乐学院 | 2012,(2):180-190 |
| 《交响(西安音乐学院学报)》 | | | | |
| 1 | 昆曲《牡丹亭·惊梦》唱腔探析——兼对现存“主腔”论点的商榷 | 王琳娜 | 天津音乐学院 | 2012,(4):169-173 |
| 《民族艺术》 | | | | |
| 1 | 城市雕塑双重寿命周期研究及其应用 | 王 鹤 | 天津大学 | 2012,(1):100-102 |
| 《南京艺术学院学报(音乐与表演版)》 | | | | |
| 1 | 寻找合适的“鞋子”——对当代中国表演艺术学科成果评价标准与评价体系建构的思考 | 明 言 | 天津音乐学院 | 2012,(1):96-100 |
| 2 | “钟律”辨析——对中国乐律学史上一个基本概念的思考 | 郭树群 | 天津音乐学院 | 2012,(4):1-12 |
| 《人民音乐》 | | | | |
| 1 | 来自滨海热土的时代强音——国家大剧院“春华秋实”系列之“流彩津滨”音乐会听后 | 鲁 岳 | 天津音乐学院 | 2012,(2):16-17 |
| 2 | 展示教学成果，促进二胡教学理论建设——宋国生教授执教五十周年学术活动综述 | 林 聪 | 天津音乐学院 | 2012,(3):4-7 |
| 3 | 放歌六十年——听刘秉义中山公园音乐堂“金秋独唱音乐会”有感 | 管谨义 | 天津音乐学院 | 2012,(3):48-49 |
| 4 | 音乐和文学在声乐艺术中的结合 | 石惟正 | 天津音乐学院 | 2012,(5):46-48 |
| 5 | 声乐艺术指导的职责、素质及培养 | 王菁菁 | 天津音乐学院 | 2012,(9):39-41 |
| 《天津音乐学院学报：天籁》 | | | | |
| 1 | 他是这样的艺术家——在“宋国生教授执教50周年学术研讨会”上的发言 | 靳学东 | 天津音乐学院 | 2012,(1):5-7,21 |
| 2 | 试谈宋国生教授音乐理论研究中的理性思维特征 | 郭树群 | 天津音乐学院 | 2012,(1):18-21 |
| 3 | 为抒发情感营造理想载体——谈二胡艺术作品《豫乡行》左、右手技巧的丰富运用 | 陈智杰 | 天津音乐学院 | 2012,(1):22-27 |
| 4 | 简析昆曲《牡丹亭》曲牌构成的“主腔”特征 | 王 鑫 | 天津音乐学院 | 2012,(1):37-47 |
| 5 | 坎切利及其“祷告”系列作品 | 赵哲亮 | 天津音乐学院 | 2012,(1):74-78 |
| 6 | 琵琶“弹挑”技法的灵活应用及新技法探微 | 黑连仲 | 天津音乐学院 | 2012,(1):103-105,128 |

| 序号 | 文章名称 | 第一作者 | 单位 | 年、卷、期 |
|---|---|---|---|---|
| 7 | 关于认知古筝“传统曲目”的几个问题 | 杨　益 | 天津音乐学院附属中学 | 2012,(1):106-110 |
| 8 | 肖邦《c小调夜曲》演奏解析 | 胡　娅 | 天津音乐学院 | 2012,(1):111-115 |
| 9 | 浅谈周小燕教授的声乐教学特点 | 于萍丽 | 天津音乐学院 | 2012,(1):116-119 |
| 10 | 一种“整体文化”释读——2010洛杉矶《指环》艺术节(Ring Festival LA)述评 | 林　萍 | 天津音乐学院 | 2012,(1):120-125 |
| 11 | 第五届全国高等艺术院校“歌剧、声乐”展演活动综述 | 方海燕 | 天津音乐学院 | 2012,(1):126-128 |
| 12 | 眼光、使命、合作——天津音乐学院与茱莉亚音乐学院院长对话纪要 | 周　妍 | 天津音乐学院 | 2012,(4):5-7 |
| 13 | 施尼特凯复风格音乐研究——以《第三弦乐四重奏》为例 | 胡筱铮 | 天津音乐学院 | 2012,(4):11-27,41 |
| 14 | 《北京音乐报》流行歌曲格调问题论争探究 | 周　晶 | 天津音乐学院 | 2012,(4):91-102 |
| 15 | 梅兰芳京剧《穆桂英挂帅》的艺术分析 | 钱国桢 | 天津音乐学院 | 2012,(4):112-125 |
| 《文艺研究》 | | | | |
| 1 | 论弗兰克·劳埃德·赖特设计风格的“穿越”性 | 潘俊峰 | 天津大学 | 2012,(5):142-143 |
| 《艺术百家》 | | | | |
| 1 | 天津曲艺的当代渗透性研究 | 张蕴和 | 天津艺术职业学院 | 2012,28(1):169-171 |
| 《音乐探索：四川音乐学院学报》 | | | | |
| 1 | 《当代中国音乐批评史》研究导论 | 明　言 | 天津音乐学院 | 2012,(2):83-87 |
| 《音乐研究》 | | | | |
| 1 | 审美经验的复兴——理查德·舒斯特曼的实用主义美学观与通俗音乐 | 刘　研 | 天津音乐学院 | 2012,(1):66-72 |
| 《中国电视》 | | | | |
| 1 | 中国纪录片的命名过程和称谓变化 | 刘忠波 | 南开大学 | 2012,(1):61-65 |
| 2 | 浅议国产动画形象欠缺的“真功夫” | 王　昊 | 天津师范大学 | 2012,(1):89-92 |
| 3 | 高度，高端，高质——文化专题纪录片栏目《拾遗保护》创作谈 | 杨晓东 | 天津电视台 | 2012,(6):93-95 |
| 4 | 纪录片的道德困境和伦理风险 | 刘忠波 | 南开大学 | 2012,(8):50-53 |
| 《中国音乐》 | | | | |
| 1 | 万岁！中华“母”音乐文化·并序 | 唐朴林 | 天津音乐学院 | 2012,(1):124-125 |
| 2 | 国瑰生辉并序——贺宋国生教授执教五十周年 | 唐朴林 | 天津音乐学院 | 2012,(1):130-131 |
| 3 | 展示教学成果，梳理教学经验，促进二胡教学理论建设——宋国生教授执教五十周年学术活动综述 | 林　聪 | 天津音乐学院 | 2012,(1):134-136 |
| 4 | “三十而立”和“起来！不愿做奴隶的人们” | 唐朴林 | 天津音乐学院 | 2012,(3):47-48 |
| 《中国音乐学》 | | | | |
| 1 | 钟离国编钟编镈研究 | 方建军 | 天津音乐学院 | 2012,(3):45-49,16 |
| 《中央音乐学院学报》 | | | | |
| 1 | 两种作曲实践的论战——对“阿图西—蒙特威尔第”之争的分析、评价和再审视 | 吴新伟 | 天津音乐学院 | 2012,(4):69-80 |
| | | 历史学 | | |
| 《安徽史学》 | | | | |
| 1 | 晚明华北宗族与族谱的再造——以山东青州《重修邢氏宗谱》为例 | 常建华 | 南开大学 | 2012,(1):94-104 |
| 2 | “延安农村工作调查团”调查材料的发现及其价值——档案史料与根据地乡村社会研究 | 王先明 | 南开大学 | 2012,(2):57-64 |
| 3 | 国际合作抑或金融监管——以胡佛与斯特朗对欧洲经济重建分歧为中心 | 徐振伟 | 南开大学 | 2012,(2):88-94 |
| 4 | 清代宗族的社会属性——反思20世纪的宗族批判论 | 冯尔康 | 南开大学 | 2012,(2):95-105 |

| 序号 | 文章名称 | 第一作者 | 单位 | 年、卷、期 |
|---|---|---|---|---|
| 《当代中国史研究》 | | | | |
| 1 | 论英国在新中国联合国席位问题上的政策(1949—1951年) | 邓丽兰 | 南开大学 | 2012,19(1):87-95 |
| 2 | 中美《上海公报》谈判的第二阶段 | 钟龙彪 | 中共天津市委党校 | 2012,19(1):96-103 |
| 《东南文化》 | | | | |
| 1 | 帝王陵墓之册、宝、志探析 | 刘　毅 | 南开大学 | 2012,(5):79-87 |
| 《近代史研究》 | | | | |
| 1 | 复杂性与现代性：晚清检疫机制引建中的社会反应 | 余新忠 | 南开大学 | 2012,(2):47-64 |
| 2 | 试析富农阶层的社会流动——以20世纪三四十年代的华北乡村为中心 | 王先明 | 南开大学 | 2012,(4):58-76 |
| 3 | 农民何以支持与参加中共革命？ | 李金铮 | 南开大学 | 2012,(4):134-151 |
| 《抗日战争研究》 | | | | |
| 1 | 探索华东共和国的历史地位 | 魏宏运 | 南开大学 | 2012,(1):131-136 |
| 2 | 叩问宪政真谛：抗战时期《自由论坛》杂志研究 | 邓丽兰 | 南开大学 | 2012,(2):84-94 |
| 《历史档案》 | | | | |
| 1 | 清代“重赴鹿鸣宴”制度 | 赵永翔 | 南开大学 | 2012,(2):65-69 |
| 2 | 近代妓女救助机构“京师济良所”考察 | 丁　芮 | 天津社会科学院 | 2012,(4):96-103 |
| 3 | 日本《法政大学速成科讲义录》学术价值评析 | 陈　健 | 南开大学 | 2012,(4):131-138 |
| 《历史教学》 | | | | |
| 1 | 中国社会生活史上生活的意义 | 常建华 | 南开大学 | 2012,(2):3-19,70 |
| 2 | 清代秘密立储制度浅析 | 刘　洋 | 南开大学 | 2012,(3):65-67 |
| 3 | 简论人物与人物传记 | 冯尔康 | 南开大学 | 2012,(4):3-7 |
| 4 | 两次大战之间英国海军重拾“两强标准”探析 | 耿　志 | 天津师范大学 | 2012,(4):46-51 |
| 5 | 英美博弈与英国回归金本位 | 徐振伟 | 南开大学 | 2012,(4):52-57,16 |
| 6 | 师从杨志玖先生学元史 | 李治安 | 南开大学 | 2012,(4):65-70 |
| 7 | 把握历史规律，提升历史思维，提高课堂实效性——课改教学实践反思 | 郝　莹 | 天津市实验中学 | 2012,(5):22-25 |
| 8 | 辛亥革命时期日本大陆浪人的对华认知与行动 | 杨栋梁 | 南开大学 | 2012,(6):3-9 |
| 9 | 从“生计”到“经济”——西方经济学在清末民初的历史演进 | 任金帅 | 南开大学 | 2012,(6):10-19 |
| 10 | 清末白话报刊与《大公报》白话文 | 林绪武 | 南开大学 | 2012,(6):32-37,72 |
| 11 | 1917—1941:《密勒氏评论报》“涉华报道”理念探究 | 王　薇 | 天津师范大学 | 2012,(6):51-56 |
| 12 | “康熙帝与西洋文化”研究中的两个问题 | 冯尔康 | 南开大学 | 2012,(8):3-6 |
| 13 | 两个地方性金融机构所起的“超地方”影响——周学熙在清末创办北洋银元局和天津官银号述论 | 李楠夫 | 天津市工商行政管理局干部训练学校 | 2012,(8):19-26 |
| 14 | 基于SOLO理论的“了解—理解—见解”历史教学模式实践 | 许　军 | 天津经济技术开发区第二中学 | 2012,(9):53-55 |
| 15 | 有中国特色的世界史理论——以“三次大冲击”理论为例 | 陈志强 | 南开大学 | 2012,(10):3-8 |
| 16 | 试论战后政党政治演变中的中国青年党 | 王雪超 | 南开大学 | 2012,(10):47-51,40 |
| 17 | 日本战前学校道德教育及其教科书 | 贾　佳 | 南开大学 | 2012,(10):52-57 |
| 18 | 内阁制、总统制、半总统制还是议会制共和制？——法兰西第三共和国政体再分析 | 袁训利 | 天津市实验中学 | 2012,(11):27-29 |
| 19 | 抗战时期企业社会责任的历史考察——以“永久黄”团体为例 | 赵　津 | 南开大学 | 2012,(12):10-16 |
| 20 | 社会捐赠与英国近代早期教师生活状况 | 张晓晗 | 天津师范大学 | 2012,(12):50-53 |
| 21 | 从“古罗马的葡萄树”说起——兼谈2012年全国新课标文综历史卷第34题 | 吴　丹 | 天津历史教学社 | 2012,(13):33-36 |
| 22 | 南唐帝王与南唐禅宗的传播 | 张胜珍 | 天津财经大学 | 2012,(14):22-26,37 |

| 序号 | 文章名称 | 第一作者 | 单位 | 年、卷、期 |
|---|---|---|---|---|
| 23 | 北宋官员苏轼的经济状况探析 | 薛　颖 | 天津财经大学 | 2012,(16):7-12 |
| 24 | 美国对欧洲安全与合作会议的态度分析——以尼克松-福特政府时期为例 | 刘长新 | 南开大学 | 2012,(16):45-52 |
| 25 | 创设情境，关联知识，考查能力，渗透情感——高考天津卷地方史试题特点及考查目标浅析 | 陈光裕 | 天津师范大学 | 2012,(17):13-18,32 |
| 26 | 从2012年高考天津卷第13题看高三复习教学 | 许　军 | 天津经济技术开发区第二中学 | 2012,(17):19-22 |
| 27 | 20世纪早期唯物史观中国化意义的建构方式解析——以资产阶级民主派唯物史观意义建构为例 | 王培利 | 天津师范大学 | 2012,(18):30-37 |
| 28 | 回到人间，聚焦健康——新世纪中国医疗史研究刍议 | 余新忠 | 南开大学 | 2012,(22):3-11 |
| 29 | 寒温统一论与社会变迁 | 张田生 | 南开大学 | 2012,(22):19-24 |
| 30 | 晚清日记中的病患体验与医患互动——以病患为中心的研究 | 张　瑞 | 南开大学 | 2012,(22):25-31 |
| 31 | 试析意大利的拜占廷流亡学者聚集地 | 张俊芳 | 天津医科大学 | 2012,(22):61-66 |
| 32 | 挖掘背景关注细节——读《图像证史》有感 | 郑金霞 | 天津市第五十五中学 | 2012,(23):62-65 |
| 33 | 墨西哥社会转型中文化方位的战略选择 | 洪国起 | 南开大学 | 2012,(24):3-10 |
| 34 | 1948年12月国共争夺知识分子的搏斗 | 魏宏运 | 南开大学 | 2012,(24):11-13 |
| 35 | 元末明初名僧来复事迹考 | 何孝荣 | 南开大学 | 2012,(24):14-20,61 |
| 36 | 曹操的政治秩序观 | 陈启云 | 南开大学 | 2012,(24):40-46 |
| 37 | 先秦的军旗与兵阴阳家 | 耿雪敏 | 南开大学 | 2012,(24):47-51 |
| 《历史教学问题》 | | | | |
| 1 | 1994年欧洲学旅纪实 | 魏宏运 | 南开大学 | 2012,(1):114-118 |
| 2 | 战前日本教科书“国定制”的确立及影响 | 臧佩红 | 南开大学 | 2012,(2):103-107,74 |
| 3 | 深入研究中西转型期的社会变迁——访侯建新教授 | 侯建新 | 天津师范大学 | 2012,(4):39-46 |
| 4 | 中国史学对东亚史学的影响与交流 | 孙卫国 | 南开大学 | 2012,(4):53-59 |
| 5 | 军事史与环境史相结合的新尝试——读吕桂霞《“牧场工行动”:美国在越战中的落叶剂使用研究(1961—1971)》 | 薄素敏 | 南开大学 | 2012,(4):118-119 |
| 《历史研究》 | | | | |
| 1 | 甲午战争前后日本对华观的变迁——以报刊舆论为中心 | 王美平 | 天津大学 | 2012,(1):143-161 |
| 2 | 中国近代乡村经济史研究的十大论争 | 李金铮 | 南开大学 | 2012,(1):171-189 |
| 3 | 东盎格利亚道路：英国传统农业区的曲折转型 | 刘景华 | 天津师范大学 | 2012,(3):126-142 |
| 4 | 二十世纪后期美国刑罚领域的“严厉革命” | 韩　铁 | 南开大学 | 2012,(6):113-131 |
| 5 | 二十世纪中期以来美国早期印第安人史研究 | 丁见民 | 南开大学 | 2012,(6):174-188 |
| 《民国档案》 | | | | |
| 1 | 《字林西报》等外报笔下的八一三淞沪抗战 | 魏宏运 | 南开大学 | 2012,(4):109-112 |
| 2 | 定策·夜奔·隐现——反“丁巳复辟”策划行动若干史实考 | 高　鹏 | 天津师范大学 | 2012,(4):133-141 |
| 《清史研究》 | | | | |
| 1 | 援俗定例：清朝统治蒙古地区法律制度特点探究 | 包姝妹 | 中国民航大学 | 2012,(1):40-46,152 |
| 2 | 清代来华“皇家数学家”传教士洪若翰研究 | 吕　颖 | 南开大学 | 2012,(3):119-125 |
| 《史林》 | | | | |
| 1 | 英国南海金融危机及其政治经济因果 | 徐　滨 | 天津师范大学 | 2012,(1):144-152 |
| 2 | 梅谦次郎与法政大学速成科的创办 | 陈　健 | 南开大学 | 2012,(5):115-123 |
| 《史学集刊》 | | | | |
| 1 | 信仰危机与托马斯主义 | 龙秀清 | 天津师范大学 | 2012,(1):15-21 |
| 2 | 坑儒一事真伪辨——与李开元先生商榷 | 代国玺 | 南开大学 | 2012,(1):105-112 |

| 序号 | 文章名称 | 第一作者 | 单位 | 年、卷、期 |
|---|---|---|---|---|
| 3 | 路易十四派遣“皇家数学家”传教士来华的背景 | 吕 颖 | 南开大学 | 2012,(2):74-80 |
| 4 | 前景理论视角下的日本突袭珍珠港事件 | 徐振伟 | 南开大学 | 2012,(2):89-96 |
| 5 | 近代地方精英群体的养成机制初探——以直隶省获鹿县为例 | 任吉东 | 天津社会科学院 | 2012,(2):101-107 |
| 6 | 19世纪后期美国人环境观念转变的原因探析 | 付成双 | 南开大学 | 2012,(4):79-87 |
| 7 | 追溯先辈之识见：中国近代乡村社会经济史研究的“新”与“旧” | 李金铮 | 南开大学 | 2012,(5):25-35 |
| 8 | 为什么还要重读《白银资本：重视经济全球化中的东方》 | 陈志强 | 南开大学 | 2012,(5):126-128 |
| 9 | 论智利大庄园制度的起源 | 韩 琦 | 南开大学 | 2012,(6):84-91 |
| 《史学理论研究》 | | | | |
| 1 | 日常生活与社会文化史——“新文化史”观照下的中国社会文化史研究 | 常建华 | 南开大学 | 2012,(1):67-79 |
| 2 | 用“勤勉革命”替代“工业革命”？——西方研究工业革命的一个新动向 | 刘景华 | 天津师范大学 | 2012,(2):79-89 |
| 3 | 雷海宗批评“欧洲中心论”——以《评汉译韦尔斯著〈世界史纲〉》为例 | 陈志强 | 南开大学 | 2012,(3):128-132 |
| 4 | 中西方的经济差距何时拉开？——谈安格斯·麦迪森的“千年统计” | 谢丰斋 | 天津师范大学 | 2012,(4):40-48 |
| 5 | 读《俄罗斯汉学三百年》 | 孟庆波 | 南开大学 | 2012,(4):150-151 |
| 《史学史研究》 | | | | |
| 1 | 乾隆帝咏《史》《汉》诗二题 | 崔 岩 | 南开大学 | 2012,(1):121-126 |
| 2 | 略论钱谦益对明代史学的认识 | 段晓亮 | 南开大学 | 2012,(2):30-37 |
| 3 | 清代普及性史籍《鉴撮》析论 | 乔治忠 | 南开大学 | 2012,(4):30-39 |
| 《史学月刊》 | | | | |
| 1 | “美国族裔与社会文化”国际学术研讨会简述 | 贺建涛 | 南开大学 | 2012,(3):123-125 |
| 2 | 论西汉风俗观念的政治文化特性 | 党 超 | 南开大学 | 2012,(5):43-52 |
| 3 | 抗战时期的姚名达与战地服务团 | 钟学艳 | 南开大学 | 2012,(5):134-135 |
| 4 | 我从“文革”桎梏中向外蠕动的三篇文章——研讨历史的思想自述之一 | 刘泽华 | 南开大学 | 2012,(6):5-11 |
| 5 | 崔寔政治思想渊源新论 | 陈启云 | 南开大学 | 2012,(6):20-25 |
| 6 | 康熙朝开矿问题新探 | 常建华 | 南开大学 | 2012,(6):34-44 |
| 7 | 近代中国学校音乐会的功能 | 关 心 | 南开大学 | 2012,(6):129-132 |
| 8 | 民国铁路联运制度与铁路运输业的发展——以1913—1933年间的华北各铁路为中心 | 熊亚平 | 天津社会科学院 | 2012,(7):102-109 |
| 9 | 中国史学史学科发展问题笔谈：中国史学史学科发展与中外史学比较 | 乔治忠 | 南开大学 | 2012,(8):9-12 |
| 《世界历史》 | | | | |
| 1 | 与民众结盟——阿尔克迈翁家族与雅典民主的诞生 | 陈 莹 | 南开大学 | 2012,(1):115-125 |
| 2 | 浅议“查士丁尼瘟疫”复发的特征及其影响 | 刘榕榕 | 南开大学 | 2012,(2):87-95 |
| 3 | 西方史学界对爱尔兰惩治法典的研究综述 | 江振鹏 | 南开大学 | 2012,(2):125-131 |
| 4 | 安德鲁·杰克逊政府迁移印第安人的动因分析 | 丁见民 | 南开大学 | 2012,(3):29-40 |
| 《中国历史地理论丛》 | | | | |
| 1 | 仲再父簋铭与申国迁徙 | 赵燕姣 | 天津财经大学 | 2012,27(3):42-46 |
| 2 | 《明史·地理志》河南地理考误 | 庞乃明 | 南开大学 | 2012,27(3):88-95 |
| 《中国农史》 | | | | |
| 1 | 古代《竹谱》三种考证与评介 | 王利华 | 南开大学 | 2012,31(4):8-17 |
| 2 | “中国近代乡村的危机与重建：革命、改良及其他”学术研讨会综述 | 杜希英 | 南开大学 | 2012,31(4):130-133 |

| 序号 | 文章名称 | 第一作者 | 单位 | 年、卷、期 |
|---|---|---|---|---|
| 《中国史研究》 | | | | |
| 1 | 包山楚简成套卜筮辞中的“习卜”研究 | 冯　华 | 天津师范大学 | 2012,(1):5-18 |
| 《中华文史论丛》 | | | | |
| 1 | 元代的僧诗：中峯明本的僧风与诗作 | 孙昌武 | 南开大学 | 2012,(4):279-305 |
| 考古学 | | | | |
| 《考古》 | | | | |
| 1 | 山东出土东周铜铏及相关问题研究 | 吴伟华 | 南开大学 | 2012,(1):72-81 |
| 《考古与文物》 | | | | |
| 1 | 西汉诸侯王墓棺椁及置椁窆棺工具浅论 | 刘尊志 | 南开大学 | 2012,(2):65-72 |
| 《中原文物》 | | | | |
| 1 | 甘肃榆中明肃庄王陵墓调查 | 刘　毅 | 南开大学 | 2012,(3):15-19 |
| 2 | 崞县窑子墓地研究 | 陈　畅 | 南开大学 | 2012,(3):43-47 |
| 3 | 西汉诸侯王墓封护及相关问题浅析 | 刘尊志 | 南开大学 | 2012,(5):29-37 |
| 经济学 | | | | |
| 《财经科学》 | | | | |
| 1 | 中国教育服务贸易的现状及其国际竞争力 | 李　宏 | 天津财经大学 | 2012,(1):117-124 |
| 2 | 技术进步就业效应新解 | 朱翠华 | 南开大学 | 2012,(4):53-61 |
| 3 | 我国贸易条件异常波动的内外冲击因素 | 刘喜和 | 天津财经大学 | 2012,(6):105-111 |
| 4 | 金融改革实验区金融创新与监管动态响应机制研究——基于美国金融创新产品的衍生逻辑视角 | 叶　莉 | 河北工业大学 | 2012,(8):20-29 |
| 5 | 产业集聚结构与城市经济增长的非线性关系 | 孙浦阳 | 南开大学 | 2012,(8):49-57 |
| 6 | 垂直关联、产业互动与双重集聚效应研究 | 王　硕 | 南开大学 | 2012,(9):34-41 |
| 7 | 中国制造业国际垂直专业化分工链条分析——基于非竞争型投入产出表的测算 | 胡昭玲 | 南开大学 | 2012,(9):42-50 |
| 8 | 财税制度顶层设计与中国的税制改革 | 吴练达 | 天津商业大学 | 2012,(9):102-109 |
| 9 | 产业转型中的就业困境 | 刘大勇 | 南开大学 | 2012,(12):65-72 |
| 《财经理论与实践》 | | | | |
| 1 | 中国区域金融和谐指标体系构建及和谐程度评价 | 史跃峰 | 天津大学 | 2012,33(1):13-17 |
| 2 | 基于GLM的未决赔款准备金评估的随机性链梯法 | 张连增 | 南开大学 | 2012,33(1):22-28 |
| 3 | 城乡各阶层公共支出受益归宿之测度与政策建议 | 刘国风 | 天津财经大学 | 2012,33(1):83-86 |
| 4 | 虚拟企业战略执行力构成要素的实证研究 | 李文强 | 天津大学 | 2012,33(1):87-90 |
| 5 | 城镇化大型产业园区开发融资模式选择与方案设计研究 | 付敏英 | 天津大学 | 2012,33(4):41-44 |
| 《财经论丛(浙江财经学院学报)》 | | | | |
| 1 | 复合产出、废弃物交换追加成本与市场结构——基于企业个体行为选择的废弃物资源化经济学原理探析 | 李鹏梅 | 南开大学 | 2012,(1):21-26 |
| 2 | 贸易结构调整与劳动力就业：中国工业部门的研究 | 牛　蕊 | 天津外国语大学 | 2012,(2):14-19 |
| 3 | 利率管制、金融扭曲与投资效率 | 李　程 | 南开大学 | 2012,(2):51-56 |
| 4 | 中国式财政分权会增加环境污染吗 | 闫文娟 | 南开大学 | 2012,(3):32-37 |
| 5 | 城市供水产业价格规制问题与对策——基于天津市的调查研究 | 马云泽 | 南开大学 | 2012,(4):108-112 |
| 6 | 服务数字化影响跨国公司营销标准化战略的关系模型 | 吴晓云 | 南开大学 | 2012,(6):93-98 |
| 《财经问题研究》 | | | | |
| 1 | 财务指标、非财务指标与会税差异——基于我国上市公司面板数据的经验研究 | 盖　地 | 天津财经大学 | 2012,(1):68-75 |
| 2 | 我国养老保险制度的经济效应分析——基于中低收入群体的经济刺激策略 | 王兴化 | 天津财经大学 | 2012,(2):57-60 |

| 序号 | 文章名称 | 第一作者 | 单位 | 年、卷、期 |
|---|---|---|---|---|
| 3 | 外资企业抢夺了我国的研发人才吗？——基于企业集团数据的经验分析 | 冯 冰 | 南开大学 | 2012,(2):90-96 |
| 4 | 企业社会责任、投资者行为与股票流动性 | 李 姝 | 南开大学 | 2012,(3):24-31 |
| 5 | 加快我国银行保险发展的对策研究 | 崔家勇 | 天津财经大学 | 2012,(3):60-65 |
| 6 | 消费者感知风险对消费者评价品牌延伸的影响 | 郑春东 | 天津大学 | 2012,(6):11-16 |
| 7 | 杠杆率监管及其对我国银行业的影响研究 | 张 翼 | 天津财经大学 | 2012,(6):62-67 |
| 8 | 我国创业板市场与中小企业互动关系实证研究 | 郭 红 | 天津财经大学 | 2012,(7):66-71 |
| 9 | 产业组织理论与政策研究的新趋势——评杨蕙馨等著《经济全球化条件下产业组织研究》 | 于 立 | 天津财经大学 | 2012,(11):封 3 |
| 《财经研究》 | | | | |
| 1 | 从认知科学到经济学：情绪介入经济决策的内在机理研究 | 卿志琼 | 南开大学 | 2012,38(1):72-83 |
| 2 | 汇率冲击与劳动力市场调整——中国行业数据的经验研究 | 杨红彦 | 南开大学 | 2012,38(1):103-112,123 |
| 3 | 基于 CPI“篮子商品”的价格传导机制研究——对非食品渠道和食品渠道的考察 | 过新伟 | 南开大学 | 2012,38(2):27-38 |
| 4 | 企业所有权、创新激励政策及其效果研究 | 贺京同 | 南开大学 | 2012,38(3):15-25 |
| 5 | 金融发展加剧了中国收入不平等吗？——基于门槛回归模型的证据 | 余玲铮 | 南开大学 | 2012,38(3):105-114 |
| 6 | 中国制造业空间集聚对全要素生产率的影响机理研究——基于双门限回归模型的实证分析 | 王 燕 | 南开大学 | 2012,38(3):135-144 |
| 7 | 非均质后发大国中区域差距、空间互动与协调发展的关系研究 | 周 密 | 南开大学 | 2012,38(4):4-15,122 |
| 8 | FDI、劳动异质性与我国劳动收入份额 | 王舒鸿 | 南开大学 | 2012,38(4):59-68 |
| 9 | 补贴对中国企业出口行为的影响——基于配对倍差法的经验分析 | 施炳展 | 南开大学 | 2012,38(5):70-80 |
| 10 | 产权信念及其对公平偏好与自利偏好的挤出 | 李建标 | 南开大学 | 2012,38(5):94-104 |
| 11 | 城镇居民收入差别“阶梯型”变动的理论解释与实证检验 | 陈宗胜 | 南开大学 | 2012,38(6):4-15 |
| 12 | 谁在择机 IPO：上市公司控股股东视角的实证分析 | 刘志远 | 南开大学 | 2012,38(9):69-80 |
| 13 | 信贷融资、人力资本与我国企业的研发投入 | 邵 敏 | 南开大学 | 2012,38(10):101-111 |
| 《财贸经济》 | | | | |
| 1 | 完善我国财产税结构的思考 | 刘植才 | 天津财经大学 | 2012,(2):12-19 |
| 《财贸研究》 | | | | |
| 1 | 投资结构、对外开放与劳动力流动影响二元经济结构的实证研究 | 秦海林 | 天津工业大学 | 2012,23(2):15-24 |
| 2 | 区域企业自生能力评价指数与区域经济发展实证——基于中国各地区的研究 | 高正平 | 天津财经大学 | 2012,23(4):1-9 |
| 《财政研究》 | | | | |
| 1 | 财政预算执行的“挣值管理”分析 | 刘俊业 | 南开大学 | 2012,(1):61-64 |
| 2 | 里根经济学的政策实践及启示 | 李 栋 | 南开大学 | 2012,(1):79-封 3 |
| 3 | 利用政策性金融贷款实施农业基础设施建设的理论与经验探讨 | 朱铁辉 | 天津大学 | 2012,(4):56-60 |
| 4 | 中国对外直接投资的产业战略选择 | 张 兵 | 南开大学 | 2012,(12):37-41 |
| 《产业经济研究》 | | | | |
| 1 | 我国高技术产业地区效率差异与全要素生产率增长率分解——基于三投入随机前沿生产函数分析 | 余泳泽 | 南开大学 | 2012,(1):44-53 |
| 2 | 金融扭曲差异与外商投资：存在 U 型曲线关系吗？ | 张 亮 | 南开大学 | 2012,(1):87-94 |
| 3 | 区域工业效率和技术差异研究——基于共同前沿方法的考察 | 王 燕 | 南开大学 | 2012,(2):18-25 |
| 4 | 行政垄断、替代竞争与中国铁路运输业经济效率——基于 SBM-DEA 模型和面板 Tobit 的两阶段分析 | 刘秉镰 | 南开大学 | 2012,(2):33-42 |

| 序号 | 文章名称 | 第一作者 | 单位 | 年、卷、期 |
|---|---|---|---|---|
| 《城市发展研究》 | | | | |
| 1 | 我国城市群生态空间管制的“四分模式” | 田 嵩 | 天津市城市规划设计研究院 | 2012,19(3):中彩页13-16 |
| 2 | 国外生态社区能源及技术开发对我国的启示 | 高喜红 | 天津大学 | 2012,19(3):65-70 |
| 3 | 低碳生态城市的区域协调发展研究——以中新天津生态城为例 | 郝文升 | 天津大学 | 2012,19(4):28-33 |
| 4 | 白塔寺保护区综合整治与更新研究 | 姚治国 | 天津大学 | 2012,19(9):22-26 |
| 5 | 关于重庆房地产状况的调查研究 | 扈恩邦 | 南开大学 | 2012,19(9):88-92 |
| 6 | 天津市辖区土地综合承载力研究 | 孙 钰 | 天津大学 | 2012,19(9):106-113 |
| 《城市问题》 | | | | |
| 1 | 城市农业规划设计的思想渊源与研究进展 | 赵继龙 | 天津大学 | 2012,(4):83-88 |
| 2 | 区域旅游合作框架协议存在的问题及评析 | 易志斌 | 南开大学 | 2012,(6):68-71 |
| 3 | 环境约束条件下中国城市经济效率测度 | 王家庭 | 南开大学 | 2012,(7):18-23 |
| 4 | 天津市旅游业发展现状及潜力 | 高伟凯 | 天津市人民政府国有资产监督管理委员会规划发展处 | 2012,(7):30-37 |
| 5 | 城市公共安全体系存在的问题及其解决方略 | 王雪丽 | 天津商业大学 | 2012,(7):79-83 |
| 6 | 游憩型绿色开放空间可达性与服务便捷性测度——以天津市内六区为例 | 贾 琦 | 天津大学 | 2012,(12):54-57 |
| 《当代财经》 | | | | |
| 1 | 技术进步、结构变迁与中国铁路运输业生产率增长——基于Hicks-Moorsteen生产率指数的实证分析 | 刘秉镰 | 南开大学 | 2012,(3):80-92 |
| 2 | 创业者社会资本与新企业融资工具选择 | 黄福广 | 南开大学 | 2012,(3):114-121 |
| 3 | 西部矿产资源生态补偿的利益之争 | 孙红霞 | 南开大学 | 2012,(4):101-111 |
| 4 | 税收成本、非税成本与企业组织形式选择——基于经济模型的研究框架 | 盖 地 | 天津财经大学 | 2012,(4):112-121 |
| 5 | 外国直接投资对中国城乡收入差距的影响：中国省际面板数据的经验检验 | 盛 斌 | 南开大学 | 2012,(5):85-93 |
| 6 | 利率双轨制下我国金融市场基准利率的选择研究——基于有向无环图的分析 | 方 意 | 南开大学 | 2012,(7):50-59 |
| 7 | 突破性创新战略管理研究——基于风险投资的视角 | 李占强 | 南开大学 | 2012,(9):61-71 |
| 8 | 中国制造业的贸易竞争力与价格贸易条件——基于微观贸易数据的测算 | 王文治 | 南开大学 | 2012,(9):80-90 |
| 9 | 政策改革、公共开支与居民消费——基于省际面板数据的分位数回归研究 | 李广泳 | 南开大学 | 2012,(11):5-15 |
| 10 | 网络购物中产品价格信息对折中效应的影响 | 李东进 | 南开大学 | 2012,(11):67-79 |
| 11 | 人民币实际汇率波动、汇率错位对中国制造业出口的影响 | 李腊生 | 天津财经大学 | 2012,(11):90-100 |
| 12 | 从俄林到克鲁格曼：区位对贸易意味着什么？——区际贸易理论和新经济地理学的比较 | 王 岚 | 天津财经大学 | 2012,(12):104-111 |
| 《当代经济科学》 | | | | |
| 1 | 经济结构约束下中小保险公司发展对经济增长的影响 | 邵全权 | 南开大学 | 2012,34(2):25-34 |
| 2 | 金融创新是促进还是阻碍了经济增长——基于技术进步视角的面板分析 | 孙浦阳 | 南开大学 | 2012,34(3):26-34 |
| 3 | 技术创新、行业特征与生产率绩效——基于中国工业行业的实证分析 | 张 诚 | 南开大学 | 2012,34(4):49-55 |
| 4 | 境外战略投资者是否改变了银行平滑盈余行为——基于我国不同所有权银行的分析 | 梁 琪 | 南开大学 | 2012,34(6):34-45 |
| 《当代经济研究》 | | | | |
| 1 | 欧美债务危机与中国经济发展 | 逄锦聚 | 南开大学 | 2012,(1):44-49 |

| 序号 | 文章名称 | 第一作者 | 单位 | 年、卷、期 |
|---|---|---|---|---|
| 2 | 论“生产方式” | 高　峰 | 南开大学 | 2012,(3):1-9 |
| 3 | 中国农田治理模式的路径选择——以中低产田改造为例 | 朱铁辉 | 天津大学 | 2012,(6):76-80 |
| 4 | 金融发展与中国出口贸易技术复杂度提升 | 刘　斌 | 南开大学 | 2012,(6):87-92 |
| 5 | 西方国家主权债务危机的成因探析 | 何自力 | 南开大学 | 2012,(8):73-79 |
| 《改革》 | | | | |
| 1 | 经济结构调整及金融工具选择：缘自地区间差异 | 李西江 | 天津财经大学 | 2012,(8):25-30 |
| 2 | 我国外资政策的历史演进与范式评估 | 刘　畅 | 天津财经大学 | 2012,(12):132-137 |
| 《广东金融学院学报》 | | | | |
| 1 | 利率市场化、资产价格与中国外部失衡 | 李　程 | 南开大学 | 2012,27(1):24-35 |
| 2 | 香港人民币化对中国货币需求的影响 | 尹亚红 | 天津财经大学 | 2012,27(2):44-54 |
| 3 | 人民币汇率、利率与资产价格的联动关系研究 | 王　博 | 南开大学 | 2012,27(4):35-46 |
| 4 | M2与M1同比增长率之差对股票价格波动的信号作用——基于次贷危机前后深圳股票市场数据的动态Probit模型分析 | 温博慧 | 天津财经大学 | 2012,27(4):47-57 |
| 《国际金融研究》 | | | | |
| 1 | 非传统货币政策的退出指标和时机选择 | 戴金平 | 南开大学 | 2012,(1):16-23 |
| 2 | 巴塞尔Ⅲ在监管理论与框架上的改进：微观与宏观审慎有机结合 | 范小云 | 南开大学 | 2012,(1):63-71 |
| 3 | 国际储备货币演变的计量分析研究——兼论人民币国际化的可行性 | 刘艳靖 | 南开大学 | 2012,(4):69-76 |
| 4 | 制度质量对双边金融资本流动的影响：集约边际还是扩展边际 | 刘　健 | 南开大学 | 2012,(6):75-82 |
| 5 | 资本市场对外开放提升了市场有效性吗？——一项国际比较研究 | 李学峰 | 南开大学 | 2012,(8):85-96 |
| 6 | 我国上市银行资本缓冲周期性及其影响因素研究 | 党宇峰 | 南开大学 | 2012,(11):74-85 |
| 《国际经贸探索》 | | | | |
| 1 | 中国企业对外直接投资及其贸易效应——基于面板引力模型的实证研究 | 周　昕 | 南开大学 | 2012,28(5):69-81,93 |
| 2 | 贸易、FDI与异质性企业组织选择：一个文献综述 | 刘　琳 | 南开大学 | 2012,28(9):47-55 |
| 《国际贸易》 | | | | |
| 1 | 海峡两岸贸易结算货币的选择与前瞻 | 曹小衡 | 南开大学 | 2012,(7):18-23 |
| 《国际贸易问题》 | | | | |
| 1 | 对外贸易与劳动收入占比：基于省际工业面板数据的研究 | 李坤望 | 南开大学 | 2012,(1):26-37 |
| 2 | 混合双寡头模型下的R&D竞争：不确定性和模仿视角 | 吉生保 | 南开大学 | 2012,(1):143-154 |
| 3 | 议中国对外直接投资是否为资源寻求型 | 李　磊 | 南开大学 | 2012,(2):146-157 |
| 4 | 开放条件下我国最优就业结构的经验研究 | 王舒鸿 | 南开大学 | 2012,(3):3-13 |
| 5 | 经济开放条件下劳动力市场灵活性与内资企业劳动生产率——基于中国省市和行业数据的经验研究 | 周　申 | 南开大学 | 2012,(3):64-78 |
| 6 | 全球价值链下中美两国出口品技术含量的动态研究 | 华广敏 | 天津财经大学 | 2012,(6):69-81 |
| 7 | 我国棉花产业安全的表现、原因及传导机制 | 张淑荣 | 天津农学院 | 2012,(7):37-47 |
| 8 | 双边贸易的本地市场效应——基于东亚地区制造业部门的实证研究 | 佟家栋 | 南开大学 | 2012,(7):67-75 |
| 9 | 制度环境差异、对外直接投资与风险防范：中国例证 | 邱立成 | 天津商业大学 | 2012,(12):112-122 |
| 《河北经贸大学学报》 | | | | |
| 1 | 从三次分配看中国分配问题的严重性 | 吴练达 | 天津商业大学 | 2012,33(2):33-39 |
| 2 | 河北省城市化与房地产业发展的路径分析 | 范宏杰 | 河北工业大学 | 2012,33(2):50-53 |
| 3 | 人力资源管理系统内部匹配研究 | 王雅洁 | 河北工业大学 | 2012,33(2):58-62 |

| 序号 | 文章名称 | 第一作者 | 单位 | 年、卷、期 |
|---|---|---|---|---|
| 4 | 税收调节初次分配的路径选择 | 李　渊 | 天津财经大学 | 2012,33(3):45-47 |
| 5 | 基于泛资源观的文化产业资源整合研究 | 罗永泰 | 天津财经大学 | 2012,33(3):60-63 |
| 6 | 中国电影产业融资能力与竞争力相关性的实证研究 | 汤志江 | 河北工业大学 | 2012,33(3):64-67 |
| 7 | 京津冀R&D资源与创新活动关系比较分析 | 赵增群 | 河北工业大学 | 2012,33(3):81-86 |
| 8 | 河北省农村剩余劳动力转移实证研究——基于计量经济模型 | 李建磊 | 河北工业大学 | 2012,33(3):87-90 |
| 9 | 欧债危机对中国经济转型与发展的影响及启示 | 景维民 | 南开大学 | 2012,33(4):9-12 |
| 10 | 我国中小企业面临的体制性障碍及对策 | 艾　亮 | 天津大学 | 2012,33(4):96,封3 |
| 11 | 绿色证券持续改进机制仿真模型构建 | 张文鑫 | 河北工业大学 | 2012,33(5):68-70 |
| 12 | 移动通信市场多寡头竞合博弈分析 | 刘克飞 | 河北工业大学 | 2012,33(5):76-79,封3 |
| 《宏观经济研究》 | | | | |
| 1 | 我国产业碳排放与经济发展的关系研究——基于工业、建筑业、交通运输业面板数据的实证研究 | 李　虹 | 天津理工大学 | 2012,(11):46-52,66 |
| 《会计研究》 | | | | |
| 1 | 制度变革、盈余持续性与市场定价行为研究 | 陆宇建 | 南开大学 | 2012,(1):58-67 |
| 2 | 税收规避与财务报告成本的权衡研究——来自中国2008年所得税改革的证据 | 盖　地 | 天津财经大学 | 2012,(3):20-25 |
| 《价格理论与实践》 | | | | |
| 1 | 面向低收入群体的CPI编制研究 | 石　蕾 | 天津理工大学 | 2012,(1):58-59 |
| 2 | 抓改革，强监管，惠民生，推动价格工作再上新水平 | 廖晓武 | 天津市发展和改革委员会 | 2012,(2):17-18 |
| 3 | 品牌价值评估体系及其方法选择 | 王　熹 | 天津大学 | 2012,(3):85-86 |
| 4 | 我国应对国际原油价格上涨的策略研究 | 何光辉 | 天津大学 | 2012,(4):79-80 |
| 5 | 我国棉花价格长期走势与短期预测——基于差分自回归移动平均模型(ARIMA)的分析 | 张立杰 | 天津大学 | 2012,(6):53-54 |
| 6 | 国际原油价格波动对我国价格指数影响的研究 | 杜金向 | 天津财经大学 | 2012,(11):51-52 |
| 7 | 我国货币政策工具调节货币乘数的有效性研究 | 卢紫珺 | 天津财经大学 | 2012,(11):60-61 |
| 8 | 我国豆油期货市场价格波动的效应研究 | 邵永同 | 天津商业大学 | 2012,(12):71-72 |
| 《江西财经大学学报》 | | | | |
| 1 | 外资保险公司的经营效率研究——基于公司层面非平衡数据的入世效应分析 | 朱铭来 | 南开大学 | 2012,(1):67-72 |
| 2 | 我国农村文化产业效率评估的实证研究 | 王家庭 | 南开大学 | 2012,(1):81-88 |
| 3 | 养老保险个人账户隐性债务规模的实证分析 | 李兰英 | 天津财经大学 | 2012,(3):39-45 |
| 《金融论坛》 | | | | |
| 1 | 美联储权力结构变迁与混业经营监管的发展趋势 | 马君潞 | 南开大学 | 2012,17(1):57-63 |
| 2 | 政府干预下的城市商业银行风险行为 | 王　倩 | 南开大学 | 2012,17(5):61-71 |
| 3 | 竞争深化、信息成本与小企业信贷技术创新——民生银行“商贷通”的启示 | 高正平 | 天津财经大学 | 2012,17(7):66-71 |
| 4 | 融资约束、系统风险与资产定价 | 翟淑萍 | 天津财经大学 | 2012,17(8):4-11 |
| 5 | 银行家个人特征与银行资源配置——基于中国城市商业银行的实证研究 | 顾　亮 | 南开大学 | 2012,17(8):34-43 |
| 6 | 商业银行存款利率市场化的影响分析 | 吴林蔚 | 天津财经大学 | 2012,17(9):12-17 |
| 《金融研究》 | | | | |
| 1 | 家庭个体特征对居民借款行为的影响——来自中国家庭的经验证据 | 刘晓欣 | 南开大学 | 2012,(1):154-166 |
| 2 | 加强我国商业银行次级债风险约束作用的思考——基于“相互持有”视角的理论分析 | 翟光宇 | 南开大学 | 2012,(2):88-101 |

| 序号 | 文章名称 | 第一作者 | 单位 | 年、卷、期 |
| --- | --- | --- | --- | --- |
| 3 | 双重上市、IPO抑价与大规模融资行为——来自中国公司IPO的证据 | 覃家琦 | 南开大学 | 2012,(3):193-206 |
| 4 | 基础设施、融资依赖与地区出口比较优势 | 盛　丹 | 南开大学 | 2012,(5):15-29 |
| 5 | 住宅市场风险、信贷约束与住宅消费选择——一个理论与经验分析 | 周京奎 | 南开大学 | 2012,(6):28-41 |
| 6 | 市场化改革对中国储蓄率的影响研究 | 王　博 | 南开大学 | 2012,(6):68-82 |
| 7 | 监管约束下我国商业银行资本增长与融资行为 | 李维安 | 南开大学 | 2012,(7):15-30 |
| 8 | 中国货币市场基准利率的确立及其动态关系研究 | 方　意 | 南开大学 | 2012,(7):84-97 |
| 9 | 基于利率期限结构预测的债券组合风险管理 | 杨宝臣 | 天津大学 | 2012,(10):86-96 |
| 10 | 媒体重复信息行为影响了资产价格么? | 余峰燕 | 南开大学 | 2012,(10):139-152 |
| 11 | 规模、关联性与中国系统重要性银行的衡量 | 范小云 | 南开大学 | 2012,(11):16-30 |
| 《经济经纬》 | | | | |
| 1 | FDI对中国制造业污染排放影响的经验分析 | 王文治 | 南开大学 | 2012,(1):52-56 |
| 2 | 户籍制度、就业机会与中国城乡居民收入差距 | 陈维涛 | 南开大学 | 2012,(2):100-104 |
| 3 | 中国对外直接投资对进出口贸易的影响分析 | 胡昭玲 | 南开大学 | 2012,(3):65-69 |
| 4 | 外汇储备、银行危机与政府政策 | 崔红宇 | 南开大学 | 2012,(3):136-140 |
| 5 | 不同力量对比供应链中制造商竞争策略研究 | 秦娟娟 | 天津财经大学 | 2012,(4):71-75 |
| 6 | 中国劳动市场一体化测度与利益评估 | 赵慧卿 | 天津财经大学 | 2012,(4):136-140 |
| 7 | 农业劳动力再配置对区域经济收敛的影响——马斯科莱尔-拉赞模型的扩展研究和中国经验实证 | 周国富 | 天津财经大学 | 2012,(6):1-5 |
| 8 | 产业集群跨越式升级:基于集群龙头企业双链协同的研究 | 代文彬 | 天津科技大学 | 2012,(6):57-61 |
| 《经济科学》 | | | | |
| 1 | 发展差距引致地区间环境负担不公平的实证分析 | 钟茂初 | 南开大学 | 2012,(1):51-61 |
| 2 | 二重经济开放与中国经济增长质量的演进 | 毛其淋 | 南开大学 | 2012,(2):5-20 |
| 3 | 官员任期、政治关联与城市商业银行的贷款投放 | 钱先航 | 南开大学 | 2012,(2):89-101 |
| 4 | 官员特征与地方国企募资变更 | 曹春方 | 南开大学 | 2012,(3):93-107 |
| 5 | 跨越"中等收入陷阱"的国际经验分析——基于出口产品密度的视角 | 邸玉娜 | 南开大学 | 2012,(4):35-48 |
| 6 | 环境规制、产业结构升级与就业效应:线性还是非线性? | 闫文娟 | 南开大学 | 2012,(6):23-32 |
| 《经济理论与经济管理》 | | | | |
| 1 | 新自由主义与资本主义粮食危机 | 王　帅 | 南开大学 | 2012,(4):33-39 |
| 《经济评论》 | | | | |
| 1 | 金融发展、FDI与中国制造业出口绩效——基于新新贸易理论的实证分析 | 孟　夏 | 南开大学 | 2012,(1):108-115 |
| 2 | 马克思与斯密:关于投机行为的不同看法 | 高　嵩 | 南开大学 | 2012,(3):5-10 |
| 3 | 金融发展、研发创新与区域技术深化 | 张志强 | 南开大学 | 2012,(3):82-92 |
| 4 | FDI对劳动收入份额的影响:理论与中国的实证研究 | 郭玉清 | 南开大学 | 2012,(5):43-51 |
| 5 | 房地产借贷、金融加速器和经济波动——一个贝叶斯估计的DSGE模拟研究 | 郑忠华 | 天津工业大学 | 2012,(6):25-35 |
| 6 | 金融发展、FDI与中国制造业出口绩效——基于新新贸易理论的实证分析 | 孟　夏 | 南开大学 | 2012,(1):108-115 |
| 《经济社会体制比较》 | | | | |
| 1 | 中国的劳动收入份额为什么趋于下降?——基于二元经济模型的观察与解释 | 姜　磊 | 南开大学 | 2012,(1):211-217 |
| 2 | 关于公有经济收入差别倒U理论的讨论与验证(上) | 陈宗胜 | 南开大学 | 2012,(2):18-28 |
| 3 | 广义转型视角下的制度移植——日本明治维新与俄罗斯休克疗法的比较研究 | 孙景宇 | 南开大学 | 2012,(2):84-93 |

| 序号 | 文章名称 | 第一作者 | 单位 | 年、卷、期 |
|---|---|---|---|---|
| 4 | 社会结构与政治行动者之间的张力——方法论视野中的民主转型研究 | 高春芽 | 天津师范大学 | 2012,(2):115-124 |
| 5 | 民主、公正还是绩效？——中国地方政府合法性及其来源分析 | 马得勇 | 南开大学 | 2012,(3):122-138 |
| 6 | 关于公有经济收入差别倒U理论的讨论与验证(下) | 陈宗胜 | 南开大学 | 2012,(3):181-193 |
| 《经济问题探索》 | | | | |
| 1 | 基于货物吞吐量季节调整的我国港群竞争与合作问题研究 | 张　岩 | 南开大学 | 2012,(2):60-64 |
| 2 | 东亚经济合作的现状、趋势与展望 | 彭支伟 | 南开大学 | 2012,(3):30-34 |
| 3 | 中国农村金融组织创新研究评述 | 任国强 | 天津理工大学 | 2012,(3):78-85 |
| 4 | 我国农业公共科技投资改革的边界 | 刘纯彬 | 南开大学 | 2012,(3):170-174 |
| 5 | 我国低空空域管理制度变迁的动因及模式研究 | 高　健 | 中国民航大学 | 2012,(4):19-22 |
| 6 | 城市首位度与区域经济增长——基于 24 个省区面板数据的实证研究 | 王家庭 | 南开大学 | 2012,(5):35-40 |
| 7 | 基于刘易斯二元经济理论的东北三省劳动力市场研究 | 李圣华 | 南开大学 | 2012,(6):59-65 |
| 8 | 中印上市医药公司资本结构影响因素对比研究 | 解小刚 | 天津大学 | 2012,(6):185-190 |
| 9 | 低碳经济环境下中国食品包装安全与优化体系构建 | 韩薇薇 | 天津市食品安全管理与战略研究中心 | 2012,(7):6-12 |
| 10 | 收入对主观幸福感的影响—国际的经验与国内的证据 | 任国强 | 天津理工大学 | 2012,(7):23-32 |
| 11 | 我国企业节能评价指标体系研究综述 | 吕荣胜 | 天津理工大学 | 2012,(7):136-141 |
| 12 | 我国中小航空公司未来成长的必然选择 | 龙继林 | 中国民航大学 | 2012,(7):163-168 |
| 13 | 通货膨胀风险与金融发展水平研究 | 廖　慧 | 南开大学 | 2012,(8):13-20 |
| 14 | 体验营销：顾客体验价值形成与实现的二维路径 | 郑锐洪 | 天津工业大学 | 2012,(8):86-89 |
| 15 | 新时期我国中小企业税费政策分析及对策思考 | 刘　畅 | 天津财经大学 | 2012,(8):98-102 |
| 16 | 中国与新马泰机械运输设备贸易的实证分析——基于竞争性和互补性的角度 | 周　苹 | 天津财经大学 | 2012,(8):139-145 |
| 17 | 中国软件产业国际竞争力的实证分析与中印比较 | 吕明元 | 天津商业大学 | 2012,(8):146-153 |
| 18 | 欧盟低碳发展的典型经验与借鉴 | 孙　钰 | 天津大学 | 2012,(8):180-184 |
| 19 | 德国弃核策略对其减排目标的影响分析 | 李　妍 | 天津科技大学 | 2012,(8):185-190 |
| 20 | 全国社会保障基金投资研究文献综述 | 李　勇 | 中共天津市委党校 | 2012,(9):152-155 |
| 《经济学（季刊）》 | | | | |
| 1 | 贸易开放与性别工资差距 | 刘　斌 | 南开大学 | 2012,11(2):429-460 |
| 2 | 保险业结构、区域差异与经济增长 | 邵全权 | 南开大学 | 2012,11(2):635-674 |
| 3 | 政治关联与企业的契约实施环境 | 王永进 | 南开大学 | 2012,11(7):1193-1218 |
| 4 | 地方官员治理与城市商业银行的信贷投放 | 李维安 | 南开大学 | 2012,11(7):1239-1260 |
| 5 | 融资约束与企业出口行为：基于工业企业数据的经验研究 | 阳佳余 | 南开大学 | 2012,11(7):1503-1524 |
| 《经济学动态》 | | | | |
| 1 | 影子银行问题研究评述 | 刘澜飚 | 南开大学 | 2012,(2):128-133 |
| 2 | 我国货币供应对通货膨胀解释能力的实证研究 | 马　龙 | 南开大学 | 2012,(4):34-40 |
| 3 | 我国经济增长中的需求结构失衡探源——基于存量—流量均衡的分析视角 | 柳　欣 | 南开大学 | 2012,(7):57-63 |
| 《经济学家》 | | | | |
| 1 | 由封闭式创新向开放式创新的转变 | 周立群 | 南开大学 | 2012,(6):53-57 |
| 2 | 欧债危机的演化路径及应对策略——基于区内国家竞争性财政支出的分析 | 李腊生 | 天津财经大学 | 2012,(8):43-51 |
| 3 | 经济学要为全面建成小康社会做贡献 | 逄锦聚 | 南开大学 | 2012,(12):11-12 |
| 4 | 关于当前我国收入分配理论研究的若干问题思考 | 张俊山 | 南开大学 | 2012,(12):21-30 |

| 序号 | 文章名称 | 第一作者 | 单位 | 年、卷、期 |
|---|---|---|---|---|
| 《经济研究》 | | | | |
| 1 | 中国外汇储备投资组合选择——基于外汇储备循环路径的内生性分析 | 刘澜飚 | 南开大学 | 2012,47(4):137-148 |
| 2 | 加强会计监管、防范金融风险、保障资本市场发展——“金融风险、会计监管与资本市场发展”研讨会综述 | 张俊民 | 天津财经大学 | 2012,47(7):153-156 |
| 《经济与管理研究》 | | | | |
| 1 | 劳动力市场灵活性对 FDI 区位分布的影响——基于中国 31 省市数据的实证经验 | 周　申 | 南开大学 | 2012,(1):77-88 |
| 2 | 制度条件、机构投资者与上市公司市场价值 | 李海英 | 天津财经大学 | 2012,(2):5-14 |
| 3 | 控股股东行为、资产专用性与企业成长性——来自云南白药的案例研究 | 程新生 | 南开大学 | 2012,(2):22-31 |
| 4 | 基于Logistic方法的上市公司会计舞弊检测研究 | 岳殿民 | 河北工业大学 | 2012,(2):88-95 |
| 5 | 演化博弈视角的会计准则变迁诠释 | 盖　地 | 天津财经大学 | 2012,(2):96-105 |
| 6 | 土地财政与最优城市规模 | 武彦民 | 天津财经大学 | 2012,(3):29-38 |
| 7 | 原始及加入人民币的特别提款权作为外汇储备资产的特性分析 | 赵冉冉 | 南开大学 | 2012,(3):94-99 |
| 8 | 工作报告模式的地方政府绩效自评估分析——以省级政府工作报告为例 | 朱光喜 | 南开大学 | 2012,(4):5-12 |
| 9 | 创新型企业公司治理结构与绩效关系研究——基于中国创业板上市公司的经验证据 | 周建 | 南开大学 | 2012,(4):106-115 |
| 10 | 政治关联、制度环境与金字塔结构 | 韩忠雪 | 南开大学 | 2012,(5):31-40 |
| 11 | 融资约束、代理成本与企业剑新效率——来自上市高新技术企业的经验证据 | 顾　群 | 天津财经大学 | 2012,(5):73-80 |
| 12 | 截面特征差异、投资者情绪与企业投资 | 刘志远 | 南开大学 | 2012,(5):89-97 |
| 13 | 公司财务冗余对投资规模的影响研究——基于代理成本和产品市场竞争的视角 | 毕晓方 | 天津财经大学 | 2012,(5):98-106 |
| 14 | 国外资产评估准确性研究进展及对中国的启示 | 秦　璟 | 天津财经大学 | 2012,(8):124-128 |
| 15 | 品牌危机情境下微博网络口碑的探索性研究——归因、情境、策略与口碑的“树根模型” | 李桂华 | 南开大学 | 2012,(9):89-99 |
| 16 | 绿色住宅消费选择的实证研究 | 闻晓军 | 天津大学 | 2012,(12):58-65 |
| 17 | 市场化进程、地区开放度与企业跨国并购 | 周　杰 | 南开大学 | 2012,(12):110-116 |
| 《经济纵横》 | | | | |
| 1 | 地方投融资债务现状及风险治理个案研究 | 张　平 | 天津财经大学 | 2012,(2):82-85 |
| 2 | 部分国家支持新能源企业融资的模式借鉴 | 樊长在 | 南开大学 | 2012,(2):114-116,13 |
| 3 | 企业人力资源多元化雇佣研究述评 | 赵　斌 | 天津理工大学 | 2012,(3):119-121 |
| 4 | 基于生态位理论视角的企业成长战略研究 | 田小平 | 天津大学 | 2012,(4):113-115 |
| 5 | 金融发展与技术效率关系实证研究——以东北三省为样本 | 赵黎明 | 天津大学 | 2012,(5):62-65,74 |
| 6 | 我国加工贸易发展的新特点及对策 | 李宏艳 | 天津财经大学 | 2012,(6):30-33,8 |
| 7 | 中小企业集群融资模式创新研究 | 张　杰 | 天津财经大学 | 2012,(6):118-121 |
| 8 | 转轨时期我国财政风险生成机制研究 | 李　伟 | 天津财经大学 | 2012,(8):90-92 |
| 9 | 中日韩邮轮旅游产业发展研究 | 刘焕庆 | 南开大学 | 2012,(9):117-120 |
| 10 | 公共财政安全预警机制的波段框架设计——基于短波、中波和长波预警的考察 | 马蔡琛 | 南开大学 | 2012,(11):44-48 |
| 《南方经济》 | | | | |
| 1 | 外商直接投资如何影响了民营企业的融资约束？——来自中国企业层面的证据 | 孙灵燕 | 南开大学 | 2012,(1):47-57 |
| 2 | 经贸、地理关联与地区间环境效率溢出 | 孔　元 | 南开大学 | 2012,(2):27-38 |
| 3 | 中国参与跨国公司垂直专业化的地位测算 | 李宏艳 | 天津财经大学 | 2012,(4):17-31 |

| 序号 | 文章名称 | 第一作者 | 单位 | 年、卷、期 |
|---|---|---|---|---|
| 4 | FDI 行业间溢出与省区产业增长 | 王　轩 | 南开大学 | 2012,(5):16-26 |
| 5 | 偏好、技术与环境质量——环境库兹涅茨曲线的形成机制与实证检验 | 周国富 | 天津财经大学 | 2012,(6):85-95 |
| 6 | “一揽子”政策优惠与地区出口——开发区与区外地区的比较 | 吴　敏 | 南开大学 | 2012,(7):87-102 |
| 《南开经济研究》 | | | | |
| 1 | 征信体系的作用与效率——基于信息不对称随机有限重复博弈的分析 | 姚国庆 | 南开大学 | 2012,(1):19-32 |
| 2 | 再议因患寡而患不均：中国家庭住宅权属差异及其对内需增长的影响 | 周京奎 | 南开大学 | 2012,(1):101-123 |
| 3 | 利益冲突与制度扭曲——论政府在经济发展和转型中的作用 | 孙景宇 | 南开大学 | 2012,(1):124-133 |
| 4 | 外资进入对城镇居民收入的影响及差异——基于中国城镇家庭住户收入调查数据(CHIP)的经验研究 | 朱　彤 | 南开大学 | 2012,(2):33-54 |
| 5 | 收入增长与不平等对农村贫困的影响——基于不同经济活动类型农户的研究 | 沈扬扬 | 南开大学 | 2012,(2):131-150 |
| 6 | 经济冲击与汇率制度选择：基于中国的理论和经验研究 | 王　博 | 南开大学 | 2012,(3):3-23 |
| 7 | 贸易边际与经济周期协同性——基于中国双边贸易数据的实证研究 | 刘恩专 | 天津财经大学 | 2012,(3):24-38 |
| 8 | 非均质空间格局下经济极化对技术创新的影响效应研究——基于两阶层线性模型的实证分析 | 周　密 | 南开大学 | 2012,(3):65-78 |
| 9 | 财政思想与民国实践的创新结合——评何廉、李锐《财政学》 | 杨敬年 | 南开大学 | 2012,(3):142-146,152 |
| 10 | 方显廷与《中国之棉纺织业》 | 熊性美 | 南开大学 | 2012,(3):147-152 |
| 11 | 技术结构、市场势力与发展中国家汇率制度——基于非对称国际分工体系的汇率制度选择理论 | 李炳念 | 南开大学 | 2012,(6):15-29 |
| 12 | FDI 资本挤入(挤出)效应的内在机制及其“门槛特征”研究——理论推导与面板门限实证检验 | 段文斌 | 南开大学 | 2012,(6):49-63,99 |
| 13 | 技术创新与特定要素约束视域的“资源诅咒”假说探析——基于我国的经验观察 | 安虎森 | 南开大学 | 2012,(6):100-115 |
| 《农业技术经济》 | | | | |
| 1 | 中低产田改造地区优先序研究 | 朱铁辉 | 天津大学 | 2012,(4):65-72 |
| 2 | 耕地生产率与全要素耕地利用效率——基于 SBM-DEA 方法的省际数据比较 | 刘玉海 | 南开大学 | 2012,(6):47-56 |
| 3 | 棉花流通体制改革后国际贸易对国内棉花价格影响分析 | 张立杰 | 天津大学 | 2012,(7):32-38 |
| 4 | 卫生服务可及性与农村居民健康不平等 | 辛　怡 | 天津中医药大学 | 2012,(8):105-112 |
| 《山西财经大学学报》 | | | | |
| 1 | 中国地区间经济发展不平衡——水平测度和成因探究 | 周　喆 | 南开大学 | 2012,34(2):20-27,36 |
| 2 | 财务舞弊公司的审计风险能识别吗——会计师事务所和上市公司治理的双重因素 | 李建标 | 南开大学 | 2012,34(2):115-124 |
| 3 | 商业银行董事会治理与创新关系研究——基于沪深两市上市公司的经验证据 | 周　建 | 南开大学 | 2012,34(3):45-52 |
| 4 | FDI、融资约束与中国企业投资 | 齐　欣 | 天津财经大学 | 2012,34(4):10-17 |
| 5 | 论土地财政的逻辑——基于城市扩张对全要素生产率的溢出效应 | 武彦民 | 天津财经大学 | 2012,34(5):17-25 |
| 6 | 消费者对于产品召回事件的心理反应——基于风险和情绪的研究 | 杜建刚 | 南开大学 | 2012,34(5):61-70 |
| 7 | 治理环境、股权特征与非财务信息披露——以中国上市公司为研究样本 | 赵　颖 | 天津外国语大学 | 2012,34(5):115-124 |
| 《商业经济与管理》 | | | | |
| 1 | 基于循环创新链的物流企业集群服务创新体系研究 | 慕　静 | 天津科技大学 | 2012,(6):5-12 |
| 2 | 我国居民通胀承受力测度及压力测试 | 李腊生 | 天津财经大学 | 2012,(8):54-65 |

| 序号 | 文章名称 | 第一作者 | 单位 | 年、卷、期 |
|---|---|---|---|---|
| 3 | 要素分配份额演进趋势及其中国嬗变 | 郝 枫 | 天津财经大学 | 2012,(8):66-76 |
| 4 | 利率市场化进程中我国中小银行的经营策略选择 | 王丽英 | 天津财经大学 | 2012,(8):77-83 |
| 《上海财经大学学报》 | | | | |
| 1 | 人民币FDI：基于人民币国际循环机制的分析 | 尹亚红 | 天津财经大学 | 2012,14(2):73-81 |
| 2 | 中国制造业在国际垂直专业化体系中的地位——基于价值增值角度的分析 | 张咏华 | 南开大学 | 2012,14(5):61-68 |
| 《上海金融》 | | | | |
| 1 | 金融发展与收入不平等：只是线性关系？ | 余玲铮 | 南开大学 | 2012,(4):16-19 |
| 2 | 房地产价格波动、货币政策调控与宏观经济稳定——基于均值和波动层面溢出效应的实证研究 | 吴 超 | 天津财经大学 | 2012,(5):16-22 |
| 3 | 基金投资对股市价格压力效应的量化分析 | 姚 颐 | 南开大学 | 2012,(6):56-62 |
| 4 | 国际ETF市场异象解读——追随标的指数市场收益还是本土金融市场收益 | 张旭东 | 天津财经大学 | 2012,(9):64-69 |
| 5 | 论信贷政策的目标及其衡量标准 | 周胜强 | 中国人民银行天津分行 | 2012,(11):53-57 |
| 6 | 宏观审慎与货币政策协调的研究动态综述 | 王璟怡 | 天津财经大学 | 2012,(11):58-64 |
| 7 | 中国P2P小额贷款发展现状研究 | 郭 阳 | 天津大学 | 2012,(12):19-22 |
| 《上海经济研究》 | | | | |
| 1 | 我国上市商业银行盈余管理与市场约束——基于投资收益及风险管理的视角 | 赵胜民 | 南开大学 | 2012,(1):75-85,95 |
| 2 | 农业公共科研投资的内生决定——基于中国31个省域面板数据的研究 | 刘纯彬 | 南开大学 | 2012,(4):83-93 |
| 3 | 公司治理、宏观经济环境与财务失败预警研究——离散时间风险模型的应用 | 过新伟 | 南开大学 | 2012,(5):85-97 |
| 4 | 中国通货膨胀长期影响因素的研究——基于状态空间模型的时变参数分析 | 张素芹 | 南开大学 | 2012,(6):42-50 |
| 5 | 中国二氧化硫排污权交易会减弱污染排放强度吗？——基于双倍差分法的经验研究 | 闫文娟 | 南开大学 | 2012,(6):76-83 |
| 《审计与经济研究》 | | | | |
| 1 | 会计师事务所合并、审计市场结构与审计定价 | 曾亚敏 | 南开大学 | 2012,27(1):40-47 |
| 2 | 会计师事务所核心竞争力实证分析 | 赵 息 | 天津大学 | 2012,27(3):69-75 |
| 3 | 国家审计质量控制多阶段三方博弈分析 | 吕志明 | 天津财经大学 | 2012,27(4):19-25 |
| 4 | 土地财政、城市产出效率与全要素生产率增长差异 | 武彦民 | 天津财经大学 | 2012,27(4):87-94 |
| 《世界经济》 | | | | |
| 1 | 境内运输成本与中国的地区出口模式 | 黄玖立 | 南开大学 | 2012,35(1):58-77 |
| 2 | 技术选择与经济发展 | 李飞跃 | 南开大学 | 2012,35(2):45-62 |
| 3 | 企业异质性与区域间贸易：中国企业市场进入的微观证据 | 黄玖立 | 南开大学 | 2012,35(4):3-22 |
| 4 | 美国危机向亚洲新兴市场传染过程中的多米诺效应研究 | 马君潞 | 南开大学 | 2012,35(6):56-77 |
| 5 | 幸福感是否会传染 | 刘 斌 | 南开大学 | 2012,35(6):132-160 |
| 6 | 垂直专业化、技术变动与经济波动 | 彭支伟 | 南开大学 | 2012,35(7):3-21 |
| 7 | 地理距离通过何种途径减少了贸易流量 | 施炳展 | 南开大学 | 2012,35(7):22-41 |
| 8 | 权益类国际资产组合投资的引力模型分析 | 范小云 | 南开大学 | 2012,35(7):42-66 |
| 9 | 金融发展如何影响双边股权资本流动 | 李坤望 | 南开大学 | 2012,35(8):22-39 |
| 10 | 资源贸易与环境改善的政策选择：基于DGE模型的研究 | 陆建明 | 天津财经大学 | 2012,35(8):67-91 |
| 《世界经济文汇》 | | | | |
| 1 | 开放经济下的中国经济增长核算——考虑贸易条件变动因素的分解 | 周 申 | 南开大学 | 2012,(2):18-27 |

| 序号 | 文章名称 | 第一作者 | 单位 | 年、卷、期 |
|---|---|---|---|---|
| 2 | 垂直专业化对我国制造业劳动收入份额变化的影响研究 | 王舒鸿 | 南开大学 | 2012,(2):28-42 |
| 3 | 国内市场一体化与中国出口技术水平——基于金融发展视角的理论与实证研究 | 毛其琳 | 南开大学 | 2012,(3):14-40 |
| 4 | 官员更替与贷款增长——基于城市商业银行的实证研究 | 钱先航 | 南开大学 | 2012,(3):41-57 |
| 《世界经济研究》 | | | | |
| 1 | 中资银行跟随客户的国际化动机与区位特征——基于2005—2009年面板数据的实证分析 | 吴晓云 | 南开大学 | 2012,(2):10-15,38 |
| 2 | 出口企业竞争强度是中国出口低价格的主要因素吗? | 李秀芳 | 天津财经大学 | 2012,(2):39-44 |
| 3 | 跨国企业在华研发活动对我国高科技行业创新的影响——基于面板VAR的分析 | 张　诚 | 南开大学 | 2012,(2):57-63 |
| 4 | 中国在国际分工中的地位:基于出口最终品全部技术含量与国内技术含量的跨国比较 | 孟　猛 | 天津师范大学 | 2012,(3):17-21,52 |
| 5 | 基于改进的引力模型解析我国外贸发展的动因变化 | 王晨钟 | 天津财经大学 | 2012,(3):53-57 |
| 6 | 贸易自由化、劳动流动与就业结构调整 | 唐时达 | 天津市房地产开发经营集团有限公司 | 2012,(3):58-62 |
| 7 | 贸易失衡的根源:汇率还是经济结构——基于美国案例的实证分析 | 刘艳靖 | 南开大学 | 2012,(5):50-56 |
| 8 | 国际投资规制与中国主权财富基金对外投资 | 王璐瑶 | 南开大学 | 2012,(5):65-70 |
| 9 | 地区专业化能否提高我国的出口贸易技术复杂度? | 李　磊 | 南开大学 | 2012,(6):30-37 |
| 10 | 融资约束与中小企业出口 | 陈维涛 | 南开大学 | 2012,(8):43-48 |
| 11 | 外包还是垂直一体化:供应商融资约束对跨国公司在华采购形式的影响 | 杨珍增 | 天津财经大学 | 2012,(8):68-74 |
| 12 | 高技术服务业FDI对东道国制造业效率影响的研究——基于中介效应分析 | 华广敏 | 天津财经大学 | 2012,(12):58-64 |
| 13 | 中日韩自由贸易区的经济效应及推进路径——基于SMART的模拟分析 | 彭支伟 | 南开大学 | 2012,(12):65-71 |
| 《世界经济与政治论坛》 | | | | |
| 1 | 地缘政治视角下的美国石油安全战略——基于中东和非洲地区的分析 | 孔祥永 | 天津师范大学 | 2012,(3):26-36 |
| 《数量经济技术经济研究》 | | | | |
| 1 | 出口贸易是否促进了我国劳动生产率的持续增长——基于工业企业微观数据的实证检验 | 邵　敏 | 南开大学 | 2012,29(2):51-67 |
| 2 | 项目挣值的绩效差异分析方法缺陷与解决方案 | 戚安邦 | 南开大学 | 2012,29(2):152-160,封3 |
| 3 | 行业间生产率联动对中国工业生产率增长的影响——引入经济距离矩阵的空间GMM估计 | 赵　放 | 南开大学 | 2012,29(3):34-48 |
| 4 | 贸易结构与就业结构:基于中国工业部门的分析 | 周　申 | 南开大学 | 2012,29(3):63-75,101 |
| 5 | 面板数据马尔可夫体制转换回归模型估计的EM算法及其应用 | 白仲林 | 天津财经大学 | 2012,29(5):121-133 |
| 6 | 极值理论在高龄死亡率建模中的应用 | 段白鸽 | 南开大学 | 2012,29(7):120-133 |
| 7 | 经济增长与不平等对农村贫困的影响 | 沈扬扬 | 南开大学 | 2012,29(8):19-34 |
| 《税务研究》 | | | | |
| 1 | 关税政策演变的反思及其启示 | 马蔡琛 | 南开大学 | 2012,(5):36-40 |
| 《现代财经(天津财经大学学报)》 | | | | |
| 1 | 论中国货币供应量对投资与消费的影响——基于股票市场途径的分析 | 任碧云 | 天津财经大学 | 2012,(1):15-25 |
| 2 | 金融开放背景下我国区域金融发展的收敛性与差异分析——基于参数和非参数的估计 | 邓向荣 | 南开大学 | 2012,(1):26-35 |
| 3 | 基于物联网的金融服务业创新动力机制国际比较 | 吴爱东 | 天津商业大学 | 2012,(1):36-42,129 |
| 4 | 下属会计人员能否抑制财务经理盈余偏好之实验与检验 | 詹德超 | 南开大学 | 2012,(1):53-62 |

| 序号 | 文章名称 | 第一作者 | 单位 | 年、卷、期 |
|---|---|---|---|---|
| 5 | 个人所得税的课征模式一定要过渡吗？ | 黄凤羽 | 天津财经大学 | 2012,(1):封2 |
| 6 | 新一轮电信改革前后电信产业SCP比较分析 | 蔺怀国 | 天津市信息中心 | 2012,(1):105-114 |
| 7 | 我国房地产价格对消费的影响——基于理论与实证的考察 | 李向前 | 天津财经大学 | 2012,(2):48-56 |
| 8 | 论期望落差与新生创业者放弃创业之关系——基于CPSED项目随机抽样调查分析 | 宋正刚 | 南开大学 | 2012,(2):65-73 |
| 9 | 解读市场经济与资本主义的“新视角” | 王晓林 | 天津财经大学 | 2012,(2):封2 |
| 10 | 经济逻辑的创新之作、典范之著——《经济思维逻辑》一书评介 | 马 英 | 天津中医药大学 | 2012,(2):128-封3 |
| 11 | 次贷危机格局下的拉美模式重新评价与考察——兼议政府干预与贸易保护的是与非 | 姜达洋 | 天津商业大学 | 2012,(3):13-19 |
| 12 | 国际比较视角下中国宏观税负水平客观分析 | 陈旭东 | 天津财经大学 | 2012,(3):28-34 |
| 13 | 城市化、财政分权与中国城乡收入差距相互作用的计量分析 | 范晓莉 | 南开大学 | 2012,(3):44-53 |
| 14 | 银行理财顾客感知利益维度构建及其量表开发 | 张 童 | 天津财经大学 | 2012,(3):81-88 |
| 15 | 低碳运营边界说：中国企业可持续发展之基本依据 | 张英华 | 天津财经大学 | 2012,(3):封2 |
| 16 | 中国银行业存贷利差偏低抑或过高之辨 | 孙 森 | 天津财经大学 | 2012,(4):5-10 |
| 17 | 引导资金合理流向：促进金融与实体经济协调发展之道 | 马亚明 | 天津财经大学 | 2012,(4):封2 |
| 18 | 论推行共同富裕的主体与需要的合理性 | 陈尚伟 | 天津师范大学 | 2012,(5):5-11,44 |
| 19 | 我国推进地方债自主发行问题研究 | 王丽英 | 天津财经大学 | 2012,(5):12-18,121 |
| 20 | 试析最小报价单位对股指期货市场流动性和波动性的影响 | 韦立坚 | 天津大学 | 2012,(5):45-51 |
| 21 | 电信企业集团客户满意度测评体系的设计及验证 | 姜姣娇 | 天津大学 | 2012,(5):63-71 |
| 22 | 中国经济持续增长的人口红利效应是否依然存在 | 白仲林 | 天津财经大学 | 2012,(5):89-95 |
| 23 | 死亡意识应对机制视域中消费动机和行为解读及其整合分析 | 李东进 | 南开大学 | 2012,(5):96-104 |
| 24 | 基于契约安排的研究型合资企业与技术许可证模式优选分析 | 李 妍 | 天津科技大学 | 2012,(5):113-121 |
| 25 | 基于货物吞吐量季节调整的环渤海港口整合探析 | 段 楠 | 南开大学 | 2012,(5):122-129 |
| 26 | 管理的本质与能力构建 | 蔡双立 | 天津财经大学 | 2012,(5):封2 |
| 27 | 热钱流动对资产价格波动和金融脆弱性的影响——基于SVAR模型的实证分析 | 马亚明 | 天津财经大学 | 2012,(6):5-15 |
| 28 | 我国外汇市场压力与中央银行外汇干预程度变化研究 | 郭 红 | 天津财经大学 | 2012,(6):16-24 |
| 29 | 食品安全危机中公众风险认知和信息需求调查分析 | 赵 源 | 天津大学 | 2012,(6):61-70 |
| 30 | 内部控制缺陷信息披露与公司业绩的关系——来自中国A股上市公司的数据 | 盛常艳 | 天津财经大学 | 2012,(6):88-95 |
| 31 | 基于BSC思想的企业e-CRM应用绩效评价探讨 | 李秀芳 | 天津财经大学 | 2012,(6):119-129 |
| 32 | 克鲁格曼的“毒舌”与中国外贸面临的挑战 | 刘恩专 | 天津财经大学 | 2012,(6):封2 |
| 33 | 中国保险产业区域分异的微观机理与实证分析 | 刘维林 | 南开大学 | 2012,(11):41-49 |
| 34 | 基于TOPSIS模型的京津冀城市群土地综合承载力评价 | 孙 钰 | 天津大学 | 2012,(11):71-80 |
| 35 | 代理成本视角的股权结构与资本结构调整 | 刘树海 | 天津财经大学 | 2012,(11):81-88 |
| 36 | 欧美国家碳排放权交易价格问题研究综述及其启示 | 刘冠辰 | 天津财经大学 | 2012,(12):115-123 |
| 37 | 组织间承诺对网络组织效率的影响 | 王 熹 | 天津大学 | 2012,(11):120-129 |
| 38 | 金融集聚与金融服务业技术效率的关系探讨——基于省域随机前沿生产函数的分析 | 田 菁 | 天津商业大学 | 2012,(12):37-46 |
| 39 | GLM与GAM在车险索赔频率建模中的应用及其比较 | 张连增 | 南开大学 | 2012,(12):47-56 |
| 40 | 集聚、增长与可持续性探讨——基于中国空间分布和行业配置的经验检验 | 郝寿义 | 南开大学 | 2012,(12):57-65 |
| **《现代经济探讨》** | | | | |
| 1 | 国际航运中心发展趋势与实证研究——以天津北方国际航运中心建设为例 | 高伟凯 | 天津市人民政府 | 2012,(7):19-23 |

| 序号 | 文章名称 | 第一作者 | 单位 | 年、卷、期 |
|---|---|---|---|---|
| 2 | 事业单位养老保险的现状和前景 | 文太林 | 河北工业大学 | 2012,(7):37-40 |
| 3 | 我国微型金融体系发展缺失的一环——微金融评级体系及其建设 | 黄树青 | 天津财经大学 | 2012,(7):46-49 |
| 4 | 西方国家地方公共服务市场化的多元谱系与经验借鉴 | 刘维林 | 南开大学 | 2012,(7):88-92 |
| 5 | 农村社区分化背景下的村庄治理 | 杜胜利 | 中国人民武装警察部队学院 | 2012,(11):47-50 |
| 6 | 新生代农民工渐进式市民化必要性和可行性 | 刘洪银 | 天津农学院 | 2012,(12):65-69 |
| 《现代日本经济》 | | | | |
| 1 | 产业空洞化：野田政权面对的经济困局 | 张玉来 | 南开大学 | 2012,(1):3-13 |
| 2 | 野田内阁的能源对策及日本能源利用展望 | 程永明 | 天津社会科学院 | 2012,(2):11-17 |
| 《亚太经济》 | | | | |
| 1 | 中国企业海外资源性投资损失原因探析及对策 | 梁　将 | 南开大学 | 2012,(1):104-108 |
| 2 | 我国装备制造业产业安全评价体系构建与实证研究 | 朱建民 | 天津科技大学 | 2012,(2):110-114 |
| 3 | 中国当前FTA贸易效应分析与比较 | 李荣林 | 南开大学 | 2012,(3):110-114 |
| 4 | 日本参与TPP的政治经济分析 | 刘晨阳 | 南开大学 | 2012,(4):22-26 |
| 5 | 东盟参与“TPP轨道”合作面临的机遇、挑战及战略选择 | 李文韬 | 南开大学 | 2012,(4):27-32 |
| 6 | 中日韩服务贸易结构比较研究 | 曹　标 | 南开大学 | 2012,(4):86-90 |
| 《云南财经大学学报》 | | | | |
| 1 | 《自由中国》的经济思想——“五四”后期人物对经济自由的探索 | 周呈奇 | 南开大学 | 2012,(1):12-18 |
| 2 | 基于模糊评价的EPC风险管理研究——以天津伟力公司天纺节电项目为例 | 吕荣胜 | 天津理工大学 | 2012,(2):153-160 |
| 3 | 后危机时代西方经济理论与经济政策的新变化 | 姜达洋 | 天津商业大学 | 2012,(3):35-41 |
| 4 | 资源诅咒命题在中国各区域成立吗？——基于省际面板数据的实证研究 | 胡　华 | 南开大学 | 2012,(3):84-91 |
| 5 | 从中国“刘易斯转折点”看产业转型与农民就业转型 | 刘洪银 | 天津农学院 | 2012,(4):20-25 |
| 6 | 聚集经济与城市发展——兼议京津双城发展战略及环渤海区域空间结构调整 | 倪方树 | 南开大学 | 2012,(4):56-64 |
| 7 | 利率、信贷与产业资本配置效率 | 李　程 | 天津工业大学 | 2012,(4):87-96 |
| 《证券市场导报》 | | | | |
| 1 | 盈余重述的市场反应及其影响因素研究——基于我国2004—2010年资料的经验分析 | 周晓苏 | 南开大学 | 2012,(3):20-25,32 |
| 2 | 市场竞争的基金治理效应：理论假说与实证检验 | 李学峰 | 南开大学 | 2012,(5):41-46 |
| 3 | 美国个人股票持有结构分析 | 王志军 | 南开大学 | 2012,(6):26-30 |
| 4 | 准则变迁和融资压力对财务报告透明度的影响研究——从贷款企业信息质量看银行业信用风险 | 边　泓 | 南开大学 | 2012,(8):28-35 |
| 5 | 上市公司会计信息质量对市场流动性的影响 | 王春峰 | 天津大学 | 2012,(12):55-60 |
| 6 | 我国上市公司监事会制度的演变趋向——从海外实践的视角 | 谢靖宇 | 天津大学 | 2012,(12):61-66 |
| 《政治经济学评论》 | | | | |
| 1 | 论“生产方式” | 高　峰 | 南开大学 | 2012,3(2):3-38 |
| 2 | 跨越“中等收入陷阱”：经验与对策——一个基于马克思主义经济学的视角 | 乔晓楠 | 南开大学 | 2012,3(3):168-184 |
| 《中国工业经济》 | | | | |
| 1 | 产品架构与功能架构的双重嵌入——本土制造业突破GVC低端锁定的攀升途径 | 刘维林 | 南开大学 | 2012,(1):152-160 |
| 2 | 要素价格扭曲与中国工业企业出口行为 | 施炳展 | 南开大学 | 2012,(2):47-56 |

| 序号 | 文章名称 | 第一作者 | 单位 | 年、卷、期 |
|---|---|---|---|---|
| 3 | 《基于可耗竭资源开发的区域经济发展模式》评介 | 江曼琦 | 南开大学 | 2012,(2):160 |
| 4 | 中国全要素能源效率评价与解构——基于“管理—环境”双重视角 | 李兰冰 | 南开大学 | 2012,(6):57-69 |
| 5 | 政府补贴与企业生产率——基于我国工业企业的经验分析 | 邵　敏 | 南开大学 | 2012,(7):70-82 |
| 6 | 中国国有企业党组织治理效应研究——基于“内部人控制”的视角 | 马连福 | 南开大学 | 2012,(8):82-95 |
| 7 | 经济转轨期中国企业成长的影响因素及其机理分析 | 杜传忠 | 南开大学 | 2012,(11):97-109 |
| 《中国经济史研究》 | | | | |
| 1 | 明代中后期的双轨盐法体制 | 苏新红 | 南开大学 | 2012,(1):81-88 |
| 2 | 东北油坊业与豆油输出(1905—1931) | 刘凤华 | 南开大学 | 2012,(1):130-139 |
| 3 | 纪念吴承明 | 丁长清 | 南开大学 | 2012,(2):22-24 |
| 4 | 忆恩师吴承明先生 | 王玉茹 | 南开大学 | 2012,(2):48-50 |
| 《中国农村观察》 | | | | |
| 1 | 中国寿光市农业和农村社会转型:一个基于个案调查的经济史与政治经济学评论 | 邓宏图 | 南开大学 | 2012,(6):2-11 |
| 《中国农村经济》 | | | | |
| 1 | 自选择、培训与农村居民工资性收入提高 | 宁光杰 | 南开大学 | 2012,(10):49-57 |
| 《中国社会经济史研究》 | | | | |
| 1 | 汉代涉民类丧赐探析 | 张韶华 | 南开大学 | 2012,(4):1-9 |
| 《中国土地科学》 | | | | |
| 1 | 天津市城乡建设用地增减挂钩潜力测算 | 林国斌 | 天津大学 | 2012,26(6):68-72 |
| 2 | 产业集聚、政府作用与工业地价:基于35个大中城市的经验研究 | 王家庭 | 南开大学 | 2012,26(9):12-20 |
| 3 | 基于农户受偿意愿的宅基地退出补偿及影响因素分析——以山东省临清市为例 | 许恒周 | 天津大学 | 2012,26(10):75-81 |
| 《中南财经政法大学学报》 | | | | |
| 1 | 偏好、技术与环境库兹涅茨曲线 | 李时兴 | 天津财经大学 | 2012,(1):31-38 |
| 2 | 竞争、偏好与信贷契约治理效率——基于比较制度实验的研究 | 任广乾 | 南开大学 | 2012,(1):39-47 |
| 3 | 金融发展与中国省区制造业出口的二元边际 | 陈　磊 | 南开大学 | 2012,(1):71-77 |
| 4 | 自然资源丰裕度与中国区域经济增长——对“资源诅咒”假说的质疑 | 孙大超 | 南开大学 | 2012,(1):84-89 |
| 5 | 代工合作、知识转移与技术学习 | 陈国绪 | 天津大学 | 2012,(1):122-127 |
| 6 | 金融发展与技术创新的良性互动:理论与实证 | 张元萍 | 天津财经大学 | 2012,(2):67-73,92 |
| 7 | 隐含资本成本估计方法的适用性问题——以中国上市公司为例 | 孙会国 | 天津大学 | 2012,(4):87-93 |
| 8 | 国有企业高管薪酬结构对费用粘性的影响研究 | 赵　息 | 天津大学 | 2012,(4):114-120 |
| 9 | 金融衍生品定价规制的法经济学分析 | 冯　博 | 天津财经大学 | 2012,(5):50-54 |
| 10 | 管理者才能、公司控制力与高管薪酬——来自中国A股上市公司的证据 | 袁根根 | 天津财经大学 | 2012,(5):95-101 |
| 11 | 所得税改革、会计—税收差异与会计稳健性 | 车　菲 | 天津财经大学 | 2012,(6):93-99 |
| 《中央财经大学学报》 | | | | |
| 1 | 资产价格波动、银行信贷与金融稳定 | 马亚明 | 天津财经大学 | 2012,(1):45-51 |
| 2 | 基于多目标规划的产险公司资本管理与资产配置 | 王丽珍 | 南开大学 | 2012,(1):64-69 |
| 3 | 商业银行产业链金融探析 | 朱　磊 | 天津科技大学 | 2012,(2):23-27,85 |
| 4 | 制度变迁、人力资本积累与全要素生产率增长——基于动态面板和脉冲反应的实证研究 | 梁　超 | 南开大学 | 2012,(2):58-64,96 |

| 序号 | 文章名称 | 第一作者 | 单位 | 年、卷、期 |
|---|---|---|---|---|
| 5 | 东亚货币联盟构建成本的经济学分析及其前景 | 王小雪 | 天津财经大学 | 2012,(3):39-45 |
| 6 | 基于高端物流平台与海洋经济联动的路径研究 | 罗永泰 | 天津财经大学 | 2012,(5):48-52 |
| 7 | 基于财富效用和财政收支结构的经济增长研究 | 邹卫星 | 天津财经大学 | 2012,(6):1-7 |
| 8 | 基于当前结构性融资运作机制的策略研究 | 王丽英 | 天津财经大学 | 2012,(6):29-34 |
| 9 | 城市化对服务业发展的影响机理及其实证研究——基于中国省际数据的动态面板分析 | 曾淑婉 | 南开大学 | 2012,(6):60-66 |
| 10 | 风险投资机构中普通合伙人激励机制创新研究 | 刘晓纯 | 天津大学 | 2012,(6):92-96 |
| 11 | 社会性别预算的焦作试验——三论社会性别预算在中国的推广 | 马蔡琛 | 南开大学 | 2012,(9):1-6 |
| 12 | 欧债危机背景下中国对欧盟直接投资的机遇 | 李秀芳 | 天津财经大学 | 2012,(9):72-77 |
| 政治学 | | | | |
| 《北京行政学院学报》 | | | | |
| 1 | 环渤海港口合作机制研究——以合作博弈理论为视角 | 李　燕 | 天津行政学院 | 2012,(3):81-84 |
| 2 | 中国食品安全地方标准法律制度研究 | 宋华琳 | 南开大学 | 2012,(6):14-19 |
| 《当代亚太》 | | | | |
| 1 | 国际规范、团体认同与国内制度改革——以中国加入 FATF 为例 | 刘兴华 | 南开大学 | 2012,(4):4-32 |
| 2 | 东南亚国家的经济外交与地区安全秩序的重塑 | 阎　梁 | 南开大学 | 2012,(4):100-112 |
| 《德国研究》 | | | | |
| 1 | 德国海盗党的兴起及其影响 | 杜卫华 | 南开大学 | 2012,27(2):32-41 |
| 《东北亚论坛》 | | | | |
| 1 | 世界粮食危机与中国粮食安全 | 徐振伟 | 南开大学 | 2012,(3):28-35 |
| 《东南亚研究》 | | | | |
| 1 | 东南亚国家经济外交的策略研究 | 阎　梁 | 南开大学 | 2012,(4):20-26 |
| 《俄罗斯中亚东欧研究》 | | | | |
| 1 | 复苏与改革：中东欧尚未完结的转型之路——欧洲复兴开发银行 2010 年《转型报告》评述 | 孙景宇 | 南开大学 | 2012,(1):60-67 |
| 《妇女研究论丛》 | | | | |
| 1 | 女性主义政治哲学视野中的性别正义 | 高景柱 | 天津师范大学 | 2012,(1):5-11 |
| 2 | 民初北京婢女救济初探——以 1912—1937 年官方救济活动为中心 | 孙高杰 | 南开大学 | 2012,(1):51-55,70 |
| 3 | 女性高校毕业生工作满意度影响因素分析 | 张再生 | 天津大学 | 2012,(2):52-58 |
| 4 | 论明清女性再婚的动因及其法律规制 | 任晓兰 | 天津财经大学 | 2012,(2):67-71 |
| 5 | 近 10 年唐宋妇女史研究的回顾与反思 | 王　申 | 南开大学 | 2012,(2):109-115 |
| 6 | 社会性别统计在提高政府服务职能中的应用 | 陈淑梅 | 天津市经济贸易进修学院 | 2012,(4):36-45 |
| 7 | 移步换形，别有洞天——评《中国古代文学与文化的性别审视》兼论女性主义理论的本土化问题 | 陈千里 | 南开大学 | 2012,(4):117-120 |
| 8 | “中日韩女性问题”国际学术研讨会综述 | 李　敏 | 南开大学 | 2012,(6):98-99 |
| 9 | “性别”：在“文化政治”的视野中——评董丽敏《性别、语境与书写的政治》 | 乔以钢 | 南开大学 | 2012,(6):114-115,118 |
| 《公共行政评论》 | | | | |
| 1 | 中国自然灾害应急管理自适应系统研究 | 闫章荟 | 天津财经大学 | 2012,5(4):173-177 |
| 《国际论坛》 | | | | |
| 1 | 中国政府对外优惠贷款的现状及前景 | 胡建梅 | 河北工业大学 | 2012,14(1):49-54 |
| 2 | 人道主义干涉的历史进程评析 | 黄海涛 | 南开大学 | 2012,14(4):1-6 |

| 序号 | 文章名称 | 第一作者 | 单位 | 年、卷、期 |
|---|---|---|---|---|
| 《国际政治研究》 | | | | |
| 1 | 冷战时期美国对智利阿连德政府的政策 | 贺 喜 | 天津外国语大学 | 2012,33(2):143-159 |
| 2 | 社会网络、结构分析与国际关系——评《国家间网络:国际网络的演变、结构和影响,1816—2001》 | 陈 冲 | 南开大学 | 2012,33(2):160-172 |
| 《国家行政学院学报》 | | | | |
| 1 | 我国社会预警体系建设的纠结及其破解 | 阎耀军 | 天津工业大学 | 2012,(4):89-93 |
| 《理论探索》 | | | | |
| 1 | 规范行政承诺的几方面思路 | 李婷婷 | 南开大学 | 2012,(1):126-128,140 |
| 2 | 判例标题的结构与功能——以最高法院公报的民事判例为主要素材 | 刘风景 | 南开大学 | 2012,(1):129-132 |
| 3 | 马克思主义的初始传播语境及其影响 | 李少斐 | 天津社会科学院 | 2012,(2):18-20,60 |
| 4 | 核心价值体系建设:建设文化强国的根本任务 | 平章起 | 南开大学 | 2012,(2):31-33 |
| 5 | 党的八大对党的纯洁性教育的启示 | 李朝阳 | 天津师范大学 | 2012,(2):61-64 |
| 6 | 提升区域文化产业竞争力的途径 | 李 慧 | 天津职业技术师范大学 | 2012,(2):100-102 |
| 7 | 有限合伙制私募股权基金公司治理的法律机制构建——基于中小投资者利益保护的视角 | 万国华 | 南开大学 | 2012,(2):127-131 |
| 8 | 文化优化及其尺度 | 苗 伟 | 天津社会科学院 | 2012,(3):19-23 |
| 9 | 人民币国际化进程:问题与方向 | 李秀芳 | 天津财经大学 | 2012,(3):81-84 |
| 10 | 完善无形资产转让定价税收政策 | 马蔡琛 | 南开大学 | 2012,(5):59-61 |
| 11 | 工程承包商融资信用风险评价指标的构建 | 夏立明 | 天津理工大学 | 2012,(5):69-71 |
| 12 | 强化出租车行业的政府监管——基于24起罢运事件的分析 | 韦长伟 | 南开大学 | 2012,(5):108-112 |
| 13 | 论中国"文化走出去" | 张殿军 | 中共天津市委党校 | 2012,(6):10-13,24 |
| 14 | 美国的卫生保健服务体系建构及其启示 | 张 瑞 | 南开大学 | 2012,(6):95-99 |
| 15 | 我国现阶段的公共冲突及其治理 | 常 健 | 南开大学 | 2012,(6):103-107 |
| 《理论探讨》 | | | | |
| 1 | 论公共领域对构建社会主义和谐社会的独特作用 | 杨仁忠 | 天津师范大学 | 2012,(1):62-66 |
| 2 | 农民工向工人阶级转化与党的执政安全论析 | 李朝阳 | 天津师范大学 | 2012,(1):109-113 |
| 3 | 马克思主义中国化的民族诉求与人类诉求 | 余金成 | 天津师范大学 | 2012,(3):24-28 |
| 4 | 多民族国家两种治道的冲突:苏联共产党在族际政治整合上的教训分析 | 常士訚 | 天津师范大学 | 2012,(3):113-116 |
| 5 | 唯一的分配正义原则存在吗?——沃尔泽对罗尔斯公平正义理论的批判 | 王培培 | 南开大学 | 2012,(5):64-67 |
| 6 | 公民参与社会管理创新的机制与对策研究 | 张再生 | 天津大学 | 2012,(5):137-140 |
| 《理论学刊》 | | | | |
| 1 | 山东半岛蓝色经济区的港口发展战略 | 冯 瑞 | 天津大学 | 2012,(1):59-62 |
| 2 | 当代中国马克思主义大众化的动力机制探析 | 赵铁锁 | 南开大学 | 2012,(3):18-20 |
| 3 | 邓小平论中国形象的变迁 | 李朝阳 | 天津师范大学 | 2012,(3):21-25 |
| 4 | 思想政治教育学科建设科学化论析 | 平章起 | 南开大学 | 2012,(3):77-81 |
| 5 | 论鲍德里亚对历史规律的"解构" | 董新春 | 天津师范大学 | 2012,(5):123-126 |
| 6 | 马克思主义时代化的文化视角及其运用——解读苏联解体与中国改革 | 余金成 | 天津师范大学 | 2012,(6):10-19 |
| 7 | 党的宣传思想工作转变研究综述 | 寇清杰 | 南开大学 | 2012,(6):20-24 |
| 8 | 产品成本系统复杂度和有效性关系研究 | 赵 息 | 天津大学 | 2012,(7):44-47 |
| 9 | 毛泽东"凡事有经有权"的思想方法 | 张 健 | 南开大学 | 2012,(9):24-27 |

| 序号 | 文章名称 | 第一作者 | 单位 | 年、卷、期 |
|---|---|---|---|---|
| 10 | 山东省纺织产业集群创新发展态势分析 | 郭明泉 | 天津大学 | 2012,(9):48-51 |
| 11 | 西汉火德疑案新解 | 陈启云 | 南开大学 | 2012,(10):89-93 |
| 12 | 欠发达地区城镇化与县域经济发展 | 赵润田 | 天津大学 | 2012,(11):48-51 |
| 13 | 学术史视野下的清代易学 | 杨效雷 | 天津师范大学 | 2012,(11):72-76 |
| 《美国研究》 | | | | |
| 1 | 如何看待美国的软实力 | 孔祥永 | 天津师范大学 | 2012,26(2):7-28 |
| 《南洋问题研究》 | | | | |
| 1 | 17世纪末法国与暹罗外交的斡旋者—塔查尔 | 吕　颖 | 南开大学 | 2012,(2):95-102 |
| 《欧洲研究》 | | | | |
| 1 | 欧盟、美国对伊朗的经济制裁：政策分歧及其弥合 | 阎　梁 | 南开大学 | 2012,30(3):101-115 |
| 《青年研究》 | | | | |
| 1 | 偶像的建构与祛魅：媒介镜像中的韩寒(2000—2012) | 王　芳 | 天津外国语大学 | 2012,(6):34-42 |
| 《求实》 | | | | |
| 1 | 农民分化对政治发展的影响机制研究 | 刘建军 | 南开大学 | 2012,(1):84-88 |
| 2 | 中国特色社会主义道德建设思想逻辑起点阐析 | 刘孜勤 | 天津工业大学 | 2012,(3):33-36 |
| 3 | 邓小平党的形象观论析 | 李朝阳 | 天津师范大学 | 2012,(8):17-20 |
| 《求是》 | | | | |
| 1 | 扭住中心不动摇，科学发展创新业 | 中共天津市委理论学习中心组 | 中共天津市委理论学习中心组 | 2012,(1):15-17 |
| 2 | 培育南开特色的大学精神 | 薛进文 | 南开大学 | 2012,(6):29-30 |
| 3 | 迈向世界一流大港的科学发展之路——纪念天津新港重新开港60周年 | 中共天津港(集团)有限公司党委 | 中共天津港（集团）有限公司 | 2012,(14):33-34 |
| 《日本学刊》 | | | | |
| 1 | 日本政治改革后政党体质的变化 | 曲　静 | 南开大学 | 2012,(1):22-34 |
| 2 | 试论当代日本的教育国际化 | 臧佩红 | 南开大学 | 2012,(1):90-101 |
| 3 | 朱谦之的日本哲学思想研究 | 刘岳兵 | 南开大学 | 2012,(1):118-131 |
| 4 | 从振兴内容产业看日本国家软实力资源建设 | 平力群 | 天津社会科学院 | 2012,(2):128-144 |
| 5 | 直面拐点：历史视野下中日关系的演进与现实思考 | 杨栋梁 | 南开大学 | 2012,(6):20-35 |
| 《上海行政学院学报》 | | | | |
| 1 | 政府间财政平衡体系与府际关系的调整——以统一后的德国为例 | 罗湘衡 | 南开大学 | 2012,13(2):49-60 |
| 2 | 从体制改革到机制调整："大部门体制"深度推进的应然逻辑 | 张　翔 | 南开大学 | 2012,13(2):61-68 |
| 3 | 我国地方投融资平台债务运行现状及其治理之道 | 张　平 | 天津财经大学 | 2012,13(2):95-102 |
| 《世界经济与政治》 | | | | |
| 1 | 国际调停发生的讨价还价模型：一种定量检验 | 卢　璟 | 南开大学 | 2012,(5):58-81 |
| 2 | 论跨国倡议网络的作用——以美国和墨西哥劳工运动合作为例 | 韩召颖 | 南开大学 | 2012,(7):64-79 |
| 《探索》 | | | | |
| 1 | 民主的回归——从选举民主到过程民主 | 程同顺 | 南开大学 | 2012,(1):53-59 |
| 2 | 胡锦涛民生思想对推进马克思主义大众化的意义 | 于伟峰 | 河北工业大学 | 2012,(2):8-12 |
| 3 | 传统政治生态与中国特色社会主义政治体制建设 | 黄　燕 | 天津工业大学 | 2012,(2):76-79 |
| 4 | 中国化马克思主义：国家文化软实力的核心 | 闫海潮 | 天津财经大学 | 2012,(3):4-10 |
| 5 | 当代中国意识形态话语权研究述评 | 杨　昕 | 天津社会科学院 | 2012,(3):19-24 |

| 序号 | 文章名称 | 第一作者 | 单位 | 年、卷、期 |
| --- | --- | --- | --- | --- |
| 6 | 保持党的纯洁性的警示——一些大党、老党失去长期执政地位的教训 | 李朝阳 | 天津师范大学 | 2012,(3):37-41 |
| 7 | 适应外商投资企业的党建工作运行新机制构建 | 刘　畅 | 天津财经大学 | 2012,(6):36-41 |
| 8 | 我国非营利组织财务管理问题研究 | 马立群 | 天津工业大学 | 2012,(5):105-108 |
| 《外交评论(外交学院学报)》 | | | | |
| 1 | 信仰与政治：尼布尔国际关系思想的基础 | 杨吉平 | 南开大学 | 2012,29(1):145-154 |
| 2 | 当今中国的外交政策：谁在制定？谁在影响？——基于国内行为体的视角 | 王存刚 | 天津师范大学 | 2012,29(2):1-18 |
| 3 | 国际政治中的联合阵线 | 刘　丰 | 南开大学 | 2012,29(5):56-67 |
| 《现代国际关系》 | | | | |
| 1 | 理性审视当前东北亚局势的新变化 | 吴志成 | 南开大学 | 2012,(1):12-14 |
| 2 | 朝鲜政局与中国的东北亚战略 | 刘兴华 | 南开大学 | 2012,(1):18-20 |
| 《新视野》 | | | | |
| 1 | 我国食品安全监管机构的可问责性分析 | 檀秀侠 | 天津师范大学 | 2012,(1):74-77 |
| 2 | 论近代日本右翼的勃兴 | 吴　限 | 南开大学 | 2012,(3):125-128 |
| 《政治学研究》 | | | | |
| 1 | 中国人民拒绝自由主义，接受共产主义的文化基因 | 徐大同 | 天津师范大学 | 2012,(3):14-19 |
| 2 | 价值多元论与自由主义——论伯林遇到的挑战及晚年思想的转变 | 马德普 | 天津师范大学 | 2012,(3):41-49 |
| 3 | 霍布豪斯问题与当代西方宪政民主理论的权利困境 | 佟德志 | 天津师范大学 | 2012,(5):66-71 |
| 4 | 多民族国家族际政治整合理论的创新——评《多民族国家的族际政治整合》 | 高　建 | 天津师范大学 | 2012,(5):127-128 |
| 《中共党史研究》 | | | | |
| 1 | 追忆西安事变的见闻 | 魏宏运 | 南开大学 | 2012,(4):121-123 |
| 2 | 劳力·平等·性别：集体化时期太行山区的男女“同工同酬” | 李金铮 | 南开大学 | 2012,(7):53-61 |
| 《中共中央党校学报》 | | | | |
| 1 | 文化发展繁荣中的大学使命 | 薛进文 | 南开大学 | 2012,16(3):78-82,48 |
| 2 | 文化产业竞争力及其评价 | 傅利平 | 天津大学 | 2012,16(4):106-108 |
| 《中国青年研究》 | | | | |
| 1 | 社会消费视域下青年价值观的发展与嬗变 | 王丽君 | 天津商业大学 | 2012,(4):55-59 |
| 2 | 未成年人犯罪特征十年比较——基于两次全国未成年犯调查 | 关　颖 | 天津社会科学院 | 2012,(6):47-52 |
| 3 | 当前高校师德建设的主要问题与解决路径研究 | 杨万义 | 天津商业大学 | 2012,(9):75-78 |
| 4 | 中国社会发展的阶段性特征与当代大学生的思想观念冲突 | 李　伟 | 南开大学 | 2012,(12):22-27 |
| 5 | “留守儿童”福利供应的定量研究——基于四川省兴文县的实证调研 | 万国威 | 南开大学 | 2012,(12):43-49,106 |
| 6 | 当前五种文化雅俗观评析 | 张九海 | 天津理工大学 | 2012,(12):64-68 |
| 7 | 当心，盲目炒股“炒”焦了心 | 马志国 | 天津市宝坻区邮政16信箱 | 2012,(12):107-109 |
| 法　学 | | | | |
| 《比较法研究》 | | | | |
| 1 | 中美刑事诉讼中口供排除规则之比较 | 杨文革 | 南开大学 | 2012,(3):89-99 |
| 《当代法学》 | | | | |
| 1 | 论空难致第三人的精神损害赔偿 | 郝秀辉 | 中国民航大学 | 2012,26(1):119-125 |
| 2 | 论国际法学家对国际关系学科的理论贡献 | 王　黎 | 南开大学 | 2012,26(3):123-130 |
| 《法学》 | | | | |
| 1 | 人类基因信息权益的本权配置 | 郭明龙 | 天津师范大学 | 2012,(2):94-102 |

| 序号 | 文章名称 | 第一作者 | 单位 | 年、卷、期 |
|---|---|---|---|---|
| 2 | 美国对华贸易政策的法律实施 | 左海聪 | 南开大学 | 2012,(5):106-113 |
| **《法学论坛》** | | | | |
| 1 | 故意伤害罪新论 | 郑泽善 | 南开大学 | 2012,27(1):59-66 |
| 2 | 中国专利创造性条件的改进建议 | 管荣齐 | 天津工业大学 | 2012,27(3):149-154 |
| 3 | 再论法学对哲学诠释学的继受 | 王　彬 | 南开大学 | 2012,27(5):71-77 |
| **《法学评论》** | | | | |
| 1 | 论我国国际私法法律适用的确定性与灵活性 | 孙　建 | 南开大学 | 2012,30(2):113-119 |
| 2 | 船舶优先权消灭效力研究 | 胡绪雨 | 南开大学 | 2012,30(3):48-56 |
| **《法学杂志》** | | | | |
| 1 | 沉默权之赋予与证明标准之转型 | 杨文革 | 南开大学 | 2012,33(1):19-25 |
| 2 | 论检察权的配置 | 张铁英 | 天津市人民检察院第二分院 | 2012,33(1):132-136 |
| 3 | 如实回答与沉默权的功能主义分析与文化解释 | 白　冬 | 天津财经大学 | 2012,33(2):113-118 |
| 4 | 美国企业并购中涉税影响的评介 | 孙晓妍 | 天津财经大学 | 2012,33(2):159-162 |
| 5 | 法学视野下的人工器官产品研究 | 何　悦 | 天津大学 | 2012,33(3):77-82 |
| 6 | 以检察室为载体延伸检察机关法律监督职能问题的思考 | 天津市人民检察机关联合课题组 | 天津市人民检察院 | 2012,33(3):135-139 |
| 7 | 明代文官犯罪检举路径初探 | 张　宜 | 天津师范大学 | 2012,33(6):89-93 |
| 8 | 大学生实习劳动关系认定探微 | 李培智 | 河北工业大学 | 2012,33(6):122-125 |
| 9 | 区域经济一体化进程中法院执行协助问题研究——以环渤海地区法院之间的委托执行为例 | 王者洁 | 天津工业大学 | 2012,33(6):137-141 |
| 10 | 法院裁判文书中的法条引用问题研究 | 郭春明 | 天津师范大学 | 2012,33(7):136-140 |
| **《法制与社会发展》** | | | | |
| 1 | 司法解释放弃定义具体行政行为的策略检讨 | 闫尔宝 | 南开大学 | 2012,18(4):15-30 |
| **《华东政法大学学报》** | | | | |
| 1 | 论韩国信用卡业法律监管的特色——兼评《韩国信贷金融业法》的最新修正 | 崔金珍 | 天津财经大学 | 2012,(1):62-67 |
| 2 | 恩斯特·弗罗因德与美国早期行政法学 | 宋华琳 | 南开大学 | 2012,(5):130-144 |
| **《环球法律评论》** | | | | |
| 1 | 我国宪法变迁的特点 | 魏健馨 | 南开大学 | 2012,(6):42-44 |
| 2 | 论辩护律师的民事责任 | 吴纪奎 | 天津市高级人民法院 | 2012,(6):82-96 |
| **《现代法学》** | | | | |
| 1 | 洪武年间《大明律》编纂与适用 | 柏　桦 | 南开大学 | 2012,34(2):10-20 |
| **《行政法学研究》** | | | | |
| 1 | 《国有土地上房屋征收与补偿条例》第25条分析 | 闫尔宝 | 南开大学 | 2012,(1):90-96 |
| **《政法论坛：中国政法大学学报》** | | | | |
| 1 | 国际海商事公约的效力基础 | 胡绪雨 | 南开大学 | 2012,30(2):144-151 |
| **《政治与法律》** | | | | |
| 1 | 侵权补充责任类型的反思与重定 | 刘海安 | 中国民航大学 | 2012,(2):121-131 |
| **《知识产权》** | | | | |
| 1 | 知识产权法定主义与公共利益维护 | 王宏军 | 天津商业大学 | 2012,(5):36-41 |
| 2 | “不劳而获”的现实与“公平正义”的神话？——原王老吉凉茶特有包装、装潢利益归属法律分析 | 向　波 | 南开大学 | 2012,(12):44-49 |

| 序号 | 文章名称 | 第一作者 | 单位 | 年、卷、期 |
|---|---|---|---|---|
| 《中国法学》 | | | | |
| 1 | 论专利侵权赔偿损失的归责原则 | 张 玲 | 南开大学 | 2012,(2):119-130 |
| | 社会学 | | | |
| 《南方人口》 | | | | |
| 1 | 建国初妇女解放中的自杀现象——以福建省惠安县妇女集体自杀为考察对象 | 汪炜伟 | 南开大学 | 2012,27(3):23-31 |
| 2 | 家庭收入是否影响子女教育水平——基于 CHNS 数据的实证研究 | 李雅楠 | 南开大学 | 2012,27(4):45,46-53 |
| 《人口学刊》 | | | | |
| 1 | 我国三类人群社会福利现状的定量研究 | 万国威 | 南开大学 | 2012,(3):42-52 |
| 《人口研究》 | | | | |
| 1 | 家庭因素对中国儿童健康的影响分析 | 王 芳 | 南开大学 | 2012,36(2):50-59 |
| 2 | 广义线性模型在生命表死亡率修匀中的应用 | 张连增 | 南开大学 | 2012,36(3):89-103 |
| 3 | 我国家庭政策的发展路径与目标选择 | 陈卫民 | 南开大学 | 2012,36(4):29-36 |
| 4 | 家庭发展能力建设的政策路径分析 | 吴 帆 | 南开大学 | 2012,36(4):37-44 |
| 5 | 推迟退休有利于缓解老龄问题 | 原 新 | 南开大学 | 2012,36(6):28-33 |
| 《人口与发展》 | | | | |
| 1 | 破冰之难——评中国的户籍改革“新政” | 李建民 | 南开大学 | 2012,18(2):18-20 |
| 2 | 刍议当前农村家庭养老中的新性别差异——对晋东S村的实地调查 | 高 华 | 天津理工大学 | 2012,18(2):72-81 |
| 《人口与经济》 | | | | |
| 1 | 从“民工荒”看我国“刘易斯转折点”与农民就业转型 | 刘洪银 | 天津农学院 | 2012,(1):30-35 |
| 2 | 养老金正常调整机制与养老负担关系分析 | 施 岚 | 南开大学 | 2012,(3):77-83,90 |
| 《社会》 | | | | |
| 1 | 生成图式与反思理性：解析布迪厄的知识社会学理论 | 赵万里 | 南开大学 | 2012,32(2):33-50 |
| 2 | 流散研究的兴起及其基本动向 | 朱敬才 | 中国民航大学 | 2012,32(4):194-213 |
| 《社会学研究》 | | | | |
| 1 | 利益分化与居民参与——转型期中国城市基层社会管理的困境及其理论转向 | 王 星 | 南开大学 | 2012,27(2):20-34 |
| 《西北人口》 | | | | |
| 1 | 城镇化过程中农民“带土进城”与农地权益保护 | 刘洪银 | 南开大学 | 2012,33(1):33-36 |
| 2 | 河北省新农保试点推进中的难点问题研究 | 张金峰 | 河北工业大学 | 2012,33(1):91-93 |
| 3 | 中国孩子质量与数量的替代关系现状分析——基于分位数回归方法 | 王 芳 | 南开大学 | 2012,33(3):12-16,22 |
| 4 | 要素积累、TFP、人力资本？——区域经济增长源泉分析 | 周彩云 | 天津财经大学 | 2012,33(5):84-89,100 |
| 《中国人口科学》 | | | | |
| 1 | 中国少儿教育福利省际均衡性研究 | 万国威 | 南开大学 | 2012,(1):82-93 |
| 2 | 人口结构、城镇化与碳排放——基于跨国面板数据的实证研究 | 王 芳 | 南开大学 | 2012,(2):47-56 |
| 3 | 城市工资上涨、劳动力转移与投资拉动增长方式——基于中国地级城市面板数据的分析 | 徐 清 | 南开大学 | 2012,(4):25-34 |
| 4 | 技术技能结构、人力资本构成与中国地区经济差距 | 李飞跃 | 南开大学 | 2012,(4):35-46 |
| 民族学与文化学 | | | | |
| 《广西民族大学学报(哲学社会科学版)》 | | | | |
| 1 | 封面学者：袁同凯教授 | 陈 石 | 南开大学 | 2012,(4):1 |
| 2 | 和谐教育研究概述：以部分西方学者为例 | 袁同凯 | 南开大学 | 2012,(4):17-23 |

| 序号 | 文章名称 | 第一作者 | 单位 | 年、卷、期 |
|---|---|---|---|---|
| 《广西民族研究》 | | | | |
| 1 | 文化民族与政治民族：理论、应用及反思 | 郝亚明 | 南开大学 | 2012,(2):15-21 |
| 《贵州民族研究》 | | | | |
| 1 | 城市民族工作社会化与多元复合型社会管理体制的构建 | 柳建文 | 南开大学 | 2012,(4):6-10 |
| 2 | 协商民主视野的族际政治与民族区域自治制度的完善和创新 | 张殿军 | 南开大学 | 2012,(6):8-13 |
| 《民俗研究》 | | | | |
| 1 | 《耿村民间故事集》中的一组“聊斋故事”——兼论民间叙事与文人叙事的比较研究 | 李丽丹 | 天津师范大学 | 2012,(2):34-46 |
| 2 | 从习以为常发现历史：“中国日常生活史的多样性”国际学术研讨会综述 | 张传勇 | 南开大学 | 2012,(2):156-158 |
| 3 | 信俗、日常生活与社会空间——以漳州市区妈祖信俗的田野调查为例 | 许哲娜 | 天津社会科学院 | 2012,(5):79-88 |
| 《民族研究》 | | | | |
| 1 | 族群冲突与制度设计：协和民主模式与聚合模式的理论比较 | 左宏愿 | 南开大学 | 2012,(5):12-21 |
| 2 | 唐支讷家族迁葬洛阳事考——一个小月氏胡人家族的官僚化历程 | 张　葳 | 天津师范大学 | 2012,(5):63-73 |
| | 城市与移民：西方族际居住隔离研究述论 | 郝亚明 | 南开大学 | 2012,(6):12-24 |
| 《世界民族》 | | | | |
| 1 | 国家认同、爱国主义与民族主义——国外近期实证研究综述 | 马得勇 | 南开大学 | 2012,(3):8-16 |
| 《西北民族研究》 | | | | |
| 1 | 口述史给非物质文化遗产研究提供的新视角 | 王小明 | 天津大学 | 2012,(3):99-104 |
| 2 | 对马来西亚原住民的研究——写在陈志明教授即将荣休之际 | 袁同凯 | 南开大学 | 2012,(3):124-130 |
| 《西南民族大学学报(人文社科版)》 | | | | |
| 1 | 转型中国城市民族意识的概念、特征与功能探析 | 杨鹍飞 | 南开大学 | 2012,33(7):20-24 |
| 2 | 贸易自由化、企业异质性与空间集聚——探寻中国经济增长影响因素的经验研究 | 郝寿义 | 南开大学 | 2012,33(7):101-108 |
| 3 | 大学生金钱心理特征与不道德工作行为可能性关系研究 | 杜林致 | 南开大学 | 2012,33(11):80-84 |
| 《云南民族大学学报(哲学社会科学版)》 | | | | |
| 1 | 多民族国家的民族关系模式研究 | 高响鸣 | 南开大学 | 2012,29(2):53-57 |
| 2 | 老挝基础教育改革述评 | 袁同凯 | 南开大学 | 2012,29(6):121-125 |
| 《中南民族大学学报(人文社会科学版)》 | | | | |
| 1 | 美国民族政策公众评价理论研究综述 | 邓　艾 | 南开大学 | 2012,32(3):35-41 |
| 《中央民族大学学报(哲学社会科学版)》 | | | | |
| 1 | 梯玛信仰与叶梅的小说世界 | 傅钱余 | 南开大学 | 2012,39(1):126-130 |
| | 新闻学与传播学 | | | |
| 《编辑之友》 | | | | |
| 1 | 媒介融合中学术期刊的功能缺失及应对 | 梁小建 | 南开大学 | 2012,(2):58-59 |
| | 数字化作品版权保护技术措施与法律规制 | 蔡晓东 | 天津商业大学 | 2012,(3):111-113,115 |
| | 浅谈动漫出版物装帧设计的新思路 | 刘　博 | 天津理工大学 | 2012,(5):109-111 |
| 《出版发行研究》 | | | | |
| 1 | 儿童绘本中性别教育理念的突破——兼论对中国童书出版的启示 | 陈　宁 | 南开大学 | 2012,(5):5-9 |
| 《出版科学》 | | | | |
| 1 | 试论网络经营者的“避风港规则” | 马瑞洁 | 南开大学 | 2012,20(1):58-60 |
| 2 | 文化自觉时代，重申编辑的人生境界修养 | 时世平 | 天津社会科学院 | 2012,20(4):24-27 |

| 序号 | 文章名称 | 第一作者 | 单位 | 年、卷、期 |
|---|---|---|---|---|
| 《当代传播》 | | | | |
| 1 | 微博问政的多元学理视角观照 | 刘 杨 | 南开大学 | 2012,(3):15-20,25 |
| 2 | 国外政治家使用社会化媒体的策略分析 | 阮璋琼 | 天津工业大学 | 2012,(3):85-86 |
| 3 | 传统电视的网络转载及受众诉求 | 陈立强 | 天津师范大学 | 2012,(4):105-106 |
| 4 | 从政治依附到形式独立——以全景式视角看媒体与政治的关系 | 孙永兴 | 中共天津市委党校 | 2012,(6):24-25,30 |
| 《国际新闻界》 | | | | |
| 1 | 梁启超舆论观之演变及其成因 | 李秀云 | 天津师范大学 | 2012,34(3):103-108 |
| 《科技与出版》 | | | | |
| 1 | 注重细节,精益求精——记获奖图书《实现高效率学习的认知科学基础研究丛书》编辑体会 | 宋庆伟 | 天津科学技术出版社有限公司 | 2012,(1):50-52 |
| 2 | 隆起版权保护的“牛鼻子” | 曹 真 | 天津市滨海新区人民法院 | 2012,(2):44-46 |
| 3 | 一稿多投的社会规制 | 张 晨 | 天津师范大学 | 2012,(7):78-79 |
| 4 | 科技论文参考文献的核实、规范与优选 | 程晓英 | 天津工业大学 | 2012,(8):51-53 |
| 5 | 数字出版环境下高校实验室类期刊的现状与发展策略 | 郑 爽 | 实验室科学杂志社 | 2012,(8):101-103 |
| 《现代传播(中国传媒大学学报)》 | | | | |
| 1 | 论构建基层法院工作的网络舆情应对机制 | 危 怡 | 天津师范大学 | 2012,34(4):147-148 |
| 2 | 互联网体育赛事直播的文本形态及传播策略 | 陈立强 | 天津师范大学 | 2012,34(10):64-67 |
| 《新闻与传播研究》 | | | | |
| 1 | 网络时代的媒介权力结构与社会利益变迁——以当代中国社会意识形态为视角 | 刘卫东 | 天津师范大学 | 2012,(2):20-27 |
| 《中国出版》 | | | | |
| 1 | 微博小说及其出版前景 | 杨 会 | 天津理工大学 | 2012,(14):53-55 |
| 《中国科技期刊研究》 | | | | |
| 1 | 试论科普期刊参与科普资源共建共享的新机制 | 梁小建 | 南开大学 | 2012,23(1):19-22 |
| 2 | 2004—2010年中国科技期刊主要计量指标变化分析 | 王新英 | 天津大学 | 2012,23(1):51-55 |
| 3 | 基于XML的In Design期刊排版文件标记与转换处理实践 | 王 玥 | 天津医科大学 | 2012,23(1):94-97 |
| 4 | 新形势下海洋科技期刊市场的完善与创新——以《海洋文摘》改刊和《百科探秘·海底世界》创刊为例 | 李 雪 | 国家海洋信息中心 | 2012,23(3):460-463 |
| 5 | 科技论文题名字数统计分析及建议 | 李宏伟 | 解放军武警后勤学院 | 2012,23(5):821-824 |
| 图书馆、情报与文献学 | | | | |
| 《大学图书馆学报》 | | | | |
| 1 | 虚拟图书馆员——Lib3.0环境下的新型馆员 | 柯 平 | 南开大学 | 2012,30(3):24-29 |
| 《档案学通讯》 | | | | |
| 1 | 档案的文化之“殇”——兼论档案馆的文化功能 | 高 鹏 | 天津市档案馆 | 2012,(3):19-22 |
| 2 | 从全宗补充形式的视角审视全宗构成条件的悖论 | 祝庆轩 | 天津师范大学 | 2012,(5):29-32 |
| 3 | 我国档案“后保管”模式研究综述 | 马帅章 | 天津师范大学 | 2012,(5):32-36 |
| 《档案学研究》 | | | | |
| 1 | 信息技术因素影响下档案学思维方式和研究视角的转变 | 李 健 | 天津师范大学 | 2012,(2):14-17 |
| 2 | 以ERP电子文件在线归档为契机创新推进企业档案信息化建设 | 刘华萍 | 中石化股份天津分公司 | 2012,(3):70-73 |
| 《国家图书馆学刊》 | | | | |
| 1 | 来新夏先生图书馆学思想与成就研究 | 徐建华 | 南开大学 | 2012,(3):3-8 |
| 2 | 论知识组织的十大原则 | 王知津 | 南开大学 | 2012,(4):3-11 |

| 序号 | 文章名称 | 第一作者 | 单位 | 年、卷、期 |
|---|---|---|---|---|
| 3 | 古籍藏书印浅析 | 施　薇 | 南开大学 | 2012,(4):100-105 |
| 《情报科学》 | | | | |
| 1 | 俄罗斯情报学研究中的情报过程观 | 张洪艳 | 天津农学院 | 2012,30(8):1134-1138 |
| 2 | 我国信息组织研究态势分析 | 张红岩 | 天津科技大学 | 2012,30(8):1178-1182 |
| 《情报理论与实践》 | | | | |
| 1 | 基于Fussy-GRNN的企业知识共享能力评价研究 | 佟泽华 | 南开大学 | 2012,35(1):75-79 |
| 2 | 当代情报学理论思潮：信息哲学 | 王知津 | 南开大学 | 2012,35(4):1-6 |
| 3 | 用户信息交互过程中影响信息质量的因素分析 | 张耀辉 | 天津师范大学 | 2012,35(6):12-15 |
| 4 | 社会化推荐在隐性知识交流中的应用研究 | 李国栋 | 中国民航大学 | 2012,35(6):83-87 |
| 5 | 情报学研究的人文地理学视角 | 王知津 | 南开大学 | 2012,35(9):13-17 |
| 6 | 我国高校专利维持现状和战略分析 | 王丽婷 | 南开大学 | 2012,35(11):77-79 |
| 7 | 钱学森情报学思想及其对情报学学科建设的启示 | 王　琳 | 天津师范大学 | 2012,35(12):22-26 |
| 《情报学报》 | | | | |
| 1 | 美国情报学研究的现状与趋势：ASIST2011年会研究论文的综述 | 李月琳 | 南开大学 | 2012,31(5):452-469 |
| 2 | 国外信息行为研究十年：现状、热点与趋势 | 周文杰 | 南开大学 | 2012,31(5):548-560 |
| 3 | 信息交互过程中信息质量影响因素实验研究：基于用户体验与感知视角 | 刘　冰 | 天津师范大学 | 2012,31(6):648-661 |
| 《情报杂志》 | | | | |
| 1 | 基于关键词统计的国内电子政务研究现状分析 | 邢　杰 | 天津职业技术师范大学 | 2012,31(1):115-118,122 |
| 2 | 我国区域创新系统中高校主体功能有效性实证研究 | 傅利平 | 天津大学 | 2012,31(3):192-197 |
| 3 | 基于CSSCI的区域社会科学学科优势分析 | 党亚茹 | 中国民航大学 | 2012,31(4):22-27 |
| 4 | 基于词频统计分析方法的SaaS国内研究热点分析 | 王颖纯 | 天津理工大学 | 2012,31(7):44-48 |
| 5 | 基于知识图谱的效率可视化研究 | 解小刚 | 天津大学 | 2012,31(7):49-56,71 |
| 6 | 联盟网络中信任对知识创造影响路径实证研究 | 吴翠花 | 天津工业大学 | 2012,31(7):121-127 |
| 7 | 基于专利地图的我国RFID技术领域专利态势分析 | 马虎兆 | 天津大学 | 2012,31(8):50-56 |
| 8 | 产业集群内隐性知识溢出与创新研究 | 武　开 | 天津科技大学 | 2012,31(8):188-193,160 |
| 9 | 知识管理与创新的关系研究及其演进趋势探索 | 徐　可 | 天津大学 | 2012,31(9):131-135 |
| 《情报资料工作》 | | | | |
| 1 | 竞争情报协同的理论探讨 | 姚　伟 | 南开大学 | 2012,(1):48-54 |
| 2 | 文献计量研究中定量语言学分析程序的构建与应用——以国外文献计量研究领域为例 | 周文杰 | 南开大学 | 2012,(2):12-17 |
| 3 | 试论由图书馆主导制定移动阅读数字文档格式的准入标准 | 张金星 | 中共天津市委党校 | 2012,(2):35-38 |
| 4 | 基于Web2.0的政府知识管理实施途径 | 于　曦 | 天津师范大学 | 2012,(3):56-59 |
| 5 | 高校图书馆联盟学习代理模式探析 | 高景祥 | 天津理工大学 | 2012,(3):84-87 |
| 6 | 竞争情报与企业管理创新·主持人导语 | 王知津 | 南开大学 | 2012,(5):5 |
| 7 | 面向企业管理创新的竞争情报管理模式设计 | 王知津 | 南开大学 | 2012,(5):6-12 |
| 8 | 面向企业管理创新的竞争情报运行机制分析 | 周　鹏 | 南开大学 | 2012,(5):13-18 |
| 9 | 企业竞争情报人际网络模型探析 | 韩正彪 | 南开大学 | 2012,(5):25-29 |
| 10 | 信息行为研究的理论演进 | 张海游 | 天津商业大学 | 2012,(5):41-45 |
| 《图书馆》 | | | | |
| 1 | 二十年以来我国情报学学科体系研究进展 | 王知津 | 南开大学 | 2012,(1):50-54 |
| 2 | 我国高校图书馆领导信息的网络调查与分析 | 李庆红 | 南开大学 | 2012,(3):56-59 |
| 3 | 广东省地级市公共图书馆服务标准的思考 | 赵晓瑞 | 天津外国语大学 | 2012,(6):29-32 |

| 序号 | 文章名称 | 第一作者 | 单位 | 年、卷、期 |
|---|---|---|---|---|
| 4 | 区域公共图书馆的政府竞争情报服务研究——兼论泰达图书馆服务实践 | 易守菊 | 天津泰达图书馆 | 2012,(6):121-124 |
| 《图书馆工作与研究》 | | | | |
| 1 | 大学图书馆Lib2,0信息服务方式的调查与研究 | 刘玲玲 | 天津医科大学 | 2012,(1):38-41 |
| 2 | 基于数据挖掘的读者关系管理 | 赵　红 | 天津大学 | 2012,(1):45-47,62 |
| 3 | 基于Unicorn报表模块的天津市高校图书馆馆际互借量统计 | 于　曦 | 天津师范大学 | 2012,(1):48-50 |
| 4 | 基于SPSS问卷调查的高校图书馆读者满意度影响因素分析 | 沈红丽 | 河北工业大学 | 2012,(1):58-62 |
| 5 | 长芦盐法志书考略 | 张　磊 | 天津图书馆 | 2012,(1):80-82 |
| 6 | 基于特色数据库的图书馆联盟案例研究——以外语院校图书馆联盟为例 | 陈鹤阳 | 天津外国语大学 | 2012,(1):89-92 |
| 7 | 中文RSS搜索引擎发展趋向探析 | 翟春红 | 南开大学 | 2012,(1):110-112 |
| 8 | 南开大学馆藏稀见清人别集小考 | 施　薇 | 南开大学 | 2012,(1):113-116 |
| 9 | 科技查新发展问题的矛盾分析及对策研究 | 郝晋清 | 南开大学 | 2012,(1):117-120 |
| 10 | 基于供求理论的高校图书文献借阅量持续走低的原因探析——以南开大学和斯坦福大学为例 | 杨军花 | 南开大学 | 2012,(1):121-124 |
| 11 | 基于CNKI的信息素质教育论文计量与评价研究 | 周　静 | 南开大学 | 2012,(1):125-128 |
| 12 | 刍议天津地区手机图书馆的推广与实施 | 杨　红 | 南开大学 | 2012,(2):44-46 |
| 13 | 天津市高校图书馆中文图书借阅共现分析 | 马世杰 | 天津医科大学 | 2012,(2):56-60 |
| 14 | 基于文献计量学解读中国开放获取期刊发展 | 陈　巍 | 天津大学 | 2012,(2):64-67 |
| 15 | 《淳化阁帖》中的章草法帖整理研究补述 | 陈　昕 | 天津师范大学 | 2012,(2):90-92 |
| 16 | 农业高校图书馆服务新农村的思考 | 赵配影 | 天津农学院 | 2012,(2):106-108 |
| 17 | 浅谈医学高校图书馆文献资源建设 | 韩赫宇 | 天津中医药大学 | 2012,(2):109-110,113 |
| 18 | 学科馆员——知识服务的践行者 | 张　蒂 | 南开大学 | 2012,(2):114-117 |
| 19 | 抽样调查技术在图书情报领域的应用现状分析 | 刘桂宾 | 南开大学 | 2012,(2):118-121 |
| 20 | 图书馆员工作满意度微观影响因素实证研究 | 鲁海宁 | 南开大学 | 2012,(2):122-125 |
| 21 | 基于Unicorn系统的用户通识教育行为分析 | 赵雅洁 | 南开大学 | 2012,(2):126-128 |
| 22 | 我国图书馆学学位论文传播障碍研究 | 成舒云 | 南开大学 | 2012,(3):23-25 |
| 23 | 一种基于物联网和机器人技术的智能图书馆 | 王跃虎 | 天津理工大学 | 2012,(3):29-32 |
| 24 | 关于《图书馆战略规划编制指南》的若干问题 | 柯　平 | 南开大学 | 2012,(3):4-10 |
| 25 | 谈岗位评价在高校图书馆绩效改革中的应用 | 李立华 | 天津财经大学 | 2012,(3):51-53 |
| 26 | 军校女性文职图书馆员职业障碍与对策刍议 | 李文嘉 | 解放军海军工程大学天津校区 | 2012,(3):54-56 |
| 27 | 基于边际效用思想的高校数字资源建设思考 | 高　晋 | 天津商业大学 | 2012,(3):57-60 |
| 28 | 天津图书馆馆藏抄本《北海集》考述 | 孙连青 | 天津图书馆 | 2012,(3):82-84 |
| 29 | 从科技查新视角透视科研活动特征与趋势 | 刘晓坤 | 天津大学 | 2012,(3):89-92 |
| 30 | 诠释图书馆展览工作的建设与发展——以天津图书馆举办展览为例 | 高原春 | 天津图书馆 | 2012,(3):105-107 |
| 31 | 高校图书馆采访有效性的质量控制 | 孔令国 | 南开大学 | 2012,(3):115-118 |
| 32 | 谈图书美誉度在高校图书馆中的构建 | 马迪倩 | 南开大学 | 2012,(3):119-121 |
| 33 | 民族关系研究文献概述——以CNKI(1992—2010)检索核心期刊为分析样本 | 钱彩平 | 南开大学 | 2012,(3):122-125 |
| 34 | 从地方文献看清代重庆的船行埠头 | 林红状 | 南开大学 | 2012,(3):126-128 |
| 35 | 近现代报纸资源的整理与开发研究——以津版时期《大公报》文艺副刊数据库建设为例 | 田立忠 | 天津理工大学 | 2012,(4):39-41 |
| 36 | 数字图书馆中语义系统模型组成要素及其作用 | 何　冰 | 解放军武警后勤学院 | 2012,(4):42-44 |

| 序号 | 文章名称 | 第一作者 | 单位 | 年、卷、期 |
| --- | --- | --- | --- | --- |
| 37 | 多馆管理模式下提高采访效率之探讨 | 鲁雪梅 | 天津图书馆 | 2012,(4):69-71 |
| 38 | 天津市高校复合图书馆信息资源建设优化配置研究 | 赵良英 | 天津财经大学 | 2012,(4):85-88 |
| 39 | 高校图书馆业务流程模式探讨 | 李玉花 | 天津理工大学 | 2012,(4):96-97 |
| 40 | 国外高校信息素质教育实践进展概述 | 崔雁黎 | 天津农学院 | 2012,(4):98-100 |
| 41 | 高校图书馆“第三地”功能的开发与应用 | 宋　琳 | 南开大学 | 2012,(4):116-118 |
| 42 | 基于微结构的图书馆“领域知识发现”研究 | 王新筠 | 南开大学 | 2012,(4):119-121 |
| 43 | 天津市高校图书馆特色数据库建设研究与对策 | 李　媛 | 天津中医药大学 | 2012,(4):122-125 |
| 44 | 图书馆集成管理系统功能性升级分析 | 王海欣 | 南开大学 | 2012,(4):126-128 |
| 45 | 毛泽东与陕甘宁边区图书馆的不解之缘 | 马恩祥 | 天津师范大学 | 2012,(5):16-18 |
| 46 | 3G时代移动图书馆需求调查研究 | 马春玲 | 天津科技大学 | 2012,(5):37-39 |
| 47 | 基于知识管理的CDRS服务模式研究 | 薛殿霞 | 天津市泰达图书馆 | 2012,(5):49-52 |
| 48 | 关于我国外语院校图书馆资源共享的探讨 | 王　明 | 天津外国语大学 | 2012,(5):66-69 |
| 49 | 高校图书馆电子期刊组织现状研究——以北京高校图书馆为例 | 付凯丽 | 天津师范大学 | 2012,(5):73-76 |
| 50 | 高校图书馆参与公共文化服务体系构建探析 | 常　琛 | 天津农学院 | 2012,(5):97-99 |
| 51 | 高密度背景下城市图书馆周边绿地规划与建设 | 王　滢 | 天津大学 | 2012,(5):100-103 |
| 52 | 中外高校图书馆社会化服务比较研究 | 王　彦 | 天津城市建设学院 | 2012,(5):104-106 |
| 53 | 关于网络新环境下图书馆期刊服务的探索 | 牟　达 | 天津图书馆 | 2012,(5):107-108 |
| 54 | 少年儿童图书馆开展民主教育刍议 | 徐卫红 | 天津市南开区少年儿童图书馆 | 2012,(5):109-111 |
| 55 | 专题库立项与学科服务之关系研究 | 梁淑玲 | 南开大学 | 2012,(5):115-118 |
| 56 | 加拿大高校图书馆多分馆协作运行机制探析 | 朱佳寅 | 南开大学 | 2012,(5):119-122 |
| 57 | 日本图书馆的服务特色对我国图书馆发展的启示 | 李婷婷 | 南开大学 | 2012,(5):123-125 |
| 58 | RFID技术在高校图书馆中的应用与规划 | 吴一平 | 南开大学 | 2012,(5):126-128 |
| 59 | SoLoMo：3G时代移动图书馆建设推广新模式 | 周　慧 | 天津科技大学 | 2012,(6):51-53 |
| 60 | 试论高校图书馆战略规划制定中不可忽视的几个问题 | 熊军洁 | 天津农学院 | 2012,(6):65-67 |
| 61 | 新时期加强图书馆文化建设的思考 | 卢　红 | 天津市北辰区图书馆 | 2012,(6):73-75 |
| 62 | 优化资源配置，促进本科教学质量保障体系的构建 | 孙　波 | 天津科技大学 | 2012,(6):82-84 |
| 63 | 基于共词分析的卫生资源分配文献研究热点分析 | 詹　引 | 天津市医学科学技术信息研究所 | 2012,(6):85-87,128 |
| 64 | 《三十三种清代传记综合引得》再造方法简述 | 王永华 | 天津图书馆 | 2012,(6):92-94 |
| 65 | 高校图书馆学科化服务对策探讨 | 曾　娜 | 天津大学 | 2012,(6):95-98 |
| 66 | 浅谈女性阅读与图书馆服务 | 董作红 | 天津市塘沽图书馆 | 2012,(6):102-104 |
| 67 | 高校图书馆留学生信息服务探索 | 王　茜 | 天津外国语大学 | 2012,(6):105-107 |
| 68 | 公共图书馆图书捐赠工作探讨 | 谷　雨 | 泰达图书馆 | 2012,(6):108-109 |
| 69 | 高校图书馆学位论文一体化服务的探索与实践 | 王东彦 | 南开大学 | 2012,(6):116-118 |
| 70 | 瘦客户机在书目检索中的应用 | 徐志颖 | 南开大学 | 2012,(6):119-120,124 |
| 71 | 高校图书馆利用微博拓展读者服务初探 | 刘　莹 | 南开大学 | 2012,(6):121-124 |
| 72 | 高校图书馆为中小企业提供协同创新的现状分析 | 庞　佳 | 南开大学 | 2012,(6):125-128 |
| 73 | 谈参考咨询质量评价体系之构建 | 刘福梅 | 天津科技大学 | 2012,(7):24-27 |
| 74 | 基于“馆藏揭示+开放获取”特色资源建设新模式的探讨——以天津地区高职院校为例 | 阮伟娟 | 天津职业大学 | 2012,(7):32-35 |
| 75 | 我国医药类高校图书馆自建特色数据库调查与分析 | 郝　彧 | 天津中医药大学 | 2012,(7):36-39 |
| 76 | 针对Y一代大学生在线信息素养教学模式构建的探讨 | 刘　宁 | 天津城市建设学院 | 2012,(7):40-42 |
| 77 | VPN技术在高校图书馆网络资源共享中的实践与思考 | 高　媛 | 天津音乐学院 | 2012,(7):43-44,82 |

| 序号 | 文章名称 | 第一作者 | 单位 | 年、卷、期 |
|---|---|---|---|---|
| 78 | 简论高校图书馆对用户个人知识管理的指导 | 朱丽华 | 天津城市建设学院 | 2012,(7):49-52 |
| 79 | 地方高校图书馆自设科研课题有效运行研究——以天津理工大学图书馆为例 | 白庆珉 | 天津理工大学 | 2012,(7):53-55 |
| 80 | 关于高校图书馆采编工作发展模式的探讨——以天津医学高等专科学校图书馆为例 | 井　丹 | 天津医学高等专科学校 | 2012,(7):68-70 |
| 81 | 纽约公共图书馆公益性观察 | 李　军 | 天津市河北区图书馆 | 2012,(7):88-90 |
| 82 | 社区图书馆现状与公众需求调查分析——以天津市和平区社区图书馆为例 | 李金玲 | 天津市和平区图书馆 | 2012,(7):98-100 |
| 83 | 加强和改进公共图书馆典藏文献利用率的几点思考——以天津图书馆典藏阅览室文献利用率为例 | 王春奕 | 天津图书馆 | 2012,(7):101-103 |
| 84 | 规范性实证研究的一个范例——《图书馆内部管理沟通》读后感 | 卢正明 | 南开大学 | 2012,(7):109-110 |
| 85 | 高校图书馆专题特色数据库建设的质量控制研究 | 李　玲 | 南开大学 | 2012,(7):119-122 |
| 86 | 基于用户需求的生命科学信息资源保障服务体系的构建 | 匡登辉 | 南开大学 | 2012,(7):123-125 |
| 87 | 古籍修复档案管理之我见 | 宋世明 | 南开大学 | 2012,(7):126-128 |
| 88 | 全媒体时代公共图书馆开展媒介素养教育探微 | 王雅丽 | 天津图书馆 | 2012,(8):17-20 |
| 89 | 基于特征因子的开放存取期刊学术影响力评价研究 | 韩鹏鸣 | 天津大学 | 2012,(8):29-31 |
| 90 | CiteSpaceⅡ软件在高校图书馆文献检索中的应用 | 孙　颖 | 天津大学 | 2012,(8):32-35 |
| 91 | 基于项目管理的数字图书馆联盟建设研究 | 李　硕 | 天津工业大学 | 2012,(8):43-45 |
| 92 | 计算机视觉技术在图书馆工作中的应用 | 谢春林 | 天津工业大学 | 2012,(8):46-48 |
| 93 | 关于我国公共图书馆战略目标的思考 | 贾东琴 | 南开大学 | 2012,(8):49-53 |
| 94 | 高校图书馆用户信用评价指标体系构建思路 | 侯　婷 | 天津外国语大学 | 2012,(8):103-105 |
| 95 | 天津市河西区图书馆“西岸图书漂流”活动简述 | 刘　琴 | 天津市河西区图书馆 | 2012,(8):106-107 |
| 96 | 阅读2.0时代高校图书馆阅读服务的思考 | 胡筱华 | 天津农学院 | 2012,(8):113-115 |
| 97 | Innography在学科核心专利挖掘中的应用研究 | 陆　萍 | 南开大学 | 2012,(8):122-125 |
| 98 | 国内专利战略研究的文献计量实证分析 | 王丽婷 | 南开大学 | 2012,(8):126-128 |
| 99 | 构筑公理化图书馆学体系 | 陈大辉 | 天津科技大学 | 2012,(9):4-8 |
| 100 | 免费服务：少年儿童图书馆的定位与思考 | 李俊国 | 天津市少年儿童图书馆 | 2012,(9):9-14 |
| 101 | 对当前信息环境中伦理困境的分析 | 楚丽霞 | 天津社会科学院 | 2012,(9):25-28 |
| 102 | 图书馆的矛与盾：自由获取与著作权 | 郑昭辉 | 南开大学 | 2012,(9):34-36 |
| 103 | 关于非物质文化遗产资源数据库建设的思考 | 董永梅 | 天津工业大学 | 2012,(9):42-45 |
| 104 | 基于AHP的数字图书馆绩效评价指标体系研究 | 李志勇 | 天津市东丽区图书馆 | 2012,(9):46-48 |
| 105 | 免费开放下RFID的应用与研究——以天津图书馆为例 | 林振洋 | 天津图书馆 | 2012,(9):49-51 |
| 106 | 浅议科技查新工作中沟通的作用及相对性 | 程晓艳 | 天津科技大学 | 2012,(9):59-61 |
| 107 | 关于馆员职业幸福感的调查研究——以天津市公共图书馆为例 | 赵薏敏 | 天津图书馆 | 2012,(9):62-64 |
| 108 | 日本JUSTICE对我国外语院校图书馆联盟建设的启示 | 洪　彤 | 天津商业大学 | 2012,(9):65-68 |
| 109 | 浅议图书馆塑造城市文化个性的优势及策略 | 赵云利 | 天津商业大学 | 2012,(9):96-98 |
| 110 | 文化信息资源共享工程基层服务点的建设与思考 | 田立锋 | 天津市红桥区图书馆 | 2012,(9):105-106,116 |
| 111 | 关于公共图书馆电子阅览室免费服务后的实践与思考 | 郭建华 | 天津图书馆 | 2012,(9):107-109 |
| 112 | 关于中医古籍数字化建设的探讨——以天津医学高等专科学校为例 | 程　静 | 天津市医学高等专科学校 | 2012,(9):110-111 |
| 113 | 试论日本学校图书馆专业职务制度对我国中小学图书馆发展的启示 | 钟　伟 | 天津市耀华中学 | 2012,(9):117-121 |

| 序号 | 文章名称 | 第一作者 | 单位 | 年、卷、期 |
|---|---|---|---|---|
| 114 | 低利用率文献合作储存的运行与服务机制研究——以英国研究资源集中保存项目为例 | 郭晓红 | 南开大学 | 2012,(9):122-125 |
| 115 | 图书馆自动化系统功能比较研究 | 刘　洋 | 南开大学 | 2012,(9):126-128 |
| 《图书馆建设》 | | | | |
| 1 | 民间慈善组织对非洲基层图书馆的援助工作研究 | 周　玥 | 天津医学高等专科学校 | 2012,(2):24-27 |
| 2 | 美国图书馆社会责任之争的缘起、发展及其职业遗产 | 于斌斌 | 南开大学 | 2012,(3):14-18 |
| 3 | 基于 Wiki 的文献传递工作流集成平台的构建 | 于　曦 | 天津师范大学 | 2012,(3):88-91 |
| 4 | 我国台湾地区图书资讯学期刊论文实证分析 | 张红岩 | 天津科技大学 | 2012,(8):84-86 |
| 5 | 信息共享空间的学生助理管理工作研究 | 肖　平 | 天津外国语大学 | 2012,(11):79-81,87 |
| 6 | 图书馆人文资源的价值再造——基于传统文化的理性回归 | 王　倩 | 南开大学 | 2012,(12):10-12 |
| 《图书馆理论与实践》 | | | | |
| 1 | 90 年代以来我国情报学理论研究期刊论文统计分析 | 王知津 | 南开大学 | 2012,(1):21-26 |
| 2 | 中国大陆图书馆采访信息源调查报告 | 王妙丽 | 北京科技大学天津学院 | 2012,(5):33-35 |
| 3 | 中美公共图书馆志愿者服务现状之比较研究 | 郭　英 | 天津图书馆 | 2012,(8):53-56 |
| 4 | 农业院校图书馆服务新农村建设遇到的问题及解决策略 | 胡筱华 | 天津农学院 | 2012,(8):70-72 |
| 5 | 用数据说话，能够成为图书馆界的共识与自觉 | 徐建华 | 南开大学 | 2012,(12):1,2 |
| 6 | 公众对图书馆员刻板印象研究主报告 | 李　强 | 南开大学 | 2012,(12):2-7 |
| 7 | 当今图书馆员刻板印象实证分析 | 俞碧飏 | 南开大学 | 2012,(12):8-13 |
| 《图书馆论坛》 | | | | |
| 1 | 图书美誉度及对高校图书馆工作的影响 | 马迪倩 | 南开大学 | 2012,32(1):152-155 |
| 2 | 国外图书馆成本管理研究现状及启示 | 孔志军 | 天津职业技术师范大学 | 2012,32(3):41-45 |
| 3 | 梁启超：中国古代目录学研究现代第一人 | 戴丽琴 | 南开大学 | 2012,32(3):190-193 |
| 4 | 基于 Living Library 的精品导读虚拟社区构建研究 | 李　静 | 天津商业大学 | 2012,32(5):31-36 |
| 5 | 图书馆特藏概念廓清 | 王雨卉 | 天津外国语大学 | 2012,32(5):105-108,46 |
| 6 | 流媒体版权侵权初探 | 蔡晓东 | 天津商业大学 | 2012,32(5):161-165,封 3 |
| 《图书馆杂志》 | | | | |
| 1 | 新世纪以来中国“百科全书”研究分析 | 冯凯悦 | 南开大学 | 2012,31(5):18-22 |
| 2 | 《四库全书》经部宋人易书十种底本考 | 杨洪升 | 南开大学 | 2012,31(9):89-94 |
| 《图书情报工作》 | | | | |
| 1 | 国内外基于投资回报的高校图书馆价值研究 | 陆　萍 | 南开大学 | 2012,56(3):39-42 |
| 2 | 相关性视角下的 WoS 与 Scopus 之比较 | 宋丽萍 | 天津师范大学 | 2012,56(4):22-26 |
| 3 | 服务导向的战略信息管理研究 | 周新杰 | 南开大学 | 2012,56(4):66-69,84 |
| 4 | 同行评议专家遴选的科学计量方法与实证研究 | 贺　颖 | 天津师范大学 | 2012,56(6):33-37 |
| 5 | 基于用户体验视角的信息质量反思与阐释 | 刘　冰 | 天津师范大学 | 2012,56(6):74-78,89 |
| 6 | 社群数字不平等的理论模型及其在中国情境中的应用 | 闫　慧 | 南开大学 | 2012,56(6):90-94 |
| 7 | 公共危机管理中政府面向公众的信息沟通研究综述 | 蒋　冠 | 天津师范大学 | 2012,56(7):131-135 |
| 8 | 农民社会网络及其对信息交流的影响 | 刘　亚 | 南开大学 | 2012,56(8):47-55 |
| 9 | 知识协同及其与相关概念的关系探讨 | 佟泽华 | 南开大学 | 2012,56(8):107-112 |
| 10 | 国内图书馆学科知识服务领域演进路径、研究热点与前沿的可视化分析 | 薛　调 | 天津理工大学 | 2012,56(15):9-14 |
| 11 | 俄罗斯情报学发展史研究进展 | 张洪艳 | 天津农学院 | 2012,56(15):122-125 |
| 12 | 面向社会化推荐的隐性知识交流研究 | 姚　伟 | 南开大学 | 2012,56(16):42-47,131 |

| 序号 | 文章名称 | 第一作者 | 单位 | 年、卷、期 |
|---|---|---|---|---|
| 13 | 网络用户信息期望维度模型构建实证研究 | 刘 冰 | 天津师范大学 | 2012,56(16):60-64 |
| 14 | 协同政务知识共享的组织模式及保障因素研究 | 高 洁 | 天津师范大学 | 2012,56(21):138-142 |
| 15 | 解释学与情报学的人文研究范式 | 王 琳 | 天津师范大学 | 2012,56(24):55-59 |
| 《图书情报知识》 | | | | |
| 1 | 活动理论视角下的情报学研究及转向模型 | 王知津 | 南开大学 | 2012,(1):5-14 |
| 2 | 情报学对信息的理解与运用：形式逻辑与辩证逻辑视角 | 王知津 | 南开大学 | 2012,(1):15-22 |
| 3 | 信息概念的符号学解析及其对情报学理论的影响 | 王知津 | 南开大学 | 2012,(1):23-29,14 |
| 4 | 当代情报学理论思潮：历史主义 | 李赞梅 | 南开大学 | 2012,(1):30-35,42 |
| 5 | 当代情报学理论思潮：简化论 | 王丽娜 | 南开大学 | 2012,(1):36-42 |
| 6 | 国外认知视角的信息行为研究现状分析：基于文献计量 | 周文杰 | 南开大学 | 2012,(1):109-114,92 |
| 7 | 图书馆的分类及发展趋势研究 | 王跃虎 | 天津理工大学 | 2012,(2):34-45 |
| 8 | 探索竞争情报领域的不同视角 | 姚 伟 | 南开大学 | 2012,(3):79-86 |
| 9 | 2007—2011年间《Library Trends》的研究热点综述 | 王 芳 | 南开大学 | 2012,(4):18-29 |
| 《图书与情报》 | | | | |
| 1 | 图书馆焦虑心理机制分析 | 宋志强 | 南开大学 | 2012,(2):34-36,87 |
| 2 | 数字图书馆与作品的合理使用 | 蔡晓东 | 天津商业大学 | 2012,(3):66-70 |
| 《现代图书情报技术》 | | | | |
| 1 | 一种集成客户终身价值与协同过滤的推荐方法 | 张慧颖 | 天津大学 | 2012,(1):46-52 |
| 《中国图书馆学报》 | | | | |
| 1 | 高校图书馆员工心理契约三维度模型实证研究 | 李廷翰 | 南开大学 | 2012,38(1):68-75 |
| 2 | 信息行为集成化研究框架初探 | 王知津 | 南开大学 | 2012,38(1):87-95 |
| 3 | 基于F1000与WoS的同行评议与文献计量相关性研究 | 宋丽萍 | 天津师范大学 | 2012,38(2):62-69 |
| 4 | 将青少年纳入信息贫困研究视野：来自青少年信息行为研究的证据 | 刘 亚 | 南开大学 | 2012,38(4):12-20 |
| 5 | 1989年以来国内外数字鸿沟研究回顾：内涵、表现维度及影响因素综述 | 闫 慧 | 南开大学 | 2012,38(5):82-94 |
| 6 | 数字化语境下信息科学多元研究范式探析 | 王 琳 | 天津师范大学 | 2012,38(6):111-120 |
| | **教育学** | | | |
| 《比较教育研究》 | | | | |
| 1 | 透视美国高等教育中的学生学习结果评价 | 熊 耕 | 南开大学 | 2012,34(1):33-38 |
| 2 | 美国大学人力资源管理专业教育的实践及其启示——基于学生胜任力开发的视角 | 范冠华 | 南开大学 | 2012,34(9):59-64 |
| 《电化教育研究》 | | | | |
| 1 | 基于协作脚本的角色设计及其对协作学习网络的影响初探 | 胡 勇 | 天津职业技术师范大学 | 2012,33(1):54-58 |
| 2 | 虚拟学习社区采纳行为影响因素实证研究 | 杨丽娜 | 天津外国语大学 | 2012,33(4):47-51 |
| 3 | Skype在网络英语教学中的应用 | 王飞贺 | 天津商业大学 | 2012,33(10):93-96,104 |
| 4 | 基于协作的区域教师专业能力均衡发展网络支持平台设计 | 刘金河 | 河北工业大学 | 2012,33(12):69-73 |
| 《高等工程教育研究》 | | | | |
| 1 | 卓越工程人才产学研合作培养模式的探索 | 余建星 | 天津大学 | 2012,(1):24-27 |
| 2 | 我国高等工程教育初创时期的文化特征 | 祝士明 | 天津大学 | 2012,(1):104-108 |
| 3 | 以产业发展为导向的高等工程教育研究 | 韩 萌 | 天津理工大学 | 2012,(3):66-68 |
| 4 | 高职院校学生职业技能培训程序及原则 | 肖凤翔 | 天津大学 | 2012,(3):162-166 |
| 5 | “最近发展区”理论对工程教育的启示 | 孙 颖 | 天津大学 | 2012,(6):96-100 |

| 序号 | 文章名称 | 第一作者 | 单位 | 年、卷、期 |
|---|---|---|---|---|
| 《高等教育研究》 | | | | |
| 1 | 从必然性到过渡性：企业教育视角下的校企合作发展 | 聂　伟 | 天津大学 | 2012,(12):72-76 |
| 《高教探索》 | | | | |
| 1 | 研究生培养的三个层面 | 王志耕 | 南开大学 | 2012,(3):5-10 |
| 2 | 美国研究型大学通识教育课程设置模式的分析及启示 | 熊　耕 | 南开大学 | 2012,(4):47-51 |
| 3 | 学生参与度评价：一种学生主体的教育质量评价方法 | 赵晓阳 | 天津大学 | 2012,(6):21-26 |
| 《国家教育行政学院学报》 | | | | |
| 1 | 复杂性视野下的教育评价探析 | 王军红 | 天津大学 | 2012,(3):69-72 |
| 2 | 高校新任教师培训的现实困境与路径选择 | 周金虎 | 天津师范大学 | 2012,(7):27-31 |
| 3 | “双师型”教师专业标准构建：背景、理念及内容架构 | 孙翠香 | 天津职业技术师范大学 | 2012,(8):70-74 |
| 《华东师范大学学报(教育科学版)》 | | | | |
| 1 | 论转型期教育内卷化及其破解路径 | 黄祖军 | 南开大学 | 2012,30(2):37-41,47 |
| 《江苏高教》 | | | | |
| 1 | “大学后”就业与就业教育延伸 | 刘洪银 | 天津农学院 | 2012,(2):108-110 |
| 2 | 私立时期南开大学校长张伯苓公共精神的研究 | 宋秋蓉 | 南开大学 | 2012,(4):152-155 |
| 3 | 四元交互：试论高校传承与创新文化的作用机制 | 陈·巴特尔 | 南开大学 | 2012,(6):33-35 |
| 《教师教育研究》 | | | | |
| 1 | 国外教师培训研究现状述评：基于知识图谱分析 | 周文杰 | 南开大学 | 2012,24(4):91-96 |
| 《教育发展研究》 | | | | |
| 1 | 快乐教育理念的要素分析及实践探索 | 詹启生 | 天津大学 | 2012,(2):57-60,84 |
| 2 | 关于我国职业教育集团化办学基本问题的思考 | 曹　晔 | 天津职业技术师范大学 | 2012,(3):24-28 |
| 3 | 学校变革中的“利益冲突”：表现、成因及其化解 | 孙翠香 | 天津职业技术师范大学 | 2012,(4):29-33 |
| 4 | 我国基础教育经费投入与地区创新能力的相关性研究——以普通中学为视角 | 谢思全 | 南开大学 | 2012,(130/140):86-92 |
| 《教育科学》 | | | | |
| 1 | 社会福利视角下我国少儿教育的区域均衡：现实状况与未来走向 | 万国威 | 南开大学 | 2012,28(2):17-23 |
| 2 | 地方中长期教育事业发展规划目标的比较与分析 | 江曼琦 | 南开大学 | 2012,28(3):5-9 |
| 3 | 全日制专业硕士报考吸引力偏低的原因探析 | 陈　沛 | 南开大学 | 2012,28(3):54-59 |
| 4 | 我国中产阶级心理健康素质现状及其对策——以教师为例 | 沈　洪 | 天津市教育招生考试院 | 2012,28(6):66-70 |
| 《教育研究》 | | | | |
| 1 | 辛亥革命与现代教育宗旨的确立——兼论教育家与教育创新 | 李剑萍 | 天津城市建设学院 | 2012,33(5):123-129 |
| 2 | 学校教育改革中的反思能力建设 | 陈雨亭 | 天津市教育科学研究院 | 2012,33(8):41-46 |
| 《教育研究与实验》 | | | | |
| 1 | 一本体系创新的教学论——读陈佑清著《教学论新编》 | 和学新 | 天津师范大学 | 2012,(3):96 |
| 《开放教育研究》 | | | | |
| 1 | 否定之否定视角中的开放大学 | 王　冰 | 天津广播电视大学 | 2012,18(2):54-59 |
| 《课程.教材.教法》 | | | | |
| 1 | 基于文本的建构学习——课堂教学模式设计 | 李金龙 | 天津市中小学教育教学研究室 | 2012,(5):33-36 |
| 2 | 教学论研究中的问题清思——兼谈学术文化机制的革新 | 纪德奎 | 天津师范大学 | 2012,(9):15-20 |

| 序号 | 文章名称 | 第一作者 | 单位 | 年、卷、期 |
|---|---|---|---|---|
| 《清华大学教育研究》 | | | | |
| 1 | 美国学术协会的功能及其对研究型大学的作用 | 郄海霞 | 天津大学 | 2012,33(1):51-58 |
| 2 | 模式的转换与文化的冲突——对中国大学办学理念现代化进程的思考 | 茹 宁 | 南开大学 | 2012,33(3):1-6,37 |
| 3 | 从学术革命透视美国研究型大学崛起的内在力量 | 陈 超 | 南开大学 | 2012,33(4):17-23 |
| 4 | 应用型本科专业认证制度及其作用机理研究——以工程管理类专业为例 | 严 玲 | 天津理工大学 | 2012,33(4):80-88 |
| 5 | 我国高等教育效率增长率区域差异及其影响因素分析——基于空间计量模型的实证研究 | 魏 梅 | 天津工业大学 | 2012,33(4):97-102 |
| 《全球教育展望》 | | | | |
| 1 | 试论自我分析式自传研究方法 | 陈雨亭 | 天津市教育科学研究院 | 2012,(4):79-83 |
| 2 | 课程的心理学基础研究的问题反思与走向 | 和学新 | 天津师范大学 | 2012,(5):15-21 |
| 3 | 国外中小学学校课程决策的经验与启示 | 和学新 | 天津师范大学 | 2012,(9):16-21 |
| 《思想理论教育导刊》 | | | | |
| 1 | 网络文化建设和管理思想与高校思想政治教育的创新 | 孙兰英 | 天津大学 | 2012,(2):95-99 |
| 2 | 构建思想政治理论课实践教学与理论教学同进互补新模式 | 王秀阁 | 天津师范大学 | 2012,(8):70-72 |
| 3 | 不可将“儒家社会主义”与中国特色社会主义相提并论 | 寇清杰 | 南开大学 | 2012,(12):51-55 |
| 《现代大学教育》 | | | | |
| 1 | 优质高等教育资源的获得及影响因素分析——从社会分层的视角出发 | 闫广芬 | 南开大学 | 2012,(1):6-11 |
| 2 | 我国高校社会职能的优化——基于对美国公司大学的研究 | 季文娜 | 天津外国语大学 | 2012,(1):88-92 |
| 3 | 中美研究型大学本科课程体系的比较分析——以北京大学、南开大学、哈佛大学和芝加哥大学的文学和数学专业为例 | 熊 耕 | 南开大学 | 2012,(2):75-81,104 |
| 4 | 1929年私立南开大学教授流入国立清华大学的分析 | 宋秋蓉 | 南开大学 | 2012,(3):44-49 |
| 《现代教育技术》 | | | | |
| 1 | 基于个性化推荐思想的虚拟社区学习共同体动态构建 | 杨丽娜 | 天津外国语大学 | 2012,22(1):88-92 |
| 2 | 基于一体化教学的三维交互模式的构建及应用 | 刘光然 | 天津职业技术师范大学 | 2012,22(6):102-105 |
| 3 | 连接主义的知识观解读 | 杜修平 | 天津大学 | 2012,22(11):12-17 |
| 《现代远程教育研究》 | | | | |
| 1 | 基于DEA视窗分析理论的普通高中教育效率研究 | 解百臣 | 天津大学 | 2012,(2):82-89 |
| 《现代远距离教育》 | | | | |
| 1 | 新生代农民工远程学习障碍及其对策研究 | 刘奉越 | 天津大学 | 2012,(6):22-26,82 |
| 《学位与研究生教育》 | | | | |
| 1 | 哈佛大学专业学位研究生联合培养项目及其启示 | 傅利平 | 天津大学 | 2012,(2):65-68 |
| 2 | 构建数字化教学平台，创新研究生教学模式 | 怀 丽 | 天津大学 | 2012,(5):63-66 |
| 3 | 产学研合作反哺学科发展：理想模型、实践困境和改进策略 | 苌庆辉 | 天津工业大学 | 2012,(11):53-58 |
| 《研究生教育研究》 | | | | |
| 1 | 博士生教育中引入淘汰机制的应然考量 | 张立迁 | 天津大学 | 2012,(2):15-18 |
| 2 | 台北科技大学技职教育研究所博士生培养模式评介 | 康红芹 | 天津大学 | 2012,(6):90-95 |
| 《中国大学教学》 | | | | |
| 1 | 数学文化课的探索与启示——写在南开大学数学文化课十周年 | 顾 沛 | 南开大学 | 2012,(2):17-19 |
| 2 | 经济学教育的国际化与本土化问题探讨 | 马先标 | 南开大学 | 2012,(2):39-41,48 |
| 3 | 大学语文“好文章”再解读的思考 | 郝晓丽 | 天津科技大学 | 2012,(2):55-56,54 |

| 序号 | 文章名称 | 第一作者 | 单位 | 年、卷、期 |
|---|---|---|---|---|
| 4 | 基础实验教学中的创新教育 | 田宜灵 | 天津大学 | 2012,(2):74-76 |
| 5 | 注重学思结合，注重知行统一，注重因材施教——人才培养模式改革创新中的数学课程建设与改革 | 侯自新 | 南开大学 | 2012,(3):4-7 |
| 6 | 本土化依托项目外语教学的“教学”观 | 张文忠 | 南开大学 | 2012,(4):47-51 |
| 7 | 找回从学校到工作的“中间地带”——大学本科生实习的类型区分与意义解析 | 袁庆宏 | 南开大学 | 2012,(4):78-82 |
| 8 | 基于应用型本科人才培养的课外实践活动体系的构建与实施 | 武宝林 | 天津工业大学 | 2012,(5):68-70,34 |
| 《中国电化教育》 | | | | |
| 1 | 开启“画面语言”之门的三把钥匙 | 游泽清 | 天津师范大学 | 2012,(2):78-81,135 |
| 2 | 信息技术环境下的教师专业共同体构建研究 | 孟昭宽 | 天津外国语大学 | 2012,(8):74-77 |
| 《中国高等教育》 | | | | |
| 1 | 发挥产学研合作反哺效应，加快大学学科特色发展 | 李克敏 | 天津工业大学 | 2012,(1):28-30 |
| 2 | 以文“化”人，育人兴“文”——兼谈大学文化自觉与自信 | 龚　克 | 南开大学 | 2012,(1):8-11 |
| 3 | 高校招生分类考试探析 | 余永玲 | 天津市教育招生考试院 | 2012,(7):44-46 |
| 4 | 探究大学外语教学的德育隐性功能 | 李朝红 | 天津大学 | 2012,(12):52-53 |
| 5 | 秉承传统，彰显特色，实现哲学社会科学新跨越 | 薛进文 | 南开大学 | 2012,(15):10-12,18 |
| 6 | 把能力培养作为提高工程教育质量的关键 | 崔振铎 | 天津大学 | 2012,(23):38-39,63 |
| 《中国高教研究》 | | | | |
| 1 | 职业院校教师专业实践能力的缺失与养成 | 谢勇旗 | 天津大学 | 2012,(1):95-97 |
| 2 | U-Map：欧洲版本的高等教育分类体系 | 茹　宁 | 南开大学 | 2012,(3):49-53 |
| 3 | 基于团队胜任力的高职院校人才培养改革探讨 | 韩提文 | 河北工业大学 | 2012,(3):101-103 |
| 4 | 经济发展对高技能人才需求规律及趋势研究 | 何文章 | 天津职业技术师范大学 | 2012,(7):96-98 |
| 《中国教育学刊》 | | | | |
| 1 | 基于素质教育理念的小班化教育探索——天津市的实践与思考 | 黄永刚 | 天津市教育委员会 | 2012,(1):19-20 |
| 2 | 试论学校文化与学生创造力开发 | 张武升 | 天津市教育科学研究院 | 2012,(2):7-11 |
| 3 | 论学校教育自主创新的三种形态 | 赵文平 | 天津职业技术师范学院 | 2012,(8):30-32 |
| 4 | 学生的身份认同 | 张军凤 | 天津市教育科学研究院 | 2012,(8):43-46 |
| 5 | 农村义务教育学校布局调整的功能探析 | 胡振京 | 天津市教育科学研究院 | 2012,(12):20-22,80 |
| 《中国特殊教育》 | | | | |
| 1 | 负性信息自动捕获注意：来自返回抑制的证据 | 王敬欣 | 天津师范大学 | 2012,(4):93-96 |
| | | 体育学 | | |
| 《北京体育大学学报》 | | | | |
| 1 | 公共体育服务对法治政府建设的必然诉求 | 于善旭 | 天津体育学院 | 2012,35(1):6-12 |
| 2 | 大众传媒视野下农村体育信息传播的实证研究——以无极县东大户村为例 | 吴文峰 | 天津体育学院 | 2012,35(4):14-19,48 |
| 3 | 对跳远运动员起跳腿不同高度跳深的实验研究 | 李　智 | 天津商业大学 | 2012,35(4):125-127,140 |
| 4 | 南北方应征入伍男青年体质差异的比较 | 李学会 | 天津医科大学 | 2012,35(5):61-63 |
| 5 | 体育锻炼与老年人生活满意度关系：自我效能、社会支持、自尊的中介作用 | 戴　群 | 天津体育学院 | 2012,35(5):67-72 |
| 6 | 高等院校参与社区体育文化建设研究——以天津市高等院校为例 | 程洪玲 | 天津市政法管理干部学院 | 2012,35(5):104-108 |

| 序号 | 文章名称 | 第一作者 | 单位 | 年、卷、期 |
|---|---|---|---|---|
| 《上海体育学院学报》 | | | | |
| 1 | 体育法治发展的文化向度探究 | 于善旭 | 天津体育学院 | 2012,36(2):13-17 |
| 2 | 我国冬季奥林匹克运动发展历程回顾与前瞻 | 赵　晶 | 天津体育学院 | 2012,36(3):73-75 |
| 《体育科学》 | | | | |
| 1 | 不同的思维控制内容对运动员自控损耗的影响 | 张连成 | 天津体育学院 | 2012,32(9):62-66,封3 |
| 《体育文化导刊》 | | | | |
| 1 | 体育舞蹈的历史沿革及展望 | 段丹伟 | 天津体育学院 | 2012,(11):136-138 |
| 《体育学刊》 | | | | |
| 1 | 论构建多元化的运动会体系符合中国国情——兼与许立群同志商榷 | 张　博 | 天津社会科学院 | 2012,19(1):9-11 |
| 2 | 仿古蹴鞠发展的评价 | 魏立宇 | 天津工业大学 | 2012,19(2):124-127 |
| 《体育与科学》 | | | | |
| 1 | 体育赛事志愿者参与动机与激励制度研究 | 邱明强 | 南开大学 | 2012,33(1):78-82 |
| 2 | 农村体育公共产品的法律性质解析 | 杨学文 | 天津商业大学 | 2012,33(2):50-52,74 |
| 3 | 构筑环境体育健康学的思考 | 韩鲁安 | 天津体育学院 | 2012,33(3):18-21 |
| 4 | 体育强国视域下的竞技体育与全民健身协调发展研究 | 周凤桐 | 天津大学 | 2012,33(4):97-99,120 |
| 《天津体育学院学报》 | | | | |
| 1 | 我国优秀女子曲棍球运动员专项体能评价研究 | 鲍春雨 | 天津体育学院 | 2012,27(1):18-21 |
| 2 | 体育专业大学生英语学习动机研究 | 陈　琛 | 天津外国语大学 | 2012,27(1):88-89 |
| 3 | 乒乓球世界冠军张继科右2/3台运用反手侧拧接发球的效果研究 | 李振彪 | 天津体育学院 | 2012,27(1):90-92 |
| 4 | 运动训练学研究领域的回顾与展望——基于《天津体育学院学报》创刊30年来的文本研究 | 王　健 | 天津体育学院 | 2012,27(2):138-142 |
| 5 | 中国武术：一个观念的历史形成 | 杨祥全 | 天津体育学院 | 2012,27(2):143-147 |
| 6 | 中超联赛职业足球俱乐部形象相关影响因素分析 | 田志琦 | 天津体育学院 | 2012,27(2):173-176 |
| 7 | 乒乓危机——以竞赛规则改革促乒乓球运动顺势发展的研究 | 蒋津君 | 河北工业大学 | 2012,27(2):177-181 |
| 8 | 天津市第11届全运会参赛项目布局分析与启示 | 杨　斌 | 天津城市建设学院 | 2012,27(2):182-184 |
| 9 | 中国传统武术门派演变的内在理路 | 薛　欣 | 天津体育学院 | 2012,27(4):329-332 |
| 《武汉体育学院学报》 | | | | |
| 1 | 我国大学体育课程内容设置现状与对策研究 | 葛　青 | 天津体育学院 | 2012,46(3):87-90,100 |
| 2 | 基于社会结构调整的群众体育公共政策取向 | 孙荣会 | 天津师范大学 | 2012,46(4):5-12 |
| 3 | 女性主义视角下的体育社会学研究——以中国现实为参照 | 金　梅 | 天津体育学院 | 2012,46(5):14-18 |
| 4 | 基于混合策略博弈的我国优秀运动员流动影响因素分析 | 陈　静 | 天津大学 | 2012,46(7):67-70 |
| 《西安体育学院学报》 | | | | |
| 1 | 青奥会教育理念研究 | 金　睿 | 南开大学 | 2012,29(2):178-181 |
| 2 | 我国青少年学生体育需求问题的理论思考 | 肖林鹏 | 天津体育学院 | 2012,29(3):257-261 |
| 3 | 体育强国视阈下我国竞技体育人才法治环境及其优化对策 | 朱孝红 | 天津体育学院 | 2012,29(3):267-271 |
| 4 | 足球竞彩正与反的博弈——兼论足球竞彩对中国足球反腐的意义 | 乔雪松 | 天津城市建设学院 | 2012,29(4):464-469 |
| 《中国体育科技》 | | | | |
| 1 | 技能主导类表现难美性项目的“难度战术”及其应用 | 杨峻峰 | 天津体育学院 | 2012,48(1):18-23 |
| 统计学 | | | | |
| 《数理统计与管理》 | | | | |
| 1 | 中国地区全要素生产率的Bayesian分析 | 魏学辉 | 南开大学 | 2012,31(4):585-594 |

| 序号 | 文章名称 | 第一作者 | 单位 | 年、卷、期 |
|---|---|---|---|---|
| 2 | 二分选择模型在滨海旅游经济价值评价中的应用 | 李作志 | 天津工业大学 | 2012,31(4):707-716 |
| 3 | 关于外汇汇率的非线性协整分析 | 丰　璐 | 天津财经大学 | 2012,31(4):727-734 |
| 《统计研究》 | | | | |
| 1 | 近单位根过程脉冲响应函数的置信区间 | 吴学锋 | 南开大学 | 2012,29(1):19-25 |
| 2 | 生命不确定性的跨期最优消费行为研究 | 白仲林 | 天津财经大学 | 2012,29(2):28-33 |
| 3 | 基本面因素与人民币均衡汇率 | 李泽广 | 南开大学 | 2012,29(5):51-57 |
| 4 | 样本数据正态性转换时变VaR | 李腊生 | 天津财经大学 | 2012,29(5):88-93 |
| 5 | 劳动份额“V型”演进规律 | 郝　枫 | 天津财经大学 | 2012,29(6):33-40 |
| 6 | 目光深远的统计学大师——张尧庭先生逝世五周年纪念 | 龚凤乾 | 天津财经大学 | 2012,29(7):107-110 |
| 7 | 基于马氏深度的变点识别方法研究 | 聂　斌 | 天津大学 | 2012,29(9):88-94 |
| 《统计与决策》 | | | | |
| 1 | 信息泄露条件下强势零售商库存模式的选择 | 赵道致 | 天津大学 | 2012,(1):49-53 |
| 2 | 生态工业园的风险识别与过滤研究 | 苏青福 | 天津大学 | 2012,(1):76-79 |
| 3 | 房地产上市公司经济效益风险评价 | 袁建林 | 河北工业大学 | 2012,(1):158-161 |
| 4 | 基于BSC与ANP的工程承包商项目绩效测量 | 张水波 | 天津大学 | 2012,(1):175-178 |
| 5 | 基于可拓方法的服务型制造企业核心能力识别 | 刘炳春 | 天津大学 | 2012,(1):184-186 |
| 6 | 基于三角模糊数的网络舆情预警指标体系构建 | 刘　毅 | 天津外国语大学 | 2012,(2):12-15 |
| 7 | 区域创新能力评估及动态优化 | 霍艳芳 | 天津大学 | 2012,(2):59-62 |
| 8 | 基于宏观信息发布的外汇风险度量VaR方法的改进 | 刘晓峰 | 南开大学 | 2012,(3):30-34 |
| 9 | 内部收益率在企业投资决策中的运用 | 谭丽娜 | 天津机电职业技术学院 | 2012,(3):183-185 |
| 10 | 基于区间分析的随机DEA效率值的分布函数估计 | 李汶华 | 天津大学 | 2012,(5):29-31 |
| 11 | 物流业发展对中部地区产业结构状况的影响分析 | 沈　江 | 天津大学 | 2012,(5):147-150 |
| 12 | 零售商主导型绿色供应链企业间的合作博弈分析 | 曹海英 | 天津财经大学 | 2012,(7):186-188 |
| 13 | 具有时滞且产量受限的供应链切换系统建模与仿真 | 胡明茂 | 天津大学 | 2012,(8):42-45 |
| 14 | 科技孵化器运行中的多利益主体博弈分析 | 高东芳 | 天津科技大学 | 2012,(8):68-70 |
| 15 | 基于高频数据的赋权已实现极差β估计量的构建 | 郭名媛 | 天津大学 | 2012,(9):4-7 |
| 16 | 高校教师科研绩效评价：一种多准则决策分析模型 | 郭　涛 | 天津大学 | 2012,(9):66-69 |
| 17 | 基于教育阶段性特征的内生增长模型及其检验 | 周国富 | 天津财经大学 | 2012,(9):84-88 |
| 18 | 信用风险管理中损失分布法与价值分布法的模拟比较 | 朱春生 | 天津大学 | 2012,(11):26-28 |
| 19 | 指令驱动市场交易机制对交易策略的影响研究 | 马正欣 | 天津大学 | 2012,(11):41-45 |
| 20 | 基于PLS算法的带缺失值顾客满意度指数的测评 | 赵富强 | 天津财经大学 | 2012,(12):23-25 |
| 21 | 国内文化产业融资环境的评价 | 孙　彤 | 天津工业大学 | 2012,(12):49-52 |
| 22 | 气象科技项目应用效益评价指标体系构建 | 刘爱霞 | 天津市气象局 | 2012,(12):56-60 |
| 23 | 零售商双重搭便车行为对PB-双渠道供应链的影响 | 谭佳音 | 天津大学 | 2012,(13):171-173 |
| 24 | 物流企业集群创新系统的序参量研究 | 慕　静 | 天津科技大学 | 2012,(13):174-177 |
| 25 | Markov链随机利率下寿险精算函数的分布模拟 | 张连增 | 南开大学 | 2012,(14):7-12 |
| 26 | 货币政策传导的非对称性效应研究 | 王文静 | 天津商业大学 | 2012,(14):127-130 |
| 27 | 最大熵原理与假设检验方法探讨 | 张凤宽 | 天津商业大学 | 2012,(15):10-13 |
| 28 | 天津金融服务业集聚的测度与评价 | 王文静 | 天津商业大学 | 2012,(15):62-64 |
| 29 | 区域工业化进程中的物流业推动效应研究 | 张　婷 | 天津大学 | 2012,(15):90-92 |
| 30 | 专利价值的模糊综合评价模型 | 温　明 | 天津大学 | 2012,(17):77-80 |
| 《统计与信息论坛》 | | | | |
| 1 | 列联资料的有向相关聚类分析 | 杨贵军 | 天津财经大学 | 2012,27(1):107-112 |

| 序号 | 文章名称 | 第一作者 | 单位 | 年、卷、期 |
|---|---|---|---|---|
| 2 | 基于样本数据正态性转换的 VaR 估测 | 李腊生 | 天津财经大学 | 2012,27(3):3-8 |
| 3 | 高相关性辅助变量择优回归插补法 | 杨贵军 | 天津财经大学 | 2012,27(6):8-13 |
| 4 | 加总模式变迁视角下系统性金融风险研究演进评述 | 温博慧 | 天津财经大学 | 2012,27(8):21-26 |
| 5 | 积分奖励计划有效性的影响因素及其作用机制——基于信用卡行业的实证研究 | 王大海 | 天津工业大学 | 2012,27(11):92-98 |
| 6 | 供应链间关系质量对知识吸收能力和企业合作创新绩效的影响研究 | 王　辉 | 天津大学 | 2012,27(11):99-105 |
| 心理学 | | | | |
| 《心理发展与教育》 | | | | |
| 1 | 汉—俄双语者阅读俄语文本的空格效应研究 | 白学军 | 天津师范大学 | 2012,28(1):47-53 |
| 2 | 物体分类任务中线索效应的 ERP 研究 | 宋　娟 | 天津师范大学 | 2012,28(2):113-120 |
| 3 | 关系复杂性对关系类别间接性学习的影响 | 张恒超 | 天津商业大学 | 2012,28(2):193-200 |
| 4 | 面孔再认及学习程度判断中的同龄效应 | 刘希平 | 天津师范大学 | 2012,28(3):271-275 |
| 《心理科学》 | | | | |
| 1 | 情绪一致性对有意遗忘的影响 | 白学军 | 天津师范大学 | 2012,35(1):9-15 |
| 2 | 任务定势对自动语义激活过程调节作用的 ERP 研究 | 宋　娟 | 天津师范大学 | 2012,35(1):30-37 |
| 3 | 内隐自尊和风险偏好对大学生职业决策的影响 | 陈世平 | 天津师范大学 | 2012,35(1):180-185 |
| 4 | 教师上级信任、知识分享与工作绩效的关系 | 马华维 | 天津师范大学 | 2012,35(2):340-345 |
| 5 | 词切分对印—英双语者阅读影响的眼动研究 | 白学军 | 天津师范大学 | 2012,35(3):544-549 |
| 6 | 任务难度与部分线索效应 | 唐卫海 | 天津师范大学 | 2012,35(3):581-587 |
| 7 | 背景性质对 7—10 岁自闭症谱系障碍儿童面孔搜索与加工的作用 | 陈顺森 | 天津师范大学 | 2012,35(4):778-785 |
| 8 | 关系复杂性对关系类别间接性学习中选择性注意的影响 | 张恒超 | 天津师范大学 | 2012,35(4):823-828 |
| 9 | 测试效应是过程依赖还是内容依赖? | 丁　静 | 天津师范大学 | 2012,35(5):1126-1130 |
| 10 | 情绪对提取诱发遗忘的影响 | 刘希平 | 天津师范大学 | 2012,35(6):1315-1322 |
| 11 | Fisher 与 Neyman-Pearson 的分歧与心理统计中的假设检验争议 | 吕小康 | 南开大学 | 2012,35(6):1502-1506 |
| 《心理科学进展》 | | | | |
| 1 | 工具理性、社会认同与群体愤怒——集体行动的社会心理学研究 | 陈　浩 | 南开大学 | 2012,20(1):127-136 |
| 2 | 信任修复：研究现状及挑战 | 姚　琦 | 南开大学 | 2012,20(6):902-909 |
| 3 | 中文词汇加工的若干效应：基于眼动研究的证据 | 臧传丽 | 天津师范大学 | 2012,20(9):1382-1392 |
| 《心理学报》 | | | | |
| 1 | 解读成语中的他人心理与互动心理：来自眼动和 ERP 的证据 | 王益文 | 天津师范大学 | 2012,44(1):100-111 |
| 2 | 意象思维与躯体化症状：疾病表达的文化心理学途径 | 吕小康 | 南开大学 | 2012,44(2):276-284 |
| 3 | 非言语声音影响汉语听者言语声音的知觉 | 刘文理 | 南开大学 | 2012,44(5):585-594 |
| 4 | 负性情绪抑制对社会决策行为的影响 | 王　芹 | 天津师范大学 | 2012,44(5):690-697 |
| 5 | 企业中的上级信任：作为一种行动意愿 | 马华维 | 天津师范大学 | 2012,44(6):818-829 |
| 6 | 词边界信息在中文阅读眼跳目标选择中的作用：来自中文二语学习者的证据 | 白学军 | 天津师范大学 | 2012,44(7):853-867 |
| 《心理学探新》 | | | | |
| 1 | 当代大学生创业意向影响因素研究 | 乐国安 | 南开大学 | 2012,32(2):146-152 |
| 2 | 疼痛的心理学研究 | 马华维 | 天津师范大学 | 2012,32(4):363-368 |
| 《心理与行为研究》 | | | | |
| 1 | 与任务无关的刺激—反应联结对中老年人自动加工的影响 | 宋　娟 | 天津师范大学 | 2012,10(2):115-119 |
| 2 | 团体箱庭干预大学生学习倦怠的效果 | 陈顺森 | 天津师范大学 | 2012,10(2):138-142 |

| 序号 | 文章名称 | 第一作者 | 单位 | 年、卷、期 |
|---|---|---|---|---|
| 3 | 蒙语词汇识别中语音自动激活的ERP研究 | 侯　友 | 天津师范大学 | 2012,10(3):177-182 |
| 4 | 汉语阅读中的心理词加工 | 闫国利 | 天津师范大学 | 2012,10(3):183-189 |
| 5 | 不同乐观水平大学生的框架效应研究 | 王青春 | 天津师范大学 | 2012,10(3):190-195 |
| 6 | 互动公正及其因素结构实证研究 | 王　熹 | 天津大学 | 2012,10(3):209-214 |
| 7 | 高校教师人格特质、工作特征与工作满意度的关系研究 | 罗　茜 | 天津师范大学 | 2012,10(3):215-219 |
| 8 | 模糊容忍性量表的编制 | 程　诚 | 天津师范大学 | 2012,10(3):231-235 |
| 9 | 家庭近乎完美量表中文版的信效度分析 | 邓晶晶 | 天津大学 | 2012,10(3):236-240 |
| 《中国临床心理学杂志》 | | | | |
| 1 | 理性情绪教育改善高一学生的学业情绪 | 马惠霞 | 天津师范大学 | 2012,20(1):116-119 |
| 2 | 专业心理健康服务感知风险结构研究 | 李　强 | 南开大学 | 2012,20(4):434-437,441 |
| 3 | 奎硫平合并丙戊酸镁治疗老年精神分裂症急性期的对照研究 | 顾　培 | 天津市安定医院 | 2012,20(4):520-522 |
| 4 | 共识性歧视与刻板印象：以外来务工人员与城市居民群体为例 | 程婕婷 | 南开大学 | 2012,20(4):543-546 |
| 综合性社科期刊 | | | | |
| 《北京社会科学》 | | | | |
| 1 | 分类负责模式：社会组织管理体制的创新探索——以北京市“枢纽型”社会组织管理为例 | 李　璐 | 天津师范大学 | 2012,(3):47-51 |
| 2 | 试析中国现当代文学中的北京情结 | 杨　会 | 天津理工大学 | 2012,(2):64-67 |
| 3 | 北洋时期京直地区旗地庄头考述 | 王立群 | 天津工业大学 | 2012,(2):82-87 |
| 《东南学术》 | | | | |
| 1 | 从“独白”走向“对话”——网络时代行政话语模式的转向 | 韩志明 | 天津师范大学 | 2012,(5):76-87 |
| 《东岳论丛》 | | | | |
| 1 | “转方式”背景下的产业结构升级路径研究——以山东省聊城市为例 | 秦传滨 | 天津大学 | 2012,33(2):174-177 |
| 2 | FDI与我国城乡收入差距——以山东省为例 | 李贵茜 | 南开大学 | 2012,33(4):144-148 |
| 3 | 能源强度综合评价研究 | 曹　钦 | 天津大学 | 2012,33(4):165-167 |
| 4 | 我国生产性服务业产业政策的演进、现状与问题 | 郭东海 | 天津大学 | 2012,33(5):121-125 |
| 5 | 传统德性伦理的失语与重建——以京剧《四郎探母》的现代接受为例 | 耿传明 | 南开大学 | 2012,33(6):34-38 |
| 6 | 企业员工期望的构成及测量研究 | 葛青华 | 天津大学 | 2012,33(6):147-150 |
| 7 | 对外贸易企业收汇风险管理研究 | 孙　旭 | 天津大学 | 2012,33(6):151-154 |
| 8 | 低碳经济时代城市交通规划应对策略探索 | 曹鸿雁 | 天津大学 | 2012,33(6):155-158 |
| 9 | 后苍经学探论 | 范玉秋 | 中共天津市委党校 | 2012,33(8):32-35 |
| 10 | 从学术史视角看鲁迅的中国文学史研究 | 鲍国华 | 天津师范大学 | 2012,(12):27-31 |
| 11 | 关于企业文化层次的研究 | 代兴军 | 天津大学 | 2012,(12):163-167 |
| 《甘肃社会科学》 | | | | |
| 1 | 历史书写与意义建构——安伯托·埃柯历史编纂元小说研究 | 刘　璐 | 南开大学 | 2012,(2):151-154 |
| 2 | 基于顾客参与的服务质量提升路径研究 | 王佳欣 | 天津大学 | 2012,(4):21-24 |
| 3 | 论现代化视域中的慈善事业 | 李朝阳 | 天津师范大学 | 2012,(4):39-42 |
| 4 | 明太祖教化思想的民间实践 | 于语和 | 南开大学 | 2012,(4):106,107-109 |
| 《广东社会科学》 | | | | |
| 1 | 第二次人口转变背景下的中国家庭变迁及政策思考 | 吴　帆 | 南开大学 | 2012,(2):23-30 |
| 2 | 人口红利还是就业压力？——论资源约束对人口红利的挤出效应 | 罗丽艳 | 天津财经大学 | 2012,(2):31-37 |
| 3 | 国家构建的要件：以日本近代化过程为例 | 金东日 | 南开大学 | 2012,(3):76-82 |

| 序号 | 文章名称 | 第一作者 | 单位 | 年、卷、期 |
|---|---|---|---|---|
| 4 | 洪秀全拜上帝："师夷长技"以"称帝"——兼析政治宗教的独裁本质 | 李喜所 | 南开大学 | 2012,(3):133-138 |
| 5 | 人民币的非国际货币地位与中国经济扭曲 | 范小云 | 南开大学 | 2012,(4):23-28 |
| 6 | 论康德对普世主义的理性奠基 | 王建军 | 南开大学 | 2012,(4):68-73 |
| 7 | "社会改造"与"改造社会" | 刘集林 | 南开大学 | 2012,(4):140-149 |
| 8 | 常人方法论的谈话分析：理论旨趣与研究取向 | 赵万里 | 南开大学 | 2012,(4):197-208 |
| 《贵州社会科学》 | | | | |
| 1 | 明代洪武时期内库财政收支的特点及影响 | 苏新红 | 南开大学 | 2012,(2):112-115 |
| 2 | 思想政治教育人性基础的转向：从政治人转向社会人 | 张广森 | 天津城市建设学院 | 2012,(3):110-114 |
| 3 | 15—17世纪英国王权对知识分子群体的控制 | 姚　远 | 天津师范大学 | 2012,(3):133-136 |
| 4 | 中世纪城市对近代文明因素的孕育 | 刘景华 | 天津师范大学 | 2012,(6):114-122 |
| 5 | 环球大视野与晚明新思维 | 庞乃明 | 南开大学 | 2012,(7):24-31 |
| 6 | 科学技术批判与马克思的科学异化理论 | 刘玉新 | 天津大学 | 2012,(8):21-24 |
| 7 | 从"都铎悖论"到"议会主权"——英国的权力二元论及其启示 | 佟德志 | 天津师范大学 | 2012,(8):37-42 |
| 《国外社会科学》 | | | | |
| 1 | 走出去的中国文化：十八世纪中国古典戏剧西传 | 吕世生 | 南开大学 | 2012,(3):47-53 |
| 2 | 原生论与建构论：当代西方的两种族群认同理论 | 左宏愿 | 南开大学 | 2012,(3):107-114 |
| 3 | 另一种社会主义——读卡洛·罗塞利的《自由社会主义》 | 李淑英 | 天津工业大学 | 2012,(3):151-154 |
| 《河北学刊》 | | | | |
| 1 | 政府补贴与研究型合资企业的投资模式 | 齐　欣 | 天津财经大学 | 2012,32(1):167-170 |
| 2 | 现代化进程中的中国农村地区宗教管理 | 冯石岗 | 河北工业大学 | 2012,32(1):179-181 |
| 3 | 文化心理变迁对巴金小说创作的影响 | 田悦芳 | 南开大学 | 2012,32(2):96-98 |
| 4 | 当代中国电影产业融资问题及其对策 | 汤志江 | 河北工业大学 | 2012,32(2):137-140 |
| 5 | 中国绿色证券持续改进机制运行及完善建议 | 张文鑫 | 河北工业大学 | 2012,32(2):141-143 |
| 6 | 罗莎·卢森堡的《资本积累论》与当代资本主义 | 范冉冉 | 南开大学 | 2012,32(2):167-171 |
| 7 | 河北省校企合作的现状、问题与对策——以政府科技计划为分析视角 | 赵增群 | 河北工业大学 | 2012,32(2):214-217 |
| 8 | 中国农村生物能源服务保障体系建设 | 张肖阳 | 南开大学 | 2012,32(3):202-204 |
| 9 | 借鉴与发展：中国当代社会史研究的总体运思 | 李金铮 | 南开大学 | 2012,32(4):45-51 |
| 10 | 生态占用理论与河北省可持续发展研究 | 李建磊 | 河北工业大学 | 2012,32(4):224-227 |
| 11 | 辽金元佛教与民族间的交流与融合 | 孙昌武 | 南开大学 | 2012,32(5):48-53 |
| 12 | 爱伦凯在中国的传播与影响 | 张鹏燕 | 南开大学 | 2012,32(5):101-104 |
| 13 | 从预测性信息制度变迁看信息披露监管 | 杨世鉴 | 天津财经大学 | 2012,32(5):144-147 |
| 14 | 河北省海岛保护性开发模式探析——以唐山湾三岛为例 | 刘书英 | 天津大学 | 2012,32(5):229-232 |
| 《河南社会科学》 | | | | |
| 1 | 基于钻石模型理论的高校教师持续性专业发展模型 | 朱晓红 | 天津大学 | 2012,(6):70-72 |
| 2 | 我国财政赤字和货币供应量联动性的实证模型分析 | 李　伟 | 天津财经大学 | 2012,(8):30-32 |
| 《湖南社会科学》 | | | | |
| 1 | 基于DEA实证分析的保险专业代理机构经营效率研究 | 尚　颖 | 南开大学 | 2012,(1):161-163 |
| 2 | 城市化进程中的新农村社区建设——以天津市华明街为例 | 程同顺 | 南开大学 | 2012,(3):64-69 |
| 3 | 我国金融中心城市竞争力指标体系构建与评估研究 | 郭　红 | 天津财经大学 | 2012,(3):143-147 |
| 4 | 中原经济区根亲文化资源开发战略理念创新及其策略 | 雷海栋 | 天津大学 | 2012,(5):128-130 |
| 《江海学刊》 | | | | |
| 1 | 况周颐的唐宋词史观 | 孙克强 | 南开大学 | 2012,(1):208-215 |

| 序号 | 文章名称 | 第一作者 | 单位 | 年、卷、期 |
|---|---|---|---|---|
| 2 | 全球化背景下中国自主发展道路的探讨 | 李淑梅 | 南开大学 | 2012,(3):58-63 |
| 《江汉论坛》 | | | | |
| 1 | 文化“炼狱”中的心灵震颤——向阳湖干校诗歌透析 | 罗　麒 | 南开大学 | 2012,(2):124-128 |
| 2 | 笛卡尔“nature”概念辨析 | 贾江鸿 | 南开大学 | 2012,(3):79-83 |
| 3 | 张湛《列子注》思想对话的历史考析 | 祝　捷 | 南开大学 | 2012,(4):59-61 |
| 4 | 对马克思恩格斯理想社会生产力条件的再认识 | 余金成 | 天津师范大学 | 2012,(4):62-67 |
| 5 | 1980 年代文学研究中的女性身体想象 | 陈　宁 | 南开大学 | 2012,(4):97-101 |
| 6 | 中国人初识世界的历史考量 | 李喜所 | 南开大学 | 2012,(7):86-91 |
| 7 | 韩非“矛盾之说”的历史渊源 | 吴保平 | 南开大学 | 2012,(9):56-60 |
| 《江苏社会科学》 | | | | |
| 1 | FDI 对城乡居民收入分配差距的影响：基于江苏省主要城市的实证研究 | 王家庭 | 南开大学 | 2012,(2):68-72 |
| 2 | 儒家礼仁之治施政方略的主要命题及其思维方式——以《五经正义》为典型个案 | 张　鸿 | 南开大学 | 2012,(2):235-240 |
| 3 | 从“相反的辩证法”到“相异的辩证法”——论克罗齐对黑格尔辩证法的批判与继承 | 王时中 | 南开大学 | 2012,(3):7-12 |
| 4 | 平等与运气：评德沃金的平等观 | 高景柱 | 天津师范大学 | 2012,(3):107-113 |
| 5 | 清末军事留学生派遣考 | 陈　健 | 南开大学 | 2012,(4):215-221 |
| 《江西社会科学》 | | | | |
| 1 | 金融和谐的系统学分析 | 史跃峰 | 天津大学 | 2012,(1):202-206 |
| 2 | 社会服务概念辨识与路径优化 | 倪明胜 | 南开大学 | 2012,(2):210-215 |
| 3 | 杨坚代周立隋考辩 | 冀英俊 | 南开大学 | 2012,(4):125-128 |
| 4 | 我国区际产业转移的动力及粘性分析 | 杜传忠 | 南开大学 | 2012,(5):5-11 |
| 5 | 后危机时期我国产业发展的区域布局——浦东新区与滨海新区的对比及对鄱阳湖生态经济区的借鉴意义 | 薄文广 | 南开大学 | 2012,(5):51-57 |
| 6 | 创业投资引导基金风险防范机制的构建 | 张　勇 | 南开大学 | 2012,(5):69-72 |
| 7 | 风险社会下刑法功能化发展路径研究 | 张　晶 | 天津师范大学 | 2012,(5):172-176 |
| 8 | 新生代农民工职业培训的政府责任与协调机制 | 潘寄青 | 天津理工大学 | 2012,32(6):199-203 |
| 9 | 元末明初名僧宗泐事迹考 | 何孝荣 | 南开大学 | 2012,(12):99-105 |
| 10 | 从陈寿与傅玄的评语透视曹魏的政治与思想——以魏文帝曹丕为中心 | 祝　捷 | 南开大学 | 2012,(12):117-121 |
| 《开放时代》 | | | | |
| 1 | 协商民主和协商治理：建构一个理性且成熟的公民社会 | 何包钢 | 天津师范大学 | 2012,(4):23-36 |
| 2 | 革命场域下的社会流动实证研究——以 1937—1949 年的冀中乡村为中心 | 杨　豪 | 南开大学 | 2012,(8):51-61 |
| 《科学与社会》 | | | | |
| 1 | 让科学的坚果啃起来更容易些——科学松鼠会的传播话语方式探析 | 罗　红 | 南开大学 | 2012,2(1):82-89 |
| 《内蒙古社会科学》 | | | | |
| 1 | 论马克思主义大众化的本质及其现实要求 | 邵新顺 | 南开大学 | 2012,33(2):1-6 |
| 2 | 当代中国文化现代化与和谐社会建设 | 朱孝红 | 南开大学 | 2012,33(2):128-131 |
| 《南京社会科学》 | | | | |
| 1 | 双重压力下地方政府机构改革的挑战与契机 | 赵聚军 | 南开大学 | 2012,(3):67-72 |
| 2 | 后现代视野与文学经典问题域的新问题 | 刘俐俐 | 南开大学 | 2012,(3):137-143,150 |
| 3 | 微博问政、治理转型与“零碎社会工程” | 刘　畅 | 南开大学 | 2012,(4):110-116,123 |
| 4 | 自由主义公民身份理论的演进 | 刘训练 | 天津师范大学 | 2012,(9):62-66 |

| 序号 | 文章名称 | 第一作者 | 单位 | 年、卷、期 |
|---|---|---|---|---|
| 5 | 伪经验时代的文学政治批评——本雅明与寓言论批评 | 周志强 | 南开大学 | 2012,(12):104-111 |
| 《宁夏社会科学》 | | | | |
| 1 | 俄藏黑水城所出《宋西北边境军政文书》中兵士张德状初探 | 倪 彬 | 南开大学 | 2012,(1):81-87 |
| 2 | 时间之流中的创伤再现——通过严歌苓长篇小说《金陵十三钗》分析其创作动机与创作心理 | 王一波 | 南开大学 | 2012,(3):143-146 |
| 《青海社会科学》 | | | | |
| 1 | 物流、市场规模与通货膨胀——对青海省CPI超高于全国的解释 | 李广泳 | 南开大学 | 2012,(1):72-76,93 |
| 2 | 解析残疾人康复服务的区域差异——基于31个省区市的定量分析 | 万国威 | 南开大学 | 2012,(1):135-139 |
| 3 | 城市家庭变迁下的居民旅游消费价值观取向探讨 | 盖玉妍 | 南开大学 | 2012,(3):33-36,47 |
| 4 | 关于高海拔民族地区突发公共事件应急管理的思考 | 张晓燕 | 南开大学 | 2012,(3):128-132 |
| 5 | 道学尊崇女性渊源探析 | 刘玮玮 | 天津医科大学 | 2012,(5):13-17 |
| 6 | 我国地方政府融资平台债务风险的现状与治理研究 | 武彦民 | 天津财经大学 | 2012,(6):70-75 |
| 7 | “新商人法”理论——施米托夫国际商法思想评述 | 向 前 | 南开大学 | 2012,(6):128-132 |
| 《求索》 | | | | |
| 1 | 历史编纂、意识形态与美学基准——对希伯来小说创作的文化梳理 | 刘 璐 | 南开大学 | 2012,(1):204-206 |
| 2 | 基于知识管理的建筑安全持续改进研究 | 吕景刚 | 天津财经大学 | 2012,(2):57-59 |
| 3 | 论中国传统文化关于人的现代性问题 | 孙琳琼 | 南开大学 | 2012,(3):59-61 |
| 4 | 清洁生产条件下企业成本控制问题研究 | 赵 息 | 天津大学 | 2012,(4):8-10 |
| 5 | 融资租入固定资产的所得税问题探析 | 马立群 | 天津工业大学 | 2012,(4):17-19 |
| 6 | 《示众》《水葬》“看客”类型文化剖析 | 杨宗蓉 | 南开大学 | 2012,(4):159-161 |
| 7 | 近代中国银企合作模式与风险管理——以金城银行与永久黄集团的历史实践为考据 | 别 曼 | 南开大学 | 2012,(5):51-53 |
| 8 | 基于家庭生命周期的城乡住房需求比较研究 | 丁 聪 | 天津大学 | 2012,(6):1-4 |
| 9 | 东汉时期独行之士初探 | 张 睿 | 南开大学 | 2012,(6):131-133 |
| 10 | 基于SEM的企业产品成本系统复杂度影响因素研究 | 李亚光 | 天津大学 | 2012,(7):8-10,7 |
| 11 | 从美国经济实力衰落看资本主义制度的历史局限性 | 谢 新 | 南开大学 | 2012,(7):14-16 |
| 12 | 过度城市化问题与城乡协调互动发展 | 董 雅 | 天津师范大学 | 2012,(7):55-57 |
| 13 | 我国商业银行管理创新的策略与实践 | 代兴军 | 天津大学 | 2012,(11):242-243 |
| 14 | 西方生态女性主义文学的嬗变与向度 | 许 谨 | 天津大学 | 2012,(12):161-162 |
| 《人文杂志》 | | | | |
| 1 | 略论行政区划调整对于完善大都市区管治体系的推动作用 | 赵聚军 | 南开大学 | 2012,(2):154-158 |
| 2 | 民间立场的审美表达和多维呈现——中国现当代文学“民间文化理论”的基本构建 | 王万顺 | 南开大学 | 2012,(3):103-109 |
| 3 | 春秋至汉初的社会价值重建 | 宣朝庆 | 南开大学 | 2012,(3):156-162 |
| 4 | 公民抗争行动与治理体系的碎片化——对于闹大现象的描述与解释 | 韩志明 | 天津师范大学 | 2012,(3):163-171 |
| 5 | 大一统专制王权的经济学分析——兼论专制条件下腐败发生的必然性 | 李宪堂 | 南开大学 | 2012,(5):123-128 |
| 《山东社会科学》 | | | | |
| 1 | 当代文化研究对比较文学的挑战与彼此的互补 | 黎跃进 | 天津师范大学 | 2012,(1):110-115 |
| 2 | 气候变化、财政支农支出与农业产出——基于山东省17地市面板数据的实证分析 | 朱铁辉 | 天津大学 | 2012,(2):140-145 |
| 3 | 利他主义：破解环境权实现困境的行为分析 | 徐志伟 | 天津财经大学 | 2012,(2):167-170 |

| 序号 | 文章名称 | 第一作者 | 单位 | 年、卷、期 |
|---|---|---|---|---|
| 4 | 淮阳布老虎艺术形式与内涵美的架构：民俗信仰——兼论民俗信仰对民间美术艺术形态与审美的影响 | 刘晓琰 | 天津大学 | 2012,(3):70-74 |
| 5 | 我国住房抵押贷款信用风险因素分析 | 刘喜和 | 天津财经大学 | 2012,(3):105-108 |
| 6 | 资源枯竭型城市经济转型问题研究 | 孟 文 | 天津大学 | 2012,(3):115-118 |
| 7 | 山东省水资源承载力及其提升措施研究 | 王 一 | 南开大学 | 2012,(3):119-122 |
| 8 | 协同战略的实现机制研究 | 王 鹏 | 天津大学 | 2012,(3):167-170 |
| 9 | 跨越时空的心灵沟通——B.M.阿列克谢耶夫“聊斋学”成功奥秘探论 | 李逸津 | 天津师范大学 | 2012,(4):39-43 |
| 10 | 新时期中国广告产业的发展困境及路径选择 | 彭 涌 | 天津工业大学 | 2012,(4):79-82 |
| 11 | 山东省工业结构调整存在问题与对策研究 | 秦传滨 | 天津大学 | 2012,(4):141-144 |
| 12 | 零售企业绿色供应链动力系统的机理及构建途径 | 曹海英 | 天津财经大学 | 2012,(5):110-112 |
| 13 | 我国新能源产业发展对策研究 | 曹 钦 | 天津大学 | 2012,(5):122-124 |
| 14 | 国民文化心态与汉文经典翻译的缺失——近百年印度的汉文学译介 | 曾 琼 | 天津外国语大学 | 2012,(6):56-60 |
| 15 | 宪政规则下的社会秩序构建与公共预算改革 | 陈旭东 | 天津财经大学 | 2012,(7):140-143 |
| 16 | 中国演艺产业发展现状及提升策略研究 | 陈 思 | 天津工业大学 | 2012,(8):102,107-109 |
| 17 | 非物质文化遗产作为文化创意产业本位基因的思考 | 刘 宇 | 天津大学 | 2012,(11):94-97 |
| 18 | 欠发达地区人口流动对经济社会的双重影响及对策研究 | 赵润田 | 天津大学 | 2012,(11):169-173 |
| 《社会科学》 | | | | |
| 1 | 利益集团与社会管理：挑战与出路 | 张振华 | 南开大学 | 2012,(2):16-26 |
| 2 | 通向《逻辑哲学论》神秘主义的双重路径 | 李国山 | 南开大学 | 2012,(3):113-120 |
| 3 | 马克思对施蒂纳反对“自由主义”观点的批判 | 李淑梅 | 南开大学 | 2012,(6):108-118 |
| 4 | 论儒家自然哲学的“通”的思想及其生态意义 | 乔清举 | 南开大学 | 2012,(7):113-123 |
| 《社会科学辑刊》 | | | | |
| 1 | 试论晚明外交中的“佛郎机情结” | 庞乃明 | 南开大学 | 2012,(3):179-186 |
| 2 | 马根济与近代天津医疗事业考论——兼谈“马大夫”与李中堂“兴医”的诉求歧异与相处之道 | 余新忠 | 南开大学 | 2012,(3):195-202 |
| 3 | 制造业共性技术创新的过程机理研究 | 白如晶 | 天津大学 | 2012,(6):152-154 |
| 《社会科学战线》 | | | | |
| 1 | 论文雅 | 孙克强 | 南开大学 | 2012,(1):124-133 |
| 2 | 大风格，大推进——《社会科学战线》200 期的回顾和期盼 | 庞卓恒 | 天津师范大学 | 2012,(2):5-6 |
| 3 | 日本现存诗经古写本与当代诗经学 | 王晓平 | 天津师范大学 | 2012,(3):125-133 |
| 4 | 俄罗斯的《诗经》翻译与研究 | 阎国栋 | 南开大学 | 2012,(3):140-146 |
| 5 | 教育科学理论的生成逻辑——理论与实践相结合的教育研究方法论原则 | 肖凤翔 | 天津大学 | 2012,(3):199-204 |
| 6 | 关爱乡梓的海刚峰 | 南炳文 | 南开大学 | 2012,(5):208-217 |
| 7 | 明史专家南炳文教授的治学经历 | 张婷婷 | 南开大学 | 2012,(5):218-223 |
| 8 | 论住房价格回归合理水平的内涵、目标与对策 | 马先标 | 南开大学 | 2012,(6):53-62 |
| 9 | 20 世纪 80 年代文学批评中的女性身体观 | 陈 宁 | 南开大学 | 2012,(6):136-140 |
| 10 | 论明宣宗崇奉密教 | 何孝荣 | 南开大学 | 2012,(7):84-92 |
| 11 | 论机场管理人的注意义务 | 刘海安 | 中国民航大学 | 2012,(9):195-199 |
| 《思想战线》 | | | | |
| 1 | 梁漱溟与冯友兰人生哲学比较 | 吴 倩 | 天津外国语大学 | 2012,38(2):41-44 |
| 《探索与争鸣》 | | | | |
| 1 | 奢侈品·性·自由——当前中国大众财富价值观的另类观察 | 周志强 | 南开大学 | 2012,(5):14-16 |

| 序号 | 文章名称 | 第一作者 | 单位 | 年、卷、期 |
|---|---|---|---|---|
| 2 | 中国人口问题的承上与启下——“六普”数据的人口学意义透视 | 原 新 | 南开大学 | 2012,(5):51-55 |
| 3 | 区域差距内生机制与区域协调发展总体思路 | 安虎森 | 南开大学 | 2012,(7):47-50 |
| 4 | 农村土地、城镇化与社会主义宪政过程：经济史与政治社会学视角 | 邓宏图 | 南开大学 | 2012,(11):58-62 |
| 5 | 中国人口红利发展模式的代价与化解 | 朱礼华 | 南开大学 | 2012,(12):79-82 |
| 《天府新论》 | | | | |
| 1 | 从“异态”到“常态”——清中期巴县团练的角色转变与乡村社会 | 王 妍 | 南开大学 | 2012,(1):140-144 |
| 2 | 当代中国政府信息传输：模式与挑战 | 李鹏博 | 南开大学 | 2012,(2):13-17 |
| 3 | 以“组织化”抑制“割据化”：1911—1949 年中国政治现代化的背景、范式和展望 | 张 翔 | 南开大学 | 2012,(3):13-18 |
| 4 | 清代州县治安防控网络体系研究：基于政府过程理论 | 谭 琪 | 南开大学 | 2012,(3):129-134 |
| 《天津社会科学》 | | | | |
| 1 | 试析建立“共赢模式”劳动关系的目标、原则和体制创新 | 关信平 | 南开大学 | 2012,(1):64-69 |
| 2 | 跨国公司在华研发中心的特征与对策研究 | 周立群 | 南开大学 | 2012,(1):91-94 |
| 3 | 家族小说的历史演进和现代品格 | 楚爱华 | 南开大学 | 2012,(1):109-112 |
| 4 | 从“精神科学”到“历史科学”——重评唯物辩证法与黑格尔辩证法的对立 | 王时中 | 南开大学 | 2012,(2):4-9 |
| 5 | 论康德直观理论的三个层次 | 王建军 | 南开大学 | 2012,(2):46-50 |
| 6 | 福利刚性、市场、区域差距与人口结构——公共服务均等化的制约因素分析 | 赵聚军 | 南开大学 | 2012,(2):73-76 |
| 7 | 经济市场化的治理逻辑——兼论转型深化与完善阶段的治理机制优化 | 孙景宇 | 南开大学 | 2012,(3):72-78 |
| 8 | 18 世纪俄国文化精英理想化的中国观 | 阎国栋 | 南开大学 | 2012,(3):116-119 |
| 9 | 乡村建设思想的历史起点——20 世纪之初“以农立国”论的孕生(1901—1920) | 王先明 | 南开大学 | 2012,(3):120-124 |
| 10 | 百年乡村建设的思想场域和制度选择 | 宣朝庆 | 南开大学 | 2012,(3):125-130 |
| 《文史哲》 | | | | |
| 1 | 论十七年农业合作化题材小说的真实性 | 林 霆 | 天津师范大学 | 2012,(1):155-168 |
| 2 | 古代小说研究方法论刍议——以《金瓶梅》研究为例证 | 宁宗一 | 南开大学 | 2012,(2):57-65 |
| 《新疆社会科学》 | | | | |
| 1 | 毛泽东统一战线思想与“三个世界”划分的理论渊源 | 伍绍勤 | 南开大学 | 2012,(1):9-12 |
| 2 | 论文化自身的矛盾性 | 苗 伟 | 天津社会科学院 | 2012,(1):99-104 |
| 3 | 中国和国外社会阶层结构的比较分析 | 毛哲山 | 天津工业大学 | 2012,(1):117-122 |
| 4 | 试论加强党内权力制约和监督科学化建设的实现路径 | 夏静雷 | 南开大学 | 2012,(2):11-15 |
| 5 | “城市精神热”的理性思考 | 张九海 | 天津理工大学 | 2012,(3):99-103 |
| 7 | 欠发达地区经济发展与金融支持研究——以南疆三地州为例 | 丁志勇 | 南开大学 | 2012,(5):25-31 |
| 8 | 美国“新丝绸之路”计划的实施目标及其国际影响 | 杨 雷 | 南开大学 | 2012,(5):70-75 |
| 《学海》 | | | | |
| 1 | 论体制及其先进性 | 金东日 | 南开大学 | 2012,(1):103-108 |
| 2 | 理查德·罗蒂论社会团结的理由 | 郑维伟 | 天津行政学院 | 2012,(2):82-94 |
| 3 | “居站分离”实践与城市基层社会管理创新 | 王 星 | 南开大学 | 2012,(3):31-36 |
| 《学术界》 | | | | |
| 1 | 我国政府投资运行机制：原理、问题与对策 | 丁述军 | 天津大学 | 2012,(2):80-85 |
| 2 | 余三定先生的学术追求 | 蔡觉敏 | 天津外国语大学 | 2012,(6):189-195 |

| 序号 | 文章名称 | 第一作者 | 单位 | 年、卷、期 |
|---|---|---|---|---|
| 3 | 坚持和发展中国特色的政体理论：以中西比较为视阈 | 常士訚 | 天津师范大学 | 2012,(11):5-15 |
| 4 | 农民工的城市感知与农民工的市民化 | 段学芬 | 天津理工大学 | 2012,(11):156-168 |
| 《学术论坛》 | | | | |
| 1 | 广西实施农业标准化成效的研究 | 苏彩和 | 天津大学 | 2012,(2):122-126 |
| 2 | 我国推出股票期权的必要性分析 | 张　维 | 天津财经大学 | 2012,(2):137-141 |
| 3 | 试论我国腐败现象的新特点及其治理 | 刘玉靖 | 天津工业大学 | 2012,(3):17-20,25 |
| 4 | 论网络文化的现实维度 | 王　琳 | 天津医科大学 | 2012,(4):166-170 |
| 5 | 胡锦涛信息网络思想述论 | 寇清杰 | 南开大学 | 2012,(5):4-8 |
| 《学术研究》 | | | | |
| 1 | 国内需求、出口需求与中国全要素生产率的变动及分解 | 佟家栋 | 南开大学 | 2012,(2):74-80 |
| 2 | 寻源、辨体与文体研究的目的——读书手记 | 罗宗强 | 南开大学 | 2012,(4):121-128 |
| 3 | 近代华北铁路沿线乡村地区人口的社会流动（1905—1937） | 熊亚平 | 天津社会科学院 | 2012,(7):115-120 |
| 4 | 文与质：一对具普遍意义的美学范畴 | 薛富兴 | 南开大学 | 2012,(7):134-140 |
| 5 | 当代中国家庭的变迁与政策·主持人寄语 | 李建民 | 南开大学 | 2012,(9):32 |
| 6 | 家庭生命周期结构：一个理论框架和基于CHNS的实证 | 吴　帆 | 南开大学 | 2012,(9):42-49 |
| 7 | 社会政策中的家庭 | 陈卫民 | 南开大学 | 2012,(9):56-61 |
| 《学术月刊》 | | | | |
| 1 | 改变世界的哲学何以可能(上)——从马克思到后马克思主义 | 王南湜 | 南开大学 | 2012,44(1):36-49 |
| 2 | 中国史学史学科体系的思考 | 乔治忠 | 南开大学 | 2012,44(1):118-122 |
| 3 | 改变世界的哲学何以可能(下)——一个基于行动者与旁观者双重视角的构想 | 王南湜 | 南开大学 | 2012,44(2):40-54 |
| 4 | “庞局经济”的运行机理及其经济社会影响 | 钟茂初 | 南开大学 | 2012,44(9):78-86 |
| 《学习与实践》 | | | | |
| 1 | 提高中等收入者比重的宏观政策研究 | 钟茂初 | 南开大学 | 2012,(1):55-60 |
| 2 | “三农”政策的整合及协同研究：一个整体性框架 | 陈　丹 | 天津商业大学 | 2012,(1):70-81 |
| 3 | 新古典主流经济学范式的演变及其危机 | 崔学东 | 南开大学 | 2012,(6):5-11 |
| 4 | 中国区域发展中的民间组织与地方合作 | 柳建文 | 南开大学 | 2012,(6):36-43 |
| 5 | 公共经济视阈下的城市公共服务研究述评 | 高雪莲 | 南开大学 | 2012,(7):11-17 |
| 6 | 当代美国收入分化的演进历程及其政策启示 | 王家庭 | 南开大学 | 2012,(8):20-29 |
| 《学习与探索》 | | | | |
| 1 | 马克思主义哲学研究的当代视野与发展态势(笔谈)：人类学作为第一哲学——马克思与近代哲学精神 | 谢永康 | 南开大学 | 2012,(2):12-15 |
| 2 | 利益分化背景下的城市基层社会秩序建构 | 王　星 | 南开大学 | 2012,(2):40-42 |
| 3 | 能切中现实生活的政治哲学何以可能——一项基于“行动者”与“旁观者”对比视角的考察 | 王南湜 | 南开大学 | 2012,(3):1-9 |
| 4 | 创业型经济的发展机制问题研究(笔谈)：公司的创业机制与管理挑战 | 张玉利 | 南开大学 | 2012,(5):86-88 |
| 5 | 人性视阈：超越国界的战争书写——梁晓声的“北大荒小说”论 | 车红梅 | 南开大学 | 2012,(6):131-134 |
| 6 | 苏军与国共两党的日伪协和会对策 | 南龙瑞 | 天津工业大学 | 2012,(6):156-160 |
| 《云南社会科学》 | | | | |
| 1 | 变迁与失衡：转型期地方政府的权责配置研究 | 鲁　敏 | 南开大学 | 2012,(1):64-68,78 |
| 2 | 中国中小企业融资路径创新 | 潘永明 | 天津理工大学 | 2012,(1):94-98 |
| 3 | 中国工业行业间“同质”劳动收入差距问题 | 周　申 | 南开大学 | 2012,(1):99-103 |
| 4 | 乾嘉时期辞官现象探析 | 王　妍 | 南开大学 | 2012,(1):133-137 |

| 序号 | 文章名称 | 第一作者 | 单位 | 年、卷、期 |
| --- | --- | --- | --- | --- |
| 5 | 冲突解决的三种机制及合理体系 | 韦长伟 | 南开大学 | 2012,(2):90-94 |
| 6 | 宗族在近代社会中的控制作用——以晚清湖南地区为中心的考察 | 丁　芮 | 天津社会科学院 | 2012,(2):138-142 |
| 7 | “以级别定权力”：地方政府“升级锦标赛”原因探析 | 王雪丽 | 天津商业大学 | 2012,(3):59-62,66 |
| 8 | 理性道德论的困境及出路 | 姬海涛 | 南开大学 | 2012,(5):47-51 |
| 9 | 中国政策性文件的政治学思考 | 潘同人 | 南开大学 | 2012,(5):73-77 |
| 10 | 从乾隆诗看清帝国的汉化 | 崔　岩 | 南开大学 | 2012,(5):149-153 |
| 《浙江社会科学》 | | | | |
| 1 | 劳工品质、劳动保护与跨国资本空间转移——基于中印两国的比较研究 | 王　星 | 南开大学 | 2012,(1):74-85 |
| 2 | “7·23”动车事故中的风险与法治问题(笔谈)：铁路事故调查法律制度的建构及反思 | 宋华琳 | 南开大学 | 2012,(2):41-43 |
| 3 | 区域金融扭曲差异真的会一直促进FDI流入吗？ | 张　亮 | 南开大学 | 2012,(3):11-22 |
| 4 | 法律原则的效力标准——基于系谱抑或内容？ | 马　驰 | 天津商业大学 | 2012,(3):50-55 |
| 《中国社会科学》 | | | | |
| 1 | 外国直接投资对中国环境的影响——来自工业行业面板数据的实证研究 | 盛　斌 | 南开大学 | 2012,(5):54-75 |
| 2 | 剩余价值、全球化与资本主义——基于改进卢森堡“资本积累论”的视角 | 王南湜 | 南开大学 | 2012,(12):4-27 |
| 《中国社会科学院研究生院学报》 | | | | |
| 1 | 从职业城市化到人的城市化——我国农民工城市社会融入研究阶段和问题综述 | 毛哲山 | 天津工业大学 | 2012,(1):135-138 |
| 《中州学刊》 | | | | |
| 1 | 明清河南武安商人兴起的历史背景 | 吴志远 | 南开大学 | 2012,(2):148-151 |
| 2 | 清末十年河南中学堂教员状况考析 | 张秀丽 | 南开大学 | 2012,(2):156-160 |
| 3 | 20世纪中国新诗中的城市抒写 | 卢　桢 | 南开大学 | 2012,(2):180-183 |
| 4 | 抢劫罪基本构造的若干问题研究 | 郑泽善 | 南开大学 | 2012,(3):85-89 |
| 5 | 党的建设在非公企业公司治理中的作用与途径 | 初明利 | 天津商业大学 | 2012,(5):21-24 |
| 6 | 中国长期护理保险的模式选择与制度设计 | 张　瑞 | 南开大学 | 2012,(6):99-102 |
| 人文、经济地理 | | | | |
| 《城市规划》 | | | | |
| 1 | 苏南地区村民参与乡村规划的认知与意愿分析——以江苏省常熟市为例 | 王　雷 | 天津大学 | 2012,(2):66-72 |
| 2 | 住有所居，民生为先——天津公共租赁住房规划建设实证研究 | 尹海林 | 天津市规划局 | 2012,(5):13-19 |
| 3 | 城市新空间——商业公共空间系统 | 宋桐庆 | 天津市河东区中山门街道办事处 | 2012,(5):66-71,78 |
| 4 | 街道界面密度与城市形态的规划控制 | 周　钰 | 天津大学 | 2012,36(6):28-32 |
| 《地域研究与开发》 | | | | |
| 1 | 海洋主体功能区划指标体系研究 | 徐丛春 | 国家海洋信息中心 | 2012,31(1):10-13 |
| 2 | 综合防灾理念下城市公共安全设施体系及规划应用 | 胡志良 | 天津市城市规划设计研究院 | 2012,31(2):49-53 |
| 3 | 游客参与对旅行社服务质量及游客满意度的影响——以京津冀地区为例 | 王佳欣 | 天津大学 | 2012,31(2):117-123 |
| 4 | 区域产业生态系统健康的模糊物元贴近度评价研究——以天津滨海新区为例 | 李　健 | 天津理工大学 | 2012,31(3):131-135 |
| 5 | 天津农地征用中农民土地收益分配机制研究 | 郭素芳 | 天津师范大学 | 2012,31(4):134-137,151 |

| 序号 | 文章名称 | 第一作者 | 单位 | 年、卷、期 |
|---|---|---|---|---|
| 《经济地理》 | | | | |
| 1 | 天津市住房市场的有效性测度研究 | 王家庭 | 南开大学 | 2012,32(1):131-136 |
| 2 | 美国集装箱港口体系演进过程研究 | 杨静蕾 | 南开大学 | 2012,32(2):94-100 |
| 3 | 人口规模、经济增长与碳排放：经验证据及国际比较 | 姚从容 | 南开大学 | 2012,32(3):138-145 |
| 4 | 工业城市资源再生产业与装备制造业经济协同度——以天津市为例 | 唐　燕 | 天津大学 | 2012,32(4):90-95,102 |
| 5 | 天津市华明镇土地开发整理模式研究 | 孟广文 | 天津师范大学 | 2012,32(4):143-148 |
| 6 | 空间外部性视角下的地方政府支出策略互动模式 | 郭玉清 | 南开大学 | 2012,32(5):30-36 |
| 7 | 我国海洋经济的区域特征分析及其发展对策 | 王　双 | 天津社会科学院 | 2012,32(6):80-84 |
| 8 | 技术创新、发展阶段与科技战略选择——以台湾“后发式”科技发展战略为例 | 李　月 | 南开大学 | 2012,32(6):92-97 |
| 9 | 基于可持续发展理念的区域产业安全评估——以天津滨海新区为例 | 苏睿先 | 天津财经大学 | 2012,32(10):89-94 |
| 10 | 基于生态足迹的天津市土地利用总体规划生态效用评价 | 白　钰 | 天津市国土资源和房屋管理研究中心 | 2012,32(10):127-132 |
| 《旅游科学》 | | | | |
| 1 | 旅游产学研三位一体运行机制的深度思考 | 王　健 | 南开大学 | 2012,26(1):1-6 |
| 2 | 旅游供应链权力转移实证研究 | 徐　虹 | 南开大学 | 2012,26(2):19-28 |
| 《旅游学刊》 | | | | |
| 1 | 会议策划人(MP)研究述评 | 何会文 | 南开大学 | 2012,27(1):91-100 |
| 2 | 旅游目的地品牌标识评价研究——以中国优秀旅游城市为例 | 王京传 | 南开大学 | 2012,27(2):43-51 |
| 3 | 中国旅游发展笔谈——旅游公共服务与目的地建设(三)：服务接触：目的地建设旅游公共服务体系的新视角 | 王京传 | 南开大学 | 2012,27(3):7-9 |
| 4 | 饭店员工心理所有权与跨界行为关系研究 | 张　辉 | 南开大学 | 2012,27(4):82-90 |
| 5 | 中国旅游发展笔谈——世界遗产与旅游发展(三)：世界遗产与旅游发展：冲突、调和、协同 | 王京传 | 南开大学 | 2012,27(6):4-5 |
| 6 | 负面情感事件对一线服务人员情绪、满意及承诺的影响——以高交互服务行业为例 | 杜建刚 | 南开大学 | 2012,27(8):60-67 |
| 《人文地理》 | | | | |
| 1 | 国外旅游目的地品牌化研究现状与分析 | 刘丽娟 | 南开大学 | 2012,27(2):26-31 |
| 环境科学 | | | | |
| 《环境保护》 | | | | |
| 1 | 依托重点工程，稳步迈向生态天津 | 闫平善 | 天津市环境保护局 | 2012,(02/03):78-79 |
| 2 | 英国危险废物管理策略及对我国的启示 | 熊善高 | 南开大学 | 2012,(14):75-78 |
| 3 | 开创环评新局面，推进生态文明建设 | 朱　坦 | 南开大学 | 2012,(22):17-20 |
| 4 | 践中取道——公众参与环境影响评价的现状与发展 | 吴　婧 | 南开大学 | 2012,(22):45-47 |
| 5 | 天津：落实“十二五”环保规划，建设生态农村 | 张　磊 | 天津工业大学 | 2012,(9):60-62 |
| 《中国人口·资源与环境》 | | | | |
| 1 | 中国碳排放强度与产业结构的关联分析 | 李　健 | 天津大学 | 2012,22(1):7-14 |
| 2 | 中国建筑业能源效率省际差异及其影响因素分析 | 王雪青 | 天津大学 | 2012,22(2):56-61 |
| 3 | 基于海湾空间的海洋经济差异分析——以辽东湾、渤海湾、莱州湾为例 | 方春洪 | 国家海洋技术中心 | 2012,22(2):170-174 |
| 4 | 区域差异对排污税费政策的影响分析及对策研究 | 王军锋 | 南开大学 | 2012,22(3):93-97 |
| 5 | 天津市工业行业全要素能源效率变动的影响因素分析 | 李春发 | 天津理工大学 | 2012,22(4):156-162 |
| 6 | 中国再生资源产业聚集度变动趋势及影响因素研究 | 李　健 | 天津大学 | 2012,22(5):94-100 |
| 7 | 能源环境约束下中国区域工业效率分析 | 王　燕 | 南开大学 | 2012,22(5):114-119 |

| 序号 | 文章名称 | 第一作者 | 单位 | 年、卷、期 |
|---|---|---|---|---|
| 8 | 环境公平问题既有研究述评及研究框架思考 | 钟茂初 | 南开大学 | 2012,22(6):1-6 |
| 9 | 要素禀赋、污染转移与中国制造业的贸易竞争力——对污染天堂与要素禀赋假说的检验 | 王文治 | 南开大学 | 2012,22(12):73-78 |
| 《资源科学》 | | | | |
| 1 | 农地流转市场发育、农民阶层分化与农民养老保障模式选择——基于我国东部地区农户问卷调查的实证研究 | 许恒周 | 天津大学 | 2012,34(1):136-142 |
| 2 | 中国碳排放强度预测与煤炭能源比重检验分析 | 刘广为 | 天津大学 | 2012,34(4):677-687 |
| 3 | 考虑非理想产出的中国火电行业效率省际差异分析 | 曲茜茜 | 天津大学 | 2012,34(6):1160-1166 |
| 4 | 澜沧江流域植被覆盖变化特征及其与气候因子的关系 | 李亚飞 | 中国民航大学 | 2012,34(7):1214-1221 |
| 高校综合性学报 | | | | |
| 《安徽大学学报(哲学社会科学版)》 | | | | |
| 1 | 人类苦难与艺术困境——论阿多诺的“奥斯威辛”命题 | 张静静 | 天津师范大学 | 2012,36(2):26-31 |
| 2 | 日本法上的绝对商行为及其启示 | 张志坡 | 南开大学 | 2012,36(3):131-138 |
| 3 | 明后期社会风气与士大夫家族移风易俗——以山东青州邢玠家族为例 | 常建华 | 南开大学 | 2012,36(4):1-9 |
| 《安徽师范大学学报(人文社会科学版)》 | | | | |
| 1 | 从“对话”到“延异—播撒”——伽达默尔和德里达翻译文本意义产生机制理论之比较 | 冯　红 | 天津外国语大学 | 2012,40(3):319-324 |
| 《北京大学学报(哲学社会科学版)》 | | | | |
| 1 | 敦煌孟姜女变文与招魂祭祀 | 吴　真 | 南开大学 | 2012,49(1):136-142 |
| 2 | “无声诗”与“无形画”的现象直观 | 张　毅 | 南开大学 | 2012,49(3):27-37 |
| 《北京工商大学学报(社会科学版)》 | | | | |
| 1 | 内蒙古生态环境可持续发展评价模型研究 | 赵　涛 | 天津大学 | 2012,14(1):27-31 |
| 2 | PLS 算法的顾客满意度指数模型 | 赵富强 | 天津财经大学 | 2012,14(1):56-59,65 |
| 3 | 我国低空空域管理法规体系建构论 | 郝秀辉 | 中国民航大学 | 2012,14(1):93-97 |
| 4 | 中国证券市场跳跃行为非参数方法 | 王春峰 | 天津大学 | 2012,14(2):8-14 |
| 5 | 力量不对等供应链下游寡头行为演化机理 | 韩敬稳 | 天津大学 | 2012,14(2):51-57 |
| 6 | 国际货币竞争视角下的人民币国际化博弈分析 | 刘　玲 | 天津商业大学 | 2012,14(2):58-64 |
| 7 | 建筑承包商品牌竞争力评价模型——基于网络层次分析法 | 吴春林 | 天津大学 | 2012,14(3):32-38 |
| 8 | 我国研究生培养中的美第奇效应——基于知识发展的类生物理论视角 | 吕文娟 | 天津大学 | 2012,14(3):151-156 |
| 9 | 我国劳动力职业学历系统耦合效应 | 陈　通 | 天津大学 | 2012,14(4):17-22 |
| 10 | 中国股市投资者预测交易到达率的 GARCH 学习行为 | 王春峰 | 天津大学 | 2012,14(4):30-36 |
| 11 | 三种房地产投资信托基金经营收益分析 | 尚天成 | 天津大学 | 2012,14(4):43-46,66 |
| 12 | 军地一体化应急物资储备设施选址研究 | 李玉兰 | 天津大学 | 2012,14(4):89-93 |
| 13 | 法律制度、社会信任与会计舞弊 | 黄宏斌 | 天津财经大学 | 2012,27(2):62-68 |
| 14 | 后契约机会主义与企业治理效率研究 | 袁根根 | 天津财经大学 | 2012,27(3):48-53 |
| 15 | 家族企业代际传承中关系网络异化研究 | 蔡双立 | 天津财经大学 | 2012,27(6):37-43 |
| 《北京师范大学学报(社会科学版)》 | | | | |
| 1 | 沈从文与“战国策派”关系考辨 | 李　扬 | 南开大学 | 2012,(3):41-48 |
| 2 | 驾鹤仙去:郭璞之死解读 | 赵沛霖 | 天津社会科学院 | 2012,(1):80-89 |
| 《大连理工大学学报(社会科学版)》 | | | | |
| 1 | 股指期货上市对现货市场的影响——来自中国的实证研究 | 梁朝晖 | 天津工业大学 | 2012,33(1):14-18 |
| 《东北大学学报(社会科学版)》 | | | | |
| 1 | 中国环境污染的政治经济分析 | 张再生 | 天津大学 | 2012,14(2):113-118 |

| 序号 | 文章名称 | 第一作者 | 单位 | 年、卷、期 |
| --- | --- | --- | --- | --- |
| 2 | 西方学界翻译过程实证研究的方法论体系 | 王少爽 | 南开大学 | 2012, 14(5):455-460 |
| 《东北师大学报(哲学社会科学版)》 | | | | |
| 1 | 中世纪英国巡回审判制度对国王司法权威的影响 | 陈太宝 | 南开大学 | 2012, (1):79-84 |
| 2 | 《紫色》与艾丽丝·沃克的泛神论思想 | 郭德艳 | 南开大学 | 2012, (6):163-165 |
| 3 | 公共部门绩效评估模型 | 李　瑛 | 南开大学 | 2012, (4):68-70 |
| 《东南大学学报(哲学社会科学版)》 | | | | |
| 1 | 天津原租界区私家园林风格特色探析 | 安　平 | 天津大学 | 2012, 14(1):73-77 |
| 《福建师范大学学报(哲学社会科学版)》 | | | | |
| 1 | 当代汉语临时范畴化强加模式：认知与修辞动因 | 温锁林 | 天津师范大学 | 2012, (4):62-69 |
| 2 | 医疗与政治——清代御医刘声芳政治沉浮考论 | 张田生 | 南开大学 | 2012, (5):122-129 |
| 《复旦学报(社会科学版)》 | | | | |
| 1 | 求唐诗“神韵”以“肌理”——王士祯、翁方纲唐诗接受思想合论 | 张　毅 | 南开大学 | 2012, (6):38-48 |
| 《海南大学学报(人文社会科学版)》 | | | | |
| 1 | 法律解释的认识论困境及其消解 | 王　彬 | 南开大学 | 2012, 30(1):73-79 |
| 2 | 碳排放效率的库兹涅茨曲线及双收敛假说的检验 | 魏　梅 | 天津工业大学 | 2012, 30(1):114-118 |
| 3 | 海南省市县党政正职领导干部考核体系研究——基于群众满意度的 AHP 模型 | 曾祥宁 | 天津大学 | 2012, 30(1):125-130 |
| 4 | 基于帮教的海口市预防青少年违法犯罪 TSP 体系构建研究 | 高　薇 | 天津大学 | 2012, 30(2):69-75 |
| 5 | 基于信息共享的政府行政成本优化 | 樊　燕 | 天津大学 | 2012, 30(3):114-119 |
| 6 | 企业战略薪酬管理协同机制研究 | 高友民 | 天津大学 | 2012, 30(6):112-117 |
| 7 | 股份制高校治理结构优化初探 | 王安兴 | 天津大学 | 2012, 30(6):118-121 |
| 8 | 浅谈海南国际旅游岛文化建设 | 彭国爱 | 天津大学 | 2012, 30(6):127-130 |
| 《河北大学学报（哲学社会科学版）》 | | | | |
| 1 | 因子分析和聚类分析在银行选址中的应用——以建设银行衡水分行为例 | 丁建新 | 河北工业大学 | 2012, 37(1):120-123 |
| 2 | 我国意识形态机构建设研究的回顾与反思 | 才　华 | 南开大学 | 2012, 37(1):147-149 |
| 3 | 《祖堂集》叙事的戏剧性探微 | 张胜珍 | 天津财经大学 | 2012, 37(2):55-59 |
| 4 | 基本心理需要满足对医生工作倦怠和工作投入的预测作用 | 刘惠军 | 天津医科大学 | 2012, 37(2):93-99 |
| 5 | 卢森堡和列宁在党的组织策略上的共识与分歧 | 范冉冉 | 南开大学 | 2012, 37(3):51-55 |
| 6 | 中国志怪传奇在日本近世怪异文学中的形变——以《伽婢子》为例 | 吴　艳 | 南开大学 | 2012, 37(6):25-31 |
| 7 | 职业教育在职业流动中的功能及其实现 | 刘奉越 | 天津大学 | 2012, 37(6):105-108 |
| 8 | 构建国际环境秩序中的共识认知与政治议价 | 尹晓亮 | 南开大学 | 2012, 37(6):122-128 |
| 《河南大学学报(社会科学版)》 | | | | |
| 1 | 白居易与洛阳“七老会”及“九老会”考论 | 卢燕新 | 南开大学 | 2012, 52(1):107-112 |
| 2 | 再谈无“是”即无逻辑——答程仲棠先生 | 王左立 | 南开大学 | 2012, 52(3):14-20 |
| 3 | 社会冲突的常规化管理：必要性、障碍与路径选择 | 韦长伟 | 南开大学 | 2012, 52(4):8-12 |
| 4 | 美国金融消费者保护机构的独立性及对中国的启示 | 冯　博 | 天津财经大学 | 2012, 52(4):67-72 |
| 5 | 1930 年代苏联构建集体安全的失败——一种基于“威胁平衡理论”的分析 | 徐振伟 | 南开大学 | 2012, 52(4):84-90 |
| 6 | 中国古典诗歌之美感特质 | 叶嘉莹 | 南开大学 | 2012, 52(5):108-115 |
| 《河南师范大学学报(哲学社会科学版)》 | | | | |
| 1 | 论公共领域与当代中国民主监督机制的构建 | 杨仁忠 | 天津师范大学 | 2012, 39(1):32-36 |
| 2 | 1970 年代美苏关于人权问题的较量 | 徐振伟 | 南开大学 | 2012, 39(1):169-173 |

| 序号 | 文章名称 | 第一作者 | 单位 | 年、卷、期 |
|---|---|---|---|---|
| 3 | 论韩非治国方略中的刑赏思想 | 刘 慧 | 南开大学 | 2012,39(2):141-145 |
| 4 | 从被动到自觉:晚清兵工业制度化管理的历史路径 | 高德罡 | 天津工业大学 | 2012,39(2):150-153 |
| 5 | 岑参诗雷同举隅 | 张培阳 | 南开大学 | 2012,39(2):209-212 |
| 6 | 汉朝时期自然灾害对刺史职权的影响 | 郭明月 | 南开大学 | 2012,39(3):113-116 |
| 7 | 组织公平的跨文化研究:方法、现状与思路 | 王庆娟 | 南开大学 | 2012,39(4):47-50 |
| 8 | 林译小说中思想性误读的表现形式浅论 | 王金双 | 南开大学 | 2012,39(4):227-229 |
| 9 | 费密思想谱系探析 | 张枫林 | 南开大学 | 2012,39(6):10-14 |
| 10 | 地方高校协同创新系统及其旋进策略分析 | 张水潮 | 天津大学 | 2012,39(6):231-235 |
| 《湖南师范大学社会科学学报》 | | | | |
| 1 | 交通安全刑法规制竞合之处理 | 王强军 | 南开大学 | 2012,41(1):58-62 |
| 2 | 论先秦儒学普适价值对现代社会秩序构建的启示 | 尹业初 | 南开大学 | 2012,41(3):10-13 |
| 《华南师范大学学报(社会科学版)》 | | | | |
| 1 | 我国少儿教育福利的区域差异 | 万国威 | 南开大学 | 2012,(3):32-39 |
| 2 | 关于“财产性收入”的思考——基于马克思主义分配理论 | 张俊山 | 南开大学 | 2012,(4):84-90 |
| 3 | 天津青年会的儿童事业——以《大公报》为中心 | 侯 杰 | 南开大学 | 2012,(5):39-47 |
| 《华中科技大学学报(社会科学版)》 | | | | |
| 1 | 新媒体与公民有序参与 | 郑维伟 | 天津行政学院 | 2012,26(1):41-48 |
| 《华中师范大学学报(人文社会科学版)》 | | | | |
| 1 | 20世纪前期乡村社会冲突的演变及其对策 | 王先明 | 南开大学 | 2012,51(4):1-15 |
| 2 | “归农运动”与乡村建设人才思想的转变 | 任金帅 | 南开大学 | 2012,51(4):16-23 |
| 3 | 清末民初的翻译实践与“文言的终结” | 时世平 | 南开大学 | 2012,51(5):79-84 |
| 《兰州大学学报(社会科学版)》 | | | | |
| 1 | 老子的政治思想探析 | 孙紫夏 | 南开大学 | 2012,40(4):60-63 |
| 2 | 城市交通视角下我国电动自行车推广的经济学探究 | 谷 云 | 南开大学 | 2012,40(6):142-146 |
| 《南京大学学报(哲学.人文科学.社会科学版)》 | | | | |
| 1 | 近代日本人的中国观与对华行动选择 | 尹晓亮 | 南开大学 | 2012,49(2):49-50 |
| 2 | 欧盟排放交易机制的政治分析 | 吴志成 | 南开大学 | 2012,49(4):37-43 |
| 3 | 新多边主义与西方发达世界视角下的全球治理 | 杨 娜 | 南开大学 | 2012,49(4):44-46 |
| 4 | 高管员工薪酬差距、董事长成熟度与创造性产出研究 | 程新生 | 南开大学 | 2012,49(4):47-59 |
| 《南京师大学报(社会科学版)》 | | | | |
| 1 | “狂人”形象的文化源流与五四新文学的文化气质 | 耿传明 | 南开大学 | 2012,(1):148-154 |
| 2 | 网络沟通对青少年社会性发展的影响 | 纪海英 | 天津医科大学 | 2012,(2):109-115 |
| 3 | 以赛亚·伯林自由观的悖论:在多元与一元之间 | 程同顺 | 南开大学 | 2012,(4):5-13 |
| 《南开学报(哲学社会科学版)》 | | | | |
| 1 | 民国初期内藤湖南的“支那论”辨析 | 杨栋梁 | 南开大学 | 2012,(1):1-10 |
| 2 | 胜海舟的中国认识——兼与松浦玲先生商榷 | 刘岳兵 | 南开大学 | 2012,(1):11-19 |
| 3 | 辛亥革命时期北一辉的对华观 | 王美平 | 天津大学 | 2012,(1):20-27 |
| 4 | 中国共产党对待自身历史的科学态度——以两个《历史决议》的起草为例 | 张 健 | 南开大学 | 2012,(1):38-48 |
| 5 | 中国共产党对第二个《历史决议》的若干新认识 | 肖光文 | 南开大学 | 2012,(1):49-59 |
| 6 | 全球治理中的国际货币体系改革:历史与现实 | 盛 斌 | 南开大学 | 2012,(1):60-69 |
| 7 | 人民币汇率调整的外部性与全球金融治理 | 刘 程 | 南开大学 | 2012,(1):89-97 |
| 8 | 从《负苞堂集》看臧懋循 | 陶慕宁 | 南开大学 | 2012,(1):117-122 |
| 9 | 艾伦·卡尔松论建筑美学的生态学方法 | 薛富兴 | 南开大学 | 2012,(1):123-131 |

| 序号 | 文章名称 | 第一作者 | 单位 | 年、卷、期 |
|---|---|---|---|---|
| 10 | 审美人生，何以可能？ | 邓军海 | 天津师范大学 | 2012,(1):132-140 |
| 11 | 社会风险控制视域下的危险驾驶罪研究 | 张心向 | 南开大学 | 2012,(2):103-111 |
| 12 | 中国男性杂志中的性别关怀意识 | 陈　宁 | 南开大学 | 2012,(2):1-10 |
| 13 | 女学生：民族国家视域下的新妇女想象 | 张　莉 | 天津师范大学 | 2012,(2):18-26 |
| 14 | 异类姻缘故事中的性差意识浅析——以志怪传奇小说为例 | 吴　艳 | 南开大学 | 2012,(2):27-34 |
| 15 | 中国区域发展战略的调整及对府际关系的影响 | 杨　龙 | 南开大学 | 2012,(2):35-47 |
| 16 | 中国地方合作的兴起及演化 | 柳建文 | 南开大学 | 2012,(2):58-68 |
| 17 | 近代日本女子教育发展原因探析 | 李　卓 | 南开大学 | 2012,(2):69-76 |
| 18 | 战后日本女子教育的发展及启示 | 臧佩红 | 南开大学 | 2012,(2):85-91 |
| 19 | 重化工业时代政府功能的重新定位 | 赵　津 | 南开大学 | 2012,(2):112-123 |
| 20 | 资本管制到金融全球化时代的美国对外投资 | 王志军 | 南开大学 | 2012,(2):113-140 |
| 21 | 制造业在世界大都市发展中的地位、作用与生命力 | 江曼琦 | 南开大学 | 2012,(2):124-132 |
| 22 | 新多边主义视野下的全球治理 | 吴志成 | 南开大学 | 2012,(3):1-8 |
| 23 | 美国霸权与全球治理——美国在全球治理中的角色及其困境 | 刘　丰 | 南开大学 | 2012,(3):9-16 |
| 24 | 欧盟的全球治理战略 | 杨　娜 | 南开大学 | 2012,(3):17-25 |
| 25 | 关于唐诗的分解与选评——金圣叹、王夫之唐诗接受方式刍议 | 张　毅 | 南开大学 | 2012,(3):37-48 |
| 26 | 丁应泰弹劾事件与明清史籍之建构 | 孙卫国 | 南开大学 | 2012,(3):74-86 |
| 27 | 黑格尔论贫富分化 | 阎孟伟 | 南开大学 | 2012,(3):94-101 |
| 28 | 日本人伦理思想中的“正直”观 | 韩立红 | 南开大学 | 2012,(3):113-119 |
| 29 | 口供的政治学解释：暴力与同意 | 白　冬 | 天津财经大学 | 2012,(3):120-126 |
| 30 | 微博问政对于政府管理的价值与功能分析 | 沈亚平 | 南开大学 | 2012,(3):134-140 |
| **《齐鲁学刊》** | | | | |
| 1 | 当今世界人类日益凸显的文化关系 | 苗　伟 | 天津社会科学院 | 2012,(3):86-90 |
| 2 | 兰陵萧氏文人在北齐的际遇和创作 | 白云娇 | 南开大学 | 2012,(3):109-113 |
| 3 | 论汉代政权对民间信仰的多重政策 | 贾艳红 | 天津师范大学 | 2012,(4):35-39 |
| 4 | 《焦氏易林》中女性形象的文化意蕴 | 智宇晖 | 南开大学 | 2012,(4):111-114 |
| 5 | 当前中国社会道德治理论析 | 杨义芹 | 天津社会科学院 | 2012,(5):82-86 |
| 6 | 马克思主义中国化视角下的儒家社会主义 | 王燕珺 | 天津广播电视大学 | 2012,(5):96-99 |
| **《清华大学学报(哲学社会科学版)》** | | | | |
| 1 | 张爱玲隐喻性小说艺术与中国文学传统 | 刘俐俐 | 南开大学 | 2012,27(5):113-121 |
| **《求是学刊》** | | | | |
| 1 | 论金词之别宗：全真道士词 | 于东新 | 南开大学 | 2012,39(2):119-123 |
| 2 | 吕碧城词学渊源考论 | 王慧敏 | 南开大学 | 2012,39(2):130-134 |
| 3 | 亚里士多德实践智慧思想的起源和发展 | 刘　宇 | 南开大学 | 2012,39(3):28-34 |
| 4 | 法律移植的隐喻学阐释 | 刘风景 | 南开大学 | 2012,39(3):96-103 |
| 5 | 鼓子词与话本是“说唱”的吗？ | 张正学 | 天津师范大学 | 2012,39(4):107-113 |
| **《山东大学学报(哲学社会科学版)》** | | | | |
| 1 | 中国民间法研究学术报告(2011年) | 尚海涛 | 天津师范大学 | 2012,(2):86-93 |
| 2 | 小型商业银行利基营销战略影响因素研究——基于案例研究方法分析 | 吴晓云 | 南开大学 | 2012,(3):52-59 |
| **《山西大学学报(哲学社会科学版)》** | | | | |
| 1 | 故事主题类型研究与学术视角换代——关于构建中国叙事文化学的学术设想 | 宁稼雨 | 南开大学 | 2012,35(3):97-103 |

| 序号 | 文章名称 | 第一作者 | 单位 | 年、卷、期 |
|---|---|---|---|---|
| 《陕西师范大学学报(哲学社会科学版)》 | | | | |
| 1 | 论康德的人权概念 | 王建军 | 南开大学 | 2012,41(4):65-70 |
| 《首都师范大学学报(社会科学版)》 | | | | |
| 1 | 汉语传信语气词“嘛”和“呗” | 郭 红 | 天津师范大学 | 2012,(5):79-86 |
| 2 | 汉代“护军”设置探析 | 张 帆 | 南开大学 | 2012,(6):20-24 |
| 《四川大学学报(哲学社会科学版)》 | | | | |
| 1 | 阳明心学、佛学对明中后期科举考试的影响——以袁黄所纂举业用书为中心的考察 | 张献忠 | 天津人民出版社 | 2012,(1):55-62 |
| 《四川师范大学学报(社会科学版)》 | | | | |
| 1 | 北宋弓箭手的军事作用 | 刁培俊 | 南开大学 | 2012,39(2):143-150 |
| 2 | 论国有股权行使产生的法律关系属性 | 张培尧 | 天津师范大学 | 2012,39(5):12-17 |
| 3 | 清代士大夫纳妾并非易事——以 19 世纪中叶曾国华纳妾过程为中心的考察 | 郭玉峰 | 天津师范大学 | 2012,39(6):139-144 |
| 《天津师范大学学报(社会科学版)》 | | | | |
| 1 | 中国特色社会主义理论体系的基本原理研究 | 荣长海 | 天津师范大学 | 2012,(1):1-5,19 |
| 2 | 双层博弈视角下的美国中东石油外交 | 徐振伟 | 南开大学 | 2012,(1):11-15 |
| 3 | 论佩迪特共和主义思想的社会主义背景 | 曹 钦 | 南开大学 | 2012,(1):16-19 |
| 4 | 民间儒学与官方儒学 | 张荣明 | 南开大学 | 2012,(1):20-23 |
| 5 | 谱牒：最具中国特色的历史档案 | 汪 兵 | 天津师范大学 | 2012,(1):24-28 |
| 6 | 新世纪文学的语言流变 | 施津菊 | 天津师范大学 | 2012,(1):38-41 |
| 7 | 论行动研究 | 张 培 | 天津财经大学 | 2012,(1):48-51 |
| 8 | 连读变调的方向性及串行优选论下的解决方案 | 李文欣 | 南开大学 | 2012,(1):52-56 |
| 9 | 高校招生多元评价体系探究 | 余永玲 | 天津市教育招生考试院 | 2012,(1):62-66 |
| 10 | 人民币汇率变动对我国贸易平衡的影响 | 李 宏 | 天津财经大学 | 2012,(1):67-71 |
| 11 | 我国出版企业系统的复杂性分析 | 王树恩 | 天津大学 | 2012,(1):72-75 |
| 12 | 文化的多样性及民主的全球化与本土化 | 谭 融 | 南开大学 | 2012,(2):1-6 |
| 13 | 运用马克思主义实践观认识货币和权力的本质 | 郝贵生 | 天津师范大学 | 2012,(2):7-11 |
| 14 | 董事会金融关联与企业多元化经营绩效研究 | 汪 波 | 天津大学 | 2012,(2):12-16 |
| 15 | 低碳建筑管理体系及激励机制研究 | 陈 通 | 天津大学 | 2012,(2):17-19,42 |
| 16 | 失业问题再探 | 李德贵 | 南开大学 | 2012,(2):20-24 |
| 17 | 中国政治思想史研究必须拓展学术视野 | 张分田 | 南开大学 | 2012,(2):25-31 |
| 18 | 形式主义的“语言学转向”与技术自律 | 王立新 | 南开大学 | 2012,(2):58-62 |
| 19 | 大学生生命教育调查研究——以天津市部分高校为例 | 宋德新 | 天津师范大学 | 2012,(2):68-71 |
| 20 | 建国以来中国高等教育发展的历史回溯与思考 | 李素敏 | 天津师范大学 | 2012,(2):72-75 |
| 21 | 天津市体育服务业发展战略思路与升级路径 | 马 静 | 天津师范大学 | 2012,(2):76-80 |
| 22 | 论社会规律形态 | 余金成 | 天津师范大学 | 2012,(3):1-9 |
| 23 | 20 世纪中央商务区发展中绿色思想的演进 | 曾 坚 | 天津大学 | 2012,(3):10-14 |
| 24 | 集体建设用地流转问题探索——以天津近郊为例 | 吴宝华 | 天津农学院 | 2012,(3):15-19 |
| 25 | 清华简《尹诰》与晚书《咸有一德》辨伪 | 杜 勇 | 天津师范大学 | 2012,(3):20-28 |
| 26 | 辛亥革命中的西方因素 | 李学智 | 天津师范大学 | 2012,(3):29-36 |
| 27 | 由“天地境界”到“功利境界”——从曾、李之别看近代中国的士风转移与文学之变 | 耿传明 | 南开大学 | 2012,(3):42-48 |
| 28 | 艾特玛托夫小说“语言图像”的审美特征 | 高红樱 | 天津财经大学 | 2012,(3):49-53 |
| 29 | 在现代解释学语境中对马克思解释原则的探析 | 陈尚伟 | 天津师范大学 | 2012,(4):1-6 |

| 序号 | 文章名称 | 第一作者 | 单位 | 年、卷、期 |
|---|---|---|---|---|
| 30 | 价值多元论与相对主义——论以赛亚·伯林对价值多元论的辩护 | 王　敏 | 天津师范大学 | 2012,(4):7-12,22 |
| 31 | 阿玛蒂亚·森的发展理论研究 | 凌　岚 | 天津财经大学 | 2012,(4):13-17 |
| 32 | 强力打造滨海新区配额制碳金融中心的思考 | 张湧泉 | 天津财经大学 | 2012,(4):18-22 |
| 33 | 天津滨海新区电子信息产业链创新研究 | 张　贵 | 河北工业大学 | 2012,(4):23-27 |
| 34 | 伦理巨变与21世纪都市新伦理小说 | 周志强 | 南开大学 | 2012,(4):28-37 |
| 35 | 天津文学论略 | 王之望 | 天津社会科学院 | 2012,(4):38-42 |
| 36 | 《劳动法》与《劳动合同法》相关条款分析研究——依法规范高校人力资源管理工作 | 李　欣 | 天津师范大学 | 2012,(4):62-65 |
| 37 | 生产者责任延伸制度研究 | 胡兰玲 | 天津师范大学 | 2012,(4):66-70 |
| 38 | 日本茶道对拜物主义的批判及启示 | 杨　薇 | 天津师范大学 | 2012,(4):71-74 |
| 39 | 留学生与近代中国军事航空的教育与训练 | 王建明 | 南开大学 | 2012,(4):75-80 |
| **《武汉大学学报(人文科学版)》** | | | | |
| 1 | 论英国的政府官僚制 | 谭　融 | 南开大学 | 2012,65(4):21-27 |
| **《武汉大学学报(哲学社会科学版)》** | | | | |
| 1 | 重绘中国文学地图,建构中国宗教诗学(笔谈):宋代佛教文学的基本情况和若干思考 | 张培锋 | 南开大学 | 2012,65(2):12-14 |
| **《西安交通大学学报(社会科学版)》** | | | | |
| 1 | 中国当代都市诗学的意象考察 | 卢　桢 | 南开大学 | 2012,32(3):112-116 |
| **《西北农林科技大学学报(社会科学版)》** | | | | |
| 1 | 区域会展产业管理体制创新研究——以环渤海区域为例 | 薛　杨 | 天津大学 | 2012,12(1):77-82 |
| 2 | 业务延伸对企业竞争优势的影响 | 刘永军 | 天津大学 | 2012,12(1):91-95 |
| 3 | 基于因子分析法的旅游投资环境评价研究 | 赵黎明 | 天津大学 | 2012,12(1):101-105 |
| 4 | 农村医疗保障法律制度的比较研究 | 柏高原 | 天津医科大学 | 2012,12(1):126-130 |
| 5 | 基于因子和聚类分析的乡镇经济发展研究 | 杨斯玲 | 天津大学 | 2012,12(2):84-89 |
| 6 | 低碳经济体系研究 | 赵黎明 | 天津大学 | 2012,12(3):34-37 |
| 7 | 农村土地综合整治项目效益评价方法研究 | 潘珍妮 | 天津大学 | 2012,12(5):45-48,60 |
| 8 | 搜寻匹配理论研究综述及其政策启示 | 穆　睿 | 天津大学 | 2012,12(5):96-101 |
| 9 | 产业结构与城乡收入差距关系研究——基于东北三省的面板数据 | 史云鹏 | 天津大学 | 2012,12(6):118-123 |
| **《西北师大学报(社会科学版)》** | | | | |
| 1 | 罪犯金钱心理特征及其与价值观、家庭环境关系研究 | 杜林致 | 南开大学 | 2012,49(2):123-127 |
| 2 | 朝鲜王朝官修《高丽史》与中华传统史学 | 崔　岩 | 南开大学 | 2012,49(4):42-46 |
| **《西南大学学报(社会科学版)》** | | | | |
| 1 | 新诗主体论笔谈(之三):在"挑战"面前从容应对与积极反思 | 罗振亚 | 南开大学 | 2012,38(1):63-65 |
| 2 | 明朝万历、天启年间宗禄定为永额新考 | 陈　旭 | 南开大学 | 2012,38(4):130-136 |
| 3 | 宋代国家、礼制与道教的互动考论 | 王志跃 | 南开大学 | 2012,38(4):156-161 |
| **《湘潭大学学报(哲学社会科学版)》** | | | | |
| 1 | 巴塞尔协议Ⅲ的变革及其影响分析 | 宁喆敏 | 南开大学 | 2012,36(3):51-55 |
| 2 | 《五臧山经》系先秦自然资源著作考论 | 连　雯 | 南开大学 | 2012,36(4):139-143 |
| **《新疆师范大学学报(哲学社会科学版)》** | | | | |
| 1 | 论德国"表现主义"绘画成因 | 刘　玥 | 天津财经大学 | 2012,33(3):108-112 |
| **《烟台大学学报(哲学社会科学版)》** | | | | |
| 1 | 遗落历史的书写——后现代小说《隐之书》对维多利亚时代的重构 | 刘　璐 | 南开大学 | 2012,25(2):61-65 |

| 序号 | 文章名称 | 第一作者 | 单位 | 年、卷、期 |
|---|---|---|---|---|
| 《云南师范大学学报(哲学社会科学版)》 | | | | |
| 1 | 论近现代时期关于墨家“类”范畴的研究 | 翟锦程 | 南开大学 | 2012,(3):73-78 |
| 2 | 元后期怯薛内外“爱马”、“各枝儿”考——以《至正条格》为重点 | 李治安 | 南开大学 | 2012,(6):115-121 |
| 3 | 元代摩诃葛剌崇奉溯源 | 张冰冰 | 南开大学 | 2012,(6):139-144 |
| 《浙江大学学报(人文社会科学版)》 | | | | |
| 1 | 贝叶斯推理的逻辑与认知问题 | 任晓明 | 南开大学 | 2012,42(4):106-113 |
| 《郑州大学学报(哲学社会科学版)》 | | | | |
| 1 | 西方自由主义民主理论演变探析 | 王 伟 | 天津师范大学 | 2012,45(1):42-44 |
| 2 | 构建创新协同生产函数实现创新目标设计的机理研究 | 张水潮 | 天津大学 | 2012,45(1):85-87 |
| 3 | 黎元洪与近代中国社会(笔谈):黎元洪与辛亥革命初探 | 侯 杰 | 南开大学 | 2012,45(1):88-90 |
| 4 | 高校教师持续性专业发展能力的评价研究 | 朱晓红 | 天津大学 | 2012,45(1):153-156 |
| 5 | 中美相互投资结构特征及形成原因分析 | 张 波 | 天津理工大学 | 2012,45(2):92-95 |
| 6 | 试论我国官员财产申报制度的建构 | 黄留国 | 天津师范大学 | 2012,45(3):31-34 |
| 7 | 论朝鲜王朝《时政记》之纂修及其特征 | 孙卫国 | 南开大学 | 2012,45(3):102-108 |
| 8 | 自然审美参与模式与环境模式之逻辑辨析 | 张胜前 | 南开大学 | 2012,45(4):92-94 |
| 9 | 文本·书写·主体身份——以清末惠兴自杀殉学事件为中心 | 侯 杰 | 南开大学 | 2012,45(4):151-157 |
| 《中国地质大学学报(社会科学版)》 | | | | |
| 1 | 基于可行性的安全准则约束模糊投资组合优化 | 陈宝禄 | 天津大学 | 2012,12(1):90-93 |
| 《中国人民大学学报》 | | | | |
| 1 | 当代中国马克思主义正义理论的建构 | 王新生 | 南开大学 | 2012,26(1):10-16 |
| 《中山大学学报(社会科学版)》 | | | | |
| 1 | “太极”的概念及时间涵义 | 王汐朋 | 天津医科大学 | 2012,52(2):132-140 |
| 2 | 岭南大学西南社会经济研究所与中国西南研究 | 王 传 | 南开大学 | 2012,52(4):82-93 |
| 《重庆大学学报(社会科学版)》 | | | | |
| 1 | 不完全契约视角下的工程项目风险分担框架研究 | 杜亚灵 | 天津理工大学 | 2012,18(1):65-70 |
| 2 | 高速公路施工进度风险评价 | 蒋慧杰 | 天津大学 | 2012,18(2):87-93 |

# 2012年《新华文摘》天津作者发表、转载文章总览

| 序号 | 文章名称 | 第一作者 | 作者单位 | 期数 | 文章来源 |
|---|---|---|---|---|---|
| 1 | 中日两国古代关系的性质与特征 | 杨栋梁 | 南开大学 | 1 | 《史学月刊》2011年第10期 |
| 2 | 现代化的内涵及其理论演进 | 陈柳钦 | 天津社会科学院 | 3 | 《经济研究参考》2011年第44期 |
| 3 | 中西思维方式的差异及其意蕴析论 | 王南湜 | 南开大学 | 3 | 《天津社会科学》2011年第5期 |
| 4 | 地方政府间合作组织的权能定位 | 杨 龙 | 南开大学 | 4 | 《学术界》2011年第10期 |
| 5 | 近20年英国中世纪经济—社会史研究的新动向 | 侯建新 | 天津师范大学 | 4 | 《历史研究》2011年第5期 |
| 6 | 建立“两房协调”的住房新体制 | 马先标 | 南开大学 | 5 | 《经济参考报》2011年11月25日 |

| 序号 | 文章名称 | 第一作者 | 作者单位 | 期数 | 文章来源 |
|---|---|---|---|---|---|
| 7 | PM2.5 如何防控 | 王宝庆 | 南开大学 | 8 | 《中国环境报》2012 年 2 月 21 日 |
| 8 | 数字化和全球化环境下的世界图书馆发展趋势 | 柯　平 | 南开大学 | 12 | 《高校图书馆工作》2012 年第 2 期 |
| 9 | 避税港型离岸金融中心对我国跨境资本流动的影响及监管建议 | 刘晨阳 | 南开大学 | 13 | 《财政研究》2011 年第 9 期 |
| 10 | 清华简《尹诰》与晚书《咸有一德》辨伪 | 杜　勇 | 天津师范大学 | 14 | 《天津师范大学学报》（社会科学版）2012 年第 3 期 |
| 11 | 网络谣言的形成、传导与舆情引导机制 | 姜胜洪 | 天津社会科学院 | 16 | 《重庆社会而科学》2012 年第 6 期 |
| 12 | 中国人民拒绝自由主义接受共产主义的文化基因 | 徐大同 | 天津师范大学 | 19 | 《政治学研究》2012 年第 3 期 |
| 13 | 非虚构女性写作：一种新的女性叙事范式的生成 | 张　莉 | 天津师范大学 | 21 | 《南方文坛》2012 年第 5 期 |
| 14 | “无声诗”与“无形画”的现象直观 | 张毅 | 南开大学 | 22 | 《北京大学学报》2012 年第 3 期 |
| 15 | 问题与挑战：女性文学学科建设之思 | 乔以钢 | 南开大学 | 24 | 《天津师范大学学报》2012 年第 5 期 |

# 2012 年《中国社会科学文摘》天津作者发表、转载文章总览

| 序号 | 作品名称 | 第一作者 | 作者单位 | 期数 | 字数（千字） |
|---|---|---|---|---|---|
| 1 | 现代环保运动与“生态的印第安人”形象重构 | 付成双 | 南开大学 | 1 | 30 |
| 2 | 基于逾期债务视角的中国财政风险预警与控制 | 郭玉清 | 南开大学 | 1 | 16 |
| 3 | 老年歧视的制度性根源与公共政策重构 | 吴　帆 | 南开大学 | 1 | 15 |
| 4 | “金砖国家”通货膨胀周期的协动性 | 张　兵 | 南开大学 | 2 | 22 |
| 5 | “两会机制”与中国政党政治发展 | 盛　林 | 南开大学 | 3 | 14 |
| 6 | “梁启超之问”的提出及其论争 | 邓丽兰 | 南开大学 | 4 | 22 |
| 7 | 美国经济的虚拟化 | 刘骏民 | 南开大学 | 4 | 25 |
| 8 | 生活的意义——中国社会生活史研究 | 常建华 | 南开大学 | 5 | 32 |
| 9 | 境内运输成本与中国的地区出口模式 | 黄玖立 | 南开大学 | 5 | 22.3 |
| 10 | 布迪厄与其知识社会学理论 | 赵万里 | 南开大学 | 7 | 11 |
| 11 | 当代中国马克思主义正义理论的建构 | 王新生 | 南开大学 | 7 | 12 |
| 12 | 文学经典问题域与经典重读 | 刘俐俐 | 南开大学 | 7 | 11 |
| 13 | 辛亥革命时期日本浪人的对华认识与行动 | 杨栋梁 | 南开大学 | 7 | 13 |
| 14 | 中国地区间经济发展不平衡测度与成因 | 周　喆 | 南开大学 | 7 | 12 |
| 15 | 制造业在世界大都市发展中的生命力 | 江曼琦 | 南开大学 | 7 | 13 |
| 16 | 中国共产党社会整合功能提升的逻辑 | 倪明胜 | 天津行政学院 | 7 | 15 |
| 17 | 利益分化与城市基层社会秩序重构 | 王　星 | 南开大学 | 7 | 6 |
| 18 | 中国马克思主义哲学研究中的核心问题 | 王南湜 | 南开大学 | 8 | 12 |
| 19 | 世界粮食危机与中国粮食安全 | 徐振伟 | 南开大学 | 8 | 15 |
| 20 | 新自由主义与世界粮食危机 | 王　帅 | 南开大学 | 8 | 11 |

| 序号 | 作品名称 | 第一作者 | 作者单位 | 期数 | 字数（千字） |
|---|---|---|---|---|---|
| 21 | 中国区域发展战略与府际关系 | 杨 龙 | 南开大学 | 8 | 20 |
| 22 | 逻辑规则与古代汉语 | 王左立 | 南开大学 | 9 | 13.5 |
| 23 | 寻源、辨体与文体研究的目的 | 罗宗强 | 南开大学 | 9 | 12 |
| 24 | 国际法学家对国际关系学科的理论贡献 | 王 黎 | 南开大学 | 9 | 14 |
| 25 | 论“生产方式” | 高 峰 | 南开大学 | 10 | 40 |
| 26 | 中国企业低价出口之谜 | 盛 丹 | 南开大学 | 10 | 27 |
| 27 | 新多边主义与全球治理 | 吴志成 | 南开大学 | 10 | 12 |
| 28 | 犯罪趋势分析预测中的因果关系链 | 王 炎 | 天津社会科学院 | 10 | 9 |
| 29 | 静、空、通：“无声诗”与“无形画”直观 | 张 毅 | 南开大学 | 11 | 12 |
| 30 | 美国危机向亚洲新兴市场传染过程中的多米诺效应 | 马君潞 | 南开大学 | 11 | 25 |
| 31 | 西方国家主权债务危机的成因 | 何自力 | 南开大学 | 12 | 14 |
| 32 | 价值多元论与自由主义——伯林的思想转变 | 马德普 | 天津师范大学 | 12 | 15 |
| 33 | 民国时期的社会改造思潮 | 刘集林 | 南开大学 | 12 | 15 |
| 34 | 我国家庭政策发展路径与目标选择 | 陈卫民 | 南开大学 | 12 | 14 |

# 2012年《高等学校文科学术文摘》天津作者发表、转载文章总览

| 序号 | 文章名称 | 第一作者 | 作者单位 | 期数 | 字数（千字） | 文章来源 |
|---|---|---|---|---|---|---|
| 1 | 禀赋效应、财政幻觉与公共政策——拆迁中情绪事件的行为经济学分析 | 卿志琼 | 南开大学 | 1 | 11.5 | 南开学报，2011年第6期 |
| 2 | 论北朝诗歌声律的发展 | 卢盛江 | 南开大学 | 1 | 10 | 吉林大学社会科学学报,2011年第6期 |
| 3 | 京津冀产业一体化动力基础研究 | 赵黎明 | 天津大学 | 1 | 9 | 天津师范大学学报,2011年第6期 |
| 4 | 传统零售商“优势触网”的条件与权变策略 | 李桂华 | 南开大学 | 1 | 10.5 | 北京工商大学学报,2011年第5期 |
| 5 | 英国崛起时期经济板块化和全国性整合 | 刘景华 | 天津师范大学 | 1 | 12 | 天津商业大学学报,2011年第6期 |
| 6 | 欧化至本土化:清末民国时期学术独立观念的萌发与深化 | 李来容 | 南开大学 | 1 | 15 | 学术研究,2011年第11期 |
| 7 | 语言接触的类型差距及语言质变现象的理论探讨——以中国境内几种特殊语言为例 | 曾晓渝 | 南开大学 | 2 | 13 | 语言科学,2012年第1期 |
| 8 | 谱牒:最具中国特色的历史档案 | 汪 兵 | 天津师范大学 | 2 | 9 | 天津师范大学学报,2012年第1期 |
| 9 | 面向实践的管理核心命题的重新思考 | 齐善鸿 | 南开大学 | 2 | 9 | 管理学报,2012年第1期 |
| 10 | 民国初期内藤湖南的“支那论”辨析 | 杨栋梁 | 南开大学 | 2 | 17 | 南开学报，2012年第1期 |
| 11 | 中国特色社会主义理论体系的基本原理研究 | 荣长海 | 天津师范大学 | 2 | 8 | 天津师范大学学报,2012年第1期 |
| 12 | 改革开放以来中国共产党发展理论的创新规律性研究 | 高丽萍 | 南开大学 | 2 | 7 | 徐州师范大学学报,2012年第1期 |
| 13 | 人民币汇率变动对我国贸易平衡的影响 | 李 宏 | 天津财经大学 | 2 | 7 | 天津师范大学学报,2012年第1期 |

| 序号 | 文章名称 | 第一作者 | 作者单位 | 期数 | 字数（千字） | 文章来源 |
| --- | --- | --- | --- | --- | --- | --- |
| 14 | 竞争、偏好与信贷契约治理效率 | 任广乾 | 南开大学 | 2 | 12.5 | 中南财经政法大学学报，2012年第1期 |
| 15 | 王昌龄诗学几个问题新析 | 卢盛江 | 南开大学 | 2 | 11.5 | 徐州工程学院学报·社会科学版，2012年第1期 |
| 16 | 论行动研究 | 张　培 | 天津财经大学 | 2 | 6 | 天津师范大学学报，2012年第1期 |
| 17 | 现今中国马克思主义哲学研究中的三个核心问题——一种基于回归马克思实践哲学范式的考察 | 王南湜 | 南开大学 | 3 | 11 | 哲学研究，2012年第3期 |
| 18 | 新世纪我国基础教育课程内容变革反思 | 和学新 | 天津师范大学 | 3 | 13 | 当代教育与文化，2012年第1期 |
| 19 | 区域差距、空间互动与协调发展的关系研究 | 周　密 | 南开大学 | 3 | 12.5 | 财经研究，2012年第4期 |
| 20 | 环境史的“环境”问题 | 赵九洲 | 南开大学 | 3 | 12 | 鄱阳湖学刊，2012年第1期 |
| 21 | 中国政治思想史研究必须拓展学术视野 | 张分田 | 南开大学 | 3 | 11 | 天津师范大学学报，2012年第2期 |
| 22 | 制造业在世界大都市发展中的地位、作用和生命力 | 江曼琦 | 南开大学 | 3 | 13 | 南开学报，2012年第2期 |
| 23 | 从体制改革到机制调整：“大部门体制”深度推进的应然逻辑 | 张　翔 | 南开大学 | 3 | 11 | 上海行政学院学报，2012年第2期 |
| 24 | 文化的多样性及民主的全球化与本土化 | 谭　融 | 南开大学 | 3 | 7.5 | 天津师范大学学报，2012年第2期 |
| 25 | 可持续发展的经济学思考 | 王树春 | 天津商业大学 | 3 | 10 | 天津商业大学学报，2012年第2期 |
| 26 | 失业问题再探 | 李德贵 | 南开大学 | 3 | 7.5 | 天津师范大学学报，2012年第2期 |
| 27 | 建国以来中国高等教育发展的历史回溯与思考 | 李素敏 | 天津师范大学 | 3 | 7 | 天津师范大学学报，2012年第2期 |
| 28 | 论金词之别宗：全真道士词 | 于东新 | 南开大学 | 3 | 7.5 | 求是学刊，2012年第2期 |
| 29 | 中国男性杂志中的性别关怀意识 | 陈　宁 | 南开大学 | 3 | 15 | 南开学报，2012年第2期 |
| 30 | 论中国传统史学双轨发展格局的形成 | 乔治忠 | 南开大学 | 4 | 15 | 苏州大学学报，2012年第3期 |
| 31 | 新多边主义视野下的全球治理 | 吴志成 | 南开大学 | 4 | 10 | 南开学报，2012年第3期 |
| 32 | 美国霸权与全球治理 | 刘　丰 | 南开大学 | 4 | 10.5 | 南开学报，2012年第3期 |
| 33 | 论社会规律形态 | 余金成 | 天津师范大学 | 4 | 12 | 天津师范大学学报，2012年第3期 |
| 34 | 黑格尔论贫富分化 | 阎孟伟 | 南开大学 | 4 | 12 | 南开学报，2012年第3期 |
| 35 | 我国推进地方债自主发行问题研究 | 王丽英 | 天津财经大学 | 4 | 10 | 现代财经，2012年第5期 |
| 36 | 基于会计学发展战略的会计基础理论研究 | 于玉林 | 天津财经大学 | 4 | 12 | 企业经济，2012年第5期 |
| 37 | 由“天地境界”到“功利境界” | 耿传明 | 南开大学 | 4 | 11 | 天津师范大学学报，2012年第3期 |
| 38 | 超越形而上学的语言观——塞尔言语行为学说解读 | 张　虹 | 天津外国语大学 | 4 | 9 | 天津外国语大学学报，2012年第3期 |
| 39 | 辛亥革命中的西方因素 | 李学智 | 天津师范大学 | 4 | 14.5 | 天津师范大学学报，2012年第3期 |
| 40 | 借鉴与发展：中国当代社会史研究的总体运思 | 李金铮 | 南开大学 | 5 | 16 | 河北学刊，2012年第4期 |
| 41 | 20世纪前期乡村社会冲突的演变及其对策 | 王先明 | 南开大学 | 5期 | 30 | 华中师范大学学报，2012年第4期 |
| 42 | 竞争性自由化格局中的大国经济利益——美国视角的分析 | 孟　夏 | 南开大学 | 5 | 15.5 | 南开学报，2012年第4期 |
| 43 | 阿玛蒂亚·森的发展理论研究 | 凌　岚 | 天津财经大学 | 5 | 7 | 天津师范大学学报，2012年第4期 |
| 44 | 当代汉语临时范畴化强加模式：认识与修辞动因 | 温锁林 | 天津师范大学 | 5 | 13 | 福建师范大学学报，2012年第4期 |

| 序号 | 文章名称 | 第一作者 | 作者单位 | 期数 | 字数（千字） | 文章来源 |
|---|---|---|---|---|---|---|
| 45 | 伦理巨变与21世纪都市新伦理小说 | 周志强 | 南开大学 | 5 | 14 | 天津师范大学学报,2012年第4期 |
| 46 | 环球大视野与晚明新思维 | 庞乃明 | 南开大学 | 5 | 14 | 贵州社会科学,2012年第7期 |
| 47 | 日本茶道对拜物主义的批判及启示 | 杨 薇 | 天津师范大学 | 5 | 6 | 天津师范大学学报,2012年第4期 |
| 48 | 文化优化及其尺度 | 苗 伟 | 天津社科院 | 5 | 8 | 理论探索，2012年第3期 |
| 49 | 中国国有企业党组织治理效应研究——基于“内部人控制”的视角 | 马连福 | 南开大学 | 6 | 20 | 中国工业经济，2012年第8期 |
| 50 | 明后期社会风气与士大夫家族移风易俗——以山东青州刑玠家族为例 | 常建华 | 南开大学 | 6 | 15 | 安徽大学学报,2012年第4期 |
| 51 | 流散研究的兴起及其基本动向 | 朱敬才 | 中国民航大学 | 6 | 19 | 社会，2012年第4期 |
| 52 | 问题与挑战：女性文学学科建设之思 | 乔以钢 | 南开大学 | 6 | 7.7 | 天津师范大学学报,2012年第5期 |
| 53 | 天津华明“宅基地换房”对农民就业和收入的影响 | 马林靖 | 河北工业大学 | 6 | 11 | 西部论坛，2012年第4期 |
| 54 | 创业者成长期望、机会开发与新企业生成 | 闫丽萍 | 南开大学 | 6 | 14 | 现代财经，2012年第9期 |
| 55 | 没收违法所得返还受害人制度研究 | 韩志红 | 天津师范大学 | 6 | 6 | 天津师范大学学报,2012年第5期 |
| 56 | 美国选民投票行为的理论分析 | 谭 融 | 南开大学 | 6 | 7 | 天津师范大学学报,2012年第5期 |
| 57 | 促进良好学业情绪的教育实验研究 | 马惠霞 | 天津师范大学 | 6 | 8 | 天津师范大学学报,2012年第5期 |
| 58 | 《游仙诗》方术修炼的艺术表现及其对诗歌发展的贡献 | 赵沛霖 | 天津社科院 | 6 | 11 | 上海师范大学学报,2012年第5期 |
| 59 | 中国古典诗歌之美感特质 | 叶嘉莹 | 南开大学 | 6 | 12 | 河南大学学报,2012年第5期 |
| 60 | “他者”的反思与沉溺——浅议《再生缘》及其批评性再创作 | 盛志梅 | 天津师范大学 | 6 | 10 | 南开学报，2012年第5期 |
| 61 | 20世纪30年代知识精英的社会群体观 | 刘集林 | 南开大学 | 6 | 12 | 天津师范大学学报,2012年第5期 |
| 62 | 北美印第安人的生态智慧评析:从西雅图酋长的演说谈起 | 付成双 | 南开大学 | 6 | 9 | 郑州大学学报,2012年第5期 |

# 2012年天津作者出版情况总览

| 序号 | 成果名称 | 主编或第一作者 | 成果形式 | 出版单位 | 作者单位 |
|---|---|---|---|---|---|
| 1 | 拜占廷史研究入门 | 陈志强 | 专著 | 北京大学出版社 | 南开大学 |
| 2 | 拜占廷：东罗马文明概论 | 陈志强 | 译著 | 大象出版社 | 南开大学 |
| 3 | 基于公平视角的中美个人所得税制比较研究 | 饶友玲 | 专著 | 中国财政经济出版社 | 南开大学 |
| 4 | 自然的边疆：北美西部开发中人与环境关系的变迁 | 付成双 | 专著 | 社会科学文献出版社 | 南开大学 |
| 5 | 历代王朝与民族宗教 | 何孝荣 | 专著 | 民族出版社 | 南开大学 |
| 6 | 寿险业务结构研究 | 江生忠 | 专著 | 南开大学出版社 | 南开大学 |
| 7 | 各国官方出口信用机构概览 | 李志辉 | 译著 | 中国金融出版社 | 南开大学 |
| 8 | 马克思主义经济学说史 | 柳 欣 | 编著或教材 | 高等教育出版社 | 南开大学 |

| 序号 | 成果名称 | 主编或第一作者 | 成果形式 | 出版单位 | 作者单位 |
|---|---|---|---|---|---|
| 9 | EXCEL 与金融计量学 | 周爱民 | 编著或教材 | 厦门大学出版社 | 南开大学 |
| 10 | 城市增长的时空演进规律研究 | 张志强 | 专著 | 经济科学出版社 | 南开大学 |
| 11 | 演化经济地理学 | 安虎森 | 译著 | 经济科学出版社 | 南开大学 |
| 12 | 富态：腰围改变中国 | 关永强 | 译著 | 浙江大学出版社 | 南开大学 |
| 13 | 天津滨海新区成长的机理与发展策略选择 | 江曼琦 | 专著 | 经济科学出版社 | 南开大学 |
| 14 | 结构化衍生产品手册 | 王　博 | 译著 | 中国时代经济出版社 | 南开大学 |
| 15 | 20 世纪以来日本中国史学著作编年 | 胡宝华 | 编著或教材 | 中华书局 | 南开大学 |
| 16 | 东亚模式、区域发展与一体化进程 | 莽景石 | 编著或教材 | 天津人民出版社 | 南开大学 |
| 17 | 日本历届首相评传 | 杨栋梁 | 专著 | 天津古籍出版社 | 南开大学 |
| 18 | 近代以来日本的中国观 | 杨栋梁 | 编著或教材 | 江苏人民出版社 | 南开大学 |
| 19 | 近代以来日本的中国观第一卷总论 | 杨栋梁 | 专著 | 江苏人民出版社 | 南开大学 |
| 20 | 近代以来日本的中国观 第二卷 | 赵德宇 | 专著 | 江苏人民出版社 | 南开大学 |
| 21 | 近代以来日本的对华观第 4 卷 | 宋志勇 | 专著 | 江苏人民出版社 | 南开大学 |
| 22 | 近代以来日本的中国观 第五卷 | 乔林生 | 专著 | 江苏人民出版社 | 南开大学 |
| 23 | 中韩高等院校合作办学现状及发展研究 | 陆平舟 | 专著 | 济州汉拿大学 | 南开大学 |
| 24 | 汉代诸侯王墓研究 | 刘尊志 | 专著 | 社会科学文献出版社 | 南开大学 |
| 25 | 欧洲近代经济文化史论 | 马世力 | 专著 | 天津人民出版社 | 南开大学 |
| 26 | 近代英国工业革命揭秘—放眼全球的深度透视 | 毛立坤 | 译著 | 浙江大学出版社 | 南开大学 |
| 27 | 《明史·地理志》疑误考正 | 庞乃明 | 专著 | 社会科学文献出版社 | 南开大学 |
| 28 | 世界现代化进程（拉美卷） | 王　萍 | 专著 | 江苏人民出版社 | 南开大学 |
| 29 | 从经典公有制到社会主义市场经济公有制：马克思主义所有制理论发展 | 陈　弘 | 专著 | 南开大学出版社 | 南开大学 |
| 30 | 商务与经济统计（第 11 版） | 王　健 | 译著 | 机械工业出版社 | 南开大学 |
| 31 | 周恩来邓颖超与池田大作 | 纪亚光 | 专著 | 第三文明社 | 南开大学 |
| 32 | 战略性新兴产业发展的机制和路径：价值网络的视角 | 刘　刚 | 专著 | 中国财政经济出版社 | 南开大学 |
| 33 | 流动性之谜：困扰与治理 | 万志宏 | 专著 | 厦门大学出版社 | 南开大学 |
| 34 | 成年仪式的德育功能研究 | 平章起 | 专著 | 南开大学出版社 | 南开大学 |
| 35 | 归纳逻辑教程 | 任晓明 | 编著或教材 | 南开大学出版社 | 南开大学 |
| 36 | 穿越意识形态的幻象——齐泽克意识形态理论研究 | 莫　雷 | 专著 | 中国社会科学出版社 | 南开大学 |
| 37 | 江泽民关于党的制度建设科学化的理论与实践研究 | 肖光文 | 专著 | 南开大学出版社 | 南开大学 |
| 38 | 捍卫科学理性形象——科学哲学家对科学知识社会学的批判研究 | 王　阳 | 专著 | 中国社会科学出版社 | 南开大学 |
| 39 | 从自然到人文——艾伦卡尔松环境美学文选 | 薛富兴 | 译著 | 广西师范大学出版社 | 南开大学 |
| 40 | 走近乡村——20 世纪以来中国乡村发展论争的历史追索 | 王先明 | 专著 | 山西人民出版社 | 南开大学 |
| 41 | 元代东北统治研究 | 薛　磊 | 专著 | 社会科学文献出版社 | 南开大学 |
| 42 | 凑聚之道：古代的家族与社会群体 | 阎爱民 | 专著 | 天津古籍出版社 | 南开大学 |
| 43 | 宗族史话 | 冯尔康 | 专著 | 社会科学文献出版社 | 南开大学 |
| 44 | 日本首相评传 | 杨栋梁 | 专著 | 天津古籍出版社 | 南开大学 |

| 序号 | 成果名称 | 主编或第一作者 | 成果形式 | 出版单位 | 作者单位 |
|---|---|---|---|---|---|
| 45 | 近代以来日本的中国观 第一卷 | 杨栋梁 | 专著 | 江苏人民出版社 | 南开大学 |
| 46 | 近代以来日本的中国观 | 杨栋梁 | 专著 | 江苏人民出版社 | 南开大学 |
| 47 | 跨越新 HSK（四级）阅读专项训练 | 邓 葵 | 编著或教材 | 北京语言大学出版社、中央广播电视大学音像出版社 | 南开大学 |
| 48 | 希腊史 | 杨巨平 | 译著 | 中国出版集团东方出版中心 | 南开大学 |
| 49 | 中国古代玉器 | 袁胜文 | 专著 | 南开大学出版社 | 南开大学 |
| 50 | 现代跨文化传通——如何与外国人交往 | 王宏印 | 编著或教材 | 南开大学出版社 | 南开大学 |
| 51 | 哈姆雷特（译评） | 王宏印 | 译著 | 上海外语教育出版社 | 南开大学 |
| 52 | 二十世纪华北农村调查记录，第四卷 | 张 思 | 编著或教材 | 社会科学文献出版社 | 南开大学 |
| 53 | 中国哲学精神重建之路——马克思主义哲学中国化探讨 | 王南湜 | 专著 | 北京师范大学出版社 | 南开大学 |
| 54 | 点击北京奥运会精神 | 袁 婧 | 专著 | 学习出版社 | 南开大学 |
| 55 | 汉语新词语英译概览 | 吕世生 | 编著或教材 | 南开大学出版社 | 南开大学 |
| 56 | 罗尔斯政治哲学中的理性观念研究 | 赵亚琼 | 专著 | 中国社会科学出版社 | 南开大学 |
| 57 | 房地产法 | 陈耀东 | 编著或教材 | 清华大学出版社 | 南开大学 |
| 58 | 马克思在 21 世纪——晚期马克思主义的视角 | 张长虹 | 专著 | 江苏人民出版社 | 南开大学 |
| 59 | 李福清中国民间年画论集 | 阎国栋 | 编著或教材 | 中国戏剧出版社 | 南开大学 |
| 60 | 基于多目标规划的保险公司资产负债管理 | 李秀芳 | 专著 | 中国财政经济出版社 | 南开大学 |
| 61 | 行政处罚法教程 | 傅士成 | 编著或教材 | 法律出版社 | 南开大学 |
| 62 | 暴风雪 | 任明丽 | 译著 | 人民文学出版社 | 南开大学 |
| 63 | 中国保险业竞争力研究 | 李秀芳 | 专著 | 中国财政经济出版社 | 南开大学 |
| 64 | 京津冀都市圈的崛起于中国经济发展 | 周立群 | 专著 | 经济科学出版社 | 南开大学 |
| 65 | 新时期高校校园文化建设的新探索 | 张 静 | 专著 | 南开大学出版社 | 南开大学 |
| 66 | 马克思主义中国化与中国文化现代化 | 张 静 | 专著 | 南开大学出版社 | 南开大学 |
| 67 | 《WTO 法与中国论丛》（2012 年卷） | 胡建国 | 专著 | 知识产权出版社 | 南开大学 |
| 68 | 国际经济法 | 胡建国 | 编著或教材 | 武汉大学出版社 | 南开大学 |
| 69 | 从意识形态到历史科学 | 王时中 | 专著 | 中国社会科学出版社 | 南开大学 |
| 70 | 中国法律思想史 | 侯欣一 | 编著或教材 | 中国政法大学出版社 | 南开大学 |
| 71 | 英国税收法律主义的历史源流 | 李建人 | 专著 | 法律出版社 | 南开大学 |
| 72 | 人权知识公民读本 | 李晓兵 | 编著或教材 | 湖南大学出版社 | 南开大学 |
| 73 | 2010 年中国十大宪法事例评析 | 李晓兵 | 编著或教材 | 法律出版社 | 南开大学 |
| 74 | 中国宪法学说史研究（上、下） | 李晓兵 | 编著或教材 | 中国人民大学出版社 | 南开大学 |
| 75 | 马克思主义中国化与中国经济现代化 | 赵美玲 | 专著 | 南开大学出版社 | 南开大学 |
| 76 | 信息与经济周期 | 梁淑玲 | 专著 | 吉林人民出版社 | 南开大学 |
| 77 | 正在消失的中国古文明、古民俗 | 张伯山 | 专著 | 国家行政学院出版社 | 南开大学 |
| 78 | 寻找缺失的循环链——生产者责任延伸法律问题研究 | 刘 芳 | 专著 | 人民出版社 | 南开大学 |
| 79 | 美国公用事业的竞争转型——放松管制与管制契约 | 宋华琳 | 译著 | 上海世纪出版集团、上海人民出版社 | 南开大学 |

| 序号 | 成果名称 | 主编或第一作者 | 成果形式 | 出版单位 | 作者单位 |
|---|---|---|---|---|---|
| 80 | 《对外汉语教学实用语法》(修订本)练习参考答案及要解 | 卢福波 | 专著 | 北京语言大学出版社 | 南开大学 |
| 81 | 银行业监管法 | 隋　伟 | 编著或教材 | 清华大学出版社 | 南开大学 |
| 82 | 保险业监管法 | 隋　伟 | 编著或教材 | 清华大学出版社 | 南开大学 |
| 83 | 两岸四地立法语言中的情态动词研究 | 苏小妹 | 专著 | 南开大学出版社 | 南开大学 |
| 84 | 中央银行法 | 隋伟 | 编著或教材 | 清华大学出版社 | 南开大学 |
| 85 | 习惯规则的形成机制及其查明研究 | 王　彬 | 专著 | 中国政法大学出版社 | 南开大学 |
| 86 | 乡村建设思潮与民国社会改造 | 吴星云 | 专著 | 南开大学出版社 | 南开大学 |
| 87 | 走向世界的宝贵创获——驻外使节与晚清社会变革研究 | 祖金玉 | 专著 | 南开大学出版社 | 南开大学 |
| 88 | 马克思主义中国化与中国人的现代化 | 杨永志 | 专著 | 南开大学出版社 | 南开大学 |
| 89 | 吴鼎昌文集 | 林绪武 | 专著 | 南开大学出版社 | 南开大学 |
| 90 | 马克思主义理论学科研究 | 武东生 | 专著 | 高等教育出版社 | 南开大学 |
| 91 | 中国大学百年：模式转换与文化冲突 | 茹　宁 | 专著 | 知识产权出版社 | 南开大学 |
| 92 | 宪政理论视野下现代政府制度研究 | 魏健馨 | 专著 | 人民出版社 | 南开大学 |
| 93 | 经济法学 | 杨广平 | 编著或教材 | 清华大学出版社 | 南开大学 |
| 94 | 寻根—民间法絮言 | 于语和 | 专著 | 清华大学出版社 | 南开大学 |
| 95 | 在遵从与超越之间 | 张心向 | 专著 | 法律出版社 | 南开大学 |
| 96 | 刑法总论争议问题比较研究 II | 郑泽善 | 专著 | 北京大学出版社 | 南开大学 |
| 97 | 冲突法中的政策与实用主义 | 阎　愚 | 译著 | 北京师范大学出版社 | 南开大学 |
| 98 | 管理硕士逻辑应试实用技巧 | 张晓芒 | 编著或教材 | 经济科学出版社 | 南开大学 |
| 99 | 理性与洞识：东方与西方求索道德智慧的视角（第四作者） | 李　虎 | 译著 | 复旦大学出版社 | 南开大学 |
| 100 | 从制度变迁到思想革命——辛亥革命前后的哲学辩论 | 韩　强 | 专著 | .百花洲文艺出版社 | 南开大学 |
| 101 | 从制度变迁到思想革命——辛亥革命前后的哲学辩论（第二作者） | 周德丰 | 专著 | 百花洲文艺出版社 | 南开大学 |
| 102 | 杜威全集 中期著作 第十卷 | 林建武 | 译著 | 华东师范大学出版社，第二译者 | 南开大学 |
| 103 | 逻辑学实验教程 | 李　娜 | 编著或教材 | 南开大学出版社 | 南开大学 |
| 104 | 数理逻辑的思想与方法 | 李　娜 | 专著 | 南开大学出版社 | 南开大学 |
| 105 | 产业生态学汉英词汇 | 林　军 | 专著 | 南开大学出版社 | 南开大学 |
| 106 | 分析马克思主义方法论研究 | 齐艳红 | 专著 | 中国社会科学出版社 | 南开大学 |
| 107 | 经济法学 | 孙　炜 | 编著或教材 | 清华大学出版社 | 南开大学 |
| 108 | 语言演化生态学 | 郭　嘉 | 译著 | 商务印书馆 | 南开大学 |
| 109 | 现代国际商务 | 曹海陵 | 译著 | 机械工业出版社 | 南开大学 |
| 110 | 胡塞尔的意义理论 | 郑辟瑞 | 专著 | 中国社会科学出版社 | 南开大学 |
| 111 | 马克思主义哲学史（撰写第一章） | 李淑梅 | 编著或教材 | 高等教育出版社、人民出版社 | 南开大学 |
| 112 | 先秦逻辑范畴研究 | 田立刚 | 专著 | 中国社会科学出版社 | 南开大学 |
| 113 | 点击汶川抗震救灾精神 | 傅佩缮 | 专著 | 学习出版社 | 南开大学 |
| 114 | 点击郭明义精神 | 傅佩缮 | 专著 | 学习出版社 | 南开大学 |
| 115 | 点击六十四字创业精神 | 傅佩缮 | 专著 | 学习出版社 | 南开大学 |

| 序号 | 成果名称 | 主编或第一作者 | 成果形式 | 出版单位 | 作者单位 |
|---|---|---|---|---|---|
| 116 | 马克思主义经济学说史 | 何自力 | 编著或教材 | 高等教育出版社、人民出版社 | 南开大学 |
| 117 | The Emperical Analysis of Income Inequality of Chinese Residents | 周云波 | 专著 | Springer Press | 南开大学 |
| 118 | 中国现代物流发展报告 2012 | 刘秉镰 | 专著 | 中国物资出版社 | 南开大学 |
| 119 | Contemporary Logistics in China Transformation and Revitalization | 刘秉镰 | 专著 | World Scientific, Singapore | 南开大学 |
| 120 | 食品封闭供应链运行模式及其政策研究 | 焦志伦 | 专著 | 中国物资出版社 | 南开大学 |
| 121 | 中国现代物流发展报告 2012 | 刘秉镰 | 专著 | 中国物资出版社 | 南开大学 |
| 122 | Contemporary Logistics in China Transformation and Revitalization | 刘秉镰 | 专著 | World Scientific, Singapore | 南开大学 |
| 123 | 武则天的世界 | 胡明曌 | 专著 | 中华书局 | 南开大学 |
| 124 | 宫省智道 | 柏 桦 | 专著 | 中国社会出版社 | 南开大学 |
| 125 | 公共冲突管理 | 常 健 | 编著或教材 | 中国人民大学出版社 | 南开大学 |
| 126 | 人权知识公民读本 | 常 健 | 编著或教材 | 湖南大学出版社 | 南开大学 |
| 127 | 《中国人权事业发展报告（2012）》（蓝皮书） | 常 健 | 编著或教材 | 中国社科文献出版社 | 南开大学 |
| 128 | 马丁·路德称义哲学思想 | 张仕颖 | 专著 | 人民出版社 | 南开大学 |
| 129 | 历史主义、实用主义和理性主义——劳丹的自然主义科学哲学思想研究 | 贾向桐 | 专著 | 中国社会科学出版社 | 南开大学 |
| 130 | 旅游地理学（第三版） | 楚义芳 | 编著或教材 | 高等教育出版社 | 南开大学 |
| 131 | 亚太区域经济合作发展报告 2012 | 孟 夏 | 专著 | 中国高等教育出版社 | 南开大学 |
| 132 | 现代与传统的对话 | 周志强 | 编著或教材 | 南开大学出版社 | 南开大学 |
| 133 | 傅璇琮先生学术研究文集 | 卢燕新 | 编著或教材 | 商务印书馆 | 南开大学 |
| 134 | 《双照楼诗词稿》（校注） | 汪梦川 | 古籍整理著作 | 香港天地图书公司 | 南开大学 |
| 135 | 闺秀词话（点校） | 杨传庆 | 译著 | 《文学与文化》2012 第 2 期 | 南开大学 |
| 136 | 《唐宋人词话》（修订版 上下册） | 孙克强 | 古籍整理著作 | 南开大学出版社 | 南开大学 |
| 137 | 金元明人词话 | 孙克强 | 古籍整理著作 | 南开大学出版社 | 南开大学 |
| 138 | 《清人词话》（上中下册） | 孙克强 | 古籍整理著作 | 南开大学出版社 | 南开大学 |
| 139 | 唐诗接受史 | 张 毅 | 专著 | 人民文学出版社 | 南开大学 |
| 140 | 韩国汉文学史 | 赵 季 | 译著 | 凤凰出版社 | 南开大学 |
| 141 | 帝国黄昏 | 李新宇 | 专著 | 广东人民出版社 | 南开大学 |
| 142 | 现代中国诗歌的城市抒写 | 卢 桢 | 专著 | 中国社会科学出版社 | 南开大学 |
| 143 | 中国现代文学文化现象与性别 | 乔以钢 | 编著或教材 | 南开大学出版社 | 南开大学 |
| 144 | 中国保险业发展报告 2012 | 江生忠 | 专著 | 中国财政经济出版社 | 南开大学 |
| 145 | 为神性加注：唐宋叶法善崇拜的造成史 | 吴 真 | 专著 | 中国社会科学出版社 | 南开大学 |
| 146 | 古典南戏研究(校著) | 吴 真 | 译著 | 中国社会科学出版社 | 南开大学 |
| 147 | 汉字形义与文化 | 杨 琳 | 专著 | 南开大学出版社 | 南开大学 |
| 148 | 古代汉语（与董志翘共同主编） | 杨 琳 | 编著或教材 | 武汉大学出版社 | 南开大学 |
| 149 | 探路出版融合 | 梁小建 | 专著 | 中国大百科全书出版社 | 南开大学 |

| 序号 | 成果名称 | 主编或第一作者 | 成果形式 | 出版单位 | 作者单位 |
|---|---|---|---|---|---|
| 150 | 藏书——因鲁迅而展开 | 刘运峰 | 专著 | 上海远东出版社 | 南开大学 |
| 151 | 龙书 | 高迎进 | 编著或教材 | 南开大学出版社 | 南开大学 |
| 152 | 世界民族综论 | 高永久 | 专著 | 南开大学出版社 | 南开大学 |
| 153 | 身份污名与认同融合：城市新移民的社会表征研究 | 管　健 | 专著 | 社会科学文献出版社 | 南开大学 |
| 154 | 经典·风范—中国当代核心画家作品集 尹沧海 | 尹沧海 | 专著 | 天津人民美术出版社 | 南开大学 |
| 155 | 中国当代书画名家-尹沧海书画集 | 尹沧海 | 专著 | 南开大学出版社 | 南开大学 |
| 156 | 遏制民族主义 | 韩召颖 | 译著 | 中国人民大学出版社 | 南开大学 |
| 157 | 心理疏导 | 李　强 | 编著或教材 | 天津古籍出版社 | 南开大学 |
| 158 | 国际规范与国内制度改革 | 刘兴华 | 专著 | 南开大学出版社 | 南开大学 |
| 159 | 社会转型与规则变迁：潜规则盛行的社会学阐释 | 吕小康 | 专著 | 南开大学出版社 | 南开大学 |
| 160 | 生态移民与文化调适——西北回族地区吊庄移民的社会文化适应研究 | 马伟华 | 专著 | 民族出版社 | 南开大学 |
| 161 | 思想者言——中国大学管理问题 | 王处辉 | 专著 | 知识产权出版社 | 南开大学 |
| 162 | 国学及其现代性 | 王处辉 | 编著或教材 | 知识产权出版社 | 南开大学 |
| 163 | 俄罗斯政治转型与对外政策 | 杨　雷 | 专著 | 南开大学出版社 | 南开大学 |
| 164 | 中国行政区划改革研究：政府发展模式转型与研究范式转换 | 赵聚军 | 专著 | 天津人民出版社 | 南开大学 |
| 165 | 解析医疗卫生政策 | 赵万里 | 专著 | 格致出版社 | 南开大学 |
| 166 | 解析社会保障 | 郑飞北 | 专著 | 格致出版社 | 南开大学 |
| 167 | 马前卒的升变 | 郑飞北 | 译著 | 中国青年出版社 | 南开大学 |
| 168 | 府际关系：新兴研究议题与治理策略 | 朱光磊 | 专著 | 社会科学文献出版社 | 南开大学 |
| 169 | 高级公共管理指示精要 | 朱光磊 | 编著或教材 | 电子工业出版社 | 南开大学 |
| 170 | 地方政府职能转变问题研究——基于杭州市的实践 | 朱光磊 | 编著或教材 | 南开大学出版社 | 南开大学 |
| 171 | The Rise of Think Tanks in China | 朱旭峰 | 专著 | London and New York: Routledge | 南开大学 |
| 172 | 政策变迁中的专家参与 | 朱旭峰 | 专著 | 中国人民大学出版社 | 南开大学 |
| 173 | 瑜伽教程 | 曹红娟 | 编著或教材 | 高等教育出版社 | 南开大学 |
| 174 | 学校健康体育教育 | 刘慧青 | 编著或教材 | 天津科学技术出版社 | 南开大学 |
| 175 | 普通高校体育与健康理论教程 | 高　谊 | 编著或教材 | 南开大学出版社出版 | 南开大学 |
| 176 | 循环经济产业共生网络研究 | 齐　宇 | 专著 | 南开大学出版社 | 南开大学 |
| 177 | 张伯苓画传 | 张兰普 | 专著 | 四川教育出版社 | 南开大学 |
| 178 | 全球不平衡发展模式:困境与出路 | 戴金平 | 专著 | 厦门大学出版社 | 南开大学 |
| 179 | 大型企业集团创新治理 | 李维安 | 专著 | 科学出版社 | 南开大学 |
| 180 | 公共图书馆基本原理 | 于良芝 | 编著或教材 | 上海人民出版社/格致出版社 | 南开大学 |
| 181 | 服务市场营销管理 | 吴晓云 | 编著或教材 | 上海人民出版社/格致出版社 | 南开大学 |
| 182 | 中国公司治理与发展报告（2012） | 李维安 | 编著或教材 | 北京大学出版社 | 南开大学 |

| 序号 | 成果名称 | 主编或第一作者 | 成果形式 | 出版单位 | 作者单位 |
|---|---|---|---|---|---|
| 183 | 数据模型与决策 | 侯文华 | 译著 | 机械工业出版社 | 南开大学 |
| 184 | 民间信仰史话 | 侯　杰 | 专著 | 社会科学文献出版社 | 南开大学 |
| 185 | 项目评估学 | 戚安邦 | 专著 | 南开大学出版社 | 南开大学 |
| 186 | MBA 专用教材 会计学(第 3 版) | 周晓苏 | 专著 | 大连出版社 | 南开大学 |
| 187 | 国际货币体系：何去何从？ | 戴金平 | 专著 | 厦门大学出版社 | 南开大学 |
| 188 | 全球货币量化宽松：何时退出？ | 戴金平 | 专著 | 厦门大学出版社 | 南开大学 |
| 189 | 主权债务危机：国家信用神话的破产 | 戴金平 | 专著 | 厦门大学出版社 | 南开大学 |
| 190 | 校正泰昌天启起居注 | 南炳文 | 专著 | 天津古籍出版社 | 南开大学 |
| 191 | 南明史 | 南炳文 | 专著 | 故宫出版社 | 南开大学 |
| 192 | 众包竞赛:一把开启集体智慧的钥匙 | 侯文华 | 专著 | 科学出版社 | 南开大学 |
| 193 | 2011—2012 图书馆学学科发展报告 | 柯　平 | 专著 | 中国科学技术出版社 | 南开大学 |
| 194 | 公共图书馆概论 | 柯　平 | 专著 | 国家图书馆出版社 | 南开大学 |
| 195 | 零售营销 | 李桂华 | 编著或教材 | 机械工业出版社 | 南开大学 |
| 196 | 客户服务质量管理 | 李桂华 | 编著或教材 | 中国经济出版社 | 南开大学 |
| 197 | 现代营销学 | 李东进 | 编著或教材 | 中国发展出版社 | 南开大学 |
| 198 | 中国民营企业上市公司治理报告 | 李　亚 | 编著或教材 | 中国经济出版社 | 南开大学 |
| 199 | 云天化成功之道 | 王　芳 | 编著或教材 | 机械工业出版社 | 南开大学 |
| 200 | 成功的项目管理 | 杨　坤 | 译著 | 电子工业出版社 | 南开大学 |
| 201 | IT 服务供应链协调 | 严建援 | 专著 | 电子工业出版社 | 南开大学 |
| 202 | 品牌价值管理 | 李桂华 | 专著 | 经济管理出版社 | 南开大学 |
| 203 | 中国证券投资基金功能及其对资本市场影响的研究——基于公司财务视角的经验证据 | 姚　颐 | 专著 | 北京大学出版社 | 南开大学 |
| 204 | 刑法中的行为理论研究 | 刘士心 | 专著 | 人民出版社 | 南开大学 |
| 205 | 我国 OTC 市场准入与监管制度研究 | 万国华 | 专著 | 人民出版社 | 南开大学 |
| 206 | 经济法学 | 万国华 | 编著或教材 | 清华大学出版社 | 南开大学 |
| 207 | 房地产法 | 张志坡 | 编著或教材 | 清华大学出版社 | 南开大学 |
| 208 | 中国保险市场与资本市场互动机制与模式研究 | 闫东玲 | 专著 | 天津大学出版社 | 天津大学 |
| 209 | 中国物流管理优秀案例集 | 刘伟华 | 专著 | 中国物资出版社 | 天津大学 |
| 210 | 中国冷链物流发展报告（2012） | 刘伟华 | 专著 | 中国财富出版社 | 天津大学 |
| 211 | 创新方法教程 | 刘　亮 | 编著或教材 | 高等教育出版社 | 天津大学 |
| 212 | 中国现代物流发展报告 | 刘伟华 | 专著 | 中国物资出版社 | 天津大学 |
| 213 | 设备工程监理合同管理（合同管理部分） | 吕文学 | 编著或教材 | 中国人事出版社 | 天津大学 |
| 214 | 中国物流年鉴 2012 | 刘伟华 | 专著 | 中国财富出版社 | 天津大学 |
| 215 | 项目管理 | 张连营 | 编著或教材 | 高等教育出版社 | 天津大学 |
| 216 | 设备监理技术与方法 | 张连营 | 编著或教材 | 中国人事出版社 | 天津大学 |
| 217 | 科技企业孵化器与创投合作治理及政策研究 | 赵黎明 | 专著 | 中国经济出版社 | 天津大学 |
| 218 | 公共空间与文化生活——冀中平原 N 村调查 | 何兰萍 | 专著 | 中国社会科学出版社 | 天津大学 |
| 219 | 社会保障——制度体系与民生热点 | 张再生 | 专著 | 天津古籍出版社 | 天津大学 |
| 220 | 供应链管理 | 高举红 | 编著或教材 | 北京大学出版社 | 天津大学 |
| 221 | 建筑经济专业知识与实务 | 郑立群 | 编著或教材 | 中国人事出版社 | 天津大学 |
| 222 | 工期延误与干扰索赔分析准则 | 张水波 | 译著 | 北京交通大学出版社 | 天津大学 |

| 序号 | 成果名称 | 主编或第一作者 | 成果形式 | 出版单位 | 作者单位 |
|---|---|---|---|---|---|
| 223 | 记忆天津医保十年 | 张　琴 | 专著 | 天津大学出版社 | 天津大学 |
| 224 | 项目决策分析与评价复习精要与题解 | 孙　慧 | 编著或教材 | 天津大学出版社 | 天津大学 |
| 225 | 智慧天津 | 张　琴 | 专著 | 天津古籍出版社 | 天津大学 |
| 226 | 现代咨询方法与实务 | 孙　慧 | 编著或教材 | 天津大学出版社 | 天津大学 |
| 227 | 投资项目可行性研究 | 李海涛 | 编著或教材 | 天津大学出版社 | 天津大学 |
| 228 | 文体翻译 | 刘著妍 | 编著或教材 | 天津大学出版社 | 天津大学 |
| 229 | 新视界大学英语-快速阅读 | 吕　晨 | 编著或教材 | 外语教学与研究出版社 | 天津大学 |
| 230 | 牛津英语同义词学习词典 | 刘常华 | 译著 | 牛津大学出版社 | 天津大学 |
| 231 | 新世纪美国公示语 | 周一兵 | 译著 | 北京大学出版社 | 天津大学 |
| 232 | 论大学国际化发展与管理 | 杨福玲 | 专著 | 天津大学出版社 | 天津大学 |
| 233 | 考博单词速记 | 李　彤 | 专著 | 天津大学出版社 | 天津大学 |
| 234 | 单词网——托福单词速记 | 龚丽英 | 编著或教材 | 天津大学出版社 | 天津大学 |
| 235 | 大学英语课程教学体系与学习模式 | 江　滨 | 编著或教材 | 天津大学出版社 | 天津大学 |
| 236 | 《理工科大学英语口语教程》教师用书上册 | 江　滨 | 编著或教材 | 天津大学出版社 | 天津大学 |
| 237 | 《理工科大学英语口语教程》学生用书上册 | 江　滨 | 编著或教材 | 天津大学出版社 | 天津大学 |
| 238 | 《理工科大学英语口语教程》学生用书下册 | 江　滨 | 编著或教材 | 天津大学出版社 | 天津大学 |
| 239 | 角色书信疗法——一种新的助人技术 | 孙　颖 | 专著 | 中国社会科学出版社 | 天津大学 |
| 240 | 大学集群和谐发展机制研究 | 潘海生 | 专著 | 北京邮电大学出版社 | 天津大学 |
| 241 | 国家（地区）创新体系：比较分析 | 谭小琴 | 专著 | 知识产权出版社 | 天津大学 |
| 242 | 近代以来日本的中国观 | 王美平 | 专著 | 江苏人民出版社 | 天津大学 |
| 243 | 李鸿章的洋顾问：德璀琳与汉纳根 | 张　畅 | 专著 | 台湾传记文学出版社 | 天津大学 |
| 244 | 社会资本理论视野下的政府能力研究 | 郭　琦 | 专著 | 天津大学出版社 | 天津大学 |
| 245 | 城市美学漫谈 | 周小兵 | 专著 | 天津大学出版社 | 天津大学 |
| 246 | 高校跨学科创新团队成长机制研究 | 柳　洲 | 专著 | 天津人民出版社 | 天津大学 |
| 247 | 民主的追求 | 秦立海 | 专著 | 当代中国出版社 | 天津大学 |
| 248 | 文体翻译教程 | 刘著妍 | 编著或教材 | 天津大学出版社 | 天津大学 |
| 249 | 阿伦特政治思想再释 | 陈高华 | 译著 | 人民出版社 | 天津师范大学 |
| 250 | 中国德治思想与政治实践 | 吴德义 | 专著 | 中央编译出版社 | 天津师范大学 |
| 251 | 新版课程标准解析与教学指导——小学数学 | 范文贵 | 编著或教材 | 北京师范大学出版社 | 天津师范大学 |
| 252 | 小学课程设计与实施 | 梁　飞 | 编著或教材 | 华东师范大学出版社 | 天津师范大学 |
| 253 | 哲学导论 | 陈高华 | 译著 | 世界图书出版公司 | 天津师范大学 |
| 254 | 人文艺术英语 | 尹　贝 | 编著或教材 | 上海交通大学出版社 | 天津师范大学 |
| 255 | 古典时代犹太教导论 | 郑　阳 | 译著 | 中国社会科学出版社 | 天津师范大学 |
| 256 | 制度变迁与转轨国家金融发展 | 滑冬玲 | 专著 | 中国社会科学出版社 | 天津师范大学 |
| 257 | 房地产法新论 | 胡兰玲 | 专著 | 中国法制出版社 | 天津师范大学 |
| 258 | 民国时期华北地区农业雇佣习惯规范研究 | 尚海涛 | 专著 | 中国政法大学出版社 | 天津师范大学 |
| 259 | 中国儿童文学作品导读 | 于树漫 | 编著或教材 | 华东师范大学出版社 | 天津师范大学 |
| 260 | 体育健康理论与实践 | 戈　莎 | 编著或教材 | 吉林大学出版社 | 天津师范大学 |
| 261 | 中国小号作品解读 | 刘　淼 | 专著 | 安徽文艺出版社 | 天津师范大学 |
| 262 | 经济社会史评论（第六辑） | 侯建新 | 编著或教材 | 三联书店 | 天津师范大学 |
| 263 | 古代《周易》经传疏义辑要 | 付　莉 | 编著或教材 | 中国古文献出版社 | 天津师范大学 |

| 序号 | 成果名称 | 主编或第一作者 | 成果形式 | 出版单位 | 作者单位 |
|---|---|---|---|---|---|
| 264 | 反暴君论 | 刘训练 | 译著 | 译林出版社 | 天津师范大学 |
| 265 | 和谐社会建构中的劳资关系与就业 | 吕景春 | 专著 | 经济科学出版社 | 天津师范大学 |
| 266 | 科尔沁左翼中旗蒙古族语言使用现状及其演变 | 马志坤 | 专著 | 商务印书馆 | 天津师范大学 |
| 267 | 苏颂所撰碑铭题跋选集 | 杨效雷 | 编著或教材 | 吉林文史出版社 | 天津师范大学 |
| 268 | 近代以来日本的中国观 | 杨延峰 | 编著或教材 | 江苏人民出版社 | 天津师范大学 |
| 269 | 英国工业革命中的资本投资与社会机制 | 徐 滨 | 专著 | 天津社会科学院出版社 | 天津师范大学 |
| 270 | CJJ/T171—2012 风景园林标志标准〈国家行业标准〉 | 牟 跃 | 专著 | 中国建筑工业出版社 | 天津师范大学 |
| 271 | 环境会计研究 | 宋子义 | 专著 | 天津科学技术出版社 | 天津师范大学 |
| 272 | 汉语轻声的优选论分析 | 路继伦 | 编著或教材 | 天津大学出版社 | 天津师范大学 |
| 273 | 家具创意设计 | 牟 跃 | 编著或教材 | 国家知识产权出版社 | 天津师范大学 |
| 274 | 水墨品质.品瓷 马骏卷 | 马 骏 | 专著 | 山东美术出版社 | 天津师范大学 |
| 275 | 当代国际商务谈判-理论、策略、技巧 | 周 红 | 专著 | 天津科学技术出版社 | 天津师范大学 |
| 276 | 环境会计信息披露研究 | 宋子义 | 专著 | 中国社会科学出版社 | 天津师范大学 |
| 277 | 天津近现代油画发展史研究 | 唐 明 | 专著 | 天津社会科学院出版社 | 天津师范大学 |
| 278 | 水彩风景写生与创作 | 王海涛 | 编著或教材 | 天津杨柳青画社 | 天津师范大学 |
| 279 | 中国近现代政治思想史 | 佟德志 | 编著或教材 | 高等教育出版社 | 天津师范大学 |
| 280 | 人力资源：高校无形资产管理危机的核心要素研究 | 温志强 | 专著 | 中国书籍出版社 | 天津师范大学 |
| 281 | 同一民族文化，还是多文化 | 崔金海 | 专著 | 韩国学术信息出版社 | 天津师范大学 |
| 282 | 新型功能区——滨海新区天津开发区社区和社区党建 | 王 强 | 专著 | 中共党史出版社 | 天津师范大学 |
| 283 | 姚名达文存 | 罗艳春 | 编著或教材 | 江苏人民出版社 | 天津师范大学 |
| 284 | 大学特色英语 | 刘文媛 | 编著或教材 | 天津大学出版社 | 天津师范大学 |
| 285 | 俄语万词主题分类例解词典 | 马 琳 | 编著或教材 | 北京语言文化大学出版社 | 天津师范大学 |
| 286 | 大学体育英语 | 薛 伟 | 编著或教材 | 南开大学出版社 | 天津师范大学 |
| 287 | 合作共治的“上城模式”——从新型社区治理迈向创新社会管理的“上城经验” | 李 璐 | 编著或教材 | 吉林出版集团有限责任公司 | 天津师范大学 |
| 288 | 社会工作概论 | 崔金海 | 编著或教材 | Yangseowon 出版社 | 天津师范大学 |
| 289 | 关系化对汉语句子的界定 | 杨彩梅 | 专著 | 外语教学与研究出版社 | 天津师范大学 |
| 290 | 结构素描静物 | 田 浩 | 编著或教材 | 天津杨柳青画社 | 天津师范大学 |
| 291 | 思考，快与慢 | 胡晓姣 | 译著 | 中信出版社 | 天津师范大学 |
| 292 | 圭恰迪尼格言集 | 刘训练 | 译著 | 译林出版社 | 天津师范大学 |
| 293 | 课程标准案例式导读与学习内容要点 | 许 静 | 编著或教材 | 东北师范大学出版社 | 天津师范大学 |
| 294 | 个人信息权利的侵权法保护 | 郭明龙 | 专著 | 中国法制出版社 | 天津师范大学 |
| 295 | 结构素描几何形体 | 田 浩 | 编著或教材 | 天津杨柳青画社 | 天津师范大学 |
| 296 | 新文化与新文学：基于晚明至五四时期的文学文化转型研究 | 郭长保 | 专著 | 线装书局 | 天津师范大学 |
| 297 | 欧洲的宗教与虔诚 1215—1515 | 龙秀清 | 译著 | 上海三联书店 | 天津师范大学 |
| 298 | 反动的修辞 | 刘训练 | 译著 | 江苏人民出版社 | 天津师范大学 |
| 299 | 综合教程 | 解晓楠 | 编著或教材 | 上海外国语教育出版社 | 天津师范大学 |
| 300 | 财务报告分析 | 魏亚平 | 编著或教材 | 厦门大学出版社 | 天津工业大学 |

| 序号 | 成果名称 | 主编或第一作者 | 成果形式 | 出版单位 | 作者单位 |
|---|---|---|---|---|---|
| 301 | 质量管理学 | 吴 韫 | 编著或教材 | 中国铁道出版社 | 天津工业大学 |
| 302 | 营销渠道管理 | 郑锐洪 | 编著或教材 | 机械工业出版社 | 天津工业大学 |
| 303 | 企业创办实务教程 | 潘玉香 | 编著或教材 | 经济科学出版社 | 天津工业大学 |
| 304 | 中级财务会计（第二版） | 张 玮 | 编著或教材 | 科学出版社 | 天津工业大学 |
| 305 | 中国黄河——滨海区域经济发展合作白皮书（2012） | 秦瑞齐 | 编著或教材 | 天津大学出版社 | 天津工业大学 |
| 306 | 受教育权宪法规范论 | 杜文勇 | 编著或教材 | 法律出版社 | 天津工业大学 |
| 307 | 民国时期中学生读本：英文读译说写 | 田 露 | 编著或教材 | 天地出版社 | 天津工业大学 |
| 308 | 民国时期中学生读本：自己的文章 | 田 露 | 编著或教材 | 天地出版社 | 天津工业大学 |
| 309 | 发明专利的创造性 | 管荣齐 | 编著或教材 | 知识产权出版社 | 天津工业大学 |
| 310 | 刑事诉讼法修改决定理论探析 | 刘向东 | 编著或教材 | 中国法制出版社 | 天津工业大学 |
| 311 | 应用媒体资产管理学 | 王 熙 | 编著或教材 | 光明日报出版社 | 天津工业大学 |
| 312 | 数字传播时代的中国戏曲 | 云海辉 | 编著或教材 | 哈尔滨工程大学出版社 | 天津工业大学 |
| 313 | 中国古代诗歌赏析教程——诗歌也可以这样读 | 韩秋月 | 编著或教材 | 南开大学出版社 | 天津工业大学 |
| 314 | 经济应用文写作 | 余效诚 | 编著或教材 | 清华大学出版社 | 天津工业大学 |
| 315 | 服装效果图表现与解读 | 孙 戈 | 编著或教材 | 辽宁美术出版社 | 天津工业大学 |
| 316 | 室内设计 | 马 澜 | 编著或教材 | 清华大学出版社 | 天津工业大学 |
| 317 | 室内外手绘表现技法 | 马 澜 | 编著或教材 | 东华大学出版社 | 天津工业大学 |
| 318 | CI 设计 | 任 莉 | 编著或教材 | 人民美术出版社 | 天津工业大学 |
| 319 | 实用服装裁剪制板与样衣制作 | 王晓云 | 编著或教材 | 化学工业出版社 | 天津工业大学 |
| 320 | 装饰绘画 | 尚山江 | 编著或教材 | 东华大学出版社 | 天津工业大学 |
| 321 | 立体构成 | 尚山江 | 编著或教材 | 中国纺织出版社 | 天津工业大学 |
| 322 | 立体造型基础 | 付 川 | 编著或教材 | 中国建材工业出版社 | 天津工业大学 |
| 323 | 家具设计基础 | 刘静宇 | 工具书或参考书 | 东华大学出版社 | 天津工业大学 |
| 324 | 广告策划—360 度看广告策划 | 彭 涌 | 工具书或参考书 | 中国青年出版社 | 天津工业大学 |
| 325 | 体育产业理论与实践研究 | 田建君 | 编著或教材 | 东北师范大学出版社 | 天津工业大学 |
| 326 | 普通高等学校高水平运动队管理 | 田建君 | 编著或教材 | 北京艺术与科学电子出版社 | 天津工业大学 |
| 327 | 游泳健身科学规划及其技术指导 | 冯建秀 | 工具书或参考书 | 东北师范大学出版社 | 天津工业大学 |
| 328 | 搏击运动技能训练理论与实践 | 符新勇 | 编著或教材 | 中国原子能出版社 | 天津工业大学 |
| 329 | 体育产业发展的策略与途径研究 | 隋晓燕 | 编著或教材 | 吉林大学出版社 | 天津工业大学 |
| 330 | 高校体育健身与健康新论 | 杨已茂 | 编著或教材 | 吉林大学出版社 | 天津工业大学 |
| 331 | 现代体育场馆运营理论与实务 | 田建君 | 编著或教材 | 吉林大学出版社 | 天津工业大学 |
| 332 | 国际商法 | 郭莉 | 编著或教材 | 北京交通大学出版社 | 天津工业大学 |
| 333 | 英美科幻小说简史 | 王 艳 | 译著 | 南开大学出版社 | 天津工业大学 |
| 334 | 数字平面影像传播 | 倪 玲 | 工具书或参考书 | 哈尔滨工程大学出版社 | 天津工业大学 |
| 335 | 服装色彩学 | 肖 军 | 工具书或参考书 | 化学工业出版社 | 天津工业大学 |
| 336 | 美国华裔戏剧研究 | 徐颖果 | 专著 | 商务印书馆 | 天津理工大学 |

| 序号 | 成果名称 | 主编或第一作者 | 成果形式 | 出版单位 | 作者单位 |
|---|---|---|---|---|---|
| 337 | 包装设计 | 宋 达 | 编著或教材 | 北京工业大学出版社 | 天津理工大学 |
| 338 | 标志设计 | 韩 君 | 编著或教材 | 北京工业大学出版社 | 天津理工大学 |
| 339 | 图形创意 | 韩 君 | 编著或教材 | 北京工业大学出版社 | 天津理工大学 |
| 340 | 公共装饰艺术 | 赵康林 | 编著或教材 | 北京工业出版社 | 天津理工大学 |
| 341 | 环境艺术纵横谈 | 安从工 | 专著 | 天津古籍出版社 | 天津理工大学 |
| 342 | 艺术鉴赏 | 于 砚 | 工具书或参考书 | 北京师范大学出版 | 天津理工大学 |
| 343 | 牡丹月季彩墨花卉画法 | 王春涛 | 工具书或参考书 | 天津杨柳青画社 | 天津理工大学 |
| 344 | 金融服务业外商直接投资对发展中东道国经济影响机制的研究 | 刘兴凯 | 专著 | 人民出版社 | 天津理工大学 |
| 345 | 国内外高等院校创新人才培养探析 | 李北柿 | 专著 | 天津社会科学院出版社 | 天津理工大学 |
| 346 | 篮、排、足运动技术战术的学习与欣赏 | 刘建强 | 编著或教材 | 中国时代经济出版社 | 天津理工大学 |
| 347 | 脂砚斋批评本红楼梦（上，下） | 王丽文 | 古籍整理著作 | 岳麓书社 | 天津理工大学 |
| 348 | 当代中国农村农民素质调查（1996—2011年） | 潘寄青 | 专著 | 中国财政经济出版社 | 天津理工大学 |
| 349 | 食品安全法律法规读本——食品企业指南 | 郑小伟 | 编著或教材 | 中国政法大学出版社 | 天津科技大学 |
| 350 | 现代市场调查与预测 | 张慧敏 | 编著或教材 | 首都经济贸易大学出版社 | 天津科技大学 |
| 351 | 英语阅读教程（第一册） | 江治刚 | 编著或教材 | 对外经济贸易大学出版社 | 天津科技大学 |
| 352 | 英语阅读教程（第二册） | 江治刚 | 编著或教材 | 对外经济贸易大学出版社 | 天津科技大学 |
| 353 | 公共管理学 | 胡小丽 | 编著或教材 | 武汉大学出版社 | 天津科技大学 |
| 354 | 食品安全 | 赵士辉 | 编著或教材 | 天津古籍出版社 | 天津科技大学 |
| 355 | 食品行业伦理与道德建设 | 赵士辉 | 编著或教材 | 中国政法大学出版社 | 天津科技大学 |
| 356 | 食品安全伦理、法律与技术 | 赵士辉 | 编著或教材 | 南开大学出版社 | 天津科技大学 |
| 357 | 人民币升值的结构效应与经济增长结构的平稳转换 | 刘喜和 | 专著 | 天津社会科学院出版社 | 天津财经大学 |
| 358 | 天津财经大学公共体育课教材 | 邱晓德 | 编著或教材 | 北京体育大学出版社 | 天津财经大学 |
| 359 | 国际市场营销 | 王 艳 | 编著或教材 | 清华大学出版社 | 天津财经大学 |
| 360 | 国有产权改革与国有资产监管 | 陈旭东 | 专著 | 南开大学出版社 | 天津财经大学 |
| 361 | 日本票据法原理与实务 | 张 凝 | 专著 | 中国法制出版社 | 天津财经大学 |
| 362 | 中国金融教育质量战略研究 | 王爱俭 | 编著或教材 | 中国金融出版社 | 天津财经大学 |
| 363 | 韵律结构层次：理论与应用 | 李凤杰 | 专著 | 天津大学出版社 | 天津财经大学 |
| 364 | 美国游记文学名片导读与翻译 | 张慧芳 | 译著 | 南开大学出版社 | 天津财经大学 |
| 365 | 宏观经济风险传导路经研究 | 李 伟 | 专著 | 南开大学出版社 | 天津财经大学 |
| 366 | 中央银行外汇干预策略及有效性研究 | 郭 伟 | 专著 | 天津社会科学院出版社 | 天津财经大学 |
| 367 | 会计学基础 | 韩传模 | 编著或教材 | 立信会计出版社 | 天津财经大学 |
| 368 | 社会保障概论 | 刘 畅 | 编著或教材 | 北京大学出版社 | 天津财经大学 |
| 369 | 城市住宅自然属性价格分析理论与方法 | 崔武文 | 专著 | 中国建材工业出版社 | 天津财经大学 |
| 370 | 中国适度财政收入规模理论与实证 | 郭彦卿 | 专著 | 南开大学出版社 | 天津财经大学 |
| 371 | 巴塞尔协议与商业银行监管资本套利研究 | 沈庆劼 | 专著 | 中国金融出版社 | 天津财经大学 |
| 372 | 零售商主导型供应链中企业决策行为研究 | 秦娟娟 | 专著 | 中国财富出版社 | 天津财经大学 |

| 序号 | 成果名称 | 主编或第一作者 | 成果形式 | 出版单位 | 作者单位 |
|---|---|---|---|---|---|
| 373 | 经济法 | 杨紫烜 | 编著或教材 | 中国人民大学出版社 | 天津财经大学 |
| 374 | 企业技术赶超能力与市场竞争 | 朱雅彦 | 专著 | 天津人民出版社 | 天津财经大学 |
| 375 | 物流管理实验教程 | 杨浩雄 | 编著或教材 | 北京大学出版社 | 天津财经大学 |
| 376 | 英剧英语 | 张　培 | 编著或教材 | 天津大学出版社 | 天津财经大学 |
| 377 | 道德影响力研究 | 赵　宏 | 专著 | 哈尔滨工程大学出版社 | 天津财经大学 |
| 378 | 基于供给视角的农村金融改革研究 | 高晓燕 | 专著 | 中国金融出版社 | 天津财经大学 |
| 379 | 组织间的非契约控制机制与网络组织效能研究 | 徐碧琳 | 专著 | 天津人民出版社 | 天津财经大学 |
| 380 | 代工企业技术学习与技术能力发展研究 | 陈国绪 | 专著 | 对外经济贸易大学出版社 | 天津财经大学 |
| 381 | 现代高级英语语法 | 刘松麒 | 编著或教材 | 天津科学技术出版社 | 天津财经大学 |
| 382 | 网络隐私权利保护之国际私法研究 | 崔华强 | 专著 | 法律出版社 | 天津财经大学 |
| 383 | XBRL 财务报告研究 | 吕志明 | 专著 | 经济科学出版社 | 天津财经大学 |
| 384 | 全球化与全球生产系统的空间发展 | 丛　屹 | 专著 | 经济科学出版社 | 天津财经大学 |
| 385 | 新兴市场房地产投资——在中国、印度和巴西的投资 | 郭　红 | 译著 | 东北财经大学出版社 | 天津财经大学 |
| 386 | 机构投资者对中小投资者利益保护效应研究 | 李海英 | 专著 | 经济科学 | 天津财经大学 |
| 387 | 基于产业链的上市公司价值分析 | 刘喜和 | 专著 | 天津社会科学院出版社 | 天津财经大学 |
| 388 | 开放条件下人民币汇率动态研究 | 林　楠 | 专著 | 中国金融出版社 | 天津财经大学 |
| 389 | 构建银行合格借款者项目源培育体系——政府引导中小企业突围间接融资困境的系统性框架 | 王　淼 | 专著 | 中国金融出版社 | 天津财经大学 |
| 390 | 动态经济学图解 | 王兴德 | 编著或教材 | 上海财经大学 | 天津财经大学 |
| 391 | 内部审计为组织增加价值-基于量化标准的研究 | 沈　征 | 专著 | 经济科学出版社 | 天津财经大学 |
| 392 | 信用管理 | 孙　森 | 编著或教材 | 中国金融出版社 | 天津财经大学 |
| 393 | 视觉文化语境中传统图式的创新性研究 | 滑寒冰 | 专著 | 天津教育出版社 | 天津财经大学 |
| 394 | 研究型合资企业的发展——国家能力视角下的研究 | 刘婷婷 | 专著 | 天津财经大学 | 天津财经大学 |
| 395 | 近代天津金融档案系列丛书——盐业银行档案史料选编 | 黑广菊 | 专著 | 天津人民出版社 | 天津财经大学 |
| 396 | 会计舞弊识别研究经典文献导读 | 孙青霞 | 专著 | 经济科学出版社 | 天津财经大学 |
| 397 | 新案例应用写作教程 | 薛　颖 | 编著或教材 | 北京理工大学出版社 | 天津财经大学 |
| 398 | 七十年后再读凯恩斯通论 | 迪蒙德 | 译著 | 中国金融出版社 | 天津财经大学 |
| 399 | 2012 全国一级建造师执业资格考试权威命题预测试卷——建筑工程经济 | 郝建新 | 编著或教材 | 天津大学出版社 | 天津商业大学 |
| 400 | 2012 全国一级建造师执业资格考试历年真题解析与模拟题集——建设工程项目管理 | 郝建新 | 编著或教材 | 华中科技大学出版社 | 天津商业大学 |
| 401 | 高等教育质量管理研究 | 闫乃权 | 专著 | 经济科学出版社 | 天津商业大学 |
| 402 | 全国造价工程师执业资格考试 命题·考点·精要 工程造价案例分析 | 严　敏 | 编著或教材 | 天津大学出版社 | 天津商业大学 |
| 403 | 2012 全国一级建造师执业资格考试权威命题预测试卷——建设工程法规及相关知识 | 郝建新 | 编著或教材 | 天津大学出版社 | 天津商业大学 |
| 404 | 2012 全国一级建造师执业资格考试历年真题解析与模拟题集——建筑工程经济 | 郝建新 | 编著或教材 | 华中科技大学出版社 | 天津商业大学 |

| 序号 | 成果名称 | 主编或第一作者 | 成果形式 | 出版单位 | 作者单位 |
|---|---|---|---|---|---|
| 405 | 2012 全国一级建造师执业资格考试历年真题解析与模拟题集——建设工程法规及相关知识 | 郝建新 | 编著或教材 | 华中科技大学出版社 | 天津商业大学 |
| 406 | 2012 全国一级建造师执业资格考试历年真题解析与模拟题集——建筑工程管理与实务 | 郝建新 | 编著或教材 | 华中科技大学出版社 | 天津商业大学 |
| 407 | 2012 全国二级建造师执业资格考试历年真题解析与模拟题集——建设工程法规及相关知识 | 郝建新 | 编著或教材 | 华中科技大学出版社 | 天津商业大学 |
| 408 | 2012 全国二级建造师执业资格考试历年真题解析与模拟题集——建设工程施工管理 | 郝建新 | 编著或教材 | 华中科技大学出版社 | 天津商业大学 |
| 409 | 天津城市生态环境治理与低碳经济发展 | 姜仁良 | 专著 | 中国城市出版社 | 天津商业大学 |
| 410 | 2012 全国二级建造师执业资格考试历年真题解析与模拟题集——建筑工程管理与实务 | 郝建新 | 编著或教材 | 华中科技大学出版社 | 天津商业大学 |
| 411 | 德育教育、行业文化与跨文化研究 | 袁玉梅 | 专著 | 吉林大学出版社 | 天津商业大学 |
| 412 | 多元文化认知能力的培养 | 孙淑玲 | 专著 | 外文出版社 | 天津商业大学 |
| 413 | 如何提供令顾客惊叹的客户服务 | 刘艳霞 | 译著 | 电子工业出版社 | 天津商业大学 |
| 414 | 领导者需要知道的 78 个重要问题 | 黎　涓 | 译著 | 电子工业出版社 | 天津商业大学 |
| 415 | 代理也疯狂：企业与代理商的共赢之道 | 刘艳霞 | 译著 | 电子工业出版社 | 天津商业大学 |
| 416 | 老外教你雅思写作 | 张芝花 | 编著或教材 | 机械工业出版社 | 天津商业大学 |
| 417 | 老外教你四级写作 | 张芝花 | 编著或教材 | 机械工业出版社 | 天津商业大学 |
| 418 | 老外教你托福写作 | 张芝花 | 编著或教材 | 机械工业出版社 | 天津商业大学 |
| 419 | 大学英语多媒体教学理论与实践 | 张芝花 | 专著 | 线装书局 | 天津商业大学 |
| 420 | 委婉语溯源与发展 | 冯冬琳 | 专著 | 外文出版社 | 天津商业大学 |
| 421 | 审计学习指导与练习 | 班景刚 | 编著或教材 | 中国财政经济出版社 | 天津商业大学 |
| 422 | 审计学 | 班景刚 | 编著或教材 | 中国财政经济出版社 | 天津商业大学 |
| 423 | 公共信息会计理论研究 | 孙玉甫 | 专著 | 立信会计出版社 | 天津商业大学 |
| 424 | 跨国公司经营与管理 | 李耘涛 | 编著或教材 | 北京大学出版社 | 天津商业大学 |
| 425 | 2012 国家司法考试卷四预警 110 | 刘　安 | 编著或教材 | 中国政法大学出版社 | 天津商业大学 |
| 426 | 饮食营养与安全 | 靳国章 | 编著或教材 | 清华大学出版社 | 天津商业大学 |
| 427 | 现代质量管理 | 王明贤 | 编著或教材 | 清华大学出版社 | 天津商业大学 |
| 428 | 2012 年国家司法考试政法英杰名师核心考点精讲 商法与经济法 | 刘　安 | 编著或教材 | 中国政法大学出版社 | 天津商业大学 |
| 429 | 2012 国家司法考试卷一预警 110 | 刘　安 | 编著或教材 | 中国政法大学出版社 | 天津商业大学 |
| 430 | 依托滨海新区的天津经济发展模式研究 | 杨建新 | 专著 | 中国时代经济出版社 | 天津商业大学 |
| 431 | 旅行社管理 | 胡宇橙 | 编著或教材 | 高等教育出版社 | 天津商业大学 |
| 432 | 安装工程识图 | 王俊安 | 编著或教材 | 机械工业出版社 | 天津商业大学 |
| 433 | 旅游目的地管理 | 沈长智 | 编著或教材 | 北京师范大学出版社 | 天津商业大学 |
| 434 | 回归写意 姬俊尧师生中国画作品展 | 肖培金 | 编著或教材 | 天津出版传媒集团 | 天津商业大学 |
| 435 | 乔雨林水彩画作品集 | 乔雨林 | 专著 | 安徽美术出版社 | 天津商业大学 |
| 436 | 社会组织在公共冲突治理中的作用研究 | 赵伯艳 | 专著 | 人民出版社 | 天津商业大学 |
| 437 | 公共部门管理 | 赵伯艳 | 译著 | 中国人民大学出版社 | 天津商业大学 |
| 438 | 公共部门管理 | 李勇军 | 译著 | 中国人民大学出版社 | 天津商业大学 |
| 439 | 中国住房政策风险评估与防范治理 | 刘双良 | 专著 | 天津人民出版社 | 天津商业大学 |
| 440 | Discourse and Socio-political Transformations in Contemporary China | 田海龙 | 编著或教材 | John Benjamins | 天津商业大学 |

| 序号 | 成果名称 | 主编或第一作者 | 成果形式 | 出版单位 | 作者单位 |
|---|---|---|---|---|---|
| 441 | 深水长眠 | 胡毅美 | 译著 | 湖南人民出版社 | 天津商业大学 |
| 442 | 当代中国身份重建中的语言运用 | 田海龙 | 专著 | 南开大学出版社 | 天津商业大学 |
| 443 | 德川家康决胜录 | 胡毅美 | 译著 | 南海出版公司 | 天津商业大学 |
| 444 | 旅游话语研究：理论与实践 | 田海龙 | 专著 | 外文出版社 | 天津商业大学 |
| 445 | 批评性语篇分析：经典导读 | 田海龙 | 编著或教材 | 南开大学 | 天津商业大学 |
| 446 | 饭店业服务质量影响因素研究 | 王文君 | 专著 | 中国旅游出版社 | 天津商业大学 |
| 447 | 政法英杰名师核心考点精讲(商法与经济法) | 邹淑环 | 编著或教材 | 中国政法大学出版 | 天津商业大学 |
| 448 | 民法 | 王立争 | 编著或教材 | 中国法制出版社 | 天津商业大学 |
| 449 | 班组长全面管理技能 | 赵慧敏 | 专著 | 中国工人出版社 | 天津商业大学 |
| 450 | 业主权的释义与建构 | 齐恩平 | 专著 | 法律出版社 | 天津商业大学 |
| 451 | 2012年国家司法考试卷一考点预警110 | 邹淑环 | 编著或教材 | 中国政法大学出版 | 天津商业大学 |
| 452 | 民事自助行为研究 | 沃　耘 | 专著 | 法律出版社 | 天津商业大学 |
| 453 | AA商务之旅——东京 | 黎　涓 | 译著 | 电子工业出版社 | 天津商业大学 |
| 454 | 《符号学——传媒学词典》——文化符号学 | 卢德平 | 工具书或参考书 | 南京大学出版社 | 天津外国语大学 |
| 455 | 中国青少年发展：问题与对策 | 卢德平 | 专著 | 中国国际广播出版社 | 天津外国语大学 |
| 456 | 知识进化视角下的企业创新模式 | 张凌志 | 专著 | 中国财富出版社 | 天津外国语大学 |
| 457 | 马克·吐温自传 | 姜贵梅 | 译著 | 中国书籍出版社 | 天津外国语大学 |
| 458 | 荷欧波诺波诺的幸福奇迹 | 周海琴 | 译著 | 华夏出版社 | 天津外国语大学 |
| 459 | 关于我国外语院校图书馆资源共享的探讨 | 王　明 | 译著 | 图书馆工作与研究 | 天津外国语大学 |
| 460 | 阅读教程 | 郑铁生 | 编著或教材 | 上海外语教育出版社 | 天津外国语大学 |
| 461 | 平家物语的构想-历史叙述与前兆事件- | 杨夫高 | 专著 | 南开大学 | 天津外国语大学 |
| 462 | 学校健康体育教育 | 李　骏 | 编著或教材 | 天津科学技术出版社 | 天津外国语大学 |
| 463 | 婚纱 | 常晓宏 | 译著 | 湖南人民出版社 | 天津外国语大学 |
| 464 | 丑的象征——从古典到现代 | 潘道正 | 专著 | 广西师范大学出版社 | 天津外国语大学 |
| 465 | 英汉双语经典阅读-大卫科波菲尔德 | 李正鸿 | 编著或教材 | 天津科学技术出版社 | 天津外国语大学 |
| 466 | 基础法语阅读 | 白丽虹 | 编著或教材 | 天津大学出版社 | 天津外国语大学 |
| 467 | 中华文化概览（中韩版） | 金灿花 | 译著 | 天津教育出版社、天津外语音像出版社 | 天津外国语大学 |
| 468 | 中国文化概览 | 郑铁生 | 专著 | 天津教育出版社<br>天津音像出版社 | 天津外国语大学 |
| 469 | 基于“成分模型”的汉语发展性阅读障碍检测、亚类型鉴定及语言表现特征 | 白丽茹 | 专著 | 外语教学与研究出版社 | 天津外国语大学 |
| 470 | 关于日语主题省略的研究 | 刘泽军 | 专著 | 南开大学出版社 | 天津外国语大学 |
| 471 | 语料库及内省法在日汉语言研究中的应用策略探讨 | 朱鹏霄 | 专著 | 南开大学出版社 | 天津外国语大学 |
| 472 | Psychological ownership of employees: A perspective from the nature of human capital properties | 杨凤岐 | 编著或教材 | PETER LANG International Verlag der Wissenschaften | 天津外国语大学 |
| 473 | 元代艺术观念研究 | 洪　畅 | 专著 | 天津古籍出版社 | 天津外国语大学 |
| 474 | 黄色行李 | 张　鹏 | 译著 | 五洲传播出版社 | 天津外国语大学 |
| 475 | 全球失衡视角：我国的货币政策与人民币国际化战略 | 李　薇 | 专著 | 厦门大学出版社 | 天津外国语大学 |

| 序号 | 成果名称 | 主编或第一作者 | 成果形式 | 出版单位 | 作者单位 |
|---|---|---|---|---|---|
| 476 | 关于日语主题省略的研究 | 刘泽军 | 专著 | 南开大学出版社 | 天津外国语大学 |
| 477 | 体育与健康 | 刘 琳 | 编著或教材 | 北京体育大学出版社 | 天津外国语大学 |
| 478 | Fodor's 黄金旅游指南：法国 | 孙 伟 | 译著 | 电子工业出版社 | 天津外国语大学 |
| 479 | 音节发音的时间结构 | 李云靖 | 专著 | 天津大学出版社 | 天津外国语大学 |
| 480 | 创新与借鉴：中国教育技术路径研究 | 黄立志 | 专著 | 中国物资出版社 | 天津外国语大学 |
| 481 | 德语日常会话 1200 句 | 杨 旸 | 编著或教材 | 天津科技翻译出版有限公司 | 天津外国语大学 |
| 482 | 商务韩国语实务听说 | 赵 华 | 编著或教材 | 对外经济贸易大学出版社 | 天津外国语大学 |
| 483 | 大学美术欣赏 | 张 弢 | 编著或教材 | 中国建材工业出版社 | 天津外国语大学 |
| 484 | 商务英语阅读——中国视角 | 李桂媛 | 编著或教材 | 南开大学出版社出版 | 天津外国语大学 |
| 485 | 疯狂俄语 | 黄晓敏 | 编著或教材 | 上海交通大学电子音像出版社 | 天津外国语大学 |
| 486 | 球类课程教学与竞赛管理 | 付 辉 | 编著或教材 | 中国商务出版社 | 天津体育学院 |
| 487 | 学校健康体育教育 | 刘世军 | 编著或教材 | 天津科学技术出版社 | 天津体育学院 |
| 488 | 运动机能评定理论与实践 | 谭思洁 | 编著或教材 | 天津科技翻译出版有限公司 | 天津体育学院 |
| 489 | 小球运动健身技能研究与练习实践 | 付 辉 | 编著或教材 | 中国商务出版社 | 天津体育学院 |
| 490 | 现代三大球运动实用技战术学练方法研究 | 王炜华 | 编著或教材 | 中国出版集团现代教育出版社 | 天津体育学院 |
| 491 | 单词网——雅思单词速记 | 王 雪 | 编著或教材 | 天津大学出版社 | 天津体育学院 |
| 492 | 青少年运动健康促进导论 | 谭思洁 | 编著或教材 | 知识产权出版社 | 天津体育学院 |
| 493 | 洪洞通背拳 | 杨祥全 | 编著或教材 | 人民体育出版社 | 天津体育学院 |
| 494 | 澳大利亚大学发展史研究 | 杜海燕 | 专著 | 天津教育出版社 | 天津体育学院 |
| 495 | ASP.NET 程序设计项目开发教程（C#版） | 齐 芳 | 编著或教材 | 清华大学出版社 | 天津体育学院 |
| 496 | 高校常见运动项目体能训练理论与实践 | 刘松波 | 专著 | 吉林大学出版社 | 天津体育学院 |
| 497 | 体育游戏健身娱乐理论研究与实践 | 王 嵘 | 编著或教材 | 中国时代经济出版社 | 天津体育学院 |
| 498 | 跆拳道基础入门 | 徐福振 | 编著或教材 | 文化艺术出版社 | 天津体育学院 |
| 499 | 轮滑舞龙运动 | 李永明 | 专著 | 北京体育大学出版社 | 天津体育学院 |
| 500 | Authorware 多媒体制作技术（第二版） | 陈淑慧 | 编著或教材 | 中国铁道出版社 | 天津体育学院 |
| 501 | 大学生实用体能训练理论与方法研究 | 刘松波 | 编著或教材 | 吉林大学出版社 | 天津体育学院 |
| 502 | 大学生使用体能训练理论与方法研究 | 张 健 | 专著 | 吉林大学出版社 | 天津体育学院 |
| 503 | 洪洞通臂拳 | 刘雅媚 | 编著或教材 | 人民体育出版社 | 天津体育学院 |
| 504 | 大学生使用体能训练理论与方法研究 | 刘松波 | 专著 | 吉林大学出版社 | 天津体育学院 |
| 505 | 新时期体育教师基础理论教程 | 张永奎 | 编著或教材 | 中国商业出版社 | 天津体育学院 |
| 506 | 运动健身指南 | 谭思洁 | 编著或教材 | 天津古籍出版社 | 天津体育学院 |
| 507 | 足球运动训练与比赛监控的理论及实证 | 李 强 | 编著或教材 | 人民体育出版社 | 天津体育学院 |
| 508 | 游泳健身科学规划及其技术指导 | 王 嵘 | 编著或教材 | 东北师范大学出版社 | 天津体育学院 |
| 509 | 追求健康与挑战极限——我国高校体育运动文化解析 | 张 健 | 编著或教材 | 吉林大学出版社 | 天津体育学院 |
| 510 | 天津地区珍贵馆藏古籍图录 | 刘 毅 | 古籍整理著作 | 国家图书馆出版社 | 天津中医药大学 |
| 511 | 大学语文 | 邢永革 | 编著或教材 | 中国中医药出版社 | 天津中医药大学 |

| 序号 | 成果名称 | 主编或第一作者 | 成果形式 | 出版单位 | 作者单位 |
|---|---|---|---|---|---|
| 512 | 教育学视域中的老年教育 | 岳 瑛 | 专著 | 湖北科学技术出版社 | 天津市教育科学研究院 |
| 513 | 高校和谐校园建设的理论与实践 | 张武升 | 著作 | 天津教育出版社 | 天津市教育科学研究院 |
| 514 | 职业教育校企合作体制机制研究 | 耿 洁 | 专著 | 天津教育出版社 | 天津市教育科学研究院 |
| 515 | 学校文化创新与现实创造力开发研究 | 张武升 | 著作 | 天津人民出版社 | 天津市教育科学研究院 |
| 516 | 教育制度伦理——我国农村义务教育投入体制的伦理分析 | 张军凤 | 专著 | 天津教育出版社 | 天津市教育科学研究院 |
| 517 | 青少年道德品质方针状况与学校德育优化 | 赵丽霞 | 专著 | 重庆出版社 | 天津市教育科学研究院 |
| 518 | 法治视野下的学校治理与学生权利保护 | 方 芳 | 专著 | 天津教育出版社 | 天津市教育科学研究院 |
| 519 | 教师研究中的自传研究方法 | 陈雨亭 | 专著 | 首都师范大学出版社 | 天津市教育科学研究院 |
| 520 | 幼儿园多媒体课件设计与制作基础 | 史利平 | 著作 | 中国文联出版社 | 天津市教育科学研究院 |
| 521 | 数学学习与幼儿思维发展 | 王晓辉 | 专著 | 光明日报出版社 | 天津市教育科学研究院 |
| 522 | 新编应用英语综合教程（第三册）学生用书 | 安维彧 | 编著或教材 | 南开大学出版社 | 天津市职业大学 |
| 523 | 新编应用英语综合教程（第二册）教师用书 | 安维彧 | 编著或教材 | 南开大学出版社 | 天津市职业大学 |
| 524 | 经济学基础 | 张海燕 | 编著或教材 | 天津大学出版社 | 天津市职业大学 |
| 525 | 图形创意 | 谷 莉 | 编著或教材 | 北京工业大学出版社 | 天津市职业大学 |
| 526 | 插画基础 | 谷 莉 | 编著或教材 | 北京工业大学出版社 | 天津市职业大学 |
| 527 | 英语实用写作教程 | 吴 媛 | 编著或教材 | 天津大学出版社 | 天津市职业大学 |
| 528 | 实用英语简明语法 | 张 艳 | 编著或教材 | 天津大学出版社 | 天津市职业大学 |
| 529 | 酒店前厅运作实务 | 徐文苑 | 编著或教材 | 清华大学出版社、北京交通大学出版社 | 天津市职业大学 |
| 530 | 酒店经营管理任务教程 | 徐文苑 | 编著或教材 | 中国铁道出版社 | 天津市职业大学 |
| 531 | 酒店营销实务 | 徐文苑 | 编著或教材 | 中国铁道出版社 | 天津市职业大学 |
| 532 | 财务报表分析 | 曹 军 | 编著或教材 | 高等教育出版社 | 天津市职业大学 |
| 533 | 办公室事务处理 | 刘立莹 | 编著或教材 | 北京师范大学出版社 | 天津市职业大学 |
| 534 | 酒水知识与服务技巧 | 王 钰 | 编著或教材 | 中国铁道出版社 | 天津市职业大学 |
| 535 | 餐饮服务与管理任务教程 | 徐文苑 | 编著或教材 | 中国铁道出版社 | 天津市职业大学 |
| 536 | 电子商务网站设计与开发 | 踪 程 | 编著或教材 | 电子工业出版社 | 天津城市建设学院 |
| 537 | 建设工程项目管理及工程经济 | 王建廷 | 编著或教材 | 重庆大学出版社 | 天津城市建设学院 |
| 538 | 水资源循环经济配置与核算 | 陈 卫 | 专著 | 化学工业出版社 | 天津城市建设学院 |
| 539 | 从高碳到低碳：减物质化分析与调控管理 | 王 磊 | 专著 | 天津人民出版社 | 天津城市建设学院 |
| 540 | 了不起的盖茨比 | 沈学甫 | 译著 | 天津人民出版社 | 天津城市建设学院 |
| 541 | 科学实践观视阈中的思想政治教育方法研究 | 王 玮 | 编著或教材 | 天津人民出版社 | 天津城市建设学院 |
| 542 | 室内装饰设计 | 孙 洪 | 编著或教材 | 人民邮电出版社 | 天津城市建设学院 |
| 543 | 建筑业虚拟企业 | 任志涛 | 专著 | 科学出版社 | 天津城市建设学院 |
| 544 | 中国现代教育的历史探索 | 李剑萍 | 专著 | 安徽教育出版社 | 天津城市建设学院 |
| 545 | 绿色建筑市场激励理论与方法 | 马 辉 | 专著 | 化学工业出版社 | 天津城市建设学院 |
| 546 | 税务会计实用案例分析 | 吕孝侠 | 编著或教材 | 化学工业出版社 | 天津城市建设学院 |
| 547 | 房屋建筑工程计量与计价 | 郝 鹏 | 编著或教材 | 中国电力出版社 | 天津城市建设学院 |
| 548 | 晶典·风范 中国当代核心画家作品集 刘文生 | 刘文生 | 专著 | 天津人民美术出版社 | 天津美术学院 |
| 549 | 青岛抒怀——董克诚水彩画 | 董克诚 | 专著 | 中国林业出版社 | 天津美术学院 |
| 550 | 澄怀观道——董克诚水彩艺术 | 董克诚 | 专著 | 中国林业出版社 | 天津美术学院 |
| 551 | 澄怀观道 | 喻建十 | 专著 | 河北教育出版社 | 天津美术学院 |

| 序号 | 成果名称 | 主编或第一作者 | 成果形式 | 出版单位 | 作者单位 |
|---|---|---|---|---|---|
| 552 | 虚室生白·方勇山水画作品集 | 方　勇 | 专著 | 中国书店 | 天津美术学院 |
| 553 | 周午生作品集 | 周午生 | 专著 | 天津人民美术出版社 | 天津美术学院 |
| 554 | 中国现当代中流砥柱画家作品集 | 周午生 | 专著 | 线状书局 | 天津美术学院 |
| 555 | 林泉高致——魏云飞山水作品集 | 魏云飞 | 专著 | 上海人民美术出版社 | 天津美术学院 |
| 556 | 经典·风苑·魏云飞作品集 | 魏云飞 | 专著 | 天津人民美术出版社 | 天津美术学院 |
| 557 | 开启服饰流行的钥匙——亚文化时尚 | 吴妍妍 | 专著 | 华夏文化艺术出版社 | 天津美术学院 |
| 558 | 纵横经纬——沈晓平纸与织物材料的做工 | 沈晓平 | 专著 | 天津人民美术出版社 | 天津美术学院 |
| 559 | 自由翱翔——2012 四校四导师毕业设计教学 | 彭　军 | 专著 | 中国建筑工业出版社 | 天津美术学院 |
| 560 | 天津美术学院设计学院教师作品集（基础设计） | 孙文龙 | 专著 | 人民美术出版社 | 天津美术学院 |
| 561 | 艺术论新探 | 刘永胜 | 专著 | 文化艺术出版社 | 天津美术学院 |
| 562 | 中国书法全集·张裕钊杨岘徐三庚杨守敬卷 | 张小庄 | 专著 | 中国美院出版社 | 天津美术学院 |
| 563 | 清代笔记、日记中书法史资料整理与研究 | 张小庄 | 专著 | 中国美术出版社 | 天津美术学院 |
| 564 | 齐白石的尚真画意 | 刘金库 | 专著 | 中国画报社 | 天津美术学院 |
| 565 | 中国画美学探骊 | 刘建荣 | 专著 | 北京大学出版社 | 天津美术学院 |
| 566 | 中国历代绘画珍本 | 王　庴 | 专著 | 大象出版社 | 天津美术学院 |
| 567 | 怒吼——北京鲁迅博物馆藏抗战版画图录 | 王　庴 | 专著 | 湖南美术出版社 | 天津美术学院 |
| 568 | 动画场景设计 | 张　铁 | 专著 | 海洋出版社 | 天津美术学院 |
| 569 | 水墨澄怀，陈红汗当代水墨文论作品集 | 陈红汗 | 编著或教材 | 安徽美术出版社 | 天津美术学院 |
| 570 | 润物·暗香　张飚作品 | 张　彪 | 专著 | 河南美术出版社 | 天津美术学院 |
| 571 | 霍岩书画集 | 霍　岩 | 专著 | 天津人民美术出版社 | 天津美术学院 |
| 572 | 霍岩中国画集 | 霍　岩 | 专著 | 人民美术出版社 | 天津美术学院 |
| 573 | 中国当代造型艺术家——刘娜纤维艺术作品集 | 刘　娜 | 专著 | 岭南美术出版社 | 天津美术学院 |
| 573 | 中国美术大事记：2011 谭勋艺术创作状态 | 谭　勋 | 专著 | 中国文史出版社 | 天津美术学院 |
| 574 | 国际优秀藏书票艺术家作品选 | 华绍莹 | 编著或教材 | 百花文艺出版社 | 天津美术学院 |
| 575 | 中国美术大事记：2011 马元艺术创作状态观宗教 | 马　元 | 专著 | 中国文史出版社 | 天津美术学院 |
| 576 | 中国美术大事记：2011 马元艺术状态 观念 | 马　元 | 专著 | 中国文史出版社 | 天津美术学院 |
| 577 | 刘悦作品集 | 刘　悦 | 专著 | 中国文史出版社 | 天津美术学院 |
| 578 | 《风花雪月》个人作品集 | 刘　军 | 专著 | 天津社会科学院 | 天津美术学院 |
| 579 | 弗朗西斯科 | 姜中立 | 专著 | 天津人民美术出版社 | 天津美术学院 |
| 580 | 中国美术大事记：2011 郑岱创作状态 | 郑　岱 | 专著 | 中国文史出版社 | 天津美术学院 |
| 581 | 解读中国小号作品 | 陈　锐 | 专著 | 天津音乐学院出版社 | 天津音乐学院 |
| 582 | 凯洛夫《教育学》在中国和苏联的命运之研究 | 杨大伟 | 专著 | 中央编译出版社 | 天津职业技术师范大学 |
| 583 | 当代企业家的教育探索 | 邵长兰 | 编著或教材 | 天津人民出版社 | 天津职业技术师范大学 |
| 584 | 职业适应期高校毕业生就业稳定性：基于心理资本视角 | 赵丽华 | 专著 | 中国物资出版社 | 天津职业技术师范大学 |
| 585 | 大学生心理健康 | 张洪霞 | 编著或教材 | 浙江大学出版社 | 天津农学院 |
| 586 | 大学语文 | 孙　静 | 编著或教材 | 中国林业出版社 | 天津农学院 |
| 587 | 人力资源管理实用教程（第 2 版） | 吴宝华 | 编著或教材 | 北京大学出版社 | 天津农学院 |
| 588 | 大学生心理健康 | 杨秀红 | 编著或教材 | 浙江大学出版社 | 天津农学院 |
| 589 | 大学英语新概念阅读教程第三册 | 夏效刚 | 编著或教材 | 武汉大学出版社 | 天津医科大学 |

| 序号 | 成果名称 | 主编或第一作者 | 成果形式 | 出版单位 | 作者单位 |
|---|---|---|---|---|---|
| 590 | 澳大利亚二战军人传承的民族精神之研究 | 何建芬 | 专著 | 上海交通大学出版社 | 天津医科大学 |
| 591 | 心理学的文化转向 | 纪海英 | 专著 | 光明日报出版社 | 天津医科大学 |
| 592 | 医学院校思想政治理论课实践教学研究 | 韦　勤 | 专著 | 天津教育出版社 | 天津医科大学 |
| 593 | 动机心理学 | 刘惠军 | 专著 | 开明出版社 | 天津医科大学 |
| 594 | 航空法评论（第二辑） | 杨　惠 | 编著或教材 | 法律出版社 | 中国民航大学 |
| 595 | 金融法 | 包姝妹 | 编著或教材 | 东北师范大学出版社 | 中国民航大学 |
| 596 | 民航公安刑事执法规范 | 杨　惠 | 编著或教材 | 中国公安大学出版社 | 中国民航大学 |
| 597 | 运动性心理疲劳研究 | 林　岭 | 专著 | 中国书籍出版社 | 中国民航大学 |
| 598 | aerodrome control 机场管制 | 王同乐 | 编著或教材 | 中国民航出版社 | 中国民航大学 |
| 599 | 国际货运代理理论与试实务 | 李　强 | 编著或教材 | 中国商务出版社 | 中国民航大学 |
| 600 | 航空公司收益管理 | 张永莉 | 编著或教材 | 中国民航出版社 | 中国民航大学 |
| 601 | 航空保险法 | 郝秀辉 | 专著 | 法律出版社 | 中国民航大学 |

责任编辑：沈丽妹